www.kookmin.ac.kr

자본시장법

KMU 국민대학교
KOOKMIN UNIVERSITY

머리말

「자본시장과 금융투자업에 관한 법률」(자본시장법)은 기존의 증권거래법, 선물거래법, 간접투자자산운영업법, 신탁업법 등 자본시장관련법을 통합한 것으로서, 2007.8.3. 제정되고, 2009.2.4. 시행되게 되었다. 자본시장법은 자본시장에서 경쟁력 있는 투자은행이 출현할 수 있는 제도적 기반을 마련하고, 투자자 보호를 선진화하여 자본시장에 대한 신뢰를 높이는 것을 목적으로 하고 있다.

그러나 자본시장법의 제정이후 미국의 투자은행 리먼 브러더스의 도산으로 세계금융시장에 위기가 도래했고, 이는 우리나라 경제에도 큰 충격을 주었다. 이에 투자은행의 과도한 재량권행사를 되돌아보게 되었고, 이에 따른 반성을 토대로 미국에서는 투자은행 등에 대한 규제 강화를 골자로 하는 도드-프랭크법이 제정되게 되었다.

이러한 여건변화에도 불구하고 우리나라에 있어서 미래의 성장동력이 될 금융산업 발전을 위한 노력은 멈출 수 없는 것이고, 따라서 자본시장법은 원래의 일정에 따라 시행되어 왔다. 그러나 그간 자본시장법의 시행에 따른 문제점도 노출되었고, 자본시장의 여건 변화를 반영하기 위한 법개정의 필요성이 제기되었다. 이에 따라 자본시장의 발전을 도모한다는 자본시장법 제정의 원취지를 반영하기 위한 광범위한 법 개정안이 마련되어 입법절차를 밟고 있다. 본서에서도 개정안을 반영하여 기술하고 있다.

저자는 1994년 "기업매수 방어에 관한 연구"로 박사학위를 받은 이래 자본시장 관련법에 지속적인 관심을 가져왔다. 대학에서도 자본시장법을 강의하면서 학생들을 위한 교재편찬에 관심을 가지게 되어 본서를 발간하게 되었다.

이 책은 자본시장법의 기본적인 내용의 이해를 목표로 하고 있다. 따라서 그 기술체제도 자본시장법의 규정 체제를 따르고 있다. 자본시장법을 올바르게 이해하기 위해서는 법적 지식뿐만 아니라 경제학, 회계학 등의 지식도 요구된다. 또한 실무적 경험도 중요하다. 자본시장은 변화가 신속하게 이루어지지고, 이를 반영하기 위한 법규정의 변화도 빠르게 이루어진다. 그러한 점에서 자본시장관련 법을 올바르게 이해한다는 것이 쉬운 일이 아니다. 저자는 본서에서 최대한 자본시장법 관련 기본적인 내용을 설명하려고 하였으나, 충분한 기술이 이루어지지 못한 부분도 있다는 점을 자인할 수밖에 없다.

또한 자본시장법 자체가 광범위한 내용을 포함하고 있을 뿐만 아니라, 시행령, 시행규칙, 관련규정 등 그 내용이 방대하여 이것을 일일이 해석하기에는 개인의 능력에 한계가 있음을 실감할 수밖에 없었다. 교재의 상당부분, 특히 시행령 등 하위법규를 법조문으로 채운부분은 아쉬움이 남는다. 추후 본인이 노력해서 채워가야 할 부분이라는 위안을 스스로 해본다.

마지막으로 이 책을 발간함에 있어서 교정과 색인에 도움을 준 대학원 석사과정에서 상법을 전공하는 김문환, 박성민 군에게 고마움을 표한다.

2013. 1.

저자 씀

목 차

〈주요참고문헌〉

김건식·정순섭, 「자본시장법」, 두성사, 2010.
김용진, 「자본시장제도론」, 율곡출판사, 2007.
김정수, 「현대증권법론」, 박영사, 2002.
변제호·홍성기·김종훈·엄세용·김유석, 「자본시장법」, 지원출판사, 2009.
신영무, 「증권거래법」, 서울대학교 출판부, 1987.
안문택, 「증권거래법개론」, 박영사, 1982.
윤승한, 「자본시장법강의」, 삼일인포마인, 2009.
임재연, 「미국기업법」, 박영사, 2009.
임재연, 「미국증권법」, 박영사, 2009.
임재연, 「자본시장법」, 박영사, 2013.
전홍렬, 「증권거래법해설」, 넥서스, 1997.
정찬형 외, 주석금융법(Ⅲ), 「자본시장법」, 한국사법행정학회, 2013.
증권법학회, 「자본시장법 주석서」, 박영사, 2009.
한국증권업협회, 「자본시장통합법 해설서」, 2007.

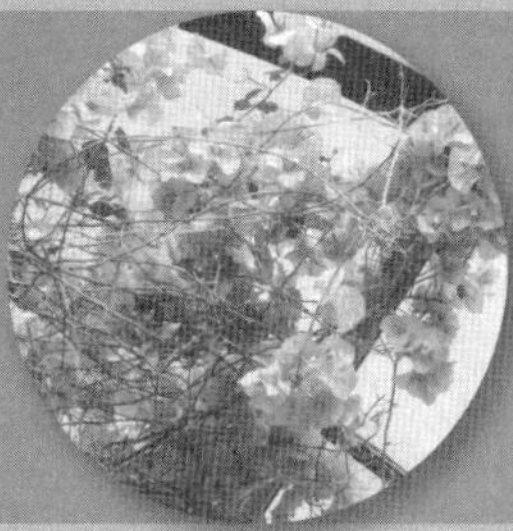
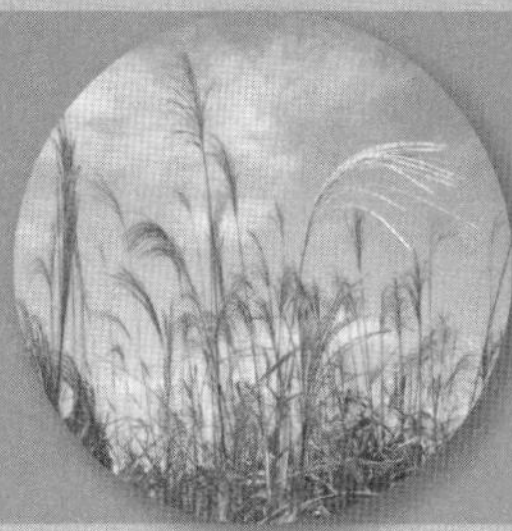

제1편 총 설

제1장 개설

제2장 금융투자상품

제3장 투자자

제4장 금융투자업

제1편 총설

제1장 개설

Ⅰ. 자본시장법의 제정목적

세계의 금융시장은 금융자유화와 금융겸업화의 경향을 띠고 있고, 이러한 추세에 발맞추어 이에 적합한 법적 환경을 조성한다는 취지에서 자본시장에 관한 법률을 통합하여 「자본시장 및 금융투자업에 관한 법률」(자본시장법)을 제정하게 되었다.

제정이유에서도 밝힌바와 같이, 이는 자본시장에서의 금융혁신과 경쟁을 촉진하여 경쟁력 있는 두사은행이 출현할 수 있는 제도적 기반을 마련하고, 투자자 보호를 선진화하여 자본시장에 대한 신뢰를 높이는 것을 목적으로 하고 있다. 이에 따라 기존의 「증권거래법」, 「선물거래법」, 「간접투자자산운용업법」, 「신탁업법」, 「종합금융회사에 관한 법률」 등 자본시장 관련 금융법은 폐지되고 새로운 단일의 법률로 통합됨으로써 자본시장에 대한 규율체제는 획기적인 변화를 맞이하게 되었다.[1)]

자본시장법에서는 위 취지를 반영하여 그 목적에 대해서 "자본시장에서의 금융혁신과 공정한 경쟁을 촉진하고 투자자를 보호하며 금융투자업을 건전하게 육성함으로써 자본시장의 공정성·신뢰성 및 효율성을 높여 국민경제의 발전에 이바지함을 목적으로 한다." 고 규정하고 있다(자법 제1조).[2)]

Ⅱ. 외국의 증권규제

1. 미국

1) 자본시장법은 2007년 8월 3일 제정되어 2009년 2월 4일부터 시행되었다. 구자본시장법에 대하여는 대규모 개정작업이 이루어져 2013년 3월 5일 국회를 통과하여, 2013년 8월 29일부터 시행되게 되었다.

2) 구증권거래법 제1조(목적)에서는 "유가증권의 발행과 매매 기타의 거래를 공정하게 하여 유가증권의 유통을 원활히 하고, 투자자를 보호함으로써 국민경제의 발전에 기여함을 목적으로 한다." 고 규정하고 있었다.

미국에서는 증권규제에 관한 연방법이 1933년부터 제정되기 시작하였다. Securities Act(1933)는 증권의 공모절차에서 투자자를 보호하기 위한 법으로, 그 주요내용은 증권의 가치에 관한 투자자의 판단에 중요한 모든 정보의 완전공개와 증권의 주간청약 또는 매매에 있어서 사기와 부실표시를 금지하는 것이다. 이에 따를 때 적용제외증권 또는 적용제외거래로서 열거된 경우 외에는 SEC에 등록신고서가 제출되지 않은 증권의 모집과 사기적 또는 기망적인 수단을 이용한 증권의 모집이 금지된다.

Securities Exchange Act of 1934는 발행된 증권이 거래되는 유통시장에서의 불공정거래를 규제하기 위한 법으로 여러 그룹의 규정들로 구성되어 있다. 이에는 증권등록의무와 발행인의 보고의무(제12조, 제13조), 위임장 권유(제14조), 내부자거래(제16조), 증권거래소, 브로커-딜러 등의 등록(제1조, 제15조), 공개매수(제13조, 제14조), 각종의 책임규정(제10조) 등을 들 수 있다.

2. 일본

일본에서는 2006년「증권거래법 등의 일부를 개정하는 법률」및「증권거래법 등의 일부를 개정한 법률의 시행에 수반하는 관계 법률의 정비 등에 관한 법률」이 제정되어「금융선물거래법」등이 폐지되고[3] 그 내용이「證券取人法」에 통합되었고, 법률명도「金融商品去來法」으로 개정되었다. 여기에서 전통적인 은행상품과 보험상품을 제외한 모든 금융상품에 대한 규율을 통합하여 규정하게 되었다.「金融商品去來法」에서는 금융상품과 관련하여 동일한 경제적 기능을 가지는 금융상품에 대해서는 동일하게 규제하는 기능별 횡단식 규제체제를 도입하고 있다.

3. 영국

영국은 1986년 FSA(Financial Services Act)를 제정하여 전통적인 예금,

3) 그 외에「외국증권업자에 관한 법률」,「유가증권에 관계된 투자고문업의 규제 등에 관한 법률」,「저당증권업의 규제 등에 관한 법률」등이 폐지되었다.

보험상품을 제외한 투자상품(Investments)에 대한 규율을 통합하였고, 2000년 전체 금융업권을 통합하는 FSMA(Financial Services and Markets Act)를 제정하였다.

Ⅲ. 자본시장법의 특징

자본시장법은 자본시장의 규제개혁과 투자자 보호의 강화를 기본 취지로 하고 있다. 이를 반영하는 주요 특징적인 부분으로 금융 투자 상품 개념에 대한 포괄주의 도입과 기능별 규제 시스템 도입, 업무범위의 확대와 투자자 보호제도의 선진화를 들 수 있다.

구체적으로 포괄주의의 도입은 금융투자회사의 취급가능상품의 확대를 가져오고, 이는 자본시장법의 적용범위를 넓히게 됨으로써 투자자 보호에 관한 규정의 적용 대상을 대폭 확대하게 되며, 결과적으로 투자자 보호의 사각지대를 없애는 의미를 가지게 된다.

기능별 규율 체제의 도입으로 금융투자업, 금융투자상품, 투자자를 축으로 해서 경제적 실질에 따라서 이를 분류하게 되며, 동일한 기능을 수행하는 금융투자업자에 대하여 취급 금융기관을 불문하고 동일한 규제를 적용함으로써 기관별 규제차익을 없애게 된다.

업무범위의 확대와 관련하여 모든 금융투자업 상호간 겸영을 허용하며, 부수 업무의 포괄적 영위를 허용하고 있다. 또한 투자권유대행인제도의 도입으로 장소적 제한을 받지 않고 금융투자업자가 영업할 수 있는 길을 열고 있다.

투자자 보호제도의 선진화와 관련하여 투자권유에 있어서 적합성의 원칙, 적정성의 원칙, 설명의무의 도입 기타 부당권유행위의 금지에 관한 규정 등을 도입하고 있으며, 겸영허용을 통한 업무영역의 확대를 하면서 투자자 보호의 관점에서 금융투자업자 내 이해상충방지제도를 신설하고 있다.

〈이전 금융법 체계〉

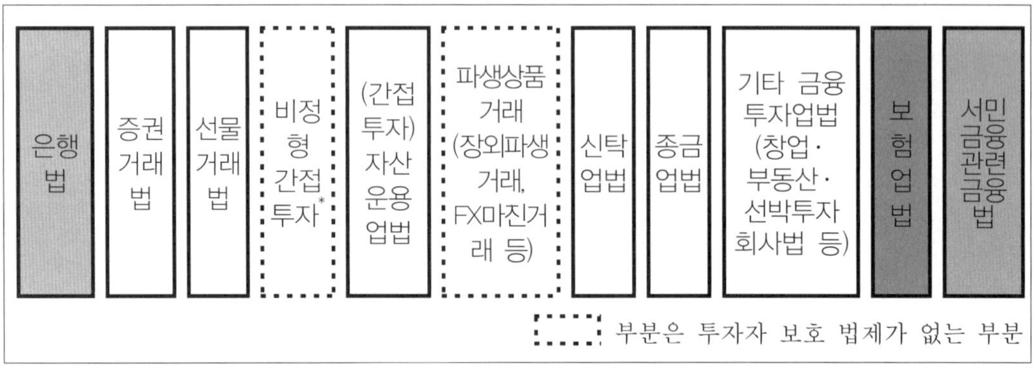

* 비정형 간접투자 : 상법상 익명조합, 민법상 조합, 유한회사 등 간접투자관련 법률에서 허용되지 않는 vehicle을 이용한 간접투자

⬇ 통합

〈통합 후 금융법 체계〉

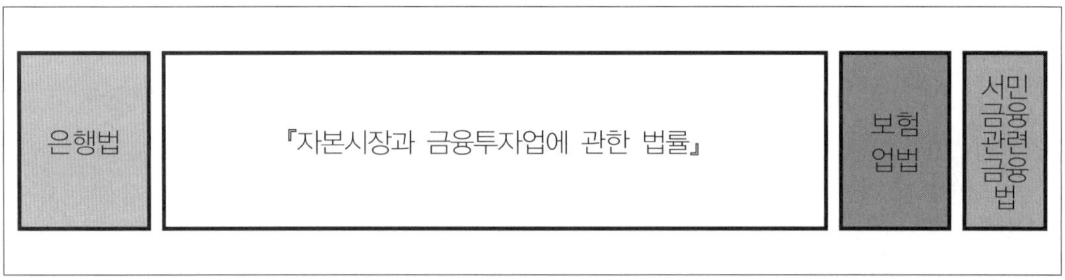

(재정경제부, 자본시장과 금융투자업에 관한 법률제정안 설명자료, 2006.6.30, 55면)

Ⅳ. 자본시장법의 적용범위

1. 의의

원칙적으로 국내법은 국내에서 이루어진 행위 또는 내국인이 행한 행위에 대하여만 효력을 미친다. 그러나 자본시장의 개방과 국제화가 진전되면서 외

국인이 국외에서 행한 금융행위가 국내투자자와 자본시장에 영향을 미치는 일이 발생함에 따라 이러한 행위에 대하여도 규제할 필요성이 제기되었다. 외국인에 의하여 국외에서 이루어진 행위에 대해서도 일정한 경우 국내법을 적용하는 것을 역외적용[4]이라 하는데, 자본시장법 제정이전에는 이에 대한 명시적인 규정이 없어 국외에서 이루어진 행위, 예를 들면 주가조작 등 불공정 행위 또는 불법적인 역외영업행위 등을 처벌하는 것이 가능한지 불확실하였다.[5] 이에 자본시장법에서는 국제자본거래가 빈번히 이루어지는 현실에 비추어 "이법은 국외에서 이루어진 행위로서 그 효과가 국내에 미치는 경우에도 적용한다."(자법 제2조)고 하여 역외적용에 대한 근거조항을 두게 되었다.

2. 역외적용

(1) 역외적용의 인정

자본시장법 제2조는 역외적용에 대하여 규정하고 있는데, 역외적용이 문제될 수 있는 대표적인 사례로는, 외국인이 해외에서 발행한 증권이 국내 투자자에게 전매될 가능성이 있는 경우,[6] 외국인이 해외에서 국내 주권상법법인의 "주식 등"을 5% 이상 취득하는 경우, 외국인이 해외에서 국내 상장증권 또는 장내파생상품의 시세조종을 한 경우, 외국인이 외국에 상장된 국내기업의 증권예탁증권의 가격을 외국시장에서 조작하여 국내 상장주식의 가격에 영향을 미치는 경우 등을 들 수 있다. 또 국내에서 인가·등록을 받지 못한 외국 금융투자업자가 외국에서의 영업행위가 국내에 효과를 미칠 경우, 예를 들면 국내 투자자를 대상으로 금융투자상품 판매활동을 벌이는 것과 같은 경우에 국내법상 무인가·무등록 영업행위로 규제할 수 있는가도 문제된다(자법 제11조

---

4) 역외적용을 인정한 법규로는 「독점규제 및 공정거래에 관한 법률」 제2조의 2, 「외국환거래법」 제2조 제1항을 들 수 있다.

5) 변제호 등, 「자본시장법」, 지원출판사, 2009, 36면. 구증권거래법은 외국 금융투자업자가 국내 투자자를 대상으로 영업을 하기 위해서는 국내에 지점 기타 영업소를 설치하여 허가를 받도록 하고 있었다(구증거법 제28조의 2). 따라서 외국 금융투자업자가 국내투자자를 대상으로 영업하는 것은 법적으로는 구증권거래법에 위반하는 행위가 되었다.

6) 이에 따른 증권신고서의 제출의무를 부과할 것인가의 문제가 발생하게 된다.

및 제17조).[7]

(2) 역외적용의 예외

역외적용을 위해서는 외국 금융투자업자의 국내투자자 대상의 영업행위에 대하여 감독을 해야 하는데 여기에는 현실적인 어려움이 있다. 이를 반영하여 일정한 경우 금융투자업에서 명시적으로 제외하여 역외적용의 예외를 인정하고 있다.

첫째, 내국인이 국외에서 증권을 모집·사모·매출하는 경우로서 외국 투자매매업자(외국 법령에 따라 외국에서 투자매매업에 상당하는 영업을 하는 자를 말한다)나 외국 투자중개업자(외국 법령에 따라 외국에서 투자중개업에 상당하는 영업을 하는 자를 말한다)가 다음에 해당하는 행위를 하는 경우에는 투자매매업에서 제외된다(자법 제7조 제6항 제3호, 자령 제7조 제3항 제5호). ① 금융위원회가 정하여 고시하는 기준에 따라 그 내국인과 국내에서 인수계약(그 내국인을 위하여 해당 증권의 모집·사모·매출을 하거나 그 밖에 직접 또는 간접으로 증권의 모집·사모·매출을 분담하기로 하는 내용의 계약을 포함한다)을 체결하는 행위로서 금융위원회의 인정을 받은 경우 ② 금융위원회가 정하여 고시하는 기준에 따라 그 내국인과 인수계약의 내용을 확정하기 위한 협의만을 국내에서 하는 행위로서 금융위원회에 관련 자료를 미리 제출한 경우.

둘째, 외국 투자매매업자나 외국 투자중개업자가 국외에서 다음에 해당하는 행위를 하는 경우에는 각각 투자매매업이나 투자중개업에서 제외된다(자법 제7조 제6항 제3호, 자령 제7조 제3항 제6호). ① 투자매매업자를 상대방으로 하여 금융투자상품을 매매하거나 투자중개업자를 통하여 금융투자상품의 매매를 중개·주선 또는 대리하는 행위 ② 국내 거주자(투자매매업자 및 투자중개업자는 제외한다)를 상대로 투자권유 또는 자본시장법 제57조에 따른 투자광고를 하지 아니하고 국내 거주자의 매매에 관한 청약을 받아 그 자를 상대방으로 하여 금융투자상품을 매매하거나 그 자의 매매주문을 받아 금융투자상품의 매매를 중개·주선 또는 대리하는 행위.

셋째, 외국 투자자문업자 또는 외국 투자일임업자가 국외에서 다음에 해당

7) 변제호 등, 앞의 책, 37면.

하는 자를 상대로 투자권유 또는 투자광고를 하지 아니하고 그 자를 상대방으로 투자자문업이나 투자일임업을 하는 경우에는 금융투자업자로 보지 아니한다(자법 제7조 제6항 제3호, 자령 제7조 제3항 제7호). ① 국가 ② 한국은행 ③ 한국토지공사 ④ 법률에 따라 설립된 기금(신용보증기금, 기술신용보증기금 제외) 및 그 기금을 관리·운용하는 법인 ⑤ 그 밖에 금융위원회가 정하여 고시하는 자.

3. 다른 법률과의 관계

(1) 의의

자본시장법 제10조에서는 다른 법률과의 관계를 규정함으로써 해석상의 애매함을 제거하고자 한다. 자본시장법의 적용대상이 되는 금융투자업과 그 영업대상인 금융투자상품의 개념을 포괄적으로 정함으로써 그 동안 다른 법률에서 규제되던 것이 자본시장법의 적용을 받게 됨으로써 법률적용상의 문제가 발생할 수 있다. 이때 이 조항은 이를 정리한다는 의미를 가지게 된다. 파생상품의 경우 특히 도박죄와 관련이 문제가 되는데, 도박죄에 해당할 우려가 있게 되면 법적 안정성을 해치게 되므로 영국, 호주, 일본 등 외국의 입법례를 반영하여 도박죄에 대한 적용배제조항을 두게 되었다.

(2) 규정의 내용

1) 다른 법률과의 관계

"금융투자업에 관하여는 다른 법률에 특별한 규정이 있는 경우를 제외하고는 이 법이 정하는 바에 따른다."(자법 제10조 제1항). 자본시장법은 금융투자업에 대하여 일반법으로서의 의미를 가지고 있다. 따라서 다른 법률에서 이에 관한 다른 규정이 두어지는 경우에 특별규정으로서 우선적으로 적용되게 된다.

2) 도박죄의 적용배제

"금융투자업자가 금융투자업을 영위하는 경우에는「형법」제246조를 적용하지 아니한다."(자법 제10조 제2항). 금융투자업은 투자성을 가진 금융투자상품을 가지고 영업을 하기에 투자자에게 위험을 가져오게 된다. 때로는 원본을 상실할 우려도 있으며, 파생상품의 경우 추가납입의무가 발생할 수도 있다. 특히 장외파생상품의 경우 기초자산의 범위가 넓어지고, 레버리지 구성에 따라서는 도박죄에 해당할 가능성이 커지게 된다. 이렇게 금융투자업에는 도박적 요소가 있기 때문에 형법상 도박죄로 규율되지 않도록 이에 대한 배제조항을 두게 되었다.

3) 전자어음발행의무 면제

"기업어음증권을 발행하는 경우에는「전자어음의 발행 및 유통에 관한 법률」제6조의 2를 적용하지 아니한다."(자법 제10조 제3항). 기업어음증권은 채무증권으로서 증권을 발행해서 유통할 수 있다는 것이 전제가 된다. 따라서 전자어음의 발행을 의무화한「전자어음의 발행 및 유통에 관한 법률」제6조의 2[8]를 적용하지 아니한다.

8) 제6조의 2(전자어음의 이용)「주식회사의 외부감사에 관한 법률」제2조에 따른 외부감사대상 주식회사는 약속어음을 발행할 경우 전자어음으로 발행하여야 한다.

제2장 금융투자상품

제1절 서설

Ⅰ. 금융상품의 분류

금융상품전체는 은행법 등의 적용을 받는 예금, 자본시장법의 적용을 받는 금융투자상품, 보험업법의 적용을 받는 보험계약으로 나누어진다. 이전에는 금융투자상품에 대하여 열거주의를 취하여 금융투자상품은 구증권거래법 등의 규제대상인 유가증권, 파생상품과 규율법제가 없는 신종금융상품으로 나눌 수 있었다. 증권거래법의 적용대상이 열거됨으로써 신종금융상품의 경우 증권거래법상의 보호의 범위를 벗어났지만 다음에 보는 포괄주의하에서는 이러한 상품도 자본시장법의 규율대상에 포함되게 되었다.

Ⅱ. 금융투자상품의 정의

자본시장법에서는 금융투자상품에 대한 정의규정을 신설하여 "이익을 얻거나 손실을 회피할 목적으로 현재 또는 장래의 특정시점에 금전, 그 밖의 재산적 가치가 있는 것을 지급하기로 약정함으로써 취득하는 권리로서, 그 권리를 취득하기 위하여 지급하였거나 지급하여야 할 금전 등의 총액이 그 권리로부터 회수하였거나 회수 할 수 있는 금전 등의 총액을 초과하게 될 위험이 있는 것" 이라고 하였다.[9] 다만 ① 원화로 표시된 양도성 예금증서 ② 수탁자에게 신탁재산의 처분권한이 부여되지 아니한 신탁재산(관리신탁)[10]의 수익권 ③

9) 구증권거래법에서는 유가증권의 개념을 이용하여 그 적용범위와 동시에 증권업의 범위도 확정하였다. 구증권거래법 제2조와 시행령 제2조의 3에서는 국채, 지방채, 사채, 주권, 수익증권, 주식예탁증서, 출자증권, 기업어음, ELW, ELS, DLS 등 21개를 규정하고 있었다.

10) 자법 제3조 제1항 2. 「신탁법」 제78조 제1항에 따른 수익증권발행신탁이 아닌 신탁으로서 다음 각 목의 어느 하나에 해당하는 신탁(제103조 제1항 제1호의 재산을 신탁받는 경우는 제외하고 수탁자가 「신탁법」 제46조부터 제48조까지의 규정에 따라 처분 권한을 행사하는 경우는 포함한다. 이하 "관리형신탁"이라 한다)의 수익권

주식매수선택권은 금융투자상품에서 제외한다(자법 제3조 제1항 단서, 자령 제3조 제3항).

금융투자상품은 증권과 파생상품을 포함하는 것으로 위 규정에서는 투자목적, 금전 등의 이익, 계약상의 권리, 투자성이라는 4가지 개념적 요소로 정의하고 있다.

이러한 정의규정의 특징으로서는 첫째, '투자성' 은 원본손실 가능성을 의미하는데 이러한 특징을 갖는 모든 금융상품을 포괄하는 개념으로 '금융투자상품' 을 정의하고 있다. 둘째, 열거하지 않고 개념을 추상적으로 정의하여 동 정의에 해당하는 모든 금융투자상품을 법의 규율대상으로 하여 금융투자회사의 취급을 허용하고, 또한 자본시장법상의 투자자 보호를 위한 규정이 적용되게 하였다. 셋째, 이렇게 정의된 '금융투자상품' 을 그 특성 즉 경제적 실질에 따라 증권, 장외파생상품과 장내파생상품으로 분류한 후 각각의 개념도 추상적으로 정의하여 포괄주의로 전환하고 있다. 넷째, 추상적 정의만으로 개념을 규정할 경우 법적 안정성이 저해될 수 있으므로 일부 금융상품을 예시적으로 열거한 후 마지막에 추상적으로 정의하는 방식을 채택하고 있다. 즉 예시적 열거주의가 가미된 포괄주의를 채택하고 있다.

<금융상품의 경제적 실질에 따른 분류 체계>

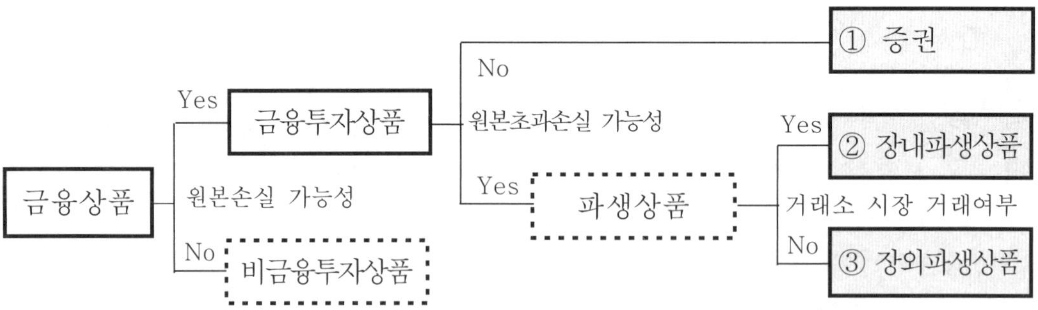

(재정경제부, 자본시장과 금융투자업에 관한 법률제정안 설명자료, 2006.6.30, 9면)

가. 위탁자(신탁계약에 따라 처분권한을 가지고 있는 수익자를 포함한다)의 지시에 따라서만 신탁재산의 처분이 이루어지는 신탁

나. 신탁계약에 따라 신탁재산에 대하여 보존행위 또는 그 신탁재산의 성질을 변경하지 아니하는 범위에서 이용 · 개량 행위만을 하는 신탁

Ⅲ. 포괄주의의 도입

자본시장법에서는 금융투자상품의 개념을 정의함에 있어서 포괄주의를 도입하고 있다. 포괄주의의 도입이 가지는 의의로는 첫째, 법의 적용범위 확대를 통한 투자자 보호, 둘째, 금융투자상품에 대한 규제의 사전적·행정적 규제에서 사후적·사법적 규제로 전환,[11) 셋째, 금융투자업자가 취급할 수 있는 금융상품의 범위가 크게 확대됨으로 인해서 금융투자업자는 자율적 기반위에 다양한 금융상품의 개발을 할 수 있게 되어 그 경쟁력이 크게 높아질 것으로 기대할 수 있다는 점을 들 수 있다.[12)]

반면에 포괄주의는 금융투자상품의 확대와 금융투자업자의 업무범위의 확대를 의미하는 것으로서, 이로 인해 분쟁의 기회와 비용을 높이게 되는 면이 있다. 금융상품이 다양화되고 복잡화됨으로서 위험상품의 공급도 늘어날 것이고 새로운 형태의 금융투자상품이나 증권이 나타난 경우가 문제이겠는데, 이도 포괄주의하에서는 일반투자자를 상대로 한 거래의 대상이 되게 된다. 따라서 그만큼 그 거래로 인한 분쟁의 가능성도 늘어나게 된다.

그러나 투자자 보호의 범위라는 측면에서 본다면 열거주의하에서와 같이 입법을 기다려 새로운 증권의 형태를 인정받는 것보다는 법원의 판단이 투자자에게 빠르게 적용될 것이다. 다만 이때에도 개념의 확정을 위해 사법부의 판단을 기다려야 한다면 그로 인하여 포괄주의가 기대하는 바와 같이 투자자가 보호받지 못하는 부분이 발생할 수 있다. 이를 위해서는 분쟁해결절차의 간이화가 필요하다. 또한 사법부의 판단 이전의 공백을 매우는 의미에서 규제당국의 해석지침 등이 적시에 제시될 필요가 있다.

---

11) 자본시장법은 기관별·상품별 규제와 사전적·행정적 규제라는 종래의 규제 패러다임을 기능별 규제와 사후적·사법적 규제로 전환하기 위한 최초의 노력이라고 평가할 수 있다.

12) 포괄주의와 함께 기능별 규제시스템의 도입으로 금융투자업자의 업무영역이 더욱 넓어지게 되었다. 기능별 규제시스템의 도입과 관련해서 자본시장법은 금융투자상품, 금융투자업, 그리고 투자자를 기본 축으로 하여 자본시장법의 적용범위를 정하는 기준으로 삼고 있다. 이는 종래 금융기관별 규율체제에서 벗어나 금융기능을 규제의 기초로 하는 것으로서, 기능별 규제에 의할 때 동일한 경제적 기능을 수행하는 금융행위에 대하여는 동일한 규제가 적용되게 된다.

〈개정 자본시장법〉

자본시장법상 금융투자상품 개념이 포괄적으로 규정되어 제도운영상 발생하였던 미비점을 보완하기 위해 일부 내용을 개선하고 있다. ① 특정 금융상품을 정책적으로 금융투자상품에서 배제할 필요가 있는 경우 이를 금융위원회가 적용면제할 수 있는 법적 근거 마련13) ② 금융위원회에 금융투자상품 관련 규정의 적용유예 및 조치권한(이행명령, 이행강제금)을 부여14) → 금융투자상품 해석 · 적용 등에 따른 법적 하자의 발생을 최소화 ③ 포괄주의에 따라 과도하게 확대 적용되고 있는 파생결합증권 개념의 적용범위를 재조정(예를 들면 이자연계파생결합증권 등은 BW, CB 등과 마찬가지로 채무증권으로 규제)

Ⅳ. 금융투자상품의 요소

1. 투자목적

금융투자상품에 해당하기 위해서는 "이익을 얻거나 손실을 회피할 목적" 이 있어야 한다. 증권의 경우 주로 이익을 얻기 위한 목적을 가지며, 손실 회피의 목적은 리스크 헤지의 기능을 가지는 파생상품과 연관성을 가진다.

단순히 이익을 얻거나 손실을 회피할 목적이라면 예금이나 보험도 이에 속

13) 개정 자법 제3조 제1항 단서(적용제외) 3. 그 밖에 해당 금융투자상품의 특성 등을 고려하여 금융투자상품에서 제외하더라도 투자자 보호 및 건전한 거래질서를 해할 우려가 없는 것으로서 대통령령으로 정하는 금융투자상품
시행령에서는 스탁옵션에 대해서 적용제외를 인정하고 있다. 시행령 제3조 ③ 법 제3조 제1항 제3호에서 "대통령령으로 정하는 금융투자상품"이란 「상법」 제340조의2 또는 제542조의3에 따른 주식매수선택권을 말한다.

14) 개정 자법 제5조(파생상품) ① ---. 다만, 해당 금융투자상품의 유통 가능성, 계약당사자, 발행사유 등을 고려하여 증권으로 규제하는 것이 타당한 것으로서 금융위원회가 정하여 고시하는 금융투자상품은 그러하지 아니하다.
(신설) 4. 제1호부터 제3호까지의 규정에 따른 계약과 유사한 것으로서 금융위원회가 정하여 고시하는 계약

하게 되지만 다음에 보는 바와 같이 투자성이라는 요소에 따라 이들과 구분된다.

2. 금전 등의 지급약정

금융투자상품은 현재 또는 장래의 특정 시점에 금전, 그 밖의 재산적 가치가 있는 것("금전 등")을 지급하기로 약정하는 것을 요소로 한다. 여기서 "현재 또는 장래의 특정 시점"이라고 하여 장래의 결제까지 포함하고 있는 것은 파생상품을 포함하기 위한 것이다. "특정시점"을 요소로 하므로 지급기일이 확정되어 있거나 확정될 수 있어야 한다. 그리고 금전 외에 "그 밖의 재산적 가치가 있는 것"을 포함시킨 것은 파생상품거래와 관련하여 차액정산뿐만 아니라 현물인도에 의한 결제도 포함시키기 위한 것이다.

3. 약정함으로써 취득하는 권리

금융투자상품은 "약정함으로써 취득하는 권리"이므로 계약상의 권리를 의미한다. 계약상의 권리이므로 반드시 유가증권 형태로 화체화 된 권리뿐만 아니라 채권적인 권리에 불과하여도 포함되게 된다. 또한 원본 손실 가능성이 발행인의 신용위험과 같은 계약외적 요소에 의해 발생하는 것은 그 정도와 규모의 여하를 불문하고 금융투자상품의 요소가 될 수 없다는 것을 의미하기도 한다.15)

금이나 외화 등을 이익 획득 또는 손실 회피의 목적으로 취득하여 소유하고 있다고 하여도, 이는 물권적 측면에서 지배할 뿐 계약상의 권리가 아니므로 금융투자상품에 해당하지 않는다. 다만, 위 재화를 장래에 매입하기로 약정하는 것은 계약상의 권리로서 금융투자상품이 된다.

권리성과 관련하여 파생상품과 달리 증권의 경우에 권리를 엄격하게 해석하

---

15) 한국증권업협회, 「자본시장통합법 해설서」, 2007, 88면; 신용위험은 모든 금융상품에 기본적으로 내재된 속성으로 이를 포함하면 모든 금융상품이 금융투자상품화 할 가능성이 있다고도 한다. 변재호 등, 앞의 책, 79면; 이에 대하여 이렇게 되면 시장위험의 발현에 의한 원본손실 가능성만이 투자성에서 말하는 손실위험에 포함된다는 것인데, 시장위험도 통제 불가능한 계약외적 요소인 것은 신용위험과 마찬가지라면서 시장위험과 신용위험을 구분하여 후자만 계약외적 요소라며 양자를 구별하여 파악하는 것이 합리적인지 의문이라는 견해도 있다. 한국증권법학회, 「자본시장법(주석서Ⅰ)」, 박영사, 2009, 13면.

면 약정의 이행으로 취득하게 되는 목적물은 금융투자상품에 해당하지 않게 되므로 계약상의 권리뿐만 아니라 계약 이행의 결과 취득하는 결과물도 포함되도록 유연하게 해석할 필요가 있다는 견해가 있다.16) 그러나 약정의 결과 취득하는 결과물이 권리이면 금융투자상품에 해당할 것이기에 구태여 구분할 필요가 있는지 의문이다.

4. 투자성

금융투자상품은 투자성 즉 원본손실의 가능성이 있어야 한다. 따라서 원본손실의 가능성이 없는 예금이나 보험상품은 자본시장법의 적용대상에서 제외된다.17) 자본시장법에서는 투자성 기준에 의하여 금융투자상품을 포괄적으로 정의함으로써 법의 적용범위 확대를 통한 투자자 보호가 강화되고, 금융투자업자가 취급할 수 있는 금융상품의 범위가 크게 확대됨으로 인해서 금융투자업자는 자율적 기반위에 다양한 금융상품의 개발을 할 수 있게 되었다.

원본손실위험이란 회수금액이 지급금액을 넘어갈 위험을 말한다. 여기서 지급금액에는 각종 수수료, 보험계약에 따른 사업비와 위험보험료 등을 제외하고, 회수금액에는 환매수수료, 중도해지수수료, 각종 세금, 발행인 또는 거래상대방이 파산 또는 채무조정, 그 밖에 이에 준하는 사유로 인하여 당초 지급하기로 약정한 금전 등을 지급할 수 없게 됨에 따라 투자자, 그 밖의 고객이 되돌려 받을 수 없는 금액 등을 포함한다(자령 제3조).18)

---

16) 임재연, 「자본시장법」, 박영사, 2010, 21면.

17) 투자성 있는 예금·보험의 경우 자본시장법이 적용되지만 특례규정에 의하여 완화된 규제를 받게 된다(자법 제77조).

18) 자령 제3조(금융투자상품의 범위)

① 「자본시장과 금융투자업에 관한 법률」(이하 "법" 이라 한다) 제3조 제1항 각 호 외의 부분 본문에서 "판매수수료 등 대통령령으로 정하는 금액" 이란 다음 각 호의 금액을 말한다.

1. 법 제58조 제1항에 따른 수수료, 법 제76조 제4항에 따른 판매수수료(이하 "판매수수료" 라 한다), 그 밖에 용역의 대가로서 투자자, 그 밖의 고객이 지급하는 수수료
2. 보험계약에 따른 사업비와 위험보험료
3. 그 밖에 금융위원회가 정하여 고시하는 금액

② 법 제3조 제1항 각 호 외의 부분 본문에서 "해지수수료 등 대통령령으로 정하는 금액" 이란 다음 각 호의 금액을 말한다.

1. 법 제236조 제2항에 따른 환매수수료(이하 "환매수수료" 라 한다), 그 밖에 중도해지로 인하여 투

앞에서와 같이 발행인의 도산과 같은 신용위험은 원본손실위험에 포함되지 않는다. 따라서 자본시장법에서는 발행인 또는 거래상대방의 파산 등의 사유로 되돌려 받을 수 없는 금액을 회수금액에 포함하여 손실액으로 보지 않는다(자령 제3조 제2항 3호).

투자성과 관련한 구체적 예를 들면 국가가 원리금 지급을 사실상 보증하는 국채의 경우 만기까지 가져가면 사실상 손해의 가능성은 없지만, 국채의 시장가치가 변동하므로 유통이 되었을 때 매매시점에 따라 원본손실의 가능성이 있게 된다. 또한 상품구조에 따라서는 유통이 되지 않은 경우에도 가격변동이 올 수 있다. 예를 들면 파생결합증권과 같이 특정 자산의 가격에 연계되어 상품의 가격이 결정되는 경우에는 기초자산의 가격변동에 따라 상품의 가격변화를 가져오므로, 그 상품의 유통성을 전제로 하지 않고도 투자성을 가지게 된다.

Ⅴ. 금융투자상품에 대한 제외조항

자본시장법에서는 금융투자상품에서 ① 원화로 표시된 양도성 예금증서 ② 관리신탁의 수익권을 명시적으로 제외하고 있다(자법 제3조 제1항). 양도성 예금증서의 경우 만기까지 보유하면 원본손실위험이 없지만 만기 전에 매각하는 경우에는 투자손실이 발생할 수 있다. 따라서 투자성이 인정된다. 그러나 양도성 예금증서의 경우 금리변동에 따른 가치변동이 미미하고 은행만이 발행가능한 점 등을 고려하여 정책적인 관점에서 금융투자상품에서 제외하고 있다. 다만 외화로 표시된 양도성 예금증서의 경우에는 금융투자상품에 포함된다.

관리신탁의 경우에도 투자성은 존재하지만 수탁자의 행위가 제한되고 손실자체가 수탁자의 행위가 아니라 신탁재산 자체의 가치변동에 의한 것으로 투자로서의 의미가 약하므로 정책적인 관점에서 금융투자상품에서 제외하고 있다.

그러나 개정 자본시장법에서는 수익증권이 발행되는 경우에는 금융투자상품

자자, 그 밖의 고객이 지급하는 해지수수료(이에 준하는 것을 포함한다)
2. 각종 세금
3. 발행인 또는 거래상대방이 파산 또는 채무조정, 그 밖에 이에 준하는 사유로 인하여 당초 지급하기로 약정한 금전 등을 지급할 수 없게 됨에 따라 투자자, 그 밖의 고객이 되돌려 받을 수 없는 금액
4. 그 밖에 금융위원회가 정하여 고시하는 금액

에 포함시키고, 개정전에는 수탁자가 처분권한을 보유하지 않는 신탁만 관리신탁으로 보았으나, 수탁자가 처분권한을 가지더라도 신탁재산의 보존행위 등으로 범위가 제한되는 경우도 본조에 해당하게 되었다.[19]

Ⅵ. 금융투자상품의 구분

금융투자상품은 증권과 파생상품으로 나뉘고, 파생상품은 장내파생상품과 장외파생상품으로 나뉜다. 증권과 파생상품의 개념에 대하여는 제4조와 제5조에서 따로 정하고 있다.

제2절 증권

Ⅰ. 의의

증권이란 내국인 또는 외국인이 발행한 금융투자상품으로서 투자자가 취득과 동시에 지급한 금전 등 외에 어떠한 명목으로든 추가로 지급의무를 부담하지 아니하는 것을 말한다.[20] 증권은 다음과 같이 6가지로 분류한다.

---

19) 개정 자법 제3조 ① 2. 「신탁법」 제78조 제1항에 따른 수익증권발행신탁이 아닌 신탁으로서 다음 각 목의 어느 하나에 해당하는 신탁(제103조 제1항 제1호의 재산을 신탁받는 경우는 제외하고 수탁자가 「신탁법」 제46조부터 제48조까지의 규정에 따라 처분 권한을 행사하는 경우는 포함한다. 이하 "관리형신탁" 이라 한다)의 수익권

가. 위탁자(신탁계약에 따라 처분권한을 가지고 있는 수익자를 포함한다)의 지시에 따라서만 신탁재산의 처분이 이루어지는 신탁

나. 신탁계약에 따라 신탁재산에 대하여 보존행위 또는 그 신탁재산의 성질을 변경하지 아니하는 범위에서 이용·개량 행위만을 하는 신탁

20) 개정 자법 제4조(증권) ① --- 다만, 다음 각 호의 어느 하나에 해당하는 증권은 제3편 제1장(제8편부터 제10편까지의 규정 중 제3편 제1장의 규정에 따른 의무 위반행위에 대한 부분을 포함한다) 및 제178조·제179조를 적용하는 경우에만 증권으로 본다.

1. 투자계약증권
2. 지분증권, 수익증권 또는 증권예탁증권 중 해당 증권의 유통 가능성, 이 법 또는 금융 관련 법령에서의 규제 여부 등을 종합적으로 고려하여 대통령령으로 정하는 증권

개정 시행령 제3조의2(증권신고서 제출 등의 규제만 적용되는 증권) 법 제4조 제1항 제2호에서 "대통령령으로 정하는 증권"이란 「상법」에 따른 합자회사·유한책임회사·합자조합·익명조합의 출자지분

1. 채무증권

국채증권, 지방채증권, 특수채증권, 사채권, 기업어음증권 그 밖에 이와 유사한 것으로서 지급청구권이 표시된 것을 말한다. 여기서 유사성 기준을 채택하여 그 적용범위를 넓히고 있다.

개정 자본시장법에서는 파생결합사채 중 원금이 보장되도록 설계된 이자나 과실에 대해서만 기초자산의 가격 · 이자율 · 지표 · 단위 또는 이를 기초로 하는 지수 등의 변동과 연계한 파생결합사채(이자연계 파생결합사채)에 한하여 채무증권으로 인정한다.[21] 상법의 개정에 의하여 파생결합사채도 사채에 포함되게 되었는데,[22] 이는 또한 자본시장법상 파생결합증권에도 포함되므로 개정 자본시장법에서는 이중에서 이자연계 파생결합증권에 해당하는 경우에는 파생결합증권의 범위에서 제외하고 이를 사채권의 범위에 포함되도록 하였다.[23]

2. 지분증권

주권, 신주인수권이 표시된 것, 법률에 의하여 직접 설립된 법인이 발행한

이 표시된 것을 말한다. 다만, 집합투자증권은 제외한다.

21) 개정 자법 제4조(증권) ③ 이 법에서 "채무증권"이란 국채증권, 지방채증권, 특수채증권(법률에 의하여 직접 설립된 법인이 발행한 채권을 말한다. 이하 같다), 사채권(「상법」 제469조 제2항 제3호에 따른 사채로서 제7항 제1호에 해당하지 아니하는 것은 제외한다), 기업어음증권(기업이 사업에 필요한 자금을 조달하기 위하여 발행한 약속어음으로서 대통령령으로 정하는 요건을 갖춘 것을 말한다. 이하 같다), 그 밖에 이와 유사(類似)한 것으로서 지급청구권이 표시된 것을 말한다.

22) "유가증권이나 통화 또는 그 밖에 대통령령으로 정하는 자산이나 지표 등의 변동과 연계하여 미리 정하여진 방법에 따라 상환 또는 지급금액이 결정되는 사채"(상법 제469조 제2항 제3호)도 사채에 포함되게 되었다.

23) 이에 따라 자본시장법 개정전에는 이자연계 파생결합사채로 분류될 수 있는 원금보장형 주가연계증권의 경우 파생결합증권 발행인가를 받은 투자매매업자만 발행이 가능하였으나, 법개정으로 이는 채무증권에 해당하게 되어 은행, 일반기업 등 투자매매업 인가를 받지 않아도 발행이 가능하게 되었다. 다만 원금보장형 파생결합증권의 경우 파생결합사채에 해당되어 회사가 발행할 수 있다고 하여도, 상법에 따를 때 사채의 모집은 이사회의 결의에 의하게 되므로(상법 제469조), 그 발행절차가 매우 번거로울 수 있다.
원금이 보장된다는 것도 만기까지 보유시 보장된다는 의미이며, 기초자산의 가격변동에 따라 상품의 가격변화를 가져오므로, 그 상품의 유통성을 전제로 하지 않고도 투자성을 가지게 된다.

출자증권, 상법상 합자회사, 유한책임회사, 유한회사, 익명조합의 출자지분, 민법상 조합의 출자지분, 그 밖에 이와 유사한 것으로서 출자지분 또는 출자지분을 취득할 권리가 표시된 것을 말한다.

3. 수익증권

신탁형 집합투자 등에 있어서 수익권을 표시한 것이다. 수익권은 신탁계약에서 정하는 바에 따라서 신탁재산의 운용에서 발생한 이익의 분배를 받고, 신탁원본의 상환을 받는 등의 권리를 말한다. 수익증권은 수익권을 균등하게 분할하여 표시한 것이다.

4. 투자계약증권

투자계약증권이란 증권의 개념에 대하여 포괄주의를 채택하자는 주장을 반영한 대표적 증권으로, 특정 투자자가 그 투자자와 타인간의 공동사업에 금전등을 투자하고 주로 타인이 수행한 공동사업의 결과에 따른 손익을 귀속받는 계약상의 권리가 표시된 것을 말한다(자법 제4조 제6항).

이는 미국의 투자계약(Investment Contract)에 대해서 SEC v. Howey Co. 사건[24]에서 제시되었던 Howey 기준을 적용한 것으로, 이 판결에서 "투자자가 공공 기업에 자기의 자금을 투자하여 오로지 발기인 또는 제3자의 노력에 의하여 이익을 기대하는 사람이 체결하는 계약" 을 증권에 해당하는 투자계약이라고 정의하였다.

투자계약증권은 주식, 수익증권 등 전통적인 증권과 구「자산운용업법」상 간접투자증권(신탁형, 주식회사형)뿐만 아니라 구「자산운용업법」의 규율대상이 아닌 비정형 간접투자의 지분[25]까지 포괄하고 있다.

투자계약증권은 타인의 노력에 의하여 수익력이 결정되는데 반하여 파생결합증권은 외생적 지표에 의하여 수익력이 결정된다는 점에서 차이가 난다.

24) 328 U.S. 293(1946).
25) 예를 들면 인터넷으로 투자자를 모집하는 Netizen Fund(영화펀드(엔터테인펀드))에 대한 지분, 상법상 익명조합·민법상 조합을 활용한 간접투자기구에 대한 지분(예: 익명조합형태를 통해 투자자금을 공모하는 펀드) 등을 말한다.

투자계약증권의 경우 아직 발행되어 한국예탁결제원을 통하여 거래된 예는 없지만 영화산업 등의 경우 그 발행가능성을 예상할 수 있다.[26)]

개정 자본시장법에서 투자계약증권은 증권신고서 제출 등의 규제만 적용되는 증권에 해당한다.[27)]

5. 파생결합증권

파생결합증권[28)]이란 기초자산[29)]의 가격 · 이자율 · 지표 · 단위 또는 이를 기

---

26) 소셜미디어나 인터넷 등의 매체를 활용해 자금을 모으는 투자방식인 소위 크라우드 펀드의 발행을 통한 시장활성화 방안 등이 논의되고 있다. 윤민섭, "투자형 크라우드펀딩의 제도화를 위한 입법적 제언 -금액제한, 발행증권의 종류, 발행인의 자격제한을 중심으로-", 증권법연구, 제14권 제1호, 2013년, 191면, 성희활, "지분투자형 크라우드펀딩(Crowdfunding)의 규제체계 수립에 대한 연구", 증권법연구, 제14권 제2호, 2013년, 391면.

27) 개정 자법 제4조(증권) ① --- 다만, 다음 각 호의 어느 하나에 해당하는 증권은 제3편 제1장(제8편부터 제10편까지의 규정 중 제3편 제1장의 규정에 따른 의무 위반행위에 대한 부분을 포함한다) 및 제178조 · 제179조를 적용하는 경우에만 증권으로 본다.
  1. 투자계약증권
  2. 지분증권, 수익증권 또는 증권예탁증권 중 해당 증권의 유통 가능성, 이 법 또는 금융 관련 법령에서의 규제 여부 등을 종합적으로 고려하여 대통령령으로 정하는 증권

28) 개정 자법 제4조(증권) ⑦ 이 법에서 "파생결합증권"이란 기초자산의 가격 · 이자율 · 지표 · 단위 또는 이를 기초로 하는 지수 등의 변동과 연계하여 미리 정하여진 방법에 따라 지급하거나 회수하는 금전 등이 결정되는 권리가 표시된 것을 말한다. 다만, 다음 각 호의 어느 하나에 해당하는 것은 제외한다.
  1. 발행과 동시에 투자자가 지급한 금전등에 대한 이자, 그 밖의 과실(果實)에 대해서만 해당 기초자산의 가격 · 이자율 · 지표 · 단위 또는 이를 기초로 하는 지수 등의 변동과 연계된 증권
  2. 제5조 제1항 제2호에 따른 계약상의 권리(제5조 제1항 각 호 외의 부분 단서에서 정하는 금융투자상품은 제외한다)
  3. 해당 사채의 발행 당시 객관적이고 합리적인 기준에 따라 미리 정하는 사유가 발생하는 경우 주식으로 전환되거나 그 사채의 상환과 이자지급 의무가 감면된다는 조건이 붙은 것으로서 제165조의6 제1항에 따라 주권상장법인이 발행하는 사채
  4. 제165조의7 제1항에 따라 주권상장법인이 발행하는 신주인수선택권증권
  5. 「상법」 제469조 제2항 제2호, 제513조 및 제516조의2에 따른 사채
  6. 그 밖에 제1호부터 제5호까지의 규정에 따른 증권과 유사한 것으로서 금융위원회가 정하여 고시하는 증권

29) "기초자산"이란 다음 어느 하나에 해당하는 것을 말하는 것으로 파생결합증권의 기초자산의 범위를 최광의로 넓게 정의하고 있어서 증권이 포괄하는 범위를 넓히고 있다.
  1. 금융투자상품
  2. 통화(외국의 통화를 포함한다)
  3. 일반상품(농산물 · 축산물 · 수산물 · 임산물 · 광산물 · 에너지에 속하는 물품 및 이 물품을 원료로 하여 제조하거나 가공한 물품, 그 밖에 이와 유사한 것을 말한다)
  4. 신용위험(당사자 또는 제삼자의 신용등급의 변동, 파산 또는 채무재조정 등으로 인한 신용의 변동을 말한다)

초로 하는 지수 등의 변동과 연계하여 미리 정하여진 방법에 따라 지급하거나 회수하는 금전 등이 결정되는 권리가 표시된 것을 말한다.

이는 구증권거래법 시행령상 규정되었던 주식워런트증권(ELW), 주가연계증권(ELS) 및 파생결합증권(DLS)을 포괄적으로 규정한 것이다.[30] 자본시장법에서는 파생결합증권을 위한 기초자산의 범위가 확대됨으로써 파결결합증권의 포괄범위가 더욱 켜졌다는데 특징이 있다. 파생결합증권은 파생상품과 달리 주식거래와 동일하여 가격변동에 따른 추가지급의무는 없다.

현재 파생결합증권은 차액정산형 즉 현금결제형만 인정된다고 보는 견해가 있으나,[31] 개정 자본시장법에서는 "금전 등"이라고 하여 현물이전형의 근거를 마련하고 있다. 또한 개정법에서는 파생결합증권에서 이자연계 파생결합증권,[32] 옵션, 주식관련사채[33]는 명시적으로 제외하고 있으며, 자본시장법상 파생결합증권으로 포함하는 것이 부적당한 증권에 대하여서도 금융위원회가 제외할 수 있는 근거를 마련하고 있다(개정 자법 제4조 제7항 제6호).[34]

옵션을 제외하는 것은 옵션의 경우 파생상품임에도 불구하고 파생결합증권이 될 때 매수 후 추가지급의무를 부담하지 않는다는 점에서 증권의 개념과 혼동될 여지가 있으므로 동 조항에서 이를 제외함을 명확히 하였다.

---

5. 그 밖에 자연적·환경적·경제적 현상 등에 속하는 위험으로서 합리적이고 적정한 방법에 의하여 가격·이자율·지표·단위의 산출이나 평가가 가능한 것

30) 파생결합증권은 주식워런트증권을 제외하고는 거래소에서 상장되어 있지 않고, 또한 장외거래도 활발하게 이루어지지 않고 있다.

31) 한국증권법학회, 앞의 책, 25면; 유혁선, "파생상품의 법적 개념에 관한 소고,"「증권법연구」제12권 제1호, 2011, 34-35면. 반대, 임재연, 앞의 책, 48면, 이는 지급금액 또는 회수금액이 다른 자산이나 지표에 의하여 결정된다는 의미로 볼 것이라며 현금결제형으로 한정할 이유가 없다고 한다.

32) 개정 자법 제4조 제7항 제1호에 따라 원금이 보장되도록 설계된 이자나 과실에 대해서만 기초자산과 연계한 파생결합증권에 대하여 앞으로 채무증권으로 취급하게 된다.

33) 조건부자본증권(개정 자법 제165조의 6 제1항), 신주인수선택권증권(개정 자법 제165조의 7 제1항), 교환사채, 전환사채, 신주인수권부사채의 경우 명시적으로 제외하고 있다(개정 자법 제4조 제7항 제3호 내지 제5호).

34) 시행령 제4조의2(파생결합증권에서 제외되는 금융투자상품) 법 제4조 제7항 제5호에서 "대통령령으로 정하는 금융투자상품"이란 「상법」 제420조의2에 따른 신주인수권증서 및 같은 법 제516조의5에 따른 신주인수권증권을 말한다.

<연도별 파생결합증권 발행현황>

(단위 : 종목수, 십억원)

구분		2007년	2008년	2009년	2010년	2011년
ELW	종목수	4,307	6,766	10,606	21,284	21,322
	발행금액	918	28	55	146	108
ELS	종목수	4,404	4,942	5,071	10,816	12,694
	발행금액	25,814	20,640	11,871	25,009	29,241
DLS	종목수	115	170	503	1,061	1,419
	발행금액	1,144	1,330	2,731	7,697	10,739
합계	종목수	8,826	11,878	16,180	33,161	35,435
	발행금액	27,867	21,998	14,657	32,852	40,088

(자료 : 한국예탁결제원)

(1) 주식워런트증권(Equity linked Warrant)

주식워런트증권이란 파생상품의 구조와 주식이 결합된 상품으로 특정주식 자체를 사는 것이 아니라 특정시점에 특정가격으로 '살 수 있는 권리' 또는 '팔 수 있는 권리' 를 사는 것이다. 예를 들면 현재 5만원인 주식을 1년 뒤에 55000원에 살 수 있는 권리를 3000원에 매입하였다고 할 때, 나중에 실제 주식의 가격이 6만원이 되면 2000원의 이익을 얻을 수 있다.

이와 같이 주식워런트 증권은 그 기본성격이 옵션과 동일하다. 따라서 콜옵션과 풋옵션의 형태가 있게 되는데, 콜의 형태는 발행자로부터 기초자산을 권리행사가격으로 인수할 수 있는 권리[35] 또는 내재가치(결제가격 - 행사가격)을 수령할 권리가 부여되는 것이며, 풋의 형태는 보유자인 권리행사자가 기초자산을 권리행사가격으로 발행자에게 인도할 수 있는 권리 또는 내재가치를 수령할 수 있는 권리가 부여된 워런트이다. 다만 주식워런트증권은 옵션과 달리 상

35) 현재 차액정산형 즉 현금결제형만 인정된다고 하였는데, 현금결제형을 전제로 할 때 이는 인정되지 않을 것이다.

장되어 매매되고, 추가지급의무를 부담하지 않는다는 점에서 증권에 해당한다.

(2) 주가연계증권(Equity linked Securities)

주가연계증권은 이자나 원금이 주가변동과 연계되어 있는 증권으로 투자매매업자가 발행하게 된다. 이것은 주가 또는 지수의 변동에 따라 만기 지급액이 결정되는 증권으로서, 구조설계증권 즉 일반증권에 특정한 구조가 내장되어 있는 증권의 일종이다. 주가연계증권은 채권, 주식, 워런트[36] 세부분으로 구성하여 세 상품을 적절히 조합해 특정 조건에 맞는 수익률을 발생시키는 것으로, 투자자가 맡긴 돈 중 일정부분을 정기예금 또는 채권에 투자하고 나머지 부분을 주식이나 각종 파생상품에 투자하여 그 운용결과에 따라 수익의 발생 여부가 판가름 나는 구조를 가진다.[37]

여기에는 안전한 우량채권 등에 대한 투자 비중을 높여 원금이 보장되는 유형과 원금의 일부만 보장해 주는 대신 파생상품에 대한 투자비중이 커지는 유형이 있다.

개정 자본시장법에서는 앞에서 본 바와 같이 원금보장형의 경우 채무증권으로 분류되게 되어 투자매매업 인가를 받지 않고도 발행이 가능하게 되었다.[38]

---

36) 일정한 주식을 일정한 가격에 살 수 있는 권한을 수여하는 증권(예 : 주식매수권증권)을 말한다.

37) 2008년 이후에는 글로벌 금융위기의 여파와 주가연계증권과 연계한 연계불공정거래(현현연계 시세조종행위)가 논란이 되었는데, 그 중 주가연계증권의 백투백 헤지를 담당한 외국계 은행이 만기일에 대규모 매도주문으로 이익실현의 기준이 되는 종가를 기준가격 이하로 하락시켜 투자자들에게 큰 손실을 일으키면서부터 주가연계증권과 관련한 연계불공정거래에 대한 논란이 본격화되었다. 정승화, "파생결합증권 발행제도에 관한 법적 과제", 금융법연구,

38) 원금보장형의 경우 주가연계파생결합사채(ELB)하고 하며, 원금비보장형의 경우 주가연계파생결합증권(ELS)이라고 한다.

<ELS발행예>

'NH농협증권 ELB 410호' 는 KOSPI200을 기초자산으로 하는 만기6개월의 원금보장형 상품이다. 만기시 KOSPI200이 최초기준지수의 113% 이내 상승하면 이익참여율 35%가 적용되어 최대 세전 연 9.1% 수익이 가능하다. 또한 만기시 최초기준지수보다 하락하거나 113%를 초과한 적이 있어도 원금이 지급된다. NH농협증권 ELS 1413호' 는 KOSPI200과 홍콩항셍중국기업지수, 유로스톡스50지수를 기초자산으로 하는 만기 3년의 원금비보장형 상품이다. 매6개월마다 세 기초자산의 종가가 모두 최초기준지수 대비 95%(6, 12개월), 90%(18, 24개월), 85%(30개월) 이상이면 세전 연 10.6%(최대 31.8%)의 수익을 지급하며 조기 상환된다. 만약 조기상환 되지 않더라도 투자기간동안 세 기초자산이 모두 종가기준으로 최초기준지수의 60% 미만으로 하락한 적이 없으면 만기일에 세전 31.8%의 수익이 지급되지만, 투자기간 중 어느 한 기초자산이라도 최초기준지수의 60% 미만[39]으로 하락한 적이 있는 경우에는 원금손실이 발생할 수 있다.

(3) 파생결합증권(Derivative linked Securities)

구증권거래법 시행령상 파생결합증권은 주가연계증권과 유사한 것으로, 주식 대신 원자재나 부동산, 금리 등 기초자산을 다양화시킨 증권이다. 신용연계증권(CLN) 등이 이에 해당하며, 주가연계증권을 제외한 것을 합하여 파생결합증권(DLS)이라고도 한다.

6. 증권예탁증권

증권예탁증권이란 앞에서 제시한 증권을 예탁받은 자가 그 증권이 발행된 국가 외의 국가에서 발행한 것으로서 그 예탁받은 증권에 관련된 권리가 표시된 것을 말한다. 외국기업이 발행한 증권 또는 증서를 자국의 증권예탁기관에 예탁하게 하고, 예탁기관이 이러한 원주권을 근거로 자국의 규제에 맞게 발행

39) 원금손실구간(Knock in barrier)이 된다. 반대개념인 Knock out barrier는 수익률이 확정되어 조기상환이 가능해지는 주가 수순을 뜻한다. Knock in이 되면 일반적인 경우에 풋옵션 매도 포지션이 발동하게 되어 연계기초자산인 주식의 가격이 크게 하락하는 경우가 많다.

하는 증서(Depositary Receipt)를 말한다. 외국증권을 자국 시장에서 유통시키는 경우에 국외이송이나 언어, 표시통화 등의 차이로 인하여 문제가 생긴다. 이때 예탁기관이 투자자를 대신하여 원증권의 보관과 권리행사에 이르는 모든 것을 대행해주게 된다. 증권투자자는 증권을 직접 보유하지는 않지만 증권에 관한 모든 권리를 행사할 수 있다.

발행지역에 따라 우리나라의 경우 KDR, 미국의 경우 ADR,[40] 유럽의 경우 EDR, 전세계를 대상으로 하는 경우 GDR이라 한다.

Ⅱ. 증권의 특징

1. 전통적 증권 개념의 포괄주의 전환

주식, 사채, 특수채 등 전통적 유가증권을 경제적 실질에 따라 채무증권, 지분증권, 수익증권, 증권예탁증권으로 분류하고 각각의 개념을 추상적으로 정의하고, 국채, 지방채, 주식, 신주인수권, 증권예탁증권 등 일반적으로 인정되는 유가증권을 예시적으로 열거하여 법적 안정성을 확보하고 있다.

〈전통적 유가증권의 포괄주의 전환〉

분류	포괄적 정의	포함되는 금융상품
채무증권	채무를 표시하는 것	국채, 지방채, 특수채, 사채, 일부 기업어음 등
지분증권	출자지분을 표시하는 것	주식, 신주인수권, 특별법인의 출자증권, 상법상 합자회사·유한회사·익명조합·민법상 조합의 출자지분 등
수익증권	수익권을 표시하는 것	신탁 수익증권, 신탁형 집합투자기구의 수익증권 등
증권예탁증권	증권을 예탁받은 자가 그 증권의 발행 국가 밖에서 발행하는 증권	국내 증권예탁증권(KDR), 외국 증권예탁증권(GDR. ADR 등)

40) 예를 들어 포항제철의 ADR은 DR예탁업무를 수행하는 미국의 Bank of New York과 한국예탁결제원이 원주보관기관업무운용각서를 체결하여 원주를 한국예탁결제원이 보관하고, DR은 미국에서 발행하였다.

2. 신종 증권을 포괄하기 위한 개념 마련

자본시장법에서는 투자계약증권의 개념을 도입하여 타인의 노력에 의해 수익이 결정되는 모든 증권을 증권으로 포괄하고 있다. 이에 따라서 기존에 규율 법제가 없던 다양한 신종금융상품이 증권의 범주 안에 들어오게 되었다.

이와 대비되는 것으로 파생결합증권의[41] 개념을 통해 타인의 노력과 무관하게 외생적 지표에 의해 수익이 결정되는 증권을 자본시장법상 증권으로 포괄하고 있다. 파생결합증권은 기초자산의 가격 등의 변동과 연계하여 미리 정하여진 방법에 따라 이익을 얻거나 손실을 회피할 목적의 계약상 권리로 정의하고 있다. 여기에서 파생결합증권의 기초자산의 범위를 최광의로 넓게 정의하여 증권의 포괄범위를 넓히고 있다.

제3절 파생상품

Ⅰ. 의의

파생상품[42]이란 선도, 옵션, 스왑의 어느 하나에 해당하는 계약상의 권리를 말한다. 이전에서는「선물거래법」에서 규정하였던 것을 자본시장법에서 통합하여 규정하고 있다. 파생상품은 거래소에서 거래의 대상이 되는 장내파생상품

41) 주가연계증권(ELS), 신용연계증권(CLN), 재해연계증권(CAT bond), 펀드연계증권(Fund Linked Note) 등 구조화 증권이 포괄대상이 된다.

42) 개정 자법 제5조(파생상품) ① ---. 다만, 해당 금융투자상품의 유통 가능성, 계약당사자, 발행사유 등을 고려하여 증권으로 규제하는 것이 타당한 것으로서 금융위원회가 정하여 고시하는 금융투자상품은 그러하지 아니하다.
(신설) 4. 제1호부터 제3호까지의 규정에 따른 계약과 유사한 것으로서 금융위원회가 정하여 고시하는 계약
② 이 법에서 "장내파생상품"이란 다음 각 호의 어느 하나에 해당하는 것을 말한다.
1. 파생상품시장에서 거래되는 파생상품
2. 해외 파생상품시장(파생상품시장과 유사한 시장으로서 해외에 있는 시장과 대통령령으로 정하는 해외 파생상품거래가 이루어지는 시장을 말한다)에서 거래되는 파생상품
3. 그 밖에 금융투자상품시장을 개설하여 운영하는 자가 정하는 기준과 방법에 따라 금융투자상품시장에서 거래되는 파생상품

과 이를 제외한 장외파생상품[43]으로 나눌 수 있다.

개정 자본시장법에 따르면 장내파생상품에 대체거래소의 도입 등과 관련하여 금융투자상품시장을 개설하여 운영하는 자가 정하는 기준과 방법에 따라 금융투자상품시장에서 거래되는 파생상품이 추가되게 되었다(자법 제5조 제2항 3호).

파생상품은 레버리지를 이용하여 투기거래로 행하여지기 때문에 증권의 거래에 비하여 위험의 정도가 훨씬 커지는 특징을 가진다.

개정 자본시장법에서는 파생상품에 대하여 "다만, 해당 금융투자상품의 유통 가능성, 계약당사자, 발행사유 등을 고려하여 증권으로 규제하는 것이 타당한 것으로서 대통령령으로 정하는 금융투자상품은 그러하지 아니하다."(자법 제5조 제1항 단서)고 규정하여 일정한 제외사유를 인정하고 있다.[44] 시행령에 따르면 ELW, DLW를 파생상품에서 제외하고 있다.[45]

---

43) 일반투자자가 장외파생상품을 거래하고자 하는 경우에는 헤지거래만 할 수 있다고 규정하고 있다. 즉 장외파생상품의 매매 및 그 중개·주선 또는 대리의 상대방이 일반투자자인 경우에는 그 일반투자자가 대통령령으로 정하는 위험회피목적의 거래를 하는 경우에 한하여 거래할 수 있다고 규정하고 있다(자법 제166조의2 제1항). 위험회피목적의 거래란 위험회피를 하려는 자가 보유하고 있거나 보유하려는 자산·부채 또는 계약 등에 대하여 미래에 발생할 수 있는 경제적 손실을 부분적 또는 전체적으로 줄이기 위한 거래로서 계약체결 당시 ① 위험회피대상을 보유하고 있거나 보유할 예정이고 ② 장외파생거래 계약기간 중 장외파생거래에서 발생할 수 있는 손익이 위험회피대상에서 발생할 수 있는 손익의 범위를 초과하지 아니할 것을 요하는 거래를 말한다(자령 제186조의2).

44) 시행령 제4조의3(파생상품에서 제외되는 금융투자상품) 법 제5조제1항 각 호 외의 부분 단서에서 "대통령령으로 정하는 금융투자상품"이란 다음 각 호의 어느 하나에 해당하는 금융투자상품을 말한다.

1. 증권 및 장외파생상품에 대한 투자매매업의 인가를 받은 금융투자업자가 발행하는 증권 또는 증서로서 기초자산(증권시장이나 해외 증권시장에서 매매거래되는 주권 등 금융위원회가 정하여 고시하는 기초자산을 말한다. 이하 이 호에서 같다)의 가격·이자율·지표·단위 또는 이를 기초로 하는 지수 등의 변동과 연계하여 미리 정하여진 방법에 따라 그 기초자산의 매매나 금전을 수수하는 거래를 성립시킬 수 있는 권리가 표시된 증권 또는 증서
2. 「상법」 제420조의2에 따른 신주인수권증서 및 같은 법 제516조의5에 따른 신주인수권증권

45) 파생결합증권에서 옵션을 제외하고 있으므로 금융투자업자가 발행하는 워런트증권이 더 이상 파생결합증권으로 취급되지 않는가의 의문이 생길 수 있는데, 시행령에서 이들을 파생상품에서 제외하여 파생결합증권으로 취급할 수 있게 됨.

Ⅱ. 선도

1. 의의

선도란 기초자산이나 기초자산의 가격 · 이자율 · 지표 · 단위 또는 이를 기초로 하는 지수 등에 의하여 산출된 금전 등을 장래의 특정 시점에 인도할 것을 약정하는 계약을 말한다. 선도거래는 계약이 이루어지면 바로 이행을 하여야 하는 현물거래와 달리 그 이행을 계약체결 후 일정기간이 경과한 후에 하게 된다.

선도의 경우에 다음에 보는 옵션과 달리 매도인·매수인 모두 매매를 이행할 의무를 지게 된다.

여기에서 기초자산이란 파생결합증권에서의 기초자산과 같은 것으로 다음 어느 하나에 해당하는 것을 말한다. ① 금융투자상품 ② 통화(외국의 통화를 포함한다) ③ 일반상품(농산물 · 축산물 · 수산물 · 임산물 · 광산물 · 에너지에 속하는 물품 및 이 물품을 원료로 하여 제조하거나 가공한 물품, 그 밖에 이와 유사한 것을 말한다) ④ 신용위험(당사자 또는 제삼자의 신용등급의 변동, 파산 또는 채무재조정 등으로 인한 신용의 변동을 말한다) ⑤ 그 밖에 자연적 · 환경적 · 경제적 현상 등에 속하는 위험으로서 합리적이고 적정한 방법에 의하여 가격 · 이자율 · 지표 · 단위의 산출이나 평가가 가능한 것. 여기서 기초자산의 범위는 구증권거래법상의 기초자산의 범위에 비하여 대폭 확대된 것으로 특히 ⑤에서 합리적이고 적정한 방법에 의하여 가격 · 이자율 · 지표 · 단위의 산출이나 평가가 가능한 것을 기초자산으로 보기 때문에 기초자산의 범위에 대하여 제한을 두지 않는다. 이처럼 파생상품의 기초자산의 개념을 최광의로 규정한 것은 가능한 모든 기초자산에 대한 파생상품이 개발될 수 있도록 허용하는데 그 취지가 있다.

다만 기초자산의 범위가 넓어짐으로써 이를 기초로 하는 파생상품과 도박의 한계가 모호해질 수 있다. 이를 고려하여 자본시장법에서는 금융투자업자가 금융투자업을 영위하는 경우에는 도박에 관한 「형법」 제246조를 적용하지 아니한다는 규정을 두고 있다(자법 제10조 제2항).

2. 선물

(1) 의의

선물도 선도에 해당한다. 다만 선도거래 중 거래소에서 이루어지고 이행이 확보되는 것이라고 할 수 있다. 주가지수선물과 선도의 가장 큰 차이로 인수도와 정산(중간정산포함)을 들 수 있다. 선물도 계약체결시점에서 거래가격 및 수량에 대해서 약정을 한다. 즉 현재 계약체결을 하며, 다만 그 결제와 인수도를 미래에 하는 것이다.

	선도	선물
매매형태	장외, 당사자간매매	완전경쟁매매
결재	대부분 결제일에 실물인수도가 이루어짐	중간정산, 현금결제가 일반적이며 3%이하 정도가 실물 인수도함

주가지수선물은 계약시의 가격(약정지수×일정금액)과 최종결제일의 가격(현실지수×일정금액)과의 차액을 수수함으로써 거래가 종결되게 된다. 현재 결제월은 3월, 6월, 9월, 12월이며, 최장거래기간은 1년이 된다.[46]

> 선물의 거래단위는 1계약이며, 주가지수 1포인트에 거래단위승수 50만원(코스피 200선물) 또는 20만원(코스닥50 선물)을 곱한 금액이 거래금액이 된다. 예를 들어 100포인트에 10계약을 하여(거래금액: 100ptX50만원X10계약 – 5억원(증거금 15% – 사후증거금으로 가능)) 99포인트에 5계약 매도하고 나머지 98포인트에 만기 청산을 하였다고 하면, 중간매도에서 250만원 손실(5×50), 만기 청산에서 500만원 손실을 보게 된다(2X5X50)

46) 주가지수선물은 3, 6, 9, 12월물 네가지가 상장되어 코스피200지수(코스닥50지수)를 기초자산으로 하여 산정된 그 당시의 선물지수에 따라 거래된다.

(2) 선물거래의 기능

1) 헤지

헤지란 현물시장에서 포지션을 유지하고, 선물시장에서 그와 반대의 포지션을 취함으로써 가격변동위험을 회피하는 것이다.

예를 들어 현물 10000원인 주식을 보유하면서 선물에서는 10000원 매도의 포지션을 취하였다면, 장래 만기일에 주식이 9000원이 되었다고 하여도, 선물에서 10000원에 매도하여 1000원 이익을 취하면서 현물손실을 보전할 수 있다.

2) 차익거래, 재정거래(Arbitrage)

선물시장 가격이 일시적인 수급불일치로 균형가격인 이론가격에서 크게 벗어났을 때 이 차이를 이용해 무위험수익을 얻는 것을 말한다. 즉 선물시장가격이 시장에서 형성된 실제 선물가격을 기초로 산출한 이론적인 선물가격과 괴리가 발생한 경우 선물과 현물 중 상대적으로 가격이 높은 것을 매도하고 동시에 가격이 낮은 것을 매수한 후 양 가격이 정상적인 관계로 되돌아 왔을 때 양자를 반대매매하여 위험없이 괴리된 가격만큼 이익을 얻고자 하는 것이다.[47] 차익거래는 선물거래와 현물거래가 동시에 이루어져야 이익이 발생한다. 예를 들면 선물시장가격이 이론가격보다 낮을 때에 현물주식은 팔고 선물을 매입하여 양가격이 정상적인 관계로 돌아왔을 때 반대매매를 하여 차익을 실현하는 것이다.[48]

Ⅲ. 옵션

옵션은 당사자 어느 한쪽의 의사표시에 의하여 기초자산이나 기초자산의 가격·이자율·지표·단위 또는 이를 기초로 하는 지수 등에 의하여 산출된 금전 등을 수수하는 거래를 성립시킬 수 있는 권리를 부여하는 것을 약정하는 계약이다. 유리

47) 선물의 최종거래일이 되면 현물과 선물의 구분이 없어져 가격이 같아진다.
48) 프로그램매매에서는 선물가격과 현물가격의 차이(베이시스)를 이용한 차익거래가 이루어지고 있다. 콘탱고(선물가격이 현물가격보다 높은 상태)에서 매수차익거래(프로그램매수유입)가 이루어지고, 백워데이션(선물가격이 현물가격보다 낮은 상태)에서 매도차익거래(프로그램 매도)가 이루어진다.

한 가격조건에서만 행사하고 불리한 조건에서는 행사하지 않을 선택권이 주어진다.

옵션에는 옵션의 권리를 행사할 수 있는 기간을 옵션의 만기일로 제한하는 것(유럽식 옵션)과 만기일까지 언제나 권리를 행사할 수 있는 것(미국식 옵션)이 있다. 우리나라는 최종의 거래일에만 권리의 행사가 가능하므로 전자에 해당한다.

옵션은 콜옵션과 풋옵션으로 나누어진다. 전자는 장래 일정한 날 또는 일정 기간 동안 기초자산 등을 일정 가격에 매수할 수 있는 계약상의 권리이고, 후자는 장래 일정한 날 또는 일정 기간 동안 기초자산 등을 일정 가격에 매도할 수 있는 계약상의 권리이다.[49)]

> KOSPI 200 이 100포인트인 시점에서 주가 상승을 예상하여 9월물 권리행사가격이 110 포인트인 콜옵션을 프리미엄[50)] 3포인트로 10계약 매수한 경우[51)] 투자원금이 300만원이다. 만일 만기일에 주가가 상승하여 120포인트가 되었다면 10P×10×10만원 즉 1000 만원의 이익을 얻는다. 여기서 투자원금인 300만원을 빼면 순이익이 700만원이 된다. 반대로 주가가 하락하여 110포인트 이하가 된다면 권리행사를 포기하여 투자원금 300 만원의 손실만 보면 된다.

Ⅳ. 스왑

스왑은 장래의 일정기간 동안 미리 정한 가격으로 기초자산이나 기초자산의 가격·이자율·지표·단위 또는 이를 기초로 하는 지수 등에 의하여 산출된 금전 등을 교환할 것을 약정하는 계약이다.

대표적인 것으로 금리스왑과 통화스왑이 있다. 금리스왑은 고정금리와 변동

49) 옵션의 상장결제월은 최근월물 3개와 3, 6, 9, 12월물 중 근접한 1개월물을 합하여 4개월물이 상장된다. 최종거래일은 해당 결제월의 두 번째 목요일이다. 옵션의 경우 선물과 달리 특정 투자시점에 있어서 위 예의 경우 110포인트, 115포인트 등 다른 행사가격으로 동시에 체결될 수 있다.

50) 콜·풋옵션 매수자가 매도자에게 지불해야 하는 비용으로 매매시 옵션 가격으로 활용된다. 지수의 변동성, 만기일까지의 잔존기간 등의 변수에 따라 움직인다. 가령 만기일이 가까우면 프리미엄은 낮아지고 변동성이 클수록 프리미엄은 높아진다. 프리미엄은 시장참가자의 수요와 공급에 따라 결정되는데 증권거래소는 일정한 기준을 통해 변동성을 공표해 투자시 참조하도록 하고 있다.

51) 주가지수옵션(코스피200 옵션과 코스닥50 옵션)의 경우 거래단위는 1계약이며, 주가지수 1포인트에 거래단위승수 10만원을 곱한 금액이 거래금액이 된다.

금리 등 같은 통화로 다른 금리의 지급을 교환하는 거래이다. 금리스왑은 금리 경감을 목적으로 이용된다. 통화스왑은 장래의 일정기간에 원화와 달러 등 다른 통화를 상호 교환하는 것을 약속하는 거래이다. 통화스왑에 있어서는 원본이 다른 통화의 것이므로 스왑의 개시일과 만기일에 실제로 원본의 교환이 이루어지는 것이 일반적이다.

통화스왑의 예로 원-엔 통화스왑이나 원-위안 통화스왑 등을 들 수 있다. 이는 무역거래 등에 기축통화로 사용되던 달러 대신 원화와 엔화, 원화와 위안화로 바로 결제할 수 있도록 한 것이다. 이로서 달러 자금의 유출을 억제해서 달러유동성을 확보할 수 있게 된다.

제3장 투자자

Ⅰ. 의의

자본시장법은 투자자를 금융투자상품에 대한 전문성 구비여부, 소유자산 규모 등 위험감수능력을 기준으로 전문투자자와 일반투자자로 분류하고, 전문투자자에 대해서는 투자권유규제에 관한 규정의 적용을 배제하고 있다.

투자자구분에 의해 위험감수능력이 낮은 일반투자자에게는 높은 수준의 투자자 보호제도를 적용하고, 위험감수능력이 높은 전문투자자에게는 다소 낮은 수준의 투자자 보호제도를 적용함으로써 투자자 보호의 강화와 금융혁신의 촉진이라는 두 가지 목표를 동시에 달성하고자 한다.

이와 같은 고객구분에 의한 규제차별화를 도모함으로써 얻는 이익으로 다음을 들 수 있다. 첫째, 한정된 규제자원의 낭비 방지와 규제의 효율성 제고를 도모하고, 금융시장의 전체적인 차원에서의 규제의 완화를 이룩한다. 둘째, '동일한 경제적 기능을 수행하는 금융상품에 대한 동일한 규제원칙의 적용'이라는 원칙을 관철함에 따라 금융업자에게 발생할 수 있는 추가적인 규제비용을 감축한다. 셋째, 전통적인 한정적 열거주의의 채택근거 중 하나인 위험상품에 대한 거래의 원천적 금지를 통한 투자자 보호 철학을 고객구분을 통한 비전문가의 위험상품에의 접근 경로 차단을 통한 투자자 보호 철학으로 전환하는 계기가 될 수 있다.

〈증권거래 관련 투자자 보호 규제 현황〉

구분	규제대상자	규제 내용	규제 수단
발행시장	기 업	발행공시규제(증권신고서)	형사+민사+행정(과징금)
	금융투자업자	인수행위 규제 (Due Diligence 등)	민사 + 행정(과징금)
유통시장	기 업	계속공시규제 (정기공시·주요사항보고서 등)	형사+민사+행정(과징금)
판매행위	금융투자업자	투자권유규제 (설명의무, 부당권유금지 등)	형사+민사+행정(과태료)
거래행위	모든 자	불공정거래규제 (미공개정보이용, 시세조종 등)	형사 + 민사 (행정제재로서 과징금 없음)

(2011.7. 자본시장법 개정방안, 금융위원회 자료)

Ⅱ. 투자자의 종류

1. 전문투자자

자본시장법에서는 위험감수능력을 가진 투자자를 전문투자자라 하여 일반투자자와 구분하고 있다. 이를 판단하는 기준으로 "금융투자상품에 대한 전문성 구비 여부, 소유자산 규모" 등을 들고 있다(자법 제9조 제5항).

위험감수능력을 갖춘 전문투자자자는 국가, 한국은행, 대통령령이 정하는 금융기관,[52] 주권상장법인(다만 금융투자업자와 장외파생상품 거래를 하는 경

52) 다음 각 호의 금융기관을 말한다(자령 제10조 제2항).
1. 은행

우에는 전문투자자와 같은 대우를 받겠다는 의사를 금융투자업자에게 서면으로 통지한 경우를 제외하고 일반투자자로 본다), 기타 시행령이 정하는 투자자53)로 구분된다.

---

2. 한국산업은행
3. 중소기업은행
4. 한국수출입은행
5. 농업협동조합중앙회
6. 수산업협동조합중앙회
7. 보험회사
8. 금융투자업자(법 제22조에 따른 겸영금융투자업자는 제외한다)
9. 증권금융회사
10. 종합금융회사
11. 법 제355조 제1항에 따라 인가를 받은 자금중개회사
12. 금융지주회사
13. 여신전문금융회사
14. 상호저축은행 및 그 중앙회
15. 산림조합중앙회
16. 새마을금고연합회
17. 신용협동조합중앙회
18. 제1호부터 제17호까지의 기관에 준하는 외국 금융기관

53) 다음 각 호의 자를 말한다(자령 제10조 제3항). 다만, 12호부터 제17호까지의 어느 하나에 해당하는 자가 금융투자업자와 장외파생상품 거래를 하는 경우에는 전문투자자와 같은 대우를 받겠다는 의사를 금융투자업자에게 서면으로 통지하는 경우만 해당한다.
1. 예금보험공사 및 정리금융기관
2. 한국자산관리공사
3. 한국주택금융공사
4. 한국투자공사
4의2. 한국정책금융공사
5. 협회
6. 법 제294조에 따라 설립된 한국예탁결제원
7. 법 제373조에 따라 설립된 한국거래소
8. 금융감독원
9. 집합투자기구(금융위원회가 정하여 고시하는 것은 제외한다)
10. 신용보증기금
11. 기술신용보증기금
12. 법률에 따라 설립된 기금(제10호 및 제11호는 제외한다) 및 그 기금을 관리·운용하는 법인
13. 법률에 따라 공제사업을 경영하는 법인
14. 지방자치단체
15. 해외 증권시장에 상장된 주권을 발행한 국내법인
16. 다음 각 목의 요건을 모두 충족하는 법인 또는 단체(외국 법인 또는 외국 단체는 제외한다)
   가. 금융위원회에 나목의 요건을 충족하고 있음을 증명할 수 있는 관련 자료를 제출할 것

다만, 전문투자자 중 대통령령이 정하는 자[54]가 일반투자자와 동일한 대우를 받겠다는 의사를 금융투자업자에게 서면으로 통지하고 금융투자업자가 이에 동의한 경우에는 일반투자자로 보게 된다(자법 제9조 제5항 단서).

전문투자자는 다음과 같이 분류할 수 있다. 첫째, 일반투자자로 전환할 수 없는 전문투자자로 국가, 한국은행, 금융기관, 금융공기업 등이 이에 속한다. 둘째, 일반투자자로 전환 가능한 전문투자자로 국내외 주권상장법인, 기금관리운용법인, 지방자치단체, 공제사업자 등이 이에 속한다. 셋째, 전문투자자로 신고한 특정 법인 또는 개인, 즉 자발적 전문투자자를 들 수 있다. 법인의 경우 금융위원회에 전문투자자 신고를 한 날 전일의 금융투자상품 잔고가 100억원 이상일 것이 요구되고, 개인의 경우 금융투자상품 잔고가 50억 이상이고 금융투자업자에 1년 이상 계좌를 가지고 있을 것이 요구된다. 자발적 전문투자자도 일반투자자로 전환이 가능하다.

2. 일반투자자

자본시장법상 전문투자자에 속하지 않는 투자자를 일반투자자라 한다. 일반

나. 관련 자료를 제출한 날 전날의 금융투자상품 잔고가 100억원 이상일 것
다. 관련 자료를 제출한 날부터 2년이 지나지 아니할 것
17. 다음 각 목의 요건을 모두 충족하는 개인(외국인인 개인은 제외한다)
가. 금융위원회에 나목 및 다목의 요건을 모두 충족하고 있음을 증명할 수 있는 관련 자료를 제출할 것
나. 관련 자료를 제출한 날 전날의 금융투자상품 잔고가 50억원 이상일 것
다. 금융투자업자에 계좌를 개설한 날부터 1년이 지났을 것
라. 관련 자료를 제출한 날부터 2년이 지나지 아니할 것
18. 다음 각 목의 어느 하나에 해당하는 외국인
가. 외국 정부
나. 조약에 따라 설립된 국제기구
다. 외국 중앙은행
라. 제1호부터 제17호까지의 자에 준하는 외국인

54) 다음 각 호의 어느 하나에 해당하지 아니하는 전문투자자를 말한다(자령 제10조 제1항)
1. 국가
2. 한국은행
3. 제2항 제1호부터 제17호까지의 어느 하나에 해당하는 자
4. 제3항 제1호부터 제11호까지의 어느 하나에 해당하는 자
5. 제3항 제18호 가목부터 다목까지의 어느 하나에 해당하는 자
6. 제3호 및 제4호에 준하는 외국인

투자자의 경우 원칙적으로 전문투자자로 전환할 수 없다. 다만 장외파생상품 매매의 경우 일반투자자로 취급되는 주권상장법인은 의사를 통지함으로써 전문투자자로의 전환이 가능하다.

제4장 금융투자업

제1절 서설

금융투자업과 관련하여 가장 특징적인 부분으로 기능별 규율체제의 도입을 들 수 있다. 구자본시장관련 법령체계는 금융회사를 중심으로 규율하는 기관별 규율체제를 따르고 있었다. 증권회사, 선물회사, 자산운용회사 등 금융회사별로 각기 다른 법률이 존재하여 각 금융회사가 영위할 수 있는 금융업무를 열거하고 있었다. 이러한 상이한 규율체제의 적용으로 인하여 금융회사에 따라 규제차익[55]이 생기고, 투자자 보호의 공백이 발생하는 문제점이 있었다.

자본시장법은 금융회사별로 규율하던 기관별 규율체제를 경제적 실질이 동일한 금융기능별로 규율하는 기능별 규율체제로 전환하여 규율방식을 체계적으로 정비하였다. 이에 따라서 업무가 동일한 경제적 기능이나 성질을 가진다면 그 업무를 어떠한 금융회사가 수행하더라도 동일한 규율의 적용을 받게 되었다.

자본시장법에서는 금융기능을 경제적 실질에 따라 크게 금융투자업, 금융투자상품, 투자자의 세 부류로 나누고 있다. 이에 따라서 다양한 조합의 금융투자회사가 탄생할 수 있다.[56]

제2절 금융투자업의 종류

Ⅰ. 서설

자본시장법에서는 금융투자업을 투자매매업, 투자중개업, 집합투자업, 투자

55) 기관별 규제에서는 은행·증권·보험 등 각 유형의 금융회사에 대하여 각각 다른 규제가 적용될 수 있다. 이로 인해 특정 금융회사가 상대적인 혜택을 받는 것을 규제차익이라 한다.

56) 다만 집합투자업이나 신탁업의 경우 금융투자상품에 따른 정의를 하지 않고 있으며, 금융투자업 인가업무단위에 관한 자본시장법 제12조 제1항에 따라 집합투자업의 경우 집합투자기구에 따른 구분, 신탁업의 경우 신탁재산에 따른 구분 등 세분화가 추가로 가능하다.

자문업, 투자일임업, 신탁업의 6가지로 분류하고 있다. 6가지 업에 대하여 각각 금융투자업으로 보기 때문에 6개업을 모두 영위하지 않고 한 가지 업만 영위하더라도 그 회사는 금융투자회사라고 할 수 있다. 여기서 금융투자업은 이익을 얻을 목적으로 계속적이거나 반복적인 방법으로 행하는 행위, 즉 영업활동을 하는 경우에 한하여 인정된다.

Ⅱ. 투자매매업

1. 의의

투자매매업이란 누구의 명의로 하든지 자기의 계산으로 금융투자상품의 매도·매수, 증권의 발행·인수 또는 그 청약의 권유, 청약, 청약의 승낙을 영업으로 하는 것을 말한다.

딜링을 의미하는 것으로 증권회사의 업무 중 자기계정을 이용하는 영업, 즉 장외파생상품 또는 파생결합증권을 발행하는 것이 대표적인 예다. 그 외 기업공개, 회사채 발행과 같은 인수업무도 투자매매업에 해당된다.[57]

2. 금융투자상품의 매매

투자매매업은 자기의 계산으로 매매를 한다는 의미에서 투자중개업과 구별된다. 자기 계산으로 매매를 하여도 국가 또는 지방자치단체가 공익을 위하여 관련 법령에 따라 금융투자상품을 매매하는 경우나 한국은행이 「한국은행법」 제68조에 따라 공개시장 조작을 하는 경우에는 투자매매업으로 보지 아니 한다(자령 제7조 제3항).

환매조건부매매 중 일반투자자를 상대로 하는 경우에는 투자매매업으로 보고, 전문투자자 등 일정한 조건에 해당하는 전문가들 사이의 환매조건부매매[58]는 투자매매업으로 보지 아니 한다(자령 제7조 제3항 3호).

57) 투자매매업자 중 유가증권의 인수업을 하려고 하는 자는 이에 대하여는 별도의 인가를 받아야 한다.

3. 금융투자상품의 발행

금융투자업자가 스스로 증권을 발행하는 경우에는 투자매매업으로 보지 아니한다. 그러나 투자신탁의 수익증권, 파생결합증권 중 지분증권의 가격이나 이를 기초로 하는 지수의 변동과 연계된 파생결합증권, 발행과 동시에 투자자가 지급한 금전 등에 대한 이자 등 과실뿐만 아니라 그 금전 등도 해당 기초자산의 가격 · 이자율 · 지표 · 단위 또는 이를 기초로 하는 지수 등의 변동과 연계된 파생결합증권 및 투자성 있는 예금 · 보험을 발행하는 경우에는 투자매매업으로 본다.

4. 금융투자상품의 인수

증권을 발행함에 있어서 사모의 방법에 의할 때와 달리 모집·매출에 의해 증권을 공모하는 경우에 간접공모에 따른 비용에도 불구하고 금융투자업자인 인수인을 통한 간접공모가 일반적으로 이용된다. 이는 인수기관의 공신력에 의하여 공모가 성공할 가능성이 높게 되고, 인수기관이 공모차질로 인한 위험을 부담하는 보험자의 역할을 하기 때문이다.

인수란 증권을 모집 · 사모 · 매출하는 경우 다음의 어느 하나에 해당하는 행위를 하는 것을 말한다(자법 제9조 제11항). 첫째, 제삼자에게 그 증권을 취득시킬 목적으로 그 증권의 전부 또는 일부를 취득하는 것. 둘째, 그 증권의 전부 또는 일부에 대하여 이를 취득하는 자가 없는 때에 그 나머지를 취득하는 것을 내용으로 하는 계약을 체결하는 것.

Ⅲ. 투자중개업

투자중개업이란 누구의 명의로 하든지 타인의 계산으로 금융투자상품의 매도 · 매수, 그 중개나 청약의 권유, 청약, 청약의 승낙 또는 증권의 발행 · 인수

58) 일정기간 후에 환매하겠다는 것을 조건으로 하는 채권매매를 말한다. RP(Repurchase Agreement)라고 한다. 단기자금의 대차거래로서 채권이 담보의 성격을 가진다.

에 대한 청약의 권유, 청약, 청약의 승낙을 영업으로 하는 것을 말한다.

이는 브로커의 의미를 가진다. 예를 들어 증권회사가 자기계정에 미리 매입해놓은 채권을 고객에게 중개할 때나 증권회사가 자기계정에 미리 매입해 놓은 채권을 고객에게 판매하는 경우에는 투자매매업에 해당되지만, 증권거래소에 주문을 내어 고객에게 채권을 매수해 주는 경우에는 투자중개업에 해당된다. 즉 금융투자회사 대 고객 간의 거래는 투자매매업이며, 고객 대 고객의 거래는 투자중개업에 해당되는 것이다.

투자권유대행인이 투자권유를 대행하는 경우에는 별도의 규제가 적용되는 것으로서 투자중개업으로 보지 아니한다. 한국거래소가 증권시장 및 파생상품시장을 개설 · 운영하는 경우나 한국금융투자협회가 비상장주권의 장외매매거래에 관한 업무를 하는 경우도 투자중개업으로 보지 아니 한다(자법 제7조 제6항 제1호, 자령 제7조 제3항 제4호).

개정 자본시장법에서는 전담중개업무(프라임브로커)에 관한 조항을 신설하고 있다.59) 전담중개업무란 전문사모집합투자기구 등에 대하여 ① 증권의 대여 또는 그 중개·주선이나 대리업무 ② 금전의 융자, 그 밖의 신용공여 ③ 전문사모집합투자기구 등의 재산의 보관 및 관리 등의 업무를 제공하는 것으로, 이는 전문사모집합투자기구 등의 효율적인 업무 수행을 지원하기 위하여 필요한 업무로서 새로 도입되는 종합금융투자사업자에 대하여 업무 다양화를 유도하기 위한 제도적 기반을 구축한다는 의미를 가진다.

59) 개정 자법 제6조 ⑨ 이 법에서 "전담중개업무" 란 제249조의2 제1항에 따른 전문사모집합투자기구, 그 밖에 대통령령으로 정하는 투자자(이하 이 조 및 제77조의3에서 "전문사모집합투자기구 등" 이라 한다)에 대하여 집합투자재산의 효율적인 운용에 기여하는 가능성 등을 고려하여 대통령령으로 정하는 방법에 따라 다음 각 호의 어느 하나에 해당하는 업무를 연계하여 제공하는 업무를 말한다.
1. 증권의 대여 또는 그 중개·주선이나 대리업무
2. 금전의 융자, 그 밖의 신용공여
3. 전문사모집합투자기구 등의 재산의 보관 및 관리
4. 그 밖에 전문사모집합투자기구 등의 효율적인 업무 수행을 지원하기 위하여 필요한 업무로서 대통령령으로 정하는 업무

Ⅳ. 집합투자업

1. 의의

집합투자란 2인 이상의 투자자로부터 모은 금전 등 또는 「국가재정법」 제81조에 따른 여유자금을 투자자 또는 각 기금관리주체로부터 일상적인 운용지시를 받지 아니하면서 재산적 가치가 있는 투자대상자산을 취득·처분, 그 밖의 방법으로 운용하고 그 결과를 투자자 또는 각 기금관리주체에게 배분하여 귀속시키는 것을 말한다. 집합투자업이란 집합투자를 영업으로 하는 것으로 자산운용업이나 투자신탁업 등이 이에 해당한다.

〈과거 증권관련법상 투자신탁, 간접투자 개념〉

<증권투자신탁업법>[60)]

제2조(정의) : ① 이 법에서 증권투자신탁(투자신탁)이라 함은 투자자로부터 유가증권 등의 투자에 운용할 목적으로 자금 등을 수입하는 위탁자가 그 자금 등(신탁재산)을 수탁자로 하여금 당해 위탁자의 지시에 따라 특정 유가증권 등에 대하여 투자·운용하고, 그에 따른 수익권을 분할하여 당해 투자자에게 취득시키는 것을 말한다.

<간접투자자산운용업법>

제2조(용어의 정의) 이 법에서 사용하는 용어의 정의는 다음과 같다.

1. 간접투자라 함은 투자자로부터 자금 등을 모아서 다음 각목의 자산에 운용하고 그 결과를 투자자에게 귀속시키는 것을 말한다. 다만, 대통령령이 정하는 자가 행하는 간접투자는 간접투자로 보지 아니한다.

가. 투자증권
나. 장내파생상품 또는 장외파생상품
다. 부동산
라. 실물자산
마. 그 밖에 대통령령이 정하는 것

60) 「간접투자자산운영업법」 제정으로 폐지되었다.

2. 집합투자의 적용제외

다음의 경우에는 집합투자의 대상에서 제외한다.

첫째, 대통령령으로 정하는 법률[61]에 따라 사모의 방법으로 금전 등을 모아 운용·배분하는 것으로서 대통령령으로 정하는 투자자의 총수가 대통령령으로 정하는 수[62] 이하인 경우

둘째, 「자산유동화에 관한 법률」 제3조의 자산유동화계획에 따라 금전 등을 모아 운용·배분하는 경우

셋째, 그 밖에 행위의 성격 및 투자자 보호의 필요성 등을 고려하여 대통령령으로 정하는 경우[63]

---

61) 다음 각 호의 법률을 말한다(자칙 제6조 제1항).
1. 「부동산투자회사법」
2. 「선박투자회사법」
3. 「문화산업진흥 기본법」
4. 「산업발전법」
5. 「중소기업창업 지원법」
6. 「여신전문금융업법」
7. 「벤처기업육성에 관한 특별조치법」
8. 「부품·소재전문기업 등의 육성에 관한 특별조치법」
9. 「농림수산식품투자조합 결성 및 운용에 관한 법률」

62) 자법 제6조 제5항 제1호에서 "대통령령으로 정하는 수"란 49인을 말한다. 이 경우 49인을 계산할 때에는 다른 집합투자기구가 해당 집합투자기구의 집합투자증권 발행총수의 100분의 10 이상을 취득하는 경우에는 그 다른 집합투자기구의 투자자(제2항에 따른 투자자를 말한다)의 수를 합하여 계산하여야 한다(자령 제6조 제3항).

63) 다음 각 호의 어느 하나에 해당하는 경우를 말한다(자령 제6조 제4항).
1. 법 제74조 제3항에 따른 예치기관이 같은 항에 따라 같은 조 제1항에 따른 투자자예탁금을 예치 또는 신탁받아 운용·배분하는 경우
2. 다음 각 목의 어느 하나에 해당하는 경우로서 신탁업자가 신탁재산을 효율적으로 운용하기 위하여 수탁한 금전을 공동으로 운용하는 경우
   가. 법 제103조 제2항에 따른 종합재산신탁으로서 금전의 수탁비율이 100분의 40 이하인 경우
   나. 신탁재산의 운용에 의하여 발생한 수익금의 운용 또는 신탁의 해지나 환매에 따라 나머지 신탁재산을 운용하기 위하여 불가피한 경우
3. 법 제271조에 따른 투자목적회사가 그 업무를 하는 경우
4. 법 제336조에 따른 종합금융회사가 제329조에 따른 어음관리계좌 업무를 하는 경우
5. 「법인세법」 제51조의2 제1항 제6호에 따른 요건을 갖춘 법인이 법 제3조 제1항 각 호 외의 부분 본문에 따른 금전 등을 모아 운용·배분하는 경우
6. 지분증권의 소유를 통하여 다른 회사의 사업내용을 지배하는 것을 주된 사업으로 하는 국내회사가 그 사업을 하는 경우

3. 집합투자의 요소

(1) 자산의 집합

집합투자는 그 개념정의상 "2인 이상의 투자자로부터 모은 금전 등" 이라고

---

7. 「가맹사업거래의 공정화에 관한 법률」 제2조 제1호에 따른 가맹사업을 하는 경우
8. 「방문판매 등에 관한 법률」 제2조 제5호에 따른 다단계판매 사업을 하는 경우
9. 「통계법」에 따라 통계청장이 고시하는 한국표준산업분류에 따른 제조업 등의 사업을 하는 자가 직접 임직원, 영업소, 그 밖에 그 사업을 하기 위하여 통상적으로 필요한 인적·물적 설비를 갖추고 투자자로부터 모은 금전 등으로 해당 사업을 하여 그 결과를 투자자에게 배분하는 경우. 다만, 사업자가 해당 사업을 특정하고 그 특정된 사업의 결과를 배분하는 경우는 제외한다.
10. 학술·종교·자선·기예·사교, 그 밖의 영리 아닌 사업을 목적으로 하는 계(契)인 경우
11. 종중, 그 밖의 혈연관계로 맺어진 집단과 그 구성원을 위하여 하는 영리 아닌 사업인 경우
12. 「민법」에 따른 비영리법인, 「공익법인의 설립·운영에 관한 법률」에 따른 공익법인, 「사회복지사업법」에 따른 사회복지법인, 「근로복지기본법」에 따른 우리사주조합, 그 밖에 관련 법령에 따라 허가·인가·등록 등을 받아 설립된 비영리법인 등이 해당 정관 등에서 정한 사업목적에 속하는 행위를 하는 경우
13. 투자자로부터 모은 금전 등을 투자자 전원의 합의에 따라 운용·배분하는 경우
14. 다른 법인과 합병하는 것을 유일한 사업목적으로 하고 모집을 통하여 주권을 발행하는 법인)이 다음 각 목의 요건을 모두 갖추어 그 사업목적에 속하는 행위를 하는 경우
   가. 주권(최초 모집 이전에 발행된 주권은 제외한다)의 발행을 통하여 모은 금전의 100분의 90 이상으로서 금융위원회가 정하여 고시하는 금액 이상을 주금납입일의 다음 영업일까지 법 제324조 제1항에 따라 인가를 받은 자(증권금융회사) 등 금융위원회가 정하여 고시하는 기관에 예치 또는 신탁할 것
   나. 가목에 따라 예치 또는 신탁한 금전을 다른 법인과의 합병등기가 완료되기 전에 인출하거나 담보로 제공하지 않을 것. 다만, 기업인수목적회사의 운영을 위하여 불가피한 경우로서 법 제165조의5에 따른 주식매수청구권의 행사로 주식을 매수하기 위한 경우 등 금융위원회가 정하여 고시하는 경우에는 인출할 수 있다.
   다. 발기인 중 1인 이상은 금융위원회가 정하여 고시하는 규모 이상의 지분증권(집합투자증권은 제외한다) 투자매매업자일 것
   라. 임원이 법 제24조 각 호의 어느 하나에 해당하지 아니할 것
   마. 최초로 모집한 주권의 주금납입일부터 90일 이내에 그 주권을 증권시장에 상장할 것
   바. 최초로 모집한 주권의 주금납입일부터 36개월 이내에 다른 법인과의 합병등기를 완료할 것
   사. 그 밖에 투자자 보호를 위한 것으로서 금융위원회가 정하여 고시하는 기준을 갖출 것
15. 그 밖에 다음 각 목의 사항을 종합적으로 고려하여 금융위원회가 집합투자에 해당하지 아니한다고 인정하는 경우
   가. 운용에 따른 보수를 받는 전문적 운용자의 존재 여부
   나. 투자자의 투자동기가 전문적 운용자의 지식·경험·능력에 있는지, 투자자와 전문적 운용자 간의 인적 관계에 있는지 여부
   다. 운용 결과가 합리적 기간 이내에 투자금액에 따라 비례적으로 배분되도록 예정되어 있는지 여부
   라. 투자자로부터 모은 재산을 전문적 운용자의 고유재산과 분리할 필요성이 있는지 여부
   마. 집합투자로 보지 아니할 경우에는 투자자 보호가 뚜렷하게 곤란하게 될 가능성이 있는지 여부

하여 다수의 투자자로부터 자산을 모으는 것을 전제로 한다. 즉 수익자가 2인 이상일 것을 요구한다.[64] 종래의 「간접투자자산운용업법」은 자산운용을 전문가에게 위탁한다는 '간접투자'를 중심으로 규제하였으나, 자본시장법은 다수의 투자자로부터 자금을 집합하여 함께 운용하는 '집합투자'를 규제의 대상으로 함으로써, 1인의 투자자만으로 설정되었던 펀드는 투자일임업 또는 신탁업으로 운영되게 되었다.[65]

그러나 「국가재정법」에 따른 여유자금은 이미 수인의 자산이 집합된 것으로 볼 수 있기 때문에 사모단독이라도 집합투자의 범위에 포함된다.

〈자산집합의 과정〉

자산운용사의 신탁약관 제정 및 신탁업자와 신탁계약 제설 → 투자신딕의 금융위원회 등록 → 증권신고서의 금융위원회 제출[66] → 수익증권의 공모 → 수익증권발행가액의 납입 및 수익증권 발행 → 수익증권발행가액의 수탁회사 납입[67]을 통한 투자신탁재산의 형성

(2) 일상적 운용지시의 배제

집합투자는 투자자 또는 기금관리주체로부터 일상적인 운용지시를 받지 아니하면서 운용하는 것이다. 집합투자업의 경우 집합된 투자자의 자금 등에 대해서 자산운용을 전문으로 하는 집합투자업자가 투자자를 대신하여 운용하는

64) 구 자본시장법에서는 "2인 이상에게 투자권유를 하여" 라는 표현을 쓰고 있어 복수의 투자자에게 투자권유만 이루어진다면 자금자체가 반드시 2인 이상의 투자자로부터 모은 것임을 요하지 않았다. 따라서 환매 등을 통하여 결과적으로 1인 단독펀드가 되는 경우 강제로 펀드를 해지 · 해산해야 하는 것은 아니라고 보았다(김건식 · 정순섭, 「자본시장법」, 두성사, 2011, 71면).

65) 임재연, 앞의 책, 63면.

66) 실제로는 투자신탁 등록과 증권신고서 제출은 동시에 이루어진다. 자법 시행령 제211조 5항에서 "등록신청서를 증권신고서와 함께 제출하는 경우에는 그 증권신고서의 효력이 발생하는 때에 해당 집합투자기구가 등록된 것으로 본다." 고 규정하고 있다.

67) 수익증권은 대부분 판매회사를 통해 판매되는데, 판매회사는 수익증권 판매대금을 자산운용사를 거치지 않고 직접 수탁회사로 보낸다(판매사는 수입당일 판매대금을 수탁회사에 송금하고, 자산운용사에 대해서는 판매내역금액만 통보한다). 이때 자산운용사가 수익증권을 직접 판매하는 경우도 자산운용사의 신탁계정으로 투자자의 자금이 들어가지 않고 수입당일 바로 수탁회사에 송금한다.

특성을 반영하여 투자자의 일상적인 운영지시를 배제하였으며, 이점에서 투자일임 또는 신탁과 명백히 구별된다.

(3) 투자대상자산을 취득 · 처분, 그 밖의 방법으로 운용

집합투자는 집합투자업자가 투자자로부터 모은 금전 등으로 재산적 가치가 있는 투자대상자산을 취득, 처분, 그 밖의 방법으로 운용하여 수익을 창출하는 간접투자행위이다. 이는 투자대상자산의 성질을 변화시키는 능동적인 사업수행이 아니라 투자대상자산의 운용에 의하여 그 가치변동을 노리는 수동적인 사업수행을 말한다.[68]

자본시장법에서는 "재산적 가치가 있는 투자대상자산"이라고 하여 투자대상자산에 대한 제한을 폐지하여 펀드의 투자대상자산과 운용방법에 포괄주의를 적용함으로써 집합투자업계와 투자자의 자율을 확대하였다.

집합투자에 있어서 자산의 운용은 집합투자업자가 하지만, 집합투자업자가 발행한 수익증권의 판매는 은행이나 증권회사 등 판매업자를 통해서 하게 된다.[69] 이 경우 판매회사의 지위에 대하여 대법원은 "판매회사는 증권투자신탁에 있어 단순히 위탁회사의 대리인에 불과한 것이 아니라 자신의 책임으로 수익증권 판매업무 등을 수행하는 독립된 당사자로 보아야 할 것이다."라고 판시하여 판매회사를 독립된 당사자로 보았다.[70]

(4) 운용실적의 배분

집합투자의 운용에 따른 위험은 투자자가 부담한다. 따라서 투자자는 이익이 발생하였든, 손해가 발생하였든 그 손익을 분담하게 된다. 이때 운용실적의 배분대상이 되는 투자자는 운용실적이 실제 배분되는 때의 투자자이다.

---

68) 김건식 · 정순섭, 앞의 책, 72면.

69) 자산의 운용은 집합투자업자가 하지만 펀드의 판매 수수료가 운용업자의 수수료보다 훨씬 높은 문제가 있다. 이에는 은행이나, 증권회사와 같은 펀드의 판매업자에 비하여 자산운용회사의 규모가 영세한 점도 반영되었다고 본다.

70) 대법원 2006.12.8. 선고 2002다1 · 9018판결, 대법원 2008.6.12. 선고 2007다70100판결 등.

4. 집합투자기구 등

집행투자기구란 집합투자를 수행하기 위한 기구로서 다음의 어느 하나에 해당하는 것을 말한다(자법 제9조 제18항).[71]

① 집합투자업자인 위탁자가 신탁업자에게 신탁한 재산을 신탁업자로 하여금 그 집합투자업자의 지시에 따라 투자·운용하게 하는 신탁 형태의 집합투자기구("투자신탁")
② 상법에 따른 주식회사 형태의 집합투자기구("투자회사")
③ 상법에 따른 유한회사 형태의 집합투자기구("투자유한회사")
④ 상법에 따른 합자회사 형태의 집합투자기구("투자합자회사")
⑤ 상법에 따른 유한책임회사 형태의 집합투자기구("투자유한책임회사")
⑥ 상법에 따른 합자조합 형태의 집합투자기구("투자합자조합")
⑦ 민법에 따른 조합 형태의 집합투자기구("투자합자조합")
⑧ 상법에 따른 익명조합 형태의 집합투자기구("투자익명조합")
⑨ 경영권 참여, 사업구조 또는 지배구조의 개선 등을 위하여 지분증권 등에 투자·운용하는 투자합자회사로서 지분증권을 사모로만 발행하는 집합투자기구("사모투자전문회사")

사모집합투자기구란 집합투자증권을 사모로만 발행하는 집합투자기구로서 전문투자자가 아닌 투자자[72]의 총수가 49인 이하인 것[73]을 말한다. 사모집합투자기구의 경우에도 위의 다양한 집합투자기구의 형태를 취할 수 있다.

집합투자재산이란 집합투자기구의 재산으로서 투자신탁재산, 투자회사재산, 투자유한회사재산, 투자합자회사재산, 투자합자조합재산 및 투자익명조합재산을 말한다.

집합투자증권이란 집합투자기구에 대한 출자지분(투자신탁의 경우에는 수익

---

71) 집합투자기구는 집합투자재산의 운용대상에 따라 증권집합투자기구, 부동산집합투자기구, 특별자산집합투자기구, 혼합자산집합투자기구, 단기금융집합투자기구로 구분한다(자법 제229조)

72) 자법 제9조 제19항 및 동법 시행령 제14조.

73) 자법 제9조 제19항 및 동법 시행령 제14조 제2항: 이 경우 49인을 산출할 때 다른 집합투자기구가 그 집합투자기구의 집합투자증권 발행총수의 100분의 10 이상을 취득하는 경우에는 그 다른 집합투자기구의 투자자의 수를 합하여 산출한다.

권을 말한다)이 표시된 것을 말한다.

〈투자신탁과 신탁의 구분〉

자본시장법 이전에는「간접투자자산운용업법」을 적용받는 투자신탁〔자산운용회사가 운용(그 이전「증권투자신탁업법」상으로는 투자신탁회사)〕과「신탁업법」을 적용받는 신탁(은행의 금전신탁, 타익신탁, 부동산회사의 개발신탁 등)으로 구분이 되었다. 자본시장법상 투자신탁은 집합투자업에 속하게 된다. 둘 다 간접투자의 한 방법이지만 신탁업의 경우 수탁자가 신탁재산의 소유권을 가질 뿐만 아니라 신탁재산의 운용권한도 가지고 있으나, 투자신탁에서는 신탁재산의 운용권은 수탁자가 아닌 자산운용자에게 귀속하고 수탁자는 투자자를 위해서 그 운용자를 감시하는 기능을 가진다. 또한 투자신탁과 달리 신탁의 경우 자산을 맡기는 사람이 투자대상을 지정할 수 있으며, 수익자도 지정할 수 있고 1인 투자도 가능하다. 구조상으로 볼 때 투자신탁의 경우 투자자는 수익자지위를 가지며, 투자신탁회사는 위탁자로서 신탁업자에게 자산을 위탁하게 된다. 신탁의 경우에 투자자는 위탁자로서 수탁자인 신탁업자에게 자산을 위탁하게 된다.[74] 수익증권의 발행도 투자신탁의 경우 집합투자업자(위탁자)가 발행함에 반하여, 신탁의 경우 신탁업자(수탁자)가 발행하게 된다.

74) 위탁회사와 수탁회사간의 법률관계는 신탁법상의 신탁으로서 그 신탁재산의 소유자는 수탁회사이며 신탁재산에 관한 대외적 법률행위는 수탁회사를 통해서 해야 한다. 대법원은 위탁회사가 수익자에 대해 부담하는 환매대금지급채무와 신탁재산에 속하는 채권을 상계할 수 있는가가 문제된 사건에서, "신탁법 및 증권투자신탁업법의 법리에 따라 수탁회사가 신탁재산의 소유자가 된다는 점을 전제로 하여 위탁회사는 수탁회사를 통하지 않고 스스로 신탁재산에 관한 상계권을 행사할 수 없다." 고 판시하였다(대법원 2002.11.22. 선고 2001다49241 판결). 또한 증권투자신탁 신탁재산에 편입되는 미국 달러화의 환위험을 헤지하기 위해 행한 선물환거래의 주체 및 이행책임자가 누구인가가 문제된 사건에서 "증권투자신탁 신탁재산의 대외적 소유명의자는 수탁회사이고 위탁회사는 내부적 의사결정자일뿐 그에 따른 대외적 법률행위는 수탁회사를 통하여 하여야 한다." 고 판시하였다(대법원 2003.4.8. 선고 2001다38593 판결).

5. 자본시장법상 집합투자업의 특징

(1) 집합투자기구(Vehicle)의 확대

구「간접투자자산운영업법」상 간접투자기구는 투자신탁, 주식회사, 합자회사(PEF)로 한정되어 있어서 다양한 기구의 활용이 곤란하였으며, 여기서 규정되지 않은 간접투자기구를 이용한 간접투자는 법의 적용 범위에서 벗어나 투자자 보호가 되지 않는 문제가 있었다.

이때의 펀드의 형태는 회사형(투자회사=뮤추얼펀드, 주식을 발행함)과 신탁형(수익증권을 발행함)으로 나누어 졌다. 그러나 실제 대부분은 신탁형의 형태로 이루어졌다. 투자신탁에 있어서 투자자는 수익자의 지위를 갖는 것으로 수익증권을 발행하게 되며, 투자회사의 경우는 투자자는 주주의 지위를 갖는 것으로 주식을 발행하게 된다. 그리고 신탁형에 있어서 수탁회사는 은행으로 그 권한이 신탁재산의 보관, 관리, 계산에 한정되었다.[75] 회사형에 있어서는 은행이 자산보관회사의 지위를 가졌다.

자본시장법에서는 민법, 상법 등 현행법상 설립가능한 모든 기구(Vehicle)를 집합투자기구로 활용할 수 있도록 허용하고 있다. 여기서 기구의 형태를 신탁형, 회사형(투자회사, 투자유한회사, 투자합자회사, 투자유한책임회사), 조합형(투자합자조합, 투자익명조합, 투자합자조합)으로 나눌 수 있다. 다만 합명회사는 무한책임사원만으로 구성되어 활용될 수 없으므로 제외되었다.

75) 자본시장법상으로는 신탁업자에게 집합투자업자의 운용지시를 감시하는 기능을 부여하여(자법 제247조) 그 권한이 확대되었다.

우리나라에서 뮤추얼 펀드란 1999년 우리나라에 새로 도입된 간접투자상품으로 회사형 투자신탁이라고도 한다. 미국에서는 통상 개방형펀드(open-end fund)를 지칭하는 비법률적 용어인데, 경우에 따라서는 폐쇄형펀드(closed-end fund)까지 포함하여 뮤추얼펀드로 부르는 경우도 있다. 기존 수익증권은 투신사가 발매하면 투자자가 가입하는 방식이지만 뮤추얼펀드는 투자자가 펀드에 출자를 해 주주가 되며 펀드는 하나의 독립된 회사로 운영된다.
뮤추얼펀드는 언제든지 돈을 넣거나 찾을 수 있는 개방형과, 환매가 불가능한 폐쇄형 두 가지가 있으나 국내에는 폐쇄형만 허용되고 있다. 투자신탁형 수익증권의 경우 개방형이 일반적으로 환매하려는 경우 일정수수료를 지급함으로써 가능하지만, 폐쇄형 뮤추얼펀드는 주주이기 때문에 만기 이전에 돈을 회수할 수 없는 것이 원칙이다. 대신 거래소나 코스닥시장에 단일종목으로 거래되고 있어 여기서 매매를 통하여 투자금 회수가 가능하다.

(2) 집합투자 대상 자산의 범위 확대

구「간접투자자산운영업법」상 간접투자 대상자산을 증권, 선물, 파생상품, 부동산, 실물자산, 어음, 보험금지급청구권, 어업권, 광업권 등으로 열거함으로써, 경제상황의 변화에 따라서 새로운 유형의 투자자산이 나타날 때마다 법은 후행적으로 따라갈 수밖에 없었다. 예를 들면 탄소배출권과 같은 경우, 해외에서는 이미 탄소배출권펀드가 존재하지만 별도 규정이 없어 이용할 수 없었다.
이에 반해 자본시장법에서는 집합투자 대상 자산을 열거하지 않고 "재산적 가치가 있는 모든 재산(예: 지적재산권 등)"을 집합투자 대상자산으로 정의하여 그 범위를 넓히고 있다.

(3) 펀드종류별 투자대상 자산제한 폐지

구「간접투자자산운용업법」에서는 주로 투자하는 자산에 따라 펀드 종류를 증권펀드·파생상품펀드·부동산펀드·실물펀드·단기금융펀드(MMF)·재간접펀드·특별자산펀드의 7종류로 구분하도록 의무화하고, 펀드의 종류별로 운용대상자산을 제한하고 있어서 다양한 자산을 활용하는 펀드의 개발이 곤란하였다.

자본시장법에서는 7종류의 펀드구분을 4종류로 재분류하고, 펀드 종류별 운용대상 자산의 제한을 없앰으로써 MMF를 제외한 모든 펀드에 다양한 투자대상을 운용할 수 있게 하였다. 여기서 펀드의 주요 투자대상 자산(펀드자산의 50%초과 투자자산)을 기준으로 증권펀드·부동산펀드·특별자산펀드·단기금융펀드(MMF)로 구분하고 있다. 그리고 각 펀드별 주요 투자대상 자산에 해당 기초자산과 관련된 파생상품을 포함시킴으로써 파생상품펀드를 별도로 구분하지 않고 있다.

또한 펀드자산을 실물자산에 투자하는 실물펀드와 특별자산에 투자하는 특별자산펀드를 통합하여 특별자산펀드로 하고 있으며, 재간접펀드는 운용대상 자산의 유형상 증권펀드에 해당하는 것으로 하고 있다. 그리고 주요투자대상 자산을 특정하지 않고 언제나 어떤 자산에나 자유롭게 운용할 수 있는 새로운 종류의 펀드 즉 혼합자산펀드를 신설하고 있다.

〈펀드 종류구분〉

구 분	증권펀드	부동산펀드	특별자산펀드	MMF	혼합자산펀드
증 권	○	○	○	○	○
파생상품	○	○	○	×	○
부 동 산	○	○	○	×	○
실물자산	○	○	○	×	○
특별자산	○	○	○	×	○

* 단기금융펀드(MMF): 펀드자산을 단기금융상품에 투자

* 실물자산 : 금·곡물·석유 등 물품(commodity) 및 이를 가공한 물품 등

* 특별자산 : PEF지분·보험금지급청구권·금융기관의 금전채권·어음·신탁 수익권·특정사업(영화 등)으로부터 발생하는 수익권 등

(4) 사모펀드에 대한 규제 완화

소수의 자로부터 자금을 모아 운용하는 사모펀드의 경우 그 동안의 규제완화 즉 투자설명서 교부의무 등의 규제완화에도 불구하고 여전히 일부 규제가 남아 있었다. 그러나 사모펀드의 경우 공모펀드와 동일한 수준의 투자자 보호규제를 적용할 필요는 없으므로, 자본시장법에서는 규제를 더욱 완화하여 수익자총회 개최, 수탁회사(자산보관회사)의 자산운용회사 감시의무 등의 규제는 적용하지 않게 되었다.

구 분	공모펀드	사모펀드	사모펀드(개선)
금감위 등록	적용	적용	적용
자산운용회사만 운용가능	적용	적용	적용
수탁회사(자산보관회사) 위탁의무	적용	적용	적용
수익자 평등원칙 준수의무(매입·환매 기준가격, 수익권·주권 동등원칙 등)	적용	적용	적용
자산평가(시가평가 원칙)	적용	적용	적용
투자설명서 제공의무	적용	면제	이전과 같음
판매 보수·수수료 한도	있음	없음	이전과 같음
자산운용 규제(동일종목 투자한도 등)	적용	면제	이전과 같음
회계감사 의무	적용	면제	이전과 같음
약관(정관) 공시 의무	적용	면제	이전과 같음
자산운용보고서·수탁회사(자산보관회사) 보고서 작성 및 제공의무	적용	면제	이전과 같음
수익자총회 개최의무	적용	적용	**면제**
수탁회사(자산보관회사)의 감시의무*	적용	적용	**면제**

* 자산운용업자의 운용지시(행위)의 법령·약관(정관)·투자설명서 위반여부 확인의무, 간접투자재산의 평가·기준가격 산출의 적정성 확인의무 등
(재정경제부, 자본시장과 금융투자업에 관한 법률 제정안, 2006.6.30. 44면)

(5) 펀드의 자산운용방법에 대한 제한 폐지

자본시장법에서는 자산운용방법을 법령에서 열거하지 않고 "재산적 가치가 있는 투자대상자산을 취득, 처분, 그 밖의 방법으로 운용"으로 포괄적으로 규정하고 있다.76) 다만 다른 금융관계법을 고려하여 펀드자산으로 금전을 대여하거나 채무보증 또는 담보제공을 하는 행위는 여전히 할 수 없도록 하였다(자법 제83조 제4, 5항). 이는 은행의 여수신 업무와 같이 볼 수 있기 때문이다.

자산운용방법으로는 부동산 분양권 취득, 선박 관리·대선·개량 등도 가능한데, 예를 들면 부동산의 분양권 취득과 매각이라는 방법이 펀드에서도 사용될 수 있다. 특히 취득, 매각과 같은 일반적인 방식을 통해 이익이 회수되지 않는 지적재산권의 다양한 활용도 가능하게 되었다.

(6) 펀드에 대한 환매금지 규제 완화

이전에는 부동산간접투자기구, 실물간접투자기구는 환매금지형으로만 운용하도록 규정하고 있어 간접투자재산 중 일부만 부동산 또는 실물자산에 투자하는 경우에도 환매가 금지되어 과도한 규제가 되는 문제가 있었다.

자본시장법에서는 펀드의 운용대상자산에 대한 제한이 폐지되어 어느 펀드나 자유롭게 부동산·실물 등에 대한 투자를 할 수 있게 되었고, 환매금지 여부는 부동산, 실물 등 펀드가 투자하는 자산의 유동성(환금성)을 감안하여 운용사가 자율적으로 선택하도록 하였다.

6. 개정 자본시장법

(1) 의의

저출산·고령화 사회에 대응하여 안정되고 수익성 있는 금융투자가 가능하도록

---

76) 이전 「간접투자자산운용업법」에 의하면 취득·매각, 대여(투자증권), 관리·개량·개발·임대(부동산) 등과 같이 펀드별 자산운용방법을 법률에서 열거하고 있었다.

자산운용산업을 발전시켜 나가기 위하여 다음과 같이 자본시장법[77]을 개정하였다.[78]

(2) 주요내용

1) 투자자 보호의 강화

자산운용사가 투자자의 이익에 부합하게 펀드재산인 주식의 의결권을 행사하도록 유도하고 소규모 펀드 간 합병 촉진을 위해 수익자 총회 면제 등 절차를 간소화하는 등 투자자 보호를 강화하였다. 구체적으로 집합투자업자가 투자자의 이익 보호를 위하여 선량한 관리자로서의 주의의무 및 충실의무에 따라 집합투자기구의 재산에 속한 주식의 의결권을 행사하도록 하였으며, 이전의 중립적 의결권 행사(Shadow Voting)의 원칙에 대한 규제를 삭제하였다.

---

77) 개정 자법 제6조 ⑤ 제4항에서 "집합투자"란 2인 이상의 투자자로부터 모은 금전 등 또는「국가재정법」제81조에 따른 여유자금을 투자자 또는 각 기금관리주체로부터 일상적인 운용지시를 받지 아니하면서 재산적 가치가 있는 투자대상자산을 취득·처분, 그 밖의 방법으로 운용하고 그 결과를 투자자 또는 각 기금관리주체에게 배분하여 귀속시키는 것을 말한다. 다만, 다음 각 호의 어느 하나에 해당하는 경우를 제외한다.
제87조(의결권 등) ① 집합투자업자(투자신탁이나 투자익명조합의 집합투자업자에 한한다. 이하 이 조에서 같다)는 투자자의 이익을 보호하기 위하여 집합투자재산에 속하는 주식의 의결권을 충실하게 행사하여야 한다.
제193조(투자신탁의 합병) ② 투자신탁을 설정한 집합투자업자는 제1항에 따라 투자신탁을 합병하고자 하는 경우 다음 각 호의 사항을 기재한 합병계획서를 작성하여 합병하는 각 투자신탁의 수익자총회의 결의를 거쳐야 한다. 다만, 건전한 거래 질서를 해할 우려가 적은 소규모 투자신탁의 합병 등 대통령령으로 정하는 경우는 제외한다.
제270조(사모투자전문회사재산의 운용방법) ④ 사모투자전문회사는 제1항 제1호부터 제3호까지의 규정에 부합되는 날부터 6개월 이상 투자대상기업이 발행한 지분증권, 그 밖에 대통령령으로 정하는 증권("지분증권등")을 소유하여야 하며, 6개월 미만의 기간 중에는 그 지분증권 등을 처분하여서는 아니 된다. 다만, 그 지분증권 등을 계속 소유함으로써 사원의 이익을 명백히 해할 우려가 있는 경우, 그 밖에 대통령령으로 정하는 경우로서 미리 금융위원회의 승인을 받은 경우에는 6개월 미만의 기간 중에 이를 처분할 수 있다.
⑨ 사모투자전문회사는 대통령령으로 정하는 바에 따라 제1항 제4호에 따른 파생상품에 대한 투자 및 제7항에 따른 차입 또는 채무보증의 현황(제271조 제3항에 따른 투자목적회사의 차입 또는 채무보증의 현황을 포함한다) 등에 관하여 금융위원회에 보고하여야 한다.

78) 각국 기관투자자 비중('08): 한국 20.7%, 미국 84.4%, 호주 72.9%, 캐나다 67.9%
국내 투자자별 거래비중('10): 개인 64.2%, 기관 17.2%, 외국인 15.9%, 기타 2.7%
(2011.7. 금융위원회 자료)

2) 맞춤형 투자수요에 대응

고령화 시대의 도래에 따라 다양한 금융자산에 대한 맞춤형 투자수요에 대응할 수 있도록 집합투자업, 투자일임업 등 자산운용산업 상호간의 구분을 그 특성에 맞추어 명확히 하고, 운용의 자율성·창의성 제고를 위해 펀드 규제를 일부 완화하였다.

구체적으로 집합투자의 개념과 관련하여 "2인 이상에게 투자권유"를 "수익자 수 2인 이상"으로 개념 변경하였다. 그리고 다른 회사의 경영권 지배를 목적으로 운용되는 사모투자전문회사의 투자대상에 신주인수권부사채 등을 포함할 수 있도록 투자기준을 명확히 하는 한편, 사모투자전문회사에 대한 감독을 강화하기 위하여 사모투자전문회사의 운용자에 대한 등록제 및 차입 또는 채무보증 등에 대한 보고의무를 부과하였다.

Ⅴ. 투자자문업

투자자문업이란 금융투자상품 등의 가치 또는 금융투자상품에 대한 투자판단에 관한 자문에 응하는 것을 영업으로 하는 것을 말한다.[79] 여기서 투자판단은 종류, 종목, 취득 · 처분, 취득 · 처분의 방법 · 수량 · 가격 및 시기 등에 대한 판단을 말한다.

투자자문사 또는 PB가 수행하는 자문업무가 이에 해당한다.

그러나 불특정 다수인을 대상으로 발행 또는 송신되고, 불특정 다수인이 수시로 구입 또는 수신할 수 있는 간행물 · 출판물 · 통신물 또는 방송 등을 통하여 조언을 하는 경우에는 투자자문업으로 보지 아니한다(자법 제7조 제3항). 이러한 경우는 유사투자자문업으로 분류된다.[80]

투자자문업은 자문에 응하는 것을 영업으로 하기 때문에 당연히 보수를 전제로 한다. 따라서 따로 대가 없이 다른 영업에 부수하여 금융투자상품의 가

79) 개정 자법 제6조 ⑥ 이 법에서 "투자자문업"이란 금융투자상품, 그 밖에 대통령령으로 정하는 투자대상자산(이하 "금융투자상품 등"이라 한다)의 가치 또는 금융투자상품 등에 대한 투자판단(종류, 종목, 취득·처분, 취득·처분의 방법·수량·가격 및 시기 등에 대한 판단을 말한다. 이하 같다)에 관한 자문에 응하는 것을 영업으로 하는 것을 말한다.

80) 임재연, 앞의 책, 65면.

치나 금융투자상품에 대한 투자판단에 관한 자문에 응하는 경우에는 투자자문업으로 보지 아니 한다(자령 제7조 제3항 제8호).

집합투자기구평가회사, 채권평가회사, 공인회계사, 감정인, 신용평가를 전문으로 하는 자, 변호사, 변리사 또는 세무사, 그 밖에 이에 준하는 자로서 해당 법령에 따라 자문용역을 제공하고 있는 자(그 소속단체를 포함한다)가 해당 업무와 관련된 분석정보 등을 제공하는 경우도 투자자문업으로 보지 아니 한다(자령 제7조 제3항 제9호).

Ⅵ. 투자일임업

투자일임업이란 투자자로부터 금융투자상품에 대한 투자판단의 전부 또는 일부를 일임받아 투자자별로 구분하여 금융투자상품을 취득·처분, 그 밖의 방법으로 운용하는 것을 영업으로 하는 것을 말한다.

증권회사의 랩어카운트[81]가 여기에 해당한다.

투자자문업과는 최종의 투자의사결정을 누가 하는지, 그리고 그에 따라 주문의 주체가 누가 되는가에 따라 구분되며, 집합투자업과는 자산의 집합여부에 따라 구분된다.

투자일임업을 따로 두게 됨으로서 투자매매업자와 투자중개업자의 일임매매[82]는 금지된다. 따라서 일임매매를 하고자 하는 금융투자업자는 투자일임업 등록을 하고 법규제에 따라 행하여야 한다.

다만 시행령에서 규정한 바와 같이 투자중개업자가 투자자의 매매주문을 받아 이를 이행하는 과정에서 일부 재량적 처리를 할 수 밖에 없는 상항이 발생할 수 있는데, 이는 투자일임 유사행위로서 투자일임업으로 보지 않는다.[83]

---

81) 금융자산관리사 등이 예탁자산의 자산구성, 운용, 투자자문까지 통합적으로 관리한다. 특히 관심을 끄는 자문형 랩은 증권사가 별도의 계약을 맺은 투자자문사의 조언에 따라 고객이 맡긴 돈을 운용하는 것이 특징이다.

82) 과거 증권거래법상 수량, 가격, 매매시기에 대한 일임이 인정되었다. 다만 유가증권의 종류, 종목, 매매종류는 투자자가 결정하여야 했다. 그러나 실제 증권거래법에 정한 절차에 따른 일임매매는 거의 이루어지지 않고 당사자 간의 합의에 의한 일임매매, 포괄적 일임매매가 주로 행하여 졌다.

83) 투자중개업자가 따로 대가 없이 금융투자상품에 대한 투자판단의 전부나 일부를 일임받는 경우로서 다음 각각의 어느 하나에 해당하는 경우에는 투자일임업으로 보지 아니 한다(자령 제7조 제2항).

개정 자본시장법[84] 에서는 자산운용산업 규제체제의 선진화를 위해 맞춤형 투자수요에 대응할 수 있도록 투자일임과 관련하여 투자자의 투자목적 등을 반영하여 운용할 것을 명시하였다.

---

1. 투자자가 금융투자상품의 매매거래일(하루에 한정한다)과 그 매매거래일의 총매수량이나 총매매금액을 지정한 경우로서 투자자로부터 그 지정 범위에서 금융투자상품의 수량·가격 및 시기에 대한 투자판단을 일임받은 경우
2. 투자자가 여행·질병 등으로 일시적으로 부재하는 중에 금융투자상품의 가격 폭락 등 불가피한 사유가 있는 경우로서 투자자로부터 약관 등에 따라 미리 금융투자상품의 매도 권한을 일임받은 경우
3. 투자자가 금융투자상품의 매매, 그 밖의 거래에 따른 결제나 증거금의 추가 예탁 또는 법 제72조에 따른 신용공여와 관련한 담보비율 유지의무나 상환의무를 이행하지 아니한 경우로서 투자자로부터 약관 등에 따라 금융투자상품의 매도권한(파생상품인 경우에는 이미 매도한 파생상품의 매수권한을 포함한다)을 일임받은 경우
4. 투자자가 투자중개업자가 개설한 계좌에 금전을 입금하거나 해당 계좌에서 금전을 출금하는 경우에는 따로 의사표시가 없어도 자동으로 법 제229조 제5호에 따른 단기금융집합투자기구의 집합투자증권 등을 매수 또는 매도하거나 증권을 환매를 조건으로 매수 또는 매도하기로 하는 약정을 미리 해당 투자중개업자와 체결한 경우로서 투자자로부터 그 약정에 따라 해당 집합투자증권 등을 매수 또는 매도하는 권한을 일임받거나 증권을 환매를 조건으로 매수 또는 매도하는 권한을 일임받은 경우
5. 그 밖에 투자자 보호 및 건전한 금융거래질서를 해칠 염려가 없는 경우로서 금융위원회가 정하여 고시하는 경우

84) 개정 자법 제6조 ⑦ 이 법에서 "투자일임업" 이란 투자자로부터 금융투자상품 등에 대한 투자판단의 전부 또는 일부를 일임받아 투자자별로 구분하여 그 투자자의 재산상태나 투자목적 등을 고려하여 금융투자상품 등을 취득·처분, 그 밖의 방법으로 운용하는 것을 영업으로 하는 것을 말한다.

Ⅶ. 신탁업

신탁업이란 신탁을 영업으로 하는 것을 말한다. 여기서 신탁을 영업으로 한다는 의미는 신탁의 인수를 영업으로 하는 것을 말한다.

신탁이란 신탁설정자와 신탁을 인수하는 자와 특별한 신임 관계에 기하여 위탁자가 특정의 재산권을 수탁자[85] 등에게 이전하거나 기타의 처분을 하고 수탁자로 하여금 일정한 자의 이익을 위하여 또는 특정의 목적을 위하여 그 재산권을 관리, 처분하게 하는 법률관계를 말한다(신탁법 제1조 제2항). 신탁으로 인한 이익의 귀속자는 수익자로서 위탁자가 지정하게 된다.

신탁재산은 수탁자가 위탁자로부터 자기의 이름으로 양수하거나 처분받아 신탁목적에 따라 관리, 처분하여야 할 대상을 말한다. 집합투자기구가 투자신탁 형태인 집합투자업자의 경우 집합투자업자가 위탁자로서 신탁재산을 신탁업자에게 신탁하게 된다. 신탁재산은 수탁자의 명의로 되어 있어도 수탁자의 고유재산과 별개의 것이므로 분리하여 관리하여야 한다. 이러한 신탁재산의 독립성을 위해서 신탁법에서는 수탁자의 사망시 신탁재산을 상속재산에서 제외하고(신탁법 제25조), 수탁자의 채권자는 신탁재산에 대한 강제집행을 할 수 없도록 하고(신탁법 제21조), 신탁재산에 속하는 채권과 신탁재산에 속하지 아니하는 채무와의 상계를 허용하지 않는다(신탁법 제20조).

신탁업자는 신탁을 함에 있어서 수익증권을 발행한다.

자본시장법에서는 수탁자에게 신탁재산의 처분권한이 부여되지 아니한 관리신탁의 수익권은 금융투자상품에서 제외하고 있다(자법 제3조 제1항 단서). 또한 「담보부사채신탁법」에 따른 담보부사채에 관한 신탁업, 「저작권법」에 따른 저작권신탁관리업의 경우에는 신탁업으로 보지 아니한다(자법 제7조 제5항).

개정 자본시장법[86]에서는 새로운 자산관리 수요에 부응하여 수탁 가능한

85) 은행, 증권회사(자사주신탁 - 발행인이 증권회사에 신탁), 부동산 신탁 등.

86) 개정 자법 제3조 제1항(금융투자상품) 다만 다음 각 호의 어느 하나에 해당하는 것을 제외한다.

2. 다음 각 목의 어느 하나에 해당하는 신탁(제103조 제1항 제1호의 재산을 신탁받는 경우는 제외한다. 이하 "관리형신탁" 이라 한다)의 수익권
   가. 위탁자(신탁계약에 따라 처분권한을 가지고 있는 수익자를 포함한다)의 지시에 따라서만 신탁재산의 처분(「신탁법」 제42조 및 제43조에 따른 처분 권한은 제외한다)이 이루어지는 신탁
   나. 신탁계약에 따라 신탁재산에 대하여 보존행위 또는 그 신탁재산의 성질을 변경하지 않는 범위에

신탁재산의 범위를 확대하고, 금전 외 재산신탁에 대한 규제체계를 정비하는 등 신탁업 규제를 개선하였다. 예를 들면 신탁업자가 수탁받을 수 있는 재산(현행 7종)을 시행령상 탄력적으로 추가하는 것이 가능하게 되었다.

제3절 금융투자업의 적용배제

금융투자업자는 금융투자상품을 대상으로 영업을 하는 자로서 자본시장법에서는 금융투자상품의 개념을 포괄적으로 정함으로써 그 대상이 광범위하여 기업의 일상적인 경영활동도 금융투자업으로 규제될 가능성이 있다. 따라서 자본시장법에서는 이에 대한 배제장치로서 금융투자업에 해당하는지 애매하거나, 비록 금융투자업에 해당하여도 정책적으로 필요한 일정한 경우에 금융투자업의 적용배제를 인정하고 있다.

다음과 같은 경우 자본시장법상 금융투자업으로 보지 않고, 따라서 자본시

서 이용·개량행위만을 하는 신탁

제103조(신탁재산의 제한 등) ① 8. 그 밖에 신탁업자가 신탁재산으로 수탁을 받더라도 투자자 보호 및 건전한 거래질서를 해할 우려가 없는 것으로서 대통령령으로 정하는 재산

제105조(신탁재산 등 운용의 제한) ② 신탁업자는 다음 각 호의 어느 하나에 해당하는 경우를 제외하고는 신탁의 계산으로 금전을 차입할 수 없다.

1. 제103조 제1항 제5호 및 제6호의 재산만을 신탁받아 부동산개발사업을 목적으로 하는 신탁계약을 체결한 경우로서 대통령령으로 정하는 사업비의 100분의 100 이내에서 금전을 차입하는 경우
2. 금전 외의 재산만을 신탁받은 경우(제1호에 따른 부동산개발사업을 목적으로 하는 신탁을 제외한다)로서 신탁목적을 달성하기 위하여 신탁재산의 100분의 100 이내에서 금전을 차입하는 경우
3. 그 밖에 신탁재산의 안정성·수익성 등을 고려하여 대통령령으로 정하는 경우

③ 신탁업자는 신탁재산을 운용함에 있어서 제삼자를 위하여 채무보증 또는 담보제공을 하여서는 아니된다. 다만, 수익자 보호 및 건전한 거래질서를 해할 우려가 없는 경우로서 대통령령으로 정하는 경우에는 이를 할 수 있다.

④ 제1항부터 제3항까지의 규정에 따른 신탁재산 운용 및 금전차입의 구체적 범위·조건·한도, 그 밖의 신탁재산의 운용방법 및 제한에 관하여 필요한 사항은 대통령령으로 정한다.

제106조(여유자금의 운용) 신탁업자는 금전외의 재산을 신탁받는 경우 그 신탁재산을 운용함에 따라 발생한 여유자금을 다음 각 호의 방법으로 운용하여야 한다.

제112조(의결권 등) ① 신탁재산으로 취득한 주식에 대한 권리는 신탁업자가 행사한다. 이 경우 신탁업자는 수익자의 이익을 보호하기 위하여 신탁재산에 속하는 주식의 의결권을 충실하게 행사하여야 한다.

제117조의2(관리형신탁에 관한 특례) ① 제103조 제1항 제4호부터 제6호까지의 어느 하나에 규정된 재산만을 수탁받는 신탁업자가 관리형신탁계약을 체결하는 경우 그 신탁재산에 수반되는 금전채권을 수탁할 수 있다.

② 제1항에 따른 신탁재산의 운용방법 및 제한에 관하여 필요한 사항은 대통령령으로 정한다.

장법이 적용되지 않는다(자법 제7조).

1. 투자매매업으로 보지 않는 경우

자기가 증권을 발행하는 경우에는 투자매매업으로 보지 아니한다. 그러나 투자신탁의 수익증권, 파생결합증권 중 대통령령으로 정하는 것[87] 및 투자성 있는 예금·보험의 경우에는 적용배제에 해당하지 않으므로 금융투자업 인가를 받아야 그 발행이 가능하다.[88][89]

개정법에 따르면 파생결합증권은 자기가 발행하여도 투자매매업으로 보지

---

87) 다음 각 호의 어느 하나에 해당하는 것을 말한다(자령 제7조 제1항).
1. 지분증권(지분증권과 관련된 증권예탁증권을 포함한다)의 가격이나 이를 기초로 하는 지수의 변동과 연계된 파생결합증권
2. 제1호 외의 파생결합증권으로서 발행과 동시에 투자자가 지급한 금전등에 대한 이자 등 과실뿐만 아니라 그 금전 등도 해당 기초자산의 가격·이자율·지표·단위 또는 이를 기초로 하는 지수 등의 변동과 연계된 파생결합증권

88) 개정 자법 제7조(금융투자업의 적용배제) ① 자기가 증권을 발행하는 경우에는 투자매매업으로 보지 아니한다. 다만, 다음 각 호의 어느 하나에 해당하는 증권은 그러하지 아니하다.
1. 투자신탁의 수익증권
2. 대통령령으로 정하는 파생결합증권
3. 제77조 제1항에서 정하는 투자성 있는 예금계약, 그 밖에 이에 준하는 것으로서 대통령령으로 정하는 계약에 따른 증권
4. 제77조 제2항에서 정하는 투자성 있는 보험계약에 따른 증권

89) 개정 시행령 제7조(금융투자업의 적용배제) ① 법 제7조 제1항 제2호에서 “대통령령으로 정하는 파생결합증권” 이란 다음 각 호의 요건을 모두 충족하는 파생결합증권을 제외한 파생결합증권을 말한다.
1. 기초자산이 통화 또는 외국통화로서 지급하거나 회수하는 금전 등이 그 기초자산과 다른 통화 또는 외국통화로 표시될 것
2. 증권의 발행과 동시에 금융위원회가 정하여 고시하는 위험회피 목적의 거래가 이루어질 것
3. 사업에 필요한 자금을 조달하기 위하여 발행될 것
4. 그 밖에 총리령으로 정하는 발행요건 등을 충족할 것

② 법 제7조 제1항 제3호에서 "대통령령으로 정하는 계약에 따른 증권"이란 다음 각 호의 어느 하나에 해당하는 것(이하 "금적립계좌등"이라 한다)을 말한다.
1. 제4조 각 호의 어느 하나에 해당하는 자 또는 「농업협동조합법」에 따른 농협은행(이하 이 호에서 “은행등” 이라 한다)이 투자자와 체결하는 계약에 따라 발행하는 금적립계좌[투자자가 은행등에 금전을 지급하면 기초자산인 금(金)의 가격 등에 따라 현재 또는 장래에 회수하는 금전등이 결정되는 권리가 표시된 것으로서 금융위원회가 정하여 고시하는 기준에 따른 파생결합증권을 말한다]
2. 그 밖에 증권 및 장외파생상품에 대한 투자매매업의 인가를 받은 자가 투자자와 체결하는 계약에 따라 발행하는 파생결합증권으로서 금융위원회가 투자에 따른 위험과 손익의 구조 등을 고려하여 고시하는 파생결합증권

만, 이에 대한 예외로 이종통화채권의 경우 자기발행을 허용한다. 예를 들면 수협은행이나 산업은행이 발행하는 액면표시통화 지급결제통화가 다른 채권을 파생결합증권으로 보면서도 투자매매업의 인가를 받지 않은 은행의 발행을 허용하고자 이에 관한 규정을 신설하게 되었다.

또한 은행의 금적립계좌(골드뱅킹)를 파생결합증권으로 보면서도 투자성 있는 예금계약에 준하는 계약에 따른 증권으로서 투자매매업적용을 배제하고 있다.

투자신탁의 수익증권은 집합투자업자가 발행하는 것으로서 자금조달의 목적이 아니라 판매를 목적으로 발행하는 것이므로 투자매매업으로 본다.

2. 투자중개업으로 보지 않는 경우

투자권유대행인이 투자권유를 대행하는 경우에는 투자중개업으로 보지 아니한다. 따라서 투자권유대행인은 투자중개업 인가를 받지 않고도 투자권유대행을 할 수 있다.

3. 투자자문업으로 보지 않는 경우

불특정 다수인을 대상으로 발행 또는 송신되고, 불특정 다수인이 수시로 구입 또는 수신할 수 있는 간행물 · 출판물 · 통신물 또는 방송 등을 통하여 조언을 하는 경우에는 투자자문업으로 보지 아니한다. 실제 신문이나 방송 등을 통하여 투자조언 등이 많이 이루어지고 있는데, 이러한 활동을 투자자문업으로 보지 않음으로서 별도의 등록을 하지 않고도 가능하게 된다.

4. 투자일임업으로 보지 않는 경우

투자중개업자가 투자자의 매매주문을 받아 이를 처리하는 과정에서 금융투자상품에 대한 투자판단의 전부 또는 일부를 일임받을 필요가 있는 경우로서 대통령령으로 정하는 경우90)에는 투자일임업으로 보지 아니한다.

5. 신탁업으로 보지 않는 경우

「담보부사채신탁법」에 따른 담보부사채에 관한 신탁업, 「저작권법」에 따른 저작권신탁관리업 및 「컴퓨터프로그램 보호법」에 따른 프로그램저작권 위탁관리업무의 경우에는 신탁업으로 보지 아니한다. 이는 주로 관리규제에 해당하는 행위이고 별도의 규제근거가 있다.

6. 기타

다음의 어느 하나에 해당하는 경우에는 대통령령으로 정하는 바에 따라 금융투자업으로 보지 아니한다.

① 거래소가 증권시장 및 파생상품시장을 개설·운영하는 경우91)

---

90) 투자중개업자가 따로 대가 없이 금융투자상품에 대한 투자판단(법 제6조 제6항에 따른 투자판단을 말한다)의 전부나 일부를 일임받는 경우로서 다음 각 호의 어느 하나에 해당하는 경우를 말한다(자령 제7조 제2항).

1. 투자자가 금융투자상품의 매매거래일(하루에 한정한다)과 그 매매거래일의 총매매수량이나 총매매금액을 지정한 경우로서 투자자로부터 그 지정 범위에서 금융투자상품의 수량·가격 및 시기에 대한 투자판단을 일임받은 경우
2. 투자자가 여행·질병 등으로 일시적으로 부재하는 중에 금융투자상품의 가격 폭락 등 불가피한 사유가 있는 경우로서 투자자로부터 약관 등에 따라 미리 금융투자상품의 매도 권한을 일임받은 경우
3. 투자자가 금융투자상품의 매매, 그 밖의 거래에 따른 결제나 증거금의 추가 예탁 또는 법 제72조에 따른 신용공여와 관련한 담보비율 유지의무나 상환의무를 이행하지 아니한 경우로서 투자자로부터 약관 등에 따라 금융투자상품의 매도권한(파생상품인 경우에는 이미 매도한 파생상품의 매수권한을 포함한다)을 일임받은 경우
4. 투자자가 투자중개업자가 개설한 계좌에 금전을 입금하거나 해당 계좌에서 금전을 출금하는 경우에는 따로 의사표시가 없어도 자동으로 법 제229조 제5호에 따른 단기금융집합투자기구의 집합투자증권 등을 매수 또는 매도하거나 증권을 환매를 조건으로 매수 또는 매도하기로 하는 약정을 미리 해당 투자중개업자와 체결한 경우로서 투자자로부터 그 약정에 따라 해당 집합투자증권 등을 매수 또는 매도하는 권한을 일임받거나 증권을 환매를 조건으로 매수 또는 매도하는 권한을 일임받은 경우
5. 그 밖에 투자자 보호 및 건전한 금융거래질서를 해칠 염려가 없는 경우로서 금융위원회가 정하여 고시하는 경우

91) 개정 자법 제7조 ⑥ 1. 제8조의2 제2항에 따른 거래소가 증권시장 또는 파생상품시장을 개설·운영하는 경우

② 투자매매업자를 상대방으로 하거나 투자중개업자를 통하여 금융투자상품을 매매하는 경우

③ 그 밖에 해당 행위의 성격 및 투자자 보호의 필요성 등을 고려하여 금융투자업의 적용에서 제외할 필요가 있는 것으로서 대통령령으로 정하는 경우92)

---

92) 다음 각 호인 경우를 말한다(자령 제7조 제3항).

1. 국가 또는 지방자치단체가 공익을 위하여 관련 법령에 따라 금융투자상품을 매매하는 경우
2. 한국은행이 「한국은행법」 제68조에 따라 공개시장 조작을 하는 경우
3. 다음 각 목의 어느 하나에 해당하는 자 간 제81조 제1항 제1호에 따른 환매조건부매도 또는 제85조 제3호 나목에 따른 환매조건부매수(이하 "환매조건부매매"라 한다)를 하는 경우
   가. 제10조 제2항 각 호의 자
   나. 제10조 제3항 제1호부터 제4호까지, 제4호의2 및 제9호부터 제13호까지의 자(이에 준하는 외국인을 포함한다)
   다. 그 밖에 금융위원회가 정하여 고시하는 자
4. 법 제283조에 따라 설립된 한국금융투자협회(이하 "협회"라 한다)가 법 제286조 제1항 제5호에 따른 업무를 하는 경우
5. 내국인이 국외에서 증권을 모집·사모·매출하는 경우로서 외국 투자매매업자(외국 법령에 따라 외국에서 투자매매업에 상당하는 영업을 하는 자를 말한다. 이하 같다)나 외국 투자중개업자(외국 법령에 따라 외국에서 투자중개업에 상당하는 영업을 하는 자를 말한다)가 다음 각 목의 어느 하나에 해당하는 행위를 하는 경우
   가. 금융위원회가 정하여 고시하는 기준에 따라 그 내국인과 국내에서 인수계약(그 내국인을 위하여 해당 증권의 모집·사모·매출을 하거나 그 밖에 직접 또는 간접으로 증권의 모집·사모·매출을 분담하기로 하는 내용의 계약을 포함한다. 이하 이 호에서 같다)을 체결하는 행위로서 금융위원회의 인정을 받은 경우
   나. 금융위원회가 정하여 고시하는 기준에 따라 그 내국인과 인수계약의 내용을 확정하기 위한 협의만을 국내에서 하는 행위로서 금융위원회에 관련 자료를 미리 제출한 경우

5의2. 외국 투자매매업자가 국외에서 제7조 제1항 각 호의 어느 하나에 해당하는 파생결합증권을 다음 각 목의 기준을 모두 갖추어 발행하는 경우
   가. 외국 투자매매업자가 법 제437조 제1항에 따른 외국금융투자감독기관(이하 "외국금융투자감독기관" 이라 한다)으로부터 해당 파생결합증권의 발행과 관련하여 경영건전성, 불공정거래 방지, 그 밖에 투자자 보호 등에 관한 감독을 받을 것
   나. 경영능력, 재무상태 및 사회적 신용에 관하여 금융위원회가 정하여 고시하는 기준에 적합할 것
   다. 금융위원회가 법 또는 법에 상응하는 외국의 법령을 위반한 외국 투자매매업자의 행위에 대하여 법 또는 법에 상응하는 외국의 법령에서 정하는 방법에 따라 행하여진 조사 또는 검사자료를 상호주의의 원칙에 따라 가목의 외국금융투자감독기관으로부터 제공받을 수 있는 국가의 외국 투자매매업자일 것
   라. 해당 파생결합증권을 국내에서 매매하는 경우 투자매매업자가 그 파생결합증권을 인수하여 전문투자자(제103조 제1호에 따른 특정금전신탁을 운용하는 신탁업자는 제외한다)에게 이를 취득하도록 하거나 투자중개업자를 통하여 전문투자자에게 그 파생결합증권을 매도할 것. 이 경우 투자매매업자나 투자중개업자는 증권에 관한 투자매메업이나 투자중개업 인가를 받은 자로서 장외파생상품

제4절 금융투자업간 겸영 허용

Ⅰ. 의의

자본시장법 이전에는 증권회사, 선물회사, 자산운용회사, 신탁회사 등 금융회사별로 금융투자업을 세분화하고 있었으며, 금융투자업 상호간에는 겸영을 엄격하게 금지하고 있어 겸업화·대형화된 금융회사(투자은행: IB)의 출현에 걸림돌이 되었다. 자본시장법에서는 기능별로 분류된 6개 금융투자업, 즉 투자매매업, 투자중개업, 집합투자업, 투자자문업, 투자일임업, 신탁업에 대해서 상호간 겸영을 허용하고 있다. 이에 따라 투자매매(인수), 투자중개, 집합투자, 투자자문, 신탁업 등 모든 금융투자업을 종합 영위하는 금융투자회사의 설립이

(해당 파생결합증권의 기초자산이나 그 가격·이자율·지표 등과 동일한 것을 기초자산이나 그 가격·이자율·지표 등으로 하는 장외파생상품을 말한다)에 관한 금융투자업인가를 받은 자로 한정한다.

6. 외국 투자매매업자나 외국 투자중개업자가 국외에서 다음 각 목의 어느 하나에 해당하는 행위를 하는 경우
 가. 투자매매업자를 상대방으로 하여 금융투자상품을 매매하거나 투자중개업자를 통하여 금융투자상품의 매매를 중개·주선 또는 대리하는 행위
 나. 국내 거주자(투자매매업자 및 투자중개업자는 제외한다)를 상대로 투자권유 또는 법 제57조에 따른 투자광고(이하 "투자광고"라 한다)를 하지 아니하고 국내 거주자의 매매에 관한 청약을 받아 그 자를 상대방으로 하여 금융투자상품을 매매하거나 그 자의 매매주문을 받아 금융투자상품의 매매를 중개·주선 또는 대리하는 행위
7. 법 제18조 제2항 제1호 각 목 외의 부분 단서에 따른 외국 투자자문업자(이하 "외국 투자자문업자"라 한다) 또는 같은 호 각 목 외의 부분 단서에 따른 외국 투자일임업자(이하 "외국 투자일임업자"라 한다)가 국외에서 다음 각 목의 어느 하나에 해당하는 자를 상대로 투자권유 또는 투자광고를 하지 아니하고 그 자를 상대방으로 투자자문업이나 투자일임업을 하는 경우
 가. 국가
 나. 한국은행
 다. 제10조 제3항 제4호·제12호의 자
 라. 그 밖에 금융위원회가 정하여 고시하는 자
8. 따로 대가 없이 다른 영업에 부수하여 금융투자상품의 가치나 금융투자상품에 대한 투자판단에 관한 자문에 응하는 경우
9. 법 제258조에 따른 집합투자기구평가회사(이하 "집합투자기구평가회사"라 한다), 법 제263조에 따른 채권평가회사(이하 "채권평가회사"라 한다), 공인회계사, 감정인, 신용평가를 전문으로 하는 자, 변호사, 변리사 또는 세무사, 그 밖에 이에 준하는 자로서 해당 법령에 따라 자문용역을 제공하고 있는 자(그 소속단체를 포함한다)가 해당 업무와 관련된 분석정보 등을 제공하는 경우

가능하게 되었다.93)

Ⅱ. 금융투자업간 겸영의 허용에 따른 이해상충의 방지

자본시장법은 선진 투자은행이 기업금융, 자산관리, 직접투자, 증권서비스를 종합적으로 영위하고 있는 것을 반영하여, 금융투자업간의 겸영을 허용하고 있다. 이러한 겸영을 통하여 투자은행 업무에 필요한 모든 업무를 동일회사 내에서 수행하여 시너지 효과를 창출할 수 있게 되기를 기대하지만, 반면에 금융투자업내의 겸영의 허용으로 그만큼 이해상충의 우려도 커지게 된다.

이해상충이란 투자자의 이익을 희생하여 금융투자업자의 고유계정의 이익을 추구하거나 제3의 투자자의 이익을 추구하는 것을 의미하는 것으로, 겸영이 허용될 경우 이는 특정 금융투자업의 투자자 이익을 희생하여 타 금융투자업으로부터 자신의 이익을 추구하거나, 타 금융투자업의 투자자의 이익을 추구하는 모습으로 나타나게 된다.

이에 자본시장법에서는 투자자 보호를 위해서 이러한 이해상충을 방지하기 위한 여러 방안을 마련하고 있다. 이는 대별해서 이해상충 행위의 금지와 이해상충 관리시스템의 구축으로 나눌 수 있고, 후자 중 중요한 것으로 내부통제시스템의 구축과 정보교류차단장치의 마련을 들 수 있다. 내부통제시스템구축과 관련하여 자본시장법에서는 내부통제기준을 정하고 준법감시인을 둘 것을 의무화하고 있다.94)

93) 미국, 영국 등 주요국의 선진 투자은행은 기업금융(Investment Banking), 자산관리(Wealth Management), 직접투자(Principal Investment), 증권서비스(Securities Services) 등 모든 금융투자업을 종합적으로 영위하는 것이 가능하다(핵심 IB업무뿐만 아니라, 신생기업에 대한 모험자본의 공급(Risk Capital)·PI·프라임브로커 등 위험 인수(risk taking)를 바탕으로 하는 다양한 업무를 수행). 미국의 경우 증권거래법과 투자자문업법 등에서 증권업과 자산운용업 겸업을 제한하고 있지 않다. 따라서 SEC에 등록만 하면 증권업과 자산운용업의 겸업이 가능하다.

94) 상세한 것은 제2편 금융투자업자 규제 부분에서 검토.

Ⅲ. 개정 자본시장법 상 투자은행의 활성화

개정 자본시장법에서는 투자은행을 일반 증권회사와 차별화되는 자본시장법 상 개념인 종합금융투자사업자로 구분 · 정의하고, 종합금융투자사업자가 투자은행으로서 기업금융 관련 업무를 원활히 수행할 수 있도록 전담중개업무 외에 기업대출, 비상장주식에 대한 내부주문집행업무 등을 영위할 수 있도록 관련 규율체계를 정비하고, 업무의 위험 특성 등을 반영하기 위하여 종합금융투자사업자에 대한 자기자본규제시에 영업용순자본규제 외에 국제결제은행의 건전성 감독 원칙 등을 적용할 수 있도록 하고 있다. 이는 투자은행에 대하여 미래 산업과 대규모 해외 프로젝트를 지원할 수 있는 기관으로서의 지위를 기대하여 개정하게 것이다.[95)]

---

95) 개정 자법 제8조(금융투자업자) ⑧ 이 법에서 "종합금융투자사업자" 란 투자매매업자 또는 투자중개업자 중 제77조의2에 따라 금융위원회의 지정을 받은 자를 말한다.

제77조의2(종합금융투자사업자의 지정 등) ① 금융위원회는 투자매매업자 또는 투자중개업자로서 다음 각 호의 기준을 모두 충족하는 자에 대하여 종합금융투자사업자로 지정할 수 있다.

1. 「상법」에 따른 주식회사일 것
2. 증권에 관한 인수업을 영위할 것
3. 3조원 이상으로서 대통령령으로 정하는 금액 이상의 자기자본을 갖출 것
4. 그 밖에 해당 투자매매업자 또는 투자중개업자의 위험관리 능력 등을 고려하여 대통령령으로 정하는 기준

② 투자매매업자 또는 투자중개업자로서 종합금융투자사업자로 지정받고자 하는 자는 금융위원회에 신청하여야 한다.

③ 금융위원회는 제1항에 따른 종합금융투자사업자의 지정을 위하여 필요한 경우에는 자료의 제출을 요청할 수 있다.

④ 금융위원회는 종합금융투자사업자가 다음 각 호의 어느 하나에 해당하는 경우에는 제1항에 따른 지정을 취소할 수 있다.

1. 거짓, 그 밖에 부정한 방법으로 지정받은 경우
2. 제1항 각 호의 기준을 충족하지 못하는 경우

⑤ 제1항 및 제4항에 따른 지정 및 지정취소 절차 등에 관한 세부적인 사항은 대통령령으로 정한다.

⑥ 제1항제 3호에 따른 자기자본의 구체적인 세부기준은 금융위원회가 정하여 고시한다.

제77조의3(종합금융투자사업자에 관한 특례) ① 종합금융투자사업자가 아니고는 전담중개업무를 영위할 수 없다.

② 종합금융투자사업자가 전담중개업무를 영위하는 경우에는 제72조에도 불구하고 증권 외의 금전등에 대한 투자와 관련하여 전문사모집합투자기구 등에게 금전의 융자, 그 밖의 신용공여를 할 수 있다.

③ 종합금융투자사업자는 전문사모집합투자기구 등에 대하여 전담중개업무를 제공하는 경우에는 미리 해당 전문사모집합투자기구 등, 그 밖에 대통령령으로 정하는 자와 다음 각 호의 사항을 포함하는 내용에 관한 계약을 체결하여야 한다.

1. 전담중개업무와 관련된 종합금융투자사업자와 전문사모집합투자기구 등의 역할 및 책임에 관한 사항

여기서 종합금융투자사업자와 관련하여 전담중개업무와 관하여 전문사모집합투자기구 등을 대상으로 증권 대차, 신용공여, 집합투자재산 보관 · 관리 등의 업무를 연계하여 제공하는 전담중개업무를 별도로 정의하고, 전담중개업자가 전문사모집합투자기구에 대하여 증권 외의 투자와 관련한 신용공여를 할 수 있도록 허용하면서, 전담중개업무를 제공하는 경우에는 투자자 보호를 위하여 전문사모집합투자기구 등과 전담중개업무와 관련한 표준적인 계약을 체결할 의무를 부과하고 있다.[96]

---

2. 종합금융투자사업자가 전문사모집합투자기구 등의 재산을 제삼자에 대한 담보, 대여, 그 밖에 대통령령으로 정하는 방법으로 이용하는 경우 그 이용에 관한 사항
3. 그 밖에 대통령령으로 정하는 사항

④ 종합금융투자사업자는 이 법 또는 다른 금융 관련 법령에도 불구하고 다음 각 호의 업무를 영위할 수 있다.

1. 기업에 대한 신용공여업무
2. 증권시장에 상장되지 아니한 주권, 그 밖에 대통령령으로 정하는 금융투자상품에 관하여 동시에 다수의 자를 거래상대방 또는 각 당사자로 하는 장외매매 또는 그 중개·주선이나 대리 업무
3. 그 밖에 해당 종합금융투자사업자의 건전성, 해당 업무의 효율적 수행에 이바지할 가능성 등을 고려하여 종합금융투자사업자에만 허용하는 것이 적합한 업무로서 대통령령으로 정하는 것

⑤ 종합금융투자사업자에 대해서는 「한국은행법」과 「은행법」을 적용하지 아니한다.

⑥ 금융위원회는 종합금융투자사업자에 대하여 제31조의 경영건전성기준을 적용함에 있어서 제30조에도 불구하고 종합금융투자사업자 업무의 특성을 반영하여 국제결제은행이 권고하는 건전성 감독에 관한 원칙을 반영할 수 있다.

⑦ 제2항에 따른 신용공여의 기준 및 방법, 제4항 제1호에 따른 신용공여의 구체적 범위, 같은 항 제2호의 업무의 수행기준 등에 관하여 필요한 사항은 대통령령으로 정한다.

96) 전담중개업자(프라임 브로커)란 헤지펀드를 위한 맞춤형 서비스를 제공하는 금융사로서 종합금융투자업자로 지정된 현대증권, 우리투자증권, 한국투자증권, 대우증권, 삼상증권 5개사가 인가를 받고 있다.

〈종합금융투자사업자〉

① 자기자본, 위험관리 능력 등 법상 일정한 기준을 충족하는 증권회사를 투자은행(종합금융투자사업자)으로 지정한다.

• 자기자본 : 현재 시행령 개정만으로 프라임브로커 업무가 시작되는 점 등을 감안하여 3조원에서 시작하되, 법 개정 이후 업무범위 확대 추이에 따라 상향조정이 가능하게 한다.

② 종합금융투자사업자가 투자은행으로서 종합적인 기업금융 관련 업무를 원활히 수행할 수 있도록 기업여신·내부주문집행 등 관련 규제를 정비한다.

• 기업금융 관련 업무: 신생기업 발굴 및 이에 대한 투·융자, IPO, 인수, M&A 자문 등 → 투자은행 업무 활성화시 예상되는 기업 신용공여 업무로 ① M&A 자문, 인수 등 과정에서 인수자금 제공 (Bridge Loan) ② 신생기업 발굴시 자기자본투자(PI) 차원의 융자 및 보증 등 ③ 다양한 자금 조달원의 결합으로 이루어지는 구조화 금융(Structured Financing) 등을 들 수 있다.

• 내부주문집행: 투자은행이 거래소 · ATS를 통해 고객 주문을 집행하지 않고 투자은행 내에서 다수 고객의 주문을 집행하는 것 → 비상장 신생기업의 발굴과 기업 정보생산 기능 촉진 등을 위해 종합금융투자사업자에 대해 시장적인 매매체결 기능 수행을 허용하는 것이다.

③ 종합금융투자사업자가 프라임브로커 업무(전담중개업무) 수행시 헤지펀드의 '증권 이외의 투자'와 관련하여 해당 헤지펀드에 신용공여를 할 수 있도록 한다.

• 프라임브로커 업무: 헤지펀드 등을 대상으로 증권 대차, 신용 공여, 펀드재산 보관 · 관리, 매매체결·청산 등의 종합금융서비스를 연계·제공하는 업무

• 증권외의 투자: 헤지펀드는 증권 외에 일반상품·파생상품 등에 대한 투자가 가능(현행은 증권관련 신용공여만 가능)

④ 투자은행의 리스크 특성 등을 반영하여 자기자본 규제시 현행 영업용순자본(NCR) 규제 외에 Basel 기준을 적용할 수 있도록 한다.

〈내부주문집행(Internalization) 업무의 유형〉

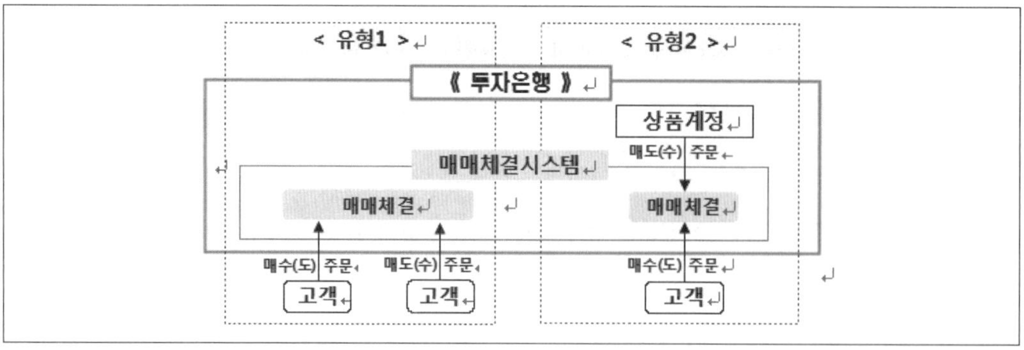

(2011.7. 자본시장법 개정방안, 금융위원회 자료)

제 2 편 금융투자업자 규제

제2편 금융투자업자 규제

제1장 진입규제

제1절 금융투자업의 인가 및 등록

Ⅰ. 인가요건 및 절차

1. 의의

금융투자업자는 사전에 금융위원회로부터 인가를 받아야 금융투자업을 영위할 수 있다. 이와 달리 투자자문업 및 투자일임업은 다음에 보는 바와 같이 사전에 금융위원회에 등록만 하면 된다(자법 제11조, 17조).

다만 투자성 있는 예금·보험에 대한 특례를 인정하여 은행이 투자성 있는 예금계약을 체결하는 경우에는 자본시장법 제12조에 따라 투자매매업에 관한 금융투자업인가를 받은 것으로 보며, 보험회사가 투자성 있는 보험계약을 체결하거나 그 중개 또는 대리를 하는 경우에는 자본시장법 제12조에 따라 투자매매업 또는 투자중개업에 관한 금융투자업인가를 받은 것으로 본다(자법 제77조).

2. 인가업무단위

금융투자업을 영위하려는 자는 다음 사항을 구성요소로 하여 인가업무 단위의 전부나 일부를 선택하여 금융위원회로부터 하나의 금융투자업인가를 받아야 한다(자법 제12조 제1항).

① 금융투자업의 종류: 투자매매업, 투자중개업, 집합투자업 및 신탁업을 말하되, 투자매매업 중 인수업을 포함한다.

② 금융투자상품의 범위: 금융투자상품은 증권, 장내파생상품, 장외파생상품

등으로 분류되지만, 집합투자업이나 신탁업의 경우 금융투자상품에 따른 정의를 하지 않고 달리 규정하고 있다.

금융투자상품의 범위는 증권, 장내파생상품 및 장외파생상품을 말하되, 증권 중 국채증권, 사채권, 그 밖에 대통령령으로 정하는 것[1]을 포함하고 파생상품 중 주권을 기초자산으로 하는 파생상품·그 밖에 대통령령으로 정하는 것[2]을 포함한다. 금융투자상품은 집합투자업의 경우에는 법 제229조에 따른 집합투자기구의 종류를 말하며, 신탁업의 경우에는 법 제103조 제1항 각 호의 신탁재산을 말한다.[3]

③ 투자자의 유형: 전문투자자 및 일반투자자를 말한다.

3. 인가의 요건

금융투자업인가를 받으려는 자는 다음의 요건을 모두 갖추어야 한다(자법 제12조 제2항).

① 다음 어느 하나에 해당하는 자일 것.[4]

가. 상법에 따른 주식회사이거나 대통령령으로 정하는 금융기관[5]

1) 다음 각 호의 것을 말한다(자령 제15조 제2항).
   1. 채무증권
   2. 지방채증권
   3. 법 제4조 제3항에 따른 특수채증권
   4. 지분증권(집합투자증권은 제외한다)
   5. 상장주권
   6. 집합투자증권
   7. 제181조 제1항 제1호에 따른 증권
2) 다음 각 호의 것을 말한다(자령 제15조 제3항).
   1. 주권 외의 것을 기초자산으로 하는 파생상품
   2. 통화·이자율을 기초자산으로 하는 파생상품
3) 실제로는 신탁재산 전체를 대상으로 하거나, 금전신탁이나 재산신탁으로 나누거나, 6, 7호를 묶어 인가업무단위로 신청을 한다고 한다.
4) 구 자본시장법에서는 "다만, 투자중개업 중 전자증권중개업무를 하고자 하는 자의 경우에는 상법에 따른 주식회사로서 거래소의 회원이어야 한다."는 단서 조항이 있었으나, 개정 자법에서는 제78조가 다자간매매체결회사에 관한 조항으로 개정됨으로써 여기서의 단서를 삭제하고 있다.
5) 다음 각 호의 어느 하나에 해당하는 금융기관을 말한다(자령 제16조 제1항).
   1. 「한국산업은행법」에 따른 한국산업은행
   2. 「중소기업은행법」에 따른 중소기업은행

나. 외국 금융투자업자(외국 법령에 따라 외국에서 금융투자업에 상당하는 영업을 영위하는 자를 말한다)로서 외국에서 영위하고 있는 영업에 상당하는 금융투자업 수행에 필요한 지점, 그 밖의 영업소를 설치한 자

② 인가업무 단위별로 5억원 이상으로서 대통령령으로 정하는 금액 이상의 자기자본을 갖출 것

③ 사업계획이 타당하고 건전할 것

④ 투자자의 보호가 가능하고 그 영위하고자 하는 금융투자업을 수행하기에 충분한 인력과 전산설비, 그 밖의 물적 설비를 갖출 것

⑤ 임원이 자본시장법 제24조에 적합할 것

⑥ 대주주나 외국 금융투자업자가 다음의 구분에 따른 요건을 갖출 것

가. 국내 금융투자업자의 경우 대주주(최대주주의 특수관계인인 주주를 포함하며, 최대주주가 법인인 경우 그 법인의 중요한 경영사항에 대하여 사실상 영향력을 행사하고 있는 자로서 대통령령으로 정하는 자[6]를 포함한다)가 충분한 출자능력, 건전한 재무상태 및 사회적 신용을 갖출 것

나. 외국 금융투자업자의 경우 외국 금융투자업자가 충분한 출자능력, 건전한 재무상태 및 사회적 신용을 갖출 것

⑦ 시행령에서 정하는 건전한 재무상태와 사회적 신용을 갖출 것[7]

---

3. 「한국수출입은행법」에 따른 한국수출입은행
4. 「농업협동조합법」에 따른 농업협동조합중앙회
5. 「수산업협동조합법」에 따른 수산업협동조합중앙회
6. 「은행법」에 따른 외국은행의 국내지점
7. 「보험업법」에 따른 외국보험회사의 국내지점
8. 그 밖에 금융위원회가 정하여 고시하는 금융기관

6) 다음 각 호의 어느 하나에 해당하는 자를 말한다(자령 제16조 제7항). 다만, 법인의 성격 등을 고려하여 금융위원회가 정하여 고시하는 경우에는 제1호에 해당하는 자는 제외한다.
1. 최대주주인 법인의 최대주주(최대주주인 법인을 사실상 지배하는 자가 그 법인의 최대주주와 명백히 다른 경우에는 그 사실상 지배하는 자를 포함한다)
2. 최대주주인 법인의 대표자

7) 다음 각 호의 구분에 따른 사항을 말한다(자령 제16조 제8항).
1. 건전한 재무상태: 법 제31조에 따른 경영건전성기준(겸영금융투자업자인 경우에는 해당 법령에서 정하는 경영건전성기준을 말한다)을 충족할 수 있는 상태
2. 사회적 신용: 다음 각 목의 모든 요건에 적합한 것. 다만, 그 위반 등의 정도가 경미하다고 인정되는 경우는 제외한다.

⑧ 금융투자업자와 투자자 간, 특정 투자자와 다른 투자자 간의 이해상충을 방지하기 위한 체계를 갖출 것

4. 인가의 신청 및 심사

금융투자업인가를 받으려는 자는 인가신청서를 금융위원회에 제출하여야 한다(자법 제13조 제1항). 금융위원회는 인가신청서를 접수한 경우에 그 내용을 심사하여 3개월 이내에 금융투자업인가 여부를 결정하고, 그 결과와 이유를 지체 없이 신청인에게 문서로 통지하여야 한다. 예비인가를 받은 경우에는 1개월 이내에 위 절차를 거쳐야 한다. 이 경우 인가신청서에 흠결이 있는 때에는 보완을 요구할 수 있다. 이 때 심사기간을 산정함에 있어서 인가신청서 흠결의 보완기간 등은 심사기간에 산입하지 아니한다.

금융위원회는 금융투자업인가를 하는 경우에는 경영의 건전성 확보 및 투자자 보호에 필요한 조건을 붙일 수 있다. 이에 따라 조건이 붙은 금융투자업인가를 받은 자는 사정의 변경, 그 밖에 정당한 사유가 있는 경우에는 금융위원회에 조건의 취소 또는 변경을 신청할 수 있다. 이 경우 금융위원회는 2개월 이내에 조건의 취소 또는 변경 여부를 결정하고, 그 결과를 지체 없이 신청인에게 문서로 통지하여야 한다.

금융위원회는 금융투자업인가를 하거나 그 인가의 조건을 취소 또는 변경한

가. 최근 3년간 법, 이 영, 금융관련법령(제27조 제1항에 따른 금융관련법령을 말한다), 「독점규제 및 공정거래에 관한 법률」 및 「조세범 처벌법」 을 위반하여 벌금형 이상에 상당하는 형사처벌을 받은 사실이 없을 것. 다만, 법 제448조, 그 밖에 해당 법률의 양벌 규정에 따라 처벌을 받은 경우는 제외한다.

나. 최근 3년간 채무불이행 등으로 건전한 신용질서를 해친 사실이 없을 것

다. 「금융산업의 구조개선에 관한 법률」 에 따라 부실금융기관으로 지정되었거나 법 또는 금융관련 법령에 따라 영업의 허가·인가·등록 등이 취소된 자가 아닐 것

라. 법, 금융관련법령이나 외국 금융관련법령(법 제24조 제3호에 따른 외국 금융관련 법령을 말한다)에 따라 금융위원회, 외국 금융감독기관 등으로부터 지점, 그 밖의 영업소의 폐쇄 또는 그 업무의 전부나 일부의 정지 이상의 조치(이에 상당하는 행정처분을 포함한다)를 받은 후 다음 구분에 따른 기간이 지났을 것

1) 업무의 전부정지: 업무정지가 끝난 날부터 3년
2) 업무의 일부정지: 업무정지가 끝난 날부터 2년
3) 지점, 그 밖의 영업소의 폐쇄 또는 그 업무의 전부나 일부의 정지: 해당 조치를 받은 날부터 1년

경우에는 다음 사항을 관보 및 인터넷 홈페이지 등에 공고하여야 한다(자법 제13조 제6항). ① 금융투자업인가의 내용 ② 조건을 붙인 경우에 금융투자업인가의 조건 ③ 금융투자업인가의 조건을 취소하거나 변경한 경우 그 내용

5. 예비인가

금융투자업인가를 받으려는 자는 미리 금융위원회에 예비인가를 신청할 수 있다(자법 제14조 제1항). 금융위원회는 예비인가를 신청받은 경우에는 2개월 이내에 금융투자업인가의 요건을 갖출 수 있는지 여부를 심사하여 예비인가 여부를 결정하고, 그 결과와 이유를 지체 없이 신청인에게 문서로 통지하여야 한다. 이 경우 예비인가신청에 관하여 흠결이 있는 때에는 보완을 요구할 수 있다. 금융위원회는 예비인가를 하는 경우에는 경영의 건전성 확보 및 투자자 보호에 필요한 조건을 붙일 수 있다.

금융위원회는 예비인가를 받은 자가 본인가를 신청하는 경우에는 위 경영의 건전성 확보 및 투자자 보호에 필요한 조건을 이행하였는지 여부와 금융투자업 인가의 요건을 갖추었는지 여부를 확인한 후 본인가 여부를 결정하여야 한다.

6. 인가요건의 유지

금융투자업자는 금융투자업인가를 받아 그 영업을 영위함에 있어서 자본시장법 제12조 제2항에서 규정하는 인가요건[8])을 유지하여야 한다(자법 제15조).

7. 업무의 추가 및 인가의 변경

금융투자업자는 인가받은 인가업무 단위 외에 다른 인가업무 단위를 추가하여 금융투자업을 영위하려는 경우에는 금융투자업 인가의 요건을 갖추어 금융

8) 자본시장법 제12조 제2항 제6호의2 6의2(대통령령으로 정하는 건전한 재무상태와 사회적 신용을 갖출 것)를 제외하며, 같은 항 제2호 및 제6호의 경우에는 대통령령으로 정하는 완화된 요건을 말한다. 완화된 요건에 대하여는 시행령 제19조에서 규정하고 있다.

위원회의 변경인가를 받아야 한다(자법 제16조 제1항). 이 경우 예비인가의 신청도 가능하다.

변경인가를 함에 있어서 대주주나 외국 금융투자업자의 인가요건에 관하여는 좀 더 완화된 요건을 적용한다(자법 제16조 제2항).[9]

Ⅱ. 등록요건 및 절차

1. 의의

투자자문업과 투자일임업을 영위하려고 하는 자는 반드시 사전에 일정한 요건을 갖추어 금융위원회에 등록을 해야 한다. 이 경우에는 금융투자업자의 파산이나 유동성위기에 의하여 발생할 수 있는 위험이 고객에게 전가되지 않는다는 점에서 그 요건이 완화된 등록제를 취하고 있다.

2. 투자자문업 또는 투자일임업의 등록

투자자문업 또는 투자일임업을 영위하려는 자는 다음 사항을 구성요소로 하여 등록업무 단위의 전부나 일부를 선택하여 금융위원회에 하나의 금융투자업

9) 다음 각 호의 구분에 따른 요건을 말한다(자령 제19조의 2).
  1. 대주주가 별표 2 제1호부터 제3호까지의 어느 하나에 해당하는 자인 경우: 같은 표 제1호 라목 및 마목1)·3)에 한정하여 그 요건을 충족할 것. 이 경우 같은 표 제1호 마목1) 중 "최근 5년간" 은 "최대주주가 최근 5년간" 으로, "벌금형" 은 "5억원의 벌금형" 으로 본다.
  2. 대주주가 별표 2 제4호 또는 제5호 라목에 해당하는 자인 경우: 같은 표 제1호 마목1)·3) 및 제4호 라목에 한정하여 그 요건을 충족할 것. 이 경우 같은 표 제1호 마목1) 중 "최근 5년간" 은 "최대주주가 최근 5년간" 으로, "벌금형" 은 "5억원의 벌금형" 으로 하고, 같은 표 제4호 라목 중 "최근 3년간" 은 "최대주주가 최근 3년간" 으로, "본국의 감독기관으로부터 법인경고 이상에 상당하는 행정처분을 받거나 벌금형 이상에 상당하는 형사처벌을 받은 사실" 은 "본국의 사법기관으로부터 5억원의 벌금형 이상에 상당하는 형사처벌을 받은 사실" 로 본다.
  3. 대주주가 별표 2 제5호(라목은 제외한다)에 해당하는 자인 경우: 같은 표 제1호 마목1)·3)에 한정하여 그 요건을 충족할 것. 이경우 같은 표 제1호 마목1) 중 "최근 5년간" 은 "최대주주가 최근 5년간" 으로, "벌금형" 은 "5억원의 벌금형" 으로 본다.
  4. 법 제12조 제2항 제6호 나목에 따른 외국 금융투자업자인 경우: 제2호의 요건에 한정하여 그 요건을 충족할 것. 이 경우 "최대주주" 는 각각 "외국 금융투자업자" 로 본다.

등록을 하여야 한다(자법 제17조 제1항). ① 투자자문업 또는 투자일임업 ② 금융투자상품 등의 범위(증권, 장내파생상품, 장외파생상품 및 그 밖에 대통령령으로 정하는 투자대상자산을 말한다) ③ 투자자의 유형

3. 등록요건

금융투자업등록을 하려는 자는 다음의 요건을 모두 갖추어야 한다(자법 제18조 제2항).

① 다음 어느 하나에 해당하는 자일 것. 다만, 외국 투자자문업자(외국 법령에 따라 외국에서 투자자문업에 상당하는 영업을 영위하는 자를 말한다) 또는 외국 투자일임업자(외국 법령에 따라 외국에서 투자일임업에 상당하는 영업을 영위하는 자를 말한다)가 외국에서 국내 거주자를 상대로 직접 영업을 하거나 통신수단을 이용하여 투자자문업 또는 투자일임업을 영위하는 경우에는 적용하지 아니한다.

가. 상법에 따른 주식회사이거나 대통령령으로 정하는 금융기관[10)]

나. 외국 투자자문업자로서 투자자문업의 수행에 필요한 지점, 그 밖의 영업소를 설치한 자

다. 외국 투자일임업자로서 투자일임업의 수행에 필요한 지점, 그 밖의 영업소를 설치한 자

② 등록업무 단위별로 1억원 이상으로서 대통령령으로 정하는 금액 이상의 자기자본을 갖출 것

③ 다음의 구분에 따른 투자권유자문인력 또는 투자운용인력을 갖출 것. 이 경우 외국투자자문업자 또는 외국 투자일임업자가 해당 국가에서 투자권

---

10) 다음 각 호의 어느 하나에 해당하는 금융기관을 말한다(자령 제21조 제1항).

1. 「한국산업은행법」에 따른 한국산업은행
2. 「중소기업은행법」에 따른 중소기업은행
3. 「한국수출입은행법」에 따른 한국수출입은행
4. 「농업협동조합법」에 따른 농업협동조합중앙회
5. 「수산업협동조합법」에 따른 수산업협동조합중앙회
6. 그 밖에 투자자 보호 및 건전한 금융거래질서를 해칠 염려가 없는 경우로서 금융위원회가 정하여 고시하는 금융기관

유자문인력 또는 투자운용인력에 상당하는 자를 다음의 수 이상 확보하고 있는 때에는 해당 요건을 갖춘 것으로 본다.

가. 투자자문업의 경우에는 투자권유자문인력을 대통령령으로 정하는 수[11] 이상 갖출 것

나. 투자일임업의 경우에는 투자운용인력을 대통령령으로 정하는 수[12] 이상 갖출 것

④ 임원이 자본시장법 제24조에 적합할 것

⑤ 대주주나 외국 투자자문업자 또는 외국 투자일임업자가 다음의 구분에 따른 요건을 갖출 것

가. 제1호 가목의 경우 대주주(자법 제12조 제2항 제6호 가목의 대주주를 말한다)가 대통령령으로 정하는 사회적 신용을 갖출 것[13]

나. 제1호 각 목 외의 부분 단서 및 같은 호 나목·다목의 경우 외국 투자자문업자 또는 외국 투자일임업자가 대통령령으로 정하는 사회적 신용을 갖출 것[14]

⑥ 대통령령으로 정하는 건전한 재무상태와 사회적 신용을 갖출 것[15]

⑦ 금융투자업자와 투자자 간, 특정 투자자와 다른 투자자 간의 이해상충을 방지하기 위한 체계로서 대통령령으로 정하는 요건을 갖출 것[16]

---

11) 상근 임직원 1인을 말한다. 다만, 종합금융회사(「금융산업의 구조개선에 관한 법률」 제4조에 따른 인가를 받아 합병으로 신설되거나 존속하는 종합금융회사만 해당한다)인 경우에는 상근 임직원 4인을 말한다(자령 제21조 제3항).

12) 상근 임직원 2인을 말한다(자령 제21조 제4항).

13) 다음 각 호의 요건을 말한다(자령 제21조 제5항).

1. 대주주가 별표 2 제1호부터 제3호까지 또는 제5호(라목은 제외한다)에 해당하는 자인 경우에는 같은 표 제1호 마목의 요건을 갖출 것. 다만, 법 제12조에 따른 금융투자업인가를 받은 자가 금융투자업등록을 하려는 경우에 관하여는 금융위원회가 그 요건을 달리 정하여 고시할 수 있다.
2. 대주주가 별표 2 제4호 또는 제5호 라목에 해당하는 자인 경우에는 같은 표 제4호 가목·라목 및 마목의 요건을 갖출 것. 이 경우에 같은 표 같은 호 가목 중 "인가"는 "등록"으로, "인가 받으려는"은 "등록하려는"으로 본다.

14) 별표 2 제4호 가목·라목 및 마목의 요건을 말한다(자령 제21조 제6항). 이 경우 같은 표 같은 호 가목 중 "인가"는 "등록"으로, "인가 받으려는"은 "등록하려는"으로 하며, 같은 호 라목 중 "3년"은 "2년"으로 본다.

15) 자령 제16조 제8항에 따른 사항을 말한다(자령 제21조 제7항).

16) 이해상충방지체계는 다음 각 호의 요건을 갖추어야 한다(자령 제21조 제8항).

1. 법 제44조에 따라 이해상충이 발생할 가능성을 파악·평가·관리할 수 있는 적절한 내부통제기준을

4. 등록의 신청 등

금융투자업 등록을 하려는 자는 등록신청서를 금융위원회에 제출하여야 한다(자법 제19조 제1항). 금융위원회는 등록신청서를 접수한 경우에는 그 내용을 검토하여 2개월 이내에 금융투자업 등록여부를 결정하고, 그 결과와 이유를 지체 없이 신청인에게 문서로 통지하여야 한다. 이 경우 등록신청서에 흠결이 있는 때에는 보완을 요구할 수 있다.

금융위원회는 금융투자업 등록여부를 결정함에 있어서 다음의 어느 하나에 해당하는 사유가 없는 한 등록을 거부하여서는 아니 된다(자법 제19조 제4항). ① 금융투자업 등록요건을 갖추지 아니한 경우 ② 등록신청서를 거짓으로 작성한 경우 ③ 보완요구를 이행하지 아니한 경우

금융위원회는 금융투자업 등록을 결정한 경우 투자자문업자등록부 또는 투자일임업자등록부에 필요한 사항을 기재하여야 하며, 등록 결정한 내용을 관보 및 인터넷 홈페이지 등에 공고하여야 한다(자법 제19조 제5항).

5. 업무의 추가 및 변경등록

투자자문업자 또는 투자일임업자는 금융투자업등록 이후 그 영업을 영위함에 있어서 처음의 등록요건[17]을 유지하여야 한다(자법 제20조). 금융투자업자는 등록한 등록업무 단위 외에 다른 등록업무 단위를 추가하여 금융투자업을 영위하려는 경우에는 금융위원회에 변경등록을 하여야 한다(자법 제21조 제1항). 변경인가를 함에 있어서 대주주나 외국 금융투자업자의 등록요건에 관하여는 좀 더 완화된 요건을 적용한다.[18]

갖출 것

2. 법 제45조 제1항 각 호 및 제2항 각 호의 행위가 발생하지 아니하도록 적절한 체계를 갖출 것

17) 자법 제18조 제2항 각 호의 등록요건(같은 조 같은 항 제2호 및 제5호의 경우에는 대통령령으로 정하는 완화된 요건)을 말한다.

18) 자령 제23조 제2호 각 목의 구분에 따른 요건을 말한다(자령 제23조의 2).

제2절 기능별 진입규제

Ⅰ. 서설

자본시장법에서는 동일한 금융기능에 대해서는 동일한 진입요건이 적용되도록 금융기능별 진입요건이 마련되었다. 또한 금융투자회사는 필요한 업무단위를 계속 추가함으로써 업무영역을 확장할 수 있는 Add-on 방식이 도입되었다. 예를 들면 투자중개업, 증권, 일반투자자의 조합으로 인가 받은 금융투자업자가 선물옵션을 추가로 더 영위하고자 한다면, 투자중개업, 장내파생상품, 일반투자자의 조합으로 추가하여 인가를 받으면 된다.

금융투자업의 진입규제와 관련하여 금융투자회사의 파산이나 유동성 위기에 의해 발생할 수 있는 위험이 고객에게 전가될 수 있는 금융투자업에 대해서는 인가제를, 그렇지 않은 경우에는 등록제를 적용한다. 그리하여 고객과 직접 채권채무관계를 가지거나(투자매매업), 고객의 자산을 수탁하는 금융투자업(투자중개업, 집합투자업, 신탁업)에 대하여는 인가제를 채택하고, 고객의 자산을 수탁하지 않는 금융투자업(투자일임업, 투자자문업)에 대해서는 등록제를 채택한다.

Ⅱ. 진입요건수준의 차등화

자본시장법에서는 금융기능의 특성을 반영하여 진입요건의 수준을 차등화하고 있다.

첫째, 금융투자업의 특성에 따라 차등화를 하고 있다. 여기서 인가제를 채택한 금융투자업의 진입요건은 등록제를 채택한 금융투자업에 비해 엄격하게 설정하였다. 그리하여 객관적인 요건만을 요구하는 등록제와 달리 사업계획의 타당성 등과 같이 인가당국의 재량적 판단을 허용하는 요건도 추가하였다. 인가제 내에서도 투자매매업과 같이 고객과 채권·채무관계를 갖는 금융투자업에 대해서는 고객의 자산을 수탁하는 금융투자업(투자중개업, 집합투자업, 신탁업 등)에 비해 강화된 요건을 설정하였다.

둘째, 금융투자상품의 특성에 따른 차등화를 하고 있다. 여기서는 또한 취급대상 금융투자상품의 위험크기에 따라 진입요건을 차등화 하고 있다. 장외파생상품 등 위험 금융투자상품을 대상으로 하는 금융투자업의 인가에 대해서는 일반 금융투자상품에 비하여 강화된 진입요건을 설정하였다.

셋째, 투자자의 특성에 따른 차등화를 하고 있다. 고객의 위험감수능력의 크기에 따라 차등화 하는데, 일반투자자를 상대로 하는 금융투자업의 경우에는 전문투자자를 상대로 하는 경우보다 강화된 진입요건을 설정하였다.

〈금융기능별 진입요건의 차별화〉

◇ 금융투자업: 투자매매업 〉 투자중개업 · 집합투자업 · 신탁업 〉 투자자문업 · 투자일임업
◇ 금융투자상품: 장외파생상품 〉장내파생상품 · 증권
◇ 투자자: 일반투자자 〉 전문투자자

제2장 금융투자업자의 지배구조

Ⅰ. 서설

금융투자업자는 다수의 투자자를 대상으로 영업하는 공공적 성질을 가지므로 그 지배구조를 엄격하게 규제하고 있다.

다만 은행,[19] 보험회사, 그 밖에 대통령령으로 정하는 금융기관[20]으로서 금융투자업을 겸영하는 겸영금융투자업자에게는 이 요건을 적용하지 아니한다(자법 제22조).

Ⅱ. 대주주의 변경승인

금융투자업자의 건전성을 유지하기 위하여 대주주[21]의 자격을 제한하고 있다. 금융투자업자가 인가를 받으려는 경우나 금융투자업자가 다른 회사와 합병·분할하거나 분할합병을 하는 경우에 대주주는 충분한 출자능력, 건전한 재무상태 및 사회적 신용을 갖추어야 한다.

대주주의 변경과 관련하여 투자자문업자 및 투자일임업자를 제외한 금융투자업자가 발행한 주식을 취득하여 대주주가 되고자 하는 자는[22] 자본시장법

---

19) 「은행법」 제2조의 은행과 같은 법 제5조에서 은행으로 보는 신용사업 부문을 말한다.

20) 다음 각 호의 어느 하나에 해당하는 금융기관 등을 말한다(자령 제24조).
1. 「한국산업은행법」에 따른 한국산업은행
2. 「중소기업은행법」에 따른 중소기업은행
3. 「한국수출입은행법」에 따른 한국수출입은행
4. 증권금융회사
5. 종합금융회사
6. 자금중개회사
7. 「외국환거래법」에 따른 외국환중개회사
8. 「한국주택금융공사법」에 따른 한국주택금융공사
9. 그 밖에 금융위원회가 정하여 고시하는 금융기관 등

21) 최대주주의 특수관계인인 주주를 포함하며, 최대주주인 법인의 최대주주(최대주주인 법인을 사실상 지배하는 자가 그 법인의 최대주주와 명백히 다른 경우에는 그 사실상 지배하는 자를 포함한다), 최대주주인 법인의 대표자를 포함한다.

22) 다만 다음의 자는 변경승인이 면제된다(자령 제25조).

에서 규정하는 대주주 요건[23] 중 건전한 경영을 위하여 대통령령으로 정하는 요건[24]을 갖추어 미리 금융위원회의 승인을 받아야 한다(자법 제23조 제1항).

금융위원회는 승인을 받지 아니하고 취득한 주식에 대하여 6개월 이내의 기간을 정하여 처분을 명할 수 있으며, 승인을 받지 아니하고 주식을 취득한 자는 승인 없이 취득한 주식의 취득분에 대하여 의결권을 행사할 수 없다(자법 제23조 제2항, 제3항).

이에 반하여 투자자문업자 및 투자일임업자는 대주주가 변경된 경우에 이를 2주 이내에 금융위원회에 보고하면 된다. 이 경우 투자자문업 또는 투자일임업과 투자매매업, 투자중개업, 집합투자업, 신탁업의 어느 하나에 해당하는 금융투자업을 함께 영위하는 자로서 금융위원회의 승인을 받은 때에는 보고를 한 것으로 본다(자법 제23조 제4항).

Ⅲ. 임원의 자격

1. 자격상실사유

다음의 어느 하나에 해당하는 자는 금융투자업자의 임원이 될 수 없으며, 임원이 된 후 이에 해당하게 된 경우에는 그 직을 상실한다(자법 제24조).

① 미성년자, 금치산자 또는 한정치산자

② 파산선고를 받은 자로서 복권되지 아니한 자

③ 금고 이상의 실형의 선고를 받거나 이 법, 대통령령으로 정하는 금융관련 법령 또는 외국 금융관련 법령에 따라 벌금 이상의 형을 선고받고 그 집행이 종료되거나 집행이 면제된 날부터 5년이 경과되지 아니한 자

④ 금고 이상의 형의 집행유예의 선고를 받고 그 유예기간 중에 있는 자

---

1. 국가
2. 「예금자보호법」에 따른 예금보험공사 2의2. 「한국정책금융공사법」에 따른 한국정책금융공사
3. 최대주주의 특수관계인인 주주(최대주주가 아닌 주주만 해당한다)로서 주식의 취득결과 의결권 있는 발행주식총수의 100분의 1 미만을 소유하는 자

23) 자법 제12조 제2항 제6호 가목의 요건.

24) 자령 제16조에서 규정하고 있는 요건으로서 별표4에 따른다.

⑤ 이 법, 금융관련법령 또는 외국 금융관련 법령에 따라 영업의 허가·인가·등록 등이 취소된 법인 또는 회사의 임직원이었던 자로서 그 법인 또는 회사에 대한 취소가 있는 날부터 5년이 경과되지 아니한 자

⑥ 이 법, 금융관련법령 또는 외국 금융관련 법령에 따라 해임되거나 면직된 날부터 5년이 경과되지 아니한 자

⑦ 재임 또는 재직 중이었더라면 이 법 또는 금융관련법령에 따라 해임요구 또는 면직요구의 조치를 받았을 것으로 통보된 퇴임한 임원 또는 퇴직한 직원으로서 그 통보된 날부터 5년(통보된 날부터 5년이 퇴임 또는 퇴직한 날부터 7년을 초과하는 경우에는 퇴임 또는 퇴직한 날부터 7년으로 한다)이 경과되지 아니한 자

⑧ 그 밖에 투자자 보호 및 건전한 거래질서를 해할 우려가 있는 자로서 대통령령으로 정하는 자[25)]

---

25) 다음 각 호의 어느 하나에 해당하는 자를 말한다(자령 제27조 제3항).

1. 법, 금융관련법령이나 외국 금융관련 법령(법 제24조 제3호에 따른 외국 금융관련 법령을 말한다.)에 따라 금융위원회, 외국 금융감독기관 등으로부터 해임요구, 직무정지 또는 문책경고 조치를 받은 후 그 임기가 만료된 임원으로서 다음 각 목에서 정하는 기간이 지나지 아니한 자
   가. 해임요구: 해임요구일부터 5년
   나. 직무정지: 직무정지가 끝난 날부터 4년
   다. 문책경고: 문책경고를 받은 날부터 3년
2. 법, 금융관련법령이나 외국 금융관련 법령에 따라 금융위원회, 외국 금융감독기관 등으로부터 면직, 정직 또는 감봉을 요구받은 직원으로서 다음 각 목에서 정하는 기간이 지나지 아니한 자
   가. 면직요구: 면직요구일부터 5년
   나. 정직요구: 정직요구일부터 4년
   다. 감봉요구: 감봉요구일부터 3년
3. 법, 금융관련법령 또는 외국 금융관련 법령에 따라 소속기관으로부터 직무정지나 문책경고 조치를 받은 후 그 임기가 끝난 임원 또는 정직이나 감봉 조치를 받은 직원으로서 다음 각 목에서 정하는 기간이 지나지 아니한 자
   가. 직무정지 또는 정직: 직무정지 또는 정직이 끝난 날부터 4년
   나. 문책경고 또는 감봉: 문책경고 또는 감봉 조치를 받은 날부터 3년
4. 재임 또는 재직 중이었더라면 법, 금융관련법령이나 외국 금융관련 법령에 따라 제1호부터 제3호까지의 조치(제1호 가목 및 제2호 가목의 조치는 제외한다)를 받았을 퇴임한 임원이나 퇴직한 직원으로서 퇴임하거나 퇴직한 날부터 3년이 지나지 아니한 자

2. 개정법

이에 대하여 개정 자본시장법에서는 은행업 및 보험업 등 다른 금융산업에서의 임원 자격제한요건과 균형을 맞추기 위하여 당연무효사유 외에 금융투자업자의 임원에 대한 자격제한 사유를 추가하고 있다.[26]

Ⅳ. 사외이사의 선임 및 이사회의 구성

1. 의의

금융투자업자는 사외이사를 3인 이상 두어야 하며, 사외이사는 이사 총수의 2분의 1 이상이 되도록 하여야 한다(자법 제25조 제1항). 다만 자산규모 2조원 미만 등 대통령령으로 정하는 금융투자업자[27]는 이 제한이 적용되지 않는다.

금융투자업자는 사외이사후보를 추천하기 위하여 사외이사후보추천위원회를 설치하여야 한다. 이 경우 사외이사후보추천위원회는 사외이사가 총 위원의 2분의 1 이상이 되도록 구성하여야 한다(자법 제25조 제2항). 다만 최초로 사외이사의 선임의 요건에 해당되어 사외이사를 두어야 하는 금융투자업자가 그 사외이사를 선임하는 경우에는 적용하지 아니한다.

금융투자업자는 주주총회에서 사외이사를 선임하고자 하는 경우에는 사외이사후보추천위원회의 추천을 받은 자 중에서 선임하여야 한다. 이 경우 사외이

---

26) 개정 자법 제24조(임원의 자격) ① (현행 제목 외의 부분과 같음)
(신설)② 금융투자업자의 임원은 금융에 대한 경험과 지식을 갖춘 자로서 금융투자업의 공익성 및 건전경영과 신용질서를 해칠 우려가 없는 자이어야 한다.
(신설)③ 제2항에 따른 임원의 자격 요건에 관한 구체적인 사항은 대통령령으로 정한다.

27) 다음 각 호의 어느 하나에 해당하는 자를 말한다(자령 제28조 제1항).
1. 최근 사업연도말을 기준으로 자산총액이 2조원 미만인 금융투자업자. 다만, 최근 사업연도말을 기준으로 그 금융투자업자가 운용하는 집합투자재산, 법 제85조 제5호에 따른 투자일임재산 및 신탁재산의 전체 합계액이 6조원 이상인 경우는 제외한다.
2. 외국 금융투자업자의 국내지점, 그 밖의 영업소
3. 주주총회일부터 6개월 이내에 합병 등으로 인하여 소멸하는 금융투자업자
4. 「채무자 회생 및 파산에 관한 법률」에 따라 회생절차가 개시되거나 파산선고를 받은 금융투자업자
5. 해산을 결의한 금융투자업자

사후보추천위원회가 사외이사후보를 추천함에 있어서는 주주제안권을 행사할 수 있는 요건을 갖춘 주주가 추천한 사외이사후보를 포함시켜야 한다(자법 제25조 제4항).

2. 사외이사의 자격요건

다음의 어느 하나에 해당하는 자는 금융투자업자의 사외이사가 될 수 없으며, 사외이사가 된 후 이에 해당하게 된 경우에는 그 직을 상실한다. 다만, '최대주주의 특수관계인' 과 관련하여 사외이사가 됨으로써 최대주주의 특수관계인에 해당하게 된 자의 경우에는 사외이사가 될 수 있다(자법 제25조 제5항).

① 최대주주
② 최대주주의 특수관계인
③ 주요주주 및 그의 배우자와 직계존비속
④ 해당 회사 또는 그 계열회사(「독점규제 및 공정거래에 관한 법률」에 따른 계열회사를 말한다)의 상근 임직원이거나 최근 2년 이내에 상근 임직원이었던 자
⑤ 해당 회사의 임원의 배우자 및 직계존비속
⑥ 해당 회사와 대통령령으로 정하는 중요한 거래관계가 있거나 사업상 경쟁관계 또는 협력관계에 있는 법인의 상근 임직원이거나 최근 2년 이내에 상근 임직원이었던 자
⑦ 해당 회사의 임직원이 비상근이사로 있는 회사의 상근 임직원
⑧ 그 밖에 사외이사로서의 직무를 충실하게 수행하기 곤란하거나 해당 회사의 경영에 영향을 미칠 수 있는 자로서 대통령령으로 정하는 자[28]

---

28) 다음 각 호의 어느 하나에 해당하는 자를 말한다(자령 제28조 제3항).
1. 해당 금융투자업자 외에 둘 이상의 다른 주권상장법인의 사외이사 · 비상임이사 또는 비상임감사로 재임 중인 자
2. 해당 금융투자업자에 대한 회계감사나 세무대리를 하거나 해당 금융투자업자와 법률자문 · 경영자문 등의 자문계약을 체결하고 있는 공인회계사 · 세무사 · 변호사, 그 밖에 이에 준하는 자로서 자문용역을 제공하고 있는 자
3. 해당 금융투자업자의 발행주식총수의 100분의 1 이상에 해당하는 주식을 보유하고 있는 자

3. 이사회 구성요건 미달시의 보완

금융투자업자는 사외이사의 사임 · 사망 등 사전에 예측하지 못한 사유로 인하여 사외이사의 수가 앞에서의 이사회의 구성요건에 미달하게 된 경우에는 그 사유가 발생한 후 최초로 소집되는 주주총회에서 그 요건에 합치되도록 하여야 한다(자법 제25조 제6항).

Ⅴ. 감사위원회의 설치

1. 의의

자산규모 등을 고려하여 제외되는 금융투자업자[29]를 제외하고 금융투자업자는 감사위원회를 설치하여야 한다(자법 제26조 제1항). 감사위원회는 다음의 요건을 모두 충족하여야 한다(자법 제26조 제2항). ① 총 위원의 3분의 2 이상이 사외이사일 것 ② 위원 중 1인 이상은 대통령령으로 정하는 회계 또는 재무전문가일 것[30] ③ 감사위원회의 대표는 사외이사일 것

---

4. 해당 금융투자업자와의 거래(「약관의 규제에 관한 법률」 제2조제1항에 따른 약관에 따라 행하여지는 그 금융투자업자와의 정형화된 거래는 제외한다) 잔액이 1억원 이상인 자

29) 다음의 경우를 제외한다(자령 제29조).
1. 최근 사업연도말을 기준으로 자산총액이 2조원 미만인 금융투자업자. 다만, 최근 사업연도말을 기준으로 그 금융투자업자가 운용하는 집합투자재산, 법 제85조 제5호에 따른 투자일임재산 및 신탁재산의 전체 합계액이 6조원 이상인 경우는 제외한다.
2. 외국 금융투자업자의 국내지점, 그 밖의 영업소
3. 주주총회일부터 6개월 이내에 합병 등으로 인하여 소멸하는 금융투자업자
4. 「채무자 회생 및 파산에 관한 법률」에 따라 회생절차가 개시되거나 파산선고를 받은 금융투자업자
5. 해산을 결의한 금융투자업자

30) 다음 각 호의 어느 하나에 해당하는 자를 말한다(자령 제29조 제2항).
1. 공인회계사의 자격을 가진 자로서 그 자격과 관련된 업무에 5년 이상 종사한 경력이 있는 자
2. 회계 또는 재무 분야의 석사학위 이상의 학위소지자로서 연구기관 또는 대학에서 회계 또는 재무 관련 분야의 연구원 또는 전임강사 이상의 직에 합산하여 5년 이상 근무한 경력이 있는 자
3. 주권상장법인에서 회계 또는 재무 관련 업무에 합산하여 임원으로 5년 이상 근무하거나 임직원으로 10년 이상 근무한 경력이 있는 자
4. 다음 각 목의 기관에서 회계 또는 재무 관련 업무나 이에 대한 감독업무에 합산하여 5년 이상 근무한 경력이 있는 자

2. 위원의 자격요건

다음의 어느 하나에 해당하는 자는 사외이사가 아닌 감사위원회의 위원이 될 수 없으며, 사외이사가 아닌 감사위원회의 위원이 된 후 이에 해당하게 된 경우에는 그 직을 상실한다. 다만, 해당 회사의 상근감사 또는 사외이사가 아닌 감사위원회의 위원으로 재임 중이거나 재임하였던 자는 사외이사가 아닌 감사위원회의 위원이 될 수 있다(자법 제26조 제3항).

① 해당 회사의 주요주주
② 해당 회사의 상근 임직원 또는 최근 2년 이내에 상근 임직원이었던 자
③ 그 밖에 해당 회사의 경영에 영향을 미칠 수 있는 자 등 사외이사가 아닌 감사위원회의 위원으로서의 직무를 충실하게 수행하기 곤란한 자로서 대통령령으로 정하는 자[31)]

3. 감시위원회 구성요건 미달시의 보완

금융투자업자는 사외이사의 사임·사망 등 사전에 예측하지 못한 사유로 인하여 사외이사의 수가 감사위원회의 구성요건에 미달하게 된 경우에는 그 사유가 발생한 후 최초로 소집되는 주주총회에서 그 요건에 합치되도록 하여야 한다(자법 제26조 제4항).

감사위원 선임에 있어서 의결권 없는 주식을 제외한 발행주식의 총수의

가. 국가
나. 한국은행
다. 제10조 제2항 각 호의 어느 하나에 해당하는 기관
라. 제10조 제3항 제1호부터 제14호까지의 어느 하나에 해당하는 기관
마. 다목 및 라목 외에 「금융위원회의 설치 등에 관한 법률」 제38조에 따른 검사대상기관
바. 나목부터 마목까지의 기관 외에 「공공기관의 운영에 관한 법률」 에 따른 공공기관(금융위원회가 정하여 고시하는 기관은 제외한다)
사. 「공인회계사법」 에 따른 회계법인
아. 가목부터 사목까지의 기관에 준하는 외국법인 등

31) 다음 각 호의 어느 하나에 해당하는 자를 말한다(자령 제29조 제3항).
1. 주요주주의 배우자와 직계존비속
2. 상근임원의 배우자와 직계존비속
3. 계열회사의 상근 임직원이나 최근 2년 이내에 상근 임직원이었던 자

100분의 3을 초과하는 수의 주식을 가진 주주는 그 초과하는 주식에 관하여 감사위원의 선임에 있어서는 의결권을 행사하지 못한다(자법 제26조 제6항).

Ⅵ. 상근감사

금융투자업자는 1인 이상의 상근감사를 두어야 한다. 다만, 이 법에 따라 감사위원회를 설치한 경우에는 상근감사를 둘 수 없다(자법 제27조 제1항).

그러나 다음의 경우에는 상근감사를 두지 않아도 된다(자령 제30조).

① 최근 사업연도말을 기준으로 자산총액이 1천억원 미만인 금융투자업자. 다만, 최근 사업연도말을 기준으로 그 금융투자업자가 운용하는 집합투자재산, 투자일임재산과 신탁재산의 전체 합계액이 3조원 이상인 경우는 제외한다.

② 외국 금융투자업자의 국내지점, 그 밖의 영업소

③ 주주총회일부터 6개월 이내에 합병 등으로 인하여 소멸하는 금융투자업자

④ 「채무자 회생 및 파산에 관한 법률」에 따라 회생절차가 개시되거나 파산선고를 받은 금융투자업자

⑤ 해산을 결의한 금융투자업자

상근감사의 자격요건에 대해서는 앞에서의 감사위원회의 위원의 자격요건과 같은 제한이 부과된다(자법 제27조 제2항).

Ⅶ. 내부통제기준 및 준법감시인

1. 내부통제시스템의 구축

내부통제시스템(Internal Control System)이란 금융투자업자에 대해서 상시적으로 이해상충이 발생할 가능성을 정확히 파악하고 이를 평가하며, 내부통제기준이 정하는 바에 따라 이를 적절히 관리하도록 하는 시스템이라고 할 수 있다.

자본시장법 제28조에서는 금융투자업자에 대하여 내부통제기준을 정하고 준법감시인을 둘 것을 의무화하고 있다.

2. 내부통제기준의 설정

금융투자업자는 법령을 준수하고, 자산을 건전하게 운용하며, 이해상충방지 등 투자자를 보호하기 위하여 그 금융투자업자의 임·직원이 직무를 수행함에 있어서 준수하여야 할 적절한 기준 및 절차, 즉 내부통제기준을 정하여야 한다(자법 제28조 제1항).[32] 내부통제기준이 정하여 지면 이해상충의 관리는 내부통제기준이 정하는 방법 및 절차에 따라 하여야 한다(자법 제44조 제1항).

금융투자업자(외국 금융투자업자의 지점, 그 밖의 영업소는 제외한다)는 내부통제기준을 제정하거나 변경하려는 경우에는 이사회의 결의를 거쳐야 하며(자령 제31조 제2항), 금융위원회는 금융감독원장의 검사 결과 법령을 위반한 사실이 드러난 금융투자업자에 대하여 법령 위반행위의 재발 방지를 위하여 내부통제기준의 변경을 권고할 수 있다(자령 제31조 제3항).

내부통제기준에는 다음의 사항이 포함되어야 한다(자령 제31조 제1항).

① 업무의 분장과 조직구조에 관한 사항

② 고유재산과 투자자재산의 운용이나 업무를 수행하는 과정에서 발생하는 위험의 관리지침에 관한 사항

③ 임·직원이 업무를 수행할 때 준수하여야 하는 절차에 관한 사항

④ 경영의사결정에 필요한 정보가 효율적으로 전달될 수 있는 체제의 구축

---

32) 내부통제기준에는 다음 각 호의 사항이 포함되어야 한다(자령 제31조 제1항).

1. 업무의 분장과 조직구조에 관한 사항
2. 고유재산과 투자자재산의 운용이나 업무를 수행하는 과정에서 발생하는 위험의 관리지침에 관한 사항
3. 임직원이 업무를 수행할 때 준수하여야 하는 절차에 관한 사항
4. 경영의사결정에 필요한 정보가 효율적으로 전달될 수 있는 체제의 구축에 관한 사항
5. 임직원의 내부통제기준 준수 여부를 확인하는 절차·방법과 내부통제기준을 위반한 임직원의 처리에 관한 사항
6. 임직원의 금융투자상품 매매와 관련한 보고 등 법에 따른 불공정행위를 방지하기 위한 절차나 기준에 관한 사항
7. 내부통제기준의 제정이나 변경 절차에 관한 사항
8. 법 제28조 제2항에 따른 준법감시인의 임면절차에 관한 사항
9. 이해상충의 파악·평가와 관리에 관한 사항
10. 집합투자재산이나 신탁재산에 속하는 주식에 대한 의결권 행사와 관련된 법규 및 내부지침의 준수 여부에 관한 사항
11. 집합투자재산이나 신탁재산에 속하는 자산의 매매를 위탁하는 투자중개업자의 선정기준에 관한 사항
12. 그 밖에 내부통제기준에 관하여 필요한 사항으로서 금융위원회가 정하여 고시하는 사항

에 관한 사항

⑤ 임·직원의 내부통제기준 준수 여부를 확인하는 절차·방법과 내부통제기준을 위반한 임직원의 처리에 관한 사항

⑥ 임·직원의 금융투자상품 매매와 관련한 보고 등 법에 따른 불공정행위를 방지하기 위한 절차나 기준에 관한 사항

⑦ 내부통제기준의 제정이나 변경 절차에 관한 사항

⑧ 자본시장법 제28조 제2항에 따른 준법감시인의 임면절차에 관한 사항

⑨ 이해상충의 파악·평가와 관리에 관한 사항

⑩ 집합투자재산이나 신탁재산에 속하는 주식에 대한 의결권 행사와 관련된 법규 및 내부지침의 준수 여부에 관한 사항

⑪ 집합투자재산이나 신탁재산에 속하는 자산의 매매를 위탁하는 투자중개업자의 선정기준에 관한 사항

⑫ 그 밖에 내부통제기준에 관하여 필요한 사항으로서 금융위원회가 정하여 고시하는 사항

그러나 위와 같은 내부통제기준을 구축하지 않거나, 형식적으로만 내부통제기준을 수립해 놓고 이를 위반하여 이해상충가능성이 있는 행위를 하여도 이에 대한 별도의 벌칙규정을 두고 있지는 않다. 따라서 그 실효성 확보에는 한계가 있다. 특히 내부통제기준의 타당성에 대한 점검은 이루어지기 어려운 면이 있다.

내부통제기준의 마련은 각 금융투자업자 내부결정에 따르지만 적절한 내부통제기준의 마련을 이끌기 위해서는 자율규제기관인 금융투자협회가 가이드라인을 제시하는 것이 타당하다. 이러한 기준마련과 함께 투자자들이 이해상충방지장치의 구축 여부에 대해서 확인할 수 있는 정보를 제공하는 방안도 필요하다.

3. 준법감시인

(1) 의의

금융투자업자는 내부통제기준의 준수 여부를 점검하고 내부통제기준을 위반하는 경우에 이를 조사하여 감사위원회 또는 감사에게 보고하는 자, 즉 준법감시인을 1인 이상 두어야 한다(자법 제28조 제2항). 다만 자산규모 등을 고려하여 대통령령으로 정하는 투자자문업자 및 투자일임업자[33]를 위 의무에서 제외한다.

금융투자업자는 준법감시인을 임면하고자 하는 경우에는 이사회 결의를 거쳐야 하며, 준법감시인을 임면한 때에는 그 사실을 금융위원회에 통보하여야 한다.

(2) 준법감시인의 요건

준법감시인은 다음의 요건을 모두 충족한 자이어야 하며, 준법감시인이 된 후 ② 또는 ③의 요건을 충족하지 못하게 된 경우에는 그 직을 상실한다(자법 제28조 제4항).

① 다음 중 어느 하나에 해당하는 경력이 있는 자일 것. 다만, 가부터 라까지의 어느 하나에 해당하는 자가 라에서 규정한 기관에서 퇴임 또는 퇴직한 후 5년이 경과되지 아니한 경우에는 준법감시인이 되지 못한다.

가. 한국은행, 「한국투자공사법」에 따른 한국투자공사 또는 「금융위원회의 설치 등에 관한 법률」 제38조에 따른 검사대상기관(이에 상당하는 외국 금융기관을 포함한다)에서 합산하여 10년 이상 근무한 경력이 있는 자

나. 금융관련 분야의 석사학위 이상의 학위소지자로서 연구기관 또는 대학에서 연구원 또는 전임강사 이상의 직에 합산하여 5년 이상 근무한 경력이 있는 자

33) 투자자문업이나 투자일임업 외의 다른 금융투자업을 경영하지 아니하는 자로서 최근 사업연도말을 기준으로 그 자가 운용하는 투자일임재산의 합계액이 5천억원 미만인 자를 말한다(자령 제32조 제1항).

다. 변호사 또는 공인회계사의 자격을 가진 자로서 그 자격과 관련된 업무에 합산하여 5년 이상 종사한 경력이 있는 자

라. 기획재정부, 금융위원회, 증권선물위원회, 금융감독원, 거래소, 협회 또는 금융관련 법제업무 기관에서 합산하여 5년 이상 근무한 경력이 있는 자

② 임원이 자본시장법 제24에 적합할 것

③ 최근 5년간 이 법 또는 대통령령으로 정하는 금융관련 법령[34]을 위반하여 금융위원회 또는 금융감독원장, 그 밖에 대통령령으로 정하는 기관[35]으로부터 문책경고 또는 견책요구 이상에 해당하는 조치를 받은 사실이 없을 것

(3) 준법감시인의 의무

준법감시인은 선량한 관리자의 주의로 그 직무를 수행하여야 하며, 다음의 업무를 수행하는 직무를 담당하여서는 아니 된다(자법 제28조 제5항).

① 해당 금융투자업자의 고유재산의 운용업무

② 해당 금융투자업자가 영위하고 있는 금융투자업 및 그 부수업무

③ 해당 금융투자업자가 영위하고 있는 다른 금융업무[36]

(4) 준법감시활동의 보호

금융투자업자의 임·직원은 준법감시인이 그 직무를 수행함에 있어서 자료나 정보의 제출을 요구하는 경우 이에 성실히 응하여야 한다(자법 제28조 제8항).

금융투자업자는 준법감시인이었던 자에 대하여 그 직무수행과 관련된 사유로 부당한 인사상의 불이익을 주어서는 아니 된다(자법 제28조 제9항).

---

34) 자령 제27조 제1항 각 호의 법령을 말한다(자령 제32조 제2항).

35) 다음 각 호의 어느 하나에 해당하는 기관을 말한다(자령 제32조 제3항).
  1. 해당 직원이 소속하는 기관
  2. 국토해양부장관 등 제2항에 따른 금융관련 법령에서 조치 권한을 가진 자(금융위원회와 금융감독원장은 제외한다)

36) 금융투자업자의 다른 금융업무는 자본시장법 제40조에서 규정하고 있다.

Ⅷ. 파생상품업무책임자

일정한 금융투자업자[37]는 상근 임원으로서 파생상품업무책임자를 1인 이상 두어야 하며, 파생상품업무책임자를 지정 · 변경한 때에는 그 사실을 금융위원회에 통보하여야 한다(자법 제28조조의 2 제1항).

파생상품업무책임자는 자본시장법 제24조에서 규정하는 임원의 결격사유에 해당하지 않아야 하며, 파생상품업무책임자는 다음의 업무를 수행한다(자법 제28조의 2 제2항). ① 파생상품 투자자 보호에 필요한 절차나 기준의 수립 및 집행에 관한 관리 · 감독업무 ② 장외파생상품 매매에 대한 승인 업무 ③ 그 밖에 대통령령으로 정하는 업무

Ⅸ. 소수주주권

1. 의의

금융투자업자에 있어서 소수주주권은 상법상의 일반회사나 주권상장법인에 비하여 대폭 강화되어 있다. 이는 공공성을 가진 금융투자업자에 대한 경영의 투명성을 높이려는 취지가 반영된 것이다.

금융투자업자에 있어서 소수주주권행사에 대한 특례조항은 자산규모 등을 고려한 다음의 기준에 미달하는 금융투자업자에 대해서는 적용되지 않는다(자령 제33조 제1항). ① 최근 사업연도말을 기준으로 자산총액이 2조원 미만인 금융투자업자. 다만, 최근 사업연도말을 기준으로 그 금융투자업자가 운용하는 집합투자재산, 자본시장법 제85조 제5호에 따른 투자일임재산 및 신탁재산의 전체 합계액이 6조원 이상인 경우는 제외한다. ② 외국 금융투자업자의 국내 지점, 그 밖의 영업소

---

37) 파생상품업무책임자를 두어야 하는 금융투자업자는 다음에 해당하는 자를 말한다(자령 제32조의 2 제1항)

1. 장내파생상품에 대한 투자매매업 또는 투자중개업을 경영하는 자로서 최근 사업연도말일을 기준으로 자산총액이 1천억원 이상인 자
2. 장외파생상품에 대한 투자매매업 또는 투자중개업을 경영하는 자

2. 소수주주권의 내용

첫째, 6개월 전부터 계속하여 금융투자업자의 발행주식총수의 10만분의 5 이상에 해당하는 주식을 소유한 자는 대표소송 제기권을 행사할 수 있다. 대표소송을 제기하여 승소한 경우에는 금융투자업자에게 소송비용, 그 밖에 소송으로 인한 모든 비용의 지급을 청구할 수 있다.

둘째, 6개월 전부터 계속하여 금융투자업자의 발행주식총수의 100만분의 250(최근 사업년도말 현재 자본금이 1천억원 이상인 금융투자업자의 경우에는 100만분의 125) 이상에 해당하는 주식을 소유한 자는 이사의 위법행위유지청구권을 행사할 수 있다.

셋째, 6개월 전부터 계속하여 금융투자업자의 발행주식총수의 10만분의 50(최근 사업년도말 현재 자본금이 1천억원 이상인 금융투자업자의 경우에는 100만분의 25) 이상에 해당하는 주식을 소유한 자는 회계장부열람권을 행사할 수 있다.

넷째, 6개월 전부터 계속하여 금융투자업자의 발행주식총수의 10만분의 250(최근 사업년도말 현재 자본금이 1천억원 이상인 금융투자업자의 경우에는 100만분의 125) 이상에 해당하는 주식을 소유한 자는 법원에 대하여 이사 및 청산인에 대한 해임청구권을 행사할 수 있다.

다섯째, 6개월 전부터 계속하여 금융투자업자의 발행주식총수의 1만분의 150(최근 사업년도말 현재 자본금이 1천억원 이상인 금융투자업자의 경우에는 100만분의 75) 이상에 해당하는 주식을 소유한 자는 임시주주총회소집청구권 및 검사인 선임청구권을 행사할 수 있다. 이 경우 임시주주총회소집청구권을 행사할 때에는 의결권 있는 주식을 기준으로 한다.

여섯째, 6개월 전부터 계속하여 금융투자업자의 의결권 있는 발행주식총수의 1만분의 50(최근 사업년도말 현재 자본금이 1천억원 이상인 금융투자업자의 경우에는 100만분의 25) 이상에 해당하는 주식을 소유한 자는 주주제안권을 행사할 수 있다.

〈소수주권 비교〉

구분	상법	주권상장법인	금융투자회사(자본시장법)
임시주주총회소집청구	3%(제366조)	1.5%(제542조의 6 제1항)	1.5%(0.75%)*(제29조 제5항)
검사인 선임청구권	3%(제467조)	1.5%(제542조의 6 제1항)	1.5%(0.75%)(제29조 제5항)
주주제안권	3%*(제363조의 2)	1%(0.5%)*(제542조의 6 제2항)	0.5%(0.25%)*(제29조 제6항)
이사의 해임청구권	3%(제385조)	0.5%(0.25%)(제542조의 6 제3항)	0.25%(0.125%)(제29조 제4항)
청산인의 해임청구권	3%(제539조)	0.5%(0.25%)(제542조의 6 제3항)	0.25%(0.125%)(제29조 제4항)
회계장부열람권	3%(제466조)	0.1%(0.05%)(제542조의 6 제4항)	0.05%(0.025%)(제29조 제3항)
위법행위유지청구권	1%(제402조)	0.05%(0.025%)(제542조의 6 제5항)	0.025%(0.0125%)(제29조 제2항)
대표소송제기권	1%(403조)	0.01%(제542조의 6 제6항)	0.005%(제29조 제1항)

* 주권상장법인, 금융투자회사의 괄호안의 비율은 "최근 사업년도 말 현재 자본금 1천억 이상인 주권상장회사" 를 말함

* (*)는 의결권 없는 주식을 제외한 발행주식총수를 기준으로 함.

제3장 건전성 규제

제1절 재무건전성

Ⅰ. 서설

자본시장법에서는 금융투자업자에 대한 건전성 규제를 강화하고 있다. 재무건전성 유지는 금융투자업자가 파산하는 경우에 투자자 및 이해관계자의 손실을 최소화하기 위해서 적정 수순의 자산을 회사가 보유하도록 하는 것을 목적으로 한다.

자본시장법에서는 재무건전성 규제와 관련하여 영업용순자본제도를 도입하여 이에 대한 유지의무를 부과하고 있다.

이러한 재무건전성에 대한 규제는 금융투자업자의 파산이나 유동성 위기에 의해 발생할 수 있는 위험이 고객에게 전가될 수 있는 금융투자업에 대해서만 적용되고, 그렇지 않은 경우에는 제외를 인정한다.

Ⅱ. 재무건전성 유지의무

금융투자업자에 대하여 영업용순자본을 유지하도록 하는 것은 금융투자업자의 건전성을 제고하여 투자자에 대한 피해를 최소화하기 위한 것이므로 대부분의 금융투자업자는 영업용순자본 유지의무를 부담한다(자법 제30조 제1항). 다만 금융투자업자가 파산이 되어도 투자자에게 피해가 미치지 않는 경우에는 이 의무가 부과되지 않는다. 시행령에 따를 때 ① 투자자문업 ② 투자일임업 ③ 투자자문업 및 투자일임업 어느 하나에 해당하는 금융투자업만을 경영하는 금융투자업자는 영업용순자본 유지의무를 부담하지 않는다(자령 제34조 제1항). 이들 금융투자업자의 경우 고객의 자산을 수탁하지 않기에 유동성의 위험이 투자자에게 전가되지 않으므로 적용제외를 인정하는 것이다.

겸영금융투자업자도 제외되는데, 겸영금융투자업자는 각 겸영금융투자업자를 규율하는 법령에 따라 건전성 규제가 이루어지므로 이 조항의 적용대상에서 제외된다(자법 제30조 제1항).[38]

Ⅲ. 재무건전성 기준

1. 기준

금융투자업자는 영업용순자본 유지의무가 부과되어 영업용순자본이 총위험액 이상으로 유지되어야 한다.

2. 영업용순자본

영업용순자본은 자본금·준비금, 그 밖에 총리령으로 정하는 금액[39]에서 고정자산, 그 밖에 단기간 내에 유동화가 어려운 자산으로서 총리령으로 정하는 자산[40]을 뺀 금액으로 한다(자법 제30조 제1항).

---

38) 겸영금융투자업자는 「은행법」의 적용을 받는 은행(농협협동조합중앙회, 수산업협동조합중앙회의 신용사업부문 포함)(자법 제22조 제1항), 「보험법」의 적용을 받는 보험회사(자법 제22조 제2항), 그 외 시행령에서 규정하는 한국산업은행, 중소기업은행, 한국수출입은행과 같은 특수은행, 증권금융회사, 종합금융회사, 자금중개회사, 외국환중개회사, 한국주택금융공사, 금융위원회가 고시한 금융기관이 포함되고(자령 제24조), 금융위원회가 고시한 금융기관으로는 상호저축은행, 여신전문금융회사, 신용협동조합 신용 신을 영위하는 지역농업협동조합, 품목별협동조합, 업종별협동조합, 신용 신을 영위하는 지구별수산업협동조합, 업종별수산업협동조합, 수산물가공수산업협동조합, 새마을금고, 체신관서 등이 있다(금융투자업규정 제2-17조).

39) 다음 각 호의 사항에 해당하는 금액을 말한다(자칙 제5조 제1항).
1. 유동자산에 설정한 대손충당금
2. 후순위 차입금
3. 금융리스 부채
4. 자산평가이익
5. 제1호부터 제4호까지에서 규정한 사항 외에 자본적 성격을 가지는 부채 등 법 제30조제1항에 따른 영업용순자본에 포함시킬 필요가 있다고 금융위원회가 정하여 고시하는 사항

40) 다음 각 호의 사항에 해당하는 금액을 말한다(자칙 제5조 제2항).
1. 선급금
2. 선급비용
3. 선급법인세
4. 자산평가손실

금융투자업규정에 따르면 영업용순자본은 다음 산식에 따라 산정한 금액으로 한다(금융투자업규정 제3-11조 제1항).

> 영업용순자본 = 기준일 현재 재무상태표의 자산총액에서 부채총액을 차감한 잔액(순재산액) − 차감항목의 합계금액 + 가산항목의 합계금액[41]

---

5. 제1호부터 제4호까지에서 규정한 사항 외에 단기간 내에 유동화가 곤란한 자산 등 영업용순자본에서 제외할 필요가 있다고 금융위원회가 정하여 고시하는 사항

41) 금융투자업규정 제3-12조(가산항목) 제3-11조 제1항에 따른 가산항목은 다음 각 호의 어느 하나에 해당하는 자산 등의 금액으로 한다.
1. 제3-7조에 따른 자산건전성 분류 대상에 적립된 대손충당금 등으로서 "정상" 및 "요주의"로 분류된 자산에 설정된 대손충당금 등
2. 후순위 차입금(채권의 발행을 통한 차입을 포함하며, 제3-13조에 따른 요건을 충족하는 경우에 한한다)
3. 금융리스부채(계약해지금은 제외하며, 리스조건에 리스자산에 의한 현물상환이 가능하다고 명시하고 현금상환을 해야 한다는 별도 약정이 없는 경우에 한한다)
4. 자산평가이익(재무제표의 당기순이익 또는 순재산액 산정시 반영된 이익은 제외한다)
5. 부채로 분류되는 상환우선주 발행잔액. 다만, 다음 각 목의 요건을 모두 충족하는 경우에 한하며, 가산액은 제2호에 따른 가산액과 합하여 순재산액의 50% 이내로 한다.
   가. 상환으로 인하여 영업용순자본비율이 100%미만으로 떨어질 경우에는 계약상의 상환시기가 도래하는 경우에도 상환하지 아니한다는 약정이 있을 것
   나. 상환을 보증하는 담보의 제공, 상계 및 만기 전 상환을 금지하는 약정이 있고, 그 밖에 후순위 변제의 본질을 해할 우려가 있는 약정이 없을 것
   다. 발행일부터 상환일까지의 기간이 5년 이상일 것. 이 경우 잔존기간이 5년 미만이 되는 경우 상환우선주 발행잔액에 다음에 해당하는 비율을 곱한 금액을 가산하며, 잔존기간이 1년 미만이 되는 경우에는 가산하지 아니한다.
      (1) 잔존기간 4년 이상 5년 미만 : 80%
      (2) 잔존기간 3년 이상 4년 미만 : 60%
      (3) 잔존기간 2년 이상 3년 미만 : 40%
      (4) 잔존기간 1년 이상 2년 미만 : 20%

제3-13조(후순위차입금) ① 제3-12조 제2호에 따라 영업용순자본에 가산할 수 있는 후순위차입금은 다음 각 호의 요건을 모두 충족하는 것이어야 한다.
1. 금융투자업자가 파산할 경우에 타 채무를 우선 변제하고 잔여재산이 있는 경우에 한하여 당해 채무를 상환한다는 조건이 명시될 것
2. 금융투자업자가 파산 등의 사태가 발생할 경우에 타 채무를 변제할 때까지 후순위채권자의 상계권이 허용되지 않는다는 약정이 있을 것
3. 원리금 상환으로 인하여 금융투자업자의 영업용순자본비율이 100%미만으로 떨어질 경우에는 계약상 상환시기가 도래하여도 원리금을 상환하지 아니한다는 약정이 있을 것
4. 만기 이전에 채권자의 임의에 의하여 금융투자업자가 상환하지 않는다는 약정이 있을 것

5. 후순위 차입과 관련하여 금융투자업자가 담보를 제공하지 아니한다는 약정이 있을 것
6. 차입일로부터 원금상환일까지의 기간이 5년 이상일 것
7. 그 밖에 후순위차입의 본질을 해할 우려가 있는 약정이 없을 것

② 다음 각 호의 어느 하나에 해당하는 후순위차입금은 영업용순자본에 가산할 수 없다.

1. 타인과 상호간에 자금을 교차차입하는 등 금융투자업자의 실질적인 자금유입이 없는 경우
2. 다른 금융투자업자로부터 차입한 경우(공모발행시 다른 금융투자업자가 인수한 경우를 포함한다)

③ 영업용순자본에 가산할 수 있는 후순위차입금 규모는 순재산액의 50% 이내로 한다. 잔존기간이 5년 미만인 경우에는 다음 각 호와 같이 연도별로 20%씩 가산규모를 축소하며, 잔존기간이 1년 미만인 경우에는 가산하지 아니한다.

1. 잔존기간 4년 이상 5년 미만 : 후순위차입금의 80% 가산
2. 잔존기간 3년 이상 4년 미만 : 후순위차입금의 60% 가산
3. 잔존기간 2년 이상 3년 미만 : 후순위차입금의 40% 가산
4. 잔존기간 1년 이상 2년 미만 : 후순위차입금의 20% 가산

④ 금융투자업자가 후순위차입금을 차입하고자 하는 경우에는 사전에 금융감독원장에게 이를 신고하여야 하며, 상환한 경우에는 관련내용을 즉시 금융감독원장에게 보고하여야 한다.

제3-14조(차감항목) 제3-11조 제1항에 따른 차감항목은 다음 각 호의 어느 하나에 해당하는 자산 등의 금액으로 한다.

1. 유형자산(투자부동산을 포함한다. 이하 이 조에서 같다). 다만, 유형자산 중 부동산은 다음 각 목의 금액 중 금융투자업자가 선택한 금액을 제외한다.
   가. 만기 1년 이상의 차입계약(담보로 제공된 부동산에 대해서만 담보권의 행사가 인정되고 금융투자업자의 다른 재산에 대하여는 어떠한 상환청구권이 인정되지 아니하는 것에 한한다)을 체결한 경우 그 부채 상당액과 부동산의 장부가액(제14호에 따라 차감된 경우 이를 제외한다) 중 적은 금액
   나. 장부가액(제14호에 따라 차감된 경우 이를 제외한다)의 40%를 초과하지 않는 범위 내에서 정부가 고시하는 공시지가 또는 이에 준하는 방법으로 평가한 당해 부동산 감정시세의 70%에 상당하는 금액
2. 선급금, 선급법인세, 이연법인세자산 및 선급비용. 다만, 선급금 중 이자부 증권을 매입하면서 지급한 선급경과이자는 제외한다.
3. 잔존만기가 1년을 초과하는 예금 및 예치금. 다만, 계약해지 등을 통하여 3개월 이내에 현금화 할 수 있는 예금을 제외한다.
4. 만기 자동연장조건 또는 만기시 재취득조건 등의 특약이 있거나 잔존만기가 3개월을 초과하는 대출채권(콜론, 환매조건부매수, 대출금, 매입대출채권, 사모사채, 제4-21조제1호다목에 따른 신용공여 및 이에 준하는 거래를 말한다). 이 경우 재취득조건 등이 부과되지 않은 것으로서 채권보유 이후 1개월 이내에 처분 또는 상환이 예정된 대출채권 및 제9호에 해당하는 대출채권, 주식관련 사모사채(전환사채, 비분리형신주인수권부사채, 교환사채 등을 말한다), 제4-21조제1호가목 및 나목에 따른 신용공여, 임직원대여금 및 대출채권에 설정된 담보가액(담보물의 종류, 담보가액 등의 구체적인 방법 등은 금융감독원장이 정한다)을 제외하고, 다음 각 목의 어느 하나에 해당하는 행위를 통하여 대출채권의 취득과 동일한 효과를 초래하는 경우 그 해당 금액은 포함한다.
   가. 법 제110조에 따른 수익증권의 취득
   나. 사모집합투자기구의 증권의 취득
   다. 자산유동화 회사 등 다른 법인이 발행한 증권의 취득
   라. 신탁, 사모집합투자기구 또는 특수목적회사와의 스왑거래
   마. 대출채권을 기초자산으로 하는 장외파생상품계약의 체결

3. 총위험액

금융투자업자의 총위험액은 ① 시장위험액 ② 신용위험액 ③ 운영위험액을 합산한 금액으로 한다(금융투자업규정 제3-11조 제2항).

여기서 시장위험액이란 시장성 있는 증권 등에서 주가, 이자, 환율 등 시장가격의 변동으로 인하여 금융투자업자가 입을 수 있는 잠재적인 손실액을 말

---

5. 특수관계인 채권등. 다만 이연법인세부채상당액은 제외한다.
6. 자회사의 결손액(최근 결산기말 또는 반기말 현재 재무상태표상 부채총계가 자산총계를 초과하는 경우 그 초과액을 말한다. 이하 같다)중 금융투자업자 소유지분 해당액. 다만, 이 금액이 당해 자회사에 대한 금융투자업자의 채무보증액보다 작은 경우에는 채무보증액으로 한다.
7. 지급의무가 발생하였으나 아직 대지급이 일어나지 아니한 채무보증금액(관련 대손충당금 등을 제외한다)
8. 사모투자전문회사의 무한책임사원인 경우 동회사의 결손액(부채가 자산을 초과하는 경우 그 초과액)
9. 신탁계정대여금 금액의 100분 16
10. 상환우선주 자본금 및 자본잉여금. 다만, 다음 각 목의 요건을 모두 충족하는 것은 제외하되, 그 규모는 순재산액의 50% 이내로 한다.
   가. 상환으로 인하여 영업용순자본비율이 100%미만으로 떨어질 경우에는 계약상의 상환시기가 도래하는 경우에도 상환하지 아니한다는 약정이 있을 것
   나. 상환을 보증하는 담보의 제공, 상계 및 만기 전 상환을 금지하는 약정이 있고, 그 밖에 상환우선주의 본질을 해할 우려가 있는 약정이 없을 것
   다. 발행일부터 상환일까지의 기간이 5년 이상일 것. 이 경우 잔존기간이 5년 미만이 되는 경우 상환우선주의 자본금 및 자본잉여금에 다음에 해당하는 비율을 곱한 금액은 차감금액에서 제외하며, 잔존기간이 1년 미만이 되는 경우 전액을 차감한다.
      (1) 잔존기간 4년 이상 5년 미만 : 80%
      (2) 잔존기간 3년 이상 4년 미만 : 60%
      (3) 잔존기간 2년 이상 3년 미만 : 40%
      (4) 잔존기간 1년 이상 2년 미만 : 20%
11. 임차보증금 및 전세권 금액. 다만, 다음 각 목의 어느 하나에 해당하는 것은 제외한다.
   가. 임차 또는 전세계약에 따라 임차 또는 전세계약을 3개월 이내에 해지할 수 있는 경우 그 임차보증금 및 전세권 금액
   나. 임차 또는 전세계약에 따라 임차 또는 전세보증금 예치계약을 3개월 이내에 소정의 월세계약으로 전환할 수 있는 경우 그 임차보증금 및 전세권 금액
12. 제3-8조에 따라 적립한 대손준비금 잔액
13. 신용위험 변동으로 인한 금융부채의 누적미실현평가손익
14. 이익잉여금 중 한국채택국제회계기준 전환일에 발생한 유형자산 재평가이익. 다만, 이사회 또는 주주총회 결의, 정관의 변경 등에 의해 배당이 제한된 금액은 차감하지 않는다.
15. 무형자산(시장성이 인정되는 무형자산은 제외한다)
16. 지급예정 현금배당액
17. 금융투자협회 가입비

하는 것으로, 시장위험액은 ① 주식위험액 ② 금리위험액 ③ 외환위험액 ④ 집합투자증권 등 위험액 ⑤ 일반상품위험액 ⑥ 옵션위험액을 합산한 금액으로 한다(금융투자업규정 제3-15조).

신용위험액이란 거래상대방의 계약불이행 등으로 인하여 발생할 수 있는 잠재적인 손실액을 말하는 것으로, 다음의 어느 하나에 해당하는 포지션을 대상으로 하여 산정한다(금융투자업규정 제3-22조). ① 예금, 예치금 및 콜론. 다만, 신탁업자에게 신탁하는 투자자예탁금 별도예치금에 대하여는 신용위험액을 산정하지 아니하고 집합투자증권 등 위험액을 산정한다. ② 증권의 대여 및 차입 ③ 환매조건부매도 및 환매조건부매수 ④ 대고객 신용공여 ⑤ 채무보증 ⑥ 대여금, 미수금, 미수수익, 그 밖의 금전채권 ⑦ 잔여계약기간이 3개월 이내인 임차보증금 및 전세권 ⑧ 선물, 선도, 스왑 등 파생상품 ⑨ 그 밖에 영업용순자본 산정시 차감항목 이외의 자산중에서 위험액 산정대상이 아닌 자산

운영위험액이란 부적절하거나 잘못된 내부의 절차, 인력 및 시스템의 관리부실 또는 외부의 사건 등으로 인하여 발생할 수 있는 잠재적인 손실액을 말하는 것으로 다음 중 큰 금액으로 한다(금융투자업규정 제3-23조). ① 기준일 전전월말 이전의 최근 3년간 영업별 영업이익의 연 평균금액에 별표 9의 해당 위험값을 곱하여 산정한 금액을 합계한 금액. 이 경우 최근 3년간 영업이익이 음수(-)인 경우는 0으로 본다. ② 금융투자업자가 영위하는 인가·등록업무단위에 따른 법정최소자기자본금액의 10%. 이 경우 영위하는 업무단위는 최근 1년간 실제 영위한 영업행위를 기준으로 결정한다. 다만 집합투자업자의 운영위험액은 위에서 산정된 금액과 집합투자재산위험액[42]의 합계액을 운영위험액으로 한다.

---

42) 집합투자재산위험액은 집합투자업자가 집합투자재산을 운용함에 있어 법령 및 집합투자규약 등에 위배되는 행위 등에 따라 입을 수 있는 손실액을 말하며, 다음 각 호의 기준에 따라 산정한 개별 집합투자기구의 위험액을 합계하여 산정한다(금융투자업규정 제3-23조).
  1. 산정 기준일 현재 개별 집합투자기구 순자산총액에 개별 집합투자기구 순자산총액 규모별 위험값을 곱하여 산정할 것
  2. 개별 집합투자기구 순자산총액 규모별 위험값은 집합투자기구의 순자산총액 규모가 커질수록 체감할 것
  3. 사외이사 및 감사위원회 또는 상근감사가 선임되어 있는 경우 금융감독원장이 정하는 값을 감액할 것

〈금융투자업자의 영업별 위험값〉

구 분		영업내용	위험값
투자중개업	① 위탁매매	위탁매매 및 위탁매매관련 대고객 신용공여업무	12%
증권의 투자매매업	② 자기매매(주식)	트레이딩 목적의 주식거래	18%
	③ 자기매매(채권)	트레이딩 목적의 채권거래	
	④ 자기매매 (그 밖의 증권)	트레이딩 목적의 그 밖의 증권거래	
파생상품의 투자매매업	⑤ 장내파생상품	장내 파생금융거래	18%
	⑥ 장외파생상품	장외 파생금융거래	
투자은행업	⑦ 투자은행(인수)	증권의 인수・매출・주선, 기업공개, M&A의 중개・주선 등	18%
	⑧ 투자은행(ABS)	자산유동화, Project Financing 등	
	⑨ 투자은행(PI)	직접투자(Principal Investment)	
자산관리업	⑩ 자산관리(일임)	투자자문·일임업, 집합투자증권 판매, 고객자산을 운용하는 영업	12%
	⑪ 자산관리(CMA)	종합자산관리계좌(CMA) 등	
종합금융업	⑫ 종합금융	종금업무	15%
	⑬ 그 밖의 경우	그 밖에 구분이 곤란한 영업	15%

(금융투자업규정 별표9)

제2절 경영건전성

Ⅰ. 서설

금융투자업의 국제화가 진행되고 금융투자업자 간 경쟁이 심화됨에 따라 금융투자업자가 과도한 위험을 감수하면서 경영을 수행할 우려가 있게 되고, 이로 인한 경영의 부실화가 초래될 가능성이 커지게 되었다.

금융투자업은 거래당사자가 다수로서 공공성을 가지므로 금융투자업자가 부실화될 경우에 그로 인하여 많은 투자자가 손해를 입게 되며, 이로 인해서 국민경제에도 부정적 영향을 미치게 된다. 따라서 경영의 부실화를 방지하고 건전한 경영을 유지하는 것이 국민경제적인 관점에서도 중요한 의미를 가진다.

자본시장법에서는 금융투자업자의 경영건전성을 위한 규제로서 경영건전성 기준을 제시하여 금융투자업자가 이를 따르도록 하였고, 또한 이를 위한 적절한 경영시스템을 구축하도록 하였으며, 이를 충족하지 못하는 경우에 일정한 제재를 가할 수 있도록 하였다.

Ⅱ. 경영건전성 기준

1. 의의

금융투자업의 공공성을 고려하여 금융투자업자는 금융위원회가 정하여 고시하는 경영건전성기준을 준수하여야 한다. 이를 위해 금융위원회의 금융투자업규정 제3편에서 건전경영유지를 위한 기준을 제시하고 있다.

경영건전성기준을 정함에 있어서 금융투자업자가 영위하는 금융투자업의 종류 등을 고려하여 금융투자업별로 그 내용을 달리 정할 수 있다(자법 제31조 제2항).

2. 경영건전성 기준

(1) 자본의 적정성

금융투자업자는 자기자본비율 등 자본의 적정성을 유지하여야 한다. 회사의 자본은 대외적 신용의 기초가 되며 회사채권자에 대한 최소한도의 담보액으로서의 중요한 의미를 가지므로 이를 적정하게 유지하도록 하였다.

자본의 적정성과 관련하여 영업용순자본비율을 일정수준이상으로 유지하도록 하였다. 영업용순자본비율이란 총위험액에 대한 영업용순자본의 비율을 백분율(%)로 표시한 수치로서 「금융산업의 구조개선에 관한 법률」 제10조 제1항에 따른 자기자본비율을 말한다(금융투자업규정 제3-6조 제1호). 그 비율이 일정수순 이하기 될 때는 금융위원회에 의한 경영규제의 대상이 된다.

영업용순자본비율 산정의 기본원칙은 다음과 같다(금융투자업규정 제3-10조). ① 영업용순자본비율 산정의 기초가 되는 금융투자업자의 자산, 부채, 자본은 자본시장법 제33조에 따른 업무보고서의 개별재무제표에 계상된 장부가액(평가성 충당금을 차감한 것)을 기준으로 한다. ② 시장위험과 신용위험을 동시에 내포하는 자산에 대하여는 시장위험액과 신용위험액을 모두 산정해야 한다. ③ 영업용순자본 산정시 차감항목에 대하여는 원칙적으로 위험액을 산정하지 않는다. ④ 영업용순자본의 차감항목과 위험액 산정대상 자산 사이에 위험회피효과가 있는 경우에는 위험액 산정대상 자산의 위험액을 감액할 수 있다. ⑤ 부외자산과 부외부채에 대해서도 위험액을 산정하는 것을 원칙으로 한다.

(2) 자산건전성

금융투자업자는 매분기마다 일정한 자산 및 부채[43]에 대한 건전성을 평가하여 이를 정상, 요주의, 고정, 회수의문, 추정손실의 5단계로 분류하여야 한

43) 건전성 평가의 대상이 되는 것은 다음과 같다(금융투자업규정 제3-7조 제1항). ① 대출채권 ② 가지급금과 미수금 ③ 미수수익 ④ 대여금 ⑤ 대지급금 ⑥ 부도어음 ⑦ 부도채권 ⑧ 채무보증(사모투자전문회사의 무한책임사원인 경우 당해 투자전문회사의 차입 또는 채무보증을 포함한다) ⑨ 그 밖에 금융투자업자가 건전성 분류가 필요하다고 인정하는 자산

다(금융투자업규정 제3-7조). 자산건전성 평가의 대상이 되는 자산 및 부채는 주로 시장성이 없는 것을 중심으로 하는데, 이는 시장가격이 형성되지 않아서 그만큼 부당하게 계상될 가능성이 크기 때문이다.

그리고 금융투자업자는 대손충당금(채무보증충당금을 포함한다)을 적립하고, 동 대손충당금 적립액이 일정기준[44]에 미달하는 경우 그 미달 금액을 매 결산 시마다 대손준비금으로 적립하여야 한다(금융투자업규정 제3-8조).

(3) 유동성

자산이 충분하여도 유동성이 확보되지 않으면 유동성경색으로 인하여 금융투자업자가 위기에 처할 수 있다. 따라서 금융투자업자는 자신의 부채규모를 고려하여 적정한 유동성을 확보하여야 한다. 여기서 유동성의 확보 기준은 자본시장법 제30조(재무건전성 유지)에서 제시한 금액을 기준으로 그 이상 확보가 되어야 할 것이다. 이에 따르면 영업용순자본 유지의무가 부과되는데, 영업용순자본이란 자본금 등에서 고정자산이나 유동화가 어려운 자산 등을 뺀 것을 의미하는 것으로서 영업용순자본을 유지하기 위해서는 유동자산의 확보가 요구된다.

(4) 위험관리

금융투자업자는 각종 거래에서 발생하는 제반 위험을 적시에 인식 · 평가 · 감시 · 통제하는 등 위험관리를 위한 체제를 갖추어야 하며, 각종 거래에서 발생할 수 있는 시장위험, 운영위험, 신용위험 및 유동성위험 등 각종 위험을 종류별로 평가하고 관리하여야 한다(금융투자업규정 제3-42조).

---

44) 대손충당금의 적립기준은 다음과 같다(금융투자업규정 제3-8조 제1항).
1. “정상” 분류 자산의 100분의 0.5
2. “요주의” 분류 자산의 100분의 2
3. “고정” 분류 자산의 100분의 20
4. “회수의문” 분류 자산의 100분의 75(부동산신탁업자의 경우 100분의 50)
5. “추정손실” 분류 자산의 100분의 100

금융투자업자의 이사회는 위험관리에 관한 사항을 심의·의결한다.[45] 다만 효율적인 위험관리를 위하여 필요하다고 인정되는 경우 이사회 내에 위험관리를 위한 위원회(위험관리위원회)를 두고 그 업무를 담당하게 할 수 있다(금융투자업규정 제3-43조 제1항). 장외파생상품에 대한 투자매매업의 인가를 받은 금융투자업자 또는 인수업을 포함한 투자매매업의 인가를 받은 금융투자업자는 경영상 발생할 수 있는 위험을 실무적으로 종합관리하고 이사회(위험관리위원회 포함)와 경영진을 보조할 수 있는 전담조직을 두어야 한다(금융투자업규정 제3-43조 제2항).

외국환업무취급 금융투자업자의 위험관리는 보다 엄격히 요구되어, 외국환업무취급 금융투자업자(「외국환거래법」 제8조 제1항에 따라 외국환업무의 등록을 한 금융투자업자를 말한다)는 「외국환거래법 시행령」 제21조 제7호에 따라 국가별위험, 거액신용위험, 시장위험 등 외국환거래에 따르는 위험의 종류별로 관리기준을 자체적으로 설정·운용하여야 하며(금융투자업규정 제3-45조 제1항), 외환파생상품 거래에 따르는 위험을 관리하기 위한 기준(외환파생상품거래위험관리기준)을 자체적으로 설정 · 운영하여야 한다(금융투자업규정 제3-45조의 2 제1항).

(5) 외환건전성

외환건전성에 대한 규제란 외국환업무취급 금융투자업자가 영업을 함에 있어서 발생할 수 있는 외화유동성문제 등을 미연에 방지하기 위해서 외화자산 및 외화부채를 적절하게 운영하도록 규제하는 것이다.

이는 외화유동성 비율에 대한 규제와 외국환포지션규제로 나누어진다.

45) 심의 · 의결의 대상은 다음과 같다(금융투자업규정 제3-43조 제1항).
1. 경영전략에 부합하는 위험관리 기본방침 수립
2. 금융투자업자가 부담 가능한 위험 수준의 결정
3. 적정투자한도 또는 손실허용한도 승인
4. 위험관리지침의 제정 및 개정

1) 외화유동성비율

외국환업무취급 금융투자업자는 외화유동성비율을 일정 수준이상으로 유지하여야 한다. 외화유동성비율이란 금융투자업자가 보유하는 외화자산과 외화부채의 비율을 의미하는 것으로, 만기가 도래하는 외화부채를 상환할 충분한 외화자산을 보유하고 있는가를 평가하는 지표가 된다.

구체적으로 볼 때, 외국환업무취급 금융투자업자는 외화자산 및 외화부채를 각각 잔존만기별로 구분하여 관리하고 ① 잔존만기 3개월 이내 부채에 대한 잔존만기 3개월 이내 자산의 비율 100분의 80 이상 ② 외화자산 및 외화부채의 만기 불일치비율 ⓐ 잔존만기 7일 이내의 경우에는 자산이 부채를 초과하는 비율 100분의 0 이상 ⓑ 잔존만기 1개월 이내의 경우에는 부채가 자산을 초과하는 비율 100분의 10 이내의 비율을 유지하여야 한다(금융투자업규정 제3-46조).

외국환업무취급 금융투자업자가 위에서 정하는 비율을 위반하여 위반횟수가 과거 1년 동안 2회 이하(단, 위 ⓐ 비율은 과거 1년 동안 3회 이하)인 경우에는 사유서 및 달성계획서를 위반할 때마다 금융감독원장에게 제출하여야 한다(금융투자업규정 제3-52조 제1항).

외국환업무취급 금융투자업자가 잔존만기 3개월 이내 부채에 대한 잔존만기 3개월 이내 자산의 비율 100분의 80 이상 유지의무를 위반시 위반횟수가 과거 1년 동안 4회 이상일 경우에는 100분의 85 이상, 외화자산 및 외화부채의 만기 불일치비율로서 잔존만기 7일 이내의 경우에 자산이 부채를 초과하는 비율 100분의 0 이상 유지의무 위반횟수가 과거 1년 동안 4회 이상일 경우에는 100분의 5 이상, 잔존만기 1개월 이내의 경우에는 부채가 자산을 초과하는 비율 100분의 10 이내 유지의무 위반횟수가 과거 1년 동안 4회 이상일 경우에는 100분의 5 이내의 비율을 달성할 때까지 계약만기 3개월 이내 신규 외화자금 차입(만기 30일 이내 콜머니 제외)을 정지하여야 한다(금융투자업규정 제3-52조).

2) 외국환포지션

외국환업무취급 금융투자업자는 외국환포지션을 일정한도 이내로 유지하여야 한다. 외국환포지션은 금융투자업자가 현물 또는 선물거래를 통하여 보유하게 되는 외국통화의 금액 현황을 의미하는 것으로서, 이를 다음과 같이 분류할 수 있다(금융투자업 규정 제3-47조).

① 종합매입초과포지션: 해당 외국통화의 현물자산잔액 및 선물자산잔액의 합계액이 현물부채잔액 및 선물부채잔액의 합계액을 초과하는 경우 동 차액
② 종합매각초과포지션: 해당 외국통화의 현물부채잔액 및 선물부채잔액의 합계액이 현물자산잔액 및 선물자산잔액의 합계액을 초과하는 경우 동 차액
③ 선물환매입초과포지션: 해당 외국통화의 선물자산잔액이 선물부채잔액을 초과하는 경우 동 차액
④ 선물환매각초과포지션: 해당 외국통화의 선물부채잔액이 선물자산잔액을 초과하는 경우 동 차액

외국환업무취급 금융두사입사의 종합포지션 한도는 다음과 같다(금융투자업 규정 제3-48조 제1항). ① 종합매입초과포지션은 각 외국통화별 종합매입초과포지션의 합계액 기준으로 전월 말 자기자본의 100분의 50에 상당하는 금액 ② 종합매각초과포지션은 각 외국통화별 종합매각초과포지션의 합계액 기준으로 전월 말 자기자본의 100분의 50에 상당하는 금액

그리고 외국환업무취급금융투자업자의 선물환포지션 한도는 다음과 같다. (금융투자업 규정 제3-48조 제2항) ① 선물환매입초과포지션은 각 외국통화별 선물환매입초과포지션의 합계액 기준으로 전월 말 자기자본의 100분의 50에 상당하는 금액 ② 선물환매각초과포지션은 각 외국통화별 선물환매각초과포지션의 합계액 기준으로 전월 말 자기자본의 100분의 50에 상당하는 금액

외국환업무취급 금융투자업자가 외국환포지션 한도를 위반한 경우에는 위반한 날로부터 3영업일 이내에 금융감독원장에게 이를 보고하여야 하며(금융투자업규정 제3-50조 제2항), 일정회수 이상의 위반이 있는 경우에는 신규 외화자금 차입이 정지되는 규제를 받게 된다.

Ⅲ. 경영실태 및 위험에 대한 평가

1. 의의

경영실태 및 위험에 대한 평가는 경영부실의 우려가 있는 금융투자업자를 적시에 파악하여 이에 대한 적절한 조치를 취하기 위해서 인정되는 제도이다.

2. 경영실태평가

금융투자업자에 대한 경영실태평가는 금융감독원장이 행하는 것으로, 금융감독원장은 금융투자업자의 경영 및 재무건전성을 판단하기 위하여 금융투자업자의 재산과 업무상태 및 위험을 종합적·체계적으로 분석·평가하여 감독하여야 한다(금융투자업규정 제3-25조).

다만 위험도를 고려하여 전자증권중개회사, 전업채권중개전문회사, 전업투자자문업자 및 투자일임업자, 외국 금융투자업자의 지점, 그 밖의 영업소에 대한 적용제외를 인정한다(자령 35조 제2항).

경영실태평가에 있어서 공통적으로 평가의 대상이 되는 부문은 자본적정성, 수익성, 내부통제에 관한 항목이며, 내부통제의 경우 사고발생비율을 평가하며, 그 외 내부통제기준 설정·운영의 적정성, 내부통제 조직 및 활동의 적정성도 평가의 대상이 된다.

〈경영실태평가 부문별 평가항목〉

<table>
<tr><th colspan="3">평가부문</th><th>계량항목</th><th>비계량항목</th></tr>
<tr><td colspan="2" rowspan="3">공통 부문</td><td>자본 적정성</td><td>• 영업용순자본비율Ⅱ
• 자기자본비율</td><td>• 자본적정성 유지정책의 타당성
• 적정한 자본유지 가능성</td></tr>
<tr><td>수익성</td><td>• 총자산순이익률
• 수지비율</td><td>• 손익구조 변동요인의 적정성
• 영업별수익·비용 배분의 적정성</td></tr>
<tr><td>내부 통제</td><td>• 사고발생비율</td><td>• 내부통제기준 설정·운영의 적정성
• 내부통제 조직 및 활동의 적정성</td></tr>
<tr><td rowspan="6">업종 부문</td><td rowspan="2">투자 메메 · 중개업</td><td>유동성</td><td>• 유동성비율(3월)</td><td>• 자금 조달 및 운영의 적정성
• 유동성관리의 적정성</td></tr>
<tr><td>안정성</td><td>• 고정이하자산비율
• 차입부채비율</td><td>• 위험관리정책 및 운영의 적정성
• 경영관리의 적정성</td></tr>
<tr><td rowspan="2">집합 투자업</td><td>유동성</td><td>• 유동비율
• 자본의 고정화비율</td><td>• 자금조달 및 운영의 적정성
• 유동성관리의 적정성</td></tr>
<tr><td>집합투자 재산운용</td><td>• 집합투자재산운용성과율
• 수탁고증감율
• 보수율증감율</td><td>• 집합투자재산의 운용 관련 위험관리체제의 적정성
• 집합투자재산운용의 합리성</td></tr>
<tr><td rowspan="2">(부동산) 신탁업</td><td>유동성</td><td>• 유동비율
• 고정장기적합률</td><td>• 자금조달 및 운영의 적정성
• 유동성관리의 적정성</td></tr>
<tr><td>자산 건전성</td><td>• 손실위험도가중자산비율
• 고정이하자산비율</td><td>• 자산건전성 분류의 적정성
• 부실자산관리의 적정성</td></tr>
</table>

(금융투자업규정 별표 11)

3. 위험평가

최근 사업연도말일을 기준으로 자산총액(대차대조표상의 자산총액에서 투자자예탁금을 뺀 금액을 말한다)이 1천억원 이상이고, 장외파생상품에 대한 투자매매업 또는 증권에 대한 투자매매업(인수업을 경영하는 자만 해당한다)을 경영하는 경우에 금융위원회는 위험평가를 실시하여야 한다(자령 제35조 제2항 제2호).

이에 따라 금융감독원은 금융투자업자에 대한 위험평가제도인 RAMS(Risk Analysis and Management System)를 2008년부터 운영하고 있다. 이는 매월 위험평가를 한 결과 위험에 취약한 것으로 나타난 금융투자업자에 대해 그 위험 수준에 따라 차별화된 감독을 수행하는 것이다. 이와 더불어 국제 감독공조강화 등 2008년 글로벌 금융위기 이후 그간의 국내외 금융환경 변화를 반영하여 금융투자업자의 위험수준 변화에 대한 판별능력을 개선하고 있다.

Ⅳ. 경영건전성 확보를 위한 조치

1. 의의

경영건전성 확보를 위해서 적기시정조치제도가 도입되었는데, 이는 금융투자업자의 부실화를 방지하고 경영의 정상화를 도모하기 위한 감독수단이라고 할 수 있다. 적기시정조치와 관련하여 금융투자업자의 부실화의 정도에 따라 금융감독당국의 조치가 구분되는데, 이에는 경영개선권고, 경영개선요구, 경영개선명령이 있다.

2. 경영개선권고

경영개선권고는 금융투자업자의 경영상태가 일정한 경영건전성 기준이하인 경우에 행해지는 가장 완화된 형태의 적기시정조치제도이다. 경영개선권고는 ① 영업용순자본비율이 150% 미만인 경우 ② 경영실태평가 결과 종합평가등급이 3등급(보통)이상으로서 자본적정성 부문의 평가등급을 4등급(취약)이하로 판정받은 경우 ③ 거액의 금융사고 또는 부실채권의 발생으로 ① 또는 ②의 기준에 해당될 것이 명백하다고 판단되는 경우에 내려지게 된다(금융투자업규정 제3-26조 제1항). 위 경우에 금융위원회는 당해 금융투자업자에 대하여 ① 인력 및 조직운용의 개선 ② 경비절감 ③ 점포관리의 효율화 ④ 부실자산의 처분 ⑤ 영업용순자본감소행위의 제한 ⑥ 신규업무 진출의 제한 ⑦ 자본금의 증액 또는 감액 ⑧ 대손충당금 등의 설정의 조치를 이행하도록 권고를 하여야 한다(금융투자업규정 제3-26조 제2항).

3. 경영개선요구

경영개선요구는 경영개선권고 다음의 단계로 그 요건이 좀 더 엄격하게 규정되어 있다. 경영개선요구는 ① 영업용순자본비율이 120% 미만인 경우 ② 경영실태평가 결과 종합평가등급을 4등급(취약) 이하로 판정받은 경우 ③ 거액의 금융사고 또는 부실채권의 발생으로 ① 또는 ②의 기준에 해당될 것이 명백하다고 판단되는 경우에 내려지게 된다(금융투자업규정 제3-27조 제1항). 위 경우에 금융위원회는 당해 금융투자업자에 대해서 앞의 경영개선권고시의 조치 외에도 ① 고위험자산보유제한 및 자산처분 ② 점포의 폐쇄, 통합 또는 신설제한 ③ 조직의 축소 ④ 자회사의 정리 ⑤ 임원진 교체 요구 ⑥ 영업의 일부정지 ⑦ 합병·제3자 인수·영업의 전부 또는 일부의 양도·「금융지주회사법」에 따른 금융지주회사의 자회사로의 편입(단독 또는 다른 금융기관과 공동으로 금융지주회사를 설립하여 그 금융지주회사의 자회사로 편입하는 경우를 포함한다)에 관한 계획수립을 요구하여야 한다(금융투자업규정 제3-27조 제2항).

4. 경영개선명령

경영개선명령은 경영의 상태가 가장 부실한 경우에 내려지는 조치로서, 경영개선명령은 ① 영업용순자본비율이 100% 미만인 경우 ② 「금융산업의 구조개선에 관한 법률」 제2조 제2호에서 정하는 부실금융기관에 해당하는 경우에 내려지게 된다(금융투자업규정 제3-28조 제1항).

위 경우에 금융위원회는 앞의 경영개선요구시의 조치 외에도 ① 주식의 일부 또는 전부소각 ② 임원의 직무집행 정지 및 관리인 선임 ③ 합병, 금융지주회사의 자회사로의 편입 ④ 영업의 전부 또는 일부의 양도 ⑤ 제3자의 당해 금융투자업 인수 ⑥ 6개월 이내의 영업정지 ⑦ 계약의 전부 또는 일부의 이전의 조치를 취하게 된다(금융투자업규정 제3-28조 제2항).

5. 경영개선계획의 제출

경영개선권고, 경영개선요구 또는 경영개선명령을 받은 금융투자업자는 당해 조치일로부터 2개월의 범위 내에서 당해 조치권자가 정하는 기한 내에 당해 조치의 내용이 반영된 경영개선계획을 금융감독원장에게 제출하여야 한다(금융투자업규정 제3-31조 제1항). 금융투자업자가 제출한 경영개선계획에 대하여는 금융위원회가 각각 당해 경영개선계획을 제출받은 날로부터 1개월 이내에 승인여부를 결정하여야 한다(금융투자업규정 제3-31조 제2항).

경영개선계획을 성실하게 이행하지 아니하는 경우에는 이행을 촉구하고, 그럼에도 이행을 게을리 하는 경우에 금융위원회는 경영개선권고를 받은 금융투자업자에 대해서는 경영개선요구의 위반시에 부과되는 조치, 경영개선요구를 받은 자에 대해서는 경영개선명령의 위반시에 부과되는 조치, 경영개선명령을 받은 자에 대해서는 ① 경영개선명령 위반시의 부과되는 조치 ② 당해 금융투자업자에 대한 인가의 취소 ③ 임원의 해임 권고 ④ 그 밖에 투자자 보호를 위하여 필요한 조치를 취할 수 있다(금융투자업규정 제3-34조).

제3절 회계처리

Ⅰ. 서설

근래 기업회계기준은 국제적인 회계규범의 변화에 맞추어 꾸준히 변모하고 있다.46) 회계처리의 진실·적정·명료한 운영은 투자자 및 채권자를 보호하며, 국민경제의 건전한 발전에도 도움을 준다. 이처럼 회계처리의 적정한 운영은 이해관계인의 보호뿐만 아니라 건전하고 투명한 경영을 위하여도 요구되는데, 특히 금융투자업자는 공공성을 가져 회계처리의 적정성이 더욱 강조된다.

자본시장법에서는 적정한 회계처리를 위하여 회계연도를 비롯한 회계처리에 있어서 요구되는 일정한 기준을 제시하고 있다.

Ⅱ. 회계기간

회계기간은 금융투자업별로 총리령으로 정하는 기간으로 하게 되는데(자법 제32조 제1항 1호), 자본시장법 시행규칙에 따르면 위 기간은 투자매매업, 투자중개업, 집합투자업, 투자자문업 및 투자일임업의 경우 매년 4월 1일부터 다음 해 3월 31일까지의 기간, 신탁업, 종합금융회사 및 자금중개회사의 경우 정관에서 정하는 기간이 된다(자칙 제6조 제1항).

Ⅲ. 구분계리

금융투자업자는 고유재산과 신탁재산, 그 밖에 총리령으로 정하는 투자자재산을 명확히 구분하여 회계처리 하여야 하는데(자법 제32조 제1항 2호), 여

46) 자본시장법에 따른 투자매매업자, 투자중개업자, 집합투자업자, 신탁업자 및 종합금융회사도 한국채택국제회계기준을 적용하여 재무제표 및 연결재무제표를 작성하여야 한다(외감법 시행령 제7조의 2 제1항 제5호). 한국채택국제회계기준이란 한국회계기준원이 제정한 회계처리기준으로서 국제회계기준위원회의 국제회계기준에 따라 채택한 기준을 말한다. 최근 상법에서도 회계규정을 개정하여 대통령령으로 정하는 회사의 이사는 연결재무제표를 작성하여 이사회의 승인을 받도록 하였다(상법 제447조 제2항).

기서 총리령으로 정하는 투자자재산이란 ① 투자자가 예탁한 재산 ② 집합투자재산 ③ ① 및 ②에서 규정한 사항 외에 고유재산, 신탁재산 및 ①·②의 재산과 명확히 구분하여 회계처리 할 필요가 있는 것으로서 금융위원회가 정하여 고시하는 투자자재산을 말한다(자칙 제6조 제2항).

Ⅳ. 회계처리기준

회계처리는 증권선물위원회의 심의를 거쳐 금융위원회가 정하여 고시하는 금융투자업자 회계처리준칙 및 「주식회사의 외부감사에 관한 법률」 제13조에 따른 회계처리기준에 따른다(자법 제32조 제1항 3호). 이에 따른 금융투자업규정 상 적용기준은 다음과 같다(금융투자업규정 제3-5조). ① 별도의 규정이 있는 것을 제외하고는 종속회사와 연결되지 아니한 금융투자업자의 개별재무제표를 대상으로 한다. ② 기준이 되는 계정과목별 금액은 금융투자업자가 작성한 재무제표가 외부감사인이 수정한 재무제표와 일치하지 아니하는 경우에는 외부감사인의 수정 후 재무제표를 기준으로 산정한다. ③ 금융투자업자가 실질적으로 자신의 계산과 판단으로 운용하는 금전, 그 밖의 재산을 제3자의 명의로 신탁한 경우에는 그 금전, 그 밖의 재산을 당해 금융투자업자가 소유하고 있는 것으로 본다.

금융투자업자는 분기별로 가결산을 실시하여야 하며(금융투자업규정 제3-3조 제4항), 부동산신탁업자는 별도의 규정에 따라, 그 고유계정 회계는 재무상태표 및 포괄손익계산서로 하며(금융투자업규정 제3-4조 제1항), 금융감독원장이 정하는 바에 따라 재무상태 및 경영성과를 적정하게 표시하고 신탁재산의 건전성 유지에 필요한 준비금 등[47]을 충실히 적립하여 회계처리의 공정성과 객관성을 유지하여야 한다(금융투자업규정 제3-4조 제2항).

---

47) 준비금 등의 종류는 다음 각 호와 같다(금융투자업규정 제3-4조 제3항).

1. 신탁위험충당금: 부동산신탁업자가 신탁업무 수행에 따른 손해배상에 충당하기 위하여 토지신탁(법 제103조 제4항에 따라 부동산개발사업을 목적으로 하는 신탁) 이외의 신탁에 대하여 적립하는 금액
2. 신탁사업적립금: 부동산신탁업자가 신탁사업으로부터 입게 되는 손실의 보전 등을 위하여 적립하는 금액

제4절 업무보고서 및 공시

Ⅰ. 서설

업무보고서의 작성 및 공시의무란 상장법인의 기업공시제도에 대비되는 것으로, 금융투자업자에 대한 경영감독을 수행하고, 일정사항의 공시를 통해 투자자를 보호하는 것에 그 목적이 있다. 업무보고서란 금융투자업자가 금융위원회가 정한 사항에 관하여 일정한 서식에[48] 따라 작성하여 금융위원회에 제출하는 보고서로서 이를 통하여 금융위원회는 금융투자업자의 경영상황 및 법규준수여부 등을 파악할 수 있으며, 금융투자업자에 대한 효율적인 감독업무를 수행할 수 있다.

그러나 업무보고서는 일정한 기간별로 제출의무가 부과되어 있어서 이것만으로 금융투자업자에 대한 경영감독을 충분히 수행할 수 없다. 따라서 금융투자업자에 대해서 경영상 변화가 발생할 때마다 금융위원회에 보고하도록 하였는데 이것이 경영상황보고의무이다.

이 외에도 금융투자업자는 경영상의 변화가 발생한 경우에는 투자자 보호를 위해서 공시해야 할 의무, 즉 경영공시의무를 부담한다.

Ⅱ. 업무보고서의 제출의무

금융투자업자는 월별 업무보고서 및 분기별 업무보고서를 작성하여 금융위원회에 제출하여야 한다(자법 제33조 제1항).

1. 보고서의 내용

업무보고서에 기재할 내용은 다음과 같다(자령 제36조 제3항). ① 금융투자

48) 업무보고서 등의 서식과 작성방법, 기재사항 등에 관한 구체적인 기준은 금융위원회가 정하여 고시하지만(자령 제36조 제7항), 업무보고서의 서식 및 작성방법 등에 관하여 필요한 세부사항은 금융감독원장이 정한다(금융투자업규정 제3-66조 제3항).

업자의 개요 ② 금융투자업자가 경영하고 있는 업무의 내용에 관한 사항 ③ 재무에 관한 현황 ④ 영업에 관한 사항 ⑤ 최대주주(그의 특수관계인을 포함한다)와 주요주주에 관한 사항 ⑥ 특수관계인과의 거래에 관한 사항 ⑦ 지점, 그 밖의 영업소와 인력의 관리에 관한 사항 ⑧ 투자자재산의 현황과 그 보호에 관한 사항 ⑨ 장외파생상품 매매, 그 밖의 거래의 업무내용, 거래현황과 평가손익 현황(장외파생상품의 위험을 회피하기 위한 관련 거래의 평가손익을 포함한다) 등에 관한 사항 ⑩ 금융투자업자나 그 임직원이 최근 5년간 금융위원회, 금융감독원장 등으로부터 조치를 받은 경우 그 내용 ⑪ 그 밖에 금융투자업자의 영업이나 경영에 관련된 사항으로서 금융위원회가 정하여 고시하는 사항

여기서 금융위원회가 정한 사항은 다음과 같다(금융투자업규정 제3-66조 제1항). ⓐ 감사인의 감사의견 또는 검토의견(월별 업무보고서의 경우에는 제외한다) ⓑ 이사회 등 회사의 기관 및 계열회사에 관한 사항 ⓒ 영업용순자본비율에 관한 사항[투자자문업·투자일임업 이외의 금융투자업을 영위하지 아니하는 금융투자업자(전업투자자문·투자일임업자)는 제외한다] ⓓ 위험관리정책에 관한 사항 ⓔ 법규준수를 위한 내부통제정책에 관한 사항 ⓕ 그 밖에 금융투자업자의 경영 및 영업에 관한 중요사항

2. 제출기한 및 제출방법

월별 업무보고서는 다음달 말일까지 제출해야 하며, 분기별 업무보고서의 제출기한은 분기 경과 후 45일이다(자령 제36조 제1항). 금융투자업자는 분기별 업무보고서와 월별 업무보고서를 금융감독원장이 정하는 바에 따라 서면이나 전자문서의 방법으로 제출할 수 있다(금융투자업규정 제3-66조 제2항).

Ⅲ. 경영상황보고의무

금융투자업자는 거액의 금융사고 또는 부실채권의 발생 등 금융투자업자의 경영상황에 중대한 영향을 미칠 사항으로서 금융투자업의 종류별로 대통령령으로 정하는 사항이 발생한 경우에는 금융위원회에 보고하여야 한다(자법 제

33조 제3항). 위 보고 및 공시기한은 그 사실이 발생한 날의 다음날까지이다(자령 제36조 제5항).

여기서 대통령령으로 정하는 사항이 발생한 경우란 다음과 같다(자령 제36조 제2항).

① 투자매매업이나 투자중개업인 경우

가. 거액의 금융사고 또는 부실채권 등이 발생한 경우

나. 「금융산업의 구조개선에 관한 법률」 제10조에 따른 적기시정조치를 받은 경우

다. 자본시장법 제161조 제1항 각 호의 어느 하나에 해당하는 경우(자법 제159조 제1항에 따른 사업보고서 제출대상법인이 아닌 금융투자업자만 해당한다)

라. 투자매매업이나 투자중개업의 경영과 관련하여 해당 법인이나 그 임직원이 형사처벌을 받은 경우

마. 증권시장, 파생상품시장 등의 결제를 하지 아니한 경우

바. 그 밖에 금융위원회가 정하여 고시하는 경우[49]

---

49) 금융투자업규정 제3-70조(경영공시) ① 영 제36조 제2항 제1호 바목, 같은 항 제2호 다목, 같은 항 제3호 다목 및 같은 항 제4호 라목에서 "금융위원회가 정하여 고시하는 경우" 란 다음 각 호의 어느 하나에 해당하는 경우를 말한다.

1. 「독점규제 및 공정거래에 관한 법률」 제2조 제2호에서 정하는 동일 기업집단별(동일 기업집단이 아닌 경우 개별기업별)로 금융투자업자의 직전 분기말 현재 재무상태표의 자산총액에서 부채총액을 차감한 잔액(이하 "직전 분기말 자기자본" 이라 한다)의 100분의 10에 상당하는 금액을 초과하는 부실채권(회수불확실 및 회수불능채권)이 발생한 경우. 다만 그 금액이 40억원 이하인 경우에는 그러하지 아니하다.
2. 「금융기관검사 및 제재에 관한 규정」에서 정하는 금융사고등으로 금융투자업자의 직전 분기말 자기자본의 100분의 2에 상당하는 금액을 초과하는 손실이 발생하였거나 손실이 예상되는 경우. 다만, 그 금액이 10억원 이하인 경우에는 그러하지 아니하다.
3. 민사소송의 패소 등의 사유로 금융투자업자의 직전 분기말 자기자본의 100분의 1에 상당하는 금액을 초과하는 손실이 발생한 경우. 다만, 그 금액이 10억원 이하인 경우에는 그러하지 아니하다.
4. 제3-26조부터 제3-28조까지 및 제3-35조, 법 제420조 제1항 각 호 외의 부분 및 제3항 제1호·2호 또는 「금융산업의 구조개선에 관한 법률」 제14조 제2항 각 호 외의 부분 본문에 따른 조치를 받은 경우
5. 원화유동성비율을 위반한 경우
6. 법 제9조 제15항 제1호에 따른 상장법인이 아닌 금융투자업자에 다음 각 목의 어느 하나에 해당되는 사항이 발생하는 경우

가. 재무구조에 중대한 변경을 초래하는 사항

② 집합투자업인 경우

가. 제1호 가목부터 다목까지의 어느 하나에 해당하는 경우

나. 집합투자업의 경영과 관련하여 해당 법인이나 그 임직원이 형사처벌을 받은 경우

다. 그 밖에 금융위원회가 정하여 고시하는 경우

③ 투자자문업이나 투자일임업인 경우

가. 제1호 가목부터 다목까지의 어느 하나에 해당하는 경우

나. 투자자문업이나 투자일임업의 경영과 관련하여 해당 법인 또는 그 임직원이 형사처벌을 받은 경우

다. 그 밖에 금융위원회가 정하여 고시하는 경우

④ 신탁업인 경우

가. 제1호 가목부터 다목까지의 어느 하나에 해당하는 경우

나. 신탁업의 경영과 관련하여 해당 법인이나 그 임직원이 형사처벌을 받은 경우

다. 시공사 또는 위탁자가 발행하는 어음이나 수표가 부도로 되거나 은행과의 거래가 정지되거나 금지된 경우

라. 그 밖에 금융위원회가 정하여 고시하는 경우

Ⅳ. 경영공시

1. 의의

앞에서 본 금융위원회에 대한 업무보고서의 제출이나 경영상황보고의무는 금융투자업자에 대한 금융위원회의 경영감독을 효율적으로 수행하기 위한 수

나. 금융투자업자 경영환경에 중대한 변경을 초래하는 사항
다. 재산 등에 대규모변동을 초래하는 사항
라. 채권채무관계에 중대한 변동을 초래하는 사항
마. 투자 및 출자관계에 관한 사항
바. 손익구조변경에 관한 사항
사. 그 밖에 금융투자업자 경영에 중대한 영향을 미칠 수 있는 사항

단으로서의 성격이 강하다. 자본시장법은 여기서 그치지 않고 위 사항을 일반에 공시하도록 하여 일반투자자가 금융투자업자에 대한 올바른 판단을 할 수 있도록 하고, 금융투자업자의 입장에서도 경영의 투명성을 제고하여 대외적 신인도를 높일 수 있게 하였다.

경영공시에는 정기경영공시와 수시경영공시가 있다. 전자는 업무보고서 중 중요사항을 발췌한 공시서류를 공시할 의무이고, 후자는 거액의 금융사고 또는 부실채권의 발생 등 금융투자업자의 경영상황에 중대한 영향을 미칠 사항으로서 금융투자업의 종류별로 대통령령으로 정하는 사항[50]이 발생한 경우에 인터넷 홈페이지 등을 이용하여 공시할 의무이다.

2. 정기경영공시

금융투자업자는 공시서류에 대한 공시의무를 지게 되는데, 공시서류란 업무보고서 중 중요사항을 발췌한 것으로(금융투자업규정에서는 "영업보고서" 라 한다), 금융투자업자는 1년간 본점과 지점, 그 밖의 영업소에 이를 비치하고, 인터넷 홈페이지 등을 이용하여 공시하여야 한다(자법 제33조 제2항).

공시서류의 기재내용은 다음과 같다(자령 제36조 제4항). ① 금융투자업자의 개요 ② 금융투자업자가 경영하고 있는 업무의 내용에 관한 사항 ③ 재무에 관한 현황 ④ 영업에 관한 사항 ⑤ 최대주주(그의 특수관계인을 포함한다)와 주요주주에 관한 사항 ⑥ 특수관계인과의 거래에 관한 사항 ⑦ 지점, 그 밖의 영업소와 인력의 관리에 관한 사항 ⑧ 그 밖에 투자자에게 알릴 필요가 있다고 금융위원회가 정하여 고시하는 사항

여기서 금융위원회가 정한 사항은 다음과 같다(금융투자업규정 제3-66조 제5항). ⓐ 감사인의 감사의견 또는 검토의견(월별 업무보고서의 경우에는 제외한다) ⓑ 이사회 등 회사의 기관 및 계열회사에 관한 사항 ⓒ 영업용순자본비율에 관한 사항[투자자문업·투자일임업 이외의 금융투자업을 영위하지 아니하는 금융투자업자(전업투자자문·투자일임업자)는 제외한다] ⓓ 위험관리정책에 관한 사항 ⓔ 법규준수를 위한 내부통제정책에 관한 사항 ⓕ 그 밖에 금

50) 앞에서의 경영상황 보고의무의 대상이 되는 사항과 그 범위가 같다.

융투자업자의 경영 및 영업에 관한 중요사항

금융투자업자가 자본시장법 제160조에 따라 반기보고서와 분기보고서를 제출한 경우에는 자본시장법 제33조 제2항에 따른 당해 분기의 공시서류를 공시한 것으로 본다(금융투자업규정 제3-66조 제4항).

3. 수시경영공시

금융투자업자는 앞에서의 경영상황보고사유와 동일한 사유가 발생시에 공시의무가 부과된다(자법 제33조 제3항). 여기서 공시 및 영업보고서의 세부적인 항목 및 공시방법 등은 금융투자협회가 정한다.

4. 정정공시 또는 재공시

금융위원회는 금융투자업자가 경영공시사항 중 자본시장법 제47조 제3항에 따른 중요사항[51]에 관하여 거짓의 사실을 공시하거나 중요사항을 빠뜨리는 등 불성실하게 공시하는 경우에는 금융투자업자에 대하여 정정공시나 재공시 등을 요구할 수 있다(자령 제36조 제6항).

V. 과태료 부과

업무보고서를 제출하지 아니하거나 거짓으로 작성하여 제출한 자, 공시서류를 비치 또는 공시하지 아니하거나 거짓으로 작성하여 비치 또는 공시한 자, 경영상황 보고 또는 공시를 하지 아니하거나 거짓으로 보고 또는 공시한 자에 대하여는 5000만원 이하의 과태료를 부과한다(자법 제449조 제1항).

---

51) 투자자의 합리적인 투자판단 또는 해당 금융투자상품의 가치에 중대한 영향을 미칠 수 있는 사항을 말한다.

제5절 대주주와의 거래제한 등

Ⅰ. 대주주와의 거래제한

1. 의의

금융투자업자는 대주주나 계열회사와 일정한 거래가 금지된다. 다만 겸영금융투자업자는 거래의 금지대상이 아니다.

2. 거래제한의 내용

(1) 증권 등의 소유

금융투자업자는 그 금융투자업자의 대주주가 발행한 증권을 소유할 수 없다(자법 제34조 제1항 1호).

(2) 계열회사 발행 주식 · 채권 · 약속어음 등의 소유 제한

금융투자업자는 그 금융투자업자의 특수관계인(금융투자업자의 대주주를 제외한다) 중 계열회사(자령 제37조 제2항)가 발행한 주식, 채권 및 약속어음(기업이 사업에 필요한 자금을 조달하기 위하여 발행한 것에 한한다)을 소유할 수 없다(자법 제34조 제1항 2호). 다만, 자기자본의 100분의 8의 범위에서 소유하는 경우를 제외한다(자령 제37조 제3항).

(3) 기타

금융투자업자는 금융투자업자의 건전한 자산운용을 해할 우려가 있는 행위로서 ① 대주주나 특수관계인과 거래를 할 때 그 외의 자를 상대방으로 하여 거래하는 경우와 비교하여 해당 금융투자업자에게 불리한 조건으로 거래를 하는 행위 ② 대주주와의 거래제한을 회피할 목적으로 하는 행위로서 ㉮ 제3자와의 계약이나 담합 등에 의하여 서로 교차하는 방법으로 하는 거래행위 ㉯ 장외파생상품거래, 신탁계약, 연계거래 등을 이용하는 행위를 하지 못한다(자령 제37조 제4항).

3. 제한의 예외

담보권의 실행 등 권리행사에 필요한 경우, 안정조작 또는 시장조성을 하는 경우, 그 밖에 금융투자업자의 건전성을 해치지 아니하는 범위에서 금융투자업의 효율적 수행을 위하여 대통령령으로 정하는 경우[52]에는 그러하지 아니하다(자법 제34조 제1항). 이 경우 금융위원회는 각 별로 그 소유기한 등을 정하여 고시할 수 있다.

---

52) 다음 각 호의 어느 하나에 해당하는 경우를 말한다(자령 제37조 제1항).

1. 법 제34조 제1항 제1호를 적용할 때 다음 각 목의 어느 하나에 해당하는 경우
   가. 대주주가 변경됨에 따라 이미 소유하고 있는 증권이 대주주가 발행한 증권으로 되는 경우
   나. 인수와 관련하여 해당 증권을 취득하는 경우
   다. 관련 법령에 따라 사채보증 업무를 할 수 있는 금융기관 등이 원리금의 지급을 보증하는 사채권을 취득하는 경우
   라. 특수채증권을 취득하는 경우
   마. 그 밖에 금융투자업자의 경영건전성을 해치지 아니하는 경우로서 금융위원회가 정하여 고시하는 경우
2. 법 제34조 제1항 제2호를 적용할 때 다음 각 목의 어느 하나에 해당하는 경우
   가. 특수관계인이 변경됨에 따라 이미 소유하고 있는 주식, 채권 및 법 제34조 제1항 제2호에 따른 약속어음이 특수관계인이 발행한 주식, 채권 및 약속어음으로 되는 경우
   나. 제1호 나목부터 마목까지의 어느 하나에 해당하는 경우
   다. 경영권 참여를 목적으로 지분을 취득하는 경우 등 금융위원회가 정하여 고시하는 출자로 주식을 취득하는 경우
   라. 차익거래나 투자위험을 회피하기 위한 거래로서 금융위원회가 정하여 고시하는 거래를 목적으로 주식, 채권 및 약속어음을 소유하는 경우
   마. 제3항에 따른 자기자본의 변동이나 특수관계인이 발행한 주식, 채권 및 약속어음의 가격변동으로 인하여 제3항에서 정하는 비율을 초과하는 경우
   바. 해외 집합투자기구를 설립하기 위하여 자기자본의 100분의 30의 범위에서 금융위원회의 확인을 받아 주식을 취득하는 경우
   사. 그 밖에 금융투자업자의 경영건전성을 해치지 아니하는 경우로서 금융위원회가 정하여 고시하는 경우

Ⅱ. 신용공여의 제한

1. 의의

금융투자업자는 대주주(그의 특수관계인을 포함한다)에 대하여 신용공여를 하여서는 아니 되며, 대주주는 그 금융투자업자로부터 신용공여를 받아서는 아니 된다(자법 제34조 제2항). 신용공여란 금전 · 증권 등 경제적 가치가 있는 재산의 대여, 채무이행의 보증, 자금 지원적 성격의 증권의 매입, 그 밖에 거래상의 신용위험을 수반하는 직접적 · 간접적 거래로서 다음의 거래를 말한다(자령 제38조 제1항).

① 대주주(그의 특수관계인을 포함한다)를 위하여 담보를 제공하는 거래
② 대주주를 위하여 어음을 배서(어음법 제15조 제1항에 따른 담보적 효력이 없는 배서는 담보적 효력이 없는 배서는 제외한다)하는 거래
③ 대주주를 위하여 출자의 이행을 약정하는 거래
④ 대주주에 대한 금전 · 증권 등 경제적 가치가 있는 재산의 대여, 채무이행의 보증, 자금 지원적 성격의 증권의 매입, ①부터 ③까지의 어느 하나에 해당하는 거래의 제한을 회피할 목적으로 하는 거래로서 다음의 어느 하나에 해당하는 거래
가. 제3자와의 계약 또는 담합 등에 의하여 서로 교차하는 방법으로 하는 거래
나. 장외파생상품거래, 신탁계약, 연계거래 등을 이용하는 거래
⑤ 그 밖에 채무인수 등 신용위험을 수반하는 거래로서 금융위원회가 정하여 고시하는 거래

2. 제한의 예외

금융투자업자의 건전성을 해할 우려가 없는 신용공여로서 다음의 경우에는 이를 할 수 있다(자령 제38조 제2항).

① 임원에 대하여 연간 급여액(근속기간 중에 그 금융투자업자로부터 지급된 소득세 과세대상이 되는 급여액을 말한다)과 1억원 중 적은 금액의

범위에서 하는 신용공여

② 해외 현지법인에 대한 채무보증

③ 다음의 어느 하나의 경우가 신용공여에 해당하는 경우 그 신용공여

가. 담보권의 실행 등 권리행사를 위하여 필요한 경우로서 대주주가 발행하는 증권 등을 소유하는 경우

나. 안정조작이나 시장조성을 하는 경우로서 대주주가 발행하는 증권 등을 소유하는 경우

다. 시행령 제37조 제1항 각 호의 예외적으로 증권 등의 소유 또는 신용공여가 허용되는 경우

라. 자기자본의 100분의 8범위 내에서 주식, 채권 및 약속어음을 소유하는 경우

Ⅲ. 예외적 허용을 위한 절차

1. 이사회의 승인

금융투자업자는 대주주에 대하여 예외적으로 허용되는 증권 소유 및 신용공여를 하고자 하는 경우에는 미리 이사회 결의를 거쳐야 한다. 이 경우 이사회 결의는 재적이사 전원의 찬성으로 한다(자법 제34조 제3항).

다만 단일거래 금액이 자기자본의 1만분의 10에 해당하는 금액과 10억원 중 적은 금액의 범위에서 소유하거나 신용공여하려는 경우에는 이사회의 결의를 거치지 않아도 된다. 이 때 해당 금융투자업자의 일상적인 거래분야의 거래로서 약관에 따른 거래 금액은 단일거래 금액에서 제외한다(자령 제39조 제1항).

2. 거래사실의 보고 및 공시의무

금융투자업자는 예외적으로 허용되는 증권의 소유 및 신용공여를 한 경우에는 그 사실을 금융위원회에 지체 없이 보고하고, 인터넷 홈페이지 등을 이용하여 공시하여야 한다(자법 제34조 제4항).[53]

다만 다음의 사항은 분기별로 금융위원회에 보고하고, 인터넷 홈페이지 등을 이용하여 공시하면 된다(자령 제39조 제2항).

① 예외적으로 허용되는 주식, 채권 및 약속어음을 소유하는 경우
  가. 분기 말 현재 주식, 채권 및 약속어음의 소유 규모
  나. 분기 중 주식, 채권 및 약속어음의 증감 내역
  다. 취득가격이나 처분가격
  라. 그 밖에 금융위원회가 정하여 고시하는 사항

② 예외적으로 허용되는 신용공여를 하는 경우
  가. 분기 말 현재 신용공여의 규모
  나. 분기 중 신용공여의 증감 금액
  다. 신용공여의 거래조건
  라. 그 밖에 금융위원회가 정하여 고시하는 사항

Ⅳ. 금융위원회의 조치

1. 자료제출 명령

금융위원회는 금융투자업자 또는 그의 대주주가 자본시장법상 '대주주와의 거래 등의 제한' 규정을 위반한 혐의가 있다고 인정될 경우에는 금융투자업자 또는 그의 대주주에게 필요한 자료의 제출을 명할 수 있다(자법 제34조 제6항).

2. 제한조치

금융위원회는 금융투자업자의 대주주(회사에 한한다)의 부채가 자산을 초과하는 등 재무구조의 부실로 인하여 금융투자업자의 경영건전성을 현저히 해칠 우려가 있는 경우로서 다음의 경우에는 금융투자업자에 대하여 대주주가 발행한 증권의 신규취득 및 제2항 단서에 따른 신용공여를 제한할 수 있다(자법

53) 이때에도 단일거래 금액이 자기자본의 1만분의 10에 해당하는 금액과 10억원 중 적은 금액의 범위에서 소유하거나 신용공여하려는 경우에는 예외가 인정된다(자령 제39조 제1항).

제34조 제7항, 자령 제40조).

① 대주주(회사만 해당하며, 회사인 특수관계인을 포함한다)의 부채가 자산을 초과하는 경우

② 대주주가 둘 이상의 신용평가회사에 의하여 투자부적격 등급으로 평가받은 경우

Ⅴ. 벌칙조항

금융위원회의 자료의 제출명령을 위반한 자는 5천만원 이하의 과태료를 부과한다(자법 제449조 제1항 18호). 대주주 등과의 거래에 이사회의 승인이 필요한 경우에 이사회 결의를 거치지 아니한 자, 보고 또는 공시를 하지 아니하거나 거짓으로 보고 또는 공시한 자는 5천만원 이하의 과태료를 부과한다(자법 제449조 제1항 16. 17호). 금융투자업자가 대주주와의 거래제한에 위반하여 대주주가 발행한 증권 등을 소유한 경우에 5년 이하의 징역 또는 2억원 이하의 벌금에 처한다(자법 제444조 제3호). 신용공여금지에 관한 제34조 제2항을 위반하여 신용공여를 한 금융투자업자와 그로부터 신용공여를 받은 자도 5년 이하의 징역 또는 2억원 이하의 벌금에 처한다(자법 제444조 제4호).

Ⅵ. 대주주의 부당한 영향력 행사 금지

금융투자업자의 대주주(그의 특수관계인을 포함한다)는 금융투자업자의 이익에 반하여 대주주 자신의 이익을 얻을 목적으로 다음의 어느 하나에 해당하는 행위를 하여서는 아니 된다(자법 제35조).

① 부당한 영향력을 행사하기 위하여 금융투자업자에 대하여 외부에 공개되지 아니한 자료 또는 정보의 제공을 요구하는 행위(다만, 회계장부열람권의 행사에 해당하는 경우를 제외한다)

② 경제적 이익 등 반대급부의 제공을 조건으로 다른 주주와 담합하여 금융투자업자의 인사 또는 경영에 부당한 영향력을 행사하는 행위

③ 그 밖에 이에 준하는 행위로서 대통령령으로 정하는 행위[54]

제4장 영업행위 규제

제1절 공통영업행위규제

Ⅰ. 일반적 의무

1. 신의성실의무

(1) 의의

자본시장법에서는 금융투자업자의 영업행위를 규제할 일반적인 주의의무로서 신의성실의무에 관한 규정을 두고 있다. 신의성실의 원칙은 사법상의 일반원칙으로서 민법(제2조 제1항)에 규정하고 있으므로 이를 따로 규정할 필요가 있는가라는 문제제기를 할 수 있지만, 금융투자업자의 영업행위에 대하여 투자자 보호를 위한 여러 의무가 부과되는데 이에 대한 이론적 근거를 제공한다는 의미에서 이 조항의 의의를 찾을 수 있다.

(2) 규정의 내용

자본시장법 제2조는 신의성실의무와 투자자이익우선의무를 그 내용으로 한다. 금융투자업자는 영업을 함에 있어서 일반적인 주의의무인 신의성실의 원칙에 따라 공정하게 금융투자업을 영위하여야 한다(자법 제37조 제1항). 신의성실의 원칙은 투자자 보호를 위한 것으로, 금융투자업자가 영업을 함에 있어서 투자자와의 사이에 분쟁이 발생한 경우에 이 원칙은 금융투자업자의 업

54) 다음 각 호의 어느 하나에 해당하는 행위를 말한다(자령 제41조).
1. 금융투자업자로 하여금 위법행위를 하도록 요구하는 행위
2. 금리, 수수료, 담보 등에 있어서 통상적인 거래조건과 다른 조건으로 대주주 자신이나 제3자와의 거래를 요구하는 행위
3. 법 제71조 제2호에 따른 조사분석자료의 작성과정에서 영향력을 행사하는 행위

무집행의 적절성을 판단하는 기준이 된다.

또한 금융투자업자는 금융투자업을 영위함에 있어서 정당한 사유 없이 투자자의 이익을 해하면서 자기가 이익을 얻거나 제삼자가 이익을 얻도록 하여서는 아니 된다(자법 제37조 제2항). 투자자이익우선의무는 신의성실의 의무를 구체화하여 내용적으로 확인한 것으로 볼 수 있다.

2. 상호

(1) 상호진실주의

금융투자업자가 아닌 자는 그 상호 중에 "금융투자" 라는 문자 또는 이와 같은 의미를 가지는 외국어 문자로서 대통령령으로 정하는 문자[55]를 사용하여서는 아니 된다(자법 제38조 제1항).

금융업과 관련하여 은행, 보험 등의 영업을 하는 자는 그 상호 중에 은행, 보험 등의 문자를 사용하여야 하고, 위 사업을 영위하지 않는 자는 동일하거나 유사한 상호를 사용할 수 없다(은행법 제14조, 보험업법 제8조). 보험회사는 생명보험과 손해보험을 구분하여 표시하여야 한다(보험업법 제8조 제1항).

금융투자업자의 경우도 공공성을 고려하여 그 상호사용에 대하여 상호진실주의를 채택하여 엄격하게 제한하고 있다.

(2) 금융투자업별 규제

증권을 대상으로 하여 투자매매업 또는 투자중개업을 영위하는 자가 아닌 자는 그 상호 중에 "증권" 이라는 문자 또는 이와 같은 의미를 가지는 Securities (그 한글표기문자를 포함한다)나 그와 비슷한 의미를 가지는 다른 외국어문자(그 한글표기문자를 포함한다)를 사용하여서는 아니 된다. 다만, 증권집합투자기구는 "증권" 이라는 문자 또는 이와 같은 의미를 가지는 외국어문자를 사용

55) Financial Investment(그 한글표기문자를 포함한다)나 그와 비슷한 의미를 가지는 다른 외국어문자(그 한글표기문자를 포함한다)를 말한다(자령 제42조 제1항).

할 수 있다(자법 제38조 제2항, 자령 제42조 제2항).

장내파생상품 또는 장외파생상품을 대상으로 하여 투자매매업 또는 투자중개업을 영위하는 자가 아닌 자는 그 상호 중에 "파생" 또는 "선물" 이라는 문자 또는 이와 같은 의미를 가지는 Derivatives 또는 Futures(그 한글표기문자를 포함한다)나 그와 비슷한 의미를 가지는 다른 외국어문자(그 한글표기문자를 포함한다)를 사용하여서는 아니 된다(자법 제38조 제3항, 자령 제42조 제3항).

집합투자업자가 아닌 자는 그 상호 중에 "집합투자", "투자신탁" 또는 "자산운용" 이라는 문자 또는 이와 같은 의미를 가지는 Collective Investment, Pooled Investment, Investment Trust, Unit Trust 또는 Asset Management(그 한글표기문자를 포함한다)나 그와 비슷한 의미를 가지는 다른 외국어문자(그 한글표기문자를 포함한다)를 사용하여서는 아니 된다. 다만, 투자신탁인 집합투자기구는 "투자신탁" 이라는 문자 또는 이와 같은 의미를 가지는 Investment Trust(그 한글표기문자를 포함한다)나 그와 비슷한 의미를 가지는 다른 외국어문자(그 한글표기문자를 포함한다)를 사용할 수 있다(자법 제38조 제4항, 자령 제42조 제4항).

투자자문업자가 아닌 자는 그 상호 중에 "투자자문" 이라는 문자 또는 이와 같은 의미를 가지는 Investment Advisory(그 한글표기문자를 포함한다)나 그와 비슷한 의미를 가지는 다른 외국어문자(그 한글표기문자를 포함한다)를 사용하여서는 아니 된다. 다만, 「부동산투자회사법」에 따른 부동산투자자문회사는 "투자자문" 이라는 문자 또는 이와 같은 의미를 가지는 Investment Advisory(그 한글표기문자를 포함한다)나 그와 비슷한 의미를 가지는 다른 외국어문자(그 한글표기문자를 포함한다)를 사용할 수 있다(자법 제38조 제5항, 자령 제42조 제5항).

투자일임업자가 아닌 자는 그 상호 중에 "투자일임" 이라는 문자 또는 이와 같은 의미를 가지는 Discretionary Investment(그 한글표기문자를 포함한다)나 그와 비슷한 의미를 가지는 다른 외국어문자(그 한글표기문자를 포함한다)를 사용하여서는 아니 된다(자법 제38조 제6항, 자령 제42조 제6항).

신탁업자가 아닌 자는 그 상호 중에 "신탁" 이라는 문자 또는 이와 같은 의미를 가지는 Trust(그 한글표기문자를 포함한다)나 그와 비슷한 의미를 가지는 다른 외국어문자(그 한글표기문자를 포함한다)를 사용하여서는 아니 된다. 다만, 집합투자업자 또는 「담보부사채신탁법」에 따른 담보부사채에 관한 신탁업, 「저작권법」에 따른 저작권신탁관리업, 「컴퓨터프로그램 보호법」에 따른 프로그램저작권 위탁관리업무를 영위하는 자는 그 상호 중에 "신탁"이라는 문자 또는 이와 같은 의미를 가지는 Trust(그 한글표기문자를 포함한다)나 그와 비슷한 의미를 가지는 다른 외국어문자(그 한글표기문자를 포함한다)를 사용할 수 있다(자법 제38조 제7항, 자령 제42조 제7항).

3. 명의대여의 금지

상법상 상인이 명의대여를 한 경우에 연대책임을 지도록 하여(상법 제24조) 상인을 신뢰한 거래상대방을 보호하고 있는데, 공공성을 가진 금융투자업자의 경우 여기서 더 나아가 명의대여자체를 하지 못하도록 규제하여 투자자를 보호하고 있다.

금융투자업자는 자기의 명의를 대여하여 타인에게 금융투자업을 영위하게 하여서는 아니 된다(자법 제39조). 자기 명의를 대여하여 타인에게 금융투자업을 영위하게 한 자는 3년 이하의 징역 또는 1억원 이하의 벌금에 처한다(자법 제445조 제3호)

Ⅱ. 겸영업무

1. 겸영업무의 종류

자본시장법에서 금융투자업자의 업무와 관련하여 금융투자업간의 상호겸영을 허용하고 있을 뿐만 아니라, 투자자 보호와 건전한 거래질서를 해할 우려가 없는 한도 내에서 다양한 금융업무의 겸영을 허용하고 있다. 종래 증권거래법상 인정되던 인가겸영업무[56]는 자본시장법상 제6조의 고유업무에 해당하

56) 종래 증권거래법 상으로는 증권회사의 겸영업무는 법정겸영업무(신용공여업무, 증권저축업무)와 인가겸영업무가 인정되었는데, 후자로는 금융감독위원회가 인가한 업무로 선물업무(주권 및 이에 기초

므로 따로 인가겸영업무는 인정되지 않는다.

겸영금융투자업자, 그 밖에 대통령령으로 정하는 금융투자업자[57]를 제외한 금융투자업자는 다음의 금융업무를 영위할 수 있는데, 이 경우 금융투자업자는 그 업무를 영위하고자 하는 날의 7일 전까지 이를 금융위원회에 신고하여야 한다(자법 제40조 제1항).

① 자본시장법 또는 금융관련 법령[58]에서 인가·허가·등록 등을 요하는 금융업무 중 「보험업법」 제91조에 따른 보험대리점의 업무 또는 보험중개사의 업무, 그 밖에 대통령령으로 정하는 금융업무[59]

② 자본시장법 또는 금융관련 법령에서 정하고 있는 금융업무로서 해당 법령에서 금융투자업자가 영위할 수 있도록 한 업무

③ 국가 또는 공공단체 업무의 대리

④ 투자자를 위하여 그 투자자가 예탁한 투자자예탁금으로 수행하는 자금이체업무

한 업무에 한함), 장외파생상품업무, 투자자문, 투자일임업, 신탁업(별도의 신탁업인가를 받아야 한다)을 들 수 있다.

57) 다음 각 호의 어느 하나에 해당하는 금융투자업자를 말한다(자령 제43조 제1항).
 1. 법 제40조 제3호 및 제4호를 적용할 때 투자매매업 또는 투자중개업을 경영하지 아니하는 금융투자업자
 2. 법 제40조 제5호를 적용할 때 다음 각 목의 어느 하나에 해당하는 금융투자업만을 경영하는 금융투자업자
  가. 투자자문업
  나. 투자일임업
  다. 투자자문업 및 투자일임업
 3. 그 밖에 금융위원회가 정하여 고시하는 금융투자업자

58) 자령 제27조 제1항 각 호의 법령을 말한다(자령 43조 제2항).

59) 다음 각 호의 어느 하나에 해당하는 금융업무를 말한다(자령 제43조 제3항).
 1. 일반사무관리회사의 업무
 2. 「외국환거래법」에 따른 외국환업무 및 외국환중개업무
 3. 「근로자퇴직급여 보장법」에 따른 퇴직연금사업자의 업무
 4. 「담보부사채신탁법」에 따른 담보부사채에 관한 신탁업무
 5. 「부동산투자회사법」에 따른 자산관리회사의 업무
 6. 「산업발전법」에 따라 등록된 기업구조조정전문회사의 업무
 7. 「중소기업창업 지원법」에 따른 중소기업창업투자회사의 업무
 8. 「여신전문금융업법」에 따른 신기술사업금융업
 9. 그 밖에 투자자 보호 및 건전한 거래질서를 해칠 염려가 없는 금융업무로서 금융위원회가 정하여 고시하는 금융업무

⑤ 그 밖에 그 금융업무를 영위하여도 투자자 보호 및 건전한 거래질서를 해할 우려가 없는 업무로서 다음에 해당하는 금융업무(자령 제43조 제5항)

가. 「자산유동화에 관한 법률」에 따른 자산관리자의 업무와 유동화전문회사업무의 수탁업무

나. 투자자계좌에 속한 증권·금전 등에 대한 제3자 담보권의 관리업무

다. 상법 제484조 제1항에 따른 사채모집의 수탁업무

라. 자본시장법 제71조 제3호에 따른 기업금융업무, 그 밖에 금융위원회가 정하여 고시하는 업무와 관련한 대출업무[60]

마. 증권의 대차거래와 그 중개·주선 또는 대리업무[61]

바. 지급보증업무[62]

사. 원화로 표시된 양도성 예금증서의 매매와 그 중개·주선 또는 대리업무[63]

아. 대출채권, 그 밖의 채권의 매매와 그 중개·주선 또는 대리업무[64]

차. 대출의 중개·주선 또는 대리업무

카. 그 밖에 투자자 보호 및 건전한 거래질서를 해칠 염려가 없는 금융업무로서 금융위원회가 정하여 고시하는 금융업무

---

60) 증권에 대한 투자매매업을 경영하는 경우만 해당.
61) 해당 증권에 대한 투자매매업 또는 투자중개업을 경영하는 경우만 해당.
62) 증권 및 장외파생상품에 대한 투자매매업을 경영하는 경우만 해당.
63) 채무증권에 대한 투자매매업 또는 투자중개업을 경영하는 경우만 해당.
64) 채무증권에 대한 투자매매업 또는 투자중개업을 경영하는 경우만 해당.

〈겸영업무〉

업무범위	수행가능 한 금융투자업자
• 보험대리점 및 보험중개사 업무(보험업법 제91조) • 일반사무관리회사(자법 제254조) • 담보부사채신탁업(담보부사채신탁업법) • 퇴직연금 사업자(근로자퇴직급여보장법) • 외국환업무(외국환거래법) • 전자자금이체업무(전자금융거래법) • 벤처캐피탈, 신기술사업	해당법령에서 인·허가를 받을 수 있는 금융투자업자
• 전자자금이체업무(전자금융거래법)	해당 법령에서 정한 금융투자업자
• 국가 · 공공단체 업무대리 • 투자자예탁금으로 수행하는 자금이체 업무	투자매매업자, 투자중개업자
• M&A 대출 • 대출 중개업 • 지급보증업무 • SPC 자산관리자 및 수탁업무 • 원화 표시 CD 매매, 중개, 주선, 대리 • 대출채권 등 매매, 중개, 주선, 대리 • 증권 대차거래,[65] 그 중개 주선, 대리	투자매매업자, 투자중개업자, 집합투자업자 * M&A 대출은 인수포함 증권투자매매업자에 한정 * 지급보증업무는 인수포함 증권투자매매업자 및 장외파생매매업자에 한정 * 증권대차거래는 해당 증권에 대한 매매 · 중개업자에 한정 * CD, 대출채권 등 매매. 중개는 채무증권 매매, 중개업자에 한정

(금융위원회, 자본시장과 금융투자업에 관한 법률 시행령 주요 설명자료, 22면, 2008.4.)

65) 금융투자업자로부터 증권을 빌리는 것으로 빌린 증권을 미리 매도하고 나중에 갚는다. 이는 주로 기관사이의 거래를 말하며 개인 사이 주식의 대차거래는 대주거래라고 한다. 공매도는 대차거래를 통해 빌린 주식을 매도하는 것으로 추후 주식을 구입해서 주식을 빌린 금융투자업자에게 돌려주어야 한다. 공매도에는 두 종류가 있다. 하나는 주식을 빌려 매도하는 차입공매도(Covered Short Selling)이다. 주식을 빌려주는 곳은 금융투자업자로 이들은 빌려주는 대가로 일정한 수수료를 받는다. 다른 하나는 주식이 없으면서도 이를 매도하는 무차입공매도(Naked Short Selling)이다. 우리나라에서는 차입공매도만 인정하고 있다.

2. 신용공여업무

금융투자업자의 겸영업무 중 주목할 것으로 ① 투자자예탁금으로 수행하는 자금이체업무 ② 기업금융 관련 대출(기업금융업무를 수행하기 위하여 이루어지는 초단기 대출) ③ 지급보증업무를 들 수 있다.

이중에서 신용공여업무와 관계를 가지는 기업금융관련 대출업무, 지급보증업무에 대하여 보면, 기존 증권거래법상 금융투자는 유가증권담보대출, 신용매매자금대출 등 제한된 범위에서만 신용공여 기능이 허용되어 금융투자업자가 완벽한 투자은행업무를 수행함에 있어서 장애가 되었다. 자본시장법에서는 경쟁력 있는 투자은행을 육성한다는 취지에 비추어 금융투자회사의 지급보증업무와 기업금융 관련 신용공여업무의 겸영이 가능하게 규제를 완화하였다. 다만, 금융투자업자의 대주주 및 특수관계인에 대한 지급보증은 금지된다.

이러한 겸영업무의 확대에 따라 금융투자업자가 증권인수, M&A 등의 기업금융업무를 수행함에 있어서 신용공여 및 지급보증을 활용할 수 있게 되었다. 특히 M&A의 경우 주식이나 회사채를 통해 자금을 조달하기에는 한계를 가지므로 투자은행으로부터 Leverage Loan을 빌려 M&A에 임하고 사후적으로 주식이나 회사채를 발행하여 그 대출을 대체하는 방식의 이용이 가능하다는 점에서 의미를 가진다.

3. 자금이체업무

(1) 의의

금융투자업자는 투자자를 위하여 투자자가 예탁한 투자자예탁금으로 수행하는 자금이체업무 및 국가 또는 공공단체 업무의 대리를 겸영업무로서 할 수 있다. 이에 따라서 2009년 7월부터 금융투자업자의 결제·송금 등 부가서비스 제공이 가능하게 되었다. 이전에 증권회사 등은 금융결제원의 소액결제시스템[66]에 가입되어 있지 않아 증권계좌를 통해 투자(위탁매매, 수익증권), 결제

66) 지로시스템, 은행공동망(CD/ATM, CMS, 타행환, 전자금융, 지방은행 등), 어음교환시스템 등 11개

(신용카드, 지로납부, 자동이체 등), 송금(계좌이체), 수시 입출금(CD/ATM) 등 종합 금융서비스를 제공하는 증권종합계좌(CMA)의 운영이 불가능하였다. 일부 증권사가 은행과 펌뱅킹(Firm Banking)계약을 체결한 후 고객에게 은행 가상계좌를 통해 자금이체, CD/ATM 입출금 등 서비스를 하였으나, 입출금·자금이체 등에 제한이 존재하였다. 즉 계좌이체가 영업시간내로 제한되고 ATM/CD를 통한 입금, 은행 창구 출금, 카드·지로결제, 급여이체 등이 불가능하였다.

그러나 자본시장법에 금융투자업자가 결제·송금·수시입출금 등 부가서비스 제공이 가능하도록 관련 법적 근거를 마련하여, 금융투자업자가 금융결제원 회원으로서 가입하여 소액결제망에서 직접 계좌이체 서비스를 제공할 수 있게 되었다.

(2) 안정성의 확보

금융시장에서의 결제시스템은 금융시장의 안정성을 좌우하는 매우 중요한 요소이다. 자본시장법에서는 소액결제시스템의 안정성을 해치지 않도록 다중 안전장치를 마련한 후 이에 관한 제도를 도입하였다.

첫째, 법인고객이 아닌 개인고객에 한해서만 허용되며, 금융투자회사의 중개계좌(위탁매매)내의 현금만(고객예탁금)을 대상으로 하여, 증권의 가치변동 위험을 원천 차단하였다.

둘째, 대표 금융기관[67]을 통해 참여함으로써 개별 금융투자회사의 결제불능시 대표금융기관이 결제 책임을 부담하게 하였다. 소액결제망에 참여하는 대표금융기관에 대해서는 금융위원회가 은행 수준의 건전성 감독을 실시하도록 하였으며, 은행에 준하는 규제를 부과할 수 있도록 하였다.

셋째, 실제 자금결제는 차액결제 방식으로 대행은행에 의하여 이루어진다. 이에 의할때 투자자가 금융투자업자에 대하여 입출금 지시를 할 경우에 고객

시스템을 말한다.

67) 대표금융기관의 업무는 예치 또는 신탁받은 투자자예탁금 범위이내에서 수행하는 투자매매업자·투자중개업자 및 그 투자자를 위한 자금이체업무, 국가 또는 공공단체 업무의 대리이다.

계좌에서는 입출금이 즉시 이루어지지만, 실제 자금결제는 익일에 차액결제를 대행하는 은행이 한국은행 당좌계좌를 통해 차액결제를 실행함으로써 마무리되게 된다. 이때 결제은행의 입장에서는 자금이체를 먼저 하고 차액결제가 익일에 이루어짐에 따라 하루 동안 금융투자업자의 신용위험을 부담하게 된다. 따라서 결제대행은행은 금융투자업자에 대해서 미리 순채무한도를 설정하고 순채무한도에 상응하는 사전담보를 요구하게 된다. 이를 위해서 금융투자업자에 대하여 투자자예탁금의 일부를 투자자를 위한 순채무한도의 담보제공에 활용할 수 있도록 허용하고 있다(자령 제72조 제3항, 금융투자업규정 제4-38조 제2항).

〈대표금융기관을 통한 참여방식의 구조〉

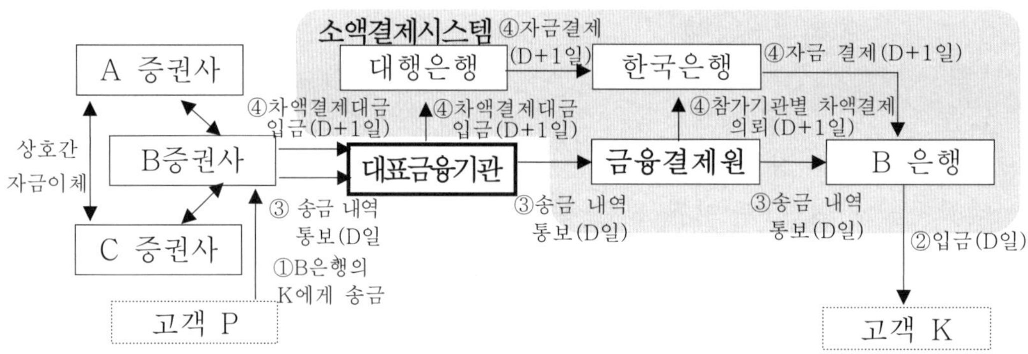

※ 구체적인 소액결제시스템 참가방식은 금융업권간 협의 사항임
(재정경제부, 자본시장과 금융투자업에 관한 법률 제정안 설명자료, 39면, 2006.6.30.)

Ⅲ. 부수업무

1. 부수업무의 포괄적 허용

부수업무란 금융투자업이 아닌 업무로서 인가를 받거나 등록한 금융투자업에 부수되는 업무를 말한다. 이전의 금융투자관련법은 금융투자업자가 영위할 수 있는 부수업무를 사전에 법령에서 열거하고 있어서 부수업무의 확대를 위해서는 매번 법령의 개정이 필요하였다. 이때 증권업의 부수업무의 예로 유가증권의 평가업무, 보호예수업무 등이 있었다.

자본시장법에서는 영위 가능한 부수업무를 법률에 사전에 열거하지 않고 원칙적으로 모든 부수업무의 취급을 허용하되 예외적으로 제한하는 체제(네가티브 시스템)로 전환하고 있다.

2. 부수업무 영위의 신고

금융투자업자는 부수업무 개시 7일 전에 금융위원회에 부수업무 개시 사실을 신고하여야 한다(자법 제41조 제1항).

3. 금융위원회의 조치

금융위원회는 부수업무 신고내용이 다음의 어느 하나에 해당하는 경우에는 그 부수업무의 영위를 제한하거나 시정할 것을 명할 수 있다(자법 제41조 제2항). ① 금융투자업자의 경영건전성을 저해하는 경우 ② 인가를 받거나 등록한 금융투자업의 영위에 따른 투자자 보호에 지장을 초래하는 경우 ③ 금융시장의 안정성을 저해하는 경우

이 때 제한명령 또는 시정명령은 그 내용 및 사유가 구체적으로 기재된 문서로 하여야 한다.

4. 공고

금융위원회는 신고 받은 부수업무 및 제한명령 또는 시정명령을 한 부수업무를 대통령령[68]으로 정하는 방법 및 절차에 따라 인터넷 홈페이지 등에 공

68) 자령 제44조(부수업무 등의 공고)

① 금융위원회는 금융투자업자가 경영하려는 부수업무를 신고한 경우에는 법 제41조 제4항에 따라 그 신고일부터 7일 이내에 다음 각 호의 사항을 인터넷 홈페이지 등에 공고하여야 한다.

고하여야 한다(자법 제41조 제4항).

Ⅳ. 금융투자업자의 업무위탁

1. 의의

금융투자업자가 업무의 효율성을 위하여 자신의 업무의 일부를 외부기관에 위탁하는 것을 업무위탁이라고 한다.

자본시장법에서는 업무위탁을 원칙적으로 허용하면서 투자자 보호 또는 건전한 거래질서를 해할 우려가 있는 일정한 경우에 이를 금지하고 있다. 만일 인가나 등록에 의한 금융투자업자가 자신의 업무를 수행하지 않고 무분별하게 업무위탁을 하게 되면 인가나 등록을 받도록 한 규제가 사실상 형해화 될 우려가 있기에 일정한 규제를 가하고 있다.

자본시장법 시행이전에는 금융위원회 규정인「금융기관의 업무위탁 등에 관한 규정」에서 이를 규제하고 있었는데, 여기서는 본질업무에 대하여는 수탁자가 인가·등록업자인지를 불문하고 위탁이 금지되었고, 단순업무만 위탁이 허용되었다. 이에 반하여 자본시장법에서는 네거티브 시스템(원칙적 허용, 예외적 금지)로 전환하여 위탁업무의 범위가 확대되게 되었다.

2. 업무위탁의 허용

금융투자업자는 금융투자업, 다른 금융업무 및 부수업무와 관련하여 그 금융투자업자가 영위하는 업무의 일부를 제삼자에게 위탁할 수 있다(자법 제42

1. 금융투자업자의 명칭
2. 부수업무의 신고일자
3. 부수업무의 개시 예정일자
4. 부수업무의 내용
5. 그 밖에 금융위원회가 정하여 고시하는 사항

② 금융위원회는 법 제41조 제2항에 따른 제한명령이나 시정명령을 한 경우에는 그 내용과 사유를 인터넷 홈페이지 등에 공고하여야 한다.

조 제1항). 다만, 투자자 보호 또는 건전한 거래질서를 해할 우려가 있는 것으로서 대통령령으로 정하는 업무69)를 제삼자에게 위탁하여서는 아니 된다.

---

69) 다음 각 호의 업무를 말한다(자령 제45조).
① 다음의 업무에 대하여 해당 업무에 관한 의사결정권한까지 위탁하는 경우
가. 준법감시인의 업무 중 금융위원회가 정하여 고시하는 업무를 제외한 업무
나. 내부감사업무
다. 위험관리업무
라. 신용위험의 분석 · 평가업무
② 금융투자업의 종류에 따른 다음의 업무
가. 투자매매업
투자매매업 관련 계약의 체결과 해지업무(단순한 계좌개설 업무 및 실명확인 업무는 제외한다), 금융투자상품의 매매를 위한 호가 제시업무 및 증권의 인수업무
나. 투자중개업
투자중개업 관련 계약의 체결 및 해지업무(단순한 계좌개설 업무 및 실명확인 업무는 제외한다) 및 증거금의 관리와 거래종결업무
다. 집합투자업
1) 투자신탁의 설정을 위한 신탁계약의 체결·해지업무와 투자유한회사·투자합자회사·투자합자조합·투자익명조합의 설립업무
2) 집합투자재산의 운용·운용지시업무[집합투자재산에 속하는 지분증권(지분증권과 관련된 증권예탁증권을 포함한다)의 의결권행사를 포함한다]
3) 집합투자재산의 평가업무.
다만, 다음의 경우는 위탁이 가능하다.
1) 집합투자재산 중 외화자산의 운용·운용지시업무[집합투자재산에 속하는 지분증권(지분증권과 관련된 증권예탁증권을 포함한다)의 의결권 행사를 포함한다]
2) 원화자산(외화자산이 아닌 자산을 말한다)인 집합투자재산 총액의 100분의 20 범위에서의 운용 · 운용지시업무(금융투자업자에게 위탁하는 경우만 해당한다)
3) 운용 · 운용지시업무와 관련한 조사분석업무
4) 집합투자재산에 속한 증권, 장내파생상품, 「외국환거래법」에 따른 대외지급수단의 단순매매주문업무와 의사결정권한까지 위탁하지 아니하는 집합투자재산의 평가업무
라. 투자자문업
1) 투자자문계약의 체결과 해지업무
2) 투자자문의 요청에 응하여 투자판단을 제공하는 업무.
다만, 투자자문계약자산 중 외화자산에 대한 투자판단을 제공하는 업무 및 원화자산인 투자자문계약자산 총액의 100분의 20 범위에서의 투자판단을 제공하는 업무(금융투자업자에게 위탁하는 경우만 해당한다)는 위탁이 가능하다.
마. 투자일임업
1) 투자일임계약의 체결과 해지업무
2) 투자일임재산의 운용업무
다만, 투자일임재산 중 외화자산의 운용업무, 원화자산인 투자일임재산 총액의 100분의 20 범위에서의 운용업무(금융투자업자에게 위탁하는 경우만 해당한다), 운용업무와 관련한 조사분석업무 및 투자일임재산에 속한 증권, 장내파생상품, 「외국환거래법」에 따른 대외지급수단의 단순매매주문업무는 위탁이 가능하다.

위탁금지업무는 모든 금융투자업자에게 공통적으로 적용되는 것과 금융투자업자별로 금지되는 것으로 구분된다. 공통적으로 금지되는 업무에는 준법감시인의 업무 중 금융위원회가 정하여 고시하는 업무를 제외한 업무, 내부감사업무, 위험관리업무, 신용위험의 분석 · 평가업무가 포함된다(자령 제45조 제1호).

금융투자업자별 금지와 관련해서, 금융투자업자의 업무 중에 본질적 업무란 금융투자업자가 인가를 받거나 등록을 한 업무와 직접 연관된 필수업무를 말하는 것으로 그 본질적 업무를 위탁받는 자는 그 업무 수행에 필요한 인가를 받거나 등록을 한 자로 제한된다(자법 제42조 제4항). 본질업무 중에서도 가장 필수적인 업무를 핵심업무라 할 수 있는데, 각 금융투자업자별로 핵심업무는 업무위탁이 금지된다(자령 제45조 제2호).

3. 업무위탁의 절차

(1) 위탁계약의 체결

금융투자업자는 제삼자에게 업무를 위탁하는 경우에는 다음의 사항을 포함하는 위탁계약을 체결하여야 하며, 그 내용을 금융위원회에 보고하여야 한다(자법 제42조 제2항).

바. 신탁업
1) 신탁계약(투자신탁의 설정을 위한 신탁계약을 포함한다)과 집합투자재산(투자신탁재산은 제외한다)의 보관 · 관리계약의 체결과 해지업무
2) 신탁재산(투자신탁재산은 제외한다)의 보관 · 관리업무
3) 집합투자재산의 보관 · 관리업무(운용과 운용지시의 이행 업무를 포함한다)
4) 신탁재산의 운용업무[신탁재산에 속하는 지분증권(지분증권과 관련된 증권예탁증권을 포함한다)의 의결권행사를 포함한다]

다만, 다음의 경우는 위탁이 가능하다.
1) 예탁대상증권 등 또는 외화자산인 집합투자재산 · 신탁재산의 보관 · 관리업무(외화자산인 집합투자재산의 운용 및 운용지시의 이행업무를 포함한다)
2) 신탁재산 중 외화자산의 운용업무[신탁재산에 속하는 지분증권(지분증권과 관련된 증권예탁증권을 포함한다)의 의결권 행사를 포함한다]
3) 원화자산인 신탁재산 총액의 100분의 20 범위에서의 운용업무(금융투자업자에게 위탁하는 경우만 해당한다)
4) 운용업무와 관련한 조사분석업무 및 신탁재산에 속한 증권, 장내파생상품, 「외국환거래법」에 따른 대외지급수단의 단순매매주문업무

① 위탁하는 업무의 범위
② 수탁자의 행위제한에 관한 사항
③ 위탁하는 업무의 처리에 대한 기록유지에 관한 사항
④ 그 밖에 투자자 보호 또는 건전한 거래질서를 위하여 필요한 사항으로서 대통령령으로 정하는 사항70)

(2) 업무위탁의 보고

금융투자업자는 업무를 위탁받은 자가 그 위탁받은 업무를 실제로 수행하려는 날의 7일 전까지 다음의 서류를 첨부하여 금융위원회에 보고하여야 한다(자령 제46조 제1항). 다만, 이미 보고한 내용을 일부 변경하는 경우로서 변경되는 내용이 경미한 경우 등 금융위원회가 정하여 고시하는 경우에는 금융위원회가 보고시기 및 첨부서류 등을 다르게 정하여 고시할 수 있다.
① 업무위탁계약서 사본
② 업무위탁 운영기준
③ 업무위탁계약이 자본시장법 제42조 제3항 각 호의 어느 하나에 해당하지 아니하고 업무위탁 운영기준에 위배되지 아니한다는 준법감시인(준법감시인이 없는 경우에는 감사 등 이에 준하는 자를 말한다)의 검토의견 및 관련 자료
④ 외국 금융투자업자에게 본질적 업무(자법 제42조 제4항에 따른 본질적 업무를 말한다)를 위탁하는 경우에는 그 외국 금융투자업자가 해당 요건을 갖춘 자임을 증명하는 서류
⑤ 그 밖에 투자자 보호나 건전한 거래질서를 위하여 필요한 서류로서 금융위원회가 정하여 고시하는 서류

70) 다음의 사항을 말한다(자령 제46조 제2항).
1. 업무위탁계약의 해지에 관한 사항
2. 위탁보수 등에 관한 사항
3. 그 밖에 업무위탁에 따른 이해상충방지체계 등 금융위원회가 정하여 고시하는 사항

(3) 업무위탁의 제한

금융위원회는 자본시장법 제42조 제2항에 따른 위탁계약의 내용이 다음의 어느 하나에 해당하는 경우에는 해당 업무의 위탁을 제한하거나 시정할 것을 명할 수 있다(자법 제42조 제3항).

① 금융투자업자의 경영건전성을 저해하는 경우
② 투자자 보호에 지장을 초래하는 경우
③ 금융시장의 안정성을 저해하는 경우
④ 금융거래질서를 문란하게 하는 경우

4. 본질적 업무의 위탁

위탁받는 업무가 본질적 업무[71]인 경우 그 본질적 업무를 위탁받는 자는

---

71) 본질적 업무란 해당 금융투자업자가 인가를 받거나 등록을 한 업무와 직접적으로 관련된 필수업무로서 다음의 업무를 말한다(자령 제47조).
① 투자매매업인 경우에는 다음의 업무
가. 투자매매업 관련 계약의 체결과 해지업무
나. 금융투자상품의 매매를 위한 호가 제시업무
다. 매매주문의 접수, 전달, 집행 및 확인업무
라. 증권의 인수업무
마. 인수대상 증권의 가치분석업무
바. 인수증권의 가격결정, 청약사무수행 및 배정업무
② 투자중개업인 경우에는 다음의 업무
가. 투자중개업 관련 계약의 체결 및 해지업무
나. 일일정산업무
다. 증거금 관리와 거래종결업무
라. 매매주문의 접수, 전달, 집행 및 확인업무
③ 집합투자업인 경우에는 다음의 업무
가. 투자신탁의 설정을 위한 신탁계약의 체결·해지업무와 투자유한회사, 투자합자회사, 투자합자조합, 투자익명조합의 설립업무
나. 집합투자재산의 운용·운용지시업무[집합투자재산에 속하는 지분증권(지분증권과 관련된 증권예탁증권을 포함한다)의 의결권 행사를 포함한다]
다. 집합투자재산의 평가업무
④ 투자자문업인 경우에는 다음의 업무
가. 투자자문계약의 체결과 해지업무
나. 투자자문의 요청에 응하여 투자판단을 제공하는 업무

그 업무 수행에 필요한 인가를 받거나 등록을 한 자이어야 한다. 이 경우 그 업무를 위탁받는 자가 외국 금융투자업자로서 대통령령으로 정하는 요건을 갖춘 경우에는 인가를 받거나 등록을 한 것으로 본다(자법 제42조 제4항).

5. 재위탁의 금지

업무를 위탁받은 자는 위탁받은 업무를 제삼자에게 재위탁하여서는 아니 된다. 다만, 투자자 보호를 해하지 아니하는 범위에서 금융투자업의 원활한 수행을 위하여 필요한 경우로서 대통령령으로 정하는 경우72)에는 위탁한 자의 동의를 받아 제삼자에게 재위탁할 수 있다(자법 제42조 제5항).

---

⑤ 투자일임업인 경우에는 다음의 업무
가. 투자일임계약의 체결과 해지업무
나. 투자일임재산의 운용업무
⑥ 신탁업인 경우에는 다음의 업무
가. 신탁계약(투자신탁의 설정을 위한 신탁계약을 포함한다)과 집합투자재산(투자신탁재산은 제외한다)의 보관 · 관리계약의 체결과 해지업무
나. 신탁재산(투자신탁재산은 제외한다)의 보관 · 관리업무
다. 집합투자재산의 보관 · 관리업무(운용과 운용지시의 이행 업무를 포함한다)
라. 신탁재산의 운용업무[신탁재산에 속하는 지분증권(지분증권과 관련된 증권예탁증권을 포함한다)의 의결권 행사를 포함한다]

72) 다음의 경우를 말한다(자령 제48조).
① 위탁받은 업무의 일부로서 다음의 어느 하나에 해당하는 업무
가. 전산관리 · 운영 업무
나. 고지서 등 발송 업무
다. 보관업무(신탁업에 해당하는 보관 업무는 제외한다)
라. 조사분석 업무
마. 법률검토 업무
바. 회계관리 업무
사. 문서 등의 접수 업무
아. 채권추심 업무
자. 그 밖에 금융위원회가 정하여 고시하는 단순 업무
② 외화자산인 집합투자재산의 운용 · 운용지시업무[집합투자재산에 속하는 지분증권(지분증권과 관련된 증권예탁증권을 포함한다)의 의결권 행사를 포함한다] 및 집합투자재산의 평가업무(외화자산의 평가업무로서 의사결정권한까지 위탁하지 아니하는 것만 해당한다)
③ 신탁재산의 보관·관리업무 및 집합투자재산의 보관·관리업무 중 예탁대상증권 등 및 외화자산의 보관 · 관리업무(집합투자재산의 운용 및 운용지시의 이행업무를 포함한다)와 신탁재산의 운용업무 중 외화자산인 신탁재산의 운용업무[신탁재산에 속하는 지분증권(지분증권과 관련된 증권예탁증권을 포함한다)의 의결권 행사를 포함한다]

6. 업무위탁 관련 정보제공

업무를 위탁한 자는 위탁한 업무의 범위에서 위탁받은 자에게 투자자의 금융투자상품의 매매, 그 밖의 거래에 관한 정보 및 투자자가 맡긴 금전, 그 밖의 재산에 관한 정보를 제공할 수 있다. 정보의 제공은 다음의 기준에 따라야 한다(자령 제49조 제1항).

① 제공하는 정보는 위탁한 업무와 관련한 정보일 것
② 정보제공과 관련된 기록을 유지할 것
③ 제공하는 정보에 대한 수탁자의 정보이용에 관하여 관리 · 감독이 가능할 것

7. 업무위탁 운영기준

금융투자업자는 업무위탁을 하고자 하는 경우 투자자정보 보호 및 위험관리 · 평가 등에 관한 업무위탁 운영기준을 정하여야 한다(자법 제42조 제7항). 업무위탁 운영기준에는 다음의 사항을 포함하여야 한다(자령 제49조 제2항).

① 업무위탁에 따른 위험관리 · 평가에 관한 사항
② 업무위탁의 결정 · 해지절차에 관한 사항
③ 수탁자에 대한 관리 · 감독에 관한 사항
④ 투자자정보 보호에 관한 사항
⑤ 수탁자의 부도 등 우발상황에 대한 대책에 관한 사항
⑥ 위탁업무와 관련하여 자료를 요구할 수 있는 수단 확보에 관한 사항
⑦ 그 밖에 금융위원회가 정하여 고시하는 사항

8. 내용의 기재 및 통보

금융투자업자는 업무위탁을 한 내용을 계약서류 및 투자설명서(집합투자업자의 경우 간이투자설명서를 포함한다)에 기재하여야 하며, 투자자와 계약을 체결한 후에 업무위탁을 하거나 그 내용을 변경한 경우에는 이를 투자자에게 통보하여야 한다(자법 제42조 제8항).

Ⅴ. 이해상충방지

1. 의의

이해상충이란 투자자의 이익을 희생하여 금융투자업자의 고유계정의 이익을 추구하거나 다른 투자자의 이익을 추구하는 것을 의미한다. 단일의 금융투자업을 영위할 때에는 투자자의 이익을 희생하여 고유계정의 이익을 추구하거나 다른 투자자의 이익을 추구하는 경우에 발생하고, 복수의 금융투자업을 겸영할 때에는 특정 금융투자업의 투자자 이익을 희생하여 타 금융투자업으로부터 자신의 이익을 추구하거나 타 금융투자업의 투자자의 이익을 추구하는 경우에 발생하게 된다.

자본시장법에서는 투자자 보호를 위해서 이러한 이해상충을 방지하기 위한 여러 방안을 마련하고 있다. 이는 대별해서 이해상충 행위의 금지[73]와 이해상충 관리시스템의 구축으로 나눌 수 있고, 후자와 관련하여 자본시장법에서는 이해상충의 관리와 정보교류차단장치에 관한 규정을 두고 있다.

2. 이해상충의 관리

(1) 이해상충의 관리의무

금융투자업자는 금융투자업의 영위와 관련하여 금융투자업자와 투자자 간, 특정 투자자와 다른 투자자 간의 이해상충을 방지하기 위하여 이해상충이 발생할 가능성을 파악 · 평가하고, 내부통제기준이 정하는 방법 및 절차에 따라

---

73) 영업행위규제에 관한 공통규정으로서 자본시장법 제37조에서 신의성실의무를 규정하고 있고, 이 일반규정 외에 금융투자업자별로 구체적 행위에 대한 규제로서 이해상충의 우려가 있는 대표적인 행위를 유형화하여 이를 금지하고 있다. 예를 들면 투자매매업 · 투자중개업의 경우 투자자의 매수·매도 주문을 체결하기 전에 자기 계산으로 매수·매도하는 행위(선행매매) 등을 금지하며, 집합투자·투자일임·자문·신탁업의 경우 가격에 중대한 영향을 미칠 수 있는 투자자 재산의 매도·매수의사를 결정한 후, 이의 실행 전에 자기계산으로 매도·매수하는 행위 등을 금지하고 있다. 이에 대해서는 제2절 금융투자업자별 영업행위규제 부분에서 검토.

이를 적절히 관리하여야 한다(자법 제44조 제1항).

이것을 이해상충관리를 위한 내부관리(Internal Controls)시스템이라고 할 수 있는데, 금융투자업자는 이 시스템을 구축해야 할 의무를 지게 된다.

(2) 공시·거래제한의무

금융투자업자는 이해상충이 발생할 가능성을 파악·평가한 결과 이해상충이 발생할 가능성이 있다고 인정되는 경우에는 그 사실을 미리 해당 투자자에게 알려야 하며, 그 이해상충이 발생할 가능성을 내부통제기준이 정하는 방법 및 절차에 따라 투자자 보호에 문제가 없는 수준으로 낮춘 후 매매, 그 밖의 거래를 하여야 한다(자법 제44조 제2항). 금융투자업자는 그 이해상충이 발생할 가능성을 낮추는 것이 곤란하다고 판단되는 경우에는 매매, 그 밖의 거래를 하여서는 아니 된다.

3. 정보교류차단

(1) 의의

자본시장법에서는 일정한 경우 정보교류차단장치(Chinese Wall)의 구축을 의무화하고 있는데, 구체적으로 투자매매업과 집합투자업 등 이해상충 가능성이 큰 금융투자업간에 금융투자상품의 매매에 관한 정보 등 이해상충의 소지가 있는 정보의 제공을 금지하고, 임·직원의 겸직금지 및 사무공간·전산설비 공동이용 등을 금지하고 있다.[74)]

---

74) 자법 제45조(정보교류의 차단) ① 금융투자업자는 그 영위하는 금융투자업(고유재산 운용업무를 포함한다. 이하 이 조에서 같다) 간에 이해상충이 발생할 가능성이 큰 경우로서 대통령령으로 정하는 경우에는 다음 각 호의 어느 하나에 해당하는 행위를 하여서는 아니 된다.
  1. 금융투자상품의 매매에 관한 정보, 그 밖에 대통령령으로 정하는 정보를 제공하는 행위
  2. 임원(대표이사, 감사 및 사외이사가 아닌 감사위원회의 위원을 제외한다) 및 직원을 겸직하게 하는 행위
  3. 사무공간 또는 전산설비를 대통령령으로 정하는 방법으로 공동으로 이용하는 행위
  4. 그 밖에 이해상충이 발생할 가능성이 있는 행위로서 대통령령으로 정하는 행위

(2) 정보교류의 차단대상

금융투자업자는 그 영위하는 금융투자업(고유재산 운용업무를 포함한다) 간에 이해상충이 발생할 가능성이 큰 경우로서 다음의 경우 정보교류차단장치를 두어야 한다(자법 제45조 제1항, 자령 제50조 제1항).

첫째, 고유재산운용업무(누구의 명의로 하든지 자기의 계산으로 금융투자상품을 매매하거나 소유하는 업무로서 투자매매업이 아닌 업무를 말한다) · 투자매매업 · 투자중개업과 집합투자업(집합투자재산을 금융투자상품에 운용하는 업무만 해당한다) · 신탁업(신탁재산을 금융투자상품에 운용하는 업무 및 집합투자재산 · 신탁재산 중 금융투자상품을 보관 · 관리하는 업무만 해당한다) 간의 경우.

다만, 다음의 어느 하나에 해당하는 경우에는 그러하지 아니하다. ① 투자매매업 · 투자중개업 중 기업금융업무(자법 제71조 제3호에 따른 기업금융업무를 말하며 집합투자증권에 대한 인수업무 또는 모집 · 매출 · 사모의 주선업무는 제외한다)와 집합투자업 중 기업금융업무 간의 경우 ② 고유재산운용업무 · 투자매매업 · 투자중개업 중 전담중개업무와 집합투자재산을 전담중개업무로서 보관 · 관리하는 신탁업 간의 경우.

둘째, 기업금융업무와 고유재산운용업무 · 금융투자업(기업금융업무와 국채증권, 지방채증권, 시행령 제119조 제1항 각 호의 법률에 따라 직접 설립된 법인이 발행한 채권 및 같은 조 제2항 각 호의 증권에 대한 매매 · 중개 업무는 제외한다) 간의 경우.

셋째, 금융투자업자(자기자본, 위험관리 능력 등을 감안하여 금융위원회가 정하여 고시하는 기준을 충족하는 투자매매업자 · 투자중개업자 · 신탁업자로 한정한다)가 자본시장법 제249조의 2에 따른 전문사모집합투자기구에 대하여

---

② 금융투자업자는 금융투자업의 영위와 관련하여 계열회사, 그 밖에 대통령령으로 정하는 회사와 이해상충이 발생할 가능성이 큰 경우로서 대통령령으로 정하는 경우에는 다음 각 호의 어느 하나에 해당하는 행위를 하여서는 아니 된다.

1. 금융투자상품의 매매에 관한 정보, 그 밖에 대통령령으로 정하는 정보를 제공하는 행위
2. 임원(비상근감사를 제외한다) 및 직원을 겸직하게 하거나 파견하여 근무하게 하는 행위
3. 사무공간 또는 전산설비를 대통령령으로 정하는 방법으로 공동으로 이용하는 행위
4. 그 밖에 이해상충이 발생할 가능성이 있는 행위로서 대통령령으로 정하는 행위

다음의 어느 하나에 해당하는 업무를 집합투자재산의 효율적인 운용에 기여할 가능성 등을 고려하여 금융위원회가 정하여 고시하는 방법에 따라 제공하는 전담중개업무와 고유재산운용업무·금융투자업(전담중개업무는 제외한다) 간의 경우. ① 증권의 대여 또는 그 중개·주선이나 대리업무 ② 금전의 융자 ③ 전문사모집합투자기구의 재산의 보관 및 관리 ④ 그 밖에 전문사모집합투자기구의 효율적인 업무 수행을 지원하기 위하여 필요한 업무로서 금융위원회가 정하여 고시하는 업무

넷째, 기업금융업무와 전담중개업무 간의 경우.

(3) 금지되는 행위

금융투자업자는 그 영위하는 금융투자업(고유재산 운용업무를 포함한다)간에 이해상충이 발생할 가능성이 큰 경우에는 다음의 행위를 하여서는 아니 된다.

1) 정보의 제공행위

금융투자상품의 매매에 관한 정보, 그 밖에 대통령령으로 정하는 정보를 제공하는 행위는 금지된다. "금융투자상품의 매매에 관한 정보, 그 밖에 대통령령으로 정하는 정보" 란 다음의 어느 하나에 해당하는 정보로서 불특정 다수인이 알 수 있도록 공개되기 전의 것을 말한다. 다만, 이해상충이 발생할 가능성이 크지 아니한 경우로서 금융위원회가 정하여 고시하는 기준에 따라 제공하는 정보는 제외한다(자령 제50조 제2항).

① 금융투자업자의 금융투자상품(금융위원회가 정하여 고시하는 금융투자상품은 제외한다) 매매 및 소유현황에 관한 정보

② 투자자의 금융투자상품 매매 및 소유현황에 관한 정보. 다만, 투자자가 예탁한 증권의 총액과 증권의 종류별 총액에 관한 정보, 그 밖에 금융위원회가 정하여 고시하는 정보를 제공하는 경우는 제외한다.

③ 집합투자재산, 투자일임재산 및 신탁재산의 구성내역과 운용에 관한 정보. 다만, 금융위원회가 정하여 고시하는 기준에 따라 집합투자재산, 투자일임재산 및 신탁재산의 구성내역과 운용에 관한 정보 중 2개월이 지

난 정보를 제공하는 경우는 제외한다.

④ 기업금융업무를 하면서 알게 된 정보로서 자본시장법 제174조 제1항 각 호 외의 부분에 따른 미공개중요정보

2) 겸직행위

임원(대표이사, 감사 및 사외이사가 아닌 감사위원회의 위원을 제외한다) 및 직원을 겸직하게 하는 행위는 금지된다.

3) 시설의 공동이용행위

사무공간 또는 전산설비를 다음의 방법으로 공동으로 이용하는 행위는 금지된다(자령 제50조 제3항).

① 사무공간이 벽이나 칸막이 등을 통하여 공간적으로 분리되지 아니하거나, 출입문을 공동으로 이용하는 방법

② 자본시장법 제45조 제1항 제1호에 따른 정보에 관한 전산자료가 공유되지 못하도록 독립되어 열람되지 아니하는 방법

4) 기타

그 밖에 이해상충이 발생할 가능성이 있는 행위로서 다음의 행위를 하지 못한다(자령 제50조 제4항).

① 업무 간에 담당 부서를 독립된 부서로 구분하지 아니하거나, 담당 부서가 그 업무를 독립적으로 처리하지 아니하는 행위. 다만, 이해상충이 발생할 가능성이 크지 아니한 경우로서 금융위원회가 정하여 고시하는 경우는 제외한다.

② 업무를 수행하는 임직원 간에 해당 업무에 관한 회의를 하거나 통신을 한 경우에는 내부통제기준이 정하는 방법 및 절차에 따라 그 회의 또는 통신에 관한 기록을 유지하지 아니하거나 준법감시인(준법감시인이 없는 경우에는 감사 등 이에 준하는 자를 말한다)의 확인을 받지 아니하는 행위

(4) 정보교류차단에 대한 예외

정보교류차단 대상이 되는 정보이어도 이해상충이 발생할 가능성이 크지 아니한 경우로서 금융위원회가 정하여 고시하는 경우는 제외한다(자령 제50조 제1항 단서). 여기서 금융위원회가 정하여 고시하는 경우란 다음의 경우를 말한다(금융투자업 규정 제4-6조 제1항).

① 시행령 제50조 제1항 제1호를 적용할 때 다음의 어느 하나에 해당하는 경우

가. 투자매매업, 투자중개업 또는 집합투자업을 경영하지 아니하는 부동산 신탁업자: 신탁업과 고유재산 운용업무 간의 경우

나. 자기가 운용하는 집합투자기구의 집합투자증권에 대한 투자매매업·투자중개업 이외의 투자매매업·투자중개업 또는 신탁업을 경영하지 아니하는 집합투자업자: 집합투자업과 자기가 운용하는 집합투자기구의 집합투자증권에 대한 투자매매업·투자중개업 간의 경우

② 시행령 제50조 제1항 제2호를 적용할 때 다음의 어느 하나에 해당하는 업무의 경우

가. 인수업무과정에서 취득한 증권을 매도하거나, 모집·사모·매출의 주선과정에서 그 증권을 취득시키는 업무

나. 국채증권, 지방채증권, 시행령 제119조 제1항 각 호의 법률에 따라 직접 설립된 법인이 발행한 채권 및 같은 조 제2항 각 호의 증권의 인수업무 또는 모집·매출·사모의 주선업무

또한 이해상충이 발생할 가능성이 크지 아니한 경우로서 금융위원회가 정하여 고시하는 기준에 따라 제공하는 정보는 차단대상에서 제외한다(자령 제50조 제2항 단서). 다만 이 경우에는 다음의 기준을 충족하여야 한다(금융투자업 규정 제4-6조 제2항).

① 정보를 제공하는 임직원이 해당 정보를 제공할 상당한 이유가 있을 것

② 제공하는 정보가 업무상 필요한 최소한의 범위로 한정될 것

③ 해당 업무를 관장하는 임원 및 준법감시인(준법감시인이 없는 경우에는 감사 등 이에 준하는 자를 말한다)의 승인을 미리 받을 것

④ 정보제공과 관련된 기록을 유지·관리할 것
⑤ 정보를 제공받은 임직원이 해당 정보를 해당 업무 외의 목적으로 이용하지 아니할 것

4. 계열회사 등과의 정보교류차단

(1) 정보교류의 차단대상

금융투자업자와 계열회사, 금융투자업자가 집합투자업을 경영하는 경우에는 그 금융투자업자가 운용하는 집합투자기구의 집합투자증권을 판매하는 투자매매업자 · 투자중개업자(집합투자증권 판매회사), 금융투자업자가 외국 금융투자업자 등의 지점, 그 밖의 영업소인 경우에는 그 외국 금융투자업자 등이 대상이 된다(자법 제45조 제2항, 자령 제51조 제1항).

(2) 금지되는 행위

1) 정보의 제공행위

금융투자상품의 매매에 관한 정보, 그 밖에 다음의 정보를 불특정 다수인이 알 수 있도록 공개되기 전에 제공하는 행위는 금지된다(자령 제51조 제3항).
① 금융투자업자의 금융투자상품(금융위원회가 정하여 고시하는 것은 제외한다)의 매매 및 소유현황에 관한 정보
② 투자자의 금융투자상품 매매 및 소유현황에 관한 정보
③ 집합투자재산, 투자일임재산 및 신탁재산의 구성내역과 운용에 관한 정보
④ 기업금융업무를 하면서 알게 된 정보로서 자본시장법 제174조 제1항 각 호 외의 부분에 따른 미공개중요정보

2) 겸직행위

임원(비상근감사를 제외한다) 및 직원을 겸직하게 하거나 파견하여 근무하게 하는 행위는 금지된다.

3) 시설의 공동이용행위

사무공간 또는 전산설비를 다음의 방법으로 공동으로 이용하는 행위는 금지된다(자령 제51조 제4항).

① 사무공간이 벽이나 칸막이 등으로 공간적으로 분리되지 아니하거나, 출입문을 공동으로 이용하는 방법
② 미공개 중요정보에 관한 전산자료가 공유되지 못하도록 독립하여 열람되지 아니하는 방법

4) 기타

그 밖에 이해상충이 발생할 가능성이 있는 행위로서, 금융투자업자의 금융투자업무를 수행하는 임·직원이 그 계열회사, 외국금융투자업자 또는 집합투자증권 판매회사의 임·직원과 그 금융투자업의 업무에 관한 회의를 하거나 통신을 한 경우 해당 금융투자업자가 내부통제기준이 정하는 방법 및 절차에 따라 그 회의 또는 통신에 관한 기록을 유지하지 아니하거나 준법감시인(준법감시인이 없는 경우에는 감사 등 이에 준하는 자를 말한다)의 확인을 받지 아니하는 행위는 금지된다(자령 제51조 제5항).

(3) 금지의 예외

1) 정보제공금지에 대한 예외

자본시장법에서는 사외 정보교류의 차단대상이 된다고 하여도 일정한 경우 정보교류의 목적, 절차와 그 범위를 제한하여 예외적으로 정보의 교류를 허용하고 있다(자령 제51조 제2항). 특히 집합투자재산, 투자일임재산 또는 신탁재산과 관련된 정보에 대하여는 이해상충의 발생가능성이 크다는 점을 고려하여 그 절차에 대하여 좀 더 엄격하게 규정하고 있다.[75]

---

75) 금융투자업규정 제4-7조 ② 영 제51조 제2항 제1호 라목에서 "금융위원회가 정하여 고시하는 기준" 이란 다음 각 호의 사항을 포함하는 계열회사의 이해상충방지체계에 대하여 사전에 금융감독원장의 확인을 받는 것을 말한다.
1. 계열회사가 매매주문업무를 수탁하는 경우 그 업무를 담당하는 부서는 다른 업무를 수행하는 부서와 독립되어 운영될 것

정보제공금지와 관련하여 다음의 어느 하나에 해당하는 경우 적용되지 아니한다(자령 제51조 제2항 제1호).

① 국내외 법령에 따라 보유주식 등에 대한 보고·공시 등의 의무를 이행하기 위하여 해당 정보를 계열회사(외국금융투자업자를 포함한다)에게 제

---

2. 매매주문을 위탁하는 그 계열회사의 금융기관별로 매매결과가 공정하게 배분될 것
3. 그 업무에 관한 전산자료가 독립되어 저장·관리되고 열람될 것
4. 금융투자업자가 위탁한 업무를 수행하는 임직원을 지정할 것
5. 제4호에 따라 지정된 임직원은 집합투자재산, 신탁재산 및 고유재산의 운용업무, 투자자문업무 및 투자일임업무를 담당하지 않을 것
6. 계열회사의 준법감시인은 분기별로 제4호에 따라 지정된 임직원 현황 및 업무 수행의 적정성 등에 대한 점검을 하고 그 결과를 금융투자업자의 준법감시인에게 제공할 것. 이 경우 금융투자업자는 계열회사로부터 받은 점검결과를 3년간 보존하여야 한다.
7. 제5항 제2호부터 제8호까지에 관한 사항
8. 정보제공의 목적, 제공하는 정보의 내용·범위, 업무를 수행하는 계열회사가 금융투자업자로부터 받는 보수에 관한 내용 및 제1호부터 제7호까지의 내용이 포함된 정보제공계약서를 작성할 것

③ 영 제51조 제2항 제1호 라목에서 "금융위원회가 정하여 고시하는 정보"란 다음 각 호의 어느 하나에 해당하는 정보를 말한다.

1. 증권·장내파생상품·「외국환거래법」에 따른 대외지급수단의 종류·종목·가격·수량
2. 매매주문의 시기·구분·방법

④ 영 제51조 제2항 제1호 마목에서 "금융위원회가 정하여 고시하는 기준"이란 다음 각 호의 요건을 모두 충족하는 것을 말한다.

1. 제공하는 정보의 종류와 내용, 정보제공의 목적 등에 관해 준법감시인의 사전승인을 받을 것
2. 정보를 제공하는 회사와 정보를 제공받는 회사는 제공하는 정보의 내역을 기록·유지할 것
3. 정보를 제공받은 회사는 제공받은 정보를 준법감시인의 승인을 얻은 목적에 한하여 사용할 것

⑤ 영 제51조 제2항 제1호 사목에서 "금융위원회가 정하여 고시하는 기준"이란 다음 각 호의 사항을 포함하는 계열회사의 이해상충방지체계에 대하여 사전에 금융감독원장의 확인을 받는 것을 말한다.

1. 그 업무에 관한 전산자료가 독립되어 저장·관리되고 열람될 것
2. 정보를 제공하는 금융투자업자와 정보를 제공받은 회사는 정보제공 내역을 기록·유지할 것
3. 정보를 제공받은 회사는 제공받은 정보를 이용하여 이익을 얻거나 타인에게 이를 이용하게 하지 아니할 것
4. 정보를 제공받은 회사는 제공받은 정보를 정보제공계약에서 정하는 정보제공 목적에 한하여 사용할 것
5. 정보를 제공받은 회사는 금융위원회 또는 금융감독원의 감독 또는 검사 목적상 자료제출을 요구받을 경우에는 이에 응할 것
6. 정보를 제공받은 회사는 그 금융투자업자의 그 제공받은 정보와 관련된 업무에 직접적·간접적으로 관여하지 아니할 것
7. 정보를 제공받은 회사가 정보제공계약을 위반하는 경우에는 그 계약을 해지하고 손해배상책임을 부담할 것
8. 정보를 제공받은 회사가 외국법인인 경우 제7-53조 제2항 각 호의 어느 하나에 해당하는 자를 국내에 대리인으로 둘 것
9. 정보제공의 목적, 제공하는 정보의 내용·범위, 업무를 수행하는 계열회사가 금융투자업자로부터 받는 보수에 관한 내용 및 제1호부터 제8호까지의 내용이 포함된 정보제공계약서를 작성할 것

공하는 경우

② 계열회사가 금융투자업자의 내부통제기준의 준수 업무 및 준수 여부에 대한 점검업무를 수행하기 위한 경우로서 그 계열회사에 관련 정보(집합투자재산, 투자일임재산 및 신탁재산의 구성내역과 운용에 관한 정보는 제외한다)를 제공하거나 계열회사와 금융투자업 관련 업무를 공동으로 수행하는 경우로서 그 계열회사에 관련 정보를 제공하는 경우. 이 경우 금융투자업자는 미리 금융위원회의 확인을 받은 내부통제기준에 따라 정보를 제공하여야 한다.

③ 금융투자업자가 투자매매업 또는 투자중개업을 경영하는 경우로서 투자자가 예탁한 증권의 총액 및 증권의 종류별 총액에 관한 정보, 그 밖에 금융위원회가 정하여 고시하는 정보를 그 계열회사에게 제공하는 경우

④ 집합투자재산, 투자일임재산 또는 신탁재산에 속하는 증권, 장내파생상품, 「외국환거래법」에 따른 대외지급수단의 단순한 매매주문업무를 계열회사에 위탁하는 경우로서 금융위원회가 정하여 고시하는 기준에 따라 그 매매주문업무에 필요한 증권, 장내파생상품, 「외국환거래법」에 따른 대외지급수단의 종류·가격·수량 등 금융위원회가 정하여 고시하는 정보를 그 계열회사에게 제공하는 경우

⑤ 집합투자재산의 구성내역 및 운용에 관한 정보 중 2개월이 지난 정보를 금융위원회가 정하여 고시하는 기준에 따라 집합투자증권 판매회사에게 제공하는 경우

⑥ 금융투자업자가 자본시장법 제42조 제1항에 따라 그 금융투자업자가 경영하는 업무의 일부를 계열회사에게 위탁하는 경우로서 같은 조 제6항에 따른 정보를 그 계열회사에게 제공하는 경우

⑦ 계열회사가 금융투자업자의 내부통제기준의 준수 업무 및 준수 여부에 대한 점검업무를 수행하기 위하여 금융위원회가 정하여 고시하는 기준에 따라 그 계열회사에 제3항 제3호에 따른 정보를 제공하는 경우

2) 겸직금지에 대한 예외

겸직금지의 대상이 되어도 일정한 경우에 그 예외를 인정한다(자령 제51조

제2항 제2호). 이는 정보교류차단 대상이어도 자회사의 관리, 계열회사 간 시너지효과 제고 등을 위하여 임·직원을 겸직하거나 파견할 필요성이 있기 때문이다. 임·직원의 겸직을 허용하는 경우에도 양쪽 다 상근의 형태는 인정하지 않으며 한쪽이 상근이면 다른 쪽은 비상근이어야 한다.

겸직금지와 관련하여 다음의 어느 하나에 해당하는 경우에는 금지되지 아니한다(자령 제51조 제2항 제2호). 다만, ③부터 ⑩까지의 경우에는 미리 금융위원회의 확인을 받은 경우만 해당한다.

① 집합투자업자가 아닌 금융투자업자의 상근 임직원이 집합투자업(외국 법령에 따른 집합투자업에 상당하는 영업을 포함한다)을 경영하지 아니하는 계열회사(외국 금융투자업자를 포함한다)의 비상근 임직원(외국 법령에 따른 집합투자업에 상당하는 영업을 하는 계열회사의 경우에는 집합투자업의 직무를 수행하지 아니하는 임직원으로 한정한다)을 겸직하거나, 집합투자업자가 아닌 금융투자업자의 비상근 임직원(외국 법령에 따른 집합투자업에 상당하는 영업을 하는 계열회사의 경우에는 집합투자업의 직무를 수행하지 아니하는 임직원으로 한정한다)이 집합투자업을 경영하지 아니하는 계열회사의 임직원을 겸직하는 경우

② 집합투자업자가 아닌 금융투자업자가 그 임직원을 집합투자업을 경영하지 아니하는 계열회사에 파견하여 근무하게 하거나 집합투자업을 경영하지 아니하는 계열회사로부터 그 임직원을 파견받아 근무하게 하는 경우

③ 투자자문업자 또는 투자일임업자의 상근 임직원이 계열회사의 비상근 임직원을 겸직하거나, 투자자문업자 또는 투자일임업자의 비상근 임직원이 계열회사의 임직원을 겸직하는 경우

④ 집합투자업자의 상근 임직원(집합투자업을 경영하는 겸영금융투자업자의 경우에는 금융투자업의 직무를 수행하는 임직원만 해당한다)이 집합투자업을 경영하는 계열회사 또는 금융지주회사(「금융지주회사법」에 따른 금융지주회사를 말하며, 외국 법령에 따라 설립된 회사로서 이와 비슷한 회사를 포함한다)인 계열회사의 비상근 임직원을 겸직하거나 집합투자업자의 비상근 임직원이 집합투자업을 경영하는 계열회사 또는 금융지주회사인 계열회사의 임직원(집합투자업을 경영하는 겸영금융투자업자의 경

우에는 금융투자업의 직무를 수행하는 임직원만 해당한다)을 겸직하는 경우

⑤ 집합투자업자가 그 임직원(집합투자업을 경영하는 겸영금융투자업자의 경우에는 금융투자업의 직무와 관련이 있는 임직원만 해당한다)을 집합투자업을 경영하는 계열회사 또는 금융지주회사인 계열회사에 파견하여 근무(집합투자업을 경영하는 겸영금융투자업자의 경우에는 금융투자업의 직무를 수행하는 경우만 해당한다)하게 하거나 집합투자업을 경영하는 계열회사 또는 금융지주회사인 계열회사로부터 임직원을 파견받아 근무하게 하는 경우

⑥ 집합투자업자의 임직원이 그 집합투자업자가 업무집행사원인 사모투자전문회사(자법 제9조 제18항 제7호에 따른 사모투자전문회사를 말한다)가 투자한 회사(사모투자전문회사의 투자목적에 부합되는 회사에 한한다)의 비상근 임직원을 겸직하거나 집합투자업자가 그 임직원을 파견하여 근무하게 하는 경우

⑦ 집합투자업자가 외국 법령에 따라 외국에서 자본시장법 제279조 제1항에 따른 외국 집합투자기구를 설정·설립하는 경우로서 해당 집합투자업자의 임직원이 해당 외국 집합투자기구의 비상근 임원을 겸직하는 경우

⑧ 집합투자업을 경영하는 겸영금융투자업자의 임직원 중 금융투자업의 직무를 수행하지 아니하는 임직원이 금융투자업을 경영하지 아니하는 계열회사의 임직원을 겸직하는 경우

⑨ 집합투자업을 경영하는 겸영금융투자업자의 임직원 중 금융투자업의 직무와 관련이 없는 임직원을 금융투자업을 경영하지 아니하는 계열회사에 파견하여 근무하게 하거나 금융투자업을 경영하지 아니하는 계열회사로부터 그 임직원을 파견받아 금융투자업 외의 직무에 근무하게 하는 경우

⑩ 그 밖에 위 규정에 준하는 경우로서 금융위원회가 정하여 고시하는 경우

3) 절차적 기준

시행령에 따를 때 정보교류차단의 예외에 해당하기 위해서는 "금융위원회가 정하여 고시하는 기준"에 따라 제공되어야 한다(자령 제51조 제3항). 금융

위원회 기준에 따를 때 예외에 해당하기 위해서는 다음의 요건을 모두 충족하여야 한다(금융투자업 규정 제4-7조 ⑦).

① 집합투자재산, 투자일임재산 및 신탁재산의 구성내역과 운용에 관한 정보가 아닐 것
② 계열회사(자령 제51조 제2항 제2호의 자를 포함한다)에 해당 정보를 제공할 상당한 이유가 있을 것
③ 제공하는 정보가 업무상 필요한 최소한의 범위로 한정될 것
④ 해당 업무를 관장하는 임원 및 준법감시인(준법감시인이 없는 경우 감사 등 이에 준하는 자를 말한다)의 승인을 미리 받을 것
⑤ 정보제공과 관련된 기록을 유지·관리할 것
⑥ 정보를 제공받은 계열회사가 해당 정보를 해당 업무 외의 목적으로 이용하지 아니할 것이라는 내용의 계약을 체결할 것

5. 이해상충방지의무 위반에 대한 제재

금융투자업자는 법령 등에 위반하는 행위를 하거나 그 업무를 소홀히 하여 투자자에게 손해를 발생시킨 경우에는 그 손해를 배상할 책임이 있다. 다만, 배상의 책임을 질 금융투자업자가 투자매매업 또는 투자중개업과 집합투자업을 함께 영위함에 따라 발생하는 이해상충과 관련된 경우에 그 금융투자업자가 상당한 주의를 하였음을 증명하거나 투자자가 금융투자상품의 매매, 그 밖의 거래를 할 때에 그 사실을 안 경우에는 배상의 책임을 지지 아니한다(자법 제64조 제1항).

위와 같은 특칙의 마련에 대해서는 견해의 대립이 있었다. 금융투자업자의 겸영을 허용해주는 대신, 금융투자업자가 고객의 이익을 증진하기 위한 행위였다는 것에 대한 입증을 해야 한다는 견해, 입증책임을 전환하면 남소의 우려가 있다는 견해, 이해상충행위로부터 투자자를 보호하여야 한다는 당위론과 금융투자업자의 사내겸영을 자유화하여야 한다는 취지를 조화롭게 절충하여야 한다는 견해가 제시되기도 하였다.[76] 자본시장법 제64조의 규정은 위 견해들

76) 증권업협회, 앞의 책, 313면.

을 절충한 입장이라고 볼 수 있다.

6. 특징

정보교류차단장치의 구축에 있어서 정보차단장치를 매우 강하게 설치하면 겸업화를 통한 시너지 효과를 얻기가 어렵고, 반대로 정보차단장치를 느슨하게 하면 이해상충의 문제를 해결하기 어려운 문제가 있다.

정보교류장치의 구축의 경우, 이해상충의 문제는 대부분 외관상으로 드러나지 않고 기록으로 남지 않는 정보의 흐름에 의하여 야기되기 때문에 외형적인 차단장치 설치로는 한계가 있다. 따라서 이해상충방지를 위한 행위규제가 중요한 의미를 가진다.[77]

즉 금융투자업자가 준수하여야 할 의무를 엄격하게 법정하면 금융투자업자의 이해상충행위는 모두 위법행위가 될 것이기 때문에 이해상충행위의 가능성을 그만큼 제어될 수 있다. 다음에 보는 바와 같이 우리나라의 경우 모든 금융투자업자에 대해서 신의성실의 의무를 부과하며 각 금융투자업자별로 구체적 금지행위를 유형별로 규정하고 있다.

Ⅵ. 투자권유의 규제

1. 의의

자본시장은 고도의 위험이 존재하는 곳으로 이 시장에 참가하는 자는 고수익을 얻기 위하여 어느 정도의 위험을 감수하고 시장에 참가한다. 자본시장에서는 자유시장원리가 강하게 적용되어 투자자는 그 결과에 대하여도 스스로 책임을 지는 것이 원칙이다. 즉 투자결정 및 정보수집과 그에 대한 가치판단을 스스로 하며, 금융투자업자로부터 정보의 제공을 받지만 그에 대한 최종적

77) 이경민, "자본시장 통합법(안)상의 투자자 보호", 「기업법연구」, 제21권 제2호, 2007, 33면: 효과적인 이해상충의 방지를 위해서는 업자가 준수하여야 할 각종 의무를 강화하고 그 적용범위를 확대할 필요가 있다고 한다.

판단은 자기 자신이 하여 그 결과에 대한 책임을 진다는 것이다.

반면에 자본시장법의 목적은 투자자를 보호하여 자본시장의 건전한 발전을 가져오는 데에 있다. 투자자 보호의 요청은 투자과정에서 투자자의 의사결정이 합리적으로 이루어져 그것이 왜곡되지 않도록 하는 것으로 나타난다. 이것을 금융투자업자의 측면에서 보면 그들은 금융투자상품 거래의 전문가로서 일반투자자의 투자결정이 올바른 방향으로 이루어지도록 전문적인 조언을 해야 한다는 것이다. 만일 금융투자업자에 의한 투자권유[78]가 적절하게 이루어지지 못하게 되면 투자자가 피해를 입게 될 뿐만 아니라 자본시장 자체가 신뢰를 잃게되어 투자자의 외면을 받게 된다.

투자자에게 존재하는 정보의 비대칭성의 관점에서 볼 때도, 일반투자자들은 정보수집이나 정보분석능력이 떨어지므로 투자전문가인 금융투자업자 임·직원의 조언에 따라 투자를 행하는 것이 일반적이다. 따라서 이들을 보호하기 위하여 금융투자업자가 투자권유를 함에 있어서 일정한 주의의무가 부과된다.

이에 대하여 자본시장법에서는 구체적인 주의의무로서 적합성의 원칙, 적정성의 원칙, 설명의무에 대해서 규정하고 있다. 또한 구증권거래법상 인정되던 부당권유행위의 규제에 대하여도 그 범위를 넓혀서 규정하고 있다.

2. 적합성의 원칙

(1) 의의 및 연혁

적합성의 원칙은 금융투자업자가 투자권유를 함에 있어서 권유가 그 고객의 투자목적, 재산상태, 투자경험에 비추어 적합해야 한다는 것이다.[79] 적합성의 원칙에 따르면 정보개시가 적절하여도 투자권유가 부적절할 수 있다. 예를 들

78) 자법 제9조 ④ 이 법에서 "투자권유" 란 특정 투자자를 상대로 금융투자상품의 매매 또는 투자자문계약·투자일임계약·신탁계약(관리형신탁계약 및 투자성 없는 신탁계약을 제외한다)의 체결을 권유하는 것을 말한다.

79) Stephen B. Coher, The Suitability Rule and Economic Theory, 80, The Yale Law Journal, 1605(1971).; 자본시장법 제46조 제3항에서 "금융투자업자는 일반투자자에게 투자권유를 하는 경우에는 일반투자자의 투자목적·재산상황 및 투자경험 등에 비추어 그 일반투자자에게 적합하지 아니하다고 인정되는 투자권유를 하여서는 아니 된다." 고 규정하였다.

면 특정의 금융투자상품을 여러 투자자에게 무차별적으로 권유하는 경우, 그 중에는 그 금융투자상품의 투자가 적합하지 않는 경우도 있게 된다. 이 과정에서는 비록 형식적으로는 정보개시가 이루어진 외관을 가졌다고 할지라도 제공된 정보가 아니고 권유 그 자체에 의해서 투자가 좌우된다. 따라서 정보개시 이상의 일정한 규제가 요구된다고 하겠는데, 위의 경우 투자권유가 특정의 투자자에게 적합하지 않는 경우에 그 권유를 하지 않아야 한다는 것이다. 이러한 점으로 보아 적합성의 원칙은 투자자의 투자결정보다 권유하는 측의 판단을 중시하는 원칙이라고 할 수 있다.

적합성의 원칙은 미국에 있어서 증권업협회(NASD)의 자주규제, 증권거래위원회의 규제[80)] 등을 통하여 발달된 것이다.

적합성의 원칙과 관련한 자주규제기관 규칙의 대표적인 것으로 미국증권업협회의 「공정관습규칙(The Rule of Fair Practice)」 제3장 2조를 들 수 있다.[81)] 그 규정의 내용을 보면 "고객에 대한 권유" 로서 (a)항에서 "증권의 구입, 매각, 또는 교환을 고객에 대해서 권유하는 경우, 회원은 고객의 다른 증권보유상황, 재정상태 및 수요에 대해서 고객이 밝힌 것이 있다면 동 사실에 근거하여 그 권유가 고객에게 적합하다고 믿을 만한 합리적 근거를 가져야 한다." 고 하며, (b)항에서 "비기관투자가에 대해서 권유한 거래를 실행하기 전에 회원은 이하의 정보입수를 위해 합리적 노력을 하지 않으면 아니 된다. (1) 고객의 재정상태 (2) 고객의 과세상태 (3) 고객의 투자목적 및 (4) 고객에게 권유를 할 때에 사용된 또는 합리적이라고 생각되는 기타의 정보" 라고 규정하고 있다. 이 규정의 내용 중 특징적인 것은 적어도 거래의 실행 전까지는 투자목적 등의 정보를 입수해야 한다는 것인데, 이에 따라 고객을 알아야 할 의무가 인정된다.[82)]

---

80) 17 C.F.R. §240, 15b 10-3(1984): 특히 SEC는 Penny Stock(극히 투기적이면서도 일반 투자자가 매력을 느끼도록 주당 발행가격이 매우 낮은($5 이하) 주식의 판매에 관심을 가져, 1989년 Rule 15c2-6을 채택하여 "Penny Stock의 딜러로 하여금 고객에게 판매하기 전에 고객의 매수확인서를 받고, 그러한 증권이 고객에 적합하다는 것을 확인하고, 그 적합성의 근거를 서면으로 고객에 제공하여야 한다." 고 규정하였다.

81) CCH NASD Manual ¶2152, art.Ⅲ (Rule of Practice), §2; 뉴욕증권거래소(NYSE)도 "회원사인 브로커는 고객에 관한 중요한 사실을 조사할 상당한 주의의무가 있다" 는 규칙(Rule 405, 소위 'Know Your Customer Rule)을 가지고 있었다.

미국에 있어서 적합성의 원칙은 자주규제기관 등의 규칙이라는 형태로 정해져 있지만 그 연혁은 간판이론에서 구해진다. 미국 연방증권법상 사기금지규정으로서 우선 1934년 증권거래법 15조(c)항(1)호에서 브로커·딜러의 사기금지에 대해서 규정하고 있는데, 브로커·딜러의 투자권유행위에 대해서는 일반적 사기금지규정인 증권거래법 10조(b)항과 함께 Rule 10b-5및 1933년 증권법 17조(a)항도 자주 증권거래법 15조(c)항(1)호와 중첩적으로 적용되고 있다.[83] 이러한 사기금지규정은 매우 추상적으로 규정되어 있기 때문에 그 구체화는 SEC에 의한 운용과 함께 판례법의 전개에 위임되어 있다.

그 중 중요한 의미를 지니는 것으로 간판이론(Shingle Theory)을 들 수 있는데, 연방증권법상의 사기금지규정의 해석과 관련하여 간판이론은 브로커·딜러는 고객에 대해서 공정해야 하는 것이 간판에 포함되어 있다는 이론이다. 구체적으로는 고객을 공정하고 전문가로서의 수준에 일치하여 다루어야 한다는 이론이다.[84]

간판이론과 관련하여 주목되는 점은 브로커·딜러가 증권거래의 권유를 하는 경우에는 합리적 근거를 가져야 한다는 점이다.[85] 만일 브로커·딜러가 증권의 가치의 판단에 대해서 중요한 정보에 대해서 알지 못하고 투자권유를 했다면 그 권유는 합리적 근거를 흠결하는 것이 되고, 연방증권법상의 사기금지규

---

82) 1990년 개정전에는 조사의무까지 부과하지 않았으나, NASD의 이사회는 투기적이고 저가의 증권을 권유하기 전에 브로커는 고객의 다른 증권보유에 관한 정보를 입수해야 한다는 입장을 명백히 했다. Hazen, Securities Regulations, vol. 1, West, 425((2nd ed. 1990).

83) 1933년 증권법 17조(a)항, 1934년 증권거래법 15조(c)항 1호 및 증권거래법 10조(b)는 모두 증권거래에 있어서 사기적 행위를 규제하고 있지만, 증권법 17조(a)항은 매각의 경우에만 적용이 되며 증권거래법 15조(c)항 1호 및 증권거래법 10조(b)는 매입과 매각의 경우 모두에 적용된다. 또한 증권거래법 15조(c)항 1호는 브로커와 딜러의 경우에만 적용이 되지만, 증권법 17조(a) 및 증권거래법 10조(b)는 누구에게나 적용이 된다.

84) W. Jennings, H. Marsh & C. Coffee, Securities Regulation(Cases and Materals), The Poundation Press(1992), p. 619.

85) SEC Release No.34-6721(Feb. 2, 1962)에서 "브로커·딜러가 적절하고 합리적인 근거가 없이 증권을 권유하는 것은 사기금지규정에 위반하는 것이 된다. 더욱이 권유는 그 권유를 정당화시키는 것으로 되는 알 수 있은 확실한 사실을 개시하지 않고 하여서는 아니 된다. 따라서 증권의 구입의 권유를 하는 경우에는 딜러는 그 증권권유의 합리적 근거를 가지고 있는 것이 되고, 그 전제로서 딜러는 합리적인 조사를 행해야 하는 것이 된다. 만일 딜러가 발행자에 대한 재무정보 등의 중요정보를 가지고 있지 않다면 그것을 개시하여 그것을 알지 못하고 매입하는 것의 위험을 고객에게 주의시키지 않으면 아니 된다." 고 하였다.

정에 위반하는 것이 된다. 간판이론이란 브로커·딜러가 고객을 공정하게 취급하였는가라는 문제이므로 적합성의 원칙은 간판이론의 한 장면이라고 할 수 있는 것이다.

우리나라도 적합성의 원칙에 관한 규정은 이전 증권업협회의「증권회사의 영업행위에 관한 규정」제1-3조,「증권회사의 건전투자권유에 관한 규칙」제3조, 증권관리위원회의「증권회사의 위탁매매업무 등에 관한 규정」제3조(신의성실의 원칙),[86]「증권회사의 선물·옵션거래업무에 관한 규정」제3조(신의·성실의무) 등에서 규정하였던 것을 자본시장법에 도입하게 되었다.

(2) 투자자의 구분

금융투자업자는 투자자가 일반투자자인지 전문투자자인지를 확인해야 할 의무가 있다(자법 제46조 제1항). 전문투자자란 전문성 구비여부, 소유자산규모 등에 비추어 투자에 따른 위험감수능력이 있는 고객으로서 자본시장법 제9조 제5항에서 정하는 ① 국가 ② 한국은행 ③ 대통령령으로 정하는 금융기관 ④ 주권상장법인. 다만, 금융투자업자와 장외파생상품 거래를 하는 경우에는 전문투자자와 같은 대우를 받겠다는 의사를 금융투자업자에게 서면으로 통지하는 경우에 한한다. ⑤ 그 밖에 대통령령으로 정하는 자를 말한다.

일반투자자란 전문투자자가 아닌 고객을 말하며, 투자권유를 받겠다는 의사를 표시한 투자권유희망고객과 투자권유불원고객으로 나눌 수 있다. 다만, 전문투자자 중 대통령령으로 정하는 자[87]가 일반투자자와 동일한 대우를 받겠

---

86) 제2항에서 "증권회사는 고객에게 유가증권투자를 권유하는 경우에는 고객의 투자목적, 투자경험 및 자금력 등을 신중히 고려하여 이에 적합한 권유를 하여야 한다." 고 하며, 제3항에서 "증권회사는 고객계좌의 개설시에 고객의 투자목적 등을 서면으로 확인받아 이를 기록유지하여야 한다." 고 규정하고 있었다.

87) 다음 각 호의 어느 하나에 해당하지 아니하는 전문투자자를 말한다(자령 제10조 제1항).
 1. 국가
 2. 한국은행
 3. 제2항 제1호부터 제17호까지의 어느 하나에 해당하는 자
 4. 제3항 제1호부터 제11호까지의 어느 하나에 해당하는 자
 5. 제3항 제18호 가목부터 다목까지의 어느 하나에 해당하는 자
 6. 제3호 및 제4호에 준하는 외국인

다는 의사를 회사에 서면으로 통지하고 회사가 이에 동의한 경우에는 일반투자자로 본다(자법 제9조 제5항).

이렇게 투자자를 구분하여 위험감수능력이 낮은 일반투자자에게는 높은 수준의 투자자 보호제도가 적용되고 위험감수능력이 높은 전문투자자에게는 다소 낮은 수준의 투자자 보호제도를 적용함으로써 투자자 보호의 강화와 금융혁신의 촉진이라는 두 가지 목표를 동시에 달성할 수 있게 된다. 또한 전문투자자에 대해서는 규제를 완화함으로써 규제의 효율성을 제고하고, 규제비용의 낭비를 막을 수 있다.

전문투자자는 스스로 위험을 감내할 충분한 능력을 가진 자이기 때문에 적합성의 원칙을 비롯한 투자권유에 있어서 주의의무에 관한 규정이 적용되지 아니 한다.

(3) 투자자정보 확인의무

금융투자업자는 일반투자자에게 투자권유를 하기 전에 면담·질문 등을 통하여 일반투자자의 투자목적·재산상황 및 투자경험 등의 정보를 파악하고, 일반투자자로부터 서명, 기명날인, 녹취 등의 방법으로 확인을 받아야 한다. 이는 소위 고객파악의무(Know Your Customer Rule)에 해당한다.

금융투자업자는 투자자정보를 투자자정보확인서에 따라 확인하고, 해당 고객으로부터 서명(전자서명을 포함한다), 기명날인, 녹취, 전자우편 또는 그 밖에 이와 유사한 전자통신, 우편, 전화자동응답시스템의 방법으로 확인을 받아 유지·관리하여야 한다(자법 제46조 제2항, 시행령 제52조). 투자자정보확인서의 기초정보 평가결과에 따라 고객의 투자성향을 안정형, 안정추구형, 위험중립형, 적극투자형, 공격투자형의 5단계로 분류하게 된다(표준투자권유준칙 제5조).

(4) 적합성의 원칙의 위반과 민사책임

적합성의 원칙에 위반한 경우에 바로 위법성을 인정하여 손해배상책임을 물을 수 있는가가 문제된다. 이에 대하여 외국 판례의 태도와 비교하여 살펴보기로 한다.

1) 미국[88]

이 원칙이 발달된 미국에 있어서도 적합성의 원칙에 위반한 것만을 이유로 민사책임을 인정하는 데에는 소극적이다.[89]

적합성의 원칙에 위반한 경우 바로 민사상 손해배상청구를 할 수 있는가에 대한 미국 판례의 태도를 보면, Buttrey v. Merrill Lynch, Pierce, Fenner & Smith, Inc. 사건[90]에서 NYSE의 Rule 405 위반이 그 자체로서 소송을 제기할 수 있는 것인가에 대해서 판단하지는 않았지만, 이 사건의 경우 피고의 판단 잘못이 파산한 피고의 고객에 대해서 사기에 해당하기 때문에 민사손해배상청구가 가능하다고 판시하였다. 그러나 이 판결은 대법원에서 파기되었다.[91]

이에 반하여 Craughead v. E.F. Hutton & Co., Inc.[92]에서 "연방법원에서 NYSE의 Rule 405의 위반이 바로 사적인 소제기의 권한을 의미하지 않는다는 지방법원의 태도를 따른다." 면서 위와 반대의 태도를 취하였다. 이처럼 대법원이 책임을 인정함에 있어서 제한적인 경향을 취하자, 이로 인하여 모든 하급심 법원이 특정의 증권거래규칙이나 NASD 규칙을 책임의 기초로 하여 제기된 소송에 대해서 부인하는 태도를 보였다.[93]

2) 일본

판례에서 적합성의 원칙에 대한 위반이 바로 사법상의 위법으로 된다는 취지의 판시를 한 것을 볼 수 있는데, "이러한 법령, 통달, 내규 등은 공법상의

---

88) 영국에 있어서는 적합성의 원칙 등을 규정한 자주규제의 위반에 대하여 개인투자자의 경우 손해배상청구소송을 제기할 수 있다(금융서비스법(FSA) §62, §62A).

89) W. Jennings, H, Marsh & C. Coffee, op.cit., p. 640: 법원은 적합성의 원칙에 관한 규칙에 위반한 경우에 이것만을 근거로 배상을 받을 수 있다기 보다는 과당매매(Churning)의 일반이론 속에 포함시켜 판단하고 있다.

90) 410 F. 2d 135(7th Cir. 1969); 동지, Hecht v. Harris Upham & Co., 283 F. Supp. 417(N.D.Cal. 1968).

91) 396 U.S. 838(1969).

92) 899 F. 2d 485(6th Cir. 1990).

93) W. Jennings, H Marsh & C. Coffee, op. cit., p. 845.

단속법규 내지 영업준칙으로서 성질을 가지는 것에 불과하고 이러한 규정에 위반한 증권회사의 고객에 대한 투자권유 등이 사법상으로도 바로 위법한 것이 되어 불법행위를 구성하는 것은 아니다. 그러나 증권거래의 특징과 특수성에 비추어 볼 때, 증권회사의 종업원은 투자자에 대하여 허위의 정보 또는 단정적 정보 등을 제공하여 투자자가 당해 거래에 수반하는 위험성에 대하여 올바른 인식을 하지 못하게 하여서는 아니 되고, 또한 투자자의 투자목적, 재산상태 및 투자경험에 비추어 과도한 위험을 수반하는 거래를 적극적으로 권유하는 등 사회적 상당성을 흠결한 수단 또는 방법에 의하여 부당하게 당해 거래를 권유해서는 아니 되는 주의의무가 있다. 증권회사의 종업원이 이에 위반한 때는 당해 거래의 일반적인 위험성의 정도 및 그 주지도, 투자자의 직업, 연령, 재산상태 및 투자경험, 그 외 당해 거래가 이루어진 구체적 상황에 비추어 사법상도 위법한 것이 된다" 고 하였다.[94]

이에 대해서 학설은 적합성의 원칙이 증권회사의 성실의무를 구체화한 것이므로 그 위반은 항상 위법성을 띤다고 볼 수 있다는 견해도 있고,[95] 적합성의 원칙은 위법성의 유무와 표리의 관계에 있다고 말할 수 있으므로 명백히 위 원칙에 위반한 것으로 보이는 경우에는 불법행위를 구성한다는 견해도 있다.[96] 적합성의 원칙은 단지 거래윤리에 불과하다는 학설도 최근에는 이 의무가 법적인 의무로까지 이를 것이라고 예언한다는 견해도 있다.[97]

3) 검토

대법원은 부당권유행위가 문제된 사안에서 그 위법성을 판단함에 있어서 "거래경위와 거래방법, 고객의 투자상황(재산상태, 연령, 사회적 경험정도 등), 거래의 위험도 및 이에 관한 설명의 정도" 등을 종합적으로 고려해야 한다고 하며, 고객에 대한 보호의무라는 기준을 제시하여 불법행위책임의 인정 여부를 판단하고 있다. 여기서 보호의무위반이 인정되기 위한 요소로 첫째, 증권투자의 위험성에 대한 투자자의 올바른 인식 형성을 방해하거나, 둘째, 투자

---

94) 大阪支判 平7.6.3. 判タ 890號 172면.
95) 森田 章, "證券會社と顧客との關係", 「民商法雜誌」 第113券 4·5號(1996), 225면.
96) 清水俊彦, "投資勸誘と 不法行爲", 「判例タムイス」 No.853(1994), 32면.
97) 河本·大武·神岐, 「證券去來ハンドブック」, ダイヤモンド(1982), 172면.

자의 투자목적에 부적합한 위험한 거래를 권유한 경우에 해당해야 할 것을 제시하고 있다.[98] 위 판례에 따르면 적합성의 원칙에 위반하여도 고객에 대한 보호의무위반이 되어야 비로소 위법성이 인정되게 된다.

보건대 적합성의 원칙을 인정한다고 하여도 그 한계가 문제가 된다. 투자자에게 완벽하게 적합한 투자란 불가능하다. 금융투자는 투기적 성격을 가지고 있기 때문에 투자자는 자신에게 어느 정도의 위험이 있다는 것을 감수하고 투자를 하는 것이다. 또한 적합성의 원칙을 엄격하게 적용하면 자기책임의 원칙에 반할 수 있기 때문에 이 원칙의 위반은 부당한 방법에 의한 투자권유 등 다른 규제위반과 결합하여 위법성이 인정될 수 있다고 하겠다.[99]

대법원도 최근의 판례에서 "투자자가 금융기관의 권유를 받고 어느 특정한 상품에 투자하거나 어떠한 투자전략을 채택한 데에 단지 높은 위험이 수반된다는 사정만으로 일률적으로 금융기관이 적합성의 원칙을 위반하여 부당하게 투자를 권유한 것이라고 단정할 수는 없으며, 투자자로서도 예상 가능한 모든 위험을 회피하면서 동시에 높은 수익률이 실현될 것을 기대할 수는 없고 위험과 수익률의 조합을 스스로 투자목적에 비추어 선택할 수밖에 없는 것이다."[100] 고 하여 적합성의 원칙의 적용에 있어서 자기책임의 원칙에 따른 제한을 인정하였다.

그런데 자본시장법에서 금융투자업자의 손해배상책임에 관한 규정(자법 제64조)을 도입함으로써 금융투자업자가 적합성의 원칙에 위반한 행위를 한 경우에는 자본시장법상 법정책임으로서 손해배상책임[101]을 지게 된다. 금융투자업자의 경우 임·직원의 행위에 대해서 사용자책임을 부담할 수 있지만 위 자본시장법 규정은 책임을 묻는데 완화된 요건을 제시하는 것으로 이것 대신에

---

98) 대법원 1994.1.11. 선고, 93다26205 판결; 동지, 대법원 1996.8.23. 선고, 94다38199 판결 등.

99) 설명의무와 달리 적합성의 원칙에 관한 규정은 일반적이고 추상적이라며, 적합성원칙 위반을 이유로 손해배상책임추정규정을 도입하기 위해서는 의무의 구체화작업이 선행되어야 한다는 견해도 있다. 김건식 · 정순섭, 앞의 책, 553면.

100) 대법원 2010.11.11. 선고 2010다55699 판결.

101) "금융투자업자는 법령 · 약관 · 집합투자규약 · 투자설명서에 위반하는 행위를 하거나 그 업무를 소홀히 하여 투자자에게 손해를 발생시킨 경우에는 그 손해를 배상할 책임이 있다." 고 하여(자법 제64조), 적합성의 원칙의 위반이 인정되면 위법성이 인정되지 않아도 요건이 완화된 이 규정에 의한 책임추궁이 가능해 진다. 임원의 경우도 귀책사유가 있으면 연대책임이 인정된다.

사용자책임을 물을 가능성은 낮아 보인다.

최근 2008년 세계금융위기때 수출 중소기업들에 3조원대의 손실을 안긴 파생금융상품인 키코(KIKO)에 대한 대법원 전원합의체 판결[102]이 나왔다. 판결 요지는 은행이 적합하지 아니한 KIKO 계약의 체결을 권유하여서는 안 된다는 적합성의 원칙과 거래상의 주요 정보를 설명할 설명의무가 인정되지만, 구체적인 책임범위 결정때 기업의 잘못을 따져 과실상계를 할 수 있다는 것이다. 대법원은 또 기업이 KIKO 상품의 위험성을 충분히 알고 있으면서 순수한 환 헤지 목적이 아닌 환투기적 목적에서 KIKO 계약을 체결한 경우에는 적합성의 원칙과 설명의무도 인정되지 않는다고 밝혔다.[103] 특히 장외파생상품은 고도의 금융공학적 지식을 활용하여 개발된 것으로 예측과 다른 상황이 발생하였을 경우에는 손실이 과도하게 확대될 위험성이 내재되어 있고, 다른 한편 은행은 투자를 전문으로 하는 금융기관 등에 비하여 더 큰 공신력을 가지고 있어 은행의 권유는 기업의 의사결정에 강한 영향을 미칠 수 있으므로, 은행으로서는 위와 같이 위험성이 큰 장외파생상품의 거래를 권유할 때에는 다른 금융기관에 비하여 더 무거운 고객 보호의무를 부담한다고 하였다.

---

102) 대법원 2013. 9. 26 선고 2011다53683, 2012다1146, 2013다26746, 2012다13637 판결.

103) 적합성 원칙과 관련하여 "은행은 환 헤지 목적을 가진 기업과 통화옵션계약을 체결함에 있어서 해당 기업의 예상 외화유입액, 자산 및 매출 규모를 포함한 재산상태, 환 헤지의 필요 여부, 거래목적, 거래 경험, 당해 계약에 대한 지식 또는 이해 정도, 다른 환 헤지 계약 체결 여부 등의 경영상황을 미리 파악한 다음, 그에 비추어 해당 기업에 적합하지 아니한 통화옵션계약의 체결을 권유하여서는 안 된다. 만약 은행이 이러한 의무를 위반하여 기업의 경영상황에 비추어 과대한 위험을 초래하는 통화옵션계약을 적극적으로 권유하여 이를 체결하게 한 때에는, 이러한 권유행위는 이른바 적합성의 원칙을 위반하여 고객에 대한 보호의무를 저버리는 위법한 것으로서 불법행위를 구성한다." 고 판시하였다. 그리고 기업의 과실을 이유로 한 과실상계 가부에 대하여 "불법행위로 인한 손해의 발생 또는 확대에 관하여 피해자에게도 과실이 있는 때에는 가해자의 손해배상 범위를 정함에 있어 당연히 이를 참작하여야 하고, 가해행위가 사기, 횡령, 배임 등의 영득행위인 경우 등 과실상계를 인정하게 되면 가해자로 하여금 불법행위로 인한 이익을 최종적으로 보유하게 하여 공평의 이념이나 신의칙에 반하는 결과를 가져오는 경우에만 예외적으로 과실상계가 허용되지 않는다. 그런데 은행의 적합성의 원칙 및 설명의무 위반행위는 이러한 영득행위에 해당한다고 할 수 없으므로, 기업 측 과실은 손해배상 범위를 정함에 있어 참작함이 상당하다." 고 하였다.

3. 적정성의 원칙

(1) 의의

적정성의 원칙이란 금융투자업자가 일반투자자에게 투자권유를 하지 않고 파생상품 등과 같이 위험성이 큰 상품을 판매하려는 경우에 이것이 일반투자자에게 적정하지 아니한 경우에는 그 사실을 일반투자자에게 알리고 확인을 받아야 한다는 원칙이다(자법 제46조의2 제1항).

이 원칙에 따라 금융투자업자는 비록 고객이 직접 금융상품의 매입을 요청하여도 그 적정성 여부를 평가·고지하지 않고는 그 상품판매를 하여서는 안 된다.

적정성의 원칙은 EU 금융상품투자지침(Market in Financial Instrument Directive)에 의하여 2007년 도입된 원칙이다. 영국에서도 투자권유가 없거나 투자자가 희망하는 상품을 지정해온 이른바 주문집행거래의 경우에도 일종의 적합성의 원칙과 유사한 판단이 필요하다는 적정성 원칙을 도입하였다.[104)]

적합성의 원칙이 투자권유시에 요구되는 주의의무임에 반하여 적정성의 원칙은 투자권유가 없는 경우에 적용된다는 점에서 차이가 있다. 투자자가 투자권유를 받지 않는 경우에도 투자자의 상황에 비추어 과도한 위험성이 있는 투자결정을 할 때에는 투자자 보호의 관점에서 금융투자업자는 그 위험을 확인하고 투자자에게 알려주어야 할 의무를 부담하게 된다는 것이다.

(2) 적용대상

이 조항의 적용대상이 되는 금융투자상품은 파생상품과 위험성이 큰 것으로 ① 파생결합증권. 다만, 발행과 동시에 투자자가 지급한 금전 등에 대한 이자 등 과실만이 해당 기초자산의 가격 · 이자율 · 지표 · 단위 또는 이를 기초로 하는 지수 등의 변동과 연계된 증권은 제외한다. ② 자본시장법 제93조 제1항에 따른 집합투자기구의 집합투자증권. 다만, 금융위원회가 정하여 고시하는 집합투자기구의 집합투자증권은 제외한다. ③ 집합투자재산의 100분의 50을

104) 김건식·정순섭, 앞의 책, 552면.

초과하여 파생결합증권(① 단서에 따른 증권은 제외한다)에 운용하는 집합투자기구의 집합투자증권이다(자령 제52조의 2 제1항).

(3) 투자자정보 확인의무

금융투자업자는 일반투자자의 투자목적·재산상황 및 투자경험 등에 비추어 해당 파생상품 등이 그 일반투자자에게 적정하지 아니하다고 판단되는 경우에는 그 사실을 알리고, 일반투자자로부터 서명, 기명날인, 녹취, 전자우편 또는 그 밖에 이와 유사한 전자통신, 우편, 전화자동응답시스템의 방법으로 확인을 받아야 한다(자법 제46조의 2 제2항, 자령 제52조의 2 제3항).

투자자에게 알려야 할 사항은 다음과 같다(자령 제52조의 2 제2항). ① 해당 파생상품 등(자법 제46조의2 제1항에 따른 파생상품 등을 말한다)의 내용 ② 해당 파생상품 등에 대한 투자에 따르는 위험 ③ 해당 파생상품 등이 일반투자자의 투자목적·재산상황 및 투자경험 등에 비추어 그 일반투자자에게 적정하지 아니하다는 사실

4. 설명의무

(1) 서설

자본시장의 건전한 발전을 위해서는 투자자에 대한 보호가 필요하고, 이는 자본시장법의 주요목적이기도 하다. 반면에 금융투자상품 시장은 항상 위험이 존재하고 이러한 위험을 감수하고 시장에 참가한 투자자는 자신의 투자결정에 대하여 책임을 져야 한다. 다만 일반투자자들은 정보수집이나 정보분석능력이 떨어지므로 투자전문가인 금융투자업자의 임·직원의 조언에 따라 투자를 행하는 것이 일반적이다. 이때 이들을 보호하기 위하여 금융투자업자가 투자권유를 함에 있어서 주어지는 주의의무의 하나로 설명의무가 인정된다.

설명의무는 투자자와 금융투자업자 간에 지식·정보자체를 대등하게 하는 것은 불가능하지만 적어도 투자자가 자기결정에 대해서 자기책임이 납득될 수

있는 정보가 금융투자업자에 의해서 제공되어야 한다는 점을 근거로 한다. 즉 투자자가 투자결정을 위해서 충분한 정보를 가지지 못한 경우에 보호된다는 것에 그치지 않고, 투자자와 거래를 하는 금융투자업자 측에 정보를 제공할 적극적인 의무를 인정하여 그 의무의 위반의 경우에 금융투자업자의 책임을 부여한다는 관점에서 인정된 의무이다.

설명의무는 구증권거래법상으로도 증권거래의 공정성과 투자자 보호라는 증권거래법의 목적으로부터 그 존재를 인정할 수 있었지만, 자본시장법에서는 그 의무를 명문화하였다.

(2) 설명의무의 의의

금융투자업자는 일반투자자를 상대로 투자권유를 하는 경우에는 금융투자상품의 내용, 투자에 따르는 위험 등을 일반투자자가 이해할 수 있도록 설명하여야 할 의무를 부담한다(자법 제47조 제1항).

금융투자업자는 위에 따른 설명을 함에 있어서 투자자의 합리적인 투자판단 또는 해당 금융투자상품의 가치에 중대한 영향을 미칠 수 있는 사항을 거짓 또는 왜곡(불확실한 사항에 대하여 단정적 판단을 제공하거나 확실하다고 오인하게 할 소지가 있는 내용을 알리는 행위를 말한다)하여 설명하거나 중요사항을 누락하여서는 아니 된다(자법 제47조 제3항).

설명의 정도에 대해서 대법원은 "어느 정도의 설명을 하여야 하는지는 당해 수익증권의 특성 및 위험도의 수준, 고객의 투자경험 및 능력 등을 종합적으로 고려하여 판단하여야 한다." 면서, 투자신탁 수익증권을 판매하는 은행 직원이 고객에게 수익증권의 매수를 권유하면서 중도 환매가격에 대한 명확한 설명을 하지 않았으나, 고객이 그 후 중도 환매가격이 당초 이해한 것과 다르다는 설명을 듣고 신속한 환매를 권유받았음에도 중도 환매요청을 하지 않은 채 수익증권을 계속 보유함으로써 만기에 원금 대부분을 상실하는 손해를 입은 사안에서 "투자신탁 수익증권을 판매하는 은행 직원이 파생금융상품이나 이에 투자하는 투자신탁 수익증권을 매수한 경험이 없는 고객에게 신탁재산의 대부분을 파생금융상품인 주가지수연계증권(Equity Linked Securities)에 투자하는 투자신탁 수익증권의 매수를 권유하면서 중도 환매가격에 대하여 오해를 불러일으킬 수 있는 부실한 표시가 기재된 상품설명서를 제공하고, 그 환매가격에 대한 명확한 설명을 하지 않음으로써 고객으로 하여금 중도 환매 시 지급받을 수 있는 환매가격에 관하여 오해하게 하였다면, 이는 고객이 올바른 정보를 바탕으로 합리적인 투자판단을 할 수 있도록 고객을 보호하여야 할 주의의무를 위반한 것으로 고객에 대하여 불법행위를 구성한다." 고 판시하였다.105)

그러나 "금융기관이 일반 고객과 선물환거래 등 전문적인 지식과 분석능력이 요구되는 금융거래를 할 때에는, 상대방이 그 거래의 구조와 위험성을 정확하게 평가할 수 있도록 거래에 내재된 위험요소 및 잠재적 손실에 영향을 미치는 중요 인자 등 거래상의 주요 정보를 적합한 방법으로 설명할 신의칙상의 의무가 있다고 할 것이나, 계약자나 그 대리인이 그 내용을 충분히 잘 알고 있는 경우에는 그러한 사항에 대하여서까지 금융기관에게 설명의무가 인정된다고 할 수는 없다." 고 하여 설명의무의 적용에 대한 제한을 인정하였다.106)

(3) 설명사항

금융투자상품의 내용, 투자에 따르는 위험뿐만 아니라 ① 금융투자상품의 투자성에 관한 구조와 성격 ② 수수료에 관한 사항 ③ 조기상환조건이 있는 경우 그에 관한 사항 ④ 계약의 해제 · 해지에 관한 사항도 설명해야 할 사항이 된다(자령 제53조 제1항).

(4) 투자자의 확인

금융투자업자는 설명한 내용을 일반투자자가 이해하였음을 서명, 기명날인, 녹취, 전자우편, 그 밖에 이와 비슷한 전자통신, 우편, 전화자동응답시스템의 방법 중 하나 이상의 방법으로 확인을 받아야 한다(자령 제53조 제2항).

105) 대법원 2010.11.11. 선고 2008다52369 판결.
106) 대법원 2010.11.11. 선고 2010다55699 판결.

(5) 손해배상책임

1) 의의

자본시장법에서는 설명의무위반에 대한 손해배상책임의 규정을 두어 설명의무의 이행을 강제하고 있다. 특히 손해액의 추정에 관한 규정을 두고 있는데, 이는 금융투자상품에 대한 전문적 지식이 떨어지는 투자자가 스스로 그 손해액을 증명해야 한다면 투자자가 자신의 권리구제에 적극적으로 임하기 어렵게 될 가능성이 있으므로 이를 구제하기 위해서 두어진 규정이다.

2) 내용

금융투자업자는 설명의무에 위반한 경우 이로 인하여 발생한 일반투자자의 손해를 배상할 책임이 있다(자법 제48조). 이는 민법상 불법행위의 요건을 갖추지 못한 경우에도 손해배상책임을 인정한 것으로서 그 성질은 법정책임이라고 보겠다. 또한 손해액에 대한 추정규정을 두어서 투자권유와 손해사이에 인과관계가 없다는 증명책임을 금융투자업자가 부담하게 된다.

금융투자업자가 설명의무에 위반하였을 때 자본시장법상의 손해배상책임뿐만 아니라 민법상 불법행위에 기한 손해배상책임도 질 수 있다.[107] 민법상의 손해배상책임이 인정되기 위해서는 위법성이 인정되어야 하는데, 설명의무위반의 경우에 개개 투자자마다 이해의 정도와 능력은 각각이고, 설명의무위반의 경우 소위 부작위에 의한 위법이 문제로 되어야 하므로 설명의무의 내용 내지 설명의 정도, 범위는 어떤가 등 위법성의 인정에 작위에 의한 의무위반에 비해 한층 어려운 문제가 있다.

이에 대해서 설명의무위반은 이론적으로 위법성을 의미하며, 이 객관적 위법성을 행위자개인의 주관적 측면에 비추어 볼 때 유책성 개념이 나타나게 된다는 견해가 있다.[108] 다만 이처럼 설명의무위반의 경우에 위법성은 인정하면서도 손해배상책임을 물을 수 있는가에 대해서는 소극적으로 본다. 즉, 손해배

107) 자본시장법상의 손해배상책임을 법정책임라고 하였을 때 민법상 불법행위에 기한 손해배상책임과는 청구권경합을 인정하는 것이 통설 · 판례의 입장이다(대법원 1997.9.12. 선고 96다41991 판결).
108) 최홍석, "투자가에 대한 증권회사의 책임", 「상사법 연구」 제16권 제2호(1997), 638면.

상가능성은 설명의무위반이 없었다면 계약을 체결하지 않았거나 다른 조건으로 계약을 체결했을 경우에만 인정되는데, 이 모두 인과관계의 문제이므로 입증되어야 하는데 쉽지 않는 일이다. 또한 손해를 얼마로 볼 것인가도 어려운 문제이다. 결국 설명의무위반이 인정되는 경우에도 그에 따른 손해배상이 허용되는 경우란 그렇게 많지 않을 것이며, 그 액수도 상당히 제한되는 것이 보통일 것이라고 한다.109)

설명의무를 위반한 경우 그 근거가 부당한 투자권유의 경우에 인정되는 소극적 의무와 본질적으로 같은 것이므로 구체적 상황에 따라서 위법성을 인정할 수도 있겠지만, 그것은 거래의 종류, 설명의 정도 등을 고려하여 위법성 유무를 판단하여야 할 것이다. 특히 일반주식거래의 경우 널리 알려져 있으므로 신용거래와 같이 과도한 위험을 수반하는 거래가 아닌 경우 설명의무위반만을 근거로 위법성을 인정하기는 어렵다고 보겠다.110)

다만 앞에서 본 바와 같이 자본시장법상 책임요건이 완화되어 있기에 실제 민사상 불법행위책임을 물을 가능성은 희박하다.111)

---

109) 최홍석, 위의 논문, 641면.

110) 일본에 있어서도 설명의무위반을 이유로 손해배상책임을 추궁할 수 있는가가 주로 문제되는 것은 신주인수권부사채(Warrant)거래이고, 주식거래의 경우 설명의무에 대해서 언급한 것은 많지만 의무위반의 위법성이 인정되는 사례는 어느 것이나 본래부터 기망적인 의도가 있은 것이거나 각종규제위반행위가 있은 것이고, 설명의무위반을 주된 이유로 불법행위의 성립을 인정한 것은 보기 어렵다. 淸水俊彦, 앞의 논문, 33면.

111) 최근 키코사건과 관련한 대법원 판례에서 설명의무의 내용에 대하여 "금융기관이 일반 고객과 사이에 전문적인 지식과 분석능력이 요구되는 장외파생상품 거래를 할 때에는, 고객이 당해 장외파생상품에 대하여 이미 잘 알고 있는 경우가 아닌 이상, 그 거래의 구조와 위험성을 정확하게 평가할 수 있도록 거래에 내재된 위험요소 및 잠재적 손실에 영향을 미치는 중요인자 등 거래상의 주요 정보를 적합한 방법으로 명확하게 설명하여야 할 신의칙상의 의무가 있다. 이때 금융기관이 고객에게 설명하여야 하는 거래상의 주요 정보에는 당해 장외파생상품 계약의 구조와 주요 내용, 고객이 그 거래를 통하여 얻을 수 있는 이익과 발생 가능한 손실의 구체적 내용, 특히 손실발생의 위험요소 등이 모두 포함된다." 고 하였다. 그러나 청산금 규모 등에 대하여는 설명의무가 없다고 하여 "그러나 당해 장외파생상품의 상세한 금융공학적 구조, 다른 금융상품에 투자할 경우와 비교한 손익의 차이는 설명할 의무가 없다. 또 수수료가 시장의 관행에 비하여 현저하게 높지 아니한 이상 그 상품구조 속에 포함된 수수료 및 그로 인하여 발생하는 마이너스 시장가치에 대하여까지 설명할 의무는 없다. 장외파생상품 거래를 중도에 해지할 수 있는지와 그 경우 중도청산금의 개략적인 규모와 산정방법에 대하여도 설명할 의무가 없다." 고 하였다.
또한 "금융기관은 당해 금융상품의 특성 및 위험의 수준, 고객의 거래목적, 투자경험 및 능력 등을 종합적으로 고려하여 고객이 거래상 주요 정보를 충분히 이해할 수 있을 정도로 설명하여야 한다. 특히 당해 금융상품이 고도의 금융공학적 지식에 의하여 개발된 것으로서 환율 등 장래 예측이

(6) 적합성의 원칙과의 관계

설명의무와 적합성의 원칙의 관계에 대해서 보면, 자본시장법상 금융투자상품에 대한 투자권유에 있어서는 상대방에게 그 투자의 의사결정을 함에 있어서 필요한 정보를 제공해야 할 설명의무 외에 애초 투자에 적성을 가지지 않은 자에 대해서 권유를 피해야 할 의무 즉 적합성의 원칙이 인정된다.

이것을 투자권유를 하는 금융투자업자와 투자자와의 관계에서 보면 적합성의 원칙은 투자자에 대한 정보를 획득하여 투자자에게 적합한 투자상품을 권유해준다는 것이고, 설명의무란 자기가 상품에 대하여 가지고 있는 정보를 기초로 하여 투자자에게 정보를 제공해 준다는 것으로 양자는 그 적용단면에 있어서 차이가 난다. 그러나 양자 모두 투자자 보호라는 것을 기초로 하고 있고, 자기책임의 원칙을 적용하기 위한 전제조건이 되며, 부당한 권유의 경우 양 의무위반이 경합되어 나타난다는 점에서 상호 밀접한 연계관계를 인정할 수 있다.

이처럼 어느 것도 상대방에 손해를 주지 않아야 할 주의의무이지만 그 사이에는 질적인 차이가 있다. 전자는 적절한 정보가 제공되면 그 투자자의 행위에 대해서 자기책임을 부과하는 것이 가능하다는 것이고, 후자의 의무는 아무리 설명을 하여도 이해할 적성이 없거나, 그 투자거래에 실패하면 위험부담이 너무 큰 경우 애초에 권유를 하지 말아야 한다는 것이다.

적합성의 원칙에 따르면 정보개시가 적절하여도 투자권유가 부적절할 수 있다. 즉 정보개시만으로는 충분하지 않다는 의미를 가지게 된다. 그런 의미에서 투자자가 자기결정을 충실하게 하도록 도움을 주고자 하는 설명의무와는 기반에서부터 대립한다고도 볼 수 있다. 즉, 설명의무는 자기결정을 함에 있어서 그 보조를 목적으로 하고, 적합성의 원칙은 그 이상 후견적 배려를 목적으로 하는 것이라고 할 수 있다.

구체적으로, 투자자에 따라서는 어떤 종류의 위험은 견디지 못하는 경우도

어려운 변동요인에 따라 손익의 결과가 크게 달라지는 고위험 구조이고, 고객의 예상 외화유입액 등에 비추어 객관적 상황이 환 헤지 목적보다는 환율변동에 따른 환차익을 추구하는 정도에 이른 것으로 보이는 경우라면, 그 거래의 위험성에 대하여 고객이 한층 분명하게 인식할 수 있도록 구체적이고 상세하게 설명할 의무가 있다." 고 하였다.

있다. 따라서 적합성의 원칙이 아니면 해결할 수 없는 문제도 있다. 그렇지만 적합성의 원칙은 그 범위가 애매한 점이 있다. 즉 투자권유가 적합하다는 것은 그 투자의 위험이 투자자에게 능력의 면에서나 재정상태의 면에서도 견딜 수 있는 것이며, 또한 그의 투자의향과도 일치하다는 것을 의미한다. 다른 조건이 동일하여도 투자자의 위험회피적인 성향의 차이에 따라서 적합성 여부가 달라질 수 있다. 이처럼 적합성의 판단에는 불가피하게 투자자의 주관적 요소가 관여하게 된다.

이와 같이 투자자 보호라는 관점에서 적합성의 원칙은 필요하지만 적합성의 원칙을 엄격히 적용하면 자기책임의 원칙과 대립할 가능성이 있게 된다. 이 때 설명의무란 자기책임의 원칙에 의거하여 적합성의 원칙에 대립하는 점이 반영된 것이라고 할 수 있다.112)

5. 부당권유의 금지

(1) 규제목적 및 연혁

부당한 방법에 의한 투자권유를 규제하는 목적은 이를 통하여 투자자를 보호하고, 자본시장의 건전성을 확보하는 데에 있다. 구체적으로 보면 첫째, 안일한 투자권유로부터 일반투자자를 보호한다는 목적을 들 수 있다. 금융투자업자의 임 · 직원은 그 권유에 의하여 회사가 그 거래의 위탁을 받으면 수수료 수입을 얻을 수 있기 때문에 위탁을 위하여 불공정한 방법에 의하여서라도 투자권유를 할 가능성이 크다. 또한 금융투자상품의 평가가 복잡해서 일반투자자가 혼자 힘으로 적절한 평가를 하는 것이 매우 어렵다. 일반투자자는 풍부한 경험 및 정확한 분석능력을 가진 금융투자업자 및 그 임·직원을 신뢰하여 그 판단에 따라 결정을 하게 되므로 부당한 권유가 쉽게 고객의 의사결정을 좌우할 가능성이 크다. 이러한 점에 비추어 일반투자자를 보호하기 위하여 투자권유에 일정한 규제를 하는 것이다.

---

112) 설명의무를 자기책임의 원칙에 대립하는 것으로 파악하는 것은 잘못된 것이라고도 한다. 川浜 昇, "ワラント 勸誘に おける 證券會社の 說明義務",「民商法雜誌」第113券 4·5號(1996), 646면.

둘째, 금융투자와 관련된 시장의 공정성 확보의 목적을 들 수 있다. 금융투자와 관련된 시장은 공익성이 높은 것으로서 금융투자업자는 공정한 가격형성에 도움이 되도록 투자자의 투자판단형성에 조력하고 투자자의 투자판단을 정확하게 시장에 연결함으로써 공정한 가격형성을 확보해야 할 공적책임을 지고 있다. 그런데 거짓정보 등 부당한 권유를 받아들여 형성된 투자판단은 적정한 시장가격의 형성에 방해가 되는 것으로서 공정한 가격형성을 왜곡하는 것이 된다. 결국 금융투자와 관련된 시장의 담당자인 금융투자업자로서는 이를 방지해야 할 의무를 져야 할 것이므로 그런 권유를 해서는 안 된다는 것이다.

셋째, 금융투자업의 신용유지의 목적을 들 수 있다. 금융투자와 관련된 시장의 신용이 있어야 고객이 이를 신뢰하여 투자행위를 하는 것이므로, 그 신용유지를 위해서 부당권유행위를 규제한다. 자본시장에 있어서 신용은 시장의 존립기반으로서 그 중요성이 인정된다. 일반투자자는 금융투자와 관련된 시장이 공정하다는 것을 전제로 그 시장을 신뢰하고 있다. 그런데 투자자의 시장참여가 공정하지 못한 권유로 초래되었다면 그 시장은 신뢰를 상실할 것이고, 이는 금융투자업의 신용상실로 이어지므로 이를 규제하는 것이다.

자본시장법상의 부당권유의 금지에 관한 규정은 구증권거래법상 부당권유행위 등의 금지에 관한 규정[113]을 토대로 하고 있다. 여기에 일부 내용을 추가하였으며,[114] 시행령 제55조에서도 일정한 행위를 금지하고 있다.[115] 종래

---

113) 구증권거래법 제52조에서 부당권유행위를 금지하였는데, 부당권유행위의 유형으로서 제1호에서 "손실의 전부 또는 일부를 부담할 것을 약속하고 권유하는 행위" 를 들고 있으며, 3호에서 "투자자의 보호 또는 거래의 공정을 저해하거나 증권업의 신용을 추락시키는 것으로서 총리령이 정하는 행위" 를 들고 있다. 이에 따라 규정된 증권거래법 시행령 제36조의 3에서 "특정 유가증권의 가격의 상승 또는 하락에 대한 단정적이거나 합리적인 근거없는 판단을 제공하여 매매 기타 거래를 권유하는 행위" 와 "고객에게 직접 또는 간접적인 재산상의 이익을 제공하는 행위 또는 정당한 사유없이 당해 거래에서 발생한 손실의 전부 또는 일부를 보전하여 주는 행위" 를 들고 있다.

114) 자본시장법 제49조에서 금지의 대상이 되는 부당권유의 유형으로 다음을 들고 있다.

1. 거짓의 내용을 알리는 행위
2. 불확실한 사항에 대하여 단정적 판단을 제공하거나 확실하다고 오인하게 할 소지가 있는 내용을 알리는 행위
3. 투자자로부터 투자권유의 요청을 받지 아니하고 방문·전화 등 실시간 대화의 방법을 이용하는 행위. 다만, 투자자 보호 및 건전한 거래질서를 해할 우려가 없는 행위로서 대통령령으로 정하는 행위를 제외한다.
4. 투자권유를 받은 투자자가 이를 거부하는 취지의 의사를 표시하였음에도 불구하고 투자권유를 계속하는 행위. 다만, 투자자 보호 및 건전한 거래질서를 해할 우려가 없는 행위로서 대통령령으로 정하

부당권유행위 등의 금지에 관한 규정에 있었던 손실보전 등의 금지에 관한 규정은 자본시장법 제55조에서 따로 정하고 있다.

(2) 부당권유행위의 의의

금융투자업자는 투자권유를 함에 있어서 부당한 방법을 이용할 수 없는 것으로서, 부당권유행위의 규제는 투자권유시에만 적용이 되므로 다음에 보는 투자광고 등의 경우에는 적용되지 않는다. 투자권유란 특정 투자자를 상대로 금융투자상품의 매매 또는 투자자문계약·투자일임계약·신탁계약(관리신탁계약 및 투자성 없는 신탁계약을 제외한다)의 체결을 권유하는 것을 말한다(자법 제9조 제4항).

이러한 부당권유의 금지는 일정한 행위유형을 정하여 금융투자업자에 대해서 그러한 불공정행위를 하지 못하도록 규제하는 것으로서, 권유를 함에 있어서 투자자의 상황이 고려되는 것은 아니다.

(3) 부당권유의 유형

1) 부당권유의 금지

금융투자업자가 투자권유를 함에 있어서 거짓의 내용을 알리는 행위와 불확실한 사항에 대하여 단정적 판단을 제공하거나 확실하다고 오인하게 할 소지가 있는 내용을 알리는 행위가 금지된다(자법 제55조 제1호, 제2호). 위 사항은 설명의무위반의 사유가 되기도 한다(자법 제47조 제3항). 이처럼 동일한 행위유형에 대한 다른 규정의 적용이 인정되어 양자의 관계가 문제될 수 있는데, 설명의무위반이 인정되면 당사자는 손해배상추정규정의 적용을 받게 되고, 부당권유금지에 관한 자본시장법 제49조 위반이 인정되면 손해배상추정규정

는 행위를 제외한다.

5. 그 밖에 투자자 보호 또는 건전한 거래질서를 해할 우려가 있는 행위로서 대통령령으로 정하는 행위

115) 자령 제55조(부당권유의 금지) 법 제49조 제5호에서 "대통령령으로 정하는 행위" 란 투자자(전문투자자와 신용거래방법에 따른 투자경험이 있는 일반투자자를 제외한다)로부터 금전의 대여나 그 중개·주선 또는 대리를 요청받지 아니하고 이를 조건으로 투자권유를 하는 행위를 말한다.

은 적용되지 않지만 3년 이하의 징역 또는 1억원 이하의 벌금이라는 형사책임의 대상이 된다(자법 제445조 제6호).

2) 불초청투자권유의 규제[116)]

투자자가 원하지 않는데도 적극적으로 투자권유를 하게 되면 투자자의 사생활의 침해를 가져오게 된다. 따라서 투자자로부터 투자권유의 요청을 받지 아니하고 방문·전화 등 실시간 대화의 방법을 이용하는 행위는 금지된다(자법 제55조 제3호). 다만 모든 금융투자상품이 이 규제의 적용을 받게 되면 금융투자업자의 영업활동이 크게 제한받게 되므로, 장외파생상품과 같이 위험성이 높은 금융투자상품에 한하여 이 규정이 적용되며, 증권, 장내파생상품에 대한 투자권유시에 이 규정의 적용은 제외된다(자령 제54조 제1항).

3) 재권유 금지

투자권유를 받은 투자자가 이를 거부하는 취지의 의사를 표시하였음에도 불구하고 투자권유를 계속하는 행위는 금지된다(자법 제49조 제4호). 이는 투자결정에 있어서 투자자의 자유로운 의사결정을 보장하고 건전한 거래질서를 확보하기 위한 것이다.

여기서 투자자 보호 또는 건전한 거래질서를 해할 우려가 없는 경우에는 규제의 대상에서 제외가 인정되는데, 그 예로 ① 투자성 있는 보험계약에 대하여 투자권유를 하는 행위 ② 투자권유를 받은 투자자가 이를 거부하는 취지의 의사를 표시한 후 금융위원회가 정하여 고시하는 기간이 지난 후에 다시 투자권유를 하는 행위 ③ 다른 종류의 금융투자상품에 대하여 투자권유를 하는 행위가 있다. 이 경우 다른 종류의 구체적인 내용은 금융위원회가 정하여 고시한다(자령 제54조 제2항).[117)]

---

116) 외국의 입법례를 보면 영국 FSA 56, 호주 FSRA 992A, 992AA, 일본 금융상품거래법 제38조 제3호 등을 들 수 있다. 변재호 등, 앞의 책, 210면.

117) 금융투자업규정 제4-8조(재권유금지의 예외 등) ① 영 제54조 제2항 제2호에서 "금융위원회가 정하여 고시하는 기간"이란 1개월을 말한다.

② 영 제54조 제2항 제3호 후단에 따라 다음 각 호 각 목의 어느 하나에 해당하는 금융투자상품의 매매 또는 계약의 체결에 대한 투자권유는 각 호 각 목별로 각각 같은 종류의 투자권유로 본다. 이 경우 금융감독원장은 금융투자상품의 특성 등을 고려하여 각 호 각 목별 투자권유를 서로 다른 종류

(4) 부당권유금지위반과 민사책임

1) 의의

투자자의 피해구제를 위해서는 금융투자업자와 임·직원에 대해서 민사책임을 추궁하는 것이 유용할 것인데, 그 방안으로는 민법 제750조에 의한 불법행위가 성립한다고 하여 그 책임을 묻는 방법을 모색할 수 있을 것이다.118)

이 때 불법행위의 성립을 위해서는 위법성이 요구되는데, 특히 주의의무위반이나 규제위반의 경우 바로 위법성을 인정할 수 있을 것인가가 문제된다. 이하에서는 이러한 불법행위책임을 추궁함에 있어서 제기되는 문제점을 검토하기로 한다.

2) 규제위반과 위법성

부당권유행위는 자본시장법상 금지되고 있는데, 이러한 부당권유행위의 금지에 관한 규정을 위반한 경우 바로 위법성을 인정할 수 있을 것인가에 대해

의 투자권유로 분류할 수 있다.

1. 금융투자상품
   가. 채무증권
   나. 지분증권
   다. 수익증권
   라. 투자계약증권
   마. 파생결합증권
   바. 증권예탁증권
   사. 장내파생상품
   아. 장외파생상품
2. 투자자문계약 또는 투자일임계약
   가. 증권에 대한 투자자문계약 또는 투자일임계약
   나. 장내파생상품에 대한 투자자문계약 또는 투자일임계약
   다. 장외파생상품에 대한 투자자문계약 또는 투자일임계약
3. 신탁계약
   가. 법 제103조 제1항 제1호의 신탁재산에 대한 신탁계약
   나. 법 제103조 제1항 제2호부터 제7호까지의 신탁재산에 대한 신탁계약

118) 자본시장법 제55에서 보는 이익보장약정에 의한 투자권유의 경우에도 이익보장약정자체는 무효로 보지만 수탁계약자체는 유효로 하고 불법행위책임을 묻을 수 있다. 불법행위에 의해 유효한 계약이 성립될 수 있는가라는 의문을 제기하는 견해도 있지만, 대체로 투자자 보호라는 관점에서 불법행위책임의 추궁을 긍정하고 있다. 河本一郎, 앞의 논문, 494면 이하.

서는 찬·반양론이 있다.

이를 찬성하는 견해는 금융투자업자의 임·직원의 부당권유의 남용으로부터 고객을 지키기 위해서는 예를 들어 위탁계약의 무효·취소를 가져오지 않을 정도의 부당권유이어도 그것이 자본시장법의 규정에 위반한 행위인 이상 원칙적으로는 불법행위의 성립으로 이어지는 위법성은 존재한다고 본다.119)

그러나 이에 대해서 반대하는 견해는 규제위반의 부당권유가 이루어진 사안에 있어서 이에 대한 각종규제는 일반투자자의 이익을 보호하는 목적을 가진 것이고 본래는 행정적 단속법규 내지 증권업법적, 내부적 약속이므로 규제위반이 당연히 사법상의 위법을 의미하지는 않는다고 한다.120)

보건대, 금융투자업자의 임·직원의 투자권유의 영업활동에는 어느 정도의 과대·강조는 필연적으로 수반되는 점이 있으므로, 이를 고려할 때 자본시장법의 위반행위에 대해서 바로 사법상으로 위법하다고 평가하기에는 어려움이 있다. 그러나 자본시장법상의 위법성평가가 사법상의 위법평가와 무관하다고 말할 수는 없다. 금융투자업자는 자본시장법상의 각 규정의 취지·내용에 부응하여 고객이 금융투자거래에 대해서 올바른 인식과 이해를 가지고 자주적이고 자유로운 판단으로 거래를 위탁하여 불측의 손해를 입지 않도록 배려해야 할 의무를 부담한다고 할 것이다. 이 때 자본시장법상의 부당권유행위의 규제에 관한 각 규정은 이러한 목적과 연관된 것이므로 금융투자업자가 일반대중으로부터 금융투자거래의 위탁을 받는데 있어서 내부적인 행위규범으로서 작용함에 불과한 것은 아니고 위탁자에 대한 관계에 있어서도 주의의무의 한 내용을 구성한다고 보겠다. 이와 같이 볼 때 자본시장법상의 규제에 위반한 경우 위법성의 인정가능성은 매우 크다고 하겠다.

대법원은 이익보장약정에 따른 주식거래를 한 후 손해가 발생하여 투자자가 증권회사에 대하여 불법행위에 의한 손해배상청구를 한 사안에서 "증권회사 직원이 투자수익보장약정의 위법성을 설명하지 않은 것이 원고들에게 불법행위를 구성한다고 보기 어렵다는 원심의 판단에 잘못이 없다" 고 판시하였다.121)

119) 石田喜久夫, "金先物取引の 法的問題點", 「法律時報」 第55券 2號, 70면.

120) 神崎克郞, "證券會社の 投資勸誘に おける 注意義務", 民商法雜誌 第113券 4·5號(1996), 623면; 川浜 昇, 앞의 논문, 649면; 清水俊彦, 앞의 논문, 26면.

121) 김건식교수는 부당권유행위의 불법행위성립에 대하여 보다 적극적으로 판단하고 있다. 김건식, "證券

이에 반하여 부당권유에 관한 사항은 아니지만, 자본시장법 제71조(불건전영업행위의 금지)와 관련하여 과당매매가 인정되면 위법성을 인정하는 것이 일반적인 태도이다. 판례도 "포괄적 일임매매약정이 있는 경우에도 증권회사의 직원은 고객에 대하여 보호의무가 있어 선량한 관리자로서의 주의의무(충실의무)를 다하여야 할 것이고, 이를 위반하여 증권회사가 포괄적 일임매매약정을 하였음을 기화로 고객의 이익을 무시하고 회사의 영업실적만을 증대시키기 위하여 무리하게 빈번한 회전매매를 함으로써 고객에게 손해를 입힌 경우에는 불법행위가 된다." 고 하여 과당매매가 인정될 때 위법성을 인정하고 있다.[122)]

3) 위법성의 실질

우리나라 판례는[123)] 이익보장약정에 의한 투자권유를 한 경우 "고객에 대한 보호의무를 져버린 경우" 에 위법성을 인정하고 있다. 구체적으로 판례는 "증권회사의 임·직원이 강행규정에 위반된 이익보장으로 투자를 권유하였으나 투자결과 손실을 본 경우에 투자자에 대한 불법행위책임이 성립하기 위해서는 이익보장 여부에 대한 적극적 기망행위의 존재까지 요구하는 것은 아니라 하더라도, 적어도 거래경위와 거래방법, 고객의 투자상황(재산상태, 연령, 사회적 경험정도 등), 거래의 위험도 및 이에 관한 설명의 정도 등을 종합적으로 고려" 하여야 하며, 위 보호의무의 위반의 기준으로서 "당해 권유행위가 경험이 부족한 일반투자자에게 거래행위에 필연적으로 수반되는 위험성에 관한 올바른 인식형성을 방해하거나 또는 고객의 투자상황에 비추어 과대한 위험성을 수반하는 거래를 적극적으로 권유한 경우" 를 들고 있다.[124)]

판례는 위법성을 판단함에 있어서 "거래경위와 거래방법, 고객의 투자상황

會社職員의 利益保證約定과 投資者의 救濟", 「민사판례연구」 제19집(1997), 박영사, 295면.

122) 대법원 1996.8.23. 선고 94다38199 판결; 대법원 2002.3.29. 선고 2001다49128 판결 등.

123) 대법원 1994.1.11. 선고 93다26205 판결; 동지, 대법원 1996.8.23. 선고 94다38199 판결; 이와 관련하여 서울지법 남부지원 1997.4.30. 선고 96가합11229 판결에서는 투자자가 비록 금융기관이라고 하더라도 부당한 권유를 한 투신사에 대해서 고객에 대한 보호의무위반을 이유로 위법성을 인정하고 있다.

124) 대법원 1996.8.23. 선고 94다38199 판결; 대법원 2002.12.26. 선고 2000다56952 판결; 대법원 2003.1.10. 선고 2000다50312 판결; 대법원 2007.7.12. 선고 2006다53344 판결: 판례가 제시한 보호의무기준에 대해서 큰 의미를 부여하는 견해로는, 권순일, "투자권유와 증권회사의 고객에 대한 보호의무", 「저스티스」 제31권 제2호(1998), 182면.

(재산상태, 연령, 사회적 경험정도 등), 거래의 위험도 및 이에 관한 설명의 정도" 등을 종합적으로 고려해야 한다고 하여, 금융투자업자의 임·직원에 대한 일정한 주의의무의 존재(적합성의 원칙, 설명의무 등)를 인정하고 있으나, 다만 그것은 위법성 판단을 위한 하나의 요소로서의 의미를 지닐 뿐이라고 보며, 이들을 종합적으로 검토하여 위법성 유무를 평가할 것이라고 한다.

보건대 투자권유를 할 때 금융투자업자 및 그 임·직원에 대해서 일정한 주의의무가 과해진 근거를 살펴 볼 필요가 있다. 이는 거래의 위험성이 매우 크다는 점과 금융투자업자와 일반고객의 간에 지식, 경험, 능력 등의 면에서 현격한 차이가 있고, 이것을 전제로 고객이 금융투자업자의 권유를 신뢰하고 있다는 점을 들 수 있다. 즉 일반의 고객은 금융투자업자의 추천에는 그 나름대로의 합리적 이유가 있다고 믿고 투자결정을 하므로 금융투자업자는 고객의 신뢰를 충분히 보호해 주어야 할 의무가 있게 된다.

이러한 관점에서 볼 때 위법성 유무를 판단함에 있어서 그 초점을 투자자가 아닌 금융투자업자의 임·직원이 일정한 한계를 벗어나서 영업활동을 했는가라는 점에 두어야 할 것이다. 즉, 일반적으로 금융투자업의 임·직원의 투자권유의 영업활동에는 어느 정도의 과장의 면이 있으므로, 이러한 규제위반의 행위가 사법상으로도 위법한 것이 되기 위해서는 사회적상당성의 흠결 즉 사회통념상 금융투자업자의 영업활동상 일반적으로 허용되는 한계를 넘어설 것이 요구된다고 하겠다.125)

이러한 사회적상당성의 흠결유무는 구체적 사안에 비추어 판단할 수밖에 없는데, 그 판단에 있어서는 권유의 태양이나 방법 등이 규제에 위반하는 정도, 앞에서 설명한 주의의무에 위반한 정도 등을 종합적으로 고려해야 할 것이다. 만일 그 위반의 정도가 현저할 때 고객의 보호의무에 위배되는 것으로 위법하다고 판단할 수 있을 것이다.

다만 고객을 어느 정도 보호해야 할 것인가 즉 위법성의 유무를 판단함에

125) 일본의 경우 판례는 일찍부터 규제위반이 위법한 것이 되기 위해서는 사회적 상당성의 일탈을 요구하고 있었고, 또한 규제는 사법상의 위법성을 판단함에 있어서 참조기준이라는 자세를 일관되게 취하고 있다. 淸水俊彦, 전게논문, 26면; 東京地判 昭50.1.28. (判タ 323號 247면)에서는 "사회통념상 외무원의 외교활동상 일반적으로 허용된 범위를 넘었기 때문에 불법행위의 성립요건으로서 위법성을 가진다." 고 판시하였다.

있어서는 고객의 자기책임과 대비해 금융투자업자에 어느 정도의 주의의무를 과해야 할 것인가에 대한 견해의 차이가 중요하게 작용할 것이다.

만일 고객보호의 필요성을 극한까지 강조하면 위와 같은 합리적 투자태도를 달성해야 할 목표로 하고, 금융투자업자는 그 능력을 가지지 못한 일반투자자를 상대로 권유로부터 거래의 종료까지의 각 단계의 전반에 걸쳐 충분한 배려를 해야 하는 것이 된다. 즉 규제의 엄밀한 준수는 물론 상황에 부응한 설명과 조언이 이루어져야 하고 투자의 적합성도 중시된다. 그러나 사회적으로 자립한 인간상을 염두에 두고 자기책임의 원칙을 철저히 하면, 정반대로 일반투자자라 할지라도 특단의 배려는 필요하지 않다고 할 수 있게 된다.

여기에서 양극단은 타당하지 않다고 해도 어느 정도를 요구할 것인가는 결국 가치판단의 영역에 속한다고 하겠는데, 그 판단에 있어서는 투자의 위험성뿐만 아니라 금융투자업자의 지위, 즉 공정한 금융투자거래의 담당자로서 금융투자상품의 유통이 적절하고 원활하게 이루어지도록 노력해야 할 공적의무를 부담하고 있다는 점 및 금융투자업자는 자본시장법 등에 의해 일정의 영업에 대해서 특권적 지위가 부여되고 있으므로 그 반면으로서 투자자의 보호·육성을 도모해야 할 입장에 있다는 점 등을 고려하고, 일반 투자자의 시장참여가 가지는 의의 즉 그들이 가지는 자본시장의 발달에 가지는 기여도 등을 참조하여 판단해야 할 것이다.

4) 사용자책임

부당권유행위의 경우 금융투자업자의 임·직원이 불법행위책임을 지는 것과 별도로 금융투자업자에 대한 민법 제756조에 의한 사용자책임이 인정될 수 있다. 사용자책임이 인정되기 위해서는 임·직원의 불법행위책임이 인정되어야 하는데, 이에 대해서는 앞에서 본 바와 같다.

민법 제756조에 규정된 사용자책임의 요건인 “사무집행에 관하여” 라는 뜻은 피용자의 불법행위가 외형상 객관적으로 사용자의 사업활동 내지 사무집행행위 또는 그와 관련된 것이라고 보여질 때에는 행위자의 주관적 사정을 고려함이 없이 이를 사무집행에 관하여 한 행위로 본다는 것이고, 외형상 객관적으로 사용자의 사무집행에 관련된 것인지의 여부는 피용자의 본래 직무와 불법행위의 관련 정도 및 사용자에게 손해 발생에 대한 위험창출과 방지조치 결여의 책임이 어느 정도 있는지를 고려하여 판단하여야 한다.126) 피용자의 불법행위가 외관상 사무집행의 범위 내에 속하는 것으로 보이는 경우에 있어서도 피용자의 행위가 사용자나 사용자에 갈음하여 그 사무를 감독하는 자의 사무집행행위에 해당하지 않음을 피해자 자신이 알았거나 중대한 과실로 인하여 알지 못한 경우에는 사용자책임을 물을 수 없다고 할 것인바, 이 경우 중대한 과실이라 함은 거래의 상대방이 조금만 주의를 기울였더라면 피용자의 행위가 그 직무권한 내에서 적법하게 행하여진 것이 아니라는 사정을 알 수 있었음에도 만연히 이를 직무권한 내의 행위라고 믿음으로써 일반인에게 요구되는 주의의무에 현저히 위반하는 것으로 거의 고의에 가까운 정도의 주의를 결여하고, 공평의 관점에서 상대방을 구태여 보호할 필요가 없다고 봄이 상당하다고 인정되는 상태를 말한다.127)

예를 들어 높은 수익을 보장하는 투자상담사에게 투자를 일임하면서 정상적으로 금융투자업자의 계좌를 개설하는 것이 아니고 개인 계좌를 통하여 거래를 한 경우, 투자상담사 개인의 경우 부당권유행위로서 손해배상책임이 인정되는 것은 별론으로 하고 금융투자업자에게 손해배상책임을 묻고자 하는 경우에는 투자상담사의 권유행위가 외관상 사무집행의 범위 내에 속하는 것으로 보이더라도 그것이 금융투자업자의 사무집행행위에 속하지 않음에 대하여 투자자의 악의나 중과실이 있을 것이므로 그 책임을 묻기가 어려울 것이다.

그러나 자본시장법 규제에 위반한 경우 금융투자업자는 제64조에 의한 손해배상책임이 인정되기 때문에 사실 사용자책임을 추궁할 필요는 별로 없어 보인다. 앞으로 이에 대한 판례의 태도가 어떠할 지 주목되는 부분이다.

(5) 손실보전·이익보장의 금지

1) 의의

금융투자업자에게 금지되는 행위는 ① 투자자가 입을 손실의 전부 또는 일

126) 대법원 1999.1.26. 선고 98다39930 판결; 대법원 2006.9.14. 선고 2004다53203 판결 등.
127) 대법원 2003.2.11. 선고 2002다62029 판결 등.

부를 보전하여 줄 것을 사전에 약속하는 행위 ② 투자자가 입은 손실의 전부 또는 일부를 사후에 보전하여 주는 행위 ③ 투자자에게 일정한 이익을 보장할 것을 사전에 약속하는 행위 ④ 투자자에게 일정한 이익을 사후에 제공하는 행위이다(자법 제55조).

다만 자본시장법 제103조 제3항에 의한 신탁에 있어서는 손실의 보전 또는 이익의 보장과 관련하여 예외를 인정한다. 시행령에 따르면 원칙적으로 신탁업자의 손실의 보전이나 이익의 보장을 금지하면서, 연금이나 퇴직금의 지급을 목적으로 하는 신탁 중 금융위원회가 정하는 일부에 대해서 예외를 인정하고 있다(자령 104조 제1항).[128]

2) 사법상의 효력

일본에 있어서 금융투자거래에 있어서 이익보장 등은 공서양속위반으로 무효가 된다는 것이 통설[129]·판례[130]의 입장이다.

우리나라에서도 대체로 무효라는 입장을 취하고 있다.[131] 그 논거는 일본에서와 마찬가지로 공서양속위반행위라는 것이다.[132]

보건대, 이는 부당권유행위에 대한 규제의 이유[133]와 관련하여 검토할 필요

---

128) 금융위원회 규정에 따를 때 손실의 보전을 허용하는 경우는 다음의 경우이다(금융투자업규정 제4-82조).
① 신노후생활연금신탁(노후생활연금신탁을 포함)
② 연금신탁(신개인연금신탁 및 개인연금신탁을 포함)
③ 퇴직일시금시탁

129) 河內隆史, "證券會社に おける 利益保證 および 損失保證", 「企業の 社會的 役割と 商事法」(田中誠二追悼論文集), 經濟法令硏究會(1995), 451면; 여기에 대해서 "계약자체는 증권회사에 대해서 효력을 가지지만 이 계약에 의거해서 고객이 증권회사에 대해서 이행을 구하고, 증권회사가 이행을 하면 양자 모두 벌칙의 적용을 받게 되고, 또한 고객이 소를 제기하여도 법원은 계약의 이행을 인정해야 하는 것은 아니다." 는 견해도 있다. 堀口 亘, "證券會社の 社會的 役割の 一考察", 「企業の 社會的 役割と 商事法」(田中誠二追悼論文集), 經濟法令硏究會(1995), 465면.

130) 東京地裁 平成 6.3.8. 判決(判タ 838號, 94면) 등.

131) 그러나 안문택 박사는 보증자체의 사법상의 효력에는 영향이 없다고 하고 있다. 安文宅, 「證券去來法槪論」, 博英社(1983), 372면.

132) 김건식, 앞의 논문, 289면; 최홍석, 앞의 논문, 643면; 이와 달리 그 이론적 근거를 사회질서에 반하는 약정이라는 점에 두는 견해도 있다. 김신, "投資收益保障約定의 效力", 판례연구 제8집(1998), 부산판례연구회, 273면.

133) 구증권거래법 제52조 3호에서 "투자자의 보호 또는 거래의 공정을 저해하거나 증권업의 신용을 추락시키는 것" 을 예시하고 있었다. 자본시장법 제49조 5호에서 "투자자보호 또는 건전한 거래질서

가 있다. 앞에서 본 바와 같이 그 규제의 이유로는, 첫째, 안일한 투자권유로부터 일반투자자의 보호, 둘째, 자본시장의 공정성의 확보, 셋째, 금융투자업의 신용유지의 목적 등을 들 수 있다. 이중에서 투자자 보호라는 점을 중시하면 안일한 투자권유에 의해 일반투자자가 증권거래에 참가하게 되므로 약자로서의 투자자를 보호할 필요가 있게 되고, 또한 이익보장약정을 무효로 한다면 이익을 얻는 것은 그와 같은 이익보장을 한 금융투자업자나 그 임·직원이고 고객은 더욱 손실을 입을 위험이 있기 때문에 이익보장 자체의 사법상의 효력에는 관계가 없는 것으로 해석할 수 있게 된다.

그러나 자본시장의 공정성확보라는 관점에서 보면, 소량의 거래를 하는 투자자라 할지라도 책임있는 투자판단의 형성이 중요하고, 그것이 자본시장을 지킨다는 공익에 연결된다는 점을 인식할 필요가 있으므로 공정한 가격형성을 왜곡하는 투자권유[134]를 배제하고 규제의 실익을 얻기 위해서는 이익보장에 의해 고객이 얻은 이익을 취득할 수 없도록 무효설을 취해야 할 것이다.

이익보장 등의 규제이유를 투자자 보호 만에서 찾는 것은 그 규정의 이해를 너무 좁게 해석하는 것이고, 그 이해를 좀 더 넓게, 즉 그 근거를 투자자의 보호보다는 시장의 가격형성기능의 왜곡방지 및 투자자에 대한 자본시장의 신용유지 등에서 구하는 것이 타당할 것이다.

판례도 이익보장약정의 무효를 인정하고 있는 바, 그 무효의 근거로 강행법규위반을 들고 있다. 판례의 태도를 보면 "피고회사의 영업직에 있는 영업부장이 원고에게 월 4푼 정도의 이득금을 지급하기로 한 약정은 증권거래법 제52조 제1호가 금지하는 것으로서, 이 규정은 공정한 증권거래질서의 확보를 위하여 제정된 강행규정이라 할 것이니 이 규정에 위배하는 위 약정은 무효이고, 위 무효인 약정에 기하여 원고들이 받은 이익은 증권회사의 손실에 기한 법률상의 원인 없는 부당이득이다." 고 하고,[135] 또 "증권회사 또는 그 임·직원의 부당권유행위를 금지하는 증권거래법 제52조 제1호의 규정은 공정한 증권거래질서

를 해할 우려가 있는 행위" 를 들고 있다.

134) 上村達男, "損失保證·損失補塡の 法律問題", 「商事法務」 1257號, 12면: 증권회사는 공정한 가격형성을 이끌 공적인 의무를 지고 있는데, 손실보증 등에 의한 증권투자는 시장가격형성을 왜곡하게 된다고 한다.

135) 대법원은 1980.12.23. 선고 79다2156 판결.

의 확보를 위하여 제정된 강행법규라고 할 것이어서 원·피고 사이의 이익분배의 약정은 이러한 강행법규에 위배되어 무효이고, 투자수익보장이 강행법규에 위반되어 무효인 이상 증권회사의 지점장에게 그와 같은 약정을 체결할 권한이 수여되었는지 여부에 불구하고 그 약정은 여전히 무효이므로 표현대리의 법리가 준용될 여지가 없다." 고 판시하였다.[136] 또한 채권매매의 위탁계약의 경우에도 "증권회사가 고객과의 채권매매 위탁계약에 의하여 이루어지는 채권매매거래로 인하여 손실이 발생하였는지의 여부와는 관계없이 항상 그 예탁금에 대하여 금융기관의 금리보다 연 1% 정도가 높은 비율에 의한 이익금의 지급을 보장하기로 한 이익금 약정은 강행법규인 증권거래법 제52조 제1호 소정의 '손실의 전부 또는 일부를 부담하는 행위' 에 해당하는 것으로서 무효이고, 이와 같은 무효인 손실부담약정에 기하여 고객이 지급받은 이익금은 결국 증권회사의 손실에 기한 법률상 원인이 없는 부당이득이나." 고 판시하였다.[137]

이처럼 이익보장약정의 효력은 무효로 보지만 이익보장약정은 부수적 약정이므로 그로 인해 위탁계약자체가 무효로 되는 것은 아니라는 것이 판례의 태도이다.[138]

만일 이익보장약정을 하고 투자권유를 한 경우 이에 따른 불법행위에 기한 손해배상청구가 가능할 것인가는 부당권유에 의한 투자권유에서 논의한 바와 같이 투자자에 대한 보호의무에 위반한 경우에 위법성을 인정하고 그에 따른 책임을 묻는 것이 가능하다고 본다.

3) 위반에 대한 제재

위 규정에 위반한 행위에 대해서는 3년 이하의 징역 또는 1억원 이하의 벌금에 처한다(자법 제445조). 구증권거래법상으로는 제57조 제1항에서 "위원회는 증권회사가 제52조의 규정에 위반한 때에는 이유를 제시하고 그 영업의 전부 또는 일부의 정지를 명할 수 있다." 고 하며, 제3항에서 "위원회는 제52조

136) 대법원 1996.8.23. 선고 94다38199 판결.
137) 대법원 1997.2.14. 선고 95다19140 판결.
138) 대법원 1996.8.23. 선고 94다38199 판결; 일본에서도 학설·판례는 대체로 유효하다는 입장을 취하고 있다. 河本一郎, "證券·商品取引の 不當勸誘と 不法行爲責任", 「商事法の解釋と展望」 (上柳克郎還曆記念), 有斐閣(1984), 488면 이하; 河內隆史, 전개논문, 453면.

의 규정에 위반한 임원에 대하여는 이유를 제시하고 그 임원의 해임을 명할 수 있다." 고 하여 부당한 권유행위를 한 증권회사나 그 임·직원에 대해서 행정처분을 과할 수 있음을 규정하였으나, 구증권거래법상의 다른 위반행위 등과 달리 형벌규정을 두고 있지 않았다.

6. 투자권유준칙

(1) 의의

금융투자업자의 임 · 직원의 투자권유는 다양한 형태로 이루어진다. 자본시장법에서는 투자자 보호를 위해서 부당권유의 금지와 같이 투자권유를 함에 있어서 여러 가지 규제를 가하고 있지만, 다양하게 이루어지는 개별적 투자권유를 법령에서 세세하게 규정하기에는 어려움이 있다. 이 때 금융투자업자 스스로 일정한 기준을 정하고 이에 따라 내부적으로 투자권유에 대해 제한을 가하는 것이 자율성 보장의 측면에서 필요하고, 투자권유에 대한 좀 더 효율적인 규제방안이 될 수 있다. 이러한 취지에서 자본시장법에서는 금융투자업자에 대해서 그 임 · 직원이 투자권유시에 준수하여야 할 구체적인 기준 및 절차를 정하고 이를 공시하도록 하고 있다.

(2) 내용

금융투자업자는 투자권유준칙을 마련하고 이를 공시하여야 한다(자법 제50조 제1항, 제2항). 한국금융투자협회는 투자권유준칙과 관련하여 금융투자업자가 공통으로 사용할 수 있는 표준투자권유준칙을 제정할 수 있다(자법 제50조 제3항). 협회의 표준투자권유준칙에 따르면 투자자를 안정형, 안정추구형, 위험중립형, 적극투자형, 공격투자형으로 분류하고 금융투자상품을 초고위험, 고위험, 중위험, 저위험, 초저위험으로 분류한 뒤 특정 유형의 투자자가 투자할 수 있는 금융투자상품의 범위를 제한하고 있다.

7. 투자권유대행인

(1) 의의

금융기관 중 은행은 충분한 점포수를 갖추고 있으므로 접근에 어려움이 없고, 보험회사의 경우 보험모집인제도가 있어 보험회사에 방문하지 않고도 보험가입이 가능하다. 그러나 금융투자업자의 경우 상대적으로 점포의 수가 적어서 접근에 어려운 면이 있다. 이러한 불편을 제거하여 자본시장 참여자의 범위를 넓히고자 투자권유대행인제도를 도입하여 금융투자업자가 투자권유를 위탁할 수 있도록 하였다.

투자권유대행인은 금융투자회사로부터 위탁을 받아 투자자에게 투자권유를 하는 자이다. 투자권유대행인을 통하여 투자자가 금융투자회사의 영업점을 방문하지 않고도 금융투자상품을 매수할 수 있게 됨으로써 투자자의 금융투자상품에 대한 보다 다양한 접근이 가능하게 되었다. 오늘날 전자매체를 통한 거래 등 영업점을 방문하지 않고 이루어지는 새로운 형태의 거래가 많아짐으로써 투자권유대행인의 역할이 더욱 커질 것으로 생각된다.

자본시장법에서는 투자권유대행인에 대해서 등록제를 채택함으로써 금융투자업자의 책임을 명확히 하고자 하였다. 등록된 투자권유대행인이 어떠한 명칭을 사용하든 영업소 이외의 장소에서 투자권유를 하는 경우에는 금융투자업자의 수임인의 지위에 서게 됨으로서 그 권유행위에 대해서 금융투자업자가 책임을 지게 된다.

투자권유대행인제도는 외국의 경우에 이미 이용되고 있는 판매권유자(Introducing Broker)[139]제도를 모델로 한 것으로, 우리나라의 경우도 간접투자증권 취득권유인 제도를 2005년「간접투자자산운영업법」시행령 및 시행규칙에 도입하였고, 이를 2007년「간접투자자산운영업법」상으로도 제도화 하였다.

139) 미국의 경우에는 1920년대부터 등록대리인(Registered Representative)이 존재하였으며 등록대리인은 자율규제기관인 뉴욕증권거래소(NYSE)와 전미증권업협회(NASD)의 감독을 받고 있다. 한국증권업협회, 앞의 책, 224면.

(2) 투자권유대행인의 법적 지위

투자권유대행인은 금융투자업자의 위탁을 받아 금융투자상품 판매의 중개업무 만을 수행하는 자이다.

금융투자업자와 투자권유대행인 사이의 대행계약은 위탁자인 금융투자업자의 요청으로 투자권유대행인이 금융투자상품에 대한 투자권유업무를 대행하고 그 대가로 일정한 수수료를 받는 것으로서 위임에 속한다. 투자권유대행인은 금융투자업자에 소속된 임·직원이 아닌 자에게 투자권유에 관한 권한이 부여된 자로서 이 때 금융투자업자와 고용관계에 서는 것은 아니다.

투자권유대행인은 단지 중개권한만을 가지며 금융투자상품에 대한 계약의 주체는 금융투자업자가 된다.

그런데 2008년도 세계 금융위기를 계기로 무분별한 투자권유로부터 투자자 보호의 필요성이 더욱 강조되게 되었고, 이를 반영하여 투자권유대행인은 위험성이 큰 파생상품에 대한 투자권유는 하지 못하도록 하였다(자법 제51조 제1항).

(3) 투자권유대행인의 자격

1) 개인

투자권유대행인은 법인이 아닌 개인으로 한정한다. 투자권유대행인을 법인에게 허용할 경우에 투자중개업자와 동일한 업무영역을 갖게 되는데 투자중개업자에 비해 설립요건이 완화되어 규제차익이 발생하는 문제가 발생할 수 있기 때문에 이를 제한하였다.

2) 기등록자가 아닐 것

이미 다른 금융투자업자에 등록된 자는 투자권유대행인의 자격이 인정되지 않으며 투자권유대행인은 특정 금융투자업자에게 전속하여야 한다(자법 제51조 제1항 제1호).

3) 전문성을 갖출 것

투자권유대행인은 증권관련 자격증 등 전문지식을 갖출 것이 요구된다(자법 제51조 제1항 제2호). 시행령에 따르면 ① 협회에서 시행하는 투자권유자문 인력의 능력을 검증할 수 있는 시험에 합격한 자 ② 협회에서 시행하는 투자 운용인력의 능력을 검증할 수 있는 시험에 합격한 자 ③「보험업법」시행령 별표 3에 따른 보험설계사·보험대리점 또는 보험중개사의 등록요건을 갖춘 개인으로서 보험모집에 종사하고 있는 자(집합투자증권의 투자권유를 대행하는 경우만 해당한다) 중의 하나에 해당하고(자령 제56조 제1항), 협회가 정하여 금융위원회의 인정을 받은 교육을 마칠 것을 요구하고 있다(자령 제56조 제2항).

투자권유대행인이 등록 이후 그 영업을 영위함에 있어서 전문성의 요건을 유지하여야 하며, 이 유지의무에 위반한 경우 금융위원회에 의하여 등록이 취소되거나 6개월 이내의 업무정지를 당할 수 있다(자법 제53조 제2항 제1호).

4) 등록취소일로부터 일정기간의 경과

투자권유대행인이 등록요건 유지의무위반 등의 사유로 자본시장법 제53조 제2항에 따라 금융위원회에 의하여 등록이 취소된 경우 그 등록이 취소된 날부터 3년이 경과하여야 한다(자법 제51조 제1항 제3호).

(4) 투자권유대행인의 등록

투자권유대행인은 금융투자업자가 금융위원회에 등록을 하여야 투자권유를 할 수 있다. 이 경우 금융위원회는 그 등록업무를 대통령령으로 정하는 바에 따라 협회에 위탁할 수 있다(자법 제51조 제3항).

투자권유대행인의 등록절차를 보면, 먼저 금융투자업자가 일정사항을 기재한 등록신청서[140]를 금융위원회에 제출하여야 한다. 금융위원회는 등록신청서

140) 등록신청서의 개재사항은 ① 금융투자업자의 상호 ② 법 제51조 제9항에 따른 투자권유대행인으로 등록하려는 자의 인적 사항 ③ 투자권유를 위탁할 금융투자상품과 계약의 범위이다(자령 제58조 제1항).

를 접수한 경우에는 그 내용을 검토하여 2주 이내에 등록 여부를 결정하고, 그 결과와 이유를 지체 없이 신청인에게 문서로 통지하여야 한다. 이 경우 등록신청서에 흠결이 있는 때에는 보완을 요구할 수 있다(자법 제51조 제5항).

금융위원회는 위 등록 여부를 결정함에 있어서 다음의 사유가 없는 한 등록을 거부하여서는 아니 된다(자법 제51조 제7항).

① 자본시장법 제51조 제1항의 요건을 갖추지 아니한 경우
② 등록신청서를 거짓으로 작성한 경우
③ 등록신청서 흠결에 대한 보완요구를 이행하지 아니한 경우

금융위원회가 등록을 결정한 경우 투자권유대행인 등록부에 필요한 사항을 기재하여야 하며, 등록 결정한 내용을 인터넷 홈페이지 등에 공고하여야 한다(자법 제51조 제8항).

(5) 투자권유대행인의 금지행위

1) 취지

투자권유대행인제도를 통하여 투자자의 금융투자업자에 대한 접근이 용이해지고 금융투자업자의 영업범위가 넓어진다는 이점이 있지만, 투자권유대행인의 권한남용에 따른 불완전 판매라는 부작용이 발생할 수 있다. 그리하여 앞에서의 자격제한에 관한 규정뿐만 아니라 자본시장법 제52조에서는 투자권유대행인에 대한 행위규제에 관한 규정을 두어 투자자를 보호하고 있다.

이 조항에 따르면 투자권유대행인은 금융투자상품 판매를 중개하는 자에 지나지 않는 자로서 단지 투자를 권유할 수 있을 뿐이며, 직접 계약을 체결할 수는 없다. 또한 보험모집인과 달리 투자권유대행인이 투자자로부터 금전, 증권 그 밖의 재산을 직접 수취하는 행위가 금지됨으로써 그 역할은 제한적일 수밖에 없다.

2) 투자권유대행인의 금지행위

자본시장법 제52조에서는 다음의 행위를 금지행위로 열거하고 있다.

① 위탁한 금융투자업자를 대리하여 계약을 체결하는 행위

② 투자자로부터 금전 · 증권, 그 밖의 재산을 수취하는 행위
③ 금융투자업자로부터 위탁받은 투자권유대행업무를 제삼자에게 재위탁하는 행위
④ 그 밖에 투자자 보호 또는 건전한 거래질서를 해할 우려가 있는 행위로서 대통령령으로 정하는 행위

여기서 대통령령으로 정하는 행위란 다음의 행위를 말한다(자령 제59조 제1항).

① 투자자를 대리하여 계약을 체결하는 행위
② 투자자로부터 금융투자상품에 대한 매매권한을 위탁받는 행위
③ 제3자로 하여금 투자자에게 금전을 대여하도록 중개 · 주선 또는 대리하는 행위
④ 투자일임재산이나 신탁재산을 각각의 투자자별 또는 신탁재산별로 운용하지 아니하고 집합하여 운용하는 것처럼 그 투자일임계약이나 신탁계약의 체결에 대한 투자권유를 하거나 투자광고를 하는 행위
⑤ 둘 이상의 금융투자업자와 투자권유 위탁계약을 체결하는 행위
⑥ 투자권유대행인의 자격을 가지는 보험설계사가 소속 보험회사가 아닌 보험회사와 투자권유 위탁계약을 체결하는 행위
⑦ 그 밖에 투자자의 보호나 건전한 거래질서를 해칠 염려가 있는 행위로서 금융위원회가 정하여 고시하는 행위[141]

---

141) 다음 각 호의 어느 하나에 해당하는 행위를 말한다(금융투자업법 제4-10조 제1항).
1. 금융투자상품의 매매, 그 밖의 거래와 관련하여 투자자에게 제4-18조 제2항에서 정하는 한도를 초과하여 직접 또는 간접적인 재산상의 이익을 제공하면서 권유하는 행위
2. 금융투자상품의 가치에 중대한 영향을 미치는 사항을 사전에 알고 있으면서 이를 투자자에게 알리지 아니하고 당해 금융투자상품의 매수 또는 매도를 권유하는 행위
3. 위탁계약을 체결한 금융투자업자가 이미 발행한 주식의 매수 또는 매도를 권유하는 행위
4. 투자목적, 재산상황 및 투자경험 등을 감안하지 아니하고 투자자에게 지나치게 빈번하게 투자권유를 하는 행위
5. 자기 또는 제3자가 소유한 금융투자상품의 가격상승을 목적으로 투자자에게 당해 금융투자상품의 취득을 권유하는 행위
6. 투자자가 법 제174조·제176조 및 제178조에 위반되는 매매, 그 밖의 거래를 하고자 함을 알고 그 매매, 그 밖의 거래를 권유하는 행위
7. 금융투자상품의 매매, 그 밖의 거래와 관련하여 투자자의 위법한 거래를 은폐하여 주기 위하여 부정한 방법을 사용하도록 권유하는 행위

(6) 투자권유대행인의 개시의무

투자권유대행인은 투자권유를 대행함에 있어서 투자자에게 다음의 사항을 미리 알려야 하며, 자신이 투자권유대행인이라는 사실을 나타내는 표지를 게시하거나 증표를 투자자에게 내보여야 한다(자법 제56조 제3항).

① 투자권유를 위탁한 금융투자업자의 명칭

② 투자권유를 위탁한 금융투자업자를 대리하여 계약을 체결할 권한이 없다는 사실

③ 투자권유대행인은 투자자로부터 금전·증권, 그 밖의 재산을 수취하지 못하며, 금융투자업자가 이를 직접 수취한다는 사실

④ 그 밖에 투자자 보호 또는 건전한 거래질서를 위하여 필요한 사항으로서 대통령령으로 정하는 사항

여기서 대통령령으로 정하는 사항이란 다음의 어느 하나에 해당하는 사항을 말한다(자령 제59조 제2항).

① 투자자를 대리하여 계약을 체결할 수 없다는 사실

② 투자자로부터 금융투자상품에 대한 매매권한을 위탁받을 수 없다는 사실

③ 그 밖에 투자자의 보호나 건전한 거래질서를 위하여 필요한 사항으로서 금융위원회가 정하여 고시하는 사항[142)]

(7) 투자권유시의 주의의무

투자자 보호를 위해서 투자권유대행인은 금융투자업자와 동등한 수준의 투자자 보호제도의 적용을 받게 된다. 그리하여 투자권유대행인의 투자권유시에 엄격한 주의의무가 부과되어 적합성의 원칙, 적정성의 원칙, 설명의무, 부당권유의 금지, 직무관련 정보의 이용금지, 손실보전 등의 금지에 관한 규정이 적용된다.

---

142) 다음 각 호의 사항을 말한다(금융투자업법 제4-10조 ②).
1. 금융투자상품의 매매, 그 밖에 거래에 관한 정보는 금융투자업자가 관리하고 있다는 사실
2. 법 제52조 제2항 각 호의 행위가 금지되어 있다는 사실

이러한 주의의무위반시의 책임에 대해서도 금융투자업자의 임·직원의 책임과 같이 본다.

(8) 금융투자업자의 책임

금융투자업자는 투자권유대행인이 투자권유를 대행함에 있어서 법령을 준수하고 건전한 거래질서를 해하는 일이 없도록 성실히 관리하여야 하며, 이를 위한 투자권유대행기준을 정하여야 한다(자법 제56조 제4항).

그리고 투자권유대행인이 투자권유를 대행함에 있어서 투자자에게 손해를 끼친 경우에 민법 제756조가 준용되어 금융투자업자는 사용자책임을 부담하게 된다.

Ⅶ. 투자광고의 규제

1. 의의

자본시장법에서는 금융투자업자의 광고가 무분별하게 이루어져 투자자의 투자판단에 오인을 가져오는 것을 방지하기 위해서 광고규제를 도입하였다. 투자광고는 투자권유와 구별되는 것으로, 투자권유는 특정 투자자를 상대로 금융투자상품의 매매 등을 권유하는 행위임에 반하여, 투자광고는 불특정 투자자를 상대로 한다는 점에서 차이가 난다. 투자권유의 경우 적합성의 원칙, 설명의무 등 보다 엄격한 규제가 가해짐에 반하여, 투자광고의 경우 위와 같은 의무가 부과되면 사실상 광고가 불가능해지므로 의무의 적용을 받지 않게 된다.

2. 투자광고의 당사자

투자광고는 금융투자업자만 할 수 있다(자법 제57조 제1항). 다만 협회, 금융투자업자를 자회사 또는 손자회사로 하는 금융지주회사도 투자광고를 할 수 있으며, 증권의 발행인 또는 매출인은 그 증권에 대하여 투자광고를 할 수 있다. 따라서 무인가업자, 외국 금융투자회사 등은 투자광고가 금지된다.

3. 투자광고의 표시사항

(1) 일반적 표시사항

투자광고에는 당해 금융투자업자의 명칭, 금융투자상품의 내용, 당해 금융투자상품의 투자에 따르는 위험, 그 밖에 대통령령이 정하는 사항 등이 표시되어야 하며(자법 제57조 제2항), 시행령에 따를 때 ① 금융투자업자는 금융투자상품에 대하여 충분히 설명할 의무가 있다는 내용 ② 금융투자업자로부터 설명을 듣고서 투자할 것을 권고하는 내용 ③ 수수료에 관한 사항 ④ 투자광고를 하는 자, 투자광고의 내용, 투자광고의 매체 · 크기 · 시간 등을 고려하여 금융위원회가 정하여 고시하는 사항[143] 등도 표시되어야 한다(자령 제60조 제1항).

(2) 집합투자증권에 대한 특례

금융투자업자는 집합투자증권에 대하여 투자광고를 하는 경우 ① 집합투자증권을 취득하기 전에 투자설명서 또는 간이투자설명서를 읽어 볼 것을 권고하는 내용 ② 집합투자기구는 운용결과에 따라 투자원금의 손실이 발생할 수 있으며, 그 손실은 투자자에게 귀속된다는 사실 ③ 집합투자기구의 운용실적을 포함하여 투자광고를 하는 경우에는 그 운용실적이 미래의 수익률을 보장

143) 다음 각 호의 사항을 말한다(금융투자업규정 제4-11조 제1항).
1. 타 기관 등으로부터 수상, 선정, 인증, 특허 등을 받은 내용을 표기하는 경우 당해 기관의 명칭, 수상등의 시기 및 내용
2. 과거의 재무상태 또는 영업실적을 표기하는 경우 투자광고 시점(또는 기간) 및 미래에는 이와 다를 수 있다는 내용
3. 최소비용을 표기하는 경우 그 최대비용과 최대수익을 표기하는 경우 그 최소수익
4. 관련법령·약관 등의 시행일 또는 관계기관의 인·허가 전에 실시하는 광고의 경우 투자자가 당해 거래 또는 계약 등의 시기 및 조건 등을 이해하는 데에 필요한 내용
5. 통계수치나 도표 등을 인용하는 경우 해당 자료의 출처
6. 그 밖에 투자자 보호를 위하여 필요한 사항으로서 협회가 정하는 사항

하는 것은 아니라는 내용이 포함되도록 하여야 하며, 집합투자기구의 명칭, 집합투자기구의 종류에 관한 사항, 집합투자기구의 투자목적 및 운용전략에 관한 사항, 그 밖에 집합투자증권의 특성 등을 고려하여 대통령령으로 정하는 사항 외의 사항을 투자광고에 사용하여서는 아니 된다(자법 제57조 제3항). 시행령에 따를 때 투자광고에 포함되는 사항은 ① 집합투자업자, 집합투자재산을 보관·관리하는 신탁업자와 집합투자증권을 판매하는 투자매매업자·투자중개업자(일반사무관리회사가 있는 경우에는 일반사무관리회사를 포함한다)의 상호 등 그 업자에 관한 사항 ② 보수나 수수료에 관한 사항 ③ 해당 집합투자기구의 투자운용인력에 관한 사항 ④ 과거의 운용실적이 있는 경우에는 그 운용실적 ⑤ 집합투자증권의 환매에 관한 사항 ⑥ 그 밖에 투자광고에 포함하여도 투자자 보호를 해치지 아니한다고 인정되는 사항으로서 금융위원회가 정하여 고시하는 사항[144]이다(자령 제60조 제2항).

4. 이익보장 등의 표시금지

금융투자업자는 투자광고를 함에 있어서 신탁업자의 신탁재산의 수탁함에 있어서 자본시장법 제103조 제3항에 따라 손실의 보전 또는 이익의 보장을 하는 경우를 제외하고는 손실보전 또는 이익보장으로 오인하게 하는 표시를 하여서는 아니 된다(자법 제57조 제4항).

---

144) 다음 각 호의 사항을 말한다(금융투자업규정 제4-11조 제2항).
1. 법 제47조에 따라 일반투자자가 이해할 수 있도록 설명하여야 하는 사항
2. 집합투자재산은 신탁업자에 따라 신탁업자의 고유재산과 분리하여 안전하게 보관·관리되고 있다는 사실
3. 신탁업자, 집합투자업자의 준법감시인 및 회계감사인이 집합투자재산을 적법하게 운용하고 있는지 여부를 감시한다는 사실
4. 집합투자기구의 투자목적에 적합한 투자자에 관한 사항
5. 집합투자기구의 수익구조
6. 집합투자기구평가회사 등이 평가한 평가결과
7. 일반적인 경제상황에 대한 정보
8. 투자금의 한도 및 적립방법
9. 비교광고를 하는 경우에는 비교의 대상이 되는 다른 집합투자업자 및 집합투자기구의 유형, 운용기간, 운용실적, 그 밖에 비교의 기준일자 등에 관한 사항
10. 투자광고의 특성상 필요한 표제·부제

또한 투자광고에 있어「표시 · 광고의 공정화에 관한 법률」제4조 제1항에 따른 표시 · 광고사항이 있는 경우에는 소비자보호를 위해서 같은 법이 정하는 바에 따라 허위 · 과장의 표시 · 광고 등과 같이 부당한 표시 · 광고행위의 금지 등이 적용된다.

5. 투자광고의 방법 및 절차

금융투자업자는 투자광고를 하는 경우 다음 사항을 준수하여야 한다(자령 제60조 제3항). ① 수익률이나 운용실적을 표시하는 경우에는 수익률이나 운용실적이 좋은 기간의 수익률이나 운용실적만을 표시하지 아니할 것 ② 금융투자상품의 비교광고를 하는 경우에는 명확한 근거 없이 다른 금융투자상품이 열등하거나 불리한 것으로 표시하지 아니할 것 ③ 준법감시인(준법감시인이 없는 경우에는 감사 등 이에 준하는 자를 말한다)의 사전확인을 받는 등 금융위원회가 정하여 고시하는 방법145)에 따를 것

금융투자협회는 투자광고를 하는 자, 투자광고의 내용, 투자광고의 매체 · 크기 · 시간 등을 고려하여 금융투자업자가 준수하여야 할 투자광고 기준, 투자광고 심사절차 및 방법, 그 밖에 투자광고와 관련하여 필요한 세부사항을 달리 정할 수 있다(금융투자업규정 제4-12조 제2항).

---

145) 다음 각 호의 절차를 따르는 것을 말한다(금융투자업규정 제4-12조 제1항).
1. 광고의 제작 및 내용에 있어서 관련 법령의 준수를 위하여 내부통제기준을 수립하여 운영할 것
2. 금융투자업자의 경영실태평가결과와 영업용순자본비율 등을 다른 금융투자업자의 그것과 비교하는 방법 등으로 광고하지 아니할 것
3. 준법감시인의 사전 확인을 받을 것
4. 투자광고계획신고서와 투자광고안을 협회에 제출하여 심사를 받을 것
5. 협회의 투자광고안 심사 및 심사결과 통보
6. 투자광고문에 협회 심사필 또는 준법감시인 심사필을 표시할 것

Ⅷ. 직무관련 정보의 이용금지 등

1. 직무관련 정보의 이용금지

(1) 의의

금융투자업자는 업무특성상 고객의 정보를 비롯한 다양한 정보를 취급하게 된다. 이 때 금융투자업자가 직무상 알게 된 미공개정보를 이용하여 금융투자거래를 하는 것은 이와 같은 정보를 알지 못하는 일반투자자의 희생 하에 부당한 이득을 얻는 불공정거래가 되기 때문에 이를 규제하는 것이다.

미공개정보의 이용에 대해서는 이 조항뿐만 아니라 자본시장법 제174조에서도 내부자거래의 금지에 관한 규정을 두어 기업내부의 미공개중요정보의 이용행위를 금지하고 있다. 내부자거래의 경우 미국 판례상 확립된 중요성의 기준을 도입하여 중요정보에 대해서만 이용금지를 함에 반하여 이 조항은 이에 대한 제한이 없다. 따라서 이 조항에 따를 때 내부자거래의 규제요건을 충족하지 못하는 정보의 이용에 대해서도 규제가 가능한 것으로서 내부자거래규제의 보완작용을 하는 면도 있다.

구증권거래법상 부당권유의 규제에 관한 제52조 제3호에서 "유가증권의 발행 또는 매매 기타 거래와 관련하여 투자자의 보호 또는 거래의 공정을 저해하거나 증권업의 신용을 추락시키는 것으로서 대통령령이 정하는 행위" 를 금지 하였으며, 이에 따른 시행령 제326조의 3 제5호에서 "고객의 매매주문동향 등 직무와 관련하여 알게 된 정보를 자기 또는 제3자의 이익을 위하여 이용하는 행위", 제9호에서 "유가증권의 가치에 중대한 영향을 미치는 사항을 사전에 알고 있으면서 이를 고객에게 알리지 아니하고 당해 유가증권의 매수 또는 매도를 권유하여 당해 유가증권을 매도 또는 매수하는 행위", 제14호는 "고객에게 미공개정보를 제공하여 특정 유가증권의 매매 기타 거래를 권유하는 행위" 를 금지하고 있었다.

(2) 내용

금융투자업자는 직무상 알게 된 정보로서 외부에 공개되지 아니한 정보를 정당한 사유 없이 자기 또는 제삼자의 이익을 위하여 이용하지 못한다(자법 제54조).

금융투자업자가 직무상 알게 된 정보는 투자자의 매매주문동향 등과 같은 거래와 관련된 정보도 있을 것이고, 당해 금융투자업자의 내부정보를 비롯한 특정법인에 대한 내부정보도 있을 것이다. 특정법인에 대한 내부정보와 관련하여 만일 금융투자업자가 특정 법인에 대하여 법령에 의한 허가·인가·지도·감독 기타의 권한을 가지거나, 특정 법인과 계약을 체결하고 있거나, 체결을 교섭하고 있는 경우에는 준내부자가 되며, 내부자로부터 중요한 미공개정보를 전달받은 경우에는 정보수령자로서 역시 내부자에 속하게 된다.

어떤 경우이든 내부자의 미공개중요정보의 이용행위는 자본시장법 제174조상의 내부자거래의 규제대상이 된다. 다만 내부자거래의 규제대상이 되기 위해서는 중요성의 기준을 충족하여야 하며, 내부자가 2차 정보수령자인[146] 경우에는 규제의 대상이 되지 않는다. 내부정보의 이용이 내부자거래의 규제요건을 충족하지 못하여 규제의 대상에서 제외되어도 이는 이 조항의 규제 대상에는 포함될 수 있다.

이 규정에 위반한 경우에 3년 이하의 징역 또는 1억원 이하의 벌금에 처한다(자법 제445조).

2. 약관규제

(1) 의의

금융투자상품거래는 대량적으로 이루어지는 것으로서 다수계약관계의 간이·

146) 제1차 정보수령자로부터 미공개내부정보를 다시 전달받은 제2차 정보수령자가 증권의 매매 그 밖의 거래와 관련하여 전달받은 당해 정보를 직접 이용하는 경우에만 제1차 정보수령자가 처벌대상이 되고(2차 정보수령자는 처벌대상 아님), 제2차 정보수령자가 그 정보를 직접 이용하지 않고 다시 다른 사람에게 전달하여 이용하게 하는 경우에는 제1차 정보수령자도 처벌대상이 아니다(대법원 2002.1.25. 선고 2000도90 판결).

신속한 처리를 위해서는 계약내용을 정형화해야 할 필요가 있다. 약관이란 계속적·대량적 기업거래에 획일적으로 적용하기 위해서 미리 정형적으로 작성된 계약 조항으로서 금융거래는 약관을 통하여 이루어지는데, 약관은 금융투자업자가 일방적으로 작성하는 부합계약의 성질을 가지므로 기업의 일방적 이익을 추구할 가능성이 있다. 따라서 투자자 보호의 요청에 따라 이를 규제하는 것이다.

자본시장법에서 규정하고 있는 약관에 대한 규제는 행정적 규제에 속한다. 유사한 것으로 보험약관의 작성·변경·사용에 있어서 기획재정부장관의 감독, 운송약관에 대한 국토해양부장관의 인가에 관한 규정 등을 들 수 있다.

이외에도 금융거래는 약관규제법의 적용을 받는 것으로서 약관규제법에서는 신의성실의 원칙에 반하여 공정을 잃은 계약조항은 무효라고 규정하고 있다(약관규제법 제6조).

(2) 약관의 제정 또는 변경

금융투자업자는 금융투자업의 영위와 관련하여 약관을 제정 또는 변경하고자 하는 경우에는 미리 금융위원회에 신고하여야 한다. 다만, ① 약관내용 중 투자자의 권리 또는 의무와 관련이 없는 사항을 변경하는 경우 ② 표준약관을 그대로 사용하는 경우 ③ 제정 또는 변경하고자 하는 약관의 내용이 다른 금융투자업자가 이미 금융위원회에 신고한 약관의 내용과 같은 경우 ④ 전문투자자만을 대상으로 하는 약관을 제정 또는 변경하는 경우에 해당하는 경우에는 약관을 제정 또는 변경한 후 7일 이내에 금융위원회 및 협회에 보고하여야 한다(자법 제56조 제1항).

또한 금융투자업자가 약관을 제정 또는 변경한 경우에는 인터넷 홈페이지 등을 이용하여 공시하여야 한다(자법 제56조 제2항).

(3) 표준약관의 제정 또는 변경

금융투자협회는 건전한 거래질서를 확립하고 불공정한 내용의 약관이 통용되는 것을 방지하기 위하여 금융투자업 영위와 관련하여 표준약관을 제정할 수 있다(자법 제56조 제3항). 이에 따라 금융투자협회는 「금융투자회사의 약관운용에 관한 규정」을 두어 금융투자업 영위와 관련한 금융투자협회의 표준약관 제정 및 약관심사에 필요한 사항을 정하고 있다.

금융투자협회는 표준약관을 제정 또는 변경하고자 하는 경우에는 미리 금융위원회에 신고하여야 한다. 다만, 전문투자자만을 대상으로 하는 표준약관을 제정 또는 변경하는 경우에는 그 표준약관을 제정 또는 변경한 후 7일 이내에 금융위원회에 보고하면 된다(자법 제56조 제4항).

(4) 약관의 심사

1) 공정거래위원회

약관이나 표준약관을 신고 또는 보고받은 금융위원회는 그 약관 또는 표준약관을 공정거래위원회에 통보하여야 한다. 이 경우 공정거래위원회는 통보받은 약관 또는 표준약관이 「약관의 규제에 관한 법률」 제6조부터 제14조까지의 규정에 위반된 사실이 있다고 인정될 때에는 금융위원회에 그 사실을 통보하고 그 시정에 필요한 조치를 취하도록 요청할 수 있으며, 금융위원회는 특별한 사유가 없는 한 이에 응하여야 한다(자법 제56조 제5항).

2) 금융위원회

금융위원회는 약관 또는 표준약관이 자본시장법 또는 금융과 관련되는 법령에 위반되거나 그 밖에 투자자의 이익을 침해할 우려가 있다고 인정되는 경우에는 금융투자업자 또는 협회에 그 내용을 구체적으로 기재한 서면에 의하여 약관 또는 표준약관을 변경할 것을 명할 수 있다(자법 제56조 제6항).

3. 수수료규제

(1) 의의

금융투자업자에게 수수료는 그 영리성을 확보하기 위한 기반으로서 의미를 가지지만 금융투자업자가 일정한 수익을 확보하기 위해서 수수료를 과다하게 책정할 가능성이 있다. 따라서 금융투자업자가 책정하는 수수료의 합리성을 확보할 필요가 있으며, 또한 자율경쟁이 보장되는 자본시장에 있어서 금융투자업자 간에 경쟁을 유인하기 위해서는 각 금융투자업자가 책정한 수수료에 관한 정보를 투자자가 확보할 수 있어야 한다.

즉 투자자들이 금융투자업자가 책정한 수수료가 합리적 근거를 가지는가를 판단하기 위해서는 이에 대한 자료가 제공될 필요가 있고, 투자자로서는 금융투자업자에 대한 선택의 기회를 가지기 위해서 수수료의 비교검토를 위한 정보를 제공받을 필요가 있다. 이러한 취지에서 자본시장법에서는 수수료의 부과기준 및 절차에 관한 사항의 공시를 요구하고 있다.

(2) 내용

자본시장법 제58조의 내용은 대별하여 정보개시의무와 투자자간 차별적용의 금지로 나누어 볼 수 있다. 먼저 정보개시의무와 관련하여 금융투자업자는 투자자로부터 받는 수수료의 부과기준 및 절차에 관한 사항을 정하고, 인터넷 홈페이지 등을 이용하여 공시하여야 한다(자법 제58조 제1항). 이러한 수수료 부과기준 및 절차에 관한 사항을 금융투자협회에 통보하여야 하며, 금융투자협회는 통보받은 사항을 금융투자업자별로 비교하여 공시하여야 한다.

다음으로 투자자간 차별적용의 금지에 관한 것으로, 금융투자업자가 정당한 사유없이 수수료 부과기준을 정함에 있어서 투자자를 차별하여서는 아니 된다(자법 제58조 제2항). 이처럼 투자자 보호를 위해서 수수료의 차별은 금지되지만 금융투자업자의 영업자율성의 확보라는 측면에서 보면 차별수수료의 금지는 이에 대한 중대한 제약요인이 될 것이다. 투자자 중에서 금융투자업자의 이익에 더 큰 기여를 하는 거액거래자에 대해서 이점을 제공하는 것은 자본시장원리에 비추어 당연한 것이므로 이를 엄격하게 해석할 필요는 없을 것이다. 따라서 '정당한 사유' 를 완화해서 해석하여 금융투자업자의 자율성을 어느 정도 확보해 주는 방향으로 제도를 운영할 필요가 있다.

4. 계약서류의 교부 및 계약의 해제

(1) 의의

자본시장법에서는 금융투자업자에 대해서 계약서류 교부의무를 부과하고, 투자자에게는 조건없는 계약해제권을 부여함으로써 투자자를 보호하고자 한다. 계약서류 교부의무는 모든 금융투자업자에게 부과되는 것으로서 투자자로 하여금 계약내용을 확인할 수 있게 하여 부당한 계약체결을 방지하고자 하는 것이다.

계약해제권은 투자자가 금융투자상품 거래계약을 체결한 후 일정한 기간내에 그 금융투자상품 거래계약을 조건없이 해제할 수 있게 한 것이다. 다만 금융투자상품의 경우 수시로 시장가격이 변동하므로 이를 감안하여 계약해제권을 일정한 계약에 대해서만 가능하도록 제한하고 있다.

이와 유사한 것으로 생명보험표준약관상으로도 청약일 또는 제1회 보험료를 납부한 날로부터 15일 이내 청약의 철회가 가능하고, 전화·우편·인터넷을 통한 통신판매의 경우 30일 이내에 청약의 철회가 가능하며, 그 외 할부거래, 방문 판매의 경우에도 일정한 기간 내 철회가 가능하다.[147)]

(2) 계약서류 교부의무

금융투자업자는 투자자와 계약을 체결한 경우 그 계약서류를 투자자에게 지체 없이 교부하여야 한다(자법 제59조 제1항). 다만, 계약내용 등을 고려하여 투자자 보호를 해할 우려가 없는 경우로서 ① 매매거래계좌를 설정하는 등 금융투자상품을 거래하기 위한 기본계약을 체결하고 그 계약내용에 따라 계속적 · 반복적으로 거래를 하는 경우 ② 투자자가 계약서류를 받기를 거부한다는 의사를 서면으로 표시한 경우 ③ 투자자가 우편이나 전자우편으로 계약서류를 받을 의사를 서면으로 표시한 경우로서 투자자의 의사에 따라 우편이나 전자우편으로 계약서류를 제공하는 경우 ④ 그 밖에 투자자 보호를 해칠 염려가

147) 할부거래의 경우 7일, 방문판매의 경우 14일 내에 철회가 가능하다(「할부거래에 관한 법률」 제5조, 「방문판매에 관한 법률」 제8조).

없는 경우로서 금융위원회가 정하여 고시하는 경우에는 그 계약서류를 교부하지 아니할 수 있다(자령 제61조 제1항).

그런데 대부분의 금융투자계약이 약관에 의해서 이루어지므로 만일 계약이 약관에 의해서 이루어졌다면 금융투자업자는 이 조항에 따른 계약서류 교부의무를 부담할 뿐만 아니라, 약관규제법 제3조에 따라 약관에 대한 명시·설명의무가 부과된다.

(3) 계약해제권

계약해제(Cooling-Off)제도란 투자자에게 금융투자상품 거래계약체결 후 일정기간 내에 무조건적인 해제권을 부여하는 것이다. 즉 투자자에게 일정한 숙려기간 내지 냉각기간을 부여하여 계약을 해제할 수 있도록 한 것이다. 계약해제제도는 보험과 같은 경우에도 인정되고 있지만 금융투자상품의 경우에는 그 시장가치가 급변하므로 계약해제제도를 모든 금융투자상품 거래계약에 적용하기는 어렵다. 예를 들면 투자일임계약을 체결하고 나서 주식과 관련된 상품을 구입한 후 시장가격하락으로 손해를 본 경우에 이 제도를 이용할 수 있도록 하면 해제의 효과가 소급하게 되어 금융투자업자가 부당하게 손해를 입을 수 있다. 따라서 그 적용범위를 제한하는 것이다. 시행령에 따르면 계약해제권은 투자자문계약을 맺은 경우에 한하여 인정된다(자령 제61조 제2항).

금융투자업자와 계약을 체결한 투자자는 계약서류를 교부받은 날부터 7일 이내에 계약의 해제를 할 수 있다(자법 제59조 제2항). 계약의 해제는 해당 계약의 해제를 하는 취지의 서면을 해당 금융투자업자에게 송부한 때에 그 효력이 발생한다(자법 제59조 제3항).

금융투자업자는 계약이 해제된 경우 해당 계약의 해제까지의 기간에 상당하는 수수료, 보수, 그 밖에 해당 계약에 관하여 투자자가 지급하여야 하는 대가로서 다음의 금액을 초과하여 해당 계약의 해제에 수반하는 손해배상금 또는 위약금의 지급을 청구할 수 없다(자령 제61조 제3항).

① 투자자문계약에 따른 자문에 응하지 아니한 경우: 투자자문계약을 체결하기 위하여 사회통념상 필요한 비용에 상당하는 금액

② 투자자문계약에서 수수료를 자문에 응하는 횟수에 따라 산정하는 것으로 하고 있는 경우: 계약을 해제할 때까지 자문에 응한 횟수에 따라 산정한 수수료에 상당하는 금액(그 금액이 자문에 응한 수수료로서 사회통념상 상당하다고 인정되는 금액을 초과하는 경우에는 그 초과한 금액을 뺀 금액을 말한다)

③ 그 외의 경우: 투자자문계약에서 정한 전체 계약기간에 대한 수수료를 그 계약기간의 총일수로 나눈 금액에 계약서류를 교부받은 날부터 계약의 해제를 한 날까지의 일수를 곱한 금액(그 금액이 자문에 응하는 수수료로서 사회통념상 상당하다고 인정되는 금액을 초과하는 경우에는 그 초과한 금액을 뺀 금액을 말한다)

금융투자업자는 계약이 해제된 경우 해당 계약과 관련한 대가를 미리 지급받은 때에는 이를 투자자에게 반환하여야 한다. 다만, 앞의 ①, ②, ③의 금액이내의 경우에는 반환하지 아니할 수 있다(자령 제61조 제3항).

계약해제권에 관한 위 내용에 반하는 특약으로서 투자자에게 불리한 것은 무효이다(자법 제59조 제6항).

5. 자료의 기록·유지

금융투자업자의 영업과 관련된 자료는 자신의 영업에 대한 기록보존의 의미도 있지만 나중에 투자자와 분쟁이 발생했을 때 증거로서 중요한 의미를 가진다. 따라서 이에 대한 일정기간 기록·유지의무를 부과하고 있다.

금융투자업자는 금융투자업 영위와 관련한 자료를 일정기간 기록·유지하여야 하는데(자법 제60조 제1항), 시행령에 의할 때 이를 영업에 관한 자료, 재무에 관한 자료, 업무에 관한 자료, 내부통제에 관한 자료, 그 밖에 법령에서 작성·비치하도록 되어 있는 장부·서류로 나누어 서류의 종류에 따라 10년, 5년, 3년의 기간동안 보존하여야 한다(자령 제62조 제1항).

위 자료의 종류·구분 등에 관한 구체적인 기준은 금융위원회가 정하여 고시하며, 금융위원회는 투자자 보호를 해칠 염려가 없는 경우에는 그 기간을 단축하여 고시할 수 있다.

6. 소유증권의 예탁

(1) 의의

증권대체결제는 증권의 매매거래에 있어서 투자자·금융투자업자 등이 소유하는 증권을 미리 예탁결제원에 예탁함으로써 매매거래 등에 따른 증권의 수수를 실물의 교부에 의하지 않고 예탁결제원의 계좌 사이에서 장부상의 기재로 대체함으로써 결제를 완료하는 제도이다. 이것이 이루어지는 증권예탁결제제도는 증권거래가 대량적으로 이루어지는 자본시장에 있어서 거래시마다 실물을 이전해야 하는 경우에 발생하는 번잡과 위험을 해결하기 위한 제도이다.

증권예탁결제제도에 의할 때 증권소유자는 실물보관에 따른 분실·도난 등 사고를 예방할 수 있고, 증권시장에서는 실물이동 없는 계좌간 이체에 의하여 결제가 신속·정확·확실하게 이루어짐으로써 증권거래의 안정성과 유동성이 높아진다.

증권예탁결제제도의 이용을 위해서는 증권의 예탁이 이루어져야 하는데, 증권예탁여부는 원칙적으로 자율에 속하지만 증권의 보유자가 거래소에서 매매거래를 하기 위해서는 의무적으로 증권을 예탁자[148]를 통하여 예탁결제원에 집중예탁하여야 한다.

일정한 경우 예탁이 강제되는데, 자본시장법에서는 투자매매업자 또는 투자중개업자는 금융투자상품의 매매, 그 밖의 거래에 따라 보관하게 되는 투자자 소유의 증권 등을 예탁결제원에 지체없이 예탁하도록 하였으며(자법 제75조), 투자자가 예탁한 증권 등을 예탁결제원에 다시 예탁하는 예탁자가 투자자계좌부에 기재한 때에도 지체없이 이를 예탁결제원에 예탁하도록 하여(자법 제310조 제2항) 예탁을 강제하고 있다. 또한 자본시장법 제61조에서는 금융투자업자가 고유재산을 운용함에 따라 소유하게 된 증권도 예탁결제원에 예탁하도록 의무화하고 있다.

148) 「증권 등 예탁업무규정」에 따르면, 금융투자업자, 은행, 보험회사, 일정한 기관투자자, 외국예탁결제기관, 외국금융기관 등을 들고 있다(제10조 제1항).

(2) 내용

금융투자업자는 그 고유재산을 운용함에 따라 소유하게 되는 증권을 예탁결제원에 지체 없이 예탁하여야 한다(자법 제61조). 금융투자업자는 자본시장에서 자기매매와 위탁매매 등을 통하여 대량으로 증권거래를 하게 되는데, 위탁매매를 위해서 증권을 예탁하여야 하는 것과 마찬가지로 자기매매로 인한 증권에 대해서도 예탁결제원에 예탁하여야 하는 것이다.

일반적으로 예탁 가능한 증권은 예탁결제원이 지정하게 되는데 대체가능성이 있으면 된다. 이에 대해서 자본시장법에서는 "예탁대상증권 등"이라는 용어를 사용하여 증권과 동일할 필요는 없다는 점을 밝히고 있다(자법 제308조).

여기에서의 예탁대상이 되는 증권에 원화로 표시된 양도성 예금증서, 그 밖에 금융위원회가 정하여 고시하는 것[149]이 포함된다(자령 제63조 제1항).

다만, 외화증권을 소유하는 경우로서 ① 금융투자업자가 예탁결제원에 「외국환거래법」 제3조 제1항 제8호에 따른 외화증권을 예탁하기 위한 계좌를 개설하고 금융위원회가 정하여 고시하는 외국 보관기관[150] 중 예탁결제원이 선임한 외국 보관기관에 집중예탁하는 경우 ② 외국의 법령이나 관행 등으로 인하여 예탁결제원이 외국 보관기관을 선임할 수 없는 경우에는 금융위원회가 정하여 고시하는 외국 보관기관에 집중예탁하는 경우에는 예탁결제원에 예탁하지 아니할 수 있다(자령 제63조 제2항).[151] 외화증권의 경우에는 한국예탁결

149) 다음 각 호의 어느 하나에 해당하는 것을 말한다(금융투자업규정 제4-15조 제1항).
1. 어음(법 제4조 제3항에 따른 기업어음증권을 제외한다)
2. 그 밖에 증권과 유사하고 집중예탁과 계좌 간 대체에 적합한 것으로서 예탁결제원이 따로 정하는 것

150) 다음 각 호의 어느 하나에 해당하는 기관을 말한다(금융투자업규정 제4-15조 제2항).
1. 예탁결제원과 유사한 기능을 수행할 목적으로 설립된 외국의 증권예탁기관 또는 결제기관으로서 당해 외국 정부 또는 감독기관의 감독을 받는 기관
2. 제1호에 해당하는 기관이 출자한 기관으로서 국제예탁 및 결제업무를 수행할 목적으로 특별히 설립된 기관
3. 다음 각 목의 요건을 모두 갖춘 외국의 금융기관
   가. 보관규모가 미화 100억 달러 이상의 국제증권 전문보관기관
   나. 국제보관업무의 경험이 풍부하고 현지증권시장 사정에 정통한 기관
   다. 국제적 또는 특정권역(대륙별)에 걸쳐 보관업무를 제공할 수 있는 기관
4. 제1호부터 제3호까지 이외의 기관으로서 특정국가에서 특화된 예탁·보관을 위하여 예탁결제원이 특별히 필요하다고 인정하는 기관

제원 이외에도 국제보관기관이나 국제증권예탁기관과 같은 외국보관기관을 이용하는 방식도 자주 이용되기 때문에 위의 예외를 인정한다.

투자매매업자 또는 투자중개업자가 자본시장법 제308조에 따른 예탁대상증권 등 외의 증권 또는 증서를 보호예수, 그 밖의 방법으로 예탁결제원에 보관하는 경우에는 이 조항에 따라 예탁한 것으로 본다(자령 제63조 제3항).

예탁자는 고객으로부터 예탁받은 증권 등도 투자자계좌부를 작성·비치하고 예탁결제원에 재예탁하게 되는데, 예탁자는 증권을 예탁결제원에 재예탁할 때까지는 자기소유분과 구분하여 보관하여야 한다(자법 제310조 제3항). 예탁결제원은 예탁자계좌부를 작성함에 있어서 금융투자업자 등 예탁자의 자기소유분과 투자자예탁분이 구분될 수 있도록 하여야 한다(자법 제309조 제3항).

7. 영업폐지와 거래종결

금융투자업자가 그 업을 폐지하고자 하는 경우에 채권자 등을 보호하기 위해서 일정한 공고의무를 부담하며, 거래 투자자를 보호하기 위해서 잔무종결의무를 부담하게 된다.

금융투자업자는 채권자 등의 보호를 위해서 금융투자업 또는 지점, 그 밖의 영업소의 영업을 폐지하고자 하는 경우에는 그 뜻을 폐지 30일 전에 전국을 보급지역으로 하는 둘 이상의 일간신문에 공고하여야 하며, 알고 있는 채권자에게는 각각 통지하여야 한다(자법 제62조 제1항).

잔무종결의무와 관련하여, 다음의 사유로 금융투자업을 폐지하고자 하는 경우 그 금융투자업자가 행한 금융투자상품의 매매, 그 밖의 거래를 종결시켜야 한다(자법 제62조 제2항).

① 금융투자업자가 투자매매업 · 투자중개업 · 집합투자업 · 신탁업 중 어느 하나에 해당하는 금융투자업 전부(이에 준하는 경우를 포함한다)의 폐

151) 개정 자법 제61조 ① --- 다만, 해당 증권의 유통가능성, 다른 법령에 따른 유통방법이 있는지 여부, 예탁의 실행가능성 등을 고려하여 대통령령으로 정하는 경우에는 그러하지 아니하다.
② 금융투자업자가 제1항 본문에 따라 외화증권(「외국환거래법」 제3조 제1항 제8호의 외화증권을 말한다. 이하 같다)을 예탁결제원에 예탁하는 경우에는 대통령령으로 정하는 방법에 따라 예탁하여야 한다.

지하고자 하여 금융위원회의 금융투자업 폐지의 승인을 받은 경우

② 금융투자업자가 투자자문업이나 투자일임업(이에 준하는 경우를 포함한다)의 전부를 폐지하고자 하여 금융위원회의 금융투자업 폐지의 승인을 받은 경우

③ 자본시장법 제420조 제1항[152] 또는 외국 금융투자업자의 지점 등의 인가·등록의 취소 등에 대한 특례규정인 제421조 제1항(같은 조 제4항에서 준용하는 경우를 포함한다)에 따라 금융투자업인가 또는 금융투자업 등록이 취소된 경우

금융투자업자가 자발적으로 금융투자업을 폐지하거나, 금융투자업 인가나 등록이 취소된 경우에는 금융투자업자는 해산하게 되는데(자법 제420조 제2항), 이때 금융투자업자와 거래한 투자자를 보호하기 위해서 잔무종결의무가 인정되는 것이다.

8. 임·직원의 금융투자상품 매매

(1) 의의

종래 증권거래법상 증권회사의 임원 및 직원은 증권저축의 경우를 제외하고 누구의 명의로 하든지 본인의 계산으로 유가증권의 매매거래 또는 그 위탁을 못하였다(구증권거래법 제42조). 그러나 미국, 일본 등 외국에서 임·직원의

152) 자법 제420조(금융투자업자에 대한 조치) ① 금융위원회는 금융투자업자가 다음 각 호의 어느 하나에 해당하는 경우에는 제12조에 따른 금융투자업인가 또는 제18조에 따른 금융투자업등록을 취소할 수 있다.
1. 거짓, 그 밖의 부정한 방법으로 금융투자업의 인가를 받거나 등록한 경우
2. 인가조건을 위반한 경우
3. 제15조에 따른 인가요건 또는 제20조에 따른 등록요건의 유지의무를 위반한 경우
4. 업무의 정지기간 중에 업무를 한 경우
5. 금융위원회의 시정명령 또는 중지명령을 이행하지 아니한 경우
6. 별표 1 각 호의 어느 하나에 해당하는 경우로서 대통령령으로 정하는 경우
7. 대통령령으로 정하는 금융관련 법령 등을 위반한 경우로서 대통령령으로 정하는 경우
8. 그 밖에 투자자의 이익을 현저히 해할 우려가 있거나 해당 금융투자업을 영위하기 곤란하다고 인정되는 경우로서 대통령령으로 정하는 경우

자기매매는 원칙적으로 허용하되 내부통제장치를 강화하는 규제의 틀을 갖추고 있는 것을 반영하여,[153] 자본시장법에서는 금융투자업자의 임·직원의 금융투자상품에 대한 자기매매를 원칙적으로 허용하는 방향으로 입법하게 되었다.

(2) 대상 금융투자업자

여기에서 대상이 되는 금융투자업자에는 겸영금융투자업자가 포함된다(자법 제63조 제1항). 다만 은행, 보험회사, 한국산업은행, 중소기업은행, 한국수출입은행, 종합금융회사, 자금중개회사, 외국환중개회사, 한국주택금융공사 등의 경우에는 금융투자업의 직무를 수행하는 임·직원에 한한다(자령 제64조 제1항).

(3) 대상 금융투자상품

금융투자업자의 임·직원의 자기매매가 허용되는 금융투자상품은 다음과 같다(자령 제64조 제2항).

① 증권시장에 상장된 지분증권(자법 제178조에 따른 장외거래 방법에 의하여 매매가 이루어지는 주권을 포함하며, 자법 제9조 제18항 제2호에 따른 투자회사의 주권과 투자유한회사·투자합자회사·투자합자조합·투자익명조합의 지분증권은 제외한다)
② 증권시장에 상장된 증권예탁증권(상장된 지분증권과 관련된 증권예탁증권만 해당한다)
③ 자본시장법 제71조 제4호 나목에 따른 주권 관련 사채권으로서 상장된 지분증권이나 상장된 증권예탁증권과 관련된 것
④ 상장된 지분증권, 상장된 증권예탁증권이나 이들을 기초로 하는 지수의 변동과 연계된 파생결합증권
⑤ 장내파생상품
⑥ 상장된 지분증권, 상장된 증권예탁증권이나 이들을 기초로 하는 지수의 변동과 연계된 장외파생상품

153) 재정경제부, 「자본시장과 금융투자업에 관한 법률 제정안」, (2006.12.28.), 89면.

(4) 내부통제

금융투자업자의 임 · 직원의 자기매매는 허용되지만 다음과 같은 내부통제기준을 충족하여야 한다(자법 제63조 제1항).

첫째. 자기의 명의로 매매할 것.

둘째, 투자중개업자 중 하나의 회사(투자중개업자의 임·직원의 경우에는 그가 소속된 투자중개업자에 한하되, 그 투자중개업자가 그 임·직원이 매매하려는 금융투자상품을 취급하지 아니하는 경우에는 다른 투자중개업자를 이용할 수 있다)를 선택하여 하나의 계좌를 통하여 매매할 것. 다만, 금융투자상품의 종류, 계좌의 성격 등을 고려하여 대통령령으로 정하는 경우에는 둘 이상의 회사 또는 둘 이상의 계좌를 통하여 매매할 수 있다. 여기서 "대통령령으로 정하는 경우"란 다음 중 어느 하나에 해당하는 경우를 말한다(자령 제64조 제3항).

① 둘 이상의 회사를 통하여 매매할 수 있는 경우: 다음 중 어느 하나에 해당하는 경우

가. 금융투자업자의 임·직원이 거래하고 있는 투자중개업자가 그 금융투자업자의 임·직원이 매매하려는 금융투자상품을 취급하지 아니하는 경우

나. 모집 · 매출의 방법으로 발행되거나 매매되는 증권을 청약하는 경우

다. 그 밖에 금융위원회가 정하여 고시하는 경우

② 둘 이상의 계좌를 통하여 매매할 수 있는 경우: 다음 중 어느 하나에 해당하는 경우

가. 투자중개업자가 금융투자상품별로 계좌를 구분 · 설정하도록 함에 따라 둘 이상의 계좌를 개설하는 경우

나. 「조세특례제한법」에 따라 조세특례를 받기 위하여 따로 계좌를 개설하는 경우

다. 그 밖에 금융위원회가 정하여 고시하는 경우[154]

154) 금융위원회 고시에 따르면, 상속, 증여(유증을 포함한다), 담보권의 행사, 그 밖에 대물변제의 수령 등으로 취득한 금융투자상품을 매도하는 경우와 당해 금융투자업자의 임·직원이 되기 전에 취득한 금융투자상품을 매도하는 경우가 여기에 해당한다(금융투자업규정 제4-16조 제1항).

셋째, 매매명세를 분기별(투자권유자문인력, 자법 제286조 제1항 제3호 나목의 조사분석인력 및 투자운용인력의 경우에는 월별로 한다)로 소속 금융투자업자에게 통지할 것.

넷째, 그 밖에 불공정행위의 방지 또는 투자자와의 이해상충의 방지를 위하여 대통령령으로 정하는 방법 및 절차를 준수할 것. 여기서 "대통령령으로 정하는 방법 및 절차" 란 다음을 말한다(자령 제64조 제4항).

① 금융투자상품을 매매하기 위한 계좌를 개설하는 경우에는 소속 금융투자업자의 준법감시인(준법감시인이 없는 경우에는 감사 등 이에 준하는 자를 말한다)에게 신고할 것
② 소속 금융투자업자의 준법감시인이 매매, 그 밖의 거래에 관한 소명을 요구하는 경우에는 이에 따를 것
③ 소속 금융투자업자의 내부통제기준으로 정하는 사항을 준수할 것
④ 그 밖에 금융위원회가 정하여 고시하는 방법과 절차를 준수할 것

9. 손해배상책임

(1) 의의

자본시장법에서는 금융투자업자가 법령위반 등의 행위를 한 경우에 투자자에 대한 손해배상책임을 인정한다. 금융투자업자의 위법행위로 손해를 본 경우에 투자자는 민사상 불법행위에 기한 손해배상청구를 할 수 있지만 자본시장법에서는 투자자보호를 위하여 그 요건을 완화하여 금융투자업자의 손해배상책임을 인정하고 있다. 여기서 손해배상청구를 위한 요건으로서 위법성을 요구하지 않는 것 등에 비추어 이 조항의 책임은 법정책임이라고 볼 수 있다. 위 규정의 성질을 법정책임이라고 보았을 때 민사상 불법행위에 기한 손해배상책임과는 청구권경합의 관계에 서게 된다.[155]

155) 통설·판례의 입장이다. 민사상 불법행위책임으로서 금융투자업자의 대표기관의 행위에 대해서는 민법 제750조의 책임이 인정되고, 기타 임 · 직원의 행위에 대해서는 민법 제756조에 의한 사용자책임이 인정될 것이다.

그러나 투자자의 입장에서는 요건이 완화된 자본시장법 규정에 의한 책임을 물을 것이고, 자본시장법 규정위반의 경우 금융투자업자는 항상 손해배상책임을 부담할 가능성이 존재하게 되어 그 부담은 가중이 된다. 투자자 보호의 관점에서 그 취지는 인정하겠지만 금융투자업자에게 이렇게 포괄적 책임을 부과하는 것이 타당한가는 의문이다.

(2) 내용

금융투자업자는 법령 · 약관 · 집합투자규약 · 투자설명서에 위반되는 행위를 하거나 그 업무를 소홀히 하여 투자자에게 손해를 발생시킨 경우에는 그 손해를 배상할 책임이 있다. 다만 투자매매업 또는 투자중개업과 집합투자업을 함께 영위함에 따라 발생하는 이해상충과 관련된 경우에 한하여 예외를 인정하여 자본시장법 제37조 제2항(투자자의 이익을 해하면서 자기가 이익을 얻거나 제삼자가 이익을 얻는 행위의 금지), 제44조(이해상충의 관리), 제45조(정보교류의 차단), 투자매매업자 및 투자중개업자에 관한 제71조(불건전영업행위의 금지), 집합투자업자에 대한 제85조(불건전영업행위의 금지)에 위반한 경우에 그 금융투자업자가 상당한 주의를 하였음을 증명하거나 투자자가 금융투자상품의 매매, 그 밖의 거래를 할 때에 그 사실을 안 경우에는 배상의 책임을 지지 아니한다(자법 제64조 제1항).

이 조항의 제정과 관련하여 금융투자업자의 이해상충과 관련된 특칙의 마련에 대한 견해의 대립이 있었다. 금융투자업자의 겸영을 허용해 주는 대신, 금융투자업자가 고객의 이익을 증진하기 위한 행위였다는 것에 대한 입증을 해야 한다는 견해, 입증책임을 전환하면 남소의 우려가 있다는 견해, 이해상충행위로부터 투자자를 보호하여야 한다는 당위론과 금융투자업자의 사내겸영을 자유화해야 한다는 취지를 조화롭게 절충하여야 한다는 견해가 제시되기도 하였다.[156] 자본시장법 제64조의 규정은 위 견해들을 절충한 것으로서 금융투자업자의 무과실의 입증에 의한 면책을 인정하고 있다.

이 조항은 손해배상책임에 관한 일반규정이므로 손해배상책임에 관한 별도

156) 증권업협회, 앞의 책, 313면.

의 규정을 두고 있는 경우에는 적용되지 않는다.[157] 예를 들어 증권신고서나 투자설명서와 관련된 사항의 경우에는 자본시장법 제125조에서 거짓의 기재 등으로 인한 배상책임에 관하여 규정하고 있으므로 이 경우에만 손해배상책임이 인정된다고 보아야 한다.

금융투자업자의 책임이 인정되는 경우에 임원에게도 귀책사유가 있으면 양자는 연대책임이 인정된다(자법 제64조 제2항).

여기에서는 손해배상책임의 소멸기간에 대해서 규정하지 않고 있는데, 민법 제766조에 따라 손해 및 가해자를 안 날로부터 3년, 행위를 한 날로부터 10년의 시효에 걸린다고 본다.

10. 외국 금융투자업자의 특례

국내 금융투자업자에 대해서 재무건전성과 경영건전성에 대한 유지의무가 부과되는 것과 마찬가지로 외국 금융투자업자의 경우에도 이들과 거래하는 투자자를 보호하기 위해서 건전경영의 유지가 요구된다. 외국 금융투자업자의 경우 국내에 지점이나, 영업소를 두고 있으므로 건전경영유지의무는 이들을 기준을 해서 보게 된다.

외국 금융투자업자의 국내지점, 그 밖의 영업소에 대하여 자본시장법을 적용함에 있어서 대통령령으로 정하는 영업기금은 이를 자본금으로 보고, 자본금·적립금 및 이월이익잉여금의 합계액은 이를 자기자본으로 보며, 국내대표자는 임원으로 본다(자법 제64조 제1항). 여기서 대통령령으로 정하는 영업기금은 ① 외국 금융투자업자가 지점, 그 밖의 영업소를 설치하거나 영업을 하기 위하여 그 지점, 그 밖의 영업소에 공급한 원화자금 ② 외국 금융투자업자의 지점, 그 밖의 영업소의 적립금으로부터 전입한 자금 ③ 외국 금융투자

157) 설명의무위반에 따른 손해배상책임(자법 제48조), 증권신고서나 투자설명서의 거짓의 기재 등으로 인한 손해배상책임(자법 제125조), 공개매수에 있어서 중요사항에 관하여 거짓의 기재 또는 표시가 있거나 중요사항이 기재 또는 표시되지 않은 경우(자법 제142조), 사업보고서의 거짓기재(자법 제162조), 미공개중요정보 이용행위(자법 제175조), 시세조종행위에 따른 배상책임(자법 제177조), 부정거래행위 등에 의한 배상책임(자법 제179조), 투자권유대행인의 금지행위위반에 대한 책임(자법 제52조 제5항) 등의 경우에는 개별규정에 따른다.

업자가 지점, 그 밖의 영업소를 추가로 설치하기 위하여 이미 국내에 설치된 지점, 그 밖의 영업소의 이월이익잉여금에서 전입한 자금을 말한다(자령 제65조 제1항).[158]

외국 금융투자업자의 국내지점 등은 앞의 영업기금과 부채의 합계액에 상당하는 자산을 ① 현금이나 국내 금융기관에 대한 예금 · 적금 · 부금 ② 국내에 예탁하거나 보관된 증권 ③ 국내에 있는 자에 대한 대여금, 그 밖의 채권 ④ 국내에 있는 고정자산 ⑤ 그 밖에 국내법에 따라 강제집행이 가능한 자산 중 금융위원회가 정하여 고시하는 자산[159](자령 제65조 제2항)의 방법으로 국내에 두어야 한다(자법 제64조 제2항).

외국 금융투자업자의 국내지점 등이 청산 또는 파산하는 경우 그 국내에 두는 자산은 국내에 주소 또는 거소가 있는 자에 대한 채무의 변제에 우선 충당하여야 한다(자법 제64조 제3항).

또한 외국 금융투자업자의 국내지점 등은 본점과 독립하여 결산하고, 결산 결과 해당 국내지점 등이 국내에 두고 있는 자산의 합계액이 자본시장법 제65조 제1항에 따른 영업기금과 부채의 합계액에 미달하는 경우에는 결산이 확정된 날부터 60일 이내에 보전하여야 한다(자령 제65조 제4항).

---

158) 이를 기초로 영업용순자본 유지의무(자법 제30조) 등이 부과된다.

159) 다음 각 호의 어느 하나에 해당하는 자산을 말한다(금융투자업규정 제4-17조).
  1. 영 제65조 제2항 제1호에 준하는 금, 외국통화, 예치금 및 증거금
  2. 제1호 외의 유동성 자산.

제2절 금융투자업자별 영업행위규제

Ⅰ. 투자매매업자 및 투자중개업자

1. 매매형태의 명시

(1) 매매형태의 명시의무

투자매매업자 또는 투자중개업자는 투자자로부터 금융투자상품의 매매에 관한 청약 또는 주문을 받는 경우에는 사전에 그 투자자에게 자기가 투자매매업자인지 투자중개업자인지를 밝혀야 한다(자법 제66조). 금융투자업자가 투자매매업자인 경우에 투자자와 대립되는 지위에 서게 되고, 금융투자업자의 손익은 매매가에 의하여 결정된다. 이에 반하여 투자중개업자인 경우에는 금융투자업자의 수익은 수수료수입이며, 매매가로 인한 손익은 투자자에게 귀속될 뿐이다.

금융투자업자가 투자매매업자로서 매매주문 등을 받는 경우에 자신의 이익을 극대화하게 거래를 유인할 동기가 더욱 강해지고, 이러한 이해관계의 차이로 인하여 투자자의 이익이 침해될 가능성이 커지게 된다. 투자자의 입장에서도 금융투자상품을 매매하는 경우에 거래 상대방이 누구인가에 따라 그 신뢰의 정도가 차이가 날 수 있기 때문에 투자매매업자인가 투자중개업자인가 여부가 의미를 가진다.

이때 매매형태를 사전에 명시하여 이에 대한 고객의 의사를 확인시킴으로써 금융투자업자의 기회주의적인 행동을 예방할 수 있게 된다.

미국에서도 브로커-딜러가 고객과의 거래시마다 서면확인서를 교부해야 하는데, 서면확인서에는 자신이 당해 고객의 대리인인지, 다른 고객의 대리인인지, 쌍방의 대리인인지, 또는 자기가 거래의 당사자인지를 명시하여야 한다(SEC Rule 10b-10(a)(2)).

(2) 매매형태 명시의 시기와 방법

매매형태 명시의 시기는 주문을 받은 때에 "사전에" 밝혀야 한다. 여기서 "사전"이란 매매 주문을 받고 그 주문을 수락하기 전의 의미이다.[160]

매매형태 명시의 방법에 관해서는 특별한 규정이 없으므로 구두에 의하든 문서에 의하든 무방하다.[161]

(3) 의무위반의 효력

이 규정은 훈시규정으로 볼 것이므로, 금융투자업자가 매매형태 명시의무에 위반한 경우에도 그 거래가 당연히 무효가 되는 것은 아니다.[162]

(4) 위반에 대한 제재

자본시장법 제66조를 위반하여 사전에 자기가 투자매매업자인지 투자중개업자인지를 밝히지 아니하고 금융투자상품의 매매에 관한 주문을 받은 자는 1년 이하의 징역 또는 3천만원 이하의 벌금에 처한다(자법 제446조 제11호).

또한 금융위원회는 매매형태 명시의무를 위반한 금융투자업자 및 그 임직원에 대해서 일정한 처분을 할 수 있다(법 420조 1항 6호·3항, 422조 1항·2항, [별표 1] 74호).

160) 임재연, 자본시장법, 박영사, 2013, 202면.
161) 임재연, 위의 책, 202면.
162) 임재연, 위의 책, 202면.

2. 자기계약의 금지

(1) 의의

투자매매업자 또는 투자중개업자는 금융투자상품에 관한 같은 매매에 있어 자신이 본인이 됨과 동시에 상대방의 투자중개업자가 되어서는 아니된다(자법 제67조).

민법 제124조에서는 대리인의 자기계약을 금지하고 있는데, 이는 대리인이 직접 당사자의 지위를 동시에 가지게 되면 본인의 이익보다는 자기의 이익을 우선시할 가능성이 있게 되므로 이를 금지하는 것이다. 투자중개업자는 위탁매매를 하는 것으로서 타인간의 매매를 주선하는 것을 업으로 하게 된다. 이때 위탁자와 위탁매매인의 관계는 위임으로서 이에 대한 자기계약을 금지하는 것은 위 민법규정과 같은 취지로 볼 수 있다. 즉 투자중개업자에 있어서 자신이 거래상대방이 된다는 것은 마치 투자매매업자로서 자기매매를 하는 것과 같게 된다. 금융투자상품의 가격은 수시로 변화되므로 투자매매업자 또는 투자중개업자가 자기매매나 위탁매매에 대한 선택이 가능하다면 투자자의 이익을 희생시키고 자신의 이익을 추구할 가능성이 있게 되므로 이를 금지하는 것이다.

투자매매업자가 동시에 상대방의 투자중개업자가 되는 경우도 위탁자에 대한 자기매매를 하는 것으로서 위와 같은 구조가 된다.

(2) 자기계약금지에 대한 예외

공정한 시세가 형성되는 금융투자상품의 경우에는 자기계약 금지의무를 적용할 필요가 없다. 따라서 투자중개업자가 투자자로부터 증권시장 또는 파생상품시장에서의 매매의 위탁을 받은 경우에는 자기계약의 금지 규정이 적용되지 않는다(자법 제67조 단서). 이는 상법상 위탁매매인은 거래소의 시세가 있는 물건의 매매에 대하여 직접상대방이 될 수 있는 전면적 개입권을 가지는 것(상법 제107조)과 같은 취지의 규정이다. 이에 대하여 금융투자상품은 상법 제107조에서 말하는 "거래소의 시세 있는 물건" 에 해당함에도 불구하고 투자매매업자나 투자중개업자의 개입권을 인정하지 않는다." 고 해석하고 있으나,[163] 단서에서 시장을 통하여 매매하는 경우 등에 예외를 인정하는데, 이는 거래소의 시세가 있는 경우에 개입권을 인정하는 취지로 보인다.[164] 따라서 위탁매매인에 대한 상법 규정을 그대로 반영한 규정으로 해석하고자 한다.

또한 시행령에 따르면 ① 투자매매업자 또는 투자중개업자가 자기가 판매하는 집합투자증권을 매수하는 경우 ② 투자매매업자 또는 투자중개업자가 다자간매매체결회사를 통하여 매매가 이루어지도록 한 경우 ③ 그 밖에 공정한 가격 형성과 매매, 거래의 안정성과 효율성 도모 및 투자자의 보호에 우려가 없는 경우로서 금융위원회가 정하여 고시하는 경우도[165] 자기계약금지에 대한 예외를 인정하는데, ①의 경우 집합투자증권의 수익성은 자산운용사의 운용에 따르고, 판매가격도 법정되므로[166] 집합투자증권의 시세의 변동[167]에 따라 투자자가 손해를 입을 우려가 없기 때문이며, ②의 경우 거래소와 같은 의미를 가지므로 이때도 공정한 거래소의 시세가 형성된다는 점에서 예외를 인정

---

163) 증권법학회, 자본시장법 주석서, 박영사, 2009, 314면. 구자본시장법에서는 단서 조항을 두고 있지 않아서 본문만 볼 때 개입권을 부정하기가 쉬우나, 구자본시장법 제68조(시장매매의무)에서 "투자중개업자는 투자자로부터 증권시장 또는 파생상품시장에서의 매매의 위탁을 받은 경우에는 반드시 증권시장 또는 파생상품시장을 통하여 매매가 이루어지도록 하여야 한다. 이 경우 제67조를 적용하지 아니한다." 고 규정하므로, 기본규정의 취지는 동일하다고 생각된다. 다만 개정법하에서는 시행령에서 자기계약금지의 예외범위를 넓히고 있다는 특색이 있다.

164) 반대. 임재연, 앞의 책, 208면.

165) 금융투자업 규정 제4-17조의2(자기계약의 금지의 예외) 영 제66조 제3호에서 "금융위원회가 정하여 고시하는 경우" 란 다음 각 호의 어느 하나에 해당하는 경우를 말한다.

1. 투자매매업자 또는 투자중개업자(영 제7조 제4항 제3호 각 목의 어느 하나에 해당하는 자를 거래상대방 또는 각 당사자로 하는 환매조건부매매의 수요·공급을 조성하는 자로 한정한다)가 기관간조건부매매(제5-1조 제7호에 따른 기관간조건부매매를 말한다. 이하 이 호에서 같다)를 중개·주선 또는 대리하면서 시장조성을 위하여 기관간조건부매매를 하는 경우
2. 투자매매업자 또는 투자중개업자가 영 제176조의8 제4항 제2호에 따라 신주인수권증서를 매매하는 경우

166) 집합투자증권의 판매가격이 법정되어, 투자매매업자 또는 투자중개업자는 집합투자증권을 판매하는 경우 투자자가 집합투자증권의 취득을 위하여 금전 등을 납입한 후 최초로 산정되는 기준가격으로 판매하여야 한다. 다만, 투자자의 이익을 해할 우려가 없는 경우로서 대통령령으로 정하는 경우에는 대통령령으로 정하는 기준가격으로 판매하여야 한다(자법 제76조).

167) 상장되어 거래되는 상장지수펀드(ETF)와 같은 경우 "증권시장 또는 파생상품시장에서의 매매의 위탁을 받은 경우" 에 해당되어 자기계약금지에 대한 예외가 인정될 것이다.

한다.

(3) 벌칙

자기계약금지규정에 위반하여 금융투자상품을 매매한 경우에는 1년 이하의 징역 또는 3천만원 이하의 벌금에 처한다(자법 제446조 12호)

3. 최선집행의무[168)]

(1) 의의

구자본시장법에서는 "투자중개업자는 투자자로부터 증권시장 또는 파생상품시장에서의 매매의 위탁을 받은 경우에는 반드시 증권시장 또는 파생상품시장을 통하여 매매가 이루어지도록 하여야 한다." (구자법 제68조)고 하여 시장매매의무에 관하여 규정하고 있었으나, 개정 자본시장법에서는 이를 삭제하고 최선집행의무에 관한 규정을 도입하고 있다.

최선집행의무는 고객의 주문의 대상으로 된 금융투자상품이 복수의 시장에서 거래되는 경우에 고객이 특정 시장을 지정하지 않는 한, 금융투자업자는 고객에게 유리한 조건으로 거래할 수 있는 시장에서 매매를 성립시켜야 하는 의무이다. 자본시장법에서는 신의성실의무에 대하여 규정하고 있는데(자법 제37조), 최선집행의무는 고객에 대한 성실의무가 거래를 집행하는 국면에서 구체화된 것이다.

개정전 자본시장법에서는 시장매매의무에 관한 규정을 두고 있었는데, 이

168) 개정 자법 제68조(최선집행의무) ① 투자매매업자 또는 투자중개업자는 금융투자상품의 매매(대통령령으로 정하는 거래는 제외한다. 이하 이 조에서 같다)에 관한 투자자의 청약 또는 주문을 처리하기 위하여 대통령령으로 정하는 바에 따라 최선의 거래조건으로 집행하기 위한 기준(이하 이 조에서 "최선집행기준" 이라 한다)을 마련하고 이를 공표하여야 한다.
② 투자매매업자 또는 투자중개업자는 최선집행기준에 따라 금융투자상품의 매매에 관한 청약 또는 주문을 집행하여야 한다.
③ 제1항에 따른 최선의 거래조건의 구체적인 내용, 최선집행기준의 공표의 방법과 제2항에 따른 청약·주문의 집행 방법 등에 관하여 필요한 사항은 대통령령으로 정한다.

규정의 취지는 금융투자상품의 거래를 거래소에 집중시켜 거래의 원활을 도모하며 시장에서의 금융투자상품의 수급을 조절하고 공정한 가격형성을 확보하기 위함이었다.[169] 이와 달리 최선집행의무는 복수의 거래소시장의 존재를 전제로 하는데, 개정 자본시장법상 복수의 거래소시장의 개설이 가능하게 됨으로써 최선집행의무에 관한 규정을 두게 되었다. 개정 자본시장법에서 거래소에 관한 법정 설립주의를 대신하여 거래소 허가제를 도입하는 한편, 다자간매매체결회사 및 거래소 허가제의 도입 등에 따라 금융투자상품시장의 개념을 정의하면서 현행 거래소 유사시설 금지조항을 무허가 시장개설금지 조항으로 대체함으로써, 복수의 시장을 통한 경쟁을 유도하고 있다.[170] 따라서 이전의 한국거래소가 독점적 지위를 유지하고 있을 때에는 최선집행의무에 관한 규정을 두어 규제할 이유가 없었지만, 이제는 투자자에 대한 보호의무로서 최선집행의무에 대하여 규정할 필요성이 있게 되었다.

외국의 입법례를 보면 EU 등에서 시장 간의 경쟁을 도모하려는 목적에서 시장매매원칙을 폐지하고 최선집행의무를 도입하였다.[171] 일본의 경우도 2004면 증권거래법 개정에서 거래소와 사설거래시스템의 경쟁 조건을 평등하게 함과 동시에 증권회사의 "최량집행의무"를 법정하고 거래소거래원칙도 폐지하였하였으며,[172] 이후 금융상품거래법도 이를 답습하고 있다.[173]

(2) 의무의 내용

1) 최선집행기준의 설정

(가) 최선집행기준을 설정해야 할 거래의 범위

금융투자업자는 금융투자상품의 매매에 관한 투자자의 청약 또는 주문을 처

169) 김건식, 「증권거래법」, 두성사(2006), 411면.
170) 개정 자본시장법에서는 '제7편 한국거래소'는 '제7편 거래소'로 개정.
171) EU의 금융상품시장 지침(Richtlinie 2004/39/EG des Europ□ischen Parlaments und des Rates vom 21.4. 2004 □ber M□rkte f□r Finnanzinstrumente : MiFID) Art. 21(Verpflichtung zur kundeng□nstigsten Ausf□hrung von Auftr□gen).
172) 일본 구증권법 제43조의 2, 구증권법 시행령 제16조의2.
173) 일본 금상법 제40조의 2, 금상법 시행령 제16조의6.

리하기 위하여 대통령으로 정하는 바에 따라 최선집행기준을 마련하고 이를 공표하여야 한다. 즉 금융투자업자는 투자자의 주문에 대하여 최선의 거래의 조건으로 집행하기 위한 방침 및 방법을 정해야 할 의무를 부담하게 된다.

최선집행기준을 설정한 경우 투자매매업자 또는 투자중개업자는 최선집행기준에 따라 금융투자상품의 매매에 관한 청약 또는 주문을 집행하여야 한다.

위 금융투자상품의 거래에는 시행령에서 정한 거래는 제외하게 되는데, 이에 따를 때 최선집행의무는 원칙적으로 복수의 시장에서 거래될 것으로 예정되는 상장증권 등에 한해서 적용되게 된다. 시행령에서는 최선집행의무가 면제되는 거래로 다음을 들고 있다(자령 제66조의2 제1항). ① 증권시장에 상장되지 아니한 증권의 매매 ② 장외파생상품의 매매 ③ 다음의 어느 하나에 해당하는 금융투자상품 중 복수의 금융투자상품시장에서의 거래 가능성 및 투자자 보호의 필요성 등을 고려하여 총리령[174]으로 정하는 금융투자상품의 매매 ⓐ 증권시장에 상장된 증권 ⓑ 장내파생상품.

(나) 기재내용

최선집행기준에는 다음의 사항을 고려하여 최선의 거래조건으로 집행하기 위한 방법 및 그 이유 등이 포함되어야 한다. 다만, 투자자가 청약 또는 주문의 처리에 관하여 별도의 지시를 하였을 때에는 그에 따라 최선집행기준과 달리 처리할 수 있다(자령 제66조의2 제2항).

① 금융투자상품의 가격
② 투자자가 매매체결과 관련하여 부담하는 수수료 및 그 밖의 비용
③ 그 밖에 청약 또는 주문의 규모 및 매매체결의 가능성 등

---

174) 시행규칙 제7조의3(최선집행기준이 적용되지 아니하는 거래) 영 제66조의2 제1항 제3호 각 목 외의 부분에서 "총리령으로 정하는 금융투자상품"이란 다음 각 호의 어느 하나에 해당하는 금융투자상품을 말한다.
1. 채무증권
2. 지분증권(주권은 제외한다)
3. 수익증권
4. 투자계약증권
5. 파생결합증권
6. 증권예탁증권(주권과 관련된 증권예탁증권은 제외한다)
7. 장내파생상품

(다) 공표의 방법

최선집행기준의 공표 또는 그 변경 사실의 공표는 다음의 모든 방법을 포함하는 방법으로 하여야 한다. 이 경우 최선집행기준의 변경 사실을 공표할 때에는 그 이유를 포함하여야 한다(자령 제66조의2 제3항).

① 투자매매업자 또는 투자중개업자의 본점과 지점, 그 밖의 영업소에 게시하거나 비치하여 열람에 제공하는 방법

② 투자매매업자 또는 투자중개업자의 인터넷 홈페이지를 이용하여 공시하는 방법

(라) 최선집행기준의 점검 및 변경

투자매매업자 또는 투자중개업자는 3개월마다 최선집행기준의 내용을 점검하여야 한다. 이 경우 최선집행기준의 내용이 제2항에 따른 청약 또는 주문을 집행하기에 적합하지 아니한 것으로 인정되는 때에는 이를 변경하고, 그 변경 사실을 공표하여야 한다(자법 제68조 제3항, 자령 제66조의2 제5항).

2) 서면 및 설명서의 교부

(가) 서면의 교부

투자매매업자 또는 투자중개업자가 법 제68조 제2항에 따라 투자자의 청약 또는 주문을 집행한 후 해당 투자자가 그 청약 또는 주문이 최선집행기준에 따라 처리되었음을 증명하는 서면 등을 요구하는 경우에는 금융위원회가 정하여 고시하는 기준과 방법[175]에 따라 해당 투자자에게 제공하여야 한다(자령

175) 금융투자업규정 제4-17조의3(최선집행의무) ① 영 제66조의2 제4항에서 "금융위원회가 정하여 고시하는 기준과 방법"이란 다음 각 호의 요건을 모두 충족하는 것을 말한다.
1. 다음 각 목의 어느 하나에 해당하는 방법(이하 이 항에서 "서면 등"이라 한다)으로 투자자에게 제공할 것
가. 서면 교부
나. 전화, 전신 또는 모사전송, 전자우편, 그 밖에 이와 비슷한 전자통신
2. 투자자에게 제공하는 서면 등에 다음 각 목의 사항을 포함할 것
가. 금융투자상품의 종목, 수량 및 매도·매수의 구분 등 투자자의 매매주문내역
나. 매매주문이 체결된 시간, 장소, 그 밖에 체결내용 및 방법
다. 매매주문이 최선집행기준에서 정한 절차에 따라 집행되었는지 여부 및 그 이유

제66조의2 제4항).

(나) 설명서의 교부

투자매매업자 또는 투자중개업자는 금융투자상품의 매매에 관한 청약 또는 주문을 받는 경우에는 미리 문서, 전자문서, 그 밖에 대통령령으로 정하는 방법[176]으로 최선집행기준을 기재 또는 표시한 설명서를 투자자에게 교부하여야 한다. 다만, 이미 해당 설명서(제3항에 따라 최선집행기준을 변경한 경우에는 변경한 내용이 기재 또는 표시된 설명서를 말한다)를 교부한 경우에는 그러하지 아니하다(자법 제68조 제4항).

(3) 의무위반의 효과

최선집행의무에 위반한 경우 금융투자업자는 투자자에 대하여 손해배상책임을 질 수 있다. 손해배상책임과 관련하여 최선집행인가 아닌가를 판단함에 있어서는 집행가격이 중요한 의미를 지닌다. 그러나 집행의 신속성 및 확실성도 더하여 판단할 필요가 있다. 따라서 사후적으로 검토하여 가격만으로 볼 때 최선이 아니어도 이것만으로 최선집행의무의 위반으로 볼 것은 아니다. 다만 당해 금융투자상품에 있어서 집행시점에 있어서 다른 시장가격과 현저하게 차이가 나는 가격으로 거래를 성립시킨 경우에 금융투자업자는 고객에 대하여 손해를 배상할 책임이 있게 된다.

구자본시장법상 '시장매매의무'와 '최선집행의무(Best Execution)'를 비교하면, 시장매매의무에 따를 때 금융투자업자는 매매주문 받으면 단지 거래소에서 거래해야 할 의무를 지게 되는데 반해, 최선집행의무에 따를 때 거래소 · ATS 등의 호가를 비교하여 투자자에 가장 유리한 가격 등으로 거래를 체결해야 할 의무를 지게 된다.

3. 투자자가 영 제66조의2 제4항에 따라 요구한 날로부터 1개월 이내에 제1항에 따른 서면 등을 제공할 것

② 투자매매업자 또는 투자중개업자는 법 제68조 제3항에 따라 최선집행기준의 내용을 점검한 결과를 별표 12에서 정한 최소보존기간 이상 서면 또는 전자문서 등의 형태로 기록·유지하여야 한다.

176) 팩스를 말한다(자령 제66조의 2 제6항).

4. 자기주식의 예외적 취득

과거에는 자기주식의 취득은 출자의 환급이 된다는 이유 등으로 이를 엄격히 제한하였으나. 지금은 자기주식의 취득에 대한 제한이 완화되어 상장여부를 가리지 않고 배당가능이익의 범위 내에서는 자기주식의 취득이 가능하게 되었다(상법 제341조). 다만 자기주식취득이 불공정거래에 이용될 수 있으므로 그 취득의 방법을 다음의 방법으로 제한한다(자법 제165조의 2 제2항). ① 증권시장에서 취득하는 방법 ② 공개매수의 방법 ③ 신탁계약에 따라 자기주식을 취득한 신탁업자로부터 신탁계약이 해지되거나 종료된 때 반환받는 방법. 다만, 신탁업자가 해당 법인의 자기주식을 ① 또는 ②에 따라 취득한 경우만 해당한다.

투자매매업자나 투자중개업자의 자기주식취득의 방법도 위와 같이 제한된다. 그런데 증권시장에서는 단위미만의 거래가 되지 않으므로 거래단위미만의 주식을 보유한 투자자의 경우에 이를 매도하기에 어려움을 겪을 수 있다. 이러한 상황을 감안하여 자본시장법에서는 투자매매업자는 투자자로부터 그 투자매매업자가 발행한 자기주식으로서 증권시장의 매매 수량단위 미만의 주식에 대하여 매도주문을 받은 경우에는 이를 증권시장 밖에서 취득할 수 있도록 하였다(자법 제69조).[177] 이 경우 취득한 자기주식은 취득일로부터 3개월 이내에 처분하여야 한다(자법 제69조, 자령 제67조).

5. 임의매매의 금지

(1) 의의

임의매매란 투자매매업자 또는 투자중개업자가 투자자나 그 대리인으로부터

177) 개정 자법 제69조(자기주식의 예외적 취득) 투자매매업자는 투자자로부터 그 투자매매업자가 발행한 자기주식으로서 증권시장(다자간매매체결회사에서의 거래를 포함한다. 이하 이 조에서 같다)의 매매 수량단위 미만의 주식에 대하여 매도의 청약을 받은 경우에는 이를 증권시장 밖에서 취득할 수 있다. 이 경우 취득한 자기주식은 대통령령으로 정하는 기간 이내에 처분하여야 한다.

금융투자상품의 매매의 청약 또는 주문을 받지 아니하고 투자자로부터 예탁받은 재산으로 금융투자상품의 매매를 하는 것을 말한다(자법 제70조). 이는 투자매매업자나 투자중개업자의 직원이 고객의 위탁 또는 위임 없이 고객의 재산으로 금융투자상품에 대한 거래행위를 하는 것으로서 위법성이 크다.

임의매매는 다음에 보는 바와 같이 형법 제356조 상의 업무상 배임죄에 해당할 가능성이 있다. 그러나 배임이 성립하기 위해서는 당해 직원에게 자기의 행위가 임무에 반하며 타인에게 손해를 가한다는 점에 대하여 고의가 있어야 하는데, 횡령을 위한 임의매매가 아닌 경우에는 '고의'가 인정되기 어렵다.[178] 따라서 자본시장법에서 이를 규제하고, 그 위반에 대한 처벌규정을 두어 5년 이하의 징역 또는 2억 이하의 벌금에 처하도록 하였다(자법 제444조 제7호).

(2) 일임매매와 구별

구증권거래법상으로는 일임매매에 대한 규제규정을 두어 "증권회사는 고객으로부터 유가증권의 매매거래에 관한 위탁을 받은 경우, 그 수량·가격 및 매매시기에 한하여 그 결정을 위임받아 매매거래를 할 수 있다. 이 경우 그 유가증권의 종류·종목 및 매매의 구분과 방법에 관하여는 고객의 결정이 있어야 한다."고 하였다(구증권거래법 제107조). 그러나 증권거래법상 허용되는 절차에 따른 일임매매는 거의 이루어지지 않고, 불법적인 포괄적인 일임매매가 일반적으로 이루어졌다. 판례도 일임매매에 관한 증권거래법에 위반한 약정도 사법상으로는 유효하다고 보고 있었다.[179]

자본시장법에서는 구 증권거래법상의 일임매매에 관한 규정은 폐지하였다.[180] 따라서 일임매매를 하고자 하는 금융투자업자는 투자일임업 등록을 하고 그에 대한 영업행위규제 등 법규제를 준수하여야 한다. 다만 투자일임업 예외사유[181]에서 보는 바와 같이 투자중개업자가 투자자의 매매주문을 받아

---

178) 김건식·정순섭, 자본시장법(제2판), 두성사, 2010, 436면.

179) 대법원 1979.3.27. 선고 78다2483 판결, 대법원 1996.8.23. 선고 94다38199 판결, 대법원 2002.3.29. 선고 2001다49128 판결 등.

180) 일임매매는 불건전 영업행위로서 자본시장법상 원칙적으로 금지된다(자법 제71조 제6호)

이를 이행하는 과정에서 일부 재량적 처리를 할 수밖에 없는 상황이 발생할 수 있는데, 이는 투자일임 유사행위로서 투자일임업으로 보지는 않는다.

임의매매의 경우는 증권거래법상으로도 금지되었는데(구증권거래법 제52조의 3), 일임매매와 임의매매의 구분이 애매할 수 있다. 실제로 주가가 하락한 경우 당사자간에 있어서 포괄적 일임매매인가 임의매매인가에 대한 분쟁이 발생하고는 하였다. 자본시장법상 일임매매는 금지되지만 이를 무효로 볼 것은 아니기에 역시 분쟁의 소지가 있게 된다.

그 구분은 구체적 사안에 따라 해결될 수밖에 없을 것인데, 투자자가 거래에 대하여 이의제기를 하였는가 여부 등이 임의매매 여부를 판단함에 있어서 고려될 것이다. 또한 투자자가 투자일임을 하여 놓고 사후적으로 문제를 삼을 수도 있으므로 녹취 등 증거의 확보가 중요한 의미를 가진다.

(3) 매매결과의 귀속과 추인

---

181) 다음의 경우는 투자일임업의 예외사유에 해당한다(자령 제7조 제2항). 따라서 별도의 투자일임업의 등록이 없이도 가능하다.

예외사유란 투자중개업자가 따로 대가 없이 금융투자상품에 대한 투자판단의 전부나 일부를 일임받는 경우로서 다음 각 호의 어느 하나에 해당하는 경우를 말한다.

1. 투자자가 금융투자상품의 매매거래일(하루에 한정한다)과 그 매매거래일의 총매매수량이나 총매매금액을 지정한 경우로서 투자자로부터 그 지정 범위에서 금융투자상품의 수량·가격 및 시기에 대한 투자판단을 일임받은 경우
2. 투자자가 여행·질병 등으로 일시적으로 부재하는 중에 금융투자상품의 가격 폭락 등 불가피한 사유가 있는 경우로서 투자자로부터 약관 등에 따라 미리 금융투자상품의 매도 권한을 일임받은 경우
3. 투자자가 금융투자상품의 매매, 그 밖의 거래에 따른 결제나 증거금의 추가 예탁 또는 법 제72조에 따른 신용공여와 관련한 담보비율 유지의무나 상환의무를 이행하지 아니한 경우로서 투자자로부터 약관 등에 따라 금융투자상품의 매도권한(파생상품인 경우에는 이미 매도한 파생상품의 매수권한을 포함한다)을 일임받은 경우
4. 투자자가 투자중개업자가 개설한 계좌에 금전을 입금하거나 해당 계좌에서 금전을 출금하는 경우에는 따로 의사표시가 없어도 자동으로 법 제229조제5호에 따른 단기금융집합투자기구(이하 "단기금융집합투자기구"라 한다)의 집합투자증권 등을 매수 또는 매도하거나 증권을 환매를 조건으로 매수 또는 매도하기로 하는 약정을 미리 해당 투자중개업자와 체결한 경우로서 투자자로부터 그 약정에 따라 해당 집합투자증권 등을 매수 또는 매도하는 권한을 일임받거나 증권을 환매를 조건으로 매수 또는 매도하는 권한을 일임받은 경우
5. 그 밖에 투자자 보호 및 건전한 금융거래질서를 해칠 염려가 없는 경우로서 금융위원회가 정하여 고시하는 경우.

투자매매업자나 투자중개업자의 임의매매가 있는 경우에 증권시장에서 그 매매가 무효로 되는 것은 아니다. 그러나 투자자가 투자매매업자나 투자중개업자에 대하여 거래를 추인하지 않는 한 그 매매결과가 투자자에게 귀속되지는 않는다.

임의매매에 대한 추인이 가능할 것인가에 대하여는 본조가 투자자보호를 위한 규정이라는 점에서 일반적으로 이를 인정하고 있다.[182] 대법원은 묵시적 추인도 가능하다는 입장이다.[183]

추인과 관련하여 무단매수 후 투자자의 매도위탁에 의하여 매도한 경우에는 투자자가 무단매입에 대하여 묵시적 추인을 한 것으로 해석될 수 있으나, 묵시적 추인은 제한적으로 인정하여야 한다. 판례에서는 "무권대리행위는 그 효력이 불확정 상태에 있다가 본인의 추인 유무에 따라 본인에 대한 효력발생 여부가 결정되는 것으로서, 추인은 무권대리행위가 있음을 알고 그 행위의 효과를 자기에게 귀속시키도록 하는 단독행위인바, 증권회사의 고객이 그 직원의 임의매매를 묵시적으로 추인하였다고 하기 위하여는 자신이 처한 법적 지위를 충분히 이해하고 진의에 기하여 당해 매매의 손실이 자기에게 귀속된다는 것을 승인하는 것으로 볼 만한 사정이 있어야 할 것이고, 나아가 임의매매를 사후에 추인한 것으로 보게 되면 그 법률효과는 모두 고객에게 귀속되고 그 임의매매행위가 불법행위를 구성하지 않게 되어 임의매매로 인한 손해배상청구도 할 수 없게 되므로, 임의매매의 추인, 특히 묵시적 추인을 인정하려면, 고객이 임의매매 사실을 알고도 이의를 제기하지 않고 방치하였는지 여부, 임의매수에 대해 항의하면서 곧바로 매도를 요구하였는지 아니면 직원의 설득을 받아들이는 등으로 주가가 상승하기를 기다렸는지, 임의매도로 계좌에 입금된 그 증권의 매도대금(예탁금)을 인출하였는지 또는 신용으로 임의매수 한 경우 그에 따른 그 미수금을 이의 없이 변제하거나, 미수금 변제독촉에 이의를 제기하지 않았는지 여부 등의 여러 사정을 종합적으로 검토하여 신중하게 판단하여야 할 것이다." 고 판시하였다.[184]

---

182) 증권법학회, 앞의 책, 319면, 임재연, 앞의 책, 205면, 김건식, 앞의 책, 437면.
183) 대법원 2003.12.26. 선고 2003다49542 판결.
184) 대법원 2002.10.11. 선고 2001다59217 판결.

이렇게 추인이 인정되므로 투자자로서는 투자매매업자나 투자중개업자에 대하여 거래를 추인하여 유효를 주장하거나, 거래가 고객에 대하여는 무효임을 전제로 거래대금상당액의 예탁금의 반환 혹은 원물반환을 청구할 수 있다.[185]

(4) 투자자의 구제

1) 손해배상청구권

(가) 의의

임의매매를 한 경우에는 채무불이행 또는 불법행위에 해당할 수 있다. 판례도 대체로 불법행위의 성립을 인정하고,[186] 채무불이행 성립을 인정한 경우[187]도 있다. 또한 자본시장법에서는 금융투자업자가 법령위반 등의 행위를 한 경우에 투자자에 대한 손해배상책임을 인정한다(자법 제64조). 금융투자업자의 위법행위로 손해를 본 경우에 투자자는 민사상 불법행위에 기한 손해배상청구를 할 수 있지만 자본시장법에서는 투자자보호를 위하여 그 요건을 완화하여 금융투자업자의 손해배상책임을 인정하고 있으므로 이 규정에 의한 손해배상책임의 가능성도 있게 된다.[188]

다만 투자자의 의사에 따라 증권의 매수 후 투자매매업자나 투자중개업자의 직원이 무단으로 매도한 경우, 손해배상청구권에 대해서 매매거래의 결과가 고객에게 귀속되지 않기 때문에 고객에게는 아무런 손해도 발생하지 않고, 따라서 고객의 손해배상청구권이 인정되지 않는다는 주장도 있다.[189] 그러나 투자자는 증권의 매도로 인하여 예탁결제원에 혼장임치 된 증권에 대해서 자신이 가지는 공유지분권침해로 인한 손해배상청구권을 행사할 수 있고, 따라서

185) 임재연, 앞의 책, 205면.
186) 대법원 1993.9.28. 선고 93다26618 판결 외.
187) 대법원 1994.9.9. 선고 93다40256 판결.
188) 여기서 손해배상청구를 위한 요건으로서 위법성을 요구하지 않는 것 등에 비추어 이 조항의 책임은 법정책임이라고 볼 수 있다. 이 규정의 성질을 법정책임이라고 보았을 때 민사상 불법행위에 기한 손해배상책임과는 청구권경합의 관계에 서게 된다(통설·판례).
189) 이것은 일본 최고재판소(平成 4.2.28. 判例タイミズ 83號 78면)의 견해이다. 임재연, 앞의 책, 206면.

고객은 손해배상청구권과 원물반환청구권을 선택적으로 행사할 수 있다.[190)]

우리 민법은 채무불이행이든 불법행위이든 금전배상의 원칙을 취하고 있으므로(민법 제394조, 763조), 손해배상은 금전배상에 의한다.

(나) 손해배상의 기준시점

주가는 항상 변동하므로 손해액 산정의 기준시점을 언제로 할 것인가에 따라 손해배상액도 차이가 날 수 있다. 이에 대하여 임의매매시를 기준으로 하여야 한다는 견해는 손해배상채권의 내용은 원칙적으로 채권의 발생시, 즉 손해의 발생시를 기준으로 한다는 점을 논거로 한다. 이에 반하여 사실심변론종결시를 기준으로 하여야 한다는 견해는 투자자에게 피해가 없었던 상태로 돌리는 것이 손해배상의 이상이라고 한다.[191)]

투자자의 입장에서는 주가가 변동하므로 어느 한 견해를 취하는 것이 항상 유리하다고 볼 수는 없다.

임의매매와 관련하여 판례는 손해액의 산정은 처분시의 시가를 기준으로 결정하되 처분후의 주가상승으로 인한 손해는 특별손해로 본다고 하여,[192)] 처분시를 기준시점으로 삼고 있다.

(다) 손해액의 산정

여기서 손해액은 임의매매가 없었던 상태에 투자자가 가지고 있던 주식평가액 및 예탁금 등의 잔고와 임의매매를 한 이후의 상태, 즉 고객이 임의매매사실을 알고 문제를 제기할 당시에 가지게 된 주식평가액 및 예탁금 등의 잔고의 차액이다.[193)]

무단매도로 인한 손해배상액에 대하여 무단처분시의 가격이 통상의 손해이고, 처분 후의 주가상승으로 인한 손해는 특별손해로 보고 있다.[194)] 따라서

---

190) 임재연, 위의 책, 206면.
191) 권순일, "증권회사 담보유가증권 보관·처분의 법률관계", 「상사판례연구(III), 1996, 박영사, 459면.
192) 대법원 1993.9.28. 선고 93다26618 판결. 대법원 1995.10.12. 선고 94다16786 판결. 대법원 2000.11.24. 선고 2000다1327 판결.
193) 대법원 2003.12.26. 선고 2003다49542 판결.
194) 대법원 1993.9.28. 선고 93다26618 판결, 대법원 1995.10.12. 선고 94다16786 판결. 대법원

불법행위자인 증권회사의 직원이 주가상승을 알았거나 알 수 있었던 경우에 한하여 손해배상책임이 인정되므로[195] 다음에 보는 원물반환청구권을 행사하는 것이 유리하다.

투자매매업자나 투자중개업자가 고객의 주식을 임의로 처분함으로써 이들 주식으로부터 발생하였을 배당금을 수령하지 못한 경우와 신주발행이 있었으나 이를 인수하지 못한 경우에 이를 손해액의 산정에 포함시킬 수 있을 것인가도 문제된다. 배당금의 지급이나 무상신주를 배정 받을 권리는 주주권에 속하므로, 이를 받지 못함으로써 투자자가 입은 손해는 통상의 손해로 보아 손해액의 산정에 포함해야 할 것이다.[196]

유상신주에 대해서는 달리 보아야 한다는 견해가 있다.[197] 유상신주는 주주가 꼭 인수하는 것이 아니기 때문에 손해의 발생여부는 상당히 유동적이라고 할 수 있다. 다만 유상신주의 발행가격이 시가보다 현저히 낮아 투자자가 신주인수를 할 것으로 예상된 경우에는 그 차액이 특별손해에 해당한다고 볼 수 있으므로, 투자매매업자나 투자중개업자가 위 사정을 알거나 알 수 있었을 경우에 한하여 손해배상청구가 가능하다.[198]

2) 증권의 반환청구권

투자매매업자나 투자중개업자가 투자자의 증권을 임의로 처분한 후 주가가 상승한 경우에 주가 상승분은 특별손해로 배상을 받기가 어렵다. 이 때 투자

2000.11.24. 선고 2000다1327 판결 등.

195) 판례는 "불법행위자가 주식을 처분할 때 그와 같은 특별한 사정을 알았거나 알 수 있었고, 또 고객이 주식의 가격이 올랐을 때 주식을 매도하여 그로 인한 이익을 확실히 취득할 수 있었던 경우에 한한다." 고 하였다(대법원 2007.6.14. 선고 2004다4553 판결 등). 이에 따라 투자자가 특별손해를 배상받을 수 있는 경우는 사실상 거의 없을 것이라고 한다. 김건식·정순섭, 앞의 책, 438면.

196) 김건식, "고객의 주식을 보관하는 증권회사의 의무", 상사판례연구(Ⅲ), 박영사, 1996, 500면, 권순일, 앞의 논문, 461면, 281면, 자본시장법 주석서, 321면, 대법원 1991.5.24. 선고 90다14416 판결.

197) 권순일, 위의 논문, 462면, 판례도 달리 취급하고 있다. 대법원 1991.5.24. 선고 90다14416 판결.

198) 권순일, 위의 논문, 462면, 김건식교수는 유상신주의 경우에도 증권회사가 손해배상의무를 진다고 본다. 김건식, 앞의 논문, 500면.

자가 손해배상청구를 하는 대신에 주식의 반환을 청구할 수 있는가가 문제된다. 투자자는 임의매매의 효과를 무효로 볼 수 있으므로 원상회복청구권의 행사 즉 주식의 반환을 요구할 수 있다고 할 것이다.199) 판례도 주권반환청구를 인정하고 있다.200) 대용주식을 임의매매한 경우에도 투자매매업자나 투자중개업자가 투자자의 주식을 보관하는 경우라는 점에서 예탁주식에 차이가 없기 때문에 이를 달리 취급할 것은 아니다.201) 다만 주식의 경우 투자자가 투자매매업자나 투자중개업자에게 예탁한 경우 이는 한국예탁결제원에 혼장임치되기 때문에 반환시에는 동종·동량의 주식을 반환하면 된다.

위와 반대로 투자매매업자나 투자중개업자가 투자자의 증권을 임의로 처분한 후 주가가 하락한 경우에 투자매매업자나 투자중개업자쪽에서 증권을 반환하는 것이 가능한가도 문제된다. 이에 대하여 투자자는 임의매매가 없었다면 주식의 계속보유로 주가하락에 따른 손실을 입었을 것이므로 투자매매업자나 투자중개업자도 금전배상 대신에 주식을 반환함으로써 채무를 면할 수 있다고 보기도 한다.202)

그러나 이 견해에 의하면 주가가 지속적으로 하락한 경우에도 투자자가 그 손실을 떠안아야 하는데, 투자매매업자나 투자중개업자의 임의매매로 투자자의 입장에서는 증권을 보유하지 못하여 주식하락에 적절히 대응할 수 없는 입장에 있었는데도 주가하락으로 인한 손해를 투자자에게 부과하는 것은 부당하다. 판례도 신용거래 약정이 있는 경우에 증권회사가 증권을 임의로 처분한 사안에서, “원고의 손해는 특별한 사정이 없는 한 금전으로 배상하여야 한다.” 고 하여 주식의 반환에 대해서는 부정한다.203)

(5) 업무상 배임죄의 성립

업무상 배임죄가 성립하기 위해서는 주관적으로 배임행위의 결과 본인에게

199) 김건식·정순섭, 앞의 책, 438면, 자본시장법 주석서, 322면, 권순일, 앞의 논문, 457면.
200) 대법원 1992.3.27. 선고 92다1698 판결.
201) 김건식·정순섭, 앞의 책, 438면. 권순일, 앞의 논문, 457면.
202) 권순일, 위의 논문, 458면, 김건식·정순섭, 위의 책, 438면.
203) 대법원 1994.9.9. 선고 93다40256 판결.

재산상의 손해가 발생 또는 발생될 염려가 있다는 인식과 자기 또는 제3자가 재산상의 이득을 얻는다는 인식이 있으면 족한 것이고, 자신의 행위가 임무에 반하며 본인에게 재산상의 손해를 가한다는 의사나 자기 또는 제3자에게 재산상의 이득을 얻게 하려는 목적까지는 요하지 않는다.

그런데 투자매매업자나 투자중개업자는 투자자에 대하여 선관주의의무에 따라 업무를 처리해야 할 지위에 있다고 할 수 있다. 그런데 임의매매의 경우 유가증권의 시세변동으로 인하여 고객에게 손해가 발생될 염려가 있다는 인식이 미필적으로나마 있었다고 할 것이고, 금융투자업자는 매매거래로 인한 수수료를 이득으로 취득할 것이므로 투자매매업자나 투자중개업자의 직원이 임의매매를 한 경우에는 특별한 사정이 없는 한 업무상 배임죄가 성립한다.

판례도 임의매매가 있는 경우에 증권회사에 대해서 특별한 사정이 없는 한 업무상 배임죄가 성립한다고 하였다.[204)]

6. 불건전 영업행위의 금지

(1) 의의

자본시장법 제71조에서 투자매매업자 또는 투자중개업자에 대하여 일정한 불건전 영업행위를 하지 못하도록 금지하고 있다. 다만, 투자자 보호 및 건전한 거래질서를 해할 우려가 없는 경우로서 대통령령으로 정하는 경우에는 이를 할 수 있다.

불건전 영업행위의 유형을 보면 다음과 같다.

(2) 선행매매의 금지

투자매매업자 또는 투자중개업자는 투자자로부터 금융투자상품의 가격에 중대한 영향을 미칠 수 있는 매수 또는 매도의 청약이나 주문을 받거나 받게 될 가능성이 큰 경우 이를 체결시키기 전에 그 금융투자상품을 자기의 계산으로

---

204) 대법원 1995.11.21. 선고 94도1598 판결.

매수 또는 매도하거나 제삼자에게 매수 또는 매도를 권유하는 행위를 하지 못한다(자법 제71조 제1호).

다만 다음의 경우에는 예외적으로 허용된다(자령 68조 제1항 제1호). ① 투자자의 매매주문에 관한 정보를 이용하지 아니하였음을 증명하는 경우 ② 증권시장과 파생상품시장 간의 가격 차이를 이용한 차익거래, 그 밖에 이에 준하는 거래로서 투자자의 정보를 의도적으로 이용하지 아니하였다는 사실이 객관적으로 명백한 경우

(3) 조사분석자료 공표 전 매매거래의 금지

투자매매업자 또는 투자중개업자는 특정 금융투자상품의 가치에 대한 주장이나 예측을 담고 있는 자료, 즉 조사분석자료를 투자자에게 공표함에 있어서 그 조사분석자료의 내용이 사실상 확정된 때부터 공표 후 24시간이 경과하기 전까지 그 조사분석자료의 대상이 된 금융투자상품을 자기의 계산으로 매매하는 행위는 금지된다(자법 제71조 제2호).

예를 들어 특정 금융투자상품에 대하여 호의적인 조사분석자료를 공표하게 되는 경우에 투자매매업자 등이 미리 그 상품을 매입하여 두게 되면 호재의 발표로 투자자에게 귀속되어야 할 이익을 투자매매업자 등이 부당하게 취하는 것이 된다. 이러한 이해상충을 방지하기 위하여 위 규제규정을 두게 되었다.

다만 다음의 경우에는 예외적으로 허용된다(자령 68조 제1항 제2호).

① 조사분석자료의 내용이 직접 또는 간접으로 특정 금융투자상품의 매매를 유도하는 것이 아닌 경우
② 조사분석자료의 공표로 인한 매매유발이나 가격변동을 의도적으로 이용하였다고 볼 수 없는 경우
③ 공표된 조사분석자료의 내용을 이용하여 매매하지 아니하였음을 증명하는 경우
④ 해당 조사분석자료가 이미 공표한 조사분석자료와 비교하여 새로운 내용을 담고 있지 아니한 경우

(4) 조사분석자료 담당자에 대한 성과보수 지급의 금지

투자매매업자 또는 투자중개업자는 조사분석자료 작성을 담당하는 자에 대하여 대통령령으로 정하는 기업금융업무와 연동된 성과보수를 지급하는 행위가 금지된다(자법 제71조 제3호).

여기서 대통령령으로 정하는 기업금융업무란 다음의 어느 하나에 해당하는 업무를 말한다(자령 68조 제2항).

① 인수업무
② 모집 · 사모 · 매출의 주선업무
③ 기업의 인수 및 합병의 중개 · 주선 또는 대리업무
④ 기업의 인수 · 합병에 관한 조언업무
⑤ 사모투자전문회사재산의 운용업무

기업금융업무는 그 성사여부에 따라 투자매매업자 또는 투자중개업자의 이익에 영향을 미치며 조사분석자료 담당자가 이에 연계될 경우 왜곡된 자료를 작성할 가능성이 있게 되므로 이를 방지하기 위해서 위 규제규정을 두게 되었다.

다만 해당 조사분석자료가 투자자에게 공표되거나 제공되지 아니하고 금융투자업자 내부에서 업무를 수행할 목적으로 작성된 경우에는 위 규제는 적용되지 않는다(자령 제68조 제1항 제3호).

(5) 조사분석자료 공표행위의 제한

투자매매업자 또는 투자중개업자는 다음의 어느 하나에 해당하는 증권의 모집 또는 매출과 관련한 계약을 체결한 날부터 그 증권이 증권시장에 최초로 상장된 후 40일(자령 제68조 제3항) 이내에 그 증권에 대한 조사분석자료를 공표하거나 특정인에게 제공하는 행위는 금지된다(자법 제71조 제4호).

① 주권
② 대통령령으로 정하는 주권 관련 사채권[205]

205) 전환사채권, 신주인수권부사채권 및 교환사채권(주권, 전환사채권 또는 신주인수권부사채권과 교환을 청구할 수 있는 교환사채권만 해당한다)을 말한다(자령 제68조 제4항).

③ 이와 관련된 증권예탁증권

이는 IPO(최초의 상장)에 대해서만 적용되므로 상장 후 유상증자 등의 경우에는 적용되지 않는다.

(6) 부적격자에 의한 투자권유의 금지

투자매매업자 또는 투자중개업자는 투자권유대행인 및 투자권유자문인력이 아닌 자에게 투자권유를 하게 하는 행위를 하지 못한다(자법 제71조 제5호).

(7) 일임매매의 금지

1) 원칙적 금지

투자매매업자 또는 투자중개업자는 투자자로부터 금융투자상품에 대한 투자판단의 전부 또는 일부를 일임받아 투자자별로 구분하여 금융투자상품을 취득·처분, 그 밖의 방법으로 운용하는 행위를 하지 못한다(자법 제71조 제6호).

종래 증권거래법상으로는 "증권회사는 고객으로부터 유가증권의 매매거래에 관한 위탁을 받은 경우, 그 수량·가격 및 매매시기에 한하여 그 결정을 위임받아 매매거래를 할 수 있다. 이 경우 그 유가증권의 종류·종목 및 매매의 구분과 방법에 관하여는 고객의 결정이 있어야 한다." 고 하여 일정범위 내에서의 일임매매를 허용하였다(구증권거래법 제107조). 그러나 실제 증권거래법에 따른 일임매매보다는 모든 매매의 결정을 증권회사에 위임하는 포괄적 일임매매가 성행하였고, 판례도 그 유효성을 인정하고 있었다.[206]

자본시장법에서는 종래 제한적으로 허용되던 일임매매의 유형도 원칙적으로 금지하고 있다.

2) 예외적 허용

자본시장법 제71조 제6호 단서 조항에서 "다만, 투자일임업으로서 행하는 경우와 제7조 제4항에 해당하는 경우에는 이를 할 수 있다." 고 규정하고 있

---

206) 대법원 1996.8.23. 선고 94다38199 판결 등.

다. 따라서 투자매매업자 또는 투자중개업자가 투자일임업 등록을 한 경우와 투자중개업자가 따로 대가 없이 금융투자상품에 대한 투자판단의 전부나 일부를 일임받는 경우로서 다음의 어느 하나에 해당하는 경우에는 일임매매를 할 수 있다(자령 제7조 제2항).

① 투자자가 금융투자상품의 매매거래일(하루에 한정한다)과 그 매매거래일의 총매수량이나 총매매금액을 지정한 경우로서 투자자로부터 그 지정 범위에서 금융투자상품의 수량·가격 및 시기에 대한 투자판단을 일임받은 경우

② 투자자가 여행·질병 등으로 일시적으로 부재하는 중에 금융투자상품의 가격 폭락 등 불가피한 사유가 있는 경우로서 투자자로부터 약관 등에 따라 미리 금융투자상품의 매도 권한을 일임받은 경우

③ 투자자가 금융투자상품의 매매, 그 밖의 거래에 따른 결제나 증거금의 추가 예탁 또는 자본시장법 제72조에 따른 신용공여와 관련한 담보비율 유지의무나 상환의무를 이행하지 아니한 경우로서 투자자로부터 약관 등에 따라 금융투자상품의 매도권한(파생상품인 경우에는 이미 매도한 파생상품의 매수권한을 포함한다)을 일임받은 경우

④ 투자자가 투자중개업자가 개설한 계좌에 금전을 입금하거나 해당 계좌에서 금전을 출금하는 경우에는 따로 의사표시가 없어도 자동으로 자본시장법 제229조 제5호에 따른 단기금융집합투자기구의 집합투자증권 등을 매수 또는 매도하거나 증권을 환매를 조건으로 매수 또는 매도하기로 하는 약정을 미리 해당 투자중개업자와 체결한 경우로서 투자자로부터 그 약정에 따라 해당 집합투자증권 등을 매수 또는 매도하는 권한을 일임받거나 증권을 환매를 조건으로 매수 또는 매도하는 권한을 일임받은 경우

⑤ 그 밖에 투자자 보호 및 건전한 금융거래질서를 해칠 염려가 없는 경우로서 금융위원회가 정하여 고시하는 경우

3) 일임매매와 손해배상책임

종래의 포괄적 일임매매의 경우 충실의무 또는 보호의무위반을 이유로 손해배상청구권을 인정하는 것이 판례의 태도이다. 판례는 "금융투자업자가 일임매매약정을 하였음을 기화로 그 직원이 충실의무에 위반하여 투자자의 이익을

무시하고 회사의 영업실적의 증대를 위하여 무리하게 회전매매를 함으로써 투자자에게 손해를 입힌 경우에는 과당매매로서 불법행위가 성립한다." [207]고 하여, 충실의무 또는 보호의무에 위반하여 과당매매[208]를 한 경우에 불법행위의 성립을 인정하여 손해배상책임을 인정하였다.

자본시장법상으로는 일임매매가 예외적으로 허용되는 경우에 위 법리의 적용에 의한 손해배상책임이 인정될 것인가가 문제될 것이다.

(8) 기타

투자매매업자 또는 투자중개업자는 그 밖에 투자자 보호 또는 건전한 거래질서를 해할 우려가 있는 행위로서 다음의 행위를 하지 못한다(자법 제71조 제7호, 자령 제68조 제5호)

① 자본시장법 제9조 제5항 단서에 따라 일반투자자와 같은 대우를 받겠다는 전문투자자(자법 제10조 제1항 각 호의 자는 제외한다)의 요구에 정당한 사유 없이 동의하지 아니하는 행위

② 일반투자자의 투자목적, 재산상황 및 투자경험 등을 고려하지 아니하고 일반투자자에게 지나치게 자주 투자권유를 하는 행위

③ 투자자(투자자가 법인, 그 밖의 단체인 경우에는 그 임직원을 포함한다) 또는 거래상대방(거래상대방이 법인, 그 밖의 단체인 경우에는 그 임직원을 포함한다) 등에게 업무와 관련하여 금융위원회가 정하여 고시하는 기준을 위반하여 직접 또는 간접으로 재산상의 이익을 제공하거나 이들로부터 재산상의 이익을 제공받는 행위

---

207) 대법원 2007.7.12. 선고 2006다53344 판결; 대법원 1997.10.24. 선고 97다24603 판결; 대법원 1996.8.23. 선고 94다38199 판결 등.

208) 과당매매인가 여부에 대하여 "고객 계좌에 대한 증권회사의 지배여부, 주시매매의 동기 및 경위, 거래기간과 매매횟수 및 양자의 비율, 매입주식의 평균적 보유기간, 매매주식 중 단기매매가 차지하는 비율, 동일 주식의 매입·매도를 반복한 것인지의 여부, 수수료 등 비용을 공제한 후의 이익여부, 운용액 및 운용기간에 비추어 본 수수료액의 과다 여부, 손해액에서 수수료가 차지하는 비율, 단기매매가 많이 이루어져야 할 특별한 사정이 있는지의 여부 등 제반 사정을 참작하여 주식매매의 반복이 전문가로서의 합리적인 선택이라고 볼 수 있는지 여부를 기준으로 판단하여야 한다." 고 판시하였다(대법원 2007.4.12. 선고 2004다4980 판결).

④ 증권의 인수업무 또는 모집·사모·매출의 주선업무와 관련하여 다음의 어느 하나에 해당하는 행위

가. 발행인이 자본시장법 제119조 제3항에 따른 증권신고서(자법 제122조 제1항에 따른 정정신고서와 첨부서류를 포함한다)와 자본시장법 제123조 제1항에 따른 투자설명서(자법 제124조 제2항 제2호에 따른 예비투자설명서 및 자법 제124조 제2항 제3호에 따른 간이투자설명서를 포함한다) 중 중요사항에 관하여 거짓의 기재 또는 표시를 하거나 중요사항을 기재 또는 표시하지 아니하는 것을 방지하는 데 필요한 적절한 주의를 기울이지 아니하는 행위

나. 증권의 발행인·매출인 또는 그 특수관계인에게 증권의 인수를 대가로 모집·사모·매출 후 그 증권을 매수할 것을 사전에 요구하거나 약속하는 행위

다. 인수(모집·사모·매출의 주선을 포함한다)하는 증권의 배정을 대가로 그 증권을 배정받은 자로부터 그 증권의 투자로 인하여 발생하는 재산상의 이익을 직접 또는 간접으로 분배받거나 그 자에게 그 증권의 추가적인 매수를 요구하는 행위

라. 인수하는 증권의 청약자에게 증권을 정당한 사유 없이 차별하여 배정하는 행위

마. 그 밖에 투자자의 보호나 건전한 거래질서를 해칠 염려가 있는 행위로서 금융위원회가 정하여 고시하는 행위

⑤ 금융투자상품의 가치에 중대한 영향을 미치는 사항을 미리 알고 있으면서 이를 투자자에게 알리지 아니하고 해당 금융투자상품의 매수나 매도를 권유하여 해당 금융투자상품을 매도하거나 매수하는 행위

⑥ 투자자가 자본시장법 제174조·제176조 및 제178조를 위반하여 매매, 그 밖의 거래를 하려는 것을 알고 그 매매, 그 밖의 거래를 위탁받는 행위

⑦ 금융투자상품의 매매, 그 밖의 거래와 관련하여 투자자의 위법한 거래를 감추어 주기 위하여 부정한 방법을 사용하는 행위

⑧ 금융투자상품의 매매, 그 밖의 거래와 관련하여 결제가 이행되지 아니할 것이 명백하다고 판단되는 경우임에도 정당한 사유 없이 그 매매, 그 밖

의 거래를 위탁받는 행위

⑨ 투자자에게 해당 투자매매업자·투자중개업자가 발행한 자기주식의 매매를 권유하는 행위

⑩ 투자자로부터 집합투자증권(증권시장에 상장된 집합투자증권은 제외한다)을 매수하거나 그 중개·주선 또는 대리하는 행위. 다만, 자본시장법 제235조 제6항 단서에 따라 매수하는 경우는 제외한다.

⑪ 자본시장법 제55조 및 제71조에 따른 금지 또는 제한을 회피할 목적으로 하는 행위로서 장외파생상품거래, 신탁계약, 연계거래 등을 이용하는 행위

⑫ 채권자로서 그 권리를 담보하기 위하여 백지수표나 백지어음을 받는 행위

⑬ 집합투자증권의 판매업무와 집합투자증권의 판매업무 외의 업무를 연계하여 정당한 사유 없이 고객을 차별하는 행위

⑭ 그 밖에 투자자의 보호나 건전한 거래질서를 해칠 염려가 있는 행위로서 금융위원회가 정하여 고시하는 행위

(9) 벌칙

불건전 영업행위의 금지 규정에 위반한 경우에 5년 이하의 징역 또는 2억원 이하의 벌금형에 처한다(자법 제444조 제8호).

7. 신용공여

(1) 의의

투자매매업자 또는 투자중개업자는 증권과 관련하여 금전의 융자 또는 증권의 대여의 방법으로 투자자에게 신용을 공여할 수 있다. 다만, 투자매매업자는 증권의 인수일부터 3개월 이내에 투자자에게 그 증권을 매수하게 하기 위하여 그 투자자에게 금전의 융자, 그 밖의 신용공여를 하여서는 아니 된다(자법 제72조 제1항). 인수와 관련하여 신용공여를 금지하는 것은 증권의 인수인이 된 투자매매업자가 신용공여를 하지 않으면 처분이 어려울 수도 있는 증권을

투자자에게 신용공여를 하여 이를 투자자가 취득하게 함으로써 인수의 위험을 투자자에게 전가시키는 것을 방지하기 위한 것이다.

(2) 신용공여의 방법

투자매매업자 또는 투자중개업자는 ① 해당 투자매매업자 또는 투자중개업자에게 증권 매매거래계좌를 개설하고 있는 자에 대하여 증권의 매매를 위한 매수대금을 융자하거나 매도하려는 증권을 대여하는 방법 ② 해당 투자매매업자 또는 투자중개업자에 증권을 예탁하고 있는 자에 대하여 그 증권을 담보로 금전을 융자하는 방법으로 신용공여를 할 수 있다(자령 제69조 제1항).

다만 투자매매업자 또는 투자중개업자가 전담중개업무를 제공하는 경우에는 ① 증권의 매매를 위한 매수대금을 융자하거나 매도하려는 증권을 대여하는 방법 ② 전담중개업무로서 보관·관리하는 집합투자재산인 증권을 담보로 금전을 융자하는 방법으로 그 전담중개업무를 제공받는 전문사모집합투자기구에 대하여 신용을 공여할 수 있다(자령 제69조 제2항).

신용공여의 구체적인 기준과 담보의 비율 및 징수방법 등은 금융위원회가 정하여 고시하게 되는데(자령 제69조 제2항), 금융위원회의 금융투자업규정에 따르면 신용공여란 투자매매업자 또는 투자중개업자가 증권에 관련하여 다음의 어느 하나에 해당하는 방법으로 투자자에게 금전을 대출하거나 증권을 대여하는 것을 말한다(금융투자업규정 제4-21조).

① 모집·매출, 주권상장법인의 신주발행에 따른 주식을 청약하여 취득하는데 필요한 자금의 대출(청약자금대출)
② 증권시장에서의 매매거래를 위하여 투자자(개인에 한한다)에게 제공하는 매수대금의 융자(신용거래융자) 또는 매도증권의 대여(신용거래대주)
③ 투자자의 예탁증권(매도되었거나 환매청구 된 증권을 포함한다)을 담보로 하는 금전의 융자(예탁증권담보융자)

신용공여금액은 투자매매업자 또는 투자중개업자가 투자자에게 제공한 대출금, 신용거래융자금, 신용거래대주 시가상당액을 말한다. 대용증권은 신용공여와 관련하여 투자매매업자 또는 투자중개업자가 투자자로부터 현금에 갈음하

여 담보로 징구하는 증권을 말한다(금융투자업규정 제4-21조 제5호)

(3) 신용공여약정의 체결

투자매매업자 또는 투자중개업자가 신용공여를 하고자 하는 경우에는 투자자와 신용공여에 관한 약정을 체결하여야 한다. 투자매매업자 또는 투자중개업자는 신용공여약정을 체결하는 경우 투자자 본인(법인투자자의 경우에는 그 대리인을 말한다)의 기명날인 또는 서명을 받거나 「전자서명법」 제18조의 2에 따라 본인임을 확인하여야 한다. 투자매매업자 또는 투자중개업자가 투자자로부터 신용거래를 수탁받은 때에는 신용거래계좌를 설정하여야 하며 계좌설정보증금으로 100만원을 징구하여야 한다(금융투자업규정 제4-22조).

(4) 신용공여의 건전성 확보

과도한 신용공여는 자본시장의 불안의 요인이 되기도 하며, 금융투자업자의 재무건전성에 영향을 미치며, 투자자의 입장에서도 위험이 가중되는 것으로서 그 건전성을 확보하기 위한 방안이 요구된다.

1) 신용공여의 회사별 한도

투자매매업자 또는 투자중개업자의 총 신용공여 규모는 자기자본의 범위 이내로 하되, 신용공여 종류별로 투자매매업자 또는 투자중개업자의 구체적인 한도는 금융위원회 위원장이 따로 결정할 수 있다(금융투자업규정 제4-23조).

2) 담보의 징구 및 담보비율의 제한

투자매매업자 또는 투자중개업자는 청약자금대출을 함에 있어서는 청약하여 배정받은 증권을 담보로 징구하여야 한다. 다만 당해 증권이 교부되지 아니한 때에는 당해 증권이 교부될 때까지 그 납입영수증(청약증거금영수증을 포함한다)으로 갈음할 수 있다. 투자매매업자 또는 투자중개업자는 신용거래융자를 함에 있어서는 매수한 주권(주권과 관련된 증권예탁증권을 포함한다) 또는 상장지수집합투자기구의 집합투자증권을, 신용거래대주를 함에 있어서는 매도대금을 담보로 징구하여야 한다. 투자매매업자 또는 투자중개업자가 예탁증권담보융자를 함에 있어서는 가치산정이 곤란하거나 담보권의 행사를 통한 대출금의 회수가 곤란한 증권을 담보로 징구하여서는 아니 된다. 이 경우 금융투자협회는 그 구체적인 기준을 정할 수 있다(금융투자업규정 제4-24조).

투자매매업자 또는 투자중개업자는 투자자의 신용상태 및 종목별 거래상황 등을 고려하여 신용공여금액의 100분의 140 이상에 상당하는 담보를 징구하여야 한다. 다만 매도되었거나 환매청구된 예탁증권을 담보로 하여 매도금액 또는 환매금액 한도 내에서 융자를 하는 경우에는 그러하지 아니하다. 투자매매업자 또는 투자중개업자가 신용거래를 수탁하고자 하는 경우에는 투자자가 주문하는 매매수량에 지정가격(지정가격이 없을 때에는 상한가를 말한다)을 곱하여 산출한 금액에 투자자의 신용상태 및 종목별 거래상황 등을 고려하여 정한 40% 이상의 비율에 상당하는 금액을 보증금으로 징수하여야 한다. 이 경우 보증금은 대용증권으로 대신할 수 있다. 투자매매업자 또는 투자중개업자는 신용공여금액에 대한 담보 평가금액의 비율이 투자매매업자 또는 투자중개업자가 정한 일정비율(담보유지비율)에 미달하는 때에는 지체 없이 투자자에게 추가담보의 납부를 요구하여야 한다(금융투자업규정 제4-25조).

3) 임의상환

투자매매업자 또는 투자중개업자는 다음의 어느 하나에 해당하는 경우 그 다음 영업일에 투자자계좌에 예탁된 현금을 투자자의 채무변제에 우선 충당하고, 담보증권, 그 밖의 증권의 순서로 필요한 수량만큼 임의처분하여 투자자의 채무변제에 충당할 수 있다. 다만, 투자매매업자 또는 투자중개업자와 투자자가 사전에 합의한 경우에는 상환기일에도 투자자계좌에 예탁되어 있는 현금으로 채무변제에 충당할 수 있다(금융투자업규정 제4-28조 제1항).

① 투자자가 신용공여에 따른 채무의 상환요구를 받고 상환기일 이내에 상환하지 아니하였을 때

② 투자자가 담보의 추가납부를 요구받고 투자매매업자 또는 투자중개업자가 정한 납입기일까지 담보를 추가로 납입하지 않았을 때

③ 투자자가 신용공여와 관련한 이자·매매수수료 및 제세금 등의 납부요구를 받고 투자매매업자 또는 투자중개업자가 정한 납입기일까지 이를 납입하지 아니하였을 때

투자매매업자 또는 투자중개업자는 투자자와 사전에 합의하고 시세의 급격한 변동 등으로 인하여 채권회수가 현저히 위험하다고 판단되는 경우에는 투자자에 대하여 담보의 추가납부를 요구하지 아니하거나 추가로 담보를 징구하지 아니하고 필요한 수량의 담보증권, 그 밖에 예탁한 증권을 임의로 처분할 수 있다. 이 경우 투자매매업자 또는 투자중개업자는 처분내역을 지체 없이 투자자에게 내용증명 우편, 통화내용 녹취 또는 투자자와 사전에 합의한 방법 등 그 통지사실이 입증될 수 있는 방법에 따라 통지하여야 한다. 투자매매업자 또는 투자중개업자가 증권시장에 상장된 증권을 처분하는 경우에는 증권시장에서 시가결정에 참여하는 호가에 따라 처분해야 한다. 투자매매업자 또는 투자중개업자가 비상장주권, 비상장채권, 집합투자증권, 그 밖에 투자매매업자 또는 투자중개업자가 처분할 수 없는 증권을 처분하고자 하는 경우 처분방법은 협회가 정한다. 처분대금은 처분제비용, 연체이자, 이자, 채무원금의 순서로 충당한다(금융투자업규정 제4-28조).

(5) 기타

투자매매업자 또는 투자중개업자는 투자자계좌의 순재산액이 100만원에 미달하는 투자자에 대해서는 신규로 신용거래를 하지 못한다(금융투자업규정 제4-29조).

투자매매업자 또는 투자중개업자가 신용거래에 의해 매매할 수 있는 증권은 증권시장에 상장된 주권(주권과 관련된 증권예탁증권을 포함한다) 및 상장지수집합투자증권으로 한다. 투자매매업자 또는 투자중개업자는 그 종목이 다음의 어느 하나에 해당하는 경우에는 신규의 신용거래를 하여서는 아니 된다(금융투자업규정 제4-30조).

① 거래소가 투자경고종목, 투자위험종목 또는 관리종목으로 지정한 증권

② 거래소가 매매호가전 예납조치 또는 결제전 예납조치를 취한 증권

투자자별 신용공여한도, 신용공여 기간, 신용공여의 이자율 및 연체이자율

등은 신용공여 방법별로 투자매매업자 또는 투자중개업자가 정한다(금융투자업규정 제4-31조).

투자매매업자 또는 투자중개업자는 상환기일이 도래한 신용공여가 있는 투자자에 대하여는 신용공여금액의 상환을 위한 주문수탁 이외의 매매주문의 수탁이나 현금 또는 증권의 인출을 거부할 수 있다(금융투자업규정 제4-32조).

8. 투자자예탁금의 별도예치

(1) 의의

1) 투자자예탁금의 예치의무

투자매매업자 또는 투자중개업자는 투자자예탁금(투자자로부터 금융투자상품의 매매, 그 밖의 거래와 관련하여 예탁받은 금전을 말한다)을 고유재산과 구분하여 증권금융회사에 예치 또는 신탁하여야 한다(자법 제74조 제1항). 이는 투자매매업자나 투자중개업자의 재산상태와 관계없이 투자자의 예탁자산을 보호하기 위한 것이다.

2) 투자자예탁금의 범위

투자매매업자 또는 투자중개업자가 예치기관에 예치 또는 신탁하여야 하는 투자자예탁금의 범위는 아래 ①의 금액에서 ②의 금액을 뺀 것으로 한다(자령 제75조 제1항).

① 다음 각 금액의 합계액

가. 투자자가 금융투자상품의 매매, 그 밖의 거래를 위하여 예탁한 금액

나. 투자자예탁금의 이용료 등 투자매매업자 또는 투자중개업자가 투자자에게 지급한 금액

다. 투자자가 보유하는 장내파생상품의 일일정산에 따라 발생한 이익금액

② 다음 각 금액의 합계액

가. 투자자가 증권시장 또는 파생상품시장에서 행하는 금융투자상품의 매매, 그 밖의 거래를 위하여 투자매매업자 또는 투자중개업자가 거래소

(금융위원회가 정하여 고시하는 자를 포함한다)와 다른 투자매매업자 또는 투자중개업자에게 예탁 중인 금액

나. 투자자가 해외에서 행하는 금융투자상품의 매매, 그 밖의 거래를 위하여 투자매매업자 또는 투자중개업자가 해외 증권시장(그 결제기관을 포함한다) 또는 해외 파생상품시장(자법 제5조 제2항에 따른 해외 파생상품시장을 말하며, 그 결제기관을 포함한다)과 외국 투자매매업자 또는 외국 투자중개업자에게 예탁 중인 금액

다. 위탁수수료 등 투자자가 행한 금융투자상품의 매매, 그 밖의 거래와 관련된 모든 비용액

라. 「예금자보호법 시행령」 제3조 제3항 제1호 · 제2호 · 제3호(자법 제76조 제1항에 따라 투자자가 집합투자증권의 취득을 위하여 투자매매업자 또는 투자중개업자에게 납입한 금전은 제외한다) 및 제4호의 금전

마. 투자자가 보유하는 장내파생상품의 일일정산에 따라 발생한 손실금액

투자매매업자 또는 투자중개업자는 위에 따라 산출된 금액의 100분의 100 이상을 예치기관에 예치 또는 신탁하여야 한다(자령 제75조 제2항).

3) 예탁금의 인출

예치금융투자업자는 다음의 기준에 따라 예치기관에 예치 또는 신탁한 투자자예탁금을 인출할 수 있다(자령 제75조 제3항).

① 이미 예치 또는 신탁한 투자자예탁금이 예치 또는 신탁하여야 할 투자자예탁금보다 많은 경우: 예치 또는 신탁한 투자자예탁금과 예치 또는 신탁하여야 할 투자자예탁금의 차액

② 우선지급 사유가 발생한 경우: 예치 또는 신탁한 투자자예탁금

③ 투자자로부터 일시에 대량으로 투자자예탁금의 지급청구가 있는 등 금융위원회가 투자자예탁금의 인출이 필요하다고 인정하는 경우: 인정받은 금액

(2) 예외

겸영금융투자업자 중 은행, 한국산업은행, 중소기업은행, 보험회사가 투자매

매업자 또는 투자중개업자인 경우에는 투자자예탁금을 예치 또는 신탁 외에 신탁업자(증권금융회사를 제외한다)에게 신탁할 수 있다(자령 제71조). 이 경우 그 투자매매업자 또는 투자중개업자가 신탁업을 영위하는 경우에는 「신탁법」 제2조[209]에 불구하고 자기계약을 할 수 있다(자법 제74조 제2항).

(3) 투자자재산의 명시의무

투자매매업자 또는 투자중개업자는 자본시장법 제74조 제1항 또는 제2항에 따라 증권금융회사 또는 신탁업자(예치기관)에게 투자자예탁금을 예치 또는 신탁하는 경우에는 그 투자자예탁금이 투자자의 재산이라는 뜻을 밝혀야 한다(자법 제74조 제3항).

(4) 상계 등의 금지

누구든지 예치기관에 예치 또는 신탁한 투자자예탁금을 상계·압류(가압류를 포함한다)하지 못하며, 투자자예탁금을 예치 또는 신탁한 투자매매업자 또는 투자중개업자(예치금융투자업자)는 대통령령으로 정하는 경우 외에는 예치기관에 예치 또는 신탁한 투자자예탁금을 양도하거나 담보로 제공하여서는 아니 된다(자법 제74조 제4항).

그러나 다음과 같은 경우에는 예외적으로 투자자예탁금의 양도나 담보제공이 가능하다(자령 제72조).

① 예치금융투자업자가 다른 회사에 흡수합병되거나 다른 회사와 신설합병함에 따라 그 합병에 의하여 존속되거나 신설되는 회사에 예치기관에 예치 또는 신탁한 투자자예탁금을 양도하는 경우

② 예치금융투자업자가 금융투자업의 전부나 일부를 양도하는 경우로서 양도내용에 따라 양수회사에 예치기관에 예치 또는 신탁한 투자자예탁금을 양도하는 경우

---

209) 신탁법 제2조 (신탁의 설정) 신탁은 위탁자와 수탁자간의 계약 또는 위탁자의 유언에 의하여 설정할 수 있다.

③ 자금이체업무와 관련하여 금융위원회가 정하여 고시하는 한도 이내에서 금융위원회가 정하여 고시하는 방법에 따라 예치금융투자업자가 은행에 예치기관에 예치 또는 신탁한 투자자예탁금을 담보로 제공하는 경우
④ 그 밖에 투자자의 보호를 해칠 염려가 없는 경우로서 금융위원회가 정하여 고시하는 경우

(5) 우선지급

예치금융투자업자는 다음의 어느 하나에 해당하게 된 경우에는 예치기관에 예치 또는 신탁한 투자자예탁금을 인출하여 투자자에게 우선하여 지급하여야 한다. 이 경우 그 예치금융투자업자는 대통령령으로 정하는 기간[210]이내에 그 사실과 투자자예탁금의 지급시기 · 지급장소, 그 밖에 투자자예탁금의 지급과 관련된 사항을 둘 이상의 일간신문에 공고하고, 인터넷 홈페이지 등을 이용하여 공시하여야 한다(자법 제74조 제5항).

① 인가가 취소된 경우
② 해산의 결의를 한 경우
③ 파산선고를 받은 경우
④ 금융투자업(투자매매업, 투자중개업) 전부 양도가 승인된 경우
⑤ 금융투자업(투자매매업, 투자중개업) 전부 폐지가 승인된 경우
⑥ 금융투자업(투자매매업, 투자중개업) 전부의 정지명령을 받은 경우
⑦ 그 밖에 이에 준하는 사유가 발생한 경우

예치기관은 그 예치기관이 위의 어느 하나에 해당하게 된 경우에는 예치금융투자업자에게 예치 또는 신탁받은 투자자예탁금을 우선하여 지급하여야 한다(자법 제74조 제6항).

---

210) 사유가 발생한 날부터 2개월을 말한다. 다만, 불가피한 사유가 발생하여 그 기간 내에 공고와 공시를 할 수 없는 경우에는 금융위원회의 확인을 받아 1개월의 범위에서 그 기간을 연장할 수 있다(자령 제73조).

(6) 투자자예탁금의 운용

예치기관은 다음의 어느 하나에 해당하는 방법으로 투자자예탁금을 운용하여야 한다(자법 제74조 제7항).

① 국채증권 또는 지방채증권의 매수
② 정부·지방자치단체 또는 대통령령으로 정하는 금융기관[211]이 지급을 보증한 채무증권의 매수
③ 그 밖에 투자자예탁금의 안정적 운용을 해할 우려가 없는 것으로서 대통령령으로 정하는 방법[212]

(7) 기타

투자매매업자 또는 투자중개업자가 예치기관에 예치 또는 신탁하여야 하는 투자자예탁금의 범위, 예치 또는 신탁의 비율, 예치 또는 신탁한 투자자예탁금의 인출, 예치기관의 투자자예탁금 관리, 그 밖에 투자자예탁금의 예치 또는 신탁에 관하여 필요한 사항은 대통령령으로 정한다. 이 경우 예치 또는 신탁의 비율은 투자매매업자 또는 투자중개업자의 재무상황 등을 고려하여 인가받은 투자매매업자 또는 투자중개업자별로 달리 정할 수 있다(자법 제74조 제8항).

9. 투자자 예탁증권의 예탁

투자매매업자 또는 투자중개업자는 금융투자상품의 매매, 그 밖의 거래에 따라 보관하게 되는 투자자 소유의 증권[213]을 예탁결제원에 지체 없

---

211) 다음의 어느 하나에 해당하는 금융기관을 말한다(자령 제74조 제1항). 1. 은행 2. 한국산업은행 3. 중소기업은행 4. 보험회사 5. 투자매매업자 또는 투자중개업자 6. 증권금융회사 7. 종합금융회사 8. 신용보증기금 9. 기술신용보증기금

212) 다음의 어느 하나에 해당하는 방법을 말한다(자령 제74조 제2항). 1. 증권 또는 원화로 표시된 양도성 예금증서를 담보로 한 대출 2. 한국은행 또는 「우체국 예금·보험에 관한 법률」에 따른 체신관서에의 예치 3. 특수채증권의 매수 4. 그 밖에 투자자예탁금의 안전한 운용이 가능하다고 인정되는 것으로서 금융위원회가 정하여 고시하는 방법

213) 원화로 표시된 양도성 예금증서, 그 밖에 금융위원회가 정하여 고시하는 것을 포함한다(자령 제76

이 예탁하여야 한다. 다만, 투자자가 소유한 증권이 외화증권인 경우로서 대통령령으로 정하는 경우[214]에는 예탁결제원에 예탁하지 아니할 수 있다(자법 제75조).[215]

투자매매업자 또는 투자중개업자의 예탁의무에 대하여 규정하고 있지만, 투자매매업자 또는 투자중개업자가 아닌 금융투자업자도 그 고유재산을 운용함에 따라 소유하는 증권에 대한 예탁의무가 인정된다(자법 제61조).

투자자가 예탁한 증권 등을 예탁결제원에 다시 예탁하는 예탁자가 투자자계좌부에 기재한 때에도 예탁의무가 인정되므로(자법 제310조 제2항), 투자매매업자 또는 투자중개업자가 투자자계좌부를 작성한 때에는 지체없이 이를 예탁결제원에 예탁하여야 한다.

투자매매업자 또는 투자중개업자가 자본시장법 제308조에 따른 예탁대상증권 등 외의 증권이나 증서를 보호예수, 그 밖의 방법으로 예탁결제원에 보관하는 경우에는 자본시장법 제75조에 따라 예탁한 것으로 본다(자령 제76조 제3항).

10. 집합투자증권 판매 등에 관한 특례

(1) 의의

투자매매업자 또는 투자중개업자는 집합투자증권을 판매하는 경우 투자자가 집합투자증권의 취득을 위하여 금전 등을 납입한 후 최초로 산정되는

조 제1항). 예탁가능증권이란 대체가능성이 있으면 예탁가능한 증권에 해당한다. 이를 자본시장법상의 증권과 동일시할 필요는 없다. 예탁가능한 증권에 대해서 자본시장법은 "예탁대상증권 등" 이라는 용어를 사용하며 이를 예탁결제원이 지정하게 된다(자법 제308조). 예탁결제원은 주식, 사채 등 전형적인 증권 외에 어음과 같은 사법상의 유가증권도 예탁대상증권에 포함시키고 있다.

214) 다음의 어느 하나에 해당하는 경우를 말한다(자령 제76조 제2항).
1. 금융투자업자가 예탁결제원에 「외국환거래법」 제3조 제1항 제8호에 따른 외화증권(이하 "외화증권"이라 한다)을 예탁하기 위한 계좌를 개설하고 금융위원회가 정하여 고시하는 외국 보관기관 중 예탁결제원이 선임한 외국 보관기관에 집중예탁하는 경우
2. 외국의 법령이나 관행 등으로 인하여 예탁결제원이 외국 보관기관을 선임할 수 없는 경우에는 금융위원회가 정하여 고시하는 외국 보관기관에 집중예탁하는 경우

215) 개정 자법 제75조 ① --- 다만, 해당 증권의 유통 가능성, 다른 법령에 따른 유통방법이 있는지 여부, 예탁의 실행 가능성 등을 고려하여 대통령령으로 정하는 경우에는 그러하지 아니하다.

기준가격으로 판매하여야 한다. 다만, 투자자의 이익을 해할 우려가 없는 경우로서 대통령령으로 정하는 경우216)에는 대통령령으로 정하는 기준가격217)으로 판매하여야 한다(자법 제76조).

(2) 판매의 금지

투자매매업자 또는 투자중개업자는 자본시장법 제92조 제1항218)(자법 제186조 제2항에서 준용하는 경우를 포함한다)에 따른 통지를 받은 경우에는 해당 집합투자증권을 판매하여서는 아니 된다. 다만, 자본시장법 제92조 제2

---

② 투자매매업자 또는 투자중개업자가 제1항 본문에 따라 외화증권을 예탁결제원에 예탁하는 경우에는 대통령령으로 정하는 방법에 따라 예탁하여야 한다.

216) 다음의 경우를 말한다(자령 제77조 제1항).
1. 투자자가 집합투자규약으로 정한 집합투자증권의 매수청구일을 구분하기 위한 기준시점을 지나서 투자매매업자 또는 투자중개업자에게 금전 등을 납입하는 경우
2. 투자매매업자 또는 투자중개업자가 단기금융집합투자기구의 집합투자증권을 판매하는 경우로서 다음 각 목의 어느 하나에 해당하는 경우
   가. 투자자가 금융투자상품 등의 매도나 환매에 따라 수취한 결제대금으로 결제일에 단기금융집합투자기구의 집합투자증권을 매수하기로 집합투자증권을 판매하는 투자매매업자 또는 투자중개업자와 미리 약정한 경우
   나. 투자자가 급여 등 정기적으로 받는 금전으로 수취일에 단기금융집합투자기구의 집합투자증권을 매수하기로 집합투자증권을 판매하는 투자매매업자 또는 투자중개업자와 미리 약정한 경우
3. 다음 각 목의 어느 하나에 해당하는 자에게 단기금융집합투자기구의 집합투자증권을 판매하는 경우
   가. 「외국환거래법」 제13조에 따른 외국환평형기금
   나. 「국가재정법」 제81조에 따라 여유자금을 통합하여 운용하는 단기금융집합투자기구 및 증권집합투자기구
4. 법 제76조 제1항 본문에 따른 기준가격을 적용할 경우 해당 집합투자기구의 투자자 이익 등을 침해할 우려가 있다고 시행령 제261조에 따른 집합투자재산평가위원회가 인정하는 경우
5. 투자자가 집합투자기구를 변경하지 아니하고 그 집합투자기구의 집합투자증권을 판매한 투자매매업자 또는 투자중개업자를 변경할 목적으로 집합투자증권을 환매한 후 다른 투자매매업자 또는 투자중개업자를 통하여 해당 집합투자증권을 매수하는 경우

217) 다음과 같다(자령 제77조 제2항).
1. 제1항의 제1호의 경우: 금전 등의 납입일부터 기산하여 제3영업일에 공고되는 기준가격
2. 제1항의 제2호 및 제3호의: 금전등의 납입일에 공고되는 기준가격
3. 제1항의 제4의 경우: 금전등의 납입일부터 기산하여 제3영업일 또는 그 이후에 공고되는 기준가격
4. 제1항의 제5호의 경우: 집합투자증권을 환매한 후 15일 이내에 집합투자규약에서 정하는 투자매매업자 또는 투자중개업자 변경의 효력이 발생하는 날에 공고되는 기준가격.

218) 집합투자증권의 환매를 연기한 경우나 집합투자기구에 대한 감사인의 감사의견이 적정의견이 아닌 경우가 해당된다.

항[219](자법 제186조 제2항에서 준용하는 경우를 포함한다)에 따른 통지를 받은 경우에는 판매를 다시 시작할 수 있다(자법 제76조 제2항).

투자매매업자 또는 투자중개업자는 집합투자기구가 자본시장법 제182조에 따라 등록되기 전에는 해당 집합투자증권을 판매하거나 판매를 위한 광고를 하여서는 아니 된다. 다만, 투자자의 이익을 해할 우려가 없는 경우로서 대통령령으로 정하는 경우[220]에는 판매를 위한 광고를 할 수 있다.

(3) 판매수수료

투자매매업자 또는 투자중개업자는 집합투자증권의 판매와 관련하여 판매수수료(집합투자증권을 판매하는 행위에 대한 대가로 투자자로부터 직접 받는 금전을 말한다) 및 판매보수(집합투자증권을 판매한 투자매매업자, 투자중개업자가 투자자에게 지속적으로 제공하는 용역의 대가로 집합투자기구로부터 받는 금전을 말한다)를 받는 경우 집합투자기구의 운용실적에 연동하여 판매수수료 또는 판매보수를 받아서는 아니 된다(자법 제76조 제4항).

판매수수료 및 판매보수는 다음의 한도를 초과하여서는 아니 된다. 다만, 사모집합투자기구에 대하여는 다음의 한도를 적용하지 아니한다(자법 제76조 제5항).

① 판매수수료: 납입금액 또는 환매금액의 100분의 3 이하로서 대통령령으로 정하는 한도[221]

② 판매보수: 집합투자재산의 연평균가액의 1천분의 15 이하로서 대통령령으로 정하는 한도[222]

---

219) 자법 제92조 제1항의 사유가 해소된 경우가 해당된다.

220) 관련 법령의 개정에 따라 새로운 형태의 집합투자증권의 판매가 예정되어 있어, 그 집합투자기구의 개괄적인 내용을 광고하여도 투자자의 이익을 해칠 염려가 없는 경우를 말한다. 이 경우 관련 법령의 개정이 확정되지 아니한 경우에는 광고의 내용에 관련 법령의 개정이 확정됨에 따라 그 내용이 달라질 수 있음을 표시하여야 한다(자령 제77조 제3항).

221) 납입금액 또는 환매금액의 100분의 2(자령 제77조 제4항 제1호).

222) 집합투자재산의 연평균가액의 100분의 1. 다만, 투자자의 투자기간에 따라 판매보수율이 감소하는 경우로서 금융위원회가 정하여 고시하는 기간을 넘는 시점에 적용되는 판매보수율이 100분의 1 미만인 경우 그 시점까지는 100분의 1에서부터 1천분의 15까지의 범위에서 정할 수 있다(자령 제77조 제4항 제2호).

판매수수료 및 판매보수의 한도의 구체적인 설정방법, 부과방법, 그 밖에 판매수수료 및 판매보수에 관하여 필요한 사항은 대통령령으로 정한다(자법 제76조 제6항).

시행령에 따를 때 투자매매업자 또는 투자중개업자는 집합투자규약으로 정하는 바에 따라 다음의 방법으로 판매수수료나 판매보수를 받을 수 있다(자령 제77조 제5항).

① 판매수수료: 판매 또는 환매시 일시에 투자자로부터 받거나 투자기간 동안 분할하여 투자자로부터 받는 방법

② 판매보수: 매일의 집합투자재산의 규모에 비례하여 집합투자기구로부터 받는 방법

판매수수료는 집합투자규약으로 정하는 바에 따라 판매방법, 투자매매업자·투자중개업자, 판매금액, 투자기간 등을 기준으로 차등하여 받을 수 있다(자령 제77조 제6항).

11. 투자성 있는 예금·보험에 대한 특례

(1) 금융투자업인가의 간주

은행이 투자성 있는 예금계약을 체결하는 경우에는 자본시장법 제12조에 따라 투자매매업에 관한 금융투자업인가를 받은 것으로 본다(자법 제77조 제1항)

보험회사(「보험업법」 제2조 제8호부터 제10호까지의 자를 포함한다)가 투자성 있는 보험계약을 체결하거나 그 중개 또는 대리를 하는 경우에는 자본시장법 제12조에 따라 투자매매업 또는 투자중개업에 관한 금융투자업인가를 받은 것으로 본다(자법 제77조 제2항).

이 경우 기능별 규제체제에 따라서 금융투자업자로서 자본시장법의 규제에 따르게 된다.

(2) 적용제외

은행이 투자성 있는 예금계약, 그 밖에 이에 준하는 것으로서 대통령령으로 정하는 계약을 체결하는 경우와 보험회사가 투자성 있는 보험계약을 체결하거나 그 중개 또는 대리를 하는 경우에는, 자본시장법 제15조(인가요건의 유지), 제39조부터 제45조까지(명의대여의 금지 등), 제49조 제3호(불초청투자권유), 제56조(약관), 제58조(수수료), 제61조부터 제65조까지(소유증권의 예탁 등) 및 제2편 제2장(금융투자업자의 지배구조)·제3장(건전경영 유지)·제4장 제2절 제1관(투자매매업자 및 투자중개업자의 영업행위 규칙)을 적용하지 아니하며, 제3편 제1장(증권신고서)을 적용하지 아니한다(자법 제77조 제1항 단서).

은행의 경우에는 자본시장법 제3편 제1장(증권신고서)은 투자성 있는 외화예금계약을 체결하는 경우에만 적용하지 않고(자법 제77조 제1항), 보험회사는 제51조부터 제53조(투자권유대행인 등)까지도 적용되지 않는다(자법 제77조 제2항).

12. 다자가매매체결회사에 관한 특례

(1) 의의

개정 자본시장법에서는 전자증권중개업무에 관한 조항[223]은 삭제되고 대신

---

223) 정보통신망이나 전자정보처리장치를 이용하여 동시에 다수의 자를 각 당사자로 하여 아래 ①의 어느 하나에 해당하는 매매가격으로 상장주권(주권과 관련된 증권예탁증권으로서 증권시장에 상장된 것을 포함한다) 매매의 중개업무, 즉 전자증권중개업무를 하는 투자중개업자를 전자증권중개회사라 하며, 전자증권중개회사는 그 업무를 함에 있어서 ②의 사항에 대하여 대통령령으로 정하는 기준(업무기준)을 준수하여야 한다(구자법 제78조 제1항).
① 다음의 어느 하나에 해당하는 매매가격
가. 증권시장에서 공표된 해당 상장주권의 최종가격
나. 단일한 가격으로서 총리령으로 정하는 방법에 따라 정하여지는 가격
② 업무기준으로 정할 수 있는 대상은 다음의 사항으로 한다.
가. 매매의 중개 대상인 상장주권에 관한 사항
나. 매매의 중개 대상인 상장주권의 매매정지 및 그 해제에 관한 사항
다. 매매계약의 체결에 관한 사항과 결제방법·결제책임 등 결제에 관한 사항
라. 위탁증거금 등 매매수탁에 관한 사항
마. 매매의 중개 대상인 상장주권 발행인의 신고·공시에 관한 사항

에 다자간매매체결회사에 관한 특례조항을 두게 되었다. 여기서 전자적 방법으로 다수의 자를 각 당사자 또는 거래상대방으로 하여 상장주권 등의 매매체결업무를 하는 다자간매매체결회사(ATS)를 인가가 필요한 금융투자업자의 한 형태로 허용하여 유통시장에서 거래소와 경쟁이 가능하도록 하고 있다.

(2) 다자간매매체결회사의 업무기준

다자간매매체결회사는 다자간매매체결업무를 함에 있어서 다음의 사항에 대하여 대통령령으로 정하는 업무기준[224]을 준수하여야 한다(개정 자법 제78조

바. 매매결과의 공표 및 보고에 관한 사항
사. 매매의 중개업무의 개폐 · 정지 및 중단에 관한 사항
아. 그 밖에 매매의 중개 대상인 상장주권 매매의 중개와 관련하여 필요한 사항

224) 자령 제78조(다자간매매체결회사의 업무기준 등) ① 법 제78조 제1항 각 호 외의 부분에서 "대통령령으로 정하는 업무기준" 이란 다음 각 호의 기준을 말한다.
1. 다음 각 목의 어느 하나에 해당하는 매매체결대상상품에 대해서는 다자간매매체결업무를 영위하지 아니할 것
가. 거래소가 법 제390조에 따른 증권상장규정에 따라 관리종목 또는 이에 준하는 종목으로 지정한 매매체결대상상품
나. 의결권이 없는 상장주권
다. 그 밖에 매매거래계약의 체결실적이 낮은 매매체결대상상품 등 투자자 보호와 거래의 특성 등을 고려하여 금융위원회가 정하여 고시하는 매매체결대상상품
2. 거래참가자(법 제78조 제1항 제1호에 따른 다자간매매체결회사에서의 거래에 참가하는 자를 말한다)는 매매체결대상상품에 관한 투자매매업자 또는 투자중개업자로 할 것
3. 거래소가 매매체결대상상품의 거래를 정지하거나 그 정지를 해제하였을 때에는 해당 매매체결대상상품의 거래를 정지하거나 그 정지를 해제할 것
4. 매수하거나 매도하려는 호가·수량의 공개기준 및 매매체결의 원칙과 방법 등을 정할 것. 이 경우 매매체결대상상품의 가격의 변동에 관한 제한의 범위는 그 매매체결대상상품을 상장한 거래소의 기준에 따라야 한다.
5. 법 제378조 제1항에 따라 청산기관으로 지정된 거래소의 증권시장업무규정(법 제393조 제1항에 따른 증권시장업무규정을 말한다. 이하 이 조에서 같다)에서 정하는 바에 따라 매매확인, 채무인수, 차감 및 결제불이행에 따른 처리 등 청산에 관한 사항을 정할 것. 이 경우 매매거래에 따른 청산업무를 위하여 관련 내역을 거래소에 제공하는 절차 및 방법을 포함하여야 한다.
6. 예탁결제원의 결제업무규정(법 제303조 제1항에 따른 결제업무규정을 말한다)에서 정하는 바에 따라 증권의 인도와 대금의 지급 등 결제에 관한 사항을 정할 것
7. 법 제78조 제3항에 따른 지정거래소(이하 "지정거래소"라 한다)의 증권시장업무규정에 따라 수탁을 거부하여야 하는 사항 등 수탁에 관한 사항을 정할 것
8. 종목별 매일의 가격과 거래량을 공표할 것
9. 다자간매매체결업무를 정지하는 기간과 그 사유 및 중단하는 날을 정할 것

제1항).

① 매매체결대상상품 및 다자간매매체결회사에서의 거래에 참가하는 자(거래참가자)에 관한 사항
② 매매체결대상상품의 매매정지 및 그 해제에 관한 사항
③ 매매확인 등 매매계약의 체결에 관한 사항과 채무인수·차감 및 결제방법·결제책임 등 청산·결제에 관한 사항
④ 증거금 등 거래참가자의 매매수탁에 관한 사항
⑤ 매매체결대상상품의 발행인 등의 신고·공시에 관한 사항
⑥ 매매결과의 공표 및 보고에 관한 사항
⑦ 다자간매매체결업무의 개폐·정지 및 중단에 관한 사항
⑧ 그 밖에 다자간매매체결업무의 수행과 관련하여 필요한 사항

(3) 지정거래소의 감시

금융위원회가 지정하는 지정거래소는 다자간매매체결회사에서의 투자자 보호 및 건전한 거래질서를 위하여 다음의 사항을 감시할 수 있다(개정 자법 제78조 제3항).

① 매매체결대상상품의 매매에 관한 청약 또는 주문이나 거래참가자가 다자간매매체결회사에 제출하는 호가의 상황
② 매매체결대상상품에 관련된 풍문·제보나 보도
③ 매매체결대상상품의 발행인 등에 관한 신고 또는 공시
④ 그 밖에 매매체결대상상품의 가격 형성이나 거래량에 영향을 미치는 상황 또는 요인으로서 대통령령으로 정하는 것[225]

---

10. 지정거래소의 시장감시규정(법 제403조에 따른 시장감시규정을 말한다)에서 정하는 바에 따라 법 제78조 제3항 각 호의 사항을 지정거래소에 제공하는 절차 및 방법 등을 정할 것
11. 법 제8조의2 제5항 제1호에 따른 경쟁매매의 방법을 사용할 경우 매매체결대상상품의 평균거래량이 제7조의2 제2항 각 호의 요건에 적합하도록 다자간매매체결업무를 영위하는 기준과 방법을 정할 것
12. 그 밖에 투자자 보호 및 다자간매매체결업무의 공정성 확보 등을 위하여 금융위원회가 정하여 고시하는 사항을 준수할 것

225) 자령 제78조 ⑤ 법 제78조 제3항 제4호에서 "대통령령으로 정하는 것"이란 매매가격·거래량

(4) 지정거래소의 감리

지정거래소는 다음의 어느 하나에 해당하는 경우에는 거래참가자에게 그 사유를 밝힌 서면으로 관련 자료의 제출을 요청하거나, 거래참가자에 대하여 그와 관련된 업무·재산상황·장부·서류, 그 밖의 물건을 감리할 수 있다(개정 자법 제78조 제4항).

① 제377조 제1항 제8호에서 정하는 이상거래의 혐의가 있다고 인정되는 매매체결대상상품의 종목 또는 매매 품목의 거래상황을 파악하기 위한 경우

② 거래참가자가 제1항에 따른 업무기준을 준수하는지를 확인하기 위한 경우

거래소는 감리를 위하여 필요한 경우에는 회원에 대하여 이상거래 또는 업무관련규정 위반혐의와 관련된 보고, 자료의 제출 또는 관계자의 출석·진술을 요청할 수 있고, 지정거래소는 다른 거래소 또는 다자간매매체결회사에 대하여 이상거래의 심리 및 감리와 관련한 정보의 제공 또는 교환을 요구할 수 있다(개정 자법 제404조 제2항).

거래소는 위 요청 또는 요구를 거부하거나 감리에 협조하지 아니하는 경우 시장감시규정이 정하는 바에 따라 회원의 자격을 정지하거나 증권 및 장내파생상품의 매매거래를 제한할 수 있고, 지정거래소는 다른 거래소 또는 다자간매매체결회사에 대하여 회원 또는 거래참가자의 자격을 정지하거나 거래를 제한할 것을 요구할 수 있다(개정 자법 제404조 제3항).

(5) 소유의 제한

누구든지 다음의 어느 하나에 해당하는 경우를 제외하고는 다자간매매체결회사의 의결권 있는 발행주식총수의 100분의 15를 초과하여 다자간매매체결회사가 발행한 주식을 소유할 수 없다(개정 자법 제78조 제5항).

및 매매체결의 시간 등 매매체결대상상품의 매매체결에 관한 정보를 말한다.

① 집합투자기구가 소유하는 경우(사모집합투자기구가 소유하는 경우는 제외한다)

② 정부가 소유하는 경우

③ 그 밖에 대통령령으로 정하는 바에 따라 금융위원회의 승인을 받아 소유하는 경우[226)]

다음의 어느 하나에 해당하는 경우에는 제한되는 주식의 소유로 본다(자법 제406조 제2항).

① 신탁계약, 그 밖의 계약 또는 법률의 규정에 따라 그 주식에 대한 의결권을 행사할 수 있는 권한 또는 그 의결권의 행사를 지시할 수 있는 권한을 가지는 경우

② 대통령령으로 정하는 특수관계에 있는 자[227)]가 주식을 소유하는 경우

③ 그 밖에 제1호 및 제2호에 준하는 경우로서 대통령령으로 정하는 경우[228)]

소유제한을 위반하여 주식을 소유하는 경우 그 초과분에 대하여는 의결권을 행사할 수 없으며, 소유제한을 위반하여 주식을 소유한 자는 지체 없이 소유제한에서 정한 한도에 적합하도록 하여야 한다(자법 제406조 제3항).

금융위원회는 이를 준수하지 아니한 자에게 6개월 이내의 기한을 정하여 그

---

226) 자령 제78조 ⑥ 법 제78조 제5항 제3호에 따라 다음 각 호의 어느 하나에 해당하는 경우에는 금융위원회의 승인을 받아 다자간매매체결회사의 의결권 있는 발행주식총수의 100분의 15를 초과하여 다자간매매체결회사가 발행한 주식을 소유할 수 있다.

1. 외국 다자간매매체결회사(외국 법령에 따라 외국에서 다자간매매체결회사에 상당하는 업무를 하는 자를 말한다. 이하 같다)가 다자간매매체결회사와의 제휴를 위하여 소유하는 경우
2. 다자간매매체결회사의 공정한 운영을 해칠 우려가 없는 경우로서 총리령으로 정하는 금융기관, 금융투자업관계기관 또는 외국 다자간매매체결회사가 다자간매매체결회사의 의결권 있는 발행주식총수의 100분의 30까지 주식을 소유하는 경우
3. 제2호에 따른 금융기관이 공동으로 주식을 소유하는 경우로서 다음 각 목의 어느 하나에 해당하는 자의 다자간매매체결회사에 대한 주식보유비율을 초과하여 주식을 소유하는 경우

가. 「외국인투자 촉진법」 제2조 제1항 제1호에 따른 외국인

나. 비금융회사(금융위원회가 정하여 고시하는 금융업이 아닌 업종을 영위하는 회사를 말한다)

227) 자령 제366조(주식소유의 제한) ① 법 제406조 제2항 제2호에서 "대통령령으로 정하는 특수관계에 있는 자"란 특수관계인 및 제141조제2항에 따른 공동보유자를 말한다. 이 경우 특수관계인인지에 관하여는 제141조 제3항을 준용한다.

228) 자령 제366조 ② 법 제406조 제2항 제3호에서 "대통령령으로 정하는 경우"란 시행령 제142조 각 호(제3호는 제외한다)의 어느 하나에 해당하는 경우를 말한다.

한도를 초과하는 주식을 처분할 것을 명할 수 있다(자법 제406조 제4항).

금융위원회는 주식처분명령을 받은 후 그 기한 이내에 그 주식처분명령을 이행하지 아니한 자에 대하여는 다시 상당한 이행 기한을 정하여 그 주식을 처분할 것을 명하고, 그 기한까지 주식처분명령을 이행하지 아니하는 경우에는 그 처분하여야 하는 주식의 취득가액의 100분의 5를 초과하지 아니하는 범위에서 이행강제금을 부과한다(자법 제407조 제1항).

(6) 거래량 초과시의 조치

다자간매매체결회사(경쟁매매의 방법에 따라 매매가격을 결정하는 다자간매매체결회사는 제외한다)는 매매체결대상상품의 거래량이 대통령령으로 정하는 기준을 넘는 경우[229]에는 투자자 보호 및 매매체결의 안정성 확보 등을 위하여 대통령령으로 정하는 조치[230]를 하여야 한다.

(7) 적용제외 및 준용

자본시장법 제40조(금융투자업자의 다른 금융업무 영위), 제72조(신용공여), 제73조(매매명세의 통지) 및 제419조 제2항부터 제4항까지의 규정(금융투자업자에 대한 검사)은 다자간매매체결회사에는 적용하지 아니한다(개정

229) 자령 제78조 ⑦ 법 제78조 제7항에서 "대통령령으로 정하는 기준을 넘는 경우"란 매매체결대상상품의 거래량이 다음 각 호의 어느 하나에 해당하는 경우를 말한다.
1. 매월의 말일을 기준으로 법 제4조 제2항에 따른 증권의 구분별로 과거 6개월간 해당 다자간매매체결회사의 매매체결대상상품의 평균거래량이 같은 기간 중 증권시장에서의 매매체결대상상품의 평균거래량의 100분의 5를 초과하는 경우
2. 매월의 말일을 기준으로 과거 6개월간 해당 다자간매매체결회사의 종목별 매매체결대상상품의 평균거래량이 같은 기간 중 증권시장에서의 그 종목별 매매체결대상상품의 평균거래량의 100분의 10을 초과하는 경우

230) 자령 제78조 ⑧ 법 제78조 제7항에서 "대통령령으로 정하는 조치"란 다음 각 호의 조치를 말한다.
1. 다자간매매체결회사의 사업계획 및 이해상충방지체계 등이 투자자 보호와 거래의 공정성 확보에 적합하도록 하는 조치
2. 다자간매매체결업무를 안정적으로 영위하기 위하여 필요한 인력과 전산설비 등 물적 설비를 갖추도록 하는 조치

자법 제78조 제2항).

자본시장법 제383조 제1항 · 제2항(정보이용금지 등), 제408조(영업양도 등의 승인) 및 제413조(긴급사태시의 처분)는 다자간매매체결회사에 준용한다(개정 자법 제78조 제6항).

Ⅱ. 집합투자업자

1. 선관주의의무 및 충실의무

집합투자업자는 투자자에 대하여 선량한 관리자의 주의로써 집합투자재산을 운용하여야 하고, 투자자의 이익을 보호하기 위하여 해당 업무를 충실하게 수행하여야 한다(자법 제79조).

여기서 충실의무에 대하여도 규정하고 있는데, 이는 상법에서 규정하고 있는 이사의 충실의무(상법 제382조의 3)와 같은 개념으로 볼 것이다.

2. 자산운용의 지시 및 실행

(1) 자산운용의 지시

집합투자기구에 있어서 집합투자재산에 대한 사실상의 운용책임을 지는 집합투자업자와 집합투자재산을 보관·관리하는 신탁업자가 분리되어 있다. 또한 투자회사와 같이 집합투자기구가 별도의 법인격을 가지기도 하지만, 투자신탁의 경우 집합투자기구가 별도의 법인격을 가지지 않으므로 투자신탁의 집합투자업자는 투자신탁재산을 운용함에 있어서 그 투자신탁재산을 보관 · 관리하는 신탁업자에 대하여 대통령령으로 정하는 방법[231]에 따라 투자신탁재산별로 투자대상자산의 취득 · 처분 등에 관하여 필요한 지시를 하여야 하며, 그 신탁

231) 그 지시내용을 전산시스템에 의하여 객관적이고 정확하게 관리할 수 있는 방법을 말한다(자령 제79조 제1항).

업자는 집합투자업자의 지시에 따라 투자대상자산의 취득·처분 등을 하여야 한다(자법 제80조 제1항 본문).

(2) 직접 투자대상자산의 취득·처분

위와 같이 집합투자업자가 자산운용을 지시하고 신탁업자가 이를 실행해야 한다면 수시로 가격이 변동하는 상장증권과 같은 경우 효율적인 운용을 할 수 없다. 이런 사정에 따라 집합투자업자는 투자신탁재산의 효율적 운용을 위하여 불가피한 경우로서 대통령령으로 정하는 경우[232]에는 자신의 명의로 직접 투자대상자산의 취득·처분 등을 할 수 있다(자법 제80조 제1항 단서).

투자신탁의 집합투자업자(그 투자신탁재산을 보관·관리하는 신탁업자를 포함한다)는 투자대상자산의 취득·처분 등을 한 경우 그 투자신탁재산으로 그 이행 책임을 부담한다. 다만, 그 집합투자업자가 자본시장법 제64조 제1항에 따라 손해배상책임을 지는 경우에는 그러하지 아니하다(자법 제80조 제2항).

---

232) 신탁계약서에 다음 각 호의 어느 하나에 해당하는 방법을 정하여 투자대상자산을 운용하는 경우를 말한다(자령 제79조 제2항).
1. 증권시장이나 해외 증권시장에 상장된 증권의 매매
2. 장내파생상품의 매매
3. 법 제83조 제4항에 따른 단기대출
4. 법 제251조 제4항에 따른 대출
5. 다음 각 목의 어느 하나에 해당하는 금융기관이 발행·할인·매매·중개·인수 또는 보증하는 어음의 매매
   가. 은행
   나. 「한국산업은행법」에 따른 한국산업은행
   다. 「중소기업은행법」에 따른 중소기업은행
   라. 「한국수출입은행법」에 따른 한국수출입은행
   마. 투자매매업자 또는 투자중개업자
   바. 증권금융회사
   사. 종합금융회사
   아. 「상호저축은행법」에 따른 상호저축은행
6. 양도성 예금증서의 매매
7. 「외국환거래법」에 따른 대외지급수단의 매매거래
8. 투자위험을 회피하기 위한 장외파생상품의 매매 또는 금융위원회가 정하여 고시하는 기준에 따른 법 제5조 제1항 제3호에 따른 계약의 체결
9. 그 밖에 투자신탁재산을 효율적으로 운용하기 위하여 불가피한 경우로서 금융위원회가 정하여 고시하는 경우

집합투자업자는 투자대상자산에 대한 직접 취득·처분 등의 업무를 수행하는 경우에는 투자신탁재산별로 미리 정하여진 자산배분명세에 따라 취득·처분 등의 결과를 공정하게 배분하여야 한다. 이 경우 집합투자업자는 자산배분명세, 취득·처분 등의 결과, 배분결과 등에 관한 장부 및 서류를 총리령으로 정하는 방법에 따라 작성하고 이를 유지·관리하여야 한다(자법 제80조 제3항).

(3) 집합투자기구 명의의 거래

투자신탁을 제외한 집합투자기구의 집합투자업자는 그 집합투자재산을 운용함에 있어서 집합투자기구의 명의(투자익명조합의 경우에는 그 집합투자업자의 명의를 말한다)로 대통령령으로 정하는 방법[233]에 따라 집합투자재산(투자신탁재산은 제외한다)별로 투자대상자산의 취득·처분 등을 하고, 그 집합투자기구의 신탁업자에게 취득·처분 등을 한 자산의 보관·관리에 필요한 지시를 하여야 하며, 그 신탁업자는 집합투자업자의 지시에 따라야 한다. 이 경우 집합투자업자가 투자대상자산의 취득·처분 등을 함에 있어서는 집합투자업자가 그 집합투자기구를 대표한다는 사실을 표시하여야 한다(자법 제80조 제5항).

3. 자산운용의 제한

(1) 의의

집합투자업자가 집합투자재산을 집중하여 투자하는 경우 집합투자기구의 안정적 운용을 해할 수 있으므로 투자자 보호를 위해서 분산투자를 의무화하고 있다.

(2) 증권 등에 대한 투자제한

집합투자업자는 집합투자재산을 운용함에 있어서 다음에 해당하는 행위를

233) 그 지시내용을 전산시스템에 의하여 객관적이고 정확하게 관리할 수 있는 방법을 말한다(자령 제79조 제1항).

하여서는 아니 된다(자법 제81조 제1항). 다만, 투자자 보호 및 집합투자재산의 안정적 운용을 해할 우려가 없는 경우로서 대통령령으로 정하는 경우[234)]

234) 다음 각 호의 어느 하나에 해당하는 행위를 하는 경우를 말한다(자령 제80조 제1항).
1. 법 제81조 제1항 제1호 가목을 적용할 때 다음 각 목의 어느 하나에 해당하는 투자대상자산에 각 집합투자기구[라목부터 사목까지의 경우에는 법 제229조 제2호에 따른 부동산집합투자기구, 아목부터 차목까지의 경우에는 법 제229조 제3호에 따른 특별자산집합투자기구로서 그 집합투자규약에 해당 내용을 정한 경우만 해당한다] 자산총액의 100분의 100까지 투자하는 행위
가. 국채증권
나. 「한국은행법」 제69조에 따른 한국은행통화안정증권
다. 국가나 지방자치단체가 원리금의 지급을 보증한 채권
라. 특정한 부동산을 개발하기 위하여 존속기간을 정하여 설립된 회사(부동산개발회사)가 발행한 증권
마. 부동산, 그 밖에 금융위원회가 정하여 고시하는 부동산 관련 자산을 기초로 하여 「자산유동화에 관한 법률」 제2조 제4호에 따라 발행된 유동화증권으로서 그 기초자산의 합계액이 「자산유동화에 관한 법률」 제2조 제3호에 따른 유동화자산 가액의 100분의 70 이상인 유동화증권
바. 「주택저당채권유동화회사법」 또는 「한국주택금융공사법」 에 따른 주택저당채권담보부채권 또는 주택저당증권으로서 「주택저당채권유동화회사법」 에 따른 주택저당채권유동화회사 또는 제79조 제2항 제5호 가목부터 사목까지의 금융기관이 지급을 보증한 주택저당채권담보부채권 또는 주택저당증권
사. 다음의 요건을 갖춘 회사(부동산투자목적회사)가 발행한 지분증권
(1) 부동산 또는 다른 부동산투자목적회사의 투자증권에 투자하는 것을 목적으로 설립될 것
(2) 부동산투자목적회사와 그 종속회사(「주식회사의 외부감사에 관한 법률」 에 따른 종속회사에 상당하는 회사를 말한다)가 소유하고 있는 자산을 합한 금액 중 부동산 또는 제240조 제4항 제4호에 따른 자산을 합한 금액이 100분의 90 이상일 것
아. 「사회기반시설에 대한 민간투자법」 에 따른 사회기반시설사업의 시행을 목적으로 하는 법인이 발행한 주식 및 채권
자. 「사회기반시설에 대한 민간투자법」 에 따른 사회기반시설사업의 시행을 목적으로 하는 법인에 대한 대출채권
차. 「사회기반시설에 대한 민간투자법」 에 따라 하나의 사회기반시설사업의 시행을 목적으로 하는 법인이 발행한 주식 및 채권을 취득하거나 그 법인에 대한 대출채권을 취득하는 방식으로 투자하는 것을 목적으로 하는 법인(같은 법에 따른 사회기반시설투융자회사는 제외한다)의 지분증권
2. 법 제81조 제1항 제1호 가목을 적용할 때 다음 각 목의 어느 하나에 해당하는 투자대상자산에 각 집합투자기구 자산총액의 100분의 30까지 투자하는 행위
가. 지방채증권
나. 특수채증권(제1호나목 및 다목은 제외한다) 및 직접 법률에 따라 설립된 법인이 발행한 어음[법 제4조제3항에 따른 기업어음증권) 및 제79조 제2항 제5호 각 목의 금융기관이 할인·매매·중개 또는 인수한 어음만 해당한다]
다. 파생결합증권
라. 제79조 제2항 제5호 가목부터 사목까지의 금융기관이 발행한 어음 또는 양도성 예금증서와 같은 호 가목, 마목부터 사목까지의 금융기관이 발행한 채권
마. 제79조 제2항 제5호 가목부터 사목까지의 금융기관이 지급을 보증한 채권(모집의 방법으로 발행한 채권만 해당한다) 또는 어음
바. 경제협력개발기구에 가입되어 있는 국가가 발행한 채권
사. 「자산유동화에 관한 법률」 제31조에 따른 사채 중 후순위 사채권 또는 같은 법 제32조에 따른

수익증권 중 후순위 수익증권(집합투자규약에서 후순위 사채권 또는 후순위 수익증권에 금융위원회가 정하여 고시하는 비율 이상 투자하는 것을 정한 집합투자기구만 해당한다)

아. 「주택저당채권유동화회사법」 또는 「한국주택금융공사법」에 따른 주택저당채권담보부채권 또는 주택저당증권으로서 「주택저당채권유동화회사법」에 따른 주택저당채권유동화회사 또는 제79조 제2항 제5호 가목부터 사목까지의 금융기관이 지급을 보증한 주택저당채권담보부채권 또는 주택저당증권

3. 법 제81조 제1항 제1호 가목을 적용할 때 동일법인 등이 발행한 지분증권(그 법인 등이 발행한 지분증권과 관련된 증권예탁증권을 포함한다)의 시가총액비중이 100분의 10을 초과하는 경우에 그 시가총액비중까지 투자하는 행위. 이 경우 시가총액비중은 유가증권시장, 코스닥시장 또는 해외 증권시장별로 산정하며 그 산정방법, 산정기준일 및 적용기간 등에 관하여 필요한 사항은 금융위원회가 정하여 고시한다.

4. 법 제81조 제1항 제1호 나목 또는 다목을 적용할 때 각 집합투자업자가 운용하는 전체 부동산집합투자기구의 자산총액 또는 각 부동산집합투자기구의 자산총액으로 다음 각 목의 어느 하나에 해당하는 지분증권에 그 지분증권 총수의 100분의 100까지 투자하는 행위

가. 부동산개발회사가 발행한 지분증권

나. 부동산투자목적회사가 발행한 지분증권

5. 법 제81조 제1항 제1호 나목 또는 다목을 적용할 때 각 집합투자업자가 운용하는 전체 특별자산집합투자기구의 자산총액 또는 각 특별자산집합투자기구의 자산총액으로 다음 각 목의 어느 하나에 해당하는 지분증권에 그 지분증권 총수의 100분의 100까지 투자하는 행위

가. 「사회기반시설에 대한 민간투자법」에 따른 사회기반시설사업의 시행을 목적으로 하는 법인이 발행한 주식

나. 「사회기반시설에 대한 민간투자법」에 따른 하나의 사회기반시설사업의 시행을 목적으로 하는 법인이 발행한 주식 또는 채권을 취득하거나 그 법인에 대한 대출채권을 취득하는 방식으로 투자하는 것을 목적으로 하는 법인(같은 법에 따른 사회기반시설투융자회사는 제외한다)의 지분증권

6. 법 제81조 제1항 제3호 가목 또는 나목을 적용할 때 다음 각 목의 어느 하나에 해당하는 집합투자증권에 각 집합투자기구(자산총액의 100분의 40을 초과하여 투자할 수 있는 집합투자기구만 해당하되, 나목은 자산총액의 100분의 60 이상 채무증권에 투자할 수 있는 증권집합투자기구도 포함한다) 자산총액의 100분의 100까지 투자하는 행위

가. 집합투자업자(법 제279조 제1항에 따른 외국 집합투자업자를 포함한다)가 운용하는 집합투자기구(외국 집합투자기구의 경우에는 법 제279조 제1항에 따라 등록한 것만 해당한다. 이하 이 목 및 다목에서 같다)의 집합투자재산을 외화자산으로 100분의 90 이상 운용하는 경우에 그 집합투자기구의 집합투자증권

나. 금융위원회가 정하여 고시하는 상장지수집합투자기구(상장지수집합투자기구와 비슷한 것으로서 외국 상장지수집합투자기구를 포함한다. 이하 이 항에서 같다)의 집합투자증권(외국 집합투자증권의 경우에는 법 제279조제1항에 따라 등록한 집합투자기구의 집합투자증권만 해당한다)

다. 같은 집합투자업자가 운용하는 집합투자기구의 집합투자재산을 둘 이상의 다른 집합투자업자(법 제279조 제1항의 외국 집합투자업자를 포함한다)에게 위탁하여 운용하는 경우에 그 집합투자기구의 집합투자증권(같은 집합투자업자가 운용하는 집합투자기구의 자산총액의 100분의 90 이상을 외화자산에 운용하는 경우에 한한다)

6의2. 법 제81조 제1항 제3호 가목을 적용할 때 같은 집합투자업자가 운용하는 집합투자기구(법 제279조 제1항의 외국 집합투자기구를 포함한다)의 집합투자재산을 둘 이상의 다른 집합투자업자(법 제279조 제1항의 외국 집합투자업자를 포함한다)에게 위탁하여 운용하는 경우에 그 집합투자기구

에는 이를 할 수 있다.

① 집합투자재산을 증권(집합투자증권, 그 밖에 대통령령으로 정하는 증권[235])을 제외하며, 대통령령으로 정하는 투자대상자산[236])을 포함한다) 또는 파생상품에 운용함에 있어서 다음의 어느 하나에 해당하는 행위

가. 각 집합투자기구 자산총액의 100분의 10 이내의 범위에서 대통령령으로 정하는 비율[237])을 초과하여 동일종목의 증권에 투자하는 행위. 이 경우 동일법인 등이 발행한 증권 중 지분증권(그 법인 등이 발행한 지분증권과 관련된 증권예탁증권을 포함한다)과 지분증권을 제외한 증권은 각각 동일종목으로 본다.

나. 각 집합투자업자가 운용하는 전체 집합투자기구 자산총액으로 동일법인 등이 발행한 지분증권 총수의 100분의 20을 초과하여 투자하는 행위[238])

의 집합투자증권(같은 집합투자업자가 운용하는 집합투자기구의 자산총액의 100분의 90 이상을 외화자산에 운용하는 경우만 해당한다)에 각 집합투자기구 자산총액의 100분의 100까지 투자하는 행위

7. 법 제81조 제1항 제3호 나목을 적용할 때 상장지수집합투자기구의 집합투자증권이나 같은 집합투자업자가 운용하는 집합투자기구(법 제279조 제1항의 외국 집합투자기구를 포함한다)의 집합투자재산을 둘 이상의 다른 집합투자업자(법 제279조 제1항의 외국 집합투자업자를 포함한다)에게 위탁하여 운용하는 경우에 그 집합투자기구의 집합투자증권(같은 집합투자업자가 운용하는 집합투자기구의 자산총액의 100분의 90 이상을 외화자산에 운용하는 경우만 해당한다)에 각 집합투자기구 자산총액의 100분의 30까지 투자하는 행위
8. 법 제81조 제1항 제3호 가목 또는 나목을 적용할 때 같은 집합투자기구(외국 집합투자기구를 포함한다)에 법 제251조 제1항에 따라 보험회사가 설정한 각 투자신탁 자산총액의 100분의 100까지 투자하는 행위
9. 법 제81조 제1항 제3호 마목을 적용할 때 법 제251조 제1항에 따라 보험회사가 설정한 투자신탁재산으로 같은 집합투자기구(외국 집합투자기구를 포함한다)의 집합투자증권 총수의 100분의 100까지 투자하는 행위
10. 법 제81조 제1항 제3호 바목을 적용할 때 법 제251조 제1항에 따라 보험회사가 설정한 투자신탁재산으로 법 제81조 제1항 제3호 바목에 따른 기준을 초과하여 투자하는 행위
11. 「국가재정법」 제81조에 따른 여유자금을 통합하여 운용하는 경우 법 제81조 제1항 제3호를 적용할 때 같은 호에 따른 기준을 초과하여 투자하는 행위
12. 그 밖에 투자자의 보호 및 집합투자재산의 안정적 운용을 해칠 염려가 없는 행위로서 금융위원회가 정하여 고시하는 행위

235) 자법 제279조 제1항에 따른 외국 집합투자증권을 말한다(자령 제80조 제2항).

236) 다음 각 호의 어느 하나에 해당하는 투자대상자산을 말한다(자령 제80조 제3항).

1. 원화로 표시된 양도성 예금증서
2. 기업어음증권 외의 어음
3. 제1호 및 제2호 외에 대출채권, 예금, 그 밖의 금융위원회가 정하여 고시하는 채권

237) 100분의 10을 말한다(자령 제80조 제4항).

다. 각 집합투자기구 자산총액으로 동일법인 등이 발행한 지분증권 총수의 100분의 10을 초과하여 투자하는 행위

라. 대통령령으로 정하는 적격 요건[239]을 갖추지 못한 자와 장외파생상품을 매매하는 행위

마. 파생상품의 매매에 따른 위험평가액이 대통령령으로 정하는 기준[240]을 초과하여 투자하는 행위

바. 파생상품의 매매와 관련하여 기초자산 중 동일법인 등이 발행한 증권(그 법인 등이 발행한 증권과 관련된 증권예탁증권을 포함한다)의 가격변동으로 인한 위험평가액이 각 집합투자기구 자산총액의 100분의 10을 초과하여 투자하는 행위

사. 같은 거래상대방과의 장외파생상품 매매에 따른 거래상대방 위험평가액이 각 집합투자기구 자산총액의 100분의 10을 초과하여 투자하는 행위

② 집합투자재산을 부동산에 운용함에 있어서 다음의 어느 하나에 해당하는 행위

가. 부동산을 취득한 후 5년 이내의 범위에서 대통령령으로 정하는 기간[241] 이내에 이를 처분하는 행위. 다만, 부동산개발사업(토지를 택

---

238) 하나의 집합투자업자가 여러 개의 집합투자기구를 운용할 경우 개별 집합투자기구별 투자한도 외에 집합투자업자를 기준으로 추가규제를 하는 것이다.

239) 자령 제10조 제1항 각 호의 어느 하나에 해당하는 자가 다음 각 호의 어느 하나에 해당하는 요건을 충족하는 것을 말한다(자령 제80조 제5항).

1. 신용평가회사(외국 법령에 따라 외국에서 신용평가업무에 상당하는 업무를 수행하는 자를 포함한다. 이하 제2호에서 같다)에 의하여 투자적격 등급 이상으로 평가받은 경우
2. 신용평가회사에 의하여 투자적격 등급 이상으로 평가받은 보증인을 둔 경우
3. 담보물을 제공한 경우

240) 각 집합투자기구의 자산총액에서 부채총액을 뺀 가액의 100분의 100을 말한다. 다만, 전문사모집합투자기구의 경우에는 이를 100분의 400으로 한다(자령 제80조 제6항).

241) 다음 각 호의 기간을 말한다(자령 제80조 제7항).

1. 국내에 있는 부동산: 3년. 다만, 집합투자기구가 2009년 4월 1일부터 2010년 12월 31일까지 미분양주택(「주택법」 제38조에 따른 사업주체가 같은 조에 따라 공급하는 주택으로서 입주자모집공고에 따른 입주자의 계약일이 지난 주택단지에서 분양계약이 체결되지 아니하여 선착순의 방법으로 공급하는 주택을 말한다)을 취득(2010년 12월 31일까지 매매계약을 체결하고 계약금을 납부한 경우를 포함한다)하는 경우에는 집합투자규약에서 정하는 기간으로 한다.
2. 국외에 있는 부동산: 집합투자규약으로 정하는 기간

지 · 공장용지 등으로 개발하거나 그 토지 위에 건축물, 그 밖의 공작물을 신축 또는 재축하는 사업을 말한다)에 따라 조성하거나 설치한 토지 · 건축물 등을 분양하는 경우, 그 밖에 투자자 보호를 위하여 필요한 경우로서 대통령령으로 정하는 경우[242]를 제외한다.

나. 건축물, 그 밖의 공작물이 없는 토지로서 그 토지에 대하여 부동산개발사업을 시행하기 전에 이를 처분하는 행위. 다만, 집합투자기구의 합병 · 해지 또는 해산, 그 밖에 투자자 보호를 위하여 필요한 경우로서 대통령령으로 정하는 경우[243]를 제외한다.

③ 집합투자재산을 집합투자증권(자법 제279조 제1항의 외국 집합투자증권을 포함한다)에 운용함에 있어서 다음의 어느 하나에 해당하는 행위

가. 각 집합투자기구 자산총액의 100분의 50을 초과하여 같은 집합투자업자(외국 집합투자업자를 포함한다)가 운용하는 집합투자기구(외국 집합투자기구를 포함한다)의 집합투자증권에 투자하는 행위

나. 각 집합투자기구 자산총액의 100분의 20을 초과하여 같은 집합투자기구(외국 집합투자기구를 포함한다)의 집합투자증권에 투자하는 행위

다. 집합투자증권에 자산총액의 100분의 40을 초과하여 투자할 수 있는 집합투자기구(외국 집합투자기구를 포함한다)의 집합투자증권에 투자하는 행위

라. 사모집합투자기구(사모집합투자기구에 상당하는 외국 사모집합투자기구를 포함한다)의 집합투자증권에 투자하는 행위

마. 각 집합투자기구의 집합투자재산으로 같은 집합투자기구(외국 집합투자기구를 포함한다)의 집합투자증권 총수의 100분의 20을 초과하여 투자하는 행위. 이 경우 그 비율의 계산은 투자하는 날을 기준으로 한다.

바. 집합투자기구의 집합투자증권을 판매하는 투자매매업자 또는 투자중개업자가 받는 판매수수료 및 판매보수와 그 집합투자기구가 투자하

242) 집합투자기구가 합병 · 해지 또는 해산되는 경우를 말한다(자령 제80조 제8항).

243) 부동산개발사업을 하기 위하여 토지를 취득한 후 관련 법령의 제정 · 개정 또는 폐지 등으로 인하여 사업성이 뚜렷하게 떨어져서 부동산개발사업을 수행하는 것이 곤란하다고 객관적으로 증명되어 그 토지의 처분이 불가피한 경우를 말한다(자령 제80조 제9항).

는 다른 집합투자기구(외국 집합투자기구를 포함한다)의 집합투자증권을 판매하는 투자매매업자{외국 투자매매업자(외국 법령에 따라 외국에서 투자매매업에 상당하는 영업을 영위하는 자를 말한다)를 포함한다} 또는 투자중개업자{외국 투자중개업자(외국 법령에 따라 외국에서 투자중개업에 상당하는 영업을 영위하는 자를 말한다)를 포함한다}가 받는 판매수수료 및 판매보수의 합계가 대통령령으로 정하는 기준[244]을 초과하여 집합투자증권에 투자하는 행위

④ 그 밖에 투자자 보호 또는 집합투자재산의 안정적 운용 등을 해할 우려가 있는 행위로서 대통령령으로 정하는 행위[245]

위와 같이 집합투자업자의 경우 자산운용에 있어서 제한을 받지만, 집합투자재산에 속하는 투자대상자산의 가격 변동 등 대통령령으로 정하는 사유[246]로 불가피하게 투자한도를 초과하게 된 경우에는 초과일부터 3개월까지는(부도 등으로 처분이 불가능한 투자대상자산은 그 처분이 가능한 시기까지) 그 투자한도에 적합한 것으로 본다(자령 제81조 제3항).

또한 자본시장법 제81조 제1항 제1호 가목 및 마목부터 사목까지와 제3호 가목・나목, 제229조 각 호에 따른 투자비율은 집합투자기구의 최초 설정일 또는 설립일부터 제1항 제1호 가목 및 마목부터 사목까지와 제3호 가목・나목, 제229조 각 호에 따른 투자비율은 집합투자기구의 최초 설정일 또는 설

244) 자령 제77조 제4항에서 정한 한도를 말한다(자령 제80조 제10항).

245) 다음 각 호의 어느 하나에 해당하는 행위를 말한다(자령 제81조 제1항).
1. 각 집합투자기구에 속하는 증권 총액의 범위에서 금융위원회가 정하여 고시하는 비율을 초과하여 환매조건부매도(증권을 일정기간 후에 환매수할 것을 조건으로 매도하는 경우를 말한다)를 하는 행위
2. 각 집합투자기구에 속하는 증권의 범위에서 금융위원회가 정하여 고시하는 비율을 초과하여 증권을 대여하는 행위
3. 각 집합투자기구의 자산총액 범위에서 금융위원회가 정하여 고시하는 비율을 초과하여 증권을 차입하는 행위

246) 다음 각 호의 어느 하나에 해당하는 사유를 말한다(자령 제81조 제2항).
1. 집합투자재산에 속하는 투자대상자산의 가격 변동
2. 투자신탁의 일부해지 또는 투자회사・투자유한회사・투자합자회사・투자합자조합 및 투자익명조합의 집합투자증권의 일부소각
3. 담보권의 실행 등 권리행사
4. 집합투자재산에 속하는 증권을 발행한 법인의 합병 또는 분할합병
5. 그 밖에 투자대상자산의 추가 취득 없이 법 제81조 제1항에 따른 투자한도를 초과하게 된 경우

립일부터 2년 이내의 범위에서 대통령령으로 정하는 기간[247]까지는 적용하지 아니한다.자법 제81조 제4항).

4. 자기집합투자증권의 취득제한

투자신탁이나 투자익명조합의 집합투자업자는 집합투자기구의 계산으로 그 집합투자기구의 집합투자증권을 취득하거나 질권의 목적으로 받지 못한다(자법 제82조). 자기집합투자증권을 취득하는 것은 자기주식취득과 같이 투하자금의 환급의 의미를 가지는 것으로 자본의 공동화를 가져올 수 있기에 이를 제한한다.

다만, ① 담보권의 실행 등 권리 행사에 필요한 경우 ② 반대수익자의 수익증권매수청구에 따라 수익증권을 매수하는 경우에는 집합투자기구의 계산으로 그 집합투자기구의 집합투자증권을 취득할 수 있다.

담보권의 실행 등 권리 행사에 필요한 경우에는 취득한 집합투자증권은 취득일부터 1개월 이내에 소각 또는 투자매매업자 또는 투자중개업자를 통하여 매도하는 방법에 따라 처분하여야 한다(자령 제82조).

5. 금전차입 등의 제한

(1) 금전의 차입

집합투자업자는 집합투자재산을 운용함에 있어서 집합투자기구의 계산으로 금전을 차입하지 못한다(자법 제83조).

다만, ① 집합투자증권의 환매청구가 대량으로 발생하여 일시적으로 환매대금의 지급이 곤란한 때 ② 반대수익자의 수익증권매수청구(자법 제191조) 및 투자회사 주주의 주식매수청구(자법 제201조 제4항)에 따른 매수청구가 대량으로 발생하여 일시적으로 매수대금의 지급이 곤란한 때에는 집합투자기구의

---

247) 자령 ④ 법 제81조 제4항에서 "대통령령으로 정하는 기간"이란 1개월(법 제229조 제2호 및 제3호의 경우에는 6개월)을 말한다.

계산으로 금전을 차입할 수 있다.

예외적으로 집합투자기구의 계산으로 금전을 차입하는 경우 그 차입금의 총액은 차입 당시 집합투자재산 총액의 100분의 10을 초과하여서는 아니 되며(자법 제83조 제2항), 그 차입금 전액을 모두 갚기 전까지 투자대상자산을 추가로 매수(파생상품의 전매와 환매는 제외한다)하여서는 아니 된다(자령 제83조 제2항).

(2) 금전의 대여

집합투자업자는 집합투자재산을 운용함에 있어서 집합투자재산 중 금전을 대여(대통령령으로 정하는 금융기관[248]에 대한 30일 이내의 단기대출을 제외한다)하여서는 아니 된다(자법 제83조 제4항). 금전의 대여는 다른 금융업무를 수행하는 것과 같은 의미를 가지므로 이를 규제하는 것이다.

(3) 채무보증 또는 담보제공

집합투자업자는 집합투자재산을 운용함에 있어서 집합투자재산으로 해당 집합투자기구 외의 자를 위하여 채무보증 또는 담보제공을 하여서는 아니 된다(자법 제83조 제5항).

6. 이해관계인과의 거래제한

집합투자업자가 이해관계인과 거래를 하는 경우에 투자자와 이해관계인 사이에 이해상충의 문제가 발생할 수 있기에 집합투자재산을 운용함에 있어서 대통령령으로 정하는 이해관계인[249]과 거래행위를 못하도록 규제하고 있다

248) 자령 제345조 제1항 각 호의 어느 하나에 해당하는 금융기관을 말한다(자령 제83조 제3항).

249) 다음 각 호의 어느 하나에 해당하는 자를 말한다(자령 제84조).
1. 집합투자업자의 임직원과 그 배우자
2. 집합투자업자의 대주주와 그 배우자
3. 집합투자업자의 계열회사, 계열회사의 임직원과 그 배우자
4. 집합투자업자가 운용하는 전체 집합투자기구의 집합투자증권을 100분의 30 이상 판매 · 위탁판매한 투자매매업자 또는 투자중개업자

(자법 제84조 제1항 본문).

다만, 집합투자기구와 이해가 상충될 우려가 없는 거래로서 다음에 해당하는 거래의 경우에는 이를 할 수 있다.

① 이해관계인이 되기 6개월 이전에 체결한 계약에 따른 거래
② 증권시장 등 불특정다수인이 참여하는 공개시장을 통한 거래
③ 일반적인 거래조건에 비추어 집합투자기구에 유리한 거래
④ 그 밖에 대통령령으로 정하는 거래250)

집합투자업자는 예외적으로 허용되는 이해관계인과의 거래가 있는 경우 또는 이해관계인의 변경이 있는 경우에는 그 내용을 해당 집합투자재산을 보관·관리하는 신탁업자에게 즉시 통보하여야 한다(자법 제84조 2항).

---

5. 집합투자업자가 운용하는 전체 집합투자기구의 집합투자재산(「국가재정법」 제81조에 따라 여유자금을 통합하여 운용하는 집합투자기구의 집합투자재산은 제외한다)의 100분의 30 이상을 보관·관리하고 있는 신탁업자
6. 집합투자업자가 법인이사인 투자회사의 감독이사

250) 다음 각 호의 어느 하나에 해당하는 거래를 말한다(자령 제85조).
1. 이해관계인의 중개·주선 또는 대리를 통하여 금융위원회가 정하여 고시하는 방법에 따라 이해관계인이 아닌 자와 행하는 투자대상자산의 매매
2. 이해관계인의 매매중개(금융위원회가 정하여 고시하는 매매형식의 중개를 말한다)를 통하여 그 이해관계인과 행하는 다음 각 목의 어느 하나에 해당하는 투자대상자산의 매매
 가. 채무증권
 나. 원화로 표시된 양도성 예금증서
 다. 어음(기업어음증권은 제외한다)
3. 각 집합투자기구 자산총액의 100분의 10 이내에서 이해관계인(집합투자업자의 대주주나 계열회사는 제외한다)과 집합투자재산을 다음 각 목의 어느 하나에 해당하는 방법으로 운용하는 거래
 가. 법 제83조 제4항에 따른 단기대출
 나. 환매조건부매수(증권을 일정기간 후에 환매도할 것을 조건으로 매수하는 경우를 말한다)
4. 이해관계인인 금융기관(제83조 제1항 제1호에 따른 금융기관과 이에 준하는 외국 금융기관만 해당한다)에의 예치. 이 경우 집합투자업자가 운용하는 전체 집합투자재산 중 이해관계인인 금융기관에 예치한 금액은 전체 금융기관에 예치한 금액의 100분의 10을 초과하여서는 아니 된다.
5. 이해관계인인 신탁업자와의 「외국환거래법」에 따른 외국통화의 매매(환위험을 회피하기 위한 선물환거래를 포함한다)
5의2. 이해관계인(전담중개업무를 제공하는 제84조 제4호 및 제5호에 따른 이해관계인인 경우만 해당한다)과 전담중개업무로서 하는 거래
6. 그 밖에 거래의 형태, 조건, 방법 등을 고려하여 집합투자기구와 이해가 상충될 염려가 없다고 금융위원회의 확인을 받은 거래

7. 자기 및 계열회사 증권의 취득제한

(1) 의의

집합투자업자가 집합투자기구를 통해서 자기나 계열회사가 발행한 증권 등을 취득하는 경우 간접적인 자금지원의 의미를 가질 수 있고, 또한 주가 왜곡을 가져올 수 있으므로 이를 규제한다.

(2) 자기발행 증권의 취득제한

집합투자업자는 집합투자재산을 운용함에 있어서 집합투자기구의 계산으로 그 집합투자업자가 발행한 증권을 취득하여서는 아니 된다. 다만 투자신탁의 수익증권은 취득할 수 있다(자법 제84조 제3항).

(3) 계열회사발행 증권의 취득제한

집합투자업자는 집합투자재산을 운용함에 있어서 대통령령으로 정하는 한도[251]를 초과하여 그 집합투자업자의 계열회사가 발행한 증권, 계열회사가 발

251) 다음 각 호의 한도를 말한다(자령 제86조 제1항).

1. 집합투자업자가 운용하는 전체 집합투자기구의 집합투자재산으로 계열회사가 발행한 지분증권(그 지분증권과 관련된 증권예탁증권을 포함한다)을 취득하는 경우에 계열회사가 발행한 전체 지분증권에 대한 취득금액은 집합투자업자가 운용하는 전체 집합투자기구 자산총액 중 지분증권에 투자 가능한 금액의 100분의 10과 집합투자업자가 운용하는 각 집합투자기구 자산총액의 100분의 50. 다만, 다음 각 목의 어느 하나에 해당하는 경우는 제외한다.
   가. 계열회사가 발행한 전체 지분증권의 시가총액비중(제80조 제1항 제3호 후단에 따라 산정한 시가총액비중을 말한다)의 합이 집합투자업자가 운용하는 전체 집합투자기구 자산총액 중 지분증권에 투자 가능한 금액의 100분의 10을 초과하는 경우로서 그 계열회사가 발행한 전체 지분증권을 그 시가총액비중까지 취득하는 경우
   나. 다수 종목의 가격수준을 종합적으로 표시하는 지수 중 금융위원회가 정하여 고시하는 지수의 변화에 연동하여 운용하는 것을 목표로 하는 집합투자기구의 집합투자재산으로 그 계열회사가 발행한 전체 지분증권을 해당 지수에서 차지하는 비중까지 취득하는 경우
2. 각 집합투자업자가 운용하는 전체 집합투자기구의 집합투자재산으로 계열회사(법률에 따라 직접 설립된 법인은 제외한다)가 발행한 증권(법 제84조 제4항에 따른 증권 중 지분증권을 제외한 증권을 말한다)에 투자하는 경우에는 계열회사 전체가 그 집합투자업자에 대하여 출자한 비율에 해당하는

행한 지분증권과 관련한 증권예탁증권 및 대통령령으로 정하는 투자대상자산[252]을 취득하여서는 아니 된다. 다만 투자신탁의 수익증권, 그 밖에 대통령령으로 정하는 증권[253]은 취득할 수 있다(자법 제84조 제4항).

집합투자업자는 계열회사의 전체 주식을 각 집합투자기구 자산총액의 100분의 10을 초과하여 취득하는 경우에는 집합투자기구 자산총액의 100분의 10을 기준으로 집합투자재산에 속하는 각 계열회사별 주식의 비중을 초과하는 계열회사의 주식에 대하여는 중립투표(Shadow Voting)[254]로 의결권을 행사하여야 한다(자령 제86조 제4항).

집합투자업자는 한도를 초과하여 계열회사가 발행한 증권을 추가적으로 취득하지 아니하였음에도 불구하고 금융위원회가 정하여 고시하는 사유로 인하여 한도를 초과하게 된 때에는 그 사유가 발생한 날부터 3개월 이내에 취득한도에 적합하도록 운용하여야 한다(자령 제86조 제5항).

8. 불건전 영업행위의 금지

집합투자업자는 다음에 해당하는 행위를 하여서는 아니 된다(자법 제85조 본문).

금액. 이 경우 계열회사 전체가 그 집합투자업자에 대하여 출자한 비율에 해당하는 금액은 계열회사 전체가 소유하는 그 집합투자업자의 의결권 있는 주식수를 그 집합투자업자의 의결권 있는 발행주식 총수로 나눈 비율에 그 집합투자업자의 자기자본(자기자본이 자본금 이하인 경우에는 자본금을 말한다)을 곱한 금액으로 한다.

252) 다음 각 호의 어느 하나에 해당하는 투자대상자산을 말한다(자령 제86조 제3항).
1. 원화로 표시된 양도성 예금증서
2. 기업어음증권 외의 어음
3. 제1호 및 제2호 외에 대출채권, 예금, 그 밖에 금융위원회가 정하여 고시하는 채권

253) 다음 각 호의 어느 하나에 해당하는 증권을 말한다(자령 제86조 제2항).
1. 집합투자증권(투자신탁의 수익증권은 제외한다) 및 법 제279조 제1항에 따른 외국 집합투자증권
2. 파생결합증권
3. 법 제110조에 따른 수익증권

254) 집합투자재산에 속하는 주식을 발행한 법인의 주주총회에 참석한 주주가 소유하는 주식수에서 집합투자재산에 속하는 주식수를 뺀 주식수의 결의내용에 영향을 미치지 아니하도록 의결권을 행사한다(자법 제87조 제1항 본문).

① 집합투자재산을 운용함에 있어서 금융투자상품, 그 밖의 투자대상자산의 가격에 중대한 영향을 미칠 수 있는 매수 또는 매도 의사를 결정한 후 이를 실행하기 전에 그 금융투자상품, 그 밖의 투자대상자산을 집합투자업자 자기의 계산으로 매수 또는 매도하거나 제삼자에게 매수 또는 매도를 권유하는 행위. 이는 소위 선행매매를 규제하는 것이다.

② 자기 또는 대통령령으로 정하는 관계인수인[255]이 인수한 증권을 집합투자재산으로 매수하는 행위. 이는 인수인의 증권인수에 따른 위험을 집합투자기구의 투자자에게 전가할 수 있다는 점을 고려하여 이를 규제하는 것이다.

③ 자기 또는 관계인수인이 대통령령으로 정하는 인수업무[256]를 담당한 법인의 특정증권 등(자법 제172조 제1항의 특정증권 등을 말한다)에 대하여 인위적인 시세(자법 제176조 제2항 제1호의 시세를 말한다)를 형성하기 위하여 집합투자재산으로 그 특정증권 등을 매매하는 행위

④ 특정 집합투자기구의 이익을 해하면서 자기 또는 제삼자의 이익을 도모하는 행위[257]

⑤ 특정 집합투자재산을 집합투자업자의 고유재산 또는 그 집합투자업자가 운용하는 다른 집합투자재산, 투자일임재산(투자자로부터 투자판단을 일임받아 운용하는 재산을 말한다) 또는 신탁재산과 거래하는 행위

⑥ 제삼자와의 계약 또는 담합 등에 의하여 집합투자재산으로 특정 자산에 교차하여 투자하는 행위

⑦ 투자운용인력이 아닌 자에게 집합투자재산을 운용하게 하는 행위

⑧ 그 밖에 투자자 보호 또는 건전한 거래질서를 해할 우려가 있는 행위로서 대통령령으로 정하는 행위[258]

---

255) 다음 각 호의 어느 하나에 해당하는 인수인을 말한다(자령 제87조 제2항).
  1. 집합투자업자와 같은 기업집단(「독점규제 및 공정거래에 관한 법률」 제2조 제2호에 따른 기업집단을 말한다)에 속하는 인수인
  2. 집합투자업자가 운용하는 전체 집합투자기구의 집합투자증권을 금융위원회가 정하여 고시하는 비율 이상 판매한 인수인

256) 발행인 또는 매출인으로부터 직접 증권의 인수를 의뢰받아 인수조건 등을 정하는 업무를 말한다(자령 제87조 제3항).

257) 대법원은 "신탁회사가 신탁재산으로 불량한 유가증권을 매입한 행위는 신탁회사에 대하여는 업무상 배임행위가 됨과 동시에 수익자에 대해서는 구증권투자신탁업법상 수익자 외의 자의 이익을 위한 행위가 된다." 고 하였다(대법원 2004.7.9. 선고 2004도810 판결).

다만, 투자자 보호 및 건전한 거래질서를 해할 우려가 없는 경우로서 대통령령으로 정하는 경우[259]에는 이를 할 수 있다.

---

258) 다음 각 호의 어느 하나에 해당하는 행위를 말한다(자령 제87조 제4항).
1. 집합투자규약이나 투자설명서를 위반하여 집합투자재산을 운용하는 행위
2. 집합투자기구의 운용방침이나 운용전략 등을 고려하지 아니하고 집합투자재산으로 금융투자상품을 지나치게 자주 매매하는 행위
3. 집합투자업자가 운용하는 집합투자기구의 집합투자증권을 판매하는 투자매매업자 또는 투자중개업자(그 임직원과 투자권유대행인을 포함한다)에게 업무와 관련하여 금융위원회가 정하여 고시하는 기준을 위반하여 직접 또는 간접으로 재산상의 이익을 제공하는 행위
4. 투자매매업자 또는 투자중개업자(그 임직원을 포함한다) 등으로부터 업무와 관련하여 금융위원회가 정하여 고시하는 기준을 위반하여 직접 또는 간접으로 재산상의 이익을 제공받는 행위
5. 투자자와의 이면계약 등에 따라 그 투자자로부터 일상적으로 명령 · 지시 · 요청 등을 받아 집합투자재산을 운용하는 행위
6. 집합투자업자가 운용하는 집합투자기구의 집합투자증권을 판매하는 투자매매업자 또는 투자중개업자와의 이면계약 등에 따라 그 투자매매업자 또는 투자중개업자로부터 명령 · 지시 · 요청 등을 받아 집합투자재산을 운용하는 행위
7. 법 제55조, 제81조, 제84조 및 제85조에 따른 금지 또는 제한을 회피할 목적으로 하는 행위로서 장외파생상품거래, 신탁계약, 연계거래 등을 이용하는 행위
8. 채권자로서 그 권리를 담보하기 위하여 백지수표나 백지어음을 받는 행위
9. 그 밖에 투자자의 보호와 건전한 거래질서를 해칠 염려가 있는 행위로서 금융위원회가 정하여 고시하는 행위

259) 다음 각 호의 어느 하나에 해당하는 경우를 말한다(자령 제87조 제1항).
1. 법 제85조 제1호를 적용할 때 다음 각 목의 어느 하나에 해당하는 경우
   가. 집합투자재산의 운용과 관련한 정보를 이용하지 아니하였음을 증명하는 경우
   나. 증권시장과 파생상품시장 간의 가격 차이를 이용한 차익거래, 그 밖에 이에 준하는 거래로서 집합투자재산의 운용과 관련한 정보를 의도적으로 이용하지 아니하였다는 사실이 객관적으로 명백한 경우
2. 법 제85조 제2호를 적용할 때 인수일부터 3개월이 지난 후 매수하는 경우

2의2. 법 제85조 제2호를 적용할 때 인수한 증권이 국채증권, 지방채증권, 「한국은행법」 제69조에 따른 한국은행통화안정증권 중 어느 하나에 해당하는 경우

3. 법 제85조 제5호를 적용할 때 특정 집합투자재산을 그 집합투자업자의 고유재산과 제85조 제2호에 따른 매매중개를 통하여 같은 호 각 목의 투자대상자산의 매매를 하는 경우와 집합투자업자가 운용하는 집합투자기구 상호 간에 자산(제224조 제4항에 따른 미지급금 채무를 포함한다)을 동시에 한쪽이 매도하고 다른 한쪽이 매수하는 거래로서 다음 각 목의 어느 하나에 해당하는 경우. 이 경우 집합투자기구 상호 간의 매매거래에 있어서 매매가격, 매매거래절차 및 방법, 그 밖에 필요한 사항은 금융위원회가 정하여 고시한다.
   가. 최초 설정 또는 설립된 집합투자기구의 집합투자규약상의 투자한도를 준수하기 위하여 불가피한 경우(최초 설정일 또는 설립일부터 1개월 이내로 한정한다)
   나. 집합투자증권의 환매에 응하기 위하여 불가피한 경우
   다. 집합투자기구의 해지 또는 해산에 따른 해지금액 등을 지급하기 위하여 불가피한 경우
   라. 그 밖에 금융위원회가 투자자의 이익을 해칠 염려가 없다고 인정한 경우

9. 성과보수의 제한

집합투자업자는 집합투자기구의 운용실적에 연동하여 미리 정하여진 산정방식에 따른 보수, 즉 성과보수를 받아서는 아니 된다(자법 제86조 제1항).

다만, 다음의 경우에는 성과보수를 받을 수 있다(자법 제86조 제1항 단서).

① 집합투자기구가 사모집합투자기구인 경우

② 사모집합투자기구 외의 집합투자기구 중 운용보수의 산정방식, 투자자의 구성 등을 고려하여 투자자 보호 및 건전한 거래질서를 해할 우려가 없는 경우로서 대통령령으로 정하는 경우[260)]

집합투자업자는 성과보수를 받고자 하는 경우에는 그 성과보수의 산정방식, 그 밖에 대통령령으로 정하는 사항[261)]을 해당 투자설명서 및 집합투자규약에 기재하여야 한다(자법 제86조 제2항).

---

260) 다음 각 호의 요건을 모두 충족하는 경우를 말한다. 이 경우 성과보수의 산정방식, 지급시기 등에 대하여 필요한 사항은 금융위원회가 정하여 고시한다(자령 제88조 제1항).
1. 성과보수가 금융위원회가 정하여 고시하는 요건을 갖춘 기준지표에 연동하여 산정될 것
2. 집합투자기구의 운용성과가 기준지표의 성과보다 낮은 경우에는 성과보수를 적용하지 아니하는 경우보다 적은 운용보수를 받게 되는 보수체계를 갖출 것
3. 집합투자기구의 운용성과가 기준지표의 성과를 초과하더라도 해당 운용성과가 부(負)의 수익률을 나타내거나 일정 성과가 금융위원회가 정하여 고시하는 기준에 미달하는 경우에는 성과보수를 받지 아니하도록 할 것
4. 금융위원회가 정하여 고시하는 최소투자금액 이상을 투자한 투자자로만 구성될 것
5. 최소 존속기간이 1년 이상으로서 법 제230조에 따른 환매금지형집합투자기구로 설정·설립하되, 집합투자증권을 추가로 발행하지 아니할 것

261) 다음 각 호의 사항을 말한다(자령 제88조 제2항).
1. 성과보수가 지급된다는 뜻과 그 한도
2. 성과보수를 지급하지 아니하는 집합투자기구보다 높은 투자위험에 노출될 수 있다는 사실
3. 성과보수를 포함한 보수 전체에 관한 사항
4. 기준지표(법 제86조 제1항 제2호의 경우로 한정한다)
5. 성과보수의 지급시기
6. 성과보수가 지급되지 아니하는 경우에 관한 사항
7. 그 밖에 투자자를 보호하기 위하여 필요한 사항으로서 금융위원회가 정하여 고시하는 사항

10. 의결권 행사

(1) 의결권 행사의 방법[262]

1) 원칙

구자본시장법에서는 일정한 경우에 중립적 의결권 행사의 의무에 관하여 규정하고 있었지만 개정 자본시장법에서는 이에 대한 규정을 삭제하고 의결권 행사에 있어서 충실의무에 관하여 규정하고 있다(자법 제87조 제1항). 이에

---

262) 개정 자법 제87조(의결권 등) ① 집합투자업자(투자신탁이나 투자익명조합의 집합투자업자에 한한다. 이하 이 조에서 같다)는 투자자의 이익을 보호하기 위하여 집합투자재산에 속하는 주식의 의결권을 충실하게 행사하여야 한다. <단서 삭제 > 1. 2. 3. <모두 삭제>

② 제1항에도 불구하고 집합투자업자는 다음 각 호의 어느 하나에 해당하는 경우에는 집합투자재산에 속하는 주식을 발행한 법인의 주주총회에 참석한 주주가 소유하는 주식수에서 집합투자재산에 속하는 주식수를 뺀 주식수의 결의내용에 영향을 미치지 아니하도록 의결권을 행사하여야 한다.

1. 다음 각 목의 어느 하나에 해당하는 자가 그 집합투자재산에 속하는 주식을 발행한 법인을 계열회사로 편입하기 위한 경우
   가. 그 집합투자업자 및 그와 대통령령으로 정하는 이해관계가 있는 자
   나. 그 집합투자업자에 대하여 사실상의 지배력을 행사하는 자로서 대통령령으로 정하는 자
2. 그 집합투자재산에 속하는 주식을 발행한 법인이 그 집합투자업자와 다음 각 목의 어느 하나에 해당하는 관계가 있는 경우
   가. 계열회사의 관계가 있는 경우
   나. 그 집합투자업자에 대하여 사실상의 지배력을 행사하는 관계로서 대통령령으로 정하는 관계가 있는 경우
3. 그 밖에 투자자 보호 또는 집합투자재산의 적정한 운용을 해할 우려가 있는 경우로서 대통령령으로 정하는 경우

③ 제2항에도 불구하고 집합투자업자는 법인의 합병, 영업의 양도·양수, 임원의 임면, 정관변경, 그 밖에 이에 준하는 사항으로서 투자자의 이익에 명백한 영향을 미치는 사항(이하 이 조에서 "주요의결사항" 이라 한다)에 대하여 제2항의 방법에 따라 의결권을 행사하는 경우 집합투자재산에 손실을 초래할 것이 명백하게 예상되는 때에는 제1항에 따라 의결권을 행사할 수 있다. 다만, 「독점규제 및 공정거래에 관한 법률」 제9조 제1항에 따른 상호출자제한기업집단에 속하는 집합투자업자는 집합투자재산으로 그와 계열회사의 관계에 있는 주권상장법인이 발행한 주식을 소유하고 있는 경우에는 다음 각 호의 요건을 모두 충족하는 방법으로만 의결권을 행사할 수 있다.

1. 그 주권상장법인의 특수관계인(「독점규제 및 공정거래에 관한 법률」 제7조 제1항 제5호 가목에 따른 특수관계인을 말한다)이 의결권을 행사할 수 있는 주식의 수를 합하여 그 법인의 발행주식총수의 100분의 15를 초과하지 아니하도록 의결권을 행사할 것
2. 집합투자업자가 제81조제1항 각 호 외의 부분 단서에 따라 같은 항 제1호 가목의 투자한도를 초과하여 취득한 주식은 그 주식을 발행한 법인의 주주총회에 참석한 주주가 소유한 주식수에서 집합투자재산인 주식수를 뺀 주식수의 결의내용에 영향을 미치지 아니하도록 의결권을 행사할 것

따라 원칙적으로 집합투자업자의 자유로운 의결권 행사가 인정된다. 이는 집합투자기구의 수익률에 영향을 미치는 사항에 대하여 집합투자업자의 적극적인 관여를 허용함으로써 투자자의 이익을 보호하기 위한 것이다.

2) 중립적 의결권 행사의 의무

집합투자업자(투자신탁이나 투자익명조합의 집합투자업자에 한한다)는 집합투자재산에 속하는 주식의 의결권을 행사함에 있어서 다음의 경우에는 집합투자재산에 속하는 주식을 발행한 법인의 주주총회에 참석한 주주가 소유하는 주식수에서 집합투자재산에 속하는 주식수를 뺀 주식수의 결의내용에 영향을 미치지 아니하도록 의결권을 행사하여야 한다(자법 제87조 제2항).

① 다음의 어느 하나에 해당하는 자가 그 집합투자재산에 속하는 주식을 발행한 법인을 계열회사로 편입하기 위한 경우
  가. 그 집합투자업자 및 그와 대통령령으로 정하는 이해관계가 있는 자[263)]
  나. 그 집합투자업자에 대하여 사실상의 지배력을 행사하는 자로서 대통령령으로 정하는 자[264)]
② 그 집합투자재산에 속하는 주식을 발행한 법인이 그 집합투자업자와 다음 각 목의 어느 하나에 해당하는 관계가 있는 경우
  가. 계열회사의 관계가 있는 경우
  나. 그 집합투자업자에 대하여 사실상의 지배력을 행사하는 관계로서 대통령령으로 정하는 관계[265)]가 있는 경우
③ 그 밖에 투자자 보호 또는 집합투자재산의 적정한 운용을 해할 우려가 있는 경우로서 대통령령으로 정하는 경우

263) 특수관계인 및 공동보유자를 말한다(자령 제89조 제1항).
264) 다음 각 호의 어느 하나에 해당하는 자를 말한다(자령 제89조 제2항).
  1. 관계 투자매매업자 · 투자중개업자와 및 그 계열회사
  2. 집합투자업자(법 제87조 제1항에 따른 집합투자업자를 말한다)의 대주주(최대주주의 특수관계인인 주주를 포함한다)
265) 자령 제89조 제2항의 어느 하나에 해당하는 자가 되는 관계를 말한다(자령 제89조 제3항).

3) 중립적 의결권 행사의무에 대한 예외

위의 사유에 해당하여도 집합투자업자는 법인의 합병, 영업의 양도 · 양수, 임원의 임면, 정관변경, 그 밖에 이에 준하는 사항으로서 투자자의 이익에 명백한 영향을 미치는 사항("주요의결사항")에 대하여 중립적 의결권 행사의 방법에 따라 의결권을 행사하는 경우 집합투자재산에 손실을 초래할 것이 명백하게 예상되는 때에는 충실의무에 따라 의결권을 행사할 수 있다(자법 제87조 제3항).

그러나 이러한 예외는 상호출자제한기업집단에 속하는 집합투자업자에게는 적용하지 아니한다(자법 제87조 제3항). 상호출자제한기업집단에 속하는 집합투자업자가 집합투자재산으로 그와 계열회사의 관계가 있는 주권상장법인이 발행한 주식을 소유하고 있는 경우에는 다음의 요건을 모두 충족하는 방법으로만 의결권을 행사할 수 있다. ① 그 주권상장법인의 특수관계인(「독점규제 및 공정거래에 관한 법률」 제7조 제1항 제5호 가목에 따른 특수관계인을 말한다)이 의결권을 행사할 수 있는 주식의 수를 합하여 그 법인의 발행주식총수의 100분의 15를 초과하지 아니하도록 의결권을 행사할 것 ② 집합투자업자가 자산운용에 있어서 동일종목 투자한도에 대한 예외로서(자법 81조 제1항 단서) 취득한 주식은 그 주식을 발행한 법인의 주주총회에 참석한 주주가 소유한 주식수에서 집합투자재산인 주식수를 뺀 주식수의 결의내용에 영향을 미치지 아니하도록 의결권을 행사할 것.

(2) 의결권의 제한

집합투자업자는 투자한도를 초과하여 취득한 주식에 대하여는 그 주식의 의결권을 행사할 수 없다(자법 제87조 제4항).

(3) 의결권 교차행사의 제한

집합투자업자는 제삼자와의 계약에 의하여 의결권을 교차하여 행사하는 등 의결권 행사제한에 관한 규정의 적용을 면하기 위한 행위를 하여서는 아니 된다(자법 제87조 제5항).

(4) 위법한 의결권 행사에 대한 규제

금융위원회는 집합투자업자가 의결권 행사제한에 관한 규정을 위반하여 집합투자재산에 속하는 주식의 의결권을 행사한 경우에는 6개월 이내의 기간을 정하여 그 주식의 처분을 명할 수 있다(자법 제87조 제6항).

(5) 의결권 행사의 공시

집합투자업자는 각 집합투자재산에서 각 집합투자기구 자산총액의 100분의 5 또는 100억원 이상을 소유하는 주식을 발행한 법인(의결권공시대상법인)에 대한 의결권 행사 여부 및 그 내용(의결권을 행사하지 아니한 경우에는 그 사유)을 영업보고서에 기재하는 방법에 따라 기록·유지하여야 한다(자법 제87조 제7항, 자령 제90조 제1항, 제2항).

집합투자업자는 집합투자재산에 속하는 주식 중 주권상장법인이 발행한 주식(주식과 관련된 증권예탁증권을 포함한다)의 의결권 행사 내용 등을 다음의 구분에 따라 공시하여야 한다(자법 제87조 제8항).[266]

① 합병, 영업의 양도·양수, 임원의 임면, 정관변경 등 경영권변경과 관련된 사항에 대하여 의결권을 행사하는 경우: 의결권의 구체적인 행사내용

② 의결권공시대상법인에 대하여 의결권을 행사하는 경우: 의결권의 구체적인 행사내용

③ 의결권공시대상법인에 대하여 의결권을 행사하지 아니한 경우: 의결권을

---

266) 개정 자법 제87조 ⑧ 집합투자업자는 집합투자재산에 속하는 주식 중 대통령령으로 정하는 주식(제9조제15항 제3호 나목에 따른 주권상장법인의 경우에는 주식과 관련된 증권예탁증권을 포함한다)의 의결권 행사 내용 등을 다음 각 호의 구분에 따라 공시하여야 한다. 이 경우 공시 방법 등에 관하여 필요한 사항은 대통령령으로 정한다.

1. 제2항 및 제3항까지의 규정에 따라 주요결의사항에 대하여 의결권을 행사하는 경우: 의결권의 구체적인 행사내용 및 그 사유
2. 의결권공시대상법인에 대하여 의결권을 행사하는 경우: 제7항에 따른 의결권의 구체적인 행사내용 및 그 사유

행사하지 아니한 구체적인 사유

이 경우 집합투자업자는 주주총회일 5일 전까지 증권시장을 통하여 의결권을 행사하려는 내용을 공시하여야 한다(자령 제91조 제2항). 집합투자업자는 주주총회의 목적사항의 구체적 내용이 주주총회일 5일 전까지 확정되지 아니하는 등 주주총회일 5일 전까지 공시를 하기 곤란한 경우에는 주주총회일 전까지 그 뜻을 공시하고, 주주총회일부터 5일 이내에 증권시장을 통하여 그 주주총회에서 행사한 의결권의 내용을 공시하여야 한다(자령 제91조 제3항).

집합투자업자는 의결권 행사 여부에 관한 사항 등을 공시하는 경우에는 투자자가 그 의결권 행사 여부의 적정성 등을 파악하는 데에 필요한 자료로서 다음의 자료를 함께 공시하여야 한다(자령 제91조 제4항).

① 의결권 행사와 관련된 집합투자업자의 내부지침
② 집합투자업자가 의결권 행사와 관련하여 집합투자기구별로 소유하고 있는 주식 수 및 증권예탁증권 수
③ 집합투자업자와 의결권 행사 대상 법인의 관계가 시행령 제89조 제1항 또는 같은 조 제2항에서 정하고 있는 관계에 해당하는지 여부

11. 자산운용보고서의 교부

(1) 자산운용보고서의 교부의무

집합투자업자는 자산운용보고서를 작성하여 해당 집합투자재산을 보관·관리하는 신탁업자의 확인을 받아 3개월마다 1회 이상 해당 집합투자기구의 투자자에게 교부하여야 한다(자법 제88조 제1항).

다만, 투자자가 수시로 변동되는 등 투자자의 이익을 해할 우려가 없는 경우로서 대통령령으로 정하는 경우[267]에는 자산운용보고서를 투자자에게 교부

---

267) 다음 각 호의 어느 하나에 해당하는 경우를 말한다(자령 제92조 제1항).
1. 투자자가 법 제88조에 따른 자산운용보고서의 수령을 거부한다는 의사를 서면으로 표시한 경우
2. 집합투자업자가 단기금융집합투자기구를 설정 또는 설립하여 운용하는 경우로서 매월 1회 이상 금융위원회가 정하여 고시하는 방법으로 자산운용보고서를 공시하는 경우
3. 집합투자업자가 환매금지형집합투자기구를 설정 또는 설립하여 운용하는 경우(법 제230조 제3항에

하지 아니할 수 있다(자법 제88조 제1항 단서).

(2) 자산운용보고서의 기재사항

집합투자업자는 자산운용보고서에 다음의 사항을 기재하여야 한다(자법 제88조 제2항).

① 다음의 어느 하나에 해당하는 날(기준일) 현재의 해당 집합투자기구의 자산·부채 및 집합투자증권의 기준가격

가. 회계기간의 개시일부터 3개월이 종료되는 날

나. 회계기간의 말일

다. 계약기간의 종료일 또는 존속기간의 만료일

라. 해지일 또는 해산일

② 직전의 기준일(직전의 기준일이 없는 경우에는 해당 집합투자기구의 최초 설정일 또는 성립일을 말한다)부터 해당 기준일까지의 기간(해당 운용기간) 중 운용경과의 개요 및 해당 운용기간 중의 손익 사항

③ 기준일 현재 집합투자재산에 속하는 자산의 종류별 평가액과 집합투자재산 총액에 대한 각각의 비율

④ 해당 운용기간 중 매매한 주식의 총수, 매매금액 및 대통령령으로 정하는 매매회전율[268)]

⑤ 그 밖에 대통령령으로 정하는 사항[269)]

따라 그 집합투자증권이 상장된 경우만 해당한다)로서 3개월마다 1회 이상 금융위원회가 정하여 고시하는 방법으로 자산운용보고서를 공시하는 경우

4. 투자자가 소유하고 있는 집합투자증권의 평가금액이 10만원 이하인 경우로서 집합투자규약에 자산운용보고서를 교부하지 아니한다고 정하고 있는 경우

268) 해당 운용기간(법 제88조 제2항 제2호에 따른 해당 운용기간을 말한다) 중 매도한 주식가액의 총액을 그 해당 운용기간 중 보유한 주식의 평균가액으로 나눈 비율을 말한다(자령 제92조 제2항).

269) 다음 각 호와 같다. 다만, 회계기간 개시일로부터 3개월, 6개월, 9개월이 종료되는 날을 기준일(법 제88조 제2항 제1호에 따른 기준일을 말한다)로 하여 작성하는 자산운용보고서에는 제2호 및 제7호의 사항을 기재하지 않을 수 있다(자령 제92조 제3항).

1. 기준일 현재 집합투자재산에 속하는 투자대상자산의 내용
2. 집합투자기구의 투자운용인력에 관한 사항
3. 집합투자기구의 투자환경 및 운용계획
4. 집합투자기구의 업종별·국가별 투자내역

(3) 자산운용보고서의 교부방법

집합투자업자는 투자자에게 자산운용보고서를 교부하는 경우에는 집합투자증권을 판매한 투자매매업자·투자중개업자를 통하여 기준일부터 2개월 이내에 직접 또는 전자우편의 방법으로 교부하여야 한다. 다만, 투자자에게 전자우편 주소가 없는 등의 경우에는 인터넷 홈페이지를 이용하거나, 영업소에 게시하는 방법에 따라 공시하는 것으로 갈음할 수 있으며, 투자자가 우편발송을 원하는 경우에는 그에 따라야 한다(자령 제92조 제4항).

자산운용보고서를 작성·교부하는 데에 드는 비용은 집합투자업자가 부담한다(자령 제92조 제5항).

12. 수시공시

투자신탁이나 투자익명조합의 집합투자업자는 다음에 해당하는 사항이 발생한 경우 이를 지체 없이 공시하여야 한다(자법 제89조 제1항).

① 투자운용인력의 변경이 있는 경우 그 사실과 변경된 투자운용인력의 운용경력(운용한 집합투자기구의 명칭, 집합투자재산의 규모와 수익률을 말한다)[270)]

② 환매연기 또는 환매재개의 결정 및 그 사유

③ 대통령령으로 정하는 부실자산[271)]이 발생한 경우 그 명세 및 상각률

④ 집합투자자총회의 결의내용

⑤ 그 밖에 투자자 보호를 위하여 필요한 사항으로서 대통령령으로 정하는

---

5. 집합투자기구의 결산 시 분배금 내역(결산 후 최초로 작성하는 자산운용보고서로 한정한다)
6. 집합투자기구의 투자대상 범위 상위 10개 종목
7. 집합투자기구의 구조
8. 집합투자기구가 환위험을 회피할 목적으로 파생상품을 거래하는 경우 그 거래에 관한 사항
9. 그 밖에 투자자를 보호하기 위하여 필요한 사항으로서 금융위원회가 정하여 고시하는 사항

270) 투자신탁이나 투자익명조합의 집합투자업자가 공시하여야 하는 투자운용인력의 운용경력은 투자운용인력을 변경한 날부터 최근 3년 이내의 운용경력으로 한다(자령 제93조 제1항).

271) 발행인의 부도,「채무자 회생 및 파산에 관한 법률」에 따른 회생절차개시의 신청 등의 사유로 인하여 금융위원회가 부실자산으로 정하여 고시하는 자산을 말한다(자령 제93조 제2항).

사항272)

수시공시는 다음의 방법으로 한다(자법 제89조 제2항).

① 집합투자업자, 집합투자증권을 판매한 투자매매업자 또는 투자중개업자 및 협회의 인터넷 홈페이지를 이용하여 공시하는 방법

② 집합투자증권을 판매한 투자매매업자 또는 투자중개업자로 하여금 전자우편을 이용하여 투자자에게 알리는 방법

③ 집합투자업자, 집합투자증권을 판매한 투자매매업자 또는 투자중개업자의 본점과 지점, 그 밖의 영업소에 게시하는 방법

13. 집합투자재산에 관한 보고

(1) 정기보고

집합투자업자(투자신탁이나 투자익명조합의 집합투자업자에 한한다)는 집합투자재산에 관한 매 분기의 영업보고서를 작성하여 매 분기 종료 후 2개월 이내에 금융위원회 및 협회에 제출하여야 한다(자법 제90조 제1항).

---

272) 다음 각 호의 어느 하나에 해당하는 사항을 말한다(자령 제93조 제3항).

1. 투자설명서의 변경. 다만, 다음 각 목의 어느 하나에 해당하는 경우는 제외한다.
   가. 법 및 이 영의 개정 또는 금융위원회의 명령에 따라 투자설명서를 변경하는 경우
   나. 집합투자규약의 변경에 따라 투자설명서를 변경하는 경우
   다. 투자설명서의 단순한 자구수정 등 경미한 사항을 변경하는 경우
2. 집합투자업자의 합병, 분할, 분할합병 또는 영업의 양도·양수
3. 집합투자업자 또는 일반사무관리회사가 기준가격을 잘못 산정하여 이를 변경하는 경우에는 그 내용(제262조 제1항 후단에 따라 공고·게시하는 경우에 한한다)
4. 사모집합투자기구가 아닌 집합투자기구(존속하는 동안 투자금을 추가로 모집할 수 있는 집합투자기구로 한정한다. 이하 이 항에서 같다)로서 설정 및 설립 이후 1년이 되는 날에 원본액이 50억원 미만인 경우 그 사실과 해당 집합투자기구가 법 제192조 제1항 단서에 따라 해지될 수 있다는 사실
5. 사모집합투자기구가 아닌 집합투자기구가 설정 및 설립되고 1년이 지난 후 1개월간 계속하여 원본액이 50억원 미만인 경우 그 사실과 해당 집합투자기구가 법 제192조 제1항 단서에 따라 해지될 수 있다는 사실
6. 그 밖에 투자자의 투자판단에 중대한 영향을 미치는 사항으로서 금융위원회가 정하여 고시하는 사항

(2) 수시보고

집합투자업자는 집합투자기구에 대하여 다음의 사유가 발생한 경우 그 사유가 발생한 날부터 2개월 이내에 결산서류를 금융위원회 및 협회에 제출하여야 한다(자법 제90조 제2항).

① 집합투자기구의 회계기간 종료
② 집합투자기구의 계약기간 또는 존속기간의 종료
③ 집합투자기구의 해지 또는 해산

(3) 공시

금융위원회 및 협회는 집합투자업자로부터 제출받은 서류를 인터넷 홈페이지 등을 이용하여 공시하여야 한다(자법 제90조 제4항).

협회는 대통령령으로 정하는 방법에 따라 각 집합투자재산의 순자산가치의 변동명세가 포함된 운용실적을 비교하여 그 결과를 인터넷 홈페이지 등을 이용하여 공시하여야 한다(자법 제90조 제4항).[273]

---

273) 협회는 법 제90조 제4항에 따라 각 집합투자재산의 운용실적을 비교·공시하는 경우에는 다음 각 호의 항목별로 구분하여 금융위원회가 정하여 고시하는 기준에 따라 비교·공시하여야 한다(자령 제94조 제2항).

1. 집합투자업자
2. 투자매매업자·투자중개업자
3. 집합투자기구의 종류
4. 금융위원회가 정하여 고시하는 주된 투자대상자산
5. 운용보수
6. 판매수수료·판매보수
7. 수익률. 이 경우 사모집합투자기구가 아닌 집합투자기구(존속하는 동안 투자금을 추가로 모집할 수 있는 집합투자기구로 한정한다. 이하 이 호에서 같다)로서 원본액 50억원 미만과 50억원 이상의 집합투자기구의 수익률은 별도로 비교·공시하여야 한다.
8. 그 밖에 금융위원회가 정하여 고시하는 것

14. 장부 · 서류의 열람 및 공시

(1) 장부 · 서류의 열람

투자자는 집합투자업자(투자신탁이나 투자익명조합의 집합투자업자에 한하며, 해당 집합투자증권을 판매한 투자매매업자 및 투자중개업자를 포함한다)에게 영업시간 중에 이유를 기재한 서면으로 그 투자자에 관련된 집합투자재산에 관한 장부·서류[274]의 열람이나 등본 또는 초본의 교부를 청구할 수 있다. 이 경우 그 집합투자업자는 정당한 사유가 없는 한 이를 거절하여서는 아니 된다(자법 제91조 제1항).

정당한 사유란 다음에 해당하는 경우를 말한다. 이 경우 집합투자업자는 열람이나 교부가 불가능하다는 뜻과 그 사유가 기재된 서면을 투자자에게 내주어야 한다(자령 제95조 제1항).

① 집합투자재산의 매매주문내역 등이 포함된 장부 · 서류를 제공함으로써 제공받은 자가 그 정보를 거래 또는 업무에 이용하거나 타인에게 제공할 것이 뚜렷하게 염려되는 경우

② 집합투자재산의 매매주문내역 등이 포함된 장부 · 서류를 제공함으로써 다른 투자자에게 손해를 입힐 것이 명백히 인정되는 경우

③ 해지 또는 해산된 집합투자기구에 관한 장부 · 서류로서 제62조 제1항에 따른 보존기한이 지나는 등의 사유로 인하여 투자자의 열람제공 요청에 응하는 것이 불가능한 경우

(2) 집합투자규약의 공시

집합투자업자는 집합투자규약을 인터넷 홈페이지 등을 이용하여 공시하여야

---

274) 투자자가 열람이나 등본 또는 초본의 교부를 청구할 수 있는 장부 · 서류는 다음과 같다(자령 제95조 제2항).
1. 집합투자재산 명세서
2. 집합투자증권 기준가격대장
3. 재무제표 및 그 부속명세서
4. 집합투자재산 운용내역서

한다(자법 제91조 제3항).

15. 환매연기 등의 통지

집합투자업자(투자신탁이나 투자익명조합의 집합투자업자에 한한다)는 다음에 해당하는 사유가 발생한 경우 해당 집합투자증권을 판매한 투자매매업자 또는 투자중개업자에게 이를 즉시 통지하여야 한다(자법 제92조 제1항).

① 집합투자증권의 환매를 연기한 경우

② 집합투자기구에 대한 회계감사인의 감사의견이 적정의견이 아닌 경우

집합투자업자는 위의 사유가 해소된 경우에는 해당 집합투자증권을 판매한 투자매매업자 또는 투자중개업자에게 이를 즉시 통지하여야 한다(자법 제92조 제2항).

16. 파생상품의 운용 특례

집합투자업자는 파생상품 매매에 따른 위험평가액(자법 제81조 제1항 제1호 마목의 위험평가액을 말한다)이 집합투자기구 자산총액의 100분의 10을 초과하여 투자할 수 있는 집합투자기구의 집합투자재산을 파생상품에 운용하는 경우에는 계약금액, 그 밖에 대통령령으로 정하는 위험에 관한 지표[275]를 인터넷 홈페이지 등을 이용하여 공시하여야 한다(자법 제93조 제1항, 자령 제96조 제1항). 이 경우 그 집합투자기구의 투자설명서에 해당 위험에 관한 지표의 개요 및 위험에 관한 지표가 공시된다는 사실을 기재하여야 한다.

집합투자업자는 장외파생상품 매매에 따른 위험평가액이 집합투자기구 자산

275) 다음 각 호의 지표를 말한다(자령 제96조 제2항). 다만, 위험에 관한 지표 산출을 위한 자료가 부족하여 지표의 산출이 불가능한 경우 등 금융위원회가 정하여 고시하는 파생상품인 경우에는 제2호를 적용하지 아니한다.

1. 파생상품 매매에 따른 만기시점의 손익구조
2. 시장상황의 변동에 따른 집합투자재산의 손익구조의 변동 또는 일정한 보유기간에 일정한 신뢰구간 범위에서 시장가격이 집합투자기구에 대하여 불리하게 변동될 경우에 파생상품 거래에서 발생할 수 있는 최대손실예상금액
3. 그 밖에 투자자의 투자판단에 중요한 기준이 되는 지표로서 금융위원회가 정하여 고시하는 위험에 관한 지표

총액의 100분의 10을 초과하여 투자할 수 있는 집합투자기구의 집합투자재산을 장외파생상품에 운용하는 경우에는 장외파생상품 운용에 따른 위험관리 방법을 작성하여 그 집합투자재산을 보관 · 관리하는 신탁업자의 확인을 받아 금융위원회에 신고하여야 한다(자법 제93조 제2항, 자령 제96조 제4항).

17. 부동산의 운용 특례

(1) 금전의 차입과 대여

1) 금전의 차입

집합투자업자는 원칙적으로 금전의 차입을 하지 못하지만(자법 제83조 제1항), 집합투자재산으로 부동산을 취득하는 경우에는 대통령령으로 정하는 방법에 따라 집합투자기구의 계산으로 금전을 차입할 수 있다(자법 제94조 제1항).276)

여기서 대통령령으로 정하는 방법이란 집합투자업자가 다음에 해당하는 금융기관 등에게 부동산을 담보로 제공하거나 금융위원회가 정하여 고시하는 방법으로 금전을 차입하는 것을 말한다. 다만, 집합투자자총회에서 달리 의결한 경우에는 그 의결에 따라 금전을 차입할 수 있다(자령 제97조 제1항).

① 은행, 한국산업은행, 중소기업은행, 한국수출입은행, 투자매매업자 또는 투자중개업자, 증권금융회사, 종합금융회사, 상호저축은행
② 보험회사
③ 「국가재정법」에 따른 기금
④ 다른 부동산집합투자기구
⑤ 위에 준하는 외국 금융기관 등

---

276) 집합투자업자가 법 제94조 제1항에 따라 금전을 차입하는 경우에 그 차입금 한도는 다음 각 호와 같다(자령 제97조 제7항).
1. 부동산집합투자기구의 계산으로 차입하는 경우: 그 부동산집합투자기구의 자산총액에서 부채총액을 뺀 가액의 100분의 200. 다만, 집합투자자총회에서 달리 의결한 경우에는 그 의결한 한도
2. 부동산집합투자기구가 아닌 집합투자기구의 계산으로 차입하는 경우: 그 집합투자기구에 속하는 부동산 가액의 100분의 100의 범위에서 금융위원회가 정하여 고시하는 비율. 이 경우 부동산 가액의 평가는 법 제238조 제2항에 따른 평가위원회(집합투자재산평가위원회)가 같은 조 제3항에 따른 집합투자재산평가기준에 따라 정한 가액으로 한다.

집합투자업자는 차입한 금전을 부동산에 운용하는 방법 외의 방법으로 운용하여서는 아니 된다(자령 제97조 제8항). 다만, 집합투자기구의 종류 등을 고려하여 금융위원회가 정하여 고시하는 경우에는 부동산에 운용하는 방법 외의 방법으로 운용할 수 있다.

2) 금전의 대여

집합투자업자는 원칙적으로 금전을 대여할 수 없지만(자법 제83조 제4항), 집합투자재산으로 부동산개발사업을 영위하는 법인(부동산신탁업자, 그 밖에 대통령령으로 정하는 자[277]를 포함한다)에 대하여 대통령령으로 정하는 방법에 따라 금전을 대여할 수 있다(자법 제94조 제2항).

여기서 대통령령으로 정하는 방법이란 다음의 요건을 모두 충족하는 방법을 말한다(자령 제97조 제3항).

① 집합투자규약에서 금전의 대여에 관한 사항을 정하고 있을 것

② 집합투자업자가 부동산에 대하여 담보권을 설정하거나 시공사 등으로부터 지급보증을 받는 등 대여금을 회수하기 위한 적절한 수단을 확보할 것

(2) 실사보고서 및 사업계획서의 작성

집합투자업자는 집합투자재산으로 부동산을 취득하거나 처분하는 경우에는 그 부동산의 현황, 거래가격, 그 밖에 대통령령으로 정하는 사항[278]이 기재된 실사보고서를 작성·비치하여야 한다(자법 제94조 제3항).

집합투자업자는 집합투자재산으로 부동산개발사업에 투자하고자 하는 경우에는 추진일정·추진방법, 그 밖에 대통령령으로 정하는 사항[279]이 기재된 사업

277) 「부동산투자회사법」에 따른 부동산투자회사 또는 다른 집합투자기구를 말한다(자령 제97조 제2항).
278) 다음 각 호의 사항을 말한다(자령 제97조 제5항).
1. 부동산의 거래비용
2. 부동산과 관련된 재무자료
3. 부동산의 수익에 영향을 미치는 요소
4. 그 밖에 부동산의 거래 여부를 결정함에 있어 필요한 사항으로서 금융위원회가 정하여 고시하는 사항
279) 다음 각 호의 사항을 말한다(자령 제97조 제6항).
1. 건축계획 등이 포함된 사업계획에 관한 사항

계획서를 작성하여 「부동산가격공시 및 감정평가에 관한 법률」에 따른 감정평가업자로부터 그 사업계획서가 적정한지의 여부에 대하여 확인을 받아야 하며, 이를 인터넷 홈페이지 등을 이용하여 공시하여야 한다(자법 제94조 제4항).

(3) 부동산등기절차상의 특례

투자신탁재산으로 부동산을 취득하는 경우 「부동산등기법」 제81조를 적용할 때에는 그 신탁원부에 수익자를 기록하지 아니할 수 있다(자법 제94조 제5항).

18. 청산

(1) 청산사무의 감독

금융위원회는 집합투자업을 영위하는 금융투자업자의 청산사무를 감독한다(자법 제95조 제1항). 금융위원회는 청산사무 및 재산의 상황을 검사하거나 재산의 공탁명령, 그 밖에 청산의 감독에 필요한 명령을 할 수 있다(자법 제95조 제2항).

(2) 청산인의 선임과 해임

금융위원회는 집합투자업을 영위하는 금융투자업자가 금융투자업인가의 취소로 인하여 해산한 경우에는 직권으로 청산인을 선임한다(자법 제95조 제3항).

금융위원회는 집합투자업을 영위하는 금융투자업자가 법원의 명령 또는 판결에 의하여 해산하는 경우와 청산인이 없는 경우에는 직권으로 또는 이해관계인의 청구에 의하여 청산인을 선임한다(자법 제95조 제4항).

---

2. 자금의 조달·투자 및 회수에 관한 사항
3. 추정손익에 관한 사항
4. 사업의 위험에 관한 사항
5. 공사시공 등 외부용역에 관한 사항
6. 그 밖에 투자자를 보호하기 위하여 필요한 사항으로서 금융위원회가 정하여 고시하는 사항

금융위원회는 청산인이 업무를 집행함에 있어서 현저하게 부적합하거나 중대한 법령 위반사항이 있는 경우에는 직권으로 또는 이해관계인의 청구에 의하여 청산인을 해임할 수 있다(자법 제95조 제6항).

(3) 청산인의 보수

금융위원회는 청산인을 선임한 경우에는 집합투자업을 영위하는 금융투자업자에게 보수를 주게 할 수 있다. 이 경우 보수액은 금융위원회가 정하여 고시한다(자법 제95조 제5항).

Ⅲ. 투자자문업자 및 투자일임업자

1. 선관주의의무 및 충실의무

투자자문업자는 투자자에 대하여 선량한 관리자의 주의로써 투자자문에 응하여야 하며, 투자일임업자는 투자자에 대하여 선량한 관리자의 주의로써 투자일임재산을 운용하여야 한다. 또한 투자자문업자 및 투자일임업자는 투자자의 이익을 보호하기 위하여 해당 업무를 충실하게 수행하여야 한다(자법 제96조).

2. 계약의 체결과 투자자 보호

(1) 서면자료 교부의무

투자자문업자 또는 투자일임업자는 일반투자자와 투자자문계약 또는 투자일임계약을 체결하고자 하는 경우에는 다음의 사항을 기재한 서면자료를 미리 일반투자자에게 교부하여야 한다(자법 제97조 제1항).

① 투자자문의 범위 및 제공방법 또는 투자일임의 범위 및 투자대상 금융투자상품 등

② 투자자문업 또는 투자일임업의 수행에 관하여 투자자문업자 또는 투자일임업자가 정하고 있는 일반적인 기준 및 절차
③ 투자자문업 또는 투자일임업을 실제로 수행하는 임·직원의 성명 및 주요경력
④ 투자자와의 이해상충방지를 위하여 투자자문업자 또는 투자일임업자가 정한 기준 및 절차
⑤ 투자자문계약 또는 투자일임계약과 관련하여 투자결과가 투자자에게 귀속된다는 사실 및 투자자가 부담하는 책임에 관한 사항
⑥ 수수료에 관한 사항
⑦ 투자실적의 평가 및 투자결과를 투자자에게 통보하는 방법(투자일임계약의 경우에 한한다)
⑧ 지지는 투자일임재산의 운용방법을 변경하거나 계약의 해지를 요구할 수 있다는 사실
⑨ 그 밖에 투자자가 계약체결 여부를 결정하는 데에 중요한 판단기준이 되는 사항으로서 대통령령으로 정하는 사항[280)]

(2) 계약서류의 기재사항

투자자문업자 또는 투자일임업자는 일반투자자와 투자자문계약 또는 투자일임계약을 체결하는 경우 일반투자자에게 교부하는 계약서류에 다음의 사항을 기재하여야 한다(자법 제97조 제2항). 이 경우 그 기재내용은 일반투자자에게 교부한 서면자료에 기재된 내용과 달라서는 아니 된다.
① 위 서면자료의 기재 사항
② 계약당사자에 관한 사항

280) 다음 각 호의 사항을 말한다(자령 제98조).
1. 임원 및 대주주에 관한 사항
2. 투자일임계약인 경우에는 투자자가 계약개시 시점에서 소유할 투자일임재산의 형태와 계약종료 시점에서 소유하게 되는 투자일임재산의 형태
3. 투자일임재산을 운용할 때 적용하는 투자방법에 관한 사항
4. 법 제99조 제1항에 따른 투자일임보고서의 작성대상 기간
5. 그 밖에 투자자가 계약체결 여부를 결정하는 데에 중요한 판단기준이 되는 사항으로서 금융위원회가 정하여 고시하는 사항

③ 계약기간 및 계약일자
④ 계약변경 및 계약해지에 관한 사항
⑤ 투자일임재산이 예탁된 투자매매업자 · 투자중개업자, 그 밖의 금융기관의 명칭 및 영업소명

3. 불건전 영업행위의 금지

(1) 투자자문업자 또는 투자일임업자의 금지행위

투자자문업자 또는 투자일임업자는 다음에 해당하는 행위를 하여서는 아니된다. 다만, 투자자 보호 및 건전한 거래질서를 해할 우려가 없는 경우로서 대통령령으로 정하는 경우[281]에는 이를 할 수 있다(개정 자법 제98조 제1항).
① 투자자로부터 금전 · 증권, 그 밖의 재산의 보관 · 예탁을 받는 행위
② 투자자에게 금전 · 증권, 그 밖의 재산을 대여하거나 투자자에 대한 제삼자의 금전 · 증권, 그 밖의 재산의 대여를 중개 · 주선 또는 대리하는 행위
③ 투자권유자문인력 또는 투자운용인력이 아닌 자에게 투자자문업 또는 투자일임업을 수행하게 하는 행위
④ 계약으로 정한 수수료 외의 대가를 추가로 받는 행위
⑤ 투자자문에 응하거나 투자일임재산을 운용하는 경우 금융투자상품등의 가격에 중대한 영향을 미칠 수 있는 투자판단에 관한 자문 또는 매매 의사를 결정한 후 이를 실행하기 전에 그 금융투자상품등을 자기의 계산으로 매매하거나 제삼자에게 매매를 권유하는 행위

(2) 투자일임업자의 운용에 있어서 금지행위

투자일임업자는 투자일임재산을 운용함에 있어서 다음의 어느 하나에 해당

281) 자법 제98조 제1항 제1호 및 제2호를 적용할 때 투자자문업자 또는 투자일임업자가 다른 금융투자업, 그 밖의 금융업을 겸영하는 경우로서 그 겸영과 관련된 해당 법령에서 자법 제98조 제1항 제1호 및 제2호에 따른 행위를 금지하지 아니하는 경우를 말한다(자령 제99조 제1항).

하는 행위를 하여서는 아니 된다. 다만, 투자자 보호 및 건전한 거래질서를 해할 우려가 없는 경우로서 대통령령으로 정하는 경우[282)]에는 이를 할 수 있다(개정 자법 제98조 제2항).

① 정당한 사유 없이 투자자의 운용방법의 변경 또는 계약의 해지 요구에 응하지 아니하는 행위

② 자기 또는 관계인수인이 인수한 증권을 투자일임재산으로 매수하는 행위

---

282) 다음 각 호의 경우를 말한다(자령 제99조 제2항).
1. 법 제98조 제2항 제1호를 적용할 때 다음 각 목의 어느 하나에 해당하는 경우
가. 투자일임재산의 운용과 관련한 정보를 이용하지 아니하였음을 증명하는 경우
나. 차익거래 등 투자일임재산의 운용과 관련한 정보를 의도적으로 이용하지 아니하였다는 사실이 객관적으로 명백한 경우
2. 법 제98조 제2항 제2호를 적용할 때 인수일부터 3개월이 지난 후 매수하는 경우
2의2. 법 제98조 제2항 제2호를 적용할 때 인수한 증권이 국채증권, 지방채증권, 「한국은행법」 제69조에 따른 한국은행통화안정증권 중 어느 하나에 해당하는 경우
3. 법 제98조 제2항 제6호를 적용할 때 다음 각 목의 어느 하나에 해당하는 경우
가. 이해관계인이 되기 6개월 이전에 체결한 계약에 따른 거래인 경우
나. 증권시장 등 불특정 다수인이 참여하는 공개시장을 통한 거래인 경우
다. 일반적인 거래조건에 비추어 투자일임재산에 유리한 거래인 경우
라. 환매조건부매매
마. 투자일임업자 또는 이해관계인의 중개·주선 또는 대리를 통하여 금융위원회가 정하여 고시하는 방법에 따라 투자일임업자 또는 이해관계인이 아닌 자와 행하는 투자일임재산의 매매
바. 이해관계인이 매매중개(금융위원회가 정하여 고시하는 매매형식의 중개를 말한다)를 통하여 채무증권, 원화로 표시된 양도성 예금증서 또는 어음(기업어음증권은 제외한다)을 그 이해관계인과 매매하는 경우
사. 투자에 따르는 위험을 회피하기 위하여 투자일임재산으로 상장지수집합투자기구의 집합투자증권을 차입하여 매도하는 거래인 경우
아. 그 밖에 금융위원회가 투자자의 이익을 해칠 염려가 없다고 인정하는 경우
4. 법 제98조 제2항 제8호를 적용할 때 개별 투자일임재산을 효율적으로 운용하기 위하여 투자대상자산의 매매주문을 집합하여 처리하고, 그 처리 결과를 투자일임재산별로 미리 정하여진 자산배분명세에 따라 공정하게 배분하는 경우
5. 법 제98조 제2항 제9호 다목을 적용할 때 다음 각 목의 어느 하나에 해당하는 경우
가. 주식매수청구권의 행사
나. 공개매수에 대한 응모
다. 유상증자의 청약
라. 전환사채권의 전환권의 행사
마. 신주인수권부사채권의 신주인수권의 행사
바. 교환사채권의 교환청구
사. 파생결합증권의 권리의 행사
아. 법 제5조 제1항 제2호에 따른 권리의 행사

③ 자기 또는 관계인수인이 대통령령으로 정하는 인수업무[283]를 담당한 법인의 특정증권 등(자법 제172조 제1항의 특정증권 등을 말한다)에 대하여 인위적인 시세를 형성하기 위하여 투자일임재산으로 그 특정증권 등을 매매하는 행위

④ 특정 투자자의 이익을 해하면서 자기 또는 제삼자의 이익을 도모하는 행위

⑤ 투자일임재산으로 자기가 운용하는 다른 투자일임재산, 집합투자재산 또는 신탁재산과 거래하는 행위

⑥ 투자일임재산으로 투자일임업자 또는 그 이해관계인의 고유재산과 거래하는 행위

⑦ 투자자의 동의 없이 투자일임재산으로 투자일임업자 또는 그 이해관계인이 발행한 증권에 투자하는 행위

⑧ 투자일임재산을 각각의 투자자별로 운용하지 아니하고 여러 투자자의 자산을 집합하여 운용하는 행위

⑨ 투자자로부터 다음의 행위를 위임받는 행위

가. 투자일임재산을 예탁하는 투자매매업자·투자중개업자, 그 밖의 금융기관을 지정하거나 변경하는 행위

나. 투자일임재산을 예탁하거나 인출하는 행위

다. 투자일임재산에 속하는 증권의 의결권, 그 밖의 권리를 행사하는 행위

⑩ 그 밖에 투자자 보호 또는 건전한 거래질서를 해할 우려가 있는 행위로서 대통령령으로 정하는 행위[284]

---

283) 발행인이나 매출인으로부터 직접 증권의 인수를 의뢰받아 인수조건 등을 정하는 업무를 말한다(자령 제99조 제3항).

284) 다음 각 호의 어느 하나에 해당하는 행위를 말한다(자령 제99조 제4항).

1. 법 제9조 제5항 단서에 따라 일반투자자와 같은 대우를 받겠다는 전문투자자(시행령 제10조 제1항 각 호의 자는 제외한다)의 요구에 정당한 사유 없이 동의하지 아니하는 행위
2. 투자일임계약을 위반하여 투자일임재산을 운용하는 행위
3. 투자일임의 범위, 투자목적 등을 고려하지 아니하고 투자일임재산으로 금융투자상품을 지나치게 자주 매매하는 행위
4. 투자자(투자자가 법인, 그 밖의 단체인 경우에는 그 임직원을 포함한다) 또는 거래상대방(거래상대방이 법인, 그 밖의 단체인 경우에는 그 임직원을 포함한다) 등에게 업무와 관련하여 금융위원회가 정하여 고시하는 기준을 위반하여 직접 또는 간접으로 재산상의 이익을 제공하거나 이들로부터 제공받는 행위
5. 법 제55조 및 제98조에 따른 금지 또는 제한을 회피할 목적으로 하는 행위로서 장외파생상품거래,

(3) 성과보수의 제한

개정 자본시장법에서는 투자자문업자 또는 투자일임업자의 성과보수의 제한에 관한 규정을 두고 있다(개정 자법 제98조의2)

① 투자자문업자 또는 투자일임업자는 투자자문과 관련한 투자결과 또는 투자일임재산의 운용실적과 연동된 성과보수를 받아서는 아니 된다. 다만, 투자자 보호 및 건전한 거래질서를 해할 우려가 없는 경우로서 대통령령으로 정하는 경우[285]에는 성과보수를 받을 수 있다.

② 투자자문업자 또는 투자일임업자가 위 단서에 따라 성과보수를 받고자 하는 경우에는 그 성과보수의 산정방식, 그 밖에 대통령령으로 정하는 사항[286]을 해당 투자자문 또는 투자일임의 계약서류에 기재하여야 한다.

신탁계약, 연계거래 등을 이용하는 행위

6. 채권자로서 그 권리를 담보하기 위하여 백지수표나 백지어음을 받은 행위
7. 그 밖에 투자자 보호 또는 건전한 거래질서를 해칠 염려가 있는 행위로서 금융위원회가 정하여 고시하는 행위

285) 자령 제99조의2(성과보수의 제한 등) ① 법 제98조의2 제1항 단서에서 "대통령령으로 정하는 경우"란 다음 각 호의 어느 하나에 해당하는 경우를 말한다.

1. 투자자가 전문투자자인 경우
2. 투자자가 일반투자자인 경우에는 다음 각 목의 요건을 모두 충족하는 경우
   가. 성과보수가 금융위원회가 정하여 고시하는 요건을 갖춘 기준지표 또는 투자자와 합의에 의하여 정한 기준수익률(이하 이 조에서 "기준지표등"이라 한다)에 연동하여 산정될 것
   나. 운용성과(투자자문과 관련한 투자결과 또는 투자일임재산의 운용실적을 말한다. 이하 이 항에서 같다)가 기준지표등의 성과보다 낮은 경우에는 성과보수를 적용하지 아니하는 경우보다 적은 운용보수를 받게 되는 보수체계를 갖출 것
   다. 운용성과가 기준지표등의 성과를 초과하더라도 그 운용성과가 부(負)의 수익률을 나타내거나 또는 금융위원회가 정하여 고시하는 기준에 미달하는 경우에는 성과보수를 받지 아니하도록 할 것
   라. 그 밖에 성과보수의 산정방식, 지급시기 등에 관하여 금융위원회가 정하여 고시하는 요건을 충족할 것

286) 자령 제99조의 2 ② 법 제98조의2 제2항에서 "대통령령으로 정하는 사항"이란 다음 각 호를 말한다.

1. 성과보수가 지급된다는 뜻과 그 한도
2. 성과보수를 지급하지 아니하는 경우보다 높은 투자위험에 노출될 수 있다는 사실
3. 성과보수를 포함한 보수 전체에 관한 사항
4. 기준지표등
5. 성과보수의 지급시기
6. 성과보수가 지급되지 아니하는 경우에 관한 사항
7. 그 밖에 투자자를 보호하기 위하여 필요한 사항으로서 금융위원회가 정하여 고시하는 사항

4. 투자일임보고서의 교부

(1) 투자일임보고서 교부의무

투자일임업자는 ① 투자일임재산의 운용현황 ② 투자일임재산 중 특정 자산을 그 투자일임업자의 고유재산과 거래한 실적이 있는 경우 그 거래시기·거래실적 및 잔액에 관한 투자일임보고서를 작성하여 3개월마다 1회 이상 투자일임계약을 체결한 일반투자자에게 교부하여야 한다(자법 제99조 제1항).

(2) 투자일임보고서의 기재사항 및 교부방법

투자일임보고서에는 해당 투자일임보고서 작성대상 기간에 대하여 다음의 사항을 기재하여야 한다(자령 제100조 제1항).

① 운용경과의 개요 및 손익 현황
② 투자일임재산의 매매일자, 매매가격, 위탁수수료 및 각종 세금 등 운용현황
③ 투자일임재산에 속하는 자산의 종류별 잔액현황, 취득가액, 시가 및 평가손익
④ 투자일임수수료를 부과하는 경우에는 그 시기 및 금액
⑤ 그 밖에 투자자를 보호하기 위하여 필요한 사항으로서 금융위원회가 정하여 고시하는 사항

투자일임업자는 투자자에게 투자일임보고서를 내주는 경우에는 투자일임보고서 작성대상 기간이 지난 후 2개월 이내에 직접 또는 우편발송 등의 방법으로 내주어야 한다. 다만, 일반투자자가 전자우편을 통하여 투자일임보고서를 받는다는 의사표시를 한 경우에는 전자우편을 통하여 보낼 수 있다(자령 제100조 제2항).

5. 역외투자자문업자 등의 특례

(1) 역외투자자문업자·역외투자일임업자

역외투자자문투자·투자일임업자란 자문업 또는 투자일임업을 영위하는 외국 투자자문업자 또는 외국 투자일임업자를 말한다.

(2) 적용제외

자본시장법상 금융투자업자의 지배구조(자법 제22조부터 제29조까지), 경영건전성 감독(자법 제30조부터 제33조까지), 대주주와의 거래제한(자법 제34조부터 제36조까지), 상호(자법 제38조), 금융투자업자의 다른 금융업무 영위(자법 제40조), 금융투자업자의 부수업무 영위(자법 제41조), 이행상충의 관리(자법 제44조), 정보교류의 차단(자법 제45조), 투자권유준칙(자법 제50조), 투자권유대행인의 등록(자법 제51조), 투자권유대행인의 금지행위(자법 제52조), 약관(자법 제56조) 및 소유증권의 예탁(자법 제61조), 금융투자업 폐지공고(자법 제62조), 임직원의 금융투자상품 매매(자법 제63조)의 규정은 역외투자자문업자 또는 역외투자일임업자에게는 적용하지 아니한다.

(3) 연락책임자

역외투자자문업자 또는 역외투자일임업자는 투자자 보호를 위하여 총리령으로 정하는 요건에 해당하는 연락책임자를 국내에 두어야 한다(자법 제100조 제2항).

(4) 관할의 기재

역외투자자문업자 또는 역외투자일임업자는 국내 거주자와 체결하는 투자자문계약 또는 투자일임계약 내용에 그 계약에 대하여 국내법이 적용되고 그 계약에 관한 소송은 국내법원이 관할한다는 내용을 포함하여야 한다(자법 제100조 제3항).

(5) 불건전 영업행위의 예방

역외투자자문업자 또는 역외투자일임업자는 자본시장법 제98조에서 정한 사항(불건전 영업행위의 금지)의 준수 여부 점검 등을 위하여 임·직원이 그 직무를 수행함에 있어서 따라야 할 적절한 기준 및 절차를 마련하고, 그 운영 실태를 정기적으로 점검하여야 한다(자법 제100조 제4항).

(6) 업무보고서

역외투자자문업자 또는 역외투자일임업자는 매 사업연도 개시일부터 3개월간 · 6개월간 · 9개월간 및 12개월간의 업무보고서를 금융위원회가 정하여 고시하는 기준에 따라 작성하여 그 기간이 지난 후 1개월 이내에 금융위원회에 제출하여야 한다(자법 제100조 제5항, 자령 제101조 제1항).

(7) 역외투자일임업자에 대한 제한

역외투자일임업자는 전문투자자 중 대통령령으로 정하는 자[287] 외의 자를 대상으로 투자일임업을 영위하여서는 아니 된다(자법 제100조 제6항). 투자자의 입장에서는 외국에서 영업을 하는 역외투자일임업자의 실체를 파악하기 어려우므로 그 대상을 제한하는 것이다.

역외투자일임업자는 투자일임재산으로 취득한 외화증권을 대통령령으로 정하는 외국 보관기관[288]에 보관하여야 한다(자법 제100조 제7항).

---

287) 다음 각 호의 어느 하나에 해당하는 자를 말한다(자령 제101조 제2항).
1. 국가
2. 한국은행
3. 시행령 제10조 제2항 제1호부터 제17호까지의 어느 하나에 해당하는 자
4. 시행령 제10조 제3항 제1호부터 제14호까지의 어느 하나에 해당하는 자

288) 자령 제63조 제2항 각 호에 따른 외국 보관기관을 말한다(자령 제101조 제3항).

역외투자일임업자는 금융위원회가 정하여 고시하는 기준에 따라 작성한 투자일임보고서를 월 1회 이상 투자자에게 직접 또는 우편발송 등의 방법으로 내주어야 한다. 다만, 투자자가 전자우편을 통하여 해당 투자일임보고서를 받는다는 의사표시를 한 경우에는 전자우편을 통하여 보낼 수 있다(자령 제101조 제4항).

6. 유사투자자문업

(1) 의의

불특정 다수인을 대상으로 하여 발행되는 간행물, 전자우편 등에 의하여 금융투자상품에 대한 투자판단 또는 금융투자상품의 가치에 관한 조언으로서 대통령령으로 정하는 것[289]을 업으로 하는 것을 유사투자자문업이라고 한다

(2) 신고 및 보고의무

유사투자자문업을 영위하고자 하는 자는 금융위원회가 정하여 고시하는 서식에 따라 금융위원회에 신고하여야 한다(자법 제101조 제1항).

유사투자자문업을 영위하는 자는 다음에 해당하는 경우 2주 이내에 이를 금융위원회에 보고하여야 한다(자법 제101조 제2항).

① 유사투자자문업을 폐지한 경우
② 명칭 또는 소재지를 변경한 경우
③ 대표자를 변경한 경우

(3) 자료제출의 요구

금융위원회는 유사투자자문업의 질서유지 및 고객보호 등을 위하여 필요하

289) 불특정 다수인을 대상으로 발행 또는 송신되고, 불특정 다수인이 수시로 구입 또는 수신할 수 있는 간행물·출판물·통신물 또는 방송 등을 통하여 투자자문업자 외의 자가 일정한 대가를 받고 행하는 투자조언을 말한다(자령 제102조).

다고 인정되는 경우에는 유사투자자문업을 영위하는 자에 대하여 영업내용 및 업무방법 등에 관한 자료의 제출을 요구할 수 있다(자법 제101조 제3).

(4) 불건전영업행위의 금지

투자자문업자 또는 투자일임업자의 불건전영업행위 금지에 관한 자본시장법 제98조 제1항(제3호를 제외한다)은 유사투자자문업 신고를 하여야 하는 자에게 준용한다(자법 제101조 제4항).

Ⅳ. 신탁업자

1. 선관주의의무 및 충실의무

신탁업자는 수익자에 대하여 선량한 관리자의 주의로써 신탁재산을 운용하여야 하며, 신탁업자는 수익자의 이익을 보호하기 위하여 해당 업무를 충실하게 수행하여야 한다(자법 제102조 제1항).

2. 신탁재산

(1) 신탁재산의 제한

신탁업자는 ① 금전 ② 증권 ③ 금전채권 ④ 동산 ⑤ 부동산 ⑥ 지상권, 전세권, 부동산임차권, 부동산소유권 이전등기청구권, 그 밖의 부동산 관련 권리 ⑦ 무체재산권(지식재산권을 포함한다) 외의 재산을 수탁할 수 없다(자법 제103조 제1항).

(2) 신탁재산에 따른 신탁의 종류

1) 금전신탁

금전신탁은 위탁자로부터 금전을 수탁하여 신탁회사가 운용하고 신탁기간의 종료시에 수익자에게 금전을 교부하는 것을 말한다.

금전신탁은 다음과 같이 구분한다(자령 제103조).

① 특정금전신탁: 위탁자가 신탁재산인 금전의 운용방법을 지정하는 금전신탁

② 불특정금전신탁: 위탁자가 신탁재산인 금전의 운용방법을 지정하지 아니하는 금전신탁

2) 재산신탁

재산신탁은 위탁자로부터 금전 외의 재산을 수탁하게 된다. 이에는 증권신탁, 금전채권신탁, 동산신탁,[290] 부동산신탁 등이 있다.

3) 종합재산신탁

신탁업자는 하나의 신탁계약에 의하여 위탁자로부터 신탁재산의 대상이 되는 재산 중 둘 이상의 재산을 종합하여 수탁할 수 있다(자법 제103조 제2항).

신탁업자는 부동산개발사업을 목적으로 하는 신탁계약을 체결한 경우에는 부동산개발사업을 위해서는 부동산 외에 개발비용을 부담하기 위한 금전이 필요할 수 있으므로, 그 신탁계약에 의한 부동산개발사업별로 금전을 대통령령으로 정하는 사업비[291]의 100분의 15 이내에서 수탁할 수 있다(자법 제103조 제4항).

(3) 신탁업무의 방법

신탁업자는 수탁한 재산에 대하여 손실의 보전이나 이익의 보장을 하여서는 아니 된다. 다만, 연금이나 퇴직금의 지급을 목적으로 하는 신탁으로서 금융위원회가 정하여 고시하는 경우에는 손실의 보전이나 이익의 보장을 할 수 있다(자령 제104조 제1항).

290) 동산신탁의 신탁재산은 선박, 항공기, 자동차 등과 같이 등기 또는 등록할 수 있는 것이어야 한다.

291) 공사비, 광고비, 분양비 등 부동산개발사업에 드는 모든 비용에서 부동산 자체의 취득가액과 등기비용, 그 밖에 부동산 취득에 관련된 부대비용을 제외한 금액을 말한다(자령 제104조 제6항).

신탁업자는 손실의 보전이나 이익의 보장을 한 신탁재산의 운용실적이 신탁계약으로 정한 것에 미달하는 경우에는 특별유보금(손실의 보전이나 이익의 보장 계약이 있는 신탁의 보전 또는 보장을 위하여 적립하는 금액을 말한다), 신탁보수, 고유재산의 순으로 충당하여야 한다(자령 제104조 제2항).

신탁업자는 신탁계약기간이 끝난 경우에는 손실의 보전이나 이익의 보장을 한 경우를 제외하고는 신탁재산의 운용실적에 따라 반환하여야 한다(자령 제104조 제3항). 신탁업자는 위탁자가 신탁계약기간이 종료되기 전에 신탁계약을 해지하는 경우에는 신탁재산의 운용실적에서 신탁계약에서 정하고 있는 중도해지수수료를 빼고 반환하여야 한다. 다만, 금융위원회가 정하여 고시하는 사유에 해당하는 경우에는 이를 빼지 아니한다(자령 제104조 제3항). 신탁업자는 신탁계약이 정하는 바에 따라 신탁보수를 받을 수 있다(자령 제104조 제4항).

(4) 신탁재산과 고유재산의 구분

「신탁법」에서는 신탁재산은 수탁자의 고유재산 또는 다른 신탁재산과 구별하여 관리하도록 하고 있으며(신탁법 제30조), 수탁자는 누구의 명의로 하든지 신탁재산을 고유재산으로 하거나 이에 관하여 권리를 취득하지 못한다(신탁법 제31조 제1항)고 하여 신탁재산과 고유재산을 구분하고 있다.

자본시장법상으로도 이 원칙은 적용되지만, 다만「신탁법」제31조 제1항 단서[292)]는 신탁업자에게는 적용하지 아니하므로(자법 제104조 제1항), 법원의 허가를 얻어야만 신탁재산을 고유재산으로 할 수 있는 것은 아니다.

자본시장법상 신탁업자는 다음에 해당하는 경우 신탁계약이 정하는 바에 따라 신탁재산을 고유재산으로 취득할 수 있다(개정 자법 제104조 제2항).

① 신탁행위에 따라 수익자에 대하여 부담하는 채무를 이행하기 위하여 필요한 경우{금전신탁재산의 운용으로 취득한 자산이 거래소시장(다자간매매체결회사에서의 거래를 포함한다) 또는 이와 유사한 시장으로서 해외에 있는 시

292) "단, 수익자에게 이익이 되는 것이 명백하거나 기타 정당한 이유가 있는 경우에는 법원의 허가를 얻어 신탁재산을 고유재산으로 할 수 있다." 고 규정.

장에서 시세(자법 제176조 제2항 제1호의 시세를 말한다)가 있는 경우에 한한다}

② 신탁계약의 해지, 그 밖에 수익자 보호를 위하여 불가피한 경우로서 대통령령으로 정하는 경우(자법 제103조 제3항에 따라 손실이 보전되거나 이익이 보장되는 신탁계약에 한한다)[293]

3. 신탁재산운용의 제한

(1) 운용의 방법

신탁업자는 신탁재산에 속하는 금전을 다음의 방법으로 운용하여야 한다(자법 제105조 제1항).

① 증권(대통령령으로 정하는 증권[294]에 한한다)의 매수

② 장내파생상품 또는 장외파생상품의 매수

③ 대통령령으로 정하는 금융기관[295]에의 예치

293) 다음 각 호의 요건을 모두 충족하는 경우로서 금융위원회가 인정하는 경우를 말한다(자령 제105조).
1. 신탁계약기간이 종료되기까지의 남은 기간이 3개월 이내일 것
2. 신탁재산을 고유재산으로 취득하는 방법 외에 신탁재산의 처분이 곤란할 경우일 것
3. 취득가액이 공정할 것

294) 다음 각 호의 어느 하나에 해당하는 증권을 말한다(자령 제106조 제1항).
1. 채무증권
2. 지분증권
3. 수익증권
4. 투자계약증권
5. 파생결합증권
6. 증권예탁증권

295) 다음 각 호의 어느 하나에 해당하는 금융기관을 말한다(자령 제106조 제2항).
1. 은행
2. 한국산업은행
3. 중소기업은행
4. 증권금융회사
5. 종합금융회사
6. 상호저축은행
7. 농업협동조합
8. 수산업협동조합

④ 금전채권의 매수
⑤ 대출
⑥ 어음의 매수
⑦ 실물자산의 매수
⑧ 무체재산권의 매수
⑨ 부동산의 매수 또는 개발
⑩ 그 밖에 신탁재산의 안전성 · 수익성 등을 고려하여 대통령령으로 정하는 방법296)

신탁업자가 신탁재산에 속하는 금전을 운용하는 경우에는 다음의 기준을 지켜야 한다(자령 제106조 제5항).

① 특정금전신탁인 경우(그 신탁재산으로 자본시장법 제165조의 2 제3항에 따라 주권상장법인이 발행하는 자기주식을 취득 · 처분하는 경우만 해당한다)
  가. 자본시장법 제165조의 2 제2항 제1호 또는 제2호의 방법으로 취득할 것
  나. 자기주식을 취득한 후 1개월 이내에 처분하거나 처분한 후 1개월 이내에 취득하지 아니할 것
  다. 자기주식을 취득하고 남은 여유자금을 금융위원회가 정하여 고시하는 방법 외의 방법으로 운용하지 아니할 것
② 불특정금전신탁인 경우
  가. 사모사채(금융위원회가 정하여 고시하는 자가 원리금의 지급을 보증

---

9. 신용협동조합
10. 「우체국 예금 · 보험에 관한 법률」에 따른 체신관서
11. 제1호부터 제10호까지의 기관에 준하는 외국 금융기관

296) 다음 각 호의 어느 하나에 해당하는 방법을 말한다(자령 제106조 제3항).
1. 원화로 표시된 양도성 예금증서의 매수
2. 지상권, 전세권, 부동산임차권, 부동산소유권 이전등기청구권, 그 밖의 부동산 관련 권리에의 운용
3. 환매조건부매수
4. 증권의 대여 또는 차입
5. 「근로자퇴직급여 보장법」 제16조 제2항에 따른 신탁계약으로 퇴직연금 적립금을 운용하는 경우에는 같은 항에 따른 보험계약의 보험금 지급청구권에의 운용
6. 그 밖에 신탁재산의 안정성 · 수익성 등을 고려하여 금융위원회가 정하여 고시하는 방법

한 사모사채와 담보부사채는 제외한다)에 운용하는 경우에는 각 신탁재산의 100분의 3을 초과하지 아니할 것

나. 지분증권(그 지분증권과 관련된 증권예탁증권을 포함한다) 및 장내파생상품에 운용하는 경우에는 각 신탁재산의 100분의 50을 초과하지 아니할 것. 이 경우 장내파생상품에 운용하는 때에는 그 매매에 따른 위험평가액(자법 제81조 제2항에 따른 위험평가액을 말한다)을 기준으로 산정한다.

다. 장외파생상품에 운용하는 경우에는 그 매매에 따른 위험평가액이 각 신탁재산의 100분의 10을 초과하지 아니할 것

라. 동일 법인 등이 발행한 지분증권(그 지분증권과 관련된 증권예탁증권을 포함한다)에 운용하는 경우에는 그 지분증권 발행총수의 100분의 15를 초과하지 아니할 것

마. 그 밖에 금융위원회가 정하여 고시하는 신탁재산의 운용방법에 따를 것

③ ① 및 ② 외의 신탁인 경우 수익자 보호 또는 건전거래질서를 유지하기 위하여 금융위원회가 정하여 고시하는 기준을 따를 것

(2) 차입의 제한

신탁업자는 자본시장법 제103조 제1항 제5호(부동산) 및 제6호의 재산(지상권, 전세권, 부동산임차권, 부동산소유권 이전등기청구권, 그 밖의 부동산 관련 권리)만을 신탁받는 경우, 그 밖에 대통령령으로 정하는 경우[297]를 제외하고는 신탁의 계산으로 그 신탁업자의 고유재산으로부터 금전을 차입할 수 없다(자법 제105조 제2항).

---

297) 다음 각 호의 어느 하나에 해당하는 경우를 말한다(자령 제106조 제4항).
1. 법 제103조 제4항에 따라 부동산개발사업을 목적으로 하는 신탁계약을 체결한 경우로서 그 신탁계약에 의한 부동산개발사업별로 사업비(제104조 제6항에 따른 사업비를 말한다)의 100분의 15 이내에서 금전을 신탁받는 경우
2. 다음 각 목의 요건을 모두 충족하는 경우로서 금융위원회의 인정을 받은 경우
가. 신탁계약의 일부해지 청구가 있는 경우에 신탁재산을 분할하여 처분하는 것이 곤란할 것
나. 차입금리가 공정할 것

4. 여유자금의 운용

신탁업자는 자본시장법 제103조 제1항 제5호(부동산) 및 제6호의 재산(지상권, 전세권, 부동산임차권, 부동산소유권 이전등기청구권, 그 밖의 부동산 관련 권리)만을 신탁받는 경우 그 신탁재산을 운용함에 따라 발생한 여유자금을 다음의 방법으로 운용하여야 한다(자법 제106조).

① 대통령령으로 정하는 금융기관[298]에의 예치
② 국채증권, 지방채증권 또는 특수채증권의 매수
③ 정부 또는 대통령령으로 정하는 금융기관[299]이 지급을 보증한 증권의 매수
④ 그 밖에 법 제103조 제1항 제5호 및 제6호에 따른 신탁재산의 안정성·수익성 등을 저해하지 아니하는 방법으로서 대통령령으로 정하는 방법[300]

5. 불건전 영업행위의 금지

신탁업자는 다음에 해당하는 행위를 하여서는 아니 된다(자법 제108조). 다만, 수익자 보호 및 건전한 거래질서를 해할 우려가 없는 경우로서 대통령령으로 정하는 경우[301]에는 이를 할 수 있다.

---

298) 자령 제106조 제2항 각 호의 금융기관(신탁재산에 속하는 금전을 예치할 수 있는 금융기관)을 말한다(자령 제107조 제1항).
299) 자령 제106조 제2항 각 호의 금융기관(신탁재산에 속하는 금전을 예치할 수 있는 금융기관)을 말한다(자령 제107조 제1항).
300) 다음 각 호의 어느 하나에 해당하는 방법을 말한다(자령 제107조 제2항).
1. 법 제83조 제4항에 따른 단기대출
2. 시행령 제106조 제2항 각 호의 금융기관이 발행한 채권(특수채증권은 제외한다)의 매수
3. 그 밖에 신탁재산의 안정성·수익성 등을 해치지 아니하는 방법으로서 금융위원회가 정하여 고시하는 방법

301) 다음 각 호의 어느 하나에 해당하는 경우를 말한다(자령 제109조 제1항).
1. 법 제108조 제1호를 적용할 때 다음 각 목의 어느 하나에 해당하는 경우
가. 신탁재산의 운용과 관련한 정보를 이용하지 아니하였음을 증명하는 경우
나. 증권시장과 파생상품시장 간의 가격 차이를 이용한 차익거래, 그 밖에 이에 준하는 거래로서 신탁재산의 운용과 관련한 정보를 의도적으로 이용하지 아니하였다는 사실이 객관적으로 명백한 경우
2. 법 제108조 제2호를 적용할 때 인수일부터 3개월이 지난 후 매수하는 경우
2의2. 법 제108조 제2호를 적용할 때 인수한 증권이 국채증권, 지방채증권, 「한국은행법」 제69조에 따른 한국은행통화안정증권 중 어느 하나에 해당하는 경우

① 신탁재산을 운용함에 있어서 금융투자상품, 그 밖의 투자대상자산의 가격에 중대한 영향을 미칠 수 있는 매수 또는 매도 의사를 결정한 후 이를 실행하기 전에 그 금융투자상품, 그 밖의 투자대상자산을 자기의 계산으로 매수 또는 매도하거나 제삼자에게 매수 또는 매도를 권유하는 행위
② 자기 또는 관계인수인이 인수한 증권을 신탁재산으로 매수하는 행위
③ 자기 또는 관계인수인이 대통령령으로 정하는 인수업무[302]를 담당한 법인의 특정증권 등(자법 제172조 제1항의 특정증권 등을 말한다)에 대하여 인위적인 시세를 형성시키기 위하여 신탁재산으로 그 특정증권 등을 매매하는 행위
④ 특정 신탁재산의 이익을 해하면서 자기 또는 제삼자의 이익을 도모하는

---

3. 법 제108조 제5호를 적용할 때 같은 신탁업자가 운용하는 신탁재산 상호 간에 자산을 동시에 한쪽이 매도하고 다른 한쪽이 매수하는 거래로서 다음 각 목의 어느 하나에 해당하는 경우. 이 경우 매매가격, 매매거래 절차 및 방법, 그 밖에 필요한 사항은 금융위원회가 정하여 고시한다.
   가. 신탁계약의 해지(일부해지를 포함한다)에 따른 해지금액 등을 지급하기 위하여 불가피한 경우
   나. 그 밖에 금융위원회가 수익자의 이익을 해칠 염려가 없다고 인정하는 경우
4. 법 제108조 제6호를 적용할 때 다음 각 목의 어느 하나에 해당하는 경우
   가. 이해관계인이 되기 6개월 이전에 체결한 계약에 따른 거래
   나. 증권시장 등 불특정다수인이 참여하는 공개시장을 통한 거래
   다. 일반적인 거래조건에 비추어 신탁재산에 유리한 거래
   라. 환매조건부매매
   마. 신탁업자 또는 이해관계인의 중개·주선 또는 대리를 통하여 금융위원회가 정하여 고시하는 방법에 따라 신탁업자 및 이해관계인이 아닌 자와 행하는 투자대상자산의 매매
   바. 신탁업자나 이해관계인의 매매중개(금융위원회가 정하여 고시하는 매매형식의 중개를 말한다)를 통하여 그 신탁업자 또는 이해관계인과 행하는 채무증권, 원화로 표시된 양도성 예금증서 또는 어음(기업어음증권은 제외한다)의 매매
   사. 법 제104조 제2항 또는 법 제105조 제2항에 따른 거래
   아. 예금거래[수탁액이 3억원 이상인 특정금전신탁, 「자산유동화에 관한 법률」 제3조에 따른 자산유동화계획에 의한 여유자금운용 또는 「근로자퇴직급여 보장법」에 따른 특정금전신탁(원리금 보장이 필요한 경우만 해당한다)을 말한다]
   자. 금액의 규모 또는 시간의 제약으로 인하여 다른 방법으로 운용할 수 없는 경우로서 일시적인 자금의 대여(그 신탁재산을 운용하는 신탁업자에게 대여하는 경우만 해당한다)
   차. 그 밖에 금융위원회가 거래의 형태, 조건, 방법 등을 고려하여 신탁재산과 이해가 상충될 염려가 없다고 인정하는 거래
5. 제3항 제5호를 적용할 때 개별 신탁재산을 효율적으로 운용하기 위하여 투자대상자산의 매매주문을 집합하여 처리하고, 그 처리 결과를 신탁재산별로 미리 정하여진 자산배분명세에 따라 공정하게 배분하는 경우

302) 발행인 또는 매출인으로부터 직접 증권의 인수를 의뢰받아 인수조건 등을 정하는 업무를 말한다(자령 제109조 제2항).

행위

⑤ 신탁재산으로 그 신탁업자가 운용하는 다른 신탁재산, 집합투자재산 또는 투자일임재산과 거래하는 행위

⑥ 신탁재산으로 신탁업자 또는 그 이해관계인의 고유재산과 거래하는 행위

⑦ 수익자의 동의 없이 신탁재산으로 신탁업자 또는 그 이해관계인이 발행한 증권에 투자하는 행위

⑧ 투자운용인력이 아닌 자에게 신탁재산을 운용하게 하는 행위

⑨ 그 밖에 수익자 보호 또는 건전한 거래질서를 해할 우려가 있는 행위로서 대통령령으로 정하는 행위[303)]

6. 신탁계약서의 기재사항

신탁업자는 위탁자와 신탁계약을 체결하는 경우 위탁자에게 교부하는 계약서류에 다음의 사항을 기재하여야 한다(자법 제109조).

① 위탁자, 수익자 및 신탁업자의 성명 또는 명칭

---

303) 다음 각 호의 어느 하나에 해당하는 행위를 말한다(자령 제109조 제3항).

1. 법 제9조 제5항 단서에 따라 일반투자자와 같은 대우를 받겠다는 전문투자자(제10조 제1항 각 호의 자는 제외한다)의 요구에 정당한 사유 없이 동의하지 아니하는 행위
2. 신탁계약을 위반하여 신탁재산을 운용하는 행위
3. 신탁계약의 운용방침이나 운용전략 등을 고려하지 아니하고 신탁재산으로 금융투자상품을 지나치게 자주 매매하는 행위
4. 수익자(수익자가 법인, 그 밖의 단체인 경우에는 그 임직원을 포함한다) 또는 거래상대방(거래상대방이 법인, 그 밖의 단체인 경우에는 그 임직원을 포함한다) 등에게 업무와 관련하여 금융위원회가 정하여 고시하는 기준을 위반하여 직접 또는 간접으로 재산상의 이익을 제공하거나 이들로부터 재산상의 이익을 제공받는 행위
5. 신탁재산을 각각의 신탁계약에 따른 신탁재산별로 운용하지 아니하고 여러 신탁계약의 신탁재산을 집합하여 운용하는 행위. 다만, 제6조 제4항 제2호에 해당하는 경우에는 이를 할 수 있다.
6. 여러 신탁재산을 집합하여 운용한다는 내용을 밝히고 신탁계약의 체결에 대한 투자권유를 하거나 투자광고를 하는 행위
7. 제3자와의 계약 또는 담합 등에 의하여 신탁재산으로 특정 자산에 교차하여 투자하는 행위
8. 법 제55조 · 제105조 · 제106조 · 제108조 및 이 영 제104조 제1항에 따른 금지 또는 제한을 회피할 목적으로 하는 행위로서 장외파생상품거래, 신탁계약, 연계거래 등을 이용하는 행위
9. 채권자로서 그 권리를 담보하기 위하여 백지수표나 백지어음을 받는 행위
10. 그 밖에 수익자의 보호 또는 건전한 거래질서를 해칠 염려가 있는 행위로서 금융위원회가 정하여 고시하는 행위

② 수익자의 지정 및 변경에 관한 사항
③ 신탁재산의 종류 · 수량과 가격
④ 신탁의 목적
⑤ 계약기간
⑥ 신탁재산의 운용에 의하여 취득할 재산을 특정한 경우에는 그 내용
⑦ 손실의 보전 또는 이익의 보장을 하는 경우 그 보전 · 보장 비율 등에 관한 사항
⑧ 신탁업자가 받을 보수에 관한 사항
⑨ 신탁계약의 해지에 관한 사항
⑩ 그 밖에 수익자 보호 또는 건전한 거래질서를 위하여 필요한 사항으로서 대통령령으로 정하는 사항[304]

7. 수익증권

(1) 수익증권의 발행

신탁업자는 금전신탁계약에 의한 수익권이 표시된 수익증권을 발행할 수 있다(자법 제110조 제1항).

신탁업자는 수익증권을 발행하고자 하는 경우에는 ① 수익증권 발행계획서 ② 자금운용계획서 ③ 신탁약관이나 신탁계약서를 첨부하여 금융위원회에 미리 신고하여야 한다(자법 제110조 제2항, 자령 제111조 제1항).

수익증권은 무기명식으로 한다. 다만, 수익자의 청구가 있는 경우에는 기명

304) 다음 각 호의 사항을 말한다(자령 제110조).
1. 수익자가 확정되지 아니한 경우에는 수익자가 될 자의 범위 · 자격, 그 밖에 수익자를 확정하기 위하여 필요한 사항
2. 수익자가 신탁의 이익을 받을 의사를 표시할 것을 요건으로 하는 경우에는 그 내용
3. 「신탁법」 제3조 제1항에 따른 등기 · 등록 또는 같은 조 제2항에 따른 신탁재산의 표시와 기재에 관한 사항
4. 수익자에게 교부할 신탁재산의 종류 및 교부방법 · 시기
5. 신탁재산의 관리에 필요한 공과금 · 수선비, 그 밖의 비용에 관한 사항
6. 신탁계약 종료 시의 최종계산에 관한 사항
7. 그 밖에 건전한 거래질서를 유지하기 위하여 필요한 사항으로서 금융위원회가 정하여 고시하는 사항

식으로 할 수 있다(자법 제111조 제3항). 기명식 수익증권은 수익자의 청구에 의하여 무기명식으로 할 수 있다(자법 제111조 제4항).

수익증권에는 다음의 사항을 기재하고 신탁업자의 대표자가 이에 기명날인 또는 서명하여야 한다(자법 제111조 제5항).

① 신탁업자의 상호
② 기명식의 경우에는 수익자의 성명 또는 명칭
③ 액면액
④ 운용방법을 정한 경우 그 내용
⑤ 손실의 보전 또는 이익의 보장에 관한 계약을 체결한 경우에는 그 내용
⑥ 신탁계약기간
⑦ 신탁의 원금의 상환과 수익분배의 기간 및 장소
⑧ 신탁보수의 계산방법
⑨ 그 밖에 대통령령으로 정하는 사항[305]

(2) 수익권의 양도 및 행사

수익증권이 발행된 경우에는 해당 신탁계약에 의한 수익권의 양도 및 행사는 그 수익증권으로 하여야 한다. 다만, 기명식 수익증권의 경우에는 수익증권으로 하지 아니할 수 있다(자법 제110조 제6항).

(3) 수익증권의 매수

신탁업자는 수익증권을 그 고유재산으로 매수할 수 있다. 이 경우 수탁자의 이익향수금지에 관한 「신탁법」 제29조를 적용하지 아니한다(자법 제111조). 매수시에는 자본시장법 제104조 제2항에 따라 산정한 가액으로 매수하여야 한다(자령 제112조).

---

305) 다음 각 호의 사항을 말한다(자령 제111조 제2항).
 1. 수익증권의 발행일
 2. 수익증권의 기호 및 번호

8. 의결권 행사

(1) 의결권 행사의 방법

신탁재산으로 취득한 주식에 대한 권리는 신탁업자가 행사한다. 이 경우 신탁업자는 수익자의 이익을 보호하기 위하여 신탁재산에 속하는 주식의 의결권을 충실하게 행사하여야 한다(자법 제112조 제1항).

신탁업자는 신탁재산에 속하는 주식의 의결권을 행사함에 있어서 다음에 해당하는 경우에는 신탁재산에 속하는 주식을 발행한 법인의 주주총회의 참석주식수에서 신탁재산에 속하는 주식수를 뺀 주식수의 결의내용에 영향을 미치지 아니하도록 의결권을 행사하여야 한다(자법 제112조 제2항).

① 다음의 어느 하나에 해당하는 자가 그 신탁재산에 속하는 주식을 발행한 법인을 계열회사로 편입하기 위한 경우
  가. 신탁업자 또는 그와 대통령령으로 정하는 특수관계에 있는 자[306]
  나. 신탁업자에 대하여 사실상의 지배력을 행사하는 자로서 대통령령으로 정하는 자[307]

② 신탁재산에 속하는 주식을 발행한 법인이 그 신탁업자와 다음의 어느 하나에 해당하는 관계에 있는 경우
  가. 계열회사의 관계에 있는 경우
  나. 신탁업자에 대하여 사실상의 지배력을 행사하는 관계로서 대통령령으로 정하는 관계에 있는 경우[308]

③ 그 밖에 수익자의 보호 또는 신탁재산의 적정한 운용을 해할 우려가 있는 경우로서 대통령령으로 정하는 경우

다만, 신탁재산에 속하는 주식을 발행한 법인의 합병, 영업의 양도·양수, 임원의 선임, 그 밖에 이에 준하는 사항으로서 신탁재산에 손실을 초래할 것이 명백하게 예상되는 경우에는 그러하지 아니하다(자법 제112조 제2항 단

306) 특수관계인 및 공동보유자를 말한다(자령 제113조 제1항).
307) 신탁업자의 대주주(최대주주의 특수관계인인 주주를 포함한다)를 말한다(자령 제113조 제2항).
308) 신탁업자의 대주주가 되는 관계를 말한다(자령 제113조 제3항).

서). 이 단서조항은 상호출자제한기업집단에 속하는 신탁업자에게는 적용하지 않는다(자법 제112조 제5항).

(2) 의결권 행사의 제한

신탁업자는 신탁재산에 속하는 주식이 다음에 해당하는 경우에는 그 주식의 의결권을 행사할 수 없다(자법 제113조 제3항).

① 동일법인이 발행한 주식 총수의 100분의 15를 초과하여 주식을 취득한 경우 그 초과하는 주식

② 신탁재산에 속하는 주식을 발행한 법인이 자기주식을 확보하기 위하여 신탁계약에 따라 신탁업자에게 취득하게 한 그 법인의 주식

(3) 교차행사 등의 제한

신탁업자는 제삼자와의 계약 등에 의하여 의결권을 교차하여 행사하는 등 의결권 행사에 대한 제한규정의 적용을 면하기 위한 행위를 하여서는 아니 된다(자법 제112조 제4항).

(4) 위반에 대한 제제

금융위원회는 신탁업자가 의결권 행사 제한에 관한 규정을 위반하여 신탁재산에 속하는 주식의 의결권을 행사한 경우에는 6개월 이내의 기간을 정하여 그 주식의 처분을 명할 수 있다(자법 제112조 제6항).

(5) 의결권 행사의 공시

신탁업자는 합병, 영업의 양도·양수, 임원의 선임 등 경영권의 변경과 관련된 사항에 대하여 의결권을 행사하는 경우에는 대통령령으로 정하는 방법[309]에

309) 다음 각 호의 어느 하나에 해당하는 방법에 의하여야 한다(자령 제114조 제1항).

따라 인터넷 홈페이지 등을 이용하여 공시하여야 한다(자법 제112조 제7항).

9. 장부 · 서류의 열람 및 공시

수익자는 신탁업자에게 영업시간 중에 이유를 기재한 서면으로 그 수익자에 관련된 신탁재산에 관한 장부 · 서류의 열람이나 등본 또는 초본의 교부를 청구할 수 있다. 이 경우 그 신탁업자는 대통령령으로 정하는 정당한 사유[310]가 없는 한 이를 거절하여서는 아니 된다(자법 제113조 제1항).

열람이나 등본 또는 초본의 교부 청구의 대상이 되는 장부 · 서류는 ① 신탁재산 명세서 ② 재무제표 및 그 부속명세서 ③ 신탁재산 운용내역서이다(자령 제115조 제1항).

10. 신탁재산의 회계처리

(1) 회계처리기준

신탁업자는 신탁재산에 관하여 회계처리를 하는 경우 금융위원회가 증권선

---

1. 의결권을 행사하려는 주식을 발행한 법인이 주권상장법인인 경우에는 주주총회일 5일 전까지 증권시장을 통하여 의결권을 행사하려는 내용을 공시할 것
2. 의결권을 행사하려는 주식을 발행한 법인이 주권상장법인이 아닌 경우에는 법 제89조 제2항의 방법에 따라 공시하여 일반인이 열람할 수 있도록 할 것

② 신탁업자는 주주총회의 목적사항의 구체적 내용이 주주총회일 5일 전까지 확정되지 아니하는 등 주주총회일 5일 전까지 제1항에 따른 공시를 하기 곤란한 경우에는 주주총회일 전까지 그 뜻을 공시하고, 주주총회일부터 5일 이내에 제1항에 따른 공시방법에 따라 그 주주총회에서 행사한 의결권의 내용을 공시하여야 한다.

310) 다음 각 호의 어느 하나에 해당하는 경우를 말한다(자령 제115조 제1항). 이 경우 신탁업자는 열람이나 교부가 불가능하다는 뜻과 그 사유가 기재된 서면을 수익자에게 내주어야 한다.
1. 신탁재산의 운용내역 등이 포함된 장부 · 서류를 제공함으로써 제공받은 자가 그 정보를 거래 또는 업무에 이용하거나 타인에게 제공할 것이 뚜렷하게 염려되는 경우
2. 신탁재산의 운용내역 등이 포함된 장부 · 서류를 제공함으로써 다른 수익자에게 손해를 입힐 것이 명백히 인정되는 경우
3. 신탁계약이 해지된 신탁재산에 관한 장부 · 서류로서 제62조 제1항에 따른 보존기한이 지나는 등의 사유로 인하여 수익자의 열람제공 요청에 응하는 것이 불가능한 경우

물위원회의 심의를 거쳐 정하여 고시한 회계처리기준에 따라야 한다(자법 제114조 제1항).

금융위원회는 회계처리기준의 제정 또는 개정을 전문성을 갖춘 민간법인 또는 단체로서 대통령령으로 정하는 자[311]에게 위탁할 수 있다. 이 경우 그 민간법인 또는 단체는 회계처리기준을 제정 또는 개정한 때에는 이를 금융위원회에 지체 없이 보고하여야 한다(자법 제114조 제2항).

(2) 회계감사

1) 회계감사인에 의한 회계감사

신탁업자는 신탁재산에 대하여 그 신탁업자의 매 회계연도 종료 후 2개월 이내에 「주식회사의 외부감사에 관한 법률」 제3조 제1항에 따른 감사인(회계감사인)의 회계감사를 받아야 한다. 다만, 수익자의 이익을 해할 우려가 없는 경우로서 대통령령으로 정하는 경우[312]에는 회계감사를 받지 아니할 수 있다.

신탁업자는 신탁재산의 회계감사인을 선임하거나 교체하는 경우에는 그 선임일 또는 교체일부터 1주 이내에 금융위원회에 그 사실을 보고하여야 한다(자법 제114조 제4항).[313]

회계감사에 따른 비용은 그 회계감사의 대상인 신탁재산에서 부담한다(자령 제118조 제7항).

2) 회계감사인의 지위

회계감사인은 신탁업자가 행하는 수익증권의 기준가격 산정업무 및 신탁재

311) 「주식회사의 외부감사에 관한 법률 시행령」 제7조의2 제1항에 따른 사단법인 한국회계기준원을 말한다(자령 제116조).

312) 다음 각 호의 어느 하나에 해당하는 경우를 말한다(자령 제117조).
1. 다음 각 목의 어느 하나에 해당하는 금전신탁인 경우
가. 특정금전신탁
나. 이익의 보장을 하는 금전신탁(손실만을 보전하는 금전신탁은 제외한다)
다. 회계감사 기준일 현재 수탁원본이 300억원 미만인 금전신탁
2. 법 제103조 제1항 제2호부터 제7호까지의 재산의 신탁인 경우

313) 신탁업자는 회계감사인을 선임하거나 교체하려는 경우에는 감사의 동의(감사위원회가 설치된 경우에는 감사위원회의 의결을 말한다)를 받아야 한다(자령 제118조 제1항).

산의 회계처리 업무를 감사할 때 관련 법령을 준수하였는지 여부를 감사하고 그 결과를 신탁업자의 감사(감사위원회가 설치된 경우에는 감사위원회를 말한다)에게 통보하여야 한다(자법 제114조 제5항).

회계감사인은 자본시장법 제114조 제9항에 따른 감사기준 및 「주식회사의 외부감사에 관한 법률」 제5조에 따른 회계감사기준에 따라 회계감사를 실시하여야 한다(자법 제114조 제6항).[314)]

회계감사인은 신탁업자에게 신탁재산의 회계장부 등 관계 자료의 열람·복사를 요청하거나 회계감사에 필요한 자료의 제출을 요구할 수 있다. 이 경우 신탁업자는 지체 없이 이에 응하여야 한다(자법 제114조 제7항).

회계감사인의 비밀준수의무에 관한 「주식회사의 외부감사에 관한 법률」 제9조는 신탁재산의 회계감사에 관하여 준용한다(자법 제114조 제8항).

3) 회계감사보고 및 공시

회계감사인은 신탁재산에 대한 회계감사를 마친 때에는 다음의 사항이 기재된 회계감사보고서를 작성하여 신탁업자에게 지체 없이 제출하여야 한다(자령 제118조 제4항).

① 신탁재산의 대차대조표
② 신탁재산의 손익계산서
③ 신탁재산의 수익률계산서
④ 신탁업자와 그 특수관계인과의 거래내역

신탁업자는 회계감사인으로부터 회계감사보고서를 제출받은 경우에는 이를 지체 없이 금융위원회에 제출하여야 하며(자령 제118조 제5항), 금융위원회가 정하여 고시하는 방법에 따라 해당 수익자가 회계감사보고서를 열람할 수 있도록 하여야 한다(자령 제118조 제6항).

314) 신탁재산에 관한 회계감사기준은 금융위원회가 증권선물위원회의 심의를 거쳐 정하여 고시한다(자령 제118조 제2항).

(3) 회계감사인의 손해배상책임

회계감사인은 회계감사의 결과 회계감사보고서 중 중요사항에 관하여 거짓의 기재 또는 표시가 있거나 중요사항이 기재 또는 표시되지 아니함으로써 이를 이용한 수익자에게 손해를 끼친 경우에는 그 수익자에 대하여 손해를 배상할 책임을 진다. 이 경우 「주식회사의 외부감사에 관한 법률」 제3조 제1항 제3호에 따른 감사반이 회계감사인인 때에는 그 신탁재산에 대한 감사에 참여한 자가 연대하여 손해를 배상할 책임을 진다(자법 제115조 제1항).

회계감사인이 수익자에 대하여 손해를 배상할 책임이 있는 경우로서 그 신탁업자의 이사 · 감사(감사위원회가 설치된 경우에는 감사위원회의 위원을 말한다)에게도 귀책사유가 있는 경우에는 그 회계감사인과 신탁업자의 이사 · 감사는 연대하여 손해를 배상할 책임을 진다(자법 제115조 제2항).

「주식회사의 외부감사에 관한 법률」 제17조 제5항부터 제7항까지의 규정[315]은 회계감사인의 손해배상책임의 경우에 준용한다(자법 제115조 제3항).

11. 합병

신탁업자가 합병하는 경우 합병 후 존속하는 신탁업자 또는 합병으로 인하

---

315) 「주식회사의 외부감사에 관한 법률」 제17조 ⑤ 감사인 또는 감사에 참여한 공인회계사가 제1항부터 제3항까지의 규정에 따른 손해배상책임을 면하기 위하여는 그 임무를 게을리하지 아니하였음을 증명하여야 한다. 다만, 다음 각 호의 어느 하나에 해당하는 자가 감사인 또는 감사에 참여한 공인회계사에 대하여 손해배상 청구의 소를 제기하는 경우에는 그 자가 감사인 또는 감사에 참여한 공인회계사가 임무를 게을리하였음을 증명하여야 한다.

1. 제4조에 따라 감사인을 선임한 회사
2. 은행
3. 보험회사
4. 종합금융회사
5. 상호저축은행

⑥ 감사인은 제1항부터 제4항까지의 규정에 따른 손해배상책임을 보장하기 위하여 총리령으로 정하는 바에 따라 제17조의2에 따른 손해배상공동기금의 적립 또는 보험가입 등 필요한 조치를 하여야 한다.

⑦ 제1항부터 제4항까지의 규정에 따른 손해배상책임은 그 청구권자가 해당 사실을 안 날부터 1년 이내 또는 감사보고서를 제출한 날부터 3년 이내에 청구권을 행사하지 아니하면 소멸한다. 다만, 제4조에 따른 선임을 할 때 계약으로 그 기간을 연장할 수 있다.

여 설립된 신탁업자는 합병으로 인하여 소멸된 신탁업자의 신탁에 관한 권리의무를 승계한다(자법 제116조 제1항).

「신탁법」상 수탁자의 임무종료에 관한 제11조,[316] 신·수탁자 선임에 관한 제17조 제1항 및 제3항[317]은 신탁업자의 합병에 관하여 이의를 제기한 수익자가 있는 경우 그 신탁업자의 임무 종료 및 새로운 신탁업자의 선임 등에 관하여 준용한다(자법 제116조 제2항).

금융위원회는 신탁업자가 그 목적을 변경하여 다른 업무를 행하는 회사로서 존속하는 경우에는 그 회사가 신탁에 관한 채무 전부를 변제하기에 이르기까지 재산의 공탁을 명하거나, 그 밖에 필요한 명령을 할 수 있다. 합병으로 인하여 신탁업자가 아닌 회사가 신탁업자의 임무 종료를 위하여 필요한 사무를 처리하는 동안에도 또한 같다(자법 제116조 제3항).

12. 청산

집합투자업자의 청산에 관한 제95조는 신탁업을 영위하는 금융투자업자의 청산에 관하여 준용한다(자법 제117조).

13. 관리형신탁에 관한 특례

개정 자본시장법에서는 관리형신탁에 관한 특례조항을 두고 있다. 그리하여 동산이나 부동산 그리고 지상권, 전세권, 부동산임차권, 부동산소유권 이전등기청구권, 그 밖의 부동산 관련 권리만을 수탁받는 신탁업자가 관리형신탁계약을 체결하는 경우 그 신탁재산에 수반되는 금전채권을 수탁할 수 있다(개

316) 신탁법 제11조 (수탁자의 임무종료) ① 수탁자가 사망하거나 파산, 금치산 또는 한정치산의 선고를 받은 경우에는 그 임무는 종료한다. 수탁자인 법인이 해산한 때도 또한 같다.
② 전항의 경우에 수탁자의 상속인, 법정대리인, 파산관재인 또는 청산인은 신수탁자가 신탁사무를 처리할 수 있게 될 때까지 신탁재산을 보관하고 신탁사무인계에 필요한 행위를 하여야 한다. 법인이 합병된 경우에 합병으로 인하여 설립된 법인 또는 합병후존속하는 법인도 또한 같다.

317) 신탁법 제17조 (신수탁자의 선임) ① 수탁자의 임무가 종료한 경우에는 이해관계인은 신수탁자의 선임을 법원에 청구할 수 있다.
③ 전2항의 규정은 신탁행위에 특별한 정함이 있는 때에는 적용하지 아니한다.

정 자법 제117조의2)

이에 따른 신탁재산의 운용방법 및 제한에 관하여 필요한 사항은 대통령령318)으로 정한다.

---

318) 자령 제118조의2(관리형신탁에 관한 특례) ① 신탁업자가 법 제117조의2 제1항에 따라 금전채권을 수탁한 경우 그 금전채권에서 발생한 과실인 금전은 다음 각 호의 어느 하나에 해당하는 방법으로 운용하여야 한다.

1. 제106조 제2항 각 호의 금융기관에의 예치
2. 국채증권, 지방채증권 또는 특수채증권의 매수
3. 국가 또는 제106조 제2항 각 호의 금융기관이 지급을 보증한 증권의 매수
4. 그 밖에 신탁재산의 안정성 및 수익성 등을 고려하여 총리령으로 정하는 방법

② 제1항에 따른 운용방법의 세부사항, 그 밖에 신탁재산의 제한에 필요한 사항은 금융위원회가 정하여 고시한다.

제3편 증권의 발행 및 유통

제3편 증권의 발행 및 유통

제1장 발행시장의 규제

제1절 서설

발행시장이란 기업이 발행한 증권을 투자자가 처음으로 취득하는 시장을 말한다. 신규로 주식을 발행하는 경우뿐만 아니라 대주주가 자신의 보유주식을 널리 투자자에게 매도하는 경우와 같이 이미 발행된 증권이라도 대량으로 일반투자자에게 분산 매매되는 거래는 발행시장의 거래에 속한다.

발행시장에 대한 자본시장법상의 규제는 증권신고제도(증권신고서)를 중심으로 하고 있다. 이에 따라 이전에 인정되었던 등록법인제도는 폐지되었다. 증권신고제도는 증권의 공모시에 발행회사와 증권에 관한 정확한 정보를 투자자에게 제공함으로써 발행회사와 투자자 사이에 발행할 수 있는 정보의 비대칭을 해소하기 위한 제도이다.

증권신고서에는 증권의 모집 · 매출에 관한 사항, 발행회사의 기업내용 등에 관한 사항이 기재되어야 하며, 증권신고서와는 별도로 발행회사는 일정한 정보가 기재된 투자설명서를 작성하여 금융위원회에 제출하여야 한다(자법 제123조).

제2절 증권의 모집 · 매출

Ⅰ. 서설

증권을 발행하는 방법으로는 특정개별투자자를 상대로 발행하는 사모와 불특정다수인에 대해서 공개적으로 발행하는 공모가 있다. 이는 청약대상자의 수에 따라 구분한 것으로 증권신고서에 의한 공시의무가 인정되는가와 관련을 가진다. 공모는 모집과 매출로 구분되며, 사모는 공모가 아닌 것으로 자본시장법에서는 "새로 발행되는 증권의 취득의 청약을 권유하는 것으로서 모집에 해당하지 아니하는 것을 말한다." 고 규정하여 모집에 대비하고 있다(자법 제9조 제8항).[1)]

Ⅱ. 공모

1. 의의

공모는 회사의 설립시에 공모하는 경우[2)]와 일단 설립된 회사가 공모를 통하여 증자를 행하는 경우로 대별할 수 있다. 공모와 사모는 청약대상자 수에 따른 구분으로 다음에 보는 바와 같이 50인이 기준이 된다.

2. 공모증자

공모증자는 최초의 공모[IPO(Initial Public Offering)]와 이후의 공모유상증자로 나눌 수 있는데, 후자에는 주주배정증자,[3)] 주주우선공모, 일반공모증자가 있다. 주주우선공모란 신주모집시에 주간사회사가 유상증자분을 총액인수하여 구주주와 우리사주조합에 우선적으로 배정하여 청약을 받고 실권분을 일반인에게 추가청약 받는 것을 말한다. 공모에 미달하는 주식은 주간사 회사가 인수하게 된다. 일반공모증자는 신주모집시에 기존 주주에 대하여 우선배정을 하지 않고 일반인을 상대로 모집하는 것이다. 발행인은 정관이 정하는 바에 따라 이사회의 결의로서 주주의 신주인수권을 배제하고 불특정다수인(주주포함)을 상대로 하는 신주를 모집할 수 있다(자법 제165조의 6 제1항). 이 때는 제3자배정증자의 형태를 띠게 된다.

---

1) 이 규정에 의할 때 이미 발행된 것은 해당되지 않는다.
2) 한겨레 신문의 경우를 예를 들 수 있으나, 그 사례가 많지 않다.
3) 상장법인, 공모실적이 있는 법인을 제외한 비공개법인이 주주배정증자를 실시하는 경우는 공모에 해당하지 않는다.

3. 기업공개

기업공개란 최초의 공모와 상장이 함께 행하여지는 것을 일반적으로 의미하지만, 최초의 공모가 선행되지 않는 상장 소위 직상장도 이루어진다. 기업의 공모와 상장을 반드시 함께 실행할 필요는 없다. 그러나 실제로는 상장을 수반하지 않고 공모가 행하여지는 경우는 그리 많지 않다. 다만 앞으로는 인터넷을 통한 공모의 방식 등 상장을 수반하지 않는 공모가 늘어날 것으로 전망된다.

> ◇ 직상장: 기업공개절차를 거치지 않고 곧바로 증권거래소에 상장하는 것을 말한다. 상장을 위해서는 30% 이상 주식분산이 이루어져야 하므로 증자를 실시하면서 일반투자자에게 주식을 공모(신주공모)하거나 기존 대주주가 보유하고 있는 주식을 일반대중에게 매출(구주매출)하는 기업공개절차를 거치는 것이 보통이다. 그러나 장외시장 등록을 통한 거래로 소액주주(발행주식의 1% 미만 또는 3억원 미만 주식보유자) 지분이 30% 이상인 기업은 공개절차를 거치지 않고도 곧바로 상장이 가능하다. 물론 상장을 위해서는 재무요건 및 기타 유가증권 상장규정상의 요건을 갖춰야 한다.
>
> ◇ 우회상장: 상장기업 또는 코스닥상장기업과 합병 등을 통해 상장이나 공모주청약의 절차를 밟지 않고 장내 진입하는 것을 말한다.

Ⅲ. 모집과 매출

1. 의의

모집이란 대통령령으로 정하는 방법에 따라 산출한 50인 이상의 투자자에게 새로 발행되는 증권의 취득의 청약을 권유하는 것을 말한다(자법 제9조 제7항).[4)]

4) 상법에서도 주식 및 사채의 모집에 대하여 규정하고 있지만 이는 자본시장법상 공모 및 사모를 포함하는 개념이다.

매출이란 대통령령으로 정하는 방법에 따라 산출한 50인 이상의 투자자에게 이미 발행된 증권의 매도의 청약을 하거나 매수의 청약을 권유하는 것을 말한다(자법 제9조 제9항).

모집이나 매출은 청약대상자의 수를 50인을 기준으로 하고 있는데, 50인 수의 산정에 있어서 당해 취득청약의 권유 또는 매도청약이나 매수청약의 권유를 하는 날부터 과거 6월 이내에 해당 증권과 동일한 종류의 증권에 대하여 모집 또는 매출에 의하지 않고 청약의 권유를 받은 자를 합산한다(자령 제11조 제1항). 매출의 경우 50인 수의 산정에 있어서 거래소시장 밖에서 취득하는 자들만을 고려하도록 하고 있다(자령 제11조 제3항).

이는 50인 미만의 자를 대상으로 수회에 걸쳐 모집하는 경우에는 공모의 개념에 포함되지 않아 투자자 보호를 위한 발행공시규제를 회피해 갈 수 있기 때문에 이를 규제하기 위한 것이다.

2. 간주모집

모집이나 매출과 관련하여 청약권유를 받는 자의 수가 50인 미만으로서 증권의 모집에 해당되지 않는 경우에도 금융위원회가 정하는 바에 따라 해당 증권이 발행일로부터 1년 이내에 50인 이상의 자에게 양도될 수 있는 경우에는 증권의 모집으로 본다(자령 제11조 제2항). 이를 간주모집이라고 하는데, 「증권의 발행 및 공시 등에 관한 규정」에서는 증권의 종류 및 취득자의 성격 등을 고려하여 모집으로 보는 전매기준을 상세히 규정하고 있다.[5] 증권의

5) 「증권의 발행 및 공시 등에 관한 규정」 제2-2조(증권의 모집으로 보는 전매기준) ① 영 제11조 제2항에서 "금융위원회가 정하여 고시하는 전매기준에 해당하는 경우"란 다음 각 호의 어느 하나에 해당하는 경우를 말한다.

1. 지분증권(지분증권과 관련된 증권예탁증권을 포함한다. 이하 이 조 및 제2-3조 제2항에서 같다)의 경우에는 같은 종류의 증권이 모집 또는 매출된 실적이 있거나 증권시장에 상장된 경우. 이 경우 분할 또는 분할합병(「상법」 제530조의12에 따른 물적분할의 경우를 제외한다)으로 인하여 설립된 회사가 발행하는 증권은 분할되는 회사가 발행한 증권과 같은 종류의 증권으로 본다.
2. 지분증권이 아닌 경우에는 50매 이상으로 발행되거나 발행 후 50매 이상으로 권면분할되어 거래될 수 있는 경우
3. 전환권, 신주인수권 등 증권에 부여된 권리의 목적이 되는 증권이 제1호 또는 제2호에 해당되는 경우
4. 「외국환거래법」에 따른 거주자(증권의 발행과 관련한 인수계약에 따라 해당 증권을 취득하는 금융

경우 대부분이 전매가능성이 인정되므로 모집으로 인정되지 않기 위해서는 전매제한조치를 취할 필요가 있다.

3. 청약의 권유

청약의 권유는 권유자가 제시한 조건에 부합하는 청약이 있으면 항상 승낙을 한 것으로 간주하겠다는 조건이 있는 권유행위이다. 청약과 동시에 승낙의 의사표시를 하여야 하므로 권유 당시에 매매조건이 확정되어 있어야 한다. 시행령에서는 “권유받는 자에게 증권을 취득하도록 하기 위하여 신문 · 방송 · 잡지 등을 통한 광고, 안내문 · 홍보전단 등 인쇄물의 배포, 투자설명회의 개최, 전자통신 등의 방법으로 증권 취득청약의 권유 또는 증권 매도청약이나 매수청약의 권유 등 증권을 발행 또는 매도한다는 사실을 알리거나 취득의 절차를

투자업자를 제외한다) 외의 자를 대상으로 해외에서 증권을 발행하는 경우에는 해당 증권, 해당 증권에 부여된 권리 또는 그 권리의 행사에 따라 취득하는 증권 등(해당 증권 등)을 해당 증권의 발행일부터 1년 이내에 거주자가 취득가능한 조건으로 발행하는 경우. 다만, 영 제68조 제4항에 따른 주권관련사채권 이외의 사채권으로서 전문투자자가 취득하고 전문투자자 사이에서만 양수도 되는 경우는 제외한다.

② 제1항에도 불구하고 증권을 발행함에 있어 다음 각 호의 어느 하나에 해당하는 경우에는 제1항에 따른 전매기준에 해당되지 않는 것으로 본다.

1. 증권을 발행한 후 지체없이 한국예탁결제원에 예탁(공사채등록법에 따른 등록을 포함한다)하고 그 예탁일부터 1년간 해당 증권(증권에 부여된 권리의 행사로 취득하는 증권을 포함한다)을 인출하거나 매각하지 않기로 하는 내용의 예탁계약을 예탁결제원과 체결한 후 그 예탁계약을 이행하는 경우 또는 「금융산업의 구조개선에 관한 법률」 제12조 제1항에 따라 정부 또는 예금보험공사가 부실금융기관에 출자하여 취득하는 지분증권에 대하여 취득일부터 1년 이내에 50인 이상의 자에게 전매되지 않도록 필요한 조치를 취하는 경우
2. 제1항 제2호 중 50매 미만으로 발행되는 경우에는 증권의 권면에 발행 후 1년 이내 분할금지특약을 기재하는 경우
3. 제1항 제3호에 해당되는 경우에는 권리행사금지기간을 발행 후 1년 이상으로 정하는 경우
4. 제1항 제4호에 해당되는 경우에는 다음 각 목의 어느 하나에 해당하는 경우
   가. 발행일부터 1년 이내에 해당 증권 등을 거주자에게 양도할 수 없다는 뜻을 해당 증권의 권면(실물발행의 경우에 한한다), 인수계약서, 취득계약서 및 투자권유문서에 기재하고, 발행인 또는 인수한 금융투자업자가 취득자로부터 그러한 발행조건을 확인·서명한 동의서를 징구하고, 해당 동의서의 이행을 담보할 수 있는 장치를 강구한 후 발행하는 경우
   나. 발행 후 지체없이 발행지의 공인 예탁결제기관에 예탁하고 그 예탁일부터 1년 이내에는 이를 인출하지 못하며 거주자에게 해당 증권등을 양도하지 않는다는 내용의 예탁계약을 체결한 후 그 예탁계약을 이행하는 경우
   다. 기타 발행일부터 1년 이내에 거주자가 해당 증권 등을 취득할 수 없는 구조로 발행되는 경우

안내하는 활동"이라고 정의하고 있다(자령 제2조 제2항).[6]

Ⅳ. 증권의 발행인과 모집·매출자

증권의 발행인은 증권을 발행하였거나 발행하고자 하는 자를 말한다. 증권의 모집·매출에 있어서 그 주체와 관련해서 모집의 주체는 항상 발행인에 국한되지만, 매출의 주체는 증권의 보유자로서 발행인인 경우도 있지만 발행인 이외의 제3자인 경우가 대부분이고(증권의 보유자), 기업공개를 위하여 대주주가 소유하는 기발행주식수를 분산시킬 목적으로 매도하려는 경우에 증권회사가 이를 총액인수한 후 일반투자자에게 매출할 수도 있다.

제3절 증권의 인수

Ⅰ. 서설

증권을 발행함에 있어서 사모의 방법에 의할 때뿐만 아니라 공모를 함에 있어서 발행인의 신용도가 높은 경우에는 인수인을 통하지 않고 발행인이 모든 위험을 부담하면서 직접공모에 의하여 증권을 발행할 수 있다. 이때는 인수수수료,

---

6) 다만, 인수인의 명칭과 증권의 발행금액을 포함하지 아니하는 등 금융위원회가 정하여 고시하는 기준에 따라 다음 각 목의 사항 중 전부나 일부에 대하여 광고 등의 방법으로 단순히 그 사실을 알리거나 안내하는 경우는 제외한다.
가. 발행인의 명칭
나. 발행 또는 매도하려는 증권의 종류와 발행 또는 매도 예정금액
다. 증권의 발행이나 매도의 일반적인 조건
라. 증권의 발행이나 매출의 예상 일정
마. 그 밖에 투자자 보호를 해칠 염려가 없는 사항으로서 금융위원회가 정하여 고시하는 사항
「증권의 발행 및 공시 등에 관한 규정」 제1-3조(청약권유 제외기준 등) 영 제2조 제2호 단서에서 "금융위원회가 정하여 고시하는 기준" 이란 청약의 권유에서 제외되는 단순 사실의 광고 또는 안내 방법으로서 다음 각 호에 따라야 한다.
1. 인수인의 명칭을 표시하지 않을 것
2. 증권의 발행금액 및 발행가액을 확정하여 표시하지 않을 것
3. 증권신고의 대상이 되는 증권의 거래를 위한 청약의 권유는 투자설명서, 예비투자설명서 또는 간이투자설명서에 따른다는 뜻을 명시할 것

공인회계사비용 등을 절약할 있으며, 인수인이 시장조성[7] 등을 이유로 발행가격을 낮추고자 하는 현상도 피할 수 있다. 시행령에서 주권비상장법인이나 설립 중인 법인이 인수인의 인수 없이 지분증권을 공모하는 경우(직접공모)를 상정하고 있다(자령 제125조 제1항 제2호 마, 바, 제2항 제9호)

그러나 인수기관의 공신력에 의하여 공모가 성공할 가능성이 높게 되고, 인수기관이 공모차질로 인한 위험을 부담하는 보험자의 역할을 하기 때문에 간접공모에 따른 비용에 불구하고 인수인을 통한 간접공모가 일반적으로 이용된다.

Ⅱ. 인수

1. 의의

증권의 인수란 사모나 공모를 용이하게 하기 위하여 필요한 업무를 담당하거나 나아가 발행된 증권이 소화되지 않는 경우에 발행인이 부담하는 위험을 떠맡는 행위를 의미한다.

자본시장법에 따를 때 인수란 제삼자에게 증권을 취득시킬 목적으로 다음의 어느 하나에 해당하는 행위를 하거나 그 행위를 전제로 발행인 또는 매출인[8]을 위하여 증권의 모집·사모·매출을 하는 것을 말한다(자법 제9조 제11항).

① 그 증권의 전부 또는 일부를 취득하거나 취득하는 것을 내용으로 하는 계약을 체결하는 것

② 그 증권의 전부 또는 일부에 대하여 이를 취득하는 자가 없는 때에 그 나머지를 취득하는 것을 내용으로 하는 계약을 체결하는 것

---

7) 이전에는 시장조성의무가 부과되었으나(공모가의 80~90% 이하시) 이는 폐지되고 합의에 의한 시장조성이 인정된다. 따라서 시장조성의무에 위반시에 손해배상책임이 인정될 뿐이다.

8) 자법 제9조 ⑭ 이 법에서 "매출인" 이란 증권의 소유자로서 스스로 또는 인수인이나 주선인을 통하여 그 증권을 매출하였거나 매출하려는 자를 말한다.

2. 총액인수

증권을 발행함에 있어서 인수인이 이를 매출할 목적으로 그 증권의 발행인으로부터 그 전부 또는 일부를 취득 또는 매수하는 것을 말한다. 이때는 인수된 주식을 처분하지 못하게 되는 위험을 인수인이 부담하면서 높은 수수료를 받는다.

3. 잔액인수

증권을 발행함에 있어서 이를 취득하는 자가 없는 때에 그 잔여분을 취득하는 계약을 하는 것이다. 인수인은 주선분에 대한 수수료수입 외에 잔액인수분에 대한 매매차익도 얻을 수 있다.

〈인수주선〉

이를 위탁모집이라고 하는데, 수수료를 받고 발행인을 위하여 당해 증권의 모집 또는 매출을 주선하거나 기타 직접 또는 간접으로 증권의 모집 또는 매출을 분담하는 것을 말한다(구증권거래법 제2조).9) 여기서 모집이나 매출의 주체는 발행인이나 매출을 하는 제3자이며, 인수인은 모집이나 매출이 원활하게 이루어질 수 있도록 노력만 하면 되므로 모집·매출의 잔량이 생겨도 이를 인수할 의무가 없고, 발행자가 이를 처리하게 된다. 자본시장법상 이는 인수가 아니라 투자중개업에 해당한다. 개정 자본시장법에서는 주선인에 대한 규정을 도입하고 주선인에 대해서도 인수인과 동일한 증권신고서나 투자설명서 부실기재에 따른 손해배상책임을 부담하도록 하고 있다.10)

9) 종래 실제는 이 형태가 많았다.

10) 개정 자법 제9조 ⑬ 이 법에서 "주선인" 이란 제11항에 따른 행위 외에 발행인 또는 매출인을 위하여 해당 증권의 모집·사모·매출을 하거나 그 밖에 직접 또는 간접으로 증권의 모집·사모·매출을 분담하는 자를 말한다.
개정 자법 제125조(거짓의 기재 등으로 인한 배상책임) ① 5. 그 증권의 인수인 또는 주선인(인수인 또는 주선인이 2인 이상인 경우에는 대통령령으로 정하는 자를 말한다)

제4절 발행공시제도

Ⅰ. 서설

자본시장법에서는 발행공시와 관련하여 증권신고서를 중심으로 규정하고 있으며, 발행공시 규제의 적용범위를 확대하고 있다. 구체적으로 증권신고서를 제출해야 하는 발행공시 규제의 적용대상 증권을 투자자 보호의 필요성이 있는 모든 증권으로 확대하고 있다. 이전에는 은행채, 간접투자증권, 주택저당증권(MBS) 등 수익증권, 국가가 매출하는 유가증권 등은 일반적 사채와 경제적 실질이 같음에도 발행공시의무(유가증권신고서)가 면제되어 발행자의 정보가 공시되지 않았다.

자본시장법에는 발행공시의무가 면제되는 증권은 국채, 지방채, 특별한 법률에 의해 당연 설립된 법인이 발행한 사채 등과 같이 발행주체가 국가에 준하는 채권으로 한정하고 있다.

〈발행공시 규제와 투자권유 규제(설명의무)와의 관계〉

	발행공시 규제	설명의무
적용 단계	금융상품의 발행단계	금융상품의 판매단계
정보제공 대상	다수의 잠재적 투자자	현재화된 특정 투자자
방법	비대면적인 방법	대면적 방법
수단	서면	서면, 대화, 통신 등
대상 금융상품	증권	모든 금융투자상품

Ⅱ. 증권신고서

1. 의의

증권의 모집 또는 매출(대통령령으로 정하는 방법에 따라 산정한 모집가액 또는 매출가액 각각의 총액이 대통령령으로 정하는 금액[11] 이상인 경우에 한한다)은 발행인이 그 모집 또는 매출에 관한 신고서, 증권신고서를 금융위원회에 제출하여 수리되지 아니하면 이를 할 수 없다(자법 제119조).

증권신고서의 효력이 발생하지 아니한 증권에 대하여는 거래가 제한되는 것으로, 그 증권의 취득 또는 매수의 청약이 있는 경우에 그 증권의 발행인·매출인과 그 대리인은 그 청약의 승낙을 하여서는 아니 된다(자법 제121조 제1항). 다만 이에 위반한 모집·매출의 사법상의 효력에는 영향이 없다고 해석한다.

위 규정에 위반한 행위에 대하여는 5년 이하의 징역 또는 2억원 이하의 벌금에 처한다(자법 제444조).

2. 적용제외

국채증권, 지방채증권, 대통령령으로 정하는 법률에 따라 직접 설립된 법인이 발행한 채권, 그 밖에 다른 법률에 따라 충분한 공시가 행하여지는 등 투자자 보호가 이루어지고 있다고 인정되는 증권으로서 대통령령으로 정하는 증권[12]에 관하여는 적용하지 아니한다(자법 제118조). 이러한 적용제외를 인정

---

11) 자령 120조(모집 또는 매출의 신고대상)

① 법 제119조 제1항에 따라 증권의 모집 또는 매출을 하기 위하여 신고서를 제출하여야 하는 경우는 다음 각 호와 같다.

1. 모집 또는 매출하려는 증권의 모집가액 또는 매출가액과 해당 모집일 또는 매출일부터 과거 1년간(같은 기간 동안 같은 종류의 증권에 대한 모집 또는 매출의 신고가 행하여진 경우에는 그 신고 후의 기간을 말한다)에 이루어진 같은 종류의 증권의 모집 또는 매출로서 그 신고서를 제출하지 아니한 모집가액 또는 매출가액[소액출자자(그 증권의 발행인과 인수인은 제외한다)가 제178조에 따른 장외거래 방법에 따라 증권을 매출하는 경우에는 해당 매출가액은 제외한다] 각각의 합계액이 10억원 이상인 경우
2. 시행령 제11조 제1항에 따라 합산을 하는 경우에는 그 합산의 대상이 되는 모든 청약의 권유 각각의 합계액이 10억원 이상인 경우

② 제1항 제1호에서 "소액출자자" 란 해당 법인이 발행한 지분증권총수의 100분의 1에 해당하는 금액과 3억원 중 적은 금액 미만의 지분증권을 소유하는 자를 말한다. 다만, 그 법인의 최대주주 및 그 특수관계인은 소액출자자로 보지 아니한다.

12) 다음 각 호의 증권을 말한다(자령 제119조 제2항).

1. 국가 또는 지방자치단체가 원리금의 지급을 보증한 채무증권
2. 국가 또는 지방자치단체가 소유하는 증권을 미리 금융위원회와 협의하여 매출의 방법으로 매각하는 경우의 그 증권
3. 「지방공기업법」 제68조 제1항부터 제6항까지의 규정에 따라 발행되는 채권 중 도시철도의 건설 및

하는 것은 국채, 지방채 등은 사실상 채무불이행위험이 극히 적다는 점을 고려한 것이다.

또한 개정 자본시장법에서는 증권신고서 제출의무 면제에 관한 규정을 두고 있다. 개정 자본시장법에 의할 때 발행인 및 같은 종류의 증권에 대하여 충분한 공시가 이루어지고 있는 등 대통령령으로 정한 사유에 해당하는 때에는 매출에 관한 증권신고서를 제출하지 아니할 수 있다(자법 제119조 제6항).

3. 신고의무자

증권신고서 신고의무를 지는 자는 모집 · 매출의 대상인 증권의 발행인이다(자법 제119조). 발행인에는 "발행하고자 하는 자" 도 포함되므로(자법 제9조 제10항) 법인을 설립하는 경우에는 설립중의 법인도 신고의무를 부담할 수 있다.

매출의 경우에 대주주가 보유주식을 매각하는 경우와 같이 그 주체가 발행인이 아닌 제3자가 되는 경우에는 매출의 주체와 신고의무자가 일치하지 않는다. 그러나 기업내용의 공시는 발행인이 잘 알기 때문에 이때에도 신고자는 발행인이다.

4. 증권신고서의 내용

증권신고서의 내용에 대하여 시행령 제125조(신고서의 기재사항 및 첨부서류)에서 상세하게 규정하고 있다.[13] 집합투자증권과 자산유동화증권의 경우

운영과 주택건설사업을 목적으로 설립된 지방공사가 발행하는 채권

4. 「국제금융기구에의 가입조치에 관한 법률」 제2조 제1항에 따른 국제금융기구가 금융위원회와의 협의를 거쳐 기획재정부장관의 동의를 받아 발행하는 증권
5. 「한국주택금융공사법」 에 따라 설립된 한국주택금융공사가 채권유동화계획에 의하여 발행하고 원리금 지급을 보증하는 주택저당증권 및 학자금대출증권

13) 자령 제125조(신고서의 기재사항 및 첨부서류)

① 법 제119조 제1항에 따른 신고서(집합투자증권 및 유동화증권은 제외한다)에는 다음 각 호의 사항을 기재하여야 한다.

1. 법 제119조 제5항에 따른 대표이사 및 신고업무를 담당하는 이사의 제124조 각 호의 사항에 대한 서명
2. 모집 또는 매출에 관한 다음 각 목의 사항

   가. 모집 또는 매출에 관한 일반사항

나. 모집 또는 매출되는 증권의 권리내용
다. 모집 또는 매출되는 증권의 취득에 따른 투자위험요소
라. 모집 또는 매출되는 증권의 기초자산에 관한 사항(파생결합증권의 경우만 해당한다)
마. 모집 또는 매출되는 증권에 대한 인수인의 의견(인수인이 있는 경우만 해당한다)
바. 주권비상장법인(설립 중인 법인을 포함한다)이 인수인의 인수 없이 지분증권(지분증권과 관련된 증권예탁증권을 포함한다)의 모집 또는 매출(직접공모)에 관한 신고서를 제출하는 경우에는 금융위원회가 정하여 고시하는 요건을 갖춘 분석기관(증권분석기관)의 평가의견. 다만, 금융위원회가 정하여 고시하는 경우에는 이를 생략할 수 있다.
사. 자금의 사용목적
아. 그 밖에 투자자를 보호하기 위하여 필요한 사항으로서 금융위원회가 정하여 고시하는 사항

3. 발행인에 관한 다음 각 목의 사항(설립 중인 법인의 경우에는 금융위원회가 정하여 고시하는 사항을 말한다)
가. 회사의 개요
나. 사업의 내용
다. 재무에 관한 사항
라. 회계감사인의 감사의견
마. 이사회 등 회사의 기관 및 계열회사에 관한 사항
바. 주주에 관한 사항
사. 임원 및 직원에 관한 사항
아. 이해관계자와의 거래내용
자. 그 밖에 투자자를 보호하기 위하여 필요한 사항으로서 금융위원회가 정하여 고시하는 사항

② 제1항에 따른 신고서에는 다음 각 호의 서류를 첨부하여야 한다. 다만, 「전자정부법」 제21조 제1항 또는 제22조의2 제1항에 따른 행정정보의 공동이용을 통하여 첨부서류에 대한 정보를 확인할 수 있는 경우에는 그 확인으로 첨부서류를 갈음할 수 있다.

1. 정관 또는 이에 준하는 것으로서 조직운영 및 투자자의 권리의무를 정한 것
2. 증권의 발행을 결의한 주주총회(설립 중인 법인인 경우에는 발기인 총회를 말한다) 또는 이사회의 사록(그 증권의 발행이 「상법」 제418조 제2항에 따른 발행인 경우에는 그 증권의 발행의 구체적인 경영상 목적, 그 주주 외의 자와 발행인과의 관계 및 그 주주 외의 자의 선정경위를 포함한다)의 사본, 그 밖에 증권의 발행결의를 증명할 수 있는 서류
3. 법인등기부 등본 또는 이에 준하는 것으로서 그 설립을 증명할 수 있는 서류
4. 증권의 발행에 관하여 행정관청의 허가·인가 또는 승인 등을 필요로 하는 경우에는 그 허가·인가 또는 승인 등이 있었음을 증명하는 서류
5. 증권의 인수계약을 체결한 경우에는 그 계약서의 사본
6. 다음 각 목의 증권을 증권시장에 상장하려는 경우에는 거래소로부터 그 증권이 상장기준에 적합하다는 확인을 받은 상장예비심사결과서류
가. 지분증권(집합투자증권은 제외한다)
나. 증권예탁증권(지분증권과 관련된 것만 해당한다)
다. 파생결합증권(증권시장이나 해외 증권시장에서 매매거래되는 가목 또는 나목의 증권의 가격이나 이를 기초로 하는 지수의 변동과 연계하여 미리 정하여진 방법에 따라 가목 또는 나목의 증권의 매매나 금전을 수수하는 거래를 성립시킬 수 있는 권리가 표시된 것만 해당한다)
7. 법 제124조 제2항 제2호에 따른 예비투자설명서를 사용하려는 경우에는 예비투자설명서
8. 법 제124조 제2항 제3호에 따른 간이투자설명서를 사용하려는 경우에는 간이투자설명서

에는 별도의 시행령 규정을 두고 있다.

5. 예측정보

예측정보란 의견·예측 그 밖의 주관적 평가 등의 정보를 말한다. 이는 객관적으로 입증가능하며 확정된 사항에 대한 하드정보에 대응하는 소프트정보로서 손해배상책임에 대하여 특례가 인정된다.

자본시장법에서는 예측정보의 기재를 허용하고 있다.

발행인은 증권신고서와 일괄신고서에 발행인(투자신탁의 수익증권 및 투자익명조합의 지분증권의 경우에는 그 투자신탁 및 투자익명조합을 말한다)의 미래의 재무상태나 영업실적 등에 대한 예측 또는 전망에 관한 사항으로서 다음의 사항(예측정보)을 기재 또는 표시할 수 있다. 이 경우 예측정보의 기재 또는 표시는 자본시장법 제125조 제2항 제1호·제2호 및 제4호의 방법에 따라야 한다(자법 제119조 제3항).

① 매출규모·이익규모 등 발행인의 영업실적, 그 밖의 경영성과에 대한 예측 또는 전망에 관한 사항

② 자본금규모·자금흐름 등 발행인의 재무상태에 대한 예측 또는 전망에 관한 사항

③ 특정한 사실의 발생 또는 특정한 계획의 수립으로 인한 발행인의 경영성과 또는 재무상태의 변동 및 일정시점에서의 목표수준에 관한 사항

④ 그 밖에 발행인의 미래에 대한 예측 또는 전망에 관한 사항으로서 대통령령으로 정하는 사항[14]

---

9. 직접공모의 경우에는 다음 각 목의 서류
   가. 증권분석기관의 평가의견서
   나. 가목의 평가와 관련하여 기밀이 새지 아니하도록 하겠다는 증권분석기관 대표자의 각서
   다. 청약증거금을 예치받을 투자매매업자·투자중개업자 또는 은행의 통장 사본
10. 그 밖에 투자자를 보호하기 위하여 필요한 서류로서 금융위원회가 정하여 고시하는 서류

③ 제1항 및 제2항에서 규정한 사항 외에 신고서의 서식과 작성방법 등에 관하여 필요한 사항은 금융위원회가 정하여 고시한다.

14) 자본시장법 제119조 제3항 제1호부터 제3호까지의 규정에 따른 예측정보에 관하여 평가요청을 받은 경우에 그 요청을 받은 자가 그 예측정보의 적정성에 관하여 평가한 사항을 말한다(자령 제123조).

6. 대표이사 등의 확인 · 검토 · 서명의무

증권신고서를 제출하는 경우 신고 당시 해당 발행인의 대표이사(집행임원 설치회사의 경우 대표집행임원을 말한다) 및 신고업무를 담당하는 이사는 그 증권신고서의 기재사항 중 중요사항에 관하여 거짓의 기재 또는 표시가 있거나 중요사항의 기재 또는 표시가 누락되어 있지 아니하다는 사실 등 대통령령으로 정하는 사항15)을 확인 · 검토하고 이에 각각 서명하여야 한다(자법 제119조 제5항).

위 의무를 부담하는 대표이사 및 신고업무를 담당하는 이사가 없는 경우 이에 준하는 자가 이에 해당한다. 예를 들어 투자익명조합과 같이 집합투자기구의 종류에 따라 대표이사나 이사가 없는 경우가 있을 수 있다. 이때에는 투자익명조합의 영업자가 대표이사에 준하는 자가 될 것이다.

증권신고서에는 일괄신고서와 일괄신고추가서류도 포함된다.

7. 정정신고서

(1) 금융위원회의 요구에 의한 정정

금융위원회는 증권신고서의 형식을 제대로 갖추지 아니한 경우 또는 그 증권신고서 중 중요사항에 관하여 거짓의 기재 또는 표시가 있거나 중요사항이 기재 또는 표시되지 아니한 경우와 중요사항의 기재나 표시내용이 불분명하여 투자자의 합리적인 투자판단을 저해하거나 투자자에게 중대한 오해를 일으킬 수 있는 경우에는 그 증권신고서에 기재된 증권의 취득 또는 매수의 청약일

---

15) 다음 각 호에 해당하는 사항을 말한다(자령 제124조).
1. 법 제119조 제3항에 따른 증권신고서의 기재사항 중 중요사항에 관하여 거짓의 기재 또는 표시가 없고, 중요사항의 기재 또는 표시가 빠져 있지 아니하다는 사실
2. 증권신고서의 기재 또는 표시 사항을 이용하는 자로 하여금 중대한 오해를 일으키는 내용이 기재 또는 표시되어 있지 아니하다는 사실
3. 증권신고서의 기재사항에 대하여 상당한 주의를 다하여 직접 확인 · 검토하였다는 사실
4. 「주식회사의 외부감사에 관한 법률」 제2조에 따른 외부감사대상 법인인 경우에는 같은 법 제2조의2 및 제2조의3에 따라 내부회계관리제도가 운영되고 있다는 사실

전일까지 그 이유를 제시하고 그 증권신고서의 기재내용을 정정한 신고서, 즉 정정신고서의 제출을 요구할 수 있다(자법 제122조 제1항). 위 요구가 있는 경우 그 증권신고서는 그 요구를 한 날부터 수리되지 아니한 것으로 본다.

금융위원회의 요구를 받은 후 대통령령으로 정하는 기한 이내에 발행인이 정정신고서를 제출하지 않는 경우에는 해당 증권신고서를 철회한 것으로 본다(자법 제122조 제6항).

(2) 임의정정과 의무정정

증권신고서(일괄신고추가서류를 포함한다)를 제출한 자는 그 증권신고서의 기재사항을 정정하고자 하는 경우에는 그 증권신고서에 기재된 증권의 취득 또는 매수의 청약일 전일까지 정정신고서를 제출할 수 있다. 이 경우 대통령령[16]으로 정하는 중요한 사항을 정정하고자 하는 경우 또는 투자자 보호를 위하여 그 증권신고서에 기재된 내용을 정정할 필요가 있는 경우로서 대통령령[17]으로 정하는 경우에는 반드시 정정신고서를 제출하여야 한다(자법 제

---

16) 다음 각 호의 어느 하나에 해당하는 사항을 말한다(자령 제130조 제1항).
  1. 집합투자증권을 제외한 증권인 경우에는 다음 각 목의 어느 하나에 해당하는 사항
    가. 모집가액 또는 매출가액 · 발행이율 등 발행조건
    나. 배정기준일 · 청약기간 또는 납입기일
    다. 자금의 사용목적
    라. 인수인 · 보증기관 또는 수탁회사
    마. 그 밖에 투자자의 합리적인 투자판단이나 해당 증권의 가치에 중대한 영향을 미칠 수 있는 사항으로서 금융위원회가 정하여 고시하는 사항
  2. 집합투자증권인 경우에는 다음 각 목의 어느 하나에 해당하는 사항
    가. 모집가액 또는 매출가액, 발행예정기간, 발행예정금액 등 발행조건
    나. 인수인(인수인이 있는 경우만 해당한다)
    다. 법 제182조 제1항에 따라 등록한 사항을 변경하는 경우
    라. 그 밖에 투자자의 합리적인 투자판단이나 해당 집합투자증권의 가치에 중대한 영향을 미칠 수 있는 사항으로서 금융위원회가 정하여 고시하는 사항

17) 다음 각 호의 어느 하나에 해당하는 경우를 말한다(자령 제130조 제2항).
  1. 증권신고서의 기재나 표시내용이 불분명하여 그 증권신고서를 이용하는 자로 하여금 중대한 오해를 일으킬 수 있는 내용이 있는 경우
  2. 발행인(투자신탁의 수익증권이나 투자익명조합의 지분증권인 경우에는 그 투자신탁이나 투자익명조합을 말한다)에게 불리한 정보를 생략하거나 유리한 정보만을 강조하는 등 과장되게 표현된 경우
  3. 집합투자증권을 제외한 증권인 경우에는 다음 각 목의 어느 하나에 해당하는 사실이 발생한 때

122조 제3항).

(3) 일괄신고서의 정정

일괄신고서를 제출한 자는 그 발행예정기간 종료 전까지 정정신고서를 제출할 수 있다. 이 경우 개방형 집합투자증권을 제외하고는 발행예정금액 및 발행예정기간은 이를 정정하여서는 아니 된다. 다만, 발행예정금액의 100분의 20의 범위에서 대통령령으로 정하는 한도[18] 이하로 감액되는 발행예정금액은 정정할 수 있다(자법 제122조 제4항).

(4) 정정신고서 제출의 효력

정정신고서가 제출된 경우에는 그 정정신고서가 수리된 날에 그 증권신고서가 수리된 것으로 본다. 증권신고서는 증권신고서의 수리 후 다음에 보는 대기기간이 경과하여야 효력이 발생하게 된다.

가. 최근 사업연도의 재무제표 또는 반기보고서, 법 제160조에 따른 분기보고서가 확정된 때
나. 발행인의 사업목적이 변경된 때
다. 영업의 양도 · 양수 또는 합병계약이 체결된 때
라. 발행인의 경영이나 재산 등에 중대한 영향을 미치는 소송의 당사자가 된 때
마. 발행한 어음이나 수표가 부도로 되거나 은행과의 당좌거래가 정지되거나 금지된 때
바. 영업활동의 전부나 중요한 일부가 정지된 때
사. 「채무자 회생 및 파산에 관한 법률」에 따른 회생절차개시의 신청이 있은 때
아. 법, 「상법」, 그 밖의 법률에 따른 해산사유가 발생한 때

4. 집합투자증권인 경우에는 다음 각 목의 어느 하나에 해당하는 사실이 발생한 때
가. 최근 결산기의 재무제표가 확정된 때
나. 집합투자기구 간의 합병계약이 체결된 때
다. 집합투자재산 등에 중대한 영향을 미치는 소송이 제기된 때

18) 발행예정금액의 100분의 20을 말한다(자령 제130조 ④). 다만, 투자자 보호 등을 위하여 필요하다고 인정되는 경우에는 금융위원회가 그 한도를 발행예정금액의 100분의 20 이하로 정하여 고시할 수 있다.

8. 신고서의 효력발생

(1) 대기기간

증권신고서가 효력을 발생하기 위해서는 일정한 대기기간이 경과하여야 한다(자법 제120조 제1항).

증권신고의 효력발생시기는 그 증권신고서가 수리된 날부터 다음의 기간이 경과한 날로 한다(자칙 제12조 제1항).

① 채무증권의 모집 또는 매출인 경우에는 7일. 다만, 다음의 어느 하나에 해당하는 채무증권인 경우에는 5일

가. 「담보부사채신탁법」에 따라 발행되는 담보부사채

나. 시행령 제362조 제8항에 따른 보증사채권

다. 「자산유동화에 관한 법률」 제3조에 따른 자산유동화계획에 따라 발행되는 사채권

라. 자본시장법 제119조 제2항에 따른 일괄신고서에 의하여 모집 또는 매출되는 채무증권

② 지분증권의 모집 또는 매출인 경우에는 15일. 다만, 주권상장법인(집합투자기구로서 투자회사는 제외한다)의 주식의 모집 또는 매출인 경우에는 10일, 주주 또는 제3자에게 배정하는 방식의 주식(투자회사의 주식은 제외한다)의 모집 또는 매출인 경우에는 7일

③ 증권시장에 상장된 자본시장법 제230조 제1항에 따른 환매금지형집합투자기구의 집합투자증권의 모집 또는 매출인 경우에는 10일, 주주 등 출자자 또는 수익자에게 배정하는 방식의 환매금지형집합투자기구의 집합투자증권의 모집 또는 매출인 경우에는 7일

④ ①부터 ③까지에 해당하는 증권의 모집 또는 매출 외의 경우에는 15일

〈증권신고서의 효력발생기간〉

<table>
<tr><th rowspan="2">증권
발행기업</th><th colspan="2">주식</th><th colspan="2">채권</th><th rowspan="2">환매금지집합
투자기구</th><th rowspan="2">기타
증권</th></tr>
<tr><th>일반공모,
주주우선
공모</th><th>주주배정,
제3자배정</th><th>보증,
담보부,
ABS</th><th>무보증</th></tr>
<tr><td>주권상장법인</td><td>10일</td><td rowspan="2">7일</td><td rowspan="2">5일</td><td rowspan="2">7일</td><td rowspan="2">10일</td><td rowspan="2">15일</td></tr>
<tr><td>일반법인</td><td>15일</td></tr>
</table>

* 주주배정 이후에 실권주에 대하여 일반공모를 하는 경우에는 일반공모 또는 주주우선공모의 효력발생기간을 적용한다.

(2) 정정신고서의 효력발생

위 효력발생시기에도 불구하고 정정신고서는 따로 효력발생시기가 정해진다. 정정신고서의 경우에는 다음에서 정하는 날에 해당 증권신고의 효력이 발생한다. 다만, 다음의 정하는 날이 위 대기기간에서 정하는 날 이전인 경우에는 위 대기기간에 따른다(자칙 제12조 제2항).

① 모집가액, 매출가액, 발행이자율 및 이와 관련된 사항의 변경으로 인하여 정정신고서를 제출하는 경우에는 그 정정신고서가 수리된 날부터 3일이 지난 날

② 자본시장법 제182조 제1항(집합투자기구의 등록)에 따라 등록된 사항을 변경하기 위하여 정정신고서를 제출하는 경우에는 그 정정신고서가 수리된 날(집합투자기구만 해당한다)

(3) 효력발생기간의 단축

금융위원회는 다음의 어느 하나에 해당하여 증권신고의 효력발생시기를 앞당길 필요가 있는 경우에는 효력발생기간을 단축하여 효력발생시기를 따로 정하여 고시할 수 있다(자칙 제12조 제3항).

① 해당 증권신고서의 내용이 이미 일반인에게 널리 알려져 있거나 쉽게 이해될 수 있을 것

② 해당 증권의 발행인이 시행령 제119조 제1항 각 호의 어느 하나에 해당하는 법률에 따라 직접 설립되었거나 국가 · 지방자치단체로부터 업무감독을 받는 자 또는 금융위원회가 정하여 고시하는 국제기구 또는 단체로서 이미 일반인에게 그 공공성을 널리 인정받고 있을 것

9. 증권신고서의 철회

증권의 발행인은 증권신고를 철회하고자 하는 경우에는 그 증권신고서에 기재된 증권의 취득 또는 매수의 청약일 전일까지 철회신고서를 금융위원회에 제출하여야 한다(자법 제120조 제4항).

또한 금융위원회의 요구를 받고도 정정신고서를 일정한 기한내에 제출하지 않은 경우에도 증권신고서를 철회한 것으로 본다(개정 자법 제122조 제6항).

10. 일괄신고서

(1) 의의

증권의 종류, 발행예정기간, 발행횟수, 발행인의 요건 등을 고려하여 일정기간 동안 모집하거나 매출할 증권의 총액을 일괄하여 기재한 일괄신고서를 금융위원회에 제출하여 수리된 경우에는 그 기간 중에 그 증권을 모집하거나 매출할 때마다 제출하여야 하는 신고서를 따로 제출하지 아니하고 그 증권을 모집하거나 매출할 수 있다(자법 제119조 제2항). 주식은 수시로 발행할 필요가 크지 않지만, 회사채는 1년에도 수차 발행하는 사례가 많으므로 건별 증권신고서에 의한 공시는 부담이 된다. 이 때 일괄신고서를 제출함으로써 개별 증권신고서 제출의무를 면제하여 그 부담을 완화하고자 하는 것이다.

이 경우 개방형 집합투자증권을 제외한 증권을 모집하거나 매출할 때마다 일괄신고와 관련된 일괄신고추가서류를 제출하여야 한다.

(2) 일괄신고서의 요건

1) 대상증권

일괄신고서를 제출할 수 있는 증권은 다음의 증권으로 한다(자령 제121조 제1항).

① 주권
② 전환사채권·신주인수권·부사채권·교환사채권(주권, 전환사채권 또는 신주인수권부사채권과 교환을 청구할 수 있는 교환사채권만 해당)·이익참가부사채권
③ ②의 사채권을 제외한 사채권
④ 파생결합증권
③ 다음의 어느 하나에 해당하는 집합투자증권(개방형 집합투자증권)
가. 환매금지형집합투자기구가 아닌 집합투자기구의 집합투자증권
나. 가목에 준하는 것으로서 자본시장법 제279조 제1항에 따른 외국 집합투자증권

2) 발행예정기간

일괄신고서의 발행예정기간은 일괄신고서의 효력발생일부터 2개월 이상 1년 이내의 기간으로 한다. 다만, 개방형 집합투자증권인 경우에는 일정한 기간동안 수시로 발행되는 특색을 반영하여 해당 집합투자규약에서 정한 존속기간을 발행예정기간으로 한다. 만일 집합투자규약에서 존속기간을 정하지 아니한 경우에는 무기한이 된다(자령 제121조 제2항).

일괄신고서를 제출한 자는 발행예정기간 중 3회 이상 그 증권을 발행하여야 한다(자령 제121조 제3항).

3) 제출가능법인

일괄신고서를 제출할 수 있는 자는 다음의 요건을 모두 갖춘 자로 한다. 다만, 개방형 집합투자증권을 발행하는 경우는 제외한다(자령 제121조 제4항).

① 다음의 어느 하나에 해당하는 자로서 시행령 제121조 제1항 제3호 또는

제4호에 따른 증권(일반사채권 및 파생결합증권) 중 같은 종류에 속하는 증권을 최근 1년간 모집 또는 매출한 실적이 있을 것

가. 최근 1년간 사업보고서와 법 제160조에 따른 반기보고서를 제출한 자

나. 최근 1년간 분기별 업무보고서 및 월별 업무보고서를 제출한 금융투자업자

② 최근 사업연도의 재무제표에 대한 회계감사인의 감사의견이 적정 또는 한정일 것

③ 최근 1년 이내에 금융위원회로부터 증권의 발행을 제한하는 조치를 받은 사실이 없을 것

분할 또는 분할합병으로 인하여 설립 또는 존속하는 법인은 다음의 요건을 모두 충족하는 경우에는 위에도 불구하고 일괄신고서를 제출할 수 있다(자령 제121조 제5항).

① 분할 전 또는 분할합병 전의 법인이 제4항에 따른 요건을 충족할 것

② 분할 또는 분할합병으로 인하여 설립된 법인의 최근 사업연도 재무제표에 대한 회계감사인의 감사의견이 적정 또는 한정일 것

(3) 일괄신고서의 기재사항과 첨부서류

집합투자증권은 제외하고 일괄신고서에는 다음의 사항을 기재하여야 한다(자령 제126조 제1항).

① 대표이사 및 신고업무를 담당하는 이사의 시행령 제124조 각 호의 사항에 대한 서명

② 발행예정기간

③ 발행예정금액

④ 발행인에 관한 사항

⑤ 그 밖에 투자자를 보호하기 위하여 필요한 사항으로서 금융위원회가 정하여 고시하는 사항

일괄신고서에는 다음의 서류를 첨부하여야 한다. 다만, 「전자정부법」 제21조 제1항 또는 제22조의 2 제1항에 따른 행정정보의 공동이용을 통하여 첨부서

류에 대한 정보를 확인할 수 있는 경우에는 그 확인으로 첨부서류를 갈음할 수 있다(자령 제126조 제2항).

① 정관 또는 이에 준하는 것으로서 조직운영과 투자자의 권리의무를 정한 것
② 일괄하여 신고할 것을 결의한 이사회의사록이나 그 결의를 증명할 수 있는 서류의 사본
③ 법인등기부 등본 또는 이에 준하는 것으로서 그 설립을 증명할 수 있는 서류
④ 회계감사인의 감사보고서
⑤ 「주식회사의 외부감사에 관한 법률」 제1조의 2 제2호에 따른 연결재무제표의 작성의무가 있는 경우에는 회계감사인이 작성한 연결재무제표에 대한 감사보고서
⑥ 그 밖에 투자자를 보호하기 위하여 필요한 서류로서 금융위원회가 정하여 고시하는 서류

(4) 일괄신고추가서류

1) 거래의 제한

일괄신고서는 1년간 예정물량을 일괄하여 신고하는 것이므로 발행금액이나 금리 등 발행조건은 개별적인 발행이 이루어질 때 확정된다. 자본시장법은 "일괄신고추가서류를 제출하여야 하는 경우 그 일괄신고추가서류가 제출되지 아니하면 그 증권의 발행인·매출인과 그 대리인은 그 증권에 관한 취득 또는 매수의 청약에 대한 승낙을 하여서는 아니 된다."고 하여(자법 제121조 제2항), 발행금액과 금리 등 발행조건에 관한 일괄신고추가서류를 제출하지 않고서는 거래가 이루어질 수 없도록 하고 있다.

다만 개방형 집합투자증권은 일괄신고추가서류의 제출의무가 면제된다(자령 제122조 제1항).

2) 기재내용

일괄신고추가서류에는 다음의 사항을 기재하여야 한다(자령 제122조 제2항).

다만 일괄신고추가서류의 기재내용은 일괄신고서(정정신고서를 포함)의 기재내용을 변경하는 내용이어서는 아니 된다(자령 제122조 제3항).

① 자본시장법 제119조 제5항에 따른 대표이사 및 신고업무를 담당하는 이사의 시행령 제124조 각 호의 사항에 대한 서명. 다만, 투자자 보호를 해칠 염려가 없는 경우로서 금융위원회가 정하여 고시하는 경우에는 생략할 수 있다.
② 모집 또는 매출의 개요
③ 일괄신고서상의 발행예정기간 및 발행예정금액
④ 발행예정기간 중에 이미 모집 또는 매출한 실적
⑤ 모집 또는 매출되는 증권에 대한 인수인의 의견(인수인이 있는 경우만 해당한다)
⑥ 그 밖에 투자자를 보호하기 위하여 필요한 사항으로서 금융위원회가 정하여 고시하는 사항

(5) 일괄신고서의 정정

일괄신고서를 제출한 자는 발행예정기간의 종료 전에는 언제든지 정정신고서를 제출할 수 있다. 그러나 개방형 집합투자증권을 제외하고는 발행예정금액과 기간을 정정할 수 없다. 다만 일괄신고서 제출이후 발생한 자금사정 변화를 반영할 수 있도록 발행예정금액의 20% 한도에서 감액정정은 허용하고 있다(자법 제122조 제4항).

11. 종속회사에 대한 자료요구권

개정 자본시장법에서는 지배·종속의 관계에 있는 경우에 증권신고서의 작성을 위한 종속회사에 대한 자료요구권을 인정하고 있다. 종속회사[19]가 있는

19) 발행인이 지배회사로서 그 회사와 「주식회사의 외부감사에 관한 법률」 제1조의2 제2호에 따른 대통령령으로 정하는 지배·종속의 관계에 있는 경우 그에 종속되는 회사를 말하며, 국제회계기준 등 발행인이 적용한 회계기준에 따라 연결재무제표 작성대상 종속회사를 보유한 외국법인 등의 경우에는 해당 회계기준에 따른 종속회사를 말한다.

연결재무제표 작성대상법인 중 증권신고서를 제출하여야 하는 법인은 증권신고서의 작성을 위하여 필요한 범위에서 종속회사에게 관련 자료의 제출을 요구할 수 있다(개정 자법 제119조의2 제1항).

연결재무제표 작성대상법인 중 증권신고서를 제출하여야 하는 법인은 증권신고서의 작성을 위하여 필요한 자료를 입수할 수 없거나 종속회사가 제출한 자료의 내용을 확인할 필요가 있는 때에는 종속회사의 업무와 재산상태를 조사할 수 있다(개정 자법 제119조의2 제2항).

Ⅲ. 투자설명서

1. 의의

자본시장법에서는 구증권거래법상 사업설명서를 투자설명서로 변경하여, 증권을 모집하거나 매출하는 경우 그 작성·공시의무를 부과하고 있다. 투자설명서는 투자자가 증권에 대한 정보를 보유한 상태에서 투자판단을 할 수 있도록 정보를 제공하는 것을 목적으로 하고 있다. 투자설명서를 제공함으로써 투자자가 투자설명서에 기재된 정보가 아닌 허황된 정보에 따라서 투자판단을 하지 않게 된다

증권신고서는 일정한 장소에 비치되고 인터넷을 통하여 공시되지만 투자자가 그 내용을 숙지한다는 보장이 없다. 자본시장법에서는 투자설명서의 작성·공시의무 외에 발행인에게 투자자에 대한 투자설명서의 교부의무를 부과하고 있다.

투자설명서는 통상의 투자설명서, 신고서가 수리된 후 효력이 발생하기까지의 기간 동안 청약하기 위한 예비투자설명서,[20] 일부사항을 생략하거나 주요사항만을 발췌하여 표시한 문서 · 전자문서 등으로 신문 · 방송 등을 이용한 광고 등에 쓰이는 간이투자설명서의 세 가지가 있다. 증권신고의 대상이 되는 증권의 모집 또는 매출, 그 밖의 거래를 위하여 청약의 권유 등을 하고자 하

20) 예비투자설명서를 제출한 경우로서 증권신고의 효력이 발생할 때까지 증권신고서의 기재사항에 변경이 없는 경우에는 그 증권신고의 효력이 발생한 후에 예비투자설명서를 투자설명서로 사용할 수 있다(자령 제131조 제4항).

는 경우에는 앞의 3가지 방법에 의하여야 한다(자법 제124조 제2항).

실제 모집안내서, 신주청약안내서 등 투자권유를 위한 문서는 그 명칭여하에 불구하고 투자설명서로 보아 자본시장법의 규제대상으로 삼아야 할 것이다.

증권신고서 → 수리 → (예비투자설명서) → 대기기간 → 효력발생 → 투자설명서교부(청약의 권유시)

2. 투자설명서의 작성·공시

증권을 모집하거나 매출하는 경우 그 발행인은 투자설명서 및 간이두사실명서(모집 또는 매출하는 증권이 집합투자증권인 경우로 한정한다)를 그 증권신고의 효력이 발생하는 날(일괄신고추가서류를 제출하여야 하는 경우에는 그 일괄신고추가서류를 제출하는 날로 한다)에 금융위원회에 제출하여야 하며, 이를 총리령으로 정하는 장소에 비치하고 일반인이 열람할 수 있도록 하여야 한다(자법 제123조 제1항).

투자설명서에는 증권신고서(일괄신고추가서류를 포함한다)에 기재된 내용과 다른 내용을 표시하거나 그 기재사항을 누락하여서는 아니 된다. 다만, 기업경영 등 비밀유지와 투자자 보호와의 형평 등을 고려하여 기재를 생략할 필요가 있는 사항으로서 대통령령으로 정하는 사항[21]에 대하여는 그 기재를 생략할 수 있다(자법 제123조 제2항).

대통령령으로 정하는 집합투자증권 및 파생결합증권[22]의 발행인은 위 투자설명서 및 간이투자설명서 외에 다음의 구분에 따라 투자설명서 및 간이투자설명서를 금융위원회에 추가로 제출하여야 하며, 이를 총리령으로 정하는 장소에 비치하고 일반인이 열람할 수 있도록 하여야 한다. 다만, 그 집합투자

21) 다음 어느 하나에 해당하는 사항을 말한다(자령 제131조 제5항).
 1. 「군사기밀보호법」 제2조에 따른 군사기밀에 해당하는 사항
 2. 발행인의 업무나 영업에 관한 것으로서 금융위원회의 확인을 받은 사항

22) 자령 제131조 ⑥ 법 제123조 제3항 각 호 외의 부분 본문에서 "대통령령으로 정하는 집합투자증권 및 파생결합증권"이란 개방형 집합투자증권 및 금적립계좌 등을 말한다

증권 및 파생결합증권의 모집 또는 매출을 중지한 경우에는 제출·비치 및 공시를 하지 아니할 수 있다(자법 제123조 제3항).

① 투자설명서 및 간이투자설명서를 제출한 후 총리령으로 정하는 기간마다 1회 이상 다시 고친 투자설명서 및 간이투자설명서를 제출할 것

② 변경등록을 한 경우 변경등록의 통지를 받은 날부터 5일 이내에 그 내용을 반영한 투자설명서 및 간이투자설명서를 제출할 것

3. 투자설명서 교부의무

증권의 공모시에 발행인은 증권신고서 외에도 투자설명서(집합투자증권의 경우 투자자가 투자설명서의 교부를 별도로 요청하지 아니하는 경우에는 간이투자설명서를 말한다)를 작성하여 금융위에 제출하여야 하며, 증권신고의 효력이 발생한 증권을 취득하고자 하는 자에게 투자설명서를 미리 교부하지 아니하면 그 증권을 취득하게 하거나 매도하여서는 아니 된다. 이 경우 투자설명서가 전자문서의 방법에 따르는 때에는 다음의 요건을 모두 충족하는 때에 이를 교부한 것으로 본다(자법 제124조 제1항).

① 전자문서에 의하여 투자설명서를 받는 것을 전자문서를 받을 자(전자문서수신자)가 동의할 것

② 전자문서수신자가 전자문서를 받을 전자전달매체의 종류와 장소를 지정할 것

③ 전자문서수신자가 그 전자문서를 받은 사실이 확인될 것

④ 전자문서의 내용이 서면에 의한 투자설명서의 내용과 동일할 것

4. 기재사항

투자설명서는 표제부와 본문으로 구분하여 작성한다.

투자설명서의 표제부에는 다음의 사항을 기재하여야 한다(자령 제131조 제2항).

① 증권의 신고의 효력발생일

② 해당 증권의 모집가액 또는 매출가액
③ 청약기간
④ 납부기간
⑤ 해당 증권신고서의 사본과 투자설명서의 열람 장소
⑥ 안정조작이나 시장조성을 하려는 경우에는 증권시장에서 안정조작이나 시장조성이 행하여질 수 있다는 뜻
⑦ 청약일 전날(개방형 집합투자증권인 경우에는 청약일 이후에도 해당한다)까지는 해당 증권신고서의 기재사항 중 일부가 변경될 수 있다는 뜻
⑧ 정부가 증권신고서의 기재사항이 진실 또는 정확하다는 것을 인정하거나 해당 증권의 가치를 보증 또는 승인하는 것이 아니라는 뜻
⑨ 그 밖에 투자자를 보호하기 위하여 필요한 사항으로서 금융위원회가 정하여 고시하는 사항

투자설명서의 본문에는 다음의 사항을 기재하여야 한다(자령 제131조 제3항).

① 시행령 제125조 제1항에 따라 신고서를 제출하는 경우: 시행령 제125조 제1항 각 호의 사항
② 자본시장법 제119조 제2항 후단에 따라 일괄신고추가서류를 제출하는 경우: 제122조 제2항 각 호 및 제126조 제1항 제4호의 사항
③ 시행령 제127조 제1항에 따라 신고서를 제출하는 경우: 시행령 제127조 제1항 각 호의 사항
④ 시행령 제128조 제1항에 따라 신고서를 제출하는 경우: 시행령 제128조 제1항 각 호의 사항
⑤ 시행령 제129조에 따라 신고서를 제출하는 경우: 금융위원회가 정하여 고시하는 사항

〈전자공시제도〉

전자공시제도: 기업 등 공시의무자가 금융감독원의 전자공시시스템(DART 시스템 : Data Analysis, Retrieval and Transfer System)을 통하여 공시서류를 전자문서의 방법으로 제출하고, 일반인은 인터넷을 통하여 기업의 공시서류를 즉시 열람할 수 있는 제도를 말한다. 전자문서: 컴퓨터 등 정보처리능력을 가진 장치에 의하여 전자적인 형태로 작성되어 송·수신 또는 저장된 문서형식의 자료로서 표준화된 것을 말한다.

Ⅳ. 공시규제위반의 효력

1. 행정적 규제

(1) 행정조치

금융위원회는 다음의 어느 하나에 해당하는 경우에는 증권신고의 신고인, 증권의 발행인 · 매출인 또는 인수인 또는 주선인에 대하여 이유를 제시한 후 그 사실을 공고하고 정정을 명할 수 있으며, 필요한 때에는 그 증권의 발행 · 모집 · 매출, 그 밖의 거래를 정지 또는 금지하거나 대통령령으로 정하는 조치[23]를 할 수 있다. 이 경우 그 조치에 필요한 절차 및 조치기준은 총리령으로 정한다(자법 제132조).

① 증권신고서 · 정정신고서 또는 증권발행실적보고서를 제출하지 아니한 경우

---

23) 다음 각 호의 어느 하나에 해당하는 조치를 말한다(자령 138조).
1. 1년의 범위에서 증권의 발행 제한
2. 임원에 대한 해임권고
3. 법을 위반한 경우에는 고발 또는 수사기관에의 통보
4. 다른 법률을 위반한 경우에는 관련 기관이나 수사기관에의 통보
5. 경고 또는 주의

② 증권신고서 · 정정신고서 또는 증권발행실적보고서 중 중요사항에 관하여 거짓의 기재 또는 표시가 있거나 중요사항이 기재 또는 표시되지 아니한 경우
③ 자본시장법 제121조를 위반하여 증권의 취득 또는 매수의 청약에 대한 승낙을 한 경우
④ 투자설명서에 관하여 자본시장법 제123조 또는 제124조를 위반한 경우
⑤ 예비투자설명서 또는 간이투자설명서에 의한 증권의 모집 · 매출, 그 밖의 거래에 관하여 자본시장법 제124조 제2항을 위반한 경우
⑥ 자본시장법 제130조에 따른 조치를 하지 아니한 경우

(2) 과징금

금융위원회는 증권신고서 등의 부실기재로 배상책임을 질자가 ① 증권신고서 · 투자설명서, 그 밖의 제출서류 중 중요사항에 관하여 거짓의 기재 또는 표시를 하거나 중요사항을 기재 또는 표시하지 아니한 때 ② 증권신고서 · 투자설명서, 그 밖의 제출서류를 제출하지 아니한 경우에는 증권신고서상의 모집가액 또는 매출가액의 100분의 3(20억원을 초과하는 경우에는 20억원)을 초과하지 아니하는 범위에서 과징금을 부과할 수 있다(자법 제429조 제1항).

2. 형사상 제제

증권신고서를 제출하지 않고 증권을 공모한 자는 5년 이하의 징역이나 2억원 이하의 벌금에 처한다(자법 제444조 12호).

투자설명서를 금융위원회에 제출하지 아니하거나, 투자설명서를 미리 교부하지 아니하고 증권을 취득하게 하거나 매도한 자, 투자설명서의 방법에 대하여 규정한 자본시장법 제124조 제2항의 어느 하나에 해당하는 방법에 따르지 아니하고 청약의 권유 등을 한 자는 1년 이하의 징역 또는 3천만원 이하의 벌금에 처한다(자법 제446조 21호, 22호, 23호). 자본시장법 제132조상의 공시와 관련된 금융위원회의 처분을 위반한 자도 마찬가지이다(자법 제446조 제24호).

증권신고서 또는 일괄신고추가서류, 정정신고서, 투자설명서 중 중요사항에 관하여 거짓의 기재 또는 표시를 하거나 중요사항을 기재 또는 표시하지 아니한 자 및 그 중요사항에 관하여 거짓의 기재 또는 표시가 있거나 중요사항의 기재 또는 표시가 누락되어 있는 사실을 알고도 자본시장법 제119조 제5항에 따른 서명을 한 자와 그 사실을 알고도 이를 진실 또는 정확하다고 증명하여 그 뜻을 기재한 공인회계사·감정인 또는 신용평가를 전문으로 하는 자는 5년 이하의 징역이나 2억원 이하의 벌금에 처한다(자법 제444조 13호).

경미한 경우 과태료 부과도 인정되는데, 신고서를 제출하지 아니하는 모집·매출에 대하여 부과되는 조치를 하지 아니한 자(5천만원 이하), 증권발행실적보고서를 제출하지 아니하거나 거짓으로 작성하여 제출한 자(1000만원 이하)의 경우 과태료가 부과된다(자법 제449조 1항 36호, 2항 7호).

3. 민사상 제제

(1) 규제위반행위의 사법상 효력

증권신고서의 제출없이 공모를 행한 경우나 투자설명서를 교부하지 않고 계약을 체결한 경우는 법령위반행위에 해당한다. 일반적으로 법령위반행위의 사법상의 효력은 위반된 법령이 효력규정인 경우에는 무효이고, 단속규정인 경우에는 유효한 것으로 본다. 이에 따를 때 법령자체가 사법상 효력을 부정하는 경우에는 무효이겠으나, 그렇지 않은 경우에는 민법 103조의 공서양속에 위반하는지 여부를 기준으로 법령위반행위의 유·무효를 판단할 것이다.

증권신고서의 경우에 증권신고서가 제출되지 않았다고 하더라도 투자자와의 거래 그 자체가 공서양속에 반한 것은 아니기 때문에 증권의 매매가 성립한 경우 그 효력을 부정할 것은 아니다.

(2) 자본시장법상의 손해배상청구권

증권신고서와 투자설명서 중 중요사항에 관하여 거짓의 기재 또는 표시가 있거나 중요사항이 기재 또는 표시되지 아니함으로써 증권의 취득자가 손해를 입은 경우에는 발행인 등은 그 손해에 관하여 배상의 책임을 진다. 다만, 배상의 책임을 질자가 상당한 주의를 하였음에도 불구하고 이를 알 수 없었음을 증명하거나 그 증권의 취득자가 취득의 청약을 할 때에 그 사실을 안 경우에는 배상의 책임을 지지 아니한다(자법 제125조 제1항).[24]

증권신고서에는 정정신고서와 일괄신고서, 일괄신고서 추가서류도 포함되며, 투자설명서에는 예비투자설명서, 간이투자설명서 모두 포함된다.

여기서 투자자에게 오해를 불러일으키는 표시에 대하여 명시하고 있지 않지만 이러한 오인표시도 허위표시에 포함된다고 해석하여야 한다.

위 규정에서 손해배상청구의 요건으로서 중요성요건이 부과되어 있는데, 설명의무와 관련된 자본시장법 제47조에서 "투자자의 합리적인 투자판단과 해당 금융투자상품의 가치에 중대한 영향을 미칠 수 있는 사항" 을 중요사항으로 보고 있는데, 여기서도 이 기준에 따를 것이다.

손해배상청구시에 입증책임이 전환되어 발행인 등의 선의·무과실의 입증에 의한 면책을 인정한다. 또한 악의의 항변이 허용되는데 이를 위해 발행인 등이 원고의 악의를 입증해야 한다.

위 규정에 의한 손해배상청구권이 민법상 불법행위에 기한 손해배상청구권 행사를 배척하는 것이 아니다. 이 때 양 청구권은 청구권경합 관계에 있게 된다.

(3) 손해배상채무자

자본시장법에서는 손해배상채무자로 다음의 자를 들고 있다(자법 제125조 제1항).

① 그 증권신고서의 신고인과 신고 당시의 발행인의 이사(이사가 없는 경우 이에 준하는 자를 말하며, 법인의 설립 전에 신고된 경우에는 그 발기인을 말한다)

---

24) 개정 자법에서는 증권모집의 주선인에 대해서도 인수인과 동일한 증권신고서 부실기재에 따른 배상책임을 부담하도록 하여 증권의 인수 관련 제도를 정비하고 있다. 개정법 제125조(거짓의 기재 등으로 인한 배상책임) ① 5. 인수인 또는 주선인(인수인 또는 주선인이 2인 이상인 경우에는 대통령령으로 정하는 자를 말한다)

② 상법 제401조의 2 제1항 각 호의 어느 하나에 해당하는 자로서 그 증권신고서의 작성을 지시하거나 집행한 자. 이는 상법상 업무집행지시자에 대해서도 손해배상채무자로서의 지위를 인정한 것이다.
③ 그 증권신고서의 기재사항 또는 그 첨부서류가 진실 또는 정확하다고 증명하여 서명한 공인회계사·감정인 또는 신용평가를 전문으로 하는 자 등(그 소속단체를 포함한다) 대통령령으로 정하는 자. 여기서 공인회계사의 경우 「주식회사의 외부감사에 관한 법」 제17조에 의하여서도 같은 책임을 진다. 시행령에서는 변호사, 변리사, 세무사 등 공인된 자격을 가진 자를 추가하고 있다(자령 제135조 제1항).
④ 그 증권신고서의 기재사항 또는 그 첨부서류에 자기의 평가·분석·확인 의견이 기재되는 것에 대하여 동의하고 그 기재내용을 확인한 자
⑤ 그 증권의 인수인 또는 주선인(인수인 또는 주선인이 2인 이상인 경우에는 대통령령으로 정하는 자[25]를 말한다)
⑥ 그 투자설명서를 작성하거나 교부한 자
⑦ 매출의 방법에 의한 경우 매출신고 당시의 그 매출되는 증권의 소유자

(4) 손해배상청구권자

손해배상청구권자는 증권취득자이다. 부실기재로 인하여 손해를 입었다는 점에서는 1차로 취득한 자와 그 후에 취득한 전득자를 차별할 합리적인 이유가 없으므로 손해배상청구권자에는 최초의 취득자에 한정하지 않고 전득자도 포함된다.

시장에서 매수한 자도 여기서의 증권취득자에 포함시킬 것인가가 문제인데, 대법원은 당해 증권을 유통시장에서 취득한 자는 일반 불법행위는 몰라도 자

25) 자령 제135조 ② 법 제125조 제1항 제5호에서 "대통령령으로 정하는 자"란 다음 각 호의 어느 하나에 해당하는 자를 말한다.
1. 발행인 또는 매출인으로부터 직접 증권의 인수를 의뢰받아 인수조건 등을 정하는 인수인
2. 발행인 또는 매출인으로부터 인수 외의 방법으로 그 발행인 또는 매출인을 위하여 해당 증권의 모집·사모·매출을 할 것을 의뢰받거나 그 밖에 직접 또는 간접으로 증권의 모집·사모·매출을 분담할 것을 의뢰받아 그 조건 등을 정하는 주선인

본시장법상(구증권거래법상)의 책임은 물을 수 없다는 견해를 취한다.[26]

(5) 예측정보와 손해배상책임

장래실적에 대한 전망과 기업의 재무구조나 영업활동에 관한 설명·의견 등과 같은 예측정보에 대하여는 정보의 미확정성을 고려하여 손해배상책임에 관한 특례규정이 적용된다.

예측정보가 다음에 따라 기재 또는 표시된 경우에는 그 손해에 관하여 배상의 책임을 지지 아니한다. 다만, 그 증권의 취득자가 취득의 청약 시에 예측정보 중 중요사항에 관하여 거짓의 기재 또는 표시가 있거나 중요사항이 기재 또는 표시되지 아니한 사실을 알지 못한 경우로서 발행인 등에게 그 기재 또는 표시와 관련하여 고의 또는 중대한 과실이 있었음을 증명한 경우에는 배상의 책임을 진다(자법 제125조 제2항).

① 그 기재 또는 표시가 예측정보라는 사실이 밝혀져 있을 것
② 예측 또는 전망과 관련된 가정이나 판단의 근거가 밝혀져 있을 것
③ 기재 또는 표시가 합리적 근거나 가정에 기초하여 성실하게 행하여졌을 것
④ 그 기재 또는 표시에 대하여 예측치와 실제 결과치가 다를 수 있다는 주의문구가 밝혀져 있을 것

그러나 위 예측정보에 대한 특례규정은 주권비상장법인이 최초로 주권을 모집 또는 매출하기 위하여 증권신고서를 제출하는 경우에는 적용하지 아니한다(자법 제125조 제3항). 최초공모를 면책거래에서 제외하는 취지는 증권시장에 대한 공시경험이 없는 회사의 경우 예측정보를 지나치게 많이 포함하여 공시하는 것을 억제함으로써 투자자를 보호하기 위한 것이다.[27]

(6) 손해배상액

손해배상액과 관련하여 다양한 요인에 의하여 결정되는 주가의 등락분 중

26) 대법원 2002.5.14. 선고 99다48979 판결.
27) 임재연, 앞의 책, 428면.

부실공시로 인한 하락분을 가려내어 그 인과관계를 입증하는 것이 어렵기 때문에 손해배상액을 법정하고 있다.[28)]

손해배상액은 청구권자가 해당 증권을 취득함에 있어서 실제로 지급한 금액에서 다음의 어느 하나에 해당하는 금액을 뺀 금액으로 추정한다(자법 제126조 제1항).

① 자본시장법 제125조에 따라 손해배상을 청구하는 소송의 변론이 종결될 때의 그 증권의 시장가격(시장가격이 없는 경우에는 추정처분가격을 말한다)

② ①의 변론종결 전에 그 증권을 처분한 경우에는 그 처분가격

다만 배상책임을 질 자는 청구권자가 입은 손해액의 전부 또는 일부가 중요사항에 관하여 거짓의 기재 또는 표시가 있거나 중요사항이 기재 또는 표시되지 아니함으로써 발생한 것이 아님을 증명한 경우에는 그 부분에 대하여 배상책임을 지지 아니한다(자법 제126조 제2항).

(7) 배상청구권의 소멸

손해배상의 책임은 그 청구권자가 해당 사실을 안 날부터 1년 이내 또는 해당 증권에 관하여 증권신고서의 효력이 발생한 날부터 3년 이내에 청구권을 행사하지 아니한 경우에는 소멸한다(자법 제127조).

4. 증권관련 집단소송

(1) 의의

증권의 거래과정에서 발생한 집단적인 피해를 효율적으로 규제하고, 이를 통하여 기업의 투명성을 높이기 위하여 증권집단소송에 대해서 민사소송법에 대한 특례를 정하는 것을 목적으로 증권관련 집단소송법을 제정하여 2005. 1. 1.부터 시행하고 있다.

---

28) 시세조종행위시에 인정되는 손해배상액과는 차이가 있다. 시세조종행위시에 손해배상액은 취득가액과 정상가액의 차액을 기준으로 한다.

(2) 기본사항

증권관련 집단소송이란 증권의 매매 그 밖의 거래과정에서 다수인에게 피해가 발생한 경우 그 중의 1인 또는 수인이 대표당사자가 되어 수행하는 손해배상청구소송을 말한다. 증권관련 집단소송에는 변호사 강제주의가 적용되어 원고와 피고는 변호사를 소송대리인으로 선임하여야 한다.

여기서 총원이란 손해의 보전에 있어서 공통의 이해관계를 가지는 피해자 전원이며, 구성원이란 총원을 구성하는 각각의 피해자를 말한다. 대표당사자는 법원의 허가를 얻어 총원을 위하여 증권관련 집단소송절차를 수행하는 1인 또는 수인의 구성원이다. 대표당사자는 구성원 중 그 증권관련 집단소송으로 인하여 얻을 수 있는 경제적 이익이 가장 큰 자 등 총원의 이익을 공정하고 적절히 대표할 수 있는 구성원이다(증권관련 집단소송법 제11조).

제외신고는 구성원이 증권관련 집단소송에 관한 판결 등의 기판력을 받지 않겠다는 의사를 법원에 신고하는 것이다.

(3) 소제기의 절차

1) 적용범위

증권관련 집단소송의 소는 다음에 해당하는 손해배상청구에 한하여 제기할 수 있다(증권관련 집단소송법 제3조 제1항).

① 자본시장법 제125조에 따른 손해배상청구(발행시장에서의 공시의무위반으로 인한 손해배상책임).

② 자본시장법 제162조(제161조에 따른 주요사항보고서의 경우를 제외한다)에 따른 손해배상청구(유통시장에서의 공시의무위반으로 인한 손해배상책임)

③ 자본시장법 제175조, 제177조 또는 제179조에 따른 손해배상청구(미공개정보이용금지위반 및 시세조종금지위반으로 인한 손해배상책임)

④ 자본시장법 제170조에 따른 손해배상청구[감사인(주식회사의 외부감사에 관한 법률)의 손해배상책임]

위 손해배상청구는 주권상장법인이 발행한 증권의 매매 그 밖의 거래로 인한 것이어야 한다.

2) 소송허가요건

증권관련 집단소송사건은 다음의 요건을 구비하여야 한다(증권관련 집단소송법 제12조 제1항).

① 구성원이 50인 이상이고, 청구의 원인이 된 행위 당시를 기준으로 이 구성원의 보유증권의 합계가 피고 회사의 발행증권 총수의 1만분의 1 이상일 것

② 제3조 제1항 각호의 손해배상청구로서 법률상 또는 사실상의 중요한 쟁점이 모든 구성원에게 공통될 것

③ 증권관련 집단소송이 총원의 권리실현이나 이익보호에 적합하고 효율적인 수단일 것

④ 제9조의 규정에 의한 소송허가신청서의 기재사항 및 첨부서류에 흠결이 없을 것

증권관련 집단소송의 소가 제기된 후 위 요건을 충족하지 못하게 된 경우에도 제소의 효력에는 영향이 없다.

3) 소의 취하·화해 또는 청구포기의 제한

증권관련 집단소송에 있어서 소의 취하, 소송상의 화해 또는 청구의 포기는 법원의 허가를 받지 아니하면 그 효력이 없고, 법원은 소의 취하, 소송상의 화해 또는 청구의 포기의 허가에 관한 결정을 하고자 하는 때에는 미리 구성원에게 이를 고지하여 의견을 진술할 기회를 부여하여야 한다(증권관련 집단소송법 제35조). 이는 상소의 취하·상소권의 포기에도 준용된다고 본다.

(4) 분배절차

1) 의의

증권관련 집단소송법상 판결절차에서는 손해액의 총액만 산정하고, 구성원

의 개별적인 몫은 별도의 분배절차에 의한다. 분배법원과 관련하여, 분배에 관한 법원의 처분·감독 및 협력 등은 제1심 수소법원의 전속관할로 한다(증권관련 집단소송법 제39조).

2) 권리실행

대표당사자는 집행권원을 취득한 때에는 지체없이 그 권리를 실행하여야 하며, 대표당사자는 권리실행으로 금전 등을 취득한 경우에는 대법원규칙이 정하는 바에 의하여 이를 보관하여야 하며, 대표당사자는 권리실행이 종료된 때에는 그 결과를 법원에 보고하여야 한다(증권관련 집단소송법 제40조).

3) 분배관리인의 신임

법원은 직권 또는 대표당사자의 신청에 의하여 분배관리인을 선임하여야 한다. 분배관리인은 법원의 감독하에 권리실행으로 취득한 금전 등의 분배업무를 행한다(증권관련 집단소송법 제41조).

4) 분배계획안의 작성

분배관리인은 법원이 정한 기간 이내에 분배계획안을 작성하여 법원에 제출하여야 한다.

분배계획안에는 다음의 사항을 기재하여야 한다(증권관련 집단소송법 제42조 제2항).

① 총원의 범위와 채권의 총액
② 집행권원의 표시금액, 권리실행금액 및 분배할 금액
③ 제44조 제1항의 규정에 의한 공제항목과 그 금액
④ 분배의 기준과 방법
⑤ 권리신고의 기간·장소 및 방법
⑥ 권리확인방법
⑦ 분배금의 수령기간·수령장소 및 수령방법
⑧ 그 밖에 필요하다고 인정되는 사항

5) 분배의 기준

분배의 기준은 판결이유 중의 판단이나 화해조서 또는 인낙조서의 기재내용에 의한다. 권리신고기간 내에 신고하여 확인된 권리의 총액이 분배할 금액을 초과하는 경우에는 안분비례의 방법에 의한다(증권관련 집단소송법 제43조).

6) 분배에서 제외하는 비용

분배관리인은 권리실행으로 취득한 금액에서 다음의 비용을 공제할 수 있다(증권관련 집단소송법 제44조).

① 소송비용 및 변호사 보수
② 권리실행비용
③ 분배비용(분배관리인에 대하여 지급하는 상당하다고 인정되는 액수의 보수를 포함한다)

제2장 유통시장의 규제

제1절 서설

유통시장은 거래소시장과 장외시장으로 나눌 수 있다. 종래 거래소와 관련된 시장으로는 증권거래소의 유가증권시장, 한국증권업협회의 협회중개시장,[29] 선물거래소의 선물시장이 있었는데, 「한국증권선물거래소법」은 각각 독자적으로 운영되던 3개의 시장을 한국증권선물거래소라는 하나의 법인에 통합하여 운영하도록 하였다. 그러나 「한국증권선물거래소법」은 자본시장법에 통합되었고, 자본시장법상 한국거래소로 명칭이 변경되었으며, 통합거래소하에서도 3개의 시장은 당분간은 독자적으로 운영될 예정이다.

장외시장은 점두시장(OTC)과 직접거래시장으로 나누어진다. 점두시장은 투자매매업자나 투자중개업자의 창구를 통하여 거래가 이루어지는 것을 말하고, 직접거래시장은 당사자 간의 직접거래를 위한 것으로 자본시장법의 적용범위 밖에 있다.

유통시장의 규제는 유통을 위한 상장제도와 유통공시제도로 나누어 볼 수 있다. 유통공시제도는 정기공시(사업보고서·반기보고서·분기보고서)와 수시공시(주요사항보고서·거래소 수시공시)로 나누어진다.

제2절 한국거래소

Ⅰ. 서설

종래의 증권거래소는 증권회사를 회원으로 하는 회원제법인으로서 여기에는 민법상 사단법인에 관한 규정이 준용되었다. 그 외 한국증권업협회의 협회중개시장이 있었고, 한국선물거래소가 있어 미국달러선물, 양도성예금증서금리선

29) 한국증권업협회가 자회사인 (주)코스닥증권시장을 통하여 운영하였는데, 증권거래법 개정으로 코스닥시장으로 명칭이 변경되었다.

물, 금선물 등의 상품선물과 현물시장·선물시장의 통합방침에 따라 2004년 이래 모든 주가지수상품이 한국선물거래소에서 거래되었다.

한국거래소는 종래 한국증권거래소·한국증권업협회 및 한국선물거래소에 분산되어 있는 유가증권의 매매거래 및 선물거래에 관한 업무를 한국거래소로 통합함으로써 자본시장에서의 거래비용을 절감하고, 이용자의 편의를 도모하여 국민경제의 건전한 발전에 이바지하기 위하여 설립되었다.

자본시장법 제373조에서 한국거래소의 설립취지에 대하여 "증권 및 장내파생상품의 공정한 가격형성과 그 매매, 그 밖의 거래의 안정성 및 효율성을 도모하기 위하여 설립되었다." 고 규정하고 있다.

Ⅱ. 주식회사제의 채택

종래의 증권거래소는 회원제조직으로서 거래권과 소유권이 일치하였으나, 「한국증권선물거래소법」은 거래권과 소유권을 분리하여 영리목적의 주식회사제를 채택하였으며, 자본시장법에서도 같은 태도이다.[30] 다만 주식회사의 영리성과 결합하여 독점의 폐해가 발생할 수 있으므로 「한국증권선물거래소법」은 이에 대한 보완책으로 사외이사의 과반수선임, 이사장에 대한 금융위의 해임요구권, 동일인 주식보유의 5% 제한 등의 규제규정을 두고 있었다. 지금은 자본시장법에서 임원의 자격 등에 대하여 규정하고 있다.[31]

---

30) 자법 제375조(자본금 등) ① 거래소는 자본금 1천억원 이상의 주식회사로 한다.
② 거래소는 본점을 부산광역시에 두고, 필요한 곳에 지점을 둘 수 있다(개정 자법에서는 제373조의2에서 규정).

31) 자법 제380조(임원) ① 거래소에 15인 이내로 다음 각 호의 임원을 둔다.
1. 이사장 1인
2. 상근이사인 감사위원회 위원 1인
3. 시장감시위원장 1인
4. 이사 12인 이내
② 임원의 임기는 3년으로 하며, 정관이 정하는 바에 따라 연임할 수 있다.
③ 이사장은 대통령령으로 정하는 금융에 관한 경험과 지식을 갖추고 거래소의 건전한 경영과 공정한 거래질서를 해할 우려가 없는 자 중에서 제385조 제1항에 따른 이사후보추천위원회(이하 "후보추천위원회" 라 한다)의 추천을 받아 주주총회에서 선임한다.
④ 금융위원회는 제3항에 따라 선임된 이사장이 직무수행에 부적합하다고 인정되는 경우로서 대통령령으로 정하는 경우에는 그 선임된 날부터 1개월 이내에 그 사유를 구체적으로 밝혀 해임을 요구할

수 있다. 이 경우 해임 요구된 이사장의 직무는 정지되며, 거래소는 2개월 이내에 이사장을 새로 선임하여야 한다.
⑤ 거래소의 사외이사(상시적인 업무에 종사하지 아니하는 자로서 거래소의 정관이 정하는 요건을 갖춘 자를 말한다. 이하 이 장에서 같다)와 상근이사인 감사위원회의 위원은 후보추천위원회의 추천을 받아 주주총회에서 각각 선임한다. 이 경우 최대주주와 그 특수관계인, 그 밖에 대통령령으로 정하는 자가 소유하는 거래소의 의결권 있는 주식의 합계가 거래소의 의결권 있는 발행주식총수의 100분의 3(정관으로 그 비율을 더 낮게 정한 경우에는 그 비율로 한다)을 초과하는 경우 그 주주는 그 초과하는 주식에 관하여 상근이사인 감사위원회 위원의 선임 및 해임에 있어서는 의결권을 행사하지 못한다.
⑥ 제26조 제3항 각 호의 어느 하나에 해당하는 자는 거래소의 상근이사인 감사위원회의 위원이 될 수 없으며, 상근이사인 감사위원회의 위원이 된 후 이에 해당하게 된 경우에는 그 직을 상실한다. 다만, 거래소의 상근이사인 감사위원회의 위원으로 재임 중이거나 재임하였던 자는 제26조 제3항 제2호에 불구하고 상근이사인 감사위원회의 위원이 될 수 있다.
제381조(이사회) ① 거래소에 제380조 제1항 각 호의 자로 구성되는 이사회를 둔다. 이 경우 사외이사가 이사회의 과반수를 구성하도록 하여야 한다.
② 거래소 이사회의 효율적인 업무수행을 위하여 이사회 내에 각 시장별로 이사회가 위임한 사항을 심의·결의하는 「상법」 제393조의2에 따른 이사회 내 위원회로서 소위원회를 설치한다.
③ 그 밖에 이사회 및 소위원회의 구성 및 운영에 관하여 필요한 사항은 정관으로 정한다.
제382조(임원의 자격 등) ① 제24조는 거래소의 임원에게 준용한다.
② 제25조 제5항(제1호 및 제2호를 제외한다)은 거래소의 사외이사에게 준용한다(개정 자법에서는 ③을 신설하고 있다. <신설> ③ 거래소의 임원은 둘 이상의 거래소의 임원의 지위를 겸직하여서는 아니 된다.)
제383조(정보이용금지 등) ① 거래소의 임직원 및 임직원이었던 자는 그 직무에 관하여 알게 된 비밀을 누설 또는 이용하여서는 아니 된다.
② 거래소의 상근 임직원은 금융투자업자 및 금융투자업관계기관과 자금의 공여, 손익의 분배, 그 밖에 영업에 관하여 대통령령으로 정하는 특별한 이해관계를 가져서는 아니 된다.
③ 제63조는 거래소의 임직원에게 준용한다.
제384조(감사위원회) ① 거래소에 감사위원회를 설치하여야 한다.
② 제26조 제2항부터 제6항까지의 규정은 감사위원회에 준용한다.
제385조(이사후보추천위원회) ① 거래소에 이사장·사외이사의 적정한 선임을 위하여 후보추천위원회를 둔다.
② 이사장은 다음 각 호의 자를 후보추천위원회 위원으로 위촉하며, 후보추천위원회의 위원장은 위원 간의 호선으로 선출한다.
1. 사외이사인 이사 5인
2. 협회가 추천하는 2인
3. 대통령령으로 정하는 유가증권시장의 주권상장법인 대표 1인
4. 대통령령으로 정하는 코스닥시장의 주권상장법인 대표 1인(개정 자법 2인)
③ 후보추천위원회의 구성 및 운영에 관하여 필요한 사항은 정관으로 정한다.

Ⅲ. 개설 시장

거래소가 개설하는 금융투자상품 거래소시장은 ① 증권시장 ② 파생상품시장이 있다. 거래소는 시장을 효율적으로 관리하기 위하여 증권시장 또는 파생상품시장별로 둘 이상의 금융투자상품시장을 개설하여 운영할 수 있다(자법 제386조 제1항).

Ⅳ. 회원

1. 회원의 자격

거래소의 회원이 될 수 있는 자는 투자매매업 또는 투자중개업의 인가를 받은 자로 한다(회원관리규정 제4조).

2. 회원의 구분

자본시장법상 회원은 다음과 같이 구분한다(자법 제387조 제2항).

① 거래소 결제회원
② 매매전문회원
③ 그 밖에 대통령령으로 정하는 회원[32]

거래소의 회원은 참가할 수 있는 시장 및 매매거래할 수 있는 금융투자상품의 범위에 따라 다음과 같이 구분된다(회원관리규정 제3조 제1항).

① 증권회원: 증권시장에서 증권의 매매거래에 참가할 수 있는 자
② 지분증권전문회원: 증권시장에서 지분증권(집합투자증권은 제외한다)의 매매거래에 참가할 수 있는 자
③ 채무증권전문회원: 증권시장에서 채무증권의 매매거래에 참가할 수 있는 자

32) 자령 제359조에 따르면 다음과 같이 구분된다. 1. 증권회원 2. 파생상품회원 3. 증권시장 내의 일부 시장이나 일부 종목에 대하여 결제나 매매에 참가하는 회원 4. 파생상품시장 내의 일부 시장이나 일부 품목에 대하여 결제 또는 매매에 참가하는 회원 5. 그 밖에 회원관리규정으로 정하는 회원

④ 파생상품회원: 파생상품시장에서 장내파생상품거래에 참가할 수 있는 자
⑤ 주권기초파생상품전문회원: 파생상품시장에서 주권을 기초자산으로 하는 장내파생상품거래에 참가할 수 있는 자

거래소회원은 거래소에 대하여 증권의 매매거래 또는 장내파생상품거래에 대한 결제이행책임의 부담 여부에 따라 다음과 같이 구분된다(회원관리규정 제3조 제2항).

① 결제회원: 자기의 명의로 성립된 증권의 매매거래나 장내파생상품거래에 대하여 자기의 명의로 결제를 하는 회원
② 매매전문회원: 자기의 명의로 성립된 증권의 매매거래나 장내파생상품거래에 따른 결제를 결제회원에게 위탁하는 회원

Ⅴ. 업무

거래소는 정관에서 정하는 바에 따라 다음의 업무를 행한다(자법 제377조 제1항). 다만, ③ 및 ④의 업무는 금융위원회로부터 청산기관 또는 결제기관으로 지정된 거래소로 한정한다.

① 거래소시장의 개설·운영에 관한 업무
② 증권 및 장내파생상품의 매매에 관한 업무
③ 증권 및 장내파생상품의 거래에 따른 매매확인, 채무인수, 차감, 결제증권·결제품목·결제금액의 확정, 결제이행보증, 결제불이행에 따른 처리 및 결제지시에 관한 업무
④ 장내파생상품의 매매거래에 따른 품목인도 및 대금지급에 관한 업무
⑤ 증권의 상장에 관한 업무
⑥ 장내파생상품 매매의 유형 및 품목의 결정에 관한 업무
⑦ 상장법인의 신고·공시에 관한 업무
⑧ 증권 또는 장내파생상품 매매 품목의 가격이나 거래량이 비정상적으로 변동하는 거래 등 대통령령으로 정하는 이상거래의 심리 및 회원(거래소가 개설한 유가증권시장·코스닥시장 또는 파생상품시장에서의 거래에 참가할 수 있는 자로서 자법 제387조 제1항의 회원관리규정에 따른 자를

말한다)의 감리에 관한 업무

⑨ 증권의 경매업무

⑩ 거래소시장 등에서의 매매와 관련된 분쟁의 자율조정(당사자의 신청이 있는 경우에 한한다)에 관한 업무

⑪ 유가증권시장 · 코스닥시장 또는 파생상품시장의 개설에 수반되는 부대업무

⑫ 금융위원회의 승인을 받은 업무

⑬ 그 밖에 정관에서 정하는 업무

거래소는 위 업무 외에 다른 업무를 할 수 없다. 다만, 다음의 어느 하나에 해당하는 경우에는 그러하지 아니하다(자법 제377조 제2항).

① 이 법 또는 다른 법령에서 거래소가 운영할 수 있도록 한 업무를 행하는 경우

② 인가를 받아 금융투자상품거래청산업을 영위하는 경우

Ⅵ. 장외거래시장

장외거래는 거래소 밖에서 이루어지는 거래를 총칭한다. 상장주권의 경우에도 거래소의 업무규정에서 정한 매매수량단위 미만의 단주는 장외에서 거래된다.

장외거래는 증권회사를 통하지 않는 투자자간의 직·간접적인 거래와 증권회사의 창구를 통한 거래(Over-The-Counter Market: OTC)로 분류되는데, 전자는 완전히 매매당사자간의 합의에 의하여 성립하는 거래로서 증권관련법의 규제대상이 되지 않는다.

증권 중 채권은 주식과 달리 그 특성상 거래소시장보다는 장외거래의 비중이 크다. 채권의 장외거래로는 증권회사 창구에서의 대량매매거래, 소액채권, 세금우대채권 매매, 환매조건부 매매 등이 있다.

장외시장 중 호가중개시장[K- OTC : 이전의 프리보드(Free Board)]이란[33] 거래소의 상장요건을 충족하지 못하여 정규시장에서 거래되지 못하거

33) 프리보드가 K-OTC로 개편되면서 임의지정제도를 도입하였다. 이는 금융감독원에 사업보고서를 제출하는 기업에 대해서는 해당기업이 주식거래요청을 하지 않아도 금융투자협회가 임의로 이 회사의 주식을 K-OTC 시장을 통해 거래할 수 있다고 지정하는 제도이다.

나, 상장이 폐지된 주식을 거래하기 위한 시장이다. 호가중개시장에서는 금융투자협회가 지정하는 법인의 주식에 대해서만 거래를 하게 되는데, 이는 장외매매거래를 위하여 금융투자협회가 운영하는 시장으로서 점두시장(OTC)에서 거래되는 주식의 거래편의성, 안정성을 도모하고자 조직화 되었다.

개정 자본시장법(자법 제166조의 3)에서는 다음에 보는 바와 같이 금융투자업자에게 장외거래의 청산의무를 부과하여 불법 장외거래에 대한 규제를 강화하고 있다.

Ⅶ. 시장관련규정의 개정

유통시장의 경쟁과 효율성을 촉진하고, 장외거래의 결제불이행 위험 등을 축소하는 등 자본시장 인프라를 개혁해 나가가 위해 다음과 같이 시장관련규정을 개정하였다.34)

---

34) 개정 자법 제8조의2(금융투자상품시장 등) ① 이 법에서 "금융투자상품시장"이란 증권 또는 장내파생상품의 매매를 하는 시장을 말한다.
② 이 법에서 "거래소"란 증권 및 장내파생상품의 공정한 가격 형성과 그 매매, 그 밖의 거래의 안정성 및 효율성을 도모하기 위하여 제373조의2에 따른 금융위원회의 허가를 받아 금융투자상품시장을 개설하는 자를 말한다.
③ 이 법에서 "거래소시장"이란 거래소가 개설하는 금융투자상품시장을 말한다.
④ 거래소시장은 다음 각 호와 같이 구분한다.
1. 증권시장: 증권의 매매를 위하여 거래소가 개설하는 시장
2. 파생상품시장: 장내파생상품의 매매를 위하여 거래소가 개설하는 시장
⑤ 이 법에서 "다자간매매체결회사"란 정보통신망이나 전자정보처리장치를 이용하여 동시에 다수의 자를 거래상대방 또는 각 당사자로 하여 다음 각 호의 어느 하나에 해당하는 매매가격의 결정방법으로 증권시장에 상장된 주권, 그 밖에 대통령령으로 정하는 증권(이하 "매매체결대상상품"이라 한다)의 매매 또는 그 중개·주선이나 대리 업무(이하 "다자간매매체결업무"라 한다)를 하는 투자매매업자 또는 투자중개업자를 말한다.
1. 경쟁매매의 방법(매매체결대상상품의 거래량이 대통령령으로 정하는 기준을 넘지 아니하는 경우로 한정한다)
2. 매매체결대상상품이 상장증권인 경우 해당 거래소가 개설하는 증권시장에서 형성된 매매가격을 이용하는 방법
3. 그 밖에 공정한 매매가격 형성과 매매체결의 안정성 및 효율성 등을 확보할 수 있는 방법으로서 대통령령으로 정하는 방법

제9조 ㉕ 이 법에서 "금융투자상품거래청산업"이란 금융투자상품거래청산회사가 금융투자업자, 그 밖에 대통령령으로 정하는 자(이하 "청산대상업자"라 한다)를 상대방으로 하여, 청산대상업자가 대통령

령으로 정하는 금융투자상품의 거래(이하 "청산대상거래"라 한다)를 함에 따라 발생하는 채무를 채무인수, 경개(更改), 그 밖의 방법으로 부담하는 것을 영업으로 하는 것을 말한다.

㉖ 이 법에서 "신용평가업"이란 다음 각 호의 어느 하나에 해당하는 것에 대한 신용상태의 평가(이하 "신용평가"라 한다)를 하여 그 결과에 대하여 기호, 숫자 등을 사용하여 표시한 등급(이하 "신용등급"이라 한다)을 부여하고 그 신용등급을 발행인, 인수인, 투자자, 그 밖의 이해관계자에게 제공하거나 열람하게 하는 행위를 영업으로 하는 것을 말한다.

1. 금융투자상품
2. 기업·집합투자기구, 그 밖에 대통령령으로 정하는 자

제78조(다자간매매체결회사에 관한 특례) ① 다자간매매체결회사는 다자간매매체결업무를 함에 있어서 다음 각 호의 사항에 대하여 대통령령으로 정하는 업무기준을 준수하여야 한다.

1. 매매체결대상상품 및 다자간매매체결회사에서의 거래에 참가하는 자(이하 이 조, 제402조 및 제404조에서 "거래참가자"라 한다)에 관한 사항
2. 매매체결대상상품의 매매정지 및 그 해제에 관한 사항
3. 매매확인 등 매매계약의 체결에 관한 사항과 채무인수·차감 및 결제방법·결제책임 등 청산·결제에 관한 사항
4. 증거금 등 거래참가자의 매매수탁에 관한 사항
5. 매매체결대상상품의 발행인 등의 신고·공시에 관한 사항
6. 매매결과의 공표 및 보고에 관한 사항
7. 다자간매매체결업무의 개폐·정지 및 중단에 관한 사항
8. 그 밖에 다자간매매체결업무의 수행과 관련하여 필요한 사항

② 제40조, 제72조, 제73조 및 제419조 제2항부터 제4항까지의 규정은 다자간매매체결회사에는 적용하지 아니한다.

③ 금융위원회가 지정하는 거래소(이하 이 조, 제402조 및 제404조에서 "지정거래소"라 한다)는 다자간매매체결회사에서의 투자자 보호 및 건전한 거래질서를 위하여 다음 각 호의 사항을 감시할 수 있다.

1. 매매체결대상상품의 매매에 관한 청약 또는 주문이나 거래참가자가 다자간매매체결회사에 제출하는 호가의 상황
2. 매매체결대상상품에 관련된 풍문·제보나 보도
3. 매매체결대상상품의 발행인 등에 관한 신고 또는 공시
4. 그 밖에 매매체결대상상품의 가격 형성이나 거래량에 영향을 미치는 상황 또는 요인으로서 대통령령으로 정하는 것

④ 지정거래소는 다음 각 호의 어느 하나에 해당하는 경우에는 거래참가자에게 그 사유를 밝힌 서면으로 관련 자료의 제출을 요청하거나, 거래참가자에 대하여 그와 관련된 업무·재산상황·장부·서류, 그 밖의 물건을 감리할 수 있다. 이 경우 제404조 제2항 및 제3항을 준용한다.

1. 제377조 제1항 제8호에서 정하는 이상거래의 혐의가 있다고 인정되는 매매체결대상상품의 종목 또는 매매 품목의 거래상황을 파악하기 위한 경우
2. 거래참가자가 제1항에 따른 업무기준을 준수하는지를 확인하기 위한 경우

⑤ 누구든지 다음 각 호의 어느 하나에 해당하는 경우를 제외하고는 다자간매매체결회사의 의결권 있는 발행주식총수의 100분의 15를 초과하여 다자간매매체결회사가 발행한 주식을 소유할 수 없다. 이 경우 제406조제2항부터 제4항까지 및 제407조를 준용한다.

1. 집합투자기구가 소유하는 경우(사모집합투자기구가 소유하는 경우를 제외한다)
2. 외국 다자간매매체결회사(외국 법령에 따라 외국에서 다자간매매체결회사에 상당하는 기능을 수행하는 자를 말한다. 이하 이 항에서 같다)와의 제휴를 위하여 필요한 경우로서 금융위원회의 승인을 받은 경우

3. 정부, 그 밖에 대통령령으로 정하는 기관이 소유하는 경우
4. 대통령령으로 정하는 금융기관 또는 외국 다자간매매체결회사가 금융위원회의 승인을 받아 발행주식총수의 100분의 30까지 주식을 소유하는 경우
5. 제4호에 따른 금융기관이 공동으로 주식을 소유하면서 「외국인투자 촉진법」에 따른 외국인 및 비금융회사(대통령령으로 정하는 금융업이 아닌 업종을 영위하는 회사를 말한다)의 다자간매매체결회사에 대한 주식보유비율을 초과하여 주식을 소유하는 경우로서 금융위원회의 승인을 받은 경우
6. 거래소가 해당 다자간매매체결회사의 발행주식총수를 소유하는 경우
7. 그 밖에 다자간매매체결회사의 공정한 운영을 해할 우려가 없는 경우로서 대통령령으로 정하는 경우

⑥ 제383조 제1항 · 제2항, 제408조 및 제413조는 다자간매매체결회사에 준용한다.

⑦ 다자간매매체결회사의 업무방법 및 절차, 그 밖에 공정한 매매가격 형성과 매매체결의 안정성 및 효율성 등의 확보를 위하여 필요한 세부사항은 대통령령으로 정한다.

제373조(무허가 시장개설행위 금지) 누구든지 이 법에 따른 거래소허가를 받지 아니하고는 금융투자상품시장을 개설하거나 운영하여서는 아니 된다. 다만, 다음 각 호의 어느 하나에 해당하는 경우에는 그러하지 아니하다.

1. 종합금융투자사업자가 제77조의3 제4항 제2호에 따라 증권시장에 상장되지 아니한 주권, 그 밖에 대통령령으로 정하는 금융투자상품의 장외매매 또는 그 중개 · 주선이나 대리 업무를 하는 경우
2. 다자간매매체결회사가 제78조에 따라 다자간매매체결업무를 하는 경우
3. 협회가 제286조 제1항 제5호에 따라 증권시장에 상장되지 아니한 주권의 장외매매거래에 관한 업무를 하는 경우
4. 그 밖에 거래소 외의 자가 금융투자상품의 매매체결에 관한 업무를 수행하더라도 공정한 가격 형성, 매매 그 밖의 거래의 안정성 및 효율성의 도모 및 투자자의 보호에 우려가 없는 경우로서 대통령령으로 정하는 경우

제373조의2(거래소의 허가) ① 금융투자상품시장을 개설하거나 운영하려는 자는 다음 각 호의 사항을 구성요소로 하여 대통령령으로 정하는 시장개설 단위의 전부나 일부를 선택하여 금융위원회로부터 하나의 거래소허가를 받아야 한다.

1. 매매의 대상이 되는 금융투자상품의 범위(증권 및 장내파생상품을 말하되, 증권 중 주권, 그 밖에 대통령령으로 정하는 것을 포함한다)
2. 회원(거래소시장에서의 거래에 참가할 수 있는 자로서 제387조 제1항의 회원관리규정에 따른 자를 말한다. 이하 같다)이 되는 자의 범위

② 제1항에 따라 거래소허가를 받으려는 자는 다음 각 호의 요건을 모두 갖추어야 한다.

1. 「상법」에 따른 주식회사일 것
2. 거래소허가 단위별로 1천억원 이상으로서 대통령령으로 정하는 금액 이상의 자기자본을 갖출 것
3. 사업계획이 타당하고 건전할 것
4. 투자자의 보호가 가능하고 금융투자상품시장을 개설 · 운영하기에 충분한 인력과 전산설비, 그 밖의 물적 설비를 갖출 것
5. 정관, 회원관리규정 · 증권시장업무규정 · 파생상품시장업무규정 · 상장규정 · 공시규정 · 시장감시규정 · 분쟁조정규정, 그 밖의 업무에 관한 규정(이하 제373조의7에서 "정관등" 이라 한다)이 법령에 적합하고, 증권 및 장내파생상품의 공정한 가격 형성과 매매 그 밖의 거래의 안정성 및 효율성을 도모하며 투자자의 보호를 위하여 충분할 것
6. 임원이 제24조에 적합할 것
7. 대주주(제12조 제2항 제6호 가목의 대주주를 말한다)가 충분한 출자능력, 건전한 재무상태 및 사회적 신용을 갖출 것

8. 이해상충방지체계를 구축하고 있을 것

③ 제2항의 허가요건에 관하여 필요한 세부사항은 대통령령으로 정한다.

제373조의3(허가의 신청 및 심사) ① 제373조의2 제1항에 따른 허가를 받으려는 자는 허가신청서를 금융위원회에 제출하여야 한다.

② 금융위원회는 제1항의 허가신청서를 접수한 때에는 그 내용을 심사하여 3개월 이내에 허가 여부를 결정하고, 그 결과와 이유를 지체 없이 신청인에게 문서로 통지하여야 한다. 이 경우 허가신청서에 흠결이 있는 경우에는 보완을 요구할 수 있다.

③ 제2항의 심사기간을 산정함에 있어서 허가신청서 흠결의 보완기간 등 총리령으로 정하는 기간은 이를 산입하지 아니한다.

④ 금융위원회는 제2항에 따라 허가를 하는 경우에는 증권 및 장내파생상품의 공정한 가격 형성과 그 매매, 그 밖의 거래의 안정성 및 효율성 도모, 회사 경영의 건전성 확보 및 투자자 보호에 필요한 조건을 붙일 수 있다.

⑤ 제4항에 따라 조건이 붙은 허가를 받은 자는 사정의 변경이나 그 밖에 정당한 사유가 있는 경우에는 금융위원회에 조건의 취소 또는 변경을 요청할 수 있다. 이 경우 금융위원회는 6개월 이내에 조건의 취소 또는 변경 여부를 결정하고, 그 결과를 지체 없이 신청인에게 문서로 통지하여야 한다.

⑥ 금융위원회는 제2항에 따라 허가를 한 경우에는 다음 각 호의 사항을 관보 및 인터넷 홈페이지 등에 공고하여야 한다.

1. 허가의 내용
2. 허가의 조건(조건을 붙인 경우로 한정한다)
3. 허가의 조건을 취소하거나 변경한 경우 그 내용(조건을 취소하거나 변경한 경우로 한정한다)

⑦ 제1항부터 제6항까지의 규정에 따른 허가신청서의 기재사항·첨부서류 등 허가의 신청에 관한 사항과 허가심사의 방법·절차, 그 밖에 필요한 사항은 대통령령으로 정한다.

제373조의4(예비허가) ① 제373조의2에 따른 거래소허가(이하 이 조에서 "본허가"라 한다)를 받으려는 자는 미리 금융위원회에 예비허가를 신청할 수 있다.

② 금융위원회는 예비허가를 신청받은 경우에는 2개월 이내에 제373조의2 제2항 각 호의 요건을 갖출 수 있는지 여부를 심사하여 예비허가 여부를 결정하고, 그 결과와 이유를 지체 없이 신청인에게 문서로 통지하여야 한다. 이 경우 예비허가신청에 관하여 흠결이 있는 때에는 보완을 요구할 수 있다.

③ 제2항의 심사기간을 산정함에 있어서 예비허가신청과 관련된 흠결의 보완기간 등 총리령으로 정하는 기간은 심사기간에 산입하지 아니한다.

④ 금융위원회는 제2항에 따라 예비허가를 하는 경우에는 증권 및 장내파생상품의 공정한 가격 형성과 그 매매, 그 밖의 거래의 안정성 및 효율성 도모, 회사 경영의 건전성 확보 및 투자자 보호에 필요한 조건을 붙일 수 있다.

⑤ 금융위원회는 예비허가를 받은 자가 본허가를 신청하는 경우에는 제4항에 따른 예비허가의 조건을 이행하였는지 여부와 제373조의2 제2항 각 호의 요건을 갖추었는지 여부를 확인한 후 본허가 여부를 결정하여야 한다.

⑥ 제1항부터 제5항까지의 규정에 따른 예비허가의 신청서 및 그 기재사항·첨부서류 등 예비허가의 신청에 관한 사항과 예비허가심사의 방법·절차, 그 밖에 예비허가에 관하여 필요한 사항은 대통령령으로 정한다.

제373조의6(시장개설 단위의 추가 및 허가의 변경) 거래소는 제373조의2에 따라 허가받은 시장개설 단위 외에 다른 시장개설 단위를 추가하여 금융투자상품시장을 개설·운영하려는 경우에는 제373조의2 및 제373조의3에 따라 금융위원회의 변경허가를 받아야 한다. 이 경우 제373조의4를 적용한다.

제373조의7(상장 및 시장감시 등의 책무) 거래소는 다음 각 호의 업무를 행함에 있어서 이 법 또는 정관

1. 다자간매매체결회사의 허용

전자적 방법으로 다수의 자를 각 당사자 또는 거래상대방으로 하여 상장주권 등의 매매체결 업무를 하는 다자간매매체결회사(ATS)를 인가가 필요한 금융투자업자의 한 형태로 허용하여 유통시장에서 거래소와 경쟁이 가능하도록 하고 있다.[35)]

다자간매매체결회사를 통한 거래방식은 거래소와 마찬가지로 경쟁매매까지 가능하도록 하되, 일정규모 이상 거래시 거래소로 전환할 수 있도록 하며, 다자간매매체결회사에서 매매체결 된 거래의 청산 및 시장감시업무(이상거래 심리, 거래참가자에 대한 감리)는 거래소가 담당하도록 하였다.

2. 거래소 허가제의 도입

거래소에 관한 법정 설립주의를 대신하여 거래소 허가제를 도입하였다. 또한 다자간매매체결회사 및 거래소 허가제의 도입 등에 따라 금융투자상품시장의 개념을 정의하면서 현행 거래소 유사시설 금지조항을 무허가 시장개설금지조항으로 대체함으로써, 유통시장 내 경쟁 촉진을 통해 효율성을 제고함과 동시에 불법 장외거래에 대한 규제를 강화할 법적 근거를 명확히 하고 있다.[36)]

금융위원회의 허가를 받은 거래소는 상장·시장감시 등의 자율규제기능을 수행한다.

등에 따라 거래소시장에서 투자자를 보호하고 증권 및 장내파생상품의 매매를 공정하게 수행할 책무를 가진다.

1. 증권의 상장 및 상장폐지업무
2. 제402조 제1항 제1호부터 제3호까지의 규정에 따른 업무
3. 그 밖에 투자자를 보호하고 공정한 거래질서를 확보하기 위하여 필요한 업무로서 대통령령으로 정하는 업무

제375조(자본금 등)<삭제>

제386조(시장의 개설·운영) 거래소는 시장을 효율적으로 관리하기 위하여 증권시장 또는 파생상품시장 별로 둘 이상의 금융투자상품시장을 개설하여 운영할 수 있다.

35) 구 규정에서 전자적 방식에 의한 증권중개업무를 하는 투자중개업자에 대하여 규정하였다(구자법 제78조).

36) 제7편 한국거래소 → 제7편 거래소로 개정하였다.

3. 금융투자상품거래청산업의 신설

금융투자상품거래청산업을 신설하고 금융투자상품거래청산회사의 인가제를 도입하면서, 해당 거래에 따른 채무불이행이 국내 자본시장에 중대한 영향을 줄 우려가 있는 장외파생상품의 매매 등에 대해 금융투자상품거래청산회사를 통한 청산을 의무화하고 있다.[37)]

이로서 장외파생상품의 중앙청산소(CCP) 설치 근거가 마련되고,[38)] 향후 다양한 형태의 청산서비스(장외파생상품, 증권대차, RP 등)가 제공될 수 있게 되었다.

4. 신용평가회사에 관한 규제의 이전

채권 발행시장 등의 인프라 기능을 하는 신용평가회사에 관한 규제를 현행 「신용정보의 보호 및 이용에 관한 법률」에서 자본시장법으로 이관하는 등 규제의 정합성을 도모하고 있다.[39)]

여기서는 신용평가회사의 업무 범위를 확대하면서 투자자보호 책임·공시 규제 등은 강화하고 있다. 즉 신용평가회사의 펀드 신용평가가 실제로 가능하도록 집합투자업자로부터 펀드재산명세를 제공받을 수 있는 법적 근거를 마련하였으며, 또한 증권신고서, CP·무보증사채의 평가 등 법규상 의무화된 신용평가의 결과를 담은 신용평가서의 DART 공시를 의무화하는 등 신용평가회사 감독을 강화하였다.

---

37) 개정 자법 제166조의3(장외거래의 청산의무) 금융투자업자는 다른 금융투자업자, 그 밖에 대통령령으로 정하는 자(이하 이 조에서 "거래상대방" 이라 한다)와 대통령령으로 정하는 장외파생상품의 매매, 그 밖의 장외거래(그 거래에 따른 채무의 불이행이 국내 자본시장에 중대한 영향을 줄 우려가 있는 경우로 한정하며, 이하 이 조에서 "청산의무거래" 라 한다)를 하는 경우 금융투자상품거래청산회사, 그 밖에 이에 준하는 자로서 대통령령으로 정하는 자에게 청산의무거래에 따른 자기와 거래상대방의 채무를 채무인수, 경개, 그 밖의 방법으로 부담하게 하여야 한다.

38) IRS 등 청산의무거래 대상인 장외파생상품 CCP는 한국거래소(KRX)에 인가할 예정이다.

39) 개정 자법 제335조의2(무인가 신용평가 금지) 누구든지 이 법에 따른 신용평가업인가를 받지 아니하고는 신용평가업을 영위하여서는 아니 된다. 다만, 투자자 보호 및 건전한 거래질서를 해할 우려가 없는 경우로서 대통령령으로 정하는 경우를 제외한다.

제3절 유가증권시장 및 코스닥시장

Ⅰ. 상장제도

1. 의의

주식회사가 증권을 발행하여 자금을 조달하기 위하여는 그 발행증권의 유통성이 보장되어야 하고, 투자자의 입장에서도 유통성이 높은 증권이어야 용이하게 투자자금을 회수할 수 있다. 증권의 유통성은 거래소에서 거래될 때 확보되는데, 증권은 일정한 절차를 거쳐 거래소에서 거래될 수 있다. 위 절차와 관련하여 특정 증권이 거래소에서의 매매거래대상이 되는 것을 상장이라고 하고, 증권시장에 상장된 증권을 발행한 법인을 상장법인이라고 한다.

이중에서 증권시장에 상장된 주권을 발행한 법인이나 주권과 관련된 증권예탁증권이 증권시장에 상장된 경우에는 그 주권을 발행한 법인을 주권상장법인이라고 하며 주권상장법인을 제외한 법인을 주권비상장법인이라고 한다(자법 제9조 제15항).

주권의 상장은 신규상장, 신주상장, 변경상장,[40] 재상장[41] 등으로 구분할 수 있다.

2. 상장규정

거래소는 증권시장에 상장할 증권의 심사 및 상장증권의 관리를 위하여 상장규정을 정하여야 한다. 이 경우 거래소가 개설·운영하는 둘 이상의 증권시장에 대하여 별도의 상장규정으로 정할 수 있다(자법 제390조 제1항).

상장규정에는 다음의 사항이 포함되어야 한다(자법 제390조 제2항).

---

40) 이미 상장된 후 발행회사가 증권의 종목(상호), 종류, 액면금액, 수량 등을 변경한 후 기존발행 주권의 교체를 위하여 발행된 주권을 상장하는 것.

41) 상장폐지 후 일정기간(5년) 내에 발행인이 자구노력으로 정상을 회복한 후에 당해주권을 다시 상장하는 것, 상장법인의 분할이나 합병에 의하여 설립된 법인이 발행한 주권을 상장시키는 것 등.

① 증권의 상장기준 및 상장심사에 관한 사항
② 증권의 상장폐지기준 및 상장폐지에 관한 사항
③ 증권의 매매거래정지와 그 해제에 관한 사항
④ 그 밖에 상장법인 및 상장증권의 관리에 관하여 필요한 사항

3. 상장폐지

한국거래소는 당사자의 신청이나 상장폐지기준에 부합하는 경우 기상장된 증권의 상장폐지를 결정할 수 있다.

한국거래소의 유가증권시장 상장규정에서 영업보고서 미제출·부도발생 등 일정사유가 있는 경우를 상장폐지기준으로 열거하고, 동 기준에 해당할 우려가 있는 경우 거래소가 사전에 상장폐지를 예고함은 물론 상장폐지기준에 해당하는 경우에도 즉시 상장폐지하지 아니하고 일정기간 동안 상장폐지를 유예하는 한편, 기존 투자자에게 환금의 기회를 제공하기 위하여 정리매매기간을 두고 있다.[42]

(1) 신청에 의한 상장폐지

유가증권시장 주권상장법인, 외국주권상장법인, 외국주식예탁증권상장법인 또는 채무증권(외국채무증권을 포함한다)을 상장한 법인이 당해 주권, 외국주권, 외국주식예탁증권 또는 채무증권의 상장폐지를 하고자 할 경우에는 증권상장폐지신청서에 다음의 서류를 첨부하여 거래소에 제출하여야 한다(유가증권시장 상장규정 제77조 제1항).

① 주권, 외국주권 또는 외국주식예탁증권을 상장폐지하는 경우에는 상장폐지를 결의한 주주총회의사록(외국주권 또는 외국주식예탁증권을 상장한 법인으로서 주주총회의 위임 또는 정관에 따라 이사회결의로 상장폐지신

42) 「유가증권시장 상장규정」 제94조(상장폐지증권의 공시 및 매매거래허용 등) ① 거래소가 상장증권을 상장폐지하는 경우에는 당해 증권에 대한 상장폐지사실을 공시한다.
②거래소가 상장증권을 상장폐지하는 경우에는 일정기간 매매거래를 허용할 수 있다.

청을 할 수 있도록 한 경우에는 이사회의사록) 사본

② 채무증권을 상장폐지하는 경우에는 상장폐지에 대한 모든 채권자의 동의서 사본

거래소는 상장폐지신청의 경우 이를 거부할 수 있다(유가증권시장 상장규정 제77조 제2항).

(2) 신청에 의하지 않는 상장폐지

거래소는 주권, 외국주권, 외국주식예탁증권, 신주인수권증권, 신주인수권증서, 주식워런트증권, 채무증권(외국채무증권을 포함한다) 또는 수익증권을 상장한 법인이 증권 상장폐지기준[43]에 해당되었을 경우에 당해 법인의 신청에

---

43) 「유가증권시장 상장규정」 제80조(주권의 상장폐지기준) 거래소는 유가증권시장 주권상장법인이 다음 각 호의 어느 하나에 해당하는 경우 당해 주권의 상장을 폐지한다.

1. 사업보고서 미제출
   제75조 제1항 제1호에 따라 사업보고서 미제출로 관리종목으로 지정된 유가증권시장 주권상장법인이 법 제159조에 따른 당해 사업연도 사업보고서를 법정제출기한부터 10일 이내에 제출하지 아니하는 경우
2. 사업보고서·반기보고서 또는 분기보고서 미제출
   제75조 제1항 제1호에 따라 반기보고서 또는 분기보고서 미제출로 관리종목으로 지정된 유가증권시장 주권상장법인이 법 제159조 및 제160조에 따른 사업보고서·반기보고서 또는 분기보고서를 제출하지 아니하는 경우
3. 감사의견
   가. 유가증권시장 주권상장법인이 감사인의 감사보고서상 감사의견이 최근 사업연도에 부적정 또는 의견거절인 경우
   나. 제75조 제1항 제2호 가목에 따라 관리종목으로 지정된 유가증권시장 주권상장법인이 감사인의 감사보고서상 감사의견이 최근 사업연도에 감사범위제한으로 인한 한정인 경우
4. 영업활동정지
   유가증권시장 주권상장법인(지주회사는 제외한다)이 주된 영업활동을 정지하였거나 조업의 전부를 중단한 경우(주된 영업활동에 필요한 면허취소의 경우를 포함한다) 또는 이에 준하는 상태에 있는 사실이 확인된 경우
5. 최종부도발생 또는 은행거래정지
   유가증권시장 주권상장법인이 발행한 어음 또는 수표가 최종부도로 처리되거나 은행과의 거래가 정지된 경우
6. 자본잠식
   가. 유가증권시장 주권상장법인이 최근 사업연도의 사업보고서상 자본금 전액이 잠식된 경우
   나. 제75조 제1항 제4호에 따라 관리종목으로 지정된 유가증권시장 주권상장법인이 최근 사업연도의 사업보고서상 자본금의 100분의 50 이상이 잠식된 경우
7. 주식분포상황

가. 제75조 제1항 제5호 가목에 따라 관리종목으로 지정된 유가증권시장 주권상장법인이 최근 사업연도 사업보고서상 소액주주의 수가 200명 미만인 경우

나. 제75조 제1항 제5호 나목에 따라 관리종목으로 지정된 유가증권시장 주권상장법인이 최근 사업연도 사업보고서상 소액주주가 소유하고 있는 주식의 총수가 유동주식수의 100분의 10 미만인 경우. 다만, 신규상장당시 국내외 동시공모로 제32조 제1항 제4호 가목(4)를 적용받은 경우로서 소액주주가 소유하고 있는 주식의 총수가 70만주(액면가액 5,000원을 기준으로 한다)이상인 경우에는 그러하지 아니하다.

8. 거래량
제75조 제1항 제6호에 따라 관리종목으로 지정된 유가증권시장 주권상장법인이 다음 반기에도 동 규정에 따른 거래량 미달상태가 계속되는 경우

9. 회생절차개시
유가증권시장 주권상장법인이 제75조 제1항 제13호에 따라 관리종목으로 지정된 후 다음 각 목의 어느 하나에 해당하는 경우

가. 법원의 회생절차개시신청 기각, 회생절차개시결정 취소, 회생계획 불인가 및 회생절차폐지의 결정 등이 있은 때

나. 법원의 회생절차개시결정 이후 제80조의2에 따라 심사한 결과 기업의 계속성 등 유가증권시장 주권상장법인으로서의 적격성이 인정되지 아니하는 경우. 이 경우 거래소는「채무자회생 및 파산에 관한 법률」에 따라 감독기관인 법원 등의 의견을 고려할 수 있다.

10. 사외이사수 미달 또는 감사위원회 미설치 등

가. 최근 2사업연도 계속하여 사업보고서상 사외이사의 수가 제53조 제1항에서 정하는 수에 미달할 경우[1)]

나. 최근 2사업연도 계속하여 사업보고서상 제54조에 따른 감사위원회를 설치하지 아니하였거나 또는 감사위원회의 구성요건을 충족하는 수를 선임하지 아니한 경우[1)]

다. 제75조 제1항 제7호 나목 및 라목에 따라 관리종목으로 지정된 후 최초로 제출하는 사업보고서상 사외이사의 수가 제53조 제1항에서 정하는 수에 미달하거나 제54조에 따른 감사위원회의 구성요건을 충족하지 못하는 경우

11. 해 산
유가증권시장 주권상장법인이 법률에 따른 해산사유에 해당되었을 경우

12. 공시의무 위반
기업경영에 중대한 영향을 미칠 수 있는 사항 등에 대하여 고의, 중과실로 공시의무를 위반한 경우

13. 주식양도의 제한
유가증권시장 주권상장법인이 주식의 양도에 제한을 받는 경우. 다만, 다른 법령에 따라 제한되는 경우로서 그 제한이 유가증권시장에서의 매매거래를 저해하지 아니한다고 인정되는 경우에는 그러하지 아니하다.

14. 유가증권시장 주권상장법인이 지주회사의 완전자회사(지주회사가 자회사의 발행주식총수를 소유하는 경우의 당해 자회사를 말한다)로 되고 당해 지주회사의 주권이 신규상장되는 경우

15. 매출액
제75조 제1항 제9호에 따라 관리종목으로 지정된 유가증권시장 주권상장법인이 최근 사업연도의 사업보고서상 매출액이 50억원 미만인 경우

16. 주가
유가증권시장 주권상장법인이 제75조 제1항 제10호에 따라 관리종목으로 지정된 후 90일(당해 주식의 매매거래일을 기준으로 한다. 이하 이 호에서 같다)의 기간이 경과하는 동안 보통주의 종가(「업무규정」 제2조 제8항에 따른 종가를 말한다. 이하 같다)가 다음 각목의 요건중 하나라도

충족하지 아니하는 경우

가. 액면가액의 100분의 20이상인 상태가 10일 이상 계속될 것

나. 액면가액의 100분의 20이상인 일수가 30일 이상일 것

17. 상장시가총액

유가증권시장 주권상장법인이 제75조 제1항 제11호에 따라 관리종목으로 지정된 후 90일(당해 주식의 매매거래일을 기준으로 한다. 이하 이 호에서 같다)의 기간이 경과하는 동안 상장시가총액(주식의 종류별로 상장주식수에 종가(종가가 없는 경우에는 최근 매매거래일의 종가로 한다)를 곱하여 산정된 금액을 합산한 금액을 말한다. 이하 같다)이 다음 각목의 요건중 하나라도 충족하지 아니하는 경우

가. 50억원 이상인 상태가 10일 이상 계속될 것

나. 50억원 이상인 일수가 30일 이상일 것

18. 합병, 포괄적 주식교환, 영업 또는 자산양수, 현물출자등과 관련된 최대주주 변경등

가. 유가증권시장 주권상장법인이 주권비상장법인과의 합병 또는 포괄적 주식교환이 있고, 세칙이 정하는 최대주주 변경등이 있는 경우로서 당해 주권비상장법인이 제32조 제1항 제5호 가목(2)·제6호·제13호, 제97조 제2항 제2호·제3호의 요건을 충족하지 못하는 경우. 이 경우 제32조 제1항 제5호 가목(2) 및 제6호의 "최근 사업연도" 는 "합병의 주요사항보고서 제출일이 속하는 사업연도" 또는 "포괄적 주식교환의 주요사항보고서 제출일이 속하는 사업연도" 를 기준으로 하며, 제32조 제1항 제5호 가목(2), 제13호의 "상장예비심사청구일" 및 제97조 제2항 제2호의 "합병의 주요사항보고서 제출일" 은 "합병의 주요사항보고서 제출일" 또는 "포괄적 주식교환의 주요사항보고서 제출일" 로 한다.

나. 유가증권시장 주권상장법인이 주권비상장법인으로부터 법 제165조의4 제2호에서 정하는 영업의 양수를 하고, 영업양수의 주요사항보고서 제출일 이전 6월 또는 이후 6월 이내에 유가증권시장 주권상장법인이 당해 주권비상장법인의 최대주주 등에 대하여 제3자배정으로 신주 및 주식관련사채권을 발행하고, 세칙이 정하는 최대주주 변경 등이 있는 경우로서 양수하고자 하는 영업부문이 다음 각 요건을 충족하지 못하는 경우. 이 경우 제32조 제1항 제5호 가목(2) 및 제6호의 "최근 사업연도" 는 "영업양수의 주요사항보고서 제출일이 속하는 사업연도" 를 기준으로 하며, "상장예비심사청구일" 은 "영업양수의 주요사항보고서 제출일" 로 한다.

(1) 제32조 제1항 제5호 가목(2)의 요건. 이 경우 법인세비용차감전계속사업이익, 당기순이익 및 자기자본을 기준으로 한 요건은 적용하지 아니한다.

(2) 최근 사업연도말 현재 부채가 자산을 초과하지 않을 것

(3) 제32조 제1항 제6호의 요건. 이 경우 감사의견은 당해 주권비상장법인의 감사보고서상 감사의견을 말한다.

다. 유가증권시장 주권상장법인이 주권비상장법인의 최대주주 등으로부터 법 제165조의4 제2호에서 정하는 자산의 양수를 하고, 당해 자산양수의 주요사항보고서 제출일 이전 6월 또는 이후 6월 이내에 유가증권시장 주권상장법인이 당해 주권비상장법인의 최대주주 등에 대하여 제3자배정으로 신주 및 주식관련사채권을 발행하고, 세칙이 정하는 최대주주 변경 등이 있는 경우(자산양수의 결과 유가증권시장 주권상장법인이 당해 주권비상장법인 발행주식총수의 100분의 50이상을 소유하거나 100분의 30을 초과하여 소유하면서 최다출자자인 경우에 한한다)로서 당해 주권비상장법인이 제32조 제1항 제5호 가목(2)·제6호, 제97조 제2항 제2호·제3호의 요건을 충족하지 못하는 경우. 이 경우 제32조 제1항 제5호 가목(2) 및 제6호의 "최근 사업연도" 는 "자산양수의 주요사항보고서 제출일이 속하는 사업연도" 를 기준으로 하며, 제32조 제1항 제5호 가목(2)의 "상장예비심사청구일" 및 제97조 제2항 제2호의 "합병의 주요사항보고서 제출일" 은 "자산양수의 주요사항보고서 제출일" 로 한다.

의하지 아니하고 상장을 폐지할 수 있다(유가증권시장 상장규정 제79조).

Ⅱ. 유통공시제도

1. 의의

유통공시는 기업내용을 공시하는 기업공시제도에 의하는데, 기업공시제도란 증권의 발행인으로 하여금 증권의 내용이나 발행회사의 재산 및 경영상태 등 투자자의 투자판단에 필요한 기업내용을 신속·정확히 공시하게 함으로써 투자자가 증권이나 발행회사의 실태를 정확하게 파악하고 자신의 자유로운 판단과 책임하에 투자결정을 하도록 하는 제도이다. 이는 증권거래의 공정성을 확보하고 투자자를 보호함에 그 목적이 있다.

증권시장에서의 공시를[44] 공시내용에 따라 분류하면 증권신고서, 투자설명서 등과 같은 발행시장에서의 공시와 정기공시(사업보고서·반기보고서·분기

라. 유가증권시장 주권상장법인이 주권비상장법인의 최대주주 등에 대하여 제3자배정으로 신주를 발행하고, 신주발행에 대한 납입이 당해 주권비상장법인의 주식으로 이루어지는 경우(세칙이 정하는 최대주주 변경 등이 있는 경우로서 제3자배정 신주의 발행 결과 유가증권시장 주권상장법인이 당해 주권비상장법인 발행주식총수의 100분의 50 이상을 소유하거나 100분의 30을 초과하여 소유하면서 최다출자자인 경우에 한한다)로서 당해 주권비상장법인이 제32조 제1항 제5호 가목(2)·제6호, 제97조 제2항 제2호·제3호의 요건을 충족하지 못하는 경우. 이 경우 제32조 제1항 제5호 가목(2) 및 제6호의 "최근 사업연도"는 "당해 신주발행의 결의 또는 결정에 대한 「공시규정」제7조에 따른 신고가 있는 날이 속하는 사업연도"를 기준으로 하며, 제32조 제1항 제5호가목(2)의 "상장예비심사청구일" 및 제97조 제2항 제2호의 "합병의 주요사항보고서 제출일"은 "「공시규정」제7조에 따른 당해 신주발행의 결의 또는 결정에 대한 신고일"로 한다.

19. 다음 각 목의 어느 하나에 해당하는 경우로서 기업의 계속성, 경영의 투명성, 기타 공익과 투자자 보호 등을 종합적으로 고려하여 상장폐지가 필요하다고 인정되는 경우
    가. 유상증자, 분할 등을 통한 재무구조개선 행위가 상장폐지기준에 해당되는 것을 회피하기 위한 것으로 인정되는 경우
    나. 당해 법인에게 상당한 규모의 재무적 손실을 가져올 것으로 인정되는 횡령·배임 등과 관련된 공시가 있거나 사실 등이 확인된 경우
    다. 「외부감사 및 회계 등에 관한 규정」제48조에 따른 감리결과 중요한 회계처리기준 위반행위 등이 확인된 경우
    라. 그 밖에 공익과 투자자 보호를 위하여 당해 주권의 상장폐지가 필요하다고 인정되는 경우

44) 공시는 공시책임자를 통하여 이루어지는데, 공시책임자라 함은 유가증권시장주권상장법인의 상근이사 또는 상법 제401조의 2 제1항 3호의 규정에 해당하는 상근자로서 해당 유가증권시장주권상장법인을 대표하여 신고업무를 수행할 수 있는 자를 말한다(유가증권시장 공시규정 제2조 제4항).

보고서)·수시공시, 특수공시, 공정공시와 같은 유통시장에서의 공시로 나눌 수 있다. 특수공시에는 자기주식취득처분신고서·공개매수신고서·안정조작(시장조성)신고서·합병신고서·주식대량보유상황보고서·임원 또는 주요주주의 주식소유상황보고서 등이 있다. 정기공시와 수시공시를 계속공시라고도 한다.

2. 정기공시제도

(1) 사업보고서

1) 사업보고서 제출대상법인

주권상장법인, 그 밖에 대통령령이 정하는 법인은 그 사업보고서를 각 사업연도경과 후 90일 내에 금융위원회와 거래소에 제출하여야 한다(자법 제159조 제1항).

대통령령으로 정하는 법인이란 다음의 어느 하나에 해당하는 법인을 말한다(자령 제167조 제1항).

① 다음의 어느 하나에 해당하는 증권을 증권시장에 상장한 발행인
  가. 주권 외의 지분증권(집합투자증권과 자산유동화계획에 따른 유동화전문회사 등이 발행하는 출자지분은 제외한다)
  나. 무보증사채권(담보부사채권과 보증사채권을 제외한 사채권을 말한다)
  다. 전환사채권・신주인수권부사채권・이익참가부사채권 또는 교환사채권
  라. 신주인수권이 표시된 것
  마. 증권예탁증권(주권 또는 가부터 라까지의 증권과 관련된 증권예탁증권만 해당한다)
  바. 파생결합증권

② 다음의 어느 하나에 해당하는 증권을 모집 또는 매출(자법 제130조에 따른 모집 또는 매출은 제외한다)한 발행인(주권상장법인 또는 ①에 따른 발행인으로서 해당 증권의 상장이 폐지된 발행인을 포함한다)
  가. 주권
  나. ①의 어느 하나에 해당하는 증권

③ 「주식회사의 외부감사에 관한 법률」 제2조에 따른 외부감사대상 법인으로서 ②의 어느 하나에 해당하는 증권별로 그 증권의 소유자 수가 500인 이상인 발행인(증권의 소유자 수가 500인 이상이었다가 500인 미만으로 된 경우로서 제2항 제5호에 해당하지 아니하는 발행인을 포함한다)

2) 사업보고서 제출이 면제되는 법인

사업보고서의 제출이 면제되는 법인은 다음의 어느 하나에 해당하는 경우를 말한다(자령 제167조 제2항).

① 파산으로 인하여 사업보고서의 제출이 사실상 불가능한 경우
② 상법 제517조, 그 밖의 법률에 따라 해산사유가 발생한 법인으로서 최근 사업연도의 사업보고서의 제출이 사실상 불가능한 경우
③ 주권상장법인 또는 제1항 제1호에 따른 발행인의 경우에는 상장의 폐지요건에 해당하는 발행인으로서 해당 법인에게 책임이 없는 사유로 사업보고서의 제출이 불가능하다고 금융위원회의 확인을 받은 경우
④ 제1항 제2호에 따른 발행인의 경우에는 같은 호 각 목의 어느 하나에 해당하는 증권으로서 각각의 증권마다 소유자 수가 모두 25인 미만인 경우로서 금융위원회가 인정한 경우. 다만, 그 소유자의 수가 25인 미만으로 감소된 날이 속하는 사업연도의 사업보고서는 제출하여야 한다.
⑤ 제1항 제3호에 따른 발행인의 경우에는 같은 항 제2호 각 목의 어느 하나에 해당하는 증권으로서 각각의 증권마다 소유자의 수가 모두 300인 미만인 경우. 다만, 그 소유자의 수가 300인 미만으로 감소된 날이 속하는 사업연도의 사업보고서는 제출하여야 한다.

3) 기재사항 및 첨부서류

사업보고서에 그 회사의 목적, 상호, 사업내용, 임원보수(상법, 그 밖의 법률에 따른 주식매수선택권을 포함하되, 대통령령으로 정하는 것[45]에 한한다), 재무에 관한 사항, 그 밖에 대통령령으로 정하는 사항을 기재하고, 대통령령으로 정하는 서류를 첨부하여야 한다(자법 제159조 제2항).

45) 임원 모두에게 지급된 그 사업연도의 보수 총액을 말한다(자령 제168조 제1항).

위에서 "대통령령으로 정하는 사항" 이란 다음의 사항을 말한다(자령 제168조 제2항).

① 자본시장법 제159조 7항에 따른 대표이사와 제출업무를 담당하는 이사의 시행령 제169조 각 호의 사항에 대한 서명
② 회사의 개요
③ 이사회 등 회사의 기관 및 계열회사에 관한 사항
④ 주주에 관한 사항
⑤ 임원 및 직원에 관한 사항
⑥ 회사의 대주주(그 특수관계인을 포함한다) 또는 임직원과의 거래내용
⑦ 재무에 관한 사항과 그 부속명세
⑧ 회계감사인의 감사의견
⑨ 그 밖에 투자자에게 알릴 필요가 있는 사항으로서 금융위원회가 정하여 고시하는 사항

사업보고서에는 다음의 서류를 첨부하여야 한다. 다만, 연결재무제표에 대한 감사보고서는 사업년도 경과 후 90일 이내에(시행령 제168조 제5항에 따라 사업보고서를 제출하는 법인만 해당한다), 기업집단결합재무제표는 사업년도 경과 후 90일 이내에 제출할 수 있다(자령 제168조 제6항).

① 회계감사인의 감사보고서(그 법인의 재무제표에 대한 감사보고서와 연결재무제표에 대한 감사보고서를 말한다)
② 감사의 감사보고서
③ 법인의 내부감시장치[이사회의 이사직무집행의 감독권과 감사(감사위원회가 설치된 경우에는 감사위원회를 말한다)의 권한, 그 밖에 법인의 내부감시장치를 말한다]의 가동현황에 대한 감사의 평가의견서
④ 기업집단결합재무제표
⑤ 그 밖에 금융위원회가 정하여 고시하는 서류

(2) 연결재무제표와 기업집단결합재무제표

1) 의의

대기업은 독립적으로 운영되기보다는 다른 기업과 더불어 하나의 기업집단을 구성하는 경우가 많다. 이러한 경우 기업집단 전체가 마치 하나의 기업과 같이 운영된다. 이때 기업의 실상을 제대로 파악하기 위해서는 개별기업의 재무제표만으로는 부족하고 다른 관련기업의 재무제표까지 살펴볼 필요가 있다.

이러한 취지에서 작성이 요구되는 것이 연결재무제표와 기업집단결합재무제표이다.

2) 연결재무제표

연결재무제표란 둘 이상의 회사가 지배·종속관계에 있는 경우, 지배회사가 작성하는 연결재무상태표, 연결손익계산서 또는 연결포괄손익계산서, 연결자본변동표, 연결현금흐름표, 주석 등을 말한다(외감법 제1조의 2 제2호, 외감법 시행령 제1조의 2 제2항).

연결재무제표는 지배·종속관계에 있는 회사 전체의 재무상황과 경영성과를 파악할 수 있도록 하고, 상호출자·내부거래 및 불공정거래 등에 의하여 왜곡된 부분을 상계·제거하여 적절히 공시하게 함으로써 재무제표의 공정한 공시를 보장하고자 하는 것이다.

이 경우 지배·종속관계는 「주식회사의 외부감사에 관한 법률」 상의 기준에 의하여 결정되는데, 「외감법」 에 따를 때 지배·종속관계란 주식회사가 경제활동에서 효용과 이익을 얻기 위하여 다른 회사(조합 등 법인격이 없는 기업을 포함한다)의 재무정책과 영업정책을 결정할 수 있는 능력을 가지는 경우로서 그 주식회사(지배회사)와 그 다른 회사(종속회사)의 관계를 말한다. 이 경우 지배·종속관계는 「외감법」 제13조 제1항 제1호에 따른 회계처리기준(한국채택국제회계기준) 또는 「외감법」 제13조 제1항 제2호에 따른 회계처리기준에 따라 판단하여야 한다(외감법 시행령 제1조의 3 제1항).[46]

46) 이전에는 다음의 기준에 따라 지배·종속관계가 정하여 졌다. ① 주식회사가 다른 주식회사의 발행주식총수의 50%를 초과하여 소유하는 경우 ② 주식회사가 다른 주식회사의 발행주식총수의 30%를

자본시장법에서는 지배 · 종속관계에 있을 때 종속회사에 대한 자료요구권을 인정하고 있다.[47] 그리하여 연결재무제표 작성대상법인 중 사업보고서 제출대상법인은 사업보고서 등의 작성을 위하여 필요한 범위에서 종속회사에게 관련 자료의 제출을 요구할 수 있다.

3) 기업집단결합재무제표

사업보고서를 제출하여야 하는 법인이 「주식회사의 외부감사에 관한 법률」 제1조의 3의 규정에 의하여 기업집단결합재무제표를 작성하여야 하는 기업집단의 소속회사인 경우에는 동법 제1조의 2 제3호의 규정에 의한 기업집단결합재무제표를 사업연도종료 후 6월 이내에 금융감독위원회와 거래소에 제출하여야 한다(자법 제159조 제5항).

기업집단결합재무제표(결합재무제표)를 작성하여야 하는 기업집단(결합대상기업집단) 및 그 소속회사(계열회사)는 해당 기업집단에 소속된 국내회사의 직전 사업연도 말 자산총액(금융업 또는 보험업을 영위하는 회사의 경우에는 자본총액 또는 자본금 중 큰 금액으로 하며, 새로 설립된 회사로서 직전 사업연도의 재무상태표가 없는 경우에는 설립 시점의 납입자본금으로 한다)의 합계액이 5조원 이상인 기업집단 및 해당 기업집단에 속하는 회사로 한다. 이 경우 결합대상기업집단에는 직전 사업연도에 결합재무제표를 작성한 기업집단을 포함시키되, 다음의 어느 하나에 해당하는 기업집단은 제외하며, 계열회사에는 「독점규제 및 공정거래에 관한 법률 시행령」 제3조에 따른 회사로서 외국에 있는 모든 형태의 회사(해외계열회사)를 포함시킨다(외감법 시행령 제1조의 4 제1항).[48]

초과하여 소유하면서 최대주주인 경우 ③ 위 ① 또는 ②에 의한 지배회사 및 종속회사가 합하거나, 종속회사와 종속회사가 합하여 다른 주식회사의 발행주식총수의 30%를 초과하여 소유하면서 최대주주인 경우.

47) 개정 자법에서는 지배 · 종속관계에 있을 때 종속회사에 대한 자료요구권을 인정하고 있다. 제161조의2(자료요구권 등) ① 연결재무제표 작성대상법인 중 사업보고서 제출대상법인은 사업보고서 등의 작성을 위하여 필요한 범위에서 종속회사에게 관련 자료의 제출을 요구할 수 있다.
② 연결재무제표 작성대상법인 중 사업보고서 제출대상법인은 사업보고서 등의 작성을 위하여 필요한 자료를 입수할 수 없거나 종속회사가 제출한 자료의 내용을 확인할 필요가 있는 때에는 종속회사의 업무와 재산상태를 조사할 수 있다.

48) 「외감법」 시행령 1조의 4 ② 제1항에도 불구하고 계열회사 중 다음 각 호의 어느 하나에 해당하는

① 금융업 또는 보험업만을 영위하는 기업집단
② 금융업 또는 보험업을 영위하는 회사가「독점규제 및 공정거래에 관한 법률」제2조 제2호에 따른 동일인인 경우의 기업집단
③ 직전 사업연도를 포함하여 연속하는 2개 사업연도 동안 각 사업연도별 기업집단의 자산총액이 5조원 미만인 기업집단

증권선물위원회는 매년 5월말까지 결합재무제표를 작성하여야 할 기업집단

회사로서 증권선물위원회가 인정하는 회사는 결합재무제표 작성대상이 되는 회사(결합대상계열회사)에 포함시키지 아니한다. 다만, 결합대상기업집단의 결합대상계열회사 일부가 한국채택국제회계기준을 적용하는 경우에는 다음 각 호의 어느 하나에 해당하는 회사를 결합대상계열회사에 포함시킬 수 있다.

1. 전쟁 · 천재지변, 그 밖의 불가항력적인 사유로 결합재무제표의 작성 대상에 포함시키기 어려운 회사
2. 직전 사업연도 말의 자산총액, 부채총액 및 종업원수(분할하거나 다른 회사와 합병하여 새로운 회사를 설립한 경우에는 설립 시점의 자산총액, 부채총액 및 종업원수로 하고, 새로 설립된 회사로서 직전 사업연도의 재무상태표가 없는 경우에는 설립 시점의 납입자본금으로 하며, 해외계열회사의 경우에는 국내통화로 환산한 금액으로 한다)가 제2조 제1항에 따른 해당 금액(납입자본금의 경우에는 제2조 제1항 제1호의 금액을 말한다) 및 종업원수에 미달하는 회사로서 재무정보의 유용성이 크지 아니하거나 결합재무제표를 작성하기 곤란하여 결합재무제표에 포함시킬 필요가 없는 회사. 이 경우 종업원은「근로기준법」제2조 제1항 제1호에 따른 근로자 중 다음 각 목의 어느 하나에 해당하는 사람을 제외한 사람으로 한다.
   가. 일용근로자
   나. 3개월 이내의 기간을 정하여 근로하는 사람
   다.「파견근로자보호 등에 관한 법률」제2조 제5호에 따른 파견근로자
3. 청산 중인 회사, 합병절차가 진행 중인 회사로서 해당 사업연도에 소멸될 회사, 「채무자 회생 및 파산에 관한 법률」에 따른 회생절차의 개시가 결정된 회사와 그 밖에 공신력 있는 재무제표의 작성이 불가능하여 결합재무제표의 작성대상에 포함시키는 경우 결합재무제표의 신뢰성을 현저하게 훼손시키는 회사
4.「자본시장과 금융투자업에 관한 법률」에 따른 투자회사

③ 다음 각 호의 어느 하나에 해당하는 결합대상기업집단으로서 결합재무제표를 작성할 필요가 없다고 증권선물위원회가 인정하는 기업집단에 대해서는 제1항에도 불구하고 결합재무제표의 작성을 면제할 수 있다.

1. 결합대상계열회사 중 하나의 회사가 작성하는 연결재무제표에 포함되는 회사의 회사별 직전 사업연도 말 자산총액의 합계액이 해당 결합대상계열회사의 회사별 직전 사업연도 말 자산총액의 합계액에서 차지하는 비율이 100분의 80 이상인 기업집단
2. 제1항에 따른 계열회사 중 제2항 각 호 외의 부분 본문에 따른 결합대상계열회사에 포함되지 아니하는 회사의 회사별 직전 사업연도 말 자산총액의 합계액이 해당 기업집단에 속하는 회사의 회사별 직전 사업연도 말 자산총액의 합계액에서 차지하는 비율이 100분의 50 이상인 기업집단. 다만, 제2항 각 호 외의 부분 본문에 따라 결합대상계열회사에 포함되지 아니하는 회사를 제외한 회사의 회사별 직전 사업연도 말 자산총액의 합계액이 5조원 이상인 기업집단은 제외한다.
3. 한국채택국제회계기준을 최초로 적용한 사업연도의 직전 사업연도에 제1호에 따라 결합재무제표의 작성을 면제받은 기업집단으로서 그 결합대상계열회사 일부가 한국채택국제회계기준의 적용으로 지배 · 종속의 관계가 달라져 제1호에 해당하지 아니하게 된 기업집단

과 그 소속회사중 대통령령이 정하는 바에 따라 결합재무제표를 작성하여야 할 하나의 회사(결합재무제표작성회사)를 선정하고 이를 결합재무제표작성회사에 통보하여야 한다(외감법 제1조의 3 제2항).49)

그러나 2009년 2월 3일「외감법」의 개정으로 기업집단결합재무제표 작성의무는 2013년부터 폐지된다.

4) 사업보고서의 기재사항과 연결재무제표

사업보고서를 제출하여야 하는 법인 중 연결재무제표 작성대상 법인의 경우에는 재무에 관한 사항과 그 부속명세, 그 밖에 금융위원회가 정하여 고시하는 사항은 연결재무제표를 기준으로 기재하되 그 법인의 재무제표를 포함하여야 하며, 회계감사인의 감사의견은 연결재무제표와 그 법인의 재무제표에 대한 감사의견을 기재하여야 한다(자령 제168조 제4항).

그렇지만 최근 사업연도말 현재의 자산총액이 2조원 미만인 법인 중「주식회사의 외부감사에 관한 법률 시행령」제7조의 2 제1항에 따라 한국회계기준원이 제정한 회계처리기준으로서 국제회계기준에 따라 채택한 기준(한국채택국제회계기준)을 적용하지 아니하는 법인은 그 법인의 재무제표를 기준으로 재무에 관한 사항과 그 부속명세, 그 밖에 금융위원회가 정하여 고시하는 사항을 기재하고, 그 법인의 재무제표에 대한 회계감사인의 감사의견을 기재한 사업보고서를 사업연도의 종료 후 90일까지 제출할 수 있다. 이 경우 그 사업연도의 종료 후 90일이 지난 날부터 30일 이내에 연결재무제표를 기준으로 한 재무에 관한 사항과 그 부속명세, 그 밖에 금융위원회가 정하여 고시하는 사항과 연결재무제표에 대한 회계감사인의 감사의견을 보완하여 제출하여야 한다(자령 제168조 제5항).

---

49)「외감법」시행령 제1조의5(결합재무제표작성회사의 선정 등) ①「외감법」제1조의3 제2항에 따른 결합재무제표작성회사는 결합대상계열회사의 감사인, 결산월, 회사별 자산총액 등을 고려하여 증권선물위원회가 선정한다. 이 경우 결합대상계열회사는 해당 회사를 결합재무제표작성회사로 선정하여 줄 것을 신청할 수 있다.

(3) 반기보고서와 분기보고서

사업보고서를 제출하여야 하는 법인은 그 사업연도개시일부터 6월간의 사업보고서(반기보고서)와 사업연도개시일부터 3월간 및 9월간의 사업보고서(분기보고서)를 각각 그 기간경과 후 45일 내에 금융감독위원회와 거래소에 제출하여야 한다(자법 제160조). 그 기재사항과 기재방법은 사업보고서의 것을 준용한다.

(4) 공시의무위반에 대한 제재

유통공시에 위반한 경우 발행공시위반과 같은 제재가 인정된다. 이에는 행정상 제재(자법 제164조, 자령 제175조), 형사상 제재(자법 제446조), 민사상 제재(자법 제162조)가 있다.

Ⅲ. 수시공시제도

1. 의의

신제품발명이나 기업의 인수·합병 등과 같이 투자판단에 영향을 미칠 중요한 정보가 발생하는 경우, 기업으로 하여금 이를 수시로 공시하도록 하는 제도가 수시공시제도이다. 반면에 수시공시에도 비용이 존재한다. 특히 공시과정에서 회사의 이익이 침해될 수 있다는 점에서 무한정 공시의 대상을 확충할 수 없는 문제가 있다. 따라서 공시유보제도를 통하여 기업의 영업비밀과 정보공시의 균형을 도모하고 있다.

자본시장법은 종래 수시공시사항[50] 중 공적 성격이 강한 것을 대상으로 하

50) 구증권거래법 제186조 ① 상장법인 또는 코스닥상장법인은 다음 각 호의 1에 해당하는 경우에는 그 사실 또는 이사회의 결의내용을 대통령령이 정하는 바에 따라 지체없이 금융감독위원회와 거래소에 신고하여야 한다.
1. 발행한 어음 또는 수표가 부도로 되거나 은행과의 거래가 정지 또는 금지된 때
2. 영업활동의 일부 또는 전부가 정지된 때

는 주요사항보고서 제도를 신설하면서 수시공시의 관할을 거래소로 일원화하는 조치를 취하였다. 수시공시와 관련하여 한국거래소의 유가증권시장 공시규정과 코스닥시장 공시규정에서 공개법인의 수시공시의무를 상세하게 규정하고 있다.

---

3. 법률의 규정에 의한 법인의 정리절차개시의 신청이 있거나 사실상 정리를 개시한 때
4. 사업목적의 변경에 관한 결의가 있은 때
5. 재해로 인하여 막대한 손해를 입은 때
6. 상장유가증권 또는 코스닥상장유가증권에 관하여 중대한 영향을 미칠 소송이 제기된 때
7. 「상법」 제374조 · 제522조 · 제527조의2 · 제527조의3 및 제530조의2에서 규정한 사실이 발생한 때
8. 법률에 의한 해산사유가 발생한 때
9. 증자, 감자 또는 주식의 소각에 관한 이사회의 결의가 있은 때
10. 특별한 사유에 의하여 조업을 중단하거나 조업을 계속할 수 없는 때
11. 거래은행에서 당해 법인의 관리를 개시한 때
12. 자기주식의 취득 또는 처분에 관한 이사회의 결의 또는 대표이사 기타 대통령령이 정하는 자의 결정이 있은 때
13. 제1호 내지 제12호 외에 법인의 경영 · 재산 등에 관하여 중대한 영향을 미칠 사항으로서 대통령령이 정하는 사실이 발생한 때

구증권거래법 시행령 제83조 ① 법 제186조 제1항 제13호에서 "대통령령이 정하는 사실이 발생한 때"라 함은 다음 각 호의 어느 하나에 해당하는 때를 말한다.

1. 최대주주, 주요주주 또는 계열회사의 변동이 있은 때
2. 최대주주, 최대주주의 특수관계인, 주요주주 또는 계열회사와 금융감독위원회가 정하는 중요한 거래를 한 때
3. 신물질 또는 신기술에 관한 특허권을 취득한 때
4. 자기자본의 100분의 10[최근 사업연도말 자산총액이 2조원 이상인 주권상장법인 또는 코스닥상장법인(이하 이 조에서 "대규모법인"이라 한다)의 경우에는 100분의 5]또는 1,000억원이상의 신규시설투자, 시설증설 또는 별도공장의 신설에 관한 이사회의 결의가 있은 때
5. 최근사업연도 매출액의 100분의 10(대규모법인의 경우에는 100분의 5) 또는 1,000억원이상에 해당하는 제품에 대한 수거 · 파기등을 실시하기로 결정한 때
6. 삭제
7. 현금배당에 관한 결정이 있은 때. 이 경우 당해 신고는 다음 각목에 의한 시가배당율에 의하여야 하며 액면배당률은 이를 표시하지 아니한다.
   가. 시가배당율은 당해 배당과 관련된 주주총회 소집을 위한 주주명부폐쇄일 2영업일(거래소의 매매거래일을 기준으로 한다) 전부터 과거 1주일간 유가증권시장 또는 코스닥시장에서 형성된 최종시세가격의 산술평균가격에 대한 주당배당금의 비율을 백분률로 산정할 것
   나. 주당배당금은 보통주 1주당 배당금을 기준으로 하되, 주식의 종류별로 배당금이 다른 경우에는 각각 구분하여 신고할 것
8. 법 제186조 제1항 제1호 내지 제12호와 제1호 내지 제7호 외에 유가증권의 공정거래와 투자자보호를 위하여 필요한 사항으로서 금융감독위원회가 정하는 사실이 발생한 때

2. 주요사항보고서

(1) 의의

사업보고서 제출대상법인은 주요사항에 해당하는 사실이 발생한 경우에는 그 사실이 발생한 날의 다음 날까지 그 내용을 기재한 보고서 즉 주요사항보고서를 금융위원회에 제출하여야 한다. 이 경우 자본시장법 제159조 제6항(예측정보) 및 제7항(대표이사 등의 확인·검토)을 준용한다(자법 제161조 제1항).

금융위원회는 주요사항보고서가 제출된 경우 이를 거래소에 지체 없이 송부하여야 한다(자법 제161조 제5항).

(2) 주요사항

주요사항보고서의 제출의무를 발생시키는 주요사항은 다음과 같다(자법 제161조 제1항).

① 발행한 어음 또는 수표가 부도로 되거나 은행과의 당좌거래가 정지 또는 금지된 때
② 영업활동의 전부 또는 중요한 일부가 정지되거나 그 정지에 관한 이사회 등의 결정이 있은 때
③ 「채무자 회생 및 파산에 관한 법률」에 따른 회생절차개시의 신청이 있은 때
④ 해산사유가 발생한 때
⑤ 자본 또는 부채의 변동으로서 대통령령으로 정하는 경우에 관한 이사회 등의 결정이 있은 때
⑥ 상법 제360조의 2(주식의 포괄적 교환), 제360조의 15(주식의 포괄적 이전), 제522조(합병) 및 제530조의 2(회사의 분할)에 규정된 사실이 발생한 때
⑦ 대통령령으로 정하는 중요한 영업 또는 자산을 양수하거나 양도할 것을 결의한 때[51]

⑧ 자기주식을 취득(자기주식의 취득을 목적으로 하는 신탁계약의 체결을 포함한다) 또는 처분(자기주식의 취득을 목적으로 하는 신탁계약의 해지를 포함한다)할 것을 결의한 때

⑨ 그 밖에 그 법인의 경영·재산 등에 관하여 중대한 영향을 미치는 사항으로서 대통령령으로 정하는 사실이 발생한 때52)

(3) 서류첨부

사업보고서 제출대상법인은 주요사항보고서를 제출하는 경우에는 각 항목별로 다음의 서류나 그 사본을 첨부하여야 한다(자법 제161조 제2항, 자령 제171조 제3항).

① 어음이나 수표가 부도로 된 경우에는 은행의 부도 확인서 등 해당 사실을 증명할 수 있는 서류

② 은행과의 당좌거래가 정지되거나 금지된 경우에는 은행의 당좌거래정지

---

51) 다음 각 호의 어느 하나에 해당하는 것을 결의한 때를 말한다(자령 제171조 제1항).
1. 양수·양도하려는 영업부문의 자산액이 최근 사업연도말 현재 자산총액의 100분의 10 이상인 양수·양도
2. 양수·양도하려는 영업부문의 매출액이 최근 사업연도말 현재 매출액의 100분의 10 이상인 양수·양도
3. 영업의 양수로 인하여 인수할 부채액이 최근 사업연도말 현재 부채총액의 100분의 10 이상인 양수
4. 영업전부의 양수
5. 양수·양도하려는 자산액이 최근 사업연도말 현재 자산총액의 100분의 10 이상인 양수·양도. 다만, 일상적인 영업활동으로서 상품·제품·원재료를 매매하는 행위 등 금융위원회가 정하여 고시하는 자산의 양수·양도는 제외한다.

52) 다음 각 호의 어느 하나에 해당하는 것을 말한다(자령 제171조 제2항).
1. 「기업구조조정 촉진법」 제2조 제3호에 따른 주채권은행으로부터 같은 법 제7조 제1항 또는 제2항에 따른 조치를 받은 때(1항 - 부실징후기업의 관리 - 경영정상화 가능성이 있다고 판단시 관리절차에 들어감; 2항 - 회생가능성 없을 때는 해산·청산요구)
2. 시행령 제167조 제1항 제2호 각 목의 어느 하나에 해당하는 증권에 관하여 중대한 영향을 미칠 소송이 제기된 때
3. 해외 증권시장에 주권의 상장 또는 상장폐지가 결정되거나, 상장 또는 상장폐지된 때 및 법 제437조 제1항에 따른 외국금융투자감독기관 또는 법 제406조 제1항 제2호에 따른 외국 거래소 등으로부터 주권의 상장폐지, 매매거래정지, 그 밖의 조치를 받은 때
4. 전환사채권, 신주인수권부사채권 또는 교환사채권의 발행에 관한 결정이 있은 때
5. 그 밖에 그 법인의 경영·재산 등에 관하여 중대한 영향을 미치는 사항으로서 금융위원회가 정하여 고시하는 사실이 발생한 때

확인서 등 해당 사실을 증명할 수 있는 서류

③ 자본시장법 제161조 제2호의 경우에는 이사회의사록, 행정기관의 영업정지 처분 명령서 등 영업정지 사실을 증명할 수 있는 서류

④ 자본시장법 제161조 제3호의 경우에는 법원에 제출한 회생절차개시신청서 등 해당 사실을 증명할 수 있는 서류

⑤ 자본시장법 제161조 제4호의 경우에는 이사회의사록, 파산결정문 등 해당 사유 발생 사실을 증명할 수 있는 서류

⑥ 자본시장법 제161조 제5호부터 제8호까지의 경우에는 이사회의사록 등 해당 사실을 증명할 수 있는 서류

⑦ 자본시장법 제161조 제9호의 경우에는 통지서·소장 등 해당 사실을 증명할 수 있는 서류

⑧ 그 밖에 투자자 보호를 위하여 필요하다고 금융위원회가 정하여 고시하는 서류

(4) 정보의 제공요구

금융위원회는 제출된 주요사항보고서가 투자자의 투자판단에 중대한 영향을 미칠 우려가 있어 그 내용을 신속하게 알릴 필요가 있는 경우에는 대통령령으로 정하는 방법에 따라 행정기관, 그 밖의 관계기관에 대하여 필요한 정보의 제공 또는 교환을 요청할 수 있다. 이 경우 요청을 받은 기관은 특별한 사유가 없는 한 이에 협조하여야 한다(자법 제161조 제4항).

3. 수시공시제도

(1) 의의

거래소는 주권, 그 밖에 대통령령으로 정하는 증권[53]을 상장한 법인(주권등

53) 다음 각 호의 어느 하나에 해당하는 증권을 말한다(자령 제360조).
1. 사채권
2. 파생결합증권
3. 증권예탁증권

상장법인)의 기업내용 등의 신고·공시 및 관리를 위하여 주권등상장법인 공시규정을 정하여야 한다. 이 경우 유가증권시장과 코스닥시장에 대하여 별도의 공시규정으로 정할 수 있다(자법 제391조 제1항). 이에 따라 거래소는 수시공시사항에 대하여 유가증권시장 공시규정과 코스닥시장 공시규정을 두어 이에 대하여 상세하게 규정하고 있다.[54)]

공시규정에는 다음의 사항이 포함되어야 한다(자법 제391조 제2항).

① 주권등상장법인이 신고하여야 하는 내용에 관한 사항

② 주권등상장법인이 신고함에 있어서 준수하여야 할 방법 및 절차에 관한 사항

③ 주권등상장법인에 관한 풍문이나 보도 등의 사실 여부 및 그 법인이 발행한 증권의 가격이나 거래량의 현저한 변동의 원인 등에 대한 거래소의 신고 또는 확인 요구에 관한 사항

④ 주권등상장법인의 경영상 비밀유지와 투자자 보호와의 형평 등을 고려하여 신고·공시하지 아니할 사항

⑤ 주권등상장법인이 신고한 내용의 공시에 관한 사항

⑥ 주권등상장법인의 ①부터 ④까지의 위반유형, 위반 여부 결정기준 및 조치 등에 관한 사항

⑦ 매매거래의 정지 등 주권등상장법인의 관리에 관한 사항

⑧ 주권등상장법인의 신고의무 이행실태의 점검에 관한 사항

⑨ 그 밖에 주권등상장법인의 신고 또는 공시와 관련하여 필요한 사항

(2) 공시의 실효성 확보

은행은 주권등상장법인에 대하여 ① 발행한 어음이나 수표가 부도로 된 경우 ② 은행과의 당좌거래가 정지 또는 금지된 경우에 이를 지체 없이 거래소에 통보하여야 한다(자법 제392조 제1항).

거래소는 수시공시사항에 대하여 투자자의 투자판단에 중대한 영향을 미칠

---

4. 그 밖에 법 제391조 제1항에 따른 공시규정으로 정하는 증권

54) 두 공시규정이 유사하여 여기서는 유가증권시장 공시규정을 중심으로 기술한다.

우려가 있어 그 내용을 신속하게 알릴 필요가 있는 경우에는 대통령령으로 정하는 방법[55]에 따라 행정기관, 그 밖의 관계기관에 대하여 필요한 정보의 제공 또는 교환을 요청할 수 있다. 이 경우 요청을 받은 기관은 특별한 사유가 없는 한 이에 협조하여야 한다(자법 제392조 제2항). 거래소는 주권등상장법인이 자본시장법 제391조에 따라 신고를 한 경우에는 이를 지체 없이 금융위원회에 송부하여야 한다(자법 제392조 제3항). 금융위원회는 위 송부를 받은 경우에는 이를 인터넷 홈페이지 등을 이용하여 공시하여야 한다(자법 제392조 제4항).

(3) 공시사항

1) 의무공시사항

유가증권시장 공시규정에 따를 때 유가증권시장주권상장법인은 주요경영사항[56]이 발생한 때에는 그 사실 또는 결정 내용을 그 사유 발생일 당일에 거

---

55) 거래소는 자본시장법 제392조 제2항에 따라 행정기관, 그 밖의 관계기관에 대하여 다음 각 호의 기준에 따라 문서(전자문서를 포함한다) 또는 모사전송의 방법으로 필요한 정보의 제공을 요청할 수 있다. 이 경우 그 요청서에는 정보의 제공을 요청하는 사유를 기재하여야 한다(자령 제361조).

1. 어음·수표의 부도나 당좌거래의 정지·금지에 관하여는 「어음법」 제38조 및 「수표법」 제31조에 따른 어음교환소로 지정된 기관
2. 「채무자 회생 및 파산에 관한 법률」에 따른 회생절차의 신청·결정, 상장증권에 중대한 영향을 미칠 수 있는 소송의 제기나 해산사유의 발생에 관하여는 관할법원
3. 거래은행에 의한 해당 법인의 관리 개시에 관하여는 거래은행
4. 그 밖에 법 제391조 제2항 제1호 또는 제3호에 따른 신고 또는 확인 요구사항에 관하여는 해당 정보를 소유하고 있는 행정기관, 그 밖의 관계 기관

56) 유가증권시장 공시규정 제7조(주요경영사항) ① 유가증권시장주권상장법인은 다음 각 호의 어느 하나에 해당하는 때에는 그 사실 또는 결정(이사회의 결의 또는 대표이사 그 밖에 사실상의 권한이 있는 임원·주요주주 등의 결정을 말하며, 이 경우 이사회의 결의는 「상법」 제393조의2에 따른 이사회 내 위원회의 결의를 포함한다) 내용을 그 사유 발생일 당일에 거래소에 신고하여야 한다. 다만, 제1호 다목, 제2호중 가목(7)·나목(4)·다목(4)·라목(4), 제3호중 가목(1)·(2)와 나목(5)에 해당하는 경우에는 사유 발생일 다음 날까지 거래소에 신고하여야 한다.

1. 해당 유가증권시장주권상장법인의 영업 및 생산활동에 관한 다음 각 목의 어느 하나에 해당하는 사실 또는 결정이 있은 때
   가. 최근 사업연도 매출액의 100분의 10(대규모법인의 경우 100분의 5) 이상에 해당하는 영업 또는 주된 영업의 일부 또는 전부가 정지되거나 그 정지에 관한 행정처분이 있은 때(그 영업의 인가·허가 또는 면허의 취소·반납과 그에 상당하는 생산품에 대한 판매활동의 정지를 포함한다)
   나. 최근 사업연도 매출액의 100분의 10(대규모법인의 경우 100분의 5) 이상을 차지하는 거래처와

의 거래가 중단된 때

다. 최근 사업연도 매출액의 100분의 10(대규모법인의 경우 100분의 5) 이상의 단일판매계약 또는 공급계약을 체결한 때 및 해당 계약을 해지한 때

라. 최근 사업연도 매출액의 100분의 10(대규모법인의 경우 100분의 5) 이상의 제품에 대한 수거·파기 등을 결정한 때

마. 최근 사업연도 생산액의 100분의 10(대규모법인의 경우 100분의 5) 이상을 생산하는 공장에서 생산활동이 중단되거나 폐업된 때 및 해당 중단·폐업사유가 해소되어 생산활동이 정상적으로 재개된 때

2. 해당 유가증권시장주권상장법인의 재무구조에 변경을 초래하는 다음 각 목의 어느 하나에 해당하는 사실 또는 결정이 있은 때

가. 해당 유가증권시장주권상장법인이 발행하는 증권에 관한 다음의 어느 하나에 해당하는 사실 또는 결정이 있은 때

(1) 증자 또는 감자에 관한 결정이 있은 때

(2) 주식의 이익소각에 관한 결정이 있은 때

(3) 법 제165조의2에 따른 자기주식의 취득 또는 처분(신탁계약 등의 체결 또는 해지를 포함한다), 신탁계약 등의 체결을 통해 취득한 자기주식의 유가증권시장 외에서의 처분에 관한 결정이 있은 때

(4) 「상법」 제329조의2 및 제440조에 따른 주식분할 또는 병합(자본감소를 위한 주식병합은 제외한다)에 관한 결정이 있은 때

(5) 주식매수선택권의 부여·부여취소 등을 하기로 결정이 있은 때

(6) 전환사채, 신주인수권부사채, 교환사채 또는 증권예탁증권(외국에서 이와 유사한 증권 또는 증서가 발행되는 경우를 포함한다)의 발행에 관한 결정이 있은 때

(7) 해외증권시장에 주권 등의 상장을 추진하거나 이미 상장한 유가증권시장주권상장법인이 다음의 어느 하나에 해당되는 때

(가) 해외증권시장에 주권 등을 상장하기 위한 결정이 있은 때 및 해당 주권 등을 상장한 때

(나) 해외증권시장에 상장 후 해당국 증권감독기관 또는 증권거래소 등에 기업내용을 정기 또는 수시로 신고·공시하거나 보고서 그 밖의 관련서류를 제출한 때. 다만, 국내 증권관계법령 및 이 편에 따라 신고 또는 공시하거나 제출하는 사항과 중복되는 경우는 제외한다.

(다) 해외증권시장에서의 상장폐지를 결정하거나 해당국 증권감독기관 또는 증권거래소로부터 매매거래정지, 상장폐지, 그 밖의 조치를 받은 때 및 상장폐지된 때

(8) 해당 법인이 발행한 주권을 상장폐지 하기로 결정한 때

(9) 발행한 어음이 위·변조된 사실을 확인한 때

나. 해당 유가증권시장주권상장법인의 투자활동에 관한 다음의 어느 하나에 해당하는 사실 또는 결정이 있은 때

(1) 자기자본의 100분의 10(대규모법인의 경우 100분의 5) 이상에 상당하는 신규시설투자, 시설증설 또는 별도공장의 신설에 관한 결정이 있은 때

(2) 최근 사업연도말 자산총액의 100분의 10(대규모법인의 경우 100분의 5) 이상의 유형자산의 취득 또는 처분에 관한 결정 [법 시행령 제103조 제1호에 따른 특정금전신탁 또는 법 제9조 제19항에 따른 사모집합투자기구(해당 법인이 자산운용에 사실상의 영향력을 행사하는 경우에 한한다)에 의한 취득 및 처분을 포함한다. 이하 이 목 (3)에서의 취득 또는 처분에서 같다] 이 있은 때

(3) 자기자본의 100분의 5(대규모법인의 경우 1,000분의 25) 이상의 출자(타법인이 발행한 주식 또는 출자증권의 취득을 말한다) 또는 출자지분 처분에 관한 결정이 있은 때. 다만, 다음의 어느 하나에 해당하는 경우에는 그러하지 아니하다.

(가) 공개매수에 의한 출자. 다만, 외국기업이 발행한 주권을 대상으로 하는 외국 법률에 의한 공개매수의 경우에는 해당 국가에서 공개매수신고서 또는 이에 준하는 서류를 제출하는 때에 이를 신고하여야 한다.
(나) 금융기관(「금융위원회의 설치 등에 관한 법률」 제38조 각 호의 어느 하나에 해당하는 기관을 말한다)의 단기매매증권의 취득·처분(담보권 등 권리실행에 의한 출자·출자지분 처분을 포함한다)

(4) 자기자본의 100분의 5(대규모법인의 경우 1,000분의 25) 이상을 출자(최근 사업연도말 재무상태표상의 가액을 기준으로 한다)하고 있는 주권비상장법인(코스닥시장상장법인을 포함한다)이 제3호 나목(1)부터 (3)까지의 어느 하나에 해당된 사실이 확인된 때

다. 해당 유가증권시장주권상장법인의 채권·채무에 관한 다음의 어느 하나에 해당하는 사실 또는 결정이 있은 때

(1) 자기자본의 100분의 10(대규모법인의 경우 100분의 5) 이상에 해당하는 단기차입금의 증가에 관한 결정이 있은 때. 이 경우 단기차입금에는 모집 외의 방법으로 발행되는 만기 1년 이내의 사채금액을 포함하며, 기존의 단기차입금 상환을 위한 차입금은 제외한다.
(2) 자기자본의 100분의 5(대규모법인의 경우 1,000분의 25) 이상의 채무를 인수하거나 면제하여 주기로 결정한 때
(3) 자기자본의 100분의 5(대규모법인의 경우 1,000분의 25) 이상의 담보제공(타인을 위하여 담보를 제공하는 경우에 한한다) 또는 채무보증(입찰·계약·하자·차액보증 등의 이행보증과 납세보증은 제외한다)에 관한 결정이 있은 때(건설업을 영위하는 법인이 공사시행을 위하여 발주처 및 입주예정자 등에 제공한 담보 또는 채무보증은 제외한다). 이 경우 그 결정일 또는 사유발생일 현재의 채무자별 담보제공 또는 채무보증 잔액을 함께 신고하여야 한다.
(4) 제2호 다목(3)에 해당하는 채무자가 제3호 나목(1)부터 (3)까지의 어느 하나에 해당된 사실이 확인된 때
(5) 발행한 사채와 관련하여 자기자본의 100분의 5(대규모법인의 경우 1,000분의 25) 이상의 금액에 상당하는 원리금의 지급을 이행하지 못한 때. 이 경우 신고금액의 산정은 해당 사업연도에 발생한 미지급금 중 기 신고분을 제외한 누계금액을 기준으로 한다.

라. 해당 유가증권시장주권상장법인의 손익에 관한 다음의 어느 하나에 해당하는 사실 또는 결정이 있은 때

(1) 천재·지변·전시·사변·화재 등으로 인하여 최근 사업연도말 자산총액의 100분의 5(대규모법인의 경우 1,000분의 25) 이상의 재해(최근 사업연도말 재무제표상의 가액을 기준으로 한다)가 발생한 때
(2) 자기자본의 100분의 5(대규모법인의 경우 1,000분의 25) 이상의 벌금·과태료·추징금 또는 과징금 등이 부과된 사실이 확인된 때
(3) 자기자본의 100분의 5(대규모법인의 경우 1,000분의 25) 이상의 금액에 상당하는 임·직원 등의 횡령·배임혐의가 확인된 때 및 그 혐의가 사실로 확인된 때
(4) 파생상품의 거래(위험회피 목적의 거래로서 한국회계기준원이 정하는 「기업회계기준등에관한 해석」에 따른 높은 위험 회피효과를 기대할 수 있는 경우를 제외한다)로 인하여 자기자본의 100분의 5(대규모법인의 경우 1,000분의 25) 이상의 손실(미실현분을 포함한다)이 발생한 때. 이 경우 신고금액의 산정은 해당 사업연도에 발생한 손실 중 기 신고분을 제외한 누계손실을 기준으로 하며, 다수의 파생상품 거래가 있는 경우에는 손실과 이익을 상계한다.

마. 해당 유가증권시장주권상장법인의 결산에 관한 다음의 어느 하나에 해당하는 사실 또는 결정이 있은 때

(1) 외감법 제8조 제1항에 따라 회계감사인으로부터 감사보고서를 제출받은 때. 이 경우 해당 감

사보고서상 다음의 어느 하나에 해당하는 사실이 확인된 때에는 이를 함께 신고하여야 한다.

(가) 감사의견 부적정, 의견거절 또는 감사범위의 제한으로 인한 한정

(나) 최근 사업연도의 자기자본이 자본금의 100분의 50 이상 잠식. 이 경우 자본금 전액이 잠식된 경우에는 별도로 표시하여야 한다.

(다) 최근 사업연도의 매출액이 50억원 미만

(2) 회계감사인의 반기검토보고서상 검토의견이 부적정 또는 의견거절인 때

(3) 최근 사업연도 매출액, 영업손익 또는 당기순손익이 직전사업연도 대비 100분의 30(대규모법인의 경우 100분의 15) 이상 증가 또는 감소한 사실이나 결정이 있은 때. 이 경우 결산주주총회의 소집을 통지·공고하기 이전까지 이를 신고하여야 하며, 매출액·영업손익·당기순손익 항목 중 한 항목 이상에 해당되어 신고하는 경우 다른 항목 및 자산·부채·자본총계 현황을 함께 신고하여야 한다.

(4) 주식배당에 관한 결정이 있은 때

(5) 현금배당(법 제165조의12에 따른 분기배당 및 「상법」 제462조의3에 따른 중간배당을 포함한다)에 관한 결정이 있은 때 및 중간배당(분기배당을 포함한다)을 위한 주주명부폐쇄기간(기준일을 포함한다)을 결정한 때. 이 경우 해당 배당신고는 시가배당률에 의하여야 하며 액면배당률은 이를 표시하지 아니한다.

(6) 회계처리기준 위반행위와 관련하여 다음의 어느 하나에 해당하는 때

(가) 해당 법인이 「외부감사 및 회계 등에 관한 규정」 제56조제1항에 따라 증권선물위원회로부터 검찰고발 또는 검찰통보 조치된 사실을 통보받은 때와 그 결과가 확인된 때

(나) 해당 법인이 회계처리기준 위반행위를 사유로 검찰에 의하여 기소되거나 그 결과가 확인된 때. 다만, (가)에 따라 신고한 경우에는 그러하지 아니하다.

3. 해당 유가증권시장주권상장법인의 기업경영활동에 관한 다음 각 목의 어느 하나에 해당하는 사실 또는 결정이 있은 때

가. 해당 유가증권시장주권상장법인의 지배구조 또는 구조개편에 관한 다음의 어느 하나에 해당하는 사실 또는 결정이 있은 때

(1) 최대주주가 변경된 사실이 확인된 때

(2) 사외이사 및 감사(감사위원회 위원을 포함한다)가 임기만료 외의 사유로 퇴임한 때

(3) 지주회사인 유가증권시장주권상장법인의 자회사가 새로이 편입 또는 탈퇴된 때

(4) 「상법」 제3편 제4장 제2절 제2관 또는 제3관에 따른 주식교환 또는 주식이전의 결정이 있은 때

(5) 「상법」 제374조·제522조·제530조의2 및 제530조의12에서 규정한 사실에 관한 결정이 있은 때

(6) 「상법」 제527조의2에 따른 간이합병 또는 제527조의3에 따른 소규모합병에 관한 결정이 있은 때

나. 해당 유가증권시장주권상장법인의 존립에 관한 다음의 어느 하나에 해당하는 사실 또는 결정이 있은 때

(1) 발행한 어음 또는 수표가 부도로 되거나 은행과의 거래가 정지 또는 금지된 때

(2) 「채무자 회생 및 파산에 관한 법률」에 따른 다음의 어느 하나에 해당하는 경우

(가) 회생절차 개시·종결·폐지 신청을 한 때 및 법원으로부터 회생절차 개시·종결 또는 폐지, 회생절차 개시신청 기각, 회생절차 개시결정 취소, 회생계획 인가·불인가 등의 결정사실을 통보받은 때

(나) 파산신청을 한 때 및 법원으로부터 파산선고 또는 파산신청에 대한 기각 결정 사실을 통보 받은 때

래소에 신고하여야 한다(유가증권시장 공시규정 제7조 제1항).

2) 자율공시사항

주권상장법인은 수시공시사항 이외에 "투자자의 투자판단에 중대한 영향을 미칠 수 있거나 투자자에게 알릴 필요가 있다고 판단되는 사항"으로서 세칙에서 규정하는 사항의 발생 또는 결정이 있는 때에는 사유발생일 다음날까지 거래소에 신고하여야 한다(유가증권시장 공시규정 제28조)

---

(3) 「상법」 제517조 및 그 밖의 법률에 따른 해산사유가 발생한 때. 다만, 「상법」 제227조 제4호 및 제517조 제1호의2에 따른 해산사유에 해당하는 경우에는 그러하지 아니하다.
(4) 거래은행 또는 채권금융기관이 법인의 경영관리 또는 공동관리를 개시·중단 또는 해제하기로 결정한 사실이 확인된 때
(5) 채권금융기관협의회와 경영정상화 계획의 이행을 위한 약정을 체결한 때
(6) 주채권은행 또는 채권금융기관협의회로부터 회생절차·해산·청산 또는 파산신청을 요구받은 때

다. 해당 유가증권시장주권상장법인에 대하여 다음의 소송 등의 절차가 제기·신청되거나 그 소송 등이 판결·결정된 사실을 확인한 때. 다만, (4)의 경우에는 소송의 제기(상소를 포함한다)·허가신청, 소송허가 결정, 소송불허가 결정, 소취하(상소취하를 포함한다)·화해·청구포기(상소권포기를 포함한다)의 허가신청·결정 및 판결의 사실 등을 확인한 때
(1) 유가증권시장주권상장법인이 발행한 상장 또는 상장대상 증권의 발행에 대한 효력, 그 권리의 변경 및 그 증권의 위조 또는 변조에 관한 소송
(2) 청구금액이 자기자본의 100분의 5(대규모법인의 경우 1,000분의 25) 이상인 소송 등
(3) 임원의 선임·해임을 위한 소수주주의 법원에 대한 주주총회 소집허가 신청, 임원의 선임·해임 관련 주주총회결의의 무효·취소의 소, 임원의 직무집행정지가처분 신청 등 임원의 선임·해임 또는 직무집행과 관련한 경영권분쟁 소송
(4) 「증권관련 집단소송법」에 따른 소송

라. 주주총회소집을 위한 이사회결의 또는 주주총회결의가 있은 때. 이 경우 사업목적 변경, 사외이사의 선임·해임, 감사의 선임·해임, 집중투표제의 도입·폐지 등 투자판단에 중대한 영향을 미칠 수 있는 사항에 대하여는 이를 구분하여 명기하여야 한다.

② 제1항에도 불구하고 다음 각 호의 어느 하나에 해당하는 유가증권시장주권상장법인에 대하여는 제1항 제2호 다목(2)부터 (4)까지는 이를 적용하지 아니한다.
1. 「은행법」에 따른 금융기관
2. 법에 따른 투자매매업자 또는 투자중개업자
3. 「보험업법」에 따른 보험회사
4. 법에 따른 종합금융회사
5. 「상호저축은행법」에 따른 상호저축은행
6. 「여신전문금융업법」에 따른 설립된 시설대여업자
7. 「기술신용보증기금법」에 따른 신기술사업자
8. 법 제152조 제3항에 따른 공공적 법인
9. 「채무자 회생 및 파산에 관한 법률」에 따른 회생절차의 진행중에 있는 법인

(4) 조회공시

1) 의의

조회공시라 함은 자본시장법 제391조 제2항 제3호에서의 주권등상장법인에 관한 풍문이나 보도 등의 사실 여부 및 그 법인이 발행한 증권의 가격이나 거래량의 현저한 변동의 원인 등에 대한 거래소의 신고 또는 확인 요구에 관한 사항에 따라 거래소가 유가증권시장주권상장법인에 대하여 기업내용에 관한 공시를 요구하여 해당 유가증권시장주권상장법인이 이에 대하여 거래소에 신고하는 것을 말한다(유가증권시장 공시규정 제2조 제3항).

이 경우에 다른 법령·천재지변 기타 이에 준하는 사유로 공시하기가 곤란한 경우 외에는 당해 법인은 지체없이 이에 응하여야 한다.

2) 조회공시대상

거래소는 공시규정 제7조부터 제10조까지, 제15조, 제16조 및 제28조에서 정하는 사항이거나 이에 준하는 사항에 관하여 세칙에서 정하는 풍문 및 보도의 사실여부의 확인을 위하여 조회공시를 요구할 수 있으며, 조회공시를 요구받은 유가증권시장주권상장법인은 공시요구시점이 오전인 경우에는 당일 오후까지, 오후인 경우에는 다음 날 오전까지(유가증권시장 업무규정 제26조 제2항 각 호의 어느 하나에 해당하는 사유로 조회공시를 요구받은 경우에는 그 다음 날까지로 한다) 이에 응하여야 한다. 다만, 풍문 등의 내용이 1월(공시규정 제7조 제1항 제3호 가목 (1)·(5)·(6) 그 밖에 이에 준하는 사항의 경우에는 3월) 이내에 이미 공시한 사항인 경우에는 조회공시를 요구하지 아니할 수 있다(유가증권시장 공시규정 제12조 제1항).

거래소는 위에도 불구하고 풍문 등이 없더라도 유가증권시장주권상장법인이 발행한 주권 등의 가격 및 거래량이 거래소가 따로 정하는 기준에 해당하는 경우에는 해당 유가증권시장주권상장법인에 대하여 중요한 정보(공시규정 제7조부터 제10조까지, 제15조, 제16조 및 제28조에서 정하는 사항에 관한 정보)의 유무에 대한 조회공시를 요구할 수 있으며, 조회공시를 요구받은 유가증권시장주권상장법인은 요구받은 다음 날까지 이에 응하여야 한다. 다만, 유가증권시장주권상장법인의 주권 등의 가격 및 거래량이 본문의 규정에 의한 최근 조회공시 요구일부터 15일 이내에 다시 본문의 규정에 의한 기준에 해당되는 경우에는 조회공시를 요구하지 아니할 수 있다(유가증권시장 공시규정 제12조 제2항).

3) 공시의 면제

유가증권시장주권상장법인이 다음의 어느 하나에 해당하는 경우에는 조회공시에 관한 위 규정들을 적용하지 아니할 수 있다(유가증권시장 공시규정 제12조 제3항).

① 다른 법령, 규정 등에 의하여 불가피한 경우
② 천재·지변·전시·사변·경제사정의 급변 그 밖에 이에 준하는 사태가 발생하는 경우

(5) 공시의 유보

1) 의의

자본시장법은 수시공시사항 중 경영상의 비밀유지와 투자자 보호의 형평을 고려하여 공시의 유보를 인정하는 주권등상장법인의 공시유보제도를 도입하고 있다(자법 제391조). 종전에는 발행시장에서의 공시와 유통시장에서의 수시공시에 있어서 군사상 비밀(군사비밀보호법 제2조)이나 천재지변 기타 이에 준하는 사유로 공시하기가 곤란한 경우에만 한정적으로 공시유보를 인정하였으나, 현행 규정에서는 경영상 비밀유지와 투자자 보호와의 형평 등을 고려하여 공시하지 않을 필요가 있을 때까지로 공시유보범위가 확대되었다.

2) 거래소에 의한 공시유보

거래소는 유가증권시장주권상장법인의 신고내용이 다음의 어느 하나에 해당하는 경우에는 해당 사유가 해소될 때까지 이의 공시를 일정기간 유보할 수 있다(유기증권시장 공시규정 제43조).

① 유가증권시장주권상장법인의 공시내용이 「군사기밀보호법」 등 법률에 의한 기밀에 해당되는 때

② 유가증권시장주권상장법인의 공시내용이 관계법규를 위반하고 있음이 확인되는 때
③ 유가증권시장주권상장법인의 공시내용의 근거사실이 확인되지 않거나 그 내용이 투자자의 투자판단에 혼란을 야기시킬 수 있다고 판단되는 때
④ 공시규정 제14조 제1항[57]에 따른 재공시의 내용이 이미 공시한 내용과 유사하다고 인정되는 때
⑤ 공시규정 제14조 제2항[58]에 위반된다고 인정되는 때
⑥ 공시규정 제7조부터 제10조까지 및 제28조의 규정에서 정하는 사항 또는 이에 준하는 사항이 아닌 것으로서 건전한 거래질서를 해칠 우려가 있다고 판단되는 때

3) 신청에 의한 공시유보

유가증권시장주권상장법인은 경영상 비밀유지를 위하여 필요한 경우 다음 각 호의 신고사항 중 세칙에서 정하는 사항에 대하여 공시유보를 거래소에 신청할 수 있다. 이 경우 사전에 거래소와 협의하여야 한다(유가증권시장 공시규정 제43조의 2 제1항)

① 공시규정 제7조 제1항 제1호 다목[59]
② 공시규정 제7조 제1항 제2호 나목 (1)[60]

거래소는 위의 공시유보 신청에 대하여 기업 경영 등 비밀유지와 투자자 보호와의 형평을 고려하여 공시유보가 필요하다고 인정되는 경우 이를 승인할 수 있다(유가증권시장 공시규정 제43조의 2 제2항).

유가증권시장주권상장법인은 공시가 유보된 사항에 대하여 비밀을 준수하여야 하며, 해당 유보기간이 경과하거나 유보조건이 해제되는 경우에는 그 다음

57) 조회공시에 대하여 의사결정과정에 있다는 내용의 공시(미확정공시)는 1개월 내에 확정내용 또는 진척사항을 공시해야 한다.
58) 공시규정 제14조 제1항의 규정에 의한 미확정공시를 재공시하는 경우에는 당해 의사결정 과정에 대한 구체적인 상황이 포함되어야 한다.
59) 최근 사업연도 매출액의 100분의 10(대규모법인의 경우 100분의 5) 이상의 단일판매계약 또는 공급계약을 체결한 때 및 해당 계약을 해지한 때
60) 자기자본의 100분의 10(대규모법인의 경우 100분의 5) 이상에 상당하는 신규시설투자, 시설증설 또는 별도공장의 신설에 관한 결정이 있은 때

날까지 이를 신고하여야 한다(유가증권시장 공시규정 제43조의 2 제3항).

(6) 불성실공시

불성실공시라 함은 유가증권시장주권상장법인이 이 규정에 따른 신고의무를 성실히 이행하지 아니하거나 이미 신고한 내용을 번복 또는 변경하여 공시불이행, 공시번복 또는 공시변경의 유형에 해당된 경우를 말한다(유가증권시장 공시규정 제2조 제5항).

불성실공시가 있는 경우 거래소는 불성실공시법인의 지정과 벌점을 예고하고, 이후 불성실공시법인의 지정과 벌점부과를 하게 된다. 벌금부과 외에 3천만원 내에서 공시위반제재금을 부과할 수 있다.

불성실공시법인으로 지정된 경우나 조회공시에 불응한 경우 거래소는 매매거래를 정지할 수 있다(유가증권시장 공시규정 제40조).

또한 공시의무 위반과 관련하여 다음의 경우에는 상장폐지 실질심사위원회의 심사를 거쳐 상장폐지가 될 수 있다(유가증권시장 상장규정 제80조 12호, 제80조의 3).

불성실공시와 관련하여 상장규정 제75조 제1항 제8호[61]에 따라 관리종목으로 지정된 유가증권시장주권상장법인이 다음의 어느 하나에 해당하는 경우

① 불성실공시 누계벌점이 최근 1년간 15점 이상 추가된 경우
② 기업경영에 중대한 영향을 미칠 수 있는 사항 등에 대하여 고의 또는 중과실로 공시의무를 위반하여 불성실공시법인으로 지정된 경우

61) 유가증권시장주권상장법인이 불성실공시법인지정 등[공시규정 제35조에 따른 불성실공시법인 지정, 제39조 제2항에 따른 개선계획서 미제출 또는 제88조 제5항에 따른 공시책임자(공시담당자를 포함한다) 미교체를 말한다]에 해당되어 벌점을 부과받는 경우로서 당해 벌점부과일로부터 기산하여 과거 1년 이내의 누계벌점이 15점 이상이 되는 경우.

Ⅳ. 공정공시제도

1. 의의

공정공시제도란 미국에서 2000년 10월부터 시행된 Regulation FD를 모델로 하여 2002년 11월 도입된 것으로서, 정보의 비대칭성으로 인하여 생겨나는 문제점을 없애기 위한 것이다. 즉 기업의 선택적 정보제공으로 인하여 일반투자자들이 시장에 대한 자신감을 가지지 못하고, 그 결과 투자가 줄고 주가도 낮아지게 되므로 이를 규제하기 위한 제도이다.[62]

공정공시제도는 선별적 정보제공을 금지하는 것으로, 이에 의할 때 기업의 재무구조나 경영상의 내부정보 등을 애널리스트 등 외부인에게 발설했을 경우 바로 공시를 통해 일반투자자에게도 알려야 한다.[63] 이는 공시대상으로 열거된 내용만 공개하던 수시공시와 달리 주가에 영향을 미치는 내용을 모두 공개토록 한 것으로 정보유통에 큰 변화가 있게 되었다.

우리나라의 공정공시제도는 자율규제기관인 거래소의 유가증권시장 공시규정 및 코스닥시장 공시규정에 의하여 시행되고 있다.

2. 제도의 주요내용

(1) 공정공시의 대상정보

유가증권시장주권상장법인은 공정공시정보제공자가 다음의 공정공시대상정보를 공정공시정보제공대상자에게 선별적으로 제공하는 경우에는 그 사실 및 내용을 거래소에 신고하여야 한다(유가증권시장 공시규정 제15조 제1항).

① 장래 사업계획 또는 경영계획[64]

---

62) 미국에서 도입당시 SEC위원장 아서 레빗의 견해이다.

63) 공정공시제도 시행 첫날 52개사가 공정공시를 했다.

64) 공정공시운영규정 제3조(공정공시대상정보) ① 규정 제15조 제1항 제1호에서 "장래 사업계획 또는 경영계획" 이라 함은 회사 전체의 영업활동 및 기업실적에 중대한 영향을 미치는 다음 각호의 사항으로서 향후 3년 이내의 계획을 말한다. 이 경우 당해 계획의 목적, 추진일정, 예상투자금액 및 예상

② 매출액, 영업손익, 법인세비용차감전계속사업손익 또는 당기순손익 등에 대한 전망 또는 예측

③ 공시규정 제21조의 규정에 의하여 사업보고서, 반기보고서 및 분기보고서를 제출하기 이전의 당해 사업보고서 등과 관련된 매출액, 영업손익, 법인세비용차감전계속사업손익 또는 당기순손익 등 영업실적

④ 공시규정 제7조 내지 제10조의 규정에서 정하는 사항[65]과 관련된 것으로서 그 신고시한이 경과되지 아니한 사항

자회사의 공정공시대상정보와 관련하여 지주회사인 유가증권시장주권상장법인은 해당 유가증권시장주권상장법인의 공정공시정보제공자가 자회사의 공정공시대상정보를 공정공시정보제공대상자에게 제공하는 경우 공시규정 제15조 및 제17조에 따라 거래소에 신고하여야 한다. 이 경우 자회사의 범위는 지주회사가 소유하고 있는 자회사 주식의 최근 사업연도말 재무상태표상 가액(사업연도중 편입하는 경우에는 그 취득가액)이 지주회사의 최근 사업연도말 자산총액의 100분의 10 이상인 자회사로 한다(유가증권시장 공시규정 제16조).

(2) 정보제공자

공정공시정보제공자라 함은 다음의 어느 하나에 해당하는 자를 말한다(유가증권시장 공시규정 제15조 제2항).

① 해당 유가증권시장주권상장법인 및 그 대리인

② 해당 유가증권시장주권상장법인의 임원(이사·감사 또는 사실상 이와 동

효과를 구체적으로 표시하여 신고하여야 한다.
1. 신규사업의 추진
2. 신시장의 개척
3. 주력업종의 변경
4. 회사조직의 변경
5. 신제품의 생산
6. 국내외법인과의 전략적 제휴
7. 신기술의 개발
8. 기존사업의 변경(중단·폐업·매각 등)

65) 유가증권시장 공시규정 제7조(주요경영사항), 제8조(자회사의 주요경영사항), 제9조(부동산투자회사의 주요경영사항), 제10조(선박투자회사의 주요경영사항).

등한 지위에 있는 자를 포함한다)

③ 공정공시대상정보에 대한 접근이 가능한 해당 유가증권시장주권상장법인의 직원(공정공시대상정보와 관련이 있는 업무수행부서 및 공시업무 관련부서의 직원을 말한다)

(3) 정보제공대상자

공정공시정보제공대상자라 함은 다음의 어느 하나에 해당하는 자를 말한다(유가증권시장 공시규정 제15조 제3항).

① 자본시장법에 의한 투자매매업자·투자중개업자·투자회사·집합투자업자·투자자문업자·투자일임업자와 그 임·직원 및 이들과 위임 또는 제휴관계가 있는 자

② 전문투자자(①에서 정하는 자를 제외한다) 및 그 임·직원

③ ① 및 ②의 규정에 따른 자의 업무와 동일하거나 유사한 업무를 수행하는 외국의 전문투자자 및 그 임·직원

④「방송법」에 의한「방송사업자 및 신문 등의 자유와 기능보장에 관한 법률」에 의한 신문·통신 등 언론사(이와 동일하거나 유사한 업무를 수행하는 국내외 법인을 포함한다) 및 그 임·직원

⑤「정보통신망이용촉진 및 정보보호 등에 관한 법률」에 의한 정보통신망을 이용하는 증권정보사이트 등의 운영자 및 그 임·직원

⑥ 공정공시대상정보를 이용하여 유가증권시장주권상장법인의 증권을 매수하거나 매도할 것으로 예상되는 해당 증권의 소유자

⑦ ① 내지 ⑥에 준하는 자로서 거래소가 정하는 자

(4) 신고시기

거래소에의 신고는 당해 정보가 공정공시정보제공대상자에게 제공되기 이전까지 하여야 한다. 다만, 공정공시정보제공자가 경미한 과실 또는 착오로 제공한 경우에는 제공한 당일에 이를 신고하여야 하며, 해당 유가증권시장주권상

장법인의 임원이 그 제공사실을 알 수 없었음을 소명하는 경우에는 이를 알게 된 날에 신고할 수 있다(유가증권시장 공시규정 제15조 제4항).

(5) 적용제외

다음의 어느 하나에 해당하는 경우에는 공정공시의무의 적용예외가 인정되어 공정공시규제에 관한 규정을 적용하지 아니한다(유가증권시장 공시규정 제18조).

① 공정공시정보제공자가 보도목적의 취재에 응하여 공시규정 제15조 제3항 제4호에서 규정하는 자에게 공정공시대상정보를 제공하는 경우
② 공정공시정보제공자가 다음의 어느 하나에 해당하는 자에게 공정공시대상정보를 제공하는 경우
  가. 변호사·공인회계사 등 해당 유가증권시장주권상장법인과의 위임계약에 따른 수임업무의 이행과 관련하여 비밀유지의무가 있는 자
  나. 합법적이고 일상적인 업무의 일환으로 제공된 정보에 대하여 비밀을 유지하기로 명시적으로 동의한 자
  다. 「신용정보의 이용 및 보호에 관한 법률」에 따라 금융위원회로부터 신용평가업무에 관한 허가를 받은 자
  라. 가목 내지 다목에 준하는 자로서 거래소가 정하는 자

(6) 공시의무위반시의 제재

공정공시에 관한 규제에 위반한 경우 공시불이행으로 보아 불성실공시법인 지정, 공시위반제재금 등 수시공시 위반시에서와 같이 불성실공시의 제재가 가해진다(유가증권시장 공시규정 제35~39조).

3. 문제점

공정공시제도는 정보의 불균형을 시정하기 위한 제도이지만 지나친 정보관

리로 정보흐름이 원활하지 못하고 기업의 부담이 늘어나는 부작용이 있을 수 있다. 기업으로서는 제도위반을 우려해 가능한 한 기업정보를 공개하지 않으려 하며, 이로 인하여 미공개 정보가 늘게 되고, 이를 이용한 불공정행위나 허위정보유포를 통한 주가조작이 더 용이해질 수도 있다.

실제로 기업들이 예전에는 쉽게 주던 자료들을 내놓지 않으려는 경향이 있다고 한다. 따라서 과거에 개인투자자들이 쉽게 얻을 수 있었던 시장정보들이 차단될 가능성이 커졌다. 이를 통해 정보의 비대칭성을 줄어들지만 주식시장에 공급되는 정보의 질과 양이 모두 떨어진다는 것이다. 그렇게 되면 주가는 오히려 낮아지고, 정보부족으로 주가의 변동폭은 커진다. 과거에 애널리스트나 펀드매니저들은 정보에 대한 분석과 평가를 해 왔으며, 우수한 정보를 생산한 대가로 수수료를 받거나 또는 상대적으로 높은 수익률을 누려왔다. 그런데 공정공시제도는 정보수요자에 의한 적극적 정보생산행위를 차단하는 면이 있다. 이는 누구나 같은 정보를 갖게 되는 대가로 적극적으로 생산된 정보를 잃게 되는 결과를 가져왔다고 평가할 수도 있다.

또한 실제에 있어서 정보의 비대칭성을 해소하지 못하고 있다는 지적도 있다. 공정공시 위반 혐의를 포착하더라도 입증하기가 매우 어렵다. 당사자간에 정보를 주고 받았다는 사실을 시인하지 않으면 대응할 방법이 없다. 공정공시제도 도입 이후 지금까지 적발된 상장기업은 대한화재, 진흥기업 두 곳뿐이다. 이들도 기존 공시내용을 번복한 것이 문제가 됐을 따름이다. 미국에서도 지금까지 공정공시 위반으로 적발된 기업이 서너개에 불과하다고 한다.

< 발행시장·유통시장에서 애널리스트의 역할 >

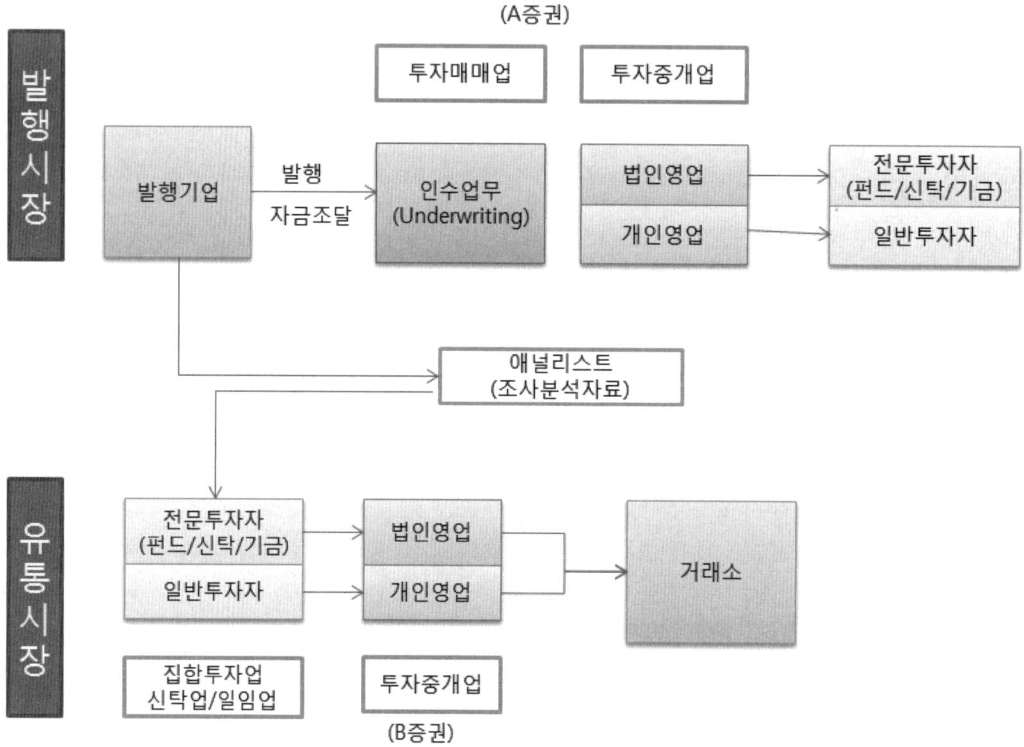

제3장 기업의 인수·합병에 대한 규제

제1절 공개매수

Ⅰ. 서설

1. 의의

공개매수란 불특정 다수인에 대하여 주식 등의 매수(다른 증권과의 교환을 포함한다)의 청약을 하거나 매도(다른 증권과의 교환을 포함한다)의 청약을 권유하고 증권시장 밖에서 그 주식 등을 매수하는 것을 말한다(자법 제133조 제1항).

공개매수는 기업매수를 위한 것으로 단기에 대량의 주식을 취득하기 위한 제도이다. 우호적인 기업매수를 위한 공개매수도 이루어지지만 특히 적대적 기업매수를 위한 대표적인 수단이 된다. 또한 공개매수는 기업매수와 관계없이 상장폐지를 위한 수단으로서 이용되기도 한다.

자본시장법상 주식 등을 5%이상 취득시 공개매수강제에 관한 규정이 적용된다.

2. 미국에 있어서 공개매수의 개념

(1) Williams Act의 제정

적대적 기업매수의 수단은 위임장쟁탈전(Proxy)에 의한 방법과 공개매수(TOB)에 의하는 것 2가지로 대별될 수 있는데 미국에 있어서 1960년대 이후 공개매수에 의한 기업매수가 주로 이루어져 왔다.[66] 공개매수에 관한 규제법인 Williams Act(1968)가 제정되기 전에는 주주들에게 공개매수제의에

66) Loss, Fundamentals of Securities Regulations, p. 498 (1988).

응할 수 있는 시간적 여유를 며칠 밖에 주지 않음으로써 목표기업의 경영진측에서 방어전략을 준비하는 시간을 별로 가지지 못했다. 예를 들어 기업사냥꾼의 작전은 언론매체를 통해 은행 등 주요 금융기관들이 문을 닫은 토요일 오후 전격적으로 시작되고, 주말 동안에 대상회사의 경영권을 지배할 수 있는 정도의 주식을 매수하기도 하였다.[67] 이렇게 기업매수가 갑자기 개시되는 경우 대상회사 주주들은 이에 응할 것인가 여부에 대하여 혼란에 빠지게 되고, 이는 사회적 문제를 야기하기도 하여 공개매수를 규제해야 한다는 사회적 요구가 커지게 되었다.

그리하여 1968년 미의회는 공개매수를 규제하기 위해 Williams Act를 채택하였다.[68] 그 주요내용은 공개매수에 있어서의 정보개시와 대기기간을 설정하는 것이다. 정보개시에 대하여 Williams Act 제14조 d항[69]은 다음과 같이 규정하고 있다. "누구라도 공개매수의 신청 또는 이것에 대한 응모의 요청의 문서가 최초로 공표되거나, 주주에게 송부·교부될 때까지 본법 제13조 d항에서 정하는 정보를 기재한 신고서를 위원회에 제출하지 않으면, 소유주식에 대하여 공개매수의 신청 또는 그에 대한 응모의 요청을 함으로써, 당해매수의 종료 후에 그 자가, 직접 혹은 간접으로 그 종류의 주식의 5% 이상의 실질적 소유자가 되는 것은 위법이다" 고 규정하였다.

다음으로 Williams Act 제14조 e항에서 '사기적' 행위를 광범위하게 규제하였다.[70] 이 규정의 적용에 대해 연방대법원 판결에서 상당히 그 범위를 좁혔지만,[71] 이 규정에 의해 어떤 자도 매수를 유리하게 하거나 또는 불리하게

---

67) 이는 마치 TV 에서 토요일 밤의 특별 프로를(Saturday Night Special) 방영하듯이 주말을 앞두고 주주들에게 바로 주식을 높은 가격에 사주겠다고 통고해 버리는 방법이다.

68) 이는 제안자인 William 상원의원의 이름을 딴 것으로서, SEA(1934)를 보완한 것이다.

69) 15 U.S.C §78n(1) (1970).

70) Section 14(e) of the Williams Act, 15 U.S.C. §78n(e)는 다음과 같이 규정하고 있다.
"It shall be unlawful for any person to make any untrue statement of material fact or omit to state any material fact necessary in order to make the statements made, in light of the circumstances under which they are made, not misleading, or to engage in any fraudulent, deceptive, or manipulative acts or practices, in connection with any tender offer ― or any solicitation or security holders in opposition to or in favor of any offer, request, or invitation."

71) Rondeau v. Mosinee Paper Corp., 422 U.S. 49 (1975) : 매수자의 사기행위에 의해 보상을 받기 위해서는 대상회사가 회복할 수 없는 손해를 립증해야 한다. ; Piper v. Chris Craft Indus.,

하기 위하여 공개매수와 관련된 허위표시, 중요사실의 누락 또는 사기적이고 조작적 행위를 하지 못하게 된다. 이 규정은 사기적 행위에 대한 일반적 규제규정인 SEA 제10조 b항[72]과 달리 '매수자-매도자' 요건을 요구하지 않는다.

(2) 공개매수의 정의

미국에 있어서 공개매수가 무엇이냐에 대해 아직 정확한 개념이 정립된 것은 아니다. 1979년도에 SEC는 공개매수를 정의하는 Rule 14d-1(b)(1)을 제안했으나 채택되지 않았다. 이렇게 공개매수에 대한 객관적 정의규정을 두지 않는 것은 증권거래의 동적 성질을 감안하여 형식적으로는 공개매수라고 할 수 없는 변칙거래도 사정에 따라서는 공개매수로 파악함으로써 투자자를 보호하고자 함에 그 이유가 있다.

일반적으로 공개매수를 모든 주주에 대해 일정한 가격(대개 프리미엄부)으로 매도하도록 하는 제한적이고 조건적인 공개유인으로 이해하고 있다. 그러나 대규모 시장매수계획이어도 그 거래가 공개매수가 되는가 여부는 그 거래를 둘러싼 상황여부에 따라 결정된다.

전통적 공개매수와 다른 기타의 매수가 Williams Act[73] 제14조 (d)항이 말하는 공개매수에 해당하는가 여부를 결정하는데 있어 가장 중요한 점은 권유주주의 수, 매수에 대한 공시성의 정도 그리고 사적 협상매매의 경우에 매도자가 매도조건을 독립적으로 협상할 기회를 어느 정도 가졌는가 유무 등이다. 한편 SEC는 공개시장매수의 경우(외부인에 의하든 대상회사 경영진에 의하든) 그것이 공개매수에 해당하는가 여부를 결정하기 위해 다음과 같은 8가지 기준을 제시하고 있다.[74]

---

430 U.S. 1 (1977) : 매수자는 대상회사의 TOB를 격퇴함에 있어서 기망적 행위로 인해 야기되는 손해에 대해 권리가 없다.

72) 15 U.S.C §78 j (b).

73) 1968년 미의회가 공개매수를 규제하기 위하여 채택한 것으로 이는 SEA(1934)에 부가된 것으로 13조(d),(e)와 14조(d),(e)를 포함하고 있다.

74) 이것은 SEC에 의해 공식적으로 발표된 것은 아니고 오랜 기간 동안 판례를 통해 형성되어 온 것이다. 그러나 TOB가 되기 위해 8가지 요소가 다 제시되어야 하는 것은 아니라고 한다. Mid-Continent

① 주주들에 대해 적극적이고 광범위한 권유 ② 발행인의 주식의 상당한 비율에 대한 권유 ③ 매수가 통상적인 시장가격에 프리미엄이 붙어 이루어졌는가 여부 ④ 매수의 내용이 협상의 여지가 있는가 여부 ⑤ 매수가 고정된 최소한의 주식의 응모에 의존하는가의 여부 ⑥ 매수가 제한된 기간 동안만 승낙 가능한가의 여부 ⑦ 피매수자가 자기의 주식을 매도하도록 압력을 받고 있는가의 여부 ⑧ 급격한 주식의 축적에 선행하거나 그에 수반하여 매수계획을 공개적으로 발표하였는가의 여부

3. 공개매수의 종류

공개매수의 종류는 다음과 같이 구분할 수 있다. 첫째, 대상회사 경영진의 대응태도에 따라 적대적, 우호적, 중립적 공개매수로 구분된다. 적대적 공개매수는 대상회사의 경영진이 공개매수에 반대하여 다른 주주에게 공개매수에 응하지 말 것을 권유하는 경우를 말한다. 우호적 공개매수는 적대적 공개매수와는 반대로 대상회사 경영진이 공개매수에 동의하여 다른 주주에게도 공개매수에 응할 것을 권유하는 경우를 말하며, 중립적 공개매수는 대상회사 경영진이 공개매수의 승낙 여부에 대한 찬성이나 반대의 권유를 하지 않는 경우를 말한다. 실제 주로 논의되고 있는 것은 적대적 공개매수에 대한 것이다.[75]

둘째, 주주에게 지급되는 대가에 따라 교환공개매수, 현금공개매수, 혼합공개매수로 구분된다. 교환공개매수는 공개매수의 대가로 주주에게 다른 유가증권을 제공하는 경우로서, 대상회사의 주주가 공개매수자의 주식을 소유하게 될 때 실질적으로는 공개매수자와 대상회사가 합병하는 것과 같은 결과가

Bancshares, Inc. v. O 'Brien, [1982 Trnasfer Binder] Fed. Sec. L. Rep. (CCH), 98,734, at 93,709(E.D. Mo. Dec Ⅱ, 19881).

75) 미국에서 적대적 기업매수의 전형적 형태는 2단계 매수(Two-Tier TOB)이다. 대상회사의 합병을 궁극적 목적으로 하는 2단계 매수의 전형적 형태는 1단계에서 공개매수를 통하여 필요한 주식의 분량을 취득하고, 이 1단계의 공개매수가 성공하면 2단계에서 나머지 주주에 대하여 1단계의 매수가격보다 현저히 불리한 가격으로 소위 축출매수(Freeze-out Merger)를 행한다.
이러한 2단계 매수는 주주들이 2단계에서 불리한 조건으로 주식을 매도하지 않기 위해 1단계에서 주식을 매도하게 되는 강압적 효과를 가지는 것으로 평가되기도 한다. 따라서 이를 규제해야 한다는 주장도 강하게 제기된다.

된다.

혼합공개매수는 현금지급과 유가증권 교환이 함께 이루어지는 경우로 일부는 현금을 지급하고 나머지는 유가증권을 지급할 수 있고, 주주에게 현금 또는 유가증권 중에서 선택할 권리를 부여하기도 한다. 대상회사의 주주 중에는 주식의 대가를 현금으로 지급받기를 원하는 주주도 있고, 세금 등의 문제로 유가증권으로 받기를 원하는 주주도 있을 수 있기에 혼합공개매수가 이용될 수 있다.

4. 공개매수의 동기

첫째, 시너지효과를 들 수 있다. 공개매수옹호론자들은 공개매수는 기업결합에 의한 규모의 경제, 금융이익의 획득, 시장지배력 강화 등을 가져온다고 한다. 그리고 공개매수시에 지급하는 프리미엄은 이들에 의한 이익의 증대를 반영한다고 한다.

둘째, 경영효율성의 증대이익을 들 수 있다. 회사경영진이 불합리한 경영으로 인하여 회사자산이 비효율적으로 운영되면 매수자는 공개매수를 통하여 비효율적 경영진을 교체하고 경영의 효율화를 통해 이익을 얻을 수 있다. 또 경영진의 지위교체와 관계를 가지는 지배시장이 존재함으로써 지위보전을 위해서 경영진은 회사를 더욱 효율적으로 경영하고자 노력하게 된다.

셋째, 자기과신에 의한 과도지급을 들기도 한다. 공개매수는 매수자의 야망과 이기심에서 이루어지며, 그에 따라서 높은 프리미엄이 지급된다고 설명하는 것이 Hubris-Overpayment 이론이다. Hubris 이론에 의할 때 높은 프리미엄의 지급에 의하여 매수자로부터 대상회사 주주에게로 부의 이전이 있게 된다.

넷째, 차익거래(Arbitrage)이익을 들기도 한다. 개별주식을 위한 시장과 지배주식의 시장은 서로 틀리며 매수자는 이 다른 두 시장을 차익거래(Arbitrage)함으로써 이익을 얻는다는 것이다. 이것은 공개매수가 재무적 이익을 획득하기 위하여 투기적 매수자에 의하여 이루어지는 청산기업매수(Bust-up Merger)의 과정을 잘 설명한다. 여기서는 공개매수에 의하여 대상회사를 통합함으로써 이익을 얻으려는 것이 아니라 대상회사를 해체하여 자산을 매각함으로써 주가와 대상회사 자산가치의 차액을 이익으로 챙기려고 한다.

5. 규제의 필요성

공개매수의 경우 단순히 주식의 매매에 그치는 것이 아니라 매매의 결과 회사의 지배권이 변동될 만큼의 지분이 매매되는 것이기 때문에 이에 대하여 규제하는 것이다. 또한 공개매수자가 대상회사의 주주로부터 불공정하게 주식을 매수할 가능성이 있고, 대상회사의 경영진이 경영권의 방어를 위하여 부당한 방어책을 사용할 경우 주주들의 이익에 반하게 될 가능성이 있게 된다. 이러한 상황에서 특히 대상회사 주주들이 충분한 정보에 접하지 못한 상태에서 성급한 매도청약을 하는 것을 방지하기 위하여 공개매수에 대한 규제가 필요한 것이다.

Ⅱ. 공개매수의 요소

1. 불특정 다수인

불특정 다수인이어야 하는 것은 매수의 상대방이 아니라 매수청약(매도청약의 권유)의 상대방이다. 다수인의 범위는 공개매수 강제의 요건인 10인 이상인 자를 기준으로 한다.

2. 대상증권

공개매수의 적용대상인 “주식 등”, 즉 의결권 있는 주식, 그 밖에 대통령령으로 정하는 증권이란 의결권 있는 주식에 관계되는 다음의 어느 하나에 해당하는 증권을 말한다(자령 제139조).

① 주권상장법인이 발행한 증권으로서 다음의 어느 하나에 해당하는 증권

가. 주권

나. 신주인수권이 표시된 것

다. 전환사채권

라. 신주인수권부사채권

마. 가목부터 라목까지의 증권과 교환을 청구할 수 있는 교환사채권

바. 가목부터 마목까지의 증권을 기초자산으로 하는 파생결합증권(권리의 행사로 그 기초자산을 취득할 수 있는 것만 해당한다)

② 주권상장법인 외의 자가 발행한 증권으로서 다음의 어느 하나에 해당하는 증권

가. ①의 증권과 관련된 증권예탁증권

나. ①의 증권이나 가목의 증권과 교환을 청구할 수 있는 교환사채권

다. ①의 증권이나 가목·나목의 증권을 기초자산으로 하는 파생결합증권(권리의 행사로 그 기초자산을 취득할 수 있는 것만 해당한다)

의결권이 없는 종류주식이나 의결권이 제한되는 종류주식의 경우에도 정관으로 의결권행사 또는 부활의 조건을 정할 수 있는데(상법 제344조의 3 제1항), 이에 따라 의결권행사가 가능한 경우에는 공개매수의 적용대상이 된다.

자기주식도 공개매수의 대상이 된다. 자기주식의 취득은 유가증권시장 또는 코스닥시장에서 취득하거나 공개매수의 방법에 의하여야 한다(자법 제165조의 2 제2항).[76]

3. 매수청약 또는 매도청약의 권유

공개매수자가 불특정 다수인을 상대로 매수청약 또는 매도청약의 권유를 하여야 한다. 매수의 청약, 매도청약의 권유의 성질에 대해서는 견해가 갈린다. 이에 대해서 자본시장법 제141조에서 "공개매수자는 공개매수신고서에 기재한 매수조건과 방법에 따라 응모한 주식 등의 전부를 공개매수기간이 종료하는 날의 다음 날 이후 지체 없이 매수하여야 한다."는 규정은 주주의 응모를

76) 그 외 신탁계약에 따라 자기주식을 취득한 신탁업자로부터 신탁계약이 해지되거나 종료된 때 반환받는 방법이 있는데(자법 제165조의 2 제2항 3호), 이때 신탁업자는 해당 법인의 자기주식을 증권시장에서 취득하는 방법, 또는 공개매수의 방법에 의하여야 한다(3호 단서).

승낙으로 파악하면 설명이 곤란하고, 응모의 취소에 관한 규정은[77] 주주의 응모행위를 승낙으로 보면 승낙에 의하여 계약이 성립한 후 승낙을 취소한다는 어색한 결과가 된다는 이유로, 주주의 응모는 매도청약에 해당하며, 다만 공개매수자는 공고한 조건에 따라 승낙할 의무를 부담한다는 견해가 있다.[78] 여기서 매수의 청약은 법체계상 그리고 실무상 유명무실화한 것이라고 할 수 있다고 한다. 이에 따르면 공개매수자의 매수의 청약은 민법상 청약의 유인으로 보게 된다.

이에 반해 공개매수의 정의에서 매수의 청약과 매도의 청약을 권유하는 행위를 구분하여 규정하며, 응모주주의 응모취소에 관한 규정도 매수의 청약에 대한 승낙, 매도의 청약이라고 구분하므로 주주의 응모를 항상 매도청약이라고 보는 것은 법문의 해석상 무리가 있다. 따라서 공개매수의 공고는 원칙적으로 청약으로 보아 주주의 응모가 있으면 매매계약이 체결되는 것이고, 다만 공개매수의 공고시 응모한 주식이 일정 수량에 미치지 못하는 때에는 응모한 주식 전체를 매수하지 않겠다는 조건을 명시한 경우에는 확정적 의사표시가 아니므로 청약의 유인으로 보아 공개매수자의 승낙이 필요하다며, 공개매수자의 즉시매수원칙을 규정한 자본시장법 제141조 제1항은 매수대금을 지체없이 지급하라는 취지의 규정으로 보아야 할 것이라는 견해가 있다.[79]

응모자가 공개매수 예정수량을 넘어갈 때 안분비례에 따르는데,[80] 응모를 승낙으로 보면 설명이 어려워진다. 전자의 견해를 따르기로 한다.

---

77) 자법 제139조 ④ 공개매수대상 주식 등의 매수의 청약에 대한 승낙 또는 매도의 청약(응모)을 한 자(응모주주)는 공개매수기간 중에는 언제든지 응모를 취소할 수 있다.

78) 김건식·정순섭, 앞의 책, 234면.

79) 임재연, 앞의 책, 423면.

80) 다만 다음 각 호의 어느 하나에 해당하는 조건을 공개매수공고에 게재하고 공개매수신고서에 기재한 경우에는 그 조건에 따라 응모한 주식 등의 전부 또는 일부를 매수하지 아니할 수 있다(자법 제141조 제1항 단서).

1. 응모한 주식 등의 총수가 공개매수 예정주식 등의 수에 미달할 경우 응모 주식 등의 전부를 매수하지 아니한다는 조건
2. 응모한 주식 등의 총수가 공개매수 예정주식 등의 수를 초과할 경우에는 공개매수 예정주식등의 수의 범위에서 비례배분하여 매수하고 그 초과 부분의 전부 또는 일부를 매수하지 아니한다는 조건

4. 증권시장 밖에서의 매수

주식 등을 증권시장 및 다자간매매체결회사 밖에서 매수하여야 한다. 여기서의 증권시장에는 이와 유사한 시장으로서 해외에 있는 시장을 포함한다(자법 제133조 제1항). 거래소에서의 매집을 공개매수로 보지 않는 이유는 거래소에는 누구나 참여가 가능하므로 주주간에 평등이 보장되고 또한 거래수량과 가격이 공표되며 경쟁매매에 의하여 공정하게 체결되기 때문이다.[81]

장외매매이므로 주식의 양도로 발생하는 소득에 대해서는 소득세법상 양도소득세를 부담하게 된다.[82]

5 수식의 수량

다음에 보는 5% 이상의 주식매수는 공개매수하여야 한다는 것은 공개매수 강제의 요건일 뿐 공개매수의 개념규정에는 취득 주식의 수량에 대한 기준이 정해져 있지 않다. 5% 미만이어도 불특정 다수인으로부터 매수 등 공개매수의 요건을 갖추고 있으면 자본시장법상의 공개매수규제규정에 따라야 한다.

Ⅲ. 공개매수의 강제

1. 의의

주식 등을 대통령령으로 정하는 기간 동안 증권시장 밖에서 대통령령으로

81) 김건식 · 정순섭, 앞의 책, 235면.

82) 소득세법 제94조 ① 양도소득은 해당 과세기간에 발생한 다음의 소득으로 한다.
3. 다음 각 목의 어느 하나에 해당하는 주식 또는 출자지분(신주인수권과 대통령령으로 정하는 증권예탁증권을 포함한다)의 양도로 발생하는 소득
가. 자본시장법에 따른 주권상장법인의 주식 등으로서 소유주식의 비율·시가총액 등을 고려하여 대통령령으로 정하는 대주주가 양도하는 것과 같은 법에 따른 증권시장에서의 거래에 의하지 아니하고 양도하는 것
나. 주권상장법인이 아닌 법인의 주식 등

정하는 수 이상의 자로부터 매수 등을 하고자 하는 자는 그 매수 등을 한 후에 본인과 그 특별관계자가 보유하게 되는 주식 등의 수의 합계가 그 주식 등의 총수의 100분의 5 이상이 되는 경우에는 공개매수를 하여야 한다. 다만, 매수 등의 목적, 유형, 그 밖에 다른 주주의 권익침해 가능성 등을 고려하여 대통령령으로 정하는 매수 등의 경우에는 공개매수 외의 방법으로 매수 등을 할 수 있다(자법 제133조 제3항).

1998년 이전에는 공개매수가 강제되는 경우는 5%이상의 주식매수와 25% 이상의 주식매수(소위 의무공개매수)[83]의 두 가지가 있었다. 그러나 후자는 우호적 기업매수를 위한 공개매수에도 적용되어 기업의 구조조정에 방해가 된다는 이유로 1998년 구증권거래법 개정시에 폐지되었다.

2. 적용대상거래

적용대상거래에 대하여 자본시장법 제133조 제2항에서 "매수 · 교환 · 입찰 기타 유상취득(매수 등)" 이라고 하고, 제3항에서 "매수 등을 하고자 하는 자" 로 규정하고 있다. 이는 적용대상 거래유형을 예시한 것이므로 어떠한 거래유형이든 유상거래이면 공개매수강제규정이 적용된다고 보아야 한다.

3. 매수기간

주식 등의 매수 등을 하는 날부터 과거 6개월간을 말한다(자령 제140조 제1항).

4. 매수장소

유가증권시장 및 코스닥시장 외에서 이루어지는 경우에만 공개매수에 해당

83) 의무공개매수란 주식 등의 매수 등을 하고자 하는 자는 당해 매수 등을 한 후에 본인과 그 특별관계자가 보유하게 되는 주식 등의 수의 합계가 당해 주식 등의 총수의 100분의 25 이상이 되는 경우에는 주식 등의 총수의 100분의 50에 1주를 더한 수에서 기 보유주식 등의 수를 공제한 수 이상의 주식 등을 공개매수하여야 한다는 것이다.

하므로 장내에서는 제한없이 취득이 가능하다.

5. 매수상대방의 수

해당 주식 등의 매수 등을 하는 상대방의 수와 매수 등을 하는 날부터 과거 6개월 동안 그 주식 등의 매수 등을 한 상대방의 수의 합계가 10인 이상인 자를 말한다(자령 제140조 제2항).

6. 5% 이상의 보유

공개매수 강제의 대상이 되는 것은 매수 후 보유주식이 5%에 달해야 한다.

(1) 보유주체

5% 산정시 본인 및 특별관계자의 보유분을 합산하는데, 여기서 특별관계자는 특수관계인[84] 및 공동보유자를 말한다(자법 제133조 제3항, 자령 제141조

84) 자령 제8조(특수관계인의 범위)
1. 본인이 개인인 경우에는 다음 각 목의 어느 하나에 해당하는 자
가. 배우자(사실상의 혼인관계에 있는 자를 포함한다)
나. 6촌 이내의 부계혈족과 4촌 이내의 부계혈족의 처
다. 3촌 이내의 부계혈족의 남편
라. 3촌 이내의 모계혈족과 그 배우자 및 자녀
마. 배우자의 2촌 이내의 부계혈족과 그 배우자
바. 양자의 생가의 직계존속
사. 양자 및 그 배우자와 양가(養家)의 직계비속
아. 혼인 외의 출생자의 생모
자. 본인의 금전, 그 밖의 재산에 의하여 생계를 유지하는 자 및 본인과 생계를 함께 하는 자
차. 본인이 단독으로 또는 그와 가목부터 자목까지의 관계에 있는 자와 합하여 법인이나 단체에 100분의 30 이상을 출자하거나, 그 밖에 임원의 임면 등 법인이나 단체의 중요한 경영사항에 대하여 사실상의 영향력을 행사하고 있는 경우에는 해당 법인이나 단체와 그 임원(본인이 단독으로 또는 그와 가목부터 자목까지의 관계에 있는 자와 합하여 임원의 임면 등의 방법으로 그 법인 또는 단체의 중요한 경영사항에 대하여 사실상의 영향력을 행사하고 있지 아니함이 본인의 확인서 등을 통하여 확인되는 경우에는 그 임원은 제외한다)
카. 본인이 단독으로 또는 그와 가목부터 차목까지의 관계에 있는 자와 합하여 법인이나 단체에 100분의 30 이상을 출자하거나, 그 밖에 임원의 임면 등 법인이나 단체의 중요한 경영사항에 대하여

제1항).

다만 특수관계인이 소유하는 주식 등의 수가 1,000주 미만이거나 공동보유자에 해당하지 아니함을 증명하는 경우에는 특수관계인으로 보지 아니한다(자령 제141조 제3항).

공동보유자란 본인과 합의나 계약 등에 따라 다음의 어느 하나에 해당하는 행위를 할 것을 합의한 자를 말한다(자령 제141조 제2항).

① 주식 등을 공동으로 취득하거나 처분하는 행위
② 주식 등을 공동 또는 단독으로 취득한 후 그 취득한 주식을 상호양도하거나 양수하는 행위
③ 의결권(의결권의 행사를 지시할 수 있는 권한을 포함한다)을 공동으로 행사하는 행위

(2) 보유

소유에 준하는 보유란 다음의 어느 하나에 해당하는 경우를 말한다(자령 제142조).

① 누구의 명의로든지 자기의 계산으로 주식 등을 소유하는 경우
② 법률의 규정이나 매매, 그 밖의 계약에 따라 주식 등의 인도청구권을 가

사실상의 영향력을 행사하고 있는 경우에는 해당 법인이나 단체와 그 임원(본인이 단독으로 또는 그와 가목부터 차목까지의 관계에 있는 자와 합하여 임원의 임면 등의 방법으로 그 법인 또는 단체의 중요한 경영사항에 대하여 사실상의 영향력을 행사하고 있지 아니함이 본인의 확인서 등을 통하여 확인되는 경우에는 그 임원은 제외한다)

2. 본인이 법인이나 단체인 경우에는 다음 각 목의 어느 하나에 해당하는 자
가. 임원
나. 「독점규제 및 공정거래에 관한 법률」에 따른 계열회사 및 그 임원
다. 단독으로 또는 제1호 각 목의 관계에 있는 자와 합하여 본인에게 100분의 30 이상을 출자하거나, 그 밖에 임원의 임면 등 본인의 중요한 경영사항에 대하여 사실상의 영향력을 행사하고 있는 개인(그와 제1호 각 목의 관계에 있는 자를 포함한다) 또는 법인(계열회사는 제외한다), 단체와 그 임원
라. 본인이 단독으로 또는 본인과 가목부터 다목까지의 관계에 있는 자와 합하여 법인이나 단체에 100분의 30 이상을 출자하거나, 그 밖에 임원의 임면 등 법인이나 단체의 중요한 경영사항에 대하여 사실상의 영향력을 행사하고 있는 경우에는 해당 법인, 단체와 그 임원(본인이 임원의 임면 등의 방법으로 그 법인 또는 단체의 중요한 경영사항에 대하여 사실상의 영향력을 행사하고 있지 아니함이 본인의 확인서 등을 통하여 확인되는 경우에는 그 임원은 제외한다)

지는 경우

③ 법률의 규정이나 금전의 신탁계약·담보계약, 그 밖의 계약에 따라 해당 주식 등의 의결권(의결권의 행사를 지시할 수 있는 권한을 포함한다)을 가지는 경우

④ 법률의 규정이나 금전의 신탁계약·담보계약·투자일임계약, 그 밖의 계약에 따라 해당 주식 등의 취득이나 처분의 권한을 가지는 경우

⑤ 주식 등의 매매의 일방예약을 하고 해당 매매를 완결할 권리를 취득하는 경우로서 그 권리행사에 의하여 매수인으로서의 지위를 가지는 경우

⑥ 주식 등을 기초자산으로 하는 자본시장법 제5조 제1항 제2호에 따른 계약상의 권리를 가지는 경우로서 그 권리의 행사에 의하여 매수인으로서의 지위를 가지는 경우

⑦ 주식매수선택권을 부여받은 경우로서 그 권리의 행사에 의하여 매수인으로서의 지위를 가지는 경우

(3) 의결권 있는 주식

5% 산정은 의결권 있는 주식을 전제로 산정한다. 그러나 의결권이 없는 종류주식이나 의결권이 제한되는 종류주식의 경우에도 정관으로 의결권행사 또는 부활의 조건을 정할 수 있는데(상법 제344조의 3 제1항), 이에 따라 의결권행사가 가능한 경우에는 산입대상이 된다.

(4) 5% 이상을 보유한 주주가 추가로 행하는 매수

이미 5% 이상의 주식을 보유하는 자가 추가로 당해 주식 등의 매수 등을 하는 경우에도 공개매수강제의 대상이 된다. 해석상으로는 1주만 매입해도 대상되게 되는데, 이는 부당하므로 그 범위를 제한할 필요가 있다.

7. 예외

일정한 경우 공개매수강제에 대한 예외를 인정하여 공개매수에 의하지 않는 매수 등을 할 수 있다. 시행령에서는 다음의 어느 하나에 해당할 때 그 예외를 인정한다(자령 제143조).

① 소각을 목적으로 하는 주식 등의 매수 등
② 주식매수청구에 응한 주식의 매수
③ 신주인수권이 표시된 것, 전환사채권, 신주인수권부사채권 또는 교환사채권의 권리행사에 따른 주식 등의 매수 등
④ 파생결합증권의 권리행사에 따른 주식 등의 매수 등
⑤ 특수관계인으로부터의 주식 등의 매수 등
⑥ 자본시장법 제78조 제1항에 따라 증권의 매매를 중개하는 방법에 의한 주식의 매수
⑦ 그 밖에 다른 투자자의 이익을 해칠 염려가 없는 경우로서 금융위원회가 정하여 고시하는 주식 등의 매수 등

Ⅳ. 공개매수의 절차

1. 공개매수의 공고와 공개매수신고서의 제출

(1) 공개매수의 공고

공개매수에 있어서 투자자 보호를 위한 정보의 개시가 중요하므로 자본시장법에서는 공개매수시에 일정한 사항에 대한 공고를 요구하고 있다.

공고할 사항은 다음과 같다(자법 제134조 제1항).[85)]

① 공개매수를 하고자 하는 자

---

85) 자본시장법 제134조 제1항에 따른 공개매수공고를 하려는 자는 금융위원회가 정하여 고시하는 방법에 따라 「신문 등의 진흥에 관한 법률」에 따른 일반일간신문 또는 경제분야의 특수일간신문 중 전국을 보급지역으로 하는 둘 이상의 신문에 공고하여야 한다(자령 제145조 제1항).

② 공개매수할 주식 등의 발행인(그 주식 등과 관련된 증권예탁증권, 그 밖에 대통령령으로 정하는 주식 등[86]의 경우에는 대통령령으로 정하는 자[87]를 말한다)
③ 공개매수의 목적
④ 공개매수할 주식 등의 종류 및 수
⑤ 공개매수기간·가격·결제일 등 공개매수조건
⑥ 매수자금의 명세, 그 밖에 투자자 보호를 위하여 필요한 사항으로서 대통령령으로 정하는 사항[88]

(2) 공개매수신고서의 제출

공개매수공고를 한 자는 대통령령으로 정하는 방법에 따라 다음의 사항을 기재한 신고서를 그 공개매수공고를 한 날(공개매수공고일)에 금융위원회와 거래소에 제출하여야 한다. 다만, 공개매수공고일이 공휴일, 그 밖에 금융위원회가 정하여 고시하는 날에 해당되는 경우에는 그 다음 날에 제출할 수 있다(자법 제134조 제2항).

① 공개매수자 및 그 특별관계자에 관한 사항
② 공개매수할 주식 등의 발행인

86) 교환사채권과 파생결합증권을 말한다(자령 제145조 제2항).
87) 다음 각 호의 자를 말한다(자령 제145조 제3항).
1. 증권예탁증권의 경우에는 그 기초가 되는 주식등의 발행인
2. 교환사채권의 경우에는 교환의 대상이 되는 주식등의 발행인
3. 파생결합증권의 경우에는 그 기초자산이 되는 주식등의 발행인
88) 다음 각 호의 사항을 말한다(자령 제145조 제4항).
1. 법 제134조 제2항에 따른 공개매수자와 그 특별관계자(법 제133조 제3항에 따른 특별관계자를 말한다)의 현황
2. 법 제133조 제2항에 따른 공개매수사무취급자에 관한 사항
3. 공개매수의 방법
4. 공개매수할 주식 등의 발행인(법 제134조 제1항 제2호에 따른 공개매수할 주식 등의 발행인을 말한다(공개매수대상회사)의 임원이나 최대주주와 사전협의가 있었는지와 사전협의가 있는 경우에는 그 협의내용
5. 공개매수가 끝난 후 공개매수대상회사에 관한 장래 계획
6. 공개매수공고 전에 해당 주식 등의 매수 등의 계약을 체결하고 있는 경우에는 그 계약사실 및 내용
7. 법 제134조 제2항에 따른 공개매수신고서와 법 제137조 제1항에 따른 공개매수설명서의 열람장소

③ 공개매수의 목적

④ 공개매수할 주식 등의 종류 및 수

⑤ 공개매수기간 · 가격 · 결제일 등 공개매수조건

⑥ 공개매수공고일 이후에 공개매수에 의하지 아니하고 주식 등의 매수 등을 하는 계약이 있는 경우에는 그 계약의 내용

⑦ 매수자금의 명세, 그 밖에 투자자 보호를 위하여 필요한 사항으로서 대통령령으로 정하는 사항89)

---

89) 다음 각 호의 사항을 말한다(자령 제146조 제2항).
1. 공개매수사무취급자에 관한 사항
2. 공개매수대상회사의 현황
3. 공개매수의 방법
4. 공개매수에 필요한 자금이나 교환대상 증권의 조성내역(차입인 경우에는 차입처를 포함한다)
5. 공개매수자와 그 특별관계자의 최근 1년간 공개매수대상회사의 주식등의 보유상황과 거래상황
6. 공개매수대상회사의 임원이나 최대주주와 사전협의가 있었는지와 사전협의가 있는 경우에는 그 협의내용
7. 공개매수가 끝난 후 공개매수대상회사에 관한 장래계획
8. 공개매수의 중개인이나 주선인이 있는 경우에는 그에 관한 사항
9. 공개매수신고서와 공개매수설명서의 열람장소

③ 법 제134조 제3항에서 "대통령령으로 정하는 기간"이란 20일 이상 60일 이내의 기간을 말한다.

④ 공개매수신고서에는 다음 각 호의 서류를 첨부하여야 한다. 이 경우 금융위원회는 「전자정부법」 제36조 제1항에 따른 행정정보의 공동이용을 통하여 공개매수자의 주민등록표 등본(개인인 경우로 한정한다) 또는 법인 등기사항증명서(법인인 경우로 한정한다)를 확인하여야 하며, 공개매수자가 주민등록표 등본의 확인에 동의하지 아니하는 경우에는 주민등록표 등본을 첨부하도록 하여야 한다.
1. 공개매수자가 외국인인 경우에는 주민등록표 등본에 준하는 서류
2. 공개매수자가 법인, 그 밖의 단체인 경우에는 정관과 법인 등기사항증명서에 준하는 서류(법인 등기사항증명서로 확인할 수 없는 경우로 한정한다)
3. 공개매수 관련 사무에 관한 계약서 사본
4. 공개매수에 필요한 금액 이상의 금융기관 예금잔액, 그 밖에 자금의 확보를 증명하는 서류
5. 다른 증권과의 교환에 의한 공개매수인 경우에는 공개매수자가 교환의 대가로 인도할 증권의 확보를 증명하는 서류. 다만, 「독점규제 및 공정거래에 관한 법률」 제8조의2 제2항 제2호에 따른 기준에 해당하지 아니할 목적으로 현물출자를 받기 위하여 공개매수를 하려는 경우에는 신주의 발행을 증명하는 서류
6. 다른 증권과의 교환에 의한 공개매수에 관하여 법 제119조 제1항 또는 제2항에 따른 신고를 하여야 하는 경우에는 그 신고서에 기재할 사항의 내용과 같은 내용을 기재한 서류
7. 주식 등의 매수등에 행정관청의 허가 · 인가 또는 승인이 필요한 경우에는 그 허가 · 인가 또는 승인이 있었음을 증명하는 서류
8. 공개매수공고 내용
9. 공개매수공고 전에 해당 주식 등의 매수 등의 계약을 체결하고 있는 경우에는 그 계약서의 사본
10. 그 밖에 공개매수신고서의 기재사항을 확인하는 데에 필요한 서류로서 금융위원회가 정하여 고시

2. 공개매수기간

공개매수기간은 공개매수신고서 제출일로부터 20일 이상 60일 이내의 기간으로 정할 수 있다(자령 제146조 제3항). 다만 공개매수기간 중 대항공개매수가 있는 경우에는 대항공개매수기간의 종료일까지 그 기간을 연장할 수 있다(자령 제147조 제3호).

종래 공개매수자는 공개매수공고일부터 3일의 대기기간이 경과하지 아니하면 공개매수를 하지 못하였는데(사전신고제), 이 규정이 삭제됨으로써 대기기간이 폐지되었다. 미국이나 일본의 경우에도 동시신고제를 취하고 있다.

3. 공개매수설명서

공개매수설명서는 공개매수에 응하려는 투자자에게 필요한 정보를 직접 제공하기 위한 서류로서, 공개매수자는 공개매수를 하고자 할 때에는 공개매수설명서를 작성하여 공개매수공고일에 금융위원회와 거래소에 제출하고, 일정한 장소[90]에 비치하고 일반인이 열람할 수 있도록 하여야 한다.

공개매수설명서의 기재사항은 공개매수신고서의 기재사항에 따른다.[91] 공개매수설명서에는 공개매수신고서에 기재된 내용과 다른 내용을 표시하거나 그 기재사항을 누락하여서는 아니 된다(자법 제137조 제2항). 공개매수신고서와 다른 내용을 표시하거나 중요사항을 누락한 경우에는 금융위원회는 공개매수를 정지하거나 금지 하는 등의 조치를 내릴 수 있다(자법 제146조 제2항).

공개매수자는 공개매수할 주식 등을 매도하고자 하는 자에게 공개매수설명서를 미리 교부하지 아니하면 그 주식 등을 매수하지 못한다(자법 제146조 제3항).

공개매수설명서가 전자문서의 방법에 따르는 때에는 보다 엄격한 다음의 요

하는 서류

90) 공개매수취급자의 본점과 지점, 그 밖에 영업소, 금융위원회, 거래소에 비치(자칙 제16조).

91) 자령 제148조(공개매수설명서의 작성 등) 법 제137조 제1항에 따라 공개매수설명서에는 법 제134조 제2항 각 호의 사항을 기재하여야 한다. 다만, 공개매수자가 주권상장법인인 경우에는 금융위원회가 정하여 고시하는 사항의 기재를 생략할 수 있다.

건을 모두 충족하는 때에 이를 교부한 것으로 본다(자법 제137조 제3항).

① 전자문서에 의하여 공개매수설명서를 받는 것을 전자문서수신자가 동의할 것
② 전자문서수신자가 전자문서를 받을 전자전달매체의 종류와 장소를 지정할 것
③ 전자문서수신자가 그 전자문서를 받은 사실이 확인될 것
④ 전자문서의 내용이 서면에 의한 공개매수설명서의 내용과 동일할 것

4. 정정신고

(1) 금융위원회의 요구에 의한 정정신고서

금융위원회는 공개매수신고서의 형식을 제대로 갖추지 아니한 경우 또는 그 공개매수신고서 중 중요사항에 관하여 거짓의 기재 또는 표시가 있거나 중요사항이 기재 또는 표시되지 아니한 경우에는 공개매수기간이 종료하는 날까지 그 이유를 제시하고 그 공개매수신고서의 기재내용을 정정한 신고서(정정신고서)의 제출을 요구할 수 있다(자법 제136조 제1항).

(2) 임의정정

공개매수자는 공개매수조건, 그 밖에 공개매수신고서의 기재사항을 정정하고자 하는 경우 공개매수기간이 종료하는 날까지 금융위원회와 거래소에 정정신고서를 제출하여야 한다. 다만, 매수가격의 인하, 매수예정 주식 등의 수의 감소, 매수대금 지급기간의 연장(자법 제136조 제4항 제1호의 경우[92]를 제외한다), 그 밖에 대통령령으로 정하는 공개매수조건[93] 등은 변경할 수 없다

92) 공개매수신고서의 정정신고서를 제출하는 경우 공개매수기간의 종료일에 대하여 "그 정정신고서를 제출한 날이 법 제134조 제1항 제5호에 따라 공고한 공개매수기간 종료일 전 10일 이내에 해당하는 경우에는 그 정정신고서를 제출한 날부터 10일이 경과한 날" 로 규정하고 있다.

93) 다음 각 호의 어느 하나에 해당하는 것을 말한다(자령 제147조).
1. 공개매수기간의 단축
2. 법 제139조 제4항에 따른 응모주주에게 줄 대가의 종류의 변경. 다만, 응모주주가 선택할 수 있는 대가의 종류를 추가하는 경우는 제외한다.
3. 공개매수 대금지급기간의 연장을 초래하는 공개매수조건의 변경. 다만, 다음 각 목의 어느 하나에

(자법 제136조 제3항).

(3) 의무정정

투자자 보호를 위하여 그 공개매수신고서에 기재된 내용을 정정할 필요가 있는 경우로서 총리령으로 정하는 경우에 정정신고서를 제출하여야 한다.

"총리령으로 정하는 경우" 란 다음의 어느 하나에 해당하는 경우를 말한다(자칙 제15조).

① 공개매수신고서의 기재나 표시내용이 불분명하여 그 공개매수신고서를 이용하는 자로 하여금 중대한 오해를 일으킬 수 있는 내용이 있는 경우

② 공개매수자에게 불리한 정보를 생략하거나 유리한 정보만을 강조하는 등 과장되게 표현된 경우

(4) 정정신고서에 의한 공개매수종료일

공개매수자가 공개매수신고서의 정정신고서를 제출하는 경우 공개매수기간의 종료일은 다음과 같다(자법 제136조 제4항).

① 그 정정신고서를 제출한 날이 공개매수기간 종료일 전 10일 이내에 해당하는 경우에는 그 정정신고서를 제출한 날부터 10일이 경과한 날

② 그 정정신고서를 제출한 날이 공개매수기간 종료일 전 10일 이내에 해당하지 아니하는 경우에는 그 공개매수기간이 종료하는 날

해당하는 경우는 제외한다.

가. 법 제136조 제1항에 따른 정정신고서 제출일 전 3일의 기간 중 해당 주식 등의 증권시장에서 성립한 가격(최종가격을 기준으로 한다)의 산술평균가격이 공개매수가격의 100분의 90 이상인 경우 또는 법 제139조 제1항에 따른 대항공개매수가 있는 경우의 매수가격 인상

나. 공개매수공고 후 해당 주식등의 총수에 변경이 있는 경우 또는 대항공개매수가 있는 경우의 매수예정 주식등의 수의 증가

다. 대항공개매수가 있는 경우의 공개매수기간의 연장(그 대항공개매수기간의 종료일까지로 한정한다)

(5) 변경된 조건의 적용대상

매수조건이 변경된 경우에는 그 이전에 응모한 주주에 대해서도 당연히 변경된 조건이 적용되는 것으로 해석한다.

5. 교환공개매수의 절차

공개매수의 정의에 관한 자본시장법 제133조에 따르면 매수에는 증권의 교환도 포함된다. 교환대상 증권은 이미 발행된 것은 물론이고 공개매수자가 신규로 발행하는 것도 포함한다.

공개매수자에 의한 신주발행이 증권신고서 제출요건에 해당하는 경우 증권신고서를 제출하여야 한다.

신주발행에 의한 교환공개매수는 공개매수자의 관점에서 볼 때 상법상 현물출자에 의한 신주발행에도 해당하므로 법원에 의한 현물출자심사 절차를 받아야 한다. 따라서 통상은 먼저 법원에 감정인의 감정서를 첨부하여 현물출자에 따른 신주발행인가신청을 하여 인가를 받은 후 금융위원회에 증권신고서를 제출하고, 그 후 공개매수의 공고와 공개매수신고서 제출절차를 밟게 된다. 이러한 과정에서 공개매수에 관한 정보가 사전에 공개되므로 적대적 공개매수의 경우에는 교환공개매수의 활용이 어렵고 대상회사 경영진과의 협의에 의한 우호적 공개매수의 경우에 많이 활용된다.

실제로 「독점규제 및 공정거래에 관한 법률」 상 지주회사는 자회사의 주식을 당해 자회사 발행주식총수의 100분의 50 미만으로 소유하는 행위가 금지되므로 지주회사의 요건과 자회사편입요건을 충족하기 위해 교환공개매수를 하는 경우가 많다.[94]

94) 그 예로 LG, 농심홀딩스, 대웅 등이 있다. 임재연, 앞의 책, 450면.

Ⅴ. 공개매수에 대한 규제

1. 공개매수에 대한 의견표명

(1) 의견표명 방법

공개매수신고서가 제출된 주식 등의 발행인은 대통령령이 정하는 바에 의하여 그 공개매수에 관한 의견을 표명할 수 있다. 이 경우에는 그 내용을 기재한 문서를 지체없이 금융위원회와 거래소에 제출하여야 한다(자법 제138조).

공개매수신고서가 제출된 주식 등의 발행인이 공개매수에 관한 의견을 표명하는 경우에는 광고·서신(전자우편을 포함한다), 그 밖의 문서에 의하여야 한다(자령 제149조 제1항).

그 의견표명에는 공개매수에 대한 발행인의 찬성·반대 또는 중립의 의견에 관한 입장과 그 이유가 포함되어야 하며, 의견표명 이후에 그 의견에 중대한 변경이 있는 경우에는 지체 없이 그 사실을 알려야 한다(자령 제149조 제2항).[95]

(2) 부실의견표명에 대한 제재

발행인의 이사 또는 이사회가 하는 의견표명은 상법상 인정되는 이사의 선관주의의무와 충실의무에 의한 것이므로 의견표명은 지배권방어를 위한 것이 아니라 중립적인 지위에서 성실하고 합리적인 조사를 거쳐 전체주주에게 최선의 방향을 제시하는 것이어야 하고, 그 내용에 있어서 중요한 사항을 누락하거나 오해를 일으키지 않는 것이어야 한다.

부실한 의견표명은 민법상 불법행위에 기한 손해배상책임의 대상이 된다.

---

95) 미국의 경우 SEC Rule 14e-2 (a)에서 공개매수가 개시된 후 10거래일 내에 대상회사가 다음과 같은 견해를 가지는 경우에 그 주주들에게 그에 대한 정보를 나타내는 설명서를 보내도록 하고 있다. ① 공개매수를 받아들이거나 거부하도록 하는 권고 ② 의견없이 중립적 입장임을 밝힘 ③ 어떤 의견도 밝힐 수 없음. 그리고 SEC Rule 14e-2 (b)에서 (a)에서 요구되는 공시에 중대한 변화가 있는 경우 발행인은 중대한 변화에 대한 정보를 개시하는 설명서를 주주에게 보내야 한다고 규정하고 있다.

2. 공개매수의 철회 및 응모의 취소

(1) 철회의 원칙적 금지

공개매수자는 공개매수공고일 이후에는 공개매수를 철회할 수 없다. 다만, 대항공개매수(공개매수기간 중 그 공개매수에 대항하는 공개매수를 말한다)가 있는 경우, 공개매수자가 사망·해산·파산한 경우, 그 밖에 투자자 보호를 해할 우려가 없는 경우로서 대통령령으로 정하는 경우에는 공개매수기간의 말일까지 철회할 수 있다(자법 제139조 제1항).

대통령령에 따라 철회가 허용되는 경우는 다음의 어느 하나에 해당하는 경우를 말한다(자령 제150조).

① 공개매수자가 발행한 어음 또는 수표가 부도로 되거나 은행과의 당좌거래가 정지 또는 금지된 경우

② 공개매수대상회사에 다음의 어느 하나의 사유가 발생한 경우에 공개매수를 철회할 수 있다는 조건을 공개매수공고시 게재하고 이를 공개매수신고서에 기재한 경우로서 그 기재한 사유가 발생한 경우

가. 합병, 분할, 분할합병, 주식의 포괄적 이전 또는 포괄적 교환

나. 중요한 영업이나 자산의 양도 · 양수

다. 해산

라. 파산

마. 발행한 어음이나 수표의 부도

바. 은행과의 당좌거래의 정지 또는 금지

사. 주식 등의 상장폐지

아. 천재지변·전시·사변·화재, 그 밖의 재해 등으로 인하여 최근 사업연도 자산총액의 100분의 10 이상의 손해가 발생한 경우

(2) 철회절차

공개매수자는 공개매수를 철회하고자 하는 경우에는 철회신고서를 금융위원

회와 거래소에 제출하고, 그 내용을 공고하여야 한다(자법 제139조 제2항). 공개매수자는 공개매수의 철회신고서를 제출한 경우에는 지체 없이 그 사본을 공개매수를 철회할 주식 등의 발행인에게 송부하여야 한다(자법 제139조 제3항).

(3) 응모주주의 응모취소권

공개매수대상 주식 등의 매수의 청약에 대한 응모 즉 승낙 또는 매도의 청약을 한 자(응모주주)는 공개매수기간 중에는 언제든지 응모를 취소할 수 있다. 이 경우 공개매수자는 응모주주에 대하여 그 응모의 취소에 따른 손해배상 또는 위약금의 지급을 청구할 수 없다(자법 제139조 제4항).

공개매수기간이 공개매수자의 의사에 의하여 자발적으로 또는 공개매수가격과 공개매수주식수의 변경으로 인하여 강제적으로 연장되는 경우에는 취소기간도 새로 연장된 기간이 종료할 때까지 연장된다.

3. 별도매수금지

공개매수자는 공개매수공고일부터 그 매수기간이 종료하는 날까지 그 주식 등을 공개매수에 의하지 아니하고는 매수 등을 하지 못한다. 다만, 공개매수에 의하지 아니하고 그 주식 등의 매수 등을 하더라도 다른 주주의 권익침해가 없는 경우로서 대통령령으로 정하는 경우[96]에는 공개매수에 의하지 아니하고 매수 등을 할 수 있다(자법 제140조).

---

96) 다음의 어느 하나에 해당하는 경우를 말한다(자령 제151조).
① 해당 주식 등의 매수 등의 계약을 공개매수공고 전에 체결하고 있는 경우로서 그 계약체결 당시 법 제133조 제1항에 따른 공개매수의 적용대상에 해당하지 아니하고 공개매수공고와 공개매수신고서에 그 계약사실과 내용이 기재되어 있는 경우
② 공개매수사무취급자가 공개매수자와 그 특별관계자 외의 자로부터 해당 주식 등의 매수 등의 위탁을 받는 경우

4. 공개매수의 조건과 방법

(1) 전부매수·즉시매수원칙

공개매수자는 공개매수신고서에 기재한 매수조건과 방법에 따라 응모한 주식 등의 전부를 공개매수기간이 종료하는 날의 다음 날 이후 지체 없이 매수하여야 한다. 다만, 다음의 어느 하나에 해당하는 조건을 공개매수공고에 게재하고 공개매수신고서에 기재한 경우에는 그 조건에 따라 응모한 주식 등의 전부 또는 일부를 매수하지 아니할 수 있다(자법 제141조 제1항).

① 응모한 주식 등의 총수가 공개매수 예정주식 등의 수에 미달할 경우 응모한 주식 등의 전부를 매수하지 아니한다는 조건

② 응모한 주식 등의 총수가 공개매수 예정주식 등의 수를 초과할 경우에는 공개매수 예정주식 등의 수의 범위에서 비례배분하여 매수하고 그 초과부분의 전부 또는 일부를 매수하지 아니한다는 조건

(2) 주주차별금지

1) 매수가격균일원칙

공개매수자가 공개매수를 하는 경우 그 매수가격은 균일하여야 한다(자법 제141조 제2항).

2) 매수대상차별금지

공개매수자가 일부 주주의 응모를 배제하는 것은 주주평등의 원칙에 반하므로 허용되지 않는다고 본다.

미국의 경우 Unocal 사건[97]에서 차별적인 주식취득을 허용하는 판결을 하였는데, 과도하게 경영진을 보호한다는 비판이 있어 SEC는 Rule 13e-4(f)8과 Rule 14d-10을 제정하여 'All Holders' 요건을 부과하여 모든 주주들을 평등하게 대우할 것을 요구하였다.

97) Unocal v. Mesa Petroleum CO., 493 A. 2d 946(Del. 1985).

Ⅵ. 공개매수규정위반에 대한 제재

1. 의결권제한 및 처분명령

공개매수에 관한 자본시장법 제133조 제3항 또는 제134조 제1항·제2항을 위반하여 주식 등의 매수 등을 한 경우에는 그 날부터 그 주식(그 주식 등과 관련한 권리 행사 등으로 취득한 주식을 포함한다)에 대한 의결권을 행사할 수 없으며, 금융위원회는 6개월 이내의 기간을 정하여 그 주식 등(그 주식 등과 관련한 권리 행사 등으로 취득한 주식을 포함한다)의 처분을 명할 수 있다(자법 제145조).

2. 손해배상책임

(1) 의의

공개매수신고서(그 첨부서류를 포함한다) 및 그 공고, 정정신고서(그 첨부서류를 포함한다) 및 그 공고 또는 공개매수설명서 중 중요사항에 관하여 거짓의 기재 또는 표시가 있거나 중요사항이 기재 또는 표시되지 아니함으로써 응모주주가 손해를 입은 경우에는 그 손해에 관하여 배상의 책임을 진다(자법 제142조 제1항).

여기서 손해배상책임의 주체는 공개매수신고서 및 그 정정신고서의 신고인(신고인의 특별관계자를 포함하며, 신고인이 법인인 경우 그 이사를 포함한다)과 그 대리인, 공개매수설명서의 작성자와 그 대리인이다(자법 제142조 제1항).

다만 배상의 책임을 질자가 상당한 주의를 하였음에도 불구하고 이를 알 수 없었음을 증명하거나 응모주주가 응모를 할 때에 그 사실을 안 경우에는 배상의 책임을 지지 아니한다(자법 제142조 제1항).

(2) 예측정보

예측정보가 다음에 따라 기재 또는 표시된 경우에는 공개매수신고인 등은 그 손해에 관하여 배상의 책임을 지지 아니한다. 다만, 응모주주가 주식 등의 응모를 할 때에 예측정보 중 중요사항에 관하여 거짓의 기재 또는 표시가 있거나 중요사항이 기재 또는 표시되지 아니한 사실을 알지 못한 경우로서 공개매수신고인 등에게 그 기재 또는 표시와 관련하여 고의 또는 중대한 과실이 있었음을 증명한 경우에는 배상의 책임을 진다(자법 제142조 제2항).

① 그 기재 또는 표시가 예측정보라는 사실이 밝혀져 있을 것
② 예측 또는 전망과 관련된 가정 또는 판단의 근거가 밝혀져 있을 것
③ 그 기재 또는 표시가 합리적 근거 또는 가정에 기초하여 성실하게 행하여졌을 것
④ 그 기재 또는 표시에 대하여 예측치와 실제 결과치가 다를 수 있다는 주의문구가 밝혀져 있을 것

(3) 손해배상액

손해배상청구시에 배상할 금액은 손해배상을 청구하는 소송의 변론이 종결될 때의 그 주식 등의 시장가격(시장가격이 없는 경우에는 추정처분가격을 말한다)에서 응모의 대가로 실제로 받은 금액을 뺀 금액으로 추정한다(자법 제142조 제3항).

위 추정규정에도 불구하고 공개매수신고서 허위기재 등으로 배상책임을 질 자는 응모주주가 입은 손해액의 전부 또는 일부가 중요사항에 관하여 거짓의 기재 또는 표시가 있거나 중요사항을 기재 또는 표시하지 아니함으로써 발생한 것이 아님을 증명한 경우에는 그 부분에 대하여 배상의 책임을 지지 아니한다(자법 제142조 제4항).

(4) 제척기간

손해배상책임은 응모주주가 해당 사실을 안 날부터 1년 이내 또는 해당 공개매수공고일부터 3년 이내에 청구권을 행사하지 아니한 경우에는 소멸한다(자법 제142조 제5항).

3. 형사책임

공개매수에 관한 규정을 위반한 다음에 해당하는 자는 5년 이하의 징역 또는 2억원 이하의 벌금에 처한다(자법 제444조).

① 다음의 어느 하나에 해당하는 공고 또는 서류 중 중요사항에 관하여 거짓의 기재 또는 표시를 하거나 중요사항을 기재 또는 표시하지 아니한 자

가. 공개매수공고 또는 공개매수신고서

나. 정정신고서 또는 공고

다. 공개매수설명서

② 공개매수공고 또는 정정공고를 하지 아니한 자

③ 공개매수신고서를 제출하지 아니한 자

공개매수강제 또는 자본시장법 제140조를 위반하여 공개매수에 의하지 아니하고 주식 등의 매수 등을 한 자는 3년 이하의 징역 또는 1억원 이하의 벌금에 처한다(자법 제445조).

공개매수설명서를 미리 교부하지 아니하고 주식 등을 매수한 자 또는 금융위원회의 처분명령을 위반한 자는 1년 이하의 징역 또는 3천만원 이하의 벌금에 처한다(자법 제446조).

4. 금융위원회의 제재

(1) 조사 및 조치

금융위원회는 투자자 보호를 위하여 필요한 경우에는 공개매수자, 공개매수자의

특별관계자, 공개매수사무취급자, 그 밖의 관계인에 대하여 참고가 될 보고 또는 자료의 제출을 명하거나, 금융감독원장에게 그 장부 · 서류, 그 밖의 물건을 조사하게 할 수 있다. 이 경우 자본시장법 제131조 제2항을 준용한다(자법 제146조 제1항).

금융위원회는 다음의 어느 하나에 해당하는 경우에는 공개매수자, 공개매수자의 특별관계자 또는 공개매수사무취급자에 대하여 이유를 제시한 후 그 사실을 공고하고 정정을 명할 수 있으며, 필요한 때에는 그 공개매수를 정지 또는 금지하거나 대통령령으로 정하는 조치[98]를 할 수 있다. 이 경우 그 조치에 필요한 절차 및 조치기준은 총리령으로 정한다(자법 제146조 제2항).

① 공개매수공고 또는 정정공고를 하지 아니한 경우
② 공개매수신고서, 정정신고서 또는 공개매수결과보고서를 제출하지 아니한 경우
③ 공개매수공고, 공개매수신고서, 정정신고서, 정정공고 또는 공개매수결과보고서 중 중요사항에 관하여 거짓의 기재 또는 표시가 있거나 중요사항이 기재 또는 표시되지 아니한 경우
④ 공개매수신고서, 정정신고서 또는 철회신고서의 사본을 발행인에게 송부하지 아니한 경우
⑤ 공개매수신고서, 정정신고서, 철회신고서 신고서 사본에 신고서에 기재된 내용과 다른 내용을 표시하거나 그 내용을 누락하여 송부한 경우
⑥ 공개매수설명서에 관하여 자본시장법 제137조를 위반한 경우
⑦ 공개매수철회에 관한 규정을 위반하여 공개매수를 철회한 경우
⑧ 자본시장법 제140조를 위반하여 공개매수에 의하지 아니하고 매수 등을 한 경우
⑨ 자본시장법 제141조를 위반하여 공개매수를 한 경우
⑩ 자본시장법 제145조를 위반하여 의결권을 행사하거나, 같은 조에 따른

---

98) 다음 각 호의 어느 하나에 해당하는 조치를 말한다(자령 제152조).
1. 1년의 범위에서 공개매수의 제한(공개매수자와 공개매수자의 특별관계자만 해당한다)
2. 1년의 범위에서 공개매수사무 취급업무의 제한(공개매수사무취급자만 해당한다)
3. 임원에 대한 해임권고
4. 법을 위반한 경우에는 고발 또는 수사기관에의 통보
5. 다른 법률을 위반한 경우에는 관련기관이나 수사기관에의 통보
6. 경고 또는 주의

처분명령을 위반한 경우

(2) 과징금의 부과

금융위원회는 공개매수자 등이 다음의 어느 하나에 해당하는 경우에는 공개매수신고서에 기재된 공개매수예정총액의 100분의 3(20억원을 초과하는 경우에는 20억원)을 초과하지 아니하는 범위에서 과징금을 부과할 수 있다. 이 경우 공개매수예정총액은 공개매수할 주식 등의 수량을 공개매수가격으로 곱하여 산정한 금액으로 한다(자법 제429조 제2항).

① 공개매수신고서 · 정정신고서 · 공개매수설명서, 그 밖의 제출서류 또는 공고 중 중요사항에 관하여 거짓의 기재 또는 표시를 하거나 중요사항을 기재 또는 표시하지 아니한 때

② 공개매수신고서 · 정정신고서 · 공개매수설명서, 그 밖의 제출서류를 제출하지 아니하거나 공고하여야 할 사항을 공고하지 아니한 때

제2절 적대적 M&A에 대한 방어책

Ⅰ. 서 설

적대적 기업매수를 위한 대표적인 수단이 공개매수가 되는데, 공개매수를 바라보는 시각도 나누어져 있다. 공개매수옹호론의 입장에서 볼 때 주로 대상회사가 되는 것은 ① PER이 낮은 회사 ② 부동산이나 현금 등 자산이 많은 회사 ③ 주식의 지분분산이 잘 되어 있는 회사 ④ 부채비율이 낮아서 차입여력이 있는 회사 ⑤ 경영진이 비효율적으로 경영하고 있어서 주식이 저평가된 회사 ⑥ 여러 업종을 운영하고 있어서 대상회사의 지배권을 획득하여 업종별로 회사 또는 사업을 분할하여 매도하면 현재의 주가수준보다 많은 이익이 예상되는 회사가 된다.[99]

---

99) 임재연, 앞의 책, 421면.

이에 반해 공개매수에 부정적인 입장에서는 매수자는 경영이 잘되고 있는 회사를 추적하지 경영이 잘못된 회사를 추적하지 않는다고 한다.[100]

매수자금의 조달도 일반적으로 자신의 자금 또는 자신의 신용이나 자산을 담보로 한 차입금에 의하여 매수자금을 조달하는 것이 일반적이나[101] 때로는 대상회사를 담보로 차입하기도 한다.[102]

여기서 기업매수자가 공개매수를 목적으로 자회사를 설립하는 경우도 있다. 이때 공개매수에 성공한 뒤 다음 단계에서 대상회사를 그 자회사와 합병하는 2단계 매수가 미국에 있어서 전형적인 형태였다. 자회사가 대상회사의 주식을 매수한 후 이 자회사를 대상회사에 합병시키면 배후의 기업매수자가 대상회사의 주식을 소유하게 되며, 소멸한 자회사가 공개매수를 위하여 부담한 채무도 전부 대상회사에게 승계된다.

이렇게 적대적 기업매수의 수단이 점차 강압적인 성격을 띠게 되자, 이에 대한 규제의 필요성도 주장되고, 대상회사 경영진의 방어행위를 허용할 것인가가 미국에 있어서 주요 논의과제가 되었다.

Ⅱ. 방어행위의 인정여부

공개매수는 경영진과 주주 사이에 명백한 이해의 대립을 가져온다. 한편으로 공개매수는 주주에게 시장가격에 상당한 프리미엄을 더해서 주식을 매도할 기회를 제공하고, 다른 한편으로 공개매수는 강제적으로 경영진의 지위를 박탈하는 주요방안의 하나이기 때문이다.

따라서 경영진은 공개매수를 방어할 수단을 강구하게 된다. 경영진에 의한 방어수단은 매수제의가 주주의 최대의 이익이 되지 않는다는 주주에 대한 설득에서 출발하기를 기대한다. 그러나 기대와 달리 대부분의 방어수단은 그러

---

100) Touche Ross Co.의 분석에 의하면 대상회사로서 주요관심을 끄는 회사 중 84%가 우수한 경영진에 의하여 운영되고 있고, 단지 9%만이 경영상태가 나빴다고 한다. A Touche Ross Survey of Corporate Director's Opinions 12(1981).

101) 적대적 기업매수 자금조달을 위한 시장으로 정크본드 시장이 한때 활성화되기도 하였다.

102) 미국에 있어서 1980년대 적대적 기업매수가 활발하게 이루어졌는데, 이는 Junk Bond 시장의 활성화로 이를 통한 매수자금의 조달이 원활하게 이루어졌기 때문이다.

한 설득에서가 아니라 매수제의를 사전에 봉쇄하거나, 완성을 방해함으로써 성공한다. 이러한 경영진에 의한 방어행위를 인정할 것인가가 문제되어 왔다.

방어행위 부정설을 취하는 Easterbrook[103]에 의할 때 경영진의 방어행위를 정당화시키는 법원칙은 주주의 부를 감소시킨다고 한다. 그에 따를 때 주식의 가치는 일반적으로 2가지 요소로 구성된다. 하나는 성공적인 공개매수가 없을 경우의 시장지배가격이고 다른 하나는 미래 공개매수에서 지급될 가격이다. 전자는 앞으로 성공적인 공개매수가 없을 것이라는 가능성에 의해 상승하고, 후자는 어떤 공개매수가 성공할 것이라는 가능성에 의해 상승한다. 주주의 부는 위 두요소의 합계가 최고치가 되도록 하는 법원칙에 의해 극대화된다. 프리미엄부 현금공개매수의 경우 주주들에게 대상회사의 시장가격보다 높은 가격으로 주식을 팔 기회를 제공하기 때문에 주주에게 이익을 제공하는 것이다. 따라서 어떤 방어행위가 경쟁매매를 야기하는 경우에도 그 경영진의 방어를 제한하는 법원칙에 의해 주주이익은 극대화 된다고 한다.

방어행위 긍정설을 취하는 Lipton에 의할 때 대상회사 이사는 상당한 프리미엄부 매수여도 이를 꼭 받아 들여야 하는 것은 아니라고 했다.[104] 만일 그들이 상당하고(reasonable), 성실하게(in good faith) 행동했다면 공개매수를 받아들일 수도 있고 거절할 수도 있으며, 또한 공개매수는 이사가 아닌 주주의 직접적 행동을 보장할 만큼 다른 경영판단과 다른 것은 아니라고 했다.[105] 그는 공개매수에 있어서 이사에 대한 많은 소송과 현존법칙에 대한 변동 움직임은 그들의 단기적 기대가 다른 주주들의 장기적 이익과 일치하지 않고 장기적 계획을 위한 기업경영에 관심이 없는 중개인 혹은 전문적 투자자들에 의해 발생한다. 국가기업구조와 경제의 장기적 이익이 기업의 활력이나 지속성에 관심이 없고 단지 그 매입지분의 단기적 이익에만 관심이 있는 투기꾼들의 이익을 위해 위기에 처해 져서는 아니 될 것이다. 또한 경제의 전체적 건강이

103) Easterbrook & Fischel, The Proper Role of a Target's Management in Responding To a Tender offer, 94 Harv. L. Rev. 1164(1981).

104) Lipton, Takeover Bids in the Target Boardroom, 35 Bus. Law. 101, 104(1979).

105) Ibid.: 대부분의 주법에서 이사에 의해 회사의 경영이 이루어질 것으로 규정하고 있으며, 판례에서도 정책과 경영의 문제는 이사에게 위임되어 있다고 한다. Abbey v. Control Data Corp., (Current) Fed. Sec. L. Rep. (CCH) ¶96,721 (D. Minn. 1978); W. Fletcher, Cyclopedia of the Law of Private Corporations §505.

공개매수를 통해 이익을 취하는 주주들의 이익을 위해 조금도 도움이 되어서는 아니 된다. 따라서 공개매수에 대한 경영진의 방어행위는 정당하다고 한다.106)

보건대 공개매수를 기업지배시장의 한 거래로 볼 때, 대상회사 자원의 지배권에 대한 대상회사 경영진과 매수회사 경영진 사이에 경쟁관계가 이루어진다. 경영진 사이의 공정한 경쟁에 의해 가치를 하락시키는 공개매수에 의한 기업매수나 가치를 향상 시키는 매수를 물리치려는 경영진의 행위를 막을 수 있다. 따라서 적대적 기업매수에 대한 방어행위에 대한 접근은 양 경영진을 동등하게 다루도록 하는데서 이루어져야 한다. 이러한 관점에서 볼 때 대상회사 이사에 대한 방어행위의 인정은 양 경영진을 좀 더 동등한 지위에 서게 하는 경향이 있다. 만일 방어행위를 인정하지 않는다면 대상회사 경영진은 너무 불리한 위치에 서게 되고, 대상회사의 가치를 더욱 하락 시키는 공개매수(Raid)의 표적이 되게 할 가능성이 있다. 다만 경영진의 방어행위남용에 대한 가능성은 법원의 주의 깊은 제도에 의해 적절히 완화될 것이다.

Ⅲ. 방어행위의 유형

1. 의의

대상회사의 경영진이 방어행위를 취할 수 있다고 할 때, 그 구체적인 방어행위에는 무엇이 있는가를 살펴 볼 필요가 있다. 미국에 있어서 1980년대 들어 Junk Bond를 이용한 적대적 기업매수활동이 활발해지고, 그 목적도 시너지효과를 얻기보다는 저평가기업을 인수하여 금전적 이익을 얻는데 중점이 두어지는 투기적 경향이 있었다. 이에 따라서 대상회사의 방어행위의 양상도 매수의 강도에 비례해서 점차 고도화되고 때로는 극단적인 면을 띠는 경우도 있었다. 적대적 기업매수에 대한 방어행위는 주로 미국에서 발전되어 온 것으로, 이하에서는 미국에서 이용된 방어행위 중 대표적 유형에 대해서만 검토하기로 한다.

106) Ibid.

대체로 방어행위는 적대적 기업매수의 위협에 대한 예방책으로 이용되는 사전적 방어행위와 위협이 현실화된 후에 이루어지는 사후적 방어행위로 대별할 수 있다. 그러나 이러한 구분이 절대적인 것은 아니고 방어행위의 유형에 따라서는 양자의 성격을 겸비한 것도 있다. 여기서는 위의 일반적인 분류에 따라서 그 유형을 살펴본다.

2. 사전적 방어행위

(1) 방어적 정관변경(Shark-repellent Amendment)

1) 의의

많은 경우에 적대적 기업매수가 개시된 후에 방어행위를 취하기 시작하는데, 대상회사로서는 잠재적 매수자로 하여금 공격의 의도 자체를 가지지 못하게 할 필요도 있다. 그렇게 함으로서 공개매수 경쟁에 관계된 비용도 줄일 수 있고, 모든 방어가 실패할 지도 모른다는 현실적 부담감을 제거할 수 있다. 방어적 정관변경은 위와 같은 목적으로 잠재적 대상회사(Target)에 의해 취해지는 방어행위의 하나이다. 즉 대상회사 정관을 개정해서 매수의 가치가 없게 하거나 매수를 어렵게 해서 잠재적 매수자로 하여금 다른 대상물을 찾게 하는 것이다.

방어적 정관변경에는 다음의 3가지로 분류할 수 있다. 첫째, 현경영진의 재직기간을 보호함으로써, 매수가 성공해도 매수자가 대상회사 이사회의 지배권을 취득할 수 없도록 방해한다. 둘째, 초다수결의요건에 의해 2단계 매수[107]를 어렵게 한다. 셋째, 2단계 매수에 있어서 지급가격을 명시하거나, 2단계 매수가 없는 경우에도 잔존주주에게 특정가격으로 주식매수청구권을 행사할 수 있도록 함으로써 총매수비용 책정에 대한 주도권을 매수자로부터 빼앗는다.

이하 각 범주의 주요형태에 대해 설명하고, 그들이 가진 방어행위로서의 유

107) 미국에서 이루어진 전형적인 적대적 기업매수의 방법으로, 1단계에서 필요한 주식의 분량(예: 51%)에 대해서만 프리미엄부로 공개매수를 행하고, 이것이 성공하면 2단계에서 1단계 매수가격보다 현저히 낮은 가격으로 소위 축출합병(Freeze-out Merger)을 행한다.

용성에 대해 검토하기로 한다.

2) 3가지의 유형

가. 이사회지배권이전의 제한

일반적인 회사법하에서 매수자는 대상회사의 지배주식을 취득하여도 대상회사 이사회를 재구성하려면 어느 정도 시간이 걸릴 것이다. 대부분의 회사는 이사 선임에 있어서 누적투표권을 인정하지 않고, 이사회 구성원을 1년에 한번씩 선출한다. 그러나 그가 원하는 자를 취임시키기 위해 다음 정기회까지 기다리기를 원하지 않는 경우, 매수자는 서면동의나 지배주주의 요구에 의해 소집된 특별주주총회에서 현이사를 해임(이유없이)시키고 새로운 이사를 선임할 수 있다.

이론적으로 보면 방어적 정관변경은 이 과정을 실질적으로 연기시킬 수 있다. 우선 그 첫 단계는 시차선임제도이다. 예를 들면 이사를 3그룹으로 구분해서 오직 한 그룹만이 매년 새로이 선임되도록 하는 것이다. 이 경우 새로이 선임되는 이사의 임기는 3년이 될 것이다. 이에 따른 효과는, 결국 매수자가 정상적 선출과정을 통해 이사회의 다수를 선출하기 위해서는 적어도 2년은 지나야 된다는 것이다.

그러나 임기 도중에 이사를 해임시키기에 충분한 주식을 매점한 경우에는 시차선임제도만으로 연기의 효과를 얻기가 어려울 것이다.[108] 또한 매수자가 정관이나 업무규칙의 변경에 의해 이사회의 구성원 수를 증가시키는 것을 막지 못한다. 매수자는 자기가 선임한 이사로 그 공석을 매워 이사회를 지배할 수 있을 것이다. 따라서 이사의 임기와 현이사회에서의 지배를 보호하기 위한

108) 미국의 경우 특정 주법에서 이유없이 이사를 해임하는 것을 제한하거나 혹은 이사가 그룹화 된 경우 이사해임을 제한하기도 한다. 우리나라에서도 정관으로 이사의 해임을 제한하기도 한다. 예를 들면 코스닥 상장기업 휴맥스는 2007년 정관을 변경하여 이사의 해임요건을 강화하였는데, 그 내용은 다음과 같다.

제31조의 2(이사의 해임)

① 주주총회에서 이사 해임결의를 하고자 하는 경우 출석한 주주의 의결권의 4분의 3 이상의 수와 발행주식총수의 2분의 1 이상의 수로 하여야 한다.

② 이사 해임과 관한 제1항의 요건을 변경하고자 정관을 개정하는 경우에는 제1항에 정한 결의 요건에 의하여만 변경할 수 있다.

방어적 정관변경의 다음 단계로서는 시차선임제도만으로 안되고 이사회에 이사의 수를 결정할 독점권을 부여해야 한다.109)

그 외 방어적 정관변경은 특별주주총회나 서면동의에 의한 행동권 등의 측면수단을 제한하거나, '이유(Cause)' 를 좁게 규정해서 이사의 해임을 제한하기도 한다.

그러나 이 모든 방어적 정관변경을 행하여도 이는 지배권이전을 단지 지연시킬 수 있을 뿐이다. 만일 매수자가 이사회의 지배권취득에 필요한 기간동안 기다릴 의사가 있다면 방어적 정관변경은 별 효용이 없을 것이다. 그러나 일반적으로 이사회 지배권이전에 있어서 '지연' 은 매수에 대한 중요한 규제요인이 될 것이다. 그것은 기업매수를 유발한 요인을 분석함으로써 이러한 규제요인을 볼 수 있다.

첫째, 기업매수의 동기가 비용을 줄임으로써 통합효과(Synergy Effect)를 얻고자 하는 것이라면 회사의 지배권획득의 지연은 통합효과를 위한 합병의 지연을 가져오고 그만큼 이익실현의 시기도 늦추게 된다.

둘째, 기업매수가 비효율적 경영진을 교체하고자 하는 것이라면, 시간 지연은 매수자가 후자에 의해 기대한 보상의 지연뿐만 아니라, 매수 후에도 현경영진의 비효율성으로 말미암아 추가적 손실을 입을 가능성이 있다. 때로는 이 손실은 유능한 경영진이 나중에 회복할 수 없는 성질의 것일 수도 있다.

셋째, 고부채기업매수(Highly Leveraged Buy-out)에서 볼 수 있듯이, 매수자가 대상회사 자산을 매각처분하거나, 보유현금으로 매수자금으로 쓴 고리대부금변제에 이용하려 했다면 지배권행사의 지연은 그러한 비용의 증가를 가져올 것이다. 또한 대상회사 경영진 입장에서 보아도 이 기간동안 우호적 제3자(White Night)를 탐색하는 등 다른 방어책을 강구할 수 있다.

나. 초다수결의요건110)

미국에서 많이 이루어지는 2단계 매수에 있어서 공개매수는 대상회사의 완전매수를 위한 계획 중에 첫 단계 만을 나타내는 경우가 있다. 여기서 2단계

109) 우리나라의 경우 이사의 총수를 정관으로 제한할 수 있으므로 그 이상의 이사선임을 위해서는 정관변경에 충분한 지분을 획득해야 할 것이다.

110) 우리나라에서도 주주총회 특별결의요건을 가중하는 것이 허용된다는 견해가 다수설의 입장이다.

는 일반적으로 잔여소수주주를 축출하는 합병이다. 2번째 범주의 방어적 정관변경은 이 2단계 매수를 어렵게 하는 것이다. 미회사법은 법률에 의한 합병에 있어서 주주의 동의를 얻도록 하고 있으며, 또한 정관에서 특정한 거래에 대해 초다수결의요건을 부과하는 것을 허용하고 있다.[111] 전형적 방어책으로서 정관변경은 이러한 초다수결의요건을 정관에 규정함으로서 2단계 거래에 제한을 가하는 것이다.

초다수결의요건은 일반적으로 주주의결권의 ⅔이상에서 95%까지 요구하기도 한다. 동의에 요구되는 비율은 지난 수년간 정기총회에서 제시된 평균지주수에 유사하도록 선택된다. 이것은 사실 매수자에게 실질적으로 만장일치의 의결권을 획득하도록 요구하는 것이나 마찬가지다. 또한 현이사, 임원, 그리고 그들에 우호적인 자들의 지주수의 합은 초다수결의에 의해 요구되는 방어에 충분하기에 이러한 규정은 공개매수에 성공한 자가 2단계 매수를 함에 있어서 중요한 장애가 된다.

그러나 방어적 정관변경이 모든 거래를 방해하지는 않는다. 일반적으로 우호적 공개매수 등 경영진이 선호하는 거래를 허용하기 위해 초다수결의요건에 예외를 인정한다. 이 경우 일반적으로 '현이사' 의 다수에 의해 동의된 거래는 초다수결의를 거치지 않아도 되도록 하고 있다. 이러한 형식의 목적은 물론 이 예외가 매수자에 의해 지배되거나 혼합된 이사회에 의해 이용되는 것을 막기 위해서이다.

이러한 2단계 매수에 대한 규제가 어느 정도 방어적 의미를 가지는 가를 보기 위해서는 그것이 매수자에게 어떤 의미를 가지고 있는가에 대해 살펴보는 것이 필요하다. 그것은 첫째, 잔여주주를 축출하는 것이 통합이익을 획득하는데 결정적일 수 있다. 합병집행부는 중앙재정 등에 의해 총비용을 줄이고자 하나, 자회사에 잔존소수주주가 있는 경우 비용과 이익의 분배라는 어려운 문제에 봉착하게 된다.[112] 둘째, 너무 많은 소수주주가 남은 경우, 주주명부유지나 주식양도기구, 그리고 정보개시의 의무의 이행에 적지 않은 비용이 든다.

111) 미국의 예를 들면 CAL. CORP. CODE §204(a)(5)(West supp. 1981); DEL CODE ANN. tit. 8, §102(b)(4)(1974); N.Y. BUS. CORP. LAW. §616(a)(2)(McKinney Supp 1963); ABA-ALL Rev. MODEL BUS. CORP. ACT. §10.2(a).

112) M. Eisenberg, The Structure of a Corporation, Little, Brown & Co., 1974, pp. 308-09.

마지막으로 비효율적 경영진 교체나, 대상회사 내재적 가치에 대한 매수자의 통찰력에 의해 공개매수 이후 대상회사 가치의 향상이 이루어졌다면, 소수주주의 축출은 그들 몫만큼의 매수자 이익증대를 가져온다.

따라서 초다수결의요건은 2단계 매수에서 위 매수자의 이익을 부인함으로써 매수자체를 단념하게 하려는 것이다.

다. 공정가격(Fair Price)과 주식매수청구권 규정

공정가격 정관변경은 초다수결의요건의 변형의 하나이다. 이것은 2단계 매수에 있어서 초다수결의요건 적용에 대한 또 하나의 예외를 인정하는 것으로, 2단계 매수에 있어서 잔여소수주주에게 지급될 가격이 일정액을 넘도록 요구한다.

공정가격요건은 표준초다수결의요건과는 접근방법이 다르다. 여기서는 2단계 매수에 장애를 부과하는 대신에 2단계 매수를 가능하게 하는 길을 열어주고 있다.

공정가격요건은 경영진의 이익을 반영하기 보다는 2단계 매수에 있어서 소수주주에 대한 잠재적 위험성을 인식하고, 초다수결의요건의 적용을 소수주주에 대한 공정성요건이 충족시에는 제한하는 것이다.

공개매수후의 소수주주의 지위는 또한 방어적 정관변경의 변형인 주식매수청구권요건에서도 강조된다. 이 요건은 매수자가 특정비율 이상의 주식을 취득한 경우 잔존주주에 대해서 대상회사에게 잔여주식을 특정가격(첫 매수가격과 동일하거나 그 이상의 가격으로)으로 매수하도록 요구할 권리를 인정하는 것이다.

주식매수청구권 요건은 주식을 양도하지 않은 소수주주의 지위에 초점을 맞춘 것이지만, 그것은 매수자에게 어떤 경우에는 공정가격 요건보다 더 실질적인 장애가 될 수 있다. 만일 잠재적 매수자가 대상회사 주식 전부를 매수할 의도가 없었다면 주식매수청구권 요건은 매수자의 전체적 투자규모의 결정에 관한 권한을 빼앗는 것이 된다. 결국 이 요건의 적용에 의해 매수자는 대상회사 주식 전부를 매수할 자금의 준비가 되어있지 않으면 선뜻 매수에 나서기 어렵게 하는 실질적 제한을 가한다.[113)]

또한 이 규정에 의한 가격 형식이 공개매수가격보다 높은 가격을 낳는다면 그

113) 우리나라의 경우 합병시 주주의 주식매수청구권이 보장된다(상법 제522조의 3).

가격형식은 모든 주식을 매수할 자력이 있는 매수자도 방해 할 수 있다. 만일 2단계에서 첫 매수가격 이상 보장되고 주식매수청구권이 인정된다면, 대상회사 주주는 첫 매수에 응하지 않을 강한 동기요인을 가지게 될 것이기 때문이다.

(2) 금낙하산조항 (Golden Parachute)[114]

이는 회사의 이사 또는 임원이 합의 또는 정관의 규정에 의해, 기업매수로 인해 이사 또는 임원이 그 지위를 잃을 때에는 종래보다 높은 거액의 퇴직금 등의 지급을 보장하는 것이다. 미국에서 이사의 퇴직금을 포함하는 보수의 액은 주주총회가 아니고 이사회가 스스로 결정하는 것이 가능하다. 금낙하산조항은 매수자가 기업매수를 행하여 이사의 경질을 도모하는 경우에 거액의 퇴직금을 지급하도록 함으로써 그 부담에 의해 매수를 단념하게 하는 예방책으로 이용되고 있다. 그러나 이것의 진정한 의미는 방어책보다는 경영진의 지위 안정의 의미가 크다. 즉 기업매수의 대상으로 된 회사의 경영진은 만일 기업매수에 의해 자기의 지위를 잃는 경우가 있어도 거액의 퇴직금이 보장되는 결과 자기의 이익을 고려하지 않고 오직 회사 및 전주주의 최대의 이익을 위해 기업매수에 대응하는 것이 가능해지며, 그런 면에서 주주에게 이익을 줄 수도 있다. 그러나 경영진은 회사 및 전주주에 대해 충실의무를 가지고 그 직무를 수행해야 하므로 그 충실의무에 의거한 행위를 행하기 위해 특별한 이익을 얻는 것은 상당하지 않고, 또한 금낙하산조항이 설정된 이유처럼 실제로 기업매수에 의해 퇴임된 것에 관계없이 경영진이 금낙하산의 이익을 얻기 위해 적극적으로 퇴임하는 경우도 고려해야 할 것이다.

---

114) 우리나라 뉴월코프의 정관을 예를 들면,
제42조(이사의 보수와 퇴직금)
① 이사의 보수는 주주총회의 결의로 이를 정한다.
② 이사의 퇴직금의 지급은 주주총회 결의를 거친 임원퇴직금지급규정에 의한다.
③ 이사가 임기 중 적대적 기업매수 및 합병 등으로 인하여 해임될 경우에는 통상적인 퇴직금 이외에 퇴직 보상액으로 대표이사에게 50억 이상, 이사에게 30억 이상을 지급한다.
④ 제3항의 조항을 개정 또는 변경할 경우, 그 효력은 개정 또는 변경을 결의한 주주총회가 속하는 사업연도 종료 후 발생한다.
이와 같은 정관규정이 사전적으로 방어효과를 가지겠지만, 적대적 기업매수가 이루어진 경우 실제 위 금액의 지급이 정당화 될 것인가는 별개의 문제다.

전통적 금낙하산조항은 회사가 적대적 매수에 의해 이전하는 경우에만 효력을 발한다. 그러나 지금은 경영진이 합병을 합의한 우호적 합병의 경우에도 지급된다.[115] 금낙하산조항에 의해 지급되는 금액도 엄청나게 불어났다. 예를 들면 RJR Nabisco의 대표이사인 F. Ross Johnson은 회사가 KKR에 의해 합병된 후 $54million을 받았다. 이러한 인센티브 지급은 그렇지 않으면 주주에게 지급되었을 회사의 미실현가치 즉 사내유보로부터 지급된다는 점에서 많은 비판을 받아왔다. 즉 부의 회사나 주주로부터 경영진으로의 이전을 나타낸다는 것이다.

(3) 비공개로의 환원(Going Private)

비공개로의 환원은 공개기업이 비공개기업으로 전환하는 절차를 이르는 말로 일반주주에 대한 축출(Freeze-out)에 의해 이루어진다. 미국의 예를 보면 비공개로의 환원은 M.B.O.(Management Buy-Out)의 일환으로 이루어지는 경우도 많았는데, 비공개로의 환원과 M.B.O.라는 두 용어는 겹치는 개념이라고 할 수 있으나 다음과 같이 구분할 수 있다. 비공개로 환원은 전형적으로 지배주주 또는 지배주주그룹이 존재하며 강세시장에서는 기업을 공개화 하였지만, 이제 약세시장에서 일반소수주주를 축출하고자 하는 거래를 포함한다. 이에 반하여 M.B.O.는 전형적으로 경영진이 단지 일부의 지분만을 보유하는 좀 더 큰 기업에 관계되는 것으로서, 이 때 경영진은 투자은행의 도움을 얻어 Junk Bond를 발행하여 모든 회사주식에 대한 매수자금을 충당할 수 있다. 이러한 M.B.O.에 의한 비공개로의 환원은 경영진에 의한 기업매수 방어행위로 이용되었다.

전형적 형태의 M.B.O.는 공개기업의 경영진이 지주회사를 설립하고 회사를 담보로[116] Junk Bond를 발행하여 공개기업의 주식에 대해 공개매수를 한 후

115) Primeric회사의 대표이사인 Gerald Tsai는 다른 9명의 이사와 함께 우호적 합병을 한 후 Golden Parachutes로 $98.2 million을 받았다. 원래 이 회사는 적대적 기업매수의 경우에만 Golden Parachutes를 지급하기로 되어 있었으나, 우호적 합병에 합의한 후 3개월 후에 이사회는 우호적 합병의 경우에도 적용되도록 Golden Parachutes를 변경했다. Byrne Grover & Vogel, Is the Boss Geting Paid too Much?, Bus.WK. May 1, 1989.

잔여주주를 합병 등을 이용하여 축출하는 것이다. 이 경우 차입금은 대개 회사의 차후 수익으로 상환된다. 이러한 비공개기업의 이익에 대해 Santa Fe판결[117]에서 "증권가격에 법인의 결정사항이 어떠한 영향을 미칠 것인가에 대한 우려로부터 해방되며 연방증권기관에 의해 제재를 받을 위험 대신 사업상의 위험에 대처할 능력을 가질 수 있고 연방과 주의 공시규정상 요구되는 수많은 자료를 준비, 인쇄 및 발행을 하지 않음으로써 비용이 절감되며 더 보수적인 회계방법으로 전환하여 낮은 세율을 적용받을 수 있고 장기적인 자본축적이나 투기적인 자본투자 대신 배당의 지급을 요구하는 압력을 제거할 수 있는 것 등은 법인이 비공개로 환원함으로써 얻을 수 있는 이점이다." 고 했다.

적대적 기업매수에 의해 지배권상실의 우려가 있는 경우 M.B.O.에 의한 비공개로의 환원은 특히 매력적인 방안이 될 수 있다. 또한 1980년대 몇몇 과감한 기업가가 비공개로 환원에 의해(가끔은 몇년 후 다시 공개기업으로 환원하기도 한다) 거대한 이익을 남긴 후 L.B.O.(Leveraged Buy-Out)의 이용[118]은 일반화되어 갔다. 즉 대상회사의 경영진은 적대적 공개매수를 자신들의 이익을 챙길 수 있는 기회로 보게 됐다. 이에 따라 경매를 할 우호적 제3자를 모색하기 보다는 경영진 자신의 투자는 별로 없이 L.B.O.를 이용한 비공개로 환원에 의해 이익을 챙길 수 있는 M.B.O.의 이용이 적대적 기업매수에 대한 대응으로서 선호되게 되었다.

M.B.O.는 한편으로는 외부매수자에 대한 경영진의 방어의 성격을 지니지만, 일반주주의 입장에서는 그 자체가 하나의 기업매수로서 작용하는 이중성을 지닌다.

따라서 일반주주의 보호의 필요성이 강하게 제기되는데 그것은 절차의 규제, 대가지급의 공정, 그리고 사업목적의 존재 등 경영진에 대한 엄격한 충실의무의 부과로 나타난다.[119]

---

116) 이를 LBO의 형태로 볼 때 매수대상회사를 담보로 대출을 받게 된다.

117) Green v. Santa Fe Industries, Inc., 430 U.S. 462(1977).

118) 일반적인 LBO는 금융지원형과 합병형으로 나누어볼 수 있다. 전자는 인수회사의 주식인수자금의 차입을 위해 인수회사의 자산을 담보로 제공하거나 기업인수자금을 대여하는 것 등이고, 후자는 인수회사가 피인수회사에 합병되는 것으로 금융지원형 LBO가 규제되는 경우에 이를 회피하기 위한 방법으로 이용된다. 이는 인수자금채무는 피인수회사에 승계됨으로 실질적으로 보면 사후적인 금융지원에 해당한다.

119) 비공개로의 환원을 규제하기 위해 1979년 SEC는 Rule 13e-3을 채택했다. Rule 13e-3은 경영

3. 사후적 방어행위

(1) 방어적 자기주식취득[120)]

영국법하에서 자기주식취득에 관한 Leading Case인 Trevol v. Whitworth[121)]에서 "회사는 시장에서 자기주식을 재매수할 수 없다."는 원칙을 수립했다. 그 근거는 만일 되팔기 위해 매수했다면 그것은 설립 목적에 따른 거래를 한 것이 아니라 주식을 장사로 한 것에 지나지 않고, 만일 상환을 위해 매수했다면 회사법에 의해 요구되는 법원의 동의없이 자본을 감소한 것으로써 불법이 된다는 것이다.

초기 미국판례는 이에 따르는 경우도 있었으나 그것은 오래가지 않았다. 또한 대부분의 주에서도 자기주식취득을 허용하는 입법을 했다.[122)] 여기서 자기주식취득의 대가는 잉여금 혹은 다른 자본계정에서 지출되어야 한다고 규정하고 있다. 다만 재매수주식은 자기주식이 되어 대상회사 경영진이 의결권을 행

진이나 다른 지배주주인 일반주주 사이에 이해대립의 가능성이 큰 비공개로의 환원에 이용되는 다양한 거래를 규제하기 위해 정보개시요건을 도입하고 있다. 즉 비공개로의 환원을 위한 거래를 하고자 하는 자는 Schedule 13E-3에 따라 SEC에 신고를 해야 하는데, 그 정보개시내용은 Schedule 13D를 연상하게 하나 그 외에도 ① 비공개로의 환원거래의 진정한 목적과 그 목적을 위한 선택적 방안에 대한 기술 그리고 그것을 취하지 않은 이유, 그리고 거래의 타이밍과 구조를 위한 이유에 대한 기술 ② 그 거래가 발행자 혹은 그 제휴자 그리고 소수주주에 미치는 가능한 이익과 손실에 대한 분석 ③ 발행자나 그 제휴자가 그 거래가 비제휴주주에 대해 공정 혹은 불공정하다고 믿는가에 대해 기술, 그리고 그 믿음이 기초한 합당한 상세하고도 중요한 요인에 대한 기술 등이 포함되어 있어야 한다.

120) 우리나라도 자본시장법뿐만 아니라 상법상으로도 배당가능이익의 범위내에서 자기주식취득이 가능하게 개정됨으로 자기주식취득이 더욱 활성화될 것으로 보인다. 자기주식을 방어수단으로 이용한 유명한 사건으로 SK 사건을 들 수 있다. 이 사건에서 소버린이 SK의 주식을 대량으로 취득한 후 경영권에 관여하려고 하자, 2003.12. SK는 경영권 방어를 위해 보유 중이던 자기주식의 매각을 결의하였고, 이에 대하여 소버린이 SK의 자기주식 매각으로 인하여 자신의 의결권이 침해되었다며 의결권침해금지가처분을 신청하였는데, 법원은 "SK가 자기주식을 처분함으로써 소버린의 지분이 희석된다고 하더라도 그 이유만으로는 자기주식처분결의를 무효로 볼 수 없다." 고 하며, "동 이사회 결의는 소버린의 경영권 인수시도에 직면하여 이를 방어하기 위한 것이기는 하지만 이사들의 경영판단에 따른 것으로 적법하다." 고 판시하였다(서울지법 민사 제50부 2003.12.23. 선고 2003카합4154 결정).

121) 12 App Cas 409(H.L. 1887).

122) Rev. MODEL BUS. CORP. ACT §6.40.

사할 수는 없다. 그러나 이러한 입법이 있다고 해서 경영이나 기업의 목적에 관한 문제가 해결되는 것은 아니다. 즉 자기주식취득의 권한을 행사함에 있어서 적정기업목적에 의해 정당화 되어야 한다는 제한이 있다.[123)]

기업매수와 관련하여 이러한 자기주식취득은 몇 가지 전략적 목적에 도움을 준다. 첫째, 경영진과 경영진에 우호적인 자가 소유하는 주식비율을 증가시켜 매수가 실패할 가능성을 높인다. 둘째, 공개매수가격 이상으로 대상회사 주가를 올려, 매수자로 하여금 매수가격을 올리거나 혹은 매수자체를 포기하거나 양자를 선택해야 하는 딜레마에 빠지게 한다. 셋째, 매수를 포기하는 조건으로 매수자(Mailer)로부터 주식을 재취득할 수 있다.

대상회사는 이러한 재매수를 공개시장에서 시장가격으로 매수할 때도 있고, 현금공개매수로서 주식재매수를 하기도 한다. 미증권거래법하에서는 방어적 자기공개매수는 다른 주식재매수에는 적용되지 않는 특수한 법칙과 정보개시 규제를 받는다. 그 중 중요한 것은 매도주식수가 회사가 매수할 주식 수를 넘는 경우 안분비례에 의해 주식을 매입해야 한다는 것이다. 이에 비해서 공개매수가 되지 않는 주식재매수는 부담이 덜한 정보개시 요건만 충족하면 된다. 따라서 대상회사 경영진은 공개매수로 성격 지워 지지 않은 거래로 자기주식을 매수하려 한다. 특히 이 경우 안분비례 요건을 피할 수 있기 때문에 주주에게 대해 공개매수에 응하지 않도록 강제하는 수단으로 이용할 수 있다. 이에 따라 학자에 따라서는 공개시장에서 재매수하는 것은 허용되지 않는다는 견해도 있다.[124)]

(2) 그린메일

1) 그린메일의 의의

그린메일이란 적대적 매수자로부터 매수위협을 받고 있는 대상회사가 매수

123) New York 주법은 다음과 같이 규정하고 있다. "A corporation (subject to statutory and charter restrictions) shall have power in furtherance of its corporate purpose---to purchase---or otherwise acquire---its own shares", N.Y. Bus. Corp. L. §202(a); 모범회사법 주석에서도 "자기주식취득권한은 적정기업목적에 적합할 것" 을 요구하고 있다. Model Bus. Corp. Act. Ann.2d. §6912.

124) Bradley & Rosenzweig, Defensive Stock Repurchases, 99 Harv. L. Rev. 1378(1986).

위협자로부터 자기주식을 시가보다 비싼 가격으로 매입하는 것을 의미한다. 이 때 그린메일을 지급하는 조건으로 불가침협정(Standstill Agreement)을 맺는 경우가 일반적이다.125)

우리나라의 경우 상장법인의 자기주식의 취득방법은 유가증권시장 또는 코스닥시장에서 취득하는 방법과 공개매수에 의한 방법으로 제한되므로 특정인으로부터 회사가 자기주식을 취득하는 미국에 있어서의 전형적인 모습의 그린메일은 이용하기가 불가능하다. 다만 제3자나 대주주가 경영권을 유지하기 위해서 적대적 기업매수자로부터 그 지분을 매입하는 것은 가능한데, 이도 기본취지에서 본다면 그린메일의 한 유형으로 볼 수 있다.

일반적인 방어전략은 공격측의 도전에 대응하여 타협을 거부하고 당당히 맞선다는 점에서 공동적인 특징이 있다. 이에 빈히어 목표기업측이 공격측과 은밀히 협상을 진행하여 공격을 멈춰 주도록 요청하고 타협 짓는 방어법으로 그린메일은 이용된다.

미국에 있어서 이러한 그린메일을 규제하기 위해서 다수의 기업은 정관상으로 이에 대한 규제조항을 두기도 하고(소위 Shark Repellent Amendment), 또 몇몇 주에서는 이익반환법을 규정하고 있기도 하다. 이에 반해서 우리나라의 경우 그린메일의 지급은 매수자가 대주주 사이의 개인적 거래관계에 의하여 이루어지는 것만 인정되므로 현행 체제하에서 그린메일의 지급에 대해서 직접적인 규제를 하기는 어려운 실정이다.

2) 그린메일의 효용

미국에서 그린메일은 1979년 이래 많은 예가 있으나 1980년대 초반에 들면서 지급액이 커지고 그린메일러에 대한 이익의 규모가 커지면서, 그 유용성에 대한 격렬한 논쟁이 제기되었다. 그린메일에 대해서는 상당한 비판이 가해졌고, 그 실행을 금지하기 위한 많은 입법제안도 제기되었다. 즉 그린메일은 불공정하고 잘못된 것으로 강탈과 같은 의미로 불려 졌고, 그러한 부정적 견

125) 적대적 기업매수를 위한 공개매수에 있어서 대부분의 경우 공개매수전 대상회사의 주식을 일부매수하여 일정한 지분을 획득하는데, 이를 발판취득 또는 잠행매수(Creeping Tender Offer)라 한다. 그런데 때로는 공개매수를 위협하며, 이렇게 취득한 주식을 고가로 대상회사가 매수하여 주도록 위협하기도 한다.

해는 보수주의나 진보주의자에게나 마찬가지였다.

여기서 그린메일에 대한 규제를 요구하는 이유로 다음을 제시한다. ① 지급으로부터 이익을 얻지 못하는 주주에 대한 불평등의 문제를 제기한다. ② 경영진이 지위를 위협하는 지배권이전금지라는 개인의 이익을 추구하기 위해 그린메일을 지급한다. ③ 대상회사가 그린메일을 지급하는 경우 또 다른 협박자가 나타난다.

그러나 이에 대해 그린메일은 적대적 기업매수에 있어서 경매를 촉진함으로써 주주의 부의 증진에 도움을 주며, 불공정성의 문제도 그린메일에 의해 주주가 실질적인 이익을 얻는다면 주주가 스스로 원한다고 볼 수 있으므로 이도 문제되지 않는다는 견해도 있다. 이들은 특히 그린메일은 회사주식가치에 대해 시장에 가치 있는 정보(저평가된 주식의 발견)를 제공한 자에 대한 효과적 보상의 수단으로서의 의미를 가진다고 한다.[126]

그러나 경험적 분석에 의할 때 그린메일에 의해 잔여주주의 주식가치는 오히려 2-7% 하락을 가져 온 것을 보여 주는데, 이것은 결국 시장에서 그린메일을 우호적 신호로 보지 않고 대리인비용(Agency-cost)의 증가로 보는 것이라고 한다.[127]

만일 경영진이 이기적이라면 일반적으로 제3자 매수가능성에 대한 믿음에서가 아니라 자신의 지위를 보존하기 위해 그린메일을 지급하게 된다. 따라서 주주가 경영진이 그린메일을 지급하도록 원할 때는 극히 제한된다. 즉 ① 양심적 경영진이 제3매수자의 가망성에 대해 좀 더 정확하고 호의적인 믿음을 가질 때, ② 이기적 경영진이 매수자보다 회사의 가치에 대해 더 정확하고 호의적인 믿음을 가지고, 그러나 제3매수자의 가능성에 대해서는 역으로 더 정확하고 호의적인 믿음을 가지지 않을 때이다.[128] 또한 주주는 회사자산에 대해 경영진이나 매수자에 비해 정확한 믿음을 가지고 있지 못하므로 주주는 경영진이 그린메일을 지급해야 할 상황을 판단하기가 어렵다. 따라서 주주는 그

126) Macey & Mcchesney, A Theoretical Analysis of Coporare Greenmail, 95 Yale L.J. 15(1985).
127) Note, Greenmail: Targeted Stock Repurchases and The Management - Entrenchment Hypothesis, 98 Harv. L. Rev. 1045, 1054(1985).
128) Gordon & Kornhauser, Takeover Defense Tactics: A Comment on Two Models, 96 Yale L. J. 307, 319(1986).

린메일의 금지를 선호하게 된다.

3) 그린메일에 대한 대응

가. 반그린메일 정관변경

미국에 있어서 방어적 정관변경의 하나로 대상회사의 이사회에 대해서 그린메일의 지급권한을 박탈하는 경우가 많다. 즉 반그린메일 정관변경에 의해서 대상회사가 매수자로부터 시장가격보다 높은 가격으로 주식을 매입하는 것을 제한한다. 이러한 정관변경은 전형적인 공정가격규정처럼 기관투자자로부터 지지를 받았다.

이는 앞에서 본 바와 같은 그린메일에 대한 부정적 인식에서 출발한다. 이러한 반그린메일 정관규정은 한 때 일반화되기도 하였으나, 연방의 그린메일에 대한 과세 등으로 인하여 그린메일이 가지는 부정적인 문제가 많이 약화되었고, 이에 따라 반그린메일 정관규정을 채택하는 회사도 줄어들게 되었다.

전형적인 반그린메일 정관규정은 회사가 그린메일러로부터 주식을 취득할 때에 주주총회의 결의를 얻도록 요구하고 있다. 그렇지만 매수가격이 일정한 가격기준을 충족하거나 공개시장의 매수 프로그램에 맞추어 이루어지는 경우에는 주주총회의 결의요건을 면제해 준다.

대상회사의 관점에서, 반그린메일 정관의 주요 이익은 그린메일러가 이익을 얻는 방안을 제거함으로써 회사가 그린메일러에게 매력적이지 않게 하는 것이다. 더 나아가 반그린메일 정관의 출현은 대상회사 주식에 대한 투기를 막고, 재매수시에 일반적으로 따르는 주식의 가치희석화를 막고자 하는 것이다.

그렇지만 반그린메일 정관은 다음과 같은 부정적인 면도 있다. 이사회가 일정한 경우에는 정당한 재량권을 행사하여 주식을 재매수함으로써 적대적 기업매수를 제거할 수도 있는데, 그러한 능력을 제한함으로써 대상회사의 방어지위를 향상시키기 보다는 이를 약화시킨다는 것이다.

반그린메일 정관의 효과면에서 볼 때, 이러한 정관규정은 일정기준을 충족하는 경우에만 적용되므로 반그린메일 기준에 미달하는 주식을 매입하는 자에 대해서는 별로 효과를 가지지 못한다. 또한 그린메일러에 의한 일정한 지분매입은 시장가격을 상승시킬 것이기 때문에 가격에 따른 면제 기준은 쉽게 충족될 것이고, 이에 따라 주주의 동의요건은 제거될 가능성이 커지게 된다.

나. SEC의 규제

SEC는 그린메일의 지급 후 주가가 하락한다는 경험적 증거와 '공정성' 논의에 기초해서 그린메일의 지급이 다른 주주에 대해 해롭다고 결론지었다.129) SEC는 그린메일의 문제는 회사가 그린메일을 지급할 수 있는 권한을 매우 제한하는 연방 입법에 의해 해결할 수 있다고 믿고 SEC 제안을 하였다. 이것은 SEC 자문위원회(TOB에 대한)의 권고에 기초하고 있는 것으로 그 내용은 다음과 같다.130)

"대상회사는 그 보유기간이 2년을 넘지 않는 경우 그 회사주식을 3%이상 보유한 자로부터 프리미엄부로 주식을 재매수하는 것이 금지된다. 다만 다음의 경우는 예외로 한다. ① 주주가 동의하는 경우 ② 모든 주주에 대해 동일한 제의가 제기된 경우"

이 안은 몇몇 장점을 지닌다. 그것은 그린메일을 직접적이고도 유일한 목적으로 하고 있으며, 단기 투기자의 재매수에만 적용되도록 함으로써 이사의 재량권을 부당하게 제한하지 않는다. 또한 주주가 특정주식의 재매수가 자신들의 최대의 이익이 되는가를 직접 결정할 수 있게 해준다.

SEC의 권고는 기본적으로 주주평등의 문제에서 야기된 것으로 모든 주주를 동일하게 취급한 것이 타당한가, 또한 이것이 대상회사에 대한 탐색활동을 줄임으로써 주주의 이익을 오히려 해하는 것이 아닌가라는 문제를 제기한다. 그리고 주주의 동의를 얻도록 하고 있으나 주주는 소유의 분산, 높은 정보비용 등의 문제로 해서 그린메일지급 제안에 대해 충분히 판단을 할 능력을 가지고 있지 못하므로, 결국 그러한 승인이 자기의 이익에 반해도 이사의 추천에 따라 이 안에 동의할 가능이 많다. 결과적으로 이 요건 자체보다 주주동의 요건에 의해 이루어지는 지연효과에 따라 그린메일을 좀 더 효과적으로 제한할 수

129) SEC Staff Says Greenmail Payments, Depress Price of Targets Stock, 16 SEC.REG & L. REP(BNA) 14(Oct.5, 1984).

130) Office of Chief Economist, Securities and Exchange Commission, The Impact of Targeted Share Repurchases(Greenmail) on Stock Prices, 15(Sept.11, 1984).

있게 된다. 만일 주주의 동의를 얻는데 오랜 시간이 걸린다면 그린메일러는 자신의 공개매수를 단념하는 대신에 그린메일을 받는 것을 선뜻 받아들이지 못하게 된다.

다. 그린메일에 대한 법원의 태도

전통적으로 그린메일 지급에 대해 법원은 경영진의 다른 방어행위와 마찬가지로 경영판단의 원칙을 적용해 왔다. 그린메일에 대한 leading case인 Cheff v. Mathes 사건131)에 대해 살펴보면, 이 사건에서 Maremont는 Holland 회사의 상당한 지분을 획득한 후 자기 측 이사의 선임을 요구했다. 이에 Holland 사는 Maremont와 그 지배하에 있는 기업이 보유한 자사주를 재매수하기 위해 그린메일을 지급했다. 이에 Holland사의 주주는 그린메일 지급을 위해 회사자산을 잘못 사용함으로써 입은 손해에 대해 이사가 책임이 있다고 소를 제기했다. 여기서 원고는 "Maremont 주식재매수의 진정한 동기는 부당하게 지배권을 지속하려는 것이다." 고 주장함에 반해, 회사는 "그린메일은 고용의 불안을 진정시키고 회사의 독특한 소매기법을 유지하기 위해 지급했다." 고 반박했다. 이에 대해 법원은 "그러한 그린메일의 지급이 유일하고도 우선적으로 지위를 유지하기 위해 이루어졌지 않으면 경영판단의 원칙에 의해 이사는 책임이 없다. 입증책임에 대해서도 피고는 Maremont의 주식소유에 의해서 기업정책과 효율성에 대한 위험이 있다고 믿을 근거를 보임으로써 입증책임을 다했다." 고 했다.

그 후 Kaplan v. Goldsamt 사건132)에서 이 기준을 재확인했다. Kaplan 사건에서 원고는 그린메일의 지급이 지배권이전을 가져올지 모르는 적대적 위임장쟁탈전을 피하기 위해 지급되었다고 주장했다. 이에 대해 법원은 "경영진의 주식재매수의 목적이 미래의 경영과 현재의 성공적인 기업경영정책에 명백한 위협이 되는 것을 제거하기 위한 것이면 정당하다." 고 하여 그린메일을 인정했다.

과거에는 이런 법적 기준에 따라 피고는 단지 매수자와 다른 정책을 가지고 있다는 것을 보임으로써 충실의무위반의 책임을 피할 수 있었다. 이 경우 주

131) 41 Del.Ch. 494, 199 A.2d 548(1964).
132) 380 A.2d 556(Del.Ch. 1977).

식재매수는 단지 어떤 합리적 근거도 제시하지 못한 때에만 무효가 되었다.

그러나 이후에는 기업지배에 영향을 미치는 경영진 행위의 적정성을 판단함에 있어서 경영판단의 원칙을 적용하는데 엄격한 기준을 제시하는 경향이 있다. 캘리포니아 주법원은 Heckman v. Ahmanson 사건[133]에서 그린메일의 지급에 대해서 경영판단의 원칙의 적용을 제한하고, 그린메일 지급이 이사의 충실의무 위반이 된다고 하였다. 캘리포니아 항소법원은 "경영진이 회사에 대한 지배권을 유지하려고 자기주식을 취득하는 경우에는 회사 및 주주에 대한 충실의무에 위반한 것이 된다. 기업매수에 대한 방어행위로서의 자기주식취득은 경영진의 개인적 이익과 관계되는 것으로 경영판단의 원칙이 적용되지 않고, 이사회는 자기주식취득이 선의로 이루어졌다는 사실뿐만 아니라 그 거래의 본질적 공정성에 대한 입증책임도 부담한다." 고 하였다.

4) 이익반환법

가. 의의

이익반환법은 미국 주법상의 기업매수규제제도로 회사나 주주의 비용으로 그린메일러가 단기매매차익을 얻는 것을 억제하기 위해서 제정되었다. 주회사법상 그린메일을 규제하기 위한 입법이 다양하게 이루어졌으나, 이러한 법들은 그 요건을 충족하는 그린메일의 지급에 대해서 단지 안전항(Safe Harbor)을 제공하여 이를 공인하는 역할을 할 뿐이라는 비판이 제기되었다. 이에 따라 더욱 적극적인 입법 형태, 즉, 그린메일러가 취한 이득의 반환을 요구할 수 있도록 하는 이익반환법의 제정이 이루어졌다.

이러한 형태의 입법을 취한 것으로 펜실베니아와 오하이오 주법을 들 수 있다. 펜실베니아 이익반환법(Disgorgement Statute)은 회사법 제25장(등록법인에 관한 장) H절 속에 있는 제2571조에서 제2576조에 규정되어 있다. 이 이익반환법은 SEA(1934)의 제16조 (b)항의 단기매매차익반환규정을 본떠서 만들어졌다. 이 연방규정은 다음 장에서 보는 바와 같이 내부정보의 불공정한 이용으로 얻은 이익을 회사에 반환하도록 규정하고 있다. 이와 마찬가지로 펜

133) 214 Cal. Rptr. 177, 168 Cal. App. 3d 119(1985).

실베니아 이익반환법도 일정한 기간내에 취득한 주식을 되파는 경우에 그 이익을 회사에 반환하도록 규정하고 있다.

나. 규정내용

위 규정은 그린메일로부터 등록법인을 보호하기 위한 것으로서, 주주가 첫째, 지배주주가 되기 전 24개월 이내 또는 지배주주가 된 후 18개월 내에 주식을 취득(Acquisitions)하였고, 둘째 지배주주가 되고 나서 18개월 이내에 그 주식을 처분(Dispositions)한 경우에는, 회사 그리고 주주는 대표소송을 통해서 위 주주에 대해서 주식처분으로 얻은 모든 이익을 회사에 반환할 것을 청구할 수 있다. 여기서의 처분은 그린메일이나 기타의 방법에 의한 회사에 대한 처분이나 혹은 제3자에 대한 처분을 포함한다. 지배주주란 전체 의결권의 20% 이상을 취득했거나, 또는 지배권 취득의사를 공개적으로 표시하거나 또는 공시한 자를 말한다.

그러나 주식취득이나 처분에 대해서 이사회의 결의를 얻고, 주주총회에서 과반수 결의로 승인을 얻은 경우에는 동법은 적용되지 않는다.

이 법은 주식의 취득과 처분뿐만 아니라, 전환증권, 워런트, 신주인수권(Rights), 주식매수선택권(Options)에도 적용된다.

또한 위임장을 권유하는 경우도 그 적용대상에 포함되게 된다. 즉 지배주주의 범위 속에 "등록회사의 의결권 주식 중 이사의 선임권을 가지는 의결권의 20% 이상의 권한을 가지게 되는 의결권에 대한 취득이나 취득의사를 공개한 경우"로 규정함으로써, 20% 이상의 주주로부터 위임장을 얻은 경우에도 지배주주의 범위에 포함되게 된다. 그러나 이에 비판이 가해지자 제2572조를 수정하여 "이사의 선임, 누적투표제나 이사의 시차선임제와 같은 경영에 관한 사항 혹은 환경문제나 특정한 국가에서의 영업활동 등과 같은 회사문제에 관한 위임장 권유는 이익반환의 적용범위에 포함되지 않는다." 고 규정하였다. 다만 이를 위해서는 위임장 권유가 "회사를 조작하려거나 회사의 지배권을 취득하려는 계획과 연결되어 있거나 혹은 계획을 위한 수단 내지 그 일부로 이용되지 아니하여야 한다." 는 요건을 충족해야 한다.

다. 효과

적대적 기업매수를 시도하였다가 실패한 경우, 이를 제3자에게 매각하려고 해도 시세차익이 발생하는 경우 이를 매각할 수 없게 된다. 결과적으로 그린 메일러에게 18개월 이상 주식을 보유하도록 강제하는 효과를 가진다.

이 입법은 투기적 기업매수자로부터 기업을 보호하기 위한 취지로 이루어졌으나, 이에 반대하는 견해는 이것이 공개매수 거래를 냉각시켜 주주에 대한 경영자의 책임을 약화시키고, 결과적으로 효율적 경영에 부정적인 효과를 미칠 것이라고 한다.

(3) 역-공개매수(PAC-MAN)[134]

1) 문제점

역-공개매수란 대상회사가 원매수자에 대해 역으로 매수제의를 하는 것이다. 공격자가 됨으로써 원매수자의 매수의도를 좌절시키고, 때로는 원매수자의 지배권을 취득하기로 한다. 기업전략의 측면에서 이 방법은 매우 세련된 것이지만 그 법적 결과는 매우 불확실하다. 이 법적 불확실성으로 인해 이 전략이 많이 이용되지는 못하고 있다.[135]

성공적인 역-공개매수방어에 의한 원매수자에 대한 지배권취득은 미국에 있어서 주입법하에서 다음과 같은 복잡한 문제를 제기한다. 첫째, 각 회사가 소유하는 다른 회사지분은 의결권이 있는가? 둘째, 이 주식들이 의결권이 있다고 가정해도 어떤 기구를 통해 그 의결권을 행사할 것인가?

이러한 문제점은 주법에 관계된 것이기 때문에 양사가 관계규정이 다른 주법에 따라 설립된 경우 문제는 더욱 복잡해진다. 결국 위에 대한 해답에 따라 공개매수쟁탈전에서 최종적 승리자가 결정되게 될 것이다.

134) 이는 'Turnabout' 로 표현되기로 하며, PAC-MAN이란 이름은 전자게임에서 이름을 따왔다. Clark, Corporate Law, Little, Brown & Co., 1986, p. 576.

135) 우리나라에도 이와 관련된 사례가 있는바, 1997년 중원이 레이디가구의 경영권 장악을 위해 주식매수를 시작하여 10.97%를 취득하자, 레이디가구는 이에 대항하여 중원의 주식을 10% 이상을 취득하였으며, 2004년 동성화학이 에스텍의 지분 18.89%를 확보한 상태에서 200만주(18.33%)에 대한 공개매수에 나서자, 에스텍이 동성화학 지분 38만 3,430주(발행주식총수의 10.1%)를 취득하여 경영권 방어에 성공하였다.

2) 상호보유규정의 적용

대부분의 미회사법은 자기주식과 자회사의 모회사주식에 대해 의결권 행사를 제한하고 있다.[136] 따라서 역-공개매수방어에 있어서 각 당사자가 상호취득한 주식은 의결권을 행사할 수 없을 것이다. 성공적 역-공개매수를 야기한 성공적 공개매수에 의해 상호 모·자관계에서 각자는 다른 회사에 대한 지배주주가 되기 때문에 상호보유주의 의결권 행사를 제한한 규정에 의할 때 역-공개매수방어에 있어서 지배권을 확보한 주식은 그 권리를 행사할 수 없게 된다. 결국 의결권은 잔여주주에게만 남는데 공개매수전략을 짜고 실행하는 자들의 영리함을 고려할 때, 의결권이 무지하고, 무관심한 잔여주주에게 종국적으로 귀속한다는 것은 매우 아이러닉한 현상이다.

그러나 역-공개매수방어의 경우 상호보유규정이 의무의 여지없이 각 당사자에 적용된다고 볼 것은 아니다. 그 논거에 대해 살펴보면, 우선 상호보유규정은 자회사의 모회사의결권 행사를 제한한다. 역-공개매수방어후 각 회사는 상대방의 자회사가 된다. 그러나 또한 상대방의 모회사가 되기도 한다. 따라서 상호보유규정의 적용은 모회사가 자회사에 대한 의결권을 행사 할 수 없다는 받아들이기 어려운 결과를 만들어 낸다.

또한 규정에 대한 해석에 따라서는 역-공개매수계획에 적용했을 때 스스로 그 적용을 제외하기로 한다. 예를 들면 델라웨어 회사법 §160(c)는 "만일 자회사 이사선임에 '의결권을 행사할 권한' 이 있는 다수주식이 직접적이든 간접적이든 모회사에 의해 보유되고 있다면" 자회사의 모회사에 대한 의결권 행사를 제한하고 있다. 위 규정에 의할 때 역-공개매수의 경우 양사가 자회사로서 타회사에 대한 의결권 행사의 권리가 박탈당한다. 따라서 양사가 타방에 대해 의결권을 행사할 권한이 있는 주식을 보유하고 있지 않다. 따라서 이 규정은 적용되지 않는다는 결론이 된다. 역설적으로 위 규정의 적용은 비적용을 가져온다는 것이 된다.

이러한 순환론의 문제는 다르게 표현한 입법규정에 의해 피할 수 있다. 예를 들면 캘리포니아의 일반회사법 §703(b)는 "자회사에 의해 보유된 주식은 어떤 문제에도 의결권을 행사할 권한이 없다" 고 규정하고, 자회사란 "규정된

136) DEL. CODE ANN. tit 8, §160(c)(1975); Rev. MODEL BUS. CORP. ACT §7.21(6).

비율이상의 의결권을 보유하는 것" 으로 규정하고 있다.

이처럼 델라웨어주법을 적용했을 때 의결권 행사제한은 논리적 배치를 가져오나 캘리포니아주법에 의할 때 이러한 문제는 야기되지 않는다. 왜냐하면 여기서도 여전히 의결권을 제한하나, 그것은 '의결권을 행사할 권한이 있는 지분보유' 가 아니라 '모회사의 지분 보유' 에 의해서 개시되기 때문이다.

상호보유규정 적용에 관한 문제를 검토함에 있어서 자기주식의 의결권 제한과의 연관 하에 그 취지를 검토할 필요가 있다. 주주의 의결권은 그의 투자를 보호하기 위한 것인데 자기주식은 회사에 대한 투자를 의미하지 않는다는 것이 그 논리이다. 자기주식의 의결권 제한이 자회사의 의결권 제한에도 적용되는데, 만일 자회사주식의 의결권을 허용하면 모회사지배주주에게 모회사주주의 의결권을 박탈하거나 적어도 희석화시킬 권한을 부여하는 것과 같다는 것을 논거로 제시했다. 다만 이러한 자기주식의 의결권 제한이 적용되기 위해서는 두 회사를 형식적 분리로 볼 수 없어야 하는데, 이것은 모회사의 자회사주식 보유의 양에 대한 문제로 된다. Dal-Tran Service Co. v. Fifth Avenue Coach Lines, Inc. 사건[137]에서 모회사가 자회사의 68%의 지분을 보유한 경우, 68%가 지배의 결정에 있어서 결정적인 것은 아니라고 하며 '모 · 자회사는 분리된 개체' 라고 주장했다. 이러한 배경하에서 델라웨어 회사법 §160(c)와 같은 규정이 발효되었다.

그러면 역-공개매수방어에도 이 규정이 적용된다고 할 것인가. 그러나 역-공개매수방어에는 상호보유규정이 상정한 입법취지와 전혀 다른 특색을 가지고 있다. 공개매수당사자는 분명히 분리되고 독립된 개체로 형성되었다. 그들 관계는 적대심을 내포하지, 지배나 공모를 내포하지는 않는다. 만일 모회사가 원하지 않은 공개매수에 방어하기 위한 수단으로 안전한 자회사의 손에 그 지분을 맡겨 놓았다면, 의결권 제한은 상호보유규정이 나타내는 정책과 일치한다. 그러나 역-공개매수전략에 형성된 모-자관계는 이러한 공모의 문제를 발생시키지 않는다. 따라서 그 적용의 예외를 인정하는 것이 타당하다.

---

137) 14 A.D. 2d 349, 220 N.Y.S.2d 549(1961).

(4) 독약법(Poison Pill)

1) 의의

포이즌 필은 대상회사의 주주에 대해서 권리를 부여하는 것인데, 그 권리는 적대적 매수자에 의하여 일정한 지분의 취득 등 개시사유(Triggering events)가 발생한 경우에, 매수자를 제외한 주주에 대하여 대상회사 혹은 매수자의 보통주를 시장가격보다 훨씬 저렴한 가격으로(예를 들어 반값) 매수할 수 있게 하는 것이다. 그런데 이사회에 대하여 그 권리의 소각권을 인정하는데, 이에 의하여 매수자를 항상 격퇴하는 것이 아니고 매수자를 협상테이블로 불러오는 역할을 한다.

우리나라에서도 포이즌 필의 도입에 대해서는 찬·반 논의가 있어 왔다. 특히 경제인 단체를 중심으로 도입의 필요성이 강조되었는데, 이를 반영하여 신주인수선택권제도의 도입을 골자로 하는 상법일부개정안이 국회에 제출되었다. 이 신주인수선택권제도는(소위 워런트에 해당하는 것) 적대적 기업매수의 국면에서 방어수단으로 소위 포이즌 필로 이용될 것을 목적으로 한다.

2) 미국에 있어서 포이즌 필의 유형

포이즌 필은 형태가 다양하기 때문에 그 분류를 획일적으로 하기 어려운 면이 있다. 이를 대별해 보면, 대상회사에 대한 권리인가, 매수회사에 대한 권리인가 따라 Flip in Plan과 Flip over Plan로 나눌 수 있다. 이들은 콜 계획의 형태를 가지는데, 대상회사에 대한 권리지만 풋 계획의 형태를 가지는 것을 Back end Plan이라고 해서 따로 나눌 수 있다.

미국에서의 포이즌 필은 기본적으로 부분매수와 2단계 매수로부터 보호하기 위한 것이어서 우리와는 배경에서 다소 차이가 있다.

가. Flip-over Plan

이사회가 보통주주에 대해 (배당으로서) '권리' 를 부여하는데, 'Flip over' 규정에 의할 때, 만일 양 회사간의 합병이나, 대상회사의 자산에 대한 매각 등의 사유가 발생하면 권리를 보유하는 대상회사의 주주는 매수자의 보통주식을 매우 헐값(예를 들면 매수시점에 있어서 시장가격의 반값)에 매수할 수 있게 된다.

나. Flip-in Plan

매수자가 대상회사의 주식을 일정비율이상 취득한 경우에 매수자를 제외한 대상회사의 주주에 대하여 자기회사의 주식을 시장가격보다 현저히 낮은 가격(예를 들면 반값)으로 매수할 수 있는 권리를 부여하는 형태를 말한다. 현재 가장 일반화된 형태라고 할 수 있다.

다. Back end Plan

일정한 지분을 획득한 적대적 매수자가 잔여주식을 일정기간 내에 특정된 최소가격 이상으로 매수하지 않을 때 대상회사의 주주들에게 일정한 가격으로 현금이나 채무증서로 교환할 권리를 부여하는 것이다. Back end Plan은 매수자의 지분율 변화를 가져오지는 않지만, 대상회사에 대한 현금상환권이나 다른 상위증권과 전환권을 인정함으로써 대상회사의 자산가치를 현저하게 떨어뜨린다.

3) 일본에 있어서 포이즌 필의 이용

일본에서도 신주예약권제도가 도입되면서 이를 이용한 포이즌 필의 채택이 기업방어수단으로 가장 유력한 방안이 되게 되었다. 신주예약권의 발행은 공개회사의 경우 이사회의 결의, 비공개회사의 경우 주주총회의 결의를 통하여 발행하게 된다. 기타 신주예약권의 무상배정, 취득조항부신주예약권(강제취득) 등을 이용하여 더욱 기동성이 있는 포이즌 필의 이용이 가능하게 되었다. 그 유형을 보면 다음과 같다.

가. 주주배정형 권리계획

방어수단을 도입하는 시점의 전주주에게 미리 신주예약권을 발행하는 방안이다. 신주예약권의 주주배정의 방법을 채택한 것으로 대표적인 것으로 불독소스 사례를 들 수 있다. 불독소스 사건에서 주주평등의 원칙에 위배여부가 문제가 되었는데 이에 대하여 최고재판소는 그 적법성을 인정하였다.[138] 여기서는 포이즌 필에 따른 실제 행사가 이루어졌다.

나. 신탁형 권리계획

신탁형 권리계획에는 발행회사가 주주를 수익자로 하는 신탁에 직접 신주예약권을 발행하는 것과 특수목적회사(SPC)를 설립하여 여기에 신주예약권을 발행하는 것(주주평등의 문제를 회피하기 위하여 고안됨)이 있다. 전자의 경우에는 신주예약권의 행사권자에서 적대적 매수자를 제외하고 있는데, 이 때 회사가 위탁자가 되면 이러한 위탁계약의 체결이 주주평등의 원칙에 반하는 것이 아닌가라는 문제가 제기된다. 이를 회피하고자 회사와 별개인 특수목적회사를 신주예약권자로 하고, 신탁계약의 당사자로 하는 방안이 마련되었다.

4) 상법 개정안상 포이즌 필의 이용방안[139)]

가. 신주인수선택권의 채택

(가) 규정의 내용

상법 개정안 제432조의 2 및 제432조의 3에 따르면, 첫째, 회사가 정관으로 정한 바에 따라 이사회의 결의로 주주에게 그가 가진 주식의 종류 및 수에 따라 미리 정한 가액(행사가액)으로 일정한 기간(행사기간) 내에 회사에 대하여 신주의 발행을 청구할 수 있는 권리(신주인수선택권)를 무상으로 부여할 수 있도록 하였다(개정안 제432조의 2 제1항, 제2항).

둘째, 신주인수선택권을 부여하려는 회사는 주주의 1인 또는 여럿이 이사·감사의 선임·해임 등 회사의 주요 경영사항에 대하여 영향력을 행사할 목적으로 일정한 수 또는 비율의 주식을 취득하는 등 일정한 사유가 있는 경우에 ① 주주의 일부에 대하여 신주인수선택권의 행사를 허용하지 않거나 ② 신주

---

138) 동경지재결정 평성19.6.28. 상사법무 제1805호(2007.7.15) 43면; 동경고재결정 평성19.7.9. 상사법무 제1806호(2007. 7.25) 40면; 최고재결정 평성19.8.7. 상사법무 제1809호(2007.9.5.) 16면.

139) 정부는 2011년 포이즌 필 채택을 위한 상법개정안을 국회에 제출하였다. 이 개정안은 채택이 되지 않았고, 자본시장법 개정안에서 신주인수선택권증권(제165조의7)을 도입을 고려하여 이를 이용한 포이즌 필의 구성을 생각해 볼 수 있었지만 이도 채택되지 아니하였다.

인수선택권의 행사내용에 관하여 다른 주주와 달리 정하거나 ③ 신주인수선택권의 전부 또는 일부를 상환하거나 ④ 주주의 일부에 대하여 상환에 관하여 다른 주주와 달리 정할 수 있다는 뜻을 정관으로 정할 수 있도록 하였다(개정안 제432조의 2 제3항).

셋째, 회사가 정관으로 위 ①부터 ④까지의 어느 하나에 해당하는 뜻을 정한 경우에는 회사의 가치 및 주주 일반의 이익을 유지 또는 증진시키기 위하여 필요한 경우에만 정관의 해당 규정을 적용하여 신주인수선택권을 부여할 수 있게 하였다(개정안 제432조의 2 제3항).

넷째, 신주인수선택권의 행사가액이나 발행가액의 할인을 허용하였다. 회사가 주주의 일부에 대하여 신주인수선택권의 행사를 허용하지 않거나 신주인수선택권의 행사내용에 관하여 다른 주주와 달리 정하여 신주인수선택권을 부여하는 경우에는 신주인수선택권의 행사가액을, 회사가 신주인수선택권을 상환하면서 그 대가로 신주를 발행하는 경우에는 신주의 발행가액을 각각 주식의 실질가액이나 주식의 권면액에 미달하는 가액으로 정할 수 있도록 하였다(개정안 제432조의 2 제4항, 제5항).

(나) 정관상의 규정

신주인수선택권을 채택하기 위해서 정관의 규정이 요구되므로, 우리나라에 있어서 포이즌 필을 채택함에 있어서 주주의 관여가 보장된다.

반면 일각에서는 정관에 규정하도록 요구하는 것에 대하여 비판적인 입장을 취하기도 한다. 실효성이 우려된다는 것이다. 그러나 합리성과 정당성의 담보를 위해서 주주총회의 관여를 인정하는 것이 타당하다. 우리 상법 개정안에 따를 때 주주총회에서 모든 사항에 대해서 결정할 것은 아니고, 포이즌 필의 채택 및 그 개요에 대해서만 결정하고, 그 행사가액 등은 이사회의 결정에 위임하므로 적대적 기업매수의 국면에서 이사회가 기동성 있게 포이즌 필을 발동시킬 수 있는 길이 열려 있다.

우리나라에서 포이즌 필은 적대적 기업매수의 국면에서 보다는 사전적으로 정관에 규정하여 매수자를 격퇴하는 의미가 더 큰 것으로 본다. 이는 강력하게 방어할 것이라는 신호효과를 가져 부적절한 매수의 위험을 줄인다.

다만 정관규정에 의해서 포이즌 필의 채택이 가능하다고 할 때, 포이즌 필의 도입 필요성을 주장할 때 강조되었던 외국투자자로부터 국내기업보호라는 점에서 보면 외국인 투자비중이 높은 기업의 경우 포이즌 필의 채택 가능성이 희박해진다. 결국 포이즌 필의 채택은 중·소기업 중심으로 이루어질 가능성이 크다.

(다) 주주 간에 차별취급

신주인수선택권을 채택한 때 그 부여는 전 주주에게 하고, 그 행사에 대하여 정관이 정하는 바에 따라 주주 간에 차별취급을 할 수 있다. 주주 간에 차별적 취급에 관한 정관규정은 "회사의 가치 및 주주 일반의 이익을 유지 또는 증진"을 위해서 필요한 경우에만 적용하도록 제한하고 있다.

이렇게 주주평등의 원칙에 대한 입법상의 예외를 인정한다고 하여도 그것이 합리적인 근거를 가져야 한다. 보건대 현재 인정되는 워런트로서 주식매수선택권은 주주간의 차별의 문제는 아니지만 주주가 아닌 경영진 등 기업가치증진에 기여한 자에 대하여 주식을 부여하는 것이다. 기업방어도 기업사냥꾼에 대한 방어와 같이 경우에 따라서 기업가치의 증진에 기여하는 측면이 있으므로 매수자가 아닌 주주에게 신주인수선택권을 부여할 수 있을 것이다.

다만 주주간의 차별취급은 특히 적대적 기업매수의 가능성이 거의 없는 폐쇄적 기업에서 이것이 남용될 우려가 크다. 예를 들어 제1대주주와 제2대주주간에 갈등이 있는 경우에 제1대주주가 경영권을 장악하고 있는 것을 기화로 제2대주주를 배척하기 위해서 이 제도를 이용할 수도 있다. 그러한 점에서 이 제도를 모든 회사에 적용하는 것이 타당한가는 생각해 볼 일이다.

(라) 유리발행의 허용

주주 간에 차별적인 신주인수선택권을 부여하는 경우나 다음에 보는 상환의 경우에 그 가액을 유리하게 정할 수 있다. 이때는 액면미달발행도 허용한다. 미국이나 일본에 있어서도 전형적인 포이즌 필의 경우 신주를 시세보다 훨씬 낮은 가격(예를 들면 시가의 반값)에 인수할 수 있는 권리를 부여한다.

그러나 행사가액이 제로 즉 무상으로 하는 것은 신주인수선택권의 부여가 무상증자가 아닌 재산의 출자를 전제로 한 것이므로 허락되지 않는다.

유리발행의 경우 구체적 행사가액이나 발행가액은 이사회의 결의로 정하게 되는데, 그 가액에 따라서는 현저한 불공정발행의 문제가 제기될 수 있다. 그러나 시가보다 훨씬 낮은 가격으로 주식을 매입할 수 있는 권리를 부여하여도 주주배정의 경우에는 행사가액에 특별한 제한이 없을 것이므로 현저한 불공정한 발행의 문제를 야기하지는 않을 것이다.

다만 매수자가 제외되므로 주주평등의 원칙의 위반과 이로 인한 불공정한 발행의 문제가 제기될 수 있다. 여기서 포이즌 필의 불공정성 여부를 판단함에 있어서는 주식매수권의 행사로 인하여 회사가 받을 이익도 고려해야 한다. 방어수단의 채택이 법령상 인정된다고 하여도 그 권리의 실행은 적대적 기업매수가 회사의 이익에 위협을 제기할 때에만 허용될 것이고, 이런 경우 기업방어로 회사에 큰 이익을 제공해 줄 수 있다. 이 점에서 보아도 주식매수권의 행사가격이 시가보다 낮은 경우 그 가격을 단순 비교하여 이를 불공정발행으로 볼 수 없다.

나. 신주인수선택권의 부여

상법개정안 제432조의 3에 따르면, 신주인수선택권을 부여하는 이사회에서는 이사 총수 3분의 2 이상의 결의로써 신주인수선택권의 행사로 인하여 발행할 주식의 종류·수, 행사가액, 행사기간, 행사조건, 주주의 일부에 대한 차별취급의 내용과 해당 주주의 범위 등을 정하도록 하였다.

이처럼 정관에 포이즌 필의 도입에 관한 근거 조항이 있는 경우에 그에 따른 구체적인 발행사항의 결정은 이사회의 결의에 따른다.

다. 신주인수선택권의 양도 및 무상소각

(가) 규정의 내용

상법 개정안 제432조의 5에 따르면, 첫째, 신주인수선택권은 주식과 분리하여 양도할 수 없고, 신주인수선택권이 부여된 후 주식이 이전되는 경우에는 신주인수선택권도 주식과 함께 이전된 것으로 보도록 하였다(개정안 제432조의 5 제1항, 제2항).

둘째, 회사는 신주인수선택권의 행사기간이 개시되기 전에는 주주총회의 결의 또는 이사회의 결의로써 무상으로 신주인수선택권 전부를 소각할 수 있도록 하였다(개정안 제432조의 5 제3항).

(나) 신주인수선택권의 양도

신주인수선택권의 양도[140]와 관련하여 포이즌 필의 구성만을 고려했을 때, 만일 분리형을 허용하면 신주인수선택권을 가진 주식과 가지지 않은 주식을 구분해야 할 것이므로 기준일을 시점으로 이론권리락을 해야 한다. 그런데 포이즌 필에서는 실제 권리행사로 나아갈 가능성이 희박하다. 만일 권리행사가 이루어지지 않은 경우 신주인수선택권을 양도받은 자가 손해를 입게 되고, 주주도 권리락에 의한 불필요한 주가하락의 손해를 입게 된다. 따라서 비분리형으로 구성하는 것이 타당하다.

비분리형으로 구성을 해도 이론권리락의 기준을 언제로 하느냐에 따라서 같은 문제가 발생한다. 따라서 이때 이론권리락은 신주인수선택권 부여의 기준일이 아닌 권리의 행사기간의 초일을 기준으로 이루어지는 것으로 해석을 해야 할 것이다.

상법개정안에서는 수반성에 대해서만 규정하고 있어서 권리행사의 사유가 발생한 이후에도 분리형은 인정되지 않는 것으로 해석된다. 그러나 권리행사가 가능한 시점 이후에는 신주인수선택권을 가진 주식과 아닌 주식의 구별이 어렵고, 양자 간의 주가도 동일하게 적용되는 문제가 있으며, 주주변동이 대량으로 이루어지는 상장기업에 있어서 권리자 확정도 어렵다. 따라서 권리행사가 가능한 시점 이후에는 분리형으로 전환되어야 할 것으로 본다.

여기서 분리형의 개시시점을 어떻게 상정할 것인가도 문제이다. 원칙적으로는 개시사유의 발생시점으로 하여야 할 것이다. 그런데 행사기간 중 개시사유가 발생하는 경우 그 시점을 특정하기가 어렵다. 법적 안정성을 위해서 그 개

140) 신주인수선택권은 기준일 이후에도 수반성이 인정되기 때문에 구체적 신주인수권과는 다른 접근이 필요하다.

시시점을 특정의 시점으로 사전에 정해야 할 것이다. 개시시점을 사전에 공고하여 투자자가 이를 파악할 수 있도록 하여야 하기 때문이다. 따라서 이는 권리의 행사기간의 초일로 정할 수밖에 없을 것이며, 여기서의 행사기간의 의미를 다음에 소각에서 보는 바와 같이 권리행사의 개시시점을 포함하는 개념으로 구성해야 할 것이다. 이 시점을 기준으로 앞에서 본 바와 같이 이론권리락이 이루어지게 되는데, 이때부터는 소각이 인정되지 않으므로 주주가 이론권리락으로 인한 피해는 입지 않게 된다.

이러한 구성을 위해서 포이즌 필의 행사기간을 권리행사 가능시점 이후로 제한하는 규정을 두는 것도 방안이 될 수 있다.

(다) 신주인수선택권의 소각

신주인수선택권의 소각은 매수자와 교섭을 가능하게 한다는 의미에서 매우 중요하다.

신주인수선택권이 소각되는 예로는 이사회의 결의에 의한 소각이 있고(매수자와 합의가 된 경우), 주주총회의 결의에 의한 신주인수선택권의 소각이 있다. 주주총회의 결의에 의한 신주인수선택권의 소각을 인정하는데, 방어수단의 채택 및 폐지에 대한 주주결정권을 부인할 필요는 없을 것이므로 이도 타당하다고 본다. 그러나 매수자측에서는 이사회와 교섭하기 보다는 위임장쟁탈전을 통하여 신주인수선택권을 소각하려 들 것이기에 포이즌 필의 효력이 약화되는 것은 부인할 수 없다.

개정안에서는 무상소각의 행사기간을 신주인수선택권의 행사기간이 개시되기 전까지로 제한하고 있다. 여기서 행사기간의 개념을 개시사유의 발생을 포함하는 개념으로 파악하는 것으로 생각된다. 이사회에 개시사유에 해당할 때까지 교섭권을 계속 부여할 필요가 있기 때문에 소각의 행사기간을 그 개시사유의 발생시까지로 해야 할 것이기 때문이다.

라. 신주인수선택권의 행사

상법 개정안 제432조의 6에 따르면, 첫째, 신주인수선택권을 행사하려는 자는 행사기간 내에 청구서를 제출하고 행사가액 전액을 납입하여야 하며, 신주인수선택권을 행사한 자는 그 행사가액을 납입하는 때 신주의 주주가 되도록 하였다(개정안 제432조의 6 제1항).

둘째, 회사는 자기주식에 대하여 신주인수선택권을 행사할 수 없도록 하였다(개정안 제432조의 6 제3항).

또한 앞에서 본 바와 같이 행사내용에 대하여는 신주인수선택권의 부여에 관한 이사회 결의에서 정하도록 하였다.

신주인수선택권의 행사와 관련하여 행사조건의 예로는 정관으로 정한 일정 비율 이상의 주식의 취득, 매수자제외 등을 들 수 있다. 개시사유로 대체로 대상회사의 20~30%의 지분을 취득한 때를 개시사유로 들고 있다.

주주는 행사기간 내에 신주인수선택권을 행사하지 않으면 신주인수선택권은 소멸한다. 행사기간에 대하여 일본의 사례를 보면 행사기간을 몇 년에 걸친 장기간으로 정하는 경우도 있고, 며칠간의 짧은 기간으로 정하는 경우도 있다. 개정안은 포이즌 필의 이용을 위한 신주인수선택권의 부여만을 고려하고 있기에 그 행사기간을 매우 짧게 구성할 것으로 예상된다.

주식인수선택권을 부여를 어느 시점의 주주에게 할 것인가도 문제이다. 이에 대하여는 권리 채택시의 주주에게 배정하고 행사조건에서 매수자는 제한하는 방안과 권리 개시사유가 발생한 당시의 주주에게 주식인수선택권을 부여하고 행사조건에서 매수자는 제한하는 방안이 있을 수 있다.

여기서의 기준일의 의미에 대하여 신주배정과 같이 볼 수는 없다. 신주배정에 있어서 구체적 신주인수권은 주식의 양도에 따라 이전하지 않는다. 그러나 신주인수선택권의 경우 신주인수선택권이 부여된 후 주식이 이전되는 경우 신주인수선택권도 주식과 함께 이전한다는 규정을 두고 있어 양자는 달리 보아야 한다.

마. 신주인수선택권의 상환

상법 개정안 제432조의 7에 따르면, 첫째, 회사가 정관의 규정에 따라 신주인수선택권을 상환하는 경우 이사 총수 3분의 2 이상의 이사회 결의로써 상환의 사유, 상환할 신주인수선택권의 범위, 상환의 효력발생일, 상환의 대가로 교부할 신주·금전 등 재산의 구체적인 내용, 주주의 일부에 대한 차별취급의 내용과 해당 주주의 범위 등을 정하도록 하였다.

둘째, 회사는 자기주식에 부여된 신주인수선택권을 상환할 수 없도록 하였다.

상환은 신주인수선택권의 강제적 취득의 의미를 가진다. 주주에게 신주인수선택권을 부여하여도 신주인수선택권의 행사여부는 주주의 자율적 판단에 따른다. 물론 포이즌 필의 채택에 있어서 신주인수선택권의 행사가액이 실질가액보다 대폭 할인될 것이기에 그럴 가능성은 희박하지만, 경우에 따라서 적대적 기업매수의 국면에서 주주들이 호응하지 않으면 효율적인 방어수단으로서 의미가 약화된다. 이때 대상회사가 이 상환권을 가짐으로서 주식인수선택권이 의미있는 방어행위로서 가치를 지니게 된다.

상환과 관련하여 중요한 점은 상환에 있어서 주주일부에 대하여만 차별취급이 가능하다는 점과, 신주인수선택권을 상환하면서 차별취급에 따른 신주를 발행할 때에는 그 발행가액을 상환의 효력발생일의 주식의 실질가액이나 주식의 권면액에 미달하는 가액으로 정할 수 있다는 점이다.

회사는 적대적 기업매수의 국면에서, 주주의 일부에 대하여 상환하는 것도 가능하고, 상환에 있어서 다른 주주와 달리 정할 수 있기 때문에 상환을 함에 있어서 매수자를 제외하거나, 다른 주주에 대하여 신주를 발행하면서 매수자는 현금상환을 하는 것도 가능하다.

바. 위법한 신주인수선택권에 대한 유지청구권 및 무효의 소

상법 개정안 제432조의 8 및 제432조의 9에 따르면, 첫째, 회사가 법령 또는 정관을 위반하거나 현저하게 불공정한 방법으로 신주인수선택권을 부여 또는 상환하거나 그 행사를 제한하여 불이익을 받을 염려가 있는 주주는 그 행위의 유지(留止) 또는 그로 인한 신주 발행의 유지를 청구할 수 있도록 하였다(개정안 제432조의 8).

둘째, 신주인수선택권의 행사 또는 상환으로 인하여 신주가 발행되는 경우 주주, 이사 또는 감사가 신주발행무효의 소를 제기할 수 있도록 하였으며, 신주인수선택권의 무효에 대하여는 신주발행무효의 소에 관한 상법규정을 준용하도록 하고 있다(개정안 제432조의 9 제1항).

유지청구권의 요건으로서 법령 또는 정관에 위반하거나, 현저한 불공정한 방법에 의한 신주인수선택권의 부여를 들고 있다. 상법 개정안에는 차별적 신주인수선택권을 부여하거나 상환하는 경우 "회사의 가치 및 주주일반의 이익을 유지 또는 증진시키기 위해 필요한 경우" 라는 기준을 충족할 것을 요구하는데, 이에 위반한 신주인수선택권의 부여 등이 현저하게 불공정한 사유가 될 것이다.

사실 포이즌 필과 관련된 사건에서 위 기준을 충족하였는가 여부가 주쟁점이 될 것이다.

(5) Lock-Ups(제3자배정증자, 영업자산의 양도)

1) 의의

'Lock-ups' 란 기업매수쟁탈전에서 대상회사가 우호적 제3자(White Night)에게 다른 매수자에 대해 경쟁에 있어서 유리한 조건을 부여하는 계약이다.

'Lock-ups' 란 기업매수쟁탈전에서 우호적 제3자에게 유리한 조건을 부여하여 적대적 기업매수자를 배척한다는 의미를 지니고 있다. 즉 희석화 된 주식으로 경쟁매매를 하는 것이 경제적으로 불가능하다는 것을 발견한 잠재적 매수자를 'Lock-out' 한다는 인식에서 나온다. 일반적으로 우호적 제3자에게 제3자배정증자를 하거나, 영업자산의 양도를 행하여 경쟁공개매수에 참가하도록 유인한다.

이러한 'Lock-ups' 에 대해서 이는 잠재적 매수자를 차단하여 시장 활동을 인위적으로 조작하는 것으로서 불법적인 것이 아닌가라는 문제 제기도 있다.

2) 'Lock-ups' 의 유형

일반적으로 우호적 제3자에게 대상회사 주식이나 자산을 매도하거나, 아니면 매수선택권(Option)을 부여하는 것을 포함한다.

'Lock-ups' 의 전통적 형태인 주식 'Lock-ups' 는 대상회사의 자기주식이나 미발행주식을 매수할 합의나 매수선택권(Option)을 부여하는 것을 말한다. 주식 'Lock-ups' 에 의해 선호된 매수자는 대상회사에 대해 우선적 지위에 서게 되는 이익을 가진다.141)

또한 미발행주식에 대한 'Lock-ups' 는 제3자배정증자의 형태를 띨 것인데, 이 경우 시장에서 주당 매수가격이 'Lock-ups' 의 가격을 상회하는 한 수혜자는 다른 매수자에 대해 경쟁에서 유리한 지위에 서게 되고, 원매수자의 경우 지분의 희석화라는 불이익을 당하게 된다.

다음으로 유행하는 형태는 자산 'Lock-ups' 로 제3자에게 대상회사의 주요자산(Crown Jewel)을 매각하거나 매수선택권을 부여하여 적대적 매수자로 하여금 매수의도를 떨어뜨리는 것이다. 만일 적대적 매수자가 대상회사의 특정한 부분이나 부가물을 획득함으로써 통합이익(Synergistic Gain)을 얻으려고 매수를 하는 경우 이 자산 'Lock-ups' 는 더욱 유용한 것이 된다. 이 자산매각에 의해 대상회사는 매수할 가치를 잃게 되어서 매수자를 매수에서 완전히 제거하는 효과를 가진다.

3) 'Lock-ups' 의 주요 수단

가. 제3자배정증자

(가) 의의

미발행주식에 대한 'Lock-ups' 는 제3자배정증자의 형태를 띨 것인데, 미국이나 일본에서 기업매수에 대한 예방 또는 방어책으로 신주의 제3자배정에 의한 증자가 많이 이용되고 있다. 이는 일반적으로 White Squire로 불리는

---

141) 예를 들면 ① 매수자가 대상회사 지분 60%에 대해 주당 40,000원으로 공개매수를 개시한다. ② 대상회사가 이를 거부하고 White Night에게 대상회사 발행주식 15%에 달하는 자기주식에 대해 주당 50,000원으로 매수선택권(option)을 부여하는 Lock-ups를 허용한다. ③ 그후 White Night는 대상회사 주식 45%에 대해 주당 55,000원으로 경쟁공개매수를 개시한다. 이 경우 White Night는 대상회사 보통주 60%에 대해 주당 평균 53,750원에 매수할 지위에 있게 된다. 이에 반해 매수자가 White Night의 매수에 맞추려하면 적어도 주당 55000원을 지급해야 한다. 매수자가 White Night보다 대상회사의 가치를 더 높게 평가하여 그런 높은 가액을 지급하지 않는 한 경쟁에서 이길 수 없다.

우호적 제3자에 신주를 배정시켜, 그 자로 하여금 현경영자의 이익이 되도록 의결권을 행사하게 하려는 것이다. 즉 제3자배정증자는 발행주식총수의 증가에 의하여 매수자의 지주비율저하를 가져오며, 대상회사의 안정주주를 확보한다는 의미를 가지게 된다. 제3자배정증자의 'Lock-ups' 로서 의미는 매수자에게 유리한 점을 부여하는 것인데, 다음에 보는 바와 같이 이로서 경쟁공개매수가 유인되게 된다.

그런데 우리나라에 있어서 종래 공개매수대상주식의 발행인은 공개매수를 할 수 있는 날부터 그 매수기간이 종료하는 날까지 의결권 있는 주식에 관계되는 증권의 발행과 그 발행에 관한 이사회 또는 주주총회의 결의와 같이 의결권 있는 주식수의 변동을 초래할 수 있는 행위를 할 수 없었다(구증권거래법 제23조 제4항). 그러나 이 규정은 폐지되었으며,142) 다만 전환사채의 경우 모집 외의 방법에 의한 발행은 금지된다.143)

(나) 제3자배정증자와 경매의 유인

제3자배정증자의 정당성유무에 대해서는 앞서 충실의무 위반여부에 대한 미국 판례상의 기준과 같은 맥락에서 볼 수 있을 것이다. 여기서 발행가액의 공정성도 요구되지만, 이것이 경쟁공개매수를 유인·촉진했는가라는 점이 중요한 기준이 된다.

먼저 주식 'Lock-ups' 가 우호적 제3자(White-Night)에 미치는 영향에 대해 살펴보면, 이는 그렇지 않으면 별 의사가 없을 매수자를 유인해서 우호

142) 그러나 제3자배정증자는 신기술의 도입, 재무구조의 개선 등 회사의 경영상의 목적을 달성하기 위하여 필요한 경우로 제한이 된다(상법 제418조 제2항 단서).

143) 「증권의 발행 및 공시에 관한 규정」 제5-21조: 주권상장법인 등은 다음 각호의 기간중에는 상법 제513조의2 제1항의 규정에 의하여 주주에게 사채의 인수권을 부여하여 모집하거나 영 제176조의8 제1항의 방법으로 사채를 모집하는 방식(공모발행방식)외의 방법으로 전환사채를 발행할 수 없다.

1. 법 제29조에 의한 소수주주(이하 "소수주주" 라 한다)가 해당 주권상장법인 등의 임원의 해임을 위하여 주주총회의 소집을 청구하거나 법원에 그 소집의 허가를 청구한 때에는 청구시부터 해당 임원의 해임여부가 결정될 때까지의 기간
2. 소수주주가 법원에 당해 주권상장법인 등의 임원의 직무집행의 정지를 청구하거나 주주총회결의의 무효·취소 등의 소를 제기하는 등 당해 주권상장법인 등의 경영과 관련된 분쟁으로 소송이 진행중인 기간
3. 제1호 및 제2호에 준하는 당해 주권상장법인 등의 경영권분쟁사실이 신고·공시된 후 그 절차가 진행중인 기간

적 제3자가 되게 해서 회사지배쟁탈전에 있어서 매수가를 올리게 한다. 일반적으로 우호적 제3자로 잘 나서지 않으려는 경향이 있는데 그 이유로, 첫째, 완강하고도 현금동원력이 있는 매수자에 대항하는데 상당한 위험이 따른다. 둘째, 어떤 매수자도 매우 높은 소송비용을 입을 가능성이 있다. 셋째, 사회분위기에 따라, 공개매수쟁탈전에의 참가는 회사의 사회적 이미지 손상을 가져올 수 있다. 넷째, 공개매수쟁탈전의 참가로 오히려 우호적 제3자 스스로 공개매수공격의 대상이 될 수 있다는 점 등을 들 수 있다. 이 경우 'Lock-ups' 옵션은 우호적 제3자로 하여금 경쟁에 나서도록 유발시키며, 동시에 그 경쟁에서의 성공에 대한 보장으로서 작용한다.

이 주식 'Lock-ups' 를 경제적 측면에서 보면 Trans Union사건[144] 에서와 같이 신주나 자사주는 그 매수자가 제시하는 공개매수가격보다 낮은 가격에서 일반적으로 매수된다. 또한 이 추가적 주식은 합병 후 통합가치를 포함하지 않는 가격으로 매도하는 것이 되므로 사외주의 통합가치를 그만큼 희석시키게 된다. 따라서 우호적 제3자가 매수하려는 유보가격(Maximum Bid)을 낮추게 된다. 이렇게 우호적 제3자는 공개매수의 가격을 낮춤으로써 경쟁참가가 유도된다.

다음으로 경쟁공개매수의 촉진에 있어서 중요한 의미를 가지는 시간이라는 점과 관련하여 살펴보면, 경쟁공개매수에 있어서 짧은 시간은 경매를 위한 조사와 자금확보를 할 수 있는 가능성을 제한한다. 그런데 매수자가 가격을 올린 경우에 일반적으로 공개매수기간을 연장하도록 규정하고 있다. 즉 주식매각은 매수자에게 더 오랜 기간 동안 공개매수를 지속하게 하여 대상회사의 경영진은 대상회사 주식에 대해서 더 높은 경쟁매수를 이끌어 낼 수 있다. 즉 주식을 매수자에게 매도한다는 것은 대상회사가 매수자로부터 시간을 사는 방법이 된다. 비록 주식매각이 대상회사 주식에 대한 참가자의 유보가격(Maximum bid)을 낮추지만, 이러한 낮은 유보가격(Maximum bid)에 의한 경매가 전혀 없는 경우보다 주주에게 더 높은 매도가격을 가져옴으로써 주주에게 궁극적으

144) Smith v. Van GorKom, 488 A. 2d 858 (Del. 1985). 이 사건에서 Pritzker가 Trans Union에 대해 주당 $55로 공개매수하는데 대한 보답으로 Trans Union(대표이사인 Van Gorkom의 주도)는 자사주 100만주를 주당 $38에 매각하기로 하였다. 이에 다른 경영진이 이는 다른 잠재적 매수자에 대한 'Lock-ups'가 될 것이라며 반대했다.

로 이익이 된다.

그러나 이러한 공개매수경매를 이끌기 위한 추가시간은 비용이 많이 먹힌다. 따라서 주식매각이 대상회사 주주의 이익이 됨을 보이기 위해서는 경매로 인한 이익이 주식매각의 비용을 능가함을 보여야 한다. 잠재적 매수자는 경매를 제기하기 위한 조건으로 상당한 보상을 요구할 것이다. 이 보상이 너무 크면 주주는 공개매수경매를 '매수' 함으로써 아무 이익을 얻지 못한다. 따라서 경영진은 보상이 크지 않다는 것을 보여야 한다. 과도한 보상은 주주에게 피해를 주고, 대상회사가 주식양수인에게 과도한 보장을 해서 공개매수경매에 패배함으로써 오히려 첫 매수에서 경매에 승리하는 것보다 더 많은 이익을 남길 수 있게 해준다면 대상회사의 가치를 더 높게 평가하는 매수자는 차단될 것이다.

나. 영업자산의 양도

(가) 의의

기업방어를 위한 영업자산의 양도는 자산 'Lock-ups' 에 관계되는 것으로, 우호적 제3자에게 대상회사의 주요자산(Crown Jewel)을 매각하거나 매수선택권을 부여하여 매수자로 하여금 매수의도를 저하시키는 것이다. 만일 적대적 매수자가 대상회사의 특정한 부분이나 부가물을 획득함으로써 시너지 효과를 얻으려고 하는 경우나 대상회사 자산을 매각하여 차익을 챙기려는 경우(Bust-Up TOB), 이 영업자산의 양도는 더욱 유용한 것이 된다. 또한 영업자산의 양도란 앞에서 본 제3자배정증자와 마찬가지로 우호적 제3자에게 경쟁에 있어서 이점을 부여함으로써 그를 경쟁매수에 나서도록 하는 경매유인의 효과가 있다. 그러나 영업자산의 양도계약은 경우에 따라서는 그 절차와 내용의 면에 있어서 무효로 되는 경우도 있다.[145] 따라서 계약의 적법성이랑 유효성을 충분히 검토할 필요가 있다.

145) 우리나라의 경우 상법 제374조에서 "회사가 영업의 전부 또는 중요한 일부를 양도하는 경우에는 주주총회의 특별결의를 얻어야 한다." 고 규정하고 있어, 기업방어로서의 영업자산의 양도도 경우에 따라서는 주주총회의 특별결의를 얻어야 할 때가 있다.

(나) 영업자산의 양도의 유용성

영업자산의 양도의 유용성이란 경영진이 이 제도를 운영함에 있어서 주주에 대한 의무를 위반한 것이 아닌가라는 점과 연관된 것으로 제3자배정증자에서와 마찬가지로 이 제도가 경매를 유인·촉진했는가라는 점이 중요한 기준이 된다.

기본적으로는 제3자배정증자와 같은 취지에서 경매를 유인하는 효과를 인정할 수 있을 것이다. 다만 소위 'Crown Jewel' 옵션은 Marathon사건[146]에서 인정했듯이 경쟁의 승리자를 선택하고 상한가격을 고정함으로써 이사회로 하여금 자유 경매를 몰아내려 하는 것이 아닌가라는 의문점이 제기된다. 즉 다른 매수자는 우호적 제3자 보다 대상회사의 가치에 대해 좀 더 높게 평가할 수도 있다. 그러나 그들의 매수열망은 만일 주요자산을 취득할 수 없게 되면 사라져 버릴 것이다. 이것은 앞에서 살펴본 경매의 촉진보다는 차단을 가져온다는 점에서 일반적으로 허용되어서는 아니 된다는 주장이 강하게 제기된다.[147]

이상과 같이 경매의 촉진이라는 점 외에 경영진이 주주에 대한 의무를 이행하기 위해서는 적대적 기업매수자의 공개매수조건에 비해 주주에 대한 우호적 제3자의 조건이 향상되어야 하며, 그 절차의 과정 즉 대상회사가 우호적 제3자와 협상을 함에 있어서 주주의 이익을 위해서 최선을 다해야 한다. 이 경우 대상회사에게 좀 더 호의적인 조건을 제시할 다른 우호적 제3자를 찾기 위해 얼마나 노력했는가, 또 얼마나 성급하게 'Lock-ups' 합의가 이루어 졌는가 등이 경영진의 행위를 판단함에 있어서 중요하게 작용할 것이다. 너무 신속하게 이루어졌다면 그것은 주주의 최대의 이익이 아니라 경영진이 자기 지위보전에 더 관심이 많아다는 것을 암시하게 될 것이다.

146) Mobil Corp. v. Marathon Oil Co. 455 U.S. 982(1982). Marathon이 취한 2가지 옵션 중 하나는 Marathon의 Crown Jewel에 해당하는 Yates Field에 있는 원유와 광물권에 대한 이익 중 48%를 제3자가 지배권을 취득시 28억달러에 White-Night인 U.S.Steel이 매수할 수 있는 권리를 부여하는 것이다.

147) Ian Ayres, Analyzing Stock Lock-ups: Do Target Treasury Sales Forclose or Facilitate Takeover Autions, 90 Colum. L. Rev. 683, 714(1990).

(6) 종업원지주제도(E.S.O.P.)[148)]

공개매수방어책의 하나로 공격의 대상이 되기 쉬운 회사의 상당부분 주식을 우호적 제3자에 이전하는 것을 들 수 있다. 종업원지주제도의 경우, 우호적 주주란 공개매수쟁탈전의 경우 경영진의 편에 서리라고 기대하는 종업원이다.

종업원지주제도에서 주식은 신주를 발행하거나 공개시장에서 사외주식을 재매수하기도 한다. 사외주식재매수의 경우 회사가 아닌 종업원지주제도에 의한 주식재매수는 세금에 있어서 이점이 있다. 그러나 회사가 자기주식을 보유하는 것 대신에, 종업원이 그 지분에 대한 지배를 형성한다. 이때 회사와 이해관계가 틀릴 수도 있는 것이다.

만일 종업원지주제도가 적대적 공개매수이후 설립되거나 변경된 경우 종업원지주제도 충실의무자는 신주를 발행하거나 공개시장에서 주식을 재매수하거나 위임장쟁탈전에서 그 주식의 의결권행사를 하지 못할 것이다. 왜냐하면 그런 종업원지주제도는 '종업원의 배타적 이익(exclusive benefit)' 이 되지 않기 때문이다. 그러나 만일 적대적 매수 이전에 수립된 종업원지주제도가 종업원에 대한 일괄 보상 프로그램의 한 부분일때 신주나 주식재매수는 지지 받을 것이다.

그러나 Delaware법원은 Polaroid사건[149)]에서 공개매수위협이 받아들여진 후 그러나 공개매수가 개시되기 전 설립된 종업원지주제도를 인정하였다. 이 사건에 대해 살펴보면 다음과 같다.

---

148) 우리나라에 있어서 관련사례를 보면, 1990년대 기아자동차 경영진이 적대적 기업매수를 예방하기 위한 방안으로 우리사주조합과 유사한 경영발전위원회를 조직하여, 이에 대하여 회사의 자금을 지원하여 자기주식지분율을 높인 것에 대하여, 대법원은 "종업원지주제도 하에서 회사의 경영자가 종업원의 자사주 매입을 돕기 위해 회사자금을 지원하는 것 자체를 들어 회사에 대한 임무위배행위라고는 할 수 없을 것이나, 경영자금지원의 주된 목적이 종업원의 재산형성을 통한 복리증진보다는 인정주주를 확보함으로써 경영자의 회사에 대한 경영권을 계속 유지하고자 하는데 있다면, 그 자금지원은 경영자의 이익을 위하여 회사재산을 사용하는 것이 되어 회사의 이익에 반하므로 회사에 대한 관계에서 임무위배행위가 된다." 고 하여 경영진의 업무상 배임죄를 인정하였다(대법원 1996.6.25. 선고 99도1141 판결).

149) Shamrock Holdings, Inc. v. Polaroid Corp., 559 A.2d 257(Del. Ch. 1989).

<사건개요>

1985년부터 수차례 Polaroid 종업원을 위한 종업원지주제도가 Polaroid 경영진의 관심을 집중시켜오다가 1988. 3. 28. Polaroid 정기이사회에서 종업원지주제도의 설립이 승인되었다. 여기서 종업원지주제도는 단지 Polaroid 사외주식 5%까지만 보유하도록 계획했다. 1988. 6. 16까지 Shamrock은 Polaroid의 사외주식 5%에 약간 미치지 못하는 주식을 매집했다. 그리고 Polaroid와 우호적 기업매수를 위해 접근했다. 그러나 Polaroid 경영진은 이를 거절하고 7월초 특별이사회에서 종업원지주제도가 15%를 넘는 지분을 보유하기로 결정했다. 이에 Shamrock 은 이 종업원지주제도의 유효성에 이의를 제기해 소를 제기하고, 9. 9. 공개매수를 개시했다.

이에 대해 법원은 Polaroid의 종업원지주제도를 근본적으로 공정하다고 인정했는데 그 이유는 다음과 같다. 첫째, 종업원지주제도는 Polaroid의 주주에게 상당한 추가비용부담을 가하지 않았다. 비록 종업원지주제도의 첫 자금이 은행대출금에 의해 충당되었지만, 임금삭감 등의 평가액이 대부자금에 의한 비용을 능가했고, 이는 사실상 주주가 아닌 종업원들이 자신들의 종업원지주제도 참가에 대한 자금을 부담한 것이 된다. 이에 법원은 사실상 종업원지주제도가 회사의 가치를 증가시켰다고 주장했다. 둘째, 주식양도에 관한 결정은 종업원에게 이전했고, 그들의 양도결정은 독립한 수탁자에 의해 비밀이 유지되었기 때문에, 종업원지주제도를 경영진 보호장치로 보지 않았다. 셋째, 종업원지주제도는 상당한 주당 수익비율의 감소를 가져오거나 주주이익의 상당한 희석화를 가져오는 것이 아니라고 보았다. 법원에 따르면 종업원지주제도에 의한 생산성 향상이 주주이익의 희석화를 상쇄할 것이라고 했다. 넷째, Polaroid는 Shamrock가 Polaroid의 상당한 지분을 획득하기 전에 종업원지주제도를 고려했고, Shamrock가 공개매수를 개시하기 전에 종업원지주제도가 형성되었기 때문에 법원은 종업원지주제도가 주주에게 이롭다는 Polaroid의 주장에 더 동정적이었다.

그러나 법원은 이사회의 종업원지주제도 결정에 있어서, 이사회가 종업원지주제도의 자금충당에 대한 종업원의 반대를 고려하지 못했고, 종업원지주제도를 방어적 기구로 이용하고, 이러한 규모의 종업원지주제도가 Delaware 공개매수법에 의해 매수자의 공개매수실행 가능성에 상당한 손상을 가할 것이라는 가능성 등을 들어 비난했다. 그러나 이러한 결정에도 불구하고 법원은 종업원지주제도의 유효성의 기준을 '본질적 공정성' 이라고 주장하고 Polaroid의 종업원지주제도는 이 기준에 적합했다고 했다.

Ⅳ. 기업방어와 경영진의 의무기준

1. 의의

기업매수 방어행위의 경우 근거가 되는 규정상의 요건을 충족해야 하는 개별적인 적법성의 요건을 갖추어야 하지만, 방어행위가 일반적으로 경영진에 의하여 주도됨으로 인해서 그 재량권의 남용을 방지하기 위해서 부과되는 주의의무의 기준도 충족하여야 한다.

미국에 있어서 1980년대 대부분의 법원은 경영판단의 원칙을 기업매수의 와중에 행해진 경영진의 방어행위에도 적용하였으며, 이에 따라 경영진은 적대적 기업매수를 막기 위한 수단을 마음껏 이용할 수 있었나.[150] 결국 매수지와 대상회사의 경영진 모두 과도한 전략을 취함에 따라 법원이 이에 관여하게 되었다.[151]

경영진의 회사의 지배에 대한 결정 내지 기업매수에 대한 방어행위의 결정을 평가함에 있어서, 법원은 경영진이 주주의 이익을 보호하는 역할을 하는 점을 인정하면서도 잠재적 이해대립의 가능성이 있다고 보았다. 이에 따라 법원은 기업매수에 대한 방어행위 및 기타 회사의 지배에 대한 경영진의 결정에 대해서 종래보다 적극적으로 개입하여 심사하게 되었다. 그리하여 대부분의 법원이 일정한 의무기준을 제시하여 경영진이 그 주의의무의 기준을 충족했는가에 대해서 상세히 검토하게 되었으며, 그 중에서 특히 델라웨어주 법원에서 제시한 기준이 미국판례법상 중요한 의미를 가진다.

---

150) Gilson & Kraakman, Delaware's Intermediate Standard for Defensive Tactics: Is There Substance to Proportionality Review?, 44 Bus. Law. 247, 249(1989).

151) Norlin Corp. v. Rooney Pace, Inc., 744 F.2d 255, 265 (2d Cir. 1984); 이사가 이해의 대립을 가질 때 B.J.R.에 의해 방어책이 필연적으로 보호받지는 않는다고 판시한 초기판례중의 하나다.

2. 경영판단의 원칙

(1) 의의

경영판단의 원칙(Business Judgment Rule)이란 법원이 회사의 경영에 관하여 충분한 전문적 지식을 가지고 있지 못하기 때문에 이사의 자기거래가 없는 한 이사의 판단의 와중에 개입하는 것을 꺼리는 사법자제의 원칙이라고 할 수 있다. 회사의 이사는 회사의 업무를 집행함에 있어서 광범위한 경영상의 재량권이 부여되고 있기 때문에, 법원은 이사가 결정함에 있어서 적절한 절차에 따른 한 이사의 결정을 존중하고 이사의 경영판단을 결과론적으로 비판하지 않는다는 것이다.[152] 이 원칙은 이사의 경영상의 과오 및 주의의무위반을 이유로 하는 손해배상청구에 대해서 이사 및 임원의 책임을 감면하는 중요한 항변을 이룬다. 이 항변은 이사에 의한 모든 결정이 필히 회사에 이익을 가져오는 것은 아니고 때로는 손해를 가져올 수도 있다는 것을 인정하는 것이다.

판례상 나타난 태도를 보면 경영판단의 원칙에 대한 선례인 Casey v. Woodruff[153] 판결에서 Shientag 판사는 "업무집행의 과정에 있어서 이사가 합리적인 근거에 입각하여 어느 결정에 도달하고 더욱이 독립적인 판단의 결과로서 성실하게 행동하고, 회사의 최대의 이익이 된다고 성실하게 믿은바 외에는 아무런 영향을 받지 않고 행동한 경우에는 그것과 다르게 행동할 수 있었다고 하거나 그것으로 인하여 발생한 손해 또는 지출에 대하여 이사에게 책임을 부담시키는 것은 법원의 기능이 아니다."고 판시하였다.

플로리다주 법원[154]의 경우 이에 대해서 "재량권의 남용, 사기, 악의 혹은 위법성의 입증이 없는 경우 법원은 법관의 판단을 들어 이사회의 판단에 대신하지 않는다."고 하였으며, 텍사스주 법원[155]의 경우 "회사의 이사는 그 거래에 개인적 이해관계를 가지거나, 사기적 혹은 합법적인 권한에 반하여 행위

152) William E. Knepper & Bailey, Liability of Corporate Officers and Directors(vol. 1), Lexis, 1988, p. 75.
153) 49 N.Y.S.2d 625(1944).
154) International Ins. Co. v. Johns, 874 F. 2d 1447, 1461(11th Cir. 1989).
155) FDIC v. Brown, 812 F. Supp. 722, 723(S.D. Tex. 1992).

를 한 것이 아닌 한 뒤늦게 잘못하였다는 것을 알게 된 행위나 부작위로부터 면책된다." 고 하였으며, 펜실베니아주 대법원[156]은 "경영판단의 원칙은 사기 혹은 자기거래가 없는 경우에 이의가 주장된 이사의 결정이 그 권한의 범위에 속하고, 상당한 주의가 주어지고 그 결정이 회사의 최선의 이익에 합치한다고 성실하고 합리적으로 믿은 경우에는 이사 및 임원은 사법적 개입으로부터 절연되어야 한다." 고 판시하였다.

(2) ALI 규정상의 요건(§4.01)

ALI도 현재의 법규정을 정리하여 재술함과 동시에 당연히 있어야 할 법의 모범을 보인다는 목적으로 "회사의 운영의 원리, 분석 및 제언" 을 공표하였는데, 그 제4부는 경영진(이사 및 임원)의 주의의무 및 경영판단의 원칙에 관한 것으로 각 주회사법에 다음과 같은 규정을 둘 것을 제언하였다.

(a) 이사는 회사에 대하여 성실히(In good faith) 회사의 최선의 이익이 된다고 믿는 상당한 방법에 의해서, 그리고 평균인이 유사한 지위와 유사한 상황하에서 행사하는 것이 합리적이라고 기대되는 주의로서 그 직무를 수행할 의무를 진다. (a)항은 적절한 경우 (c)항(The Business Judgment Rule) 규정들의 적용을 받는다.

(1) 이 의무는 그 상황하에서 이사가 적당하다고 믿는 상당한 조사를 하거나, 조사를 받도록 할 의무를 포함한다.

(2) 그 직무(감시의 직무를 포함)를 수행함에 있어서 이사는 제4.02조 및 제4.03조 규정의 물건 또는 사람을 신뢰할 권리가 주어진다.

(b) 제정법 또는 제1.27조의 회사의 기준에 달리 정함이 있는 경우를 제외하고, 또 감독에 있어서 이사회의 최종의 책임이 따르고 감독을 포함한 직무의 수행에 있어서 이사회는 행위의 정도에 따라서 정형적이든 비정형적이든, 이사회의 주의를 요하는 사항을 확인하는 직무를 포함한 직무를 이사회의 위원회 또는 이사, 임원, 사용인, 전문가 기타의 자에 위임하는 것이 가능하다. 이사는 그 신뢰가 제4.02조 및 제4.03조에 적합한 때에는 위임한 직무에 관하여 이 조항 소정의 의무를 이행함에 있어서 전기의 위원회 또는 사람들을 신뢰하는 것이

156) Cuker v. Mikalauskas, 692 A. 2d 1042(Pa. 1997).

가능하다.

(c) 성실히 경영판단을 한 이사 또는 임원은 다음의 어느 것에 해당하는 때에는 이 조항에 의거한 의무를 이행한 것으로 본다.

(1) 경영판단을 한 사항에 대해서 이해관계(제1.15조)를 가지지 않을 것

(2) 경영판단을 한 사항에 대해서 그 상황하에서 적당하다고 믿는 것이 상당한 정도의 정보를 가지는 것

(3) 그의 경영판단이 회사의 최선의 이익이 된다고 합리적으로 믿는 것

(d) 이 조항에 의거한 이사 또는 임원의 행위를 다투는 자는 주의의무위반(또한 이 조 (b)항 또는 (c)항에 의거한 의무의 이행에 관한 규정의 적용이 없는 것)을 증명할 책임을 진다. 또한 그 위반이 회사가 입은 손해의 법적 원인이 된 것을 증명할 책임을 진다.

이 조 (a)항은 이사 또는 임원의 주의의무의 내용을 정한 것이고, 제(1)호는 주의의무는 합리적 조사의무를 포함하는 것을 정하고, (2)호는 이사 또는 임원의 신뢰의 권리에 관하여 정하고 있다. (b)항은 이사회의 직무를 위원회 또는 그 외의 자에 위임하는 것에 대하여 정함과 함께 위임에 의한 면책을 정하고 있다. (c)항은 이사 또는 임원의 경영판단의 원칙에 대해서 정하고 있다.

여기서 특징적인 면은 입증책임에 관한 것이다. ALI 규정에 따르면 이사 또는 임원의 행위를 다투는 자가 경영판단의 원칙의 요건사실을 충족하지 못한 것에 대해서 입증할 책임을 진다. 델라웨어주 법원[157)]도 경영판단의 원칙은 “이사가 경영상의 결정을 함에 있어서 수집된 정보에 기초하여 성실히 더욱이 그 행위가 회사의 최선의 이익에 합치한다고 믿고 행동하였다고 추정한다”고 하였다.

157) Aronson v. Lewis, 473 A. 2d 805, 812(Del. 1984).

3. 기업매수와 경영판단의 원칙

(1) 의의

오늘날 미국에 있어서 경영판단의 원칙이 적용되는가 여부가 문제되는 중요한 사항으로 적대적 기업매수에 대한 경영진의 방어행위를 들 수 있다. 이사는 주주에 대해서 충실의무를 부담하고 있으므로 방어책을 선택할 때 회사의 이익에 합치하도록 주의를 기울여야 한다. 만일 이사가 자신의 지위를 영속하기 위해서 방어행위를 취하면 이 의무에 위반하는 것이 된다.

방어행위를 취한 것에 대하여 경영판단의 원칙을 적용함에 있어서 델라웨어주 법원에서 제시한 기준이 중요하므로 이를 중심으로 본다.[158]

(2) 전통적 경영판단의 원칙의 적용

기업매수 방어행위에 대해서 경영판단의 원칙을 적용한 초기의 판례는 이사에 대해서 광범위한 재량권을 인정하여 이사가 회사의 이익이 된다고 성실히 믿고 한 방어행위는 적법성이 인정되고, 그 불성실에 대한 입증책임은 원고에게 전환된다고 하였다.

그 대표적 사례를 보면 먼저 Cheff v. Mathes 사건[159]을 들 수 있다. 여기

158) ALI의 "기업지배의 원리" §6.02에서 공개매수에 있어서 대상회사 경영진의 방어행위를 규제하고 있다. 제6부의 제목은 "지배권거래 및 공개매수에 있어서 이사, 주주의 역할" 이다. §6.02: 적대적 공개매수를 저지하는 것에 대해서 예견가능한 효과를 가지는 이사의 행위 (a) 이사회는 그 행위가 매수에 대한 합리적 대응이면 적대적 공개매수(§1.32 (a))를 저지하는 것에 대해서 예견가능한 행위를 하는 것이 가능하다. (b) 그 행위가 매수에 대해서 합리적인가 아닌가를 검토함에 있어서 (1) 이사회는 특히 적법성의 문제 및 그 매수가 성공하면 회사의 본질적인 경제전망에 위협을 가져오는가 아닌가를 포함하여 회사 및 주주의 최선의 이익에 관한 모든 요소를 고려하는 것이 가능하다. (2) §6.02(b)(1)에 기초한 분석에 더해서 이사회는 주주의 장기적 이익에 상당한 불이익을 주지 않는 한 회사가 적법하게 관계를 가지는 (주주 이외의)이익 혹은 그룹을 고려하는 것이 가능하다. (c) 이사회의 행위가 (a)의 기준을 만족하지 않는 것을 이유로 이사의 행위에 이의를 신청하는 자는 이사회의 행위가 매수에 대해서 비합리적 대응이라는 것을 입증해야만 한다. (d) (a)의 기준을 만족하지 않는 행위는 유지하는 것이 가능하다. 다만 그 행위를 승인하는 이사는 그 행위가 경영판단의 원칙(§4.01(c))의 기준을 만족하는 경우에는 손해배상의 책임을 지지 않는다.

159) 199 A. 2d 548(Del. Supp. 1964).

서 법원은 "이사가 적절하다고 믿는 사업상의 정책을 유지하기 위해서 필요하다고 성실히 믿고서 결정했을 때, 그러한 결정이 나중에 최선의 것이 아니었다고 판명되어도 이사는 책임을 지지 않는다. 반면에 이사가 자기지위의 영속화를 목적으로 행동한 경우에는 그 목적에 의한 회사자산의 이용은 부당한 것이 되고, 경영판단의 원칙을 적용하기 위해서는 이사가 회사의 정책과 그 실효성에 대해 위험이 존재한다고 믿을 합리적인 근거를 입증하지 않으면 아니된다."고 판시하였다.

다음으로 Treadway Companies, Inc. v. Care 사건160)에서 법원은 다음과 같은 이유로 이사의 방어행위를 인정하였다. ① Care사의 공개매수에 직면한 Treadway사의 이사회는 그것이 회사의 이익에 합당한지 여부를 고려하여 불이익하다고 판정한 경우, 그에 반대하는 방어적 행위를 취함은 상당하다. ② 모든 경영활동에 있어서 이사는 경영판단의 원칙에 의하여 보호된다. ③ 방어적 행위에 대항하는 당사자는 대상회사 이사의 행위가 불성실하게 또는 자기의 이익의 증진을 위해서 행하여졌거나, 기타 부당한 목적으로 행하여졌음을 입증할 책임이 있다. ④ 설사 그 당사자가 입증을 한다고 할지라도, 이사가 자기의 방어행위를 적절한 회사목적을 위하여 행한 것이고 이사의 개인적 목적을 위하여 행한 것이 아님을 증명하면 그러한 이사의 방어행위는 여전히 보호된다.

(3) 전통적 경영판단의 원칙의 수정적용

이사의 회사의 지배에 대한 결정 내지 기업매수에 대한 방어행위의 결정을 평가함에 있어서, 법원은 이사가 주주의 주식소유자로서의 이익을 보호하는 역할은 인정하면서도 잠재적 이해관계를 가지므로 주주를 충분하게 대표하지는 않는다고 보았다. 이에 따라 주주의 이익을 보호하기 위해서 법원은 기업매수에 대한 방어행위에 경영판단의 원칙이 적용되기 위한 일정한 요건을 제시하게 되었다. 그리하여 방어행위에 대하여 종래보다 적극적으로 개입하여 주의의무의 기준을 충족했는가에 대해서 상세히 심사하게 되었다.

160) 638 F. 2d 357(2d Cir. 1980).

이러한 의무기준에 대해서도 델라웨어주 법원에서 제시한 기준이 중요한 의미를 가지는데 대표적인 사례 몇가지를 보면 다음과 같다.

첫째, Unocal Corp. v. Mesa Petroleum 사건[161]을 들 수 있다. 이는 추후 ALI의 제안의 기초가 된 대표적 사례로 여기서 델라웨어주 대법원은 대상회사의 방어행위는 제기된 위험에 대해서 '상당(Reasonable)' 해야 한다는 기준을 제시하였다.[162] 법원은 Unocal이 취한 방어행위에 대해서 "이러한 형태의 결정은 경영판단의 범위내의 것으로서 법원에 의해서 존중되어야 할 이익을 상실한 것은 아니지만 이사회가 통상은 자기의 이익을 위해서 행동했다고 볼 위험성이 많으므로, 경영판단의 원칙에 의해서 보호를 받기 이전에 우선 법원에 의한 심리에 따라야 하는 고도의 의무를 진다." 고 하며, "Unocal의 이사회는 '회사의 정책과 효율성에 대해서 위헙이 존재한다고 믿을 합리적 근거를 가지는 것' 과 이사회가 '사용한 방어행위가 주어진 위험에 대한 대응책으로서 상당(Reasonable)한 것' 의 제1차적 입증책임을 진다."고 하였다.

둘째, Revlon, Inc. v. MacAndrews & Forbes Holdings 사건[163]을 들 수 있다. 여기서 델라웨어주 대법원은 경영판단의 원칙의 적용에 있어서 다음과 같은 보칙을 추가했다. 즉, 회사의 매각이 불가피해졌을 때 방어행위는 중단해야 하고, 이사회의 역할은 주주의 이익을 극대화하는데 초점을 두어야 할 공정한 경매인(Fair Auctioneer)으로 전환한다.[164] 법원은 "이건에서 매수인인 Pantry Pride사가 매수가격을 인상한 때로부터 Revlon사의 매각은 피할 수 없는 것으로 판단되고, 그 시점부터 이사회의 의무는 권리주체로서의 Revlon사의 보호로부터 주주의 이익을 위해서 매각의 시에 회사가 최고의 가격을 받을 수 있도록 하는 것으로 변모한다. 이것은 이사회의 직책이 Unocal 기준 아래에서의 그것과 크게 달라진 것이다. 즉 이사회의 역할은 회사라는 요새의 방어인으로부터 회사의 매각의 시에 주주를 위해서 최고로 유리한 가격을 획득해야 할 책임을 지는 경매인으로 전환한다." 고 판시하였다. 이러한

161) 493 A. 2d 946(Del. 1985).
162) W. Jennings, Marsh & C. Coffee, Securities Laws – Cases and Materials – (7th ed.), The Foundation Press, 1992, p. 712.
163) 506 A. 2d 173(Del. 1986).
164) W. Jennings, Marsh & C. Coffe, op. cit., p. 712.

Revlon의 기준은 1980년대 백기사 또는 주주에 대한 다른 선택안 제공의 활성화에 일조했다.[165]

셋째, Blasius Industries, Inc. v. Atlas Corp 사건[166]을 들 수 있다. 여기서 법원은 Unocal 기준을 제시하지 않고 Blasius 기준이라는 새로운 기준을 채택하여 Atlas사에 의한 이러한 행위가 무효 내지 취소되어야 한다고 판시하였다.

법원은 기업지배의 구조에 대한 의결권의 중요성을 고려하면 이러한 상황하에서는 Unocal 기준이 적용되지 않고, 법원에 의한 특히 엄격한 심사가 필요하다고 지적하였다. 그러한 전제하에서 법원은 이 건과 같이 이사회가 주주의 의결권 행사를 방해하는 것을 주요한 목적으로 행동한 경우에, 이러한 행위를 당연히 무효로 하는 기준은 타당하지 않다고 하면서,[167] 이사회 측에 대해서 당해행위에 관하여 그 행위를 인정할 강력한 정당화 사유를 설명할 책임이 있다고 하였다.

Blasius 기준이 방어행위의 문제와 관련하여 Unocal 기준과 어떠한 관계에 있는가가 문제로 되는데, 이에 대해서 델라웨어주 대법원은 Stroud 판결[168]에서 "Unocal 기준은 회사지배의 문제와 관련된 대상회사의 방어행위 전반에 대해서 적용되는 것에 비하여, Blasius 판결은 이사회가 주주의 의결권을 방해하거나 혹은 완전히 박탈하기 위해서 방어수단을 이용하는 경우에 적용되는 것으로 양기준은 서로 배타적인 것은 아니다."고 하였다. 예를 들면 매수자가 소위 위임장쟁탈과 공개매수를 같이 개시한 경우에는 이사회에 의한 주주의 의결권 행사를 방해하는 행위가 자주 발생한다고 지적하고, 이사회에 의한 이러한 행위는 필연적으로 Blasius 기준과 Unocal 기준을 동시에 발동시킨다고 하였다.

넷째, Paramount Communications, Inc. v. Time Inc. 사건[169]을 들 수

---

165) A. Prentice & H. Langmore, Hostile Tender Offers and the 'Nancy Reagan Defense': May Target Boards "Just Say No" Should They Be Allowed to?, 15 Delaware Journal of Corporation Law, 371(1990).

166) 564 A. 2d 651(Del. Ch. 1988).

167) 당연히 무효로 하는 기준에 의할 때 상대적으로 명쾌하고 예측가능성을 가지게 되지만, 역으로 '너무 광범위하게 제거한다' 는 문제가 지적되었다. Ibid., p. 662.

168) Stroud v. Grace, 606 A. 2d 75(Del. 1992).

169) 571 A. 2d 1140(Del. 1989).

있다. 이 사건에서 델라웨어주 대법원은 대상회사 이사회에 대해서 기업매수에 대해서 거부할(Just Say No) 수 있는 권한의 존재가능성을 제시하였다.170)

여기서 첫째, 현재가치의 극대화와 장기가치의 창출을 위한 경영 사이에 차이점을 인정하고, 경영진이 장기가치의 극대화를 위한 행동을 취할 수 있는가라는 문제점에 대해서 법원은 회사가 Revlon 단계에 있지 않는 한 이사는 주주의 즉각적인 가치의 극대화를 위해서 행동할 의무를 지지 않는다고 하였으며, 둘째, Time이 처한 상황하에서 누가 합병과 공개매수 사이에 선택을 할 대리인이 되어야 하는가라는 문제에 대해서 "주주의 투자가치는 주로 회사의 경영진의 숙련, 판단, 행운 등에 따라 오르내린다. 회사법의 이론에 따를 때 이사가 회사를 경영하는데 있어서 다른 주주의 희망에 따라야 할 의무가 있는 것은 아니고, 주주가 아닌 이사가 회사를 경영해야 하는 것" 171)이라며 기업매수에 있어서 경영진에게 주주의 대리인지위를 인정하였다.

4. 우리나라 판례상의 기준

우리나라에 있어서도 경영판단의 원칙의 도입 필요성에 대해서는 학설의 태도가 갈리지만, 법원은 경영판단의 원칙이 적용되기 위한 요건을 제시함으로써 경영판단의 원칙의 도입을 인정한다고 볼 수 있다. 대법원은 경영판단의 원칙의 적용요건에 대하여 "경영판단의 원칙이 적용되기 위해서는 합리적으로 이용 가능한 범위 내에서 필요한 정보를 충분히 수집·조사하고 검토하는 절차를 거친 다음, 이를 근거로 회사의 최대 이익에 부합한다고 합리적으로 신뢰하고 신의성실에 따라 경영상의 판단을 내렸고, 그 내용이 현저히 불합리하지 않은 것으로서 통상의 이사를 기준으로 할 때 합리적으로 선택할 수 있는 범위 안에 있는 것이 요구된다." 고 하였다.172)

기업매수에 대한 방어행위에 경영판단의 원칙이 적용될 수 있는가는 분명하지 않지만, 방어행위를 취하는 경영진에 대하여 일정한 주의의무기준을 제시

170) A. Prentice & H. Langemore, op. cit., p. 411.
171) Paramount v. Time, op. cit., p. 1154.
172) 대법원 2007.10.11. 선고 2006다33333 판결.

하고 있다.

우리나라 판례상 방어수단의 남용여부를 판단함에 있어서 대체로 '경영권 또는 지배권의 유지의 목적'을 기준으로 삼아 왔다. 적대적 기업매수에 대한 방어가 문제된 초기 대표적 사례로 한화종금사건을 들 수 있다. 여기서 법원은[173] "이 사건 전환사채발행의 주된 목적은 경영권 분쟁 상황하에서 우호적인 제3자에게 신주를 배정하여 경영권을 방어하기 위한 것인 점, 경영권을 다투는 상대방이자 감시인 신청인에게는 이사회 참석기회도 주지 않는 등 철저히 비밀리에 발행함으로써 발행유지가처분 등 사전 구제수단을 사용할 수 없도록 한 점, 발행된 전화사채의 물량은 지배구조를 역전시키기에 충분한 것이었고, 전환기간에도 제한을 두지 않아 발행 즉시 주식으로 전환될 수 있도록 하였으며, 결과적으로 인수인들의 지분이 경영권 방어에 결정적인 역할을 한 점 등에 비추어 볼 때 이 사건 전환사채발행은 현저하게 불공정한 방법에 의한 발행으로서 이점에서도 무효라고 보아야 한다."고 판시하였다.

이후 같은 취지에서 전환사채의 발행이 무효가 되기 위해서는 "회사의 경영권 분쟁이 현재 계속중이거나 임박해 있는 등 오직 지배권 변경을 초래하거나 이를 저지할 목적으로 전환사채를 발행하였음이 객관적으로 명백한 경우라야 할 것이다."라고 하거나,[174] "전환사채의 발행이 법령 또는 정관의 규정에 근거하여 적법한 절차에 의하여 이루어졌다고 하더라도 주주의 신주인수권을 배제하거나 제한하여 제3자 또는 특정 주주에게 신주를 발행하는 경우와 같이 전환사채를 제3자 또는 특정 주주에게 발행하는 경우, 법원은 정관에서 부여한 권한을 행사하는 이사회의 결의에 대한 내용통제를 위하여 그 발행에 객관적인 정당성이 있는지를 심사할 수 있다고 할 것이고, 다만 자금조달의 필요가 있고 합리적인 경영상의 목적이 인정되는 한 그에 부수하여 다른 목적이 있었다고 하더라도 그러한 사유만으로는 이를 무효로 할 수 없고, 적어도 자금조달의 목적은 표면적인 이유에 불과하고 다른 주주들의 의사를 무시한 채 지배주주나 경영진의 이익만을 위하여 회사지배관계에 대한 영향력에 변동을 주는 것을 목적으로 한 경우에 한정하여 이를 무효로 볼 것이다."고 하였

173) 서울고법 1997.5.13. 선고 97라36 결정.
174) 서울고법 2000.6.23. 선고 98나4608 판결.

다.[175)]

그러나 대법원은 "법령이나 정관의 중대한 위반 또는 현저한 불공정이 있어 그것이 주식회사의 본질이나 회사법의 기본원칙에 반하거나 기존 주주들의 이익과 회사의 경영권 내지 지배권에 중대한 영향을 미치는 경우로서 전환사채와 관련된 거래의 안전, 주주 기타 이해관계인의 이익 등을 고려하더라도 도저히 묵과할 수 없는 정도라고 평가되는 경우에 한하여 전환사채의 발행 또는 그 전환권의 행사에 의한 주식의 발행을 무효로 할 수 있을 것이며, 그 무효원인을 회사의 경영권 분쟁이 현재 계속중이거나 임박해 있는 등 오직 지배권의 변경을 초래하거나 이를 저지할 목적으로 전환사채를 발행하였음이 객관적으로 명백한 경우에 한정할 것은 아니다." 고 하였다.[176)]

그런데 유비케어에 대하여 (주)엠디하우스가 적대적 M&A를 시도한 상황하에서 유비케어측이 제3자배정증자를 실시한 것에 대하여 그 무효를 다툰 유비케어사건에서 서울남부지원은 "적대적 M&A를 시도한 상황하에서 우호적인 세력에 대해서만 신주를 배정하는 것은 지배권의 변경을 초래하거나 이를 저지할 목적으로 신주를 발행하였음이 객관적으로 명백한 경우로써 현저히 불공정한 신주발행이다." 고 하여 대법원 판례와는 또 다른 태도를 취하였다.[177)]

이와 관련하여 조금 색다른 견해를 밝힌 판례로서는 현대엘리베이터사건을 들 수 있다. 이는 KCC에 의한 적대적 기업매수의 국면에서 현대엘리베이터의 이사회가 전격적으로 보통주의 178%에 달하는 주식을 시가의 30% 할인된 가격으로 일반공모의 방법으로 발행한다는 유상증자결의를 한 것에 대해서 신주발행금지가처분의 신청이 제기된 사건이다. 법원은[178)] "경영권의 방어행위

175) 수원지법 97.12.16. 선고 97카합7333 결정.

176) 대법원 2004.6.25. 선고 2000다37326 판결.

177) 서울남부지원 2004.11.25. 선고 2003가합16871 결정.

178) 수원지법 여주지원 2003.12.12. 선고 2003카합369 결정. 방어행위의 적법성에 대하여 "직접적인 법령 또는 정관의 규정이 없는 경우에는 구체적인 해당 경영권 방어행위의 동기나 목적, 방어수단의 합리성 등을 종합하여 그 허용 여부가 결정되어야 하고, 이러한 결정에는 그 방어행위로 추구하는 회사 또는 주주의 이익의 내용, 방어행위 실행의 결정과정이 적정한 절차를 거쳐 상당한 근거를 가지고 이루어졌는지 여부가 중요한 요소로 고려되어야 할 것" 이라며, 방어행위로 취한 신주발행에 대하여 "신주발행의 주요목적이 기존 지배주주의 대상회사에 대한 지배권 및 현 이사회의 경영권 방어에 있고, 회사의 경영을 위한 기동성 있는 자금조달의 필요성 및 이를 위한 적합성을 인정하기 어려운 경우라도 적대적으로 기업취득을 시도하는 자본의 성격과 기업취득 의도, 기존 지배주

가 허용되기 위해서는 법률과 정관이 허용하는 범위 내에서 이루어져야 하는데, 현대엘리베이터가 채택한 유상증자는 상법과 정관상 경영상 자금조달 필요성이 있을 때 허용되는 것이기 때문에 경영권 방어를 위한 유상증자는 법률과 정관의 범위를 벗어났다. 다만 다음과 같은 예외적인 경우에는 경영권 분쟁 중에도 유상증자가 허용될 수도 있다. 첫째, 기존 지배주주나 경영진의 경영권이 유지되는 것이 대상회사나 일반주주에게 이익이 되거나 특별한 사회적 필요가 인정될 것, 둘째, 유상증자 결정과정에서 경영권 분쟁당사자가 아닌 일반주주의 의견과 중립적인 전문가의 조언을 듣는 등 합리적인 절차를 거칠 것." 이라고 하였다.

제3절 주식대량보유보고제도

Ⅰ. 서설

주권상장법인의 주식 등을 대량보유(본인과 그 특별관계자가 보유하게 되는 주식 등의 수의 합계가 그 주식 등의 총수의 100분의 5 이상인 경우를 말한다)하게 된 자는 그 날부터 5일 이내에 그 보유상황, 보유 목적(발행인의 경영권에 영향을 주기 위한 목적 여부를 말한다), 그 보유 주식 등에 관한 주요계약내용 등을 금융위원회와 거래소에 보고하여야 한다(자법 제147조 제1항).

주식대량보유보고제도 즉 소위 5% rule은 첫째, 경영진을 위해서는 음성적인 주식매집을 통하여 기습적으로 경영권을 획득하려는 적대적 M&A 세력에 대한 방어책이 되고, 둘째, 잠재적 매수경쟁자에게는 지분변동에 대한 상황을 파악하여 경영권 획득방법의 수립에 참조할 수 있는 정보가 되고, 셋째, 일반

주 및 현 경영진의 경영전략, 대상회사의 기업 문화 및 종래의 대상회사의 사업내용이 사회경제적으로 차지하는 중요성과 기업취득으로 인한 종래의 사업의 지속전망 등에 비추어 기존 지배주주의 지배권 또는 현 경영진의 경영권이 유지되는 것이 대상회사와 일반 주주에게 이익이 되거나 특별한 사회적 필요가 있다고 인정되고, 한편 이러한 신주발행행위가 그 결의 당시의 객관적 사정에 의하여 뒷받침되고, 그 결의에 이르기까지 과정에 대상회사의 경영권 분쟁 당사자인 기존 지배주주가 아닌 일반 주주의 의견과 중립적인 전문가의 조언을 듣는 절차를 거치는 등 합리성이 있는 경우라면 상법 제418조 제2항 및 이와 동일한 내용의 규정을 둔 대상회사의 정관규정이 정하는 회사의 경영상 목적을 달성하기 위하여 필요한 경우에 해당한다고 보아 허용되어야 한다." 고 판시하였다.

투자자에게는 투자전략과 지분보유 여부의 결정에 참고할 수 있는 중요한 정보가 된다.

5% 이상 보유자의 보유비율이 1% 이상 변동된 경우에는 변동보고의무가 있다.

Ⅱ. 보고의무자

1. 소유에 준하는 보유

주식대량보유보고제도가 적용되는 주식 등의 5% 이상의 보유와 관련하여 공개매수에 있어서 보유의 개념에 관한 시행령 제142조는 대량보유보고의무에도 적용된다.

시행령 제142조에 따를 때 자본시장법 제33조 제3항에서의 "소유, 그 밖에 이에 준하는 경우로서 대통령령으로 정하는 경우"란 다음의 어느 하나에 해당하는 경우를 말한다.

① 누구의 명의로든지 자기의 계산으로 주식 등을 소유하는 경우
② 법률의 규정이나 매매, 그 밖의 계약에 따라 주식 등의 인도청구권을 가지는 경우
③ 법률의 규정이나 금전의 신탁계약·담보계약, 그 밖의 계약에 따라 해당 주식 등의 의결권(의결권의 행사를 지시할 수 있는 권한을 포함한다)을 가지는 경우
④ 법률의 규정이나 금전의 신탁계약·담보계약·투자일임계약, 그 밖의 계약에 따라 해당 주식 등의 취득이나 처분의 권한을 가지는 경우
⑤ 주식 등의 매매의 일방예약을 하고 해당 매매를 완결할 권리를 취득하는 경우로서 그 권리행사에 의하여 매수인으로서의 지위를 가지는 경우
⑥ 주식 등을 기초자산으로 하는 자본시장법 제5조 제1항 제2호에 따른 계약상의 권리를 가지는 경우로서 그 권리의 행사에 의하여 매수인으로서의 지위를 가지는 경우
⑦ 주식매수선택권을 부여받은 경우로서 그 권리의 행사에 의하여 매수인으로서의 지위를 가지는 경우

2. 특별관계자

주식대량보유보고의무의 요건인 보유비율 5% 또는 1%의 산정시에 본인과 특별관계자의 보유분을 합산하고, 특별관계자는 특수관계인과 공동보유자로 분류된다.

여기서의 특별관계자에 대하여도 공개매수에 적용되는 특별관계자에 대한 시행령의 규정이 적용된다.[179)]

본인과 그 특별관계자가 함께 보고하는 경우에는 보유 주식 등의 수가 가장 많은 자를 대표자로 선정하여 연명으로 보고할 수 있다(자령 제153조 제4항).

3. 보고의무면제

주식 등의 대량보유로 보고의무의 대상이 된 자가 그 보유 주식 등의 수의 합계가 그 주식 등의 총수의 100분의 1 이상 변동된 경우에도 변동보고의무를 부담한다. 이때 그 보유 주식 등의 수가 변동되지 아니한 경우, 그 밖에 대통령령으로 정하는 경우에는 보고의무가 면제된다(자법 제147조 제1항).

여기서 "대통령령으로 정하는 경우" 란 다음의 어느 하나에 해당하는 경우를 말한다(자령 제153조 제5항).

① 주주가 가진 주식수에 따라 배정하는 방법으로 신주를 발행하는 경우로서 그 배정된 주식만을 취득하는 경우

② 주주가 가진 주식수에 따라 배정받는 신주인수권에 의하여 발행된 신주인수권증서를 취득하는 것만으로 보유 주식 등의 수가 증가하는 경우

---

179) 자령 제141조(특별관계자의 범위) ① 법 제133조 제3항 본문에서 "대통령령으로 정하는 특별한 관계가 있는 자" 란 특수관계인과 공동보유자를 말한다.

② 제1항에서 "공동보유자" 란 본인과 합의나 계약 등에 따라 다음 각 호의 어느 하나에 해당하는 행위를 할 것을 합의한 자를 말한다.

1. 주식 등을 공동으로 취득하거나 처분하는 행위
2. 주식 등을 공동 또는 단독으로 취득한 후 그 취득한 주식을 상호양도하거나 양수하는 행위
3. 의결권(의결권의 행사를 지시할 수 있는 권한을 포함한다)을 공동으로 행사하는 행위

③ 제1항에서 특수관계인이 소유하는 주식 등의 수가 1,000주 미만이거나 제2항에 해당하지 아니함을 증명하는 경우에는 이 절 및 제3편 제2장 제2절을 적용할 때 특수관계인으로 보지 아니한다.

③ 자기주식의 취득 또는 처분으로 보유 주식 등의 비율이 변동된 경우
④ 자본감소로 보유 주식 등의 비율이 변동된 경우
⑤ 신주인수권이 표시된 것(신주인수권증서는 제외한다), 신주인수권부사채권·전환사채권 또는 교환사채권에 주어진 권리행사로 발행 또는 교환되는 주식 등의 발행가격 또는 교환가격 조정만으로 보유 주식 등의 수가 증가하는 경우

Ⅲ. 보고의무 대상증권

주식대량보유보고의무의 대상이 되는 증권은 공개매수의 적용대상 증권과 같다. 공개매수의 적용대상증권은 다음과 같다(자령 제139조).

① 주권상장법인이 발행한 다음의 증권
  가. 주권
  나. 신주인수권이 표시된 것
  다. 전환사채권
  라. 신주인수권부사채권
  마. 교환사채권
  바. 파생결합증권(권리행사로 그 기초자산을 취득할 수 있는 것만 해당)
② 주권상장법인 외의 자가 발행한 다음의 증권
  가. 주권상장법인이 발행한 위 증권과 관련된 증권예탁증권
  나. 교환새채권
  다. 파생결합증권(권리행사로 그 기초자산을 취득할 수 있는 것만 해당)

Ⅳ. 보고의무의 기준과 내용

1. 보유비율의 산정방법

주식대량보유보고의무는 주식 등을 5% 이상 보유시 적용되는데, 주식 등의 대량보유 여부를 판단할 때 주식 등의 수에 대해서 시행규칙[180]에서 정하고 있다.

시행 규칙에 따를 때 주식 등의 대량보유 여부를 판단할 때 자본시장법 제147조 제1항에 따른 주식 등의 총수는 의결권 있는 발행주식 총수와 자본시장법 제147조 제1항에 따른 대량보유를 하게 된 날에 본인과 그 특별관계자가 보유하는 주식 등[주권, 교환사채권의 교환대상이 되는 주권(자기주식은 제외한다), 파생결합증권의 기초자산이 되는 주권(자기주식은 제외한다) 및 증권예탁증권의 기초가 되는 주권은 제외한다]의 수를 합하여 계산한 수로 한다(자칙 제17조 제2항).

주식매수선택권을 부여받은 경우에는 위에서의 주식 등의 총수에 해당 주식매수선택권의 행사에 따라 매수할 의결권 있는 주식(자기주식을 포함한다)을 각각 더한다(자칙 제17조 제3항).

2. 보고내용

주식 등의 보유상황, 보유 목적(발행인의 경영권에 영향을 주기 위한 목적 여부를 말한다), 그 보유 주식 등에 관한 주요계약내용, 그 밖에 대통령령으로

---

180) 주식 등의 대량보유 여부를 판단할 때 법 제147조 제1항에 따른 주식 등의 수는 다음의 구분에 따라 계산한 수로 한다(자칙 제17조 제1항).
1. 주권인 경우: 그 주식의 수
2. 신주인수권이 표시된 것인 경우: 신주인수권의 목적인 주식의 수(신주인수권의 목적인 주식의 발행가액총액 및 발행가격이 표시되어 있는 경우에는 해당 발행가액총액을 해당 발행가격으로 나누어 얻은 수를 말한다)
3. 전환사채권인 경우: 권면액을 전환에 의하여 발행할 주식의 발행가격으로 나누어 얻은 수. 이 경우 1 미만의 단수는 계산하지 아니한다.
4. 신주인수권부사채권인 경우: 신주인수권의 목적인 주식의 수
5. 교환사채권인 경우: 다음 각 목의 어느 하나에 해당하는 수
   가. 교환대상 증권이 제1호부터 제4호까지, 제6호 및 제7호에 따른 증권인 경우에는 교환대상 증권별로 제1호부터 제4호까지, 제6호 및 제7호에서 정하는 수
   나. 교환대상 증권이 교환사채권인 경우에는 교환대상이 되는 교환사채권을 기준으로 하여 교환대상 증권별로 제1호부터 제4호까지, 제6호 및 제7호에서 정하는 수
6. 파생결합증권인 경우: 다음 각 목의 어느 하나에 해당하는 수
   가. 기초자산이 되는 증권이 제1호부터 제5호까지 및 제7호에 따른 증권인 경우에는 기초자산이 되는 증권별로 제1호부터 제5호까지 및 제7호에서 정하는 수
   나. 기초자산이 되는 증권이 파생결합증권인 경우에는 기초자산이 되는 파생결합증권을 기준으로 하여 기초자산이 되는 증권별로 제1호부터 제5호까지 및 제7호에서 정하는 수
7. 증권예탁증권인 경우: 그 기초가 되는 증권별로 제1호부터 제6호까지에서 정하는 수

정하는 사항을 보고하여야 한다.

여기서 "대통령령으로 정하는 사항"이란 다음의 사항을 말한다(자령 제153조 제2항).

① 주식 등을 대량보유하게 된 자(대량보유자)와 그 특별관계자에 관한 사항
② 보유 주식 등의 발행인(자법 제148조에 따른 발행인을 말한다)에 관한 사항
③ 변동 사유
④ 취득 또는 처분 일자·가격 및 방법
⑤ 보유 형태
⑥ 취득에 필요한 자금이나 교환대상물건의 조성내역(차입인 경우에는 차입처를 포함한다)
⑦ ①부터 ⑥까지의 사항과 관련된 세부사항으로서 금융위원회가 정하여 고시하는 사항

시행규칙에 따를 때 주식대량보유보고의무에 따라 보고한 자는 그 보유 목적이나 그 보유 주식 등에 관한 주요계약내용 등 대통령령으로 정하는 중요한 사항[181]의 변경이 있는 경우에는 5일 이내에 금융위원회와 거래소에 보고하여야 한다(자법 제147조 제4항).

Ⅴ. 보고시기

보고의 시기는 보고의무 발생일로부터 5일 이내이다. 여기서 그 보고기준일은 다음의 어느 하나에 해당하는 날로 한다(자령 제153조 제3항).

① 주권비상장법인이 발행한 주권이 증권시장에 상장된 경우에는 그 상장일
② 흡수합병인 경우에는 합병을 한 날, 신설합병인 경우에는 그 상장일
③ 증권시장에서 주식 등을 매매한 경우에는 그 계약체결일

181) 다음 각 호의 어느 하나에 해당하는 사항을 말한다(자령 제155조).
1. 보유 목적
2. 보유 주식 등에 대한 신탁·담보계약, 그 밖의 주요계약 내용(해당 계약의 대상인 주식 등의 수가 그 주식 등의 총수의 100분의 1 이상인 경우만 해당한다)
3. 보유 형태(소유와 소유 외의 보유 간에 변경이 있는 경우로서 그 보유 형태가 변경되는 주식 등의 수가 그 주식 등의 총수의 100분의 1 이상인 경우만 해당한다)

④ 증권시장 외에서 주식 등을 취득하는 경우에는 그 계약체결일
⑤ 증권시장 외에서 주식 등을 처분하는 경우에는 대금을 받는 날과 주식 등을 인도하는 날 중 먼저 도래하는 날
⑥ 유상증자로 배정되는 신주를 취득하는 경우에는 주금납입일의 다음날
⑦ 주식 등을 차입하는 경우에는 그 차입계약을 체결하는 날, 상환하는 경우에는 해당 주식 등을 인도하는 날
⑧ 주식 등을 증여받는 경우에는 민법에 따른 효력발생일, 증여하는 경우에는 해당 주식 등을 인도하는 날
⑨ 상속으로 주식 등을 취득하는 경우로서 상속인이 1인인 경우에는 단순승인이나 한정승인에 따라 상속이 확정되는 날, 상속인이 2인 이상인 경우에는 그 주식 등과 관계되는 재산분할이 종료되는 날
⑩ ①부터 ⑨까지 외의 사유로 인하여 보고하여야 하는 경우에는 민법·상법 등 관련 법률에 따라 해당 법률행위 등의 효력이 발생하는 날

Ⅵ. 보고내용 및 보고시기에 대한 특례

1. 의의

자본시장법에서는 대량보유보고의무 면제자에 대하여 규정하고 있지 않다. 다만 그 보유 목적이 발행인의 경영권에 영향을 주기 위한 것(임원의 선임·해임 또는 직무의 정지, 이사회 등 회사의 기관과 관련된 정관의 변경 등 대통령령으로 정하는 것[182]을 말한다)이 아닌 경우와 전문투자자 중 국가나 지

182) 다음 각 호의 어느 하나에 해당하는 것을 위하여 회사나 그 임원에 대하여 사실상 영향력을 행사(상법, 그 밖의 다른 법률에 따라 상법 제363조의2 · 제366조에 따른 권리를 행사하거나 이를 제3자가 행사하도록 하는 것을 포함한다)하는 것을 말한다(자령 154조 제1항).
1. 임원의 선임 · 해임 또는 직무의 정지
2. 이사회 등 회사의 기관과 관련된 정관의 변경
3. 회사의 자본금의 변경
4. 회사의 배당의 결정
5. 회사의 합병, 분할과 분할합병
6. 주식의 포괄적 교환과 이전

방자치단체 등과 같이 대통령령으로 정하는 자[183]의 경우에는 보고의무이행 부담을 완화하기 위하여 이들의 대량보유보고의무는 그 보고내용과 보고시기를 달리 정하고 있다(자법 제147조 제1항 후단).

2. 보유목적에 따른 특례

전문투자자가 아닌 자의 보유목적이 발행인의 경영권에 영향을 주기 위한 것이 아닌 경우에는 다음의 사항을 모두 기재한 보고서로 보고할 수 있으며, 그 보유 상황에 변동이 있는 경우에는 그 변동이 있었던 달의 다음 달 10일까지 보고할 수 있다(자령 제154조 제3항).

① 보유 상황
② 시행령 제153조 제2항 제1호 · 제2호와 제4호의 사항
③ 주식 등의 보유기간 동안 제1항에 따른 경영권에 영향을 주기 위한 행위를 하지 아니하겠다는 확인

3. 보고의무자에 따른 특례

전문투자자 중 국가, 지방자치단체 등의 경우에는 다음의 사항을 모두 기재한 보고서로 주식 등의 보유 또는 변동이 있었던 분기의 다음 달 10일까지 보고할 수 있다(자령 제154조 제4항).

① 보고하여야 할 사유가 발생한 날의 보유 상황 및 변동 내용
② 시행령 제153조 제2항 제1호 및 제2호의 사항

---

7. 영업전부의 양수 · 양도 또는 금융위원회가 정하여 고시하는 중요한 일부의 양수 · 양도
8. 자산 전부의 처분 또는 금융위원회가 정하여 고시하는 중요한 일부의 처분
9. 영업전부의 임대 또는 경영위임, 타인과 영업의 손익 전부를 같이하는 계약, 그 밖에 이에 준하는 계약의 체결, 변경 또는 해약
10. 회사의 해산

183) 다음 각 호의 어느 하나에 해당하는 자를 말한다(자령 제154조 제2항).
1. 국가
2. 지방자치단체
3. 한국은행
4. 그 밖에 그 보고내용과 보고시기 등을 달리 정할 필요가 있는 자로서 금융위원회가 정하여 고시하는 자

Ⅶ. 변경보고

주식대량보유보고의무에 따라 보고한 자는 그 보유 목적이나 그 보유 주식 등에 관한 주요계약내용 등 대통령령으로 정하는 중요한 사항의 변경이 있는 경우에는 5일 이내에 금융위원회와 거래소에 보고하여야 한다(자법 제147조 제4항).

여기서 "주요계약내용 등 대통령령으로 정하는 중요한 사항"이란 다음의 어느 하나에 해당하는 사항을 말한다(자령 제155조).

① 보유 목적

② 보유 주식 등에 대한 신탁 · 담보계약, 그 밖의 주요계약 내용(해당 계약의 대상인 주식 등의 수가 그 주식 등의 총수의 100분의 1 이상인 경우만 해당한다)

③ 보유 형태(소유와 소유 외의 보유 간에 변경이 있는 경우로서 그 보유 형태가 변경되는 주식 등의 수가 그 주식 등의 총수의 100분의 1 이상인 경우만 해당한다)

Ⅷ. 발행인에 대한 송부 및 공시

주식대량보유보고의무에 따라 보고한 자는 지체 없이 그 사본을 해당 주식 등의 발행인(대통령령으로 정하는 주식 등의 경우에는 대통령령으로 정하는 자를 말한다)에게 송부하여야 한다(자법 제148조).

"대통령령으로 정하는 주식 등의 경우에는 대통령령으로 정하는 자"란 다음의 자를 말한다(자령 제145조).

① 교환사채권의 경우에는 교환의 대상이 되는 주식 등의 발행인

② 파생결합증권의 경우에는 그 기초자산이 되는 주식 등의 발행인

③ 증권예탁증권의 경우에는 그 기초가 되는 주식 등의 발행인

금융위원회 및 거래소는 주식대량보유보고의무에 따라 제출받은 보고서를 3년간 비치하고, 인터넷 홈페이지 등을 이용하여 공시하여야 한다(자법 제149조).

Ⅸ. 냉각기간

주식 등의 보유 목적을 발행인의 경영권에 영향을 주기 위한 것으로 보고하는 자는 그 보고하여야 할 사유가 발생한 날부터 보고한 날 이후 5일까지 그 발행인의 주식 등을 추가로 취득하거나 보유 주식 등에 대하여 그 의결권을 행사할 수 없다(자법 제150조 제2항).

이는 5일의 보고기한을 이용하여 추가로 주식 등을 취득하거나, 이미 보유하고 있던 주식 등의 보유목적을 경영권에 영향을 주기 위한 것으로 변경한 후 의결권 행사를 함으로써 경영진의 방어기회를 박탈하는 행위를 방지하기 위한 제도이다.

이에 위반한 경우 주식 등을 추가로 취득한 자는 그 추가 취득분에 대하여 그 의결권을 행사할 수 없으며, 금융위원회는 6개월 이내의 기간을 정하여 그 추가 취득분의 처분을 명할 수 있다(자법 제150조 제3항).

Ⅹ. 보고의무위반에 대한 제제

주식대량보유보고의무에 따라 보고(그 정정보고를 포함한다)하지 아니한 자 또는 대통령령으로 정하는 중요한 사항[184]을 거짓으로 보고하거나 대통령령으로 정하는 중요한 사항의 기재를 누락한 자는 대통령령으로 정하는 기간[185] 동안 의결권 있는 발행주식총수의 100분의 5를 초과하는 부분 중 위

184) 다음 각 호의 어느 하나에 해당하는 것을 말한다(자령 제157조).

1. 대량보유자와 그 특별관계자에 관한 사항
2. 보유 목적
3. 보유 또는 변동 주식 등의 종류와 수
4. 취득 또는 처분 일자
5. 보유 주식 등에 관한 신탁·담보계약, 그 밖의 주요계약 내용

185) 다음 각 호의 어느 하나에 해당하는 기간을 말한다(자령 제158조).

1. 고의나 중과실로 법 제147조 제1항·제3항 또는 제4항에 따른 보고를 하지 아니한 경우 또는 제157조 각 호의 사항을 거짓으로 보고하거나 그 기재를 빠뜨린 경우에는 해당 주식 등의 매수 등을 한 날부터 그 보고(그 정정보고를 포함한다)를 한 후 6개월이 되는 날까지의 기간
2. 법 및 이 영, 그 밖의 다른 법령에 따라 주식 등의 대량보유상황이나 그 변동·변경내용이 금융위원회와 거래소에 이미 신고되었거나, 정부의 승인·지도·권고 등에 따라 주식 등을 취득하거나 처분

반분에 대하여 그 의결권을 행사하여서는 아니 되며, 금융위원회는 6개월 이내의 기간을 정하여 그 위반분의 처분을 명할 수 있다(자법 제150조 제1항).

제4절 의결권 대리행사의 권유

Ⅰ. 서설

주주의 의결권 행사와 관련하여 개인적 사정에 따라서 반드시 본인의 주주총회 출석을 요구하기는 어렵다. 개성이 중시되지 않는 주주에게 그러한 요구를 할 필요도 없으며, 또한 의결권은 재산적 가치를 가지므로 타인에 의한 대리행사를 인정하고 있다.

의결권 대리행사는 주주가 자발적으로 대리인을 선임하여 대리행사하는 경우와 타인의 권유를 받아서 대리행사하는 경우가 있다. 상법에서는 의결권 대리행사와 관련하여 대리권을 증명하는 서면 즉 위임장의 제출의무에 관해서만 규정하고 있고(상법 제368조 제3항), 후자에 대해서는 자본시장법에서는 규제하고 있다.

의결권 대리행사의 권유는 회사의 입장에서는 주식이 잘 분산된 회사에 있어서 필요한 정족수를 확보하기 위하여 행하거나 또는 회사경영자가 회사지배를 위한 수단으로 이용하며, 주주의 입장에서는 총회에 직접 출석할 수 없거나 출석하지 않은 경우에도 자기의 의사를 주주총회결의에 반영시키고자 하거나, 회사경영자 등의 부당한 지배에 대항하고자 할 때 그 수단으로 이용할 수 있다.

이와 같이 의결권 대리행사의 권유제도는 원래 원활한 주주총회의 성립 등을 도모하고, 의결권의 대리행사를 용이하게 하기 위한 제도였으나, 최근에는 경영권 획득수단(Proxy Contest) 또는 기업지배구조개선의 수단으로도 활용되고 있다.[186] 그러나 이것이 경영자의 회사지배수단으로 이용되어 일반주주

하였다는 사실로 인한 착오가 발생하여 법 제147조 제1항 · 제3항 또는 제4항에 따른 보고가 늦어진 경우에는 해당 주식 등의 매수 등을 한 날부터 그 보고를 한 날까지의 기간

186) 의결권 대리행사의 권유는 위임장을 통하여 이루어지므로 이를 위임장 권유라고 할 수 있다. 이 제

의 지위가 약화되고 부당한 피해를 입게 되는 폐단이 빈번하게 발생하자 각국에서는 의결권 대리행사의 권유시에 주주에게 필요한 정보를 제공하고, 주주의 선택의 자유를 보장하도록 의결권 대리행사의 권유에 대한 규제를 가하기 시작하여 여러 규칙이 제정되게 되었다.

의결권 대리행사의 권유에 대한 규제는 의결사항에 관한 정확한 정보공개와 주주의사의 공정한 반영을 보장함으로써 일반투자자를 보호하기 위한 것이라고 할 수 있다. 주주총회에서의 의결권 행사는 주주의 의안에 대한 올바른 이해에 기초하여 자유로운 결정으로 행사되어야 한다. 주주가 의안의 내용을 알지 못하고 의결권의 대리행사를 위임하는 것이나 의결권 대리행사의 권유가 이사의 이익을 위해서 악용될 때 주주의 의결권 행사가 정당하게 행사될 수 없으므로 이에 대하여 규제하는 것이다. 특히 의결권 대리행사 권유가 기업지배권 경쟁과정에서 이용될 때 절차규제를 두지 않는 경우 새로운 분쟁이 발생될 소지가 있어 이를 미연에 방지하기 위한 취지도 가지고 있다.

Ⅱ. 의결권 대리행사 권유의 의의

1. 의의

구증권거래법상 의결권 대리행사의 권유에 대한 정의규정을 두고 있지 않아서 의결권 확보를 위한 의견광고·서신송부 등 사실상의 권유행위에 대한 규제에 어려움이 있었다. 특히 경영권 분쟁과정에서 의결권 확보를 위해 위임장 송부와 별도로 신문광고·인터넷홍보·서신송부 등 다양한 방법으로 주주총회

도는 주주권 행사에 대하여 무관심한 소수주주에게 타인을 통하여 간접적으로 주주권인 의결권을 행사하게 하는 의미도 있고, 현경영진이나 제3자가 경영권 장악과 같은 특정의 목적을 위해서 집단적으로 의결권 대리행사를 권유하는 수단이 되는 측면도 있다. 후자의 경우 일반적으로 위임장쟁탈전이 발생하게 된다.

우리나라의 경우 2003년 하나로통신 건에서는 뉴브리지, 에이아이지 등 외국계펀드 컨소시엄에 대한 제3자배정 방식의 유상증자를 추진하는 경영진과 이에 반대하는 당시 최대주주인 LG 그룹 간에 위임장쟁탈전이 벌어졌는데, 노동조합에서 경영진 및 외국계펀드의 편에 서서 별도의 위임장권유신고서를 제출하고 소액주주들의 지지를 이끌어냈던 적이 있다. 현대그룹 경영권 분쟁(2004)에서도 노동조합이 위임장쟁탈전에서 적극적인 역할을 했다.

에 관련된 사항에 대한 의견표명 및 지지를 호소하는 경우도 있는데, 이를 규제할 필요성이 커지게 되었다. 이에 자본시장법에서는 사실상의 권유행위 등을 의결권 대리행사의 권유에 포함시킨 포괄적 정의규정을 두게 되었다.

2. 권유자

의결권 대리행사의 권유에 있어서 권유자에 대한 제한이 없다. 회사와 아무런 이해관계가 없는 제3자도 권유자가 될 수 있다.187) 회사도 스스로 권유자가 될 수 있는가가 문제인데, 일반적으로 이에 대해서 긍정한다.188) 이에 반해 자기의 의사결정에 자기가 참여한다는 것은 논리적으로 모순이라며 반대하는 견해도 있다. 즉 실제로 행해지고 있는 회사명의의 의결권 대리행사의 권유는 법률상으로는 경영진에 의한 의결권 대리행사의 권유로 보아야 한다는 것이다.189)

시행령을 보면 해당 상장주권의 발행인과 그 임원 외의 자가 "10인 미만의 의결권피권유자" 에게 그 주식의 의결권 대리행사의 권유를 하는 경우는 규제 대상인 의결권 대리행사의 권유에서 제외하고 있으므로(자령 161조 제1호) 발행인인 회사는 권유자 범위에 들어간다고 본다.

개정 자본시장법에서는 발행인이 아닌 의결권권유자는 발행인이 의결권 대리행사의 권유를 하는 경우에는 그 발행인에 대하여 주주명부의 열람·등사를 허용하는 행위 등을 할 것을 요구할 수 있도록 하고 있다.190)

---

187) 반대, 안문택, 앞의 책, 211면; 김건식·정순섭, 앞의 책, 256면: 제3자가 권유자가 될 경우에 위임장 경쟁이 일어날 가능성이 높아질 것이라고 한다.

188) 김정수, 「현대증권법론」, 박영사, 2002, 527면; 안문택, 위의 책, 211면.

189) 김건식·정순섭, 앞의 책, 256면.

190) 개정 자법 제152조의2(발행인과 의결권권유자와의 관계) ① 발행인이 아닌 의결권권유자는 발행인이 의결권 대리행사의 권유를 하는 경우에는 그 발행인에 대하여 다음 각 호의 어느 하나에 해당하는 행위를 할 것을 요구할 수 있다.

1. 발행인이 아닌 의결권권유자에 대하여 주주명부(제316조에 따른 실질주주명부를 포함한다)의 열람·등사를 허용하는 행위
2. 발행인이 아닌 의결권권유자를 위하여 그 의결권권유자의 비용으로 위임장 용지 및 참고서류를 주주에게 송부하는 행위

② 발행인은 제1항에 따른 요구가 있는 경우에는 요구받은 날부터 2일(대통령령으로 정하는 날은 제외한다) 이내에 이에 응하여야 한다.

3. 피권유자

피권유자는 의결권이 있는 주주가 된다. 여기서의 주주는 주주명부상의 주주가 아닌 실질주주를 의미한다. 시행령에 따르면 다음의 경우는 규제대상인 의결권 대리행사의 권유에서 제외한다(자령 제161조).

① 해당 상장주권의 발행인(그 특별관계자를 포함한다)과 그 임원(그 특별관계자를 포함한다) 외의 자가 10인 미만의 의결권피권유자에게 그 주식의 의결권 대리행사의 권유를 하는 경우

② 신탁, 그 밖의 법률관계에 의하여 타인의 명의로 주식을 소유하는 자가 그 타인에게 해당 주식의 의결권 대리행사의 권유를 하는 경우

권유의 대상에는 주식예탁증권(DR)도 포함된다고 본다. 상장주식의 주식예탁증권은 해당 상장주식에 대한 의결권을 가지므로 주식예탁증권도 여기서의 규제에 포함시키는 것이 타당하다. 특히 해외 DR의 발행이 늘어날 것으로 예상되므로 그 규제의 필요성은 커진다.

일부주주에 대해서만 권유하는 것도 가능한가의 문제가 있다.[191] 이에 대한 외국의 입법례를 보면, 영국의 경우에는 경영자가 회사의 비용으로 위임장을 권유하는 경우에는 주주총회에 참석할 권리가 있는 전 주주에게 위임장을 송부할 것을 요구하고 일부에게만 송부하는 것을 허용하지 않는다.[192]

미국의 경우에는 이와 달리 SEC 규칙이나 SEA 에서 전 주주에 대한 권유를 요구하는 규정이 없으며, 오히려 SEC 규칙에 경영자가 특정 종류의 일부 주주에게만 위임장 권유를 할 수 있음을 묵시적으로 전제하는 규정이 있다.[193] 그러나 비록 명문의 규정은 없으나, 위임장규칙상의 허위기재금지 조

191) 전혀 위임장의 권유를 행하지 않는 것이 가능한가도 문제인데, 불권유는 경영진이 스스로 충분한 의결권을 보유하여 다른 주주의 의결권을 얻을 필요가 없을 때 행해질 수 있다. 일반적으로 이러한 불권유는 주주에게 정보를 제공하지 않고 이에 따른 주주의 반대의결을 막는 효과를 가지게 된다. 또 경영진이 지배주식을 가지지 못한 경우에도 권유를 행하지 않음으로써 총회의 의결정족수를 채울 수 없게 하여 자기 지위의 유지를 꾀하고자 할 때에도 이용될 수 있다. 이러한 문제를 해결하기 위하여 뉴욕증권거래소와 SEC 등은 위임장 권유 여부에 관계없이 위임장규칙이 요구하는 자료를 주주총회 전에 주주에게 제공하도록 요구하는 14조에 대한 수정안을 제출하게 되었고 거래소법 1964년 개정에서 14조의 C항으로 추가되었다.

192) 영국 The Company Act(2006) §326 (1): 이에 위반한 경우에는 벌금의 제재가 있다(§326 (4)).

193) SEC Rule 14a-7 a항 (1)에서 주주의 청구가 있으면 위임장권유를 하거나 권유가 예정된 발행인

항(SEC Rule 14a-9)을 근거로, 위원회(SEC)가 일부 주주에게 권유하지 않는 사실과 그 범위를 기입한 석명서 첨부를 요구할 수 있고, 그를 행하지 않는 경우에는 권유와 위임장 행사를 법원이 금할 수 있다고 본다.[194] 이렇게 경영진이 일부 주주에게 권유를 하지 않을 때에 석명서를 첨부하도록 요구하는 것은 이에 의하여 의결권 권유시 모든 주주들이 알아야 할 정보를 경영자가 의도적으로 반대집단에게 알리지 않으려고 하는 경우가 많고, 경영자가 의결권 권유에 착수했다는 것은 특정 주주를 차별하지 않겠다는 표시이며, 차별적 권유는 자료 공개의 불이행이 되기 때문이다.

우리나라에 있어서도 일부 권유에 대하여는 그 허용여부에 대한 학설이 갈리는데, 권유자가 회사가 아닌 경우 특별한 제한은 없다고 할 것이다.[195] 권유자가 회사인 경우에 긍정설은 회사의 의결권 대리행사의 권유는 의결정족수를 채우는 등 회사의 실제적 필요 때문에 행하는 것인 반면, 주주는 권유에 관계없이 자유로이 의결권 위임 여부를 선택할 수 있으므로 회사를 위하여 필요한 범위 내에서 일부의 주주에 대해서만 권유하여도 부당하지 않다고 한다. 부정설은 회사의 위임장 권유는 주주에게 의결권 행사의 현실적 기회 제공의 의미가 있는 것이며, 특히 위임장규칙하에서 자료의 제공을 받을 이익도 있으므로 회사의 비용으로 하는 한 주주 전원에게 권유를 해야 한다고 주장한다.[196] 주주평등의 원칙상 허용되지 않는다고도 한다.[197]

일부 권유가 특히 불공평하지 않는 한 회사의 실제적 필요에 의한 일부 권유는 가능하다고 보아야 할 것이다.

의결권 경쟁이 이루어진 경우 피권유자인 주주가 양쪽에 중복하여 위임하는 경우에 법적 효과가 어떻게 되는가도 문제된다. 의결권 경쟁이 치열해지면서

은 5거래일 내에 자료를 제공할 책임이 있다고 규정하고 있다. 그런데 SEC는 1992년 위임장규칙을 개정하여 Rule 14a-7에서 요구된 위임장권유 대상 증권발행인의 행위는 권유의 개념에서 제외하였다(SEC Rule 14a-1(2)(ii).

194) Friedman, SEC Regulation of Corporate Proxies, 63 Harv. L. Rev. 819(1950).

195) 김건식·정순섭, 앞의 책, 257면.

196) 변제호 등, 앞의 책, 445면.

197) 김건식·정순섭, 앞의 책, 287면; 권기범, 「현대회사법론」, 삼지원, 2005, 572면. 그렇지만 일부 주주에게만 이루어진 위임장 권유 때문에 총회결의가 무효 또는 취소된다고 할 수 없으므로 결과적으로는 이를 부적법하다고 볼 법리적 근거는 희박하다고 한다.

양측이 직접 주주들을 접촉하는 경우에 주주들이 면전에 두고 의결권 권유를 반대하기 힘들어 의결권을 중복하여 위임하는 경우도 발생할 수 있다. 이에 대하여 일반적으로 의결권의 위임은 각 당사자가 언제든지 해지할 수 있으므로(민법 제689조 제1항), 중복위임의 경우에는 나중에 받은 위임장이 유효하다고 본다.198) 서울중앙지법에서도 "일반적으로 주주의 의사는 앞의 위임을 철회하고 다시 뒤의 위임을 한 것으로 보아야 하지만, 앞의 위임의 당사자 사이에 의결권 위임을 일방적으로 철회할 수 없는 특별한 사정이 있는 경우에는 앞의 위임만이 유효하다." 고 판시하여 이런 취지를 인정하였다.199)

4. 권유

의결권 대리행사의 권유란 회사의 주주나 경영자가 주주총회에서 다수의 의결권을 확보할 목적으로 위임장 용지를 송부하여 의결권의 위임을 주주들에게 요청하는 것을 말한다. 자본시장법에서는 의결권 대리행사의 권유에 대한 정의규정을 두어200) 다음의 경우 의결권 대리행사의 권유에 해당한다고 규정하고 있다(자법 제152조 제2항).

① 자기 또는 제삼자에게 의결권의 행사를 대리시키도록 권유하는 행위
② 의결권의 행사 또는 불행사를 요구하거나 의결권 위임의 철회를 요구하는 행위
③ 의결권의 확보 또는 그 취소 등을 목적으로 주주에게 위임장 용지를 송부하거나, 그 밖의 방법으로 의견을 제시하는 행위의 경우201)

여기서 위임의 철회에 대한 요구가 위임장의 권유에 포함되는 것은 이미 주어

---

198) 이상훈, "주주총회의 의결권 행사관련 법적 쟁점", 「기업지배구조연구」 v.27(2008), 22면.
199) 서울중앙지법 2008.4.29 선고 2008카합1070 결정.
200) 미국의 경우에도 위임장 권유를 다음과 같이 포괄적으로 규정하고 있다(SEC Rule 14a-1(1))(17 C.F.R. §240.14a-1(f)(1984)). ① 위임장의 형태를 수반하거나 포함되었는지 여부를 불문한 일체의 의결권 요청행위 ② 일체의 의결권의 행사·불행사 또는 철회의 요청행위 ③ 의결권의 확보, 유보 또는 철회를 위한 주주에 대한 위임장 용지 또는 그 밖의 의견의 제공행위.
201) 엄격하게는 위임장의 권유에 해당되지는 않으나, 명백히 권유로 나아갈 첫 단계인 사전교섭에 대해서 미국의 판례에서는 위임장규칙을 요구하는 SEC의 권한이 거기까지는 미치지 않는다고 한다(SEC v. Okin, 132 F. 2d 784(2d Cir. 1943).

진 위임을 철회하는 것이 위임을 행하는 것만큼이나 주주총회결의에 있어서 의미 있는 행위이므로 이도 같은 위임장규칙에 따라야 한다는 취지가 반영된 것이다.

이전에는 이에 대한 정의규정을 두고 있지 않아서 의결권 확보와 관련한 광고나 서신송부 등도 의결권 대리행사의 권유에 해당하는가에 대하여 논란이 있었다.[202] 자본시장법에서는 위임장 용지의 송부뿐만 아니라 그 밖의 방법으로 의견을 제시하는 행위도 권유행위에 속하게 되어 그 규제의 대상이 광범위해졌다. 다만 신문 · 방송 · 잡지 등 불특정 다수인에 대한 광고를 통하여 위 정의규정에 해당하는 행위를 하는 경우로서 그 광고내용에 해당 상장주권의 발행인의 명칭, 광고의 이유, 주주총회의 목적사항과 위임장 용지, 참고서류를 제공하는 장소만을 표시하는 경우는 권유에 해당하지 않는다(자령 제161조).[203]

또한 피권유자 부분에서 본 바와 같이 10인 미만의 피권유자에게 권유하는 경우와 타인의 명의로 주식을 소유하는 자가 타인에게 권유하는 경우는 자본시장법상 규제대상인 권유에 해당하지 않는다.

일부의안에 대해서만 의결권 대리행사의 권유를 할 수 있는가의 문제가 있다. 다음에 보는 바와 같이 위임장 용지는 주주총회의 목적사항 각 항목에 대해서 의결권피권유자가 찬 · 반을 명기할 수 있도록 하여야 한다. 그러나 제3자가 의결권 대리행사의 권유를 하는 경우 주주총회의 소집 통지의 수령 전에는 회사제안의 존부 등에 관해 알 수 없는 경우도 있고, 자신이 제안하는 사항에 대해서만 위임장을 얻고자 하는 경우도 있다. 이때 그 항목에 대해서만 찬 · 반란을 둘 수 있는가가 문제된다. 이에 대해서 대체로 긍정한다.[204] 만일 주주총회의 전 의안에 대해서 찬·반란을 두어야 한다면 회사가 제안한 의안을 알지 못하는 주주의 경우 사실상 의결권 대리행사의 권유를 할 수 없는 결과가 되기 때문이다.

---

202) 권유행위의 범위를 지나치게 넓게 파악하면 주주들 간의 의견교환도 제한되므로 위임장의 취득을 목적으로 하지 않는 경우 등을 제외함으로써 불필요한 규제는 해소하여야 한다는 견해도 있다(임재연, 앞의 책, 930면).; 미국의 경우에도 '주주가 위임장권유에 관한 합리적인 비용보상 외에 아무런 수수료나 대가를 받지 않고 위임장권유를 하는 경우' 등 다양한 위임장규칙의 적용제외에 관한 항목을 두고 있다(SEC Rule 14a-2).

203) 과거에 증권거래법 시행령에서는 "신문광고를 통하여 발행회사 명칭 · 광고이유 · 주총목적사항과 참고서류 · 위임장용지 기타 서류를 제공하는 장소만을 표시하여 권유하는 경우" 에 대해서 위임장규정을 적용하지 않았다(구증권거래법 시행령 제85조).

204) 三浦亮太·泍口厚子·山中 修·松下憲,「株主提案と委任状勧誘」, 商事法務(2008), 118면.

5. 위임장

(1) 의의

의결권 대리행사의 권유자는 피권유자에게 위임장 용지를 송부하게 되고, 피권유자가 이에 기명날인하여 다시 권유자에게 송부한 것이 위임장이다. 위임장은 상법상 의결권 대리행사에 있어서 요구되는 대리권을 증명하는 서면에 해당한다.

위임장 용지는 주주총회의 목적사항 각 항목에 대하여 의결권피권유자가 찬·반을 명기할 수 있도록 하여야 하며, 의결권권유자는 위임장 용지에 나타난 의결권피권유자의 의사에 반하여 의결권을 행사할 수 없다.

위와 같이 위임장에는 주주의 찬·반의 표시가 기입되도록 한다는 점에서 실제 서면투표제도와 유사한 면을 가지고도 있다. 그런데 찬·반의 표시를 요구하고 있으나, 실제 이를 백지로 하여 위임하는 경우도 많이 있어 이때는 경영진에 의한 권한남용의 우려가 있게 된다.

위임장에 대한 심사는 주주총회결의 전에 행하여지며, 이에 대한 권리는 회사가 가진다. 이 때 위임장의 진부에 대하여 분쟁이 발생한 경우에 이에 대한 증명을 주주 또는 대리인이 해야 함이 원칙이지만, 이러한 방법은 집단적으로 의결권이 대리행사되는 주주총회의 실정을 고려할 때 적합하지 못하다. 따라서 위임장상의 인감이 주주가 회사에 신고한 인감과 일치하는 경우에는 위임장의 진정이 추정된다고 본다. 그런데 의결권 대리행사의 권유에 의한 위임장의 경우 총회 직전에 대량의 위임장을 일일이 조사하여 대조하기가 사실상 어렵다. 따라서 이 경우 인감대조 없이도 위임장 용지상에 주주명의의 기명날인만 확인함으로써 위임장의 진정을 추정해야 할 것이다.[205)]

(2) 위임장의 철회

민법상 위임계약은 각 당사자가 언제든지 해지할 수 있으므로(민법 제689조

---

205) 今井宏, 「議決權代理行使の勸誘」, 商事法務硏究會(1971), 276면; 그러나 이러한 위임장 용지는 회사가 작성한 것에 불과한데 여기에 인감조회의 경우와 같은 공신력을 인정한다는 것은 불합리하다는 견해도 있다(大森忠夫, 「會社法講義」, 有斐閣(1967), 936면).

제1항), 주주는 대리인이 의결권을 행사하기 전에는 언제든지 의결권 대리행사를 위한 위임을 철회할 수 있다. 주주나 대리인의 사망 기타 능력상실시에도 철회가 가능하다.[206] 철회의 의사표시는 법령에 특별한 규정이 없는 한 일정한 형식을 요하지 않는다. 보통은 회사에 그 의사표시를 하거나 새로운 위임장을 교부함으로써 철회를 하게 되지만, 기타 철회를 나타내는 행동을 통해서도 가능하다. 예를 들어 주주가 주주총회에서 의결권을 주장하거나, 주주가 주주총회에 직접 참여하였을 때 위임장은 철회된 것으로 본다.

위임장을 철회하였을 때 그 위임장을 회수하지 않는 한 주주는 회사에 철회의 사실을 가지고 대항하지 못한다. 다만 회사가 악의인 경우에는 그러하지 아니하다. 이에 대하여 위임장을 회수하지 않아도 위임장 철회의 사실이 회사와의 관계에서 명백해진 이상 주주는 당연히 그 철회로 회사에 대항할 수 있다는 견해도 있다.[207]

미국에서는 회사지배의 수단으로 철회할 수 없는 위임장(Irrevocable Proxy)이 자주 이용되고 있다. 이는 일반위임장과 달리 의결권계약 내지 의결권신탁과 유사한 기능을 가진다.

6. 의결권 대리행사의 권유의 법적 성질

(1) 제3자가 하는 경우

권유의 법적 성질에 대하여 주주에 의해 권유자에게 대리권이 수여되는 위임계약의 청약,[208] 또는 권유자 아닌 제3자에게 의결권 대리행사의 촉탁이 이루어지게 하는 일종의 중개계약의 청약으로 본다. 이때 주주에게 위임장을 보내어 의결권의 위임을 권유하는 것이 그 청약이고, 주주의 위임장 송부는 계약의 승낙 또는 제3자에 대한 의결권 대리행사의 위임을 신청하는 것이 된다. 따라서 권유자는 스스로 대리인이 되거나 또는 주주와 제3자 간의 위임계

---

206) Henn & Alexander, Laws of Corporation, West, 1983, p. 520.
207) 今井宏, 앞의 책, 298면.
208) 정동윤, 「회사법」, 법문사, 2000, 336면.

약의 성립을 위한 중개의무를 지게 된다.

(2) 회사가 하는 경우

대리인 선임에 관한 위임계약의 청약이라고 보는 견해[209]와 투표의 유인행위라고 보는 견해[210]가 있다.

앞의 견해는 위임장 송부에 의한 대리행사의 권유는 권유자가 주주의 의결권을 대리행사하는 대리인이 되거나 대리인을 선정해 줄 것을 청약하는 행위이고, 주주의 위임장의 반송행위는 그러한 청약에 대한 승낙으로 본다.

이 견해에 의할 때 의결권 대리행사의 권유에 관한 법률관계를 사법상의 계약관계로 보기 때문에 권유자가 대리행사자를 선임하지 않거나 대리인이 대리권을 행사하지 않는 경우 또는 행사하더라도 지시에 반하여 행사하는 등 계약에 따르지 않을 때에도 피권유자에 대하여 내부적인 위임의무불이행의 책임을 지게 될 뿐 회사에 대한 관계에서는 그 행위가 유효한 것으로 인정되며, 위임장의 철회는 일반적으로 인정되지만 백지위임장의 경우 주주가 누구에 대해서 철회의 의사표시를 할 수 있는가는 의문이라는 점, 철회의 사실은 회사에 통지하지 않으면 이를 회사에 대항할 수 없으며, 더욱이 회사가 불리할 때 주주가 철회의 의사표시를 한 때에는 손해배상책임이 인정될 수도 있다는 점 등 주주의 권리보호라는 관점에서 불리한 면이 있다.

후자는 의결권 대리행사의 권유가 일반적으로 회사의 이사에 의하여 조직적, 집단적으로 이루어진다는 점과 이에 대한 각국의 입법례가 주주에게 충분한 정보와 선택의 자유를 보장해 줌으로써 주주총회에 참석한 것과 실질적으로 동일한 지위가 되게끔 나아가고 있다는 점[211] 등을 들어 회사의 권유행위

209) 정찬형, 「상법강의(상)」, 박영사, 2011, 798면; 이철송, 「회사법강의」, 박영사, 2011, 435면; 임재연, 앞의 책, 501면; 김건식·정순섭, 앞의 책, 259면; 김정수, 앞의 책, 526면; 회사가 권유하는 경우에는 회사가 직접 의결권을 행사하는 것이 아니라 회사가 지정하는 제3자가 의결권을 행사하므로 위임장의 송부와 반송에 의하여 대리인선임에 관한 중계계약이 성립하며, 회사가 위임장에 기하여 제3자를 대리인으로 선임하면 그 제3자와 주주 사이에 의결권 행사에 관한 위임계약이 성립한다고 보는 견해도 있다(정동윤, 위의 책, 336면).

210) 김용진, 「자본시장제도론」, 율곡출판사, 2007, 782면.

211) 미국 SEC 위임장규칙에 따를 때 경영자측이 위임장을 권유하는 경우에는 위임장 설명서(Proxy Statement)

는 주주총회의 의안에 대하여 찬·부를 묻는 투표유인행위이고, 이에 대하여 주주가 송부 받은 위임장에 서명·날인하여 회사에 반송하는 행위는 서면에 의한 투표행위라고 한다.

이 설에 따를 때 위임장의 반송이 서면투표행위가 되기 때문에 주주의 지시에 반한 대리권 행사는 무효로서 권유자의 자의적인 의결권 행사가 방지되고, 위임장의 철회도 주주총회결의가 성립되기 전에는 언제든지 가능하므로 주주의 이익이 보호되는 장점이 있다. 그러나 상법상 원칙적으로 주주의 주주총회 출석이 요구되는데 의결권 대리행사제도와는 달리 주주의 출석이 있다고는 볼 수 없는 서면투표의 권유로 보는 점과 위임장을 서면투표로 보게 되면 그 행사자는 투표하는 기관에 불과하므로 수정결의의 경우에는 주주는 의결권 행사의 기회를 잃게 된다는 점 등에 비추어 투표의 유인행위로 보기에는 무리가 있다.

의결권 대리행사의 권유를 대리인 선임에 관한 위임계약의 청약이라고 볼 때에도, 의결권 대리행사의 경우 보통 주주가 대리인 란을 백지로 한 백지위임장을 회사에 반송하여 회사가 적정한 자를 대리인으로 선임하여 의결권을 행사하는 경우가 많다. 이 경우에는 회사가 복임권을 행사한 것으로 보거나, 아니면 주주가 회사에 대리인의 선임을 위임하고 회사가 이를 수행한 것으로 볼 수 있다.

를 첨부하여야 하고, 이에는 Schedule A 등에서 요하는 기본적인 사실을 개시하여야 한다. 여기서 기본적 사실이란 예컨대 회사의 재정상태, 이사후보자, 동후보자의 기업경력, 회사와의 특별이해관계, 정관의 개정 등을 말한다(Rule 14a-3). 또 이사선임에 관한 사항(후보별로 보류를 위한 방안을 제시해야 함)을 제외한 모든 항목에 대한 찬반의 의사표시를 할 수 있도록 작성하여야 한다(Rule 14a-4). 영국의 경우 The Company Act(2006) §324~330에서 위임장 권유와 관련된 절차규정을 두고 있으나, 위임장 용지에 찬부를 표시하여야 하는가에 대하여는 언급이 없다. §331에서 회사정관으로 회사법규정보다 권유자나 주주에게 광범위한 권한을 부여할 수 있도록 하고 있다.

Ⅲ. 의결권 대리행사의 권유에 있어서 정보개시

1. 위임장 용지 및 참고서류의 교부

(1) 의의

의결권 대리행사는 회사법의 영역에 속하지만 자본시장법은 정보공시의 관점에서 의결권 대리행사의 권유에 접근한다. 즉 이사의 선임이나 회사의 중요사항을 결정하는 주주는 그 결정에 따라 자신이 보유하는 주식의 가치가 영향을 받을 수 있으므로, 투자자의 보호를 위해 올바른 정보에 기초한 의결권의 행사가 요구된다. 만일 정보를 충분히 가지지 못하거나 혹은 지식이 불충분한 주주로부터 위임장을 얻어서 권유자가 부당하게 자기 뜻을 관철하기 위해서 의결권을 행사하게 되면 주가에도 부정적인 영향을 미치게 된다.

자본시장법에서는 의결권 대리행사의 권유에 있어서 투자자의 정보접근권을 보장하기 위해서 위임장 용지 및 참고서류의 교부에 관한 규정을 두고 있다.

(2) 교부의 방법

의결권 대리행사를 권유하고자 하는 경우에 의결권피권유자에게 위임장 용지 및 참고서류를 교부하여야 하는데, 그 교부의 방법은 ① 의결권권유자가 의결권피권유자에게 직접 내어주는 방법 ② 우편 또는 모사전송에 의한 방법 ③ 전자우편을 통한 방법(의결권피권유자가 전자우편을 통하여 위임장 용지 및 참고서류를 받는다는 의사표시를 한 경우만 해당한다) ④ 주주총회 소집 통지와 함께 보내는 방법[의결권권유자가 해당 상장주권(그 상장주권과 관련된 증권예탁증권을 포함한다)의 발행인인 경우만 해당한다]이 있다(자령 제160조).

전자우편을 통한 방법으로는 인터넷을 통한 이메일을 송신하는 방법, 웹사이트에 정보를 제공하고 다운로드하게 하는 방법, CD나 DVD 등의 기록매체를 교부하는 방법 등이 있다. 이때는 의결권피권유자의 동의가 요구되는데, 권유자가 회사 이외의 제3자인 경우에 사전에 피권유자를 접촉해서 사전 동의를 얻기 어려울 것이므로 이 방법을 이용하기는 현실적으로 어렵다.

(3) 기재사항

의결권 대리행사의 권유에 있어서 주주의 올바른 판단을 위해서 충분한 정보의 제공이 중요하다. 따라서 자본시장법 시행령에서 정보제공과 관련한 상세한 규정을 두고 있다.[212] 이러한 제한은 백지위임의 여지를 줄이고자 하는 데도 그 취지가 있다.

시행령[213]에서는 위임장 용지 및 참고서류의 구체적 기재내용 등에 대해서

212) 미국에 있어서 경영자측에 의한 위임장의 권유에는 정보개시가 수반되어야 하고, 개시정보는 SEC의 사전심사를 받는다. 주주총회에서 회사제안에 대하여 위임장을 경영자가 권유할 때는 위임장서면에 Schedule 14A에서 정하는 위임장 설명서를 첨부하여야 한다(SEC Rule 14a-3). 위임장 설명서에는 의안의 판단에 있어서 중요한 정보를 Regulation S-K에 따라 기재한다. 예를 들면 이사선임의안에 대하여는 현재의 이사회의 운영(어느 정도의 빈도로 개최되는가 등), 구성(지명위원회, 보수위원회의 유무), 개개의 후보자의 보수, 회사와의 거래의 내용 등이 개시된다. 이사의 선임에 대하여 경영자측의 권유가 행해진 주주총회에 관하여는 회사의 경영성적을 이사 선임의안에 대한 판단자료로 하기 위해서 대차대조표, 손익계산서 등을 포함한 연차보고서가 위임장에 첨부되어야 한다(Rule 14a-3(b)).
발행인 이외의 자에 의한 위임장의 권유가 행해져서, 소위 위임장쟁탈전이 전개되는 경우에는 특별한 규제가 적용된다. 즉 발행인 이외의 위임장의 권유자는 Schedule 14A가 정한 위임장 설명서 외에 Schedule 14B에 따라 권유의 참가자가 누구인가 그 증권보유의 상황, 발행인과의 간의 계약, 자금조달의 상황 등의 정보를 SEC에 보고·개시하여야 한다(Rule 14a-11).

213) 자령 제163조 (위임장 용지 및 참고서류의 기재사항)
① 법 제152조 제6항에 따라 위임장 용지는 의결권피권유자가 다음 각 호의 사항에 대하여 명확히 기재할 수 있도록 작성되어야 한다.
1. 의결권을 대리행사하도록 위임한다는 내용
2. 의결권권유자 등 의결권을 위임받는 자
3. 의결권피권유자가 소유하고 있는 의결권 있는 주식 수
4. 위임할 주식 수
5. 주주총회의 각 목적사항과 목적사항별 찬반(贊反) 여부
6. 주주총회 회의시 새로 상정된 안건이나 변경 또는 수정 안건에 대한 의결권 행사 위임 여부와 위임 내용
7. 위임일자와 위임시간
8. 위임인의 성명과 주민등록번호(법인인 경우에는 명칭과 사업자등록번호를 말한다)
② 법 제152조 제1항에 따른 참고서류에는 다음 각 호의 사항이 기재되어야 한다.
1. 의결권 대리행사의 권유에 관한 다음 각 목의 사항
가. 의결권권유자의 성명이나 명칭, 의결권권유자가 소유하고 있는 주식의 종류 및 수와 그 특별관계자가 소유하고 있는 주식의 종류 및 수

금융위원회규정에 의하도록 하였는데, 이에 대해서 금융감독원 규정인 「증권의 발행 및 공시 등에 관한 규정」을 두고 있다.[214]

일본의 경우 권유자가 주주인 경우에 참고서류의 기재사항이 간소화 되어 있다.[215] 주주의 경우에는 정보에 대한 접근권이 상당히 제한되는데 경영진과 동일한 수준의 정보개시를 요구하기가 현실적으로 어려우므로 주주가 참고서류에 기재하여야 할 사항은 장부열람권 등 소수주주권을 행사하여 얻을 수 있는 정보를 기재하면 충분하다는 태도이다. 우리나라도 제3자가 의결권 대리행사의 권유를 하는 경우 참고서류의 기재사항에 대한 간략화를 인정한다.[216]

(4) 위임장 용지 및 참고서류의 제출, 비치 및 열람

자본시장법에서는 의결권 대리행사의 권유에 있어서 투자자의 정보접근권을 보장하기 위해 위임장 용지 및 참고서류의 제출, 비치 및 열람에 관한 규정을 두고 있다. 의결권권유자는 자본시장법 제152조에 따라 위임장 용지 및 참고

나. 의결권권유자의 대리인의 성명, 그 대리인이 소유하고 있는 주식의 종류 및 수(대리인이 있는 경우만 해당한다)

다. 의결권권유자 및 그 대리인과 해당 주권상장법인과의 관계

2. 주주총회의 목적사항

3. 의결권 대리행사의 권유를 하는 취지

③ 제1항에 따른 위임장 용지 및 제2항에 따른 참고서류의 구체적인 기재내용, 서식과 작성방법 등에 관하여 필요한 사항은 금융위원회가 정하여 고시한다.

214) 제4절에 의결권 대리행사의 권유에 관한 규정을 두어 상세하게 규제하고 있다. 그 중 이사선임에 관한 것인 경우 제3-15조(참고서류) ③에서 다음 사항을 기재하도록 요구하고 있다.

가. 후보자의 성명·생년월일·주된 직업 및 약력

나. 후보자가 사외이사 또는 사외이사가 아닌 이사 후보자인지 여부

다. 후보자의 추천인 및 후보자와 최대주주와의 관계

라. 후보자와 해당 법인과의 최근 3년간의 거래내역. 이 경우의 거래내역은 금전, 증권 등 경제적 가치가 있는 재산의 대여, 담보제공, 채무보증 및 법률고문계약, 회계감사계약, 경영자문계약 또는 이와 유사한 계약등(후보자가 동 계약등을 체결한 경우 또는 동 계약등을 체결한 법인·사무소 등에 동 계약등의 계약기간 중 근무한 경우의 계약등을 말한다)으로 하되 약관 등에 따라 불특정다수인에게 동일한 조건으로 행하는 정형화된 거래는 제외한다.

215) 委任狀勸誘府令 제21조 내지 제38조, 제40조.

216) 「증권의 발행 및 공시 등에 관한 규정」 제3-15조 ③ 제1항에 따른 주주총회의 목적이 다음 각 호의 1에 해당하는 사항인 경우에는 그 내용을 기재하여야 한다. 다만, 권유자가 해당 상장주권의 발행회사, 그 임원 또는 대주주가 아닌 경우 또는 주주총회 목적사항에 반대하고자 하는 자인 경우에는 주주총회의 목적사항의 제목만 기재할 수 있다.

서류를 의결권피권유자에게 제공하는 날 2일 전까지 이를 금융위원회와 거래소에 제출하여야 하며, 총리령으로 정하는 장소[217]에 이를 비치하고 일반인이 열람할 수 있도록 하여야 한다(자본시장법 제153조).[218]

위임장권유자가 금융위원회와 거래소에 제출하는 경우에 의결권대리행사의 권유를 위한 참고서류 및 위임장 용지의 사본을 금감원 전자공시시스템(DART 시스템)에 전자문서로 작성하여 제출하게 된다.

(5) 위임장 용지와 참고서류의 정정

1) 금융위원회에 의한 정정

금융위원회는 위임장 용지 및 참고서류의 형식을 제대로 갖추지 아니한 경우 또는 위임장 용지 및 참고서류 중 의결권 위임 관련 중요사항에 관하여 거짓의 기재 또는 표시가 있거나 의결권 위임 관련 중요사항이 기재 또는 표시되지 아니한 경우에는 그 이유를 제시하고 위임장 용지 및 참고서류를 정정하여 제출할 것을 요구할 수 있다(자법 제156조 제1항).

위 요구가 있는 경우에는 당초 제출한 위임장 용지 및 참고서류는 제출하지 아니한 것으로 본다.

---

217) 자칙 제18조(위임장 용지 및 참고서류의 비치장소) 법 제153조에서 "총리령으로 정하는 장소" 란 다음 각 호의 장소를 말한다.
1. 주권상장법인의 본점과 지점, 그 밖의 영업소
2. 명의개서대행회사
3. 금융위원회
4. 거래소

218) 일본 회사법도 같은 취지로 다음의 규정을 두고 있다. 주식회사는 주주총회일로부터 3개월간 대리권을 증명하는 서면 및 전자적 방법에 의해 제공된 사항이 기록된 전자적 기록을 그 본점에 비치하여야 한다(일신회사법 제310조 제6항). 주주는 영업시간내에 다음의 청구를 할 수 있다. ① 대리권을 증명하는 서면의 열람 및 등사의 청구 ② 전자적 기록에 기록된 사항을 법무성령이 정하는 방법에 의해 표시된 것의 열람 및 등사의 청구(일신회사법 제310조 제7항).

2) 의결권권유자에 의한 정정

가. 임의정정

의결권권유자는 위임장 용지 및 참고서류의 기재사항을 정정하고자 하는 경우에는 그 권유와 관련된 주주총회일 7일(대통령령으로 정하는 날을 제외한다) 전까지 이를 정정하여 제출할 수 있다(자법 제156조 제3항).

나. 의무정정

대통령령으로 정하는 중요한 사항219)을 정정하고자 하는 경우 또는 투자자 보호를 위하여 그 위임장 용지 및 참고서류에 기재된 내용을 정정할 필요가 있는 경우로서 대통령령으로 정하는 경우220)에는 반드시 이를 정정하여 제출하여야 한다(자법 제156조 제3항).

2. 부실기재의 효력

의결권 대리행사의 권유자는 위임장 용지 및 참고서류 중 의결권피권유자의 의결권 위임 여부 판단에 중대한 영향을 미칠 수 있는 사항에 관하여 거짓의 기재 또는 표시를 하거나 의결권 위임 관련 중요사항의 기재 또는 표시를 누락하여서는 아니 된다(자법 제154조). 부실표시 등의 경우에 5년 이하의 징역 또는 2억원 이하의 벌금에 처한다(자법 제444조 19호).

미국에 있어서도 사기방지조항인 SEA 14(a) 및 SEC Rule 14a-9는 위임장규칙이 적용되는 권유에 대하여 허위 또는 오도적인 표시를 하는 것을 금지하고 있다. SEC Rule 14a-9는 시장가격의 장래예측을 하는 것, 사실을 적시하여 개인의 평판을 훼손하는 것 등을 오도적인 표시의 예로 하고 있다. 이는

219) 다음 각 호의 어느 하나에 해당하는 사항을 말한다(자령 제165조 제2항).
1. 제163조 제1항 제2호의 사항2. 제163조 제2항 제1호(가목 중 의결권권유자의 성명이나 명칭은 제외한다) 또는 제2호의 사항

220) 시행령 제163조 제2항 제3호에 따른 기재사항이 다음 각 호의 어느 하나에 해당하는 경우를 말한다(자령 제165조 제3항).
1. 기재나 표시사항이 불분명하여 의결권피권유자로 하여금 중대한 오해를 일으킬 수 있는 경우
2. 의결권권유자에게 불리한 정보를 생략하거나 유리한 정보만을 강조하는 등 과장되게 표현된 경우

일반적 사기금지규정의 의미를 가지는 SEC Rule 10b-5와 같은 부실표시의 금지규정이다. SEC Rule 14a-9의 위반에 대하여는 SEC에 의한 규제가 발동되는 것 외에 법원은 개인의 사적구제를 위한 묵시적 소권을 인정하였다.[221)]

이 조항과 관련하여 소송을 제기하기 위한 요건에 대해서 보면, 첫째, 피고의 주관적 요건과 관련하여 SEC Rule 10b-5의 위반에 대하여는 피고에 기망의 의도가 요구된다.[222)] 그러나 이와 달리 이에 대한 Gould사건 판결[223)]에서는 SEA 14(a) 및 Rule 14a-9의 문언에 '기망의 의도' 를 시사하는 것이 없으며, Rule 14a-9는 위임장 권유 자료에 한정하여 적용되어 Rule 10b-5보다는 등록신고서에 한정하여 적용되는 증권법 제11조에 대응하는 규정이며, 증권법 제11조는 과실을 요건으로 하는 것을 이유로 Rule 14a-9의 주관적 요건은 과실이라고 판시하였다.

둘째, 부실표시가 중요한 것이어야 하는데, 법원은 합리적인 주주의 투자판단에 있어서 부실표시된 부분이 중요하다고 생각할 실질적 개연성이 있으면 중요성을 인정한다.[224)]

셋째, 손해배상청구를 위해서는 신뢰 또는 부실표시와 손해간에 인과관계가 요구되는데, 이때 부실표시를 신뢰하였기 때문에 의결권을 위임하게 되었다는 관계가 증명되어야 하는가의 문제가 있다.

이에 대한 Leading Case인 Mills 판결[225)]에서 ① 위임장설명서의 부실표시가 중요하다는 것이 보이면 신뢰의 요건은 추정된다. ② 합병의 승인을 얻기 위해 소수주주의 찬성을 필요로 하는 경우에는 위임장 권유 여하에 따라서는 합병의 승인을 얻지 못하므로 위임장의 부실표시와 합병의 승인과의 간에는 인과관계가 있다고 하였다. 단 합병의 승인에 소수주주의 찬성을 필요로 하지 않는 경우의 인과관계에 대하여는 법원은 판단을 유보하였다. 즉 부실표

221) J.I.Case Co v. Borak, 377 U.S. 426(1964).
222) Ernst & Ernst v. Hochfelder, 537 F. Supp. 413(S.D.N,Y. 1982).
223) Gould v. American Hawaiian Steamship Co., 535 F. 2d 761(3d Cir. 1976).
224) TSC Industries, Inc. v. Northway, Inc., 426 U.S. 438(1976).
225) Mills v. Electric Auto- Life Co., 396 U.S. 375(1970), 552 F 2d 1239(1970): 위임장 설명서의 부실표시에도 불구하고 합병조건은 공정한 것으로 손해배상청구를 거절하였다.

시가 중요한 사실에 관한 것이고, 위임장의 권유가 거래의 완결에 필수적인 연결요소인 경우에 부실표시와 거래 간에 인과관계의 존재가 인정된다. 이 기준에 따를 때 부실표시로 얼마나 많은 수의 의결권이 영향을 받았는가를 판단해야 하는 번거로움은 피할 수 있게 된다.

Virginia Bankshares 사건[226] 판결은 부실표시가 명백하여 소수주주의 찬성을 얻을 수 없었던 경우에도, 이로 인하여 이사가 합병제안을 단념 하였는가 어떤가를 추측하는 것은 곤란하고, 그 같은 주장을 인정하면 소송을 유발한다는 이유로 인과관계의 존재를 부정하였다. 이 사건에서는 지배주주가 이미 주주총회의 결의를 위한 충분한 의결권을 확보하고 있다는 점이 고려되었다.

요컨대 미국 판례는 신뢰의 요건은 부실표시의 중요성에 의해 추정되지만, 결의의 성립에 소수주주의 찬성이 요구되지 않는 경우에는 부실표시와 결의의 성립 즉 손해와의 간에 인과관계를 인정하지 않는 것으로 정리할 수 있다.

Ⅳ. 위법한 의결권 대리행사의 권유에 대한 규제

1. 규제에 위반한 행위의 효력

자본시장법상 위임장 권유에 대한 제한규정에 위반한 경우의 법적 효력이 문제된다. 학설의 태도를 보면, 위임장 용지에 찬·반란을 두지 않은 경우와 같이 의결권 대리행사의 권유에 관한 규정에 위반한 경우 위 규정이 단속법규에 불과하다고 보아 그 결의가 유효하다고 본다.[227] 다만 단순한 절차적인 규

226) Virginia Bankshares , Inc v. Sandberg, 501 U.S. 1083(1991).

227) 임재연, 앞의 책, 501면; 김정수, 앞의 책, 533면; 정동윤, 앞의 책, 337면; 이철송, 앞의 책, 436면; 이에 대한 일본 판례: 회사가 주주에 의한 의결권 대리행사의 권유에 대항하는 형태로 추가적으로 행해진 의결권 대리행사의 권유의 시에 권유자에 대한 필요서류를 기재한 참고서류의 교부가 이루어지지 않고, 또한 주주에게 송부한 위임장 용지에 의안에 대한 찬부란을 두지 않은 위임장권유 규제위반에 대하여 이것이 주주총회결의의 취소사유에 해당하는가 여부가 다투어졌다. 판결은 법령위반의 유무에 대하여 위임장은 의결권의 대리행사의 권유를 행하는 자가 권유의 시에 지켜야 할 방식을 정한 규정에 불과한 것이라는 점, 의결권 대리행사의 권유는 주주총회결의의 전단계의 사실행위이고, 주주총회결의의 방법을 규정하는 법령이라고는 할 수 없고, 결의의 방법에 현저한 불공정

정이 아니라 의결권의 위임과 관련된 중요사항에 관하여 부실기재를 하거나 이에 대한 정정요구를 무시한 경우에는 주주총회의 결의에 주주의 의사가 정당하게 반영된 것이 아니므로 그 의결권의 행사는 무효가 된다고 본다.[228)]

그리고 규정위반에 의한 권유의 경우에 주주총회결의의 취소사유가 될 것인가의 문제가 있다. 이에 대해서 의결권 대리행사의 권유는 주주총회의 개최 또는 결의의 성립요건으로서 법률상 강제되는 것은 아니므로 의결권 대리행사의 권유에 대한 규제의 위반은 법령위반으로서 주주총회결의취소의 사유로는 되지 않는다고 본다.[229)] 이에 대해서 의결권 대리행사의 권유에 대한 규제의 제도의 목적 및 규정내용으로 보아 이는 실질적 의미에 있어서 상법의 일부로서 이에 대한 위반은 결의방법이 법령에 위반한 것이 되어 주주총회결의취소의 사유가 된다는 견해도 있다.[230)]

다음으로 위임자의 의사에 반하여 의결권이 행사되었을 때도 권유자가 제3자인 경우에 이는 당사자간의 문제로 주주총회결의취소의 소의 원인이 된다고 보진 않으며, 의결권 행사가 무효로 되지도 않는다고 본다. 다만 위임계약위반으로 민사상 손해배상책임이 문제될 수 있을 뿐이라고 한다.[231)] 그러나 회사가 권유자인 경우에는 회사가 주주의 의사를 알고 있으므로 그 의사에 반한 의결권 행사는 무권대리의 이론을 적용해서 의결권 행사는 무효이고 주주총회결의취소사유가 된다고 본다.[232)] 회사가 주주로부터 회송된 위임장에 대하여 대리인을 선임하지 않고 위임장을 총회에 제출하지 않은 경우에도 마찬가지로

이 있었다고 할 수도 없다고 하여 주주총회결의의 하자로 보지 않았다(동경지판 평성17.7.7., 判時 1915號, 150면).

228) 이와 같이 그 위반이 중대하거나 결의의 공정한 성립을 방해한 경우에는 결의방법이 현저하게 불공정한 것으로서 결의취소의 사유가 된다고 본다(今井宏, 앞의 책, 222면).

229) 양만식, "위임장권유와 주주총회결의의 취소", 「기업법연구」 제23권 제3호(2009), 184면.

230) 龍田節, 앞의 논문, 36면; 김건식·정순섭, 앞의 책, 262면. 위임장권유는 법률상 반드시 요구되는 절차는 아니지만 주주의 의사형성에 영향을 주는 절차라는 점에서는 법률상의 절차인 소집이나 결의방법과 차이가 없으므로 결의취소사유로 보는 것이 타당하다고 한다.

231) 반대 김건식·정순섭, 앞의 책, 262면. 위임장 권유는 단순히 사법상의 거래에 불과한 것이 아니라 자본시장법의 규제를 받는 중요한 지배구조상의 제도이기 때문이라고 한다.; 주주의 찬·부지시에 위반한 대리인의 행위는 무권대리로서 회사에 대한 관계에서도 무효라는 견해도 있다(今井宏, 앞의 책, 7면).

232) 이철송, 앞의 책, 436면; 정동윤, 앞의 책, 337면; 위임장 권유의 법적 성질을 투표행위의 유인이라고 보아 피권유자의 지시에 반하여 권유자가 의결권을 행사하는 것은 무효라고 보는 견해도 있다(김용진, 앞의 책, 992면).

해석한다.[233)]

보건대 의결권 대리행사의 권유가 단지 정족수 충족을 목적으로 행하여지는 경우도 있지만 회사 정책에 대한 대립이나 회사 지배권에 대한 충돌에서 이루어지는 경우도 있다. 후자의 경우 소위 위임장쟁탈전이 벌어지는 것으로서 특히 이사선임 등에 있어서 위임장의 수집은 총회결정에 중요한 의미를 지닌다. 이 때 위임장 관계서류의 부실기재나 위임자의 의사에 반한 의결권의 행사는 주주의 의결권 행사에 지장을 가져오는 것으로서 주주총회결의취소사유인 결의방법의 법령위반이 된다고 하겠다. 즉 회사의 지배권에 영향을 미치는 것과 같이 중대한 사유에 대한 의결권 대리행사에 대한 권유가 있는 경우에는 권유자가 회사이든 제3자이든 규정에 위반한 권유는 주주총회결의취소사유가 된다고 하겠다.

2. 위법한 권유행위에 대한 대응

(1) 회사가 위법한 권유를 한 경우

이때는 이사의 위법행위에 대한 유지청구권(상법 제402조)을 행사할 수 있다. 위법행위유지청구의 대상이 되는 행위로는 ① 의결권 대리행사의 권유행위 그 자체 ② 의결권 대리행사의 권유와 관련된 의제·의안을 취급하는 주주총회의 개최 ③ 해당의제 · 의안의 주주총회에의 상정 · 결의 ④ 위법한 위임장 권유에 의해 수집된 위임장과 관련된 의결권의 대리행사 등이 있다.

위 권리를 행사하기 위해서는 법령위반행위로서 '회사에 회복할 수 없는 손해가 발생할 염려' 가 있어야 한다. 이와 관련하여 의결권 대리행사의 권유에 대한 규제에 위반한 경우에는 벌칙이 적용되고 그에 따라 회사가 손해를 입게 되므로 그 금지를 인정할 것이라는 견해도 있다. 이 견해는 위임장 권유규제에 명문규정이 없어 벌칙을 적용할 수 없는 사항에 관해서는 금지를 할 수 없게 되고, 벌칙적용을 방지하기 위해서라면 권유 후에 수집된 위임장의 이용행

233) 경영진이 자신을 위하여 위임장을 권유하였으나, 반대하는 위임장을 받은 경우에 그 위임장 실행의 의무를 회피하려면, 즉시 그 위임장을 주주에게 돌려주어야 한다(Henn & Alexander, op. cit., p. 523).

위는 금지대상이 아니게 되므로 타당하지 않다고 본다.[234] 따라서 위임장 권유규제에 위반한 권유행위가 있음으로써 주주가 부당한 영향을 받아 주주총회가 공정하게 개최되지 않은 것[235] 또는 주주총회의 공정한 의사형성이 방해된 것[236]이 손해라고 생각하는 견해도 있다.

하여튼 학설은 위법한 의결권 대리행사의 권유에 대한 유지청구권이 인정된다는 태도이다. 보건대 일단 결의가 이루어지면 비록 위법한 위임장 권유에 근거한 것이라고 하여도 번복하기가 쉽지 않으며, 또한 그 결의에 근거하여 등기가 이루어지면 그것을 신뢰한 제3자와의 관계에서 거래의 무효를 주장할 수 없는 문제가 발생하므로 그 유지청구를 인정하여야 할 것이다. 유지청구권과 관련하여 '손해가 발생할 염려'가 요건으로 된 것은 주주에 의한 남용을 방지하고자 하는데 취지가 있으므로, 비록 위법한 의결권 대리행사의 권유로 인한 명확한 재산적인 손해를 인정할 수는 없어도 그 유지청구를 인정할 수 있다고 본다.

유지청구권을 인정하여도 일부의 의안에 대해서만 위법한 의결권 대리행사의 권유가 이루어진 경우에 주주총회개최의 금지는 인정되지 않고 해당 의결권 대리행사의 권유와 관계되는 의안의 결의 또는 의결권 대리행사의 금지만 인정되게 된다. 만일 주주총회개최나 전체 주주총회결의 또는 의결권 대리행사에 대한 금지가 인정되면 회사에 중대한 영향을 미치게 되므로 의결권 대리행사의 권유규제의 위반이 주주총회결의의 공정한 성립에 지장을 줄 정도로 중대한 위반인 경우에 한하여 그 금지가 인정된다고 본다.[237]

(2) 주주가 위법한 권유를 한 경우

이 경우에도 주주총회의 결의가 이루어진 경우에는 회사에 손해가 발생할 염려가 있다면서 상법 제402조를 유추적용하여 주주총회개최의 금지 또는 주주총회결의 금지의 가처분을 신청할 수 있다는 견해가 있다.[238] 또 위법한 의

234) 龍田節, "株式會社の委任狀制度 − 投資者保護の視點から−", インバストメント 21券 1號(1968), 34면.
235) 今井宏, 앞의 책, 218면.
236) 龍田節, 앞의 논문, 34면.
237) 今井宏, 앞의 책, 220면.

결권 대리행사의 권유가 있음으로써 주주의 의결권 행사에 부당한 영향을 주어 주주총회결의의 공정한 성립을 방해하는 것은 회사에 의한 의결권 대리행사의 권유의 경우와 차이가 없다면서 주주의 위법한 의결권 대리행사의 권유에 대해서도 유지청구가 가능하다는 견해도 있다.239)

그러나 주주총회를 소집하는 회사에 위법행위가 없음에도 불구하고 일부의 주주에 의해 위법한 의결권 대리행사의 권유가 있었다고 해서 주주총회의 개최나 결의가 금지되고 회사에 대해서도 효력이 미친다고 보는 것은 무리한 해석이다. 그렇지만 이사선임에 관한 사항에 대해서 부실기재에 의한 의결권 대리행사의 권유가 있는 경우와 같이 그 위반의 사실이 중대하고 회사의 지배구조에 영향을 미칠 경우에는 그 유지청구를 인정하여야 할 것이다.

Ⅴ. 위임장 경쟁

1. 의의

위임장제도의 본래적 기능은 주주의 의결권 행사에 편의를 제공함으로써 의결권 행사의 기회를 실질적으로 보장하고 회사로서도 주주총회의 정족수 충족에 도움을 주는 것이지만, 위임장 권유가 주식분산이 잘 되어 있는 대기업에 있어서 권유에 성공한 자가 경영자지위를 차지하고 경영자라는 유리한 조건을 이용하여 회사지배를 장악하는데 도움을 주는 제도로서도 이용되게 되었다.240)

미국의 경우를 보면, 회사의 경영권을 탈취하려는 자가 주주가 분산된 공개회사에 있어서 주주로부터 위임장을 모으는 것이 가능하면 주식을 구입하는 비용을 절약하고 회사의 경영권을 취득하는 것이 가능하다. 그러나 위임장 권유 자체에 비용이 들고, 주회사법상 위임장 규제는 회사경영자에게 유리하게

238) 田中淳一, 「保全處分の體系」(下卷)(大偶健一郎), 法律文化史(1966), 661면(三浦亮太·洴口厚子·山中 修·松下憲, 앞의 책, 148면 再引)

239) 今井宏, 앞의 책, 220면.

240) E.R. Aranow & H.A. Einhorn, Corporate Proxy Contests: Solicitation and Validity of Broker's Proxies, 23 Chi. L. Rev. 640(1956).

되어 있어 위임장쟁탈전에 의해서 경영권을 취득하는 것이 현실적으로는 쉽지 않다. 또한 경영권을 취득하여도 자기의 주식보유 비율이 높지 않으므로 회사 경영으로 입는 이익을 주주로서 충분히 향유하는 것이 어렵다. 따라서 1960년대 공개매수에 의한 기업매수의 수단이 개발되어 경영권 취득의 수단으로서 위임장 권유의 중요성이 떨어지게 되었다. 그렇지만 1990년대 들어 주주의 기관화 현상을 배경으로 다시 위임장 권유의 중요성이 증가되게 되었다.

경영권 획득을 위한 위임장 권유는 위임장 경쟁(Proxy Contest)을 불러오게 되는데, 이는 공개매수에 비하여 비용이 들지 않는 이점이 있다. 그러나 공개매수와 같이 지분의 확보를 가져오는 것이 아니므로 지속적인 경영권 확보의 의미를 가지기 어렵다.

우리나라에 있어서도 의결권 경쟁 목적의 위임장 권유가 늘어나게 되었는데, 의결권 경쟁 목적의 위임장 권유가 있었던 주주총회에서 대항자측 의도가 반영되는 사례가 지속적으로 증가하고 있다.[241] 2009년 예를 들면, 대항자 의도가 반영된 11건 중 대규모 감자 반대가 8건, 주주가 경영분쟁이 3건에 이른다. 앞으로도 상장폐지 실질심사 강화 및 한계기업의 시장퇴출 등으로 대주주나 경영진에 대한 소액주주들의 감시 및 경영참여 활동이 계속 증가할 것으로 예상되어 이 추세는 계속될 것으로 예상된다.

2. 공공적 법인의 특례

공공적 법인이란 국가기간산업 등 국민경제상 중요한 산업을 영위하는 상장법인을 말하는데, 공공적 법인의 경우에는 자신만이 그 주식의 의결권 대리행사의 권유를 할 수 있으므로(자법 제152조 제3항) 위임장 경쟁이 일어날 수

---

241) 〈의결권 대리행사 권유 현황〉 (단위 : 건)

구분	2007년	2008년	2009년
주총 의결 정족수 충족	153	195	217
의결권 경쟁(유/코)*	34(14/20)	44(12/32)	61(18/43)
대항자 의도 반영	4	5	11
회사측안 모두 가결	10	12	16

* ( )은 유가증권시장, 코스닥 시장으로 구분
(금융감독원의 2009년도 공개매수 · 위임장권유 현황분석(보도자료 2010.4.14.))

없다. 이는 공공적 법인에 대하여 적대적 M&A의 공격으로부터 보호하고자 하는 취지가 반영된 것이다. 이외에도 공공적 법인에 대해서는 일정한 기준을 초과한 주식소유가 제한되며(자법 제167조 제1항), 외국인 또는 외국법인에 대해서는 법령에 의한 주식취득제한 외에 법인의 정관이 정하는 바에 따른 추가적 제한이 가해질 수 있다(자법 제168조 제2항).

공공적 법인의 범위에 관한 시행령 규정에 따르면 공공적 법인은 다음의 요건을 갖추어야 한다(자령 제162조).

① 경영기반이 정착되고 계속적인 발전가능성이 있는 법인일 것
② 재무구조가 건실하고 높은 수익이 예상되는 법인일 것
③ 해당 법인의 주식을 국민이 광범위하게 분산 보유할 수 있을 정도로 자본금 규모가 큰 법인일 것

3. 발행인의 의견표명

의결권 대리행사의 권유가 경영진에 의하여 행하여졌든, 제3자에 의하여 행하여졌든 발행인이 이에 대하여 의견을 표명하는 경우가 있다. 의견 표명은 회사 제안을 가결시키고자 하는 의도에서 이루어질 수 있고, 제3자 제안을 부결시키고자 하는 경우에도 행해질 수 있다.

특히 적대적 M&A를 위한 위임장쟁탈전이 벌어지는 경우 발행자의 의견표명은 대상회사의 방어여부에 대한 태도를 가름할 수 있다는 점에서 중요하다.

자본시장법에서는 이 때 그 의견 표명이 과장되거나 허위일 수도 있으므로 그 진정성을 확인하기 위해서 금융위원회와 거래소에 관련 서류의 제출의무를 부과하고 있다(자법 제155조).

자본시장법에서는 발행인의 의견표명에 대해서만 관련 서류의 제출의무를 부과하고 있지만, 적대적 M&A를 위한 위임장쟁탈전이 벌어지는 경우 최대주주도 직접적인 이해관계를 가지므로 의견을 표명할 수 있다. 이 때 최대주주에 대하여도 의견표명을 제출하도록 의무화할 필요가 있는지 문제된다. 공개매수의 경우에도 발행인만 의견표명 제출의무가 있고, 최대주주 등이 굳이 의견을 주주들에게 알리고자 하는 경우에는 보통 발행인을 통해서 의견표명이

가능할 것이므로 발행인 외에 최대주주 등에 대하여 별도의 의견표명의무를 부과할 필요는 없다.[242)]

Ⅵ. 의결권 대리행사의 권유의 비용

1. 경영자측 비용

일반적으로 경영자측이 의결권 대리행사의 권유를 하는 경우에 회사자금으로 위임장의 인쇄비, 우편요금 등을 충당할 수 있다고 본다. 의결권 대리행사의 권유는 본래 주주들의 의결권 행사의 기회를 박탈하기 위해서가 아니라 오히려 이를 부여하기 위하여 고안된 제도, 즉 주주에게 판단자료를 제공하고 위임장 제도를 통하여 주주총회에 참여할 수 있는 기회를 제공하는 것이 본 제도의 목적이므로 의결권 대리행사의 권유를 위한 회사자금의 사용은 적절하다고 볼 수 있다.

만일 의결권 대리행사의 권유가 의결정족수 충족을 위한 경우에는 회사의 이익을 위한 것이므로 회사가 부담해도 별문제는 없다.[243)] 그러나 또한 이는 현 경영진의 지위보전과 지배유지에 도움을 주는 면이 있다. 이때에는 의결권 대리행사의 권유를 위한 회사자금의 사용이 주주의 경영진에 대한 선택의 기회를 확대하는 것이 아니라 오히려 축소시키는 면이 있다.[244)] 따라서 경영진이 회사자금을 부당한 목적을 위해서 사용한 경우에는 그에 따른 책임을 인정하여야 할 것이다.

위와 같이 책임을 인정하여도 그 책임의 한도를 구체적으로 어떠한 기준에 의해서 결정할 것인가는 문제이다. 위임장 권유가 회사지배의 중요한 수단이

---

242) 변재호 등, 앞의 책, 449면.

243) 미국 법원은 위임장 권유를 위한 비용의 회사지급을 정당화하는 두가지 목적을 인정하고 있다. 첫째, 회사정책에 관한 자료를 공개하여 주주가 합당한 판단을 할 수 있게 하는 경우이고(Hall v. Trans-Lux Corp.), 두번째는 위임장 권유가 원칙적으로 주주의 투표를 조장하고 그에 의해 의결정족수를 확보하기 위하여 행하여지는 경우이다(The lawyers advertising company v. C.L.R. Co). 이러한 법원의 인정은 그러한 목적들이 사회적으로 바람직하다는 생각에서 기인하는 것이다.

244) Brudney, Fiduciary Ideology in Transactions Affecting Corporate Control, 65 Mich. L. Rev. 282(1966).

되는 미국에서는 이에 대한 많은 논의가 있어 왔다. SEC의 위임장규칙이 이에 대하여 규정하고 있지 않기 때문에 이는 전적으로 판례에 의존할 수밖에 없다.

판례는 단순한 일신상의 문제와 회사정책의 문제를 구별하여 후자의 경우 회사가 권유비용을 보상하지만, 전자의 경우에는 경영진이 스스로 책임을 져야 한다는 입장이다.[245] 이에 의할 때, 한번 회사정책에 관한 것으로 인정되면 주주총회에서 자기편을 들게 하거나 계속적인 지지를 권유하기 위한 비용도 회사자금으로 지급할 수 있다.[246] 그러나 의결권 대리행사의 권유가 회사의 지배권을 탈취하려는 경우에 비용의 상환을 부정하는 판례도 있다.[247]

그러나 실제로는 양자의 구별이란 현실성이 없는 것으로 이를 주장한 법원도 그 유효성을 의심하고 있나.[248] 즉 정책의 문제는 보통 일신상의 문제와 구별되기 힘들기 때문에 단순히 개인적인 용무라는 이유로 그러한 비용의 사용이 인정되지 않는 경우는 드물다는 것이다.[249]

정책의 문제와 개인적 문제 사이의 구별의 모호성에 관하여는 다음과 같은 판례가 있다. "회사의 장래 사업과 밀접한 관계가 있는 정책의 문제는 이사와 임원의 선임에 달려 있다고 볼 수 있다. 정책의 문제는 주주에게 찬부를 묻는 추상적 제안의 형태보다는 주어진 정책을 지지하는 이사들이 다시 임용될 것인가라는 형태를 띠고 있다."[250]

이렇게 볼 때 판례에서 제기된 정책이론은 위임장 권유 비용에 대한 회사자금의 사용 한계를 정하는 기준으로 적당하지 않다. 그리하여 위임장 권유를 위하여 경영진이 지출하는 비용에 대해서 반대파 주주와 동일한 조건으로 그

245) Brudney, Ibid., p.282 ; Eisenberg, Access to the Corporate Proxy Machinery, 83 Harv. L. Rev 1494(1970).

246) Steinberg v. Adams, 90 F. Supp. 604, 608(S.D.N.Y. 1950); Hand v. Missouri- Kansas Pipe Line co., 54 F. Supp. 649(D.C. Del. 1944); Empire Southern Gas Co. v. Gray, 29 Del. Ch. 95, 46 A. 2d. 741(Ch. 1946); Hall v. Trans- Lux Corp. 20 Del. Ch. 78, 104, 109(1934).

247) Rosenfeld v. Fairchild Engine & Airplane Corp., 309 N.Y. 168(1955).

248) Henn & Alexander, op. cit., p. 524: Steinberg v. Adams, 90 F. Supp. 604, 608(S.D.N.Y. 1950); Hall v. Trans- Lux Corp. 20 Del. Ch. 78, 104(1934).

249) Brudney, op. cit., pp. 282-283; Freidman, Expenses of Corporate Proxy Contests, 51 Colum. L. Rev.(1951), p. 953.

250) Hall v. Trans- Lux Corp. 20 Del. Ch. 78, 104, 109(1934).

지출한 비용을 원칙적으로 회사에 부담시켜야 한다는 견해도 등장하였다.[251)]

회사의 비용부담을 인정한다고 하여도 회사가 과다한 비용을 지출하는 경우에도 제한없이 지원하는 것은 문제가 있다. 의결권 대리행사의 권유에 있어서 실제 신문광고, 전문 위임장권유업체에 대한 의뢰 등으로 많은 비용이 소요되기도 한다. 따라서 합당한 상한을 정해 두고 그에 대한 예외를 인정하는 방안을 생각해 볼 수 있다.

이와 달리 위임장 경쟁이 일어나는 경우는 위와 같은 기준에서 보기 어렵다. 예를 들어 경영자는 회사자금을 자기측 후보자를 위한 위임장 권유에 사용할 수 있는데 반대파 주주는 비록 승리하더라도 비용을 상환 받을 수 없다면 경영자측이 명백히 유리한 고지를 차지한 것이 되고 이는 정당한 위임장제도의 운영이라고 할 수 없다. 이사 선임과 관련하여 위임장 경쟁이 일어나는 경우에 위임장제도의 중립적 운영이 요구된다. 그렇다고 주주의 위임장 권유 비용을 회사가 부담하게 되면 위임장 권유가 남용될 우려가 있다. 주주측의 비용부담문제는 다음 항에서 본다.

2. 주주측 비용

주주측의 의결권 대리행사의 권유비용을 회사가 부담할 것인가의 문제는 경영진에 반대하는 주주가 승리한 경우와 패배한 경우로 나누어서 볼 수 있다. 먼저 승리한 경우를 보면, 이 경우에 회사가 주주에게 비용을 상환해야 한다는 견해는 첫째, 이익이론으로 이는 정책문제가 포함된 위임장쟁탈전에서 승리한 반대 주주는 경영진의 교체라는 이익을 회사에 제공하였으므로[252)] 합당한 한도에서 지출을 보상받아야 된다는 것이다. 둘째, 주주승인이론으로 이는 승리 주주가 타 주주들의 승인을 전제로 비용을 상환받아야 한다는 것이다.[253)]

그러나 판례에서 주주에 대한 구상권을 인정한 경우는 많지 않으며, 오히려 구상권을 부인하는 취지의 판례가 발견된다.[254)] 법원은 ① 위임장 경쟁이 회

251) Eisenberg, op. cit.. p. 1500.
252) 대표소송 등의 방법으로 회사가 이익을 얻었다면 그 비용을 상환받을 수 있다.
253) Henn & Alexander, op. cit., p. 524.
254) Philips v. United Corp., 171 F. 2d 180(2nd Cir. 1948); Grodetsky v. Mc-Crony Corp.,

사정책과 관련되고 ② 주주총회의 승인을 얻는 경우에 비용 보상이 인정된다는 태도이다.[255] 학설 중에는 일정한 경우에 상당한 범위 내에서 반대 주주에게도 구상권을 인정해야 한다는 견해도 있다.[256]

반대 주주측이 패배한 경우를 보면, 비록 반대 주주가 상당한 양의 의결권을 위임장 권유를 통하여 확보한다고 하여도 대개는 패배하게 되며, 누적투표제의 경우에는 일부 승리를 얻기도 하지만 이사회의 다수를 점하기는 어렵다. 이러한 상황에서 소수의 반대 주주가 비용의 상환을 주장하기는 힘들 것이다. 주주승인이론에 따를 때, 그러한 상환에 대한 승인은 거의 이루어질 가능성이 없으며, 이익이론에서도 경영진의 교체라는 이익이 발생하지 않았으므로 어느 이론에 의해서도 반대 주주가 비용을 상환받기는 어렵다.[257]

그러나 패배한 주주에게도 일부 비용상환이 이루어져야 한다고 주장되기도 한다. 이 경우 그 상환의 정도에 대하여는, 경영진이 상환받는 액을 그가 획득한 의결권수로 나눈 것과 반대 주주가 상환받을 액을 그가 획득한 의결권수로 나눈 것이 같도록 하면 될 것이라고 한다.[258]

우리나라에서도 주주가 위임장 권유를 통하여 경영권을 탈취하는데 성공한 경우에는 그 비용을 회사에 부담시킬 수 있다거나, 주주가 위임장 권유를 통해서 얻은 표수에 비례해서 회사가 부분적으로 비용을 부담함으로써 주주의 권리행사를 도와주어야 한다는 견해가 있다.[259]

---

267 N.Y.S.2d 356(Sup. Ct. 1966); 이를 인정한 판례로 Steinberg v. Adams, 90 F. Supp. 604, 608(S.D.N.Y. 1950): Freidman은 이 판례가 승리주주에게 구상권을 부여하였다는 점과 패배주주에게도 비용상환을 위한 약간의 도움을 제공해 주었다는 점에서 상당히 중요한 의미를 갖고 있다고 평가하였다(Freidman, op. cit., pp. 959-960).

255) Rosenfeld v. Fairchild Engine & Airplane Corp., 128 N.E.2d 219(1955).

256) 일정비율의 득표를 얻는 것을 조건으로 부여해야 한다는 견해(Freidman, Ibid., pp. 962-963)와 경영진의 득표수와 그 권유비용액을 고려하여 상환액을 인정해야 한다는 견해((Emerson & Latcham, Proxy Contests: A Study in shareholder Sovereignty, 41 Calif. L. Rev. 393, 396(1953))가 있다.

257) Henn & Alexander, op. cit., pp. 524-525.

258) Emerson & Latcham, op. cit., p. 396.

259) 권종호, "경영자감시メカニズムとしての위임장권유제도" (동경대박사학위논문), 1997. 358-368면; 소수주주가 법원의 허가를 얻어서 주주총회를 소집하는 경우에는 업무집행기관의 지위에 서므로 비용을 인정해야 하고, 위임장 권유에 의하여 경영진이 교체되는 경우에는 앞의 경우가 아니어도 비용보상을 법적으로 보장해 주어야 한다는 견해도 있다(김용진, 앞의 책, 784면).

사실 반대파 주주는 위임장 경쟁에서 승리한다고 하여도 그것이 회사정책에 관한 것이면 다른 주주들의 경우 무임승차의 문제가 있으며, 여기에 비용상환마저 받지 못한다면 적극적으로 위임장 경쟁에 나서지 않으려 할 것이다. 그런 면에서 그 타당성을 인정할 수도 있다.

그러나 주주의 비용상환은 입법론으로서는 몰라도 해석론으로서는 그에 대한 근거가 없다.260)

Ⅶ. 주주명부의 열람청구

의결권 위임의 경쟁에 있어서 주주명부의 확보는 매우 중요하다. 상위주주가 소위 안정주주로 구성되어 있는 경우에 의결권 대리행사의 권유에 시간과 노력, 비용을 들인다 하여도 그로 인하여 효과를 얻기가 어렵기 때문에, 일반적으로 의결권 대리행사의 권유를 하려는 경우에 미리 주주명부를 열람하여 주주구성을 파악하려고 한다. 그런데 회사의 경우 의결권 경쟁에서 불리하다고 판단하면 주주명부를 가능하면 주지 않으려고 하거나, 늦게 주려고 할 것이기 때문에 주주명부를 제때에 보기란 쉽지 않다. 이 때 주주는 주주명부열람청구권에 기하여 가처분 소송을 제기할 수 있지만 주주총회의 기일을 넘겨서 열람이 가능할 수도 있으므로,261) 회사의 부당한 주주명부열람의 거부나 지체에 대하여 규제조치가 필요하다.

특히 상장회사의 경우 실질주주명부의 확보가 중요한데, 실질주주명부는 집단적 권리행사를 위한 주주명부폐쇄나 기준일 설정시에만 작성하게 된다. 실질주주의 명부는 발행인의 본점 또는 명의개서대행회사의 영업소에 비치하지만 주주의 주주명부열람청구권에는 실질주주명부에 대한 열람청구권은 포함되지 않는다.

미국262)의 경우 발행자가 권유를 행하는 경우, 다른 권유자는 발행자에 대

260) 김건식·정순섭, 앞의 책, 292면.
261) 주주총회를 소집할 때에는 각 주주에 대한 통지기간은 2주일 밖에 되지 않는다(상법 제363조).
262) 미국에 있어서 위임장규칙에 의한 정보개시는 실질적보유자에게 이루어져야 한다는 점을 고려하여 거래소법 14조(b) 및 동규칙 14a-13, 14b-1, 14b-2는 위임장서면 및 첨부자료가 증권의 실질적 보유자에 배포되어야 한다고 규정하고 있다. 즉, 발행자는 명부상주주로부터 자신의 정보제공을

하여 ① 주주명부(실질주주명부)를 권유자에 줄 것인가 ② 권유자의 비용으로 자신의 권유자료를 지체없이(늦어도 발행자가 권유를 개시하는 것과 동시에) 주주에게 송부할 것인가에 대한 선택을 요구하는 것이 가능하다(SEC Rule 14a-7). 그런데 실제 발행자는 ②를 선택하고 실질주주명부를 권유자에 개시하는 것을 피하려는 경향이 있다고 한다.

이와 관련해서 회사에 대한 주주명부열람가처분의 결정이 난 경우 이를 근거로 한국예탁결제원이나 명의개서대리인이 신속하게 주주명부의 열람이나 등사를 해 주도록 하는 절차적 규제가 필요하다는 견해도 있다.[263)]

상법상 주주제안을 하는 주주는 이사에게 주주총회일의 6주 전에 서면 또는 전자문서로 회의의 목적으로 할 사항에 추가하여 당해 주주가 제출하는 의안의 요령을 회사가 하는 주주총회 소집에 대한 통지와 공고에 기재할 것을 청구할 수 있다(상법 제363조의2 제2항).[264)]

같은 취지에서 회사가 주주총회소집에 대한 통지시에 회사측 위임장도 같이 송부하는 것과 같이 주주측 위임장도 같이 송부하는 방안도 강구할 필요가

허락하는 실질적 소유자(NOBO)의 명부를 요구하는 것이 가능하고, 이 명부에 따라 발행자의 경영자는 위임장 권유를 행하게 된다.

일반주주도 실질주주명부를 열람할 권리가 인정되는가에 대해서 판례의 태도는 갈린다. Sadler 판결(Sadler v. NCR Corp., 928 F. 2d 48(2nd Cir. 1991)에서 이를 인정하였으나, Parson 판결(Parsons v. Jefferson-Pilot Corp., 333 N.C. 420, 426 S.E.2d 685(N.C. 1993))에서 주주는 회사가 보유하는 NOBO 리스트와 기타 정보를 얻을 수 있어야 한다면서, 다만 회사가 그 정보를 보유하지 않거나 이용하지 않는 경우 NOBO 리스트 또는 NOBO 리스트를 작성할 수 있는 정보를 얻도록 요구할 권리는 없다고 하였다. Shamrock 판결(Shamrock Associates v. Texas American Energy Corp., 517 A. 2d 658(Del. Ch. 1986))에서 델라웨어 형평법원은 회사는 원고가 단지 회사차원에서 의사소통의 목적으로 사용할 것을 서면으로 약속하지 않는 한 원고에게 실질주주명부를 주어야 할 필요가 없다고 하였다.

263) 김선웅, "의결권 대리행사권유의 문제점(주주권의 실질적 행사를 보장하기 위한 주주총회 관련 제도의 개선방향)", 「기업지배구조연구」 v.27(2008), 7~8면.

264) 미국에 있어서 SEC Rule 14a-8에 의하여 주주는 자신이 제안하는 안건을 경영진의 위임장 진술서에 포함시킬 수 있다. 그러나 주주제안의 기재요구에 대하여 경영자 측은 가능하면 이를 기재하지 않으려 할 것이다. SEC Rule에 의하면 의안이 다음에 해당할 경우에 경영자는 주주제안을 위임장 설명서에 기재하지 않는 것이 가능하다. 즉 의안이 ① 주회사법에 비추어 주주총회의 적절한 결의사항이 아닌 것으로 인정되는 것 ② 회사에 법령위반행위를 강제하는 것 ③ 제안과 그 이유가 허위 또는 오도적인 기재를 포함하는 것 ④ 회사의 중요하지 않은 업무에 관한 것 ⑤ 주회사법에 의하면 이사회에 위임되어야 할 경상적인 업무에 관한 것 ⑥ 제안이 임원의 선임에 관한 것 ⑦ 제안이 과거의 일정기간에 제안되어 일정비율 이상의 찬성을 얻지 못한 것과 실질적으로 동일한 것 ⑧ 현금배당이나 주식배당의 액에 관한 것인 경우이다(SEC Rule 14a-8(ⅰ)).

있다.

제5절 공공적 법인주식의 소유제한

Ⅰ. 서설

공공적 법인이란 국가기간산업 등 국민경제상 중요한 산업을 영위하는 상장법인을 말하는데, 공공적 법인에 대한 주식소유를 제한하여 국가기간산업의 경영권을 보호하고자 한다. 즉 공공적 법인에 대하여 적대적 M&A의 공격으로부터 보호하고자 하는 취지가 반영된 것이다.[265]

현재 공공적 법인으로 한국전력이 지정되어 있다.

Ⅱ. 공공적 법인의 범위

공공적 법인은 다음의 요건을 모두 충족하는 법인 중에서 금융위원회가 관계 부처장관과의 협의와 국무회의에의 보고를 거쳐 지정하는 법인으로 한다(자령 제162조).

① 경영기반이 정착되고 계속적인 발전가능성이 있는 법인일 것
② 재무구조가 건실하고 높은 수익이 예상되는 법인일 것
③ 해당 법인의 주식을 국민이 광범위하게 분산 보유할 수 있을 정도로 자본금 규모가 큰 법인일 것

265) 공공적 법인의 경우에는 자신만이 그 주식의 의결권 대리행사의 권유를 할 수 있도록 해서 위 취지를 반영하고 있다(자법 제152조 제3항).

Ⅲ. 주식의 초과소유제한

1. 원칙

누구든지 공공적 법인이 발행한 주식을 누구의 명의로 하든지 자기의 계산으로 다음의 기준을 초과하여 소유할 수 없다. 이 경우 의결권 없는 주식은 발행주식총수에 포함되지 아니하며, 그 특수관계인의 명의로 소유하는 때에는 자기의 계산으로 취득한 것으로 본다(자법 제167조 제1항).

① 그 주식이 상장된 당시에 발행주식총수의 100분의 10 이상을 소유한 주주는 그 소유비율

② 제1호에 따른 주주 외의 자는 발행주식총수의 100분의 3 이내에서 정관이 정하는 비율

2. 예외

소유비율 한도에 관하여 금융위원회의 승인을 받은 경우에는 그 소유비율 한도까지 공공적 법인이 발행한 주식을 소유할 수 있다(자법 제167조 제2항).

3. 초과소유분에 대한 규제

위에서 규정하는 기준을 초과하여 사실상 주식을 소유하는 자는 그 초과분에 대하여는 의결권을 행사할 수 없으며, 금융위원회는 그 기준을 초과하여 사실상 주식을 소유하고 있는 자에 대하여 6개월 이내의 기간을 정하여 그 기준을 충족하도록 시정할 것을 명할 수 있다(자법 제167조 제3항).

4. 외국인 등에 대한 규제

외국인 또는 외국법인에 대해서는 자본시장법 제168조 제1항에 의한 주식

취득제한[266] 외에 법인의 정관이 정하는 바에 따른 추가적 제한이 가해질 수 있다(자법 제168조 제2항).

이를 위반하여 주식을 취득한 자는 그 주식에 대한 의결권을 행사할 수 없으며, 금융감독위원회는 위 증권 또는 장내파생상품을 매매한 자에게 6개월 이내의 기간을 정하여 그 시정을 명할 수 있다(자법 제168조 제3항).

266) 자령 제187조(외국인의 증권 또는 장내파생상품의 취득한도 등) ① 법 제168조 제1항에 따른 외국인 또는 외국법인등은 금융위원회가 정하여 고시하는 경우를 제외하고는 누구의 명의로든지 자기의 계산으로 다음 각 호에서 정한 취득한도를 초과하여 공공적 법인이 발행한 지분증권을 취득할 수 없다. 이 경우 한도초과분의 처분, 취득한도의 계산기준 · 관리 등에 관하여 필요한 사항은 금융위원회가 정하여 고시한다.

1. 종목별 외국인 또는 외국법인등의 1인 취득한도: 해당 공공적 법인의 정관에서 정한 한도
2. 종목별 외국인 및 외국법인등의 전체 취득한도: 해당 종목의 지분증권 총수의 100분의 40

제4장 주권상장법인에 대한 특례[267)]

제1절 자기주식취득

Ⅰ. 의의

상장법인의 경우 자본시장법상 원칙적으로 자기주식취득이 허용된다(제165조의 3 제1항). 상장기업에 있어서 자기주식취득은 주가관리와 경영권 보호를 위한 장치로 인식되어 왔다.

이와 달리 구상법상으로는 "회사는 자기의 계산으로 자기주식을 취득하지 못한다." 고 규정하여(구상법 제341조) 원칙적으로 자기주식취득을 금지하고 있었다. 이처럼 자기주식취득을 규제한 것은 그로 인해 여러 가지 폐해가 발생하기 때문이다. 그 예로는 ① 자기주식취득은 실질적으로 출자의 환급이 되므로 자본충실의 원칙에 반한다. ② 회사는 기업위험의 부담외에 주가변동에 의한 위험을 이중으로 부담하게 된다. ③ 회사가 자기주식을 매입하는 가격이나 방법에 따라서 일부 주주에게 부당하게 이익이 되거나 해가 되어 주주평등의 원칙에 반한다. ④ 회사의 내부자에 의한 투기거래로 악용될 우려가 있다. ⑤ 회사의 경영진이 경영권을 방어하기 위한 수단으로 이용할 수 있다는 점 등을 들고 있다.

그러나 개정 상법에서 회사는 배당가능이익의 범위 내에서 "자기의 명의와 계산으로 자기의 주식을 취득할 수 있다." 고 규정하여(상법 제341조) 자기주식 취득제한을 완화한 규정을 두게 되었는데, 이로서 자본시장법 규정과 균형을 이루게 되었다.[268)]

---

267) 구증권거래법 제9장 제3절에서 상법 회사편에 대한 다수의 특례조항을 두고 있었다. 자본시장법과 상법의 개정과정에서 구증권거래법의 특례규정 중 지배구조에 관한 특례는 상법에서 규정하고 재무구조에 관한 특례는 자본시장법에서 규정하게 되었다.
주권상장법인에 대한 특례규정은 ① 외국법인등. 다만, 자법 제165조의16 및 제165조의18은 그러하지 아니하다. ② 투자회사를 제외하고 적용된다(자법 제165조의 2). 또한 이 특례규정은 주권상장법인에 관하여 「상법」 제3편에 우선하여 적용한다.

268) 개정 자법 제165조의5(자기주식 취득 및 처분의 특례) ① 주권상장법인은 「상법」 제341조 제1항

Ⅱ. 자기주식취득의 방법과 재원

1. 자기주식취득의 방법

주권상장법인은 다음의 방법으로 자기주식을 취득할 수 있다(자법 제165조의 3 제1항).

① 상법 제341조 제1항에 따른 방법.[269] 이에 따를 때 거래소에서의 취득, 모든 주주에 대한 취득의 통지 또는 공고를 통한 취득, 공개매수의 방법에 의한 취득이 인정된다.

② 신탁계약에 따라 자기주식을 취득한 신탁업자로부터 신탁계약이 해지되거나 종료된 때 반환받는 방법(신탁업자가 해당 주권상장법인의 자기주식을 상법 제341조 제1항의 방법으로 취득한 경우로 한정한다).

에 따른 자기주식 취득 방법 외에도 신탁계약에 따라 자기주식을 취득한 신탁업자로부터 신탁계약이 해지되거나 종료된 때 반환받는 방법(신탁업자가 해당 주권상장법인의 자기주식을 「상법」 제341조 제1항의 방법으로 취득한 경우로 한정한다)으로 자기주식을 취득할 수 있다.

② 제1항의 경우 자기주식의 취득가액의 총액은 「상법」 제462조 제1항에 따른 이익배당을 할 수 있는 한도 이내이어야 한다.

③ 주권상장법인은 제1항의 방법 또는 「상법」 제341조 제1항 각 호의 어느 하나에 해당하는 방법으로 자기주식을 취득하는 경우에는 같은 법 제341조 제2항에도 불구하고 이사회의 결의로써 자기주식을 취득할 수 있다.

④ 주권상장법인은 자기주식을 취득(자기주식을 취득하기로 하는 신탁업자와의 신탁계약의 체결을 포함한다)하거나 이에 따라 취득한 자기주식을 처분(자기주식을 취득하기로 하는 신탁업자와의 신탁계약의 해지를 포함한다)하는 경우에는 대통령령으로 정하는 요건·방법 등의 기준에 따라야 한다.

269) 상법 제341조 ① 회사는 다음의 방법에 따라 자기의 명의와 계산으로 자기의 주식을 취득할 수 있다. 다만, 그 취득가액의 총액은 직전 결산기의 대차대조표상의 순자산액에서 제462조 제1항 각 호의 금액을 뺀 금액을 초과하지 못한다.

1. 거래소에서 시세(時勢)가 있는 주식의 경우에는 거래소에서 취득하는 방법
2. 제345조 제1항의 주식의 상환에 관한 종류주식의 경우 외에 각 주주가 가진 주식 수에 따라 균등한 조건으로 취득하는 것으로서 대통령령으로 정하는 방법

상법 시행령 제9조(자기주식 취득 방법의 종류 등) ① 법 제341조 제1항 제2호에서 "대통령령으로 정하는 방법"이란 다음 각 호의 어느 하나에 해당하는 방법을 말한다.

1. 회사가 모든 주주에게 자기주식 취득의 통지 또는 공고를 하여 주식을 취득하는 방법
2. 「자본시장과 금융투자업에 관한 법률」 제133조부터 제146조까지의 규정에 따른 공개매수의 방법

2. 자기주식취득의 한도

주권상장법인이 자기주식을 취득하는 경우에 그 취득금액은 상법 제462조 제1항에 따른 이익배당을 할 수 있는 한도 이내이어야 한다(자법 제165조의 3 제2항).

3. 위반의 효과

상법의 경우 이전에 자기주식취득이 엄격하게 제한되고 있어서 이에 위반한 자기주식취득의 경우 무효로 보는 것이 판례의 태도였다.[270] 그러나 자본시장법의 경우 원칙적으로 자기주식취득이 허용되고 있으므로 취득규제규정에 위반한 경우 그 효과를 달리 볼 필요가 있다.[271]

이를 나누어 보면 첫째, 자기주식을 취득하는 방법에 있어서 자본시장법에서 허용하지 않는 방법을 이용한 경우를 들 수 있다. 이는 주주평등의 원칙에 반한 자기주식취득이 될 것이므로 무효로 보아야 한다.

둘째, 배당가능이익이 없는데 자기주식을 취득한 경우를 들 수 있다. 이에 대하여 원칙적으로 무효로 보아야 할 것이나 현실적으로 취득한 자기주식 중 재원규제를 위반한 부분과 그렇지 않은 부분을 구별하는 것이 불가능할 수 있다는 점과, 배당가능이익의 한도감소로 인하여 초과취득하게 된 자기주식을 무효로 하지 않고 3년 이내에 초과분을 처분하도록 하고 있는 점(자법 제165조의 2 제5항)을 고려하면 유효로 볼 수밖에 없을 것이라는 견해도 있다.[272] 배당가능이익한도를 초과한 부분만 무효로 보아야 한다는 견해도 있다.[273]

270) 대법원 1964.11.12 선고 64마719 판결.

271) 위법한 자기주식취득은 무효라고 보는 것이 종래 판례의 태도이다(대법원 2003.5.16. 선고 2001다44109 판결; 대법원 2006.10.12. 선고 2005다75729 판결; 대법원 2007.7.26. 선고 2006다33685 판결 등). 판례는 "상법 제341조, 제341조의2, 제342조의2 또는 증권거래법 등이 명시적으로 이를 허용하고 있는 경우 외에는, 회사의 자본적 기초를 위태롭게 하거나 주주 등의 이익을 해한다고 할 수 없는 것이 유형적으로 명백한 경우가 아닌 한 자기주식의 취득은 허용되지 아니하고, 위와 같은 금지규정에 위반하여 회사가 자기주식을 취득하거나 취득하기로 하는 약정은 무효이다." 고 판시하였다.

272) 한국증권법학회, 앞의 책, 696면.

273) 임재연, 앞의 책, 561면.

자기주식취득을 규제하는 주요 이유는 이것이 주주에 대한 출자의 환급으로 회사자산이 감소하여 회사채권자를 해할 가능성이 있기 때문이다. 따라서 채권자보호의 취지에 벗어나는 자기주식취득은 무효로 봄이 타당하다. 그러나 이때에도 제3자의 입장에서는 배당가능이익의 범위 내라는 것이 회사내부의 사정이므로 이를 알기 어렵다. 따라서 이때에는 거래의 안전을 보호할 필요가 있으므로 선의의 제3자에 대해서는 유효하다고 할 것이다.

셋째, 주주총회결의 등 절차적 요건을 결한 경우를 들 수 있다. 이때는 회사내부의 사정에 속하므로 거래의 안전을 위해서 그 주식취득을 유효로 볼 것이다.

Ⅲ. 취득의 절차

주권상장법인은 신탁계약의 체결을 포함하여 자기주식을 취득하는 경우에는 대통령령으로 정하는 요건 · 방법 등의 기준에 따라야 한다(자법 제165조의 3 제4항).

1. 이사회 결의

주권상장법인이 자기주식을 취득하거나 신탁계약을 체결하려는 경우 이사회는 다음의 사항을 결의하여야 한다(자령 제176조의 2 제1항).

① 자기주식을 거래소에서의 취득, 모든 주주에 대한 취득의 통지 또는 공고를 통한 취득, 공개매수의 방법에 의해 취득하려는 경우에는 취득의 목적 · 금액 및 방법, 주식의 종류 및 수, 그 밖에 금융위원회가 정하여 고시하는 사항[274]

---

274) 주권상장법인이 영 제176조의2 제1항 제1호에 따라 이사회결의를 거쳐야 할 사항은 다음 각 호와 같다(증권의 발행 및 공시 등에 관한 규정 제5-1조).

1. 취득의 경우
   가. 취득의 목적
   나. 취득예정금액
   다. 주식의 종류 및 수

② 금전의 신탁계약에 따라 신탁업자에게 자기주식을 취득하게 하기 위하여 신탁계약을 체결하려는 경우에는 체결의 목적 · 금액, 계약기간, 그 밖에 금융위원회가 정하여 고시하는 사항275)

상법에서는 자기주식취득시 원칙적으로 주주총회의 특별결의를 거치도록 하고 있으나, 개정 자본시장법에서는 이사회 결의로서 자기주식을 취득할 수 있도록 하고 있다.276)

2. 주요사항보고서의 제출

주권상장법인은 자기주식을 취득(자기주식의 취득을 목적으로 하는 신탁계약의 체결을 포함한다)할 것을 결의한 때에는 그 사실이 발생한 날의 다음 날까지 그 내용을 기재한 주요사항보고서를 금융위원회에 제출하여야 한다(자법 제161조 제1항 6호). 위 제출시에 이사회의사록 등 해당 사실을 증명할 수 있는 서류(자령 제171조 제3항)를 첨부하여야 하며, 금융위원회는 주요사항보고서가 제출된 경우 이를 거래소에 지체 없이 송부하여야 한다(자법 제161조 제5항).

라. 취득하고자 하는 주식의 가격
마. 취득방법
바. 취득하고자 하는 기간
사. 취득 후 보유하고자 하는 예상기간
아. 취득을 위탁할 투자중개업자의 명칭
자. 그 밖에 투자자 보호를 위하여 필요한 사항

275) 주권상장법인이 영 제176조의2 제1항 제2호에 따라 이사회 결의를 거쳐야 할 사항은 다음 각 호와 같다(증권의 발행 및 공시 등에 관한 규정 제5-2조).
1. 신탁계약의 체결의 경우
가. 체결목적
나. 체결금액
다. 계약일자 및 계약기간
라. 계약을 체결하고자 하는 신탁업자의 명칭
마. 그 밖에 투자자 보호를 위하여 필요한 사항

276) 개정 자법 제165조의 5 ③ 주권상장법인은 제1항의 방법 또는 「상법」 제341조 제1항 각 호의 어느 하나에 해당하는 방법으로 자기주식을 취득하는 경우에는 같은 법 제341조 제2항에도 불구하고 이사회의 결의로써 자기주식을 취득할 수 있다.

3. 취득결과보고서의 제출

주권상장법인이 자기주식의 취득을 완료하거나 이를 취득하고자 하는 기간이 만료된 때에는 그 날부터 5일 이내에 자기주식의 취득결과보고서를 금융위에 제출하여야 한다(증권의 발행 및 공시 등에 관한 규정 제5-8조).

자기주식취득에 관하여 신탁계약을 체결한 주권상장법인은 해당 계약을 체결한 후 3월이 경과한 때에는 그 날부터 5일 이내에 신탁계약에 따라 신탁업자가 취득하여 보유하고 있는 자기주식상황보고서(신탁계약에 의한 취득상황보고서)를 금융위원회에 제출하여야 한다(증권의 발행 및 공시 등에 관한 규정 제5-10조).

4. 취득기간

주권상장법인이 자기주식을 취득하려는 경우에는 이사회 결의 사실이 공시된 날의 다음 날부터 3개월 이내에 금융위원회가 정하여 고시하는 방법에 따라 증권시장에서 자기주식을 취득하여야 한다(자령 제176조의 2 제3항).

5. 매수주문의 방법

(1) 증권시장을 통한 취득시의 원칙

주권상장법인이 증권시장을 통하여 자기주식을 취득하기 위하여 매수주문을 하고자 할 때에는 다음의 방법에 따라야 한다(증권의 발행 및 공시 등에 관한 규정 제5-5조 제1항).

① 거래소가 정하는 바에 따라 장개시 전에 매수주문을 하는 경우 그 가격은 전일의 종가와 전일의 종가를 기준으로 100분의 5 높은 가격의 범위 이내로 하며, 거래소가 정하는 정규시장의 매매거래시간 중에 매수주문(정정매수주문을 포함한다)을 하는 경우 그 가격은 다음 가목에서 정하는 가격과 나목에서 정하는 가격의 범위 이내로 할 것. 이 경우 매

매거래시간 중 매수주문은 거래소가 정하는 정규시장이 종료하기 30분 전까지 제출하여야 한다.

가. 매수주문시점의 최우선매수호가와 매수주문 직전까지 체결된 당일의 최고가 중 높은 가격

나. 매수주문시점의 최우선매수호가와 매수주문 직전의 가격 중 높은 가격으로부터 10 호가가격단위 낮은 가격

② 1일 매수주문수량은 취득신고주식수 또는 이익소각신고주식수의 100분의 10에 해당하는 수량과 이사회결의일 전일을 기산일로 하여 소급한 1개월간의 일평균거래량의 100분의 25에 해당하는 수량 중 많은 수량 이내로 할 것. 다만, 그 많은 수량이 발행주식총수의 100분의 1에 해당하는 수량을 초과하는 경우에는 발행주식총수의 100분의 1에 해당하는 수량 이내로 할 것

③ 매수주문일 전일의 장 종료 후 즉시 위탁 투자중개업자로 하여금 1일 매수주문수량 등을 거래소에 신고하도록 할 것

④ 매수주문 위탁 투자중개업자를 1일 1사로 할 것(자기주식 취득 또는 이익소각에 관한 이사회결의상의 취득기간 중에 매수주문을 위탁하는 투자중개업자는 5사를 초과할 수 없다)

(2) 시간외 대량매매의 방법

주권상장법인이 다음의 어느 하나에 해당하는 경우에는 거래소가 정하는 시간외 대량매매의 방법에 따라 자기주식을 취득할 수 있다(증권의 발행 및 공시 등에 관한 규정 제5-5조 제2항).

① 정부, 한국은행, 예금보험공사, 한국산업은행, 중소기업은행, 한국수출입은행 및 정부가 납입자본금의 100분의 50 이상을 출자한 법인으로부터 자기주식을 취득하는 경우

② 정부가 주권상장법인의 자기주식취득과 관련하여 공정경쟁 촉진, 공기업 민영화 등 정책목적 달성을 위하여 허가·승인·인가 또는 문서에 의한 지도·권고를 하고 금융위에 요청한 경우로서 금융위가 투자자 보

호에 문제가 없다고 인정하여 승인하는 경우

(3) 매수주문의 특례

거래소는 시장상황 급변 등으로 투자자 보호와 시장안정을 유지하기 위하여 즉각적인 조치가 필요한 경우 1일 매수주문수량을 이사회 결의 주식수 이내로 하여 주권상장법인이 자기주식을 취득(이익소각을 위하여 자기주식을 취득하는 경우를 포함한다)하도록 할 수 있다(증권의 발행 및 공시 등에 관한 규정 제5-6조 제1항).

Ⅳ. 처분의 절차

주권상장법인은 취득한 자기주식을 처분(신탁계약의 해지를 포함한다)하는 경우에는 대통령령으로 정하는 요건·방법 등의 기준에 따라야 한다(자법 제165조의 3 제4항). 다만, 주식매수선택권의 행사에 따라 자기주식을 교부하는 경우와 신탁계약의 계약기간이 종료한 경우에는 그러하지 아니하다.

1. 이사회 결의

주권상장법인이 자기주식을 처분하거나 신탁계약을 해지하려는 경우 이사회는 다음의 사항을 결의하여야 한다. 다만, 주식매수선택권의 행사에 따라 자기주식을 교부하는 경우와 신탁계약의 계약기간이 종료한 경우에는 그러하지 아니하다(자령 제176조의 2 제1항).

① 자기주식을 자본시장법 제165조의3 제1항 제1호에 따라 처분하려는 경우[277]에는 처분의 목적·금액 및 방법, 주식의 종류 및 수, 그 밖에 금융위원회가 정하여 고시하는 사항[278]

277) 거래소에서의 처분이 해당할 것이다.

278) 「증권의 발행 및 공시 등에 관한 규정」 제5-1조 제1항.
2. 처분의 경우

② 신탁계약을 해지하려는 경우에는 해지의 목적·금액, 계약기간, 그 밖에 금융위원회가 정하여 고시하는 사항[279]

위 규정의 취지상 자기주식은 증권시장에서 일정한 절차에 따라 매도하여야 한다. 이에 비해 개정 상법에서는 자기주식의 처분에 관한 사항을 "정관에 규정이 없는 것은 이사회가 결정" 하도록 하여(상법 제342조) 처분 상대방 등을 자율적으로 결정할 수 있게 하였다.

2. 처분결과보고서의 제출

자기주식취득결과보고에 관한 규정은 자기주식의 처분에 관하여 이를 준용하므로(증권의 발행 및 공시 등에 관한 규정 제5-9조 제1항), 자기주식을 처분하면 처분결과보고서를 금융위원회에 제출하여야 한다.[280]

주권상장법인이 자기주식취득에 관한 신탁계약을 해지하거나 신탁계약이 기간만료로 종료된 때에는 신탁계약이 해지 또는 종료된 날부터 5일 이내에 신탁계약해지결과보고서를 금융위에 제출하여야 한다(증권의 발행 및 공시 등에 관한 규정 제5-10조 제2항). 주식매수선택권의 행사에 따라 자기주식을 교

가. 처분목적
나. 처분예정금액
다. 주식의 종류 및 수
라. 처분하고자 하는 주식의 가격
마. 처분방법
바. 처분하고자 하는 기간
사. 처분을 위탁할 투자중개업자의 명칭
아. 그 밖에 투자자 보호를 위하여 필요한 사항

279) 「증권의 발행 및 공시 등에 관한 규정」 제5-2조.
2. 신탁계약의 해지(일부해지를 포함한다)의 경우
가. 해지목적
나. 해지금액
다. 해지일자
라. 해지할 신탁업자의 명칭
마. 그 밖에 투자자 보호를 위하여 필요한 사항

280) 다만, 주식매수선택권의 행사에 따라 자기주식을 교부하는 경우에는 이를 준용하지 아니하며, 자기주식을 교환대상으로 하는 교환사채 발행을 통하여 처분하는 경우에는 제5-8조를 준용하지 아니한다(증권의 발행 및 공시 등에 관한 규정 제5-9조 제1항).

부하는 경우에는 동일한 주주총회 또는 이사회결의로 부여한 주식매수선택권의 최초 행사에 대하여 자기주식을 교부하는 날의 5일전까지 동 주식매수선택권의 행사기간 중 행사가능한 자기주식수에 대한 주요사항보고서를 제출하여야 하며, 이 경우 주요사항보고서를 제출한 때에 자기주식을 처분한 것으로 본다(증권의 발행 및 공시 등에 관한 규정 제5-9조 제2항). 주권상장법인이 자기주식을 교환대상으로 하는 교환사채의 발행을 완료한 때에는 그 날로부터 5일 이내에 자기주식의 처분결과보고서를 제출하여야 하며, 동 처분결과보고서에는 처분(교환사채 발행)내역을 증명할 수 있는 서류를 첨부하여야 한다(증권의 발행 및 공시 등에 관한 규정 제5-9조 제3항).

주식매수선택권의 행사에 따라 자기주식을 교부하는 경우와 신탁계약의 계약기간이 종료된 경우에는 그 처분결과보고서의 제출을 생략할 수 있다(증권의 발행 및 공시 등에 관한 규정 제5-9조 제4항).

3. 처분기간

자기주식의 처분기간은 자본시장법 제391조에 따라 이사회 결의 사실이 공시된 날의 다음날부터 3월 이내로 한다(증권의 발행 및 공시 등에 관한 규정 제5-9조 제1항).

4. 매도주문방법

(1) 증권시장을 통한 처분시의 원칙

자기주식을 처분하고자 하는 주권상장법인이 증권시장을 통하여 자기주식을 처분하기 위하여 매도주문을 할 때에는 다음의 방법에 따라야 한다(증권의 발행 및 공시 등에 관한 규정 제5-9조 제5항).

① 거래소가 정하는 바에 따라 장개시전에 매도주문을 하는 경우 그 가격은 전일의 종가와 전일종가를 기준으로 2호가가격단위 낮은 가격의 범위 이내로 하며, 거래소가 정하는 정규시장의 매매거래시간 중에 매도주문(정

정매도주문을 포함한다)을 하는 경우 그 가격은 매도주문 직전의 가격과 매도주문시점의 최우선매도호가 중 낮은 가격과 그 가격으로부터 10호가가격단위 높은 가격의 범위 이내로 할 것. 이 경우 매매거래시간 중 매도주문은 거래소가 정하는 정규시장이 종료하기 30분전까지 제출하여야 한다.

② 1일 매도주문수량은 처분신고주식수의 100분의 10에 해당하는 수량과 처분신고서 제출일 전일을 기산일로 하여 소급한 1개월간의 일평균거래량의 100분의 25에 해당하는 수량 중 많은 수량 이내로 할 것. 다만, 그 많은 수량이 발행주식총수의 100분의 1에 해당하는 수량을 초과하는 경우에는 발행주식총수의 100분의 1에 해당하는 수량 이내로 할 것

③ 매노주문일 전일의 장 종료 후 즉시 ④의 규정에 의한 위탁 투자중개업자로 하여금 1일 매도주문수량등을 거래소에 신고하도록 할 것

④ 매도주문 위탁 투자중개업자를 1일 1사로 할 것(처분에 관한 이사회 결의에 정한 처분기간중에 매도주문을 위탁하는 투자중개업자는 5사를 초과할 수 없다)

(2) 시간외대량매매의 방법

자기주식을 거래소가 정하는 시간외대량매매의 방법으로 처분하고자 하는 경우에는 위 ① 및 ②의 규정은 적용하지 아니한다(증권의 발행 및 공시 등에 관한 규정 제5-9조 제6항). 이 경우 매도주문의 호가는 당일(장 개시 전 시간외대량매매의 경우에는 전일을 말한다) 종가를 기준으로 100분의 5 낮은 가격과 100분의 5 높은 가격의 범위 이내로 하여야 한다.

(3) 다자간매매체결회사를 통한 처분

자기주식을 취득한 주권상장법인이 다자간매매체결회사를 통하여 자기주식을 처분하기 위하여 매도주문을 할 때에는 증권시장을 통한 처분의 방법을 준용한다(증권의 발행 및 공시 등에 관한 규정 제5-9조 제7항).

4. 교환사채의 발행

주권상장법인이 소유하고 있는 상장증권 중 자기주식을 교환대상으로 하는 교환사채권을 발행한 경우에는 그 사채권을 발행하는 때에 자기주식을 처분한 것으로 본다(자령 제176조의 2 제4항).

V. 취득·처분의 금지기간

주권상장법인은 다음의 어느 하나에 해당하는 기간 동안에는 자본시장법 제165조의 3에 따른 자기주식의 취득 또는 처분 및 신탁계약의 체결 또는 해지를 할 수 없다(자령 제176조의 2 제2항).

① 다른 법인과의 합병에 관한 이사회 결의일부터 과거 1개월간
② 유상증자의 신주배정에 관한 기준일(일반공모증자의 경우에는 청약일) 1개월 전부터 청약일까지의 기간
③ 준비금의 자본전입에 관한 이사회 결의일부터 신주배정기준일까지의 기간
④ 시장조성을 할 기간
⑤ 미공개중요정보가 있는 경우 그 정보가 공개되기 전까지의 기간
⑥ 처분(신탁계약의 해지를 포함한다) 후 3개월간 또는 취득(신탁계약의 체결을 포함한다) 후 6개월간. 다만, 다음의 어느 하나에 해당하는 경우에는 그러하지 아니하다.

가. 임직원에 대한 상여금으로 자기주식을 교부하는 경우
나. 주식매수선택권의 행사에 따라 자기주식을 교부하는 경우
다. 한도를 초과하는 자기주식을 처분하는 경우
라. 임직원에 대한 퇴직금·공로금 또는 장려금 등으로 자기주식을 지급(「근로복지기본법」에 따른 사내근로복지기금에 출연하는 경우를 포함한다)하는 경우
마. 우리사주조합에 처분하는 경우
바. 법령 또는 채무이행 등에 따라 불가피하게 자기주식을 처분하는 경우
사. 「공기업의 경영구조개선 및 민영화에 관한 법률」의 적용을 받는 기

업이 민영화를 위하여 그 기업의 주식과의 교환을 청구할 수 있는 교환사채권을 발행하는 경우

아. 국가 또는「예금자보호법」에 따른 예금보험공사로부터 자기주식을 취득한 기업이 그 주식과 교환을 청구할 수 있는 교환사채권을 발행하는 경우(자목의 경우는 제외한다). 이 경우 교환의 대상이 되는 자기주식의 취득일부터 6개월이 지난 후에 교환을 청구할 수 있는 교환사채권만 해당한다.

자. 아목에 따른 기업이 교환사채권을 해외에서 발행하는 경우로서 자기주식을 갈음하여 발행하는 증권예탁증권과 교환을 청구할 수 있는 교환사채권을 발행하는 경우

차. 자기주식의 취득일부터 금융위원회가 정하여 고시하는 기간이 경과한 후 자기주식을 기초로 하는 증권예탁증권을 해외에서 발행하기 위하여 자기주식을 처분하는 경우[281]

카. 신탁계약을 해지하여 자기주식을 취득하는 경우

Ⅵ. 자기주식의 법적 지위

자본시장법에서는 자기주식의 의결권에 대한 규정을 두고 있지 않지만, 상법에서는 자기주식에 대하여 의결권을 행사할 수 없다고 명시하고 있다(상법 제369조 제2항), 또 의결권 외의 공익권도 성질상 인정될 수 없다는데 대해서는 학설상 이론이 없다.

자익권에 관하여 학설은 이익배당청구권이나 잔여재산분배청구권 등의 재산권은 행사할 수 있다거나, 신주발행이나 준비금의 자본전입시에 신주인수권 인정된다는 견해도 있지만,[282] 자익권도 공익권과 같이 행사할 수 없다고 보는 것(전면적 휴지설)이 통설의 입장이다.

주주권이란 원래 회사 이외의 주주를 위하여 인정되는 권리이므로, 회사 자

281) "금융위원회가 정하여 고시하는 기간" 이라 함은 자기주식취득일로부터 자기주식의 취득에 관한 결과보고서(취득결과보고서)를 제출한 날까지의 기간을 말한다(증권의 발행 및 공시 등에 관한 규정 제5-3조).

282) 최준선,「회사법」, 삼영사, 2006, 243면.

신이 자기의 주주로서 권리를 행사할 수 없는 것이 당연한 이치일 것이다.

또한 상법에서는 자기주식은 주주총회의 정족수의 계산에 있어서 발행주식의 총수에서 제외된다고 규정하고 있다(상법 제371조 1항).

제2절 합병

Ⅰ. 의의

합병 등에 있어서 그 가액의 산정이 투자자에게 있어서 중요한 의미를 가지기에 그 공정성을 확보할 필요가 있다. 자본시장법에서는 합병 등에 있어서 그 가액산정을 중심으로 이에 관한 특례 규정을 두고 있다.

Ⅱ. 특례적용 대상 행위

주권상장법인은 다음의 어느 하나에 해당하는 행위를 하려면 대통령령으로 정하는 요건·방법 등의 기준에 따라야 한다(자법 제165조의 4).

① 다른 법인과의 합병

② 대통령령으로 정하는 중요한 영업 또는 자산의 양수 또는 양도[283)]

③ 주식의 포괄적 교환 또는 포괄적 이전

④ 분할 또는 분할합병

283) 다음의 어느 하나에 해당하는 것을 말한다(자령 제176조의 6 제1항, 제171조 제1항).
1. 양수·양도하려는 영업부문의 자산액(장부가액과 거래금액 중 큰 금액을 말한다)이 최근 사업연도말 현재 자산총액의 100분의 10 이상인 양수·양도
2. 양수·양도하려는 영업부문의 매출액이 최근 사업연도말 현재 매출액의 100분의 10 이상인 양수·양도
3. 영업의 양수로 인하여 인수할 부채액이 최근 사업연도말 현재 부채총액의 100분의 10 이상인 양수
4. 영업전부의 양수
5. 양수·양도하려는 자산액(장부가액과 거래금액 중 큰 금액을 말한다)이 최근 사업연도말 현재 자산총액의 100분의 10 이상인 양수·양도. 다만, 일상적인 영업활동으로서 상품·제품·원재료를 매매하는 행위 등 금융위원회가 정하여 고시하는 자산의 양수·양도는 제외한다.

Ⅲ. 특례기준

1. 합병

(1) 가액의 산정

기업인수목적회사를 제외한 주권상장법인이 다른 법인과 합병하려는 경우에는 다음의 방법에 따라 산정한 합병가액에 따라야 한다. 이 경우 주권상장법인이 제1호 또는 제2호 가목 본문에 따른 가격을 산정할 수 없는 경우에는 제2호 나목에 따른 가격으로 하여야 한다(자령 제176조의 5 제1항).

1) 주권상장법인 간 합병

주권상장법인 간 합병의 경우에는 합병을 위한 이사회 결의일과 합병계약을 체결한 날 중 앞서는 날의 전일을 기산일로 한 다음 각 목의 종가(증권시장에서 성립된 최종가격을 말한다. 이하 이 항에서 같다)를 산술평균한 가액을 기준으로 100분의 10의 범위에서 할인 또는 할증한 가액. 이 경우 가목 및 나목의 평균종가는 종가를 거래량으로 가중산술평균하여 산정한다(자령 제176조의 5 제1항 제1호).

가. 최근 1개월간 평균종가. 다만, 산정대상기간 중에 배당락 또는 권리락이 있는 경우로서 배당락 또는 권리락이 있은 날부터 기산일까지의 기간이 7일 이상인 경우에는 그 기간의 평균종가로 한다.

나. 최근 1주일간 평균종가

다. 최근일의 종가

2) 주권상장법인과 주권비상장법인 간 합병

주권상장법인과 주권비상장법인 간 합병의 경우에는 다음의 기준에 따른 가격으로 한다(자령 제176조의 5 제1항 제2호).

가. 주권상장법인의 경우에는 제1호의 가격. 다만, 제1호의 가격이 자산가치에 미달하는 경우에는 자산가치로 할 수 있다.

나. 주권비상장법인의 경우에는 자산가치와 수익가치를 가중산술평균한 가액과 상대가치의 가액을 산술평균한 가액.

제1항 제2호 나목에 따른 가격으로 산정하는 경우에는 금융위원회가 정하여 고시하는 방법에 따라 산정한 유사한 업종을 영위하는 법인의 가치(“상대가치”)를 비교하여 공시하여야 하며, 같은 호 각 목에 따른 자산가치 · 수익가치 및 그 가중산술평균방법과 상대가치의 산출방법은 금융위원회가 정하여 고시한다(자령 제176조의 5 제2항).

3) 주권상장법인인 기업인수목적회사가 합병하는 경우

주권상장법인인 기업인수목적회사가 투자자 보호와 건전한 거래질서를 위하여 금융위원회가 정하여 고시하는 요건을 갖추어 그 사업목적에 따라 다른 법인과 합병하여 그 합병법인이 주권상장법인이 되려는 경우에는 다음의 기준에 따른 가액으로 합병가액을 산정할 수 있다(자령 제176조의 5 제3항).

① 주권상장법인인 기업인수목적회사의 경우: 제1항 제1호에 따른 가액

② 기업인수목적회사와 합병하는 다른 법인의 경우: 다음의 구분에 따른 가액

가. 다른 법인이 주권상장법인인 경우: 제1항 제1호에 따른 가격. 다만, 이를 산정할 수 없는 경우에는 제1항 각 호 외의 부분 후단을 준용한다.

나. 다른 법인이 주권비상장법인인 경우: 기업인수목적회사와 협의하여 정하는 가액

4) 주권상장법인이 주권비상장법인과 합병하여 주권상장법인이 되는 경우

주권상장법인이 주권비상장법인과 합병하여 주권상장법인이 되는 경우에는 다음의 요건을 충족하여야 한다(자령 제176조의 5 제4항).

합병의 당사자가 되는 주권상장법인이 자본시장법 제161조 제1항에 따라 주요사항보고서를 제출하는 날이 속하는 사업연도의 직전사업연도의 재무제표를 기준으로 자산총액 · 자본금 및 매출액 중 두 가지 이상이 그 주권상장법인보다 더 큰 주권비상장법인이 다음의 요건을 충족할 것

가. 증권상장규정(상장규정)에서 정하는 재무 등의 요건

나. 감사의견, 소송계류, 그 밖에 공정한 합병을 위하여 필요한 사항에 관하여 상장규정에서 정하는 요건

특정 증권시장에 주권이 상장된 법인이 다른 증권시장에 주권이 상장된 법인과 합병하여 특정 증권시장에 상장된 법인 또는 다른 증권시장에 상장된 법인이 되는 경우에는 제4항을 준용한다. 이 경우 "주권상장법인"은 "합병에도 불구하고 같은 증권시장에 상장되는 법인"으로, "주권비상장법인"은 "합병에 따라 다른 증권시장에 상장되는 법인"으로 본다(자령 제176조의 5 제5항).

(2) 외부평가기관

1) 의의

개정 자본시장법에서는 주권상장법인이 다른 법인과 합병하는 경우 다음의 구분에 따라 합병가액의 적정성에 대하여 외부평가기관의 평가를 받도록 하고 있다(자법 제165조의 4 제2항, 자령 제176조의 5 제7항)

① 주권상장법인(기업인수목적회사는 제외한다)이 주권상장법인과 합병하는 경우로서 다음의 어느 하나에 해당하는 경우

가. 주권상장법인이 자산가치와 수익가치를 가중산술평균한 가액에 따라 산정된 합병가액에 따르는 경우

나. 주권상장법인이 주권상장법인과 합병하여 주권비상장법인이 되는 경우. 다만, 자령 제176조의 5 제1항 제1호에 따라 산정된 합병가액에 따르는 경우 또는 다른 회사의 발행주식 총수를 소유하고 있는 회사가 그 다른 회사를 합병하면서 신주를 발행하지 아니하는 경우는 제외한다.

② 주권상장법인(기업인수목적회사는 제외한다)이 주권비상장법인과 합병하는 경우로서 다음의 어느 하나에 해당하는 경우

가. 주권상장법인이 자산가치와 수익가치를 가중산술평균한 가액에 따라 산정된 합병가액에 따르는 경우

나. 주권상장법인이 주권비상장법인과 합병하여 주권상장법인이 되는 경우. 다만, 다른 회사의 발행주식 총수를 소유하고 있는 회사가 그 다른 회사를 합병하면서 신주를 발행하지 아니하는 경우는 제외한다.

다. 주권상장법인(코넥스시장에 주권이 상장된 법인은 제외한다)이 주권비상장법인과 합병하여 주권비상장법인이 되는 경우. 다만, 합병의 당사자가 모두 제1항 제1호에 따라 산정된 합병가액에 따르는 경우 또는 다른 회사의 발행주식 총수를 소유하고 있는 회사가 그 다른 회사를 합병하면서 신주를 발행하지 아니하는 경우는 제외한다.

③ 기업인수목적회사가 다른 주권상장법인과 합병하는 경우로서 그 주권상장법인이 자산가치와 수익가치를 가중산술평균한 가액에 따라 산정된 합병가액에 따르는 경우

2) 자격

외부평가기관은 다음의 어느 하나에 해당하는 자로 한다(자령 제176조의 5 제8항).

① 인수업무 및 모집·사모·매출의 주선업무를 인가받은 자
②「신용정보의 이용 및 보호에 관한 법률」에 따라 허가를 받은 신용평가회사
③「공인회계사법」에 따른 회계법인

3) 평가업무를 할 수 없는 기간

외부평가기관이 다음의 어느 하나에 해당하는 경우에는 그 기간 동안 평가업무를 할 수 없다. 다만, ④의 경우에는 해당 특정회사에 대한 평가업무만 할 수 없다(자령 제176조의 5 제9항).

① 인수업무 및 사모·매출의 주선업무를 인가받은 금융투자회사가 금융위원회로부터 주식의 인수업무 참여제한의 조치를 받은 경우에는 그 제한기간
② 신용평가회사가 신용평가업무와 관련하여 금융위원회로부터 신용평가업무의 정지처분을 받은 경우에는 그 업무정지기간
③ 회계법인이「주식회사의 외부감사에 관한 법률」에 따라 업무정지조치를 받은 경우에는 그 업무정지기간
④ 회계법인이「주식회사의 외부감사에 관한 법률」에 따라 특정회사에 대한 감사업무의 제한조치를 받은 경우에는 그 제한기간

4) 평가의 제한

외부평가기관이 평가의 대상이 되는 회사와 금융위원회가 정하여 고시하는 특수 관계에 있는 경우에는 합병에 대한 평가를 할 수 없다(자령 제176조의 5 제10항).

5) 업무제한

금융위원회는 외부평가기관의 합병 등에 관한 평가가 현저히 부실한 경우, 그 밖에 투자자 보호 또는 건전한 거래질서를 해할 우려가 있는 경우로서 대통령령으로 정하는 경우[284]에는 평가 업무를 제한할 수 있다(자법 제165조의 4 제3항).

금융위원회는 외부평가기관에 대하여 1년의 범위에서 일정한 기간을 정하여 평가 업무의 전부 또는 일부를 제한할 수 있다(자령 제176조의 5 제12항).

6) 적용제외

법률의 규정에 따른 합병에 관하여는 위의 규정을 적용하지 아니한다. 다만, 합병의 당사자가 되는 법인이 계열회사의 관계에 있고 합병가액을 제1항 제1호에 따라 산정하지 아니한 경우에는 합병가액의 적정성에 대하여 외부평가기관에 의한 평가를 받아야 한다(자령 제176조의 5 제13항).

284) 자령 제176조의 5 ⑪ 법 제165조의4 제3항에서 "대통령령으로 정하는 경우"란 다음 각 호의 어느 하나에 해당하는 경우를 말한다.

1. 외부평가기관이 제9항 또는 제10항을 위반한 경우
2. 외부평가기관의 임직원이 평가와 관련하여 알게 된 비밀을 누설하거나 업무 외의 목적으로 사용한 경우
3. 외부평가기관의 임직원이 합병 등에 관한 평가와 관련하여 금융위원회가 정하여 고시하는 기준을 위반하여 직접 또는 간접으로 재산상의 이익을 제공받은 경우
4. 그 밖에 투자자 보호와 외부평가기관의 평가의 공정성·독립성을 해칠 우려가 있는 경우로서 금융위원회가 정하여 고시하는 경우

2. 주식의 포괄적 교환 또는 포괄적 이전과 분할합병

(1) 가액산정

주식의 포괄적 교환 또는 포괄적 이전과 분할합병에 관하여는 합병가액 산정에 관한 자본시장법 시행령 제176조의 5 제1항(분할되는 법인의 합병대상이 되는 부분의 합병가액 산정에 관하여는 같은 항 제2호 나목)을 준용한다. 다만, 주식의 포괄적 이전으로서 그 주권상장법인이 단독으로 완전자회사가 되는 경우에는 그러하지 아니하다(자령 제176조의 6 제2항).

(2) 외부평가기관의 평가

③ 중요한 영업 또는 자산의 양수 · 양도,[285] 주식의 포괄적 교환, 포괄적 이전(상법 제360조의2 및 제360조의15에 따른 완전자회사가 되는 법인 중 주권비상장법인이 포함되는 경우와 완전모회사가 주권비상장법인으로 되는 경우만 해당한다) 또는 분할합병을 하려는 경우에는 각각 영업 또는 자산의 양수 · 양도 가액, 주식의 포괄적 교환 비율, 포괄적 이전 비율 또는 분할합병 비율의 적정성에 대하여 외부평가기관(시행령 제176조의5 제9항 · 제10항에 따라 합병에 대한 평가를 할 수 없는 외부평가기관은 제외한다)의 평가를 받아야 한다. 다만, 다음의 어느 하나에 해당하는 경우에는 외부평가기관의 평가를 받지 아니할 수 있다(자령 제178조의 6 제3항).

① 중요한 자산의 양수 · 양도 중 증권시장을 통한 증권의 매매, 자산의 경매 등 외부평가기관의 평가 필요성이 적은 자산의 양수 · 양도로서 금융위원회가 정하여 고시하는 경우

② 코넥스시장에 상장된 법인과 주권비상장법인 간의 중요한 영업 또는 자산의 양수 · 양도, 주식의 포괄적 교환 및 포괄적 이전 또는 분할합병의 경우

285) 자령 제171조 제2항 각 호의 어느 하나에 해당하는 것을 말한다.

(3) 준용

중요한 영업 또는 자산의 양수 · 양도, 주식의 포괄적 교환, 포괄적 이전 및 분할 · 분할합병에 관하여는 외부평가기관의 업무제한에 관한 자본시장법 시행령 제176조의 5 제11항, 제12항 및 법률의 규정에 따른 합병에 대한 적용제외를 인정하는 제13항을 준용한다(자령 제176조의 6 제4항).

3. 정보의 공시

(1) 증권신고서의 제출

주권상장법인이 합병, 중요한 영업 또는 자산의 양도·양수, 주식의 포괄적 교환·포괄적 이전, 분할·분할합병으로 인하여 증권을 모집 또는 매출하는 경우에는 증권신고서에 소정의 사항을 기재하고 관계 서류를 첨부하여 금융위원회에 제출하여야 한다(증권의 발행 및 공시 등에 관한 규정 제2-9조).

(2) 주요사항보고서의 제출

사업보고서 제출대상법인은 합병, 중요한 영업 또는 자산의 양도·양수, 주식의 포괄적 교환·포괄적 이전, 분할·분할합병의 사실이 발생한 경우에는 그 사실이 발생한 날의 다음 날까지 그 내용을 기재한 주요사항보고서를 금융위원회에 제출하여야 한다(자법 제161조 제1항 6, 7호). 금융위원회는 주요사항보고서가 제출된 경우 이를 거래소에 지체 없이 송부하여야 한다(자법 제161조 제5항).

(3) 합병 등의 종료 보고

주권상장법인이 합병 등의 사유로 주요사항보고서를 제출한 이후 다음과 같이 합병 등을 사실상 종료한 때에는 지체없이 이와 관련한 사항을 기재한 서면을 금융위에 제출하여야 한다. 다만, 증권발행실적보고서를 제출하는 경우에는 그러하지 아니하다(증권의 발행 및 공시 등에 관한 규정 제5-15조).

① 합병등기를 한 때
② 등기 등 사실상 영업양수·양도를 종료한 때
③ 관련 자산의 등기 등 사실상 자산양수·양도를 종료한 때
④ 분할 또는 분할합병 등기를 한 때
⑤ 주식교환을 한 날 또는 주식이전에 따른 등기를 한 때

제3절 주식매수청구권

Ⅰ. 의의

주식매수청구권이란 주식교환, 간이주식교환, 주식이전, 영업양도 등, 합병, 간이합병, 분할합병에 관한 이사회 결의에 반대하는 주주가 주주총회 전에 해당 법인에 대하여 서면으로 그 결의에 반대하는 의사를 통지한 경우에만 자기가 소유하고 있는 주식을 매수하여 줄 것을 해당 법인에 대하여 청구할 수 있는 권리이다(자법 제165조의 5 제1항).

합병 등에 있어서 소수주주가 반대를 하여도 다수결에 의하여 합병결의가 이루어질 수 있기에 소수주주의 이익을 보호하기 위하여 주식매수청구권을 인정한다. 주식매수청구권이 인정되어도 매수가격이 공정하지 못하면 주주의 이익이 보호받을 수 없기에 공정한 가격의 결정을 위한 절차가 중요한 의미를 가진다.

주식매수청구권에 관한 자본시장법의 규정은 반대주주의 자격, 매수가격의 결정, 매수기간 등에 있어서 상법과 약간의 차이가 있다.

Ⅱ. 주식매수청구권 행사의 절차

1. 주식매수청구의 대상주식

주식매수청구권을 행사할 수 있는 주주는 주주명부에 기재된 주주이다. 자기주식에 대해서는 주식매수청구권이 인정되지 않는다. 주식매수청구권을 행사할 수 있는 주식은 이사회 결의 사실이 공시되기 이전에 취득하였음을 증명한 주식과, 이사회 결의 사실이 공시된 이후에 취득하였지만 대통령령으로 정하는 경우[286]에 해당함을 증명한 주식만 해당한다(자법 제165조의 5 제1항). 여기서의 주식에는 의결권 없는 주식도 포함한다(자법 제165조의 5 제1항).

2. 통지 및 공고

주권상장법인은 주식교환, 주식이전, 영업양도 등, 합병, 분할합병에 관한 주주총회 소집의 통지 또는 공고를 하거나 간이주식교환, 간이합병에 관한 통지 또는 공고를 하는 경우에는 주식매수청구권의 내용 및 행사방법을 명시하여야 한다. 이 경우 의결권 없는 주주에게도 그 사항을 통지하거나 공고하여야 한다(자법 제165조의 5 제5항).

3. 반대의사의 통지

이사회 결의에 반대하는 주주가 주주총회 전에 해당 법인에 대하여 서면으로 그 결의에 반대하는 의사를 통지한 경우에만 주식매수청구권을 행사할 수 있다.

주주총회 전에 통지하여야 하므로 일반적으로 주주총회 전일까지 통지하겠

286) 이사회 결의 사실이 공시된 날의 다음 영업일까지 다음 각 호의 어느 하나에 해당하는 행위가 있는 경우를 말한다(자령 제176조의 7 제1항).
1. 해당 주식에 관한 매매계약의 체결
2. 해당 주식의 소비대차계약의 해지
3. 그 밖에 해당 주식의 취득에 관한 법률행위

지만, 주주총회 당일이라도 주주총회개회 전에 통지하면 유효한 통지로 보아야 한다.287)

간이주식교환(상법 제360조의9)에 따라 완전자회사가 되는 회사의 주주와 간이합병(상법 제527조의2)에 따라 소멸하는 회사의 주주의 경우에는 간이주식교환, 간이합병의 공고 또는 통지를 한 날부터 2주내에 반대의사를 통지하여야 한다.

4. 매수의 청구

주주총회의 결의일 20일 이내에 주식의 종류와 수를 기재한 서면으로 청구할 수 있다(자법 제165조의 5 제1항).

간이주식교환(상법 제360조의9)에 따라 완전자회사가 되는 회사의 주주와 간이합병(상법 제527조의2)에 따라 소멸하는 회사의 주주의 경우에는 간이주식교환, 간이합병의 공고 또는 통지를 한 날부터 2주가 경과한 날부터 20일 이내에 청구하여야 한다.

5. 매수기간

주식매수의 청구를 받으면 해당 법인은 매수청구기간이 종료하는 날부터 1개월 이내에 해당 주식을 매수하여야 한다(자법 제165조의 5 제2항).

주식매수청구권의 행사에 대하여 이를 불이행한 경우 합병 등이 무효가 되지는 않는다. 합병의 경우를 보면 합병결의 자체는 유효하므로 합병절차에 하자가 있는 것이 아니고, 또 주식매수청구권은 적법하게 성립한 결의에 반대한 주주의 이익을 보호하고자 하는 것이지 합병 자체의 유·무효를 다투는 것이 아니므로 그 효력을 인정할 것이다.288)

287) 임재연, 앞의 책, 587면.
288) 정찬형, 앞의 책, 475면.

Ⅲ. 매수가액의 결정

1. 의의

주식매수가액의 결정은 원칙으로 주식매수청구자와 회사 간의 협의에 의하여 결정한다(자법 제165조의 5 제3항).

이점에 있어서 상법과 동일하나(상법 제530조 제2항, 제374조의 2 제3항), 협의가 이루어지지 않은 경우에 상법에서는 회사 또는 주식의 매수를 청구한 주주는 법원에 대하여 매수가액의 결정을 청구할 수 있는데 반해(상법 제374조의 2 제4항),[289] 자본시장법에서는 다음에 보는 법정의 가격결정과정을 거치도록 하고 있다.

2. 법정의 매수가격

주식매수가액의 결정에 대하여 당사자 간의 협의가 이루어지지 아니하는 경우의 매수가격은 이사회 결의일 이전에 증권시장에서 거래된 해당 주식의 거래가격을 기준으로 하여 대통령령으로 정하는 방법에 따라 산정된 금액으로 한다(자법 제165조의 5 제3항).

대통령령에 의할 때 매수가격은 다음의 금액을 말한다(자령 제176조의 7 제2항).

① 증권시장에서 거래가 형성된 주식은 다음의 방법에 따라 산정된 가격의 산술평균가격

가. 이사회 결의일 전일부터 과거 2개월(같은 기간 중 배당락 또는 권리락으로 인하여 매매기준가격의 조정이 있는 경우로서 배당락 또는 권리락이 있은 날부터 이사회 결의일 전일까지의 기간이 7일 이상인 경우에는 그 기간)간 공표된 매일의 증권시장에서 거래된 최종시세가격을 실물거래에 의한 거래량을 가중치로 하여 가중산술평균한 가격

나. 이사회 결의일 전일부터 과거 1개월(같은 기간 중 배당락 또는 권리

289) "법원은 회사의 재산상태 그 밖의 사정을 참작하여 공정한 가액으로 이를 산정하여야 한다" (상법 제374조의 2 제5항).

락으로 인하여 매매기준가격의 조정이 있는 경우로서 배당락 또는 권리락이 있은 날부터 이사회 결의일 전일까지의 기간이 7일 이상인 경우에는 그 기간)간 공표된 매일의 증권시장에서 거래된 최종시세가격을 실물거래에 의한 거래량을 가중치로 하여 가중산술평균한 가격

다. 이사회 결의일 전일부터 과거 1주일간 공표된 매일의 증권시장에서 거래된 최종시세가격을 실물거래에 의한 거래량을 가중치로 하여 가중산술평균한 가격

② 증권시장에서 거래가 형성되지 아니한 주식은 제176조의 5 제1항 제2호 나목에 따른 가격[290)]

3. 법원의 결정가격

주식매수가격에 대하여 협의가 이루지지 않거나, 법정의 매수가격에 대하여도 해당 법인이나 매수를 청구한 주주가 반대하면 법원에 매수가격의 결정을 청구할 수 있다(자법 제165조의 5 제3항 단서).[291)]

---

290) 자령 제176조의 5 제1항 제2호 나. 주권비상장법인의 경우에는 자산가치와 수익가치를 가중산술평균한 가액과 상대가치의 가액을 산술평균한 가액. 다만, 상대가치를 산출할 수 없는 경우에는 자산가치와 수익가치를 가중산술평균한 가액으로 한다.

291) 법원은 "주권상장법인의 합병 등에 반대하는 주주가 구 증권거래법(2004.1.29.법률 제7114호로 개정되기 전의 것)제191조 제1항에 의하여 당해 법인에 대하여 상장주식의 매수를 청구하고 주주와 당해 법인 간에 매수가격에 대한 협의가 이루어지지 아니하여 주주 또는 당해 법인이 법원에 매수가격 결정을 청구한 경우, 일반적으로 주권상장법인의 시장주가는 유가증권시장에 참여한 다수의 투자자가 법령에 근거하여 공시되는 당해 기업의 자산내용, 재무상황, 수익력, 장래의 사업전망 등 당해 법인에 관한 정보에 기초하여 내린 투자판단에 의하여 당해 기업의 객관적 가치가 반영되어 형성된 것으로 볼 수 있고, 주권상장법인의 주주는 통상 시장주가를 전제로 투자행동을 취한다는 점에서 시장주가를 기준으로 매수가격을 결정하는 것이 당해 주주의 합리적 기대에 합치하는 것이므로, 법원은 원칙적으로 시장주가를 참조하여 매수가격을 산정하여야 한다. 다만 이처럼 시장주가에 기초하여 매수가격을 산정하는 경우라고 하여 법원이 반드시 구 증권거래법 시행령(2005.1.27.대통령령 제18687호로 개정되기 전의 것, 이하 '구 증권거래법 시행령' 이라 한다) 제84조의9 제2항 제1호에서 정한 산정 방법 중 어느 하나를 선택하여 그에 따라서만 매수가격을 산정하여야 하는 것은 아니고, 법원은 공정한 매수가격을 산정한다는 매수가격 결정신청사건의 제도적 취지와 개별 사안의 구체적 사정을 고려하여 이사회결의일 이전의 어느 특정일의 시장주가를 참조할 것인지, 또는 일정기간 동안의 시장주가의 평균치를 참조할 것인지, 그렇지 않으면 구 증권거래법 시행령 제84조의9 제2항 제1호에서 정한 산정 방법 중 어느 하나에 따라 산정된 가격을 그대로 인정할 것인지 등을 합리적으로 결정할 수 있다. 나아가 당해 상장주식이 유가증권시장에서 거래가 형성되지

Ⅳ. 매수주식의 처분

주권상장법인이 매수한 주식은 대통령령으로 정하는 기간[292] 이내에 처분하여야 한다. 다만, 주주에게 배당할 이익으로 주식을 소각하려는 경우에는 이익소각에 관한 자본시장법 제165조의 3(같은 조 제2항 각 호 외의 부분 후단 및 같은 조 제3항 제1호는 제외한다)에 따라야 한다(자법 제165조의 5 제4항). 이 경우 같은 조 제2항 제2호를 적용함에 있어서는 "소각하기 위하여 취득할 주식가액의 총액" 을 "소각할 주식가액의 총액" 으로 하고, 같은 조 제2항 제3호를 적용함에 있어서는 "주식을 취득하려는 기간. 이 경우 그 기간은" 을 "주식을 소각하려는 날. 이 경우 그 날은" 으로 하며, 같은 조 제3항 제2호를 적용함에 있어서는 "소각을 위하여 취득할 자기주식의 금액" 을 "소각할 자기주식 가액의 총액" 으로 한다.

제4절 주식의 발행 및 배정 등에 관한 특례

Ⅰ. 신주발행의 방식

주권상장법인이 신주를 배정하는 경우 다음의 방식에 따른다(개정 자법 제165조의3 제1항).

① 주주에게 그가 가진 주식 수에 따라서 신주를 배정하기 위하여 신주인수의 청약을 할 기회를 부여하는 방식

② ① 외의 방법으로 특정한 자(해당 주권상장법인의 주식을 소유한 자를

아니한 주식이거나(구 증권거래법시행령 제84조의9 제2항 제2호) 시장주가가 가격조작 등 시장의 기능을 방해하는 부정한 수단에 의하여 영향을 받는 등으로 당해 주권상장법인의 객관적 가치를 제대로 반영하지 못하고 있다고 판단되는 경우에는, 시장주가를 배제하거나 또는 시장주가와 함께 순자산가치나 수익가치 등 다른 평가요소를 반영하여 당해 법인의 상황이나 업종의 특성 등을 종합적으로 고려한 공정한 가액을 산정할 수도 있으나, 단순히 시장주가가 순자산가치나 수익가치에 기초하여 산정된 가격과 다소 차이가 난다는 사정만으로 위 시장주가가 주권상장법인의 객관적 가치를 반영하지 못한다고 쉽게 단정하여서는 아니 된다."(대법원 2011. 10. 13. 자 2008마264 결정)고 판시하였다.

292) 주식을 매수한 날부터 3년을 말한다(자령 제176조의 7 제3항).

포함한다)에게 신주를 배정하기 위하여 신주인수의 청약을 할 기회를 부여하는 방식

② ① 외의 방법으로 불특정 다수인(해당 주권상장법인의 주식을 소유한 자를 포함한다)에게 신주인수의 청약을 할 기회를 부여하고 이에 따라 청약을 한 자에 대하여 신주(이미 발행한 주식을 포함한다)를 배정하는 방식

회사가 신주를 발행하는 경우에 상법에서는 원칙적으로 주주의 신주인수권을 인정하여 주주는 종래 가지고 있던 주식의 수에 비례하여 우선적으로 신주의 배정을 받을 수 있는 권리를 가진다(상법 제418조 제1항). 제3자의 신주인수권은 법률에 의해 부여되는 경우로 전환사채, 신주인수권부사채를 제3자배정의 방법으로 발행하는 경우, 우리사주조합에 우선적 배정하는 경우를 들 수있다. 그 외 정관에 의해 부여될 수 있는데, 이때는 신기술의 도입·재무구조의 개선 등 회사의 경영상 목적을 달성하기 위하여 필요한 경우에 한하여 인정된다(상법 제418조 제2항).

자본시장법에서도 위와 같이 주주배정 및 제3자배정 방식의 신주발행을 인정하면서, 그 외 일반공모증자방식에 의한 신주발행을 인정하고 있다.

일반공모증자는 신주인수권을 인정하지 않는 것으로, 자본조달의 편의성을 위해서 인정되지만 이에 의할 때 주주의 신주인수권은 제한되어 기존주주의 경우 지분희석화의 불이익을 입을 수가 있으므로 그 발행가격의 공정성을 확보할 필요가 있다.

Ⅱ. 신주인수권증서의 발행

주권상장법인은 주주배정의 방식으로 신주를 배정하는 경우 상법 제416조 제5호 및 제6호[293]에도 불구하고 주주에게 신주인수권증서를 발행하여야 한다(개정 자법 제165조의3 제3항). 이 경우 주주 등의 이익 보호, 공정한 시

293) 상법에 따르면 다음은 이사회의 결정에 따른다. 상법 제416조 5. 주주가 가지는 신주인수권을 양도할 수 있는 것에 관한 사항 6. 주주의 청구가 있는 때에만 신주인수권증서를 발행한다는 것과 그 청구기간

장질서 유지의 필요성 등을 고려하여 대통령령으로 정하는 방법[294]에 따라 신주인수권증서가 유통될 수 있도록 하여야 한다.

Ⅲ. 일반공모증자

일반공모증자의 방식으로 신주를 배정하는 경우에는 정관으로 정하는 바에 따라 이사회의 결의로 다음의 어느 하나에 해당하는 방식으로 신주를 배정하여야 한다. 이 경우 상법 제418조 제1항 및 같은 조 제2항 단서[295]를 적용하지 아니한다(개정 자법 제165조의3 제4항).

① 신주인수의 청약을 할 기회를 부여하는 자의 유형을 분류하지 아니하고 불특정 다수의 청약자에게 신주를 배정하는 방식

② 자본시장법 제165조의7에 따라 우리사주조합원에 대하여 신주를 배정하고 청약되지 아니한 주식까지 포함하여 불특정 다수인에게 신주인수의 청약을 할 기회를 부여하는 방식

③ 주주에 대하여 우선적으로 신주인수의 청약을 할 수 있는 기회를 부여하고 청약되지 아니한 주식이 있는 경우 이를 불특정 다수인에게 신주를 배정받을 기회를 부여하는 방식

④ 투자매매업자 또는 투자중개업자가 인수인 또는 주선인으로서 마련한 수요예측 등 대통령령으로 정하는 합리적인 기준[296]에 따라 특정한 유형의

294) 자령 제176조의 8 ④ 법 제165조의6 제3항 후단에서 "대통령령으로 정하는 방법"이란 다음 각 호의 어느 하나에 해당하는 방법을 말한다.

1. 증권시장에 상장하는 방법
2. 둘 이상의 금융투자업자(주권상장법인과 계열회사의 관계에 있지 아니한 투자매매업자 또는 투자중개업자를 말한다)를 통하여 신주인수권증서의 매매 또는 그 중개·주선이나 대리업무가 이루어지도록 하는 방법. 이 경우 매매 또는 그 중개·주선이나 대리업무에 관하여 필요한 세부사항은 금융위원회가 정하여 고시한다.

295) 상법 제418조 (신주인수권의 내용 및 배정일의 지정·공고) ① 주주는 그가 가진 주식 수에 따라서 신주의 배정을 받을 권리가 있다.
② 회사는 제1항의 규정에 불구하고 정관에 정하는 바에 따라 주주 외의 자에게 신주를 배정할 수 있다. 다만, 이 경우에는 신기술의 도입, 재무구조의 개선 등 회사의 경영상 목적을 달성하기 위하여 필요한 경우에 한한다.

296) 자령 제176조 ⑤ 법 제165조의6 제4항 제4호에서 "수요예측 등 대통령령으로 정하는 합리적인

자에게 신주인수의 청약을 할 수 있는 기회를 부여하는 경우로서 금융위원회가 인정하는 방식

Ⅳ. 실권주의 처리

실권주란 신주를 배정하는 경우 그 기일까지 신주인수의 청약을 하지 아니하거나 그 가액을 납입하지 아니한 주식을 말한다. 기존에 자본시장에서 주식·CB·BW 등을 발행할 때 주주배정 방식이 널리 활용되어 일반공모를 통한 발행시장 형성이 저해되었고,[297] 실권주 처리 등의 과정에서 편법적인 수단으로 남용될 소지가 있었다.

개정 자본시장법에서는 주식의 배정에 대하여 주주배정, 제3자배정, 일반공모증자의 방식을 인정하고, 주주배정 방식에서 실권주가 유리한 가격으로 제3자에게 배정되는 것을 방지하기 위하여 주주배정 과정에서 실권주가 발생하는 경우에는 원칙적으로 발행을 철회하도록 하였다(자법 제165조의 3 제2항). 현행은 주주배정 후 실권발생시 저가로 제3자·특정대주주에게 임의배정이 가능하지만, 기업의 실권주 임의처리를 제한하고 있다.

다만, 금융위원회가 정하여 고시하는 방법에 따라 산정한 가격 이상으로 신주를 발행하는 경우로서 다음의 어느 하나에 해당하는 경우에는 그러하지 아니하다.

① 실권주가 발생하는 경우 대통령령으로 정하는 특수한 관계[298]에 있지 아

기준" 이란 수요예측(발행되는 주식의 가격 및 수량 등에 대한 투자자의 수요와 주식의 보유기간 등 투자자의 투자성향을 금융위원회가 정하여 고시하는 방법에 따라 파악하는 것을 말한다)을 말한다.

297) 〈상장기업의 유상증자 현황 (공모·배정방식별)〉

(단위 : 조원, %)

구 분	사모(제3자배정)		공모				전체	
			주주배정		일반공모(IPO제외)			
2009년	4.47	(35.2)	5.45	(42.9)	2.77	(21.8)	12.69	(100)
2010년	5.42	(52.9)	3.21	(31.3)	1.61	(15.7)	10.24	(100)

* 출처: 예탁결제원 / (괄호안은 비중)

298) 자령 제176조의 8 ① 법 제165조의6제2항제1호에서 "대통령령으로 정하는 특수한 관계"란 계열회사의 관계를 말한다.

니한 투자매매업자가 인수인으로서 그 실권주 전부를 취득하는 것을 내용으로 하는 계약을 해당 주권상장법인과 체결하는 경우

② 주주배정의 경우 신주인수의 청약 당시에 해당 주권상장법인과 주주 간의 별도의 합의에 따라 실권주가 발생하는 때에는 신주인수의 청약에 따라 배정받을 주식수를 초과하는 내용의 청약("초과청약")을 하여 그 초과청약을 한 주주에게 우선적으로 그 실권주를 배정하기로 하는 경우. 이 경우 신주인수의 청약에 따라 배정받을 주식수에 대통령령으로 정하는 비율[299]을 곱한 주식수를 초과할 수 없다.

③ 그 밖에 주권상장법인의 자금조달의 효율성, 주주 등의 이익 보호, 공정한 시장질서 유지의 필요성을 종합적으로 고려하여 대통령령으로 정하는 경우[300]

제5절 우리사주조합원에 대한 우선배정

Ⅰ. 원칙

대통령령으로 정하는 주권상장법인[301] 또는 주권을 대통령령으로 정하는 증권시장[302]에 상장하려는 법인("해당 법인")이 주식을 모집하거나 매출하는

---

299) 자령 제176조의 8 ② 법 제165조의6 제2항 제2호 후단에서 "대통령령으로 정하는 비율"이란 100분의 20을 말한다

300) 자령 제176조의 8 ③ 법 제165조의6 제2항 제3호에서 "대통령령으로 정하는 경우"란 다음 각 호의 어느 하나에 해당하는 경우를 말한다.

1. 법 제130조에 따라 신고서를 제출하지 아니하는 모집·매출의 경우
2. 주권상장법인이 우리사주조합원(제176조의9 제3항 제1호에 따른 우리사주조합원을 말한다. 이하 이 호에서 같다)에 대하여 법 제165조의7 또는 「근로복지기본법」 제38조 제2항에 따라 발행되는 신주를 배정하지 아니하는 경우로서 실권주(법 제165조의6 제2항 각 호 외의 부분 본문에 따른 실권주를 말한다)를 우리사주조합원에게 배정하는 경우

301) 자령 제176조의 9 ① 법 제165조의7 제1항 각 호 외의 부분 본문에서 "대통령령으로 정하는 주권상장법인"이란 한국거래소가 법 제4조제2항 각 호의 증권의 매매를 위하여 개설한 증권시장으로서 금융위원회가 정하여 고시하는 증권시장(이하 "유가증권시장"이라 한다)에 주권이 상장된 법인을 말한다.

302) 자령 제176조의 9 ② 법 제165조의7 제1항 각 호 외의 부분 본문에서 "대통령령으로 정하는 증권시장"이란 유가증권시장을 말한다.

경우 상법 제418조에도 불구하고 해당 법인의 우리사주조합원(「근로복지기본법」에 따른 우리사주조합원을 말한다)에 대하여 모집하거나 매출하는 주식총수의 100분의 20을 배정하여야 한다(자법 제165조의 7 제1항).

우리사주조합원이 소유하는 주식수가 신규로 발행되는 주식과 이미 발행된 주식의 총수의 100분의 20을 초과하는 경우[303]에는 이를 적용하지 아니한다(자법 제165조의 7 제2항).

개정 자본시장법에서는 우리사주조합원에 대한 투자자로서의 지위 보호를 위하여 발행가액 등이 확정된 후 청약을 할 수 있도록 청약 시점을 개선하고 있다.[304]

Ⅱ. 예외

다음의 경우에는 우리사주조합원의 우선배정권이 인정되지 않는다(자법 제165조의 7 제1항 단서).

① 「외국인투자 촉진법」에 따른 외국인투자기업 중 대통령령으로 정하는 법인이 주식을 발행하는 경우

② 그 밖에 우리사주조합원에 대한 우선배정이 어려운 경우로서 대통령령으로 정하는 경우[305]

303) 자령 제176조의 9 ③ 법 제165조의7 제2항에 따른 우리사주조합원의 소유주식수는 법 제119조 제1항에 따라 증권의 모집 또는 매출에 관한 신고서를 금융위원회에 제출한 날(법 제119조 제2항 전단에 따른 일괄신고서를 제출하여 증권의 모집 또는 매출에 관한 신고서를 제출하지 아니하는 경우에는 주주총회 또는 이사회의 결의가 있은 날)의 직전일의 주주명부상 우리사주조합의 대표자 명의로 명의개서된 주식에 따라 산정한다. 다만, 「근로복지기본법」 제43조 제1항에 따른 수탁기관이 예탁결제원에 예탁한 주식의 경우에는 법 제310조 제1항에 따른 투자자계좌부에 따라 산정한다.

304) 개정 자법에서는 제3항을 추가하였다. 제165조의4(우리사주조합원에 대한 주식의 배정 등에 관한 특례) ③ 제165조의3 제1항 제1호의 방식으로 신주를 발행하는 경우 제1항에 따른 우리사주조합원에 대한 배정분에 대해서는 「상법」 제419조 제1항부터 제3항까지의 규정을 적용하지 아니한다.

305) 자령 제176조의 9 ③ 법 제165조의7 제1항 제2호에서 "대통령령으로 정하는 경우"란 다음 각 호의 어느 하나에 해당하는 경우를 말한다.

1. 주권상장법인(유가증권시장에 주권이 상장된 법인을 말한다)이 주식을 모집 또는 매출하는 경우 우리사주조합원(「근로복지기본법」에 따른 우리사주조합의 조합원을 말한다. 이하 이 조에서 같다)의 청약액과 법 제165조의7제1항 각 호 외의 부분 본문에 따라 청약 직전 12개월간 취득한 해당 법인 주식의 취득가액(취득가액이 액면액에 미달하는 경우에는 액면액을 말한다. 이하 이 조에서 같다)을 합산한 금액이 그 법인으로부터 청약 직전 12개월간 지급받은 급여총액(소득세과세대상이

제6절 액면미달발행의 특례

Ⅰ. 의의

상법에서는 자본충실의 원칙에 따라 원칙적으로 주식의 액면미달발행을 제한하고 있다(상법 제330조). 그러나 주식의 실제가치가 액면가에 미치지 못하는 경우에 자본조달에 어려움을 겪을 수 있으므로 주주총회의 특별결의와 법원의 인가를 얻어서 액면미달발행을 할 수 있도록 하고 있다(상법 제417조). 개정상법에서는 주가가 액면가보다 낮은 경우에도 기업이 주식발행을 통해 자금조달이 가능하도록 무액면주식의 발행을 인정하고 있다(상법 제329조 제1항).

주권상장법인은 상법 제417조에도 불구하고 법원의 인가 없이 주주총회의 특별결의만으로 주식을 액면미달의 가액으로 발행할 수 있다. 다만, 해당 법인이 기존의 액면미달금액의 총액에 대하여 상각을 완료하지 아니한 경우에는 액면미달의 가액으로 발행할 수 없다(자법 제165조의 8 제1항). 주권상장법인은 주주총회에서 다르게 정하는 경우를 제외하고는 액면미달주식을 주주총회의 결의일부터 1개월 이내에 발행하여야 한다(자법 제165조의 8 제3항).

Ⅱ. 주식의 발행최저금액의 결정

액면미달발행을 위한 주주총회의 결의에서는 주식의 최저발행가액을 정하여야 한다. 이 경우 최저발행가액은 대통령령으로 정하는 방법에 따라 산정한 가격 이상이어야 한다(자법 제165조의 8 제2항).

여기서 대통령령으로 정하는 방법에 따라 산정한 가격이란 다음의 방법에 따라 산정된 가격 중 높은 가격의 100분의 70을 말한다(자령 제176조의 10).

① 주식의 액면미달가액 발행을 위한 주주총회의 소집을 결정하는 이사회의 결의일 전일부터 과거 1개월간 공표된 매일의 증권시장에서 거래된 최종

되는 급여액을 말한다)을 초과하는 경우
2. 삭제

시세가격의 평균액

② 주주총회소집을 위한 이사회의 결의일 전일부터 과거 1주일간 공표된 매일의 증권시장에서 거래된 최종시세가격의 평균액

③ 주주총회소집을 위한 이사회의 결의일 전일의 증권시장에서 거래된 최종시세가격

제7절 주주에 대한 통지 또는 공고의 특례

주권상장법인이 자본시장법 제165조의6 또는 상법 제418조 제2항의 방식으로 신주를 배정할 때 금융위원회에 제출한 주요사항보고서가 제163조에 따라 금융위원회와 거래소에 공시된 경우에는 상법 제418조 제4항[306)]을 적용하지 아니한다(개정 자법 제165조의9).

제8절 사채의 발행 및 배정 등에 관한 특례

상법상 특수한 사채로는 기존에 전환사채(상법 제531조 제1항), 신주인수권부사채(상법 제516조의 2 제1항) 만이 인정되었으나, 상법개정으로 이익참가부사채, 교환사채, 상환사채, 파생결합사채 등 다양한 사채의 발행이 가능하게 되었다.[307)]

주권상장법인은 정관으로 정하는 바에 따라 이사회의 결의로 상법 제469조 제2항, 제513조 및 제516조의2에 따른 사채와 다른 종류의 사채로서 해당 사채의 발행 당시 객관적이고 합리적인 기준에 따라 미리 정하는 사유가 발생

306) 제2항에 따라 주주 외의 자에게 신주를 배정하는 경우 회사는 제416조제1호, 제2호, 제2호의2, 제3호 및 제4호에서 정하는 사항을 그 납입기일의 2주 전까지 주주에게 통지하거나 공고하여야 한다.

307) 상법 제469조 ② 제1항의 사채에는 다음 각 호의 사채를 포함한다.
1. 이익배당에 참가할 수 있는 사채
2. 주식이나 그 밖의 다른 유가증권으로 교환 또는 상환할 수 있는 사채
3. 유가증권이나 통화 또는 그 밖에 대통령령으로 정하는 자산이나 지표 등의 변동과 연계하여 미리 정하여진 방법에 따라 상환 또는 지급금액이 결정되는 사채

하는 경우 주식으로 전환되거나 그 사채의 상환과 이자지급 의무가 감면된다는 조건이 붙은 사채, 그 밖에 대통령령으로 정하는 사채를 발행할 수 있다(자법 제165조의 11).

이를 조건부자본증권이라고 하며, 특정 발동요건(Trigger Event)이 발생시에 자동적으로 보통주로 전환되거나 상각되는 자본증권을 의미한다.[308)]

이는 상장된 중소·중견기업의 효율적이고 다양한 자금조달·합작투자 등을 위한 것으로, 전자는 전환형 조건부자본증권[309)]이며, 후자는 상각형 조건부자

---

308) 전환사채는 채권자가 전환권을 행사할 수 있음에 반하여 조건부자본증권의 경우 일정한 사유발생이 전환권 행사의 요건이 된다는 점에서 역전환사채, 의무전환사채라고도 한다.

309) 자령 제176조의12(전환형 조건부자본증권의 발행 등) ① 법 제165조의11 제1항에 따라 해당 사채의 발행 당시 객관적이고 합리적인 기준에 따라 미리 정하는 사유가 발생하는 경우 주식으로 전환되는 조건이 붙은 사채(이하 "전환형 조건부자본증권"이라 한다)를 발행하려는 주권상장법인은 정관에 다음 각 호의 사항을 규정하여야 한다.

1. 전환형 조건부자본증권을 발행할 수 있다는 뜻
2. 전환형 조건부자본증권의 총액
3. 전환의 조건
4. 전환으로 인하여 발행할 주식의 종류와 내용
5. 주주에게 전환형 조건부자본증권의 인수권을 준다는 뜻과 인수권의 목적인 전환형 조건부자본증권의 액
6. 주주 외의 자에게 전환형 조건부자본증권을 발행하는 것과 이에 대하여 발행할 전환형 조건부자본증권의 액

② 전환형 조건부자본증권을 발행하는 경우 그 조건부자본증권의 주식 전환사유는 적정한 방법에 의하여 산출 또는 관찰이 가능한 가격·지표·단위·지수로 표시되는 것이거나 「금융산업의 구조개선에 관한 법률」 제10조 제1항에 따른 적기시정조치 등의 사건(이하 이 항에서 "사유 등"이라 한다)으로서 다음 각 호의 기준을 모두 충족하는 것이어야 한다

1. 발행인, 그 발행인의 주주 및 투자자 등 전환형 조건부자본증권의 발행과 관련하여 이해관계를 가지는 자의 통상적인 노력으로 변동되거나 발생할 가능성이 현저히 낮은 사유등으로서 금융위원회가 정하여 고시하는 요건에 부합할 것
2. 사유등이 금융위원회가 정하여 고시하는 기준과 방법에 따라 증권시장 등을 통하여 충분히 공시·공표될 수 있을 것

③ 주권상장법인이 전환형 조건부자본증권을 발행하는 경우 「공사채 등록법」 제3조에 따른 등록기관에 등록하여 발행하여야 한다. 이 경우 법 제309조 제5항에 따른 방법으로 그 전환형 조건부자본증권이 등록되도록 하여야 한다.

④ 전환형 조건부자본증권의 사채청약서 및 사채원부에는 다음 각 호의 사항을 적어야 한다.

1. 조건부자본증권을 주식으로 전환할 수 있다는 뜻
2. 전환사유 및 전환의 조건
3. 전환으로 인하여 발행할 주식의 종류와 내용

⑤ 전환형 조건부자본증권의 주식전환은 전환사유가 발생한 날부터 제3영업일이 되는 날에 그 효력이 발생한다.

본증권[310]이다.

개정 자본시장법에서는 사채의 발행 및 배정 등에 관한 특례규정을 두어 원칙적으로 주식의 발행 및 배정 등에 관한 특례규정을 따르도록 하고,[311] 신주인수권부사채의 경우 비분리형만 인정한다.

원래 자본시장법 개정안에는 신주인수선택권증권[312]의 발행을 허용하였는

---

⑥ 주권상장법인이 전환형 조건부자본증권을 발행한 경우에는 「상법」 제476조에 따른 납입이 완료된 날부터 2주일 이내에 본점 소재지에서 다음 각 호의 사항을 등기하여야 한다.
1. 전환형 조건부자본증권의 총액
2. 각 전환형 조건부자본증권의 금액
3. 각 전환형 조건부자본증권의 납입금액
4. 제4항 각 호에 따른 사항
⑦ 전환형 조건부자본증권의 발행에 관하여는 「상법」 제424조, 제424조의2 및 제429조부터 제432조까지를 준용하며, 전환형 조건부자본증권의 주식으로의 전환에 관하여는 같은 법 제339조, 제346조 제4항, 제348조 및 제350조제2항·제3항을 준용한다.
⑧ 제1항부터 제7항까지에서 규정한 사항 외에 전환사유 발생에 따른 전환형 조건부자본증권의 주식으로의 전환가격, 그 밖에 전환형 조건부자본증권의 발행 및 유통 등에 관하여 필요한 세부사항은 금융위원회가 정하여 고시한다.

310) 자령 제176조의13(상각형 조건부자본증권의 발행 등) ① 법 제165조의11 제1항에 따라 해당 사채의 발행 당시 객관적이고 합리적인 기준에 따라 미리 정하는 사유가 발생하는 경우 그 사채의 상환과 이자지급 의무가 감면된다는 조건이 붙은 사채[이하 "상각형(償却型) 조건부자본증권"이라 한다]를 발행하려는 주권상장법인은 정관에 다음 각 호의 사항을 규정하여야 한다.
1. 상각형 조건부자본증권을 발행할 수 있다는 뜻
2. 상각형 조건부자본증권의 총액
3. 사채의 상환과 이자지급 의무가 감면(이하 이 조에서 "채무재조정"이라 한다)되는 조건
4. 채무재조정으로 인하여 변경될 상각형 조건부자본증권의 내용
② 상각형 조건부자본증권의 사채청약서 및 사채원부에는 다음 각 호의 사항을 적어야 한다.
1. 상각형 조건부자본증권에 대한 채무재조정이 발생할 수 있다는 뜻
2. 채무재조정 사유 및 채무재조정의 조건
3. 채무재조정으로 인하여 변경될 상각형 조건부자본증권의 내용
③ 상각형 조건부자본증권의 채무재조정은 채무재조정 사유가 발생한 날부터 제3영업일이 되는 날에 그 효력이 발생한다.
④ 상각형 조건부자본증권의 채무재조정 사유에 관하여는 제176조의12 제2항을 준용하며, 상각형 조건부자본증권의 발행에 관하여는 같은 조 제3항을 준용한다

311) 개정 자법 제165조의 10(사채의 발행 및 배정 등에 관한 특례) ① 주권상장법인이 제165조의11 제1항에 따른 사채(주식으로 전환되는 조건이 붙은 사채에 한한다)와 「상법」 제469조 제2항 제2호, 제513조 및 제516조의2에 따른 사채(이하 "주권 관련 사채권"이라 한다)를 발행하는 경우에는 제165조의6 제1항·제2항 및 제4항, 제165조의9를 준용한다.
② 주권상장법인이 「상법」 제516조의2 제1항에 따른 사채를 발행할 때 같은 조 제2항 제4호에도 불구하고 사채권자가 신주인수권증권만을 양도할 수 있는 사채는 발행할 수 없다.

312) 자법 개정안 제165조의 7(신주인수선택권증권) ① 주권상장법인은 다음 각 호의 어느 하나에 해당

데, 이는 독립 워런트의 의미를 가지는 것으로 미리 정한 가액 등에 따라 신주의 발행 등을 상장기업에 대해 청구할 수 있는 콜옵션(현행은 BW·CB, 스톡옵션과 같은 특정한 형태로만 허용)이다. 신주인수선택권증권은 기업방어수단으로도 활용될 수 있었지만 개정법에는 채택되지 못하였다.

하는 경우에는 「상법」 제340조의2, 제513조, 제516조의2 및 제542조의3에도 불구하고 정관으로 정하는 바에 따라 이사회의 결의로 일정한 기간 내에 미리 정한 가액으로 해당 법인에 대하여 신주의 발행 또는 자기주식의 양도를 청구할 수 있는 증권(이하 "신수인수선택권증권" 이라 한다)을 발행할 수 있다.

1. 주식, 그 밖에 대통령령으로 정하는 증권과 함께 발행하는 경우
2. 대통령령으로 정하는 금융기관으로부터 금전을 차입하면서 그 금융기관에 대하여 발행하는 경우
3. 전략적제휴, 합작투자의 유치 등을 위하여 다른 기업이나 투자자에 대하여 발행하는 경우
4. 그 밖에 주권상장법인의 자금조달의 효율성, 주주 등의 이익 보호, 공정한 시장질서 유지의 필요성을 종합적으로 고려하여 대통령령으로 정하는 경우

② 제1항의 정관에는 다음 각 호의 사항을 기재하여야 한다.

1. 신주인수선택권증권을 발행할 수 있다는 뜻
2. 신주인수선택권증권의 행사에 따라 발행하거나 양도하는 주식의 종류와 그 한도
3. 신주인수선택권증권의 양도를 제한하려는 경우에는 그 뜻
4. 신주인수선택권증권의 행사에 따라 신주를 발행하는 경우의 자본금 및 자본준비금에 관한 사항
5. 그 밖에 주권상장법인의 자금조달의 효율성, 주주 등의 이익 보호, 공정한 시장질서 유지의 필요성을 종합적으로 고려하여 대통령령으로 정하는 사항

③ 제1항 및 제2항에도 불구하고 제165조의3 제1항 제2호에 따른 방식으로 신주인수선택권증권을 발행할 때 그 발행할 수 있는 신주인수선택권증권의 내용, 신주인수선택권증권을 행사할 수 있는 기간, 그 밖에 대통령령으로 정하는 사항에 관하여 정관에 규정이 없으면 「상법」 제434조의 결의로써 이를 정하여야 한다.

④ 주권상장법인이 제1항에 따라 발행한 신주인수선택권증권을 행사함으로써 그 주권상장법인에 대하여 신주의 발행 또는 자기주식의 양도를 청구할 수 있는 권리의 양도는 그 신주인수선택권증권의 교부에 의해서만 이를 행한다. 이 경우 「상법」 제336조 제2항, 제360조 및 「수표법」 제21조는 규정은 신주인수선택권증권에 준용한다.

⑤ 신주인수선택권증권의 발행에 관하여는 제165조의3 제1항, 제2항(제3호는 제외한다), 제4항 및 제5항을, 신주인수선택권증권의 행사 및 등기 등에 대해서는 「상법」 제351조 및 제516조의8부터 제516조의10까지의 규정을, 신주인수선택권증권의 양도, 그 신주인수선택권의 행사에 따라 신주를 발행하는 경우 등에 대해서는 「상법」 제424조, 제429조부터 제432조까지의 규정을 준용한다.

⑥ 그 밖에 신주인수선택권증권의 발행, 유통 또는 행사 등에 관하여 필요한 세부사항은 대통령령으로 정한다.

제9절 이익배당의 특례

Ⅰ. 의의

자본시장법에서는 배당투자관행을 정착시킨다는 취지에서 분기배당제도를 도입하고 있다.

상법에서도 중간배당, 즉 영업년도 중 1회에 한하여 배당을 하는 것을 인정하고 있다.

Ⅱ. 내용

1. 분기배당제도

연 1회의 결산기를 정한 주권상장법인은 정관으로 정하는 바에 따라 사업연도 중 그 사업연도 개시일부터 3월, 6월 및 9월 말일 당시의 주주에게 이사회 결의로써 금전으로 이익배당(분기배당)을 할 수 있다(자법 제165조의 12 제1항).

2. 이사회 결의

분기배당에 관한 이사회 결의는 사업연도 개시일부터 3월, 6월 및 9월 말일부터 45일 이내에 하여야 한다(자법 제165조의 12 제2항).

3. 배당금의 지급

분기배당금은 이사회 결의일부터 20일 이내에 지급하여야 한다. 다만, 정관에서 그 지급시기를 따로 정한 경우에는 그에 따른다(자법 제165조의 12 제3항).

4. 배당금의 한도

분기배당은 직전 결산기의 대차대조표상의 순자산액에서 다음의 금액을 뺀 금액을 한도로 한다(자법 제165조의 12 제3항).

① 직전 결산기의 자본의 액
② 직전 결산기까지 적립된 자본준비금과 이익준비금의 합계액
③ 직전 결산기의 정기총회에서 이익배당을 하기로 정한 금액
④ 분기배당에 따라 해당 결산기에 적립하여야 할 이익준비금의 합계액

이렇게 배당재원이 당해 연도의 이익이 아니라는 점에서 이익배당과 구별된다. 그 성질에 대해서는 이익배당이 아니고 영업연도 중의 금전의 분배로 본다.

5. 배당재원

배당재원에 대하여 ① 전기에 발생한 이익의 후급으로 보는 전기이익후급설 ② 당기에 발생한 이익의 선급으로 보는 당기이익선급설이 있으나, 앞에서 본 바와 같이 배당재원이 당해 연도의 이익이 아니므로 전기이익후급설의 입장이 타당하다.

그러나 해당 결산기의 대차대조표상의 순자산액이 상법 제462조 제1항 각 호의 금액의 합계액에 미치지 못할 우려가 있으면 분기배당을 하여서는 아니 된다(자법 제165조의 12 제5항). 이는 마치 이익이 없이 배당을 하는 결과가 되기 때문에 이를 규제하는 것이다.

해당 결산기의 대차대조표상의 순자산액이 상법 제462조 제1항 각 호의 금액의 합계액에 미치지 못함에도 불구하고 분기배당을 한다는 이사회 결의에 찬성한 이사는 해당 법인에 대하여 연대하여 그 차액(분기배당액의 합계액이 그 차액보다 적을 경우에는 분기배당액의 합계액)을 배상할 책임이 있다. 다만, 그 이사가 상당한 주의를 하였음에도 불구하고 제5항의 우려가 있다는 것을 알 수 없었음을 증명하면 배상할 책임이 없다(자법 제165조의 12 제6항).

6. 상법규정의 준용

상법 제340조 제1항(기명주식의 등록질), 제344조 제1항(종류주식), 제350조 제3항(같은 법 제423조 제1항, 제516조 제2항 및 제516조의 9에서 준용하는 경우를 포함한다)(주식전환시기), 제354조 제1항(주주명부의 폐쇄와 기준일), 제370조 제1항(의결권 배제·제한주식), 제457조 제2항, 제458조(이익준비금), 제464조(이익배당의 기준) 및 제625조 제3호의 적용에 관하여는 분기배당을 같은 법 제462조 제1항에 따른 이익의 배당으로 보고, 같은 법 제350조 제3항의 적용에 관하여는 제1항의 말일을 영업연도 말로 보며, 상법 제635조 제1항 제22호의 2의 적용에 관하여는 제3항의 기간을 상법 제464조의 2 제1항의 기간으로 본다(자법 제165조의 12 제7항).

자본시장법 제165조의 12 제6항에 따라 이사가 연대책임을 지는 경우에 관하여는 상법 제399조 제3항(찬성의 추정) 및 제400조(책임의 면제)를 준용하고, 자본시장법 제165조의 12 제4항을 위반하여 분기배당을 한 경우에 관하여는 상법 제462조 제2항 및 제3항(중간배당)을 준용한다(자법 제165조의 12 제8항).

제10절 주식배당의 특례

상법상 주식배당은 이익배당총액의 2분의 1에 상당하는 금액을 초과하지 못한다(상법 제462조의 2 제1항 단서). 주권상장법인은 이익배당총액에 상당하는 금액까지는 새로 발행하는 주식으로 이익배당을 할 수 있다(자법 제165조의 13 제1항). 다만, 해당 주식의 시가가 액면액에 미치지 못하면 상법 제462조의 2 제1항 단서에 따른다.

이 때 주식의 시가는 주식배당을 결의한 주주총회일의 직전일부터 소급하여 그 주주총회일이 속하는 사업연도의 개시일까지 사이에 공표된 매일의 증권시장에서 거래된 최종시세가격의 평균액과 그 주주총회일의 직전일의 증권시장에서 거래된 최종시세가격 중 낮은 가액으로 한다(자령 제176조의 14).

제11절 공공적 법인의 배당

Ⅰ. 이익배당

공공적 법인이란 국가기간산업 등 국민경제상 중요한 산업을 영위하는 법인으로서 대통령령으로 정하는 상장법인[313]을 말하는 것으로서(자법 제152조 제3항), 공공적 법인은 이익이나 이자를 배당할 때 정부에 지급할 배당금의 전부 또는 일부를 법인의 주주 중 다음에 해당하는 자가 정부[314]로부터 직접 매수하여 계속 소유하는 주식 수에 따라 배당하는 방법으로 이를 지급할 수 있다(자법 제165조의 14 제1항, 자령 제176조의 15 제1항).

① 해당 주식을 발행한 법인의 우리사주조합원

② 연간소득수준 및 소유재산규모 등을 고려하여 대통령령으로 정하는 기준에 해당하는 자[315]

그러나 현재 공공적 법인으로 한전만이 지정되어 있어, 이 규정이 큰 의미를 가지지 못하고 있다.

Ⅱ. 준비금의 자본전입

공공적 법인은 준비금의 전부 또는 일부를 자본에 전입할 때에는 정부에 대하여 발행할 주식의 전부 또는 일부를 공공적 법인의 발행주식을 일정 기간

---

313) 자령 제162조(공공적 법인의 범위) 법 제152조 제3항에 따른 공공적 법인은 다음 각 호의 요건을 모두 충족하는 법인 중에서 금융위원회가 관계 부처장관과의 협의와 국무회의에의 보고를 거쳐 지정하는 법인으로 한다.
1. 경영기반이 정착되고 계속적인 발전가능성이 있는 법인일 것
2. 재무구조가 건실하고 높은 수익이 예상되는 법인일 것
3. 해당 법인의 주식을 국민이 광범위하게 분산 보유할 수 있을 정도로 자본금 규모가 큰 법인일 것

314) 한국은행, 한국산업은행, 그 밖에 「공공기관의 운영에 관한 법률」에 따른 공공기관 중 금융위원회가 지정하는 기관이 그 소유하는 공공적 법인의 발행주식을 매각한 경우에는 그 기관을 포함한다.

315) 다음 각 호의 어느 하나에 해당하는 자를 말한다(자령 제176조의 15 제2항).
1. 「한국주택금융공사법 시행령」 제2조 제1항에 따른 근로자
2. 「농어가 목돈마련저축에 관한 법률 시행령」 제2조 제1항에 따른 농어민
3. 연간소득금액이 720만원 이하인 자

소유하는 주주에게 발행할 수 있다(자법 제165조의 14 제2항). 공공적 법인은 이에 따른 주식의 발행이 필요한 경우에는 시행령 제176조 15 제1항의 어느 하나에 해당하는 자가 정부로부터 직접 매수하여 계속 소유하는 주식 수에 따라 배정한다(자령 제176조의 15 제3항).

위에 따라 주식을 취득한 자는 금융위원회가 정하여 고시하는 바에 따라 취득일부터 5년간 그 주식을 예탁하여야 한다(자령 제176조의 15 제4항).

제12절 의결권이 없거나 제한되는 주식의 특례

Ⅰ. 의의

상법에 따르면 의결권의 배제·제한에 관한 종류주식을 많이 발행하게 되면 소수의 주주가 회사를 지배하게 되므로 이를 방지하기 위하여 발행주식총수의 4분의 1을 넘지 못하도록 하고 있다(상법 제344조의 3 제2항)

Ⅱ. 자본시장법상의 특례

1. 한도적용시 불산입항목

상법 제370조 제2항에 따른 의결권 없는 주식의 총수에 관한 한도를 적용할 때 주권상장법인(주권을 신규로 상장하기 위하여 주권을 모집하거나 매출하는 법인을 포함한다)이 다음의 어느 하나에 해당하는 경우에 발행하는 의결권이 없거나 제한되는 주식은 그 한도를 계산할 때 산입하지 아니한다(자법 제165조의 15 제1항).

① 대통령령으로 정하는 방법[316]에 따라 외국에서 주식을 발행하거나, 외국에서 발행한 주권관련사채권 그 밖에 주식과 관련된 증권의 권리행사로

316) 상장하기 위하여 주식을 모집 또는 매출하는 법인이 금융위원회가 정하여 고시하는 바에 따라 해외증권을 의결권 없는 주식으로 발행하는 것을 말한다(자령 제176조의 16 제1항).

주식을 발행하는 경우

② 국가기간산업 등 국민경제상 중요한 산업을 경영하는 법인 중 대통령령으로 정하는 기준[317]에 해당하는 법인으로서 금융위원회가 의결권 없는 주식의 발행이 필요하다고 인정하는 법인이 주식을 발행하는 경우

2. 발행한도

자본시장법 제165조의 15 제1항 각 호의 어느 하나에 해당하는 의결권 없는 주식과 상법 제370조 제2항에 따른 의결권 없는 주식을 합한 의결권 없는 주식의 총수는 발행주식총수의 2분의 1을 초과하여서는 아니 된다(자법 제165조의 15 제2항).

3. 발행방법

의결권 없는 주식 총수의 발행주식총수에 대한 비율이 4분의 1을 초과하는 주권상장법인은 자본시장법 제165조의 15 제2항에 따른 비율 이내에서 대통령령으로 정하는 방법[318]에 따라 신주인수권의 행사, 준비금의 자본전입 또는 주식배당 등의 방법으로 의결권 없는 주식을 발행할 수 있다(자법 제165조의 15 제3항).

---

317) 다음 각 호의 어느 하나에 해당하는 법인을 말한다(자령 제176조의 16 제2항).
  1. 정부(한국은행 · 한국산업은행 및 「공공기관의 운영에 관한 법률」에 따른 공공기관을 포함한다)가 주식 또는 지분의 100분의 15 이상을 소유하고 있는 법인
  2. 다른 법률에 따라 주식취득 또는 지분참여가 제한되는 사업을 하고 있는 법인

318) 자령 제176조의 16 ③ 법 제165조의15 제3항에 따라 의결권 없는 주식을 발행하는 방법은 다음 각 호와 같다.
  1. 주주 또는 사채권자에 의한 신주인수권 · 전환권 등의 권리행사
  2. 준비금의 자본전입
  3. 주식배당
  4. 주식매수선택권의 행사

제13절 주권상장법인 재무관리기준

금융위원회는 투자자를 보호하고 공정한 거래질서를 확립하기 위하여 다음의 사항에 관하여 주권상장법인 재무관리기준[319]을 정하여 고시하고 필요한 권고를 할 수 있다. 다만, 자본시장법 제9조 제15항 제3호 나목에[320] 따른 법인에 대하여는 주권상장법인 재무관리기준을 다르게 정할 수 있다(자법 제165조의 16 제1항).

① 유상증자의 요건에 관한 사항
② 주권 관련 사채권의 발행에 관한 사항
③ 배당에 관한 사항
④ 대통령령으로 정하는 해외증권[321]의 발행에 관한 사항
⑤ 그 밖에 건전한 재무관리에 필요한 것으로서 대통령령으로 정하는 사항[322]

제14절 기타

Ⅰ. 주식매수선택권의 부여 신고

주식매수선택권이란 회사의 일정한 자가 일정한 기간(행사기간)내에 미리 정하여진 일정한 유리한 가격으로 일정수량의 자기회사의 주식을 취득할 수 있는 권리를 말한다. 주식매수선택권의 대상 및 부여한도 등에 관하여는 상법

---

319) 주권상장법인 재무관리기준은 「증권의 발행 및 공시 등에 관한 규정」 제5장 제3절에서 규정하고 있다.
320) 자법 제9조 제15항
3. 주권상장법인: 다음 각 목의 어느 하나에 해당하는 법인
가. 증권시장에 상장된 주권을 발행한 법인
나. 주권과 관련된 증권예탁증권이 증권시장에 상장된 경우에는 그 주권을 발행한 법인
321) 주권상장법인이 해외에서 발행하는 주권 · 전환사채권 · 신주인수권부사채권 · 이익참가부사채권 · 교환사채권 · 증권예탁증권, 그 밖에 이와 비슷한 증권을 말한다(자령 제176조의 17 제1항).
322) 다음 각 호의 사항을 말한다(자령 제176조의 17 제2항).
1. 이익참가부사채권의 발행에 관한 사항
2. 결손금에 관한 사항
3. 계산서류 및 재무에 관한 사항의 신고 및 공시방법에 관한 사항

의 상장회사에 대한 특례부분에서 규정하고 있다.

주식매수선택권의 부분별한 부여는 기존 주주의 이익을 해칠 우려가 있기 때문에 이에 대한 감시가 필요하다.

이를 반영하여 자본시장법에서는 주식매수선택권 부여 신고 등에 관한 규정을 두고 있다. 이에 따를 때 주식매수선택권을 부여한 주권상장법인은 주주총회 또는 이사회에서 주식매수선택권을 부여하기로 결의한 경우 대통령령으로 정하는 방법[323]에 따라 금융위원회와 거래소에 그 사실을 신고하여야 하며, 금융위원회와 거래소는 신고일부터 주식매수선택권의 존속기한까지 그 사실에 대한 기록을 갖추어 두고, 인터넷 홈페이지 등을 이용하여 그 사실을 공시하여야 한다(자법 제165조의 17 제1항).

Ⅱ. 사외이사의 의제

「공기업의 경영구조개선 및 민영화에 관한 법률」, 「은행법」, 그 밖의 법률에 따라 선임된 주권상장법인의 비상임이사 또는 사외이사는 상법에 따른 요건 및 절차 등에 따라 선임된 사외이사로 본다(자법 제165조의 17 제2항).

Ⅲ. 사외이사 선임 등의 신고

주권상장법인은 사외이사를 선임 또는 해임하거나 사외이사가 임기만료 외의 사유로 퇴임한 경우에는 그 내용을 선임 · 해임 또는 퇴임한 날의 다음 날까지 금융위원회와 거래소에 신고하여야 한다(자법 제165조의 17 제3항).

---

323) 자령 제176조의 18 ① 주권상장법인이 「상법」 제340조의2 제1항에 따라 주주총회 또는 이사회에서 주식매수선택권을 부여하기로 결의한 때에는 법 제165조의17 제1항에 따라 그 내용을 금융위원회와 거래소에 지체 없이 신고하여야 한다. 이 경우 해당 주권상장법인은 그 신고서에 주주총회 의사록 또는 이사회 의사록을 첨부하여야 한다.

Ⅳ. 사외이사 및 상근감사에 관한 특례

「중소기업기본법」 제2조에 따른 중소기업이 발행한 주권을 매매하는 대통령령으로 정하는 증권시장에 상장된 주권을 발행한 법인에 대하여는 상법 제542조의8(제1항 단서, 제4항 및 제5항은 제외한다) 및 제542조의10을 적용하지 아니한다(자법 165조의19)

제15절 금융위원회의 조치

금융위원회는 다음의 어느 하나에 해당하는 경우에는 주권상장법인에 대하여 이유를 제시한 후 그 사실을 공고하고 정정을 명할 수 있으며, 필요하면 그 법인의 주주총회에 대한 임원의 해임 권고, 일정 기간 증권의 발행 제한, 그 밖에 대통령령으로 정하는 조치[324]를 할 수 있다. 이 경우 그 조치에 필요한 절차 및 조치기준은 총리령으로 정한다(자법 제165조의 18).

① 제165조의3 제2항을 위반하여 자기주식을 취득한 경우
② 제165조의3 제4항을 위반하여 자기주식을 취득(자기주식을 취득하기로 한 신탁업자와의 신탁계약의 체결을 포함한다)하거나 처분(자기주식을 취득하기로 한 신탁업자와의 신탁계약의 해지를 포함한다)한 경우
③ 제165조의4 제1항을 위반하여 같은 항 각 호의 어느 하나에 해당하는 행위를 한 경우
④ 제165조의4 제2항을 위반하여 외부평가기관으로부터 평가를 받지 아니한 경우
⑤ 제165조의5 제2항을 위반하여 주식매수청구기간이 종료하는 날부터 1개월 이내에 해당 주식을 매수하지 아니한 경우
⑥ 제165조의5 제4항을 위반하여 대통령령으로 정하는 기간 이내에 주식을 처분하지 아니한 경우

---

324) 자령 제138조 제3호부터 제5호까지의 조치(법을 위반한 경우에는 고발 또는 수사기관에의 통보, 다른 법률을 위반한 경우에는 관련 기관이나 수사기관에의 통보, 경고 또는 주의)를 말한다(자령 제176조의 18 제2항).

⑦ 제165조의5 제5항의 절차를 위반하여 통지 또는 공고를 하거나, 같은 항에 따른 통지 또는 공고를 하지 아니한 경우
⑧ 제165조의6 제2항을 위반하여 실권주의 발행을 철회하지 아니한 경우
⑨ 제165조의6 제3항을 위반하여 신주인수권증서를 발행하지 아니하거나 유통될 수 있도록 하지 아니한 경우
⑩ 제165조의6 제4항을 위반하여 불특정 다수인(해당 주권상장법인의 주식을 소유한 자를 포함한다)에게 신주를 배정한 경우
⑪ 제165조의7을 위반하여 우리사주조합원에 대하여 주식의 배정을 한 경우
⑫ 제165조의8 제1항 단서를 위반하여 액면미달의 가액으로 주식을 발행한 경우
⑬ 제165조의8 제2항을 위반하여 최저발행가액을 정하지 아니하거나 같은 항 후단에 따른 방법에 따라 산정하지 아니한 경우
⑭ 제165조의8 제3항을 위반하여 주주총회의 결의일부터 1개월 이내에 주식을 발행하지 아니한 경우
⑮ 제165조의10을 위반하여 사채를 발행한 경우
⑯ 제165조의11을 위반하여 조건부자본증권 등을 발행한 경우
⑰ 제165조의12 제1항 및 제2항을 위반하여 이사회 결의를 거치지 아니하고 분기배당을 한 경우
⑱ 제165조의12 제3항을 위반하여 분기배당금을 지급하지 아니한 경우
⑲ 제165조의12 제5항을 위반하여 분기배당을 한 경우
⑳ 제165조의13제1항을 위반하여 주식배당을 한 경우
㉑ 제165조의13 제2항을 위반하여 주식의 시가를 산정한 경우
㉒ 제165조의15 제2항을 위반하여 의결권이 없거나 제한되는 주식을 발행한 경우
㉓ 제165조의16 제2항을 위반하여 재무관리기준에 따르지 아니한 경우
㉔ 제165조의17 제1항을 위반하여 같은 항에 따른 방법에 따라 주식매수선택권 부여에 관한 신고를 하지 아니한 경우
㉕ 제165조의17 제3항을 위반하여 사외이사의 선임·해임 또는 퇴임 사실을 신고하지 아니한 경우

제 4 편 불공정거래규제

제1장 내부자거래

제2장 시세조종 등 불공정거래행위의 금지

제3장 부정거래행위

제4편 불공정거래규제

제1장 내부자거래

제1절 단기매매차익반환제도

Ⅰ. 서설

1. 의의

내부자거래는 증권시장에 대한 신뢰를 손상시킴에도 불구하고 실제로 그것을 입증하기란 쉽지 않다. 증권시장에서 내부자거래에 대한 소문이나 의혹은 무성하지만 실제로 조사를 통하여 형사처벌을 받거나 손해배상에 이른 예는 그다지 많지 않다. 단기매매차익반환규정은 이러한 내부자거래규제의 어려움을 덜기 위하여 마련된 규정이다.

단기매매차익반환제도는 일정한 내부자에 대하여 단기매매차익을 얻은 경우 내부정보의 이용 여부에 불구하고 당해 법인에 반환하도록 요구하는 것이다. 자본시장법에서는 "주권상장법인의 임원, 직원(직무상 미공개중요정보를 알 수 있는 자에 한한다) 또는 주요주주가 특정증권 등을 매수한 후 6개월 이내에 매도하거나 특정증권 등을 매도한 후 6개월 이내에 매수하여 이익을 얻은 경우에는 그 법인은 그 임직원 또는 주요주주에게 그 이익을 그 법인에게 반환할 것을 청구할 수 있다." 고 규정하고 있다(자법 제172조 제1항).

〈단기매매차익반환제도와 미공개중요정보이용의 금지제도〉

① 단기매매차익반환제도는 일정한 내부자의 신분만 구비하면 실제 미공개정보를 이용하였는가 여부를 불문하고 제한을 가하는 것이다. 그러나 미공개중요정보 이용행위 금지제도는 내부자의 신분을 가진 자가 미공개중요정보를 이용하여 거래를 해야 규제를 받는다.
② 미공개중요정보 이용행위 금지제도는 미공개중요정보를 이용한 행위에 비난가능성이 있기 때문에 형사제재를 받는다. 그러나 단기매매차익반환제도는 정보이용의 개연성에만 기초하여 규제하는 것으로 범죄성이 인정되지 않는다. 따라서 매매차익만 반환하게 하여 거래의 이익을 규제할 뿐이다.
③ 단기매매차익제도는 정보이용 가능성에 기초함에 대하여 미공개중요정보이용의 금지제도는 실제로 정보를 이용한 사실을 비난하는 것으로 규제대상인 내부자의 범위를 달리한다. 이에 따라 단기매매차익반환제도는 형식적인 기준에 의하여 그 범위가 제한됨에 반하여 미공개중요정보 이용행위 금지제도는 정보접근의 가능성이 있는 자를 광범위하게 포함한다.

2. 연혁

이 규정은 미국 증권거래법(1934) 제16조의 (b)항과 이를 본받은 일본 證券取引法 제189조(나중 제164조)를 모범으로 하고 있다.1) 미국 증권거래법 제16조 (a)항은 증권거래법 제12조에 기하여 등록된 증권의 발행자의 이사, 임원 및 당해회사가 발행하는 어떤 종류의 주식이든 그 10% 이상의 실질적 소유자는 그 지분을 소유하게 된 날로부터 10일 내에 소유하는 당해회사의 주식의 수량을 SEC에 신고하여야 한다고 규정하고 있다.2) (b)항은 이러한 자가 발행자와의 관계에 기하여 얻었을 수 있는 정보의 불공정한 이용을 금지하기 위해서, 그 발행자의 주식을 6개월 내에 매수하거나 매도하여 얻은 이익은 그 매매의 의도가 어떠하든 발행자에게 귀속하는 것으로서, 발행자에 의하

1) 5% Rule에 관한 SEA§13(d)(1)에도 같은 규정이 있다. 1970년 개정전에는 10% Rule 이었다.
2) 15 U.S.C.A. §78p(a).

여 회복될 수 있다고 규정하고 있다.[3)]

여기에서 16조 (b)항은 이사가 내부정보에 기하여 단기의 투기거래를 하는 것에 의하여 이익을 얻는 것을 방지하기 위한 것이다. 그러한 이익은 이 법률에 의하면 회사에 귀속하는 것이다.

3. 위헌여부

단기매매차익반환규정은 이사 등이 매수 후 6개월 내에 당해주식을 매도할 의도를 가졌는가에 상관없이 적용된다. 이사 등이 매수의 시점에서 단기간 내에 당해주식을 처분할 의도를 가졌는가 여부를 입증하는 것은 불가능하기 때문이다. 따라서 내부정보이용자와 순수한 마음을 가지고 기술적인 오류를 범한 자 사이에 아무런 도덕적 차이를 두지 않으며, 반면에 보다 간교한 내부자는 규정에서 정한 기준을 넘어서지 않음으로서 그 책임을 면할 수 있다는 비판이 가해진다.[4)]

이렇게 내부정보의 부당이용에 상관없이 반환의무를 부과하는 것이 재산권 보호에 관한 헌법위반은 아닌가라는 문제가 발생한다. 이에 대해서 미국 법원은 "16조 (b)항은 내부자에 의해 미공표된 정보를 이용한 투기적인 단기매매로부터 외부의 주주를 보호하기 위해 제정된 것이다. 따라서 입안자가 이러한 목적을 위해서 유효하다고 생각한 유일의 방법은 객관적인 증명의 기준에 기초해 책임을 과하는 것이다. … 현실적으로 내부정보가 불공정하게 이용되었다는 것을 입증해야 한다면 6개월 내에 이익을 얻을 목적이었는가를 묻지 않는 규정의 취지가 무의미해진다." 라거나, "객관적 기준은 사실상 법정의 기간 내에 생긴 모든 거래에 대해서 내부자의 의도 내지 현실의 투기적 거래의 존재 유무에 상관없이 엄격한 책임을 과하는 것이고, 이러한 접근에 의할 때 입증의 곤란을 완화함으로써 내부정보의 부당이용에 의한 투기적 거래를 근절하려는 법의 기능을 최대한으로 발휘시킨다." 라며 그 유효성을 인정한다.

우리나라의 헌법재판소도 "증권거래법 제188조 제2항은 단기매매차익을 반

3) 15 U.S.C.A. §78p(b).
4) Thomas Lee Hazen, The Law of Securities Regulation(5th ed.), Thomson/West, 2005, p. 572.

환하게 함으로써 일반 투자자들의 이익을 보호함과 동시에 증권시장의 공평성, 공정성을 확보함으로써 일반투자자들의 증권시장에 대한 신뢰를 확보하고자 하는데 비하여, 이로 인하여 제한되는 청구인들과 같은 내부자의 재산권에 대한 제한은 내부자에게 일체의 주식거래를 금지하는 것이 아니라 단지 단기매매에 해당하는 경우 그 이익을 회사로 반환하도록 하는데 그치고, 나아가 내부정보를 이용하였다고 하더라도 6월의 기간이 지나면 아무런 제한 없이 주식거래를 할 수 있고 그 차익도 보유할 수 있으므로 이 사건 법률조항에 의한 재산권의 제한이 이로 인하여 달성할 수 있는 공익에 비하여 결코 크다고 볼 수도 없다."고 하여 합헌성을 인정하였다.[5)]

Ⅱ. 적용범위 및 요건

1. 입증의 범위

일반적으로 동조의 반환의무는 구체적인 거래에 있어서 내부정보가 현실적으로 이용되었는지 여부에 상관없이 부과된다. 내부정보를 현실로 이용한 것을 동조의 반환의무의 발생요건으로 하면, 당해 사실을 입증하는 것이 매우 어렵기 때문이다.

일본이나 미국[6)]의 경우 "'비밀을 부당하게 이용하는 것을 방지하기 위하여' 라는 문구가 있으므로 내부정보가 현실적으로 이용된 것을 반환의무발생의 요건으로 해야 하고, 그렇게 해석하지 않으면 동조는 헌법에 저촉될 가능

5) 헌법재판소 2002.12.18. 선고 99헌바105, 2001 헌바48(병합) 결정; 일본 대법원도 동조의 규제수단이 입법목적달성을 위한 수단으로써 필요 또는 합리성을 흠결한 것이 아니고 헌법에 위반한 것은 아니라고 판단함에 있어서 다음과 같이 판시하였다. "동조는 거래의 태양 등을 고려하여 이러한 비밀의 부당이용의 여지가 없다고 생각되는 거래의 유형을 정할 것을 대장성령에 위임한 것이지만 위 목적(내부정보의 부당한 이용)을 달성하기 위해서 동 규정을 적용할 필요가 없는 거래는 대장성령에 정해진 경우에 한하는 것은 아니고 유형적으로 보아서 거래의 태양자체로 보아 상기 비밀을 부당하게 이용할 것이 인정되지 않는 경우에는 동조는 적용되지 않는다고 해석하는 것이 상당하다"(最高判 平成14.2.23., 民輯56券2號, 332면); 일본에서도 증권취인법 제164조 제8항에서 적용제외를 규정하고 있는데, 우리나라와 같이 "매수 또는 매도의 태양 기타 사정을 고려하여 대장성령에서 정한 경우" 로 하고 있다.

6) 15 U.S.C.A. §78p(b).

성이 생기게 된다." 라거나,7) "내부정보의 현실적인 이용을 반환의무발생의 요건으로 해야 하는 것은 아니라는 점에 대해서는 찬성하지만 부당이용의 가능성이 전혀 없는 경우에까지 동조의 반환의무가 생긴다고 해석하는 것은 의문이다." 는 견해도 있다.8)

미국 판례에서도 그 입증의 범위를 제한하고 있다. 판례를 보면 "16조 (b)항은 내부자에 의해 미공표 된 정보를 이용한 투기적인 단기매매로부터 외부의 주주를 보호하기 위해 제정된 것이다. 따라서 입안자가 이러한 목적을 위해서 유효하다고 생각한 유일의 방법은 객관적인 증명의 기준에 기초해 책임을 과하는 것이다." 고 하며,9) "현실적으로 내부정보가 불공정하게 이용되었다는 것을 입증해야 한다는 주관적 증명의 기준에 의하면 6개월 내에 이익을 얻을 목적이었는가를 묻지 않는 규정의 취지가 무의미해진다." 고 하였고,10) "객관적 기준은 사실상 법정의 기간 내에 생긴 모든 거래에 대해서 내부자의 의도 내지 현실의 투기적 거래의 존재 유무에 상관없이 엄격한 책임을 과하는 것이고, 이러한 접근에 의할 때 입증의 곤란을 완화함으로써 내부정보의 부당이용에 의한 투기적 거래를 근절하려는 법의 기능을 최대한으로 발휘시킨다." 고 하였다.11)

통계에 의하면, 이 제도를 위반하는 주체가 임원, 주요주주보다는 내부정보에 접근이 쉽지 않은 직원이 압도적으로 많으며, 그 위반은 또한 제도에 대한 충분한 이해부족에 많은 부분 기인한다며, 적어도 이 제도가 본래의 취지와 다소 동떨어진 방향으로 규제를 실현하는 측면이 있음을 부인할 수 없다고 한다.12)

그러나 우리나라의 헌법재판소는 이에 대해서 "증권거래법 제188조 제2항이 정하는 단기매매차익반환제도는 문면상 내부자가 실제로 미공개 내부정보를 이용하였는지 여부에 관계없이 ① 내부자가 ② 6월 이내의 기간에 ③ 자기회사의 주식 등을 거래하여 ④ 차익이 발생한 경우라는 형식적인 요건에만

7) 佐夕木秀雄, "會社役員に 對する不當利益返還請求權發生の要件", 商事法務 789號(1977), 31면.
8) 森田 章, 判批(東高判 平成45년5월27일), 判評 409號(1995), 217면.
9) Smolowe v. Delendo Corp., 136 F. 2d 231, 235(2nd Cir. 1943), cert. denied 320 U.S. 751.
10) Ibid., p. 236.
11) Bershad v. McDonough, 428 F. 2d 693, 696(7th Cir. 1970). cert. denied 400 U. S. 992.
12) 최민용, "단기매매차익의 반환 -매매의 개념을 중심으로-", 「상사판례연구」 제19집 제4권(2006), 159면; 자본시장법에서는 직무상 미공개중요정보를 알 수 있는 자로서 대통령령으로 정하는 자에 한한다.

해당하면 반환책임이 성립하고, 내부정보를 이용하지 않고 주식거래를 하였다는 등 일체의 반증을 허용하지 않는 내부자에 대한 엄격책임을 부과하고 있다. 이는 미공개 내부정보의 이용 유무를 적용의 적극 또는 소극 요건으로 할 경우 그 입증 및 인정이 실제상 극히 곤란하기 때문에 단기매매차익청구권의 신속하고 확실한 행사를 방해하고 결국 입법목적을 잃게 되는 결과를 가져온다는 점 및 일반투자자들의 증권시장에 대한 신뢰의 제고라는 입법목적을 고려한 불가피한 입법적 선택이라 할 것이다." 고 하여, 주관적 입증을 요구하지 않는다고 하였다.[13)]

대법원도 "단기매매차익 반환제도는 주권상장법인 또는 협회등록법인(현 코스닥상장법인)의 내부자가 6월 이내의 단기간에 그 법인의 주식 등을 사고파는 경우 미공개 내부정보를 이용하였을 개연성이 크다는 점에서 거래 자체는 허용하되 그 대신 내부자가 실제로 미공개 내부정보를 이용하였는지 여부나 내부자에게 미공개 내부정보를 이용하여 이득을 취하려는 의사가 있었는지 여부를 묻지 않고 내부자로 하여금 그 거래로 얻은 이익을 법인에 반환하도록 하는 엄격한 책임을 인정함으로써 내부자가 미공개 내부정보를 이용하여 법인의 주식 등을 거래하는 행위를 간접적으로 규제하려는 제도라 할 것이다." 라고 하여 입증책임을 제한하고 있다.[14)]

2. 차익반환의무자

(1) 주요주주

다음의 경우 주요주주로 본다(자법 제9조 제1항). ① 누구의 명의로 하든지 자기의 계산으로 법인의 의결권 있는 발행주식총수의 100분의 10 이상의 주식(그 주식과 관련된 증권예탁증권을 포함한다)을 소유한 자 ② 임원의 임면(임면) 등의 방법으로 법인의 중요한 경영사항에 대하여 사실상의 영향력을 행사하는 주주로서 대통령령으로 정하는 자

13) 헌법재판소 2002.12.18. 선고 99헌바105, 2001 헌바48(병합) 결정.
14) 대법원 2004.5.28. 선고 2003다60396 판결.

여기서 "대통령령으로 정하는 자" 란 다음의 어느 하나에 해당하는 자를 말한다(자령 제9조). ① 단독으로 또는 다른 주주와의 합의·계약 등에 따라 대표이사 또는 이사의 과반수를 선임한 주주 ② 경영전략·조직변경 등 주요 의사결정이나 업무집행에 지배적인 영향력을 행사한다고 인정되는 자로서 금융위원회가 정하여 고시하는 주주

자본시장법에서는 주요주주에 대하여 "주요주주가 매도 · 매수한 시기 중 어느 한 시기에 있어서 주요주주가 아닌 경우에는 적용하지 아니한다." 고 규정하고 있다(자법 제172조 제6항). 이와 관련하여 주요주주가 내부자로 간주되는 시기에 대하여는 견해가 갈린다. 먼저 이전설의 입장은 매도·매수한 시기 중 어느 한 시기에 있어서 주요주주가 아닌 경우에는 단기매매차익반환의무를 부담하지 않는다고 한다. 즉 주요주주가 아닌 자가 매수로 인하여 주요 주주가 된 경우에는 단기매매차익반환규정이 적용되지 않는다는 것이다. 이에 반해 동시설은 주식을 매수하여 주요주주가 되는 때에도 단기매매차익반환의무가 적용된다는 견해이다. 그러나 매수 당시에 회사의 내부정보를 이용하였다고 볼 수 없고, 특히 자본시장법 제172조 제6항의 "매수한 시기" 를 "매수한 후" 로 해석하는 것은 부당하며, 규정의 형식과 취지상 "매수할 당시" 로 해석하여야 하므로 동시설의 입장은 부당하다고 본다.[15]

(2) 임원과 직원

임원에는 등기이사·감사뿐만 아니라 사실상 당해 법인의 이사의 업무를 수행하는 소위 비등기임원도 이에 해당한다. 그리고 상법상 업무집행지시자(상법 제401조의 2)도 포함된다. 직원은 임원 이외의 모든 피용자를 의미한다. 자본시장법에서는 직무상 미공개중요정보를 알 수 있는 자로서 대통령령으로 정하는 자에 한한다.

여기서 "대통령령으로 정하는 자" 란 다음의 어느 하나에 해당하는 자로서 증권선물위원회가 미공개중요정보를 알 수 있는 자로 인정하는 자를 말한다(자령 제194조). ① 그 법인에서 자본시장법 제161조 제1항 각 호의 어느

15) 임재연, 앞의 책, 684면.

하나에 해당하는 사항의 수립·변경·추진·공시, 그 밖에 이에 관련된 업무에 종사하고 있는 직원 ② 그 법인의 재무·회계·기획·연구개발에 관련된 업무에 종사하고 있는 직원

임원·직원이 내부자로 간주되는 시기와 관련하여 주요 주주에 대한 것과 같은 규정이 없으므로 매도하거나 매수한 어느 한 시기에만 임·직원의 지위에 있으면 적용대상이 된다.

판례는 법인 내부자가 정직처분을 받아 신분 및 임무수행상의 제한을 받는 상태에서 그 법인의 주식을 매수한 경우에도 이 규정의 적용을 받는다고 하였다.[16]

3. 거래의 유형

자본시장법에 따르면 증권에 대한 매수 및 매도를 행위유형으로 요구하고 있지만, 위 규정은 내부자거래를 규제하여 증권시장의 공정성을 제고하기 위한 것으로서 이를 위해서는 매수 및 매도의 의미를 융통성 있게 해석할 필요가 있다.

미국의 경우 전환사채나 전환우선주식의 보통주식으로의 전환, 합병이나 자본재구성시의 주식의 교환 등 비전형적 거래도 당해 거래 유형이 내부정보의 투기적 남용을 초래하는 것인 한 매수 또는 매도에 해당하는 것으로 해석한다.[17]

우리나라 법원도 증권거래법상 매수에는 민법상의 전형계약인 매매 외에 신주인수와 같은 비전형적 거래도 포함된다고 하고 있다.[18] 예를 들면 회사의 악재를 알고 있는 내부자가 주식을 매도한 후에 지배력을 유지하기 위해서 다시 주식을 매입하는 경우에 매수의 방법이 아니고 주주총회나 이사회를 통하여 제3자배정에 의한 유상증자를 시행하게 하여 이를 자신이 인수하는 방법을 이용할 수 있다. 단기매매차익반환규정의 유효성을 확보하기 위해서는 이

16) 대법원 2008.3.13. 선고 2006다73218 판결.

17) 미국 증권거래법 제3조(a)항(13), (14)호가 매수를 매수 혹은 기타 취득을 위한 모든 계약을 포함하는 개념으로, 매도를 매도 또는 기타 처분을 위한 모든 계약을 포함하는 개념으로 정의하고 있다(SEA(1934) §3(a)).

18) 서울지법 2000.6.9. 선고 98가합114133 판결.

러한 편법에 대해서도 그 적용을 인정할 필요가 있다. 이 때 내부자거래의 금지에 관한 규정을 적용할 수도 있으나, 이를 위해서는 내부정보의 이용여부, 내부정보의 이용과 투자자의 손해 사이의 인과관계의 존재, 그 손해의 범위 등에 대한 입증을 해야 하므로 실제 적용에는 어려움이 있다.

법원은 이사가 차명계좌를 통하여 공개시장에서 주식을 매도한 후 같은 날 같은 가격으로 매도수량 중 일부를 실명계좌로 다시 매수한 경우, "비록 공개시장에서의 증권예탁에 혼합임치의 성격이 있어 매도 및 매수되는 주식을 특정할 수 없다 할지라도 실질적으로 동일한 시점에 차명계좌로부터 매도주문과 실명계좌로부터의 매수주문이 존재하였다면 차명계좌에서의 매도가격과 실명계좌에서의 매수가격이 정확히 일치하는 수량에 관한 한 증권거래법 제188조 제2항의 적용대상인 매매에 해당하지 아니한다고 보아야 한다." 고 판시하였다.[19)]

자본시장법에서는 매매를 옵션을 포함하는 취지로 정의하고 있다. 즉 매수에는 "권리 행사의 상대방이 되는 경우로서 매수자의 지위를 가지게 되는 특정증권 등의 매도" 를 포함하고, 매도에는 "권리를 행사할 수 있는 경우로서 매도자의 지위를 가지게 되는 특정증권 등의 매수" 를 포함한다. 이는 매도선택권과 그것을 포함한 파생결합증권의 매도·매수를 의미한다. 여기에는 매수선택권(콜 옵션)은 포함되지 않는다. 매수선택권의 매수나 매도는 그 자체를 특정증권 등의 매수나 매도로 처리하는 것이 타당하기 때문이다.

그리고 상속이나 증여에 의한 무상취득, 주식배당, 주식분할, 주식병합에 의한 주식취득은 매수 또는 매도에 해당되지 않는다.

4. 예외의 인정범위

자본시장법 제172조 제6항에 따르면 "매도 또는 매수의 성격 기타 사정 등을 감안하여 대통령이 정한 경우" 에 적용제외를 인정하는데, 이는 유형적으로 보아 거래의 태양자체에서 비밀을 부당하게 이용한 것이 아닌 경우에는 적용제외를 인정하는 것으로, 구체적으로 이러한 행위유형에는 어떤 것이 있는가를 살펴볼 필요가 있다.

19) 대법원 2005.3.25. 선고 2004다30040 판결.

시행령에서는 단기매매차익반환규정의 적용이 제외되는 거래유형으로 다음의 경우를 들고 있다(자령 제198조).

① 법령에 따라 불가피하게 매수하거나 매도하는 경우
② 정부의 허가·인가·승인 등이나 문서에 의한 지도·권고에 따라 매수하거나 매도하는 경우
③ 안정조작이나 시장조성을 위하여 매수·매도 또는 매도·매수하는 경우
④ 모집·사모·매출하는 특정증권 등의 인수에 따라 취득하거나 인수한 특정증권 등을 처분하는 경우
⑤ 주식매수선택권의 행사에 따라 주식을 취득하는 경우
⑥ 이미 소유하고 있는 지분증권, 신주인수권이 표시된 것, 전환사채권 또는 신주인수권부사채권의 권리행사에 따라 주식을 취득하는 경우
⑦ 자본시장법 제172조 제1항 제2호에 따른 증권예탁증권의 예탁계약 해지에 따라 자본시장법 제172조 제1항 제1호에 따른 증권을 취득하는 경우
⑧ 자본시장법 제172조 제1항 제1호에 따른 증권 중 제196조 제1호 라목에 따른 교환사채권 또는 자본시장법 제172조 제1항 제3호에 따른 교환사채권의 권리행사에 따라 증권을 취득하는 경우
⑨ 모집·매출하는 특정증권 등의 청약에 따라 취득하는 경우
⑩ 「근로자복지기본법」 제32조에 따라 우리사주조합원에게 우선 배정된 주식의 청약에 따라 취득하는 경우
⑪ 주식매수청구권의 행사에 따라 주식을 처분하는 경우

시행령상의 예외의 범위를 예시적으로 본 하급심 판결이 있지만,[20] 대법원은 "증권거래법 제188조 제2항이 적용되지 아니하는 경우로서 같은 조 제8항 및 이에 근거한 구증권거래법 시행령 제83조의 6에서 정한 예외사유는 한정적으로 열거된 것으로서 구시행령에서 정하지 아니한 사유로까지 그 반환책

20) 서울지법 남부지원 2000.3.24. 선고 99가합7825 판결: "시행령 제83조의6의 단기매매차익반환의 예외사유 규정 또한 예외사유를 한정적으로 열거한 것이 아니라 이를 예시한 것으로 봄이 타당하다고 할 것인바, 단기매매차익이 통상적인 주식매매에서 발생한 것이 아니라 합병을 위한 매수, 기업지배권을 획득하기 위한 공개매수, 또는 적대적 M&A를 방어하기 위한 매수 등 비통상적인 매매와 관련하여 발생한 경우에 그 매매가 비자발적인 것이었고 차익의 발생이 내부중요정보의 이용과 상관없는 것이라면 이는 단기매매차익반환대상에서 제외하는 것이 법 제188조 제2항, 제8항에 부합하는 것이다." 고 판시하였다.

임의 예외사유를 넓힐 것을 예정한 것은 아니다. 다만, 위 조항의 입법목적과 단기매매차익반환의 예외를 정한 구시행령 제83조의 6의 성격 및 헌법 제23조가 정하는 재산권 보장의 취지를 고려하여 위 예외사유에 해당하지 아니하더라도 내부자거래에 의한 주식거래가 아님이 명백한 경우 즉 거래의 유형상 애당초 내부정보의 이용가능성이 객관적으로 없는 경우에는 법 제188조 제2항이 적용되지 아니할 뿐이다." 고 하였다.[21)]

대법원은 주요주주가 공개시장을 통하여 주식매수를 통한 기업인수를 시도하였다가 사정상 포기하고 주식을 매도한 경우, "피고가 대량취득 하였던 주식을 매도한 것은 비록 계속 보유할 경우의 경제적 손실을 회피하기 위한 동기에서 비롯된 것이었다 할지라도 피고 스스로 경제적 이해득실을 따져 본 후 임의로 결정한 다음 공개시장을 통하여 매도한 것으로 보여 질 뿐 비자발적인 유형의 거래로 볼 수 없다." 고 하여 단기매매차익반환책임을 인정하였다.[22)] 또 회사가 주가의 하락을 막고 회사에 대한 적대적 기업인수에 대한 방어책으로 주식을 매수했으나, 경영악화로 타회사에 부득이 회사의 경영권을 양도하기 위한 수단으로 주식을 매도한 경우에도 내부정보의 이용가능성을 인정하였다.[23)]

5. 적용대상 금융투자상품

단기매매차익반환규정이 적용되는 금융투자상품에 대하여 내부자거래규제의 대상이 되는 특정증권 등과 동일하게 규정하여 다음을 들고 있다(자법 제172조 제1항).

---

21) 대법원 2004.2.12. 선고 2002다69327 판결; 대법원 2004.5.28. 선고 2003다60396 판결; 헌법재판소도 같은 취지이다(헌법재판소 2002.12.18. 선고 99헌바105, 2001 헌바48(병합) 결정).

22) 대법원 2004.5.28. 선고 2003다60396 판결: "적대적 주식대량매수자와 회사 경영자가 서로 어느 정도 적대적인지는 개별 사안에 따라 다를 수 있고 또한 같은 사안에 있어서도 시기별로 차이가 있을 수 있으므로 그 적대적 관계성은 결국 개별 사안에서 각 시기별로 구체적 사정을 살펴본 이후에야 판단할 수 있는 사항이어서 피고가 적대적 주식대량매수자의 지위에서 주식을 거래하였다는 그 외형 자체만으로부터 내부정보에의 접근 가능성이 완전히 배제된다고 볼 수는 없는 점을 고려하면 결국 '내부정보에 대한 부당한 이용의 가능성이 전혀 없는 유형의 거래' 에는 해당하지 않는다고 보아야 할 것이므로, 같은 법 제188조 제2항의 적용 대상인 매도에 해당하여 단기매매차익의 반환책임을 피할 수 없다고 할 것이다." 고 판시하였다.

23) 대법원 2004.2.13. 선고 2001다36580 판결.

① 그 법인이 발행한 증권(대통령령으로 정하는 증권[24])을 제외한다)
② ①의 증권과 관련된 증권예탁증권
③ 그 법인 외의 자가 발행한 것으로서 ① 또는 ②의 증권과 교환을 청구할 수 있는 교환사채권
④ ①부터 ③까지의 증권만을 기초자산으로 하는 금융투자상품

6. 반환청구권자

단기매매차익반환에 있어서 거래를 통한 손해는 거래상대방이 보게 되는데 반하여 이익의 반환청구권은 회사가 가진다는 특색이 있다. 단기매매차익반환의 1차적인 청구권자는 당해 법인이다. 당해 법인의 주주는 그 법인에 대하여 반환청구를 하도록 요구할 수 있으며, 당해 법인이 그 요구를 받은 날부터 2월 내에 그 청구를 하지 아니하는 때에만 그 주주는 당해 법인을 대위하여 그 청구를 할 수 있다(자법 제172조 제2항).

이전에는 증권선물위원회도 법인을 대위하여 청구할 수 있었다. 지금은 이를 삭제하고 증권선물위원회의 해당법인에 대한 통보와 단기매매차익의 공시제도를 도입하여 보완하고 있다(자법 제172조 제3항).

---

24) 단기매매차익반환 면제 증권으로 다음을 든다(자령 제196조).
① 채무증권. 다만, 다음 각 목의 어느 하나에 해당하는 증권은 제외한다
가. 전환사채권
나. 신주인수권부사채권
다. 이익참가부사채권
라. 그 법인이 발행한 지분증권(이와 관련된 증권예탁증권을 포함한다) 또는 가목부터 다목까지의 증권(이와 관련된 증권예탁증권을 포함한다)과 교환을 청구할 수 있는 교환사채권
② 수익증권
③ 파생결합증권(법 제172조 제1항 제4호에 해당하는 파생결합증권은 제외한다)

7. 이익의 산정

시행령[25])에서 이익산정에 대한 기준을 제시하고 있는데, 이에 따르면 이익은 원칙적으로 다음과 같이 된다.

(매도 평균단가 − 매수평균단가)×매도 수량과 매수 수량 중 적은 값 − 비용

25) 자령 제195조 (단기매매차익의 산정방법 등) ① 법 제172조 제1항에 따른 이익은 다음 각 호의 방법으로 계산한다.

1. 해당 매수[권리 행사의 상대방이 되는 경우로서 매수자의 지위를 가지게 되는 특정증권 등(법 제172조제1항 전단에 따른 특정증권등을 말한다)의 매도를 포함한다. 이하 이 조부터 제199조까지의 규정에서 같다] 또는 매도(권리를 행사할 수 있는 경우로서 매도자의 지위를 가지게 되는 특정증권 등의 매수를 포함한다. 이하 이 조부터 제199조까지의 규정에서 같다) 후 6개월(초일을 산입한다) 이내에 매도 또는 매수한 경우에는 매도단가에서 매수단가를 뺀 금액에 매수수량과 매도수량 중 적은 수량(이하 이 조에서 "매매일치수량" 이라 한다)을 곱하여 계산한 금액에서 해당 매매일치수량분에 관한 매매거래수수료와 증권거래세액 및 농어촌특별세액을 공제한 금액을 이익으로 계산하는 방법. 이 경우 그 금액이 0원 이하인 경우에는 이익이 없는 것으로 본다.
2. 해당 매수 또는 매도 후 6개월 이내에 2회 이상 매도 또는 매수한 경우에는 가장 시기가 빠른 매수분과 가장 시기가 빠른 매도분을 대응하여 제1호에 따른 방법으로 계산한 금액을 이익으로 산정하고, 그 다음의 매수분과 매도분에 대하여는 대응할 매도분이나 매수분이 없어질 때까지 같은 방법으로 대응하여 제1호에 따른 방법으로 계산한 금액을 이익으로 산정하는 방법. 이 경우 대응된 매수분이나 매도분 중 매매일치수량을 초과하는 수량은 해당 매수 또는 매도와 별개의 매수 또는 매도로 보아 대응의 대상으로 한다.

② 제1항 제1호 및 제2호에 따라 이익을 계산하는 경우 매수가격·매도가격은 특정증권 등의 종류 및 종목에 따라 다음 각 호에서 정하는 가격으로 한다.

1. 매수 특정증권 등과 매도 특정증권 등이 종류는 같으나 종목이 다른 경우: 매수 후 매도하여 이익을 얻은 경우에는 매도한 날의 매수 특정증권 등의 최종가격을 매도 특정증권 등의 매도가격으로 하고, 매도 후 매수하여 이익을 얻은 경우에는 매수한 날의 매도 특정증권 등의 최종가격을 매수 특정증권 등의 매수가격으로 한다.
2. 매수 특정증권 등과 매도 특정증권 등이 종류가 다른 경우: 지분증권 외의 특정증권 등의 가격은 증권선물위원회가 정하여 고시하는 방법에 따라 지분증권으로 환산하여 계산한 가격으로 한다.

③ 매수 특정증권 등과 매도 특정증권 등이 종류가 다른 경우 그 수량의 계산은 증권선물위원회가 정하여 고시하는 방법에 따라 계산된 수량으로 한다.

④ 제1항부터 제3항까지의 규정에 따라 이익을 계산하는 경우에 매수 또는 매도 후 특정증권 등의 권리락·배당락 또는 이자락, 그 밖에 이에 준하는 경우로서 증권선물위원회가 정하여 고시하는 사유가 있는 경우에는 이를 고려하여 환산한 가격 및 수량을 기준으로 이익을 계산한다.

⑤ 삭제

⑥ 제1항부터 제4항까지에서 규정한 사항 외에 법 제172조 제1항 전단에 따른 단기매매차익 계산의 구체적인 기준과 방법 등 필요한 세부사항은 증권선물위원회가 정하여 고시한다.

시행령에 따를 때 단순한 주가차이를 기본적인 이익으로 보게 된다. 그러나 주가란 시장상황에 따라서 변동하는 것이므로 그 변동분에 대해서 전부 이익으로 볼 수는 없다. 예를 들어 주식시장 상황의 호전으로 주가가 상승한 경우에는 그 상승분은 이익에서 빼야 할 것이다. 따라서 업종평균 변동률을 산정하고 이에 대해서 개별기업의 차별적 변동액을 이익으로 산정하는 것이 타당한 방안일 것이다.[26]

6개월 기간 내에 수차의 거래가 이루어지는 중복거래의 경우에 이익을 어떻게 산정할 것인가도 문제인데, 이에 대해서는 다양한 견해가 있다. ① 수수료 및 거래세를 매도대금총액에서 매수대금총액과의 차액에 의하는 총액차감법 ② 6개월 내의 거래량을 가중치로 한 매도평균가격에서 매수평균가격을 공제하여 차익을 산정하는 가중평균법 ③ 매수한 순서와 매도한 순서를 맞추어 순서대로 매도가격에서 매수가격을 공제하여 차액을 산정하는 선입선출법 ④ 6개월 내의 매수분은 최저가부터, 매도분은 최고가부터 순서대로 배열하고, 거래량을 가중치로 하여 매도가격에서 매수가격을 공제하여 차익만 합산하고, 차손은 공제하지 않음으로써 가능한 최대의 이익을 산정하는 매수최저가 매도최고가방식 등이 있다.[27] 우리나라의 시행령은 선입선출법에 의하고 있다.

법원은 지배주식의 양도와 함께 경영권이 주식양도인으로부터 주식양수인에게 이전하는 경우 "경영권의 이전은 지배주식의 양도에 따르는 부수적인 효과에 불과하고, 그 양도대금은 지배주식 전체에 대하여 지급되는 것으로서 주식 그 자체의 대가임이 분명하다." 고 하여,[28] 경영권 프리미엄 또한 주식의 단기매매로 인하여 얻은 이익에 해당한다고 하였다.

8. 단기매매차익의 공시

증권선물위원회는 단기매매차익의 발생사실을 알게 된 때는 해당 법인에 그 사실을 통보하여야 한다. 이 경우 해당 법인은 통보받은 내용을 인터넷 홈페

26) 상세는 시세조종행위부분에서 검토한다.
27) 미국의 판례는 대부분 이 방식에 의한다고 한다(임재연, 앞의 책, 698면).
28) 대법원 2004.2.13. 선고 2001다36580 판결.

이지 등을 이용하여 다음과 같은 방법으로 공시하여야 한다(자법 제172조 제3항, 자령 제197조).

① 단기매매차익을 반환해야 할 자의 지위[임원(상법 제401조의 2 제1항 각 호의 자를 포함한다), 직원 또는 주요주주를 말한다]

② 단기매매차익 금액(임원별·직원별 또는 주요주주별로 합산한 금액을 말한다)

③ 증권선물위원회로부터 단기매매차익 발생사실을 통보받은 날

④ 해당 법인의 단기매매차익 반환 청구 계획

⑤ 해당 법인의 주주(주권 외의 지분증권이나 증권예탁증권을 소유한 자를 포함한다)는 그 법인으로 하여금 단기매매차익을 얻은 자에게 단기매매차익의 반환청구를 하도록 요구할 수 있으며, 그 법인이 요구를 받은 날부터 2개월 이내에 그 청구를 하지 아니하는 경우에는 그 주주는 그 법인을 대위하여 청구를 할 수 있다는 뜻

9. 청구기간

법인(또는 주주)의 이익반환청구권은 이익의 취득이 있는 날로부터 2년 내에 행사하지 않으면 소멸한다(자법 제172조 제5호). 이 기간은 제척기간으로 본다.

Ⅲ. 실효성

단기매매차익반환규정은 기본적으로 내부정보이용을 규제하기 위한 것이지만 실질적으로 내부정보의 이용에 대한 입증을 요하지 않음으로서 일정한 유형적 거래에 해당하는 한 위 규정의 적용을 받게 된다.

따라서 판례가 인정한 바와 같이 적대적 기업매수를 시도하다가 대상회사의 저항에 부딪쳐 이를 포기하고 매각하는 경우에도 그 내부정보 이용여부에 상관없이 이 조항의 적용을 받게 된다. 다만 이 조항이 적용되기 위해서는 매수·매도 시점에 모두 10% 이상의 지분을 소유하는 주요주주에 해당하여야 하

고, 매수 후 6개월 이내에 매도하는 경우에만 적용할 수 있기 때문에 이에 대한 회피가 쉽게 이루어질 수 있다. 따라서 실질적인 관점에서 그 적용가능성이 크지는 않다. 결과적으로 단기매매차익반환규정보다는 그 적용요건을 넓혀서 그 실효성을 높일 필요성이 있게 되는데, 미국에 있어서 이 법을 근거로 이루어진 이익반환법[29]은 그 입법에 있어서 좋은 예시가 될 것이다.

제2절 소유·보유상황 보고의무

Ⅰ. 특정증권 등의 소유상황 보고의무

1. 보고의무자와 보고기간

주권상장법인의 임원 또는 주요주주는 임원 또는 주요주주가 된 날부터 5일(대통령령으로 정하는 날[30]은 산입하지 아니한다. 이하 이 조에서 같다) 이내에 누구의 명의로 하든지 자기의 계산으로 소유하고 있는 특정증권등의 소유상황을, 그 특정증권등의 소유상황에 변동이 있는 경우(대통령령으로 정하는 경미한 소유상황의 변동은 제외한다. 이하 이 조에서 같다)에는 그 변동이 있는 날부터 5일까지 그 내용을 대통령령으로 정하는 방법에 따라 각각 증권선물위원회와 거래소에 보고하여야 한다. 이 경우 대통령령으로 정하는 부득이한 사유에 따라 특정증권등의 소유상황에 변동이 있는 경우와 전문투자자 중 대통령령으로 정하는 자에 대하여는 그 보고 내용 및 시기를 대통령령으로 달리 정할 수 있다(자법 제173조 제1항).

주권상장법인의 임원(상법 제401조의 2의 업무집행지시자를 포함한다) 또는 주요주주는 특정증권 등의 소유상황과 그 변동의 보고를 하는 경우에는 보고

29) 이익반환법에 따를 때 지배주주가 되기 전 24개월 이내 또는 지배주주가 된 후 18개월 내에 주식을 취득한 후 지배주주가 된 후 18개월 이내에 주식의 처분으로 이익을 얻은 경우에 회사에 반환을 요구할 수 있다. 이는 그린메일의 규제를 위한 것으로 단기매매차익반환규정에서 그 연혁을 찾을 수 있다.

30) 주식 등의 대량보유 등의 보고에 관한 시행령 제153조 제1항 각 호의 날 즉 ① 공휴일 ② 「근로자의 날 제정에 관한 법률」에 따른 근로자의 날 ③ 토요일을 말한다(자령 제200조 제1항).

서에 다음의 사항을 기재하여야 한다(자령 제200조 제2항).

① 보고자
② 해당 주권상장법인
③ 특정증권 등의 종류별 소유현황 및 그 변동에 관한 사항

주권상장법인의 임원(상법 제401조의 2의 업무집행지시자를 포함한다) 또는 주요주주가 특정증권 등의 소유상황을 보고하여야 하는 경우에 그 보고기간의 기준일은 다음과 같다(자령 제200조 제3항).

① 주권상장법인의 임원이 아니었던 자가 해당 주주총회에서 임원으로 선임된 경우: 그 선임일
② 상법 제401조의 2 제1항 각 호의 자인 경우: 해당 지위를 갖게 된 날
③ 주권상장법인이 발행한 주식의 취득 등으로 해당 법인의 주요주주가 된 경우: 그 취득 등을 한 날
④ 주권비상장법인이 발행한 주권이 증권시장에 상장된 경우: 그 상장일
⑤ 주권비상장법인의 임원(상법 제401조의 2의 업무집행지시자를 포함한다) 또는 주요주주가 합병, 분할합병 또는 주식의 포괄적 교환·이전으로 주권상장법인의 임원이나 주요주주가 된 경우: 그 합병, 분할합병 또는 주식의 포괄적 교환·이전으로 인하여 발행된 주식의 상장일

주권상장법인의 임원이나 주요주주가 그 특정증권 등의 소유상황의 변동을 보고하여야 하는 경우의 그 변동일은 다음과 같다(자령 제200조 제4항).

① 증권시장이나 파생상품시장에서 특정증권 등을 매매한 경우에는 그 결제일
② 증권시장이나 파생상품시장 외에서 특정증권 등을 매수한 경우에는 대금을 지급하는 날과 특정증권 등을 인도받는 날 중 먼저 도래하는 날
③ 증권시장이나 파생상품시장 외에서 특정증권 등을 매도한 경우에는 대금을 수령하는 날과 특정증권 등을 인도하는 날 중 먼저 도래하는 날
④ 유상증자로 배정되는 신주를 취득하는 경우에는 주금납입일의 다음날
⑤ 특정증권 등을 차입하는 경우에는 그 특정증권 등을 인도받는 날, 상환하는 경우에는 그 특정증권 등을 인도하는 날
⑥ 특정증권 등을 증여받는 경우에는 그 특정증권 등을 인도받는 날, 증여하는 경우에는 그 특정증권 등을 인도하는 날

⑦ 상속으로 특정증권 등을 취득하는 경우로서 상속인이 1인인 경우에는 단순승인이나 한정승인에 따라 상속이 확정되는 날, 상속인이 2인 이상인 경우에는 그 특정증권 등과 관계되는 재산분할이 종료되는 날

⑧ ①부터 ⑦까지 외의 경우에는 민법·상법 등 관련 법률에 따라 해당 법률행위 등의 효력이 발생하는 날

2. 보고서의 비치 및 공시

증권선물위원회와 거래소는 위의 보고서를 3년간 갖추어 두고, 인터넷 홈페이지 등을 이용하여 공시하여야 한다(자법 제173조 제2항).

Ⅱ. 장내파생상품의 대량보유상황 보고의무

1. 보고의무자와 보고기간

동일 품목의 장내파생상품(자법 제4조 제10항 제3호에 따른 일반상품, 그 밖에 대통령령으로 정하는 것[31]을 기초자산으로 하는 파생상품으로서 파생상품시장에서 거래되는 것만 해당한다)을 금융위원회가 정하여 고시하는 수량 이상 보유(누구의 명의로든지 자기의 계산으로 소유하는 경우를 말한다)하게 된 자는 그 날부터 5일(대통령령으로 정하는 날[32]은 산입하지 아니한다) 이내에 그 보유 상황, 그 밖에 대통령령으로 정하는 사항[33]을 대통령령으로 정하는 방법에 따라 금융위원회와 거래소에 보고하여야 하며, 그 보유 수량이 금융위원회가 정하여 고시하는 수량 이상으로 변동된 경우에는 그 변동된 날

31) 금융위원회가 정하여 고시하는 기준과 방법에 따른 주가지수를 말한다(자령 제200조의 2 제1항).
32) 자령 제153조 제1항 각 호의 날을 말한다(자령 제200조의 2 제2항).
33) 다음 각 호의 사항을 말한다(자령 제200조의 2 제3항).
1. 대량보유자 및 그 위탁을 받은 금융투자업자에 관한 사항
2. 해당 장내파생상품거래의 품목 및 종목
3. 해당 장내파생상품을 보유하게 된 시점, 가격 및 수량
4. 제1호부터 제3호까지의 사항과 관련된 사항으로서 금융위원회가 정하여 고시하는 사항

부터 5일 이내에 그 변동 내용을 대통령령으로 정하는 방법에 따라 금융위원회와 거래소에 보고하여야 한다(자법 제173조의 2 제1항).

보고의 방법과 관련하여 금융위원회와 거래소에 보고하여야 할 자가 위탁자인 경우에는 금융투자업자로 하여금 대신하여 보고하게 할 수 있으며, 장내파생상품의 대량보유 상황이나 그 변동 내용을 보고하는 날 전날까지 새로 변동내용을 보고하여야 할 사유가 발생한 경우에는 새로 보고하여야 하는 변동 내용은 당초의 대량보유 상황이나 그 변동 내용을 보고할 때 함께 보고하여야 한다(자령 제200조의 2 제4항).

2. 정보누설금지

다음의 어느 하나에 해당하는 자로서 파생상품시장에서의 시세에 영향을 미칠 수 있는 정보를 업무와 관련하여 알게 된 자와 그 자로부터 그 정보를 전달받은 자는 그 정보를 누설하거나, 전항에서의 장내파생상품 및 그 기초자산의 매매나 그 밖의 거래에 이용하거나, 타인으로 하여금 이용하게 하여서는 아니 된다(자법 제173조의 2 제2항).

① 장내파생상품의 시세에 영향을 미칠 수 있는 정책을 입안·수립 또는 집행하는 자
② 장내파생상품의 시세에 영향을 미칠 수 있는 정보를 생성·관리하는 자
③ 장내파생상품의 기초자산의 중개·유통 또는 검사와 관련된 업무에 종사하는 자

제3절 미공개중요정보 이용행위의 금지

Ⅰ. 서설

1. 의의

미공개중요정보 이용행위의 금지는 소위 내부자거래의 금지로서 "내부자는 상장법인의 업무 등과 관련된 미공개중요정보, 즉 투자자의 투자판단에 중대한 영향을 미칠 수 있는 정보로서 불특정 다수인이 알 수 있도록 공개되기 전의 것을 특정증권 등의 매매, 그 밖의 거래에 이용하거나 타인에게 이용하게 하여서는 아니 된다."(자법 제174조)는 것이다. 이러한 미공개중요정보의 이용에 대한 규제는 미국 판례상 확립된 '중요성' 의 해석기준을 받아들이고 있다.

내부자거래에 대하여 금지하는 것은 내부자가 직무상 알게 된 미공개정보를 이용하여 증권을 매매한다면, 이와 같은 정보를 알지 못하는 일반투자자의 희생하에 부당한 이득을 얻는 불공정거래가 되기 때문이다.

2. 내부자거래규제의 필요성

(1) 효율적 자본시장가설

현 주가에는 항상 관련정보가 반영되어 있다는 효율적 자본시장가설은 증권거래비용이 없고, 정보가 모든 시장참여자에게 균등하게 공개되고, 모든 시장참여자들이 정보를 비슷하게 해석한다고 가정을 할 때 주가에 반영되는 정보의 범위에 따라 다음과 같이 분류된다.

1) 약형가설

현 주가에는 시장가격의 역사적 유형에 포함된 모든 정보가 반영되어 있고, 따라서 이러한 과거의 역사적 정보를 이용하더라도 이미 현재의 시장가격에 반영되어 있으므로 투자자가 시장에서 초과수익을 얻을 수 없다는 견해이다.

2) 준강형가설

다수설의 입장으로 현 주가에는 과거의 역사적 정보뿐만 아니라 기업회계정보, 배당 및 유무상증자 등 이미 공개된 정보가 완전히 반영되어 있어 어떠한 투자자도 공개적으로 이용 가능한 정보만으로는 시장에서 초과수익을 얻을 수 없다는 견해이다.

3) 강형가설

현 주가에는 과거의 역사적 정보·공개된 정보뿐만 아니라 미공개된 내부정보를 포함한 모든 정보가 이미 반영되어 있으며, 따라서 시장가격과 진정한 가격이 일치하므로 어떠한 정보도 시장주가에 추가적인 영향을 줄만한 가치가 없다는 견해이다.

(2) 내부자거래의 규제

준강형가설에 의할 때 만일 공개되지 아니한 중요한 내부정보가 공개되었으면 시장주가가 달라졌을 것이므로, 이러한 정보를 공개하지 않고 증권거래를 한 내부자는 내부정보의 공개 여부에 따른 차액상당의 이익을 얻거나 손해를 회피하게 된다. 따라서 내부자거래의 규제필요가 있게 된다.

3. 내부자거래규제에 대한 찬·반

내부자거래의 규제에 반대하는 입장은 효율성을 강조한다. 내부자거래에 의하여 미공개정보가 주가에 조기 반영되어 시장의 효율성 또는 금융자원분배의 효율성이 높아지며, 내부자거래가 없이 정보가 공개된 경우에 비하여 주가가 급격하게 변동하지 않는다고 한다. 이 때 내부자와 반대방향의 투자자는 내부자거래가 없을 때에 비하여 조금이라도 고가로 증권을 매도하거나 저가로 증권을 매수할 수 있으므로 실제로는 어느 누구도 피해를 입지 않는다고 한다.

예를 들어 호재가 있으면, 일반거래는 내부자거래에 의해 1차 주가상승이 있게 되고 나중에 정보공개시 2차 상승이 있게 된다. 악재가 있을 때에도 내부자거래에 의하여 1차 하락과 정보공개시 추가하락이 있게 된다. 내부자거래의 규제에 반대하는 입장은 위에서처럼 내부자거래에 의하여 주가가 단계적으로 변동되게 될때 거래 상대방이 1차 상승이나 하락에 의하여 거래할 수 있다는 점을 강조한다.

이에 반해 규제에 찬성하는 견해는 공정성을 강조한다. 내부자거래가 있게 되면 내부정보에 접근하기 어려운 일반투자자가 증권시장에 대한 신뢰를 상실하여 증권시장을 떠나는 결과가 초래되고, 정보가 완전히 공개되었더라면 그 상대방은 보다 고가로 매도하거나 저가로 매수할 수 있었을 것이라는 문제를 제기한다.

4. 미국의 내부자거래규제

(1) 규제근거

미국의 경우 내부자거래를 직접적으로 규제하는 규정을 두고 있지는 않으며, 광범위한 증권사기금지규정인 SEA Section 10(b)와 그에 따른 SEC Rule 10b-5를 근거로 내부자거래를 보통법상의 사기와는 달리 증권사기로 보는 연방법원의 판례에 의해 규제되고 있다.

SEA Section 10(b)에서 "누구든지 직접·간접으로 주간통상의 방법이나 수단 또는 우편 또는 전국적 증권거래소의 시설을 이용하여 SEC가 공익 또는 투자자의 보호를 위하여 필요 또는 적절하다고 인정하여 정한 규칙이나 규제에 위반하여 전국 증권거래소에 등록된 증권이나 등록되지 않은 증권의 매수 또는 매도와 관련하여 시세조종 또는 사기적 수단 또는 책략을 행사하거나 이용하는 것" 은 위법이라고 규정한다. 위 10(b)는 금지되는 행위를 직접 규정하지 않고, 이를 SEC Rule에 위임하고 있다. SEC Rule 10b-5는 "누구든지 주간통상 또는 우편의 수단이나 방법, 또는 전국 증권거래소의 시설을 이용하여 증권의 매수 또는 매도와 관련하여 직접·간접으로 ① 사기를 위한 수단·

계략 또는 술책을 사용하거나 ② 중요한 사실에 관하여 허위 기재를 하거나 또는 표시가 행하여진 당시의 상황에 비추어 오해가 유발되지 않도록 하는데 필요한 중요한 사실의 기재를 누락하거나 ③ 타인에게 사기 또는 기만이 되거나 될 수 있는 행위, 관행 또는 거래방법에 종사하는 것은 위법" 이라고 규정하고 있다.

(2) 내부자거래규제의 이론적 근거

1) 정보소유이론

공개되지 아니한 정보를 소유화는 자는 정보를 공개하거나 그 정보에 기한 거래를 회피할 의무를 부담하므로, 증권기래자가 공개되지 아니한 정보를 소유하였다는 것 자체가 책임의 근거가 된다는 이론이다. 이는 회사의 내부정보에 직접·간접으로 접근할 수 있는 자가 그 정보에 기하여 증권거래에 관여하는 경우에는 거래당사자 간에 정보가 불균형한 상태가 된다는 의미에서 정보평등이론이라고도 불린다.[34]

2) 신임의무이론

내부자거래로 인한 책임범위가 지나치게 확대되는 문제가 있는 정보소유이론을 보완하기 위하여, 단지 정보를 소유하고 있다는 사실만으로는 규제대상이 아니고, 회사 또는 주주에 대하여 신임의무를 부담하는 내부자와 그 회사 또는 주주 간에 믿음과 신뢰의 관계가 존재하기 때문에 정보의 공개 또는 거래회피의무를 부담한다는 이론이다.

3) 부정유용이론

내부자의 회사 또는 주주에 대한 신임의무에 더하여 정보원에 대한 신임의무에 위반하여 거래하여서는 아니 된다는 이론이다. 즉 외부자의 미공개정보 이용을 규제하기 위한 해결책으로 대두된 것이 부정유용이론으로서, 이는 기

---

34) 대표적인 사례로 Texas Gulf Sulphur 사건을 들고 있다. SEC v. Texas Gulf Sulphur Co. 401 F. 2d 833(2nd Cir 1968), cert denied, 394 U.S. 976(1969).

존의 신임의무를 배제한 것이기 보다는 이를 전제로 규제의 범위를 확대하여 자신에게 정보접근을 허용한 정보원에 대한 신임의무를 위반하면 미공개정보를 유용한 것으로서 위법하다는 이론이다. 예를 들어 변호사가 공개매수정보에 기하여 주식을 매수한 사건에서 내부정보의 부정유용은 그에게 정보를 제공한 정보원에 대한 신임의무를 위반하는 것으로 SEA Section 10(b), SEC Rule 10b-5에 위반한 것이 된다는 것이다.[35]

4) 검토

미국은 내부거래자를 포괄적 사기금지규정에 의하여 규제하므로, 내부자거래규제의 이론적 근거 및 내부자의 범위, 내부정보의 범위 등 요건이 판례에 의하여 발전되어 왔다. 이에 반하여 우리나라와 일본은 내부자거래에 관하여 구체적이고 명시적인 금지 규정을 두고 있다. 이처럼 내부자거래의 금지에 대하여 구체적으로 규정하고 있으므로 내부자거래를 금지하는 이론적 근거를 논의할 필요성이 크지 않다. 다만 그 근거를 찾는다면 이는 증권시장의 공정성을 해치는 불공정거래이기 때문에 규제하는 것으로 보아야 한다.

Ⅱ. 내부자거래 규제요건

1. 규제대상 증권 및 발행인

규제대상 증권은 "특정증권 등" 이라고 하여 단기매매차익반환규정에서의 대상증권과 동일하다.[36] 여기서는 상장법인이 발행한 증권은 물론 그 법인 이외

---

35) United Sates v. James Herman O'Hagan, 521 U. S. 642(1997).

36) 단기매매차익반환규정이 적용되는 금융투자상품에 대하여 다음을 든다(자법 제172조 제1항).

① 그 법인이 발행한 증권(대통령령으로 정하는 증권을 제외한다)

② 제1호의 증권과 관련된 증권예탁증권

③ 그 법인 외의 자가 발행한 것으로서 제1호 또는 제2호의 증권과 교환을 청구할 수 있는 교환사채권

④ 제1호부터 제3호까지의 증권만을 기초자산으로 하는 금융투자상품

제1호에서 대통령령으로 정하는 증권을 제외하는데, 시행령에서 단기매매차익 반환면제 증권으로 다음을 든다(자령 제196조).

① 채무증권. 다만, 다음 각 목의 어느 하나에 해당하는 증권은 제외한다

의 자가 그 법인과 관련된 증권을 기초자산으로 하여 발행한 신종증권도 포함하고 있다. 다만 당해법인이 아니면서 일정한 관계에 있는 법인이 발행한 증권은 규제대상이 아니다. 예를 들면 어떤 회사에 호재의 정보가 있는 경우 그 협력업체에게도 호재가 된다. 이 때 그 협력업체가 발행한 증권은 대상이 아니다.

개정 자본시장법에서는 규제의 대상에 상장법인뿐만 아니라 상장예정법인도 포함하고 있다.[37] 또한 합병 등을 통해 우회상장하려는 기업의 미공개중요정보를 이용하는 행위 등도 미공개중요정보 이용행위금지의 대상이 되게 하여 불공정거래에 관한 규제를 개선하였다.

2. 내부자 또는 정보수령자

내부자거래의 규제의 대상이 거래에 있어서 거래자가 내부자이거나 정보수령자이어야 한다. 이들만이 정보의 공개 또는 내부자거래의 회피의무를 부담하기 때문이다. 여기서 내부자의 범위를 보면 다음과 같다.

(1) 내부자(1차 내부자)

내부자에는 당해 법인(그 계열회사를 포함) 및 임·직원과 대리인, 주요주주가 있다. 이들은 내부 정보를 이용하거나 타인으로 하여금 이용하게 하여서는 아니 된다. 당해 법인은 자기주식취득이나 그 처분과정에서 내부정보를 이용할 수 있기 때문에 이를 규제한다.

가. 전환사채권
나. 신주인수권부사채권
다. 이익참가부사채권
라. 그 법인이 발행한 지분증권(이와 관련된 증권예탁증권을 포함한다) 또는 가목부터 다목까지의 증권(이와 관련된 증권예탁증권을 포함한다)과 교환을 청구할 수 있는 교환사채권

② 수익증권

③ 파생결합증권(법 제172조 제1항 제4호에 해당하는 파생결합증권은 제외한다)

37) 개정 자법 제174조 ① 상장법인[6개월 이내에 상장하는 법인 또는 6개월 이내에 상장법인과의 합병, 주식의 포괄적 교환, 그 밖에 대통령령으로 정하는 기업결합 방법에 따라 상장되는 효과가 있는 비상장법인(이하 이 항에서 "상장예정법인 등" 이라 한다)을 포함한다. 이하 이 항 및 제443조 제1항 제1호에서 같다]--- 특정증권 등(상장예정법인 등이 발행한 해당 특정증권 등을 포함한다. 이하 제443조 제1항 제1호에서 같다)---

(2) 준내부자 (1차 내부자)

당해 법인에 대하여 법령에 의한 허가·인가·지도·감독 기타의 권한을 가지는 자와 당해 법인과 계약을 체결하고 있거나 체결을 교섭하고 있는 자가 준내부자가 된다(자법 제174조 제1항 제3, 4호). 후자에는 외부감사인, 인수계약을 체결한 증권회사, 명의개서대행회사, 거래은행, 변호사 또는 회계사, 컨설팅회사 등이 포함된다.

(3) 내부자의 임·직원 및 대리인

주요주주 또는 준내부자의 대리인(이에 해당하는 자가 법인인 경우에는 그 임직원 및 대리인을 포함한다)·사용인 기타 종업원(내부자의 어느 하나에 해당하는 자가 법인인 경우에는 그 임·직원 및 대리인)도 미공개정보이용행위가 금지된다(자법 제172조 제1항 제5호).

(4) 내부자지위의 연장

위 내부자에 해당하는 자가 이에 해당하지 않게 된 날로부터 1년이 경과하지 아니한 자도 규제대상이다(자법 제172조 제1항).

(5) 직무관련성

내부자가 정보를 알게 된 것이 자신의 직무와 관련성이 있어야 한다. 구체적으로 주요주주의 경우 "권리를 행사하는 과정에서", 준내부자의 경우 "그 권한을 행사하는 과정에서" 혹은 "그 계약을 체결·교섭 또는 이행하는 과정에서" 각각 미공개중요정보를 알게 될 것을 요건으로 명시하고 있다.

(6) 정보수령자(2차 내부자)

내부자로부터 중요한 미공개정보를 전달받은 자도 내부자거래의 규제대상이 된다(자법 제172조 제1항 제6호).

그리하여 당해 법인이 발행한 증권의 매매 그 밖의 거래와 관련하여 그 정보를 이용하거나 다른 사람으로 하여금 이를 이용하게 하지 못한다. 이 때 규제대상의 제한이 필요한데, 제1차 정보수령자로부터 미공개내부정보를 다시 전달받은 제2차 정보수령자가 증권의 매매 그 밖의 거래와 관련하여 전달받은 당해 정보를 직접 이용하는 경우에만 제1차 정보수령자가 처벌대상이 되고(2차 정보수령자는 처벌대상 아님), 제2차 정보수령자가 그 정보를 직접 이용하지 않고 다시 다른 사람에게 전달하여 이용하게 하는 경우에는 제1자 정보수령자도 처벌대상이 아니다.[38]

이에 반하여 미국에서는 정보수령자에 대하여 ① 내부자가 신임의무에 위반하여 정보를 제공하였고 ② 정보수령자가 내부자의 신임의무위반을 알거나 알았어야 하고 ③ 정보제공자가 정보수령자로부터 이익을 얻거나 또는 정보수령자에게 경제적 이익을 얻게 할 의사가 있어야 규제대상이 된다고 해석한다.[39] 이와 같이 정보수령자의 책임을 내부자의 신임의무위반에서 파생되는 것이라고 보기 때문에 제2차, 제3차 정보수령자도 규제대상에 포함된다.

정보수령자와 달리 정보의 생성자는 규제의 대상이 되지 않는다. 예를 들면 M&A를 추진하는 자가 그 추진과정에서 주식을 매수하는 경우도 흔히 볼 수 있는데, 이들은 정보생성자로서 내부자나 준내부자에 해당하지 않고, 정보수령자의 범위에 당해 회사의 인수를 위한 일방 당사자는 포함되지 않는다. 즉, M&A 추진정보는 "상장법인의 업무 등과 관련하여 발생한 정보" 에 해당하지 않는다. 다만 정보의 생성자라 할지라도 공개매수 등의 경우 다음에 보는 바와 같이 일정한 규제규정을 두고 있다.

---

38) 대법원 2002.1.25. 선고 2000도90 판결.

39) Dirks v. S.E.C. 463 U. S. 646(1983). 내부자의 신인의무위반이 되는지 여부는 정보제공의 목적에 의하여 결정된다. 그것은 내부자가 부적절한 정보개시로 인하여 직접, 간접으로 개인적 이익을 얻는지 여부이다. 만일 내부자가 개인적으로 이익을 얻지 못한다면 주주들에 대한 신인의무위반이 되지 않는다고 하였다.

내부자(내부자, 준내부자) → 1차 정보수령자(2차내부자) → 2차(3차 내부자) → 3차 처벌 ← 이용시 ↲ 처벌 않는다 ← 이용시 ↲

3. 공개되지 아니한 중요한 정보

내부자거래의 규제가 되는 행위는 "상장법인의 업무 등과 관련하여 일반인에게 공개되지 아니한 중요한 정보를" 이용하는 행위이다. 즉 정보의 중요성과 미공개성의 두 가지 요건을 갖추어야 한다. 여기서 중요성의 요건은 정보의 객관적 내용에 관한 문제이고, 미공개성의 요건은 정보의 시간적 범위에 관한 문제이다.

(1) 업무관련성

상장법인의 업무 등과 관련된 중요한 정보의 이용이 금지되므로 정보가 업무관련성이 있어야 한다. 따라서 주가에 영향을 미치지만 업무와 관련이 없는 시장정보, 즉 특정증권 등에 대한 주가흐름의 분석, 예측 등과 같은 정보는 내부정보가 될 수 없다.

(2) 미공개정보와 대기기간

미공개정보란 일반인에게 공개되어 공개시장에서 광범위하게 유포되기 전의 정보이다. 시행령에서는 정보가 공개된 후 일정한 기간이 경과하기 전까지는 미공개정보로 보고 있다. 일정기간의 경과란 내부자의 입장에서 보면 증권거래를 할 수 있는 대기기간이라 할 수 있다. 이 대기기간은 정보이용의 균형의 관점에서 인정되는 것이다.

대기기간과 관련하여 시행령에서는 다음과 같이 규정하고 있다(자령 제201조 제1항).

① 법령에 따라 금융위원회 또는 거래소에 신고되거나 보고된 서류에 기재되어 있는 정보: 그 내용이 기재되어 있는 서류가 금융위원회 또는 거래소가 정하는 바에 따라 비치된 날부터 1일
② 금융위원회 또는 거래소가 설치·운영하는 전자전달매체를 통하여 그 내용이 공개된 정보: 공개된 때부터 3시간
③ 「신문 등의 진흥에 관한 법률」에 따른 일반일간신문 또는 경제분야의 특수일간신문 중 전국을 보급지역으로 하는 둘 이상의 신문에 그 내용이 게재된 정보: 게재된 날의 다음 날 0시부터 6시간. 다만, 해당 법률에 따른 전자간행물의 형태로 게재된 경우에는 게재된 때부터 6시간으로 한다.
④ 「방송법」에 따른 방송 중 전국에서 시청할 수 있는 지상파방송을 통하여 그 내용이 방송된 정보: 방송된 때부터 6시간
⑤ 「뉴스통신진흥에 관한 법률」에 따른 연합뉴스사를 통하여 그 내용이 제공된 정보: 제공된 때부터 6시간

(3) 중요한 정보

1) 의의

구증권거래법 제188조의 2 제2항은 "일반인에게 공개되지 아니한 중요한 정보"에 관하여 "제186조 제1항 각 호의 1에 해당하는 사실(수시공시사항에 관한 사실) 등에 관한 정보 중 투자자의 투자판단에 중대한 영향을 미칠 수 있는 것"이라고 규정하고 있었다. 이처럼 내부정보와 수시공시사항을 연결시켜 내부자거래의 규제범위가 과도하게 좁아지는 문제가 있었다. 이에 대하여 대법원은 "제186조 제1항 제1호 내지 제13호 소정의 사실들만을 미공개정보 이용행위금지의 대상이 되는 중요한 정보에 해당하는 것으로 제한하고자 하는 취지에서가 아니라, 중요한 정보인지의 여부를 판단하는 기준인 '투자자의 투자판단에 중대한 영향을 미칠 수 있는 정보'를 예시하기 위한 목적"이라고 하여,[40] 수시공시사항에 해당해야 한다는 문구를 순전히 예시적인 것으로 해

40) 대법원 2000.11.24. 선고 2000도2827 판결.

석하였다.

자본시장법에서는 미공개중요정보를 "투자자의 투자판단에 중대한 영향을 미칠 수 있는 정보" 라고 하여 수시공시사항과의 관계를 절단하고 있다.

2) 중요한 정보의 범위

미공개중요정보란 투자자의 투자판단에 중대한 영향을 미칠 수 있는 정보로서 대통령령으로 정하는 바에 따라 불특정 다수인이 알 수 있도록 공개되기 전의 것이다.

3) 정보의 중요성 기준

중요한 정보란 반드시 객관적으로 명확한 것만 이용이 금지되는 미공개정보에 해당하는 것이 아니라, 합리적인 투자자라면 그 사실의 중대성과 사실이 발생할 개연성을 함께 고려하여 증권의 거래에 관한 의사를 결정함에 있어서 중요한 가치를 지니는 정보를 가리킨다.[41]

이것은 미국 판례상 제시된 개연성-중대성 기준에 따른 것인데,[42] 이에 따를 때 공시의무가 부과되는 사항에 관한 이사회 결의가 있거나 최종부도가 발생한 시점 이전이라도 합리적인 투자자가 유가증권의 거래에 관하여 의사결정을 함에 있어서 중요한 정보로 간주할 정도의 정보라면 그 시점에서 이미 중요한 정보가 생성된 것으로 보아야 하고, 그 정보가 반드시 명확하고 확정된 것일 필요는 없다.

4) 투자자의 투자판단에 대한 중대한 영향

여기서 투자자란 합리적 투자자를 가정한다. 대법원은 "합리적인 투자자가

---

41) 대법원 1994.4.26. 선고 93도695 판결에서 같은 취지의 판시를 함.

42) SEC v. Texas Gulf Sulphur Co., 401 F. 2d 833(2d Cir. 1968) 판결에서 채택된 것으로 당시 광물시추견본의 상업성이 확실하지 않아서 공시할 사항이 아니었다는 피고들의 항변에 대하여 법원은 "당해 정보가 사실로 확정될 개연성과 그 정보가 공개될 경우 주가에 영향을 미칠 중대성이 인정되면 중요한 정보로 보아야 한다." 고 판시하였다.
TSC Industries, Inc. v. Northway, Inc., 426 U.S. 438(1976)에서 채택한 실질적 개연성 기준도 있다. 이는 합리적인 투자자가 그 정보를 중요하다고 여길 만한 실질적 개연성이 있으면 그 정보는 중요한 정보라는 것이다.

해당 유가증권을 매수 또는 계속 보유할 것인지 아니면 처분할 것인지 여부를 결정하는데 있어서 중요한 가치가 있는 정보, 바꾸어 말하면 일반투자자들이 일반적으로 안다고 가정할 경우에 해당 유가증권의 가격에 중대한 영향을 미칠 수 있는 사실" 이라고 판시하였다.[43]

5) 미공개와 적극적 부실표시

자본시장법 제174조는 소위 침묵에 의한 내부자거래를 규제하는 것이고, 정보를 적극적으로 허위기재하거나 누락하는 경우에는 시세조종행위의 규제대상이 된다.

(4) 외부정보

회사의 주가에 영향을 줄 만한 시장정보 또는 회사에 대한 외부로부터의 정보는 규제대상이 아니다. 시장정보는 회사정보 외에 증권시장에서 당해 회사가 발행한 증권의 수급에 영향을 줄 수 있는 사건이나 상황에 관한 정보를 말한다. 공개매수의 대상이 되었다는 사실, 경영권에 영향을 미칠 수 있는 주식 등의 대량처분 · 취득, 기관투자자가 당해 회사의 주식에 대해서 대규모의 매수주문을 냈다는 사실 등이 시장정보의 예이다. 자본시장법은 공개매수정보와 주식 등의 대량처분 · 취득 정보를 이용한 거래에 대해서는 특칙규정을 두어 내부자거래의 규제대상으로 하고 있다. 그 밖의 시장정보는 특정회사의 업무 등과 관련성이 없으므로 내부정보에 해당하지 않는 것으로 본다.

4. 금지행위

금지되는 행위는 내부정보를 특정증권 등의 매매, 그 밖의 거래에 이용하거나 타인에게 이용하게 하는 행위이다. 매매거래 자체가 금지되는 것이 아니라 정보의 이용행위가 금지되는 것이므로 정보를 보유한 상태에서 매매를 하더라도 정보를 이용하지 않은 경우, 즉 내부정보가 거래의 요인이 아닌 경우에는

---

43) 대법원 1995.6.29. 선고 95도467 판결.

내부자거래에 해당하지 않는다. 그러나 정보의 보유자가 거래에 나선 경우에는 일응 정보를 이용한 것으로 추정할 수 있을 것이다.

Ⅲ. 특칙

1. 공개매수에 관한 특칙

(1) 의의

공개매수의 경우 미공개정보는 대상회사의 업무 등과 관련하여 발생한 정보가 아니라 공개매수에 관한 정보이다. 이는 회사외부정보이지만 자본시장법에서는 공개매수자의 내부자가 대상회사 증권을 거래하는 경우도 내부자거래로 보기 위해서 특칙을 두고 있다.

(2) 규제의 대상

공개매수자는 공개매수에 관하여 정보의 생성자에 해당하지만, 자본시장법상 명문규정이 있는 이상 다른 M&A 추진자와는 달리 미공개정보이용이 금지된다.

자본시장법에 따를 때 다음의 어느 하나에 해당하는 자(이에 해당하지 아니하게 된 날부터 1년이 경과하지 아니한 자를 포함한다)는 주식 등에 대한 공개매수의 실시 또는 중지에 관한 미공개정보를 그 주식 등과 관련된 특정증권 등의 매매, 그 밖의 거래에 이용하거나 타인에게 이용하게 하여서는 아니 된다. 다만, 공개매수를 하려는 자("공개매수예정자")가 공개매수공고 이후에도 상당한 기간 동안 주식등을 보유하는 등 주식등에 대한 공개매수의 실시 또는 중지에 관한 미공개정보를 그 주식등과 관련된 특정증권등의 매매, 그 밖의 거래에 이용할 의사가 없다고 인정되는 경우에는 그러하지 아니하다(개정 자법 제174조 제2항).

① 공개매수자(그 계열회사를 포함한다) 및 공개매수자의 임직원 · 대리인으로서 그 직무와 관련하여 공개매수의 실시 또는 중지에 관한 미공개정보

를 알게 된 자

② 공개매수자의 주요주주로서 그 권리를 행사하는 과정에서 공개매수의 실시 또는 중지에 관한 미공개정보를 알게 된 자

③ 공개매수자에 대하여 법령에 따른 허가 · 인가 · 지도 · 감독, 그 밖의 권한을 가지는 자로서 그 권한을 행사하는 과정에서 공개매수의 실시 또는 중지에 관한 미공개정보를 알게 된 자

④ 공개매수자와 계약을 체결하고 있거나 체결을 교섭하고 있는 자로서 그 계약을 체결 · 교섭 또는 이행하는 과정에서 공개매수의 실시 또는 중지에 관한 미공개정보를 알게 된 자

2. 주식 등의 대량취득 · 처분에 관한 특칙

주식 등의 대량취득 · 처분은 주가에 중대한 영향을 미치는 거래이기 때문에 그 정보를 이용한 내부자거래가 행해질 가능성이 높다. 그러나 이것도 회사외부정보이다. 자본시장법은 이러한 거래도 내부자거래로 보기 위해서 주식 등의 대량취득·처분에 관한 특칙을 두고 있다.

다음의 자는 주식 등의 대량취득·처분에 대한 정보이용이 규제된다. 다만, 대량취득 · 처분을 하려는 자가 제149조에 따른 공시 이후에도 상당한 기간 동안 주식 등을 보유하는 등 주식 등에 대한 대량취득 · 처분의 실시 또는 중지에 관한 미공개정보를 그 주식 등과 관련된 특정증권 등의 매매, 그 밖의 거래에 이용할 의사가 없다고 인정되는 경우에는 그러하지 아니하다(개정 자법 제174조 제3항).

① 대량취득 · 처분을 하는 자(그 계열회사를 포함한다) 및 대량취득 · 처분을 하는 자의 임직원 · 대리인으로서 그 직무와 관련하여 대량취득 · 처분의 실시 또는 중지에 관한 미공개정보를 알게 된 자

② 대량취득 · 처분을 하는 자의 주요주주로서 그 권리를 행사하는 과정에서 대량취득 · 처분의 실시 또는 중지에 관한 미공개정보를 알게 된 자

③ 대량취득 · 처분을 하는 자에 대하여 법령에 따른 허가 · 인가 · 지도 · 감독, 그 밖의 권한을 가지는 자로서 그 권한을 행사하는 과정에서 대량취

득 · 처분의 실시 또는 중지에 관한 미공개정보를 알게 된 자

④ 대량취득 · 처분을 하는 자와 계약을 체결하고 있거나 체결을 교섭하고 있는 자로서 그 계약을 체결 · 교섭 또는 이행하는 과정에서 대량취득 · 처분의 실시 또는 중지에 관한 미공개정보를 알게 된 자

⑤ ②부터 ④까지의 어느 하나에 해당하는 자의 대리인(이에 해당하는 자가 법인인 경우에는 그 임직원 및 대리인을 포함한다) · 사용인, 그 밖의 종업원(②부터 ④까지의 어느 하나에 해당하는 자가 법인인 경우에는 그 임직원 및 대리인)으로서 그 직무와 관련하여 대량취득 · 처분의 실시 또는 중지에 관한 미공개정보를 알게 된 자

⑥ 대량취득 · 처분을 하는 자 또는 ①부터 ⑤까지의 어느 하나에 해당하는 자(①부터 ⑤까지의 어느 하나의 자에 해당하지 아니하게 된 날부터 1년이 경과하지 아니한 자를 포함한다)로부터 대량취득 · 처분의 실시 또는 중지에 관한 미공개정보를 알게 된 자

제2장 시세조종 등 불공정거래행위의 금지

Ⅰ. 서설

증권시장은 다수의 투자주체가 참여하는 시장으로서, 투자자간의 수요와 공급에 의하여 가격이 형성되는 곳이다. 그러나 때로는 소위 '작전' 등을 통하여 그 가격이 인위적으로 조작되기도 하는데, 이는 시장의 공정한 가격형성을 막고 시장의 신뢰를 저하시키는 것으로서 이에 대한 규제가 요구된다.

시세조종행위란 수요와 공급의 원칙에 의하여 형성되어 져야 할 시세를 지배 또는 인위적으로 조종하는 것에 의하여 투자자를 기망하는 의도적 또는 고의적인 행위를 말하며, 이에 유인된 투자로 인하여 일반투자자들이 많은 손해를 입게 된다. 이러한 시세조종은 다양한 방법으로 이루어지며, 또한 시세조종행위는 허위공시, 내부자거래 등과 연결되어 일어나는 양상을 보인다.

문제가 되는 것은 주가가 인위적으로 변동된다는 의심이 들지만 시세가 조작되었다는 사실이 명백하지 않은 경우이다. 특히 현실거래에 의한 시세조종

의 경우 그 위법성을 인정하기가 매우 어려운 면을 지니고 있다. 이 경우 대체로 대량의 주문에 의하여 시세조종이 이루어지게 되나 시장에는 대량의 주문이 많이 이루어지고 있으며, 이러한 대량주문의 경우 어느 정도 시세에 영향을 미칠 수밖에 없다. 이 때 정상적인 투자목적의 거래와 시세조종행위를 구별해 낸다는 것은 매우 어려운 일이다.

이러한 시세조종행위가 있을 때 일반투자자는 그 손해의 배상이 가능할 것인가? 가능하다면 어떤 기준에 의하여 배상을 받을 수 있는가? 등이 문제된다.

자본시장법에는 시세조종행위에 대한 규제규정을 두고 있으며, 그로 인한 형사처벌 및 손해배상책임에 관한 규정도 두고 있다. 그러나 시세조종행위에 대한 사적 구제에 어려움이 있다. 이전에 시세조종행위는 위계에 의한 불공정행위를 제외하고는 모두 목적범의 형식의 취하고 있었다.[1] 그러나 목적요건은 주관적인 것으로서 그 목적을 입증하는 것이 쉽지 않다. 또한 시세조종과 손해사이의 인과관계도 입증에 어려움이 있으며, 그 손해는 어떤 금액을 기준으로 할 것인가 등 여러 문제가 발생한다.

Ⅱ. 시세조종행위의 규제에 따른 보호법익

시세조종행위의 규제에 따른 보호법익으로 '증권시장의 공정성의 확보'로 보는 것이 지금까지의 다수설이다. 여기서 증권의 유통시장으로서의 기능과 가격형성시장으로서의 기능을 확보하기 위하여 인위적으로 조작할 수 없는 '자유·공개시장' 의 필요성을 주장한다.[2] 증권시장의 기능 확보와 공정성이 필요하다는 것이다. 또한 시세조종행위는 공정한 유가증권시장을 확립하기 위해서 엄격하게 규제해야 한다면서, 시세조종이 투자자 보호에 반하는 행위라고 설명하기도 한다.[3]

이에 대하여 시세조종행위규제의 보호법익을 '일반투자자의 경제적 이익보호' 로 파악하는 견해도 있다. "유가증권거래의 공정성과 증권유통의 원활함

1) 자본시장법에서 위계에 의한 불공정행위는 부정거래행위로 시세조종행위와는 구분된다.
2) 新崎克郞, 「證券取引の法理」, 商事法務硏究會(1987), 539면.
3) 近藤光男, "相場操縱規制", 「現代企業立法の軌跡と展望」(鴻常夫先生古稀記念), 商事法務硏究會(1995), 394면.

도 보호해야 하는 것은 분명하지만 이것이 최종적으로는 증권시장에서의 투자자의 이익보호에 연결되어야 한다."는 것이다.[4]

이렇게 시세조종행위의 보호법익에 대하여는 '증권시장의 자유와 공정의 확보'를 중시하는 견해와 '투자자 보호'를 중시하는 견해로 나눌 수 있다. 이 두 가지 보호법익 중에 어느 것을 강조하는 가에 따라서 시세조종행위의 주관적 요건에 대한 해석을 달리할 수 있다. 투자자 보호를 위하여 시세조종을 범죄로 규제한다는 관점에 서면 시세조종죄의 성립요건으로서 유인목적이 도출된다. 타인이 매매거래에 유인된 결과 투자자의 경제적 이익이 피해를 입으므로 범죄성립요건으로서 유인목적과 보호법익으로서 투자자 보호는 밀접한 관계가 있게 된다. 현재 자본시장법의 태도도 유인목적을 요구하고 있다.

그러나 증권시장의 자유와 공정의 확보를 위하여 시세조종행위를 규제한다는 관점에 서면 시세조종죄의 성립을 위해서 인위적 조작목적만으로 충분하다고 해석할 수 있다.[5] 즉 시세조종은 투자자의 자유롭고 공정한 의사활동과 수급관계를 인위적으로 저해하는 것이고 투자자에게 당해 증권의 거래에 인기가 집중되어 있다는 잘못된 외관과 정보를 주어 왜곡된 시세가 형성된다는 것이다. 이러한 왜곡성은 당해 증권의 시세에 한하지 않고 증권시장전체에 미치게 된다. 따라서 보호법익으로서 증권시장의 자유와 공정의 확보는 범죄성립요건으로서 인위적 조작목적을 도출할 수 있다는 것이다.

앞으로는 증권시장의 자유와 공정의 확보를 규제의 중심적인 보호법익으로 할 필요가 있다고 생각된다. 이렇게 자유롭고 공정한 증권시장이 형성되게 되면 투자자 보호는 그 결과로 이루어질 것이기 때문이다.

Ⅲ. 시세조종행위의 유형

1. 미국

우편·주간통상 또는 전국 증권거래소의 시설을 이용하여 행하는 구체적인

4) 神山 敏雄, "株價操作(上場操縱)罪及び 上場變動目的の風說流布罪についての考察", 判時1635號, 21면.
5) 加賀讓治, 「證劵相場操縱規制論」, 成文堂(2001), 256면.

유형을 규정한 SEA Section 9(a), 증권거래소 상장여부에 관계없이 모든 등록증권의 매매거래에 관하여 시세조종적이거나 사기적인 수단이나 책략의 사용을 전면적으로 금지하는 포괄적 사기금지조항인 SEA Section 10(b) 및 SEC Rule 10b-5, 장외시장에서 거래되는 증권을 포함한 시세조종행위금지규정인 SEA Section 15(c) 등이 있다.

2. 우리나라

우리 자본시장법상 규제되고 있는 시세조종행위의 유형은 다음과 같이 나눌 수 있다.

첫째, 위장거래에 의한 시세조종행위이다.[6] 이는 거래가 성황을 이루고 있는 듯이 잘못 알게 하거나, 기타 타인으로 하여금 그릇된 판단을 하게 할 목적으로 통정 및 가장매매를 하는 것으로서 이를 통칭하여 위장거래라고 한다. 위장거래는 독립적으로 이루어지기보다는 일반적으로 다른 공모조작행위 등과 연계하여 이루어진다.

먼저 통정매매란 양 당사자가 미리 통정한 후 같은 상장증권이나 장내파생상품에 대하여 같은 시기에 같은 가격으로 매매하는 행위이다. 이 때 명시적인 통정뿐만 아니라 묵시적인 통정의 경우도 포함한다.[7] 그런데 증권시장에서 과거 자전거래[8]가 많이 이루어졌다. 이러한 자전매매도 시장의 시세와 자

---

6) 누구든지 상장증권 또는 장내파생상품의 매매에 관하여 그 매매가 성황을 이루고 있는 듯이 잘못 알게 하거나, 그 밖에 타인에게 그릇된 판단을 하게 할 목적으로 다음 각 호의 어느 하나에 해당하는 행위를 하여서는 아니 된다(자법 제176조 제1항).

1. 자기가 매도하는 것과 같은 시기에 그와 같은 가격 또는 약정수치로 타인이 그 증권 또는 장내파생상품을 매수할 것을 사전에 그 자와 서로 짠 후 매도하는 행위
2. 자기가 매수하는 것과 같은 시기에 그와 같은 가격 또는 약정수치로 타인이 그 증권 또는 장내파생상품을 매도할 것을 사전에 그 자와 서로 짠 후 매수하는 행위
3. 그 증권 또는 장내파생상품의 매매를 함에 있어서 그 권리의 이전을 목적으로 하지 아니하는 거짓으로 꾸민 매매를 하는 행위
4. 제1호부터 제3호까지의 행위를 위탁하거나 수탁하는 행위

7) 대법원 1998.12.8. 선고 98도3051 판결.

8) 이는 매매의 쌍방 당사자가 일정한 시점에 동일한 가격과 동일한 수량의 매수·매도주문을 내어 매매계약을 체결시키는 행위로서, 경쟁매매과정에서 처리하기 곤란하거나 경쟁매매에 의하면 주가의 급등락이 우려되는 대량거래를 하려는 경우에 주가에 영향을 미치지 않고 대량거래를 성사시킬 수 있는

전거래 가격이 다를 경우 시세조종의 결과를 유발할 수 있다. 현재는 거래소 규정상 대량매매만 허용되고 자전거래는 허용되지 않는다.9)

다음으로 가장매매란 권리이전을 목적으로 하지 않는 매매행위로서, 예를 들면 동일인이 같은 시기에 매매하여 실질적 소유자에 변화가 없는 경우 등을 말한다.

그리고 이러한 통정 및 가장매매의 위탁 및 수탁행위에 대하여도 책임을 부과한다. 위탁자가 통정·가장매매로 나아가지 아니한 경우에 이의 적용을 받고, 실제 통정·가장매매로 나아간 경우에는 통정·가장매매의 책임을 지게 될 것이다.

둘째, 현실거래에 의한 시세조종행위이다.10) 매매가 성황을 이루고 있는 듯이 잘못 알게 하거나, 그 시세를 변동시키는 행위이다. 이는 실제로 거래행위를 함으로써 시세를 인위적으로 조작하는 것을 말한다. 전형적인 주가조작의 형태이지만, 실제 거래가 이루어지기 때문에 외관상으로는 정상적인 거래행위와 위법한 시세조종행위의 구별이 어렵다. 여기서도 실제 거래가격을 변동시키는 매매거래뿐만 아니고 그 위탁이나 수탁도 금지하고 있는 바, 이에 따라 증권사가 집행을 하지 않은 경우일지라도 고객이 그러한 위탁을 하는 행위 또는 증권사가 실제 주문집행을 하지는 않았지만 수탁을 한 경우까지도 금지된다.

현실거래에 의한 시세조종이 되기 위해서는 먼저 객관적 요건으로 피해자는 인위적 가격이 존재함을 나타내 보여야 한다. 다음으로 주관적 요건으로 유인목적의 존재를 입증해야 한다. 인위적 가격에 대하여 미국상품선물거래위원회

거래방식이다.

9) 대법원은 "통정행위에 대하여 당해 행위자에게 그 거래가 성황을 이루고 있는 듯이 잘못 알게 하거나 기타 타인으로 하여금 그릇된 판단을 하게 할 목적이라는 불법목적이 있어야 하는 반면, 이러한 시장조작행위라고 하더라도 유가증권의 시세를 고정시키거나 안정시킬 목적으로 하는 경우에는 같은 법 제188조의 4 제3항에 의하여 기간, 간격 및 주체 등에 관한 엄격한 조건하에 예외적으로 허용된다." 고 하여 통정매매가 안정조작의 요건을 충족하는 경우에는 적법성을 인정하였다(대법원 1997.12.26. 선고 97도2609 판결).

10) 누구든지 상장증권 또는 장내파생상품의 매매를 유인할 목적으로 다음 각 호의 어느 하나에 해당하는 행위를 하여서는 아니 된다(자법 제176조 제2항).

1. 그 증권 또는 장내파생상품의 매매가 성황을 이루고 있는 듯이 잘못 알게 하거나 그 시세(증권시장 또는 파생상품시장에서 형성된 시세, 다자간매매체결회사가 상장주권의 매매를 중개함에 있어서 형성된 시세, 그 밖에 대통령령으로 정하는 시세를 말한다. 이하 같다)를 변동시키는 매매 또는 그 위탁이나 수탁을 하는 행위

개정 자법에서는 이전의 전자증권중개회사는 다자간매매체결회사로 변경하고 있다.

는 "가격이 특정의 거래가격에 영향을 미치는 수요와 공급 시장과 경제적 힘을 반영하지 못할 때 인위적이 된다. 그것은 경제적 용어로 말할 때 균형을 이루지 못하는 가격이다." 고 하였다.11)

간단히 말하면 수요와 공급에 영향을 미치는 모든 힘이 합법적이면 그 가격은 인위적이지 않게 된다. 반면에 수요와 공급에 영향을 미치는 힘이 불법적이면 그 가격은 필연적으로 인위적이게 된다. 따라서 초점은 궁극적인 가격이 아니라 그 가격에 영향을 미치는 힘에 두어져야 한다.12) 그러나 인위적인 가격의 존재가 인정된다고 하여도 증권가격은 다양한 요인에 의하여 결정되는 복잡한 성격을 지니고 있으므로 시세조종행위를 이유로 손해배상청구를 하는 경우 시세조종 만에 의하여 손해가 발생했다는 것을 입증하는 것은 시세조종의 규모의 대소를 불문하고 쉬운 일이 아니다. 이에 따라서 미국에서는 현실거래에 의한 시세조종의 경우 입법으로 이를 규제하지 말아야 한다는 견해도 유력하게 제기되고 있다.13)

여기서 행위주체로서 법문은 "누구든지" 라고 하여 주체를 제한하지 않고 있다. 매매거래의 주체는 원칙적으로 당해 매매거래의 효과가 귀속되는 자이나 경우에 따라서는 당해 매매거래를 실행한 자가 주체가 될 수 있다.

현실거래에 의한 시세조종행위로서 많이 발생하는 행위유형은 다음을 들 수 있다. ① 시초가 결정시 전일종가 대비 고가매수주문 ② 직전가 또는 상대호가 대비 고가매수주문 ③ 종가결정시 직전가 대비 고가매수주문 ④ 단지 매수주문량이 많은 것처럼 보이기 위하여 매수의사 없이 하는 저가 주문 ⑤ 일부러 주문을 여러 차례에 걸쳐 분할하여 내는 행위 ⑥ 주문을 점차적으로 높은 가격에 내는 행위

---

11) In re Indiana Farm Bureau, [1982-1984 Rransfer Binder] Comm. Fut. L. Rep.(CCH) at 27,288.

12) Benjamin E. Kozinn, Note: "The great copper caper: is market manipulation really a problem in the wake of the sumitomo debacle?", 69 Fordam L. Rev. 243(1996).

13) 시세조종행위는 자기 규제적이며 또한 이를 강제적으로 금지하는 것은 비용이 들므로 현실거래의 경우 그 거래자의 의도에 상관없이 시세조종적인 것으로서 금지해서는 안된다는 것이다. Daniel R. Fischel & David Ross, "Schould the Law prohibit Manipulation in Financial Market", 105 Harv. L. Rev. 503(1991); 그러나 규제의 필요성을 강조하는 견해도 있다. Steve Thel, "$850,000 in Six Minutes - The Mechanics of Securities Manipulation", 79 Cornell L. Rev. 219(1994), pp. 221~224.

여기서 주관적 요건으로 유인목적이 요구되는데, 판례에 의하면 유인목적이란 인위적인 조작을 가하여 시세를 변동시킴에도 불구하고 투자자에게는 그 시세가 유가증권시장에서 자연적인 수요·공급의 원칙에 의하여 형성된 것으로 오인시켜 유가증권의 매매거래에 끌어들이려는 목적을 말한다.14)

셋째, 허위표시 등에 의한 시세조종행위이다. 이는 매매거래를 유인할 목적으로 시세가 자기 또는 타인의 조작에 의하여 변동한다는 말의 유포행위나 허위표시행위, 즉, 유가증권의 매매에 있어 중요한 사실에 관하여 고의로 허위이거나 오해를 유발시키는 표시를 하는 행위를 말한다.15)

넷째, 불법적인 안정조작 및 시장조성행위이다.16) 안전조작이란 신주발행시 구주가격을 지지하는 것으로서 일정한 기간 동안 증권의 가격의 안정을 기하여 증권의 모집 또는 매출을 원활하게 하고자 하는 경우에 행하여진다. 이는 구주의 가격이 일정 수준에 미치지 못하면 신주발행에서 대량실권이 발생하여 기업의 자금조달이 어렵게 될 우려가 있기 때문에 이루어진다.17)

---

14) 대법원 2005.11.10. 선고 2004도1164 판결.

15) 자법 제176조 제2항.
  2. 그 증권 또는 장내파생상품의 시세가 자기 또는 타인의 시장 조작에 의하여 변동한다는 말을 유포하는 행위
  3. 그 증권 또는 장내파생상품의 매매를 함에 있어서 중요한 사실에 관하여 거짓의 표시 또는 오해를 유발시키는 표시를 하는 행위

16) 누구든지 상장증권 또는 장내파생상품의 시세를 고정시키거나 안정시킬 목적으로 그 증권 또는 장내파생상품에 관한 일련의 매매 또는 그 위탁이나 수탁을 하는 행위를 하여서는 아니 된다. 다만, 다음 각 호의 어느 하나에 해당하는 경우에는 그러하지 아니하다(자법 제176조 제3항).
  1. 투자매매업자(모집 또는 매출되는 증권의 발행인 또는 소유자와 인수계약을 체결한 투자매매업자로서 대통령령으로 정하는 자에 한한다)가 대통령령으로 정하는 방법에 따라 그 증권의 모집 또는 매출의 청약기간의 종료일 전 30일의 범위에서 대통령령으로 정하는 날부터 그 청약기간의 종료일까지의 기간 동안 증권의 가격을 안정시킴으로써 증권의 모집 또는 매출을 원활하도록 하기 위한 매매거래(이하 이 항에서 "안정조작" 이라 한다)를 하는 경우
  2. 투자매매업자가 대통령령으로 정하는 방법에 따라 모집 또는 매출한 증권의 수요·공급을 그 증권이 상장된 날부터 6개월의 범위에서 대통령령으로 정하는 기간 동안 조성하는 매매거래(이하 이 항에서 "시장조성" 이라 한다)를 하는 경우
  3. 모집 또는 매출되는 증권 발행인의 임원 등 대통령령으로 정하는 자가 투자매매업자에게 안정조작을 위탁하는 경우
  4. 투자매매업자가 제3호에 따라 안정조작을 수탁하는 경우
  5. 모집 또는 매출되는 증권의 인수인이 투자매매업자에게 시장조성을 위탁하는 경우
  6. 투자매매업자가 제5호에 따라 시장조성을 수탁하는 경우

17) 대통령령에 정하는 바에 위반하여 이루어진 유가증권의 시세고정·안정목적의 매매거래 등 행위를 처벌하도록 규정한 구증권거래법 제188조의 4 제3항이 명확성의 원칙에 위반하고, 위임입법의 한계를

시장조성은 기업공개시에 시장조성을 하는 것으로서 모집 또는 매출한 증권의 수요·공급을 당해 증권의 최초 상장 또는 등록 후 일정기간 조성하는 경우를 말한다. 시장조성을 위한 증권의 매매거래를 할 수 있는 자는 당해 증권의 인수인에 한한다.[18] 여기서도 그 매매거래뿐만 아니라 그 위탁이나 수탁을 하는 행위가 규제된다.

안정조작 : 30일 범위내 ← 청약종료일 = 구주가격을 지지
시장조성 : 상장, 등록일 → 6개월 범위내 = 시장가격을 지지
* 이전에는 시장조성의무가 부과되었으나 지금은 이 의무는 폐지되고 합의에 의한 시장조성이 인정된다. – 합의위반시 손해배상책임(민법 750조나 자본시장법 125조 1항 "투자설명서 중 중요사항에 대한 허위기재" 에 따른 손해배상책임)

다섯째, 현선연계에 의한 시세조종이다. 상장증권 또는 파생상품의 매매와 관련하여 파생상품과 기초자산 간의 연계시세조종행위, 상장증권 간의 연계시세조종행위 등을 금지한다.

개정 자본시장법에 따를 때 누구든지 증권, 파생상품 또는 그 증권 · 파생상품의 기초자산 중 어느 하나가 거래소에 상장되거나 그 밖에 이에 준하는 경우로서 대통령령으로 정하는 경우[19]에는 그 증권 또는 파생상품에 관한 매매, 그 밖의 거래와 관련하여 다음의 어느 하나에 해당하는 행위를 하여서는 아니 된다(자법 제176조 제4항).[20]

일탈하였다며 헌법에 위반된다는 결정을 하였다(헌법재판소 2005.5.26. 선고 2003헌가17 결정).

18) 자령 제203조(안정조작 및 시장조성을 할 수 있는 자) 법 제176조 제3항 제1호에서 "대통령령으로 정하는 자" 란 다음 각 호의 어느 하나에 해당하는 자를 말한다.
  1. 법 제119조 제1항에 따른 신고서를 제출하는 경우에는 그 신고서에 안정조작이나 시장조성을 할 수 있다고 기재된 투자매매업자
  2. 법 제119조 제1항에 따른 신고서를 제출하지 아니하는 경우에는 인수계약의 내용에 안정조작이나 시장조성을 할 수 있다고 기재된 투자매매업자

19) 자령 제206조의2(시세조종의 적용대상) 거래소가 그 파생상품을 장내파생상품으로 품목의 결정을 하는 경우를 말한다

20) 개정 자본시장법에 의할 때에도 파생상품을 기초자산으로 하는 파생결합증권의 경우(예를 들면 금선물을 기초자산으로 하는 DLS)에는 해당 조항을 적용하기 어려울 수 있다. 따라서 파생상품과 파생

① 파생상품 매매에서 부당한 이익을 얻거나 제삼자에게 부당한 이익을 얻게 할 목적으로 그 파생상품의 기초자산의 시세를 변동 또는 고정시키는 행위

② 파생상품의 기초자산의 매매에서 부당한 이익을 얻거나 제삼자에게 부당한 이익을 얻게 할 목적으로 그 파생상품의 시세를 변동 또는 고정시키는 행위

③ 증권의 매매에서 부당한 이익을 얻거나 제삼자에게 부당한 이익을 얻게 할 목적으로 그 증권과 연계된 증권으로서 대통령령으로 정하는 증권21)

결합증권 간의 연계거래 금지조항을 추가할 필요가 있다.

21) 자령 제207조(연계증권의 범위) 법 제176조제4항제3호에서 "대통령령으로 정하는 증권"이란 다음 각 호와 같다.

1. 전환사채권이나 신주인수권부사채권의 매매에서 부당한 이익을 얻거나 제3자에게 부당한 이익을 얻게 할 목적인 경우에는 그 전환사채권이나 신주인수권부사채권과 연계된 다음 각 목의 어느 하나에 해당하는 증권
   가. 그 전환사채권이나 신주인수권부사채권과 교환을 청구할 수 있는 교환사채권
   나. 지분증권
   다. 그 전환사채권이나 신주인수권부사채권을 기초자산으로 하는 파생결합증권
   라. 그 전환사채권이나 신주인수권부사채권과 관련된 증권예탁증권
2. 교환사채권의 매매에서 부당한 이익을 얻거나 제3자에게 부당한 이익을 얻게 할 목적인 경우에는 그 교환사채권의 교환대상이 되는 다음 각 목의 어느 하나에 해당하는 증권
   가. 전환사채권이나 신주인수권부사채권
   나. 지분증권
   다. 파생결합증권
   라. 증권예탁증권
3. 지분증권의 매매에서 부당한 이익을 얻거나 제3자에게 부당한 이익을 얻게 할 목적인 경우에는 그 지분증권과 연계된 다음 각 목의 어느 하나에 해당하는 증권
   가. 전환사채권이나 신주인수권부사채권
   나. 그 지분증권과 교환을 청구할 수 있는 교환사채권
   다. 그 지분증권을 기초자산으로 하는 파생결합증권
   라. 그 지분증권과 관련된 증권예탁증권
   마. 그 지분증권 외의 지분증권
4. 파생결합증권의 매매에서 부당한 이익을 얻거나 제3자에게 부당한 이익을 얻게 할 목적인 경우에는 그 파생결합증권의 기초자산으로 되는 다음 각 목의 어느 하나에 해당하는 증권
   가. 전환사채권이나 신주인수권부사채권
   나. 교환사채권(가목, 다목 또는 라목과 교환을 청구할 수 있는 것만 해당한다)
   다. 지분증권
   라. 증권예탁증권
5. 증권예탁증권의 매매에서 부당한 이익을 얻거나 제3자에게 부당한 이익을 얻게 할 목적인 경우에는 그 증권예탁증권의 기초로 되는 다음 각 목의 어느 하나에 해당하는 증권

의 시세를 변동 또는 고정시키는 행위

④ 증권의 기초자산의 매매 등에서 부당한 이익을 얻거나 제삼자에게 부당한 이익을 얻게 할 목적으로 그 증권의 시세를 변동 또는 고정시키는 행위

⑤ 파생상품의 매매 등에서 부당한 이익을 얻거나 제삼자에게 부당한 이익을 얻게 할 목적으로 그 파생상품과 기초자산이 동일하거나 유사한 파생상품의 시세를 변동 또는 고정시키는 행위

①은 파생상품 매매에서 부당한 이익을 얻거나 제삼자에게 부당한 이익을 얻게 할 목적으로 그 파생상품의 기초자산의 시세를 변동 또는 고정시키는 행위를 금지한다. 예를 들면 선물, 옵션의 매매에서 부당한 이익을 얻을 목적으로 그 기초자산(증권 또는 상품)의 시세를 변동 또는 고정시키는 행위가 이에 해당한다.

②는 파생상품의 기초자산의 매매에서 부당한 이익을 얻거나 제삼자에게 부당한 이익을 얻게 할 목적으로 그 장내파생상품의 시세를 변동 또는 고정시키는 행위를 금지한다. ①과 반대방향의 연계시세조종행위를 대상으로 하지만 그 가능성이 크지 않다. 파생상품은 증권에 비하여 그 시세를 변동시키기 곤란하고 선물시장의 규모에 비추어 선물시장에서 시세를 변동시켜 현물시장에서 이익을 얻기 위해서는 필요한 비용이 너무 크기 때문이다.

③은 증권의 매매에서 부당한 이익을 얻거나 제삼자에게 부당한 이익을 얻게 할 목적으로 그 증권과 연계된 증권으로서 대통령령으로 정하는 증권의 시세를 변동 또는 고정시키는 행위(현현연계)를 금지한다. 예를 들면 파생결합증권에 대하여 그 기초자산인 증권의 시세를 변동시키는 것이다. ELS를 예를 들면 만기상환평가일에 기초자산인 주식의 가격을 하락시켜 조기상환조건이 충족되지 않게 하는 경우가 될 수 있다. 그러나 이때 매매의 유인목적을 인정하기 어려울 것이다.

가. 전환사채권이나 신주인수권부사채권
나. 교환사채권(가목, 다목 또는 라목과 교환을 청구할 수 있는 것만 해당한다)
다. 지분증권
라. 파생결합증권

④는 ③과 반대방향의 연계시세조종행위를 대상으로 한다.

⑤는 선선연계 시세조종행위에 대한 규제라고 할 수 있다.

증권거래법에서는 위계에 의한 불공정행위를 시세조종행위에 포함하여 규정하였으나, 자본시장법에서는 제178조 부정거래행위 등의 금지로 따로 규정하고 있다.

Ⅳ. 목적의 존재

시세조종행위란 인위적으로 시세를 조작하는 행위로서 우리나라에서는 위계에 의한 불공정행위를 제외하고 모두 목적범의 형식을 취하고 있다. 시세조종행위 안에서도 통정매매나 가장매매의 경우 통상적인 거래가 아니기 때문에 시세조종적 사실이 있으면 위법한 목적의 존재도 인정할 수 있을 것이다. 허위표시에 의한 시세조종의 경우도 그 목적을 인정할 수 있으며, 안정조작이나 시장조성의 경우는 특정한 상황하에서만 이루어지므로 그 요건을 벗어난 경우 위법한 목적을 인정할 수 있을 것이다.

문제는 현실거래에 의한 시세조종의 경우이다. 주식의 매매가 있으면 시세의 변동이 따르게 되므로 정상적인 거래와 시세의 변동을 위한 시세조종적인 행위를 구별하기가 쉽지 않다. 따라서 주관적 요건으로서 유인목적이 중요한 구별기준으로 작용할 수밖에 없다. 그러나 증권의 매매는 투자나 경영권의 확보 등 다양한 목적으로 행하여지고 있으며, 또한 그 목적이라는 것은 내심의 문제이기 때문에 그 입증이 매우 어려운 것이다.

이러한 유인목적의 해석에 대하여 대량매매의 경우 그로 인한 시세의 변동은 당연하기 때문에 현실거래에 있어서 유인목적이란 자기의 매매거래에 의하여 시세가 변동하는 것을 인식하는 것만으로는 부족하고, 그것으로 인하여 타인의 매매거래를 유인할 목적을 가질 것을 요한다고 보며, 다만 유인목적의 입증이 어렵기 때문에 거래의 동기, 거래의 태양 등으로부터 유인목적을 인정하는 견해가 있다.[22)]

---

22) 神崎克郎, "現實取引による上場操縱", 「法曹時報」, 第44卷 3號, 13면; 協同飼料사건에 대한 日本最高裁判所(平成 6年7月10日)는 "증권취인법 제125조 제2항 제1호 후단(현행법 제159조 제2항 제1호

유인목적을 좀더 완화해서 해석하는 견해도 있다. 즉 유인목적을 유가증권시장에서 유가증권의 매매거래 등을 유인할 목적으로 해석하고, 다만 목적은 의도와 같이 적극적일 필요는 없으며 당해 거래의 결과 제3자가 그 매매거래에 유인될 지도 모른다는 미필적 인식으로도 충분하다고 본다.[23]

그러나 자기의 매매거래에 따른 영향으로 타인을 끌어들이지 않을까라는 인식은 시세조종자가 아니어도 통상 대량의 증권거래를 행하는 자이면 누구나 가지게 되는 것이고, 인식의 정도에 대하여 제3자가 매매거래에 유입될 수 있다는 미필적 인식으로 족하다고 하면 이는 적법행위와 위법거래를 구별하는 기준으로 작용할 수 없는 문제가 발생한다.

이와 달리 어떠한 매매거래도 정도의 차이는 있지만 결과적으로 타인의 매매거래를 유인하므로 그것을 의도하였는가 아닌가에 따라서 구별하는 것은 무리라면서 변동조작죄의 본질은 '인위적 조작목적'에 있다고 보아야 한다는 견해가 있다.[24] 시세조종행위가 위법시되는 이유는 제3자의 매매거래를 유인하는 것 자체에 있는 것이 아니고, 자연적인 수급관계에 의해 형성되어야 할 시세에 인위적인 조작을 가한 데에 있다고 하는 것이다.[25]

후단)은 유가증권의 시장을 변동시키는 일련의 매매거래 등 모두를 위법이라고 하는 것은 아니고 그 중 유가증권시장에서 유가증권의 매매거래를 유인할 목적, 즉 인위적인 조작을 가해서 시세를 변동시키면서도 투자자에게 그 시세가 자연스런 수급관계에 의하여 형성된 것이라고 잘못 알게 해서 유가증권시장에서 유가증권의 매매거래를 유혹할 목적을 가지고 하는 시세를 변동시킬 가능성이 있는 매매거래를 금지하는 것이다." 고 판시하였다.

23) 芝原邦爾, "相場の操縱罪", 「法學敎室」 第165號, 98면; 우리나라 대법원도 같은 취지로 유인목적에 대하여 "인위적인 조작을 가하여 시세를 변동시킴에도 불구하고 투자자에게는 그 시세가 유가증권시장에서의 자연적인 수요·공급의 원칙에 의하여 형성된 것으로 오인시켜 유가증권의 매매거래에 끌어들이려는 목적을 말하는데… 유인목적은 다른 목적과의 공존 여부 어느 목적이 주된 것인지는 문제되지 아니하고, 그 목적에 대한 인식의 정도는 적극적 의욕이나 확정적 인식임을 요하지 아니하고, 미필적 인식이 있으면 족하며…" 라고 판시하였다(대법원 2003.12.12. 선고 2001도606 판결; 동지 2005.11.10. 선고 2004도1164 판결; 대법원 2007.11.29. 선고 2007도7471 판결).

24) 加賀讓治, 앞의 책, 256면: 시세조종의 반사회성이 '증권시장의 공정의 파괴' 에 있다는 입장에서 말하면 법문상의 유인목적이 있든지 없든지 시세조종행위로서 처벌되어야 한다고 한다.; 藤田觀光사건 판결에서도 "그 유인이라는 단어자체에 의미가 있는 것은 아니고 그것은 매매거래가 번성한 것으로 보이게 하는 것 혹은 유가증권의 시세를 변동시킬 매매거래가 의도적, 목적적으로 행하여 졌다는 것을 추상적으로 표현한 것이므로 인위적으로 매매거래가 번성하다고 보이게 하는 것, 혹은 인위적으로 유가증권의 시세를 조작하려는 목적이라는 말로 바꿀 수 있다." 고 하였다(東京地裁判決(平成5年5月19日)).

25) 미국에서도 상품선물거래위원회는 Indiana Farm Bureau 사건에서 원고는 피고의 인위적인 가격을

생각컨대 유인목적을 요구하고 있는 자본시장법의 태도에 비추어 이를 배제하는 해석은 어려움이 있으며, 유인목적을 완화해서 해석할 수밖에 없다고 생각한다. 그렇다면 목적의 요건을 완화해서 제3자로 하여금 당해 유가증권의 매매거래를 하도록 유인할 의도 정도로 해석하고자 한다.

그렇다고 해도 입증에 어려움이 있다. 대부분의 경우 시세조종행위에 대하여 형사상의 제재가 가하여진 후 이를 보고 손해배상청구를 하게 될 것이다. 규제기관과 달리 개인의 경우 시세조종사실에 대한 입증은 더욱 어려울 것이기 때문에 판례를 통하여 목적에 대한 추정태양을 형성할 필요가 있다.[26] 대법원은 이와 관련해서 "당사자가 이를 자백하지 않더라도 그 유가증권의 성격과 발행된 유가증권의 총수, 매매거래의 동기와 태양(순차적 가격상승주문 또는 가장매매, 시장관여율의 정도, 지속적인 종가관여 등), 그 유가증권의 가격 및 거래량의 동향, 전후의 거래상황, 거래의 경제적 합리성 및 공정성 등의 간접사실을 종합적으로 고려하여 판단할 수 있다." 고 판시하였다.[27] 미국에서도 연방증권법 성립이후 판례상 유인목적을 정황증거에 의하여 입증하는 것을 인정하였다.[28]

형성하고자 하는 목적을 증명해야 한다고 하였다. 위원회는 목적의 요소를 증명하기 위하여 피고가 의도적으로 시장가격의 흐름에 영향을 주어 이것이 합법적인 수요와 공급의 힘을 반영하지 못하도록 하였다는 것을 나타내 보여야 한다고 하였다(In re Indiana Farm Bureau Coop. Ass'n, Inc., [1982-1984 Rransfer Binder] Comm. Fut. L. Rep.(CCH) p. 21,796 at 27,283(CFTC Dec., 17, 1982).

26) 시세조종행위에 대한 증권거래법의 규정이 공문화되었다며 그 실효성을 보장하기 위하여 이상하다고 생각되는 요소 즉 이상한 객관적 상황이 있는 경우에 거증책임을 전환하는 규정으로 개정할 필요가 있다는 견해도 있다. 안문택, 앞의 책, 448면; "일정의 객관적 상황으로부터 시세조종의 동기가 추정되는 경우는 그러한 목적이 없었다는 것을 시세조종자 측에서 증명하여야 한다." 는 주장도 있다. 神崎克郞, "相場操縱の規制" (上), 「商事法務」 第477號 193면, 鈴木竹雄·河本一郞, 앞의 책, 532면.

27) 대법원 2003.12.12. 선고 2001도606 판결; 동지, 대법원 2002.6.14. 선고 2002도937 판결.

28) Federal Corp. 결정(Federal Corp., 25 SEC 227, 230(1947))에서 SEC는 "사람의 내심을 탐구하는 것은 불가능하므로, 통상의 경우(즉 자백이 없는 경우), 시세조종의 목적의 인정이 정황증거로부터 인출된 추정에 기초할 필요가 있다." 라는 정황증거론을 제기하였고, 이는 그 후 자주 인용되어 시세조종행위에 관한 소송에 많은 영향을 미쳤다. Louis Loss & Joel Seligman, Securities Regulation, Little, Brown & Co., 3d ed.(1991), p. 3968.

Ⅴ. 손해배상청구권

1. 서설

시세조종행위에 대하여는 형사상의 제재가 가하여지고 있으나 투자자의 입장에서 이보다 더 중요한 것은 그 투자로 인한 손해를 보상받은 것이다.

자본시장법 제177조에서 제1항에서 다음의 거래유형에 따라 구분하여 손해배상책임을 인정한다. ① 그 위반행위로 인하여 형성된 가격에 의하여 해당 증권 또는 파생상품에 관한 매매 등을 하거나 그 위탁을 한 자가 그 매매 등 또는 위탁으로 인하여 입은 손해 ② ①의 손해 외에 그 위반행위(제176조 제4항 각 호의 어느 하나에 해당하는 행위로 한정하다)로 인하여 가격에 영향을 받은 다른 증권, 파생상품 또는 그 증권·파생상품의 기초자산에 대한 매매등을 하거나 그 위탁을 한 자가 그 매매등 또는 위탁으로 인하여 입은 손해 ③ ① 및 ②의 손해 외에 그 위반행위(제176조 제4항 각 호의 어느 하나에 해당하는 행위로 한정한다)로 인하여 특정 시점의 가격 또는 수치에 따라 권리행사 또는 조건성취 여부가 결정되거나 금전등이 결제되는 증권 또는 파생상품과 관련하여 그 증권 또는 파생상품을 보유한 자가 그 위반행위로 형성된 가격 또는 수치에 따라 결정되거나 결제됨으로써 입은 손해

그러나 실제 시세조종행위로 인하여 발생한 손해를 배상받는 것은 쉬운 일이 아니다.

이는 먼저 위법한 시세조종행위의 존재가 인정되어야 한다. 그런데 우리나라에서 시세조종행위는 모두 목적범의 형식을 띠고 있다. 그러나 목적은 내면의 문제로서 이를 인정하기는 매우 어려운 일이다. 다음으로 이러한 위법한 시세조종행위의 존재가 인정되어도 투자자의 손해와 그 행위사이의 인과관계가 인정되어야 한다. 이도 역시 어려운 입증의 문제를 지니고 있다. 그리고 이러한 관계가 인정되어도 투자자가 입은 손해는 어떠한 범위에서 인정할 것인가, 즉 손해액은 어떤 가격을 기준으로 할 것인가도 문제이다. 주식의 시세는 항상 변화무쌍한 것으로서 이중 시세조종행위로 인한 가격변동분을 추출해 낸다는 것은 또한 매우 어려운 일이다.

2. 위법한 시세조종사실의 존재

시세조종사실과 관련하여 시세조종행위의 유형 및 목적의 존재에 대하여는 앞에서 살펴보았다.

3. 시세조종행위와 손해 사이에 인과관계의 존재

자본시장법 제177조에서 제1항에서 "위반행위로 인하여 형성된 가격에 의하여 매매거래를 하였을 때"를 손해배상청구의 요건으로 규정하고 있으므로, 손해배상청구를 하는 원고는 시세조종행위와 손해사이의 인과관계, 즉 시세조종행위로 인하여 부당하게 형성된 가격에 의하여 매매거래를 하였고, 그로 인하여 손해가 발생하였다는 사실을 입증하여야 한다. 이를 부당하게 형성된 가격으로 거래하였을 것을 요하는 거래인과관계와 부당하게 형성된 가격에 의하여 손해가 발생하였다는 손해인과관계로 설명하기도 한다.[29)]

거래인과관계가 인정되기 위해서는 피해자의 주식거래와 주가조작사이에 견련성이 있어야 한다. 견련성이란 행위자의 허위표시나 오해를 유발시키는 행위를 피해자가 합리적으로 신뢰하여 거래하였을 것을 요구하는 것이다. 다음으로 손해인과관계란 시세조종행위로 인하여 피해자가 손해를 입을 것을 요구하는 것으로, 시세조종행위로 인하여 모든 투자자가 손해를 보는 것은 아니기 때문에 주가조작행위와 피해자의 손해사이에 인과관계가 인정되기 위해서는, 자본시장법 등의 위반행위가 피해자의 손해에 직접적인 원인이 되거나 적어도 위반행위가 필연적으로 손해를 야기할 수밖에 없는 경우라야 한다.

그러나 다수의 당사자 간의 경쟁매매에 의하여 가격이 결정되는 주식시장에서 그 시세의 여러 결정요인 중에 피해자의 손해가 시세조종행위로 인한 것임을 이끌어내고, 또한 시세조종행위로 인하여 형성된 가격부분을 산정해 내어 그로 인한 손해를 입증해야 하기 때문에 그 인과관계의 입증이란 매우 어려운 일이다.

따라서 앞에서의 위법한 시세조종행위의 존재가 인정되고, 그로 인하여 형

29) 임재연, 앞의 책, 852면.

성된 가격으로 거래한 사실이 인정되면 원고의 손해와 피고의 시세조종행위 사이에 인과관계의 존재를 추정할 수 있을 것이고, 이에 대하여 피고가 시세의 변동이 피고의 행위와 무관하게 이루어졌다는 사실을 입증하여 위 추정을 깨뜨릴 수 있다고 해야 할 것이다.[30)]

참고로 시세조종행위에 관한 사례는 아니지만 사업보고서 등을 허위기재한 자의 손해배상책임과 관련한 사례에서 법원은 "유가증권의 취득자는 같은 법 제15조 제2항의 규정에 따라 사업보고서의 허위기재 등과 손해발생 간의 인과관계의 존재에 관하여 입증할 필요가 없고, 주권상장법인 등이 책임을 면하기 위하여 이러한 인과관계의 부존재를 입증해야 한다." 고 판시하여 입증책임의 전환을 인정하였다.[31)]

4. 손해액의 산정

시세조종행위가 있다고 하여도 주식의 시세는 항상 변동하는 것이므로 어떤 가격을 기준으로, 또한 어떤 시점의 가격을 기준으로 해서 손해액을 산정할 것인가가 문제가 된다. 이에 대하여는 견해가 갈리고, 우리나라 하급심 판례의 태도도 일치하지 않았다. 그러나 최근 대법원에서 시세조종행위에 따른 손해배상청구소송에서 그 손해액 산정의 기준을 제시함으로써 판례의 입장을 명확히 하였다. 이하 손해액의 산정기준과 관련된 문제점을 검토하기로 한다.[32)]

30) 임재연, 위의 책, 852면; 김정만, "시세조종행위의 규제, 증권거래에 관한 제문제(하)", 법원행정처(재판자료 91집, 2001.6.), 245면; 김주영·김태선, "주가조작에 따른 손해배상청구사건에 있어서 배상액의 산정방법에 관한 고찰", 「증권법연구」 제2권 제1호(2001), 118면.

31) 대법원 2002.10.11. 선고 2002다38521 판결: 그런데 사업보고서의 허위기재 등으로 인한 손해배상청구권에 관한 구 증권거래법 제15조 제2항은 "14조의 규정에 의하여 배상책임을 질자가 청구권자가 입은 손해액의 전부 또는 일부를 허위로 기재·표시하거나 중요한 사항을 기재·표시하지 아니함으로써 발생한 것이 아님을 입증한 경우에는 그 부분에 대하여 배상책임을 지지 아니한다." 고 하여 입증책임의 전환의 취지를 규정하고 있기에 시세조종행위와 같이 보기는 어렵다.

32) 손해배상을 청구하려는 원고가 시세조종기간 중 수차례에 걸쳐 당해 유가증권의 매수와 매도를 하였거나, 종전부터 당해 유가증권을 보유한 상태에서 추가로 매수한 후 매도한 경우에는 선입선출법(먼저 매수한 것부터 매도된 것으로 보는 방법)과 후입선출법 중 어느 방식에 의하는 가에 따라 손해액이 다르게 산정되는데, 이러한 경우에는 후입선출법에 의하여 산정하는 것이 타당하다.

1) 학설

제1설은 시세조종행위가 없었다면 형성되었을 정상적인 가격과 시세조종행위의 결과 형성된 가격으로서 원고가 거래한 거래가격과의 차액이 손해라는 견해로서, 여기서 손해는 시세조종행위로 인하여 형성된 불공정한 가격으로 매수함으로써 발생한 손해를 의미하고, 시세조종행위가 없었다면 유가증권을 매수하지 않았을 것인데 시세조종행위로 인하여 매수가 유발되어 입은 손해는 아니라고 한다.[33]

제2설은 원고가 매수한 시점의 가격과 매도시의 가격의 차액, 또는 아직 매각하지 않은 경우에는 손해배상청구시의 가격의 차액을 손해액으로 보는 견해이다. 원고가 매수한 가격과 손해배상청구시의 가격의 차액을 손해액으로 추정하고, 피고로 하여금 손해배상청구시의 가격이 시세조종행위와 관련이 없다는 사정을 주장·입증하게 하여 감액을 인정하자는 견해도 이 범주에 포함시킬 수 있다.[34]

2) 판례

이에 대하여 대법원은 제1설의 태도를 취하였다. 그리하여 "증권거래법 제188조의 4 제2항 제1호의 시세조종행위로 인하여 형성된 가격에 의하여 유가증권시장 또는 코스닥시장에서 당해 유가증권의 매매거래 또는 위탁을 한 투자자가 그 매매거래 또는 위탁에 관하여 입은 손해를 산정함에 있어서는, 그와 같은 시세조종행위가 없었더라면 매수 당시 형성되었으리라고 인정되는 주가(정상주가)와 시세조종행위로 인하여 형성된 주가로서 그 투자자가 실제로 매수한 주가(조작주가)와의 차액상당(만약, 정상주가 이상의 가격으로 실제 매도한 경우에는 조작주가와 그 매도주가와의 차액상당)을 손해로 볼 수 있다" 고 판시하였다.[35]

---

33) 김건식·정순섭, 앞의 책, 333면; 임재연, 앞의 책, 854면; 김주영·김태선, 앞의 논문, 132면.

34) Investment, 昭和 41년 5, 6월분(大阪證券取引所), 118면, 河本一郎의 발언(김정만, 앞의 논문, 246면 재인)

35) 대법원 2004.5.28. 선고 2003다69607, 69614 판결; 동지, 서울고법 2000.12.5. 선고 2000나22456 판결: 다만, 변론종결 전에 정상주가보다 높은 가격에 처분함으로써 매수주가와 처분주가와의 차액이 매수주가와 정상주가의 차액보다 적을 경우에는 그 적은 금액을 손해액으로 인정하고, 정상주가보다 낮은 가격에 매수한 원고들은 그 후 주가가 더 하락함에 따라 손해를 입었다고 하더라도 이는 특별

그러나 이와 달리 시세조종행위가 인정되는 경우 원고가 총매수한 가격과 총매도한 가격의 차이를 손해액으로 인정한 판례도 있다. 이에 따르면 "손해액의 산정에 대하여 시세조종 등 불공정거래행위로 인하여 피해자가 주식거래로 입은 손해액은 그 불공정거래행위가 없었더라면 피해자가 매도 또는 매수하였으리라고 인정되는 정상가격과의 차액상당으로 보아야 할 것인바, 주식시장에서의 주식의 정상가격은 그 형성 당시의 당해 회사의 실적, 시장의 수급상황 등 여러 가지 여건에 의하여 경쟁매매를 통하여 결정되므로 특정시점에서 특정한 행위 또는 조건의 가감에 따른 정상가격을 추정하는 것은 불가능에 가까운 점, 증권거래법 제15조가 유가증권신고서 등의 허위기재로 인하여 그 발행인 등이 같은 법 제14조의 규정에 의하여 손해배상책임을 지는 경우 배상하여야 할 손해액은 피해자가 당해 유가증권을 취득함에 있어서 실지로 지급한 액에서 변론종결 당시의 그 시장가격 또는 변론종결 전에 그 주식을 처분한 때에는 그 처분가격을 공제한 금액으로 한다고 규정하고 있는 점, 원고들의 일련의 매수 및 매도행위가 피고의 단일한 시세조종 등 불공정거래행위로 인한 것인 점 등을 비추어 보면, 원고들의 손해액은 총매수가액에서 총매도가액을 공제하는 방법으로 구하는 것이 적당하다" 고 판시하였다.[36)]

3) 검토

제2설은 손해액의 산정이 편리하고, 실제 피해자가 입은 실손해액을 반영한다는 점에서 이점이 있다는 것은 인정할 수 있으나, 손해액의 범위를 너무 넓게 인정하는 문제가 있다. 즉 매도시의 가격이란 시세조종뿐만 아니라 여러

사정으로 인한 손해로 보고 특별사정에 대한 입증이 없는 경우 그 청구를 인용하지 않았다.
참고로, 분식결산에 의하여 회사의 재무제표 등이 허위로 작성되었는데도 감사인이 부실감사로 인하여 이를 발견하지 못한 사안에서 대법원은 "감사인의 부실감사로 손해를 입게 된 주식투자자가 민법상의 불법행위책임에 기하여 배상을 구할 수 있는 손해액의 산정은 구증권거래법상의 손해배상책임에 있어서의 손해액 산정에 관한 같은 법 제197조 제2항 및 제15조가 적용될 수 없고, 원칙적으로 그 실제매수 또는 매도가액이 아니라 부실감사가 밝혀지기 직전의 정상적인 주가와 부실감사가 밝혀진 후의 거래에서 계속된 하종가가 마감되어 다시 정상적인 주가가 형성되었을 때 그 정상주가와의 차액에 의하여야 할 것이고, 또 그와 같이 주가가 다시 정상적으로 형성되기 이전에 매도가 이루어지고 그 가액이 그 후 다시 형성된 정상적인 주가를 초과하는 경우에는 그 매도가액과의 차액에 의하여야 한다" 고 판시하였다(대법원 1999.10.22. 선고 97다26555 판결).

36) 부산고법 1998.8.27. 선고 98나574 판결; 동지, 서울지방법원 2000.6.30. 선고 98가합114034 판결.

다양한 요인에 의하여 결정되는 것인데, 만일 시세가 시황의 영향 등으로 추가 하락한 경우에도 이에 따르면 모두 손해로 인정되게 된다. 또한 주식의 시세란 시시각각 변하는 것인데, 손해액의 산정을 원고의 매도시점 또는 변론종결시를 기준으로 하게 되면 그 손해액이 원고의 개인적 사정에 따라 변하는 불합리성도 있다.

위에서 피고로 하여금 손해배상청구시의 가격이 시세조종행위와 관련이 없다는 사정을 입증하여 손해액의 감액을 인정하자는 주장은 손해에 대한 추정규정을 두자는 입법론으로서는 몰라도 손해액의 입증이 원고의 부담으로 되어 있는 현행법의 해석상으로는 무리이다.

따라서 손해를 일정한 시점을 기준으로 하여 확정할 필요가 있는데 그 시점은 피해자가 주식을 매수한 시점으로 보는 것이 변론종결일이나 처분한 시점으로 보는 것에 비하여 합리적이다. 그러한 입장에서 제1설의 태도가 타당하다고 본다.

그런데 제1설과 입장이 동일한 대법원은 만일 피해자가 정상주가 이상의 가격으로 매각한 경우에는 조작주가와 실제로 매각한 주가와의 차액만을 손해액으로 산정하였다.

그러나 피해자가 정상가보다 높은 가격으로 주식을 매입한 손해가 있음에도 불구하고 사후적으로 취득가보다 높은 가격으로 처분했다고 하여 그 부분을 손해액에서 제외하는 것은 문제가 된다. 이는 정상가와 처분가의 차액부분을 피해자가 아닌 시세조종자의 이익에 귀속시키게 되는 결과를 낳는다. 즉 시세조종자의 경우 정상주가와 조작주가의 차액만큼 이익을 보았음에도 나중에 주가가 정상주가 이상으로 상승하였다고 해서 이를 손해에서 공제하게 되면 결과적으로 시세조종자에게 그 액만큼 이익을 보전시켜 주는 부당한 결과가 된다. 또한 주식의 처분의 시점이나 소제기 시점에 따라 손해배상액이 달라지는 문제도 있다.

물론 피해자의 입장에서 주가가 급변하는 주식을 매입한 과실을 인정할 수 있겠지만 이는 손해액의 산정에서 문제삼을 것이 아니라 추후 과실상계부분에서 그 부분을 공제하면 될 것이다.

반대로 시세조작사실이 드러나면서 주가가 추가로 하락하여 그 처분가격 혹은 변론종결시의 가격과 조작주가와의 차액이 정상주가와 조작주가와의 차액을 넘어가는 경우에는 그 손해를 특별사정으로 인한 손해로 보아 시세조종 등 시세조종행위를 한 자가 그 사정을 알았거나 알 수 있었을 경우에 한하여 손해액에 포함된다고 해석할 것이다.

문제는 정상가격의 산정이다. 손해배상액 산정에 있어서 시세조종행위과 상관없는 다른 요인에 의한 가격변동액만큼 손해액의 산정에서 제외하여야 한다. 따라서 시세조종행위에 영향을 받지 않은 정상가격의 산정을 해 내어야 하는데, 이에 대하여 정상주가의 산정이 불가능하다면서, 시세조종행위가 이루어지지 않은 기간 동안의 최고가를 정상주가로 보아 손해액을 산정한 경우도 있다.[37] 그러나 이는 투자자의 손해를 과도하게 축소하는 것으로서 타당하지 않다. 미국에서는 정상주가를 산정하는 방법으로 사건영향분석법[38]을 널리 사용하고 있다. 이는 특정사건이 주가에 미치는 영향을 평가하는 통계적인 기술로서, 특정사건이 발생한 기간 중의 주가동향과 당해 사건이 없었더라면 진행되었을 주가동향을 비교하여 그 차이가 통계적으로 의미를 가지는 경우에 그 차이를 가지고 정상주가를 산정하는 방법이다.

우리나라 대법원도 이를 받아 들여 “정상주가의 산정방법으로는, 전문가의 감정을 통하여 그와 같은 시세조종행위가 발생하여 그 영향을 받은 기간(사건기간) 중의 주가동향과 그 사건이 없었더라면 진행되었을 주가동향을 비교한 다음 그 차이가 통계적으로 의미가 있는 경우 시세조종행위의 영향으로 주가가 변동되었다고 보고, 사건기간 이전이나 이후의 일정 기간의 종합주가지수, 업종지수 및 동종업체의 주가 등 공개된 지표 중 가장 적절한 것을 바탕으로 도출한 회귀방정식을 이용하여 사건기간 동안의 정상수익률을 산출한 다음 이를 기초로 사건기간 중의 정상주가를 추정하는 금융경제학적 방식 등의 합리적인 방법에 의할 수 있다.” 고 판시하였다.[39]

이와 같이 정상주가의 산정에는 주식을 발행한 회사가 가지는 개별적 사정(영업실적, 부채비율, 전망 등), 시장의 상황, 그 회사가 속하는 업계의 상황, 국내 및 국제적 사회·경제 전반의 정세 등 여러 요인을 고려해서 판단하여야 한다.

---

37) 서울고법 2000.12.5. 선고 98가합114034 판결.

38) 사건영향분석법은 기본 3단계 절차를 거쳐 행하여지는데 이는 첫째, 사건의 정보가 시장에 도달하는 기간의 정의, 둘째, 사건을 둘러싼 비정상적인 주가의 산출, 셋째, 비정상적인 주가의 통계적 유의성의 검증이다.

39) 대법원 2004.5.28. 선고 2003다69607, 69614 판결.

5. 시효

손해배상청구권은 청구권자가 자본시장법 제176조를 위반한 행위가 있었던 사실을 안 때부터 1년간, 그 행위가 있었던 때부터 3년간 이를 행사하지 아니한 경우에는 시효로 인하여 소멸한다(자법 제177조 제2항).

제3장 부정거래행위

Ⅰ. 의의

부정거래행위에 대하여 자본시장법에서는 금융투자상품의 매매 그 밖의 거래와 관련하여 일정한 부정행위를 금지하는 것과 금융투자상품의 매매, 그 밖의 거래 또는 시세변동을 목적으로 위계의 사용 등을 금지하는 것으로 나누고 있다.

부정거래행위의 규제에 관한 본 규정이 미국(SEC Rule 10b- 5)이나 일본에 비해서는 미흡하지만 포괄적 사기금지규정의 역할을 한다.

Ⅱ. 부정거래행위의 금지

1. 적용범위

금융투자상품의 매매 그 밖의 거래와 관련하여 일정한 부정행위를 금지한다. "금융투자상품의 매매 그 밖의 거래" 로 되어 있어 상장 여부를 불문하고, 증권의 경우 공모와 사모를 포함한다.

매매 외에 담보제공계약, 합병계약, 교환계약 등도 포함된다.

2. 부정수단의 사용

"부정한 수단, 계획 또는 기교를 사용하는 행위" 가 금지된다(자법 제178조 제1항 제1호). 여기서 '부정한 수단, 계획 또는 기교' 란 사회통념상 부정하다고 인정되는 일체의 수단, 계획 또는 기교를 말한다.[1] 이것은 내부자거래나 시세조종에 해당하지 않지만 부당한 방법이나 수단을 이용한 경우를 포괄적으로 규제대상으로 한 것이다.[2]

3. 허위표시의 사용

중요사항에 관하여 거짓의 기재 또는 표시를 하거나 타인에게 오해를 유발시키지 아니하기 위하여 필요한 중요사항의 기재 또는 표시가 누락된 문서, 그 밖의 기재 또는 표시를 사용하여 금전, 그 밖의 재산상의 이익을 얻고자 하는 행위는 금지된다(자법 제178조 제1항 제2호).

예를 들면 회사 내부자 등이 주식을 매수한 후 허위 재무정보를 기재한 사업보고서를 제출하고, 이를 발표하여 주가를 상승시킨 후 매도하여 부당이득을 취하려는 경우 등이 될 것이다.

4. 허위시세의 이용

금융투자상품의 매매, 그 밖의 거래를 유인할 목적으로 거짓의 시세를 이용하는 행위는 금지된다(자법 제178조 제1항 제3호)

시세조종행위는 적극적으로 허위의 시세를 만들어내는 것인데 비하여 여기서는 그러한 허위시세를 이용하는 행위를 규제한다.

---

1) 대법원 2011.10.27. 선고 2011도8109 판결.

2) 김건식·정순섭, 앞의 책, 336면.

Ⅲ. 위계 등에 의한 부정거래

1. 의의

누구든지 금융투자상품의 매매, 그 밖의 거래를 할 목적이나 그 시세의 변동을 도모할 목적으로 풍문의 유포, 위계의 사용, 폭행 또는 협박을 하여서는 아니 된다(자법 제178조 제2항).

2. 적용범위

위계 등에 의한 부정거래행위의 목적이 "금융투자상품의 매매, 그 밖의 거래" 또는 "그 시세의 변동" 으로서 그 행위유형이 넓다.

3. 풍문의 유포

풍문이란 진위여부가 불확실한 소문을 말하며 그 유포에 대한 방법이나 수단에 대한 제한이 없으므로 인터넷, 휴대폰문자 등 모든 방법이 포함된다. 유포는 일반적으로 불특정다수인에게 전파하는 행위를 말하지만 특정인에게 전파하는 것도 포함한다.

4. 위계의 사용

위계란 거래상대방이나 불특정투자자를 기망하여 일정한 행위를 유인할 목적의 수단·계획·기교 등을 말한다.[3] 위계의 상대방은 거래의 상대방일 필요가 없고 불특정 다수인이라도 무방하다.

---

3) 대법원 2008.5.15. 선고 2007도 11145 판결.

5. 폭행 또는 협박

그 행위의 유형으로 폭행 또는 협박도 포함시킨 것은 부정거래행위의 적용범위에 공백이 없도록 하기 위한 것이다.

구분		2011년	2012년	2013년	2014년 상반기
검찰고발·통보		152(72.7%)	180(74.1%)	143(62.4%)	65(73.9%)
	부정거래	34	55	34	11
	시세조종	47	76	47	28
	미공개정보이용	43	39	39	13
	지분보고 등	28	10	23	13
행정조치		28(13.4%)	35(14.4%)	56(24.5%)	19(21.6%)
무조치		29(13.9%)	28(11.5%)	30(13.1%)	4(4.5%)
합계		209	243	229	88

금감원, 2014년 상반기 자본시장 불공정거래 조사현황('14.7.16).

제5편 집합투자

제5편 집합투자

제1장 총설

제1절 개관

Ⅰ. 집합투자와 관련한 개념

1. 집합투자와 집합투자업

집합투자란 2인 이상에게 투자권유를 하여 모은 금전 등 또는「국가재정법」제81조에 따른 여유자금을 투자자 또는 각 기금관리주체로부터 일상적인 운용지시를 받지 아니하면서 재산적 가치가 있는 투자대상자산을 취득·처분, 그 밖의 방법으로 운용하고 그 결과를 투자자 또는 각 기금관리주체에게 배분하여 귀속시키는 것을 말한다(자법 제6조 제5항).

집합투자업이란 집합투자를 영업으로 하는 것을 말한다(자법 제6조 제4항). 자산운용업이나 투자신탁업 등이 이에 해당한다.

2. 집합투자기구

집합투자기구란 집합투자를 수행하기 위한 기구로서 다음의 것을 말한다(자법 제9조 제18항).

① 투자신탁: 집합투자업자인 위탁자가 신탁업자에게 신탁한 재산을 신탁업자로 하여금 그 집합투자업자의 지시에 따라 투자·운용하게 하는 신탁 형태의 집합투자기구
② 투자회사: 주식회사 형태의 집합투자기구
③ 투자유한회사: 유한회사 형태의 집합투자기구
④ 투자합자회사: 합자회사 형태의 집합투자기구

⑤ 투자유한책임회사: 유한책임회사 형태의 집합투자기구
⑥ 투자합자조합: 합자조합 형태의 집합투자기구
⑦ 투자익명조합: 익명조합 형태의 집합투자기구
⑧ 사모투자전문회사: 경영권 참여, 사업구조 또는 지배구조의 개선 등을 위하여 지분증권 등에 투자·운용하는 투자합자회사로서 지분증권을 사모로만 발행하는 집합투자기구

집합투자기구는 이 법에서 특별히 정한 경우를 제외하고는 상법 및 민법의 적용을 받는다(자법 제181조).

사모집합투자기구란 집합투자증권을 사모로만 발행하는 집합투자기구로서 전문투자자가 아닌 투자자[1)]의 총수가 49인 이하인 것[2)]을 말한다.

집합투자기구는 그 상호 또는 명칭 중에 집합투자기구의 종류를 표시하는 문자(증권·부동산·특별자산·혼합자산 및 단기금융을 말한다)를 사용하여야 한다(자법 제183조 제1항).

집합투자기구가 아닌 자는 "집합투자", "간접투자", "투자신탁", "투자회사", "투자유한회사", "투자합자회사", "사모투자전문회사", "투자유한책임회사", "투자유한책임회사", "투자익명조합", 그 밖에 이와 유사한 명칭을 사용하여서는 아니 된다. 다만, 집합투자업자 및 자본시장법 제6조 제5항 제1호에 규정된 것(특별법률에 의한 사모펀드)의 경우에는 이를 사용할 수 있다(자법 제183조 제2항).

3. 집합투자재산

집합투자재산이란 집합투자기구의 재산으로서 투자신탁재산, 투자회사재산, 투자유한회사재산, 투자합자회사재산, 투자합자조합재산 및 투자익명조합재산을 말한다(자법 제9조 제20항).

---

1) 자본시장법 제9조 제19항 및 동법 시행령 제14조.
2) 자본시장법 제9조 제19항 및 동법 시행령 제14조 제2항: 이 경우 49인을 산출할 때 다른 집합투자기구가 그 집합투자기구의 집합투자증권 발행총수의 100분의 10 이상을 취득하는 경우에는 그 다른 집합투자기구의 투자자의 수를 합하여 산출한다.

4. 집합투자증권

집합투자증권이란 집합투자기구에 대한 출자지분(투자신탁의 경우에는 수익권을 말한다)이 표시된 것을 말한다(자법 제9조 제21항).

자본시장법에서는 집합투자증권을 제4조에서 규정하는 증권의 한 종류로 보지 않고, 6개 유형으로 분류된 증권에 포함되는 것으로 본다. 이에 따를 때 투자신탁 수익증권은 제4조 제2항 제3호의 수익증권에 속하고, 나머지 집합투자증권은 제2호의 지분증권에 속하게 된다.

5. 집합투자규약

집합투자규약이란 집합투자기구의 조직, 운영 및 투자자의 권리 · 의무를 정한 것으로서 투자신탁의 신탁계약, 투자회사 · 투자유한회사 · 투자합자회사의 정관 및 투자합자조합 · 투자익명조합의 조합계약을 말한다(자법 제9조 제22항).

6. 집합투자자총회

집합투자자총회란 집합투자기구의 투자자 전원으로 구성된 의사결정기관으로서 수익자총회, 주주총회, 사원총회, 조합원총회 및 익명조합원총회를 말한다(자법 제9조 제23항).

Ⅱ. 집합투자의 적용제외

다음의 경우에는 집합투자에 포함되지 않는다(자법 제6조 제5항 단서).

첫째. 특별법에 의한 사모펀드이다. 대통령령으로 정하는 법률[3]에 따라 사

3) 다음 각 호의 법률을 말한다(자령 제6조 제1항).

1. 「부동산투자회사법」
2. 「선박투자회사법」

모의 방법으로 금전 등을 모아 운용·배분하는 것으로서 대통령령으로 정하는 투자자의 총수가 대통령령으로 정하는 수[4] 이하인 경우에는 집합투자에서 제외된다.

둘째, 자산유동화이다. 「자산유동화에 관한 법률」 제3조의 자산유동화계획에 따라 금전 등을 모아 운용·배분하는 경우에는 집합투자에서 제외된다.

셋째, 시행령상의 적용제외이다. 행위의 성격 및 투자자 보호의 필요성 등을 고려하여 대통령령으로 정하는 경우[5]에는 집합투자에서 제외된다.

---

3. 「문화산업진흥 기본법」
4. 「산업발전법」
5. 「중소기업창업 지원법」
6. 「여신전문금융업법」
7. 「벤처기업육성에 관한 특별조치법」
8. 「부품·소재전문기업 등의 육성에 관한 특별조치법」
9. 「농림수산식품투자조합 결성 및 운용에 관한 법률」

4) 49인을 말한다. 이 경우 49인을 계산할 때에는 다른 집합투자기구가 해당 집합투자기구의 집합투자증권 발행총수의 100분의 10 이상을 취득하는 경우에는 그 다른 집합투자기구의 투자자(제2항에 따른 투자자를 말한다)의 수를 합하여 계산하여야 한다(자령 제6조 제3항).

5) 다음 각 호의 어느 하나에 해당하는 경우를 말한다(자령 제6조 제4항).
1. 법 제74조 제3항에 따른 예치기관이 같은 항에 따라 같은 조 제1항에 따른 투자자예탁금을 예치 또는 신탁받아 운용·배분하는 경우
2. 다음 각 목의 어느 하나에 해당하는 경우로서 신탁업자가 신탁재산을 효율적으로 운용하기 위하여 수탁한 금전을 공동으로 운용하는 경우
 가. 법 제103조 제2항에 따른 종합재산신탁으로서 금전의 수탁비율이 100분의 40 이하인 경우
 나. 신탁재산의 운용에 의하여 발생한 수익금의 운용 또는 신탁의 해지나 환매에 따라 나머지 신탁재산을 운용하기 위하여 불가피한 경우
3. 법 제271조에 따른 투자목적회사가 그 업무를 하는 경우
4. 법 제336조에 따른 종합금융회사가 제329조에 따른 어음관리계좌 업무를 하는 경우
5. 「법인세법」 제51조의2 제1항 제6호에 따른 요건을 갖춘 법인이 법 제3조 제1항 각 호 외의 부분 본문에 따른 금전 등을 모아 운용·배분하는 경우
6. 지분증권의 소유를 통하여 다른 회사의 사업내용을 지배하는 것을 주된 사업으로 하는 국내회사가 그 사업을 하는 경우
7. 「가맹사업거래의 공정화에 관한 법률」 제2조 제1호에 따른 가맹사업을 하는 경우
8. 「방문판매 등에 관한 법률」 제2조 제5호에 따른 다단계판매 사업을 하는 경우
9. 「통계법」에 따라 통계청장이 고시하는 한국표준산업분류에 따른 제조업 등의 사업을 하는 자가 직접 임직원, 영업소, 그 밖에 그 사업을 하기 위하여 통상적으로 필요한 인적·물적 설비를 갖추고 투자자로부터 모은 금전등으로 해당 사업을 하여 그 결과를 투자자에게 배분하는 경우. 다만, 사업자가 해당 사업을 특정하고 그 특정된 사업의 결과를 배분하는 경우는 제외한다.
10. 학술·종교·자선·기예·사교, 그 밖의 영리 아닌 사업을 목적으로 하는 계(契)인 경우
11. 종중, 그 밖의 혈연관계로 맺어진 집단과 그 구성원을 위하여 하는 영리 아닌 사업인 경우

Ⅲ. 집합투자의 요소

1. 자산의 집합

집합투자는 그 개념정의상 "2인 이상의 투자자로부터 모은 금전 등"이라고 하여 다수의 투자자로부터 자산을 모으는 것을 전제로 한다. 종래의 「간접투자자산운용업법」에서는 자산운용을 전문가에게 위탁하는 '간접투자'를 중심으로 규제하였으나, 자본시장법에서는 다수의 투자자로부터 자금을 집합하여 함께 운용하는 '집합투자'를 규제의 대상으로 함으로써, 1인의 투자자만으로

12. 「민법」에 따른 비영리법인, 「공익법인의 설립·운영에 관한 법률」에 따른 공익법인, 「사회복지사업법」에 따른 사회복지법인, 「근로복지기본법」에 따른 우리사주조합, 그 밖에 관련 법령에 따라 허가·인가·등록 등을 받아 설립된 비영리법인 등이 해당 정관 등에서 정한 사업목적에 속하는 행위를 하는 경우
13. 투자자로부터 모은 금전 등을 투자자 전원의 합의에 따라 운용·배분하는 경우
14. 다른 법인과 합병하는 것을 유일한 사업목적으로 하고 모집을 통하여 주권을 발행하는 법인)이 다음 각 목의 요건을 모두 갖추어 그 사업목적에 속하는 행위를 하는 경우
  가. 주권(최초 모집 이전에 발행된 주권은 제외한다)의 발행을 통하여 모은 금전의 100분의 90 이상으로서 금융위원회가 정하여 고시하는 금액 이상을 주금납입일의 다음 영업일까지 법 제324조 제1항에 따라 인가를 받은 자(이하 "증권금융회사"라 한다) 등 금융위원회가 정하여 고시하는 기관에 예치 또는 신탁할 것
  나. 가목에 따라 예치 또는 신탁한 금전을 다른 법인과의 합병등기가 완료되기 전에 인출하거나 담보로 제공하지 않을 것. 다만, 기업인수목적회사의 운영을 위하여 불가피한 경우로서 법 제165조의5에 따른 주식매수청구권의 행사로 주식을 매수하기 위한 경우 등 금융위원회가 정하여 고시하는 경우에는 인출할 수 있다.
  다. 발기인 중 1인 이상은 금융위원회가 정하여 고시하는 규모 이상의 지분증권(집합투자증권은 제외한다) 투자매매업자일 것
  라. 임원이 법 제24조 각 호의 어느 하나에 해당하지 아니할 것
  마. 최초로 모집한 주권의 주금납입일부터 90일 이내에 그 주권을 증권시장에 상장할 것
  바. 최초로 모집한 주권의 주금납입일부터 36개월 이내에 다른 법인과의 합병등기를 완료할 것
  사. 그 밖에 투자자 보호를 위한 것으로서 금융위원회가 정하여 고시하는 기준을 갖출 것
15. 그 밖에 다음 각 목의 사항을 종합적으로 고려하여 금융위원회가 집합투자에 해당하지 아니한다고 인정하는 경우
  가. 운용에 따른 보수를 받는 전문적 운용자의 존재 여부
  나. 투자자의 투자동기가 전문적 운용자의 지식·경험·능력에 있는지, 투자자와 전문적 운용자 간의 인적 관계에 있는지 여부
  다. 운용 결과가 합리적 기간 이내에 투자금액에 따라 비례적으로 배분되도록 예정되어 있는지 여부
  라. 투자자로부터 모은 재산을 전문적 운용자의 고유재산과 분리할 필요성이 있는지 여부
  마. 집합투자로 보지 아니할 경우에는 투자자 보호가 뚜렷하게 곤란하게 될 가능성이 있는지 여부

설정되었던 펀드는 투자일임업 또는 신탁업으로 운영되게 되었다.[6)7)]

그러나 「국가재정법」에 따른 여유자금은 이미 수인의 자산이 집합된 것으로 볼 수 있기 때문에 사모단독이라도 집합투자의 범위에 포함된다.

2. 일상적 운용지시의 배제

집합투자는 투자자 또는 기금관리주체로부터 일상적인 운용지시를 받지 아니하면서 운용하는 것이어야 한다. 집합투자업의 경우 집합된 투자자의 자금 등에 대해서 자산운용을 전문으로 하는 집합투자업자가 투자자를 대신하여 운용하는 특성을 반영하여 투자자의 일상적인 운영지시를 배제하였으며, 이점에서 투자일임 또는 신탁과 명백히 구별된다.

3. 투자대상자산을 취득·처분, 그 밖의 방법으로 운용[8)]

집합투자는 집합투자업자가 투자자로부터 모은 금전 등으로 재산적 가치가 있는 투자대상자산을 취득, 처분, 그 밖의 방법으로 운용하여 수익을 창출하는 간접투자행위이다. 이는 투자대상자산의 성질을 변화시키는 능동적인 사업수행이 아니라 투자대상자산의 운용에 의하여 그 가치변동을 노리는 수동적인 사업수행을 말한다.[9)]

자본시장법에서는 “재산적 가치가 있는 투자대상자산”이라고 하여 투자대상자산에 대한 제한을 폐지하여 집합투자기구의 투자대상자산과 운용방법에 포괄주의를 적용함으로써 집합투자업계와 투자자의 자율을 확대하였다.

---

6) 임재연, 앞의 책, 63면.

7) 구자본시장법에서는 “2인 이상에게 투자권유를 하여” 라는 표현을 쓰고 있어 복수의 투자자에게 투자권유만 이루어진다면 자금자체가 반드시 2인 이상의 투자자로부터 모은 것임을 요하지 않는다. 따라서 환매 등을 통하여 결과적으로 1인 단독펀드가 되는 경우 강제로 펀드를 해지·해산해야 하는 것은 아니라고 해석되었다. 김건식·정순섭, 앞의 책, 71면.

8) 자산의 운용은 집합투자업자가 하지만 펀드의 판매 수수료가 운용업자의 수수료보다 훨씬 높은 문제가 있다. 이에는 은행이나, 증권회사와 같은 펀드의 판매업자에 비하여 자산운용회사의 규모가 영세한 점도 반영되었다고 본다.

9) 김건식·정순섭, 앞의 책, 72면.

4. 운용실적의 배분

집합투자의 운용에 따른 위험은 투자자가 부담한다. 따라서 투자자는 이익이 발생하였든, 손해가 발생하였든 그 손익을 분담하게 된다. 이때 운용실적의 배분대상이 되는 투자자는 운용실적이 실제 배분되어지는 때의 투자자이다.

제2절 집합투자기구

Ⅰ. 집합투자기구의 종류

1. 집합투자기구의 의의

집합투자기구란 집합투자를 수행하기 위한 기구로서 ① 투자신탁 ② 투자회사 ③ 투자유한회사 ④ 투자합자회사 ⑤ 투자합자조합 ⑥ 투자익명조합 ⑦ 사모투자전문회사를 말한다(자법 제9조 제18항).

2. 집합투자기구의 구분

(1) 법적 구조에 따른 구분

집합투자기구는 법적 구조에 따라 ① 신탁형(투자신탁) ② 회사형(투자회사, 투자유한회사, 투자합자회사) ③ 조합형(투자합자조합, 투자익명조합)으로 나눌 수 있다. 이 때 투자자는 신탁형에서는 수익자, 회사형에서는 주주 또는 사원, 조합형에서는 조합원 또는 출자자의 지위를 가진다.

(2) 운용대상에 따른 구분

집합투자기구는 집합투자재산의 운용대상에 따라 다음과 같이 구분한다(자법 제229조).

① 증권집합투자기구: 집합투자재산의 100분의 40 이상으로서 대통령령으로 정하는 비율[10]을 초과하여 증권(대통령령으로 정하는 증권[11]을 제외하며, 대통령령으로 정하는 증권 외의 증권을 기초자산으로 한 파생상품을 포함한다)에 투자하는 집합투자기구로서 ② 및 ③에 해당하지 아니하는 집합투자기구

② 부동산집합투자기구: 집합투자재산의 100분의 40 이상으로서 대통령령으로 정하는 비율[12]을 초과하여 부동산(부동산을 기초자산으로 한 파생상품, 부동산 개발과 관련된 법인에 대한 대출, 그 밖에 대통령령으로 정하는 방법[13]으로 부동산 및 대통령령으로 정하는 부동산과 관련된 증

---

10) "100분의 50을 말한다(자령 제240조 제1항).

11) 다음 각 호의 어느 하나에 해당하는 증권을 말한다(자령 제240조 제2항).

1. 다음 각 목의 어느 하나에 해당하는 자산이 신탁재산, 집합투자재산 또는 유동화자산의 100분의 50 이상을 차지하는 경우에는 그 수익증권, 집합투자증권 또는 유동화증권
   가. 부동산
   나. 지상권 · 지역권 · 전세권 · 임차권 · 분양권 등 부동산 관련 권리
   다. 「기업구조조정 촉진법」 제2조 제1호에 따른 채권금융기관(「금융산업의 구조개선에 관한 법률」에 따른 금융기관이었던 자로서 청산절차 또는 「채무자 회생 및 파산에 관한 법률」에 따른 파산절차가 진행 중인 법인을 포함한다)이 채권자인 금전채권(부동산을 담보로 한 경우만 해당한다)
   라. 법 제229조 제3호에 따른 특별자산
2. 「부동산투자회사법」에 따른 부동산투자회사가 발행한 주식
3. 「선박투자회사법」에 따른 선박투자회사가 발행한 주식
4. 「사회기반시설에 대한 민간투자법」에 따른 사회기반시설사업의 시행을 목적으로 하는 법인이 발행한 주식과 채권
5. 「사회기반시설에 대한 민간투자법」에 따른 하나의 사회기반시설사업의 시행을 목적으로 하는 법인이 발행한 주식과 채권을 취득하거나 그 법인에 대한 대출채권을 취득하는 방식으로 투자하는 것을 목적으로 하는 법인(같은 법에 따른 사회기반시설투융자회사는 제외한다)의 지분증권
6. 제80조 제1항 제1호 라목부터 사목까지의 증권
7. 「해외자원개발 사업법」에 따른 해외자원개발과 관련한 투자계약증권 및 같은 법 제14조의2 제1항 제2호에 따른 해외자원개발 전담회사와 특별자산에 대한 투자만을 목적으로 하는 법인(외국법인을 포함한다)이 발행한 지분증권 · 채무증권

12) 100분의 50을 말한다(자령 제240조 제3항).

13) 다음 각 호의 어느 하나에 해당하는 방법을 말한다(자령 제240조 제4항).

1. 부동산의 개발
2. 부동산의 관리 및 개량
3. 부동산의 임대
4. 지상권 · 지역권 · 전세권 · 임차권 · 분양권 등 부동산 관련 권리의 취득
5. 「기업구조조정 촉진법」 제2조 제1호에 따른 채권금융기관(「금융산업의 구조개선에 관한 법률」에 따른 금융기관이었던 자로서 청산절차 또는 「채무자 회생 및 파산에 관한 법률」에 따른 파산절차

권[14]에 투자하는 경우를 포함한다)에 투자하는 집합투자기구

③ 특별자산집합투자기구: 집합투자재산의 100분의 40 이상으로서 대통령령으로 정하는 비율[15]을 초과하여 특별자산(증권 및 부동산을 제외한 투자대상자산을 말한다)에 투자하는 집합투자기구

④ 혼합자산집합투자기구: 집합투자재산을 운용함에 있어서 ①부터 ③까지의 규정의 제한을 받지 아니하는 집합투자기구

⑤ 단기금융집합투자기구: 집합투자재산 전부를 대통령령으로 정하는 단기금융상품[16]에 투자하는 집합투자기구로서 대통령령으로 정하는 방법[17]

가 진행 중인 법인을 포함한다)이 채권자인 금전채권(부동산을 담보로 한 경우만 해당한다)의 취득

14) 다음 각 호의 어느 하나에 해당하는 증권을 말한다(자령 제240조 제5항).
1. 제2항 제1호(라목은 제외한다)에 따른 증권
2. 제2항 제2호에 따른 주식
3. 제2항 제6호에 따른 증권

15) 100분의 50을 말한다(자령 제240조 제6항).

16) 원화로 표시된 자산으로서 다음 각 호의 어느 하나에 해당하는 것을 말한다(자령 제241조 제1항).
1. 남은 만기가 6개월 이내인 양도성 예금증서
2. 남은 만기가 5년 이내인 국채증권, 남은 만기가 1년 이내인 지방채증권 · 특수채증권 · 사채권(법 제71조 제4호 나목에 따른 주권 관련 사채권 및 사모의 방법으로 발행된 사채권은 제외한다) · 기업어음증권. 다만, 환매조건부매수의 경우에는 남은 만기의 제한을 받지 아니한다.
3. 남은 만기가 1년 이내인 제79조 제2항 제5호에 따른 어음(기업어음증권은 제외한다)
4. 법 제83조 제4항에 따른 단기대출
5. 만기가 6개월 이내인 제79조 제2항 제5호 각 목의 금융기관에의 예치
6. 다른 단기금융집합투자기구의 집합투자증권

17) 다음 각 호의 어느 하나에 해당하는 방법을 말한다(자령 제241조 제2항).
1. 증권을 대여하거나 차입하는 방법으로 운용하지 아니할 것
1의2. 남은 만기가 1년 이상인 국채증권에 집합투자재산의 100분의 5 이내에서 금융위원회가 정하여 고시하는 범위에서 운용할 것
2. 환매조건부매도는 금융위원회가 정하여 고시하는 범위 이내일 것
3. 각 단기금융집합투자기구 집합투자재산의 남은 만기의 가중평균된 기간이 금융위원회가 정하여 고시하는 범위 이내일 것
4. 각 단기금융집합투자기구(법 제76조 제2항에 따라 판매가 제한되거나 법 제237조에 따라 환매가 연기된 단기금융집합투자기구는 제외한다)의 집합투자재산이 다음 각 목의 기준을 충족하지 못하는 경우에는 다른 단기금융집합투자기구를 설정 · 설립하거나 다른 단기금융집합투자기구로부터 그 운용업무의 위탁을 받지 아니할 것. 다만, 「국가재정법」 제81조에 따른 여유자금을 통합하여 운용하는 단기금융집합투자기구 및 그 단기금융집합투자기구가 투자하는 단기금융집합투자기구를 설정 · 설립하거나 그 운용업무의 위탁을 받는 경우에는 다음 각 목의 기준을 적용하지 아니한다.
가. 투자자가 개인으로만 이루어진 단기금융집합투자기구인 경우: 3천억원 이상
나. 투자자가 법인으로만 이루어진 단기금융집합투자기구인 경우: 5천억원 이상
5. 투자대상자산의 신용등급 및 신용등급별 투자한도, 남은 만기의 가중평균 계산방법, 그 밖에 자산운

으로 운용되는 집합투자기구

Ⅱ. 특수한 형태의 집합투자기구

1. 환매금지형집합투자기구

(1) 의의

투자신탁 · 투자유한회사 · 투자합자회사 · 투자유한책임회사·투자합자조합 및 투자익명조합을 설정 · 설립하고자 하는 집합투자업자 또는 투자회사의 발기인(집합투자업자 등)은 환매를 보장한 자본시장법 제235조 제1항에도 불구하고 존속기간을 정한 집합투자기구에 대하여만 집합투자증권의 환매를 청구할 수 없는 집합투자기구(환매금지형집합투자기구)를 설정 · 설립할 수 있다(자법 제230조 제1항).

일정한 경우 즉 부동산집합투자기구 등과 같이 집합투자기구의 투자대상자산의 현금화하기 곤란한 사정 등을 고려하여 대통령령으로 정하는 경우[18]에는 집합투자업자 등은 그 집합투자기구를 환매금지형집합투자기구로 설정 · 설립하여야 한다(자법 제230조 제5항).

(2) 집합투자증권의 추가발행

용의 안정성 유지에 관하여 금융위원회가 정하여 고시하는 내용을 준수할 것

18) 다음 각 호의 어느 하나에 해당하는 경우를 말한다. 다만, 제1호부터 제3호까지의 경우 금융위원회가 정하여 고시하는 시장성 없는 자산에 투자하지 아니하는 집합투자기구를 설정 또는 설립하는 경우는 제외한다(자령 제242조 제2항).

1. 부동산집합투자기구를 설정 또는 설립하는 경우
2. 특별자산집합투자기구를 설정 또는 설립하는 경우
3. 법 제229조 제4호에 따른 혼합자산집합투자기구를 설정 또는 설립하는 경우
4. 각 집합투자기구 자산총액의 100분의 20의 범위에서 금융위원회가 정하여 고시하는 비율을 초과하여 금융위원회가 정하여 고시하는 시장성 없는 자산에 투자할 수 있는 집합투자기구를 설정 또는 설립하는 경우

투자신탁이나 투자익명조합의 집합투자업자 또는 투자회사 등은 기존 투자자의 이익을 해할 우려가 없는 등 대통령령으로 정하는 때[19]에만 환매금지형집합투자기구의 집합투자증권을 추가로 발행할 수 있다(자법 제230조 제2항).

(3) 상장의무

투자신탁의 집합투자업자 또는 투자회사는 신탁계약 또는 정관에 투자자의 환금성 보장 등을 위한 별도의 방법을 정하지 아니한 경우에는 환매금지형집합투자기구의 집합투자증권을 최초로 발행한 날부터 90일 이내에 그 집합투자증권을 증권시장에 상장하여야 한다(자법 제230조 제3항).

(4) 기준가격 산정 규정의 적용제외

집합투자증권의 기준가격 산정에 관한 자본시장법 제238조 제6항부터 제8항까지의 규정은 환매금지형집합투자기구의 집합투자증권에 관하여는 적용하지 아니한다. 다만, 제2항에 따라 추가로 집합투자증권을 발행할 수 있는 환매금지형집합투자기구의 경우에는 적용한다(자법 제230조 제4항).

2. 종류형집합투자기구

(1) 의의

자본시장법에서는 투자자의 균등한 권리에 관하여 규정하고 있지만(제189조 제2항, 제196조 제5항 및 제208조 제1항 등) 이에도 불구하고 집합투자업자

---

19) 다음 각 호의 어느 하나에 해당하는 경우로서 기준가격과 증권시장에서 거래되는 가격을 고려하여 산정한 가격으로 발행하는 때를 말한다(자령 제242조 제1항).
1. 환매금지형집합투자기구로부터 받은 이익분배금의 범위에서 그 집합투자기구의 집합투자증권을 추가로 발행하는 경우
2. 기존 투자자의 이익을 해칠 염려가 없다고 신탁업자로부터 확인을 받은 경우
3. 기존 투자자 전원의 동의를 받은 경우

등은 같은 집합투자기구에서 판매보수의 차이로 인하여 기준가격이 다르거나 판매수수료가 다른 여러 종류의 집합투자증권을 발행하는 집합투자기구(종류형집합투자기구)를 설정·설립할 수 있다(자법 제231조 제1항).

(2) 종류집합투자자총회

종류형집합투자기구는 집합투자자총회의 결의가 필요한 경우로서 특정 종류의 집합투자증권의 투자자에 대하여만 이해관계가 있는 경우에는 그 종류의 투자자만으로 종류집합투자자총회를 개최할 수 있다(자법 제231조 제2항).

(3) 종류형집합투자기구의 설정·설립 등

종류형집합투자기구의 설정·설립, 집합투자증권의 발행·판매·환매, 그 밖에 종류형집합투자기구에 관하여 필요한 사항은 대통령령으로 정한다(자법 제231조 제3항).[20]

20) 자령 제243조(종류형집합투자기구) ① 투자신탁이나 투자익명조합의 집합투자업자 또는 투자회사등은 법 제231조 제1항에 따른 종류형집합투자기구가 설정 또는 설립된 경우에는 제211조 제1항에 따른 등록신청서에 다음 각 호의 사항을 포함하여야 한다.
1. 여러 종류의 집합투자증권별 판매수수료와 판매보수에 관한 사항
2. 여러 종류의 집합투자증권 간에 전환할 수 있는 권리를 투자자에게 주는 경우 그 전환에 관한 사항
3. 각 종류의 집합투자재산이 부담하는 비용에 관한 사항
4. 그 밖에 투자자를 보호하기 위하여 필요한 사항으로서 금융위원회가 정하여 고시하는 사항
② 제1항 제2호에 따라 전환하는 경우에는 그 전환가격은 각 종류의 집합투자증권의 기준가격으로 하여야 한다. 이 경우 투자신탁이나 투자익명조합의 집합투자업자 또는 투자회사등은 전환을 청구한 투자자에게 환매수수료를 부과하여서는 아니 된다.
③ 투자매매업자 또는 투자중개업자는 종류형집합투자기구의 집합투자증권을 판매하는 경우에는 판매수수료나 판매보수가 다른 여러 종류의 집합투자증권이 있다는 사실과 각 종류별 집합투자증권의 차이를 설명하여야 한다.
④ 투자신탁이나 투자익명조합의 집합투자업자 또는 투자회사 등은 종류형집합투자기구로 변경하려는 경우에는 제211조 제3항에 따라 제1항 각 호의 사항을 포함하여 변경등록하여야 한다.
⑤ 제1항부터 제4항까지에서 규정한 사항 외에 종류형집합투자기구에 관하여 투자자 보호를 위하여 필요한 사항은 금융위원회가 정하여 고시한다.

3. 전환형집합투자기구

(1) 의의

집합투자업자 등은 복수의 집합투자기구 간에 각 집합투자기구의 투자자가 소유하고 있는 집합투자증권을 다른 집합투자기구의 집합투자증권으로 전환할 수 있는 권리를 투자자에게 부여하는 구조의 집합투자기구(전환형집합투자기구)를 설정·설립할 수 있다(자법 제232조 제1항).

(2) 요건

전환형집합투자기구는 다음의 요건을 모두 충족하여야 한다(자법 제232조 제1항).

① 복수의 집합투자기구 간에 공통으로 적용되는 집합투자규약이 있을 것
② 집합투자규약에 집합투자기구 간의 전환이 금지되어 있을 것

(3) 전환의 방법 등

투자신탁이나 투자익명조합의 집합투자업자 또는 투자회사 등은 전환형집합투자기구가 설정 또는 설립된 경우에는 등록신청서에 전환이 가능한 집합투자기구에 관한 사항을 기재하여야 한다(자령 제244조 제1항).

투자신탁이나 투자익명조합의 집합투자업자 또는 투자회사 등은 전환형집합투자기구로 변경하려는 경우에는 전환이 가능한 집합투자기구에 관한 사항을 기재하여 변경등록신청서에 관한 시행령 제211조 제3항에 따라 변경등록하여야 한다(자령 제244조 제3항).

전환형집합투자기구의 집합투자증권을 다른 집합투자기구의 집합투자증권으로 전환하는 경우에 그 전환가격은 각 집합투자기구의 집합투자증권의 기준가격으로 하여야 한다. 이 경우 투자신탁이나 투자익명조합의 집합투자업자 또는 투자회사 등은 전환을 청구한 투자자에게 환매수수료를 부과하여서는 아니된다(자령 제244조 제2항).

4. 모자형집합투자기구

(1) 의의

집합투자업자 등은 다른 집합투자기구(모집합투자기구)가 발행하는 집합투자증권을 취득하는 구조의 집합투자기구(자집합투자기구)를 설정·설립할 수 있다(자법 제233조 제1항).

(2) 요건

자집합투자기구를 설정·설립하는 경우에는 다음의 요건을 모두 충족하여야 한다(자법 제233조 제1항).

① 자집합투자기구가 모집합투자기구의 집합투자증권 외의 다른 집합투자증권을 취득하는 것이 허용되지 아니할 것
② 자집합투자기구 외의 자가 모집합투자기구의 집합투자증권을 취득하는 것이 허용되지 아니할 것
③ 자집합투자기구와 모집합투자기구의 집합투자재산을 운용하는 집합투자업자가 동일할 것

(3) 자산운용제한의 해제

집합투자업자의 자산운용제한에 관한 자본시장법 제81조 제1항 제3호(라목을 제외한다)는 자집합투자기구가 모집합투자기구의 집합투자증권을 취득하는 경우에는 적용하지 아니한다.

(4) 모자형집합투자기구의 설정·설립 등

투자신탁이나 투자익명조합의 집합투자업자 또는 투자회사 등은 모자형집합투자기구가 설정·설립된 경우에는 등록신청서에 자집합투자기구가 취득하는

모집합투자기구의 집합투자증권 등에 관한 사항을 포함하여야 한다(자령 제245조 제1항).

투자매매업자 또는 투자중개업자는 모집합투자기구의 집합투자증권을 투자자에게 판매하여서는 아니 된다(자령 제245조 제2항).

투자신탁이나 투자익명조합의 집합투자업자 또는 투자회사 등은 모자형집합투자기구로 변경하려는 경우에는 시행령 제211조 제3항에 따라 자집합투자기구가 취득하는 모집합투자기구의 집합투자증권 등에 관한 사항을 포함하여 변경등록하여야 한다(자령 제245조 제3항).

모자형집합투자기구로 변경을 하려는 투자신탁이나 투자익명조합의 집합투자업자 또는 투자회사 등은 집합투자기구의 자산 전부를 새로 설정 또는 설립되는 모집합투자기구에 이전하고, 이전한 자산 금액에 상당하는 모집합투자기구의 집합투자증권을 변경되는 자집합투자기구에 교부하여야 한다. 이 경우 둘 이상의 집합투자기구의 자산을 합하여 하나의 모집합투자기구에 이전하거나 하나의 집합투자기구의 자산을 분리하여 둘 이상의 모집합투자기구로 이전하여서는 아니 된다(자령 제245조 제4항). 다만 사모집합투자기구가 아닌 집합투자기구(존속하는 동안 투자금을 추가로 모집할 수 있는 집합투자기구로 한정한다)로서 원본액이 50억원 미만일 경우에는 둘 이상의 집합투자기구의 자산을 합하여 하나의 모집합투자기구에 이전할 수 있다(자령 제245조 제5항).

5. 상장지수집합투자기구

(1) 의의

상장지수집합투자기구는 다음의 요건을 모두 갖춘 집합투자기구를 말한다(자법 제234조 제1항).

① 기초자산의 가격 또는 기초자산의 종류에 따라 다수 종목의 가격수준을 종합적으로 표시하는 지수의 변화에 연동하여 운용하는 것을 목표로 할 것. 이 경우 기초자산의 가격 또는 지수는 대통령령으로 정하는 요건[21)]

21) 다음 각 호의 요건을 모두 갖춘 경우를 말한다(자령 제246조).

을 갖추어야 한다.

② 수익증권 또는 투자회사 주식의 환매가 허용될 것

③ 수익증권 또는 투자회사 주식이 해당 투자신탁의 설정일 또는 투자회사의 설립일부터 30일 이내에 증권시장에 상장될 것

상장지수집합투자기구의 경우에는 자본시장법 제34조 제1항 제1호 · 제2호, 제87조 제3항(제186조 제2항에서 준용하는 경우를 포함한다), 제88조, 제147조, 제172조, 제173조 및 제235조부터 제237조까지의 규정은 적용하지 않는다(개정 자법 제234조 제1항)

(2) 상장지수집합투자기구의 설정·설립

집합투자업자는 지정참가회사로부터 상장지수집합투자기구의 설정·추가설정 또는 설립·신주발행의 요청이 있는 경우에는 신탁계약이나 투자회사의 정관에서 정하는 바에 따라 상장지수집합투자기구의 설정 · 추가설정 또는 설립 · 신주발행을 할 수 있다(자령 제248조 제1항).

지정참가회사는 상장지수집합투자기구의 설정 · 추가설정 또는 설립·신주발행을 요청하려는 경우에는 투자자가 직접 납부하거나 투자매매업자 또는 투자중개업자를 통하여 투자자가 납부한 납부금 등을 설정단위에 상당하는 자산으로 변경하여야 한다. 다만, 자산으로 변경이 곤란한 경우로서 금융위원회가 정하여 고시하는 경우는 제외한다(자령 제248조 제2항).

투자매매업자 또는 투자중개업자 중 대통령령으로 정하는 자(지정참가회사)[22]가 상장지수집합투자기구의 설정·설립을 위하여 자기 또는 타인의 계산

---

1. 거래소, 외국 거래소 또는 금융위원회가 정하여 고시하는 시장에서 거래되는 종목의 가격 또는 다수 종목의 가격수준을 종합적으로 표시하는 지수일 것
2. 제1호의 가격 또는 지수가 같은 호의 시장을 통하여 투자자에게 적절하게 공표될 수 있을 것
3. 기초자산의 가격의 요건, 지수의 구성종목 및 지수를 구성하는 종목별 비중, 가격 및 지수의 변화에 연동하기 위하여 필요한 운용방법 등에 관하여 금융위원회가 정하여 고시하는 요건을 충족할 것

22) 자령 제247조(지정참가회사) 법 제234조 제2항에서 "대통령령으로 정하는 자" 란 증권을 대상으로 하여 투자매매업(인수업은 제외한다) 및 투자중개업(위탁매매업만 해당한다)을 함께 하는 자로서 다음 각 호의 업무를 담당하도록 하기 위하여 집합투자업자가 지정하는 자(지정참가회사)를 말한다.
1. 상장지수집합투자기구의 설정 · 추가설정 또는 설립 · 신주발행을 집합투자업자에 요청하는 업무
2. 상장지수집합투자기구의 해지 · 일부해지 또는 해산 · 주식의 일부 소각을 집합투자업자에 요청하는

으로 증권을 매매하는 경우에는 투자일임업을 영위하는 것으로 보지 아니한다(자법 제234조 제2항).

상장지수집합투자기구를 설정·추가설정 또는 설립 · 신주발행하는 경우 금전납입에 관한 자본시장법 제188조 제4항 및 제194조 제7항(제196조 제6항에서 준용하는 경우를 포함한다)에 불구하고 금전 외의 자산으로 납입할 수 있다(자법 제234조 제3항).

(3) 집합투자증권의 환매

1) 환매청구의 대상

상장지수집합투자기구의 투자자는 그 집합투자증권을 판매하는 투자매매업자 또는 투자중개업자(지정참가회사는 제외한다) 또는 그 집합투자증권의 지정참가회사(그 집합투자증권을 판매한 투자매매업자 또는 투자중개업자가 지정참가회사인 경우만 해당한다)에 대하여 설정단위별로 집합투자증권의 환매를 청구할 수 있다. 다만, 그 집합투자증권을 판매하는 투자매매업자 또는 투자중개업자가 해산 · 인가취소 · 업무정지, 그 밖에 금융위원회가 정하여 고시하는 사유(해산 등)로 인하여 환매에 응할 수 없는 경우에는 지정참가회사에 대하여 환매를 청구할 수 있다(자령 제249조 제1항). 이때에 상장지수집합투자기구의 투자자는 환매를 청구하려는 지정참가회사가 해산 등으로 인하여 그 집합투자증권의 환매와 관련한 업무를 수행할 수 없는 경우에는 집합투자업자에 대하여 직접 집합투자증권의 환매를 청구할 수 있다(자령 제249조 제3항).

상장지수집합투자기구 집합투자증권의 투자자 · 투자매매업자 · 투자중개업자 또는 지정참가회사가 환매를 청구하거나 요구하는 경우에 환매에 응하여야 하는 집합투자업자가 해산 등으로 인하여 환매에 응할 수 없는 때에는 신탁업자

업무

3. 투자자로가 납부한 금전 또는 증권(납부금 등)을 금융위원회가 정하여 고시하는 일정 단위(설정단위)에 상당하는 자산으로 변경하기 위한 증권의 매매나 위탁매매업무
4. 상장지수집합투자기구의 집합투자증권이 증권시장에서 원활하게 거래되도록 하고, 그 가격이 그 집합투자증권의 좌수 또는 주수당의 순자산가치에 수렴되도록 하는 업무(금융위원회가 정하여 고시하는 지정참가회사만 해당한다)

에 이를 직접 청구할 수 있다(자령 제249조 제5항).

2) 환매의 절차

상장지수집합투자기구 집합투자증권의 환매청구를 받은 투자매매업자 또는 투자중개업자는 지정참가회사에 대하여 그 집합투자증권의 환매에 응할 것을 요구하여야 한다. 다만, 지정참가회사가 해산 등으로 인하여 그 집합투자증권의 환매와 관련한 업무를 할 수 없는 경우에는 투자매매업자 또는 투자중개업자는 집합투자업자에 대하여 직접 집합투자증권의 환매에 응할 것을 요구할 수 있다(자령 제249조 제2항).

상장지수집합투자기구 집합투자증권의 환매를 청구받거나 요구받은 지정참가회사는 상장지수투자신탁의 집합투자업자나 상장지수투자회사에 대하여 지체 없이 환매에 응할 것을 요구하여야 한다(자령 제249조 제4항).

환매에 응할 것을 요구받은 상장지수투자신탁의 집합투자업자와 신탁업자는 지체 없이 환매에 응하여야 하며, 상장지수투자회사의 집합투자업자와 신탁업자는 상장지수투자회사에 대하여 지체 없이 환매에 응할 것을 요구하여야 한다(자령 제249조 제6항).

환매에 응하여야 하는 집합투자업자, 신탁업자 또는 상장지수투자회사는 환매청구를 받은 날의 집합투자재산의 운용이 종료된 후 그 상장지수집합투자기구의 집합투자재산을 기준으로 상장지수투자신탁의 일부해지 또는 상장지수투자회사 주식의 일부소각에 의하여 설정단위에 해당하는 자산(금융위원회가 정하여 고시하는 경우는 제외한다)으로 환매에 응하여야 한다(자령 제249조 제7항).

환매를 청구받거나 요구받은 투자매매업자 또는 투자중개업자, 지정참가회사, 집합투자업자 또는 신탁업자가 해산 등으로 인하여 집합투자규약으로 정하는 날까지 집합투자증권을 환매할 수 없게 된 경우에는 자본시장법 제237조에 따라 환매를 연기하고 그 사실을 지체 없이 투자자에게 통지하여야 한다(자령 제249조 제8항).

(4) 상장지수집합투자기구의 상장 및 상장폐지 등

상장지수집합투자증권의 상장은 증권상장규정에서 정하는 바에 따른다(자령 제250조 제1항).

거래소는 상장지수집합투자기구의 집합투자증권에 대하여 금융위원회가 정하여 고시하는 사유가 발생한 때에는 그 집합투자증권의 상장을 폐지할 수 있다(자령 제250조 제2항).

상장지수투자신탁의 집합투자업자와 상장지수투자회사는 상장지수집합투자기구의 집합투자증권의 상장이 폐지된 경우에는 상장폐지일부터 총리령으로 정하는 기간 이내에 상장지수집합투자기구를 해지하거나 해산하여야 한다(자령 제250조 제3항). 이 경우 상장지수투자신탁의 해지에 금융위원회의 승인을 받아야 하는 것은 이니다.

집합투자업자는 상장지수집합투자기구가 해지 또는 해산된 경우에는 그 해지일이나 해산일부터 7일 이내에 금융위원회에 이를 보고하여야 한다(자령 제250조 제4항).

(5) 소유재산 등의 공고

상장지수투자신탁의 집합투자업자 또는 상장지수투자회사는 공고일 전날의 상장지수집합투자기구의 납부자산구성내역(신규설정 · 추가설정 또는 신규설립 · 신주발행을 위한 설정단위의 자산구성내역을 포함한다)을 증권시장을 통하여 매일 공고하여야 한다(자령 제251조 제1항).

거래소는 상장지수집합투자기구의 순자산가치와 추적오차율[상장지수집합투자기구의 집합투자증권의 1좌당 또는 1주당 순자산가치의 변동률과 상장지수집합투자기구가 목표로 하는 지수의 변화의 일정배율(음의 배율을 포함한다)의 변동률의 차이를 말한다]을 매일 1회 이상 공고하여야 한다(자령 제251조 제2항).

(6) 운용특례

집합투자업자는 상장지수집합투자기구의 집합투자재산을 다음의 방법으로 운용할 수 있다(자령 제252조 제1항).

① 각 상장지수집합투자기구 자산총액의 100분의 30까지 동일 종목의 증권에 운용하는 행위. 이 경우 동일법인 등이 발행한 증권 중 지분증권(그 법인 등이 발행한 지분증권과 관련된 증권예탁증권을 포함한다)과 지분증권을 제외한 증권은 각각 동일 종목으로 본다.

② 각 상장지수집합투자기구 자산총액으로 동일법인 등이 발행한 지분증권 총수의 100분의 20까지 운용하는 행위

집합투자업자는 상장지수집합투자기구의 설정 · 추가설정 또는 설립·신주의 발행을 위한 목적으로 이해관계인(자법 제84조 제1항에 따른 이해관계인을 말한다)과 증권의 매매, 그 밖의 거래를 할 수 있다(자령 제252조 제2항).

6. 기업재무안정투자회사

(1) 의의

기업의 재무안정 지원을 목적으로 하는 투자회사로서 다음의 요건을 갖춘 투자회사를 기업재무안정투자회사라 한다(자법 제234조의 2 제1항)

① 투자회사재산 중 100분의 50 이상으로서 대통령령으로 정하는 비율[23] 이상을 기업(「독점규제 및 공정거래에 관한 법률」에 따른 기업집단 중 자산총액 5조원 이하의 기업집단으로서 대통령령으로 정하는 기업집단[24]에 속하지 아니하는 기업을 말한다)이 발행하는 증권으로서 대통령령으로 정하는 증권[25]에 투자할 것

23) 100분의 50을 말한다(자령 제252조의2 제1항).

24) 「독점규제 및 공정거래에 관한 법률」 제9조 제1항에 따른 상호출자제한기업집단을 말한다(자령 제252조의2 제2항).

25) 해당 기업의 유상증자에 의한 신주발행 또는 사채발행 등에 따라 신규로 발행되는 증권을 말한다(자령 제252조의2 제3항).

② 투자회사의 존속기간이 1년 이상으로서 대통령령으로 정하는 기간[26] 이상일 것

③ 개방형 투자회사가 아닐 것

기업재무안정투자회사에 대하여는 자산운용제한에 관한 자본시장법 제81조 제1항을 적용하지 아니한다.

(2) 공시

집합투자업자는 기업재무안정투자회사재산의 100분의 10을 초과하여 동일 종목의 증권에 투자하는 경우 그 내역을 집합투자업자 및 협회의 인터넷 홈페이지를 이용하여 공시하여야 한다(자법 제234조의 2 제2항).

이 경우에 투자한 날부터 10일 이내에 그 투자 비율을 공시하여야 한다(자령 제252조의 2 제5항).

Ⅲ. 집합투자기구의 등록

1. 의의

투자신탁이나 투자익명조합의 집합투자업자 또는 투자회사 · 투자유한회사 · 투자합자회사 및 투자합자조합은 집합투자기구가 설정 · 설립된 경우 그 집합투자기구를 금융위원회에 등록하여야 한다(자법 제182조 제1항).

2. 등록요건

집합투자기구의 등록요건은 다음과 같다(자법 제182조 제2항).

① 다음의 자가 업무정지기간 중에 있지 아니할 것

가. 그 집합투자재산을 운용하는 집합투자업자

26) 3년을 말한다(자령 제252조의2 제4항).

나. 그 집합투자재산을 보관 · 관리하는 신탁업자
다. 그 집합투자증권을 판매하는 투자매매업자 · 투자중개업자
라. 투자회사인 경우 그 투자회사로부터 업무를 위탁받은 일반사무관리회사

② 집합투자기구가 이 법에 따라 적법하게 설정 · 설립되었을 것
③ 집합투자규약이 법령을 위반하거나 투자자의 이익을 명백히 침해하지 아니할 것
④ 그 밖에 집합투자기구의 형태 등을 고려하여 대통령령으로 정하는 요건[27]을 갖출 것

3. 등록신청서의 제출

(1) 금융위원회에 제출

투자신탁이나 투자익명조합의 집합투자업자 또는 투자회사 · 투자유한회사 · 투자합자회사 및 투자합자조합은 집합투자기구를 등록하려는 경우에는 금융위원회에 등록신청서를 제출하여야 한다(자법 제182조 제3항).

등록신청서에는 시행령에서 정한 일정한 기재사항[28]을 기재하고 첨부서

---

27) 다음 각 호의 요건을 말한다(자령 제209조).
1. 투자회사의 경우: 다음 각 목의 요건. 다만, 법 제279조에 따라 등록하는 외국 집합투자기구 중 법 제279조 제2항 후단에 따라 등록하는 외국 집합투자기구의 경우에는 가목의 요건으로 한정한다.
가. 감독이사가 법 제24조 각 호의 어느 하나에 해당하지 아니할 것
나. 등록 신청 당시의 자본금이 1억원 이상으로서 금융위원회가 정하여 고시하는 금액 이상일 것
2. 투자유한회사, 투자합자회사, 투자합자조합 및 투자익명조합의 경우: 등록 신청 당시의 자본금 또는 출자금이 1억원 이상으로서 금융위원회가 정하여 고시하는 금액 이상일 것. 다만, 법 제279조에 따라 등록하는 외국 집합투자기구 중 법 제279조 제2항 후단에 따라 등록하는 외국 집합투자기구는 그러하지 아니하다.

28) 등록신청서에는 다음의 사항을 기재하여야 한다(자령 제211조 제1항).
1. 집합투자기구의 명칭
2. 투자목적 · 투자방침 및 투자전략에 관한 사항
3. 권리의 내용 및 투자위험요소에 관한 사항
4. 운용보수, 판매수수료 · 판매보수, 그 밖의 비용에 관한 사항
5. 출자금에 관한 사항(투자신탁인 경우는 제외한다)
6. 재무에 관한 사항
7. 집합투자업자(투자회사인 경우에는 발기인과 감독이사를 포함한다)에 관한 사항

류29)를 첨부하여야 한다.

(2) 금융위원회의 조치

금융위원회는 등록신청서를 접수한 경우에는 그 내용을 검토하여 20일 이내에 등록 여부를 결정하고, 그 결과와 이유를 지체 없이 신청인에게 문서로 통지하여야 한다. 이 경우 등록신청서에 흠결이 있는 때에는 보완을 요구할 수 있다(자법 제182조 제4항).

검토기간을 산정함에 있어서 등록신청서 흠결의 보완기간 등 총리령으로 정하는 기간은 검토기간에 산입하지 아니한다(자법 제182조 제5항).

---

8. 투자운용인력에 관한 사항
9. 집합투자재산의 운용에 관한 사항
10. 집합투자증권의 판매 및 환매에 관한 사항
11. 집합투자재산의 평가 및 공시 등에 관한 사항
12. 손익분배 및 과세에 관한 사항
13. 신탁업자 및 일반사무관리회사(일반사무관리회사가 있는 경우만 해당한다)에 관한 사항
14. 법 제42조에 따른 업무위탁에 관한 사항(그 업무위탁이 있는 경우만 해당한다)
15. 그 밖에 투자자를 보호하기 위하여 필요한 사항으로서 금융위원회가 정하여 고시하는 사항

29) 등록신청서에는 다음 각 호의 서류를 첨부하여야 한다. 이 경우 금융위원회는 「전자정부법」 제36조 제1항에 따른 행정정보의 공동이용을 통하여 법인 등기사항증명서를 확인하여야 한다(자령 제211조 제2항).

1. 집합투자규약(부속서류를 포함한다)
2. 법인 등기사항증명서에 준하는 것으로서 법인 설립을 증명할 수 있는 서류(법인 등기사항증명서로 확인할 수 없는 경우로 한정하며, 투자신탁, 투자합자조합 및 투자익명조합의 경우는 제외한다)
3. 출자금의 납입을 증명할 수 있는 서류(투자신탁인 경우는 제외한다)
4. 다음 각 목의 자와 체결한 업무위탁계약서(부속서류를 포함한다)의 사본(집합투자기구 등록을 위하여 이미 제출한 업무위탁계약서와 다른 경우만 제출한다)
   가. 집합투자업자(투자신탁 및 투자익명조합인 경우는 제외한다)
   나. 신탁업자
   다. 일반사무관리회사(그 일반사무관리회사와 업무위탁계약을 체결한 경우만 해당한다)
   라. 법 제42조에 따른 업무수탁자(그 업무수탁자와 업무위탁계약을 체결한 경우만 해당한다)
5. 삭제
6. 그 밖에 투자자를 보호하기 위하여 필요한 서류로서 금융위원회가 정하여 고시하는 서류

(3) 등록거부사유

금융위원회는 등록 여부를 결정함에 있어서 다음에 해당하는 사유가 없는 한 그 등록을 거부하여서는 아니 된다(자법 제182조 제6항).

① 등록요건을 갖추지 아니한 경우

② 등록신청서를 거짓으로 작성한 경우

③ 보완요구를 이행하지 아니한 경우

(4) 등록시기

투자신탁이나 투자익명조합의 집합투자업자 또는 투자회사 등이 등록신청서를 증권신고서와 함께 제출하는 경우에는 그 증권신고의 효력이 발생하는 때에 해당 집합투자기구가 등록된 것으로 본다(자령 제211조 제5항).

(5) 공고

금융위원회는 등록을 결정한 경우 집합투자기구등록부에 필요한 사항을 기재하여야 하며, 등록내용을 인터넷 홈페이지 등에 공고하여야 한다(자법 제182조 제7항).

(6) 변경등록

1) 변경등록사유

투자신탁이나 투자익명조합의 집합투자업자 또는 투자회사·투자유한회사·투자합자회사 및 투자합자조합은 등록된 사항이 변경된 경우에는 투자자 보호를 해할 우려가 없는 경우로서 대통령령으로 정하는 경우[30]를 제외하고는 2

30) 다음의 어느 하나에 해당하는 경우를 말한다(자령 제210조).

1. 법 및 이 영의 개정이나 금융위원회의 명령에 따라 등록한 사항을 변경하는 경우
2. 등록한 사항의 단순한 자구수정 등 금융위원회가 정하여 고시하는 경미한 사항을 변경하는 경우

주 이내에 그 내용을 금융위원회에 변경등록하여야 한다(자법 제182조 제8항). 이 경우 요건과 절차에 관하여 등록에 관한 규정을 준용한다.

2) 기재내용

변경등록의 신청서에는 금융위원회가 정하여 고시하는 방법에 따라 변경사유 및 변경내용을 기재하여야 하며, 변경결의를 한 집합투자자총회나 이사회 의사록 사본, 집합투자규약, 등기부 등본, 주요계약서 사본 등 변경내용을 증명할 수 있는 서류를 첨부하여야 한다(자령 제211조 제3항).

3) 변경등록시기

투자신탁이나 투자익명조합의 집합투자업자 또는 투자회사 등이 정정신고서를 제출한 경우에는 변경등록의 신청서를 제출한 것으로 본다(자령 제211조 제6항). 이 경우 그 정정신고의 효력이 발생하는 때에 해당 집합투자기구가 변경등록된 것으로 본다.

(7) 벌칙

집합투자기구를 등록하지 않거나, 거짓, 그 밖의 부정한 방법으로 등록이나 변경등록을 한 자는 3년 이하의 징역 또는 1억원 이하의 벌금에 처한다(자법 제445조).

Ⅳ. 집합투자기구의 업무수행

1. 의결권의 행사

투자신탁재산 또는 투자익명조합재산에 속하는 지분증권(그 지분증권과 관련된 증권예탁증권을 포함한다)의 의결권 행사는 그 투자신탁 또는 투자익명조합의 집합투자업자가 수행하여야 하며, 투자회사 등의 집합투자재산에 속하는 지분증권의 의결권 행사는 그 투자회사 등이 수행하여야 한다. 다만, 투자회사 등은 그 투자회사 등의 집합투자업자에게 그 투자회사 등의 집합투자재산에 속하는 지분증권의 의결권 행사를 위탁할 수 있다(자법 제184조 제1항).

2. 운용업무의 수행

투자신탁재산 또는 투자익명조합재산의 운용업무는 그 투자신탁 또는 투자익명조합의 집합투자업자가 이를 수행하며, 투자회사 등의 집합투자재산 운용업무는 그 투자회사 등의 법인이사 · 업무집행사원 · 업무집행자 또는 업무집행조합원인 집합투자업자가 이를 수행한다(자법 제184조 제2항).

3. 집합투자재산의 보관·관리업무

투자신탁이나 투자익명조합의 집합투자업자 또는 투자회사 등은 집합투자재산의 보관 · 관리업무를 신탁업자에게 위탁하여야 한다(자법 제184조 제3항).

집합투자업자는 자신이 운용하는 집합투자재산을 보관 · 관리하는 신탁업자가 되어서는 아니 된다(자법 제184조 제4항).

4. 판매계약의 체결

투자신탁이나 투자익명조합의 집합투자업자 또는 투자회사 등은 집합투자기구의 집합투자증권을 판매하고자 하는 경우 투자매매업자와 판매계약을 체결하거나 투자중개업자와 위탁판매계약을 체결하여야 한다. 다만, 투자신탁이나 투자익명조합의 집합투자업자가 투자매매업자 또는 투자중개업자로서 집합투자기구의 집합투자증권을 판매하는 경우에는 판매계약 또는 위탁판매계약을 체결하지 아니한다(자법 제184조 제5항).

5. 투자회사의 업무위탁

투자회사는 다음의 업무를 일반사무관리회사에 위탁하여야 한다(자법 제

184조 제6항). 투자회사는 주식회사에 해당하지만 소위 페이퍼 컴퍼니이기 때문에 업무를 위탁하게 된다.

① 투자회사 주식의 발행 및 명의개서
② 투자회사재산의 계산
③ 법령 또는 정관에 의한 통지 및 공고
④ 이사회 및 주주총회의 소집 · 개최 · 의사록 작성 등에 관한 업무
⑤ 그 밖에 투자회사의 사무를 처리하기 위하여 필요한 업무로서 대통령령으로 정하는 업무[31)]

6. 기타

투자회사 등은 상근임원 또는 직원을 둘 수 없으며, 본점 외의 영업소를 설치할 수 없다(자법 제184조 제7항).

31) 다음 각 호의 업무를 말한다(자령 제212조).
1. 법 제238조 제8항에 따라 위탁받은 업무: 기준가격 산정업무
2. 투자회사의 운영에 관한 업무

제2장 집합투자기구의 구성

제1절 신탁형 집합투자기구

Ⅰ. 신탁계약의 체결 및 변경

1. 신탁계약의 체결

(1) 의의

투자신탁을 설정하고자 하는 집합투자업자는 다음의 사항이 기재된 신탁계약서에 의하여 신탁업자와 신탁계약을 체결하여야 한다(자법 제188조 제1항).

① 집합투자업자 및 신탁업자의 상호
② 신탁원본의 가액 및 수익증권의 총좌수에 관한 사항
③ 투자신탁재산의 운용 및 관리에 관한 사항
④ 이익분배 및 환매에 관한 사항
⑤ 집합투자업자·신탁업자 등이 받는 보수, 그 밖의 수수료의 계산방법과 지급시기·방법에 관한 사항. 다만, 집합투자업자가 기준가격 산정업무를 위탁하는 경우에는 그 수수료는 해당 투자신탁재산에서 부담한다는 내용을 포함하여야 한다.
⑥ 수익자총회에 관한 사항
⑦ 공시 및 보고서에 관한 사항
⑧ 그 밖에 수익자 보호를 위하여 필요한 사항으로서 대통령령으로 정하는 사항[1)]

1) 다음 각 호의 사항을 말한다(자령 제215조).
1. 투자신탁의 종류(법 제229조의 구분에 따른 종류를 말한다)
2. 투자신탁의 명칭
3. 투자대상자산(주된 투자대상자산을 따로 기재하여야 한다)
4. 집합투자업자와 신탁업자의 업무에 관한 사항
5. 수익증권의 추가발행과 소각에 관한 사항

(2) 금전의 납입

집합투자업자는 투자신탁을 설정하는 경우(그 투자신탁을 추가로 설정하는 경우를 포함한다) 신탁업자에게 해당 신탁계약에서 정한 신탁원본 전액을 금전으로 납입하여야 한다(자법 제188조 제4항).

2. 신탁계약의 변경

(1) 변경계약의 체결

투자신탁을 설정한 집합투자업자는 신탁계약을 변경하고자 하는 경우에는 신탁업자와 변경계약을 체결하여야 한다(자법 제188조 제2항). 이 경우 신탁계약 중 다음에 해당하는 사항을 변경하는 경우에는 미리 수익자총회의 결의를 거쳐야 한다.

① 집합투자업자 · 신탁업자 등이 받는 보수, 그 밖의 수수료의 인상

② 신탁업자의 변경(합병 · 분할 · 분할합병, 그 밖에 대통령령으로 정하는 사유[2])로 변경되는 경우를 제외한다)

③ 신탁계약기간의 변경[3])

---

6. 신탁계약기간을 정한 경우에는 그 기간
7. 투자신탁재산의 평가와 기준가격의 계산에 관한 사항
8. 이익 외의 자산 등의 분배에 관한 사항
9. 집합투자업자와 신탁업자의 변경에 관한 사항
10. 신탁계약의 변경과 해지에 관한 사항
11. 투자신탁의 회계기간
12. 그 밖에 수익자를 보호하기 위하여 필요한 사항으로서 금융위원회가 정하여 고시하는 사항

2) 다음 각 호의 어느 하나에 해당하는 경우를 말한다(자령 제216조).
1. 영업양도 등으로 신탁계약의 전부가 이전되는 경우
2. 법 제184조 제4항, 법 제246조 제1항 등 관련 법령의 준수를 위하여 불가피하게 신탁계약의 일부가 이전되는 경우
3. 법 제420조 제3항 제1호 및 제2호에 따른 금융위원회의 조치에 따라 신탁업자가 변경되는 경우
4. 「금융산업의 구조개선에 관한 법률」 제10조 제1항 제6호부터 제8호까지의 규정에 따른 금융위원회의 명령에 따라 신탁업자가 변경되는 경우

3) 개정 자법에서 "신탁계약기간의 변경(투자신탁을 설정할 당시에 그 기간변경이 신탁계약서에 명시되어 있는 경우에는 제외한다)" 로 변경.

④ 그 밖에 수익자의 이익과 관련된 중요한 사항으로서 대통령령으로 정하는 사항[4)]

(2) 공시

투자신탁을 설정한 집합투자업자는 신탁계약을 변경한 경우에는 인터넷 홈페이지 등을 이용하여 공시하여야 하며, 수익자총회의 결의를 거쳐야 하는 사항에 대하여 신탁계약을 변경한 경우에는 공시 외에 이를 수익자에게 통지하여야 한다(자법 제188조 제3항).

Ⅱ. 수익증권의 발행

1. 수익증권

투자신탁의 수익권은 신탁계약에서 정하는 바에 따라서 투자신탁재산의 운용에서 발생한 이익의 분배를 받고, 신탁원본의 상환을 받는 등의 권리를 말한다. 투자신탁을 설정한 집합투자업자는 투자신탁의 수익권을 균등하게 분할하여 수익증권으로 표시하여야 한다(자법 제189조 제1항).

4) 다음 각 호의 사항을 말한다(자령 제217조).
1. 투자신탁의 종류(법 제229조의 구분에 따른 종류를 말한다)의 변경. 다만, 투자신탁을 설정할 때부터 다른 종류의 투자신탁으로 전환하는 것이 예정되어 있고, 그 내용이 신탁계약서에 표시되어 있는 경우에는 제외한다.
2. 주된 투자대상자산의 변경
3. 집합투자업자의 변경. 다만, 다음 각 목의 어느 하나에 해당하는 경우는 제외한다.
   가. 합병 · 분할 · 분할합병
   나. 법 제420조 제3항 제1호 및 제2호에 따른 금융위원회의 조치에 따라 집합투자업자가 변경되는 경우
   다. 「금융산업의 구조개선에 관한 법률」 제10조 제1항 제6호부터 제8호까지의 규정에 따른 금융위원회의 명령에 따라 집합투자업자가 변경되는 경우
4. 환매금지형투자신탁(존속기간을 정한 투자신탁으로서 수익증권의 환매를 청구할 수 없는 투자신탁을 말한다. 이하 같다)이 아닌 투자신탁의 환매금지형투자신탁으로의 변경
5. 환매대금 지급일의 연장
6. 그 밖에 수익자를 보호하기 위하여 필요한 사항으로서 금융위원회가 정하여 고시하는 사항

수익자는 신탁원본의 상환 및 이익의 분배 등에 관하여 수익증권의 좌수에 따라 균등한 권리를 가진다(자법 제189조 제2항).

2. 발행의 주체

투자신탁을 설정한 집합투자업자는 수익증권의 발행가액 전액이 납입된 경우 신탁업자의 확인을 받아 수익증권을 발행하여야 한다(자법 제189조 제3항). 이 때 집합투자업자는 수익자에 갈음하여 예탁결제원을 명의인으로 하여 수익증권을 발행할 수 있다(자법 제309조 제5항).

3. 발행방식

수익증권은 무액면 기명식으로 한다(자법 제189조 제4항). 수익증권은 신탁재산의 순자산가치에 따라서 실제의 가치가 정해지고, 추가설정시에도 수익증권의 기준가격에 의하므로 액면금액은 무의미하기에 무액면식으로 발행하게 된다.

4. 수익증권의 기재사항

투자신탁을 설정한 집합투자업자는 수익증권에 다음의 사항을 기재하고 그 집합투자업자 및 그 투자신탁재산을 보관·관리하는 신탁업자의 대표이사(집행임원 설치회사의 경우 대표집행임원을 말한다)가 기명날인 또는 서명하여야 한다(자법 제189조 제5항).

① 집합투자업자 및 신탁업자의 상호
② 수익자의 성명 또는 명칭
③ 신탁계약을 체결할 당시의 신탁원본의 가액 및 수익증권의 총좌수
④ 수익증권의 발행일
⑤ 그 밖에 수익자 보호를 위하여 필요한 사항으로서 대통령령으로 정하는 사항[5)]

5. 수익자명부

(1) 작성자 및 기재사항

투자신탁을 설정한 집합투자업자는 수익자명부의 작성에 관한 업무를 예탁결제원에 위탁하여야 한다(자법 제189조 제6항).

위 업무를 위탁받은 예탁결제원은 다음의 사항을 기재한 수익자명부를 작성·비치하여야 한다(자법 제189조 제7항).

① 수익자의 주소 및 성명

② 수익자가 소유하는 수익증권의 좌수

③ 수익증권을 발행한 경우에는 그 번호

(2) 정보제공의 금지

예탁결제원은 수익자명부상의 정보를 타인에게 제공하여서는 아니 된다. 다만, 수익자총회 개최를 위하여 집합투자업자에게 제공하는 경우, 그 밖에 대통령령으로 정하는 경우[6]에는 이를 제공할 수 있다(자법 제189조 제8항).

(3) 상법규정의 준용

상법 제336조부터 제340조까지(주식의 양도방법, 기명주식 이전의 대항요건, 기명주식의 입질, 질권의 물상대위, 기명주식의 등록질) 및 제358조의 2

---

5) 다음 각 호의 사항을 말한다(자령 제218조).

1. 투자신탁의 명칭
2. 기호 및 번호
3. 이익 등의 분배의 시기
4. 수익증권의 환매조건(환매금지형투자신탁의 수익증권인 경우에는 환매를 청구할 수 없다는 뜻)
5. 신탁계약기간을 정하는 경우에는 그 기간
6. 그 수익증권을 판매하는 투자매매업자나 투자중개업자의 명칭

6) 「금융실명거래 및 비밀보장에 관한 법률」 제4조 제1항 단서에 따라 제공하는 경우를 말한다(자령 제219조).

부터 제360조까지의 규정(주권의 불소지, 주권의 선의취득, 주권의 제권판결, 재발행)은 수익권 및 수익증권에 관하여 준용하며, 상법 제353조(주주명부의 효력) 및 제354조(주주명부의 폐쇄, 기준일)는 수익자명부에 관하여 준용한다(자법 제189조 제9항).

Ⅲ. 수익자총회

1. 의의

투자신탁에는 전체 수익자로 구성되는 수익자총회를 둔다(자법 제190조 제1항). 수익자총회는 투자신탁재산을 운용함에 있어서 수익자의 이익에 영향을 미치는 중요한 사항에 대하여 수익자의 총의를 결정하는 회의체 조직이다.

2. 수익자총회의 권한

수익자총회가 투자신탁재산의 운용에 관한 모든 사항을 결의하는 것은 비효율적이며, 집합투자가 독립적 재산운용을 전제로 하므로 이에 반하게 된다. 따라서 수익자총회는 자본시장법[7] 또는 신탁계약에서 정한 사항에 대하여만 결의할 수 있다(자법 제190조 제1항).

3. 수익자총회의 소집

(1) 소집권자

수익자총회는 투자신탁을 설정한 집합투자업자가 소집한다(자법 제190조 제2항). 투자신탁을 설정한 집합투자업자는 투자신탁재산을 보관·관리하는

7) 자본시장법에서는 신탁계약 중 중요사항의 변경(제188조), 투자신탁의 해지(제192조), 투자신탁의 합병(제193조), 환매의 연기(제237조) 등의 경우 수익자총회의 결의를 얻도록 하고 있다.

신탁업자 또는 발행된 수익증권의 총좌수의 100분의 5 이상을 소유한 수익자가 수익자총회의 목적과 소집의 이유를 기재한 서면을 제출하여 수익자총회의 소집을 그 집합투자업자에 요청하는 경우 1개월 이내에 수익자총회를 소집하여야 한다. 이 경우 집합투자업자가 정당한 사유 없이 수익자총회를 소집하기 위한 절차를 거치지 아니하는 경우에는 그 신탁업자 또는 발행된 수익증권총좌수의 100분의 5 이상을 소유한 수익자는 금융위원회의 승인을 받아 수익자총회를 개최할 수 있다(자법 제190조 제3항).

(2) 소집통지

집합투자업자(자법 제190조 제3항 후단에 따라 수익자총회를 소집하는 신탁업자 또는 발행된 수익증권의 총좌수의 100분의 5 이상을 소유한 수익자를 포함한다)는 수익자총회의 소집통지를 예탁결제원에 위탁하여야 한다(자령 제220조 제1항).

예탁결제원은 수익자총회의 소집을 통지하거나 수익자의 청구가 있을 때에는 서면에 의한 의결권 행사가 가능하도록 의결권 행사를 위한 서면을 보내야 한다(자령 제220조 제2항).

예탁결제원은 의결권 행사를 위한 서면을 보내는 때에는 가부 등의 표시로 그 수익자의 의사가 명확히 표시될 수 있도록 하여야 하며, 총리령으로 정하는 바에 따라 의결권 행사에 참고할 수 있는 자료를 집합투자업자로부터 제출받아 보내야 한다(자령 제220조 제3항).

주주총회 소집에 관한 상법 제363조 제1항 및 제2항은 수익자총회의 소집통지에 관하여 준용한다. 이 경우 "주주" 는 각각 "수익자" 로, "주주명부" 는 "수익자명부" 로, "회사" 는 "집합투자업자" 로 본다(자법 제190조 제4항).

4. 의사 및 결의

(1) 의사

수익자총회의 의장은 수익자 중에서 총회에서 선출한다(자령 제221조 제5항). 의장은 주주총회에서와 같이 질서유지권을 가진다.

(2) 결의요건

수익자총회는 출석한 수익자의 의결권의 과반수와 발행된 수익증권 총좌수의 4분의 1 이상의 수로 결의한다(자법 제190조 제5항). 다만, 이 법에서 정한 수익자총회의 결의사항 외에 신탁계약으로 정한 수익자총회의 결의사항에 대하여는 출석한 수익자의 의결권의 과반수와 발행된 수익증권의 총좌수의 5분의 1 이상의 수로 결의할 수 있다.

구자본시장법에서는 수익자총회의 경우 의사정족수와 의결정족수의 충족이 요구되었는데, 이에 대하여 수익자총회의 결의요건이 상법상 주주총회 특별결의요건과 같으므로 굳이 의사정족수를 요구할 필요는 없다는 견해도 있었다.[8]

개정 자본시장법에서는 이를 반영하여 의사정족수요건을 폐지하였다.

(3) 서면결의

수익자는 수익자총회에 출석하지 아니하고 서면에 의하여 의결권을 행사할 수 있다(자법 제190조 제6항). 다만, 다음 각 호의 요건을 모두 충족하는 경우에는 수익자총회에 출석한 수익자가 소유한 수익증권의 총좌수의 결의내용에 영향을 미치지 아니하도록 의결권을 행사("간주의결권행사")한 것으로 본다.

① 수익자에게 대통령령으로 정하는 방법[9]에 따라 의결권 행사에 관한 통지가 있었으나 의결권이 행사되지 아니하였을 것

---

8) 임재연, 앞의 책, 937면: 상법상 주주총회에 대해서는 정족수 충족의 어려움을 감안하여 의사정족수요건을 폐지하였다.

9) 자령 제221조 ⑥ 법 제190조 제6항 제1호에서 "대통령령으로 정하는 방법"이란 같은 항 제2호에 따라 집합투자규약에 적힌 내용을 알리는 서면, 전화・전신・팩스, 전자우편 또는 이와 비슷한 전자통신의 방법을 말한다.

② 간주의결권행사의 방법이 집합투자규약에 기재되어 있을 것
③ 수익자총회에서 의결권을 행사한 수익증권의 총좌수가 발행된 수익증권의 총좌수의 10분의 1 이상일 것
④ 그 밖에 수익자를 보호하기 위하여 대통령령으로 정하는 방법 및 절차10)를 따를 것

서면에 의하여 의결권을 행사하려는 수익자는 서면에 의결권 행사의 내용을 기재하여 수익자총회일 전날까지 집합투자업자(자법 제190조 제3항 후단에 따라 수익자총회를 소집하는 신탁업자 또는 발행된 수익증권의 총좌수의 100분의 5 이상을 소유한 수익자를 포함한다)에 제출하여야 한다(자령 제221조 제1항). 서면에 의하여 행사한 의결권의 수는 수익자총회에 출석하여 행사한 의결권의 수에 합산한다(자령 제221조 제2항). 집합투자업자는 수익자로부터 제출된 의결권 행사를 위한 서면과 의결권 행사에 참고할 수 있는 자료를 수익자총회일부터 6개월간 본점에 비치하여야 한다(자령 제221조 제3항). 수익자는 집합투자업자의 영업시간 중에 언제든지 서면 및 자료의 열람과 복사를 청구할 수 있다(자령 제221조 제4항).

5. 연기수익자총회

(1) 의의

투자신탁을 설정한 집합투자업자(제3항 후단에 따라 수익자총회를 소집하는 신탁업자 또는 발행된 수익증권 총좌수의 100분의 5 이상을 소유한 수익자를 포함한다. 이하 이 항에서 같다)는 제5항에 따른 수익자총회의 결의가 이루어지지 아니한 경우 그 날부터 2주 이내에 연기된 수익자총회(이하 "연기수익자총회"라 한다)를 소집하여야 한다.

투자신탁을 설정한 집합투자업자(수익자총회를 소집하는 신탁업자 또는 발

10) 자령 제221조 ⑦ 법 제190조 제6항 제4호에서 "대통령령으로 정하는 방법 및 절차"란 수익자의 이익 보호와 수익자총회 결의의 공정성 등을 위하여 같은 항 각 호 외의 부분 단서에 따른 간주의결권행사의 결과를 금융위원회가 정하여 고시하는 바에 따라 수익자에게 제공하는 것을 말한다.

행된 수익증권 총좌수의 100분의 5 이상을 소유한 수익자를 포함한다)는 수익자총회의 회의개시 예정시각에서 1시간이 경과할 때까지 출석한 수익자가 소유한 수익증권의 좌수가 발행된 수익증권의 총좌수의 과반수에 미달하는 경우 수익자총회를 연기할 수 있다. 이 경우 집합투자업자는 그 날부터 2주 이내에 연기된 수익자총회를 소집하여야 한다(자법 제190조 제7항).[11] 이를 연기수익자총회라고 한다.

연기수익자총회는 일반적으로 수익자들의 수익자총회 참여율이 매우 낮기 때문에 수익자총회의 결의를 거쳐야 하는 중요사항에 대한 결의를 신속히 하지 못하는 문제를 해결하기 위해 도입된 제도이다.

(2) 소집통지

집합투자업자는 연기수익자총회를 소집하려는 경우에는 연기수익자총회일 1주 전까지 연기된 수익자총회의 성립요건 및 결의요건을 명시하여 연기수익자총회의 소집을 통지하여야 한다(자령 제221조 제4항).

(3) 성립요건 및 결의요건

연기수익자총회의 결의에 관하여는 수익자총회에 관한 제5항 및 제6항을 준용한다. 이 경우 "발행된 수익증권 총좌수의 4분의 1 이상"은 "발행된 수익증권 총좌수의 8분의 1 이상"으로 보고, "수익증권의 총좌수의 5분의 1 이상"은 "수익증권의 총좌수의 10분의 1 이상"으로 본다(자법 제190조 제8항).

6. 상법규정의 준용

상법 규정 중 제364조(주주총회의 소집지), 제366조의 2 제2항 · 제3항(총

11) 개정 자법 제190조 ⑦ 투자신탁을 설정한 집합투자업자(제3항 후단에 따라 수익자총회를 소집하는 신탁업자 또는 발행된 수익증권 총좌수의 100분의 5 이상을 소유한 수익자를 포함한다. 이하 이 항에서 같다)는 제5항에 따른 수익자총회의 결의가 이루어지지 아니한 경우 그 날부터 2주 이내에 연기된 수익자총회(이하 "연기수익자총회" 라 한다)를 소집하여야 한다. <후단 삭제>

회의 질서유지), 제367조(검사인의 선임), 제368조 제3항 · 제4항, 상법 제368조의 4(총회의 결의방법과 의결권 행사), 제369조 제1항 · 제2항(의결권), 제371조부터 제373조까지(총회의 정족수, 연기·속행, 의사록), 제376조(결의취소의 소), 제377조(제소주주의 담보제공의무) 및 제379조부터 제381조까지(법원의 재량에 의한 청구기각, 결의무효 및 부존재확인의 소, 부당결의의 취소·변경의 소)의 규정은 수익자총회에 관하여 준용한다. 이 경우 "주주"는 각각 "수익자"로, "정관"은 각각 "신탁계약"으로, "주식"은 "수익증권"으로, "회사"는 각각 "집합투자업자"로, "이사회의 결의"는 각각 "집합투자업자의 결정"으로 본다(자법 제190조 제10항).

Ⅳ. 반대수익자의 수익증권매수청구권

1. 의의

투자신탁의 수익자는 다음의 어느 하나에 해당하는 경우 집합투자업자에게 수익증권의 수를 기재한 서면으로 자기가 소유하고 있는 수익증권의 매수를 청구할 수 있다(자법 제191조 제1항).

① 자본시장법 제188조 제2항 각 호 외의 부분 후단에 따른 신탁계약의 변경 또는 제193조 제2항에 따른 투자신탁의 합병에 대한 수익자총회의 결의에 반대(수익자총회 전에 해당 집합투자업자에게 서면으로 그 결의에 반대하는 의사를 통지한 경우로 한정한다)하는 수익자가 그 수익자총회의 결의일부터 20일 이내에 수익증권의 매수를 청구하는 경우

② 자본시장법 제193조 제2항 각 호 외의 부분 단서에 따른 투자신탁의 합병에 반대하는 수익자가 대통령령으로 정하는 방법에 따라 수익증권의 매수를 청구하는 경우

2. 수익증권의 매수

투자신탁을 설정한 집합투자업자는 수익증권의 매수청구가 있는 경우에는

매수청구기간이 만료된 날부터 15일 이내에 그 투자신탁재산으로 매수청구기간의 종료일에 환매청구한 것으로 보아 신탁계약에서 정하는 바에 따라 그 수익증권을 매수하여야 한다. 다만, 매수자금이 부족하여 매수에 응할 수 없는 경우에는 금융위원회의 승인을 받아 수익증권의 매수를 연기할 수 있다(자법 제191조 제3항, 자령 제222조).

3. 비용부담

투자신탁을 설정한 집합투자업자는 수익증권의 매수청구가 있는 경우 해당 수익자에게 수익증권의 매수에 따른 수수료, 그 밖의 비용을 부담시켜서는 아니 된다(자법 제191조 제2항).

4. 수익증권의 소각

투자신탁을 설정한 집합투자업자는 자본시장법 제191조 제3항 본문에 따라 수익증권을 매수한 경우에는 지체 없이 그 수익증권을 소각하여야 한다(자법 제191조 제4항).

Ⅴ. 투자신탁의 해지

1. 의의

투자신탁의 해지란 투자신탁계약의 효력을 장래에 향하여 소멸시키는 행위를 말한다. 투자신탁계약은 집합투자업자와 신탁업자 사이에 체결되지만 그 해지는 수익자 이익에 영향을 미치므로 이를 규제하고 있다.

2. 해지의 종류

(1) 임의해지

투자신탁을 설정한 집합투자업자는 금융위원회의 승인을 받아 투자신탁을 해지할 수 있다.[12] 다만, 수익자의 이익을 해할 우려가 없는 경우로서 대통령령으로 정하는 경우[13]에는 금융위원회의 승인을 받지 아니하고 투자신탁을 해지할 수 있으며, 이 경우 집합투자업자는 그 해지사실을 지체 없이 금융위원회에 보고하여야 한다(자법 제 192조 제1항).

(2) 의무해지

투자신탁을 설정한 집합투자업자는 다음에 해당하는 경우에는 지체 없이 투자신탁을 해지하여야 한다. 이 경우 집합투자업자는 그 해지사실을 지체 없이 금융위원회에 보고하여야 한다(자법 제192조 제2항).

① 신탁계약에서 정한 신탁계약기간의 종료

---

12) 자령 224조(해지승인의 방법 및 절차 등) ① 법 제192조 제1항에 따라 투자신탁의 해지 승인을 신청하려는 자는 다음 각 호의 사항을 기재한 해지승인신청서를 금융위원회에 제출하여야 한다.
1. 해지대상 투자신탁에 관한 사항
2. 투자신탁의 해지사유
3. 해지대상 투자신탁의 집합투자업자, 신탁업자, 투자매매업자 및 투자중개업자에 관한 사항
4. 수익자에 관한 사항
5. 그 밖에 수익자를 보호하기 위하여 필요한 사항으로서 금융위원회가 정하여 고시하는 사항
② 제1항에 따른 신청서에는 다음 각 호의 서류를 첨부하여야 한다.
1. 집합투자업자의 해지결정을 증명할 수 있는 서류
2. 승인신청일 전날의 집합투자재산명세서
3. 그 밖에 해지승인의 심사에 필요한 서류로서 금융위원회가 정하여 고시하는 서류

13) 다음 각 호의 어느 하나에 해당하는 경우를 말한다. 이 경우 금융위원회가 정하여 고시하는 기준을 충족하여야 한다(자령 제223조).
1. 수익자 전원이 동의한 경우
2. 해당 투자신탁의 수익증권 전부에 대한 환매의 청구를 받아 신탁계약을 해지하려는 경우
3. 사모집합투자기구가 아닌 투자신탁(존속하는 동안 투자금을 추가로 모집할 수 있는 투자신탁으로 한정한다. 이하 이 조에서 같다)으로서 설정한 후 1년이 되는 날에 원본액이 50억원 미만인 경우
4. 사모집합투자기구가 아닌 투자신탁을 설정하고 1년이 지난 후 1개월간 계속하여 투자신탁의 원본액이 50억원 미만인 경우

② 수익자총회의 투자신탁 해지 결의
③ 투자신탁의 피흡수합병
④ 투자신탁의 등록 취소
⑤ 수익자의 총수가 1인이 되는 경우. 다만, 건전한 거래 질서를 해할 우려가 없는 경우로서 대통령령으로 정하는 경우는 제외한다.

(3) 일부해지

투자신탁을 설정한 집합투자업자는 수익자의 환매청구에 응하는 등 대통령령으로 정하는 경우[14]에는 투자신탁의 일부를 해지할 수 있다(자법 제192조 제5항).

(4) 상환금의 지급

투자신탁을 설정한 집합투자업자는 투자신탁을 해지하는 경우(투자신탁의 피흡수합병의 경우는 제외)에는 신탁계약이 정하는 바에 따라 투자신탁재산에 속하는 자산을 해당 수익자에게 지급할 수 있다(자법 제192조 제3항).

(5) 미수금 및 미지급금

집합투자업자는 투자신탁을 해지하는 경우에 미수금 채권이 있는 때에는 금융위원회가 정하여 고시하는 공정가액으로 투자신탁을 해지하는 날에 그 미수금 채권을 양수하여야 한다. 다만, 그 미수금 채권을 시행령 제87조 제1항 제3호[15]에 따라 거래하는 경우에는 그 거래에 의할 수 있다(자령 제224조 제3항).

집합투자업자는 투자신탁을 해지하는 경우에 미지급금 채무가 있는 때에는

14) 다음 각 호의 어느 하나에 해당하는 경우를 말한다(자령 제225조).
1. 발행한 수익증권이 판매되지 아니한 경우
2. 수익자가 수익증권의 환매를 청구한 경우
3. 법 제191조 제1항에 따라 수익자가 수익증권의 매수를 청구한 경우

15) 특정 집합투자재산을 그 집합투자업자의 고유재산과 매매중개를 통하여 투자대상자산의 매매를 하는 경우와 집합투자업자가 운용하는 집합투자기구 상호 간에 자산을 동시에 한쪽이 매도하고 다른 한쪽이 매수하는 거래에 대하여 예외적으로 허용하는 규정이다.

금융위원회가 정하여 고시하는 공정가액으로 투자신탁을 해지하는 날에 그 미지급금 채무를 양수하여야 한다. 다만, 그 미지급금 채무가 확정된 경우로서 시행령 제87조 제1항 제3호에 따라 거래하는 경우에는 그 거래에 의할 수 있다(자령 제224조 제4항).

Ⅵ. 투자신탁의 합병

1. 의의

투자신탁을 설정한 집합투자업자는 그 집합투자업자가 운용하는 다른 투자신탁을 흡수하는 방법으로 투자신탁을 합병할 수 있다(자법 제193조 제1항). 여기서 동일한 집합투자업자가 운용하는 투자신탁 간의 합병만 인정되고, 신설합병은 허용되지 않고 흡수합병만 인정된다는 점이 상법상 회사 간 합병과 다른 특색이다.

2. 수익자총회의 승인결의

투자신탁을 설정한 집합투자업자는 투자신탁을 합병하고자 하는 경우 다음의 사항을 기재한 합병계획서를 작성하여 합병하는 각 투자신탁의 수익자총회의 결의를 거쳐야 한다(자법 제193조 제2항). 다만, 건전한 거래 질서를 해할 우려가 적은 소규모 투자신탁의 합병 등 대통령령으로 정하는 경우[16]는 제외한다.

① 투자신탁의 합병으로 인하여 존속하는 투자신탁의 증가하는 신탁원본의 가액 및 수익증권의 좌수

---

16) 자령 제225조의2(소규모 투자신탁의 합병 특례) ① 법 제193조제2항 각 호 외의 부분 단서에서 "소규모 투자신탁의 합병 등 대통령령으로 정하는 경우"란 합병하려는 각각의 투자신탁이 다음 각 호의 요건을 모두 충족하는 경우를 말한다.
1. 제223조 제3호 또는 제4호에 해당할 것
2. 법 제229조에 따른 집합투자기구의 종류가 동일할 것
3. 집합투자규약에 따른 투자목적, 투자전략 및 투자대상자산 등이 유사할 것

② 투자신탁의 합병으로 인하여 소멸하는 투자신탁의 수익자에게 발행하는 수익증권의 배정에 관한 사항
③ 투자신탁의 합병으로 인하여 소멸하는 투자신탁의 수익자에게 현금을 지급하는 경우 그 내용
④ 합병하는 각 투자신탁의 수익자총회의 회일
⑤ 합병을 할 날
⑥ 투자신탁의 합병으로 인하여 존속하는 투자신탁의 신탁계약을 변경하는 경우 그 내용
⑦ 그 밖에 대통령령으로 정하는 사항[17)]

투자신탁을 합병하는 경우에는 수익증권의 합병가액은 투자신탁을 합병하는 날의 전날의 대차대조표상에 계상된 자산총액에서 부채총액을 뺀 금액을 기준으로 계산한다(자령 제226조 제2항).

3. 채권자보호절차

채권자보호절차에 관한 상법 제527조의 5 제1항 및 제3항은 채권자가 있는 투자신탁이 합병하는 경우에 준용한다. 이 경우 "회사"는 각각 "집합투자업자"로, "주주총회"는 "수익자총회"로 본다(자법 제193조 제3항). 이에 따라 집합투자업자는 수익자총회의 승인결의가 있은 날로부터 2주내에 채권자에 대하여 합병에 이의가 있으면 1월 이상의 기간 내에 이를 제출할 것을 공고하고, 알고 있는 채권자에 대하여는 따로 이를 최고하여야 한다. 채권자가 그 기간 내에 이의를 제출하지 않은 경우에는 합병을 승인한 것으로 본다.

---

17) 다음 각 호의 사항을 말한다(자령 제226조 제1항).
1. 투자신탁의 합병으로 인하여 이익금을 분배할 경우에는 그 한도액
2. 투자신탁의 합병으로 인하여 투자신탁의 계약기간 또는 투자신탁의 회계기간을 변경하는 경우에는 그 내용
3. 보수 또는 환매수수료 등을 변경하는 경우에는 그 내용
4. 수익증권의 합병가액을 계산하기 위한 투자신탁재산의 평가에 관한 사항
5. 합병으로 인하여 수익증권을 발행하는 경우에는 1좌에 미달하는 단수의 처리에 관한 사항

4. 합병관계서류의 비치

투자신탁을 설정한 집합투자업자는 수익자총회일의 2주 전부터 합병 후 6개월이 경과하는 날까지 다음의 서류를 본점 및 투자매매업자 또는 투자중개업자의 영업소에 비치하여야 한다. 이 경우 그 투자신탁의 수익자 및 채권자는 영업시간 중 언제든지 그 서류를 열람할 수 있으며, 그 서류의 등본 또는 초본의 교부를 청구할 수 있다(자법 제193조 제4항).

① 합병하는 각 투자신탁의 최종의 결산서류
② 합병으로 인하여 소멸하는 투자신탁의 수익자에게 발행하는 수익증권의 배정에 관한 사항 및 그 이유를 기재한 서면
③ 합병계획서

5. 보고

투자신탁을 설정한 집합투자업자는 자본시장법 제193조 제1항에 따라 투자신탁을 합병한 경우에는 그 사실을 지체 없이 금융위원회에 보고하여야 한다. 이 경우 합병되는 투자신탁의 수익증권이 증권시장에 상장되어 있는 때에는 거래소에도 보고하여야 한다(자법 제193조 제5항).

6. 합병의 효력 및 효력발생시기

투자신탁의 합병은 존속하는 투자신탁의 집합투자업자가 금융위원회에 보고를 한 때에 그 효력이 발생한다. 이 경우 소멸하는 투자신탁은 해지된 것으로 본다(자법 제193조 제6항).

합병 후 존속하는 투자신탁은 합병으로 인하여 소멸된 투자신탁의 권리 · 의무를 승계한다(자법 제193조 제7항).

제2절 회사형 집합투자기구

Ⅰ. 투자회사

1. 의의

투자회사는 집합투자기구 중 상법상 주식회사 형태의 집합투자기구를 말한다. 투자자의 투자자금이 투자회사의 자본금을 구성하고, 투자자는 투자회사의 주주로서의 지위를 가지게 된다.

2. 투자회사의 설립

(1) 설립절차

투자회사는 상법상 주식회사이므로 기본적으로 주식회사의 설립절차를 따르지만 집합투자기구의 특성상 이와 다른 규정들을 두고 있다.

1) 발기설립

투자회사의 발기인은 투자회사의 설립시에 발행하는 주식의 총수를 인수하여야 하므로(자법 제194조 제6항) 투자회사는 발기설립만 인정되는데, 상법상 발기설립에서와 같이 발기인에 의한 정관의 작성에서 설립절차가 시작된다.

2) 정관의 작성

발기인은 투자회사를 설립하는 경우 다음의 사항을 기재한 정관을 작성하여 발기인 전원이 기명날인 또는 서명하여야 한다(자법 제194조 제2항).

① 목적
② 상호
③ 발행할 주식의 총수
④ 설립시에 발행하는 주식의 총수 및 발행가액

⑤ 회사의 소재지
⑥ 투자회사재산의 운용 및 관리에 관한 사항
⑦ 그 투자회사가 유지하여야 하는 순자산액(자산에서 부채를 뺀 금액을 말한다)의 최저액(최저순자산액)
⑧ 이익분배 및 환매에 관한 사항
⑨ 공시 및 보고서에 관한 사항
⑩ 공고방법
⑪ 그 밖에 주주를 보호하기 위하여 필요한 사항으로서 대통령령으로 정하는 사항18)

이는 정관의 절대적 기재사항으로서 상법상 주식회사의 정관의 절대적 기재사항에 비하여 투자자 보호를 위한 사항을 중심으로 그 범위가 넓게 규정되어 있다.

3) 발기인

발기인의 자격으로 금융투자업자의 임원의 결격사유에 관한 자본시장법 제24조 각 호의 어느 하나에 해당하는 자는 투자회사의 발기인이 될 수 없다(자법 제194조 제1항).

투자회사의 발기인은 투자회사의 설립시에 발행하는 주식의 총수를 인수하여야 한다(자법 제194조 제6항). 주식을 인수한 발기인은 지체 없이 주식의

---

18) 다음 각 호의 사항을 말한다(자령 제227조).
1. 투자회사의 종류(법 제229조의 구분에 따른 종류를 말한다)
2. 투자대상자산(주된 투자대상자산을 따로 기재하여야 한다)
3. 주식의 추가발행과 소각에 관한 사항
4. 존속기간이나 해산사유를 정한 경우에는 그 내용
5. 투자회사재산의 평가와 기준가격의 계산에 관한 사항
6. 이익 외의 자산 등의 분배에 관한 사항
7. 집합투자업자 · 신탁업자 및 일반사무관리회사와 체결할 업무위탁계약의 개요(보수, 그 밖의 수수료의 계산방법, 지급방법 및 시기에 관한 사항을 포함한다)
8. 집합투자업자와 신탁업자의 변경에 관한 사항
9. 정관의 변경에 관한 사항
10. 감독이사의 보수에 관한 기준
11. 투자회사의 회계기간
12. 정관 작성연월일
13. 그 밖에 주주를 보호하기 위하여 필요한 사항으로서 금융위원회가 정하여 고시하는 사항

인수가액을 금전으로 납입하여야 한다(자법 제194조 제7항).

4) 이사의 선임과 설립경과의 조사

발기인은 투자회사 설립시에 발행하는 주식의 인수가액의 납입이 완료된 경우에는 지체 없이 의결권 과반수의 찬성으로 이사를 선임하여야 하며, 선임된 이사는 투자회사의 설립에 관하여 법령이나 투자회사의 정관을 위반한 사항이 있는지를 조사하여 그 결과를 이사회에 보고하여야 한다(자법 제194조 제8항).

이사는 위 조사결과 법령 또는 투자회사의 정관을 위반한 사항을 발견한 경우에는 지체 없이 이를 발기인에게 보고하여야 한다(자법 제194조 제9항).

5) 설립등기

투자회사의 발기인은 다음의 사항을 이사회에 보고를 종료한 날부터 2주 이내에 대통령령으로 정하는 서류를 첨부하여 설립등기를 하여야 한다(자법 제194조 제10항).

① 자본시장법 제194조 제2항 제1호부터 제3호까지의 사항 및 같은 항 제5호 · 제7호 · 제10호의 사항
② 정관으로 투자회사의 존속기간 또는 해산사유를 정한 경우 그 내용
③ 이사의 성명 · 주민등록번호(법인인 경우에는 상호 · 사업자등록번호)

6) 설립의 제한 등

투자회사의 발기인은 다음에 해당하는 투자회사를 설립하여서는 아니 되며, 투자회사는 설립 후에도 그 투자회사의 정관을 다음의 어느 하나에 해당하도록 변경하여서는 아니 된다(자법 제194조 제11항).

① 투자회사재산의 100분의 70을 초과하여 부동산에 투자하는 투자회사
② 투자회사재산을 선박에 투자하는 투자회사

(2) 자본금

투자회사 설립시의 자본금은 주식 발행가액의 총액으로 한다(자법 제194조 제3항).

투자회사가 설립시에 발행하는 주식의 총수는 그 상한과 하한을 두는 방법으로 정할 수 있다(자법 제194조 제4항). 투자회사의 최저순자산액(자산에서 부채를 뺀 금액을 말한다)은 10억원 이상으로 하여야 한다(자법 제194조 제5항, 자령 제227조 제2항).

(3) 투자회사의 주식

투자회사의 주식은 무액면 기명식으로 한다(자법 제196조 제1항). 투자회사는 회사 성립일 또는 신주의 납입기일에 지체 없이 주식을 발행하여야 한다(자법 제196조 제2항).

투자회사가 그 성립 후에 신주를 발행하는 경우 신주의 수, 발행가액 및 납입기일은 이사회가 결정한다. 다만, 정관에서 달리 정하고 있는 경우에는 그에 따른다(자법 제196조 제3항).

주주의 청구가 있는 경우 그 주주의 주식을 매수할 수 있는 투자회사(개방형 투자회사)가 그 성립 후에 신주를 발행하는 경우 이사회는 다음의 사항을 결정할 수 있다.

① 신주의 발행기간

② 신주의 발행기간 이내에 발행하는 신주수의 상한

③ 신주의 발행기간 동안 매일의 발행가액 및 주금납입기일을 정하는 방법

이 경우 개방형 투자회사는 ③의 방법에 따라 확정된 매일의 발행가액을 그 투자회사의 주식을 판매하는 투자매매업자 또는 투자중개업자의 지점, 그 밖의 영업소에 게시하고, 인터넷 홈페이지 등을 이용하여 공시하여야 한다(자법 제196조 제4항).

투자회사는 그 성립 후에 신주를 발행하는 경우 같은 날에 발행하는 신주의 발행가액, 그 밖의 발행조건은 균등하게 정하여야 한다. 이 경우 신주의 발행가액은 그 투자회사가 소유하는 자산의 순자산액에 기초하여 대통령령으로 정하는 방법[19]에 따라 산정한다(자법 제196조 제5항).

---

19) 자법 제238조 제6항에 따른 기준가격의 계산방법을 말한다. 다만, 환매금지형투자회사는 기준가격의 계산방법에 따라 산정된 금액과 증권시장에서 거래되는 가격을 고려하여 신주의 발행가액을 정할 수

주식의 인수가액의 금전납입에 관한 자본시장법 제194조 제7항은 신주를 발행하는 경우의 주식인수인에게 준용한다(자법 제196조 제6항).

주식인수인은 투자회사가 그 성립 후에 신주를 발행하는 경우 주금의 납입과 동시에 주주의 권리·의무를 가진다(자법 제196조 제7항).

3. 정관의 변경

투자회사는 이사회 결의로 정관을 변경할 수 있다. 다만, 정관의 내용 중 다음에 해당하는 사항을 변경하고자 하는 경우에는 자본시장법 제201조 제2항 본문에 따른 주주총회의 결의를 거쳐야 한다(자법 제195조 제1항).

① 집합투자업자·신탁업자 등이 받는 보수, 그 밖의 수수료의 인상
② 집합투자업자 또는 신탁업자의 변경
③ 정관으로 투자회사의 존속기간 또는 해산사유를 정한 경우 존속기간 또는 해산사유의 변경
④ 그 밖에 주주의 이익과 관련된 중요한 사항으로서 대통령령으로 정하는 사항[20)]

투자회사는 합병·분할·분할합병, 그 밖에 대통령령으로 정하는 사유[21)]로

있다(자령 제230조).

20) 다음 각 호의 사항을 말한다(자령 제229조 제1항).
1. 투자회사의 종류(법 제229조의 구분에 따른 종류를 말한다)의 변경. 다만, 투자회사를 설립할 때부터 다른 종류의 투자회사로 전환하는 것이 예정되어 있고 그 내용이 정관에 표시되어 있는 경우는 제외한다.
2. 주된 투자대상자산의 변경
3. 법 제196조 제4항에 따른 개방형투자회사의 환매금지형투자회사(존속기간을 정한 투자회사로서 주식의 환매를 청구할 수 없는 투자회사를 말한다)로의 변경
4. 환매대금 지급일의 연장
5. 그 밖에 주주 보호를 위하여 필요한 사항으로서 금융위원회가 정하여 고시하는 사항

21) 다음 각 호의 어느 하나에 해당하는 경우를 말한다(자령 제229조 제2항).
1. 집합투자업자의 경우에는 다음 각 목의 어느 하나에 해당하는 경우
가. 법 제420조 제3항 제1호 및 제2호에 따른 금융위원회의 조치에 따라 집합투자업자가 변경되는 경우
나. 「금융산업의 구조개선에 관한 법률」 제10조 제1항 제6호부터 제8호까지의 규정에 따른 금융위원회의 명령에 따라 집합투자업자가 변경되는 경우
2. 신탁업자의 경우에는 다음 각 목의 어느 하나에 해당하는 경우

집합투자업자 또는 신탁업자가 변경된 경우에는 이사회 결의 및 주주총회의 결의 없이 정관을 변경할 수 있다(자법 제195조 제2항).

투자회사는 정관을 변경한 경우에는 인터넷 홈페이지 등을 이용하여 공시하여야 하며, 자본시장법 제195조 제1항 단서에 따라 정관을 변경한 경우에는 공시 외에 이를 주주에게 통지하여야 한다(자법 제195조 제2항).

4. 투자회사의 기관

(1) 이사

1) 구분

투자회사의 이사는 집합투자업자인 법인이사와 감독이사로 구분한다(자법 제197조 제1항). 투자회사는 법인이사 1인과 감독이사 2인 이상을 선임하여야 한다(자법 제197조 제2항).

2) 법인이사

법인이사는 투자회사를 대표하고 투자회사의 업무를 집행한다(자법 제198조 제1항). 이사의 임기에 대한 상법 제383조의 규정은 투자회사에 적용되지 않으므로 법인이사의 임기는 3년으로 제한되지 않는다(자법 제206조 제2항).

법인이사는 다음에 해당하는 업무를 집행하고자 하는 경우에는 이사회 결의를 거쳐야 한다(자법 제198조 제2항).

① 집합투자업자 · 신탁업자 · 투자매매업자 · 투자중개업자 및 일반사무관리회사와의 업무위탁계약(변경계약을 포함한다)의 체결

② 자산의 운용 또는 보관 등에 따르는 보수의 지급

가. 영업양도 등으로 투자회사재산의 보관 · 관리계약의 전부가 이전되는 경우

나. 법 제184조 제4항, 법 제246조 제1항 등 관련 법령을 준수하기 위하여 불가피하게 투자회사재산의 보관 · 관리계약의 일부가 이전되는 경우

다. 법 제420조 제3항 제1호 및 제2호에 따른 금융위원회의 조치에 따라 신탁업자가 변경되는 경우

라. 「금융산업의 구조개선에 관한 법률」 제10조 제1항 제6호부터 제8호까지의 규정에 따른 금융위원회의 명령에 따라 신탁업자가 변경되는 경우

③ 금전의 분배 및 주식의 배당에 관한 사항
④ 그 밖에 투자회사의 운영상 중요하다고 인정되는 사항으로서 정관이 정하는 사항

법인이사는 3개월마다 1회 이상 그 업무의 집행상황 및 자산의 운용 내용을 이사회에 보고하여야 한다(자법 제198조 제3항).

법인이사는 법인이사의 직무를 정하여 그 직무를 수행할 자를 그 임·직원 중에서 선임할 수 있다. 이 경우 집합투자업자는 이를 투자회사에 서면으로 통보하여야 한다(자법 제198조 제4항). 투자회사에 통보된 자가 그 직무 범위에서 행한 행위는 법인이사의 행위로 본다(자법 제198조 제5항).

3) 감독이사

감독이사는 법인이사의 업무집행을 감독하며, 투자회사의 업무 및 재산상황을 파악하기 위하여 필요한 경우에는 법인이사와 그 투자회사재산을 보관·관리하는 신탁업자, 그 투자회사의 주식을 판매하는 투자매매업자·투자중개업자 또는 그 투자회사로부터 업무를 위탁받은 일반사무관리회사에 대하여 그 투자회사와 관련되는 업무 및 재산상황에 관한 보고를 요구할 수 있다(자법 제199조 제1항).

감독이사는 그 직무를 수행함에 있어서 필요하다고 인정되는 경우에는 회계감사인에 대하여 회계감사에 관한 보고를 요구할 수 있다(자법 제199조 제2항).

위 보고에 관한 감독이사의 요구를 받은 자는 특별한 사유가 없는 한 이에 응하여야 한다(자법 제199조 제4항).

다음에 해당하는 자는 감독이사가 될 수 없으며, 감독이사가 된 후 이에 해당하게 된 경우에는 그 직을 상실한다(자법 제199조 제5항).

① 금융투자업자의 결격사유에 관한 자본시장법 제24조 각 호의 어느 하나에 해당하는 자
② 해당 투자회사의 발기인(자법 제194조 제8항에 따라 최초로 투자회사의 감독이사를 선임하는 경우에 한한다)
③ 투자회사의 대주주 및 그 특수관계인
④ 법인이사의 특수관계인 또는 법인이사로부터 계속적으로 보수를 지급받

고 있는 자

⑤ 그 투자회사의 주식을 판매하는 투자매매업자 또는 투자중개업자의 특수관계인

⑥ 그 투자회사의 이사가 다른 법인의 이사로 있는 경우 그 법인의 상근 임직원인 자

⑦ 그 밖에 감독이사로서의 중립성을 해할 우려가 있는 자로서 대통령령으로 정하는 자[22]

직무관련 정보의 이용금지에 관한 자본시장법 제54조는 감독이사에게 준용한다(자법 제199조 제6항).

(2) 이사회

1) 소집

이사회는 각 이사가 소집한다(자법 제200조 제1항). 이사는 이사회를 소집하고자 하는 경우에는 그 회의일 3일 전까지 각 이사에게 소집을 통지하여야 한다. 다만, 정관이 정하는 바에 따라 통지기간을 단축할 수 있다(자법 제200조 제2항).

2) 결의

이사회는 자본시장법과 정관이 정하는 사항에 대하여만 결의한다(자법 제200조 제3항).

이사회 결의는 이사 과반수의 출석과 출석한 이사 과반수의 찬성으로 한다(자법 제200조 제5항).

---

22) 다음 각 호의 어느 하나에 해당하는 자를 말한다(자령 제231조).
1. 해당 투자회사의 일반사무관리회사의 임직원
2. 해당 투자회사를 평가하는 집합투자기구평가회사의 임직원
3. 해당 투자회사의 투자회사재산의 가격을 평가하는 채권평가회사의 임직원
4. 해당 투자회사의 주식을 판매하는 투자매매업자 또는 투자중개업자의 직원
5. 해당 투자회사의 회계감사인(회계감사인이 법인인 경우에는 그 법인에 속한 공인회계사를 말한다).

3) 이사의 결원

이사회는 이사가 결원된 경우 이사를 선임하기 위한 주주총회를 즉시 소집하여야 한다(자법 제200조 제4항).

(3) 주주총회

1) 소집

투자회사의 주주총회는 이사회가 소집한다(자법 제201조 제1항).

2) 결의

주주총회는 출석한 주주의 의결권의 과반수와 발행주식총수의 4분의 1 이상의 수로 결의한다. 다만, 이 법에서 정한 수수총회의 결의사항 외에 십합투자규약으로 정한 주주총회의 결의사항에 대해서는 출석한 주주의 의결권의 과반수와 발행주식총수의 5분의 1 이상의 수로 결의할 수 있다.(자법 제201조 제2항).

3) 준용규정

투자신탁의 수익자총회에 관한 자본시장법 제190조 제190조 제1항 · 제3항 및 제6항부터 제9항까지의 규정은 투자회사의 주주총회에 관하여 준용한다. 이 경우 "투자신탁"은 "투자회사"로, "신탁계약"은 "정관"으로, “투자신탁을 설정한 집합투자업자” 및 “집합투자업자” 는 각각 “투자회사의 이사회” 로, “투자신탁재산” 은 “투자회사재산” 으로, “수익증권” 은 각각 “주식” 으로, “총좌수” 는 각각 “총수” 로, “수익자” 는 각각 “주주” 로, “수익자총회” 는 각각 “주주총회” 로, “좌수” 는 각각 “수” 로, 같은 조 제8항 중 “제5항” 은 “제2항” 으로 본다(자법 제201조 제3항).

투자신탁에서 반대수익자의 수익증권매수청구권에 관한 자본시장법 제191조는 투자회사가 제195조 제1항 단서에 따른 정관의 변경 또는 제204조 제2항에 따른 합병에 반대하는 주주에게 준용한다. 이 경우 “신탁계약” 은 “정관” 으로, “투자신탁”, “집합투자업자” 및 “투자신탁을 설정한 집합투자업자” 는 각

각 "투자회사" 로, "수익자총회" 는 각각 "주주총회" 로, "수익자" 는 각각 "주주" 로, "수익증권" 은 각각 "주식" 으로, "투자신탁재산" 은 "투자회사재산" 으로 본다(자법 제201조 제4항).

5. 해산

(1) 해산사유

투자회사는 다음에 해당하는 사유로 해산한다(자법 제202조 제1항). 이 경우 청산인은 해산일부터 30일 이내에 해산의 사유 및 연월일, 청산인 및 청산감독인의 성명·주민등록번호(청산인이 법인이사인 경우에는 상호·사업자등록번호)를 금융위원회에 보고하여야 한다.

① 정관에서 정한 존속기간의 만료, 그 밖의 해산사유의 발생
② 주주총회의 해산 결의
③ 투자회사의 피흡수합병
④ 투자회사의 파산
⑤ 법원의 명령 또는 판결
⑥ 투자회사 등록의 취소
⑦ 주주(법인이사인 주주는 제외한다)의 총수가 1인이 되는 경우. 다만, 건전한 거래질서를 해할 우려가 없는 경우로서 대통령령으로 정하는 경우는 제외한다.

(2) 등기

투자회사는 해산한 경우 법인이사가 청산인이 되는 때에는 해산일부터 2주 이내에, 청산인이 선임된 때에는 그 선임일부터 2주 이내에 대통령령으로 정하는 서류[23]를 첨부하여 다음의 사항을 등기하여야 한다(자법 제202조 제2항).

---

23) 다음 각 호의 서류를 말한다(자령 제232조 제1항).
1. 법인이사가 청산인이 된 경우: 정관

① 청산인의 성명 · 주민등록번호(청산인이 법인이사인 경우에는 상호 · 사업자등록번호)

② 청산인 중에서 대표청산인을 정하도록 하거나 2인 이상의 청산인이 공동으로 투자회사를 대표할 것을 정한 경우에는 그 내용

투자회사는 해산한 경우 감독이사가 청산감독인이 되는 때에는 해산일부터 2주 이내에, 청산감독인이 선임된 때에는 선임일부터 2주 이내에 대통령령으로 정하는 서류[24]를 첨부하여 청산감독인의 성명 및 주민등록번호를 등기하여야 한다(자법 제202조 제3항).

금융위원회는 다음에 해당하는 경우에는 등기원인을 증명하는 서면을 첨부하여 투자회사의 소재지를 관할하는 등기소에 해당 등기를 촉탁하여야 한다(자법 제202조 제9항).

① 등록의 취소로 투자회사가 해산한 경우

② 금융위원회가 직권으로 청산인 또는 청산감독인을 해임한 경우.

(3) 청산인 및 청산감독인

투자회사가 해산한 경우(피흡수합병, 파산으로 해산한 경우를 제외한다)에는 청산인 및 청산감독인으로 구성되는 청산인회를 둔다(자법 제202조 제4항).

투자회사가 ① 정관에서 정한 존속기간의 만료, 그 밖의 해산사유의 발생 ② 주주총회의 해산 결의의 사유로 해산한 때에는 정관 또는 주주총회에서 달리 정한 경우 외에는 법인이사 및 감독이사가 각각 청산인 및 청산감독인이 된다(자법 제202조 제5항).

투자회사가 다음에 해당하는 경우에는 금융위원회가 이해관계인의 청구에

---

2. 정관에서 정한 자가 청산인이 된 경우: 정관
3. 주주총회에서 청산인을 선임한 경우: 주주총회 의사록 사본과 취임승낙을 증명하는 서면
4. 금융위원회가 청산인을 선임한 경우: 그 선임을 증명하는 서면

24) 다음 각 호의 서류를 말한다(자령 제232조 제2항).
1. 감독이사가 청산감독인이 된 경우: 정관
2. 정관에서 정한 자가 청산감독인이 된 경우: 정관
3. 주주총회에서 청산감독인을 선임한 경우: 주주총회 의사록 사본 및 취임승낙을 증명하는 서면
4. 금융위원회가 청산감독인을 선임한 경우: 그 선임을 증명하는 서면

의하여 청산인 및 청산감독인을 선임한다(자법 제202조 제6항).

① 법원의 명령 또는 판결에 의하여 해산한 경우
② 청산인 또는 청산감독인이 없는 경우
③ 설립무효 또는 취소판결의 확정(상법 제193조 제1항)으로 청산하는 경우

투자회사가 등록의 취소로 해산한 경우에는 금융위원회가 직권으로 청산인 및 청산감독인을 선임한다(자법 제202조 제7항).

금융위원회는 청산인 또는 청산감독인이 업무를 집행함에 있어서 현저하게 부적합하거나 중대한 법령 위반사항이 있는 경우에는 직권으로 또는 이해관계인의 청구에 의하여 이들을 해임할 수 있다. 이 경우 금융위원회는 직권으로 새로운 청산인 또는 청산감독인을 선임할 수 있다(자법 제202조 제8항).

6. 청산

(1) 청산인의 직무

1) 재산상황의 조사

청산인은 취임 후 지체 없이 투자회사의 재산상황을 조사하여 취임한 날로부터 15일 이내에 재산목록과 대차대조표를 작성하여 이를 청산인회에 제출하여 승인을 받아야 하며, 그 등본을 지체 없이 금융위원회에 제출하여야 한다(자법 제203조 제1항).

2) 채권자에 대한 최고

청산인은 취임한 날부터 1개월 이내에 투자회사의 채권자에 대하여 일정 기간 이내에 그 채권을 신고할 것과 그 기간 이내에 신고하지 아니하면 청산에서 제외된다는 뜻을 2회 이상 공고함으로써 최고하여야 한다. 이 경우 그 신고기간은 1개월 이상으로 하여야 한다(자법 제203조 제3항). 다만 청산인은 자금차입 · 채무보증 또는 담보제공이 제한되는 투자회사의 경우 대통령령으로 정하는 방법[25]에 따라 채권자에 대한 최고절차를 생략할 수 있다. 다만, 장내

25) 투자회사는 법 제203조 제4항 본문에 따라 채권자에 대한 최고절차를 생략하려는 경우에는 그 뜻과

파생상품 매매에 따른 계약이행책임이 있는 경우 등 대통령령으로 정하는 경우[26]에는 그 절차를 생략하여서는 아니 된다(자법 제203조 제4항).

3) 결산보고서의 작성

청산인은 청산사무가 종결된 경우에는 지체 없이 결산보고서를 작성하여 주주총회의 승인을 받아야 한다. 이 경우 그 결산보고서를 공고하고, 이를 금융위원회 및 협회에 제출하여야 한다(자법 제203조 제5항).

4) 재산목록과 대차대조표의 비치

청산인은 승인을 얻은 재산목록과 대차대조표를 청산종결시까지 투자회사에 비치하여야 하며, 이를 집합투자업자 및 투자매매업자 · 투자중개업자에게 송부하여 그 영업소에 비치하도록 하여야 한다(자법 제203조 제7항).

(2) 청산감독인의 직무

청산감독인은 청산인이 업무수행과 관련하여 법령이나 정관을 위반하거나, 그 밖에 투자회사에 대하여 현저하게 손해를 끼칠 우려가 있는 사실을 발견한 경우에는 금융위원회에 이를 보고하여야 한다(자법 제203조 제2항).

(3) 보수

청산인 또는 청산감독인은 자본시장법 제202조 제5항에 따른 경우에는 정관 또는 주주총회가 정하는 바에 따라, 같은 조 제6항 및 제7항에 따라 선임된 경우에는 금융위원회가 정하는 바에 따라 투자회사로부터 보수를 지급받을

채무내용 · 채무이행방법 등 채무와 관련된 사항을 2회 이상 전국을 보급지역으로 하는 일간신문에 공고하여야 하며, 이를 금융위원회에 지체 없이 보고하여야 한다(자령 제233조 제1항).

26) 다음 각 호의 어느 하나에 해당하는 경우를 말한다(자령 제233조 제2항).

1. 장내파생상품 또는 장외파생상품의 매매에 따른 계약이행책임이 있는 경우
2. 투자회사재산에 중대한 영향을 미칠 수 있는 소송이 계류 중인 경우
3. 법 제83조 제1항 단서에 따른 금전차입 등으로 인하여 잔존채무가 있는 경우

수 있다(자법 제203조 제6항).

7. 합병

(1) 합병의 방법

투자회사는 그 투자회사와 법인이사가 같은 다른 투자회사를 흡수하는 방법으로 합병하는 경우가 아니면 다른 회사와 합병할 수 없다(자법 제204조 제1항).

(2) 합병결의

투자회사는 합병하고자 하는 경우에는 출석한 주주의 의결권의 3분의 2 이상의 수와 발행주식총수의 3분의 1 이상의 수로써 주주총회의 결의를 거쳐야 한다(자법 제204조 제2항). 다만, 건전한 거래질서를 해할 우려가 적은 소규모 투자회사의 합병 등 대통령령으로 정하는 경우[27]는 제외한다.

(3) 준용규정

투자신탁의 합병에 관한 자본시장법 제193조 제4항 · 제5항 및 제8항은 투자회사의 합병에 관하여 준용한다(자법 제204조 제3항). 이 경우 "투자신탁을 설정한 집합투자업자", "투자신탁" 및 "투자신탁의 집합투자업자" 는 각각 "투자회사" 로, "수익자총회" 는 각각 "주주총회" 로, "수익자" 는 각각 "주주" 로, "수익증권" 은 각각 "주식" 으로 본다.

---

27) 자령 제233조의2(소규모 투자회사의 합병 특례) ① 법 제204조 제2항 단서에서 "소규모 투자회사의 합병 등 대통령령으로 정하는 경우"란 합병하려는 각각의 투자회사가 제225조의2 제1항 각 호의 요건을 모두 충족하는 경우를 말한다.
② 법 제204조 제2항 단서에 따른 합병에 관하여는 제225조의2 제2항 및 제3항을 준용한다. 이 경우 "수익자"는 "투자자"로, "수익증권매수청구권"은 "증권"으로 본다.

8. 투자회사의 특례

(1) 공시규정의 적용 배제

자본시장법 제3편 제3장(상장법인의 사업보고서 등)은 투자회사에는 적용하지 아니한다(자법 제205조 제1항).

(2) 소수주주권

소수주주권에 관한 자본시장법 제29조는 투자회사의 주주에게 준용한다(자법 제205조 제2항). 이 경우 같은 조 제1항 중 "금융투자업자(자산규모 등을 고려하여 대통령령으로 정하는 금융투자업자를 제외한다.)" 는 "투자회사" 로, "10만분의 5" 는 "1만분의 1" 로 보고, 같은 조 제2항부터 제8항까지의 규정 중 "금융투자업자" 는 각각 "투자회사" 로 보며, 같은 조 제2항 중 "100만분의 250" 및 "100만분의 125" 는 각각 "10만분의 50" 및 "10만분의 25" 로 보고, 같은 조 제3항 중 "10만분의 50" 및 "10만분의 25" 는 각각 "1만분의 10" 및 "1만분의 5" 로 보며, 같은 조 제4항 중 "10만분의 250" 및 "10만분의 125" 는 각각 "1만분의 50" 및 "1만분의 25" 로 보고, 같은 조 제5항 중 "1만분의 150" 및 "1만분의 75" 는 각각 "1천분의 30" 및 "1천분의 15" 로 보며, 같은 조 제6항 중 "1만분의 50" 및 "1만분의 25" 는 각각 "1천분의 10" 및 "1천분의 5" 로 본다.

9. 상법과의 관계

투자회사에는 자본시장법에서 특별히 정한 경우를 제외하고는 상법 및 민법이 적용된다(자법 제181조).[28]

---

28) 투자회사에 「상법」 을 적용함에 있어서 「상법」 제259조 제4항(청산시 감정인 평가에 의한 변제), 제298조 제4항(변태설립사항을 조사하기 위한 검사인의 선임청구), 제299조(검사인의 조사, 보고), 제299조의2(현물출자 등의 증명), 제300조(변태설립사항에 대한 변경처분), 제325조(검사인의 손해배상책임), 제422조(현물출자의 검사), 제467조 제1항부터 제3항까지(회사의 업무, 재산상태의 검사), 제536조(채권신고기간내의 변제), 제539조(청산인의 해임) 및 제541조(청산법인의 서류보

다만 자본시장법에서는 상법규정 중 일부에 대해서 적용배제에 대하여 규정하고 있다.[29)]

Ⅱ. 투자유한회사

1. 의의

투자유한회사는 상법상 유한회사 형태의 집합투자기구를 말한다(자법 제9조 제18항 제3호).

2. 투자유한회사의 설립

집합투자업자는 투자유한회사를 설립하는 경우 정관을 작성[30)]하여 기명날인 또는 서명하여야 한다(자법 제207조 제1항).

집합투자업자는 정관을 작성한 후 투자유한회사 설립시에 출자금을 금전으

존) 중 "법원" 은 각각 "금융위원회" 로, 제176조 중 "검사" 는 각각 "금융위원회" 로 본다(자법 제206조 제1항).

29) 「상법」 제19조, 제177조, 제288조, 제289조제2항, 제292조, 제298조제1항부터 제3항까지, 제301조부터 제313조까지, 제329조제1항 · 제4항, 제330조, 제335조제1항 단서, 제335조의2부터 제335조의7까지, 제341조부터 제351조까지, 제365조, 제370조, 제374조의2, 제383조, 제389조제1항, 제409조부터 제415조의2까지, 제417조부터 제420조의4까지, 제438조, 제439조, 제449조, 제450조, 제458조부터 제461조까지 및 제604조는 투자회사에 적용하지 아니한다(자법 제206조 제2항). 개정 자법에서는 "「상법」 제19조, 제177조, 제288조, 제292조, 제298조제1항부터 제3항까지, 제301조부터 제313조까지, 제330조, 제335조제1항 단서, 제335조의2부터 제335조의7까지, 제341조, 제341조의2, 제341조의3, 제342조, 제342조의2, 제342조의3, 제343조, 제344조, 제344조의2, 제344조의3, 제345조부터 제351조까지, 제365조, 제374조의2, 제383조, 제389조제1항, 제397조, 제408조의2부터 제408조의9까지, 제409조, 제409조의2, 제410조부터 제412조까지, 제412조의2부터 제412조의5까지, 제413조, 제413조의2, 제414조, 제415조, 제415조의2, 제417조부터 제420조까지, 제420조의2부터 제420조의5까지, 제438조, 제439조, 제449조, 제449조의2, 제450조, 제458조부터 제461조까지, 제461조의2 및 제604조는 투자회사에 적용하지 아니한다." 고 개정하고 있다.

30) 정관에는 다음의 사항이 기재하여야 한다. ① 목적 ② 상호 ③ 법 제209조 제1항에 따른 법인이사의 상호 · 사업자등록번호 ④ 회사의 소재지 ⑤ 투자유한회사재산의 운용 및 관리에 관한 사항 ⑥ 이익분배 및 환매에 관한 사항 ⑦ 공시 및 보고서에 관한 사항 ⑧ 그 밖에 사원을 보호하기 위하여 필요한 사항으로서 대통령령으로 정하는 사항

로 납입하여야 한다(자법 제207조 제2항). 집합투자업자는 ① 목적 ② 상호 ③ 법인이사의 상호 · 사업자등록번호 ④ 회사의 소재지 ⑤ 정관으로 투자유한회사의 존속기간 또는 해산사유를 정한 경우 그 내용에 대하여 출자금액이 납입된 날부터 2주 이내에 대통령령으로 정하는 서류[31]를 첨부하여 설립등기를 하여야 한다(자법 제207조 제3항).

투자유한회사 사원의 출자의 목적은 금전에 한한다(자법 제207조 제4항).

투자유한회사는 등록하기 전에는 집합투자업자 외의 자를 사원으로 가입시켜서는 아니 된다(자법 제207조 제5항).

3. 지분증권

투자유한회사의 사원은 출자금액의 반환 및 이익의 분배 등에 관하여 시분증권의 수에 따라 균등한 권리를 가진다(자법 제208조 제1항).

투자유한회사의 지분증권에는 다음의 사항을 기재하고, 법인이사가 기명날인 또는 서명하여야 한다(자법 제208조 제2항).

① 회사의 상호
② 회사의 성립연월일
③ 지분증권의 발행일
④ 사원의 성명(법인인 경우에는 상호)
⑤ 그 밖에 투자유한회사 사원의 보호에 필요한 사항으로서 대통령령으로 정하는 사항[32]

투자회사의 주식에 관한 자본시장법 제196조(제2항은 제외한다)는 투자유

31) 다음 각 호의 서류를 말한다(자령 제234조 제2항).
1. 정관
2. 출자금의 납부를 맡은 은행, 그 밖의 금융기관의 출자금의 납부 · 보관에 관한 증명서

32) 다음 각 호의 사항을 말한다(자령 제235조).
1. 기호 및 번호
2. 이익 등의 분배의 시기
3. 지분증권의 환매조건(환매를 청구할 수 없는 지분증권인 경우에는 환매를 청구할 수 없다는 뜻)
4. 존속기간을 정하는 경우에는 그 기간
5. 그 지분증권을 판매한 투자매매업자 또는 투자중개업자의 명칭

한회사의 지분증권에 관하여 준용한다(자법 제208조 제3항).[33]

4. 법인이사

투자유한회사에는 집합투자업자인 법인이사 1인을 둔다(자법 제209조 제1항).

투자회사의 법인이사에 관한 자본시장법 제198조 제1항 · 제4항 및 제5항은 투자유한회사의 법인이사에게 준용한다(자법 제209조 제2항).

5. 사원총회

투자유한회사의 사원총회는 법인이사가 소집한다(자법 제210조 제1항).

투자유한회사의 사원총회는 출석한 사원의 의결권의 과반수와 발행된 지분증권 총수의 4분의 1 이상의 수로 결의한다. 다만, 이 법에서 정한 사원총회의 결의사항 외에 정관으로 정한 사원총회의 결의사항에 대하여는 출석한 사원의 의결권의 과반수와 발행된 지분증권총수의 5분의 1 이상의 수로 결의할 수 있다(자법 제210조 제2항).

투자신탁의 수익자총회에 관한 자본시장법 제190조 제3항 · 제4항 및 제6항부터 제10항까지의 규정은 투자유한회사의 사원총회에 관하여 준용한다(자법 제210조 제3항).[34]

---

33) 이 경우 "투자회사" 는 각각 "투자유한회사" 로, "주식" 은 각각 "지분증권" 으로, "신주" 는 각각 "새 지분증권" 으로, "이사회" 는 각각 "법인이사" 로, "주주" 는 각각 "사원" 으로, "주금" 은 각각 "지분증권 대금" 으로 본다.

34) 이 경우 "투자신탁을 설정한 집합투자업자" 및 "집합투자업자" 는 각각 "투자유한회사의 법인이사" 로, "투자신탁재산" 은 "투자유한회사재산" 으로, "수익증권" 은 각각 "지분증권" 으로, "총좌수" 는 각각 "총수" 로, "수익자" 는 각각 "사원" 으로, "수익자총회" 는 각각 "사원총회" 로, "수익자명부" 는 "사원명부" 로, "좌수" 는 각각 "수" 로 보고, 같은 조 제8항 후단 중 "제5항" 은 "제2항" 으로, "출석한 수익자의 의결권의 3분의 2 이상과 발행된 수익증권의 총좌수의 3분의 1 이상" 은 "출석한 수익자의 의결권의 3분의 2 이상"으로 하고, "출석한 수익자의 의결권의 과반수와 발행된 수익증권의 총좌수의 4분의 1 이상" 은 "출석한 수익자의 의결권의 과반수" 로, "출석한 사원의 의결권의 3분의 2 이상의 수와 발행된 지분증권 총수의 3분의 1 이상의 수" 는 "출석한 사원의 의결권의 3분의 2 이상의 수" 로 본다.

개정 자법에서는 다음과 같이 개정하였다. 제210조 ③ 제190조제1항 · 제3항 · 제4항 및 제6항부터 제10항까지의 규정은 투자유한회사의 사원총회에 관하여 준용한다. 이 경우 "투자신탁을 설정한

6. 준용규정

투자회사의 정관에 관한 자본시장법 제195조는 투자유한회사의 정관변경에 관하여 준용한다(자법 제211조 제1항).[35]

투자회사의 해산, 청산, 합병에 관한 자본시장법 제202조(제3항 및 제4항을 제외한다), 제203조(제2항을 제외한다) 및 제204조는 투자유한회사의 해산·청산 및 합병에 관하여 준용한다(자법 제211조 제2항).[36]

7. 상법과의 관계

투자유한회사에 상법을 적용함에 있어서 같은 법 제582조(업무·재산상태의 검사), 제613조 제1항(제259조 제4항, 제536조 제2항 및 제541조 제2항을 준용하는 경우에 한한다) 및 같은 조 제2항(제539조를 준용하는 경우에 한한다) 중 "법원" 은 각각 "금융위원회" 로 본다(자법 제212조 제1항).

상법규정 중 일부의 규정은 투자유한회사에는 적용되지 않는다(자법 제212조 제2항).[37]

집합투자업자" 및 "집합투자업자" 는 각각 "투자유한회사의 법인이사" 로, "투자신탁재산" 은 "투자유한회사재산" 으로, "수익증권" 은 각각 "지분증권" 으로, "총좌수" 는 각각 "총수" 로, "수익자" 는 각각 "사원" 으로, "수익자총회" 는 각각 "사원총회" 로, "수익자명부" 는 "사원명부" 로, "좌수" 는 각각 "수" 로 보고, 같은 조 제8항 중 "제5항" 은 "제2항" 으로 본다.

35) 이 경우 "투자회사" 는 각각 "투자유한회사" 로, 같은 조 제1항 중 "이사회 결의로" 는 "법인이사가" 로, "제201조 제2항 단서" 는 "제210조 제2항 단서" 로, 같은 조 제1항 중 "주주총회의 결의" 및 같은 조 제2항 중 "이사회 결의 및 주주총회의 결의" 는 각각 "사원총회의 결의" 로, "주주" 는 각각 "사원" 으로 본다.

36) 이 경우 "주주" 는 "사원(법인이사인 사원은 제외한다)" 으로, "투자회사" 는 각각 "투자유한회사" 로, "주주총회" 는 각각 "사원총회" 로, "법인이사 및 감독이사" 는 "법인이사" 로, "청산인 및 청산감독인" 및 "청산인 또는 청산감독인" 은 각각 "청산인" 으로, "재산목록과 대차대조표를 작성하여 이를 청산인회에 제출하여 그 승인을 받은 후 그 등본을" 은 "재산목록과 대차대조표를 작성하여 그 등본을" 로, "제201조 제2항 단서" 는 "제210조제2항 단서" 로, "주식" 은 "지분증권" 으로 본다.

37) 「상법」 제543조 제3항, 제546조 제2항, 제560조(제341조의3, 제342조 및 제343조 제1항을 준용하는 경우에 한한다), 제568조부터 제570조까지, 제575조 단서, 제583조(제449조제1항·제2항, 제450조, 제458조부터 제460조까지의 규정을 준용하는 경우에 한한다), 제584조부터 제592조까지, 제597조(제439조 제1항 및 제2항을 준용하는 경우에 한한다) 및 제607조는 투자유한회사에는 적용하지 아니한다.

Ⅲ. 투자합자회사

1. 투자합자회사의 설립

투자합자회사는 상법에 따른 합자회사 형태의 집합투자기구를 말한다(자법 제9조 제18항 제4호). 합자회사의 형태의 집합투자기구로서는 이외에도 사모투자전문회사(PEF)가 있다.

집합투자업자는 투자합자회사를 설립하는 경우 정관[38]을 작성하여 무한책임사원 1인과 유한책임사원 1인이 기명날인 또는 서명하여야 한다(자법 제213조 제1항).

집합투자업자는 정관을 작성한 후 투자합자회사 설립시에 출자금을 금전으로 납입하여야 한다(자법 제213조 제2항). 집합투자업자는 ① 목적 ② 상호 ③ 업무집행사원의 상호·사업자등록번호 ④ 회사의 소재지 ⑤ 정관으로 투자합자회사의 존속기간 또는 해산사유를 정한 경우 그 내용을 출자금액이 납입된 날부터 2주 이내에 대통령령으로 정하는 서류[39]를 첨부하여 설립등기를 하여야 한다(자법 제213조 제3항).

투자합자회사 사원의 출자의 목적은 금전에 한한다(자법 제213조 제4항). 투자합자회사는 등록하기 전에는 제1항에 따른 사원 외의 자를 사원으로 가입시켜서는 아니 된다(자법 제213조 제5항).

2. 업무집행사원

투자합자회사는 업무집행사원 1인 외의 무한책임사원을 둘 수 없다. 이 경

38) 정관에는 다음의 사항이 기재되어야 한다. 1. 목적 2. 상호 3. 업무집행사원의 상호·사업자등록번호 4. 회사의 소재지 5. 투자합자회사재산의 운용 및 관리에 관한 사항 6. 이익분배 및 환매에 관한 사항 7. 공시 및 보고서에 관한 사항 8. 그 밖에 사원을 보호하기 위하여 필요한 사항으로서 대통령령으로 정하는 사항.

39) 다음 각 호의 서류를 말한다(자령 제236조 제2항).
1. 정관
2. 출자금의 납부를 맡은 은행, 그 밖의 금융기관의 출자금의 납부·보관에 관한 증명서

우 업무집행사원은 집합투자업자이어야 한다(자법 제214조 제1항).

투자회사의 법인이사에 관한 자본시장법 제198조 제1항 · 제4항 및 제5항은 투자합자회사의 업무집행사원에게 준용한다. 이 경우 “법인이사” 는 각각 “업무집행사원” 으로, “투자회사” 는 각각 “투자합자회사” 로 본다(자법 제214조 제2항).

3. 사원총회

투자합자회사에 사원 전원으로 구성되는 사원총회를 두며, 사원총회는 이 법 또는 정관에서 정한 사항에 대하여만 결의할 수 있다(자법 제215조 제1항).

투자합자회사의 사원총회는 업무집행사원이 소집한다(자법 제215조 제2항). 투자합자회사의 사원총회는 출석한 사원의 의결권의 과반수와 발행된 지분증권 총수의 4분의 1 이상의 수로 결의한다. 다만, 이 법에서 정한 사원총회의 결의사항 외에 정관으로 정한 사원총회의 결의사항에 대해서는 출석한 사원의 의결권의 과반수와 발행된 지분증권총수의 5분의 1 이상의 수로 결의할 수 있다(자법 제215조 제3항).

투자신탁의 수익자총회에 관한 자본시장법 제190조 제3항 · 제4항 및 제6항부터 제10항까지의 규정은 투자합자회사의 사원총회에 관하여 준용한다(자법 제215조 제4항). 이 경우 "투자신탁을 설정한 집합투자업자" 및 "집합투자업자"는 각각 "투자합자회사의 업무집행사원"으로, "투자신탁재산"은 "투자합자회사재산"으로, "수익증권"은 각각 "지분증권"으로, "총좌수"는 각각 "총수"로, "수익자"는 각각 "사원"으로, "수익자총회"는 각각 "사원총회"로, "수익자명부"는 "사원명부"로, "좌수"는 각각 "수"로 보고, 같은 조 제8항 중 "제5항"은 "제3항"으로 본다.

4. 준용규정

투자회사의 정관에 관한 자본시장법 제195조는 투자합자회사의 정관변경에 관하여 준용한다(자법 제216조 제1항).[40]

투자유한회사의 지분증권에 관한 자본시장법 제208조는 투자합자회사의 지분증권에 관하여 준용한다(자법 제216조 제2항).41)

투자회사의 해산, 청산, 합병에 관한 자본시장법 제202조(제3항 및 제4항을 제외한다), 제203조(제2항을 제외한다) 및 제204조는 투자합자회사의 해산·청산 및 합병에 관하여 준용한다(자법 제216조 제3항).42)

5. 상법과의 관계

(1) 적용

투자합자회사에 상법을 적용함에 있어서 같은 법 제200조의 2, 제205조, 제259조 및 제277조 중 "법원" 은 각각 "금융위원회" 로 본다(자법 제217조 제1항).

(2) 적용배제

상법 제198조(사원의 경업금지), 제217조부터 제220조까지(사원의 퇴사, 제명), 제224조(지분압류채권자에 의한 퇴사청구), 제280조(출자감소의 경우의 유한책임사원의 책임) 및 제286조(조직변경)는 투자합자회사에 적용하지 아니한다(자법 제217조 제2항).

40) 이 경우 "투자회사" 는 각각 "투자합자회사" 로, 같은 조 제1항 중 "이사회 결의로" 는 "업무집행사원이" 로, "제201조 제2항 단서" 는 "제215조 제3항" 으로, 같은 조 제1항 중 "주주총회의 결의" 및 같은 조 제2항 중 "이사회 결의 및 주주총회의 결의" 는 각각 "사원총회의 결의" 로, "주주" 는 각각 "사원" 으로 본다.

41) 이 경우 "투자유한회사" 는 각각 "투자합자회사" 로, "제209조 제1항에 따른 법인이사" 및 "법인이사" 는 각각 "업무집행사원" 으로 보며, 같은 조 제1항 중 "사원" 은 "유한책임사원" 으로 본다.

42) 이 경우 "주주"는 "사원(업무집행사원은 제외한다)"으로, "투자회사"는 각각 "투자합자회사"로, "주주총회"는 각각 "사원총회"로, "법인이사" 및 "법인이사 및 감독이사"는 각각 "업무집행사원"으로, "청산인 및 청산감독인" 및 "청산인 또는 청산감독인"은 각각 "청산인"으로, "재산목록과 대차대조표를 작성하여 이를 청산인회에 제출하여 승인을 받은 후 그 등본을"은 "재산목록과 대차대조표를 작성하여 그 등본을"로, "제201조 제2항 단서"는 "제215조 제3항"으로, "주식"은 각각 "지분증권"으로 본다.

(3) 유한책임사원의 책임한도

투자합자회사의 유한책임사원은 투자합자회사의 채무에 대하여 출자를 이행한 금액을 한도로 하여 책임을 진다(자법 제217조 제3항).

(4) 이익의 배당 등

투자합자회사는 정관이 정하는 바에 따라 이익을 배당함에 있어서 무한책임사원과 유한책임사원의 배당률 또는 배당순서 등을 달리 정할 수 있다(자법 제217조 제4항).

그러나 투자합자회사는 손실을 배분함에 있어서 무한책임사원과 유한책임사원의 배분율 또는 배분순서 등을 달리 하여서는 아니 된다(자법 제217조 제5항).

Ⅳ. 투자유한책임회사

개정 자본시장법에서는 개정된 상법을 반영하여 투자유한책임회사에 관한 부분을 새로이 두고 있다.[43)]

---

43) 개정 자법 제217조의2(투자유한책임회사의 설립 등) ① 집합투자업자는 투자유한책임회사를 설립하는 경우 다음 각 호의 사항을 기재한 정관을 작성하여 사원 1인이 기명날인 또는 서명하여야 한다.
1. 목적
2. 상호
3. 제217조의4 제1항에 따른 업무집행자의 상호・사업자등록번호
4. 회사의 소재지
5. 투자유한책임회사재산의 운용 및 관리에 관한 사항
6. 이익분배 및 환매에 관한 사항
7. 공시 및 보고서에 관한 사항
8. 그 밖에 사원을 보호하기 위하여 필요한 사항으로서 대통령령으로 정하는 사항

② 투자유한책임회사의 사원은 정관을 작성한 후 설립등기를 할 때까지 출자금을 금전으로 납입하여야 한다.

③ 집합투자업자는 다음 각 호의 사항을 출자금액이 납입된 날부터 2주 이내에 대통령령으로 정하는 서류를 첨부하여 설립등기를 하여야 한다.
1. 제1항 제1호부터 제4호까지의 사항
2. 정관으로 투자유한책임회사의 존속기간 또는 해산사유를 정한 경우 그 내용

④ 투자유한책임회사 사원의 출자의 목적은 금전에 한정한다.

⑤ 투자유한책임회사는 제182조에 따라 등록하기 전에는 제1항에 따른 사원 외의 자를 사원으로 가입시켜서는 아니 된다.

제217조의3(지분증권) ① 투자유한책임회사의 사원은 출자금액의 반환 및 이익의 분배 등에 관하여 지분증권의 수에 따라 균등한 권리를 가진다.

② 투자유한책임회사의 지분증권에는 다음 각 호의 사항을 기재하고, 제217조의4 제1항에 따른 업무집행자가 기명날인 또는 서명하여야 한다.
1. 회사의 상호
2. 회사의 성립연월일
3. 지분증권의 발행일
4. 사원의 성명(법인인 경우에는 상호)
5. 그 밖에 투자유한책임회사 사원의 보호에 필요한 사항으로서 대통령령으로 정하는 사항

③ 제196조(제2항은 제외한다)는 투자유한책임회사의 지분증권에 관하여 준용한다. 이 경우 "투자회사"는 각각 "투자유한책임회사"로, "주식"은 각각 "지분증권"으로, "신주"는 각각 "새 지분증권"으로, "이사회"는 각각 "업무집행자"로, "주주"는 각각 "사원"으로, "주금"은 각각 "지분증권 대금"으로 본다.

제217조의4(업무집행자) ① 투자유한책임회사는 사원 또는 사원이 아닌 자로 업무집행자(이하 이 관에서 "업무집행자"라 한다) 1인을 두어야 한다. 이 경우 업무집행자는 집합투자업자이어야 한다.

② 제198조 제1항・제4항 및 제5항은 투자유한책임회사의 업무집행자에게 준용한다. 이 경우 "법인이사"는 각각 "업무집행자"로, "투자회사"는 각각 "투자유한책임회사"로 본다.

제217조의5(사원총회) ① 투자유한책임회사의 사원 전원으로 구성되는 사원총회를 두며, 사원총회는

이 법 또는 정관에서 정한 사항에 대하여만 결의할 수 있다.
② 투자유한책임회사의 사원총회는 업무집행자가 소집한다.
③ 투자유한책임회사의 사원총회는 출석한 사원의 의결권의 과반수와 발행된 지분증권 총수의 4분의 1 이상의 수로 결의한다. 다만, 이 법에서 정한 사원총회의 결의사항 외에 정관으로 정한 사원총회의 결의사항에 대해서는 출석한 사원의 의결권의 과반수와 발행된 지분증권총수의 5분의 1 이상의 수로 결의할 수 있다
④ 제190조 제3항·제4항 및 제6항부터 제10항까지의 규정은 투자유한책임회사의 사원총회에 관하여 준용한다. 이 경우 "투자신탁을 설정한 집합투자업자" 및 "집합투자업자" 는 각각 "투자유한책임회사의 업무집행자" 로, "투자신탁재산" 은 "투자유한책임회사재산" 으로, "수익증권" 은 각각 "지분증권" 으로, "총좌수" 는 각각 "총수" 로, "수익자" 는 각각 "사원" 으로, "수익자총회" 는 각각 "사원총회" 로, "수익자명부" 는 "사원명부" 로, "좌수" 는 각각 "수" 로 보고, 같은 조 제8항 중 "제5항" 은 "제3항" 으로 본다.
⑤ 제191조는 투자유한책임회사가 제195조 제1항 단서에 따른 정관의 변경 또는 제204조 제2항에 따른 합병에 반대하는 사원에게 준용한다. 이 경우 "신탁계약" 은 "정관" 으로, "투자신탁", "집합투자업자" 및 "투자신탁을 설정한 집합투자업자" 는 각각 "투자유한책임회사" 로, "수익자총회" 는 각각 "사원총회" 로, "수익자" 는 각각 "사원" 으로, "수익증권" 은 각각 "지분증권" 으로, "투자신탁재산" 은 "투자유한책임회사재산" 으로 본다.

제217조의6(준용규정) ① 제195조는 투자유한책임회사의 정관변경에 관하여 준용한다. 이 경우 "투자회사" 는 각각 "투자유한책임회사" 로, 같은 조 제1항 중 "이사회 결의로" 는 "업무집행자가" 로, "제201조 제2항 단서" 는 "제217조의5 제3항" 으로, 같은 조 제1항 중 "주주총회의 결의" 및 같은 조 제2항 중 "이사회 결의 및 주주총회의 결의" 는 각각 "사원총회의 결의" 로, "주주" 는 각각 "사원" 으로 본다.
② 제202조(제3항 및 제4항은 제외한다), 제203조(제2항은 제외한다) 및 제204조는 투자유한책임회사의 해산·청산 및 합병에 관하여 준용한다. 이 경우 "주주" 는 "사원(업무집행자인 사원은 제외한다)" 으로, "투자회사" 는 각각 "투자유한책임회사" 로, "주주총회" 는 각각 "사원총회" 로, "법인이사 및 감독이사" 는 "업무집행자" 로, "청산인 및 청산감독인" 및 "청산인 또는 청산감독인" 은 각각 "청산인" 으로, "재산목록과 대차대조표를 작성하여 이를 청산인회에 제출하여 그 승인을 받은 후 그 등본을" 은 "재산목록과 대차대조표를 작성하여 그 등본을" 로, "제201조 제2항 단서" 는 "제217조의5 제3항" 으로, "주식" 은 "지분증권" 으로 본다.

제217조의7(「상법」과의 관계) ① 투자유한책임회사에 「상법」을 적용함에 있어서 같은 법 제287조의13(제200조의2를 준용하는 경우에 한한다), 제287조의14(제277조를 준용하는 경우로 한정한다), 제287조의17(제205조를 준용하는 경우로 한정한다), 제287조의45(제259조 제4항을 준용하는 경우로 한정한다) 중 "법원" 은 각각 "금융위원회" 로 본다.
② 「상법」 제287조의9, 제287조의10, 제287조의12, 제287조의15, 제287조의16, 제287조의23 제3항, 제287조의24부터 제287조의44까지는 투자유한책임회사에는 적용하지 아니한다.

제3절 조합 형태의 집합투자기구

Ⅰ. 투자합자조합

1. 투자합자조합의 설립

집합투자업자는 투자합자조합을 설립하는 경우 조합계약[44]을 작성하여 업무집행조합원 1인과 유한책임조합원 1인이 기명날인 또는 서명하여야 한다(자법 제218조 제1항).

조합원의 출자의 목적은 금전에 한한다(자법 제218조 제2항). 투자합자조합은 등록하기 전에는 제1항에 따른 조합원 외의 자를 조합원으로 가입시켜서는 아니 된다(자법 제218조 제3항). 투자합자조합은 설립 후 2주 이내에 대통령령으로 정하는 서류를 첨부하여 다음 각 호의 사항을 등기하여야 한다. ① 제1항 제1호부터 제4호까지의 사항 ② 조합계약으로 투자합자조합의 존속기간 또는 해산사유를 정한 경우 그 내용(자법 제218조 제4항).

2. 업무집행조합원

투자합자조합은 투자합자조합의 채무에 대하여 무한책임을 지는 집합투자업자인 업무집행조합원 1인과 출자액을 한도로 하여 유한책임을 지는 유한책임조합원으로 구성된다(자법 제219조 제1항).

투자회사의 법인이사에 관한 자본시장법 제198조 제1항·제4항 및 제5항은 투자합자조합의 업무집행조합원에게 준용한다. 이 경우 "법인이사" 는 각각 "업무집행조합원" 으로, "투자회사" 는 각각 "투자합자조합" 으로 본다(자법 제219조 제

44) 조합계약에는 다음의 사항이 기재되어야 한다. 1. 목적 2. 투자합자조합의 명칭 3. 업무집행조합원의 상호·사업자등록번호 4. 투자합자조합의 소재지 5. 투자합자조합재산의 운용 및 관리에 관한 사항 6. 존속기간 또는 해산사유를 정한 경우에는 그 내용 7. 이익분배 및 환매에 관한 사항 8. 공시 및 보고서에 관한 사항 9. 그 밖에 조합원을 보호하기 위하여 필요한 사항으로서 대통령령으로 정하는 사항

2항).

3. 조합원총회

투자합자조합에 조합원 전원으로 구성되는 조합원총회를 두며, 조합원총회는 이 법 또는 조합계약에서 정한 사항에 대하여만 결의할 수 있다(자법 제220조 제1항).

투자합자조합의 조합원총회는 업무집행조합원이 소집한다(자법 제220조 제2항).

투자합자조합의 조합원총회는 출석한 조합원의 의결권의 과반수와 발행된 지분증권 총수의 4분의 1 이상의 수로 결의한다. 다만, 이 법에서 정한 조합원총회의 결의사항 외에 조합계약으로 정한 조합원총회의 결의사항에 대해서는 출석한 조합원의 의결권의 과반수와 발행된 지분증권 총수의 5분의 1 이상의 수로 결의할 수 있다(자법 제220조 제3항).

투자신탁의 수익자총회에 관한 자본시장법 제190조 제3항 · 제4항 및 제6항부터 제10항까지의 규정은 투자합자조합의 조합원총회에 관하여 준용한다(자법 제220조 제4항).[45]

4. 투자합자조합의 해산 및 청산

투자합자조합은 다음에 해당하는 사유로 해산한다. 이 경우 청산인은 대통령령으로 정하는 사항[46]을 금융위원회에 보고하여야 한다(자법 제221조 제1항).[47]

---

45) 이 경우 "투자신탁을 설정한 집합투자업자" 및 "집합투자업자"는 각각 "투자합자조합의 업무집행조합원"으로, "투자신탁재산"은 "투자합자조합재산"으로, "수익증권"은 각각 "지분증권"으로, "총좌수"는 각각 "총수"로, "수익자"는 각각 "조합원"으로, "수익자총회"는 각각 "조합원총회"로, "수익자명부"는 "조합원명부"로, "좌수"는 각각 "수"로 보고, 같은 조 제8항 중 "제5항"은 "제3항"으로 본다.

46) 다음 각 호의 사항을 해산일부터 30일 이내에 금융위원회에 보고하여야 한다(자령 제238조).
1. 해산의 사유와 연월일
2. 청산인의 성명 · 주민등록번호(청산인이 법인인 경우에는 명칭 · 사업자등록번호)

47) 개정 자법에서는 다음의 해산사유를 추가하고 있다. 개정 자법 제221조 제1항 4. 유한책임조합원의 총수가 1인이 되는 경우. 다만, 건전한 거래 질서를 해할 우려가 없는 경우로서 대통령령으로 정하는 경우는 제외한다.

① 조합계약에서 정한 존속기간의 만료, 그 밖의 해산사유의 발생
② 조합원총회의 결의
③ 투자합자조합 등록의 취소

투자합자조합이 해산하는 경우 조합계약 또는 조합원총회에서 달리 정한 경우를 제외하고는 업무집행조합원이 청산인이 된다(자법 제221조 제2항).

금융위원회는 투자합자조합이 청산인이 없거나 없게 된 경우에는 직권으로 청산인을 선임한다(자법 제221조 제3항).

금융위원회는 청산인이 업무를 집행함에 있어서 현저하게 부적합하거나 중대한 법령 위반사항이 있는 경우에는 직권으로 또는 이해관계인의 청구에 의하여 청산인을 해임할 수 있다. 이 경우 금융위원회는 직권으로 새로운 청산인을 선임할 수 있다(자법 제221조 제4항).

청산인은 투자합자조합의 잔여재산을 조합원에게 분배함에 있어서 조합계약이 정하는 바에 따라 투자합자조합재산에 속하는 자산을 그 조합원에게 지급할 수 있다(자법 제221조 제5항).

투자회사의 청산에 관한 자본시장법 제203조(제2항을 제외한다)는 투자합자조합의 청산에 관하여 준용한다(자법 제221조 제6항).[48)]

5. 준용규정

투자회사의 정관에 관한 자본시장법 제195조는 투자합자조합의 조합계약변경에 관하여 준용한다(자법 제222조 제1항).[49)]

투자유한회사의 지분증권에 관한 자본시장법 제208조는 투자합자조합의 지분증권에 관하여 준용한다(자법 제222조 제2항).[50)]

48) 이 경우 "투자회사" 는 각각 "투자합자조합" 으로, "재산목록과 대차대조표를 작성하여 이를 청산인회에 제출하여 승인을 받은 후 그 등본을" 은 "재산목록과 대차대조표를 작성하여 그 등본을" 로, "주주총회" 는 "조합원총회" 로, "청산인 및 청산감독인" 은 "청산인" 으로 본다.

49) 이 경우 "투자회사" 는 각각 "투자합자조합" 으로, 같은 조 제1항 중 "이사회 결의로" 는 "업무집행조합원이" 로, "제201조 제2항 단서" 는 "제220조 제3항" 으로, 같은 조 제1항 중 "주주총회의 결의" 및 같은 조 제2항 중 "이사회 결의 및 주주총회의 결의" 는 각각 "조합원총회의 결의" 로, "주주" 는 각각 "조합원" 으로 본다.

50) 이 경우 "투자유한회사" 및 "회사" 는 각각 "투자합자조합" 으로, "제209조 제1항에 따른 법인이

6. 상법 · 민법과의 관계

투자합자조합에 상법을 적용함에 있어서 같은 법 제86조의8 제2항(제200조의2를 준용하는 경우로 한정한다), 같은 조 제3항(제277조를 준용하는 경우로 한정한다) 중 "법원"은 각각 "금융위원회"로 본다(자법 제223조 제1항).

상법 제86조의8 제2항(제198조, 제208조제2항 및 제287조를 준용하는 경우로 한정한다)은 투자합자조합에는 적용하지 아니한다(자법 제223조 제2항).

민법 제703조, 제706조부터 제713조까지 및 제716조부터 제724조까지의 규정은 투자합자조합에 적용하지 아니한다(자법 제223조 제3항).

투자자가 투자합자조합의 지분증권을 매수한 경우 투자합자조합에 가입한 것으로 본다(자법 제223조 제4항).

투자합자조합은 조합계약으로 정하는 바에 따라 이익을 배당함에 있어서 무한책임조합원과 유한책임조합원의 배당률 또는 배당순서 등을 달리 정할 수 있다(자법 제223조 제5항).

투자합자조합은 손실을 배분함에 있어서 무한책임조합원과 유한책임조합원의 배분율 또는 배분순서 등을 달리 하여서는 아니 된다(자법 제223조 제6항).

Ⅱ. 투자익명조합

1. 투자익명조합의 설립

집합투자업자는 투자익명조합을 설립하는 경우 익명조합계약[51]을 작성하여

사" 및 "법인이사" 는 각각 "업무집행조합원" 으로, "정관" 은 "조합계약" 으로, 같은 조 제1항 중 "사원" 은 "유한책임조합원" 으로, 같은 조 제2항 및 제3항 중 "사원" 은 각각 "조합원" 으로 본다.

51) 투자익명계약에는 다음의 사항이 기재되어야 한다. 1. 목적 2. 투자익명조합의 명칭 3. 영업자의 상호 · 사업자등록번호 4. 투자익명조합의 소재지 5. 투자익명조합재산의 운용 및 관리에 관한 사항 6. 존속기간 또는 해산사유를 정한 경우에는 그 내용 7. 이익분배 및 환매에 관한 사항 8. 공시 및 보고서에 관한 사항 9. 그 밖에 익명조합원을 보호하기 위하여 필요한 사항으로서 대통령령으로 정하

영업자 1인과 익명조합원 1인이 기명날인 또는 서명하여야 한다(자법 제224조 제1항).

익명조합원의 출자의 목적은 금전에 한한다(자법 제224조 제2항). 투자익명조합의 영업자는 등록하기 전에는 익명조합원 외의 자를 익명조합원으로 가입시켜서는 아니 된다(자법 제224조 제3항).

2. 영업자

투자익명조합재산은 집합투자업자인 영업자 1인이 운용한다(자법 제225조 제1항).

투자회사의 법인이사에 관한 자본시장법 제198조 제1항 · 제4항 및 제5항은 투자익명조합의 영업자에게 준용한다. 이 경우 "법인이사"는 각각 "영업자"로, "투자회사"는 각각 "투자익명조합"으로 본다(자법 제225조 제2항).

3. 익명조합원총회

투자익명조합에 익명조합원 전원으로 구성되는 익명조합원총회를 두며, 익명조합원총회는 이 법 또는 익명조합계약에서 정한 사항에 대하여만 결의할 수 있다(자법 제226조 제1항). 투자익명조합의 익명조합원총회는 영업자가 소집한다(자법 제226조 제2항). 익명조합원총회는 발행된 지분증권 총수의 과반수를 소유하는 익명조합원의 출석으로 성립되며, 출석한 익명조합원의 의결권의 3분의 2 이상과 발행된 지분증권 총수의 3분의 1 이상의 찬성으로 결의한다(자법 제226조 제3항).[52)]

투자신탁의 수익자총회에 관한 자본시장법 제190조 제3항 · 제4항 및 제6항부터 제10항까지의 규정은 투자익명조합의 익명조합원총회에 관하여 준용

는 사항.

52) 개정 자법 제226조 ③ 투자익명조합의 익명조합원총회는 출석한 익명조합원의 의결권의 과반수와 발행된 지분증권 총수의 4분의 1 이상의 수로 결의한다. 다만, 이 법에서 정한 익명조합원총회의 결의사항 외에 익명조합계약으로 정한 익명조합원총회의 결의사항에 대해서는 출석한 익명조합원의 의결권의 과반수와 발행된 지분증권 총수의 5분의 1 이상의 수로 결의할 수 있다.

한다(자법 제226조 제4항).[53]

4. 준용규정

투자회사의 정관에 관한 자본시장법 제195조는 투자익명조합의 익명조합계약변경에 관하여 준용한다(자법 제227조 제1항).[54]

투자유한회사의 지분증권에 관한 자본시장법 제208조는 투자익명조합의 지분증권에 관하여 준용한다(자법 제227조 제2항).[55]

투자합자조합의 조합원총회에 관한 자본시장법 제221조는 투자익명조합의 해산 · 청산에 관하여 준용한다(자법 제227조 제3항).[56]

5. 다른 법률과의 관계

상법 제82조 제3항(익명조합의 이익배당과 손실분담), 제83조(계약의 해지) 및 제84조(계약의 종료)는 투자익명조합에 적용하지 아니한다(자법 제228조 제1항).

---

53) 이 경우 "투자신탁을 설정한 집합투자업자" 및 "집합투자업자" 는 각각 "투자익명조합의 영업자" 로, "투자신탁재산" 은 "투자익명조합재산" 으로, "수익증권" 은 각각 "지분증권" 으로, "총좌수" 는 각각 "총수" 로, "수익자" 는 각각 "익명조합원" 으로, "수익자총회" 는 각각 "익명조합원총회" 로, "수익자명부" 는 "익명조합원명부" 로, "좌수" 는 각각 "수" 로 보고, 같은 조 제8항 후단 중 "제5항" 은 "제3항" 으로, "출석한 수익자의 의결권의 3분의 2 이상과 발행된 수익증권의 총좌수의 3분의 1 이상" 은 "출석한 수익자의 의결권의 3분의 2 이상" 으로 하고, "출석한 수익자의 의결권의 과반수와 발행된 수익증권의 총좌수의 4분의 1 이상" 은 "출석한 수익자의 의결권의 과반수" 로, "출석한 익명조합원의 의결권의 3분의 2 이상의 수와 발행된 지분증권 총수의 3분의 1 이상의 수" 는 "출석한 익명조합원의 의결권의 3분의 2 이상의 수" 로 본다.
개정 자법에서는 "--- 같은 조 제8항 중 "제5항" 은 "제3항" 으로 본다."로 개정.

54) 이 경우 "투자회사" 는 각각 "투자익명조합" 으로, 같은 조 제1항 중 "이사회 결의로" 는 "영업자가" 로, "제201조 제2항 단서" 는 "제226조 제3항" 으로, 같은 조 제1항 중 "주주총회의 결의" 및 같은 조 제2항 중 "이사회 결의 및 주주총회의 결의" 는 각각 "익명조합원총회의 결의" 로, "주주" 는 각각 "익명조합원" 으로 본다.

55) 이 경우 "투자유한회사" 및 "회사" 는 각각 "투자익명조합" 으로, "제209조 제1항에 따른 법인이사" 및 "법인이사" 는 각각 "영업자" 로, "사원" 은 각각 "익명조합원" 으로, "정관" 은 "익명조합계약" 으로 본다.

56) 이 경우 "투자합자조합" 은 각각 "투자익명조합" 으로, 유한책임조합원" 은 "익명조합원" 으로, "조합원총회" 는 각각 "익명조합원총회" 로, "업무집행조합원" 은 각각 "영업자" 로 본다.

「신탁법」 제3장은 투자익명조합에 준용한다(자법 제228조 제2항). 이 경우 "신탁재산"은 "투자익명조합재산"으로, "수탁자"는 "영업자"로, "신탁"은 "투자익명조합 가입"으로, "위탁자" 및 "수익자"는 각각 "익명조합원"으로 본다.

투자자가 투자익명조합의 지분증권을 매수한 경우 투자익명조합에 가입한 것으로 본다(자법 제228조 제3항).

제4절 사모펀드

Ⅰ. 사모집합투자기구

1. 의의

사모집합투자기구란 집합투자증권을 사모로만 발행하는 집합투자기구로서 기관투자자 등 전문투자자를 제외한 투자자의 총수가 49인 이하인 것을 말한다(자법 제9조 제19항, 자령 제14조). 이 경우 49인을 산출할 때 다른 집합투자기구가 그 집합투자기구의 집합투자증권 발행총수의 100분의 10 이상을 취득하는 경우에는 그 다른 집합투자기구의 투자자의 수(자령 제14조 제1항에 따른 투자자)를 합하여 산출한다(자령 제14조 제2항).

사모집합투자기구도 공모집합투자기구와 마찬가지로 신탁형, 회사형, 조합형으로 구성할 수 있다.

사모집합투자기구는 단순투자목적으로 구성하는 것도 가능하지만, 실제로는 기업인수목적이나 기업구조조정목적으로 이용되었다. 자본시장법에서는 기업인수목적의 집합투자기구로서 사모투자전문회사, 재무구조개선기업의 경영정상화와 재무안정을 위한 기업재무안정사모투자전문회사, 헤지펀드의 구성을 위한 전문사모집합투자기구에 대해서 따로 규정하고 있다.

2. 사모집합투자기구에 대한 특례

(1) 의의

사모집합투자기구의 경우에 소수의 투자자만을 대상으로 하므로 공모집합투자기구와 동일한 수준의 투자자 보호 규제를 적용할 필요가 없다는 점에서 자본시장법에서는 공모집합투자기구에 비하여 그 규제를 완화하고 있다.

(2) 적용배제

공모집합투자기구에 관한 규정 중 적용이 배제되는 것은 금융투자상품에 대한 투자광고의 규제(제57조), 자산운용제한(부동산에 운용하는 경우를 제외) [제81조 제1항 제1호 · 제3호 · 제4호 및 같은 조 같은 항 각 호 외의 부분 단서(대통령령으로 정하는 경우에 한한다)], 집합투자업자의 투자자에 대한 자산운용보고서의 제공의무(제88조), 수시공시의무[제89조(제186조 제2항에서 준용하는 경우를 포함한다)], 집합투자재산에 대한 보고[제90조(제186조 제2항에서 준용하는 경우를 포함한다)], 장부 · 서류의 열람 및 공시[제91조 제3항(제186조 제2항에서 준용하는 경우를 포함한다)], 파생상품 운용에 대한 공시의무(제93조), 환매금지형 집합투자기구의 상장의무(제230조 제3항), 기준가격의 공고·게시의무(제238조 제7항), 결산서류의 비치·열람(제239조 제3항부터 제5항까지), 회계감사(제240조 제3항부터 제9항까지), 회계감사인의 손해배상책임(제241조), 신탁업자의 집합투자업자 운용행위감시(제247조) 및 신탁업자의 자산보관 · 관리보고서의 교부(제248조)는 사모집합투자기구에는 적용하지 아니한다(자법 제249조 제1항).

(3) 양도제한

사모집합투자기구의 투자자는 그 집합투자증권을 분할하는 방법으로 타인에게 양도하여서는 아니 된다. 다만, 양도의 결과 사모집합투자기구의 요건을 충족하는 범위에서는 분할하여 양도할 수 있다(자법 제249조 제2항).

(4) 현물납입

집합투자기구의 경우 투자자는 금전납입을 원칙으로 한다. 사모집합투자기구의 투자자(투자신탁의 경우 그 투자신탁재산을 운용하는 집합투자업자를 말한다)는 자본시장법 제188조 제4항, 제194조 제7항(제196조 제6항에서 준용하는 경우를 포함한다), 제207조 제4항, 제213조 제4항, 제217조의2 제4항, 제218조 제2항 및 제224조 제2항에 불구하고 객관적인 가치평가가 가능하고 다른 투자자의 이익을 해할 우려가 없는 경우에는 대통령령으로 정하는 방법[57]에 따라 증권, 부동산 또는 실물자산 등 금전 외의 자산으로 납입할 수 있다(자법 제249조 제3항).

(5) 집합투자자총회

집합투자자총회 및 그와 관련된 사항은 사모집합투자기구에는 적용하지 아니한다(자법 제249조 제4항).

(6) 공시 또는 공고

사모집합투자기구인 투자신탁이나 투자익명조합의 집합투자업자 또는 투자회사 등이 이 법 또는 상법에 따라 투자자에게 공시 또는 공고하여야 하는 사항에 대하여 집합투자규약에서 정한 방법으로 전체 투자자에게 통지한 경우에는 이 법 또는 상법에 따라 공시 또는 공고한 것으로 본다(자법 제249조 제5항).

57) 다음 각 호의 요건을 모두 충족하는 것을 말한다(자령 제271조 제2항).
1. 다른 투자자 전원의 동의를 받을 것. 다만, 「공직자윤리법」에 따라 주식백지신탁계약을 체결할 목적으로 설정된 투자신탁의 경우는 제외한다.
2. 법 제238조 제1항에서 정한 가격에 기초하여 집합투자재산평가위원회가 정한 가격으로 납부할 것

(7) 자산운용

집합투자업자의 경우 자산운용에 있어서 파생상품의 매매에 따른 위험평가액이 대통령령으로 정하는 기준을 초과하여 투자하는 행위는 금지되는데(자법 제81조 제1항 제1호 마목), 여기서 "대통령령으로 정하는 기준" 이란 각 집합투자기구의 자산총액에서 부채총액을 뺀 가액의 100분의 100을 말한다.(자령 제80조 제6항).[58] 그러나 사모집합투자기구의 경우에는 "100분의 100" 은 "100분의 400" 으로 한다(자령 제271조 제3항).

또 각 집합투자기구 자산총액의 100분의 20을 초과하여 같은 집합투자기구(자법 제279조 제1항의 외국 집합투자기구를 포함한다)의 집합투자증권에 투자하는 행위도 금지되는데(자법 제81조 제1항 제3호 나목), 사모집합투자기구의 경우에는 "100분의 20" 은 "100분의 50" 으로 한다(자령 제271조 제3항).

집합투자업자는 자본시장법 제83조 제4항에 불구하고 집합투자재산으로 부동산개발사업을 영위하는 법인(부동산신탁업자, 그 밖에 대통령령으로 정하는 자를 포함한다)에 대하여 대통령령으로 정하는 방법에 따라 금전을 대여할 수 있다(자법 제94조 제2항). 여기서 대통령령으로 정하는 방법이란 집합투자업자가 부동산에 대하여 담보권을 설정하거나 시공사 등으로부터 지급보증을 받는 등 대여금을 회수하기 위한 적절한 수단을 확보하는 것이다(자령 제97조 제3항 제2호). 그러나 사모집합투자기구에 대하여는 위 수단의 확보에 관한 시행령 제97조 제3항 제2호를 적용하지 아니한다(자령 제271조 제4항).

(8) 자산운용상황의 보고의무

사모집합투자기구인 투자신탁이나 투자익명조합의 집합투자업자 또는 투자회사 등은 대통령령으로 정하는 방법[59]에 따라 사모집합투자기구의 집합투자

58) "다만, 전문사모집합투자기구의 경우에는 이를 100분의 400으로 한다." 고 규정하였는데, 이는 시행령 제271조 제3항과 중복되는 내용이다.

59) 자령 제271조 ② 법 제249조 제3항에서 "대통령령으로 정하는 방법"이란 다음 각 호의 요건을 모두 충족하는 것을 말한다.

1. 다른 투자자 전원의 동의를 받을 것. 다만, 「공직자윤리법」에 따라 주식백지신탁계약을 체결할 목적으로 설정된 투자신탁의 경우는 제외한다.

재산 운용 현황, 파생상품 매매 현황 등을 금융위원회에 보고하여야 한다(자법 제249조 제6항).

Ⅱ. 사모투자전문회사

1. 의의

사모투자전문회사는 경영권 참여, 사업구조 또는 지배구조의 개선 등을 위하여 지분증권 등에 투자·운용하는 투자합자회사로서 지분증권을 사모로만 발행하는 집합투자기구를 말한다(자법 제9조 제18항 제7호).

일반적으로 지분증권(Equity)에 투자하는 펀드라는 의미에서 PEF(Private Equity Fund)라고 부른다. 사모투자전문회사는 투자합자회사로서 다른 정함이 없으면 상법상 합자회사에 관한 규정이 적용된다.

2. 설립 및 등록

사모투자전문회사의 정관을 기재하고,[60] 총사원이 기명날인 또는 서명하여야 한다(자법 제268조 제1항). 일정한 사항을 등기하고(자법 제268조 제2항),[61] 설립등기일부터 2주 이내에 금융위원회에 등록신청서[62]를 제출하여 등

---

2. 법 제238조 제1항에서 정한 가격에 기초하여 집합투자재산평가위원회가 정한 가격으로 납부할 것

60) 정관에는 다음의 사항이 기재되어야 한다(자법 제268조 제1항). 1. 목적 2. 상호 3. 회사의 소재지 4. 각 사원의 출자의 목적과 가격 또는 평가의 기준 5. 회사의 존속기간(설립등기일부터 15년 이내로 한다) 6. 회사의 해산사유를 정한 경우에는 그 내용 7. 사원의 성명·주민등록번호(법인인 경우에는 상호 또는 명칭·사업자등록번호) 및 주소 8. 무한책임사원 또는 유한책임사원의 구분 9. 정관의 작성연월일

61) 사모투자전문회사는 다음 각 호의 사항을 등기하여야 한다(자법 제268조 제2항).
1. 제1항 제1호부터 제3호까지의 사항 및 같은 항 제5호·제6호의 사항
2. 무한책임사원의 상호 또는 명칭·사업자등록번호 및 주소

62) 자령 제290조 ① 등록신청서에는 다음 각 호의 사항을 기재하여야 한다.
1. 법 제268조 제2항에 따른 등기사항
2. 업무집행사원에 관한 사항
3. 사모투자전문회사재산의 운용에 관한 사항
4. 그 밖에 투자자를 보호하기 위하여 필요한 사항으로서 금융위원회가 정하여 고시하는 사항

록을 신청하여야 한다(자법 제268조 제3항, 5항).

등록을 하려는 자는 ① 사모투자전문회사가 이 법에 따라 규정에 맞게 설립되었을 것 ② 사모투자전문회사의 정관이 법령을 위반하거나 투자자의 이익을 명백히 침해하지 아니할 것의 요건을 모두 갖추어야 한다(자법 제268조 제4항).

금융위원회는 등록신청서를 접수한 경우에는 그 내용을 검토하여 30일 이내에 등록 여부를 결정하고, 그 결과와 이유를 지체 없이 신청인에게 문서로 통지하여야 한다. 이 경우 등록신청서에 흠결이 있는 때에는 보완을 요구할 수 있다(자법 제268조 제6항).

위의 검토기간을 산정함에 있어서 등록신청서 흠결의 보완기간 등 총리령으로 정하는 기간은 검토기간에 산입하지 아니한다(자법 제268조 제7항).

금융위원회는 등록 여부를 결정함에 있어서 ① 등록요건을 갖추지 아니한 경우 ② 등록신청서를 거짓으로 작성한 경우 ③ 보완요구를 이행하지 아니한 경우에 해당하는 사유가 없는 한 그 등록을 거부하여서는 아니 된다(자법 제268조 제8항).

금융위원회는 등록을 결정한 경우 사모투자전문회사등록부에 필요한 사항을 기재하여야 하며, 등록 결정한 내용을 인터넷 홈페이지 등에 공고하여야 한다(자법 제268조 제9항). 사모투자전문회사는 등록된 사항이 변경된 경우에는 경미한 사항으로서 대통령령으로 정하는 경우[63]를 제외하고는 2주 이내에 그

---

② 등록신청서에는 다음 각 호의 서류를 첨부하여야 한다.

1. 정관(법 제268조 제1항 제4호, 제7호 및 제8호는 제외한다)
2. 업무집행사원이나 그 특수관계인이 대주주(최대주주의 특수관계인인 주주를 포함한다)인 회사의 상호와 그 출자내역을 기재한 서면
3. 업무집행사원이 법인인 경우에는 다음 각 목의 서류
   가. 최근 3개 사업연도의 재무제표
   나. 대주주의 성명 · 주민등록번호(대주주가 법인인 경우에는 상호 또는 명칭 · 사업자등록번호) 및 소유주식수 등 대주주의 내역
4. 사모투자전문회사의 업무를 제3자에게 위탁한 경우에는 그 제3자와 체결한 업무위탁계약서
5. 그 밖에 사모투자전문회사 사원의 이익을 보호하기 위하여 필요한 서류로서 금융위원회가 정하여 고시하는 서류

63) 자령 제290조 ⑤ 법 제268조 제10항 전단에서 "대통령령으로 정하는 경우"란 다음 각 호의 어느 하나에 해당하는 사항이 변경된 경우를 말한다.

1. 법 제268조 제1항 제3호의 사항
2. 제2항 제2호부터 제4호까지의 사항
3. 그 밖에 사모투자전문회사의 업무집행사원에 관한 사항 등으로서 금융위원회가 정하여 고시하는 사항

내용을 금융위원회에 변경등록하여야 한다(자법 제268조 제10항). 이 경우 등록에 관한 규정을 준용한다.

3. 사원 및 출자

(1) 사원의 구성

사모투자전문회사의 사원은 1인 이상의 무한책임사원과 1인 이상의 유한책임사원으로 하되, 사원의 총수는 49명 이하로 한다(자법 제269조 제1항). 사원 총수를 계산함에 있어서 다른 집합투자기구가 그 사모투자전문회사의 지분을 100분의 10 이상 취득하는 경우에는 그 다른 집합투자기구의 투자자의 수를 합하여 계산하여야 한다(자법 제269조 제2항). 전문투자자 중 대통령령으로 정하는 자[64]는 사원의 총수 계산에서 제외한다(자법 제269조 제3항).

상법상의 합자회사와 달리 회사도 무한책임사원이 될 수 있다(자법 제277조 제2항)

(2) 유한책임사원에 대한 제한

유한책임사원은 사모투자전문회사재산인 주식 또는 지분의 의결권 행사 및 대통령령으로 정하는 업무집행사원의 업무[65]에 관여하여서는 아니 된다(자법 제269조 제4항).

(3) 출자

⑥ 사모투자전문회사는 제5항 각 호의 사항이 변경된 경우에는 그 변경이 있었던 분기의 다음 달 10일까지 금융위원회에 보고하여야 한다.

64) 다음 각 호의 어느 하나에 해당하는 자를 말한다(자령 제291조 제1항).
1. 제10조 제1항 각 호의 어느 하나에 해당하는 자
2. 제10조 제3항 제12호 · 제13호에 해당하는 자 중 금융위원회가 정하여 고시하는 자

65) 자령 제295조 제3항 각 호의 업무를 말한다.

사모투자전문회사 사원의 출자의 목적은 금전에 한한다. 다만, 객관적인 가치평가가 가능하고 사원의 이익을 해할 우려가 없는 경우로서 다른 모든 사원의 동의가 있는 경우에는 증권으로 출자할 수 있다(자법 제269조 제5항).

유한책임사원의 최소 출자가액은 사원이 법인, 그 밖의 단체(「국가재정법」 별표 2에서 정한 법률에 따른 기금과 집합투자기구를 포함한다)인 경우에는 20억원, 개인인 경우에는 10억원이다(자법 제269조 제6항, 자령 제291조 제3항).

한국산업은행과 중소기업은행은 그 설립목적에 부합하는 범위에서 사모투자전문회사에 출자할 수 있다(자법 제269조 제7항). 같은 상호출자제한기업집단(「독점규제 및 공정거래에 관한 법률」 제9조 제1항에 따른 상호출자제한기업집단을 말한다)에 속하는 금융기관이 사모투자전문회사에 출자하는 경우에는 사모투자전문회사 전체 지분의 100분의 30을 초과하는 방법으로 출자하여서는 아니 된다(자령 제291조 제4항).

유한책임사원은 소위 캐피털 콜 방식의 투자가 가능한 것으로, 업무집행사원이 출자의 이행을 요구하는 때에 출자하기로 약정하는 방식으로 출자할 수 있다(자령 제291조 제5항).

(4) 업무집행사원의 업무위탁의 제한

사모투자전문회사의 업무집행사원은 다음에 해당하는 업무를 제3자에게 위탁하여서는 아니 된다(자령 제295조 제3항).

① 투자대상기업 선정이나 투자목적회사의 설립 또는 선정
② 투자대상기업이나 투자목적회사의 지분증권을 매매하는 경우에는 그 가격 · 시기 · 방법 등의 결정
③ 사모투자전문회사재산이나 투자목적회사재산에 속하는 지분증권에 대한 의결권의 행사
④ 위 업무에 준하는 업무로서 사원의 이익을 보호하기 위하여 필요한 업무 중 금융위원회가 정하여 고시하는 업무

4. 사모투자전문회사재산의 운용방법

(1) 재산운용의 방법

1) 원칙

사모투자전문회사(대통령령으로 정하는 방법66)에 따라 다른 사모투자전문회사와 공동으로 운용하는 경우를 포함한다)는 다음의 방법으로 사모투자전문회사재산을 운용하여야 한다(자법 제270 제1항).

① 다른 회사(투자회사, 투자유한회사, 투자합자회사, 투자유한책임회사 그 밖에 대통령령으로 정하는 회사67)를 제외한다)의 의결권 있는 발행주식총수 또는 출자총액의 100분의 10 이상 되도록 하는 투자

② 임원의 임면 등 투자하는 회사의 주요 경영사항에 대하여 사실상의 지배력 행사가 가능하도록 하는 투자

③ 증권(지분증권을 제외한다)에 대한 투자(① 또는 ②를 목적을 달성하기

---

66) 사모투자전문회사가 다른 사모투자전문회사와 다음 각 호의 어느 하나에 해당하는 행위를 할 것을 합의하는 방법을 말한다(자령 제292조 제1항).
1. 지분증권, 신주인수권(그 밖의 신규발행 지분증권을 인수할 수 있는 권리를 포함한다)이 표시된 것, 전환사채권, 신주인수권부사채권 또는 교환사채권(이하 이 항에서 "지분증권 등" 이라 한다)을 공동으로 취득하거나 처분하는 행위
2. 지분증권등을 공동 또는 단독으로 취득한 후 그 취득한 지분증권 등을 상호 양도 또는 양수하는 행위
3. 의결권(의결권의 행사를 지시할 수 있는 권한을 포함한다)을 공동으로 행사하는 행위

67) 다음 각 호의 어느 하나에 해당하는 회사를 말한다(자령 제292조 제2항).
1. 「자산유동화에 관한 법률」에 따른 유동화전문회사
2. 「부동산투자회사법」에 따른 부동산투자회사
3. 「선박투자회사법」에 따른 선박투자회사
4. 「문화산업진흥 기본법」에 따른 문화산업전문회사
5. 외국회사 및 그 종속회사(「주식회사의 외부감사에 관한 법률」에 따른 종속회사에 상당하는 외국회사를 말한다)가 소유하고 있는 자산을 합한 금액 중 다음 각 목의 자산을 합한 금액이 100분의 5 이상인 경우에 그 외국회사
가. 국내에서 설립된 법인이 발행한 증권
나. 국내에서 설립된 법인에 대한 금전채권
다. 국내에 소재하는 부동산이나 법 제229조 제3호에 따른 특별자산
라. 가목부터 다목까지의 자산이나 이를 기초로 하는 지수를 대상으로 하는 파생결합증권 또는 파생상품(권리의 행사 등으로 그 기초자산을 취득할 수 있는 경우만 해당한다)
6. 그 밖에 제1호부터 제5호까지의 회사와 비슷한 회사로서 금융위원회가 정하여 고시하는 회사

위하여 대통령령으로 정하는 경우로 한정한다)

④ 투자대상기업(사모투자전문회사 또는 자본시장법 제271조에 의한 투자목적회사가 ①에서 ③의 방법으로 투자한 기업을 말한다)이 발행한 증권에 대한 투자위험을 회피하기 위한 투자로서 대통령령으로 정하는 장내파생상품 또는 장외파생상품68)에 대한 투자

⑤ 「사회기반시설에 대한 민간투자법」에 따른 사회기반시설투융자회사가 발행한 증권에 대한 투자

⑥ 투자목적회사의 지분증권에 대한 투자

⑦ 그 밖에 ①부터 ⑥까지의 투자에 준하는 것으로서 대통령령으로 정하는 투자69)

2) 금융위원회에 보고

사모투자전문회사는 대통령령으로 정하는 바에 따라 제1항 제4호에 따른 파생상품에 대한 투자 및 제7항에 따른 차입 또는 채무보증의 현황(제271조 제3항에 따른 투자목적회사의 차입 또는 채무보증의 현황을 포함한다) 등에 관하여 금융위원회에 보고하여야 한다(자법 제270조 제9항).

---

68) 자령 제292조 ④ 법 제270조 제1항 제4호에서 "대통령령으로 정하는 장내파생상품 또는 장외파생상품"이란 같은 호에 따른 투자대상기업이 발행한 증권이나 그 증권의 가격 또는 이를 기초로 하는 지수를 기초자산으로 하는 장내파생상품 또는 장외파생상품을 말한다.

69) 다음 각 호의 어느 하나에 해당하는 투자를 말한다(자령 제292조 제5항).

1. 투자대상기업의 금전채권에 대한 투자(법 제270조 제1항 제1호 또는 제2호에 따른 투자를 목적으로 하는 경우만 해당한다)
2. 투자대상기업의 사업구조나 지배구조 등을 개선하는 과정에서 처분하는 부동산(지상권 · 지역권 · 전세권 · 임차권 · 분양권 등 부동산 관련 권리를 포함한다) 또는 금전채권 등에 대한 투자
3. 「사회기반시설에 대한 민간투자법」에 따른 사회기반시설에 대한 투자
4. 다음 각 목의 어느 하나에 해당하는 시설 및 설비에 대한 투자
   가. 「조세특례제한법」 제24조 제1항 각 호의 어느 하나에 해당하는 시설 및 설비
   나. 「조세특례제한법」 제25조 제1항 각 호의 어느 하나에 해당하는 시설 및 설비
   다. 「조세특례제한법」 제25조의2 제1항에 따른 에너지절약시설
   라. 「조세특례제한법」 제25조의3 제1항에 따른 환경보전시설
   마. 「조세특례제한법」 제25조의4 제1항에 따른 의약품 품질관리개선시설

3) 여유자금의 운용

사모투자전문회사는 위의 방법으로 운용하고 남은 사모투자전문회사재산을 다음의 방법으로 운용할 수 있다(자법 제270 제2항).

① 단기대출
② 금융기관에의 예치
③ 사모투자전문회사재산의 100분의 5에 해당하는 사모투자전문회사재산을 증권에 투자하는 방법
④ 그 밖에 사모투자전문회사의 건전한 자산운용을 해할 우려가 없는 방법으로서 대통령령으로 정하는 방법[70]

(2) 재산운용의 제한

1) 조기투자

사모투자전문회사는 사원이 출자한 날부터 6개월 이상의 기간으로서 2년 이내에 출자한 금액의 100분의 50 이상의 금액을 자본시장법 제270조 제1항 제1호 · 제2호 · 제5호 또는 제6호(투자목적회사가 제1항 제1호 · 제2호 또는 제5호의 방법으로 투자한 경우에 한한다)의 방법으로 운용하여야 한다. 다만, 투자대상기업을 선정하기 곤란한 경우, 그 밖에 대통령령으로 정하는 경우[71]로서 미리 금융위원회의 승인을 받은 경우에는 그러하지 아니하다(자법 제270 제3항, 시행령 제294조 제1항).

이 규정은 출자한 금액의 50% 이상을 주권관련사채의 방법으로 투자된 경우에 적용되는데, 이때 주권관련사채의 전환, 신주발행, 교환은 최초 출자요청 이후 2년내에 이루어져야 한다. 수회의 출자가 이루어진 경우에는 의무변환기

70) 다음 각 호의 어느 하나에 운용하는 방법을 말한다(자령 제293조 제4항).
1. 원화로 표시된 양도성 예금증서
2. 어음(기업어음증권은 제외한다)

71) 다음 각 호의 어느 하나에 해당하는 경우를 말한다(자령 제294조 제2항).
1. 사모투자전문회사재산이 법 제270조 제1항 제1호 또는 제2호에 따라 투자대상기업의 지분증권을 취득하기에 부족한 경우
2. 제292조 제5항 제4호의 시설 및 설비에 투자하는 경우
3. 금융위원회가 정하여 고시하는 불가피한 사유가 있는 경우

간의 기산점은 매 출자요청(Capital Call)시를 기준으로 볼 것이다.

2) 최소투자기간

사모투자전문회사는 자본시장법 제270조 제1항 제1항 제1호부터 제3호까지의 어느 하나에 부합되는 날부터 6개월 이상 투자대상기업이 발행한 지분증권, 그 밖에 대통령령으로 정하는 증권(지분증권 등)을 소유하여야 하며, 6개월 미만의 기간 중에는 그 지분증권을 처분하여서는 아니 된다. 다만, 그 지분증권을 계속 소유함으로써 사원의 이익을 명백히 해할 우려가 있는 경우, 그 밖에 대통령령으로 정하는 경우[72]로서 미리 금융위원회의 승인을 받은 경우에는 6개월 미만의 기간 중에 이를 처분할 수 있다(자법 제270 제4항).

이는 난기자익기래의 방지를 위한 것인데, 여기서 주권관련사채가 지분증권으로 변환될 경우에는 변환된 시점부터 6개월간 보유의무가 새로이 부과된다고 볼 것인가가 문제된다. 이때는 주식관련사채와 변환된 지분증권의 보유기간을 합하여 6개월이 경과되었다면 변환된 지분증권의 처분이 가능하다고 해석할 것이다. 예를 들어 전환사채의 경우 그 발행가 및 전환가액은 최초 투자시점의 투자대상회사의 가치평가에 기초하여 정하여지며, 사모투자전문회사가 투자시점부터 6개월간 투자대상회사의 지분가치의 변동 위험을 떠안게 된다는 점에서 지분증권을 최초에 투자한 경우와 차이가 없기 때문이다.

사모투자전문회사(자법 제271조 제1항 제3호 나목 또는 다목에 따라 투자목적회사의 주주 또는 사원이 된 자를 포함한다)는 투자목적회사가 발행한 지분증권을 취득한 날부터 6개월 이상 소유하여야 하며, 6개월 미만의 기간 중에는 그 지분증권을 처분하여서는 아니 된다. 다만, 투자목적회사의 지분증권을 계속 소유함으로써 사원의 이익을 명백히 해할 우려가 있는 경우, 그 밖에 대통령령으로 정하는 경우[73]로서 미리 금융위원회의 승인을 받은 경우에는 6개월 미만의 기간 중에 이를 처분할 수 있다(자법 제270 제5항).

---

72) 다음 각 호의 어느 하나에 해당하는 경우를 말한다(자령 제294조 제3항).
 1. 투자대상기업의 영업이 정지된 경우
 2. 투자대상기업이 3개월 이상 조업을 중단한 경우
 3. 금융위원회가 정하여 고시하는 불가피한 사유가 있는 경우

73) 위의 자령 제294조 제3항과 동일.

3) 경영권 참여요건 미충족과 처분의무

사모투자전문회사는 다른 회사의 지분증권 등을 최초로 취득한 날부터 6개월이 경과할 때까지 제1항 제1호부터 제3호까지의 어느 하나에 부합하지 아니하는 경우에는 이미 취득한 그 다른 회사의 지분증권 등 전부를 다른 자(그 사모투자전문회사와 출자관계를 가지고 있거나 같은 자로부터 출자에 의한 지배를 받는 자를 제외한다)에게 대통령령으로 정하는 기간[74] 이내에 이를 처분하고 금융위원회에 지체 없이 보고하여야 한다. 다만, 지분증권 등의 처분이 곤란한 경우, 그 밖에 대통령령으로 정하는 경우[75]로서 미리 금융위원회의 승인을 받은 경우에는 대통령령으로 정한 기간[76] 이내에 이를 처분하지 아니할 수 있다(자법 제270 제6항, 자령 제294조 제6항).

4) 자금차입과 채무보증

사모투자전문회사는 다음에 해당하는 사유가 발생하는 경우 자금을 차입하거나 투자대상기업 또는 투자대상기업과 관련된 타인을 위한 채무보증을 할 수 있다. 이 경우 차입금액 및 채무보증액의 합계는 사모투자전문회사재산의 100분의 10을 초과하지 못한다(자법 제270 제7항).

① 사원의 퇴사에 따른 출자금을 지급하기 위하여 불가피한 경우
② 운영비용에 충당할 자금이 일시적으로 부족한 경우
③ 투자대상기업에 투자하기 위하여 필요한 자금이 일시적으로 부족한 경우

(3) 투자비율의 산정방식

자본시장법 제270조 제1항 제1호 및 제2항 제3호에 따른 투자비율은 각각 투자하는 날을 기준으로 계산한다(자령 제295조 제1항).

---

74) 자령 제294조 ⑥ 1개월을 말한다.
75) 다음 각 호의 어느 하나에 해당하는 경우를 말한다(자령 제294조 제7항).
  1. 증권시장이나 해외 증권시장에서 투자대상기업의 지분증권의 매매거래가 정지되거나 중단된 경우
  2. 금융위원회가 정하여 고시하는 불가피한 사유가 있는 경우
76) 투자대상기업의 지분증권의 처분이 가능할 때까지의 기간으로서 금융위원회의 확인을 받은 기간을 말한다(자령 제294조 제8항).

자본시장법 제270조 제2항 제3호 및 제3항 본문의 투자비율은 「국가재정법」 별표 2에서 정한 법률에 따른 기금이 사모투자전문회사의 사원이 되는 경우로서 시행령 제291조 제4항에 따라 출자의 이행을 요구하는 때에 출자하기로 약정하는 방식 외의 방법으로 출자하는 경우에는 그 출자금에 대하여 각각 다음의 방법에 따라 계산할 수 있다(자령 제295조 제2항).

① 자본시장법 제270조 제2항 제3호에 따른 비율을 계산하는 경우: 기금의 출자금 범위에서 증권을 취득하는 경우에는 그 출자금액과 그 증권취득금액을 각각 제외하고 계산한다.

② 자본시장법 제270조 제3항 본문에 따른 비율을 계산하는 경우: 사모투자전문회사재산에서 기금의 출자금액을 제외하고 계산한다.

5. 투자목적회사

(1) 의의

투자목적회사는 다음의 요건을 모두 충족하는 회사를 말한다(자법 제271조 제1항).

① 상법에 따른 주식회사 또는 유한회사일 것

② 자본시장법 제270조 제1항 제1호부터 제5호까지의 투자 또는 제7호의 투자를 목적으로 할 것(경영권 참여의 목적)

③ 그 주주 또는 사원이 다음에 해당하되, 가목에 해당하는 주주 또는 사원의 출자비율이 대통령령으로 정하는 비율(50%) 이상일 것

가. 사모투자전문회사

나. 투자목적회사가 투자하는 회사의 임원 또는 대주주

다. 그 밖에 투자목적회사의 효율적 운영을 위하여 투자목적회사의 주주 또는 사원이 될 필요가 있는 자로서 대통령령으로 정하는 자[77]

④ 그 주주 또는 사원인 사모투자전문회사의 사원의 수와 사모투자전문회사

77) 투자목적회사에 대하여 신용공여(법 제34조 제2항에 따른 신용공여를 말한다)를 한 금융기관(「금융위원회의 설치 등에 관한 법률」 제38조에 따른 검사대상기관을 말한다)으로서 출자전환 등을 한 자를 말한다(자령 제296조 제2항).

가 아닌 주주 또는 사원의 수를 합산한 수가 49명 이내일 것

⑤ 상근임원을 두거나 직원을 고용하지 아니하고, 본점 외에 영업소를 설치하지 아니할 것

자본시장법은 투자목적회사가 집합투자기구로 기능함을 방지하기 위하여 주주자격을 사모투자전문회사 및 투자대상회사 최대주주 등으로 제한하고 있다.

(2) 적용규정

자본시장법에 특별한 규정이 없는 한 상법의 주식회사 또는 유한회사에 관한 규정은 투자목적회사에 적용한다(자법 제271조 제2항).

(3) 차입과 채무보증

투자목적회사는 차입을 하거나 투자대상기업 또는 투자대상기업과 관련된 타인을 위하여 채무보증을 할 수 있다. 이 경우 차입금액과 채무보증액의 합계는 대통령령으로 정하는 한도[78]를 초과하지 못한다(자법 제271조 제3항).

투자목적회사는 사모투자전문회사를 차입으로 인한 위험으로부터 단절하는 기능을 하지만, 과도한 레버리지를 방지하기 위하여 그 차입비율을 제한하고 있다.

(4) 운용의 위탁

투자목적회사는 그 회사의 주주나 사원인 사모투자전문회사의 업무집행사원에게 그 회사의 재산의 운용을 위탁하여야 한다(자령 제296조 제5항).

(5) 준용규정과 적용배제규정

자본시장법 제242조(이익금의 분배), 제269조 제3항(사원 총수의 계산),

78) 투자목적회사가 차입하거나 채무보증을 하는 날을 기준으로 계산한 자기자본의 100분의 300을 말한다(자령 제296조 제3항).

제270조 제4항 · 제6항(지분증권의 처분) 및 제274조(상호출자제한기업집단 계열 사모투자전문회사 등에 대한 제한)는 투자목적회사에 준용한다(자법 제271조 제5항).

주식회사 설립 등기사항에 관한 상법 제317조 제2항 제2호(자본의 총액) · 제3호(발행주식의 총수, 그 종류와 각종 주식의 내용과 수) 및 유한회사의 설립 등기사항에 관한 제549조 제2항 제2호(자본의 총액, 출자 1좌의 금액)는 투자목적회사에는 적용하지 아니한다(자법 제271조 제6항).

제242조(이익금의 분배) ① 투자신탁이나 투자익명조합의 집합투자업자 또는 투자회사등은 집합투자기구의 집합투자재산 운용에 따라 발생한 이익금을 투자자에게 금전 또는 새로 발행하는 집합투자증권으로 분배하여야 한다. 다만, 집합투자기구의 특성을 고려하여 대통령령으로 정하는 집합투자기구의 경우에는 집합투자규약이 정하는 바에 따라 이익금의 분배를 집합투자기구에 유보할 수 있다.

이익분배와 관련하여 투자목적회사는 이익금을 초과하여 분배할 필요가 있는 경우에는 이익금을 초과하여 금전으로 분배할 수 있다(자법 제242조 제2항). 통상적으로 투자목적회사의 재산분배는 투자대상회사 지분의 회수가 완료된 이후 투자목적회사를 청산한 후 잔여재산분배의 방법으로 하겠지만, 투자목적회사의 청산 전에 투자금의 일부를 회수하고자 하는 경우 이익금을 초과하여 분배할 필요가 있게 된다. 그런데 투자목적회사는 상법상 주식회사 혹은 유한회사로서 사모투자전문회사는 물적 유한책임을 지는 반면, 투자목적회사는 레버리지를 이용하여 투자하게 되므로 그 채권자와의 이해 조절이 문제가 된다. 따라서 이익금을 초과하여 분배하고자 하는 경우에는 채권자보호절차를 거치도록 하는 것이 적절할 것이다.

6. 업무집행사원

(1) 선임

사모투자전문회사는 정관으로 무한책임사원 중 1인 이상을 업무집행사원으로 정하여야 한다. 이 경우 그 업무집행사원이 회사의 업무를 집행할 권리와 의무를 가진다(자법 제272조 제1항).

대통령령으로 정하는 금융관련 법령79)에서 규정하고 있는 업무를 영위하고 있는 자는 그 법령에 불구하고 업무집행사원이 될 수 있다. 이 경우 그 업무집행사원은 그 법령에서 제한하거나 금지하는 규정을 위반하지 아니하는 범위에서 업무를 집행할 수 있다(자법 제272조 제2항).

(2) 손익분배 등

사모투자전문회사는 정관으로 업무집행사원에 대한 손익의 분배 또는 손익의 순위 등에 관한 사항을 정할 수 있다(자법 제272조 제3항).

(3) 금융투자업인가 규정의 적용배제

금융투자업인가에 관한 자본시장법 제11조는 사모투자전문회사의 업무집행

79) 다음 각 호에 해당하는 법령을 말한다(자령 제297조 제1항)
1. 「은행법」
2. 「한국산업은행법」
3. 「중소기업은행법」
4. 「한국수출입은행법」
5. 「보험업법」
6. 「상호저축은행법」
7. 「여신전문금융업법」
8. 「신용보증기금법」
9. 「기술신용보증기금법」
10. 「신용협동조합법」
11. 「새마을금고법」
12. 「신용정보의 이용 및 보호에 관한 법률」
13. 「금융기관부실자산 등의 효율적 처리 및 한국자산관리공사의 설립에 관한 법률」
14. 「한국주택금융공사법」
15. 「부동산투자회사법」
16. 「선박투자회사법」
17. 「산업발전법」
18. 「중소기업창업 지원법」
19. 「한국정책금융공사법」

사원이 사모투자전문회사재산의 운용 및 보관 · 관리, 사모투자전문회사 지분의 판매 및 환매 등을 영위하는 경우에 적용하지 아니한다(자법 제272조 제4항).

(4) 충실의무

업무집행사원은 법령과 정관에 따라 사모투자전문회사를 위하여 그 직무를 충실히 수행하여야 한다(자법 제272조 제5항).

(5) 금지행위

업무집행사원(법인이 업무집행사원인 경우 ② 및 ③에 대하여는 법인의 임·직원을 포함한다)은 다음의 행위를 하여서는 아니 된다(자법 제272조 제6항).

① 사모투자전문회사와 거래하는 행위(사원 전원의 동의가 있는 경우를 제외한다)

② 원금 또는 일정한 이익의 보장을 약속하는 등의 방법으로 사원이 될 것을 부당하게 권유하는 행위

③ 사원 전원의 동의 없이 사원의 일부 또는 제삼자의 이익을 위하여 사모투자전문회사가 소유한 자산의 명세를 사원이 아닌 자에게 제공하는 행위

④ 그 밖에 사모투자전문회사 사원의 보호 및 사모투자전문회사재산의 안정성 등을 해할 우려가 있는 경우로서 대통령령으로 정하는 행위[80]

(6) 행위준칙

80) 다음 각 호의 어느 하나에 해당하는 행위를 말한다(자령 제297조 제2항).
1. 정관을 위반하여 사모투자전문회사재산을 운용하는 행위
2. 사모투자전문회사재산을 운용할 때 정당한 이유 없이 일반적인 거래조건을 벗어나는 불공정한 조건으로 거래하는 행위
3. 사모투자전문회사재산에 관한 정보를 업무집행사원의 고유재산 운용에 이용하는 행위
4. 특정 사모투자전문회사나 투자목적회사의 이익을 해치면서 자기 또는 제3자의 이익을 도모하는 행위
5. 법 제269조부터 제274조까지의 규정에 따른 금지나 제한을 회피할 목적으로 하는 행위로서 장외파생상품거래, 신탁계약, 연계거래 등을 이용하는 행위

사모투자전문회사는 자본시장법 제272조 제5항(충실의무) 및 제6항(금지행위)에 따라 업무집행사원이 준수하여야 할 구체적인 행위준칙을 제정하여야 하며, 행위준칙을 제정·변경한 경우에는 지체 없이 이를 금융위원회에 보고하여야 한다. 이 경우 금융위원회는 보고받은 행위준칙이 법령을 위반하거나 사원의 이익을 해할 우려가 있는 때에는 그 내용을 변경하거나 보완할 것을 명할 수 있다(자법 제272조 제7항).

(7) 정보제공 및 설명의무

업무집행사원은 6개월마다 1회 이상 사모투자전문회사 및 사모투자전문회사가 출자한 투자목적회사의 재무제표 등을 사원에게 제공하고 그 운영 및 재산에 관한 사항을 설명하여야 하며, 그 제공 및 설명 사실에 관한 내용을 기록·유지하여야 한다((자법 제272조 제8항, 자령 제297조 제3항).

(8) 보수

사모투자전문회사는 정관에서 정하는 바에 따라 사모투자전문회사재산으로 업무집행사원에게 보수(운용실적에 따른 성과보수를 포함한다)를 지급할 수 있다(자법 제272조 제11항).

(9) 업무집행사원이 아닌 사원의 권리·의무

업무집행사원이 아닌 사원은 영업시간 내에만 사모투자전문회사 또는 사모투자전문회사가 출자한 투자목적회사의 재산에 관한 장부·서류의 열람이나 등본 또는 초본의 교부를 청구할 수 있다(자법 제272조 제9항).

업무집행사원이 아닌 사원은 업무집행사원이 업무를 집행함에 있어서 현저하게 부적합하거나 업무수행에 중대한 위반행위가 있는 경우에는 금융위원회의 승인을 받아 사모투자전문회사 또는 사모투자전문회사가 출자한 투자목적회사의 업무와 재산상황을 검사할 수 있다(자법 제272조 제10항).

(10) 업무집행사원의 등록

1) 등록요건

사모투자전문회사의 업무집행사원으로서 사모투자전문회사재산의 운용업무를 영위하려는 자는 다음의 요건을 갖추어 금융위원회에 등록하여야 한다(자법 272조의2 제1항)

① 1억원 이상으로서 대통령령으로 정하는 금액[81] 이상의 자기자본을 갖출 것

② 임원(합자회사의 업무집행사원 등 대통령령으로 정하는 자[82]를 포함한다)이 제24조에 적합할 것

③ 운용인력을 대통령령으로 정하는 수[83] 이상 갖출 것

④ 자법 제44조에 따라 이해상충이 발생할 가능성을 파악 · 평가 · 관리할 수 있는 적절한 내부통제기준을 갖출 것

2) 등록신청서의 제출

업무집행사원의 등록을 하려는 자는 금융위원회에 등록신청서를 제출하여야 한다(자법 272조의2 제2항).

3) 금융위원회의 조치

금융위원회는 등록신청서를 접수한 경우에는 그 내용을 검토하여 1개월 이내에 등록 여부를 결정하고, 그 결과와 이유를 지체 없이 신청인에게 문서로 통지하여야 한다. 이 경우 등록신청서에 흠결이 있는 때에는 보완을 요구할 수 있다(자법 272조의2 제3항). 검토기간을 산정함에 있어서 등록신청서 흠결의 보완기간 등 총리령으로 정하는 기간은 검토기간에 산입하지 아니한다

---

81) 자령 297조의 2 ① 법 제272조의2 제1항 제1호에서 "대통령령으로 정하는 금액"이란 1억원을 말한다

82) 자령 297조의 2 ② 법 제272조의2 제1항 제2호에서 "합자회사의 업무집행사원 등 대통령령으로 정하는 자"란 합자회사의 업무집행사원, 유한책임회사의 업무집행자, 유한회사의 이사 또는 합명회사의 업무집행사원을 말한다.

83) 자령 297조의 2 ③ 법 제272조의2 제1항 제3호에서 "대통령령으로 정하는 수"란 1명을 말한다.

(자법 272조의2 제4항).

금융위원회는 등록 여부를 결정함에 있어서 다음의 어느 하나에 해당하는 사유가 없는 한 그 등록을 거부하여서는 아니 된다(자법 272조의2 제5항).

① 제1항의 등록요건을 갖추지 아니한 경우
② 제2항의 등록신청서를 거짓으로 작성한 경우
③ 제3항 후단의 보완요구를 이행하지 아니한 경우

4) 등록요건유지의무

사모투자전문회사의 업무집행사원은 등록 이후 그 사모투자전문회사재산의 운용업무를 영위함에 있어서 등록요건을 유지하여야 한다(자법 272조의2 제6항).

5) 등록의 취소

금융위원회는 사모투자전문회사의 업무집행사원이 다음의 어느 하나에 해당하는 경우에는 그 업무집행사원의 등록을 취소할 수 있다(자법 272조의2 제7항).

① 거짓, 그 밖의 부정한 방법으로 업무집행사원의 등록을 한 경우
② 등록요건의 유지의무를 위반한 경우
③ 업무의 정지기간 중에 업무를 한 경우
④ 금융위원회의 시정명령 또는 중지명령을 이행하지 아니한 경우
⑤ 그 밖에 투자자의 이익을 현저히 해할 우려가 있거나 해당 사모투자전문회사재산의 운용업무를 영위하기 곤란하다고 인정되는 경우로서 대통령령으로 정하는 경우[84]

84) ④ 법 제272조의2제7항제5호에서 "대통령령으로 정하는 경우"란 다음 각 호의 어느 하나에 해당하는 경우를 말한다.

1. 등록을 한 날부터 6개월 이내에 사모투자전문회사재산의 운용업무를 시작하지 아니하거나 운용업무를 시작한 후 정당한 사유 없이 그 업무를 6개월 이상 계속해서 하지 아니한 경우
2. 법 제278조제4항제1호나목에 따른 직무정지의 조치를 받은 날부터 1개월(직무정지의 조치를 하면서 1개월을 초과하는 보정기간을 정한 경우에는 그 기간) 이내에 해당 조건을 보정하지 아니한 경우
3. 업무와 관련하여 부정한 방법으로 타인으로부터 금전등을 받거나 타인에게 줄 금전등을 취득한

7. 지분양도

사모투자전문회사의 무한책임사원은 출자한 지분을 타인에게 양도할 수 없다. 다만, 정관으로 정한 경우에는 사원 전원의 동의를 얻어 지분을 분할하지 아니하고 타인에게 양도할 수 있다(자법 제273조 제1항).

사모투자전문회사의 유한책임사원은 무한책임사원 전원의 동의를 얻어 출자한 지분을 분할하지 아니하고 타인에게 양도할 수 있다(자법 제273조 제2항).

사모투자전문회사의 무한책임사원 및 유한책임사원은 자본시장법 제273조 제1항 단서 및 제2항에 불구하고 양도의 결과 사모투자전문회사의 사원 총수가 49명을 초과하지 아니하는 범위에서는 지분을 분할하여 양도할 수 있다. 이 경우 일정한 전문투자자(자법 제269조 제3항)는 사원의 총수 계산에서 제외한다(자법 제273조 제3항).

사모투자전문회사는 다른 회사(다른 사모투자전문회사를 포함한다)와 합병할 수 없다(자법 제273조 제4항).

8. 특례규정

(1) 상호출자제한기업집단 계열 사모투자전문회사 등에 대한 제한

상호출자제한기업집단의 계열회사인 사모투자전문회사 또는 상호출자제한기업집단의 계열회사가 무한책임사원인 사모투자전문회사는 다른 회사(자법 제9조 제16항 제4호에 따른 외국 기업은 제외한다)를 계열회사로 편입한 경우에는 편입일부터 5년 이내에 그 다른 회사의 지분증권을 그 상호출자제한기업집단의 계열회사가 아닌 자에게 처분하여야 한다(자법 제274조 제1항).

상호출자제한기업집단의 계열회사인 사모투자전문회사 또는 상호출자제한기업집단의 계열회사가 무한책임사원인 사모투자전문회사는 그 계열회사가 발행한 지분증권을 취득하여서는 아니 된다(자법 제274조 제2항).

경우
4. 같거나 비슷한 위법행위를 계속하거나 반복하는 경우

(2) 지주회사 규제의 특례

1) 공정거래법상의 지주회사 규정 적용 유예

「독점규제 및 공정거래에 관한 법률」에 따른 지주회사에 관한 규정은 사모투자전문회사 또는 투자목적회사가 자본시장법 제270조 제1항 제1호 또는 제2호의 요건(경영권 참여 가능비율의 투자)을 충족하는 경우 그 요건을 충족한 날부터 10년이 되는 날까지는 적용하지 아니한다(자법 제276조 제1항).

사모투자전문회사 또는 투자목적회사는 위에 해당하는 경우에는 그 요건을 충족한 날부터 2주일 이내에 그 사실을 대통령령으로 정하는 방법에 따라 금융위원회에 보고하여야 하며, 금융위원회는 그 사항을 공정거래위원회에 통보하여야 한다(자법 제276조 제2항).

2) 금융지주회사법상 금융지주회사 불간주 등

사모투자전문회사(사모투자전문회사의 무한책임사원 중 상호출자제한기업집단 계열회사 또는 금융지주회사가 아닌 자를 포함한다) 및 투자목적회사에 대하여는 자본시장법 제270조 제1항 제1호 또는 제2호의 요건을 충족하는 경우 그 요건을 충족한 날부터 10년이 되는 날까지는 「금융지주회사법」에 따른 금융지주회사로 보지 아니한다. 다만, 사모투자전문회사 또는 투자목적회사가 대통령령으로 정하는 1개 이상의 금융기관[85]을 지배하는 경우에는 같은 법 제45조부터 제45조의 4까지 및 제48조를 준용한다(자법 제276조 제3항).

「금융지주회사법」 제45조의 2부터 제45조의 4까지의 규정(은행지주회사의 주요출자자에 대한 신용공여한도, 주요출자자가 발행한 주식의 취득한도, 주요출자자의 부당한 영향력 행사 금지)은 회사가 사모투자전문회사의 업무집행사원인 경우에 준용한다. 이 경우 "은행지주회사의 대주주"는 "업무집행사원" 또는 "업무집행사원의 대주주"로 본다(자법 제276조 제4항).

「금융지주회사법」에 따른 자회사는 같은 법 제19조(자회사의 다른 회사

---

85) 「금융지주회사법」 제2조 제1항 제1호에 따른 1개 이상의 금융기관을 말한다. 다만, 「금융지주회사법」 제45조의2부터 제45조의4까지의 규정은 사모투자전문회사나 투자목적회사가 「은행법」에 따른 은행이 아닌 금융기관만을 지배하는 경우에는 이를 준용하지 아니한다(자령 제299조 제2항).

지배에 대한 제한)에 불구하고 사모투자전문회사의 지분을 취득할 수 있다(자법 제276조 제5항).

(3) 기업재무안정사모투자전문회사 등에 대한 특례

1) 의의

기업재무안정사모투자전문회사란 다음에 해당하는 재무구조개선기업(「금융산업의 구조개선에 관한 법률」에서 정하는 금융기관을 제외한다)의 경영정상화 및 재무안정 등을 위하여 그 재산을 투자·운용하여 그 수익을 투자자에게 배분하는 것을 목적으로 하는 사모투자전문회사를 말한다(자법 제278조의 2 제1항).

① 「기업구조조정 촉진법」 제2조 제5호에 따른 부실징후기업

② 「채무자 회생 및 파산에 관한 법률」 제34조 또는 제35조에 따라 법원에 회생절차개시를 신청한 기업

③ 「채무자 회생 및 파산에 관한 법률」 제294조 또는 제295조에 따라 법원에 파산을 신청한 기업

④ 채권금융기관(대통령령으로 정하는 금융기관[86]을 말한다)과 대통령령으로 정하는 재무구조개선을 위한 약정을 체결한 기업[87]

---

86) 자령 제10조 제2항의 금융기관(같은 항 제9호, 제11호 및 제12호의 금융기관은 제외한다) 및 다음 각 호의 어느 하나에 해당하는 금융기관을 말한다(자령 제300조의2).

1. 투자회사, 사모투자전문회사 및 투자목적회사
2. 「금융기관부실자산 등의 효율적 처리 및 한국자산관리공사의 설립에 관한 법률」에 따른 한국자산관리공사
3. 「기술신용보증기금법」에 따른 기술신용보증기금
4. 「산업발전법」(법률 제9584호로 전부개정되기 전의 것을 말한다)에 따른 기업구조조정전문회사 및 기업구조조정조합
5. 「무역보험법」에 따라 설립된 한국무역보험공사
6. 「신용보증기금법」에 따른 신용보증기금
7. 「예금자보호법」에 따른 예금보험공사 및 정리금융기관
8. 「자산유동화에 관한 법률」에 따른 유동화전문회사
9. 제1호부터 제8호까지에 준하는 외국 금융기관

87) 채권금융기관의 총 채권액 중 100분의 50 이상을 차지하는 채권금융기관이 개별적으로 또는 공동으로 약정을 체결하는 기업으로서 금융위원회의 확인을 받은 기업을 말한다(자령 제300조의2 제2항).

⑤ 법인(그 계열회사를 포함한다)의 합병 · 전환 · 정리 등 대통령령으로 정하는 바에 따라 구조조정 또는 재무구조개선 등을 하려는 기업[88]
⑥ 그 밖에 기업의 재무구조개선 또는 경영정상화의 추진이 필요한 기업으로서 대통령령으로 정하는 요건에 해당하는 기업

2) 재산의 운용

기업재무안정사모투자전문회사는 그 재산을 운용함에 있어 사원이 출자한 날부터 6개월 이상의 기간으로서 2년 이내에 출자한 금액의 100분의 50 이상을 다음의 방법으로 운용하여야 하고, 그와 같이 운용하고 남은 재산은 대통령령으로 정하는 바에 따라 운용[89]할 수 있다(자법 제278조의 2 제2항).

---

88) 「상법」에 따른 합병, 분할, 분할합병, 주식교환, 주식이전, 영업양도(일부양도를 포함한다), 자산매각, 지분양도 등의 방법으로 구조조정 또는 재무구조개선 등을 하려는 기업으로서 다음 각 호의 어느 하나에 해당하는 기업을 말한다(자령 제300조의2 제3항).

1. 「주식회사의 외부감사에 관한 법률」 제1조의2 제1호에 따른 재무제표[같은 법 제3조 제1항에 따른 감사인이 작성한 감사보고서에서 한정의견(감사인의 감사 결과 적정의견을 표명할 수는 없지만 부정적의견이나 의견표명을 거절할 정도에 이르지 않는 경우에 표명하는 감사의견을 말한다) 이상의 감사의견을 받은 것만 해당한다]상의 자본금의 총계가 납입자본금보다 적은 기업
2. 재무제표상의 자본총계에 대한 부채총계의 비율(부채비율)이 업종별 평균 부채비율[한국은행이 발표하는 기업경영분석에 따른 해당 업종(한국표준산업분류의 중분류에 따른 업종을 말한다)의 부채비율을 말하되, 기업경영분석에 해당 업종의 부채비율이 없는 경우에는 전체 업종의 평균 부채비율로 한다]의 1.5배를 초과하는 기업
3. 다음 각 목의 사유로 인한 손실액이 직전 사업연도 매출액의 100분의 5 이상인 기업
   가. 어음의 부도
   나. 외상매출금 또는 수출대금의 미회수
   다. 보증채무의 이행
4. 6개월 이내에 「신용정보의 이용 및 보호에 관한 법률」에 따른 신용평가회사 둘 이상으로부터 회사채 투자부적격 등급을 받은 기업
5. 사업연도 말 재무제표에 따른 영업 손실이 최근 2년간 연속하여 발생한 기업

89) 기업재무안정사모투자전문회사는 법 제278조의2 제2항 각 호 외의 부분에 따라 다음 각 호의 어느 하나에 해당하는 방법으로 남은 재산을 운용할 수 있다(자령 제300조의2 제6항).

1. 증권에 대한 투자
2. 증권에 대한 투자위험을 회피하기 위한 투자로서 그 증권이나 그 증권의 가격 또는 이를 기초로 하는 지수를 기초자산으로 하는 장내파생상품 또는 장외파생상품에 대한 투자
3. 재무구조개선기업의 인수 · 합병에 드는 자금의 대여 또는 지급의 보증
4. 법 제83조 제4항에 따른 단기대출
5. 제79조 제2항 제5호 각 목의 어느 하나에 해당하는 금융기관(이에 상당하는 외국 금융기관을 포함한다)에의 예치

① 재무구조개선기업이 발행한 증권의 매매
② 재무구조개선기업이 채무자인 대출채권 등 채권, 이에 수반되는 담보권 및 그 밖의 권리의 매매
③ 재무구조개선기업이 보유하고 있는 부동산, 영업권 등 경제적 가치가 있는 자산의 매매
④ 자산총액을 초과하지 아니하는 범위에서의 재무구조개선기업에 대한 자금의 대여 및 지급의 보증
⑤ 투자목적회사의 지분증권에 대한 투자

3) 투자목적회사

기업재무안정사모투자전문회사가 주주 또는 사원인 경우로서 주주 또는 사원의 출자비율이 50% 이상인 투자목적회사는 자본시장법 제271조 제1항 제2호에도 불구하고 위 재산운용에 관한 자본시장법 제278조의 2 제2항 제1호부터 제4호까지(제4호를 적용함에 있어 자산총액은 투자목적회사의 자산총액을 말한다)의 어느 하나에 해당하는 방법 및 그 밖에 대통령령으로 정하는 방법으로 재산을 운용할 수 있다. 이 경우 장내파생상품 또는 장외파생상품에 대한 투자, 투자목적회사의 지분증권에 대한 투자를 운용방법으로 규정한 자본시장법 제270조 제4항·제6항(제271조 제5항에 따라 준용하는 경우를 말한다)은 적용하지 아니한다(자법 제278조의 2 제3항).

4) 금전차입 및 채무보증

기업재무안정사모투자전문회사는 금전을 차입하거나 재무구조개선기업 또는 재무구조개선기업과 관련된 타인을 위하여 채무보증을 할 수 있다. 이 경우 차입금액 및 채무보증액의 합계는 기업재무안정사모투자전문회사 재산의 100분의 200을 초과하지 못하며, 차입금액과 채무보증액의 한도에 관한 자본시장법 제271조 제3항을 적용함에 있어 기업재무안정사모투자전문회사가 차입한 금액 및 채무보증한 금액과 투자목적회사가 차입한 금액을 합하여 이를 산정한다(자법 제278조의 2 제4항).

5) 국가재정법상의 기금

「국가재정법」 제13조 제1항 제2호부터 제5호까지의 기금을 관리하는 자는 해당 기금 여유자금운용액의 100분의 10 이내의 자금을 해당 기금운용계획에 따라 기업재무안정사모투자전문회사에 출자할 수 있다. 이 경우 기금이 출자한 금액은 투자목적회사에 출자한 금액을 합하여 산정한다(자법 제278조의 2 제5항, 자령 제300조의 2 제9항).

6) 지분증권의 처분제한

기업재무안정사모투자전문회사 및 투자목적회사는 6개월 미만의 기간 중에는 취득한 지분증권을 처분하여서는 아니 된다. 다만, 그 지분증권을 계속 소유함으로써 사원의 이익을 명백히 해할 우려가 있는 경우, 그 밖에 대통령령으로 정하는 경우[90]로서 미리 금융위원회의 승인을 받은 경우에는 6개월 미만의 기간 중에 이를 처분할 수 있다(자법 제278조의 2 제6항).

9. 적용배제

일반 집합투자기구에 대하여 적용되는 투자자 보호에 관한 규정은 대부분 사모투자전문회사의 경우 적용되지 않는다(자법 제277조 제1항).[91]

---

90) 다음 각 호의 어느 하나에 해당하는 경우를 말한다(자령 제300조의2 제10항).
1. 투자대상기업의 영업이 정지된 경우
2. 투자대상기업이 3개월 이상 조업을 중단한 경우
3. 투자대상기업의 주식에 대한 공개매수에 응하는 경우
4. 기업재무안정사모투자전문회사의 존립기간 만료 등 해산사유가 발생한 경우
5. 투자대상기업의 합병 등으로 인하여 사원의 이익을 침해할 우려가 있는 경우

91) 적용이 배제되는 규정은 집합투자기구의 등록(제182조), 집합투자기구의 명칭(제183조 제1항), 집합투자기구의 업무수행(제184조 제1항부터 제6항까지), 연대책임(제185조), 자기집합투자증권의 취득제한(제186조), 투자합자회사의 해산 및 청산[제213조부터 제215까지, 제216조(같은 조 제3항 중 투자합자회사의 해산·청산에 관하여 준용하는 부분은 제외한다), 제217조], 집합투자기구의 종류(제229조), 특수한 형태의 집합투자기구(제230조부터 제234조까지), 집합투자증권의 환매(제235조부터 제237조까지), 집합투자재산의 평가 및 기준가격의 산정(제238조 제2항부터 제5항까지 및 제7항·제8항), 결산서류의 작성(제239조), 집합투자재산의 회계처리(제240조 제3항부터 제10항까지), 회계감사인의 손해배상책임(제241조), 최저순자산액 미달사실의 보고(제243조)), 집합투자재산의 보관 및 관리(제244조부터 제248조까지), 사모집합투자기구에 대한 특례(제249조부터 제251조까지) 및 집합투자기구의 등록취소(제253조)이다.

상법 중 제173조(회사의 권리능력의 제한), 제198조(사원의 경업금지), 제217조 제2항(사원의 퇴사권), 제224조(지분압류채권자에 의한 퇴사청구), 제274조(지배인의 선임, 해임) 및 제286조(조직변경)는 사모투자전문회사에 적용하지 아니한다(자법 제277조 제2항).

10. 사모투자전문회사에 대한 조치

금융위원회는 일정한 사유가 발생한 경우에 사모투자전문회사나 그 업무집행사원에 대하여 등록취소 등의 조치를 취할 수 있다.[92]

---

92) 사모투자전문회사에 대한 조치(자법 제278조)

① 금융위원회는 다음 각 호의 어느 하나에 해당하는 경우에는 사모투자전문회사의 등록을 취소할 수 있다. 다만, 제3호의 경우에는 등록을 취소하여야 한다.

1. 거짓, 그 밖의 부정한 방법으로 제268조 제3항 또는 제10항에 따른 등록이나 변경등록을 한 경우
2. 제268조 제4항 각 호에 따른 등록요건을 갖추지 못하게 된 경우
3. 사모투자전문회사가 해산한 경우
4. 금융위원회의 시정명령 또는 중지명령을 이행하지 아니한 경우
5. 제268조 제10항에 따른 변경등록을 하지 아니한 경우
6. 별표 6 각 호의 어느 하나에 해당하는 경우로서 대통령령으로 정하는 경우
7. 대통령령으로 정하는 금융관련 법령 등을 위반한 경우로서 대통령령으로 정하는 경우
8. 그 밖에 투자자의 이익을 현저히 해할 우려가 있거나 사모투자전문회사로서 존속하기 곤란하다고 인정되는 경우로서 대통령령으로 정하는 경우

② 사모투자전문회사가 제1항(제3호를 제외한다)에 따라 등록이 취소된 경우에는 이로 인하여 해산한다.

③ 금융위원회는 사모투자전문회사가 제1항 각 호(제6호를 제외한다)의 어느 하나에 해당하거나 별표 6 각 호의 어느 하나에 해당하는 경우에는 다음 각 호의 어느 하나에 해당하는 조치를 할 수 있다.

1. 6개월 이내의 업무의 전부 또는 일부의 정지
2. 계약의 인계명령
3. 위법행위의 시정명령 또는 중지명령
4. 위법행위로 인한 조치를 받았다는 사실의 공표명령 또는 게시명령
5. 기관경고
6. 기관주의
7. 그 밖에 위법행위를 시정하거나 방지하기 위하여 필요한 조치로서 대통령령으로 정하는 조치

④ 금융위원회는 사모투자전문회사의 업무집행사원(법인인 경우에 한한다)이 제1항 각 호(제6호를 제외한다)의 어느 하나에 해당하거나 별표 6 각 호의 어느 하나에 해당하는 경우에는 다음 각 호의 어느 하나에 해당하는 조치를 할 수 있다.

1. 그 업무집행사원에 대한 조치
   가. 해임요구
   나. 6개월 이내의 직무정지
   다. 기관경고

Ⅲ. 전문사모집합투자기구

1. 의의

전문사모집합투자기구[93]란 적격투자자만을 대상으로 사모로만 발행하는 집합투자기구 중 사모투자전문회사를 제외한 집합투자기구를 말한다(자법 제249조의 2 제1항).

이는 투자판단의 전문성과 투자위험에 대한 부담능력을 갖춘 적격투자자만으로 구성된 사모펀드에 대하여 규제를 완화함으로써 소위 헤지펀드를 도입하자는 취지에서 입법화된 것이다. 전문사모집합투자기구의 경우 운용주체를 집합투자업자로 제한하고, 대상 투자자는 적격투자자로 제한하되, 자산운용에 대

라. 기관주의
마. 그 밖에 위법행위를 시정하거나 방지하기 위하여 필요한 조치로서 대통령령으로 정하는 조치
2. 그 업무집행사원의 임원에 대한 조치
가. 해임요구
나. 6개월 이내의 직무정지
다. 문책경고
라. 주의적 경고
마. 그 밖에 위법행위를 시정하거나 방지하기 위하여 필요한 조치로서 대통령령으로 정하는 조치
3. 그 업무집행사원의 직원에 대한 조치요구
가. 면직
나. 6개월 이내의 정직
다. 감봉
라. 견책
마. 주의
바. 그 밖에 위법행위를 시정하거나 방지하기 위하여 필요한 조치로서 대통령령으로 정하는 조치
⑤ 금융위원회는 사모투자전문회사의 업무집행사원(개인인 경우에 한한다)이 제1항 각 호(제6호를 제외한다)의 어느 하나에 해당하거나 별표 6 각 호의 하나에 해당하는 경우에는 다음 각 호의 어느 하나에 해당하는 조치를 할 수 있다.
1. 해임요구
2. 6개월 이내의 직무정지
3. 문책경고
4. 주의적 경고
5. 그 밖에 위법행위를 시정하거나 방지하기 위하여 필요한 조치로서 대통령령으로 정하는 조치
⑥ 제422조 제3항 및 제423조부터 제425조까지의 규정은 사모투자전문회사 및 사모투자전문회사의 업무집행사원에 대한 조치 등에 관하여 준용한다.

93) 구자법시장법에서는 적격투자자대상 사모집합투자기구라고 하였다.

한 규제는 일반 사모집합투자기구에 비하여 완화하고 있다.[94)]

헤지펀드가 성공하기 위해서는 먼저 전담중개업무를 담당할 증권사가 투자자 유치 및 공동투자, 펀드운용 관련 자금지원 및 조사업무 등을 맡아야 한다. 즉 프라임브로커의 육성이 이루어져야 한다.

2. 적격투자자

전문 집합투자기구의 경우 일정한 투자자만을 대상으로 하는데, 그 발행대상이 되는 적격투자자는 다음과 같다(자령 제271조의 2 제1항).

① 국가 및 외국 정부

② 시행령 제10조 제2항 제1호부터 제8호까지의 어느 하나에 해당하는 자[95)] 및 이에 준하는 외국 금융기관

③ 시행령 제10조 제3항 제1호부터 제4호까지, 제4호의2 및 제5호부터 제14호까지의 어느 하나에 해당하는 자[96)] 및 이에 준하는 외국인

---

94) 개정 자법 제249조의 2 ⑨ 전문사모집합투자기구는 집합투자규약에 따라 투자자에 대한 손익의 분배 또는 손익의 순위 등에 관한 사항을 정할 수 있다.

95) 자령 제10조 ② 법 제9조 제5항 제3호에서 "대통령령으로 정하는 금융기관" 이란 다음 각 호의 금융기관을 말한다.

1. 「은행법」 에 따른 은행
2. 「한국산업은행법」 에 따른 한국산업은행
3. 「중소기업은행법」 에 따른 중소기업은행
4. 「한국수출입은행법」 에 따른 한국수출입은행
5. 「농업협동조합법」 에 따른 농업협동조합중앙회 및 농협은행
6. 「수산업협동조합법」 에 따른 수산업협동조합중앙회
7. 「보험업법」 에 따른 보험회사
8. 금융투자업자(법 제22조에 따른 겸영금융투자업자는 제외한다)

96) 다음 각 호의 자를 말한다. 다만, 제12호부터 제17호까지의 어느 하나에 해당하는 자가 금융투자업자와 장외파생상품 거래를 하는 경우에는 전문투자자와 같은 대우를 받겠다는 의사를 금융투자업자에게 서면으로 통지하는 경우만 해당한다(자령 제10조 제3항).

1. 「예금자보호법」 에 따른 예금보험공사 및 정리금융기관
2. 「금융기관부실자산 등의 효율적 처리 및 한국자산관리공사의 설립에 관한 법률」 에 따른 한국자산관리공사
3. 「한국주택금융공사법」 에 따른 한국주택금융공사
4. 「한국투자공사법」 에 따른 한국투자공사

4의2. 「한국정책금융공사법」 에 따른 한국정책금융공사

5. 협회

④ 금융위원회가 정하여 고시하는 국제기구
⑤ 전문사모집합투자기구별로 5억원 이상 투자하는 개인
⑥ 위험관리 능력 등을 감안하여 금융위원회가 정하여 고시하는 전문투자자

3. 적용제외

전문사모집합투자기구에 대해서는 투자광고의 규제 등 자본시장법상의 집합투자기구에 대한 여러 규정이 적용되지 않는다(자법 제249조의 2 제1항).[97]

---

6. 법 제294조에 따라 설립된 한국예탁결제원
7. 법 제373조에 따라 설립된 한국거래소
8. 「금융위원회의 설치 등에 관한 법률」에 따른 금융감독원
9. 집합투자기구(금융위원회가 정하여 고시하는 것은 제외한다)
10. 「신용보증기금법」에 따른 신용보증기금
11. 「기술신용보증기금법」에 따른 기술신용보증기금
12. 법률에 따라 설립된 기금(제10호 및 제11호는 제외한다) 및 그 기금을 관리·운용하는 법인
13. 법률에 따라 공제사업을 경영하는 법인
14. 지방자치단체

97) 자본시장법 상 투자광고의 규제(제57조), 집합투자증권판매의 특례(제76조 제2항부터 제6항까지), 자산운용제한[제81조(같은 조 제1항 제1호 마목·같은 항 제2호는 제외한다)], 자기집합투자증권 취득제한(제82조), 금전차입제한(제83조), 자산운용보고서 제공의무(제88조), 수시공시[제89조(제186조 제2항에서 준용하는 경우를 포함한다)], 영업보고서 제출의무[제90조(제186조 제2항에서 준용하는 경우를 포함한다)], 장부·서류의 열람 및 공시[제91조 제3항(제186조 제2항에서 준용하는 경우를 포함한다)], 환매연기 등의 통지(제92조), 집합투자업자의 파생상품의 운용 특례(제93조), 부동산의 운용 특례(제94조 제1항부터 제4항까지 및 제6항), 집합투자기구의 등록(제182조), 집합투자기구의 명칭규제(제183조 제1항), 집합투자기구의 업무수행(제184조 제3항·제4항 및 제6항), 자기집합투자증권의 취득 제한[제186조(제87조를 준용하는 경우는 제외한다)], 신탁계약의 변경(제188조 제2항 및 제3항), 수익자의 권리(제189조 제2항), 투자회사정관의 변경(제195조), 신주의 발행조건(제196조 제5항(제208조 제3항, 제216조 제2항, 제217조의3 제3항, 제222조 제2항 및 제227조 제2항에서 준용하는 경우를 포함한다)), 투자회사의 이사의 구분과 선임(제197조), 법인이사(제198조 제2항 및 제3항), 감독이사(제199조), 이사회(제200조), 등록전 투자유한회사 사원가입금지(제207조 제5항), 투자유한회사 사원의 권리(제208조 제1항(제216조 제2항, 제222조 제2항 및 제227조 제2항에서 준용하는 경우를 포함한다)), 투자유한회사 정관변경(제211조 제1항), 등록전 투자합자회사 사원가입금지(제213조 제5항), 투자합자회사 정관변경(제216조 제1항), 사원의 가입제한(제217조의2 제5항), 사원의 권리(제217조의3 제1항) 및 정관변경(제217조의6 제1항), 등록전 투자합자조합원 가입금지(제218조 제3항), 투자합자회사 정관변경(제222조 제1항), 등록전 투자익명조합원 가입금지(제224조 제3항), 투자익명조합계약의 변경(제227조 제1항), 운용대상자산에 따른 집합투자기구의 구분(제229조), 환매금지형 집합투자기구(제230조), 환매청구방법(제235조), 환매연기(제237조), 집합투자재산의 평가 및 기준가격의 산정(제238조 제4항부터 제8항까지), 결산서류의 작성(제239조 제2항부터 제5항까지), 집합투자재산의 회계

4. 이사

전문사모집합투자기구인 투자회사는 집합투자업자인 법인이사 1명을 두며, 이사의 수를 1명 또는 2명으로 할 수 있다(자법 제249조의 2 제8항).

5. 양도제한

전문사모집합투자기구의 투자자는 그 집합투자증권을 적격투자자가 아닌 자에게 양도하여서는 아니 된다(자법 제249조의 2 제2항).

6. 금전차입 등

집합투자업자는 원칙적으로 금전의 차입이 제한되고, 집합투자재산 중 금전을 대여하거나 집합투자재산으로 타인에게 채무보증, 담보제공을 할 수 없다. 그러나 전문사모집합투자기구는 레버리지를 이용한 헤지펀드의 성격을 지니므로 일정한 범위에서 금전의 차입, 채무보증, 담보제공을 할 수 있도록 하고 있다. 그러나 과도한 레버리지는 그 운용에 따라서 투자자에게 큰 피해를 줄 수 있으므로 투자자 보호를 위해서 일정한 비율상의 제한을 가하고 있다.

그 내용을 보면, 집합투자업자가 전문사모집합투자기구의 집합투자재산을 운용함에 있어서 집합투자기구의 계산으로 금전을 차입하는 경우 그 차입금의 총액은 차입 당시 집합투자재산 총액의 100분의 400 이내로서 대통령령으로 정하는 비율(300%)을 초과하여서는 아니 된다(자법 제249조의 2 제3항, 자령 제271조의 2 제2항).

집합투자업자가 전문사모집합투자기구의 집합투자재산을 운용함에 있어서 집합투자재산으로 해당 집합투자기구 외의 자를 위하여 채무보증 또는 담보제

처리(제240조 제3항부터 제8항까지 및 제10항), 회계감사인의 손해배상책임(제241조), 최저순자산액 미달사실의 보고(제243조), 신탁업자의 운용행위 감시(제247조), 신탁업자의 자산보관·관리보고서의 교부(제248조) 및 사모집합투자기구에 대한 특례(제249조 제1항·제2항·제6항)은 전문사모집합투자기구에는 적용하지 아니한다.

공을 하는 경우 그 채무보증액 및 담보목적물의 가액의 총액은 채무보증 또는 담보제공 당시 집합투자재산 총액의 100분의 100 이내로서 대통령령으로 정하는 비율(50%)을 초과하여서는 아니 된다(자법 제249조의 2 제1항, 자령 제271조의 2 제3항).

7. 보고의무

전문사모집합투자기구인 투자신탁이나 투자익명조합의 집합투자업자 또는 전문사모집합투자기구인 투자회사 등은 전문사모집합투자기구가 설정·설립되거나 그 밖에 대통령령으로 정한 사유[98]가 발생한 경우에는 그 날부터 1개월 이내에 대통령령으로 정하는 바[99]에 따라 금융위원회에 보고하여야 한다(자법 제249조의 2 제6항).

집합투자업자는 대통령령으로 정하는 방법[100]에 따라 전문사모집합투자기구의 금전차입 현황, 파생상품 매매 현황 등을 금융위원회에 보고하여야 한다

98) 다음 각 호의 사항을 말한다(자령 제271조의2 제4항).
1. 제2항, 제3항 및 제80조 제6항 단서의 한도를 초과한 경우
2. 집합투자업자, 투자운용인력, 신탁업자 및 전담중개업무를 제공하는 자가 변경된 경우
3. 부실자산이 발생한 경우
4. 기준가격 산정오류 및 그 변경이 있는 경우(제262조 제1항 후단에 따라 공고·게시하는 경우로 한정한다)
5. 환매연기 또는 환매재개의 결정이 있는 경우
6. 주된 투자운용전략이 변경된 경우

99) 자법 제249조의2 제6항에 따라 전문사모집합투자기구인 투자신탁이나 투자익명조합의 집합투자업자 또는 전문사모집합투자기구인 투자회사 등이 금융위원회에 보고를 하는 경우에는 다음 각 호의 사항을 포함하여 보고하여야 한다(자령 제271조의2 제5항).
1. 제4항 제1호의 경우: 제2항, 제3항 및 제80조 제6항 단서의 한도를 초과하게 된 사유와 처리방안
2. 제4항 제4호의 경우: 기준가격 산정오류의 발생원인 및 그 변경내용
3. 제4항 제5호의 경우: 환매연기 또는 환매재개의 사유

100) 집합투자업자는 법 제249조의2 제7항에 따라 전문사모집합투자기구별로 다음 각 호의 사항을 분기별로 금융위원회가 정하여 고시하는 서식 및 절차에 따라 보고하여야 한다(자령 제271조의2 제6항).
1. 금전차입 및 파생상품 매매 현황
2. 채무보증 또는 담보제공 현황
3. 주된 운용전략 및 투자대상자산의 종류
4. 투자에 따른 위험관리에 관한 사항

(자법 제249조의 2 제7항).

제3장 집합투자증권의 환매

Ⅰ. 환매청구 및 방법

1. 환매의 청구

(1) 시기

투자자는 언제든지 집합투자증권의 환매를 청구할 수 있다(자법 제235조 제1항).

(2) 환매청구의 상대방

투자자는 집합투자증권의 환매를 청구하고자 하는 경우에는 그 집합투자증권을 판매한 투자매매업자 또는 투자중개업자에게 청구하여야 한다. 다만, 투자매매업자 또는 투자중개업자가 해산 · 인가취소 또는 업무정지, 그 밖에 대통령령으로 정하는 사유[101]로 인하여 환매청구에 응할 수 없는 경우에는 해당 집합투자기구의 집합투자업자에게 직접 청구할 수 있으며, 환매청구를 받은 집합투자업자가 해산 등으로 인하여 환매에 응할 수 없는 경우에는 해당 집합투자재산을 보관 · 관리하는 신탁업자에게 청구할 수 있다(자법 제235조 제2항).

(3) 투자매매업자 또는 투자중개업자 등에 의한 환매요구

환매청구를 받은 투자매매업자 또는 투자중개업자는 수익증권 또는 투자익

101) 천재지변 등으로 인한 전산장애, 그 밖에 이에 준하는 사유로 인하여 집합투자증권을 판매한 투자매매업자 · 투자중개업자가 정상적으로 업무를 하는 것이 곤란하다고 금융위원회가 인정한 경우를 말한다(자령 제253조).

명조합의 지분증권인 경우 해당 투자신탁 또는 투자익명조합의 집합투자업자에 대하여, 투자회사 등이 발행한 집합투자증권인 경우 그 투자회사 등에 대하여 각각 지체 없이 환매에 응할 것을 요구하여야 하며, 집합투자업자 또는 신탁업자가 투자회사 등이 발행한 집합투자증권의 환매청구를 받은 경우에는 이들이 투자회사 등에 대하여 지체 없이 환매에 응할 것을 요구하여야 한다(자법 제235조 제3항).

2. 환매의 방법

(1) 환대매금의 지급시기

환매청구를 받거나 환매에 응할 것을 요구받은 투자신탁이나 투자익명조합의 집합투자업자(해당 집합투자재산을 보관·관리하는 신탁업자를 포함한다) 또는 투자회사 등은 그 집합투자기구의 투자대상자산의 환금성 등을 고려하여 대통령령으로 정하는 경우[1]를 제외하고는 투자자가 환매청구를 한 날부터 15일 이내에 집합투자규약에서 정한 환매일에 환매대금을 지급하여야 한다(자법 제235조 제4항).

(2) 금전지급의 원칙

투자신탁이나 투자익명조합의 집합투자업자(해당 집합투자재산을 보관·관리하는 신탁업자를 포함한다) 또는 투자회사 등은 환매대금을 지급하는 경우에는 집합투자재산의 범위에서 집합투자재산으로 소유 중인 금전 또는 집합투자재산을 처분하여 조성한 금전으로만 하여야 한다. 다만, 집합투자기구의 투자자 전원의 동의를 얻은 경우에는 그 집합투자기구에서 소유하고 있는 집합

1) 다음 각 호의 어느 하나에 해당하는 경우로서 집합투자규약에서 환매청구를 받은 날부터 15일을 초과하여 환매일을 정한 경우를 말한다(자령 제254조 제1항).
1. 각 집합투자기구 자산총액의 100분의 10의 범위에서 금융위원회가 정하여 고시하는 비율을 초과하여 금융위원회가 정하여 고시하는 시장성 없는 자산에 투자하는 경우
2. 각 집합투자기구 자산총액의 100분의 50을 초과하여 외화자산에 투자하는 경우

투자재산으로 지급할 수 있다(자법 제235조 제5항).

3. 집합투자증권의 취득제한

집합투자증권을 판매한 투자매매업자·투자중개업자, 집합투자재산을 운용하는 집합투자업자 또는 집합투자재산을 보관·관리하는 신탁업자는 환매청구를 받거나 환매에 응할 것을 요구받은 집합투자증권을 자기의 계산으로 취득하거나 타인에게 취득하게 하여서는 아니 된다. 다만, 집합투자증권의 원활한 환매를 위하여 필요하거나 투자자의 이익을 해할 우려가 없는 경우로서 대통령령으로 정하는 경우[2]에는 그 투자매매업자·투자중개업자·집합투자업자 또는 신탁업자는 환매청구를 받거나 환매에 응할 것을 요구받은 집합투자증권을 자기의 계산으로 취득할 수 있다(자법 제235조 제6항).

4. 집합투자증권의 소각

투자신탁이나 투자익명조합의 집합투자업자(해당 집합투자재산을 보관·관리하는 신탁업자를 포함한다) 또는 투자회사 등은 이 장에 따라 집합투자증권을 환매한 경우에는 그 집합투자증권을 소각하여야 한다(자법 제235조 제7항).

---

2) 다음 각 호의 어느 하나에 해당하는 경우를 말한다(자령 제254조 제2항).

1. 단기금융집합투자기구의 집합투자증권을 판매한 투자매매업자 또는 투자중개업자가 그 단기금융집합투자기구별 집합투자증권 판매규모의 100분의 5에 상당하는 금액 또는 금융위원회가 정하여 고시하는 금액 중 큰 금액의 범위에서 개인투자자로부터 환매청구일에 공고되는 기준가격으로 환매청구일에 그 집합투자증권을 매수하는 경우
2. 투자자가 금액을 기준으로 집합투자증권(단기금융집합투자기구의 집합투자증권은 제외한다)의 환매를 청구함에 따라 그 집합투자증권을 판매한 투자매매업자 또는 투자중개업자가 해당 집합투자기구의 집합투자규약에서 정한 환매가격으로 그 집합투자규약에서 정한 환매일에 그 집합투자증권의 일부를 불가피하게 매수하는 경우

Ⅱ. 환매가격 및 수수료

1. 환매가격의 결정

투자신탁이나 투자익명조합의 집합투자업자 또는 투자회사 등은 집합투자증권을 환매하는 경우 환매청구일 후에 산정되는 기준가격으로 하여야 한다. 다만, 투자자의 이익 또는 집합투자재산의 안정적 운용을 해할 우려가 없는 경우로서 대통령령으로 정하는 경우[3]에는 환매청구일 이전에 산정된 기준가격으로 환매할 수 있다(자법 제236조 제1항).[4]

2. 환매수수료

집합투자증권을 환매하는 경우에 부과하는 환매수수료는 집합투자규약에서 정하는 기간 이내에 환매하는 경우에 부과한다. 이 경우 환매수수료는 환매금

3) 다음 각 호의 어느 하나에 해당하는 경우로서 환매청구일에 공고되는 기준가격으로 환매청구일에 환매한다는 내용을 집합투자규약에 정한 경우를 말한다(자령 제255조 제1항).
1. 투자매매업자 또는 투자중개업자가 단기금융집합투자기구의 집합투자증권을 판매한 경우로서 다음 각 목의 어느 하나에 해당하는 경우
가. 투자자가 금융투자상품 등의 매수에 따른 결제대금을 지급하기 위하여 단기금융집합투자기구의 집합투자증권을 환매하기로 그 투자매매업자 또는 투자중개업자와 미리 약정한 경우
나. 투자자가 공과금 납부 등 정기적으로 발생하는 채무를 이행하기 위하여 단기금융집합투자기구의 집합투자증권을 환매하기로 그 투자매매업자 또는 투자중개업자와 미리 약정한 경우
2. 투자매매업자 또는 투자중개업자가 다음 각 목의 어느 하나에 해당하는 자에게 단기금융집합투자기구의 집합투자증권을 판매한 경우로서 그 집합투자증권을 환매하는 경우
가.「외국환거래법」제13조에 따른 외국환평형기금
나.「국가재정법」제81조에 따른 여유자금을 통합하여 운용하는 단기금융집합투자기구 및 증권집합투자기구

4) 자령 제255조 ③ 법 제236조 제1항 본문의 환매청구일 후에 산정되는 기준가격은 환매청구일부터 기산하여 제2영업일(투자자가 집합투자규약에서 정한 집합투자증권의 환매청구일을 구분하기 위한 기준시점을 지나서 환매청구를 하는 경우에는 제3영업일을 말한다) 이후에 공고되는 기준가격으로서 해당 집합투자기구의 집합투자규약에서 정한 기준가격으로 한다.
④ 제3항에도 불구하고 투자자가 집합투자기구를 변경하지 아니하고 그 집합투자기구의 집합투자증권을 판매한 투자매매업자 또는 투자중개업자를 변경할 목적으로 집합투자증권을 환매하는 경우에는 집합투자증권의 환매를 청구한 후 15일 이내에 집합투자규약에서 정하는 투자매매업자 또는 투자중개업자 변경의 효력이 발생하는 날에 공고되는 기준가격을 적용한다.

액 또는 이익금 등을 기준으로 부과할 수 있으며, 집합투자증권의 환매를 청구하는 해당 투자자가 부담한다. 투자자가 부담한 환매수수료는 집합투자재산에 귀속된다(자법 제236조 제2항, 자령 제255조 제3항).

Ⅲ. 환매의 연기

1. 의의

투자신탁이나 투자익명조합의 집합투자업자 또는 투자회사 등은 집합투자재산인 자산의 처분이 불가능한 경우 등 대통령령으로 정하는 사유[5]로 인하여 집합투자규약에서 정한 환매일에 집합투자증권을 환매할 수 없게 된 경우에는 그 집합투자증권의 환매를 연기할 수 있다.

2. 집합투자자총회의 결의

환매를 연기하는 경우에 투자신탁이나 투자익명조합의 집합투자업자 또는 투자회사 등은 환매를 연기한 날부터 6주 이내에 집합투자자총회에서 집합투

5) 다음 각 호의 어느 하나에 해당하는 경우를 말한다(자령 제256조).
1. 집합투자재산의 처분이 불가능하여 사실상 환매에 응할 수 없는 경우로서 다음 각 목의 어느 하나에 해당하는 경우
   가. 뚜렷한 거래부진 등의 사유로 집합투자재산을 처분할 수 없는 경우
   나. 증권시장이나 해외 증권시장의 폐쇄·휴장 또는 거래정지, 그 밖에 이에 준하는 사유로 집합투자재산을 처분할 수 없는 경우
   다. 천재지변, 그 밖에 이에 준하는 사유가 발생한 경우
2. 투자자 간의 형평성을 해칠 염려가 있는 경우로서 다음 각 목의 어느 하나에 해당하는 경우
   가. 부도발생 등으로 인하여 집합투자재산을 처분하여 환매에 응하는 경우에 다른 투자자의 이익을 해칠 염려가 있는 경우
   나. 집합투자재산에 속하는 자산의 시가가 없어서 환매청구에 응하는 경우에 다른 투자자의 이익을 해칠 염려가 있는 경우
   다. 대량의 환매청구에 응하는 것이 투자자 간의 형평성을 해칠 염려가 있는 경우
3. 환매를 청구받거나 요구받은 투자매매업자 또는 투자중개업자·집합투자업자·신탁업자·투자회사 등이 해산등으로 인하여 집합투자증권을 환매할 수 없는 경우
4. 그 밖에 제1호부터 제3호까지의 경우에 준하는 경우로서 금융위원회가 환매연기가 필요하다고 인정한 경우

자증권의 환매에 관한 사항으로서 대통령령으로 정하는 사항[6]을 결의(자법 제190조 제5항 본문, 제201조 제2항 단서, 제210조 제2항 단서, 제215조 제3항, 제220조 제3항 및 제226조 제3항의 결의를 말한다)하여야 한다(자법 제237조 제1항 후단).

투자신탁이나 투자익명조합의 집합투자업자 또는 투자회사 등은 위의 집합투자자총회에서 집합투자증권의 환매에 관한 사항을 정하지 아니하거나 환매에 관하여 정한 사항의 실행이 불가능한 경우에는 계속하여 환매를 연기할 수 있다(자법 제237조 제2항).

3. 통지

투자신탁이나 투자익명조합의 집합투자업자 또는 투자회사 등은 집합투자자총회에서 환매에 관한 사항이 결의되거나 환매의 연기를 계속하는 경우 지체 없이 다음의 구분에 따라 정한 사항을 투자자에게 통지하여야 한다(자법 제237조 제3항).

① 집합투자자총회에서 환매에 관한 사항을 결의한 경우
 가. 환매에 관하여 결의한 사항
 나. 그 밖에 대통령령으로 정하는 사항[7]

② 환매연기를 계속하는 경우
 가. 환매를 연기하는 사유
 나. 환매를 연기하는 기간
 다. 환매를 재개하는 경우 환매대금의 지급방법
 라. 그 밖에 대통령령으로 정하는 사항[8]

---

6) 다음 각 호의 사항을 말한다(자령 제257조 제1항).
 1. 환매를 재개하려는 경우에는 환매대금의 지급시기와 지급방법
 2. 환매연기를 계속하려는 경우에는 환매연기기간과 환매를 재개할 때의 환매대금의 지급시기 및 지급방법
 3. 법 제237조 제5항에 따라 일부환매를 하는 경우에는 환매연기의 원인이 되는 자산의 처리방법

7) 다음 각 호의 사항을 말한다(자령 제257조 제2항).
 1. 환매가격
 2. 일부환매의 경우에는 그 뜻과 일부환매의 규모

4. 환매연기사유의 해소

투자신탁이나 투자익명조합의 집합투자업자 또는 투자회사 등은 환매연기사유의 전부 또는 일부가 해소된 경우에는 환매가 연기된 투자자에 대하여 환매한다는 뜻을 통지하고 대통령령으로 정하는 방법[9]에 따라 환매대금을 지급하여야 한다(자법 제237조 제4항).

Ⅳ 일부환매

1. 의의

투자신탁이나 투자익명조합의 집합투자업자 또는 투자회사 등은 집합투자재산의 일부가 환매연기사유에 해당하는 경우 그 일부에 대하여는 환매를 연기하고 나머지에 대하여는 투자자가 소유하고 있는 집합투자증권의 지분에 따라 환매에 응할 수 있다(자법 제237조 제5항).

2. 자산의 분리

투자신탁이나 투자익명조합의 집합투자업자 또는 투자회사 등은 집합투자증권을 일부환매하거나 환매연기를 위한 집합투자자총회에서 일부환매를 결의한 경우에는 일부환매를 결정한 날 전날을 기준으로 환매연기의 원인이 되는 자산을 나머지 자산(정상자산)으로부터 분리하여야 한다(자령 제259조 제1항).

---

8) 다음 각 호의 사항을 말한다(자령 제257조 제3항).
   1. 환매를 재개하는 경우에 환매가격 및 환매대금의 지급시기
   2. 일부환매의 경우에 그 뜻과 일부환매의 규모

9) 자령 제258조(환매재개시 환매방법) 투자신탁이나 투자익명조합의 집합투자업자 또는 투자회사 등은 환매연기를 위한 집합투자자총회일 이후에 환매연기사유의 전부나 일부가 해소된 경우에는 법 제237조 제4항에 따라 그 집합투자자총회에서 결의한 내용에 따라 환매하여야 한다. 다만, 투자신탁이나 투자익명조합의 집합투자업자나 투자회사 등은 환매연기를 위한 집합투자자총회의 개최 전에 환매연기사유가 해소된 경우에는 집합투자자총회를 개최하지 아니하고 환매할 수 있다.

투자신탁이나 투자익명조합의 집합투자업자 또는 투자회사 등은 정상자산에 대하여는 집합투자규약에서 정한 방법으로 그 정상자산에 대한 기준가격을 계산하여 투자자가 소유하고 있는 집합투자증권의 지분에 따라 환매대금을 지급하여야 한다(자령 제259조 제2항).

3. 별도 집합투자기구의 설정 또는 설립

투자신탁이나 투자익명조합의 집합투자업자 또는 투자회사 등은 환매가 연기된 집합투자재산만으로 별도의 집합투자기구를 설정 또는 설립할 수 있다(자법 제237조 제6항). 이에 따라 별도의 집합투자기구를 설정 또는 설립한 경우에는 정상자산으로 구성된 집합투자기구의 집합투자증권을 계속하여 발행·판매 및 환매할 수 있다(자령 제259조 제3항).

V. 환매불응사유

투자신탁이나 투자익명조합의 집합투자업자 또는 투자회사 등은 다음에 해당하는 경우에는 환매청구에 응하지 아니할 수 있다(자법 제237조 제8항).

① 집합투자기구(투자신탁을 제외한다)가 해산한 경우
② 투자회사의 순자산액이 정관이 정하는 최저순자산액에 미달하는 경우
③ 법령 또는 법령에 따른 명령에 따라 환매가 제한되는 경우
④ 투자신탁의 수익자, 투자회사의 주주 또는 그 수익자·주주의 질권자로서 권리를 행사할 자를 정하기 위하여 상법 제354조 제1항(제189조 제9항에서 준용하는 경우를 포함한다)에 따라 일정한 날을 정하여 수익자명부 또는 주주명부에 기재된 수익자·주주 또는 질권자를 그 권리를 행사할 수익자·주주 또는 질권자로 보도록 한 경우로서 이 일정한 날과 그 권리를 행사할 날의 사이에 환매청구를 한 경우. 이 경우 같은 법 제354조 제3항을 적용함에 있어서 "3월"을 "2개월"로 한다.

제4장 집합투자재산

제1절 평가 및 회계

Ⅰ. 집합투자재산의 평가

1. 집합투자재산의 평가

(1) 시가평가의 원칙

집합투자업자는 대통령령으로 정하는 방법1)에 따라 집합투자재산을 시가에 따라 평가하되, 평가일 현재 신뢰할 만한 시가가 없는 경우에는 대통령령으로 정하는 공정가액2)으로 평가하여야 한다. 다만, 투자자가 수시로 변동되는 등

---

1) 증권시장(해외 증권시장을 포함한다)에서 거래된 최종시가 또는 장내파생상품이 거래되는 파생상품시장(해외 파생상품시장을 포함한다)에서 공표하는 가격을 말한다. 다만, 다음 각 호의 경우에는 해당 호에서 정하는 가격으로 평가할 수 있다(자령 제260조 제1항).
  1. 사모투자전문회사가 법 제270조 제1항 제1호 또는 제2호에 따라 지분증권에 투자하는 경우에는 그 지분증권의 취득가격
  2. 평가기준일이 속하는 달의 직전 3개월간 계속하여 매월 10일 이상 증권시장에서 시세가 형성된 채무증권의 경우에는 평가기준일에 증권시장에서 거래된 최종시가를 기준으로 둘 이상의 채권평가회사가 제공하는 가격정보를 기초로 한 가격
  3. 해외 증권시장에서 시세가 형성된 채무증권의 경우에는 둘 이상의 채권평가회사가 제공하는 가격정보를 기초로 한 가격

2) 집합투자재산에 속한 자산의 종류별로 다음 각 호의 사항을 고려하여 집합투자재산평가위원회(사모투자전문회사의 경우는 업무집행사원을 말한다)가 법 제79조 제2항에 따른 충실의무를 준수하고 평가의 일관성을 유지하여 평가한 가격을 말한다. 이 경우 집합투자재산평가위원회는 집합투자재산에 속한 자산으로서 부도채권 등 부실화된 자산에 대하여는 금융위원회가 정하여 고시하는 기준에 따라 평가하여야 한다(자령 제260조 제2항).
  1. 투자대상자산의 취득가격
  2. 투자대상자산의 거래가격
  3. 투자대상자산에 대하여 다음 각 목의 자가 제공한 가격
     가. 채권평가회사
     나. 「공인회계사법」에 따른 회계법인
     다. 신용평가회사
     라. 「부동산 가격공시 및 감정평가에 관한 법률」에 따른 감정평가업자

투자자의 이익을 해할 우려가 적은 경우로서 대통령령으로 정하는 경우에는[3] 대통령령으로 정하는 가액[4]으로 평가할 수 있다(자법 제238조 제1항).

(2) 집합투자재산평가위원회

집합투자업자는 집합투자재산의 평가업무를 수행하기 위하여 평가위원회를 구성·운영하여야 한다(자법 제238조 제2항).[5]

집합투자재산평가위원회는 다음의 집합투자재산평가기준의 적용 여부 등 집합투자재산평가에 관한 사항을 반기마다 집합투자업자의 이사회(집합투자업겸영은행의 경우에는 집합투자재산운용위원회를 말한다)에 보고하여야 한다(자령 제261조 제2항).

(3) 집합투자재산평가기준

집합투자업자는 집합투자재산에 대한 평가가 공정하고 정확하게 이루어질 수 있도록 그 집합투자재산을 보관·관리하는 신탁업자의 확인을 받아 다음의 사항이 포함된 집합투자재산의 평가와 절차에 관한 기준(집합투자재산평가기준)을 마련하여야 한다(자법 제238조 제3항).

마. 인수업을 영위하는 투자매매업자
바. 가목부터 마목까지의 자에 준하는 자로서 관련 법령에 따라 허가·인가·등록 등을 받은 자
사. 가목부터 바목까지의 자에 준하는 외국인
4. 환율
5. 집합투자증권의 기준가격

3) 단기금융 집합투자기구의 집합투자재산을 말한다(자령 제260조 제3항).

4) 금융위원회가 정하여 고시하는 장부가격을 말한다. 이 경우 집합투자업자는 장부가격에 따라 평가한 기준가격과 제1항 및 제2항에 따라 평가한 기준가격의 차이를 수시로 확인하여야 하며, 그 차이가 금융위원회가 정하여 고시하는 비율을 초과하거나 초과할 염려가 있는 경우에는 집합투자규약에서 정하는 바에 따라 필요한 조치를 취하여야 한다(자령 제260조 제3항).

5) 집합투자업자는 집합투자재산평가위원회를 다음 각 호의 자로 구성하여야 한다(자령 제261조 제1항).
1. 집합투자재산의 평가업무 담당 임원
2. 집합투자재산의 운용업무 담당 임원
3. 준법감시인
4. 그 밖에 집합투자재산의 공정한 평가를 위하여 필요하다고 금융위원회가 인정한 자

① 평가위원회의 구성 및 운영에 관한 사항
② 집합투자재산의 평가의 일관성 유지에 관한 사항
③ 집합투자재산의 종류별로 해당 재산의 가격을 평가하는 채권평가회사를 두는 경우 그 선정 및 변경과 해당 채권평가회사가 제공하는 가격의 적용에 관한 사항
④ 그 밖에 대통령령으로 정하는 사항[6]

(4) 통보와 확인

집합투자업자는 평가위원회가 집합투자재산을 평가한 경우 그 평가명세를 지체 없이 그 집합투자재산을 보관·관리하는 신탁업자에게 통보하여야 한다(자법 제238조 제4항). 집합투자재산을 보관·관리하는 신탁업자는 집합투자업자의 집합투자재산에 대한 평가가 법령 및 집합투자재산평가기준에 따라 공정하게 이루어졌는지 확인하여야 한다(자법 제238조 제5항).

2. 기준가격의 산정

(1) 산정의 방법

투자신탁이나 투자익명조합의 집합투자업자 또는 투자회사 등은 집합투자재산의 평가결과에 따라, 기준가격의 공고·게시일 전날의 대차대조표상에 계상된 자산총액에서 부채총액을 뺀 금액을 그 공고·게시일 전날의 집합투자증권 총수로 나누어 계산하는 방법으로 집합투자증권의 기준가격을 산정하여야 한다(자법 제238조 제6항, 자령 제262조 제1항).

6) 다음 각 호의 사항을 말한다(자령 제261조 제3항).
1. 금융위원회가 정하여 고시하는 부도채권 등 부실화된 자산 등의 분류 및 평가와 관련하여 적용할 세부기준에 관한 사항
2. 집합투자재산 평가오류의 수정에 관한 사항
3. 집합투자재산에 속한 자산의 종류별 평가기준에 관한 사항
4. 법 제192조제 4항에 따른 미수금 및 미지급금 등의 평가방법에 관한 사항

(2) 기준가격의 변경

기준가격의 산정시 투자신탁이나 투자익명조합의 집합투자업자 또는 투자회사 등은 평가오류의 수정에 따라 공고·게시한 기준가격이 잘못 계산된 경우에는 기준가격을 지체 없이 변경한 후에 다시 공고·게시하여야 한다(자령 제262조 제1항).[7)]

투자신탁이나 투자익명조합의 집합투자업자 또는 투자회사 등은 기준가격을 변경하려는 때에는 집합투자업자의 준법감시인과 신탁업자의 확인을 받아야 하며(자령 제262조 제2항), 금융위원회가 정하여 고시하는 바에 따라 그 사실을 금융위원회에 보고하여야 한다(자령 제262조 제3항).

(3) 공고·게시

투자신탁이나 투자익명조합의 집합투자업자 또는 투자회사 등은 산정된 기준가격을 매일 공고·게시하여야 한다. 다만, 집합투자재산을 외화자산에 투자하는 경우로서 기준가격을 매일 공고·게시하는 것이 곤란한 경우에는 해당 집합투자규약에서 기준가격의 공고·게시주기를 15일 이내의 범위에서 별도로 정할 수 있다(자법 제238조 제7항, 자령 제262조 제5항).

(4) 기준가격산정업무의 위탁명령

금융위원회는 투자신탁이나 투자익명조합의 집합투자업자 또는 투자회사 등이 거짓으로 기준가격을 산정한 경우에는 그 투자신탁이나 투자익명조합의 집합투자업자 또는 투자회사 등에 대하여 기준가격 산정업무를 일반사무관리회

---

7) 처음에 공고·게시한 기준가격과 변경된 기준가격의 차이가 처음에 공고·게시한 기준가격을 기준으로 다음 각 호의 한도를 초과하지 않는 경우는 제외한다(자령 제262조 제1항)

1. 법 제229조 제1호에 따른 집합투자기구로서 국내 증권시장에서 거래되는 지분증권에 투자하는 경우: 1천분의 2
2. 법 제229조 제1호에 따른 집합투자기구로서 해외 증권시장에서 거래되는 지분증권에 투자하는 경우: 1천분의 3
3. 법 제229조 제5호에 따른 단기금융집합투자기구의 경우: 1만분의 5
4. 제1호부터 제3호까지의 집합투자기구 외의 집합투자기구의 경우: 1천분의 1

사에 그 범위를 정하여 위탁하도록 명할 수 있다. 이 경우 해당 집합투자업자 및 그 집합투자업자의 계열회사, 투자회사·투자유한회사·투자유한책임회사, 투자합자회사의 계열회사는 그 수탁대상에서 제외된다(자법 제238조 제8항).

Ⅱ. 집합투자재산의 회계처리

1. 결산서류의 작성, 승인 및 비치·열람

(1) 작성

투자신탁이나 투자익명조합의 집합투자업자 또는 투자회사 등은 집합투자기구의 결산기마다 다음의 서류 및 부속명세서(결산서류)를 작성하여야 한다(자법 제239조 제1항).

① 대차대조표
② 손익계산서
③ 자산운용보고서

(2) 승인

투자회사의 법인이사는 결산서류의 승인을 위하여 이사회 개최 1주 전까지 그 결산서류를 이사회에 제출하여 그 승인을 받아야 한다(자법 제239조 제2항).

(3) 비치·열람

투자신탁이나 투자익명조합의 집합투자업자 또는 투자회사 등은 다음의 서류를 본점(투자회사 등의 경우 그 투자회사 등의 집합투자재산을 운용하는 집합투자업자의 본점을 포함한다)에 비치하여야 하며, 해당 집합투자증권을 판매한 투자매매업자 또는 투자중개업자에게 이를 송부하여 그 영업소에 비치하도록 하여야 한다(자법 제239조 제3항).

① 결산서류
② 회계감사보고서
③ 집합투자자총회 의사록
④ 이사회 의사록(투자회사의 경우에 한한다)

투자신탁이나 투자익명조합의 집합투자업자, 투자회사 등 및 해당 집합투자증권을 판매한 투자매매업자 또는 투자중개업자는 결산서류 및 회계감사보고서를 위의 비치일부터 5년간 보존하여야 한다(자법 제239조 제4항).

집합투자기구의 투자자 및 채권자는 영업시간 중 언제든지 비치된 서류를 열람할 수 있으며, 그 서류의 등본 또는 초본의 교부를 청구할 수 있다(자법 제239조 제5항).

2. 회계처리

(1) 회계처리기준

투자신탁이나 투자익명조합의 집합투자업자 또는 투자회사 등은 집합투자재산에 관하여 회계처리를 하는 경우 금융위원회가 증권선물위원회의 심의를 거쳐 정하여 고시한 회계처리기준에 따라야 한다(자법 제240조 제1항).

금융위원회는 회계처리기준의 제정 또는 개정을 한국회계기준원에 위탁할 수 있다. 이 경우 그 민간법인 또는 단체는 회계처리기준을 제정 또는 개정한 때에는 이를 금융위원회에 지체 없이 보고하여야 한다(자법 제240조 제2항, 자령 제263조).

(2) 회계감사

투자신탁이나 투자익명조합의 집합투자업자 또는 투자회사 등은 집합투자재산에 대하여 회계기간의 말일 및 계약기간 종료 또는 해지의 경우 그 종료일 또는 해지일, 존속기간 만료 또는 해산의 경우 그 만료일 또는 해산일부터 2개월 이내에 회계감사인의 회계감사를 받아야 한다. 다만, 투자자의 이익을 해할 우려가 없는 경우로서 대통령령으로 정하는 경우[8]에는 그러하지 아니하다(자법 제240조 제3항).

(3) 회계감사인

1) 회계감사인의 선임·교체

투자신탁이나 투자익명조합의 집합투자업자 또는 투자회사 등(투자회사는 제외한다)이 집합투자기구의 회계감사인을 선임하거나 교체하려는 경우에는 그 집합투자기구의 집합투자재산을 운용하는 집합투자업자의 감사의 동의(감사위원회가 설치된 경우에는 감사위원회의 의결을 말한다)를 받아야 하며, 투자회사가 회계감사인을 선임하거나 교체하려는 경우에는 감독이사의 동의를 받아야 한다(자령 제265조 제1항).

투자신탁이나 투자익명조합의 집합투자업자 또는 투자회사 등은 집합투자재산의 회계감사인을 선임하거나 교체한 경우에는 지체 없이 그 집합투자재산을 보관·관리하는 신탁업자에게 그 사실을 통지하여야 하며, 그 선임일 또는 교체일부터 1주 이내에 금융위원회에 그 사실을 보고하여야 한다(자법 제240조 제4항).

2) 회계감사인의 권한·의무

집합투자재산에 대한 회계감사와 관련하여 회계감사인의 권한은 자본시장법 및 「주식회사의 외부감사에 관한 법률」 제6조에서 정하는 바에 따른다(자령 제265조 제3항).

회계감사인은 투자신탁이나 투자익명조합재산의 집합투자업자 또는 투자회사 등의 집합투자증권의 기준가격 산정업무 및 집합투자재산의 회계처리 업무를 감사함에 있어서 집합투자재산평가기준을 준수하는지 감사하고 그 결과를

8) 회계기간의 말일과 같은 항 각 호의 어느 하나에 해당하는 날을 기준으로 다음 각 호의 어느 하나에 해당하는 경우를 말한다(자령 제264조).
1. 집합투자기구의 자산총액이 50억원 이하인 경우
2. 집합투자기구의 자산총액이 50억원 초과 100억원 이하인 경우로서 회계기간의 말일과 법 제240조 제3항 각 호의 어느 하나에 해당하는 날 이전 6개월간 집합투자증권을 추가로 발행하지 아니한 경우

투자신탁이나 투자익명조합의 집합투자업자의 감사(감사위원회가 설치된 경우에는 감사위원회를 말한다) 또는 투자회사 등에 통보하여야 한다(자법 제240조 제5항).

회계감사인은 자본시장법 제240조 제10항에 따른 감사기준 및 「주식회사의 외부감사에 관한 법률」 제5조에 따른 회계감사기준에 따라 회계감사를 실시하여야 한다(자법 제240조 제6항).

3) 자료제출 요구

회계감사인은 다음의 자에게 집합투자재산의 회계장부 등 관계 자료의 열람·복사를 요청하거나 회계감사에 필요한 자료의 제출을 요구할 수 있다. 이 경우 요청 또는 요구를 받은 자는 지체 없이 이에 응하여야 한다(자법 제240조 제7항).

① 그 집합투자재산을 운용하는 집합투자업자
② 그 집합투자재산을 보관·관리하는 신탁업자
③ 해당 집합투자증권을 판매하는 투자매매업자·투자중개업자
④ 해당 투자회사로부터 업무를 위탁받은 일반사무관리회사 또는 투자신탁이나 투자익명조합의 집합투자업자 또는 투자회사 등으로부터 기준가격 산정업무를 위탁받은 일반사무관리회사

4) 회계감사보고서

회계감사인은 집합투자재산에 대한 회계감사를 마친 때에는 다음의 사항이 기재된 회계감사보고서를 작성하여 투자신탁이나 투자익명조합의 집합투자업자 또는 투자회사 등에게 이를 지체 없이 제출하여야 한다(자령 제265조 제4항).

① 집합투자재산의 대차대조표
② 집합투자재산의 손익계산서
③ 집합투자재산의 기준가격계산서
④ 집합투자업자 및 그 이해관계인(자법 제84조 제1항에 따른 이해관계인을 말한다)과의 거래내역

투자신탁이나 투자익명조합의 집합투자업자 또는 투자회사 등은 회계감사인

으로부터 회계감사보고서를 제출받은 경우에는 금융위원회, 협회, 그 집합투자증권을 판매하는 투자매매업자·투자중개업자 및 그 집합투자재산을 보관·관리하는 신탁업자에게 이를 지체 없이 제출하여야 한다(자령 제265조 제5항).

투자신탁이나 투자익명조합의 집합투자업자 또는 투자회사 등은 금융위원회가 정하여 고시하는 방법에 따라 해당 투자자가 회계감사보고서를 열람할 수 있도록 하여야 한다(자령 제265조 제6항).

5) 「주식회사의 외부감사에 관한 법률」의 준용 및 적용배제

비밀엄수에 관한 「주식회사의 외부감사에 관한 법률」 제9조는 자본시장법 제240조 제3항에 따른 집합투자재산의 회계감사에 관하여 준용한다(자법 제240조 제8항).

「주식회사의 외부감사에 관한 법률」 제2조(외부감사의 대상) 및 제2조의2(내부회계관리제도의 운영)는 투자회사에는 적용하지 아니한다(자법 제240조 제9항).

(4) 회계감사인의 손해배상책임

회계감사인은 회계감사의 결과 회계감사보고서 중 중요사항에 관하여 거짓의 기재 또는 표시가 있거나 중요사항이 기재 또는 표시되지 아니함으로써 이를 이용한 투자자에게 손해를 끼친 경우에는 그 투자자에 대하여 손해를 배상할 책임을 진다. 이 경우 「주식회사의 외부감사에 관한 법률」 제3조 제1항 제3호에 따른 감사반이 회계감사인인 경우에는 해당 집합투자재산에 대한 감사에 참여한 자가 연대하여 손해를 배상할 책임을 진다(자법 제241조 제1항).

회계감사인이 투자자에 대하여 손해를 배상할 책임이 있는 경우로서 해당 집합투자재산을 운용하는 집합투자업자의 이사·감사(감사위원회가 설치된 경우에는 감사위원회의 위원을 말한다) 또는 투자회사의 감독이사에게도 귀책사유가 있는 경우에는 그 회계감사인과 집합투자업자의 이사·감사 또는 투자회사의 감독이사는 연대하여 손해를 배상할 책임을 진다(자법 제241조 제2항).

감사인의 손해배상책임에 관한 「주식회사의 외부감사에 관한 법률」 제17조

제5항부터 제7항까지의 규정은 위의 경우에 준용한다(자법 제241조 제3항).

Ⅲ. 이익금의 분배

1. 이익금의 분배

(1) 이익범위내의 분배

투자신탁이나 투자익명조합의 집합투자업자 또는 투자회사 등은 집합투자기구의 집합투자재산 운용에 따라 발생한 이익금을 투자자에게 금전 또는 새로 발행하는 집합투자증권으로 분배하여야 한다. 다만, 단기금융집합투자기구를 제외한 집합투자기구의 경우 집합투자규약이 정하는 바에 따라 이익금의 분배를 집합투자기구에 유보할 수 있다(자법 제242조 제1항, 자령 제266조 제1항). 이익금의 분배방법 및 시기는 집합투자규약에서 정하는 바에 따른다(자령 제266조 제2항).

(2) 이익금을 초과한 이익분배

투자신탁이나 투자익명조합의 집합투자업자 또는 투자회사 등은 집합투자기구의 특성에 따라 이익금을 초과하여 분배할 필요가 있는 경우에는 이익금을 초과하여 금전으로 분배할 수 있다. 다만, 투자회사의 경우에는 순자산액에서 최저순자산액을 뺀 금액을 초과하여 분배할 수 없다(자법 제242조 제2항).

투자신탁 또는 투자익명조합의 집합투자업자와 투자회사 등은 이익금을 초과하여 금전으로 분배하려는 경우에는 집합투자규약에 그 뜻을 기재하고 이익금의 분배방법 및 시기, 그 밖에 필요한 사항을 미리 정하여야 한다(자령 제266조 제4항).

(3) 주식에 의한 이익분배

투자회사는 이익금 전액을 새로 발행하는 주식으로 분배하려는 경우에는 정관에서 정하는 바에 따라 발행할 주식의 수, 발행시기 등 주식발행에 필요한 사항에 관하여 이사회의 결의를 거쳐야 한다(자령 제266조 제3항).

2. 최저순자산액 미달사실의 보고

투자회사는 그 순자산액이 최저순자산액에 미달하게 된 경우에는 그 날부터 3일 이내에 대통령령으로 정하는 방법[9]에 따라 그 사실을 금융위원회에 보고하여야 한다(자법 제243조 제1항).

금융위원회는 순자산액이 최저순자산액에 미달하게 된 투자회사에 대하여 3개월이 경과될 때까지 순자산액 미달상태가 계속되는 경우에는 등록을 취소할 수 있다는 뜻을 통지하여야 한다(자법 제243조 제2항).

제2절 집합투자재산의 보관 및 관리

Ⅰ. 선관주의의무

집합투자재산을 보관·관리하는 신탁업자는 선량한 관리자의 주의로써 집합투자재산을 보관·관리하여야 하며, 투자자의 이익을 보호하여야 한다(자법 제244조).

Ⅱ. 적용배제

신탁업자의 영업행위규칙에 관한 제2편 제4장 제2절 제4관[제116조(신탁업자의 합병) 및 제117조(신탁업자의 청산)를 제외한다]은 신탁업자가 투자신탁재산을 신탁받는 경우 그 투자신탁에 관하여는 적용하지 아니한다(자법

---

9) 자령 제267조(순자산액 미달사실의 보고방법) ① 투자회사는 법 제243조 제1항에 따라 그 순자산액이 법 제194조 제2항 제7호에 따른 최저순자산액에 미달하게 된 경우에는 그 원인 등을 증명할 수 있는 서류를 첨부하여 그 사실을 금융위원회에 보고하여야 한다.
② 제1항에 따른 보고서의 서식과 작성방법 등에 관하여 필요한 사항은 금융위원회가 정하여 고시한다.

제245조).

Ⅲ. 신탁업자의 업무제한

1. 신탁업자의 제한

집합투자재산을 보관 · 관리하는 신탁업자는 다음에 해당하는 자의 계열회사여서는 아니 된다(자법 제246조 제1항).

① 해당 집합투자기구(투자회사 · 투자유한회사 및 투자합자회사에 한한다)

② 그 집합투자재산을 운용하는 집합투자업자

2. 재산의 구분관리 및 예탁

집합투자재산을 보관 · 관리하는 신탁업자는 집합투자재산을 자신의 고유재산, 다른 집합투자재산 또는 제삼자로부터 보관을 위탁받은 재산과 구분하여 관리하여야 한다. 이 경우 집합투자재산이라는 사실과 위탁자를 명기하여야 한다(자법 제246조 제2항).

집합투자재산을 보관 · 관리하는 신탁업자는 집합투자재산 중 증권, 그 밖에 대통령령으로 정하는 것[10]을 자신의 고유재산과 구분하여 집합투자기구별로 예탁결제원에 예탁하여야 한다(자법 제246조 제3항). 다만, 해당 증권의 유통 가능성, 다른 법령에 따른 유통방법이 있는지 여부, 예탁의 실행 가능성 등을 고려하여 대통령령으로 정하는 경우에는 그러하지 아니하다.

3. 집합투자업자의 지시이행의무

10) 다음 각 호의 것을 말한다(자령 제268조 제1항).
1. 원화로 표시된 양도성 예금증서
2. 그 밖에 금융위원회가 정하여 고시하는 것

집합투자재산을 보관·관리하는 신탁업자는 집합투자재산을 운용하는 집합투자업자가 그 신탁업자에 대하여 자산의 취득·처분 등의 이행 또는 보관·관리 등에 필요한 지시를 하는 경우 대통령령으로 정하는 방법[11]에 따라 이를 각각의 집합투자기구별로 이행하여야 한다(자법 제246조 제4항).

4. 거래제한

집합투자재산을 보관·관리하는 신탁업자는 자신이 보관·관리하는 집합투자재산을 자신의 고유재산, 다른 집합투자재산 또는 제3자로부터 보관을 위탁받은 재산과 거래하여서는 아니 된다. 다만, 집합투자재산을 효율적으로 운용하기 위하여 필요한 경우로서 대통령령으로 정하는 경우[12]에는 그러하지 아니하다(자법 제246조 제5항).

집합투자재산을 보관·관리하는 신탁업자는 자신이 보관·관리하는 집합투자재산을 그 이해관계인의 고유재산과 거래하여서는 아니 된다(자법 제246조 제6항).

5. 정보이용금지

11) 신탁업자는 집합투자업자로부터 증권(제1항 각 호의 것을 포함한다)의 취득·처분 등의 지시 또는 보관·관리 등의 지시를 받은 경우에는 법 제246조 제4항에 따라 증권의 인수·인도와 대금의 지급·수령을 동시에 결제하는 방법으로 이를 이행하여야 한다(자령 제268조 제2항).

12) 다음 각 호의 어느 하나에 해당하는 경우를 말한다. 다만, 제2호 및 제3호의 경우에는 집합투자재산 중 금융기관에 예치한 총금액 또는 단기대출한 총금액의 100분의 10을 초과할 수 없다(자령 제268조 제3항).

1. 집합투자업자가 집합투자재산을 투자대상자산에 운용하고 남은 현금을 집합투자규약에서 정하는 바에 따라 신탁업자가 자신의 고유재산과 거래하는 경우
2. 금융기관에의 예치
3. 단기대출
4. 「외국환거래법」에 따라 외국통화를 매입하거나 매도하는 경우(환위험을 회피하기 위한 선물환거래를 포함한다)
5. 전담중개업무를 제공하는 자가 전문사모집합투자기구와 전담중개업무로서 하는 거래

집합투자재산을 보관·관리하는 신탁업자는 그 집합투자기구의 집합투자재산에 관한 정보를 자기의 고유재산의 운용, 자기가 운용하는 집합투자재산의 운용 또는 자기가 판매하는 집합투자증권의 판매를 위하여 이용하여서는 아니 된다(자법 제246조 제7항).

Ⅳ. 운용행위감시

1. 운용행위에 대한 감시

집합투자재산(투자회사재산을 제외한다)을 보관·관리하는 신탁업자는 그 집합투자재산을 운용하는 집합투자업자의 운용지시 또는 운용행위가 법령, 집합투자규약 또는 투자설명서(예비투자설명서 및 간이투자설명서를 포함한다) 등을 위반하는지 여부에 대하여 확인하고 위반사항이 있는 경우에는 그 집합투자업자에 대하여 그 운용지시 또는 운용행위의 철회·변경 또는 시정을 요구하여야 한다(자법 제247조 제1항).

2. 보고 및 시정요구

투자회사재산을 보관·관리하는 신탁업자는 그 투자회사재산을 운용하는 집합투자업자의 운용행위가 법령, 정관 또는 투자설명서 등을 위반하는지의 여부에 대하여 확인하고 위반이 있는 경우에는 그 투자회사의 감독이사에게 보고하여야 하며, 보고를 받은 투자회사의 감독이사는 그 투자회사재산을 운용하는 집합투자업자에 대하여 그 운용행위의 시정을 요구하여야 한다(자법 제247조 제2항).

3. 지시내용에 관한 확인

자산의 취득·처분 등의 지시나 보관·관리 등의 지시를 이행한 후 그 지시내용이 다음의 사항을 포함하여 금융위원회가 정하여 고시하는 기준을 위반하는지를 확인하여야 한다(자령 제269조 제1항).

① 자본시장법 제80조부터 제85조까지에서 규정한 사항. 다만, 집합투자업자가 운용하는 전체 집합투자기구의 집합투자재산을 보관·관리하는 신탁업자가 둘 이상이어서 특정 신탁업자가 보관·관리하는 집합투자재산에 관한 정보만으로는 그 위반 여부를 확인할 수 없는 사항은 제외한다.
② 집합투자규약에서 정한 투자대상자산별 투자한도
③ 그 밖에 자산운용행위를 감시하기 위하여 필요한 사항으로서 금융위원회가 정하여 고시하는 사항

4. 공시

집합투자재산(투자회사재산을 제외한다)을 보관·관리하는 신탁업자 또는 투자회사의 감독이사는 해당 집합투자재산을 운용하는 집합투자업자가 시정요구를 제3영업일 이내에 이행하지 아니하는 경우에는 그 사실을 금융위원회에 보고하여야 하며, 대통령령으로 정하는 사항[13]을 대통령령으로 정하는 방법[14]에 따라 공시하여야 한다. 다만, 투자회사의 감독이사가 금융위원회에 대한 보고 또는 공시에 관한 업무를 이행하지 아니한 경우에는 그 투자회사재산을 보관 · 관리하는 신탁업자가 이를 이행하여야 한다(자법 제247조 제3항).

---

13) 집합투자재산(투자회사재산은 제외한다)을 보관 · 관리하는 신탁업자나 투자회사의 감독이사는 법 제247조 제3항 본문에 따라 다음 각 호의 사항을 그 집합투자증권을 판매하는 투자매매업자 · 투자중개업자의 본점과 지점, 그 밖의 영업소에 게시하여 투자자가 열람할 수 있도록 하거나, 인터넷 홈페이지 등을 이용하여 공시하여야 한다(자령 제269조 제2항).
1. 집합투자업자의 지시내용
2. 집합투자업자의 지시내용 중 법령 · 집합투자규약 · 투자설명서 등을 위반한 사항
3. 집합투자업자가 법 제247조 제4항에 따라 금융위원회에 대하여 이의신청을 한 경우에는 그 내용과 이에 대한 금융위원회의 결정내용

14) 집합투자재산(투자회사재산은 제외한다)을 보관 · 관리하는 신탁업자나 투자회사의 감독이사는 법 제247조 제3항 본문에 따라 다음 각 호의 사항을 그 집합투자증권을 판매하는 투자매매업자 · 투자중개업자의 본점과 지점, 그 밖의 영업소에 게시하여 투자자가 열람할 수 있도록 하거나, 인터넷 홈페이지 등을 이용하여 공시하여야 한다(자령 제269조 제2항).
1. 집합투자업자의 지시내용
2. 집합투자업자의 지시내용 중 법령 · 집합투자규약 · 투자설명서 등을 위반한 사항
3. 집합투자업자가 법 제247조 제4항에 따라 금융위원회에 대하여 이의신청을 한 경우에는 그 내용과 이에 대한 금융위원회의 결정내용

5. 이의신청

집합투자업자는 시정요구에 대하여 금융위원회에 이의를 신청할 수 있다. 이 경우 관련 당사자는 대통령령으로 정하는 기준15)에 따라 행하는 금융위원회의 결정에 따라야 한다(자법 제247조 제4항).

6. 확인의무

집합투자재산을 보관·관리하는 신탁업자는 집합투자재산과 관련하여 다음의 사항을 확인하여야 한다(자법 제247조 제5항).

① 투자설명서가 법령 및 집합투자규약에 부합하는지 여부
② 자산운용보고서의 작성이 적정한지 여부
③ 위험관리방법의 작성이 적정한지 여부
④ 집합투자재산의 평가가 공정한지 여부
⑤ 기준가격 산정이 적정한지 여부
⑥ 시정요구 등에 대한 집합투자업자의 이행명세
⑦ 그 밖에 투자자 보호를 위하여 필요한 사항으로서 대통령령으로 정하는 사항16)

7. 자료제출요구

집합투자재산을 보관·관리하는 신탁업자는 자본시장법 제247조 제1항에 따른 요구를 하거나 제2항에 따른 보고를 하기 위하여 필요한 경우 또는 제5항 각 호의 사항을 확인하기 위하여 필요한 경우에는 해당 집합투자업자 또는 투자회사 등에 대하여 관련된 자료의 제출을 요구할 수 있다. 이 경우 그 집합

15) 다음 각 호의 기준을 말한다(자령 제269조 제3항).
1. 집합투자업자가 금융위원회에 이의신청을 한 날부터 30일 이내에 그 지시내용이 법령·집합투자규약 또는 투자설명서 등을 위반하였는지를 결정할 것. 다만, 부득이한 사정으로 그 기간 이내에 결정할 수 없는 경우에는 이의신청을 한 날부터 60일 이내에 결정할 것
2. 위반사항을 시정하기 위한 방법과 시기 등을 결정하여 집합투자업자에게 통지할 것

16) 자본시장법 제242조 제1항 제2호에 따른 집합투자증권의 추가발행 시 기존 투자자의 이익을 해칠 염려가 없는지 여부를 말한다(자령 제269조 제4항).

투자업자 또는 투자회사 등은 정당한 사유가 없는 한 이에 응하여야 한다(자법 제247조 제6항).

Ⅴ. 자산보관·관리보고서의 교부

1. 의의

집합투자재산을 보관·관리하는 신탁업자는 집합투자재산에 관하여 자본시장법 제90조 제2항 각 호[17]의 어느 하나의 사유가 발생한 날부터 2개월 이내에 다음의 사항이 기재된 자산보관·관리보고서를 작성하여 투자자에게 교부하여야 한다. 다만, 투자자가 수시로 변동되는 등 투자자의 이익을 해할 우려가 없는 경우로서 대통령령으로 정하는 경우[18]에는 자산보관·관리보고서를 투자자에게 교부하지 아니할 수 있다(자법 제248조 제1항).

① 집합투자규약의 주요 변경사항
② 투자운용인력의 변경
③ 집합투자자총회의 결의내용
④ 자본시장법 제247조 제5항 각 호의 사항
⑤ 그 밖에 대통령령으로 정하는 사항[19]

---

17) 집합투자업자는 집합투자기구에 대하여 다음 각 호의 어느 하나에 해당하는 사유가 발생한 경우 그 사유가 발생한 날부터 2개월 이내에 제239조에 따른 결산서류를 금융위원회 및 협회에 제출하여야 한다.
1. 집합투자기구의 회계기간 종료
2. 집합투자기구의 계약기간 또는 존속기간의 종료
3. 집합투자기구의 해지 또는 해산

18) 다음 각 호의 어느 하나에 해당하는 경우를 말한다(자령 제270조 제1항).
1. 투자자가 자산보관·관리보고서를 받기를 거부한다는 의사를 서면으로 표시한 경우
2. 신탁업자가 금융위원회가 정하여 고시하는 방법에 따라 다음 각 목의 어느 하나에 해당하는 집합투자기구의 자산보관·관리보고서를 공시하는 경우
가. 단기금융집합투자기구
나. 환매금지형집합투자기구(법 제230조 제3항에 따라 그 집합투자증권이 상장된 경우만 해당한다)
다. 상장지수집합투자기구
3. 투자자가 소유하고 있는 집합투자증권의 평가금액이 10만원 이하인 경우로서 집합투자규약에서 자산보관·관리보고서를 교부하지 아니한다고 정하고 있는 경우

19) 다음 각 호의 사항을 말한다(자령 제270조 제2항).

신탁업자는 자산보관 · 관리보고서를 2개월 이내에 금융위원회 및 협회에 교부하여야 한다(자법 제248조 제2항).

2. 교부방법

신탁업자는 투자자에게 자산보관·관리보고서를 교부하는 경우에는 집합투자증권을 판매한 투자매매업자·투자중개업자를 통하여 직접 또는 전자우편의 방법으로 교부하여야 한다. 다만, 투자자에게 전자우편 주소가 없는 등의 경우에는 자본시장법 제89조 제2항 제1호 및 제3호의 방법에 따라 공시하는 것으로 갈음할 수 있으며, 투자자가 우편발송을 원하는 경우에는 그에 따라야 한다(자령 제270조 제3항).

3. 비용부담

자산보관·관리보고서를 작성·교부하는 데에 드는 비용은 신탁업자가 부담한다(자령 제270조 제4항).

---

1. 법 제84조 제1항에 따른 이해관계인과의 거래의 적격 여부를 확인한 경우에는 그 내용
2. 회계감사인의 선임, 교체 및 해임에 관한 사항
3. 그밖에 투자자를 보호하기 위하여 필요한 사항으로서 금융위원회가 정하여 고시하는 사항

제5장 은행·보험에 대한 특칙

제1절 은행에 대한 특칙

Ⅰ. 집합투자업겸영은행

1. 업무범위

은행으로서 집합투자업에 관한 금융투자업인가를 받은 자, 즉 집합투자업겸영은행은 인가받은 범위에서 투자신탁의 설정·해지 및 투자신탁재산의 운용업무를 영위할 수 있다(자법 제250조 제1항).

2. 집합투자재산운용위원회

(1) 구성

집합투자업겸영은행은 집합투자재산운용업무와 관련한 의사결정을 위하여 자본시장법 제250조 제7항 제1호·제3호·제4호의 업무를 수행하지 아니하는 임원 3인(사외이사 2인을 포함한다)으로 구성된 집합투자재산운용위원회를 설치하여야 한다(자법 제250조 제2항).

(2) 업무

집합투자재산운용위원회는 다음의 업무를 수행한다. 다만, ①부터 ③까지의 사항 외의 집합투자재산운용위원회의 운영 등에 관하여는 금융위원회가 정하여 고시한다(자령 제272조 제1항).

① 집합투자업에 관한 사업계획과 예산의 수립

② 투자신탁재산의 운용에 관한 전략의 수립

③ 다음의 사항에 관한 심의
가. 환매연기의 결정
나. 수익자총회의 소집(자법 제190조 제3항의 경우는 제외한다)과 연기
다. 수익증권매수청구권에 의한 수익증권 매수의 결정
라. 집합투자재산평가위원회 위원의 선임과 해임
마. 집합투자재산평가기준의 제정과 변경
바. 투자신탁의 합병

3. 금지행위

집합투자업겸영은행은 투자신탁재산의 운용과 관련하여 다음에 해당하는 행위를 하여서는 아니 된다(자법 제250조 제3항).

① 자기가 발행한 투자신탁의 수익증권을 자기의 고유재산으로 취득하는 행위
② 자기가 운용하는 투자신탁의 투자신탁재산에 관한 정보를 다른 집합투자증권의 판매에 이용하는 행위
③ 자기가 운용하는 투자신탁의 수익증권을 다른 은행을 통하여 판매하는 행위
④ 단기금융집합투자기구를 설정하는 행위

Ⅱ. 집합투자재산의 보관·관리업무를 영위하는 은행

집합투자재산의 보관·관리업무를 영위하는 은행은 그 집합투자기구의 집합투자재산에 관한 정보를 자기가 운용하는 투자신탁재산의 운용 또는 자기가 판매하는 집합투자증권의 판매를 위하여 이용하여서는 아니 된다(자법 제250조 제4항).

Ⅲ. 일반사무관리회사의 업무를 영위하는 은행

일반사무관리회사의 업무를 영위하는 은행은 해당 집합투자기구의 집합투자재산에 관한 정보를 자기가 운용하는 투자신탁재산의 운용 또는 자기가 판매하는 집합투자증권의 판매를 위하여 이용하여서는 아니 된다(자법 제250조 제5항).

Ⅳ. 집합투자증권의 판매를 영위하는 은행

투자매매업 또는 투자중개업 인가를 받아 집합투자증권의 판매를 영위하는 은행은 다음에 해당하는 행위를 하여서는 아니 된다(자법 제250조 제6항).

① 자기가 판매하는 집합투자증권의 집합투자재산에 관한 정보를 자기가 운용하는 투자신탁재산의 운용 또는 자기가 운용하는 투자신탁의 수익증권의 판매를 위하여 이용하는 행위

② 집합투자증권의 판매업무와「은행법」에 따른 업무를 연계하여 정당한 사유 없이 고객을 차별하는 행위

Ⅴ. 이해상충방지

은행이 이 법에 따라 집합투자업, 신탁업(집합투자재산의 보관 · 관리업무를 포함한다) 또는 일반사무관리회사의 업무를 영위하는 경우에는 임원(사실상 임원과 동등한 지위에 있는 자로서 대통령령으로 정하는 자[1])를 포함한다)을 두어야 하고, 임 · 직원에게 ①「은행법」에 따른 업무(②부터 ④까지의 업무 및 대통령령으로 정하는 업무는 제외한다) ② 집합투자업 ③ 신탁업 ④ 일반사무관리회사의 업무를 겸직하게 하여서는 아니 되며, 전산설비 또는 사무실 등의 공동사용 금지 및 다른 업무를 영위하는 임 · 직원 간의 정보교류 제한 등 대통령령으로 정하는 이해상충방지체계[2])를 갖추어야 한다. 다만, 임원의

---

1)「상법」제401조의2 제1항 각 호의 어느 하나에 해당하는 자를 말한다(자령 제272조 제2항).

2) 자령 제272조 ③ 은행은 법 제250조 제7항 본문에 따라 다음 각 호의 사항을 포함한 이해상충방지체계를 갖추어야 한다.

1. 독립된 부서로 구분되어 업무처리와 보고가 독립적으로 이루어질 것
2. 법 제250조 제7항 각 호의 업무 담당자 간에 업무에 관한 회의나 통신을 한 경우에는 내부통제기준이 정하는 방법 및 절차에 따라 그 회의 또는 통신에 관한 사항을 기록·유지하고 준법감시인(「은행법」에 따른 준법감시인을 말한다)의 확인을 받을 것
3. 법 제250조 제7항 각 호의 업무 간에 직원을 파견하거나, 금융위원회가 정하여 고시하는 기간 이내에 법 제250조 제7항 제2호부터 제4호까지의 업무에서 다른 업무로 전보하지 아니할 것
4. 집합투자증권의 판매업무를 담당하는 직원이 법 제250조 제7항 제2호부터 제4호까지의 어느 하나에 해당하는 업무를 겸직하지 아니할 것
5. 출입문을 달리하는 등 정보공유를 막을 수 있을 정도로 사무실이 공간적으로 분리될 것

경우 ①의 업무 중 ②부터 ④까지의 업무와 이해상충이 적은 업무로서 대통령령으로 정하는 업무[3]와 ②부터 ④까지의 업무를 겸직할 수 있으며, ③ 및 ④의 업무 간에는 겸직할 수 있다(자법 제250조 제7항).

개정 자본시장법에서는 시행령으로 정하는 업무를 제외할 수 있도록 하였으며, 은행 및 보험회사 등에 대한 과도한 이해상충방지 체계구축의무를 합리적으로 개선하기 위하여 퇴직연금 등의 업무에 대해서는 은행 및 보험회사 등의 이해상충방지 체계구축의무 대상에서 제외하도록 할 예정이다.

제2절 보험회사에 대한 특칙

Ⅰ. 의의

보험회사로서 집합투자업에 관한 금융투자업인가를 받은 자를 집합투자업겸영보험회사라 하는데, 자본시장법에서는 이에 대한 특칙규정을 두고 있다.

Ⅱ. 집합투자업겸영보험회사

1. 업무범위

보험회사로서 집합투자업에 관한 금융투자업인가를 받은 자(집합투자업겸영

---

6. 법 제250조 제7항 각 호의 업무에 관한 전산자료가 공유될 수 없도록 독립되어 저장·관리·열람될 것
7. 그 밖에 이해상충을 방지하기 위하여 필요한 사항으로서 금융위원회가 정하여 고시하는 사항

3) 다음 각 호의 어느 하나에 해당하는 업무를 말한다(자령 제272조 제4항).
1. 「은행법」 제27조 제2항 제3호에 따른 업무
2. 「은행법」 제27조의2에 따른 부수업무 및 같은 법 제28조 제1항 제2호에 따른 업무 중 법 제250조 제7항 제2호부터 제4호까지의 업무와 직접적으로 관련이 없는 업무로서 금융위원회가 정하여 고시하는 업무
3. 「은행법 시행령」 제18조의2 제16호에 따른 업무
4. 「은행법 시행령」 제18조의2 제2항 제7호, 제12호, 제14호 및 제18호, 같은 조 제4항 제1호, 제2호 및 제8호에 따른 업무 중 법 제250조 제7항 제2호부터 제4호까지의 업무와 직접적으로 관련이 없는 업무로서 금융위원회가 정하여 고시하는 업무

보험회사)는 인가받은 범위에서 투자신탁의 설정 · 해지 및 투자신탁재산의 운용업무를 영위할 수 있다. 이 경우 투자신탁의 설정 · 해지 및 투자신탁재산의 운용업무는 「보험업법」 제108조 제1항 제3호에 따른 특별계정(특별계정 내에 각각의 신탁계약에 의하여 설정된 다수의 투자신탁이 있는 경우 각각의 투자신탁을 말한다)에 한하며, 그 특별계정은 이 법에 따른 투자신탁으로 본다(자법 제251조 제1항).

2. 금지행위

집합투자업겸영은행의 금지행위에 관한 자본시장법 제250조 제3항(제2호에 한한다)은 집합투자업겸영보험회사에 준용하며, 같은 조 제4항부터 제6항까지의 규정은 보험회사에 준용한다. 이 경우 "은행"은 "보험회사"로, "「은행법」"은 "「보험업법」"으로 본다(자법 제251조 제2항).

3. 이해상충방지

보험회사는 이 법에 따라 집합투자업, 신탁업(집합투자재산의 보관 · 관리업무를 포함한다) 또는 일반사무관리회사의 업무를 영위하는 경우에는 임원(대통령령으로 정하는 방법[4])으로 투자신탁재산을 운용하는 경우의 임원을 제외하며, 사실상 임원과 동등한 지위에 있는 자로서 대통령령으로 정하는 자[5])를 포함한다)을 두어야 하고, 임 · 직원에게 ① 「보험업법」에 따른 업무(②부터 ④까지의 업무 및 대통령령으로 정하는 업무는 제외한다) ② 집합투자업 ③ 신탁업 ④ 일반사무관리회사의 업무를 겸직하게 하여서는 아니 되며, 전산설비 또는 사무실 등의 공동사용 금지 및 다른 업무를 영위하는 임 · 직원 간의

4) 보험회사가 투자신탁재산을 다음 각 호의 어느 하나에 해당하는 방법으로 운용하는 것을 말한다(자령 제273조 제1항).
   1. 운용과 운용지시업무 전체를 다른 집합투자업자에게 위탁하는 방법
   2. 투자신탁재산 전체를 투자일임으로 운용하는 방법
   3. 투자신탁재산 전체를 다른 집합투자증권에 운용하는 방법

5) 「상법」 제401조의2 제1항 각 호의 어느 하나에 해당하는 자를 말한다(자령 제273조 제2항).

정보교류 제한 등 대통령령으로 정하는 이해상충방지체계[6]를 갖추어야 한다. 다만, 임원의 경우 ①의 업무 중 ②부터 ④까지의 업무와 이해상충이 적은 업무로서 대통령령으로 정하는 업무[7]와 ②부터 ④까지의 업무를 겸직할 수 있으며, ③ 및 ④의 업무 간에는 겸직할 수 있다(자법 제251조 제3항).[8]

4. 대출

집합투자업겸영보험회사는 금전대여를 금지하는 자본시장법 제83조 제4항에 불구하고 투자신탁재산에 속하는 자산을 「보험업법」에서 정하는 방법에 따라 그 보험에 가입한 자에게 대출하는 방법으로 운용할 수 있다(자법 제251조 제4항).

5. 적용배제

---

6) 보험회사는 법 제251조 제3항 본문에 따라 다음 각 호의 사항을 포함한 이해상충방지체계를 갖추어야 한다(자령 제273조 제3항).
  1. 독립된 부서로 구분되어 업무처리와 보고가 독립적으로 이루어질 것
  2. 법 제251조 제3항 각 호의 업무 담당자 간에 업무에 관한 회의나 통신을 한 경우에는 내부통제기준이 정하는 방법 및 절차에 따라 그 회의 또는 통신에 관한 사항을 기록·유지하고 준법감시인(「보험업법」에 따른 준법감시인을 말한다)의 확인을 받을 것
  3. 법 제251조 제3항 각 호의 업무 간에 직원을 파견하거나, 금융위원회가 정하여 고시하는 기간 이내에 법 제251조 제3항 제2호부터 제4호까지의 업무에서 다른 업무로 전보하지 아니할 것
  4. 집합투자증권의 판매업무를 담당하는 직원이 법 제251조 제3항 제2호부터 제4호까지의 어느 하나에 해당하는 업무를 겸직하지 아니할 것
  5. 출입문을 달리하는 등 정보공유를 막을 수 있을 정도로 사무실이 공간적으로 분리될 것
  6. 법 제251조 제3항 각 호의 업무에 관한 전산자료가 공유될 수 없도록 독립되어 저장·관리·열람될 것
  7. 그 밖에 이해상충을 방지하기 위하여 필요한 사항으로서 금융위원회가 정하여 고시하는 사항

7) 다음 각 호의 어느 하나에 해당하는 업무를 말한다(자령 제273조 제4항).
  1. 「보험업법 시행령」 제16조 제1항, 같은 조 제2항 제7호·제8호, 같은 조 제3항에 따른 업무 및 같은 영 제16조의2 제1항에 따른 부수업무
  2. 제1호에 따른 업무 외에 법 제251조 제3항 제2호부터 제4호까지의 업무와 직접적으로 관련되지 아니한 업무

8) 개정 자법에서 "업무 및 대통령령으로 정하는 업무"(제251조 제3항 1)는 적용제외 되는데, 퇴직연금 등의 업무를 적용제외할 예정이다.

자본시장법 제182조, 제183조 제1항, 제188조 제1항 제2호·제6호, 같은 조 제2항 각 호 외의 부분 후단 및 같은 조 제3항, 제189조부터 제191조까지, 제192조(같은 조 제1항 단서는 제외한다), 제193조까지, 제230조, 제235조부터 제237조까지, 제238조 제2항(대통령령으로 정하는 방법으로 투자신탁재산을 운용하는 경우에 한한다), 제239조 제3항, 제253조 제1항 및 제420조 제1항은 집합투자업겸영보험회사가 운용하는 투자신탁에 관하여는 적용하지 아니한다(자법 제251조 제5항).

또한 자본시장법 제82조, 제86조, 제89조 제1항 제4호, 제90조 및 제92조는 보험회사의 집합투자업 영위에 관하여는 적용하지 아니한다(자법 제251조 제6항).

제6장 기타

제1절 감독·검사

Ⅰ. 투자회사 등에 대한 감독·검사

금융위원회는 투자자를 보호하고 건전한 거래질서를 유지하기 위하여 투자회사 등에 대하여 다음 사항에 관하여 필요한 조치를 명할 수 있다(자법 제252조 제1항).

① 집합투자재산의 운용에 관한 사항
② 집합투자재산의 공시에 관한 사항
③ 그 밖에 투자자 보호 또는 건전한 거래질서를 위하여 필요한 사항으로서 대통령령으로 정하는 사항9)

금융투자업자에 대한 검사에 관한 자본시장법 제419조(제2항부터 제4항까

9) 다음 각 호의 사항을 말한다(자령 제274조).
1. 집합투자증권의 환매에 관한 사항
2. 집합투자재산의 평가와 회계에 관한 사항
3. 집합투자기구의 해산과 합병에 관한 사항
4. 법 제184조 제6항 각 호의 업무에 관한 사항

지 및 제8항을 제외한다)는 투자회사 등에 대한 검사에 관하여 준용한다(자법 제252조 제2항).

Ⅱ. 집합투자기구의 등록취소

금융위원회는 다음의 어느 하나에 해당하는 경우에는 집합투자기구의 등록을 취소할 수 있다. 다만, ③의 경우에는 등록을 취소하여야 한다(자법 제253조 제1항).

① 거짓, 그 밖의 부정한 방법으로 자본시장법 제182조 제1항 또는 제8항에 따른 등록이나 변경등록을 한 경우
② 자본시장법 제182조 제2항 각 호에 따른 등록요건을 갖추지 못하게 된 경우
③ 집합투자기구가 해지 또는 해산한 경우
④ 투자회사의 순자산액이 3개월 이상 계속하여 자본시장법 제194조 제2항 제7호에 따른 최저순자산액에 미달하는 경우
⑤ 자본시장법 제182조 제8항에 따른 변경등록을 하지 아니한 경우
⑥ 금융위원회의 시정명령 또는 중지명령을 이행하지 아니한 경우
⑦ 별표 2 각 호의 어느 하나에 해당하는 경우로서 대통령령으로 정하는 경우[1)]
⑧ 대통령령으로 정하는 금융관련 법령 등[2)]을 위반한 경우로서 대통령령으로 정하는 경우[3)]

---

1) 다음 각 호의 어느 하나에 해당하는 경우를 말한다(자령 제275조 제1항).
   1. 법 별표 2 제2호에 해당하는 경우로서 법 제81조 제1항 또는 법 제84조 제1항을 위반하여 집합투자재산을 운용한 경우
   2. 법 별표 2 제4호에 해당하는 경우로서 법 제85조(제8호는 제외한다)를 위반하여 같은 조 각 호의 어느 하나에 해당하는 행위를 한 경우
   3. 법 별표 2 제6호에 해당하는 경우로서 법 제87조 제1항부터 제5항(법 제186조 제2항에서 준용하는 경우를 포함한다)까지의 규정을 위반하여 의결권을 행사한 경우
   4. 별표 6 제3호에 해당하는 경우로서 법 제174조에 따른 미공개중요정보 이용행위 금지 의무를 위반한 경우
   5. 별표 6 제4호에 해당하는 경우로서 법 제176조에 따른 시세조종행위 등의 금지 의무를 위반한 경우
   6. 별표 6 제5호에 해당하는 경우로서 법 제178조에 따른 부정거래행위 등의 금지 의무를 위반한 경우
2) 시행령 제373조 제2항 각 호의 법령을 말한다(자령 제275조 제2항).
3) 시행령 제373조 제3항 각 호의 어느 하나에 해당하는 경우를 말한다(자령 제275조 제3항).

⑨ 그 밖에 투자자의 이익을 현저히 해할 우려가 있거나 집합투자기구로서 존속하기 곤란하다고 인정되는 경우로서 대통령령으로 정하는 경우4)

금융위원회는 투자회사 등(그 집합투자업자 또는 그 법인이사·업무집행사원·업무집행조합원을 포함한다)이 제1항 각 호(제7호를 제외한다)의 어느 하나에 해당하거나 별표 2 각 호의 어느 하나에 해당하는 경우에는 그 투자회사 등에 대하여 다음의 어느 하나에 해당하는 조치를 할 수 있다(자법 제253조 제2항).

① 6개월 이내의 업무의 전부 또는 일부의 정지
② 계약의 인계명령
③ 위법행위의 시정명령 또는 중지명령
④ 위법행위로 인한 조치를 받았다는 사실의 공표명령 또는 게시명령
⑤ 기관경고
⑥ 기관주의
⑦ 그 밖에 위법행위를 시정하거나 방지하기 위하여 필요한 조치로서 대통령령으로 정하는 조치5)

금융위원회는 투자회사의 감독이사가 다음의 어느 하나에 해당하는 경우에는 해임요구, 6개월 이내의 직무정지, 문책경고, 주의적 경고, 주의, 그 밖에 대통령령으로 정하는 조치6)를 할 수 있다(자법 제253조 제3항).

① 자본시장법 제195조 제1항 각 호 외의 부분 단서를 위반하여 정관을 변

---

4) 다음 각 호의 어느 하나에 해당하는 경우를 말한다(자령 제275조 제4항).
1. 등록을 한 날부터 6개월 이내에 집합투자재산의 운용을 시작하지 아니한 경우
2. 업무와 관련하여 부정한 방법으로 타인으로부터 금전등을 받거나 타인에게 줄 금전 등을 취득한 경우
3. 법 제253조 제2항 제1호에 따른 업무정지의 조치를 받은 날부터 1개월(업무정지의 조치를 하면서 1개월을 초과하는 보정기간을 정한 경우에는 그 기간) 이내에 해당 조건을 보정하지 아니하거나, 업무정지의 기간 중에 업무를 한 경우
4. 같거나 비슷한 위법행위를 계속하거나 반복하는 경우

5) 다음 각 호의 어느 하나에 해당하는 조치를 말한다(자령 제275조 제5항).
1. 경영이나 업무방법의 개선요구나 개선권고
2. 변상 요구
3. 법을 위반한 경우에는 고발 또는 수사기관에의 통보
4. 다른 법률을 위반한 경우에는 관련 기관이나 수사기관에의 통보
5. 그 밖에 금융위원회가 법 및 이 영, 그 밖의 관련 법령에 따라 취할 수 있는 조치

6) 시행령 제275조 제5항 제3호부터 제5호까지의 조치를 말한다(자령 제275조 제6항).

경한 경우
② 자본시장법 제199조 제5항에서 준용하는 제54조를 위반하여 정당한 사유 없이 직무관련 정보를 이용한 경우
③ 자본시장법 제200조 제3항을 위반하여 결의한 경우
④ 자본시장법 제247조 제2항을 위반하여 시정을 요구하지 아니하거나, 같은 조 제3항을 위반하여 보고 또는 공시에 관한 업무를 이행하지 아니한 경우
⑤ 그 밖에 투자자 보호 또는 건전한 거래질서를 해할 우려가 있는 경우로서 대통령령으로 정하는 경우[7)]

금융위원회는 자본시장법 제253조 제1항에 따라 집합투자기구의 등록을 취소하거나, 제3항에 따라 투자회사의 감독이사에 대한 해임요구를 하고자 하는 경우에는 청문을 실시하여야 한다(자법 제253조 제4항).

금융위원회의 처분 등의 기록 및 공시와 이의신청에 관한 자본시장법 제424조 및 제425조는 집합투자기구 및 투자회사의 감독이사에 대한 조치 등에 관하여 준용한다(자법 제253조 제5항).

제2절 집합투자기구의 관계회사

Ⅰ. 일반사무관리회사

1. 금융위원회에 등록

(1) 등록의 요건

투자회사의 위탁을 받아 자본시장법 제184조 제6항 각 호의 업무[8)]를 영위

7) 시행령 별표 6 각 호의 어느 하나에 해당하는 경우를 말한다(자령 제275조 제7항).
8) 다음의 업무를 말한다.
1. 투자회사 주식의 발행 및 명의개서

하려는 자는 다음의 요건을 갖추어 금융위원회에 등록하여야 한다(자법 제254조 제1항, 제2항).

① 다음의 어느 하나에 해당할 것
　가. 상법에 따른 주식회사
　나. 명의개서대행회사(예탁결제원을 포함한다)
　다. 그 밖에 대통령령으로 정하는 금융기관[9)]
② 5억원 이상으로서 대통령령으로 정하는 금액(20억) 이상의 자기자본을 갖출 것
③ 상근 임직원 중 대통령령으로 정하는 기준의 전문인력[10)]을 보유할 것
④ 전산설비 등 대통령령으로 정하는 물적 설비를 갖출 것[11)]
⑤ 임원이 제24조에 적합할 것
⑥ 대통령령으로 정하는 이해상충방지체계[12)]를 구축하고 있을 것(대통령령으로 정하는 금융업[13)]을 영위하고 있는 경우에 한한다)

---

2. 투자회사재산의 계산
3. 법령 또는 정관에 의한 통지 및 공고
4. 이사회 및 주주총회의 소집 · 개최 · 의사록 작성 등에 관한 업무
5. 그 밖에 투자회사의 사무를 처리하기 위하여 필요한 업무로서 대통령령으로 정하는 업무

9) 시행령 제16조 제1항 제1호부터 제5호까지의 금융기관을 말한다(자령 제276조 제1항).

10) 다음 각 호의 기관에서 증권 등 자산가치의 계산에 관련된 업무나 집합투자재산의 보관 · 관리업무에 2년 이상 근무한 경력이 있는 2인 이상의 집합투자재산의 계산전문인력을 말한다(자령 제276조 제3항).
1. 「금융위원회의 설치 등에 관한 법률」 제38조에 따른 검사대상기관
2. 외국 금융투자업자
3. 「국가재정법」 제8조 제1항에 따른 기금관리주체가 같은 법 제77조 제1항에 따라 설치한 자산운용을 전담하는 부서나 같은 법 별표 2에 따른 기금설치 근거 법률에 따라 기금의 관리 · 운용을 위탁받은 연금관리공단 등
4. 일반사무관리회사

11) 다음 각 호의 것을 말한다(자령 제276조 제4항).
1. 일반사무관리회사의 업무를 하는 데에 필요한 전산설비, 업무공간 및 사무장비
2. 정전 · 화재 등의 사고가 발생할 경우에 업무의 연속성을 유지하기 위하여 필요한 보완설비

12) 다음 각 호의 것을 말한다(자령 제276조 제5항).
1. 일반사무관리회사의 업무와 그 외의 업무 간에 독립된 부서로 구분되어 업무처리와 보고가 독립적으로 이루어질 것
2. 일반사무관리회사의 업무와 그 외의 업무 간에 직원의 겸직이나 파견을 금지할 것
3. 일반사무관리회사의 업무와 그 외의 업무를 하는 사무실이 정보공유를 막을 수 있을 정도로 공간적으로 분리될 것
4. 일반사무관리회사의 업무와 그 외의 업무에 관한 전산자료가 공유될 수 없도록 독립되어 저장 · 관리 · 열람될 것

13) 다음 각 호의 금융업을 말한다(자령 제276조 제6항).

(2) 등록신청서의 제출

등록을 하려는 자는 금융위원회에 등록신청서를 제출하여야 한다(자법 제254조 제3항).

(3) 금융위원회의 조치

금융위원회는 등록신청서를 접수한 경우에는 그 내용을 검토하여 30일 이내에 등록 여부를 결정하고, 그 결과와 이유를 지체 없이 신청인에게 문서로 통지하여야 한다. 이 경우 등록신청서에 흠결이 있는 때에는 보완을 요구할 수 있다(자법 제254조 제4항).

검토기간을 산정함에 있어서 등록신청서 흠결의 보완기간 등의 기간은 검토기간에 산입하지 아니한다(자법 제254조 제5항).

금융위원회는 등록 여부를 결정함에 있어서 다음의 어느 하나에 해당하는 사유가 없는 한 그 등록을 거부하여서는 아니 된다(자법 제254조 제6항).

① 등록요건을 갖추지 아니한 경우

② 등록신청서를 거짓으로 작성한 경우

③ 보완요구를 이행하지 아니한 경우

금융위원회는 등록을 결정한 경우 일반사무관리회사등록부에 필요한 사항을 기재하여야 하며, 등록결정한 내용을 관보 및 인터넷 홈페이지 등에 공고하여야 한다(자법 제254조 제7항).

(4) 등록요건 유지의무

등록을 한 일반사무관리회사는 등록 이후 그 영업을 영위함에 있어서 등록요건(자기자본에 대하여는 완화된 요건[14])을 말한다)을 계속 유지하여야 한다

1. 「은행법」에 따른 은행업
2. 「보험업법」에 따른 보험업
3. 금융투자업
4. 종합금융회사 업무

(자법 제254조 제8항).

2. 준용규정

자본시장법상 금융투자업자의 업무위탁(제42조), 직무관련 정보의 이용 금지(제54조), 자료의 기록 · 유지(제60조) 및 손해배상책임(제64조)에 관한 규정은 일반사무관리회사에 준용한다(자법 제255조).

3. 일반사무관리회사에 대한 감독 · 검사

금융위원회는 투자자를 보호하고 건전한 거래질서를 유지하기 위하여 일반사무관리회사에 대하여 다음의 사항에 관하여 필요한 조치를 명할 수 있다(자법 제256조 제1항).

① 고유재산의 운용에 관한 사항
② 영업의 질서 유지에 관한 사항
③ 영업방법에 관한 사항
④ 그 밖에 투자자 보호 또는 건전한 거래질서를 위하여 필요한 사항으로서 대통령령으로 정하는 사항[15]

금융투자업자의 검사에 관한 자본시장법 제419조(제2항부터 제4항까지 및 제8항을 제외한다)는 일반사무관리회사에 대한 검사에 관하여 준용한다(자법 제256조 제2항).

---

14) 최저자기자본의 100분의 70 이상을 말한다. 이 경우에 유지요건은 매 회계연도말을 기준으로 적용하며, 특정 회계연도말을 기준으로 유지요건에 미달한 일반사무관리회사는 다음 회계연도말까지는 그 유지요건에 적합한 것으로 본다(자령 제276조 제7항).

15) 다음 각 호의 사항을 말한다(자령 제278조).
1. 이해상충방지에 관한 사항
2. 업무수탁에 관한 사항
3. 협회에 가입하지 아니한 일반사무관리회사에 대하여 협회가 건전한 영업질서의 유지와 투자자를 보호하기 위하여 행하는 자율규제에 준하는 내부기준을 제정하도록 하는 것에 관한 사항

4. 일반사무관리회사에 대한 처분

금융위원회는 일반사무관리회사가 별표 3 각 호의 어느 하나에 해당하는 경우에는 등록취소 등의 조치를 취할 수 있다(자법 제257조 제1항, 제2항). 금융위원회는 일반사무관리회사의 임·직원이 별표 3 각 호의 어느 하나에 해당하는 경우에는 해임요구 등의 조치를 할 수 있다(자법 제257조 제3항, 제4항).

Ⅱ. 집합투자기구평가회사

1. 등록

(1) 등록요건

집합투자기구를 평가하고 이를 투자자에게 제공하는 업무를 영위하려는 자는 다음의 요건을 갖추어 금융위원회에 등록하여야 한다(자법 제258조 제1항, 제2항).

① 상법에 따른 주식회사일 것
② 투자매매업자 · 투자중개업자 또는 집합투자업자와 그 계열회사가 아닐 것
③ 1억원 이상으로서 대통령령으로 정하는 금액(5억) 이상의 자기자본을 갖출 것
④ 상근 임 · 직원 중 대통령령으로 정하는 기준의 전문인력[16]을 보유할 것
⑤ 전산설비 등 대통령령으로 정하는 물적 설비[17]를 갖출 것
⑥ 임원이 제24조에 적합할 것
⑦ 대통령령으로 정하는 집합투자기구평가체계[18]를 갖출 것

---

16) 시행령 제276조 제3항 제1호부터 제3호까지의 기관 또는 집합투자기구평가회사에서 증권 · 집합투자기구 등의 평가 · 분석업무나 기업금융업무(법 제71조 제3호에 따른 기업금융업무를 말한다)에 2년 이상 종사한 경력이 있는 3인 이상의 집합투자기구 평가전문인력을 말한다(자령 제280조 제2항).

17) 다음 각 호의 것을 말한다(자령 제280조 제3항).
1. 집합투자기구평가회사의 업무를 하기에 필요한 전산설비, 업무공간 및 사무장비
2. 정전 · 화재 등의 사고가 발생할 경우 업무의 연속성을 유지하기 위하여 필요한 보완설비

18) 다음 각 호의 사항에 대한 집합투자기구평가체계를 말한다(자령 제280조 제4항).
1. 평가대상 집합투자기구에 관한 사항
2. 집합투자기구의 유형 분류 기준 및 유형별 기준지표에 관한 사항

⑧ 대통령령으로 정하는 이해상충방지체계[19]를 구축하고 있을 것(대통령령으로 정하는 금융업을 영위하고 있는 경우에 한한다)

(2) 등록신청서의 제출

등록을 하려는 자는 금융위원회에 등록신청서를 제출하여야 한다(자법 제258조 제3항).

(3) 금융위원회의 조치

금융위원회는 등록신청서를 접수한 경우에는 그 내용을 검토하여 30일 이내에 등록 여부를 결정하고, 그 결과와 이유를 지체 없이 신청인에게 문서로 통지하여야 한다. 이 경우 등록신청서에 흠결이 있는 때에는 보완을 요구할 수 있다(자법 제258조 제4항).

검토기간을 산정함에 있어서 등록신청서 흠결의 보완기간 등 총리령으로 정하는 기간은 검토기간에 산입하지 아니한다(자법 제258조 제5항).

금융위원회는 등록 여부를 결정함에 있어서 다음에 해당하는 사유가 없는 한 그 등록을 거부하여서는 아니 된다(자법 제258조 제6항).

① 등록요건을 갖추지 아니한 경우
② 등록신청서를 거짓으로 작성한 경우
③ 보완요구를 이행하지 아니한 경우

---

3. 수익률과 위험지표의 계산에 관한 사항
4. 집합투자기구의 등급 결정에 관한 사항
5. 자료제공과 공시 등에 관한 사항

19) 다음 각 호의 것을 말한다(자령 제280조 제5항).
1. 집합투자기구평가회사의 업무와 그 외의 업무 간에 독립된 부서로 구분되어 업무처리와 보고가 독립적으로 이루어질 것
2. 집합투자기구평가회사의 업무와 그 외의 업무 간에 직원의 겸직과 파견을 금지할 것
3. 집합투자기구평가회사의 업무와 그 외의 업무를 하는 사무실이 정보공유를 막을 수 있을 정도로 공간적으로 분리될 것
4. 집합투자기구평가회사의 업무와 그 외의 업무에 관한 전산자료가 공유될 수 없도록 독립되어 저장·관리·열람될 것

금융위원회는 등록을 결정한 경우 집합투자기구평가회사등록부에 필요한 사항을 기재하여야 하며, 등록결정한 내용을 관보 및 인터넷 홈페이지 등에 공고하여야 한다(자법 제258조 제7항).

(4) 등록요건 유지의무

등록을 한 집합투자기구평가회사는 등록 이후 그 영업을 영위함에 있어서 등록요건(자기자본의 경우에는 대통령령으로 정하는 완화된 요건[20]을 말한다)을 계속 유지하여야 한다(자법 제258조 제8항).

2. 영업행위준칙

집합투자기구평가회사는 대통령령으로 정하는 사항[21]이 포함된 영업행위준칙을 제정하여야 한다(자법 제259 제1항).

집합투자업자는 집합투자재산의 명세를 직접 또는 협회를 통하여 집합투자기구평가회사에 제공할 수 있다(자법 제259 제2항).

3. 준용규정

자본시장법상 직무관련 정보의 이용 금지(제54조), 자료의 기록·유지(제60조) 및 손해배상책임(제64조)에 관한 규정은 집합투자기구평가회사에 준용한다(자법 제260조).

20) 최저자기자본의 100분의 70 이상을 말한다. 이 경우에 유지요건은 매 회계연도말을 기준으로 적용하며, 특정 회계연도말을 기준으로 유지요건에 미달한 집합투자기구평가회사는 다음 회계연도말까지는 그 유지요건에 적합한 것으로 본다(자령 제280조 제7항).

21) 다음 각 호의 사항을 말한다(자령 제282조 제1항).
1. 보편타당하고 공정한 기준에 따라 집합투자기구평가업무의 일관성이 유지되도록 하기 위한 사항
2. 미공개정보의 이용을 금지하기 위한 사항
3. 집합투자기구 평가를 위하여 얻은 정보를 다른 업무를 하는 데에 이용하지 아니하도록 하기 위한 사항

4. 집합투자기구평가회사에 대한 감독 · 검사

금융위원회는 투자자를 보호하고 건전한 거래질서를 유지하기 위하여 집합투자기구평가회사에 대하여 다음의 사항에 관하여 필요한 조치를 명할 수 있다(자법 제261조 제1항).

① 고유재산의 운용에 관한 사항
② 영업의 질서 유지에 관한 사항
③ 영업방법에 관한 사항
④ 그 밖에 투자자 보호 또는 건전한 거래질서를 위하여 필요한 사항으로서 대통령령으로 정하는 사항

금융위원회의 금융투자업자에 대한 검사에 관한 자본시장법 제419조(제2항부터 제4항까지 및 제8항을 제외한다)는 집합투자기구평가회사에 대한 검사에 관하여 준용한다(자법 제261조 제2항).

5. 집합투자기구평가회사에 대한 조치

금융위원회는 집합투자기구평가회사가 별표 4 각 호의 어느 하나에 해당하는 경우에는 등록의 취소 등의 조치를 취할 수 있다(자법 제262조 제1항, 제2항).

금융위원회는 집합투자기구평가회사의 임 · 직원이 별표 4 각 호의 어느 하나에 해당하는 경우에는 해임요구 등의 조치를 할 수 있다(자법 제262조 제3항, 제4항).

Ⅲ. 채권평가회사

집합투자재산에 속하는 채권 등 자산의 가격을 평가하고 이를 집합투자기구에게 제공하는 업무를 영위하려는 자는 다음의 요건을 갖추어 금융위원회에 등록하여야 한다(자법 제263조 제1항, 제2항).

① 상법에 따른 주식회사일 것
② 20억원 이상으로서 대통령령으로 정하는 금액(30억) 이상의 자기자본을 갖출 것

③ 상호출자제한기업집단의 출자액 또는 대통령령으로 정하는 금융기관[22)]의 출자액이 각각 100분의 10 이하일 것

④ 상근 임·직원 중 대통령령으로 정하는 기준의 전문인력[23)]을 보유할 것

⑤ 전산설비 등 대통령령으로 정하는 물적 설비[24)]를 갖출 것

⑥ 임원이 금융투자업자 임원의 결격사유에 관한 자본시장법 제24조 각 호의 어느 하나에 해당하지 아니할 것[25)]

⑦ 대통령령으로 정하는 채권 등의 가격평가체계[26)]를 갖출 것

⑧ 대통령령으로 정하는 이해상충방지체계[27)]를 구축하고 있을 것(대통령령

---

22) 다음 각 호의 금융기관을 말한다(자령 제285조 제2항).
  1. 은행
  2. 「한국산업은행법」에 따른 한국산업은행
  3. 「중소기업은행법」에 따른 중소기업은행
  4. 「신용보증기금법」에 따른 신용보증기금
  5. 「기술신용보증기금법」에 따른 기술신용보증기금
  6. 보험회사
  7. 금융투자업자
  8. 종합금융회사

23) 다음 각 호의 어느 하나에 해당하는 증권분석전문인력 3인 이상을 포함하여 증권의 평가·분석업무에 상근하는 10인 이상의 집합투자재산 평가전문인력을 말한다(자령 제285조 제3항).
  1. 증권분석전문인력의 능력을 검증하기 위하여 협회에서 시행하는 시험에 합격한 자
  2. 시행령 제276조 제3항 제1호부터 제3호까지의 기관이나 채권평가회사에서 증권의 평가·분석업무에 3년 이상 종사한 자

24) 다음 각 호의 것을 말한다(자령 제285조 제4항).
  1. 채권평가회사의 업무를 하기에 필요한 전산설비, 업무공간 및 사무장비
  2. 정전·화재 등의 사고가 발생할 경우 업무의 연속성을 유지하기 위하여 필요한 보완설비

25) 개정 자법에서는 "임원이 제24조에 적합할 것" 로 개정.

26) 다음 각 호의 사항에 대한 가격평가체계를 말한다(자령 제285조 제5항).
  1. 평가대상 채권 등에 관한 사항
  2. 채권 등의 분류기준에 관한 사항
  3. 수익률 계산방법
  4. 자료제공과 공시 등에 관한 사항

27) 다음 각 호의 것을 한다(자령 제285조 제6항).
  1. 채권평가회사의 업무와 그 외의 업무 간에 독립된 부서로 구분되어 업무처리와 보고가 독립적으로 이루어질 것
  2. 채권평가회사의 업무와 그 외의 업무 간에 직원의 겸직과 파견을 금지할 것
  3. 채권평가회사의 업무와 그 외의 업무를 하는 사무실이 정보공유를 막을 수 있을 정도로 공간적으로 분리될 것
  4. 채권평가회사의 업무와 그 외의 업무에 관한 전산자료가 공유될 수 없도록 독립되어 저장·관리·열람될 것

으로 정하는 금융업[28]을 영위하고 있는 경우에 한한다)

그 외 금융위원회에 등록신청서의 제출, 금융위원회의 조치 등 앞의 집합투자기구의 관계회사와 유사한 절차를 거치게 된다.

제3절 외국 집합투자증권에 대한 특례

Ⅰ. 외국 집합투자기구의 등록

1. 금융위원회에 등록

외국 투자신탁(투자신탁과 유사한 것으로서 외국 법령에 따라 설정된 투자신탁을 말한다)이나 외국 투자익명조합(투자익명조합과 유사한 것으로서 외국 법령에 따라 설립된 투자익명조합을 말한다)의 외국 집합투자업자(외국 법령에 따라 집합투자업에 상당하는 영업을 영위하는 자를 말한다) 또는 외국 투자회사 등(외국 법령에 따라 설립된 투자회사 등을 말한다)은 외국 집합투자증권(집합투자증권과 유사한 것으로서 외국 법령에 따라 외국에서 발행된 것을 말한다)을 국내에서 판매하고자 하는 경우에는 해당 외국 집합투자기구(집합투자기구와 유사한 것으로서 외국 법령에 따라 설정·설립된 것을 말한다)를 금융위원회에 등록하여야 한다(자법 제279조 제1항).

2. 등록요건

외국 투자신탁이나 외국 투자익명조합의 외국 집합투자업자 또는 외국 투자회사 등은 외국 집합투자기구를 등록하고자 하는 경우 대통령령으로 정하는

---

28) 다음 각 호의 금융업을 말한다(자령 제285조 제7항).
1. 「은행법」에 따른 은행업
2. 「보험업법」에 따른 보험업
3. 금융투자업
4. 종합금융회사 업무

외국 집합투자업자 적격 요건 및 외국 집합투자증권 판매적격 요건29)을 갖추어야 한다. 이 경우 전문투자자 중 대통령령으로 정하는 자30)만을 대상으로 외국 집합투자증권을 판매하고자 하는 경우에는 외국 집합투자업자 적격 요건 및 외국 집합투자증권 판매적격 요건을 달리 정할 수 있다(자법 제279조 제2항).

3. 준용규정

집합투자기구의 등록에 관한 자본시장법 제182조 제2항부터 제9항까지의 규정은 제1항에 따른 외국 집합투자기구의 등록에 관하여 준용한다. 이 경우 같은 조 제2항 제2호 중 "이 법"은 "외국 집합투자기구가 설정·설립된 국가의 법"으로 본다(자법 제279조 제3항).

---

29) 다음 각 호와 같다(자령 제301조 제1항).

1. 외국 집합투자업자 적격 요건
   가. 최근 사업연도말 현재 운용자산규모(금융위원회가 정하여 고시하는 방법에 따라 계산한 것을 말한다)가 1조원 이상일 것. 이 경우 외국 집합투자업자가 그 운용자산의 운용업무 전부를 다른 외국 집합투자업자에 위탁한 경우에는 위탁받은 외국 집합투자업자의 운용자산규모가 1조원 이상이어야 한다.
   나. 국내에서 판매하려는 외국 집합투자기구의 종류(법 제229조에 따른 종류를 말한다)에 따라 별표 1에 따른 집합투자업 인가업무 단위별 최저자기자본 이상일 것
   다. 최근 3년간 금융업에 상당하는 영업과 관련하여 본국이나 국내의 감독기관으로부터 업무정지 이상에 해당하는 행정처분을 받거나 벌금형 이상에 상당하는 형사처벌을 받은 사실이 없을 것
   라. 투자자를 보호하기 위하여 금융위원회가 정하여 고시하는 요건에 해당하는 연락책임자를 국내에 둘 것
2. 외국 집합투자증권 판매적격 요건
   가. 경제협력개발기구에 가입되어 있는 국가(속령은 제외한다) 또는 홍콩·싱가포르의 법률에 따라 발행되었거나 발행이 예정되어 있을 것
   나. 보수·수수료 등 투자자가 부담하는 비용에 관한 사항이 명확히 규정되어 있고, 국제관례에 비추어 지나치게 높은 금액으로 설정되어 있지 아니할 것
   다. 투자자의 요구에 따라 직접적·간접적으로 환매 등의 방법으로 투자금액의 회수가 가능할 것
   라. 그 밖에 투자자를 보호하기 위하여 필요한 요건으로서 금융위원회가 정하여 고시하는 요건을 충족할 것

30) 다음 각 호의 어느 하나에 해당하는 전문투자자를 말한다(자령 제301조 제2항).

1. 국가
2. 한국은행
3. 제10조 제2항 제1호부터 제17호까지의 어느 하나에 해당하는 자
4. 제10조 제3항 제1호부터 제14호까지의 어느 하나에 해당하는 자

Ⅱ. 외국 집합투자증권의 국내판매

1. 투자매매업자 또는 투자중개업자를 통한 판매

외국 투자신탁이나 외국 투자익명조합의 외국 집합투자업자 또는 외국 투자회사 등은 외국 집합투자증권을 국내에서 판매하는 경우에는 투자매매업자 또는 투자중개업자를 통하여 판매하여야 한다(자법 제280조 제1항).

2. 자산운용보고서의 제공

외국 집합투자업자는 자산운용보고서를 작성하여 3개월마다 1회 이상 해당 외국 집합투자기구의 투자자에게 제공하여야 한다(자법 제280조 제2항).

3. 장부 · 서류의 열람 · 교부청구

투자자는 외국 투자신탁이나 외국 투자익명조합의 외국 집합투자업자, 외국 투자회사 등 또는 외국 집합투자증권을 판매한 투자매매업자 또는 투자중개업자에 대하여 영업시간 중 이유를 기재한 서면으로 그 투자자에 관련된 집합투자재산에 관한 장부 · 서류로서 대통령령으로 정하는 장부 · 서류[31]의 열람이나 등본 또는 초본의 교부를 청구할 수 있으며, 외국 투자신탁이나 외국 투자익명조합의 외국 집합투자업자, 외국 투자회사 등 또는 외국 집합투자증권을 판매한 투자매매업자 또는 투자중개업자는 대통령령으로 정하는 정당한 사유[32]가 없는 한 이를 거절하지 못한다(자법 제280조 제3항).

---

31) 다음 각 호의 장부 · 서류를 말한다(자령 제302조 제1항).
 1. 집합투자재산 명세서에 상당하는 서류
 2. 집합투자증권 기준가격대장에 상당하는 서류
 3. 재무제표와 그 부속명세서
 4. 집합투자재산 운용내역서에 상당하는 서류

32) 다음 각 호의 어느 하나에 해당하는 경우를 말한다(자령 제302조 제2항). 이 경우 법 제279조 제1항에 따른 외국 투자신탁이나 법 제279조 제1항에 따른 외국 투자익명조합의 외국 집합투자업자, 법

4. 기준가격의 공고 · 게시

외국 투자신탁이나 외국 투자익명조합의 외국 집합투자업자 또는 외국 투자회사 등은 해당 외국 집합투자증권의 기준가격을 매일 공고 · 게시하여야 한다. 다만, 기준가격을 매일 공고 · 게시하기 곤란한 경우 등 대통령령으로 정하는 경우[33]에는 해당 집합투자규약에서 기준가격의 공고 · 게시기간을 15일 이내의 범위에서 별도로 정할 수 있다(자법 제280조 제4항).

Ⅲ. 외국 집합투자업자 등에 대한 감독 · 검사

금융위원회는 투자자를 보호하고 건전한 거래질서를 유지하기 위하여 외국 투자신탁이나 외국 투자익명조합의 외국 집합투자업자 또는 외국 투자회사 등에 대하여 해당 집합투자재산의 공시 등에 관하여 필요한 조치를 명할 수 있다(자법 제281조 제1항).

금융투자업자에 대한 검사에 관한 자본시장법 제419조(제2항부터 제4항까지 및 제8항을 제외한다)는 외국 투자신탁이나 외국 투자익명조합의 외국 집합투자업자 또는 외국 투자회사 등에 대한 검사에 관하여 준용한다(자법 제281조 제2항).

제279조 제1항에 따른 외국 투자회사 등 또는 외국 집합투자증권을 판매한 투자매매업자 또는 투자중개업자는 열람이나 교부가 불가능하다는 뜻과 그 사유가 기재된 서면을 투자자에게 교부하여야 한다.

1. 외국 집합투자기구의 집합투자재산의 매매주문내역 등이 포함된 장부 · 서류를 제공함으로써 제공받은 자가 그 정보를 거래 또는 업무에 이용하거나 타인에게 제공할 것이 뚜렷하게 염려되는 경우
2. 외국 집합투자기구의 집합투자재산의 매매주문내역 등이 포함된 장부 · 서류를 제공함으로써 다른 투자자에게 손해를 입힐 것이 명백히 인정되는 경우
3. 해지 · 해산된 외국 집합투자기구에 관한 장부 · 서류로서 법 제239조 제4항에 따른 보존기한이 지나는 등의 사유로 인하여 투자자의 열람제공 요청에 응하는 것이 불가능한 경우

33) 다음 각 호의 어느 하나에 해당하는 경우를 말한다(자령 제302조 제3항).

1. 외화자산에 투자하는 경우로서 기준가격을 매일 공고 · 게시하기 곤란한 경우
2. 환매금지형집합투자기구에 상당하는 외국 환매금지형집합투자기구의 경우
3. 외국집합투자기구가 설정 · 설립된 국가의 법령에 따라 기준가격을 매일 공고 · 게시하지 아니할 수 있도록 허용되어 있는 경우

Ⅳ. 외국 집합투자기구의 등록취소

금융위원회는 다음의 어느 하나에 해당하는 경우에는 외국 집합투자기구의 등록을 취소할 수 있다(자법 제282조 제1항).

① 거짓, 그 밖의 부정한 방법으로 등록을 하거나 변경등록을 한 경우
② 등록요건을 갖추지 못하게 된 경우
③ 변경등록을 하지 아니한 경우
④ 외국 집합투자업자 적격 요건 또는 외국 집합투자증권 판매적격 요건을 갖추지 못하게 된 경우
⑤ 외국집합투자증권의 국내판매규정(자법 제280조)를 위반한 경우
⑥ 금융위원회의 명령을 위반한 경우
⑦ 그 밖에 투자자의 이익을 현저히 해할 우려가 있거나 외국 집합투자기구로서 존속하기 곤란하다고 인정되는 경우로서 대통령령으로 정하는 경우[34]

금융위원회는 외국 집합투자기구의 등록을 취소하고자 하는 경우에는 청문을 실시하여야 한다(자법 제281조 제2항).

금융위원회의 처분 등의 기록 및 공시와 이의신청에 관한 자본시장법 제424조 및 제425조는 외국 집합투자기구의 등록 취소에 관하여 준용한다(자법 제281조 제3항).

---

34) 다음 각 호의 어느 하나에 해당하는 경우를 말한다(자령 제304조).
 1. 외국 집합투자기구가 해지되거나 해산한 경우
 2. 법 제281조 제2항에서 준용하는 법 제419조 제1항에 따른 검사를 거부·방해 또는 기피한 경우

제 6 편 금융투자상품시장

제6편 금융투자상품시장

제1장 금융투자상품거래의 법률관계

Ⅰ. 서설

금융투자상품의 매매는 다음의 두 가지 유형으로 이루어진다. 첫째, 당사자의 직접교섭을 통한 상대거래로 이루어지는 경우이다. 상대거래는 사법상의 일반매매로서 민법과 상법의 규정이 적용된다. 둘째, 거래소와 같은 시장에서 불특정 상대방과의 사이에서 시장거래로 이루어지는 경우이다. 개인투자자의 경우에는 일반적으로 이러한 시장에서의 거래에 직접 참여하지 못하고 금융투자업자를 통하여 거래하게 된다.

Ⅱ. 매매의 진행단계

1. 의의

증권이나 장내파생상품의 매매는 크게 계약의 체결과 이행의 두 단계로 나눌 수 있다. 계약의 이행을 결제라 한다. 결제는 대개 증권의 교부가 수반되지 않는 집중예탁을 통한 장부상의 대체결제로 이루어진다.

시장거래의 경우에는 계약의 체결과 결제사이에 결제의 대상인 증권과 대금을 확정하는 절차인 청산이라고 하는 별개의 단계가 개재하는 것이 보통이다.

2. 업무규정

자본시장법은 금융투자상품의 매매에 대하여, 거래소에서 이루어지는 시장거래의 특징인 대량성 · 반복성 · 신속성 · 안전성을 고려하여 거래소의 증권시장업무규정과 파생상품시장업무규정으로 특칙을 정하도록 하고 있다(자법 제393조). 이전의 수탁계약준칙은 업무규정에 흡수되었다.

증권시장에서의 매매거래에 관하여 거래소의 증권시장업무규정으로 정할 사항은 다음과 같다(자법 제393조 제1항). 이 경우 유가증권시장과 코스닥시장에 대하여 별도의 증권시장업무규정으로 정할 수 있다.

① 매매거래의 종류 및 수탁에 관한 사항
② 증권시장의 개폐·정지 또는 휴장에 관한 사항
③ 매매거래계약의 체결 및 결제의 방법. 다만, 증권인도와 대금지급에 관한 것을 제외한다.
④ 증거금의 납부 등 매매거래의 규제에 관한 사항
⑤ 그 밖에 매매거래에 관하여 필요한 사항

파생상품시장에서의 매매에 관하여 거래소의 파생상품시장업무규정으로 정할 사항은 다음과 같다(자법 제393조 제2항).

① 장내파생상품 매매의 수탁에 관한 사항
② 취급하는 장내파생상품 매매의 유형 및 품목
③ 장내파생상품 매매의 결제월
④ 파생상품시장의 개폐·정지 또는 휴장에 관한 사항
⑤ 장내파생상품 매매에 관한 계약의 체결 및 제한에 관한 사항
⑥ 위탁증거금 및 거래증거금에 관한 사항
⑦ 결제의 방법
⑧ 그 밖에 장내파생상품 매매 및 그 수탁에 관하여 필요한 사항

Ⅲ. 거래소에서의 매매거래

1. 의의

거래소에서는 회원인 금융투자업자만이 매매거래를 할 수 있다. 따라서 고객은 금융투자업자와 증권 또는 장내파생상품 매매거래계좌설정계약을 체결하여 매매거래를 하게 된다. 다음 단계로 자금이나 증권을 금융투자업자에게 예

탁하고, 매매주문을 하게 되며, 금융투자업자는 문서(주문표)·전화·전보·모사전송·전자우편·컴퓨터 이와 유사한 전자통신의 방법으로 주문을 받을 수 있다(유가증권시장 업무규정 시행규칙 제109조 제1항). 금융투자업자는 주문을 전산프로그램을 통해 거래소가 운영하는 전산시스템에 접수하고, 경쟁매매의 원칙에 따라 매매계약을 체결하게 된다.

거래소는 매매계약이 이루어지게 되면 각 금융투자업자의 매도와 매수의 차감결제자료를 결제기관인 한국예탁결제원에 통보하고, 예탁결제원이 결제자료를 금융투자업자에게 통보하면 금융투자업자는 결제를 하고, 투자자에게는 그에 따른 결제 및 수탁수수료를 청구하게 된다. 이후 예탁결제원의 예탁자계좌부와 금융투자업자가 작성한 투자자계좌부[1]의 기재사항이 변경됨으로써 결제가 완료되게 된다.

2. 매매거래의 종류

유가증권시장 업무규정 제7조 제1항에 다음과 같이 분류하고 있다.

(1) 당일결제거래

매매계약을 체결한 당일에 결제하는 거래로 매도자는 매도증권을, 매수자는 매수대금을 상호교부하게 된다. 현재 당일결제거래는 채무증권의 경우에만 행해지고 있다.

(2) 익일결제거래

매매계약을 체결한 날의 다음날로 결제하는 거래로 국채딜러간 매매거래에 적용되고 있다.

---

1) 매일 작성함으로써 실질주주명부의 작성도 용이해 진다.

(3) 보통거래

매매계약을 체결한 날부터 3영업일째에 결제하는 거래로 현재 거의 대부분의 증권이 이 방식으로 거래된다.

3. 매매체결방법

(1) 딜러시장

시장조성업무를 담당하는 딜러가 자신이 담당하는 특정 종목에 대하여 매도호가와 매수호가를 지속적으로 제시하여 투자자들과 거래를 체결함으로써 당해 종목의 시장성이 확보되는 시장이다.

딜러는 매도가격과 매수가격의 차액을 수입으로 얻게 된다. 딜러의 호가, 즉 제시가격이 주도하는 시장이라는 의미에서 호가중심시장이라고도 한다.[2)]

(2) 경쟁매매시장

시장조성업무를 담당하는 딜러없이 매도인의 매도주문과 매수인의 매수주문을 경쟁적으로 대응시켜 거래를 성립시키는 시장을 말한다. 투자자의 주문이 주도하는 시장이라는 의미에서 주문중심시장이라고도 한다.

거래소 시장은 경쟁매매시장으로 현재에는 전부 전산시스템을 통하여 매매거래가 이루어지고 있다.

4. 경쟁매매의 원칙

매매거래는 개별경쟁매매의 방법에 의하며, 개별경쟁매매는 단일가격에 의

2) 매매거래가 부진한 종목에 대하여 유동성공급자(Liquidity Provider)로서 LP계약을 체결한 증권회사가 지속적으로 매도·매수호가를 제시함으로써 안정적인 가격형성을 유도하기도 한다. 자기매매 영업을 허가받은 결제회원인 증권회사에 대해서만 LP 자격이 인정된다.

한 개별경쟁매매[3])와 복수가격에 의한 개별경쟁매매[4])로 구분한다(유가증권시장 업무규정 제22조 제1항). 경쟁매매에는 다음의 원칙이 적용된다.

(1) 가격우선의 원칙

낮은 가격의 매도호가는 높은 가격의 매도호가에 우선하고, 높은 가격의 매수호가는 낮은 가격의 매수호가에 우선한다. 다만, 시장가호가는 지정가호가에 가격적으로 우선하되, 매도시장가호가와 하한가의 매도지정가호가, 매수시장가호가와 상한가의 매수지정가호가는 각각 동일한 가격의 호가로 본다(유가증권시장 업무규정 제22조 제2항 1호).

(2) 시간우선의 원칙

동일한 가격호가간의 우선순위와 시장가호가간의 우선순위는 호가가 행하여진 시간의 선후에 따라 먼저 접수된 호가가 뒤에 접수된 호가에 우선한다(유가증권시장 업무규정 제22조 제2항 2호).

(3) 수탁매매우선의 원칙

동시호가[5])간에는 위탁매매가 자기매매에 우선한다(유가증권시장 업무규정 시

3) 유가증권시장 업무규정 제23조(단일가격에 의한 개별경쟁매매) ① 다음 각호의 어느 하나에 해당하는 가격의 결정은 단일가격에 의한 개별경쟁매매에 의한다.
1. 시가
2. 제6조 제2항의 규정에 의하여 시장이 재개된 후 최초의 가격
3. 제25조 제2항, 제26조 제4항, 제107조 제2항, 유가증권시장상장규정 제95조 제3항 및 유가증권시장 공시규정 제40조 제4항 의 규정에 의하여 매매거래가 재개된 후 최초의 가격
4. 장종료시의 가격

4) 유가증권시장 업무규정 제24조(복수가격에 의한 개별경쟁매매) ① 제23조 제1항 각호외의 정규시장의 매매거래시간중 가격의 결정은 복수가격에 의한 개별경쟁매매에 의한다.

5) 시간우선의 원칙에도 불구하고 다음 각호의 호가는 동시호가로 한다(유가증권시장 업무규정 제22조 제1항).
1. 당해 가격이 상한가로 결정되는 경우 상한가 매수호가. 이 경우 제23조 제3항의 규정에 의하여 상한가로 간주된 시장가호가 및 제37조 제1항에서 정하는 종목의 최초가격결정시 호가할 수 있는 최

행세칙 제34조 제1항). 자기매매란 증권의 매매를 자기명의와 자기계산으로 영리를 목적으로 계속적·반복적으로 영업으로 하는 행위를 말한다. 거래소에서는 금융투자업자만이 자기명의로 거래를 할 수 있다.

(4) 수량우선의 원칙

동시호가의 우선순위에 있어서 위탁매매호가간, 자기매매호가간에는 호가별로 수량이 많은 호가가 수량이 적은 호가(수량이 동일한 때에는 거래소시스템상의 기록순위로 한다)보다 다음 ①의 수량에 달할 때까지 우선한다(유가증권시장 업무규정 시행세칙 제34조 제2항). ①의 수량을 초과하는 호가는 위와 같은 방법으로 ②부터 순차적으로 적용한다.

① 매매수량단위의 10배
② 매매수량단위의 50배
③ 매매수량단위의 100배
④ 매매수량단위의 200배
⑤ 잔량의 2분의 1. 이 경우 매매수량단위 미만은 매매수량단위로 4사 5입한다.
⑥ 잔량

Ⅳ. 증권위탁매매의 법률관계

1. 위탁매매

위탁매매인이란 자기의 명의로 타인의 계산으로 매매를 하는 자를 말한다. 즉, 매매의 주선을 영업으로 하는 자이다. 금융투자업자의 거래소에서의 매매

고호가가격의 호가를 포함한다.
2. 당해 가격이 하한가로 결정되는 경우 하한가 매도호가. 이 경우 제23조 제3항의 규정에 의하여 하한가로 간주된 시장가호가 및 제37조 제1항에서 정하는 종목의 최초가격결정시 호가할 수 있는 최저호가가격의 호가를 포함한다.

는 위탁매매로서 금융투자업자가 자기명의와 위탁자의 계산으로 매매를 하게 된다.

2. 위탁계약의 성립시기

(1) 의의

위탁매매계약은 낙성계약이므로 당사자 간의 매매주선의 합의로 성립하고 목적물이나 대금의 수수는 그 요건이 아니다. 일반적으로 금융투자업자에 있어서 위탁계약의 성립과정을 보면, 위탁자인 고객은 1단계로 먼저 매매거래설정계약을 하고, 다음 단계로 현금이나 대용증권을 예탁하고, 마지막으로 증권 등의 매매주문을 내게 된다. 물론 대부분의 경우는 매매거래설정계약과 동시에 현금 등을 예탁하게 되나 이것이 꼭 일치할 필요는 없다. 그렇다면 이 중 어느 단계에서 위탁계약이 성립되었다고 볼 것인가가 문제된다. 이것은 결국 어느 단계에서 당사자 간에 있어서 일정한 권리·의무가 발생하는 매매주선의 합의가 있었다고 볼 것인가가 기준이 될 것인데, 이를 각 단계별로 살펴보면 다음과 같다.[6)]

(2) 매매거래설정계약의 체결단계

먼저 1단계에서 고객은 매매거래설정계약을 체결하게 되는데, 이는 고객과 금융투자업자간의 거래관계에 적용될 기본계약으로서 이 계약에 의하여 장차 고객과 금융투자업자가 거래를 할 때 일정한 조건에 따를 의무를 부과할 뿐이고 이것 만에 의하여 고객과 금융투자업자에게 아무런 급부의무를 발생시키지 않는다.

따라서 매매거래설정계약만에 의하여 위탁자와 위탁매매인 사이에 일정한 권리·의무를 발생시키는 위탁계약이 성립하였다고 보기 어렵다.

---

6) 위탁매매인의 의무: 위탁매매인과 위탁자간의 관계는 위임이므로 위탁매매인은 수임인으로서 위임의 본지에 따라 선량한 관리자의 주의로 사무를 처리하여야 한다.

(3) 현금이나 대용증권을 예탁한 단계

다음으로 고객이 현금이나 대용증권을 예탁한 단계인데, 이 단계에 있어서도 고객이 매매를 위탁하였다고 볼 수 없고, 위탁매매인도 특정의 주식을 매입하거나 매도해야 할 의무가 발생하지 않으므로 위탁계약이 성립하였다고 보기 어렵다.

그런데 대법원은 증권회사의 직원이 고객이 예탁한 금원으로 고객 몰래 임의로 매매하고 예탁금을 인출하여 도피한 사안에서 "증권매매거래의 위탁계약의 성립시기는 위탁금이나 위탁증권을 받을 직무상 권한이 있는 직원이 증권매매거래를 위탁한다는 의사로 이를 위탁하는 고객으로부터 금원이나 주식을 수령하면 곧바로 위탁계약이 성립한다고 할 것이고, 그 이후에 그 직원의 금원수납에 관한 처리는 위 계약의 성립에 영향이 없다."고 하였는데,[7] 위 경우에 당사자 간에 있어서 특정 주식의 매매에 관한 합의가 있었다고 보기 어렵다고 볼 것이므로 위탁계약의 성립을 인정한 위 판례의 태도는 의문이다. 다만 다음의 포괄적 일임매매의 경우에는 이와 달리 볼 것이다.

(4) 고객이 매수주문을 낸 단계

마지막으로 고객이 매수주문 등을 낸 단계이다. 이때 위탁매매인인 금융투자업자는 고객의 주문에 따라 유가증권을 매수하거나 매도해야 할 의무를 부담하게 될 것이므로, 일반적으로는 이 단계에 이르러서 비로소 위탁계약이 성립한다고 볼 수 있다. 판례도 같은 태도이다.[8]

그런데 매매주문의 형태와 관련해서 보면, 고객이 매매주문표를 내거나 전화로 주문을 하는 것과 달리 오늘날 사이버 거래가 많이 이용되는데, 이때는

---

7) 대법원 1994.4.29. 선고, 94다2688 판결.

8) 대법원 1993.12.28. 선고 93다26632, 26649 판결에서 "고객이 증권회사와 체결하는 매매거래계좌설정계약은 고객과 증권회사 간의 계속적인 거래관계에 적용될 기본계약에 불과하므로 특별한 사정이 없는 한 그에 의하여 바로 매매거래에 관한 위탁계약이 이루어지는 것이 아니고, 매매거래계좌설정계약을 토대로 하여 고객이 매수주문을 할 때 비로소 매매거래에 관한 위탁이 이루어지는 것이라고 보아야 한다."고 판시하였다.

어떤가라는 의문이 생긴다. 그러나 사이버 거래의 경우에도 주식의 매매는 금융투자업자의 서버를 통하여 이루어지는 것이므로 마찬가지로 보아야 한다.

(5) 포괄적 일임매매의 경우

매매목적물, 가격, 매매시기 등에 관하여 금융투자업자에 일임하는 포괄적 일임매매[9]의 경우에는 위와 달리 보아야 한다. 포괄적 일임매매의 경우에는 현금 등을 예탁하면서 매매에 관하여 포괄위임하는 것으로서 포괄위임시에 증권회사는 유가증권 매매에 관한 의무를 부담하게 된다. 또한 매매주문도 일반적으로 고객이 하지 않고 금융투자업자의 임·직원이 하게 된다. 따라서 포괄적 일임매매의 경우에는 예탁금의 수령과 일임매매의 성립시에 매매에 관한 위탁계약이 성립한다고 보아야 한다. 판례도 "증권거래의 문외한이며 초심자들인 원고들이 피고회사인 증권회사의 영업부장 겸 지배인을 통하여 주식투자를 하기로 하고 동인에게 유망한 종목의 주식을 적당한 시기에 적당한 수량을 매입·매도하여 이득금을 남기도록 부탁하면서 주식매수대금조로 금전을 지급하였다면, 원고들과 피고회사 사이에 증권매매거래의 위탁계약이 성립된다." 거나,[10] "주식투자자가 증권회사에 대하여 매매를 위탁하는 주식의 종목, 수량, 시기, 가격을 특정하여 주문하지 아니하였다 하여 주식매매위탁계약이 아니라고 할 수 없고, 유망주식을 적당한 시기에 적당한 수량, 가격으로 매입 또는 매각하여 달라고 위탁할 수도 있다." 거나,[11] "원고가 증권회사의 지배인 겸 영업부장실에서 동인에게 적당한 시기에 적당한 증권을 적당량 매입·매도하여 이득금이 남도록 관리하여 달라고 하면서 주식매수대금조로 금전을 교부하고, 그 영업부장의 명함 뒷면이나 위 회사 영업부장용 메모지상에 그 금원을 보관하고 있다는 취지의 보관증을 작성 교부받았다면, 원고와 그 증권회사 사이에 증권매매위탁계약이 성립된 것으로 보아야 한다." 고 판시하여[12] 위와 같은 태도를 보이고 있다.

9) 자본시장법상으로는 일임매매에 관한 규정이 삭제되었다.
10) 대법원 1980.5.27. 선고 80다418 판결.
11) 대법원 1979.3.27. 선고 78다2483, 2484 판결.
12) 대법원 1980.11.11. 선고 80다135 판결.

제2장 금융투자상품의 청산·결제

Ⅰ. 서설

다자간매매체결시스템인 거래소를 통하여 이루어지는 금융상품의 장내거래는 거래약정으로부터 거래확인과 청산을 거쳐 증권의 인·수도와 자금의 지급을 통하여 결제되는 다수의 단계를 거쳐 종결된다.

이는 대별하여 청산과 결제의 절차로 나눌 수 있는데, 2006년 8월31일 거래소와 예탁결제원 사이에 이루어진 청산업무와 결제업무의 분리수행에 관한 기본적인 합의에 기초하여 이에 대한 제도의 정비가 이루어졌다.

Ⅱ. 청산·결제의 의의

1. 청산

계약의 체결과 결제사이에는 청산이라고 하는 별개의 단계가 개재하는 것이 보통이다. 청산이란 결제의 대상인 증권과 대금을 확정하는 절차를 말한다.

2. 결제

결제는 거래당사자가 거래상 부담하는 채무를 이행하는 절차로 인도와 지급의 두가지 면으로 구성된다. 증권이나 현물상품의 인도가 실제로 일어나는 것은 현물인도에 의한 결제를 조건으로 하는 거래의 경우에 한한다. 그런데 증권의 경우 실물결제를 하지만 장부상 기재에 의한 대체결제를 한다. 파생상품거래는 실물이 없는 상태로 대부분 차액결제방식으로 결제되고 있으므로 증권이나 현물상품의 인도가 행해지는 경우는 별로 없다.

Ⅲ. 청산의 절차

1. 거래확인

이는 거래당사자 사이에 종목 · 가격 · 수량 · 결제일 · 거래상대방 등과 같은 거래조건을 확인하는 과정이다. 확인과정에서 거래조건의 오류가 발견되는 경우에는 그것을 수정하는 절차를 밟거나 거래를 취소하여야 한다. 구체적인 거래확인과정은 거래의 유형에 따라 다르다.

금융투자업자가 자기계산으로 하는 매매는 당사자인 금융투자업자가 거래를 확인함으로써 거래확인이 완료된다. 그러나 금융투자업자가 투자자의 위탁에 의하여 체결하는 위탁매매는 금융투자업자와 투자자간에도 체결통지 · 배분지시 · 거래확인 · 승인의 절차를 밟아야 한다.

거래소 거래에서는 매매가 체결된 시점에 거래를 자동적으로 확인하여 조회가 완료된 것으로 처리하는 이른바 'Locked-in-trade' 시스템을 취하고 있다.

2. 최종결제의무의 확정

이는 다수의 거래주체 사이에 복잡하게 발생하는 채권·채무를 차감 등을 통하여 단순화하는 최종의 결제의무의 확정과정이다. 아래의 분류는 다음에 보는 결제방법의 분류에도 속한다.

(1) 전량결제

거래의 건별로 증권의 전량을 인도하고 대금의 전액을 지급하는 방식을 말한다. 결제가 일정 시점을 기다리지 않고 즉시 일어날 수 있기 때문에 위험을 최소화할 수 있다. 전량결제는 거래의 건수가 적고 자금의 규모가 큰 시장에 적합한 결제방식으로 주로 장외 채권매매거래에 이용된다.

(2) 차감결제

거래소 각 회원별로 매도증권과 매수증권 또는 매도대금과 매수금액을 각각 차감한 잔량이나 잔액만을 가지고 결제하는 방법이다. 복수의 당사자 사이에 존재하는 복수의 채권 · 채무를 차감함으로써 결제에 필요한 증권과 자금의 규모를 최소화하게 된다. 이렇게 결제규모를 감소시킴으로써 결제에 수반되는 비용과 위험을 최소화하는 측면이 있는 반면에 일정기간의 결제수요를 일정시점에 충족시킨다는 점에서 결제를 지연시키는 측면이 있다. 차감결제는 상대차감과 다자간차감으로 나누어 볼 수 있다.

거래소는 중앙청산소로서 회원에 대한 면책적 채무인수를 한 후 차감대상별로 거래소와 회원이 동일한 날에 동일한 종목에 대한 채무를 상호 부담하거나 대금채무를 상호 부담하는 경우에는 동일한 종목 간 및 대금 간에 차감한다(유가증권시장 업무규정 제74조 제1항). 위의 차감을 한 후에 남은 종목의 수량 및 대금의 금액을 거래소와 회원 간에 수수하는 결제증권 및 결제대금으로 확정한다. 결제회원은 결제위탁계약을 체결한 매매전문회원의 확정된 채권을 취득하고 채무를 부담하며, 당해 매매전문회원은 결제회원에 대하여 동일한 내용의 채권을 취득하고 채무를 부담한다(유가증권시장 업무규정 제74조 제3항).

(3) 중앙청산소

다자간차감의 불확실성을 피하기 위하여 고안된 것이 바로 중앙청산소(CCP)[13]라는 개념이다. 중앙청산소란 모든 증권거래에서 투자자의 상대방이 되는 자를 말한다. 중앙청산소가 도입되면 모든 증권거래는 일반당사자와 중앙청산소 사이의 거래로 전환되기 때문에 상대차감이 가능해 진다.

중앙청산소가 이미 금융투자상품거래 당사자 간에 형성되어 있는 채권채무관계를 자신에게 집중시킬 수 있는 법적 수단으로는 첫째, 경개방식, 둘째, 면책적 채무인수방식, 셋째, 거래당사자방식의 세가지를 들 수 있다. 자본시장법

13) 개념상으로 CCP는 청산의 한가지 방법에 지나지 않지만 흔히 청산을 CCP와 동일시 하기도 한다(김건식·정순섭, 앞의 책, 409면).

에서는 "거래소는 증권시장 및 파생상품시장에서의 매매거래를 원활하게 하기 위하여 증권시장업무규정 및 파생상품시장업무규정이 정하는 바에 따라 회원을 대신하여 그 회원의 증권시장 또는 파생상품시장에서의 매매거래에 의한 채권·채무에 대하여 그 채권을 행사 또는 취득하거나 그 채무를 이행 또는 인수할 수 있다." 고 규정하여 면책적 채무인수구조를 취하고 있다(자법 제398조 제1항).[14] 잠재적인 매도인과 매수인인 청산회원은 청산기관과 청산서비스이용계약을 체결하는 시점에 면책적 채무인수구조에 대한 포괄적인 동의를 제공한 것으로 볼 수 있다.

3. 금융투자상품거래청산업[15]

개정 자본시장법에서는 '금융투자상품거래청산업' 을 신설하고 장외파생상품의 중앙청산소(CCP) 설치 근거를 마련하고 있다. 여기서는 청산업 인가제를 도입하여 향후 다양한 형태의 청산서비스(장외파생상품, 증권대차, RP 등)가 제공될 수 있도록 하고 있다.[16] 또한 해당 거래의 채무불이행이 시장에 중대한 영향을 줄 우려가 있는 장외파생거래는 청산회사를 통한 청산을 의무

---

14) 유가증권시장 업무규정에서는 명백히 면책적 채무인수를 밝히고 있다. 유가증권시장 업무규정 제73조(면책적 채무인수) ① 거래소는 제72조의2의 규정에 의하여 확인한 매매거래에 대하여 회원이 상대방인 회원에 부담하는 채무를 인수하고, 당해 회원은 거래소가 인수한 채무와 동일한 내용의 채무를 거래소에 부담한다.
② 제1항의 규정에 의하여 거래소에 채무를 이전한 회원은 이전하기 전에 상대방인 회원에 대하여 부담하는 채무를 면한다.

15) 개정 자법 제9조 ㉕ 이 법에서 "금융투자상품거래청산업" 이란 금융투자상품거래청산회사가 금융투자업자, 그 밖에 대통령령으로 정하는 자(이하 "청산대상업자" 라 한다)를 상대방으로 하여, 청산대상업자가 대통령령으로 정하는 금융투자상품의 거래(이하 "청산대상거래" 라 한다)를 함에 따라 발생하는 채무를 채무인수, 경개, 그 밖의 방법으로 부담하는 것을 영업으로 하는 것을 말한다.
제166조의3(장외거래의 청산의무) 금융투자업자는 다른 금융투자업자, 그 밖에 대통령령으로 정하는 자(이하 이 조에서 "거래상대방" 이라 한다)와 대통령령으로 정하는 장외파생상품의 매매, 그 밖의 장외거래(그 거래에 따른 채무의 불이행이 국내 자본시장에 중대한 영향을 줄 우려가 있는 경우로 한정하며, 이하 이 조에서 "청산의무거래" 라 한다)를 하는 경우 금융투자상품거래청산회사, 그 밖에 이에 준하는 자로서 대통령령으로 정하는 자에게 청산의무거래에 따른 자기와 거래상대방의 채무를 채무인수, 경개, 그 밖의 방법으로 부담하게 하여야 한다.

16) 개정 자법 제323조의2(무인가 청산영업행위 금지) 누구든지 이 법에 따른 금융투자상품거래청산업인가(변경인가를 포함한다)를 받지 아니하고는 금융투자상품거래청산업을 영위하여서는 아니 된다.

화하고 있다.[17]

Ⅳ. 결제의 법적 구조

1. 의의

결제란 계약의 이행행위를 말한다. 증권거래가 대량적 · 집단적 · 반복적으로 이루어지는 증권시장에서 결제의 원활화를 위한 증권대체결제제도 등 여러 제도를 두고 있다. 청산도 결제의 원활을 위한 전초단계라고 할 수 있다.

2. 결제방식

결제방식에는 차감유무에 따라 앞에서 본 전량결제와 차감결제로 나눌 수 있고, 반대매매의 허용유무에 따라 실물결제와 차금결제로 나눌 수 있다. 실물결제는 결제일 전 반대매매를 허용하지 않고 결제증권과 결제대금을 실제로 수수하는 결제방식이고, 차금결제는 청산거래나 선물거래 등에서 결제기일 전에 반대매매를 통하여 매매차금만을 수수하는 결제방식이다. 실물결제는 현물결제와 대체결제로 구분할 수 있다. 현물시장에서 차금결제는 거의 이용되지 않는다.

3. 수행주체

(1) 결제회원

시장에서 자기의 명의로 성립된 증권의 매매거래 또는 매매전문회원으로부터 결제를 위탁받은 증권의 매매거래에 대하여 자기의 명의로 결제를 하는 회원을 말한다.

---

17) 자본시장법 개정이 되면서 IRS 등 청산의무거래 대상인 장외파생상품 CCP는 한국거래소(KRX)에 인가하였다.

(2) 결제내역의 통지

거래소는 확정된 결제내역 즉 결제증권 및 결제대금의 내역을 회원 및 한국예탁결제원에 통지한다(유가증권시장 업무규정 제75조 제1항). 이 경우 예탁결제원에 통지하는 결제내역은 다음과 같다.

① 매매체결일 및 결제일
② 회원별 차감·확정된 결제증권의 종목별 수량
③ 회원별 차감·확정된 결제대금
④ 그 밖에 증권시장의 결제에 필요한 사항

거래소는 거래소가 운영하는 전산시스템에서 회원 및 예탁결제원이 각각 운영하는 전산시스템으로 전송하는 방법으로 결제내역을 통지한다(유가증권시장 업무규정 제75조 제2항).

(3) 거래소와 결제회원 간 증권 및 대금의 수수

결제회원은 통지받은 결제내역에 따라 증권 또는 대금을 예탁결제원의 결제업무규정에 의한 결제시한(16시)까지 거래소에 납부하여야 하고, 거래소는 결제시한 후 결제회원에게 지급한다(유가증권시장 업무규정 제75조-2 제1항).

거래소와 결제회원 간 증권 및 대금의 수수는 다음의 결제계좌와 결제회원계좌 간에 대체하는 방법으로 한다(유가증권시장 업무규정 제75조-2 제2항).

① 증권결제계좌(확정된 결제증권의 수수를 위한 계좌로서 예탁결제원에 개설된 거래소계좌를 대신하는 예탁결제원계좌를 말한다)
② 대금결제계좌(확정된 결제대금의 수수를 위한 계좌로서 한국은행 또는 은행업을 영위하는 금융기관에 개설된 거래소계좌를 대신하는 예탁결제원계좌를 말한다)

위에서 결제계좌를 통하여 결제회원과 증권 및 대금을 수수하는 것은 직접 거래소계좌를 통하여 결제회원과 증권 및 대금을 수수하는 것과 동일한 효력이 있는 것으로 한다(유가증권시장 업무규정 제75조-2 제3항).

이처럼 결제에 있어서 거래소가 당사자이면서 계좌는 예탁결제원계좌를 이용하는 특색이 있다.

(4) 결제의 불이행

특정회원이 결제를 이행하지 못하는 경우의 위험은 거래소가 부담한다. 자본시장법에서는 회원의 결제불이행이 있는 경우 거래소가 회원의 손해에 대한 배상책임을 지도록 하였다(자법 제399조 제1항). 업무규정상으로는 거래소가 회원의 채무를 면책적으로 인수하여 상대방 회원에 대한 채무자가 된 것으로 보기 때문에 거래소는 손해배상책임이 아닌 결제채무를 부담한다.

거래소는 결제회원이 매매거래의 결제를 이행하지 아니하거나 그 우려가 있다고 인정되는 경우에는, 일정한 기간을 정하거나 그 사유가 소멸될 때까지 다음의 어느 하나에 해당하는 조치를 하거나 당해 결제회원이 부담하는 채무인수를 하지 아니할 수 있다(유가증권시장 업무규정 제76조 제1항).

① 매매거래의 전부 또는 일부의 정지
② 당해 결제회원이 거래소로부터 수령할 예정인 증권의 전부 또는 일부나 현금의 전부 또는 일부의 지급정지
③ 그 밖에 세칙이 정하는 조치

(5) 대체결제제도

결제에 있어서 중앙예탁기구에 증권을 예탁하고 그 장부상의 기재변동에 의하여 증권의 이전을 실현하는 대체결제제도에 의함으로써 당사자가 실물을 수수해야 하는 부담을 덜고 실물을 처리하는 비용을 절감할 수 있다.

4. 결제계좌

대개 실물이 없는 파생상품시장의 경우에는 거래소가 청산과 결제를 맡게 되므로 문제되지 않는다. 증권시장의 경우 업무로서의 결제의 수행주체는 예탁결제원이다. 그러나 증권시장에서의 매매거래에 따른 채권·채무의 이행 및

종결절차로서의 '결제의 당사자' 는 거래의 당사자인 청산기관이라고 보아야 한다.

여기서 문제는 결제계좌명의와 관련한 양 기관간의 법적 관계이다. 이에 대해서 양 기관이 합의하여 "거래소시장에서의 결제를 위한 증권의 인·수도와 대금의 지급 · 수령은 거래소 계좌를 대신하여 예탁결제원 계좌를 통하여 이루어진다는 내용을 거래소 및 예탁결제원 규정에 명시한다." 고 하였다.

〈자본시장법상 청산 · 결제의 개념〉

청산기관업무	결제기관업무
제378조 ① 증권시장 및 파생상품시장에서의 매매거래에 따른 매매확인, 채무인수, 차감, 결제증권 · 결제품목 · 결제금액의 확정, 결제이행보증, 결제불이행에 따른 처리 및 결제지시업무는 청산기관으로서 거래소가 수행한다.	제297조 (증권시장 결제기관) 증권시장에서의 매매거래에 따른 증권인도 및 대금지급 업무는 결제기관으로서 예탁결제원이 수행한다. 제378조 ② 파생상품시장에서의 품목인도 및 대금지급업무는 결제기관으로서 거래소가 수행한다.

제 7 편 증권감독기관과 관계기관

- 제1장 증권감독기관
- 제2장 금융투자업 관계기관

제7편 증권감독기관과 관계기관

제1장 증권감독기관

제1절 금융위원회

Ⅰ. 서설

「금융위원회 설치 등에 관한 법률」(이하 금융위원회법이라 한다)에 따르면 "금융정책, 외국환업무취급기관의 건전성 감독 및 금융감독에 관한 업무를 수행하게 하기 위하여 국무총리소속하에 금융위원회를 둔다." 고 규정하고 있다(금융위원회법 제3조 제1항).[18]

금융위원회와 금융감독원의 관계에 대한 연혁을 보면, 1998년 증권관리위원회에 관한 규정이 삭제되어 증권관리위원회와 증권감독원이 폐지되고 이에 대신하여 금융감독위원회가 설립되었고, 이어서 금융감독원과 증권선물위원회가 설치되었다. 금융감독위원회는 자본시장법상 금융위원회로 명칭이 변경되었다.

금융위원회와 금융감독원의 설치는 금융산업의 선진화와 금융시장의 안정을 도모하고 건전한 신용질서와 공정한 금융거래관행을 확립하며 예금자 및 투자자등 금융수요자를 보호함으로써 국민경제의 발전에 기여함을 목적으로 한다(금융위원회법 제1조).

18) 금융위원회는 대통령에 의해 임명되는 임명직 위원 5인과 당연직 위원 4인을 포함한 9인의 위원으로 구성된다(금융위원회법 제4조 제1항, 제2항, 제3항). 당연직 위원은 기획재정부 차관, 금융감독원 원장, 예금보험공사 사장, 한국은행 부총재 등 4인이다(금융위원회법 제4조 제1항).

Ⅱ. 업무

1. 금융위원회법상 업무

(1) 금융위원회의 소관사무

금융위원회의 소관사무는 다음과 같다(금융위원회법 제17조).

① 금융에 관한 정책 및 제도에 관한 사항
② 금융기관 감독 및 검사·제재에 관한 사항
③ 금융기관의 설립, 합병, 전환, 영업 양수·도 및 경영 등의 인·허가에 관한 사항
④ 자본시장의 관리·감독 및 감시 등에 관한 사항
⑤ 금융중심지의 조성·발전에 관한 사항
⑥ ①부터 ⑤까지의 사항에 관련된 법령 및 규정의 제·개정 및 폐지에 관한 사항
⑦ 금융 및 외국환업무취급기관의 건전성 감독에 관한 양자·다자간 협상 및 국제협력에 관한 사항
⑧ 외국환업무취급기관의 건전성 감독에 관한 사항
⑨ 그 밖에 다른 법령에서 금융위원회의 소관으로 규정된 사항

(2) 금융감독원에 대한 지도·감독

금융위원회는 이 법과 다른 법령이 규정하는 바에 따라 금융감독원의 업무·운영·관리에 대한 지도·감독을 하며, 다음의 사항을 심의·의결한다(금융위원회법 제18조).

① 금융감독원의 정관변경에 대한 승인
② 금융감독원의 예산 및 결산 승인
③ 기타 금융감독원을 지도·감독하기 위하여 필요한 사항

2. 자본시장법상 업무

(1) 감독

금융위원회는 투자자를 보호하고 건전한 거래질서를 유지하기 위하여 금융투자업자가 이 법 또는 이 법에 따른 명령이나 처분을 적절히 준수하는지 여부를 감독하여야 한다(자법 제415조).

(2) 금융위원회의 조치명령권

금융위원회는 투자자를 보호하고 건전한 거래질서를 유지하기 위하여 금융투자업자에게 다음의 사항에 관하여 필요한 조치를 명할 수 있다. 다만, ⑦의 장내파생상품의 거래규모의 제한에 관한 사항에 관하여는 위탁자에게도 필요한 조치를 명할 수 있다(자법 제416조).

① 금융투자업자의 고유재산 운용에 관한 사항
② 투자자 재산의 보관·관리에 관한 사항
③ 금융투자업자의 경영 및 업무개선에 관한 사항
④ 각종 공시에 관한 사항
⑤ 영업의 질서유지에 관한 사항
⑥ 영업방법에 관한 사항
⑦ 장내파생상품 및 장외파생상품의 거래규모의 제한에 관한 사항
⑧ 그 밖에 투자자 보호 또는 건전한 거래질서를 위하여 필요한 사항으로서 대통령령으로 정하는 사항[19]

---

19) 다음 각 호의 사항을 말한다(자령 제369조 제1항).
1. 제16조 제9항 및 제21조 제7항에 따른 이해상충방지체계에 관한 사항
2. 금융투자업자가 외국에서 금융투자업에 상당하는 업을 하는 경우에 감독상 필요한 신고·보고 등에 관한 사항
3. 외국 금융투자업자가 법 제12조 제2항 제1호 나목 또는 법 제18조 제2항 제1호 나목 및 다목에 따라 국내에서 금융투자업을 하는 경우에 감독상 필요한 신고·보고 등에 관한 사항
4. 법 제40조 각 호에 따른 금융업무에 관한 사항
5. 기업어음증권의 매매나 중개업무에 관한 사항

(3) 승인사항

금융투자업자는 다음의 어느 하나에 해당하는 행위(겸영금융투자업자의 경우에는 ④부터 ⑦까지에 한한다)를 하고자 하는 경우에는 금융위원회의 승인을 받아야 한다(자법 제417조 제1항).

① 합병, 분할 또는 분할합병
② 주식의 포괄적 교환 또는 이전
③ 해산
④ 자본시장법 제6조 제1항 제1호부터 제3호까지 및 제6호의 어느 하나에 해당하는 금융투자업 전부(이에 준하는 경우를 포함한다)의 양도 또는 양수
⑤ 자본시장법법 제6조 제1항 제4호 및 제5호의 어느 하나에 해당하는 금융투자업 전부(이에 준하는 경우를 포함한다)의 양도 또는 양수
⑥ 자본시장법법 제6조 제1항 제1호부터 제3호까지 및 제6호의 어느 하나에 해당하는 금융투자업 전부(이에 준하는 경우를 포함한다)의 폐지
⑦ 자본시장법법 제6조 제1항 제4호 및 제5호의 어느 하나에 해당하는 금융투자업 전부(이에 준하는 경우를 포함한다)의 폐지
⑧ 그 밖에 투자자 보호 또는 채권자 보호 등을 위하여 필요한 사항으로서 대통령령으로 정하는 행위[20]

금융위원회는 위의 승인을 한 경우 그 내용을 관보 및 인터넷 홈페이지 등에 공고하여야 한다(자법 제417조 제2항).

---

6. 금융투자업자가 취급하는 상품의 운영에 관한 사항
7. 금융투자업자의 영업, 재무 및 위험에 관한 사항
8. 금융투자업자의 업무내용의 보고에 관한 사항
9. 협회에 가입하지 아니한 금융투자업자에 대하여 협회가 건전한 영업질서의 유지와 투자자를 보호하기 위하여 행하는 자율규제에 준하는 내부기준을 제정하도록 하는 것에 관한 사항
10. 파생상품을 취급하는 금융투자업자에 대한 일정 수준 이상의 파생상품을 거래한 자 또는 미결제약정을 보유한 자에 관한 정보의 제출에 관한 사항
11. 집합투자기구(투자신탁은 제외한다)의 청산업무와 관련한 재산의 공탁, 그 밖에 필요한 사항

20) 자본감소를 말한다(자령 제370조 제1항).

(4) 보고사항

금융투자업자(겸영금융투자업자의 경우에는 ⑥부터 ⑨까지에 한한다)는 다음의 어느 하나에 해당하는 경우에는 대통령령으로 정하는 방법에 따라 그 사실을 금융위원회에 보고하여야 한다(자법 제418조).

① 상호를 변경한 때
② 정관 중 대통령령으로 정하는 중요한 사항을 변경한 때[21)]
③ 임원을 선임하거나 해임(사임을 포함한다)한 때
④ 최대주주가 변경된 때
⑤ 대주주 또는 그의 특수관계인의 소유주식이 의결권 있는 발행주식총수의 100분의 1 이상 변동된 때
⑥ 자본시장법 제6조 제1항 제1호부터 제3호까지 및 제6호의 어느 하나에 해당하는 금융투자업의 일부를 양도 또는 양수한 때
⑦ 자본시장법 제6조 제1항 제4호 및 제5호의 어느 하나에 해당하는 금융투자업의 일부를 양도 또는 양수한 때
⑧ 자본시장법 제6조 제1항 제1호부터 제3호까지 및 제6호의 어느 하나에 해당하는 금융투자업의 일부를 폐지한 때
⑨ 자본시장법 제6조 제1항 제4호 및 제5호의 어느 하나에 해당하는 금융투자업의 일부를 폐지한 때
⑩ 지점, 그 밖의 영업소를 신설하거나 폐지한 때
⑪ 본점의 위치를 변경한 때
⑫ 본점·지점, 그 밖의 영업소의 영업을 중지하거나 다시 시작한 때
⑬ 그 밖에 투자자 보호 또는 건전한 거래질서를 위하여 필요한 경우로서 대통령령으로 정하는 경우[22)]

---

21) 다음 각 호의 어느 하나에 해당하는 사항을 말한다(자령 제371조 제2항).
1. 사업목적에 관한 사항
2. 주주총회, 이사회, 그 밖에 회사의 지배구조에 관한 사항
3. 회사가 발행하는 주식에 관한 사항
4. 그 밖에 투자자의 보호와 관련된 것으로 금융위원회가 정하여 고시하는 사항

22) 다음 각 호의 어느 하나에 해당하는 경우를 말한다(자령 제371조 제3항).
1. 자본금이 증가한 경우

제2절 증권선물위원회

Ⅰ. 금융위원회법상 업무와 권한

다음의 업무를 수행하기 위하여 금융위원회에 증권선물위원회를 둔다(금융위원회법 제19조).[23)]

① 자본시장의 불공정거래 조사
② 기업회계의 기준 및 회계감리에 관한 업무
③ 금융위원회 소관사무 중 자본시장의 관리·감독 및 감시등과 관련된 주요사항에 대한 사전심의
④ 자본시장의 관리·감독 및 감시등을 위하여 금융위원회로부터 위임받은 업무
⑤ 기타 다른 법령에서 증권선물위원회에 부여된 업무

---

2. 법 제10편(제443조부터 제449조까지)에 따라 처벌을 받은 경우
3. 해당 금융투자업자의 업무에 중대한 영향을 미칠 소송의 당사자로 된 경우
4. 해당 금융투자업자에 관하여 파산의 신청이 있거나 해산 사유가 발생한 경우
5. 「채무자 회생 및 파산에 관한 법률」에 따른 회생절차 개시신청을 한 경우, 회생절차 개시결정을 한 경우 또는 회생절차 개시결정의 효력이 상실된 경우
6. 조세체납처분을 받은 경우 또는 조세에 관한 법령을 위반하여 처벌을 받은 경우
7. 「외국환거래법」에 따른 해외직접투자를 하거나 해외영업소, 그 밖의 사무소를 설치한 경우
8. 국내 사무소를 신설하거나 폐지한 경우(외국 금융투자업자의 국내 사무소의 경우만 해당한다)
9. 발행한 어음이나 수표가 부도로 되거나, 은행과의 당좌거래가 정지되거나 금지된 경우
10. 금융투자업자의 해외현지법인, 해외지점 및 해외사무소 등에 금융위원회가 정하여 고시하는 사유가 발생한 경우
11. 외국 금융투자업자(국내 지점, 그 밖의 영업소를 설치한 외국 금융투자업자의 경우만 해당한다)의 본점에 금융위원회가 정하여 고시하는 사유가 발생한 경우
12. 그 밖에 금융투자업자의 경영·재산 등에 중대한 영향을 미칠 사항으로서 금융위원회가 정하여 고시하는 사유가 발생한 경우

23) 증권선물위원회는 5인의 위원으로 구성되어 있으며, 위원장은 금융위원회 부위원장이 겸임한다(금융위원회법 제20조 제1항, 제2항).

Ⅱ. 자본시장법상 권한

자본시장법상 증권선물위원회는 주로 내부자거래 또는 시세조종행위 등 불공정거래행위의 단속에 관한 권한을 가진다.

구체적으로 내부자의 단기매매차익의 발생사실을 알게 된 경우 그 법인에 통보할 권한(자법 제172조), 불공정거래 조사권한(자법 제427조), 금융위원회 권한 중 중요한 사항의 사전 심의(자법 제439조), 금융위원회가 위임한 사항(자법 제438조 제2항), 그리고 불공정행위를 사전에 차단하기 위해 공시토록 하고 있는 상장법인 임원 및 주요 주주의 주식소유상황 보고 접수 및 비치의 권한(자법 제173조 제2항) 등을 가진다.

Ⅲ. 「주식회사의 외부감사에 관한 법」상 권한

「주식회사의 외부감사에 관한 법」상 증권선물위원회는 감사인지정(외감법 제4조의 3),[24] 회계처리기준 심의(외감법 제13조 제1항),[25] 회계감리업무(외

24) 증권선물위원회는 회사가 감사 또는 감사인선임위원회의 승인을 받아 요청한 경우에 해당 회사의 감사인을 지명하거나 다음 각 호의 어느 하나에 해당하는 회사에 대하여 3개 사업연도의 범위에서 증권선물위원회가 지명하는 자를 감사인으로 변경선임하거나 선정할 것을 요구할 수 있다. 이 경우 증권선물위원회가 지명하는 자는 회계법인으로 한정한다.
1. 제4조 제1항 · 제5항 또는 제4조의2 제1항에 따른 기간 내에 감사인을 선임하지 아니한 회사
2. 회사가 감사인을 교체한 사유가 부당하다고 인정되거나 제4조 제2항 또는 제4조의2 제1항을 위반하여 감사인을 선임한 경우의 해당 회사
3. 증권선물위원회의 감리 결과 제13조에 따른 회계처리기준을 위반하여 재무제표 또는 연결재무제표를 작성 · 공시한 사실이 지적된 회사. 다만, 증권선물위원회가 정하는 경미한 위반으로 지적된 회사는 제외한다.
4. 자산총액이 대통령령으로 정하는 금액 이상인 회사 중 대주주 및 그 대주주와 대통령령으로 정하는 특수관계에 있는 자가 합하여 발행주식총수(의결권이 없는 주식은 제외한다. 이하 같다)의 100분의 50 이상을 소유하고 있는 회사로서 대주주 또는 그 대주주와 특수관계에 있는 자가 해당 회사의 대표이사인 회사
5. 유가증권시장상장법인 중 대통령령으로 정하는 바에 따라 증권선물위원회가 공정한 감사가 필요하다고 인정하여 지정하는 회사
6. 대통령령으로 정하는 거래은행이 대통령령으로 정하는 사유로 증권선물위원회에 감사인 지정을 요청하는 경우의 해당 회사
7. 그 밖에 공정한 감사가 특히 필요하다고 인정되어 대통령령으로 정하는 회사

25) 회계처리기준은 증권선물위원회의 심의를 거쳐 금융위원회가 정한다.

감법 제15조), 감사인 등에 대한 등록취소 등과 같은 조치권(외감법 제16조) 등에 관한 권한을 가진다.

제3절 금융감독원

Ⅰ. 업무

금융위원회 또는 증권선물위원회의 지도·감독을 받아 금융기관에 대한 검사·감독업무 등을 수행하기 위하여 금융감독원을 설립한다(금융위원회법 제24조 제1항).[26]

금융감독원은 이 법과 다른 법령이 규정하는 바에 따라 다음의 업무를 수행한다(금융위원회법 제37조).

① 금융위원회법 제38조 각 호의 기관의 업무 및 재산상황에 대한 검사
② 위의 검사결과에 따른 이 법과 다른 법령의 규정에 의한 제재
③ 금융위원회 및 소속기관에 대한 업무지원
④ 기타 이 법과 다른 법령에서 금융감독원이 수행하도록 하는 업무

Ⅱ. 검사대상기관

금융감독원의 검사를 받는 기관은 다음과 같다(금융위원회법 제38조).

①「은행법」또는「장기신용은행법」에 의한 인가를 받아 설립된 금융기관
② 자본시장법에 따른 금융투자업자, 증권금융회사, 종합금융회사 및 명의개서대행회사
③「보험업법」에 의한 보험사업자
④ 상호저축은행과 그 중앙회
⑤ 신용협동조합 및 그 중앙회

26) 금융감독원은 무자본 특수법인으로(금융위원회법 제24조 제2항) 그 법적 성격에 대해서는 공법상의 법인체, 즉 국가의 간접행정기관으로서 공법상의 '영조물법인'(營造物法人)으로 보는 견해가 있다. 강현호, "금융감독원의 법적 성격,"「공법연구」제31집 제3호(한국공법학회, 2003), 132면.

⑥ 여신전문금융회사 및 겸영여신업자
⑦ 농업협동조합중앙회의 신용사업부문
⑧ 수산업협동조합중앙회의 신용사업부문
⑨ 다른 법령에서 금융감독원이 검사를 하도록 규정한 기관
⑩ 기타 금융업 및 금융관련업무를 영위하는 자로서 대통령령이 정하는 자

Ⅲ. 자료의 제출요구 등

금융감독원장은 금융위원회법 제38조 각 호의 기관 또는 다른 법령의 규정에 의하여 금융감독원에 검사가 위탁된 대상기관에 대하여 업무수행상 필요하다고 인정하는 때에는 그 기관에 대하여 업무 또는 재산에 관한 보고, 자료의 제출, 관계자의 출석 및 진술을 요구할 수 있다(금융위원회법 제40조 제1항).

Ⅳ. 감독에 따른 규제

1. 시정명령 및 징계요구

금융감독원장은 금융위원회법 제38조 각 호에 해당하는 기관의 임·직원이 다음에 해당하는 경우에는 당해 기관의 장에게 이를 시정하게 하거나 당해 직원의 징계를 요구할 수 있다(금융위원회법 제41조 제1항).

① 이 법 또는 이 법에 의한 규정·명령 또는 지시를 위반한 경우
② 이 법에 의하여 원장이 요구하는 보고서 또는 자료를 허위로 작성하거나 그 제출을 태만히 한 경우
③ 이 법에 의한 금융감독원의 감독과 검사업무의 수행을 거부·방해 또는 기피한 경우
④ 원장의 시정명령이나 징계요구에 대한 이행을 태만히 한 경우

2. 임원의 해임권고 등

금융감독원장은 금융위원회법 제38조 각 호에 해당하는 기관의 임원이 이 법 또는 이 법에 의한 규정·명령 또는 지시를 고의로 위반한 때에는 당해 임원의 해임을 임면권자에게 권고할 수 있으며, 당해 임원의 업무집행의 정지를 명할 것을 금융위원회에 건의할 수 있다(금융위원회법 제42조).

3. 영업정지 등

금융감독원장은 금융위원회법 제38조 각 호의 기관이 이 법 또는 이 법에 의한 규정·명령 또는 지시를 계속 위반하여 위법 또는 불건전한 방법으로 영업하는 경우에는 금융위원회에 다음을 명할 것을 건의할 수 있다(금융위원회법 제42조).

① 당해 기관의 위법행위 또는 비행의 중지

② 6월의 범위내에서의 업무의 전부 또는 일부 정지

Ⅴ. 금융분쟁의 조정

종전에 한국은행과 증권감독원, 보험감독원에 각각 관련 분쟁조정위원회가 설치되어 있었는데, 금융감독기관이 통합됨에 따라 각 금융감독기관에 속해 있던 분쟁조정기관도 통합되어 금융감독원에 금융분쟁조정위원회가 설치되었다.

조정위원회는 검사대상기관과 예금자 등 금융수요자 기타 이해관계인 사이에 발생하는 금융관련분쟁의 조정에 관한 사항을 심의·의결하는 기구이다(금융위원회법 제51조).

이때 분쟁당사자가 조정위원회의 조정안을 수락한 경우, 당해 조정안은 재판상의 화해와 동일한 효력을 가진다(금융위원회법 제55조). 그러나 금융감독원장의 합의권고에 의해 당사자가 합의하는 경우에는 계약의 효력만이 발생하게 된다.

Ⅵ. 조사권한의 남용금지

조사공무원 및 제426조에 따라 조사업무를 수행하는 금융감독원 소속 직원(조사원)은 이 법의 시행을 위하여 필요한 최소한의 범위 안에서 조사를 행하여야 하며, 다른 목적 등을 위하여 조사권을 남용하여서는 아니 된다(자법 제427조의2 제1항).

금융위원회는 조사원의 조사권 남용을 방지하고 조사절차의 적법성을 보장하기 위한 구체적 기준을 정하여 고시할 수 있다(제427조의2 제2항).

제4절 상호관계

금융위원회법상 금융위원회는 금융감독원의 상위기관으로서 금융감독원에 대한 지도·감독권을 가지고 있다(금융위원회법 제18조). 증권선물위원회도 금융감독원에 대하여 지도·감독권을 가지는 상위기관의 지위를 가진다(금융위원회법 제23조).

금융위원회 또는 증권선물위원회는 금융감독원의 업무를 지시·감독하는데 필요한 명령을 할 수 있다(금융위원회법 제61조 제1항). 또한 금융위원회는 증권선물위원회 및 금융감독원의 처분의 전부 또는 일부를 일정한 경우에 취소하거나 집행을 정지시킬 수 있는 권한을 갖고 있으며(금융위원회법 제61조 제2항), 증권선물위원회도 금융감독원의 처분의 전부 또는 일부를 취소하거나 그 집행을 정지할 수 있는 권한을 갖고 있다(금융위원회법 제61조 제3항).

자본시장법상 금융위원회 또는 증권선물위원회는 자본시장법에 의한 권한을 행사하는 데에 필요하다고 인정되는 경우에는 금융감독원장에 대하여 지시·감독 및 업무집행방법의 변경, 그 밖에 감독상 필요한 조치를 명할 수 있다(자법 제440조 제1항).

금융감독원은 자본시장법에 따라 금융위원회 또는 증권선물위원회의 지시·감독을 받아 다음의 사항에 관한 업무를 행한다(자법 제440조 제2항).

① 증권신고서에 관한 사항

② 증권의 공개매수에 관한 사항

③ 자본시장법에 따라 금융감독원장의 검사를 받아야 하는 기관의 검사에 관한 사항
④ 상장법인의 관리에 관한 사항
⑤ 상장법인의 기업분석 및 기업내용의 신고에 관한 사항
⑥ 증권시장 및 파생상품시장 외에서의 증권 및 장외파생상품의 매매의 감독에 관한 사항
⑦ 정부로부터 위탁받은 업무
⑧ 그 밖에 자본시장법에 따라 부여된 업무
⑨ ①부터 ⑧까지의 업무에 부수되는 업무

제2장 금융투자업 관계기관

제1절 한국금융투자협회

Ⅰ. 설립

1. 목적

회원 상호 간의 업무질서 유지 및 공정한 거래를 확립하고 투자자를 보호하며 금융투자업의 건전한 발전을 위하여 한국금융투자협회를 설립한다(자법 제283조 제1항). 협회는 회원조직으로서의 법인으로 한다(자법 제283조 제2항).

종래 증권거래법하에서는 증권업협회, 자산운용협회 및 선물협회 등과 같이 복수의 자율규제기관이 필요하였으나, 자본시장법에서는 기능별규율체제를 도입하고 금융투자업의 겸영이 허용됨에 따라 자율규제기관을 한국금융투자협회로 통합하였다.

2. 법적 성격

협회는 민법상 비영리 사단법인이다.[27] 협회의 설립은 자본시장법에 근거를 둔 것이므로 주무관청의 허가는 필요가 없다. 협회는 주된 사무소의 소재지에서 설립등기를 함으로써 성립한다.

3. 회원

협회의 회원이 될 수 있는 자는 금융투자업자, 그 밖에 금융투자업과 관련된 업무를 영위하는 자로서 대통령령으로 정하는 자[28]로 한다(자법 제285조 제1항).

---

27) 임재연, 앞의 책, 1079면. 협회에 대하여는 이 법에서 특별한 규정이 있는 것을 제외하고는 「민법」 중 사단법인에 관한 규정을 준용하도록 규정하고 있다(자법 제283조 제4항).

협회가 아닌 자는 "금융투자협회", "증권협회", "선물협회", "자산운용협회" 또는 이와 유사한 명칭을 사용하여서는 아니 된다(자법 제284조).

Ⅱ. 업무

1. 업무의 범위

협회는 정관이 정하는 바에 따라 다음의 업무를 행한다. 협회는 각 업무를 행함에 있어 ①, ② 및 ④의 업무가 다른 업무와 독립적으로 운영되도록 하여야 하며, 이를 위하여 별도의 조직을 갖추어야 한다(자법 제286조 제1항, 제2항).

① 회원 간의 건전한 영업질서 유지 및 투자자 보호를 위한 자율규제업무

② 회원의 영업행위와 관련된 분쟁의 자율조정(당사자의 신청이 있는 경우에 한한다)에 관한 업무

③ 다음의 주요직무 종사자의 등록 및 관리에 관한 업무

가. 투자권유자문인력(투자권유를 하거나 투자에 관한 자문 업무를 수행하는 자를 말한다)

나. 조사분석인력(조사분석자료를 작성하거나 이를 심사·승인하는 업무를 수행하는 자를 말한다)

다. 투자운용인력(집합투자재산·신탁재산 또는 투자일임재산을 운용하는 업무를 수행하는 자를 말한다)

라. 그 밖에 투자자 보호 또는 건전한 거래질서를 위하여 대통령령으로 정하는 주요직무 종사자

④ 금융투자업자가 다음의 어느 하나에 해당하는 장외파생상품을 신규로 취급하는 경우 그 사전심의업무

가. 기초자산이 자본시장법 제4조 제10항 제4호 또는 제5호에 해당하는

28) 대통령령으로 정하는 자란 다음과 같은 자를 말한다(자령 제306조)
1. 일반사무관리회사
2. 집합투자기구평가회사
3. 채권평가회사
4. 그 밖에 협회 정관에서 회원으로 정하는 자

장외파생상품

나. 일반투자자를 대상으로 하는 장외파생상품

⑤ 증권시장에 상장되지 아니한 주권의 장외매매거래에 관한 업무

⑥ 금융투자업 관련제도의 조사 · 연구에 관한 업무

⑦ 투자자 교육 및 이를 위한 재단의 설립 · 운영에 관한 업무

⑧ 금융투자업 관련 연수업무

⑨ 자본시장법 또는 다른 법령에 따라 위탁받은 업무

⑩ ①부터 ⑨까지의 업무 외에 대통령령으로 정하는 업무

⑪ ①부터 ⑩까지의 업무에 부수되는 업무

2. 분쟁의 자율조정

협회는 자본시장법 제286조 제1항 제2호에 따른 분쟁의 자율조정을 위하여 필요한 분쟁조정규정을 정한다(자법 제288조 제1항).

협회는 분쟁의 조정을 위하여 필요하다고 인정되는 경우에는 당사자에 대하여 사실의 확인 또는 자료의 제출 등을 요구할 수 있으며, 협회는 당사자, 그 밖의 이해관계인의 의견을 들을 필요가 있다고 인정되는 경우에는 이들에게 회의에 출석하여 의견을 진술할 것을 요청할 수 있다.

Ⅲ. 감독

협회는 업무에 관한 규정을 제정 · 변경하거나 폐지한 경우에는 지체 없이 금융위원회에 이를 보고하여야 한다(자법 제290조).

금융감독원장의 금융투자업자에 대한 검사권을 규정한 자본시장법 제419조(제2항부터 제4항까지 및 제8항을 제외한다)는 협회에 대한 검사에 관하여 준용한다(자법 제292조).

협회에 대한 조치로서 금융위원회는 협회가 별표 7 각 호의 어느 하나에 해당하는 경우에는 다음의 어느 하나에 해당하는 조치를 할 수 있다(자법 제293조 제1항)

① 6개월 이내의 업무의 전부 또는 일부의 정지
② 계약의 인계명령
③ 위법행위의 시정명령 또는 중지명령
④ 위법행위로 인한 조치를 받았다는 사실의 공표명령 또는 게시명령
⑤ 기관경고
⑥ 기관주의
⑦ 그 밖에 위법행위를 시정하거나 방지하기 위하여 필요한 조치로서 대통령령으로 정하는 조치

금융위원회는 협회의 임원이 별표 7 각 호의 어느 하나에 해당하는 경우에는 다음의 어느 하나에 해당하는 조치를 할 수 있다(자법 제293조 제2항).

① 해임요구
② 6개월 이내의 직무정지
③ 문책경고
④ 주의적 경고
⑤ 주의
⑥ 그 밖에 위법행위를 시정하거나 방지하기 위하여 필요한 조치로서 대통령령으로 정하는 조치

금융위원회는 협회의 직원이 별표 7 각 호의 어느 하나에 해당하는 경우에는 다음의 어느 하나에 해당하는 조치를 협회에 요구할 수 있다(자법 제293조 제3항).

① 면직
② 6개월 이내의 정직
③ 감봉
④ 견책
⑤ 경고
⑥ 주의
⑦ 그 밖에 위법행위를 시정하거나 방지하기 위하여 필요한 조치로서 대통령령으로 정하는 조치

금융위원회의 금융투자업자의 임직원에 대한 조치에 관한 자본시장법 제422조

제3항, 제423조(제1호를 제외한다), 제424조(제2항을 제외한다) 및 제425조는 협회 및 그 임직원에 대한 조치 등에 관하여 준용한다(자법 제293조 제4항).

[별표 7]

협회 및 그 임직원에 대한 처분 사유(제293조 제1항부터 제3항까지의 규정 관련)

1. 제56조 제4항에 따른 신고 또는 보고를 하지 아니한 경우
2. 제56조 제6항에 따른 변경명령을 위반한 경우
3. 제58조 제4항 또는 제90조 제4항에 따른 공시를 하지 아니하거나 거짓으로 공시한 경우
4. 제286조 제1항 각 호 외의 업무를 영위한 경우 또는 같은 조 제2항을 위반한 경우
5. 제287조 제2항을 위반하여 승인을 받지 아니한 경우
6. 임원의 자격에 관하여 제289조에서 준용하는 제24조를 위반한 경우
7. 제289조에서 준용하는 제54조를 위반하여 자기 또는 제삼자의 이익을 위하여 정보를 이용한 경우
8. 임직원의 금융투자상품 매매와 관련하여 제289조에서 준용하는 제63조를 위반한 경우
9. 제289조에서 준용하는 제413조(제286조 제1항 제4호의 업무에 한한다)에 따른 조치를 이행하지 아니한 경우
10. 제290조에 따른 보고를 하지 아니한 경우
11. 제292조에서 준용하는 제419조 제1항에 따른 검사를 거부 · 방해 또는 기피한 경우
12. 제292조에서 준용하는 제419조 제5항에 따른 보고 등의 요구에 불응한 경우
13. 제293조 제1항 제2호부터 제4호까지 · 제7호, 같은 조 제2항 제1호 또는 같은 조 제3항에 따른 조치를 위반한 경우
14. 제293조 제4항에서 준용하는 제424조 제4항을 위반하여 그 내용을 기록 · 유지 또는 관리하지 아니한 경우
15. 제414조 제2항에 따른 심의를 거치지 아니한 경우
16. 제426조 제1항에 따른 보고 또는 자료의 제출명령을 위반하거나 조사를 거부 · 방해 또는 기피한 경우
17. 제426조 제2항에 따른 요구에 불응한 경우
18. 제426조 제3항에 따른 조치에 불응한 경우
19. 제426조 제4항에 따른 자료제출요구에 불응한 경우
20. 제427조 제1항에 따른 심문이나 압수 · 수색에 불응한 경우
21. 제435조 제5항을 위반하여 신고자등에게 불리한 대우를 한 경우
22. 그 밖에 투자자 보호 또는 건전한 거래질서를 해할 우려가 있는 경우로서 대통령령으로 정하는 경우

제2절 한국예탁결제원

Ⅰ. 서설

한국예탁결제원은 "증권 등의 집중예탁과 계좌 간 대체, 매매거래에 따른 결제업무 및 유통의 원활을 위하여" 설립되었다(자법 제294조 제1항). 예탁결제원은 법인으로 한다(자법 제294조 제2항).

그 연혁을 보면 1973년 증권거래법상 증권대체결제제도의 근거규정(증권거래법 제127조의 2)이 신설되고, 1974년부터 주식회사로서 한국증권대체결제주식회사가 유가증권의 예탁·결제업무를 증권거래소의 위임에 의하여 수행하여 왔다. 이후 1994년 개정증권거래법상 유가증권의 집중예탁과 계좌 간 대체 및 유통의 원활을 목적으로 하는 특수법인으로서 증권예탁결제원이 설립되었으며, 증권예탁원은 2004년 개정된 증권거래법상 증권예탁결제원으로 명칭이 변경되었고, 자본시장법상 한국예탁결제원으로 다시 명칭이 바뀌게 되었다.[29]

한국예탁결제원의 법적 성격은 자본시장법에 의하여 설립된 특수법인으로 본다(자법 제294조 제2항). 또한 한국예탁결제원이 아닌 자는 예탁결제업무 등을 영위할 수 없도록 규정함으로써, 단일한 중앙예탁결제기관으로서의 지위를 명확히 하고 있다(자법 제298조).

한국예탁결제원의 설립은 상법상의 회사와 동일하게(상법 제172조) 주된 사무소의 소재지에서 설립등기를 함으로써 효력이 발생한다(자법 제294조 제3항).

---

29) 자본시장법의 규율대상이 "증권"에서 "증권 등"으로 확대됨에 따라 증권 이외의 원화표시 양도성예금서(CD)와 기업어음(CP) 등의 금융상품도 예탁대상증권으로 취급할 수 있게 되었기 때문에 상호에서 증권을 제외하게 되었다.

〈증권예탁결제제도의 개요〉

◇ 투자자는 증권을 예탁자(법인으로 한정 – 예탁결제원에 계좌를 개설한 자)에게 예탁 → 예탁결제원에 재예탁하는 예탁자는 투자자계좌부 작성(기재시 예탁결제원에 예탁된 것으로 본다) → 예탁결제원에 재예탁 → 예탁자계좌부 작성[30)]
◇ 예탁의 강제: 투자매매업자·투자중개업자가 보관하는 투자자 소유의 증권(자법 제75조), 금융투자업자가 고유재산운용에 따라 소유하는 증권(자법 제61조), 투자자계좌부 작성시(자법 제310조)[31)]

Ⅱ. 업무

1. 의의

(1) 고유업무

예탁결제원은 그 목적을 달성하기 위하여 고유업무로서 다음의 업무를 행한다(자법 제296조 제1항).

① 증권 등의 집중예탁업무
② 증권 등의 계좌 간 대체업무
③ 증권시장에서의 증권의 매매거래(다자간매매체결회사에서의 증권의 매매거래를 포함한다. 이하 이 조, 제297조, 제303조 제2항 제5호 및 제311조 제4항에서 같다)에 따른 증권의 인도와 대금의 지급에 관한 업무
④ 증권시장 밖에서의 증권 등의 매매거래(다자간매매체결회사에서의 증권의 매매거래는 제외한다)에 따른 증권 등의 인도와 대금의 지급에 관한

30) 이후의 권리이전은 증권의 실물을 이동함이 없이 계좌부상의 대체기재만으로 이루어진다. 권리행사도 계좌부의 기재를 기초로 이루어지며, 반환시에는 증권자체가 아니라 예탁된 증권과 동종·동량의 증권을 반환한다.
31) 투자자로부터 예탁받은 증권 등을 예탁결제원에 다시 예탁하는 예탁자는 투자자계좌부를 작성하여야 한다(자법 제310조). 이전에는 금융투자업자가 반환청구에 대비하기 위해 일정량은 자체보관이 가능했지만 1997년 이래 예탁이 강제되었다.

업무

⑤ 예탁결제원과 유사한 업무를 영위하는 외국 법인(외국예탁결제기관)과의 계좌설정을 통한 증권 등의 예탁, 계좌 간 대체 및 매매거래에 따른 증권 등의 인도와 대금의 지급에 관한 업무

자본시장법에서는 예탁결제원의 고유업무 내지 본질적 업무로서 증권의 집중예탁업무, 계좌간 대체업무, 장내 및 장외시장에서의 증권의 매매거래에 따른 결제업무, 외국예탁결제기관과의 업무제휴를 통한 증권의 예탁, 계좌간 대체 및 매매거래에 따른 결제업무를 규정하고 있다(자법 제296조 제1항).

여기서 ③은 다자간매매체결회사를 포함한 증권시장에서의 매매거래에 따른 결제업무를 말하고, ④는 그 외 장외시장, 예컨대 금융투자협회가 운영하는 K-OTC, 자본시장법 제78조에 의한 전자증권중개회사에서의 매매거래 및 투자중개업자와 투자자 또는 기관투자자 간의 매매거래 등의 결제를 말한다.

주식을 자국 외에서 상장하는 경우에는 원주상장(Ordinary Share Listing)과 주식예탁증권상장(Depositary Receipt Listing) 방식이 이용된다. 원주상장은 다시 외국주식의 실물주권을 상장국가에서 직접 유통시키는 방식과 상장국가의 중앙예탁결제기관이 본국의 중앙예탁결제기관에 상장국가의 중앙예탁결제기관 명의의 계좌를 개설하여 주권은 본국 중앙예탁결제기관에 보관하고, 상장국가에서는 계좌간 대체의 방식에 의하는 중앙예탁결제기관간의 업무제휴에 의한 상장으로 구분된다. ⑤는 바로 이 중앙예탁결기관간의 업무제휴에 의한 예탁결제업무를 말한다.

(2) 부수업무

한국예탁결제원은 정관에서 정하는 바에 따라 고유업무에 부수하는 업무로서 다음의 업무를 행한다(자법 제296조 제2항).

① 증권 등의 보호예수업무

② 예탁증권 등의 담보관리에 관한 업무

③ 자본시장법 제80조에 따라 집합투자업자·투자일임업자와 집합투자재산을 보관·관리하는 신탁업자 등 사이에서 이루어지는 집합투자재산의 취

득 · 처분 등에 관한 지시 등을 처리하는 업무[32]

④ 그 밖에 금융위원회로부터 승인을 받은 업무

> ◇ 보호예수: 증권의 소유자가 임의로 보관을 의뢰하는 일반보호예수(증권의 안전 보관이 주목적)와 유가증권의 수급 안정 및 거래의 공정성 확보를 위하여 관련규정에 따라 의무적으로 보관을 의뢰하는 의무보호예수가 있다. 예탁결제원이 수행하는 보호예수업무는 대부분 법령에서 보호예수가 강제된 의무보호예수이다. 보호예수기간이 만료되면 동종의 증권 실물을 반환받은 것으로서, 분리보관 및 단독소유권이 인정된다. 보호예수의 경우 예탁결제원은 증권을 종목별로 혼합보관하지 않고 그 의뢰인별로 분리 보관한다.

(3) 겸영업무

한국예탁결제원은 정관에서 정하는 바에 따라 다음의 겸영업무를 영위할 수 있다(자법 제296조 제2항).

① 다음 각 목의 어느 하나에 해당하는 업무. 이 경우 이 법 또는 다른 법률에서 인가 · 허가 · 등록 · 신고 등이 필요한 경우에는 인가 · 허가 등을 받거나 등록 · 신고 등을 하여야 한다.

가. 증권의 명의개서대행업무

나. 증권대차의 중개 또는 주선업무

다. 그 밖에 금융위원회의 승인을 받은 업무

② 이 법 또는 다른 법령에서 예탁결제원의 업무로 규정한 업무

③ 그 밖에 금융위원회로부터 승인을 받은 업무

한국예탁결제원은 자본시장법 제296조 제3항 제1호 나목 및 다목의 업무를 수행하는 경우에는 「상법」에 따른 주식회사로 본다(자법 제300조).

32) 한국예탁결제원은 2004년 펀드넷(FundNet)이라는 표준화·자동화된 전산시스템의 구축을 통해 이 업무를 수행하고 있다. 이를 통해 집합투자증권은 예탁결제원에 집중예탁되고, 집합투자재산으로 운용되는 증권은 위 시스템 내에서 집합투자기구별로 구분관리 및 결제되도록 하고 있다.

한국예탁결제원은 채권등록기관으로서의 지위를 가지는데, 채권등록제도란 채권의 소유자 또는 이해관계자가 채권실물을 보유하지 않고 등록기관에 비치된 공사채등록부에 채권자의 성명, 주소, 채권금액 등의 권리내역을 등록함으로써 채권자로서의 권리를 확보할 수 있도록 한 제도이다.

2. 집중예탁제도

(1) 고객의 예탁

1) 임의예탁 · 의무예탁

증권의 보유자는 본인의 의사에 따라 금융투자업자 · 은행 · 보험회사 · 일정한 기관투자자 · 외국예탁결제기관 · 외국금융기관 등 보관기관에 증권을 예탁할 수 있다. 투자자의 예탁은 본인의 의사여부에 따르는 임의적인 것이다. 대주주나 기관투자자는 증권을 예탁하지 않고 개인 또는 회사금고에 보관하기도 한다.

그러나 증권의 보유자가 거래소에서 매매거래를 하기 위해서는 의무적으로 증권을 예탁결제원에 집중예탁하여야 한다.[33]

2) 예탁의 강제

예탁자는 자기가 소유하고 있는 증권 등과 투자자로부터 예탁받은 증권 등을 투자자의 동의를 얻어 예탁결제원에 예탁할 수 있다(자법 제309조 제1항). 즉 임의예탁이 가능하다. 그러나 다음의 경우에는 예탁결제원에의 예탁이 강제된다.

---

33) 의무예탁이 면제되는 되는 것은 자본시장법 또는 법 시행령이나 다른 법령에 따라 해당 증권을 예탁결제원에 예탁할 수 있는 증권 또는 증서로 발행할 수 없는 경우, 발행인이 투자자와 해당 증권을 예탁결제원에 예탁할 수 있는 증권 또는 증서로 발행하지 않을 것을 발행조건 등에 따라 약정한 경우, 외화증권을 예탁결제원이 지정한 외국보관기관에 지정할 수 없어 금융위원회가 고시하는 외국보관기관에 예탁하는 경우 및 그 밖에 증권의 성격이나 권리의 내용 등을 고려할 때 예탁이 부적합한 경우로서, 투자계약증권, 집합투자증권을 제외한 합자회사, 유한책임회사, 합자조합, 익명조합의 출자지분이 표시된 것 및 만기가 3일 이내인 어음이다(자법 시행령 63조 2항 및 자법 시행규칙 7조의 2).

가. 투자자 예탁증권의 예탁

투자매매업자 또는 투자중개업자는 금융투자상품의 매매, 그 밖의 거래에 따라 보관하게 되는 투자자 소유의 증권(대통령령으로 정하는 것을 포함한다)을 예탁결제원에 지체 없이 예탁하여야 한다. 다만, 투자자가 소유한 증권이 외화증권인 경우로서 대통령령으로 정하는 경우에는 예탁결제원에 예탁하지 아니할 수 있다(자법 제75조).

나. 소유증권의 예탁

금융투자업자는 그 고유재산을 운용함에 따라 소유하는 증권을 예탁결제원에 지체없이 예탁하여야 한다. 다만, 투자자가 소유한 증권이 외화증권인 경우로서 대통령령으로 정하는 경우에는 예탁결제원에 예탁하지 아니할 수 있다(자법 제61조).

다. 투자자계좌부에 기재한 경우

투자자로부터 예탁받은 증권 등을 예탁결제원에 다시 예탁하는 예탁자는 투자자계좌부를 작성하여야 하는데, 투자자가 예탁한 증권 등을 예탁결제원에 다시 예탁하는 예탁자가 투자자계좌부에 기재한 때에도 지체없이 이를 예탁결제원에 예탁하여야 한다(자법 제310조 제2항)

3) 예탁가능한 증권

예탁결제원에 예탁가능한 증권은 대체가능성이 있으면 된다. 자본시장법상의 증권과 동일할 필요는 없다. 이에 대하여 "예탁대상증권 등" 이라는 용어를 사용하며 이는 예탁결제원이 지정하게 된다(자법 제308조). 예탁결제원은 주식, 사채 등 전형적인 증권 외에 어음과 같은 사법상의 유가증권도 예탁대상증권에 포함시키고 있다.

4) 투자자계좌부의 작성

집중예탁제도는 증권의 원소유자 · 예탁자(중간보관기관) · 중앙예탁기관 등 3자간의 계좌에 의하여 이루어지는데, 예탁자가 고객으로부터 예탁받은 증권을 예탁결제원에 재예탁하려면 ① 투자자의 성명 및 주소, ② 예탁유가증권의 종류 및 수와 그 발행인의 명칭, ③ 기타 총리령이 정하는 사항 등을 기재한 투자자계좌부를 작성·비치하여야 한다(자법 제310조 제1항). 투자자가 예탁한 증권을 예탁하기 위해서는 투자자의 동의를 받게 되어 있다(자법 제309조 제2항).

투자자가 예탁한 증권을 투자자계좌부에 기재한 때에는 지체없이 이를 예탁결제원에 예탁해야 하며(자법 제310조 제2항), 예탁자는 증권을 예탁결제원에 재예탁할 때까지는 자기소유분과 구분하여 보관하여야 한다(자법 제310조 제3항). 투자자계좌부에 기재된 증권 등은 그 기재를 한 때에 예탁결제원에 예탁된 것으로 본다(자법 제310조 제4항).

(2) 예탁자의 예탁결제원에의 재예탁

1) 예탁자

예탁자는 예탁결제원에 계좌를 개설한 자로 현재 금융투자업자·은행·보험회사·일정한 기관투자자·외국예탁결제기관·외국금융기관 등이 예탁결제원에 계좌를 개설할 수 있는 예탁자로 되어 있다. 즉 법인만 예탁자 자격을 가진다.

우리사주조합에 우선 배정되어 조합원이 취득하는 주식에 대해서는 증권금융회사가 우리사주조합으로부터 일괄예탁받아 예탁결제원에 계좌를 개설하여 예탁한다.

2) 예탁자계좌부의 기재사항 및 구분

예탁결제원은 다음의 사항을 기재하여 예탁자계좌부를 작성·비치하되, 예탁자의 자기소유분과 투자자예탁분이 구분될 수 있도록 하여야 한다(자법 제309조 제3항).

① 예탁자의 명칭 및 주소
② 예탁받은 증권의 종류 및 수와 그 발행인의 명칭
③ 그 밖에 총리령이 정하는 사항

(3) 계좌부 기재의 효력

투자자계좌부와 예탁자계좌부에 기재된 자는 각각 그 증권 등을 점유하는 것으로 본다(자법 제311조 제1항). 따라서 주권의 점유자로서 적법한 소지인으로 추정된다.

투자자계좌부 또는 예탁자계좌부에 증권 등의 양도를 목적으로 계좌 간 대체의 기재를 하거나 질권설정을 목적으로 질물인 뜻과 질권자를 기재한 경우에는 증권 등의 교부가 있었던 것으로 본다(자법 제311조 제2항).

예탁증권 등의 신탁은「신탁법」제3조 제2항[34)]에 불구하고 예탁자계좌부 또는 투자자계좌부에 신탁재산인 뜻을 기재함으로써 제삼자에게 대항할 수 있다(자법 제311조 제3항).

주권 발행 전에 증권시장에서의 매매거래를 투자자계좌부 또는 예탁자계좌부상 계좌간 대체의 방법으로 결제하는 경우에는 상법 제335조 제3항[35)]에 불구하고 발행인에 대하여 그 효력이 있다(자법 제311조 제4항).[36)]

3. 예탁의 종류

(1) 일반예탁

예탁자가 고객으로부터 예탁받은 증권이나 자기소유증권을 예탁결제원에 예탁하는 통상의 실물예탁방식이다.

(2) 의제예탁

투자자계좌부에 기재된 증권은 실물증권이 아직 예탁결제원에 예탁되지 않

34)「신탁법」제3조 (신탁의 공시) ② 유가증권에 관하여는 신탁은 대통령령의 정하는 바에 의하여 증권에 신탁재산인 사실을 표시하고 주권과 사채권에 관하여는 또한 주주명부 또는 사채원부에 신탁재산인 사실을 기재함으로써 제삼자에게 대항할 수 있다.

35) 상법상 주권발행전의 주식의 양도는 회사에 대하여 효력이 없고, 회사성립후 또는 신주의 납입기일후 6월이 경과하도록 회사가 주권을 발행하지 않을 때에는 효력이 있다.

36) 이에 따른 예탁을 실무상 권리예탁이라고 하고, 상장측면에서는 권리상장이라고 한다.

더라도 그 기재시에 예탁결제원에 예탁된 것으로 본다(자법 제310조 제4항). 이에 따라 투자자는 투자자계좌부에 기재된 것만으로도 예탁결제원에 예탁된 것으로 보아, 그 투자자가 증권을 점유하는 것으로 간주하고, 이에 따른 공유지분을 가지는 것으로 추정하게 된다.

의제예탁은 증권의 도난·분실시에 투자자 보호를 위한 것으로 예탁자와 예탁결제원의 연대보전의무를 인정한다(자법 제313조 제1항).

(3) 권리예탁

이것은 신규발행주식의 예탁으로서, 예탁주식의 권리행사로 새로 발행되는 주식(신주발행·무상증자·주식배당 등)은 ① 예탁결제원이 예탁자계좌부에 권리예탁으로 기재하고 ② 당해 예탁자에게 통지하고 ③ 실질주주에게 배정되어 발행되는 주권의 명의는 예탁결제원명의로 일괄발행되며[37] ④ 이를 예탁결제원이 일괄수령하여 예탁자계좌부에 권리예탁에서 증권예탁으로 계정대체하여 예탁처리하고 ⑤ 당해 예탁자에게 통지한다.[38] 신주인수인은 주금납입 다음날부터 주주로서의 지위를 취득한다. 이때 일괄예탁에 의하면 주권발행 전에도 예탁자계좌부에 기재함으로써 예탁된 것으로 간주할 수 있다.

(4) 증권의 일괄예탁

예탁자 또는 그의 투자자가 증권을 인수 또는 청약하거나 기타의 사유로 새로이 증권의 발행을 청구하는 경우에 당해 증권의 발행인은 예탁자 또는 그의 투자자의 신청에 의하여 이들에 갈음하여 예탁결제원을 명의인으로 하여 당해 증권을 발행 또는 등록할 수 있다(자법 제309조 제5항).

이는 증권발행비용의 절감과 집중예탁의 효율을 높이기 위하여 청약자의 사전신청이 있는 경우에는 예탁결제원명의로 주권을 일괄발행하는 것이다. 이 때 주식의 경우에는 예탁결제원이 주권불소지제도를 활용하고, 채권의 경우에는 「국채

37) 주주명부에 기재된 주주의 경우는 그 명의로 신주가 발행될 것이다.
38) 실제로는 주권이 발행되기 보다는 주권불소지 신고를 하여 실물이 발행되지는 않을 것이다.

법」이나「공사채등록법」에 의한 등록을 통하여 실물의 발행을 피할 수 있다.39)

4. 증권예탁의 법적 성질

(1) 혼합보관

예탁결제원은 예탁자가 예탁한 증권을 다른 예탁자가 예탁한 증권과 분리하지 않고 종류·종목별로 혼합하여 보관할 수 있고(자법 제309조 제4항), 혼합보관에 의하여 예탁유가증권에 대한 고객이나 예탁자의 단독소유권이 소멸되고 공유지분권으로 변경된다(자법 제312조 제1항).

예탁결제원은 혼합보관된 예탁증권의 권리의 이전·변경·소멸 등을 세좌부상 계좌대체방식에 의하여 관리하게 된다.

이 예탁은 혼장임치와 위임의 혼합계약의 성질을 가진다.

(2) 혼장임치

증권예탁은 대체물의 임치에 있어서 수치인이 임치된 물건과 동종·동질의 다른 임치물과 혼합하여 보관하고, 반환할 때에는 임치된 것과 동량을 반환하면 된다는 특약이 있는 임치이다.

(3) 위임

예탁결제원은 증권에 관한 사무처리의 수임인으로서 위임인인 예탁자 또는 투자자를 위하여 위임사무를 처리하는 것이다.

---

39) 현재 투자신탁의 수익증권과 투자회사의 주식은 일괄예탁에 의한 발행이 의무화 되어 있기 때문에(자법 제189조 제3항, 제196조 제2항), 투자신탁의 수익증권과 투자회사의 주식은 실물증권이 전혀 발행되지 않고 예탁제도 내에서 수익권과 주식인 권리 상태로만 존재한다.

5. 예탁증권의 반환

(1) 반환청구권자

예탁자의 투자자나 그 질권자는 예탁자에 대하여, 예탁자는 예탁결제원에 대하여 언제든지 공유지분에 해당하는 예탁증권 등의 반환을 청구할 수 있다. 이 경우 질권의 목적으로 되어 있는 예탁증권 등에 대하여는 질권자의 동의가 있어야 한다(자법 제312조 제2항).

(2) 반환의 제한

예탁결제원은 예탁자의 파산·해산, 그 밖에 대통령령으로 정하는 사유[40]가 발생한 경우 총리령으로 정하는 기준 및 방법에 따라 예탁증권 등 중 투자자 예탁분의 반환 또는 계좌 간 대체를 제한할 수 있다(자법 제312조 제3항).

6. 예탁증권 등의 연대보전의무

예탁증권 등이 부족하게 된 경우에는 예탁결제원 및 예탁자가 연대하여 이를 보전하여야 한다. 이 경우 예탁결제원 및 예탁자는 그 부족에 대한 책임이 있는 자에 대하여 구상권을 행사할 수 있다(자법 제313조 제1항, 시행령 제315조 제2항).

예탁자와 투자자는 예탁결제원에 혼장임치된 예탁증권 등에 대하여 공유지분을 가지게 된다. 그러므로 예탁증권 등이 부족하게 된 경우 부족이 발생한 예탁증권 등을 소유하는 모든 공유자의 지분은 비례적으로 줄어들게 된다. 이때 발생한 손실을 투자자에게만 감당하게 할 경우 예탁제도의 운영에 상당한 걸림돌로 작용할 우려가 있다. 따라서 예탁증권 등의 부족이 발생하면, 과실

40) 다음 각 호의 어느 하나에 해당하는 사유를 말한다(자령 제314조).
1. 예탁자에 대한 인가·허가·등록 등의 취소 또는 업무의 정지
2. 예탁자의 파산·해산 또는 제1호에 준하는 경우

유무를 묻지 않고 예탁결제원과 투자자를 가지고 있는 예탁자 즉, 투자자계좌부를 작성 · 비치할 의무가 있는 예탁자가 연대하여 이를 보전하도록 하는 무과실 연대책임을 인정하게 되었다.

7. 대체결제제도

예탁결제원을 통하여 증권대체결제가 이루어지는데, 이는 유가증권의 매매거래에 있어서 투자자 · 증권회사 · 금융기관 등이 소유하는 유가증권을 미리 일정한 기관에 예탁함으로써 매매거래 등에 따른 유가증권의 수수를 실물의 교부에 의하지 않고, 미리 설정한 예탁기관의 계좌 사이에서 대체함으로써(장부상의 기재) 결제를 완료하는 제도이다. 이에 의하여 증권소유자는 실물보관에 따른 분실 · 도난 등 사고를 예방할 수 있고, 증권시장 전체로서는 실물이동 없는 계좌 간 이체에 의하여 결제가 신속 · 정확 · 확실해짐으로써 증권거래의 안정성과 유동성이 높아지게 된다.

Ⅲ. 예탁결제원의 권리행사

1. 예탁자 또는 고객의 신청

예탁주권에 대한 권리행사는 발행회사가 작성하는 실질주주명부에 기재된 실질주주가 직접 행사하는 것이 원칙이지만, 예탁결제원은 예탁자 또는 투자자의 신청에 의하여 예탁증권에 관한 권리를 행사할 수 있다(자법 제314조 제1항))

그러나 예탁결제원은 예탁증권 등에 대하여 자기명의로 명의개서 또는 등록을 청구할 수 있는데(자법 제314조 제2항), 자기명의로 명의개서된 주권에 대하여 주권불소지, 주주명부, 주권에 관하여 실질주주의 신청이 없는 경우에도 주주로서 권리를 행사할 수 있다(자법 제314조 제3항). 주권에 관한 권리란 주권의 병합, 분할의 청구, 회사합병 등으로 주권의 교체가 있는 경우 그 교체의 청구, 준비금의 자본전입, 주식배당, 신주인수권의 행사 등에 의해 발행하는 주권의 수령, 주권상실시의 공시최고의 신청 등에 관한 권리를 말한다.

2. 의결권의 행사

(1) 원칙

예탁결제원의 명의로 명의개서된 주권을 소유하고 있는 주주가 주주총회일의 5일전까지 예탁결제원에 그 의결권의 직접행사 · 대리행사 또는 불행사의 뜻을 표시하지 아니하는 경우에는 예탁결제원이 그 의결권을 행사할 수 있다(자법 제314조 제5항). 예탁결제원의 의결권 행사에 대하여 시행령에서 중립적 의결권 행사제도(Shadow Voting)에 대하여 규정하고 있다.[41)]

(2) 예외

다음의 경우에는 예탁결제원의 의결권의 행사가 인정되지 않는다(자법 제314조 제5항 단서).

첫째, 발행회사가 예탁결제원의 의결권 행사에 관한 통지 · 공고를 하지 아니한 경우

주권의 발행인이 주주총회 소집의 통지 또는 공고를 하는 경우에 예탁결제원의 명의로 명의개서된 주권을 소유하고 있는 주주에 대해서는 예탁결제원의 의결권 행사에 관한 내용을 함께 통지 또는 공고하여야 하는데, 당해 주권의 발행인이 예탁결제원의 의결권 행사에 관한 내용을 함께 통지 또는 공고하지 아니한 경우에는 예탁결제원이 의결권을 행사할 수 없다.

둘째, 금융위원회의 요청

당해 주권의 발행인이 예탁결제원으로 하여금 의결권을 행사하지 못하게 할 것을 금융위원회에 요청하는 경우이다.

---

41) 자령 제317조(예탁결제원의 의결권 행사 등) ① 예탁결제원은 예탁결제원의 명의로 명의개서된 주권에 관하여 의결권을 행사하는 경우에는 해당 주주총회에 참석한 주식수(서면투표 주식수를 포함한다)에서 예탁결제원이 의결권을 행사할 주식수를 뺀 주식수의 의결내용에 영향을 미치지 아니하도록 찬성 및 반대(기권 및 무효를 포함한다)의 비율에 따라 의결권을 행사하여야 한다. 이 경우 1주 미만의 단주(이하 이 항에서 "단수주"라 한다)가 발생하는 때에는 찬성에 있어서는 단수주를 절사하고 반대에 있어서는 단수주를 절상한다.

셋째, 회사의 존립에 관한 특별결의사항

주주총회의 회의목적 사항이 상법 제360조의 3(주식의 포괄적 교환), 제360조의 16(주식의 포괄적 이전), 제374조(영업양수도), 제438조(자본감소), 제518조(해산결의), 제519조(회사의 계속결의), 제522조(합병), 530조의 3 및 604조(주식회사의 조직변경)에 규정된 사항에 해당하는 경우에 예탁결제원은 의결권을 행사하지 못한다.

그러나 금융기관이 주주총회에서 합병의 결의를 하는 경우에 예탁결제원은 위 규정에도 불구하고 의결권을 행사할 수 있다. 다만 예탁결제원이 의결권을 행사하는 경우에는 중립적 의결권 행사, 즉, 당해 주주총회의 참석주식수에서 예탁결제원이 의결권을 행사할 주식수를 차감한 주식수의 의결내용에 영향을 미치지 아니하도록 의결권을 행사하여야 한다.

넷째, 주주의 의결권 행사

주주는 의결권 행사여부에 대하여 사전의사표시를 하지 않더라도 의결권이 박탈되지 않는다. 따라서 사전의사표시없이 주주가 의결권을 직접행사하거나, 대리행사하는 경우에 예탁결제원은 의결권을 행사하지 못한다.

다섯째, 그 주권의 발행인이 투자회사인 경우

이때는 성원이 되지 않았을 때 주주총회를 연기할 수 있는 연기주주총회가 인정(자법 제201조 제3항)되기 때문에 예탁결제원의 의결권 행사를 인정할 필요가 없다.

(3) 개정법[42)]

개정 자본시장법에서는 위에서 언급한 의결권행사에 관한 조항을 삭제하였으며, 또한 상장기업 주주총회의 내실 있는 운영을 위하여 주주총회활성화의

---

42) 개정 자법 제314조(예탁증권 등의 권리 행사)

④, ⑤ 삭제

⑥ 예탁증권 등의 발행인은 제1항에 따른 예탁결제원의 권리 행사를 위하여 대통령령으로 정하는 사항을 지체 없이 예탁결제원에 통지하여야 한다.

(신설) ⑧ 제165조의6 제1항에 따라 주권상장법인이 발행하는 사채에 관한 예탁결제원의 권리 행사 및 예탁자를 통하여 투자자에게 반환된 후 투자자의 명의로 명의개서가 되지 아니한 예탁결제원 명의의 주권(그 주권에서 발생하는 권리를 포함한다)의 관리에 대하여 필요한 사항은 대통령령으로 정한다.

(④⑤⑥의 시행일 2015.1.1.)

장애요인으로 작용하던 예탁결제원의 중립적 의결권 행사제도를 2015년부터 폐지하기로 하였다. 이는 주주총회성립을 지원하기 위한 중립적 의결권 행사제도가 경영진에 의한 남용으로 주주총회활성화의 장애요인이 되어 온 점, 2010년부터 전자투표제가 시행된 점 등을 종합적으로 감안한 것이다.

3. 조건부자본증권에 대한 권리행사

조건부자본증권은 사채의 발행 당시 객관적이고 합리적인 기준에 따라 미리 정한 사유가 발생하는 경우 주식으로 전환되는 조건이 붙은 전환형 조건부자본증권과 그 사채의 상환과 이자지급 의무가 감면된다는 조건이 붙은 상각형 조건부자본증권으로 구분된다(자법 제165조의 11, 자령 제176조의 12, 13).

개정자본시장법은 조건부자본증권에 대해 전환형의 경우에는 주식전환사유, 상각형의 경우에는 채무재조정사유가 발생하였을 경우 이를 예탁결제원에 지체 없이 통지 하도록 하여 예탁결제원이 관련 업무를 준비할 수 있도록 하고 있다(자법 제165조의 11 제8항, 자령 제317조의2 제1항).

상각형의 경우에는 채무재조정 사유가 발생하면 원리금의 재조정만 하면 되므로 이를 기초로 예탁결제원이 예탁자에게 투자자내역을 통보 받을 필요가 없지만, 전환형의 경우에는 실질주주명부가 작성되어야 하므로 주식전환사유 발생일부터 제2영업일이 되는 날인 전환기준일에 전환형 조권부자본증권을 소유한 실질사채권자 즉, 예탁증권 등 중 조건부자본증권의 공유자에 관한 내역[43]을 그 발행인 또는 명의개서대행회사에 통지하도록 하고 있다(자령 제317조의2 제1항 2문). 예탁결제원은 발행인에게 실질사채권자의 내역을 통지하기 위하여 예탁자에게 전환기준일의 실질사채구권자에 관하여 그 내역의 통보를 요청할 수 있다(자령 제317조의 2 제2항).

43) 다음을 말한다. 1. 성명 및 주소 2. 실질사채권자별 예탁조건부자본증권의 금액

4. 실기주의 권리행사

종래 예탁결제원은 실기주에 대하여 권리가 배정될 경우에 민법 제734조의 사무관리인으로서 권리행사를 하여왔다. 그러나 개정자본시장법에서는 예탁결제원이 실기주와 실기주과실을 관리할 수 있는 근거를 마련하고 있다. 예탁결제원은 실기주과실인 주권을 수령한 경우 그 주권 중 수령일부터 1년이 지난 주권은 증권시장 등을 통하여 매각하여 현금으로 관리할 수 있다. 다만 해당 주권을 발행한 법인이 상장폐지되는 경우 등 금융위원회가 정하여 고시하는 경우에는 그 주식의 수령일부터 1년이 지나지 아니한 경우에도 증권시장 등을 통하여 이를 매각할 수 있다(자법 제165조의 11 제8항, 자령 제317조의 2 세3힝).

Ⅳ. 실질주주제도

1. 의의

실질주주는 예탁결제원에 주권을 예탁한 자로서 실질주주명부에 주소와 성명이 개재된 자이다. 실질주주가 아닌 주주, 즉 주주명부에 등재된 주주를 명부주주라고 부른다. 예탁결제원은 예탁증권 등에 대하여 자기명의로 명의개서 또는 등록을 청구할 수 있는데, 예탁에 의하여 예탁결제원 명의로 명의개서된 주식의 실질적인 소유자가 실질주주이다. 자본시장법에서는 "예탁증권 등 중 주식의 공유자" 라고 하며, 주주로서의 권리 행사에 있어서는 각각 자본시장법 제312조 제1항에 따른 공유지분에 상당하는 주식을 가지는 것으로 본다(자법 제315조 제1항).

2. 실질주주의 인식

발행인이 누가 실질주주인가를 인식하여야 한다. 그런데 주주명부상으로는 예탁결제원이 주주로 등재되어 있으므로 주주명부를 가지고는 실질주주를 파악할 수 없다. 매일 주주의 변동은 무수히 일어나므로 실질주주를 파악하기 위하여 실질주주명부를 작성하게 되는데, 실질주주명부는 집단적 권리행사를 위한 주주명부폐쇄나 기준일 설정시에만 작성한다.

3. 실질주주명부의 작성

(1) 실질주주명부의 작성절차

실질주주명부의 작성을 위한 절차를 보면 다음과 같다.

첫째, 예탁증권 등 중 주권의 발행인은 주주권을 행사할 자를 정하기 위하여 주주명부를 폐쇄하거나 기준일을 정한 때에는 예탁결제원에 지체없이 통지하여야 한다(자법 제315조 제3항).

둘째, 예탁결제원은 폐쇄기간의 초일 또는 기준일의 실질주주에 관하여 다음의 사항을 지체없이 주권의 발행인 또는 명의개서대행회사에 통지하여야 한다(자법 제315조 제3항 후단).

① 성명 및 주소

② 실질주주가 갖는 공유지분에 상당하는 주식의 종류와 수

셋째, 고객인 실질주주는 예탁자가 작성한 고객계좌부에만 나타나기 때문에 예탁결제원은 발행인에 실질주주를 통지해 주기 위하여, 예탁자에 대해 실질주주에 관한 사항을 통보해 줄 것을 요청할 수 있으며, 이에 따라 예탁자는 지체없이 통보하여야 한다(자법 제315조 제4항).

넷째, 예탁결제원으로부터 실질주주에 관한 사항을 통지받은 발행인은(또는 명의개서를 대행하는 회사) 그 통지를 받은 사항과 통지 연월일를 기재하여 실질주주명부를 작성·비치하여야 한다(자법 제316조 제1항).

* 발행인(주주명부폐쇄나 기준일 설정시) → 통지 → 예탁결제원 * 예탁결제원 → 예탁자에게 실질주주에 대한 통보요청 → 예탁결제원에 통보 * 예탁결제원 → 발행자나 명의개서대리인에게 실질주주 통지 → 실질주주명부 작성 (발행인 + 명의개서대행인)

(2) 공개매수에 있어서 실질주주명부작성

공개매수가 발생한 경우에 경쟁공개매수 등 그 대응을 위해서 발행인의 경우 실질주주명부가 필요하다. 이때 예탁결제원은 공개매수신고서가 제출된 주식 등의 발행인(그 주식 등과 관련된 증권예탁증권, 그 밖에 대통령령으로 정하는 주식 등[44]의 경우에는 대통령령으로 정하는 자[45]를 말한다)이 주식의 소유상황을 파악하기 위하여 일정한 날을 정하여 예탁결제원에 실질주주에 관한 사항의 통보를 요청하는 경우에는 그 일정한 날의 실질주주에 관하여 다음의 사항을 지체 없이 주식 등의 발행인 또는 명의개서를 대행하는 회사에 통지하여야 한다(자법 제315조 제5항).

① 성명 및 주소

② 실질주주가 갖는 공유지분에 상당하는 주식의 종류 및 수

예탁결제원은 예탁자에게 위의 일정한 날의 실질주주에 관하여 위 각 호의 사항의 통보를 요청할 수 있다. 이 경우 요청받은 예탁자는 이를 지체 없이 통보하여야 한다(자법 제315조 제6항).[46]

---

44) 교환사채권 및 파생결합증권을 말한다(자령 제318조 제1항).

45) 다음 각 호의 자를 말한다(자령 제318조 제2항).
1. 증권예탁증권의 경우에는 그 기초가 되는 주식 등의 발행인
2. 교환사채권의 경우에는 교환의 대상이 되는 주식 등의 발행인
3. 파생결합증권의 경우에는 그 기초자산이 되는 주식 등의 발행인

46) 개정 자본시장법에서는 공개매수 외에도 「채무자 회생 및 파산에 관한 법률」 제147조에 따라 관리인이 주주· 지분권자의 목록을 작성하기 위한 경우 및 주식의 발행인이 거래소의 상장심사를 받는 경우로서 주식의 소유상황 파악 등을 위한 경우에도 실질주주 등의 내역에 관한 통지를 요청할 수 있도록 하였다(자법 제315조 제5항, 자령 제318조 제3항).

4. 실질주주명부 기재의 효과

실질주주명부에의 기재는 주주명부에의 기재와 동일한 효력을 가진다(자법 제316조 제2항). 따라서 주주명부의 효력인 대항력, 자격수여적 효력, 면책적 효력 등이 인정된다.

5. 주식수의 합산

발행인 또는 명의개서를 대리하는 회사는 주주명부에 주주로 기재된 자와 실질주주명부에 실질주주로 기재된 자가 동일인이라고 인정되는 때에는 주주로서의 권리행사에 있어서 주주명부의 주식수와 실질주주명부의 주식수를 합산하여야 한다(자법 제316조 제3항).

6. 실질주주명부의 비치

실질주주명부는 발행인의 본점 또는 명의개서대행회사의 영업소에 비치하여야 한다.

7. 실질주주의 권리행사

자본시장법은 실질주주제도를 도입하고 상장법인의 실질주주명부작성을 의무화하여 상법이 요구하는 명의개서절차를 거치지 않고 고객이 주주권을 행사할 수 있는 길을 열어 놓고 있다.

실질주주는 주주로서의 권리행사를 함에 있어서 각각 고객계좌부에 기재된 예탁유가증권에 대한 공유지분에 상당하는 주식을 가지는 것으로 보므로, 의결권·신주인수권·이익배당청구권 등 상법상의 공익권과 자익권을 가진다. 그러나 자본시장법 제314조 제3항의 주권불소지, 주주명부, 주권에 관한 권리는 행사할 수 없다. 다만, 회사의 주주에 대한 통지 및 상법 제396조 제2항에 따른 주주명부의 열람 또는 등사 청구에 대하여는 그 권리를 행사할 수 있

다.[47]

또한 주주명부에의 등재를 전제로 하는 주주총회소집권, 대표소송제기권, 이사의 위법행위유지청구권, 위법한 신주발행유지청구권 등은 여전히 예탁자를 통하여 예탁결제원으로부터 주권을 반환받아 발행회사에 명의개서를 청구하여 주주명부상 주주로 등재된 후에만 행사할 수 있다.[48]

위의 불합리를 피하기 위하여 자본시장법에서는 실질주주증명서제도를 도입하고 있다. 예탁결제원은 예탁자 또는 그 투자자가 주주로서의 권리를 행사하기 위하여 증권 등의 예탁을 증명하는 문서(실질주주증명서)의 발행을 신청하는 경우에는 총리령으로 정하는 방법에 따라 이를 발행하여야 하며, 이 경우 투자자의 신청은 예탁자를 거쳐야 한다(자법 제318조 제1항). 예탁자 또는 그 투자자가 실질주주증명서를 발행인에게 제출한 경우에는 주식이전의 대항요건에 관한 상법 제337조 제1항에 불구하고 발행인에게 대항할 수 있다(자법 제318조 제3항).

실질주주증명서는 행사하고자 하는 주주권의 내용과 행사기간을 적시하여 발행하기 때문에 증명서에 따른 주주권의 행사목적과 기간에 제한을 받는다.

V. 예탁증명서제도

국가, 지방자치단체 또는 공공기관에 납부할 보증금 또는 공탁금은 상장증권으로 대신 납부가 가능하고, 국가 등은 보증금 또는 공탁금을 대신하여 상장증권으로 대신 납부하는 것을 거부할 수 없다(자법 제171조 제1항, 제2항). 그런데 예탁된 상장증권으로 대신 납부하기 위해서는 실물로서 상장증권의 반환이 필요한데 이는 실물증권의 발행을 억제하고, 집중예탁을 통해 증권결제 및 증권유통의 원활화를 추구하고자 하는 예탁관련제도의 취지와 상충되기 때문에, 예탁증명서제도를 통하여 실제로 실물을 교부함이 없이도 예탁증명서로써 대신 보증금 또는 공탁금을 납부할 수 있게 하였다(자법 제171조 제4항).

---

47) 여기서 주주명부열람신청에 실질주주명부는 포함되지 않는다.

48) 실질주주명부의 작성은 집단적 권리행사시에만 이루어진다.

Ⅵ. 실질수익자제도

1. 의의

집합투자기구인 투자신탁이 발행하는 수익증권은 최초 발행시부터 예탁결제원 명의로 일괄발행한다(자법 제189조 제3항, 제4항). 따라서 투자신탁이 발행하는 모든 수익증권은 대체결제제도를 통하여 거래되고, 계좌기재의 방법으로 질권을 설정하게 된다. 그런데 일괄발행에 따라 수익자명부에 예탁결제원이 수익증권의 명의자로 되어 있기 때문에 실질수익자 즉, 예탁증권 중 수익증권의 공유자도 그 권리행사를 위해 실질주주제도와 동일한 제도적 장치가 필요하다. 이를 위해서 자본시장법에서는 실질수익자제도를 두고 있다.

2. 권리행사 및 절차

예탁증권 등 중 투자신탁의 수익증권의 공유자, 즉 실질수익자는 수익자로서의 권리 행사에 있어서는 공유지분에 상당하는 투자신탁의 수익증권을 가지는 것으로 보게 된다(자법 제319조 제1항). 실질수익자는 예탁결제원의 명의로 명의개서된 투자신탁의 수익증권에 대하여는 수익증권불소지에 관한 사항과 수익자명부의 기재 및 투자신탁의 수익증권에 관하여 수익자로서의 권리를 행사할 수 없다((자법 제319조 제2항). 다만, 투자신탁재산을 운용하는 집합투자업자의 수익자에 대한 통지에 대하여는 수익자로서의 권리를 행사할 수 있다((자법 제319조 제2항 단서).

투자신탁의 수익증권에 대해서도 실질수익자의 권리행사를 위한 실질수익자명부의 작성 및 절차는 실질주주명부와 같은 규제가 적용되며(자법 제319조 제1항~제7항), 예탁결제원에 예탁된 투자신탁의 수익증권의 수익권에 관한 실질수익자명부에의 기재는 수익자명부에의 기재와 같은 효력을 가진다((자법 제319조 제6항). 다만, 투자신탁에서는 연기수익자총회가 있기 때문에 실질수익자제도에서는 발행인의 요청에 의한 의결권행사는 따로 두지 않는다. 또한, 투자신탁의 성격상 공개매수나 채무자의 회생 및 파산 및 상장심사를 목적으로 실질주주명세를 요청하는 규정도 그 적용이 없다.

실질수익자에 대해서도 실질주주증명서제도와 같은 실질수익자증명서제도가 있다(자법 제319조 제8항~제10항).

3. 벌칙

실질수익자명부의 작성과 관련한 통지·통지를 해태한 발행인, 예탁자, 예탁결제원에 대해서는 천만원 이하의 과태료가 부과되며, 실질수익자명부를 작성·비치하지 않거나 거짓으로 작성한 발행인도 천만원 이하의 과태료가 부과된다(자법 제449조 제2항 14호, 15호).

제3절 금융투자상품거래청산회사

개정 자본시장법[49]에서는 '금융투자상품거래청산업'을 신설하고 제6편 제2

---

49) 개정 자법 제323조의2(무인가 청산영업행위 금지) 누구든지 이 법에 따른 금융투자상품거래청산업인가(변경인가를 포함한다)를 받지 아니하고는 금융투자상품거래청산업을 영위하여서는 아니 된다.

제323조의3(인가) ① 금융투자상품거래청산업을 영위하려는 자는 청산대상거래 및 청산대상업자를 구성요소로 하여 대통령령으로 정하는 업무 단위(이하 "청산업 인가업무 단위" 라 한다)의 전부나 일부를 선택하여 금융위원회로부터 하나의 금융투자상품거래청산업인가를 받아야 한다.

② 제1항에 따라 금융투자상품거래청산업인가를 받으려는 자는 다음 각 호의 요건을 모두 갖추어야 한다.

1. 「상법」에 따른 주식회사일 것
2. 청산업 인가업무 단위별로 200억원 이상으로서 대통령령으로 정하는 금액 이상의 자기자본을 갖출 것
3. 사업계획이 타당하고 건전할 것
4. 투자자의 보호가 가능하고 그 영위하려는 금융투자상품거래청산업을 수행하기에 충분한 인력과 전산설비, 그 밖의 물적 설비를 갖출 것
5. 정관 및 청산업무규정이 법령에 적합하고 금융투자상품거래청산업을 수행하기에 충분할 것
6. 임원이 제24조에 적합할 것
7. 대주주(제12조 제2항 제6호 가목의 대주주를 말한다)가 충분한 출자능력, 건전한 재무상태 및 사회적 신용을 갖출 것
8. 이해상충방지체계를 구축하고 있을 것

③ 제2항의 인가요건에 관하여 필요한 세부사항은 대통령령으로 정한다.

제323조의4(인가의 신청 및 심사) ① 제323조의3 제1항에 따른 인가를 받으려는 자는 인가신청서를 금융위원회에 제출하여야 한다.

② 금융위원회는 제1항의 인가신청서를 접수한 때에는 그 내용을 심사하여 3개월 이내에 인가 여부를 결정하고, 그 결과와 이유를 지체 없이 신청인에게 문서로 통지하여야 한다. 이 경우 인가신청서에

흠결이 있는 경우에는 보완을 요구할 수 있다.

③ 제2항의 심사기간을 산정함에 있어서 인가신청서 흠결의 보완기간 등 총리령으로 정하는 기간은 이를 산입하지 아니한다.

④ 금융위원회는 제2항에 따라 인가를 하는 경우에는 금융투자상품거래청산회사의 경영의 건전성 확보 및 건전한 시장질서 유지에 필요한 조건을 붙일 수 있다.

⑤ 제4항에 따라 조건이 붙은 인가를 받은 자는 사정의 변경이나 그 밖에 정당한 사유가 있는 경우에는 금융위원회에 조건의 취소 또는 변경을 요청할 수 있다. 이 경우 금융위원회는 6개월 이내에 조건의 취소 또는 변경 여부를 결정하고, 그 결과를 지체 없이 신청인에게 문서로 통지하여야 한다.

⑥ 금융위원회는 제2항에 따라 인가를 한 경우에는 다음 각 호의 사항을 관보 및 인터넷 홈페이지 등에 공고하여야 한다.

1. 인가의 내용
2. 인가의 조건(조건을 붙인 경우로 한정한다)
3. 인가의 조건을 취소하거나 변경한 경우 그 내용(조건을 취소하거나 변경한 경우로 한정한다)

⑦ 제1항부터 제6항까지의 규정에 따른 인가신청서의 기재사항·첨부서류 등 인가의 신청에 관한 사항과 인가심사의 방법·절차, 그 밖에 필요한 사항은 대통령령으로 정한다.

제323조의5(예비인가) ① 제323조의3에 따른 금융투자상품거래청산업인가(이하 이 조에서 "본인가"라 한다)를 받으려는 자는 미리 금융위원회에 예비인가를 신청할 수 있다.

② 금융위원회는 예비인가를 신청받은 경우에는 2개월 이내에 제323조의3 제2항 각 호의 요건을 갖출 수 있는지 여부를 심사하여 예비인가 여부를 결정하고, 그 결과와 이유를 지체 없이 신청인에게 문서로 통지하여야 한다. 이 경우 예비인가신청에 관하여 흠결이 있는 때에는 보완을 요구할 수 있다.

③ 제2항의 심사기간을 산정함에 있어서 예비인가신청과 관련된 흠결의 보완기간 등 총리령으로 정하는 기간은 심사기간에 산입하지 아니한다.

④ 금융위원회는 제2항에 따라 예비인가를 하는 경우에는 금융투자상품거래청산회사의 경영의 건전성 확보 및 건전한 시장질서 유지에 필요한 조건을 붙일 수 있다.

⑤ 금융위원회는 예비인가를 받은 자가 본인가를 신청하는 경우에는 제4항에 따른 예비인가의 조건을 이행하였는지 여부와 제323조의2 제2항 각 호의 요건을 갖추었는지 여부를 확인한 후 본인가 여부를 결정하여야 한다.

⑥ 제1항부터 제5항까지의 규정에 따른 예비인가의 신청서 및 그 기재사항·첨부서류 등 예비인가의 신청에 관한 사항과 예비인가심사의 방법·절차, 그 밖에 예비인가에 관하여 필요한 사항은 대통령령으로 정한다.

제323조의6(인가요건의 유지) 금융투자상품거래청산회사는 제323조의3에 따른 금융투자상품거래청산업인가를 받아 그 업무를 영위함에 있어서 제323조의3 제2항 각 호의 인가요건을 유지하여야 한다.

제323조의7(업무의 추가 및 인가의 변경) 금융투자상품거래청산회사는 제323조의3에 따라 인가받은 청산업 인가업무 단위 외에 다른 청산업 인가업무 단위를 추가하여 금융투자상품거래청산업을 영위하려는 경우에는 제323조의3 및 제323조의4에 따라 금융위원회의 변경인가를 받아야 한다. 이 경우 제323조의5를 적용한다.

제323조의8(유사명칭 사용 금지) 금융투자상품거래청산회사가 아닌 자는 "금융투자상품거래청산", "금융투자상품청산", "증권거래청산", "증권청산", "파생상품거래청산", "파생상품청산" 또는 이와 유사한 명칭을 사용하여서는 아니 된다.

제323조의9(임원 등) ① 금융투자상품거래청산회사의 상근임원은 청산대상업자의 임직원 외의 자이어야 한다.

② 제24조는 금융투자상품거래청산회사의 임원에게 준용한다.

③ 금융투자상품거래청산회사의 상근 임직원은 청산대상업자 및 금융투자업관계기관(그 상근 임직원이 소속된 금융투자상품거래청산회사는 제외한다)과 자금의 공여, 손익의 분배, 그 밖에 영업에 관하여 대통령령으로 정하는 특별한 이해관계를 가져서는 아니 된다.

제323조의10(업무) ① 금융투자상품거래청산회사는 정관으로 정하는 바에 따라 다음 각 호의 업무를 행한다.

1. 청산대상거래의 확인업무
2. 청산대상거래에 따른 채무의 채무인수, 경개, 그 밖의 방법에 따른 채무부담업무
3. 청산대상거래에서 발생하는 다수의 채권 및 채무에 대한 차감업무
4. 결제목적물·결제금액의 확정 및 결제기관에 대한 결제지시업무
5. 결제불이행에 따른 처리업무
6. 제1호부터 제5호까지의 규정에 따른 업무에 수반되는 부수업무로서 금융위원회로부터 승인을 받은 업무

② 금융투자상품거래청산회사는 제1항 각 호의 업무 외에 다른 업무를 할 수 없다. 다만, 다음 각 호의 어느 하나에 해당하는 경우에는 그러하지 아니하다.

1. 이 법 또는 다른 법령에서 금융투자상품거래청산회사의 업무로 규정한 업무를 행하는 경우
2. 이 법 또는 다른 법률에서 정하는 바에 따라 거래소, 그 밖에 대통령령으로 정하는 금융투자업관계기관이 금융투자상품거래청산업무를 하는 경우

제323조의11(청산업무규정 등) ① 금융투자상품거래청산회사는 정관 및 제2항의 청산업무규정을 변경하려는 경우에는 금융위원회의 승인을 받아야 한다.

② 금융투자상품거래청산회사는 청산업무규정을 정하여야 한다. 이 경우 청산업무규정은 제303조의 결제업무규정, 제387조의 회원관리규정 및 제393조의 업무규정과 상충되어서는 아니 된다.

③ 제2항의 청산업무규정에는 다음 각 호의 사항을 포함하여야 한다.

1. 청산대상거래 및 그 거래대상이 되는 금융투자상품에 관한 사항
2. 청산대상업자의 요건에 관한 사항
3. 금융투자상품거래청산업으로서 행하는 채무의 채무인수, 경개 그 밖의 방법에 의한 채무의 부담 및 그 이행에 관한 사항
4. 청산대상업자의 채무의 이행 확보에 관한 사항
5. 청산증거금 및 손해배상공동기금에 관한 사항
6. 청산대상업자가 아닌 자가 청산대상업자를 통하여 금융투자상품거래청산회사로 하여금 청산대상거래의 채무를 부담하게 하는 경우 그 금융투자상품거래청산의 중개·주선이나 대리에 관한 사항
7. 외국 금융투자상품거래청산회사(외국의 법령에 따라 외국에서 금융투자상품거래청산업무에 상당하는 업무를 수행하는 자를 말한다)와의 협력에 관한 사항
8. 그 밖에 금융투자상품거래청산업무의 수행을 위하여 필요한 사항으로서 금융위원회가 정하여 고시하는 사항

제323조의12(부당한 차별의 금지) 금융투자상품거래청산회사는 정당한 사유 없이 특정한 청산대상업자를 차별적으로 대우하여서는 아니 된다.

제323조의13(청산증거금) ① 청산대상업자는 금융투자상품거래청산회사에 대하여 부담하는 채무의 이행을 보증하기 위하여 청산업무규정에서 정하는 바에 따라 금융투자상품거래청산회사에 금전 등으로 청산증거금을 예치하여야 한다. 다만, 금융투자상품거래청산회사가 인정하는 청산대상거래에 대해서는 그러하지 아니하다.

② 금융투자상품거래청산회사는 청산대상업자가 금융투자상품거래청산회사에 대하여 청산대상거래에 따른 채무를 이행하지 아니하는 경우에는 그 청산대상업자의 청산증거금으로 그 채무의 변제에 충당할 수 있다.

제323조의14(손해배상공동기금) ① 청산대상업자는 청산대상거래에 따른 채무의 불이행으로 인하여 발생하는 손해를 배상하기 위하여 청산업무규정에서 정하는 바에 따라 금융투자상품거래청산회사에 금전등으로 손해배상공동기금을 적립하여야 한다. 다만, 청산업무규정에서 정하는 청산대상업자에 대해서는 그러하지 아니하다.

② 금융투자상품거래청산회사는 제1항에 따른 손해배상공동기금을 청산대상거래의 유형별로 구분하여 적립하여야 한다.

③ 청산대상업자는 제1항 및 제2항의 손해배상공동기금의 범위에서 청산대상거래에 따른 채무의 불이행으로 인하여 발생하는 손해배상에 관하여 연대책임을 진다.

④ 금융투자상품거래청산회사는 손해배상공동기금으로 제1항에 따른 손해를 보전한 경우에는 손해를 끼친 청산대상업자에 대하여 그 보전한 금액과 이에 소요된 비용에 관하여 구상권을 가진다.

⑤ 금융투자상품거래청산회사는 제4항에 따라 추심된 금액을 손해배상공동기금에 충당한다.

⑥ 제1항의 손해배상공동기금의 총적립규모, 적립방법, 사용·관리·환급 및 제4항에 따른 구상권 행사 등에 관하여 필요한 사항은 대통령령으로 정한다.

제323조의15(채무변제순위) ① 청산대상업자가 청산대상거래에 따른 채무를 이행하지 아니하여 금융투자상품거래청산회사 또는 다른 청산대상업자에게 손해를 끼친 경우 그 손해를 입은 금융투자상품거래청산회사 또는 다른 청산대상업자는 그 손해를 끼친 청산대상업자의 청산증거금 및 손해배상공동기금 지분에 대하여 다른 채권자보다 우선하여 변제받을 권리를 가진다.

② 금융투자상품거래청산회사는 청산대상업자가 결제를 위하여 납부한 결제목적물 및 결제대금에 관하여 다른 채권자보다 우선하여 변제를 받을 권리가 있다.

③ 금융투자상품거래청산회사는 청산대상거래에 따른 결제의 완료 전에 결제목적물 또는 결제대금이 인도된 경우에 해당 청산대상업자가 그 결제를 이행하지 아니함으로써 금융투자상품거래청산회사에 손해를 끼친 때에는 그 청산대상업자의 재산에 관하여 다른 채권자보다 우선하여 변제를 받을 권리가 있다. 다만, 그 결제의 이행 기한이 도래하기 전에 설정된 전세권·질권·저당권 또는 「동산·채권 등의 담보에 관한 법률」에 따른 담보권에 의하여 담보된 채권에 대해서는 우선하여 변제를 받을 권리가 없다.

제323조의16(금융투자상품거래청산회사의 거래정보 보고 등) ① 금융투자상품거래청산회사는 제166조의3에 따른 청산의무거래, 그 밖에 대통령령으로 정하는 거래정보를 보관·관리하여야 한다.

② 금융투자상품거래청산회사는 제1항에 따라 보관·관리하는 거래정보를 금융위원회, 그 밖에 대통령령으로 정하는 자에게 보고하여야 한다.

③ 제1항 및 제2항에 따른 거래정보의 보관·관리 및 보고의 요령과 방법, 그 밖에 필요한 사항은 대통령령으로 정한다.

제323조의17(준용규정) 제54조, 제63조, 제383조 제1항, 제408조, 제413조 및 「금융실명거래 및 비밀보장에 관한 법률」 제4조는 금융투자상품거래청산회사에 준용한다.

제323조의18(주식소유의 제한) 누구든지 다음 각 호의 어느 하나에 해당하는 경우를 제외하고는 금융투자상품거래청산회사의 의결권 있는 발행주식총수의 100분의 20을 초과하여 금융투자상품거래청산회사가 발행한 주식을 소유할 수 없다. 이 경우 제406조 제2항부터 제4항까지 및 제407조를 준용한다.

1. 집합투자기구가 소유하는 경우(사모집합투자기구가 소유하는 경우는 제외한다)
2. 외국 금융투자상품거래청산회사(외국 법령에 따라 외국에서 금융투자상품거래청산회사에 상당하는 기능을 수행하는 자를 말한다. 이하 이 항에서 같다)와의 제휴를 위하여 필요한 경우로서 금융위원회의 승인을 받은 경우
3. 정부, 그 밖에 대통령령으로 정하는 기관이 소유하는 경우
4. 거래소, 그 밖에 대통령령으로 정하는 금융투자업관계기관이 해당 금융투자상품거래청산회사의 발행

주식총수를 소유하는 경우
5. 대통령령으로 정하는 금융기관 또는 외국 금융투자상품거래청산회사가 금융위원회의 승인을 받아 발행주식총수의 100분의 30까지 주식을 소유하는 경우
6. 제5호에 따른 금융기관이 공동으로 주식을 소유하면서 「외국인투자 촉진법」에 따른 외국인 및 비금융회사(대통령령으로 정하는 금융업이 아닌 업종을 영위하는 회사를 말한다)의 금융투자상품거래청산회사에 대한 주식보유비율을 초과하여 주식을 소유하는 경우로서 금융위원회의 승인을 받은 경우
7. 그 밖에 금융투자상품거래청산회사의 공정한 운영을 해할 우려가 없는 경우로서 대통령령으로 정하는 경우

제323조의19(금융투자상품거래청산회사에 대한 검사) 제419조(제2항부터 제4항까지 및 제8항은 제외한다)는 금융투자상품거래청산회사에 대한 검사에 관하여 준용한다.

제323조의20(금융투자상품거래청산회사에 대한 조치) ① 금융위원회는 금융투자상품거래청산회사가 다음 각 호의 어느 하나에 해당하는 경우에는 제323조의3 제1항에 따른 인가를 취소할 수 있다.
1. 거짓, 그 밖의 부정한 방법으로 제323조의3 제1항에 따른 인가를 받은 경우
2. 인가조건을 위반한 경우
3. 제323조의6에 따른 인가요건 유지의무를 위반한 경우
4. 업무의 정지기간 중에 업무를 한 경우
5. 금융위원회의 시정명령 또는 중지명령을 이행하지 아니한 경우
6. 별표 8의2 각 호의 어느 하나에 해당하는 경우로서 대통령령으로 정하는 경우
7. 대통령령으로 정하는 금융 관련 법령 등을 위반한 경우로서 대통령령으로 정하는 경우
8. 그 밖에 투자자의 이익을 현저히 해할 우려가 있거나 해당 업무를 영위하기 곤란하다고 인정되는 경우로서 대통령령으로 정하는 경우

② 금융위원회는 금융투자상품거래청산회사가 제1항 각 호(제6호는 제외한다)의 어느 하나에 해당하거나 별표 8의2 각 호의 어느 하나에 해당하는 경우에는 다음 각 호의 어느 하나에 해당하는 조치를 할 수 있다.
1. 6개월 이내의 업무의 전부 또는 일부의 정지
2. 계약의 인계명령
3. 위법행위의 시정명령 또는 중지명령
4. 위법행위로 인한 조치를 받았다는 사실의 공표명령 또는 게시명령
5. 기관경고
6. 기관주의
7. 그 밖에 위법행위를 시정하거나 방지하기 위하여 필요한 조치로서 대통령령으로 정하는 조치

③ 금융위원회는 금융투자상품거래청산회사의 임원이 제1항 각 호(제6호는 제외한다)의 어느 하나에 해당하거나 별표 8의2 각 호의 하나에 해당하는 경우에는 다음 각 호의 어느 하나에 해당하는 조치를 할 수 있다.
1. 해임요구
2. 6개월 이내의 직무정지
3. 문책경고
4. 주의적 경고
5. 주의
6. 그 밖에 위법행위를 시정하거나 방지하기 위하여 필요한 조치로서 대통령령으로 정하는 조치

④ 금융위원회는 금융투자상품거래청산회사의 직원이 제1항 각 호(제6호는 제외한다)의 어느 하나에 해당하거나 별표 8의2 각 호의 어느 하나에 해당하는 경우에는 다음 각 호의 어느 하나에 해당하

장의 2 금융투자상품거래청산회사에 관한 장을 두어 장외파생상품의 중앙청산소(CCP) 설치 근거를 마련하고 있다.50)

여기서 장외파생거래 등의 결제불이행 위험을 축소하기 위한 글로벌 시장에서의 노력을 국내에 수용하기 위하여 금융투자업자의 채무불이행이 국내 자본시장에 중대한 영향을 줄 우려가 있는 장외파생상품의 매매 등에 대해서는 금융투자상품거래청산회사에서 의무적으로 청산하도록 하고 있다.

제4절 신용평가회사

개정 자본시장법51)에서는 금융투자상품 등에 대하여 공정한 신용평가를 함

는 조치를 그 금융투자상품거래청산회사에 요구할 수 있다.
1. 면직
2. 6개월 이내의 정직
3. 감봉
4. 견책
5. 경고
6. 주의
7. 그 밖에 위법행위를 시정하거나 방지하기 위하여 필요한 조치로서 대통령령으로 정하는 조치

⑤ 제422조 제3항 및 제423조부터 제425조까지의 규정은 금융투자상품거래청산회사 및 그 임직원에 대한 조치 등에 관하여 준용한다.

제323조의21(무인가 증권금융업무 금지) 누구든지 이 법에 따른 인가를 받지 아니하고는 증권금융업무(제326조 제1항에 따른 업무를 말한다. 이하 같다)를 영위하여서는 아니 된다. 다만, 투자자 보호 및 건전한 거래질서를 해할 우려가 없는 경우로서 대통령령으로 정하는 경우를 제외한다.

50) 자본시장법 개정이 되면서 IRS 등 청산의무거래 대상인 장외파생상품 CCP는 한국거래소(KRX)에 인가하였다.

51) 개정 자법 제335조의2(무인가 신용평가 금지) 누구든지 이 법에 따른 신용평가업인가를 받지 아니하고는 신용평가업을 영위하여서는 아니 된다. 다만, 투자자 보호 및 건전한 거래질서를 해할 우려가 없는 경우로서 대통령령으로 정하는 경우를 제외한다.

제335조의3(인가) ① 신용평가업을 영위하려는 자는 금융위원회로부터 신용평가업인가를 받아야 한다.

② 제1항에 따라 신용평가업인가를 받으려는 자는 다음 각 호의 요건을 모두 갖추어야 한다.

1. 「상법」에 따른 주식회사, 그 밖에 대통령령으로 정하는 법인일 것. 다만, 다음 각 목의 어느 하나에 해당하는 자는 제외한다.
   가. 상호출자제한기업집단에 속하는 회사가 100분의 10을 초과하여 출자한 법인
   나. 대통령령으로 정하는 금융기관이 100분의 10을 초과하여 출자한 법인
   다. 가목 또는 나목의 회사가 최대주주인 법인
2. 50억원 이상으로서 대통령령으로 정하는 금액 이상의 자기자본을 갖출 것
3. 사업계획이 타당하고 건전할 것

4. 신뢰성 있는 신용등급을 지속적으로 생산하기에 충분한 인력 및 전산설비, 그 밖의 물적 설비를 갖출 것
5. 임원이 제24조에 적합할 것
6. 대주주(제12조 제2항 제6호 가목의 대주주를 말한다)가 충분한 출자능력, 건전한 재무상태 및 사회적 신용을 갖출 것
7. 신용평가회사와 투자자 또는 발행인 사이의 이해상충을 방지하기 위한 체계를 갖출 것

③ 제2항의 인가요건에 관하여 필요한 세부사항은 대통령령으로 정한다.

제335조의4(인가의 신청 및 심사) ① 제335조의3 제1항에 따른 인가를 받으려는 자는 인가신청서를 금융위원회에 제출하여야 한다.

② 금융위원회는 제1항의 인가신청서를 접수한 때에는 그 내용을 심사하여 3개월 이내에 인가 여부를 결정하고, 그 결과와 이유를 지체 없이 신청인에게 문서로 통지하여야 한다. 이 경우 인가신청서에 흠결이 있는 경우에는 보완을 요구할 수 있다.

③ 제2항의 심사기간을 산정함에 있어서 인가신청서 흠결의 보완기간 등 총리령으로 정하는 기간은 이를 산입하지 아니한다.

④ 금융위원회는 제2항에 따라 인가를 하는 경우에는 신용평가회사의 경영의 건전성 확보 및 건전한 시장질서 유지에 필요한 조건을 붙일 수 있다.

⑤ 제4항에 따라 조건이 붙은 인가를 받은 자는 사정의 변경이나 그 밖에 정당한 사유가 있는 경우에는 금융위원회에 조건의 취소 또는 변경을 요청할 수 있다. 이 경우 금융위원회는 6개월 이내에 조건의 취소 또는 변경 여부를 결정하고, 그 결과를 지체 없이 신청인에게 문서로 통지하여야 한다.

⑥ 금융위원회는 제2항에 따라 인가를 한 경우에는 다음 각 호의 사항을 관보 및 인터넷 홈페이지 등에 공고하여야 한다.

1. 인가의 내용
2. 인가의 조건(조건을 붙인 경우로 한정한다)
3. 인가의 조건을 취소하거나 변경한 경우 그 내용(조건을 취소하거나 변경한 경우로 한정한다)

⑦ 제1항부터 제6항까지의 규정에 따른 인가신청서의 기재사항·첨부서류 등 인가의 신청에 관한 사항과 인가심사의 방법·절차, 그 밖에 필요한 사항은 대통령령으로 정한다.

제335조의5(예비인가) ① 제335조의3에 따른 신용평가업인가(이하 이 조에서 "본인가"라 한다)를 받으려는 자는 미리 금융위원회에 예비인가를 신청할 수 있다.

② 금융위원회는 예비인가를 신청받은 경우에는 2개월 이내에 제335조의3 제2항 각 호의 요건을 갖출 수 있는지 여부를 심사하여 예비인가 여부를 결정하고, 그 결과와 이유를 지체 없이 신청인에게 문서로 통지하여야 한다. 이 경우 예비인가신청에 관하여 흠결이 있는 때에는 보완을 요구할 수 있다.

③ 제2항의 심사기간을 산정함에 있어서 예비인가신청과 관련된 흠결의 보완기간 등 총리령으로 정하는 기간은 심사기간에 산입하지 아니한다.

④ 금융위원회는 제2항에 따라 예비인가를 하는 경우에는 신용평가회사의 경영의 건전성 확보 및 건전한 시장질서 유지에 필요한 조건을 붙일 수 있다.

⑤ 금융위원회는 예비인가를 받은 자가 본인가를 신청하는 경우에는 제4항에 따른 예비인가의 조건을 이행하였는지 여부와 제335조의2 제2항 각 호의 요건을 갖추었는지 여부를 확인한 후 본인가 여부를 결정하여야 한다.

⑥ 제1항부터 제5항까지의 규정에 따른 예비인가의 신청서 및 그 기재사항·첨부서류 등 예비인가의 신청에 관한 사항과 예비인가심사의 방법·절차, 그 밖에 예비인가에 관하여 필요한 사항은 대통령령으로 정한다.

제335조의6(인가요건의 유지) 신용평가회사는 제335조의3에 따른 신용평가업인가를 받아 그 업무를 영위함에 있어서 제335조의3 제2항 각 호의 인가요건을 유지하여야 한다.

제335조의7(유사명칭 사용 금지) 신용평가회사가 아닌 자는 "신용평가" 또는 이와 유사한 명칭을 사

용하여서는 아니 된다.

제335조의8(임원 및 내부통제기준 등) ① 제23조(제4항은 제외한다) 및 제24조는 신용평가회사 및 그 임원에게 준용한다.

② 신용평가회사는 그 임직원이 직무를 수행함에 있어서 준수하여야 할 적절한 기준 및 절차로서 다음 각 호의 사항을 포함하는 신용평가내부통제기준을 정하여야 한다.

1. 평가조직과 영업조직의 분리에 관한 사항
2. 이해상충방지체계에 관한 사항
3. 불공정행위의 금지에 관한 사항
4. 신용평가 대상의 특성에 적합한 신용평가기준 도입에 관한 사항
5. 그 밖에 신용평가내부통제기준에 관하여 필요한 사항으로서 대통령령으로 정하는 사항

③ 신용평가회사(자산규모, 매출액 등을 고려하여 대통령령으로 정하는 법인은 제외한다. 이하 이 조에서 같다)는 신용평가내부통제기준의 준수 여부를 점검하고 신용평가내부통제기준을 위반하는 경우 이를 조사하여 감사위원회 또는 감사에게 보고하는 자로서 준법감시인을 1인 이상 두어야 한다.

④ 준법감시인은 선량한 관리자의 주의로 그 직무를 수행하여야 하며, 다음 각 호의 업무를 수행하는 직무를 담당하여서는 아니 된다.

1. 해당 신용평가회사의 고유재산의 운용업무
2. 해당 신용평가회사가 영위하고 있는 신용평가업 및 그 부수업무
3. 해당 신용평가회사가 제335조의10에 따라 영위하고 있는 겸영업무

⑤ 제28조 제3항, 제4항 제2호·제3호, 제6항부터 제9항까지의 규정은 신용평가회사의 준법감시인에게 준용한다.

⑥ 그 밖에 신용평가내부통제기준 및 준법감시인에 관하여 필요한 사항은 대통령령으로 정한다.

제335조의9(독립성·공정성) 신용평가회사 및 그 임직원은 신용평가에 관한 업무를 함에 있어 독립적인 입장에서 공정하고 충실하게 그 업무를 수행하여야 한다.

제335조의10(겸영업무 및 부수업무) ① 신용평가회사는 투자자 보호 및 건전한 거래질서를 해할 우려가 없는 업무로서 다음 각 호의 업무를 겸영할 수 있다.

1. 제263조에 따른 채권평가회사의 업무
2. 그 밖에 금융위원회가 정하여 고시하는 업무

② 신용평가회사는 다음 각 호의 어느 하나에 해당하는 업무를 포함하여 신용평가업에 부수하는 업무를 영위할 수 있다.

1. 은행, 그 밖에 대통령령으로 정하는 금융기관의 기업 등에 대한 신용공여의 원리금상환 가능성에 대한 평가 업무
2. 은행, 보험회사, 그 밖에 대통령령으로 정하는 금융기관의 지급능력, 재무건전성 등에 대한 평가 업무
3. 그 밖에 금융위원회가 정하여 고시하는 업무

③ 신용평가회사는 제1항 또는 제2항의 업무를 영위하려는 때에는 영위하려는 날의 7일 전까지 이를 금융위원회에 신고하여야 한다.

④ 제41조 제2항부터 제4항까지의 규정은 신용평가회사에 대하여 준용한다.

제335조의11(신용평가회사의 행위규칙) ① 신용평가회사는 금융위원회가 정하여 고시하는 바에 따라 신용등급의 부여·제공·열람에 제공하기 위한 방침 및 방법(이하 "신용평가방법" 이라 한다)을 정하고, 그 신용평가방법 등에 따라 신용평가를 하여야 한다.

② 신용평가회사는 신용평가를 요청한 자(이하 "요청인" 이라 한다)에 대한 신용평가를 하는 경우에는 재무상태·사업실적 등 현재의 상황과 사업위험·경영위험 및 재무위험 등 미래의 전망을 종합적으로 고려하여야 한다.

③ 신용평가회사는 신용평가의 결과를 기술한 것으로서 다음 각 호의 사항을 포함한 서류(이하 “신용평가서”라 한다)를 작성하여야 한다.
1. 신용등급
2. 신용평가회사의 의견
3. 제2항에 따라 대통령령으로 정하는 자가 아닌 자로서 해당 신용평가회사와 출자관계에 있는 자와 관련한 신용평가를 하는 경우에 그 출자관계에 관한 사항
4. 그 밖에 투자자 등의 합리적 의사결정에 필요한 정보로서 금융위원회가 정하여 고시하는 사항
④ 신용평가회사는 요청인에게 신용평가서를 제공하는 경우에는 신용평가실적서(신용평가회사가 부여한 신용등급별로 원리금 상환 이행률 등을 기재한 것을 말한다), 그 밖에 해당 신용평가회사의 신용평가 능력의 파악에 필요한 것으로서 금융위원회가 정하여 고시하는 서류(이하 “신용평가실적서 등”이라 한다)를 함께 제공하여야 한다.
⑤ 신용평가회사는 다음 각 호의 사항에 대한 기록을 3년간 보존하여야 한다.
1. 요청인의 주소와 성명
2. 요청받은 업무 내용 및 요청받은 날짜
3. 요청받은 업무의 처리 내용 또는 제공한 신용평가서 및 제공한 날짜
4. 그 밖에 투자자 보호 및 건전한 거래질서 유지를 위하여 기록 보존이 필요한 것으로서 대통령령으로 정하는 사항
⑥ 신용평가회사의 임직원이나 임직원이었던 자는 직무상 알게 된 요청인의 비밀을 누설하거나 이용하여서는 아니 된다. 다만, 다음 각 호의 어느 하나에 해당하는 경우에는 그러하지 아니하다.
1. 요청인이 제공·이용에 동의한 목적으로 이용하는 경우
2. 법원의 제출명령 또는 법관이 발부한 영장에 따라 제공되는 경우
3. 그 밖에 법률에 따라 제공되는 경우
⑦ 신용평가회사는 다음 각 호의 어느 하나에 해당하는 행위를 하여서는 아니 된다. 다만, 투자자 보호 및 건전한 거래질서를 해할 우려가 없는 경우로서 대통령령으로 정하는 경우에는 이를 할 수 있다.
1. 신용평가회사와 일정한 비율 이상의 출자관계에 있는 등 특수한 관계에 있는 자로서 대통령령으로 정하는 자와 관련된 신용평가를 하는 행위
2. 신용평가 과정에서 신용평가회사 또는 그 계열회사의 상품이나 서비스를 구매하거나 이용하도록 강요하는 행위
3. 그 밖에 투자자 보호 또는 건전한 거래질서를 해할 우려가 있는 행위로서 대통령령으로 정하는 행위

제335조의12(신용평가서 등의 제출·공시 등) ① 신용평가회사는 신용평가방법을 제335조의11 제1항에 따라 정하거나 변경한 경우에는 금융위원회, 거래소 및 협회에 이를 제출하여야 한다.
② 신용평가회사는 다음 각 호의 어느 하나에 해당하는 경우에는 신용평가서를 금융위원회, 거래소 및 협회에 제출하여야 한다.
1. 이 법 또는 금융 관련 법령에 따라 발행인 등에 대하여 신용평가를 받도록 한 경우
2. 증권신고서·사업보고서 등 이 법 또는 금융 관련 법령에 따라 의무적으로 작성되는 서류에 신용평가서를 첨부하는 경우
3. 그 밖에 투자자 보호 및 건전한 거래질서를 위하여 필요한 경우로서 대통령령으로 정하는 경우
③ 신용평가회사는 신용평가의 적정성 등에 관한 것으로서 금융위원회가 정하여 고시하는 서류를 금융위원회, 거래소 및 협회에 제출하여야 한다.
④ 금융위원회와 거래소는 제1항부터 제3항까지의 규정에 따라 제출받은 서류 중 대통령령으로 정하는 서류를 3년간 일정한 장소에 비치하고, 인터넷 홈페이지 등을 이용하여 공시하여야 한다.
⑤ 제1항부터 제3항까지의 규정에 따른 서류제출의 방법, 시기 및 절차 등에 관하여는 대통령령으로

정한다.

제335조의13(의결권의 제한) ① 상호출자제한기업집단에 속하는 회사 또는 제335조의3 제2항 제1호 나목에 따른 금융기관이 같은 호 가목 또는 나목에 따른 출자한도를 초과하여 신용평가회사의 주식(출자지분을 포함한다. 이하 이 조에서 같다)을 보유하는 경우 해당 주식의 의결권 행사의 범위는 같은 항 각 호에 따른 한도로 제한하며, 지체 없이 그 한도에 적합하도록 하여야 한다.

② 금융위원회는 상호출자제한기업집단에 속하는 회사 또는 제335조의3 제2항 제1호 나목에 따른 금융기관이 제335조의3 제2항 제1호 가목 또는 나목에 따른 출자한도를 초과하여 보유하고 있는 신용평가회사의 주식을 처분할 것을 6개월 이내의 기간을 정하여 명할 수 있다.

제335조의14(준용규정) ① 제33조(제2항부터 제4항까지의 규정은 제외한다), 제63조(금융투자상품의 신용평가를 담당하는 임직원으로 한정한다), 제415조부터 제419조(제2항부터 제4항까지 및 제8항은 제외한다)까지의 규정은 신용평가회사에 준용한다.

② 제259조 제2항은 신용평가회사에 준용한다. 이 경우 "집합투자기구평가회사"는 "신용평가회사"로 본다.

제335조의15(신용평가회사에 대한 조치) ① 금융위원회는 신용평가회사가 다음 각 호의 어느 하나에 해당하는 경우에는 제335조의3 제1항에 따른 인가를 취소할 수 있다.

1. 거짓, 그 밖의 부정한 방법으로 제335조의3 제1항에 따른 인가를 받은 경우
2. 제335조의4 제4항에 따른 인가조건을 위반한 경우
3. 제335조의6에 따른 인가요건 유지의무를 위반한 경우
4. 업무의 정지기간 중에 업무를 한 경우
5. 금융위원회의 시정명령 또는 중지명령을 이행하지 아니한 경우
6. 별표 9의2 각 호의 어느 하나에 해당하는 경우로서 대통령령으로 정하는 경우
7. 대통령령으로 정하는 금융 관련 법령 등을 위반한 경우로서 대통령령으로 정하는 경우
8. 그 밖에 투자자의 이익을 현저히 해할 우려가 있거나 해당 업무를 영위하기 곤란하다고 인정되는 경우로서 대통령령으로 정하는 경우

② 금융위원회는 신용평가회사가 제1항 각 호(제6호는 제외한다)의 어느 하나에 해당하거나 별표 9의2 각 호의 어느 하나에 해당하는 경우에는 다음 각 호의 어느 하나에 해당하는 조치를 할 수 있다.

1. 6개월 이내의 업무의 전부 또는 일부의 정지
2. 계약의 인계명령
3. 위법행위의 시정명령 또는 중지명령
4. 위법행위로 인한 조치를 받았다는 사실의 공표명령 또는 게시명령
5. 기관경고
6. 기관주의
7. 그 밖에 위법행위를 시정하거나 방지하기 위하여 필요한 조치로서 대통령령으로 정하는 조치

③ 금융위원회는 신용평가회사의 임원이 제1항 각 호(제6호는 제외한다)의 어느 하나에 해당하거나 별표 9의2 각 호의 하나에 해당하는 경우에는 다음 각 호의 어느 하나에 해당하는 조치를 할 수 있다.

1. 해임요구
2. 6개월 이내의 직무정지
3. 문책경고
4. 주의적 경고
5. 주의
6. 그 밖에 위법행위를 시정하거나 방지하기 위하여 필요한 조치로서 대통령령으로 정하는 조치

④ 금융위원회는 신용평가회사의 직원이 제1항 각 호(제6호는 제외한다)의 어느 하나에 해당하거나 별

으로써 보다 신뢰성 있는 투자자 보호가 이루어지도록 신용평가회사에 관한 규제를 현행「신용정보의 보호 및 이용에 관한 법률」에서 자본시장법으로 이관하면서 신용평가회사의 평가방법 및 신용평가서 등의 투자자에 대한 공시의무를 확대하고 있다.

제5절 명의개서대행회사

Ⅰ. 상법상 명의개서대리인

발행인만이 주주명부의 작성, 주주에 대한 통보업무를 수행할 수 있다면 이로 인한 업무처리절차가 복잡해지므로 명의개서대리인제도가 필요하다. 상법에서는 정관이 정하는 바에 따라 명의개서대리인을 둘 수 있도록 하였다(상법 제337조).

Ⅱ. 자본시장법상 명의개서대리인

1. 의의

거래소 상장예정회사 또는 금융투자협회 K-OTC 예정회사는 상장예비심사 또는 상장신청시 명의개서대행계약서를 제출하여야 한다(유가증권시장상장규

표 9의2 각 호의 어느 하나에 해당하는 경우에는 다음 각 호의 어느 하나에 해당하는 조치를 그 신용평가회사에 요구할 수 있다.
1. 면직
2. 6개월 이내의 정직
3. 감봉
4. 견책
5. 경고
6. 주의
7. 그 밖에 위법행위를 시정하거나 방지하기 위하여 필요한 조치로서 대통령령으로 정하는 조치
⑤ 제422조 제3항 및 제423조부터 제425조까지의 규정은 신용평가회사 및 그 임직원에 대한 조치 등에 관하여 준용한다.

정세칙 제20조 및 제22조, 코스닥시장상장규정세칙 제3조 제2항, 장외주식의 호가중개에관한규정 제3조 제3호).[52] 이처럼 상장요건으로서 명의개서대행계약의 체결이 요구됨으로써 상장법인은 의무적으로 명의개서대리인을 두게 된다.

실질적으로 상장기업의 경우 주식이 대량으로 발행되고 그 분산도가 높아 발행인이 스스로 명의개서업무를 수행하기에는 어려움이 있으므로 명의개서대리인을 두게 된다. 또한 명의개서대리인제도는 통일규격증권용지의 사용을 통하여 증권의 위·변조를 방지하고, 발행회사의 가장납입과 주식초과발행을 방지하는 역할도 한다.

2. 명의개서대행회사의 등록

증권의 명의개서를 대행하는 업무를 영위하려는 자는 금융위원회에 등록하여야 한다(자법 제365조 제1항).

등록을 하려는 자는 다음의 요건을 모두 갖추어야 한다(자법 제365조 제2항).

① 예탁결제원 또는 전국적인 점포망을 갖춘 은행일 것

② 전산설비 등 대통령령으로 정하는 물적 설비를 갖출 것

③ 대통령령으로 정하는 이해상충방지체계를 구축하고 있을 것

다만, 예탁결제원의 경우에는 자본시장법에 따라 증권의 명의개서대행업무를 법상 겸영업무로서 당연히 취급하므로(자법 제296조 제6호), 명의개서대행업무의 영위를 위하여 별도로 금융위원회에 등록할 필요는 없다.

명의개서대행회사는 등록 이후 그 영업을 영위함에 있어서 상기의 각 등록요건을 계속 유지하여야 한다(자법 제365조 제8항). 만약 이를 충족하지 못하는 경우에는 금융위원회는 그 등록을 취소할 수 있다.

현재 명의개서대행회사의 자격을 가진 자는 하나은행, 국민은행, 한국예탁결제원(법률상 인정된 고유업무로 명의개서대행업무를 수행)이다.

---

52) 유가증권 상장규정 제32조 제1항 제15호와 코스닥 상장규정 제6조 제1항 제10호는 삭제되었다.

3. 명의개서대행회사의 부수업무

명의개서대행업무 외에 증권발행회사와의 계약에 기하여 증권의 배당·이자 및 상환금의 지급을 대행하는 업무와 증권의 발행을 대행하는 업무를 영위할 수 있다(자법 제366조).

여기서 증권의 배당지급을 대행하는 업무는 주식의 현금배당금 및 주식배당의 지급을 대행하는 업무를 말하며, 증권의 이자지급업무는 채권 이자의 지급을 대행하는 업무를 말한다. 그리고 증권의 상환금지급업무는 채권 또는 수익증권 등의 원금의 상환을 대행하는 업무를 말한다.

4. 발행인과 명의개서대리인의 관계

발행인과 명의개서대리인의 관계는 위임관계로 명의개서대리인은 선량한 관리자의 주의의무로 명의개서대행업무을 수행하여야 한다.

5. 명의개서의 효력발생시기

발행회사가 명의개서대리인을 둔 경우 명의개서대리인이 취득자의 성명과 주소를 기명주식의 경우에는 주주명부에, 기명식 채권의 경우에는 사채원부에 기재한 때에 명의개서한 것으로 본다.

【판례색인】

[헌법재판소 결정]

[대법원 판결]

[하급심판결]

【국문색인】

* 저자 : 김택주

서울대학교 법과대학(법학과) 졸업
서울대학교 법과대학원(법학석사)
부산대학교 법과대학원(법학박사)
미국 듀크대학교 로스쿨에서 연구(Visiting Scholar)
동아대학교 법과대학 교수 역임
사법고시, 행정고시, 공인회계사 시험위원
현 국민대학교 법과대학 교수

자본시장법 가격 42,000원

초판인쇄 2013년 2월 10일
초판발행 2013년 2월 15일
2 판 발 행 2015년 2월 27일

지 은 이 김 택 주
발 행 인 유 지 수
발 행 처 국민대학교 출판부
주 소 서울시 성북구 정릉로77 (정릉동)
전 화 02-910-4242,3
팩 스 02-910-4240
등 록 1975년 6월 17일 제6-33호
인 쇄 (주)상지피앤아이

ISBN 978-89-7812-347-1 93360

국립중앙도서관 출판예정도서목록(CIP)

자본시장법 / 지은이: 김택주. -- 2판. -- 서울 : 국민대학교 출판부, 2015
p. ; cm

ISBN 978-89-7812-347-1 93360 : ₩42000

자본 시장과 금융 투자업에 관한 법률[資本市場--金融投資業--關--法律]

327.8-KDC6
332.6-DDC23 CIP2015006105